與你同行・香港空調巴士漫遊

李漢華　著

中華書局

目錄

編者的話

- - - - - - - - - - - - - - - -

回望上世紀七十年代，地下鐵路修正早期系統正式啟用後，本地交通開始出現重大的變化；巴士再不復五六十年代作為陸路交通主力的地位，取而代之是地下鐵路與巴士在市場上正面競爭、分庭抗禮。一直以來，巴士在市民眼中也不過是用以代步的交通工具，市民對巴士的期望極其量也只是班次準時、頻密；然而地下鐵路的引入，為市民帶來的不僅是龐大的載客量，更甚是將集體運輸服務帶到另一層次——可靠、舒適、方便。

時間沒有因為地下鐵路的啟用而放慢腳步，本地巴士公司在這四十年來一直致力提升服務質素，包括引入豪華巴士、協助巴士生產商研發空調巴士、車廂座椅設計推陳出新、流動多媒體廣告電視、推出超低地台巴士達至傷健共融、車廂直樓梯取代傳統旋轉式設計、環保電動／混合動力巴士、全球定位報站系統、實時到站時間、車廂流動裝置充電設備等。凡此種種，對巴士服務質素的提升可見一斑。

巴士車身色彩的演變，也見證着時代的變遷。今時今日，在街道上行走的不乏金巴士、黃巴士、橙巴士，甚至新一代紅巴士，昔日穿梭於街道上的忌廉紅巴士、忌廉藍巴士、白巴士、銀巴士已不復見。在以往非空調巴士年代，街上滿是忌廉紅巴士和忌廉藍巴士；隨着空調巴士於八十年代初引入，九巴為旗下空調巴士配上白色車身色彩；而到九十年代末，中巴在專營權末年引入銀色車身色彩；惟至今全都已成為歷史的一部分。就算是九巴第一代香檳金色的超低地台巴士，也漸漸被新一代紅巴士所取締。

昔日走在街上，不難發現巴士款式的多樣化，各個品牌百花齊放，巴士公司會根據旗下個別地區、路線服務而針對性地採購不同型號巴士；時至今日，巴士的可靠性大大提升，巴士引擎、波箱等機械以至底盤的設計，增強了巴士本身的可塑性，易於應付不同的路面環境；亦令巴士公司的採購策略趨向大量引入個別巴士品牌及型號。這一方面增加對巴士生產商的議價能力，同時巴士公司亦可統一車隊零件，減輕日常巴士維護的負擔。

《風雨同路·香港巴士漫遊》一書在四年前的仲夏得以順利出版，以不同型號的非空調巴

士的演變為主軸，探索不同巴士公司在巴士的採購取態是如何取捨，而不同巴士生產商又會是如何迎合香港這遠東市場的需要等不同角度，將彌足珍貴的本地非空調巴士發展歷史，輯錄成書。今日，《香港巴士漫遊》系列得以延續，以同樣的角度剖釋本地空調巴士發展歷史。 隨着第一代雙層空調巴士即將於年內悉數退役而落幕，出版本書來回顧這四十年間的空調巴士發展更饒具意義。

本書撰寫力求謹慎及認真，自惟學陋才疏，見識淺拙，書中如有疏漏之處，懇請專家學者，不吝雅正。

李漢華

香港 2018 年 7 月

香港早期的豪華巴士服務

日治時期過後，巴士作為市民大眾代步的主要交通工具，提供的服務要應付因人口上升而急增的乘客量，本地巴士公司的巴士採購政策毫無疑問會以龐大載客量的大型巴士為依歸。

踏入 1970 年代，擁有香港島巴士專營權的中巴為開拓港島半山區的服務，遂引入 2 輛單層豪華巴士——「薛頓」(Seddon) 236 型和「亞比安」(Albion) Viking EVK55CL 型，有別於傳統的木板座椅，新巴士的車廂特別裝設有高背豪華座椅，務求吸引私家車車主轉乘巴士。

與此同時，時任中巴交通經理的李日新先生遠赴英國，尋求引入單層空調巴士以配合開辦港島南區的豪華巴士路線。這個空調巴士計劃最終未有成事，然而卻促成了中巴向英國「都城嘉慕威曼」(Metro Cammell Weymann, MCW) 引入 12 輛全氣墊式懸掛的都城型 (Metrobus) 雙層豪華巴士，全車採用 2+2 排列方式的高背乳膠座椅，提供非常舒適的乘坐感。新巴士旋即被安排行走新開辦的港島南區豪華巴士路線 260 及 262，由南區淺水灣及赤柱或春坎角往返中環。

至於對岸擁有九龍半島及新界巴士專營權的九巴，無獨有偶地銳意發展豪華巴士服務，先後開辦了多條 200 系豪華巴士路線，並引入「亞比安」Viking EVK55CL 型單層豪華巴士，以及「百福」(Bedford) YRQ 型單層豪華巴士，全車採用人造皮面高背座椅。

時至 1970 年代末，全新的集體運輸系統——地下鐵路的修正早期系統通車在即，地下鐵路車廂採用的全空調設計將

中巴於 1970 年代向英國「都城嘉慕威曼」車廠引入 12 輛配有全氣墊式懸掛的都城型雙層豪華巴士。

引領香港的集體運輸邁向一個新標準；面對着這個潛在的競爭對手，九巴遂推行空調巴士試驗計劃，向「丹尼士」（Dennis）及「利蘭」（Leyland）等兩間英國巴士製造商招手，研究在旗下炙手可熱的前置引擎雙層巴士——喝采（Jubilant）和勝利二型（Victory Mk.2 Series 2），於車尾底部加裝獨立引擎，用以推動冷氣系統為全車提供冷氣。

這 2 輛豪華空調巴士試驗車安裝有「Thermo King」獨立式空調系統，車廂內還裝設有送風槽和出風口，全車裝設有 2+2 形式排列的高背座椅，上層座位 43 人、下層座位 32 人，並不設企位。「丹尼士」喝采空調巴士率先於 1980 年 6 月 11 日獲發 CF4180 車

九巴為推行空調巴士試驗計劃而引入「丹尼士」喝采型空調巴士，試驗性在車尾底部加裝獨立引擎，推動獨立式空調系統。

九巴「利蘭」勝利二型空調巴士，在空調巴士試驗計劃告吹後被移除空調組件。

九巴在 1980 年代中期向英國「都城嘉慕威曼」車廠引入的「超級都城型」三軸空調樣板巴士，試驗僅一年便宣告失敗。

牌，並派往行走豪華巴士路線 206 來往荔枝角美孚新邨至尖沙咀天星碼頭；另一邊廂，「利蘭」勝利二型空調巴士在英國蘇格蘭 Falkirk 完成組裝「亞歷山大」（Alexander）車身後，獲安排在英國進行測試及參與一個宣傳香港的展覽，最後延至 1981 年 4 月才在香港完成車輛登記，車輛登記編號 CM3879，隨即安排派駐豪華巴士路線 206。

然而豪華空調巴士未為乘客所受落，而獨立式空調系統所帶來的額外耗油量，令運作成本亦大幅提高。隨着地下鐵路荃灣綫於 1982 年 5 月 10 日投入服務，豪華巴士路線 206 客量大減，隨後於同年 6 月 20 日起取消服務。九巴遂於翌年決定終止空調巴士試驗計劃，並為豪華空調巴士移除空調組件。

1986 年 9 月，九巴遂向英國「都城嘉慕威曼」車廠要求研發並供應「超級都城型」（Super Metrobus）三軸空調樣板巴士作試驗。與「丹尼士」喝采空調巴士和「利蘭」勝利二型空調巴士所不同，新巴士採用 270 匹強大馬力的「吉拿」（Gardner）6LXDT 引擎，這副主引擎並會額外推動一副德國製「超卓」（Sutrak）空調機組，以供應全車空調，這有別於以往由獨立引擎帶動空調機組的空調巴士。然而車廂內未有如以往豪華巴

士裝有高背座椅，取而代之是採用傳統的啡色乳膠座墊座椅的車廂格局；而座椅間的間距則獲得增加，以加強乘坐空間，故上層車廂只設有座位 65 個，下層車廂座位 38 個、企位 32 個，總載客量 135 人。新巴士於 1987 年 4 月 2 日領取車輛登記號碼 DP1932，九巴並安排於同年 4 月 6 日起讓新巴士行走新界往來市區的特快路線 68X 穿梭屯門公路，收費則採用普通巴士車資。

在經過實際運作試驗後，發現「超級都城型」空調巴士的引擎馬力仍見不足，加上空調機組功率低，令致帶動空調壓縮機的波箱常因不勝負荷而損毀，結果試驗僅一年便宣告失敗。巴士內的空調設備被移走，改為普通巴士；並轉回使用「吉拿」6LXCT 引擎。

由豪華巴士服務過渡至空調巴士試驗，縱然這些空調巴士最終難逃移除空調組件改為普通巴士的命運，然而憑藉試驗數據和經驗，正好為日後的空調巴士發展奠下了良好的基礎。

PART I

初試啼聲　單層空調巴士

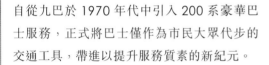

Dennis Falcon

「丹尼士」獵鷹

自從九巴於 1970 年代中引入 200 系豪華巴士服務，正式將巴士僅作為市民大眾代步的交通工具，帶進以提升服務質素的新紀元。

1975 年初，路線 201 及路線 200 先後開辦，分別來往啟德機場至尖沙咀碼頭及中環雪廠街，當時使用的車種是「亞比安」Viking EVK55CL 型豪華巴士及「百福」YRQ 型豪華巴士，車廂內裝設有人造皮面高背座椅及行李存放架；然而其前置式引擎設計無疑對攜帶大型行李的乘客造成不便。

十年過去，時至 1985 年，隨着空調技術的提升，九巴遂從英國研究引入全新雙層空調巴士的可行性；惟因啟德機場客運大樓離境層車輛通道的高度限制，九巴只好從單層空調巴士上入手。經過與英國「丹尼士」車廠多番磋商，最終落實引入投產僅數年的「獵鷹」（Falcon）型單層空調巴士，正式為豪華巴士服務加入新定義。空調技術早在日本製造的旅遊巴士上廣為採用，惟冷氣機組需另設獨立引擎推動，這設計無疑與 1980 年代初九巴推行的空調巴士試驗計劃異曲同工。故此，九巴與「丹尼士」車廠遂對此問題針對性地改善。

🚌 九巴首批引入的「丹尼士」獵鷹單層空調巴士，裝配有德國「超卓」頂置式空調機組。

🚌 簇新的「丹尼士」獵鷹行走啟德機場巴士路線 A1。

1985 年底，九巴一口氣引入 20 輛「獵鷹」單層巴士。在機械配置上，「丹尼士」車廠特別安排選配氣缸容積達 10.45 公升的「吉拿」（Gardner）6HLXCT 渦輪增壓引擎，馬力達 220 匹，直列平臥式後置於車尾車台下；足以推動「福伊特」（Voith）DIWA 851 三前速全自動波箱驅動巴士及德國「超卓」（Sutrak）頂置式空調機組，懸掛系統採用全氣墊式設計，份外舒適。

車身方面，九巴選用上「Hestair Group」旗下附屬公司「都普」（Duple）的 Laser 車身；前置式車門屬外推式設計，車窗則採用全密封式設計，並以 CKD 全散件形式（Completely Knock Down）在九巴的屯門巴士車身裝嵌廠組裝車身。全車塗上全白色車身色彩，車身漆有幼幼的紅線、淺灰色車身裙腳；這種車身塗裝亦成為了日後九巴的空調巴士標準車身色彩。新巴士全長 11.3 米，車廂地板鋪設有地毯，首 15 輛「獵鷹」巴士原設有 49 個高背附頭枕座椅，後來九

🚌 AF3(DH972) 正在啟德機場候命，準備行走路線 A2 前往中環。

🚌 AF4(DH1577) 剛穿過紅磡海底隧道，由銅鑼灣前往啟德機場。

巴將車廂內前輪拱上的兩排座椅拆去，以闢設行李架，座位數目隨之減至 45 個；其餘 5 輛則於裝嵌時已增設行李存放空間。

20 輛新巴士於 1985 年 11 月至 1986 年 2 月間先後獲發運輸署車輛登記，九巴為新巴士編入車隊，並以 FD 作為車隊編號，即 FD1 至 FD20。投入服務後的「獵鷹」空調巴士，瞬即取代「亞比安」及「百福」豪華巴士，成為了機場豪華巴士的主力，車廂內特別裝設有廣播系統，向乘客提供巴士路線沿途的車站資訊廣播。

🚌「丹尼士」獵鷹單層空調巴士的車廂內部。

1989 年 1 月 9 日，其中 1 輛「獵鷹」巴士（FD7，車輛登記編號 DH1700）不幸遭祝融光顧焚毀，成為首輛退役的「獵鷹」巴士。及至 1991 年 5 月，隨着有更多空調巴士投入服務，九巴將空調巴士的車隊編號統一以 A（Air-conditioned）為開首，遂替餘下的 19 輛「獵鷹」巴士換上車隊編號 AF1 至 AF19。

🚌 AF8(DH2192) 在離開通天巴士行列後，轉派往市區豪華巴士路線 203E 服務。

時至 1993 年中，在九巴引入其他新型號單層空調巴士後，「獵鷹」巴士亦徐徐在機場豪華巴士服務中退下來。九巴為這批巴士進行基本改裝工程，包括拆去行李架及部分縱向座椅，取而代之是在兩旁裝回各 8 個橫向座位，並增設企位，使「獵鷹」巴士的總載客量增加至 52 人，包括座位 41 個及企位 11 個。完成改裝的巴士分別被編入九龍灣車廠及沙田車廠，主力行走路線 203E、路線 216M 及路線 285。

隨着「獵鷹」巴士在九巴車隊內服役十數載，九巴於 1999 年至 2000 年間陸續將「獵鷹」巴士退下火線。退役後的「獵鷹」巴士難逃拆卸的命運，僅其中 1 輛「獵鷹」巴士（AF9，車輛登記編號 DH3323）獲九巴於 2001 年 4 月捐贈予李惠利工業學院（即今香港專業教育學院李惠利分校）汽車工程系作實習用途，惜最終在數年後亦遭學院放棄並拆毀。

🚌 披上航空公司車身廣告的 AF6(DH1644)。

🚌 AF12(DH5034) 正行走循環路線 219X 途經尖沙咀。

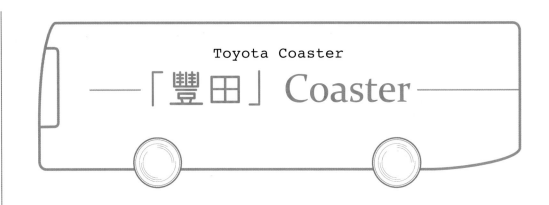

Toyota Coaster
「豐田」Coaster

隨着自 1970 年代引進的「亞比安」Chieftain CH13AXL 型單層巴士進入退役期，九巴遂繼「丹尼士」「獵鷹」機場豪華巴士後，正式為市郊路線及豪華巴士路線引入空調巴士服務。

1987 年 2 月，九巴向日本「豐田」(Toyota) 車廠訂購「Coaster」HB30 型長陣中型巴士，為數 9 輛新巴士率先於同年 9 月 19 日投入服務，車隊編號 AT1 至 AT9，行走路線 90，全程收費 2 元。新巴士以一台原廠 2H 型 4 公升引擎帶動手動波箱驅動；車廂內裝設有 12 張淺啡色設計的雙人乳膠座椅，乘客限額 24 人，不設企位。車頭設有大型路

🚌 九巴豐田「Coaster」HB30 型長陣中型巴士，長度僅 7.3 米。

線牌箱，以目的地相連路線號碼顯示。車底藏有「三菱」空調機組，在車廂頂部兩旁的冷氣槽輸出冷氣。而為加強空調效能，車頂更特別裝配有鋁質隔熱板，阻隔因太陽曝曬而影響車廂溫度驟升；而車窗亦以茶色玻璃設計，亦有助過濾太陽光線進入車廂。

1988 年 1 月，九巴繼續增購 8 輛「Coaster」空調巴士，車隊編號 AT10 至 AT17，以取締「亞比安」Viking EVK55CL 型豪華巴士，行走路線 208。「豐田」「Coaster」空調巴士的成功引進，無疑為九巴對空調巴士服務打了一支強心針。有見及此，九巴於 1988 年 5 月至 1990 年 8 月間，分別增購 28 輛及 46 輛共兩批「Coaster」空調巴士，全數 74 輛車隊編號為 AT18 至 AT91，用以拓展空調巴士網絡，服務荃灣區內路線 238M、黃大仙區路線 211、觀塘區路線 219M、北區路線 270 及 273，以及沙田區路線 281、282、284、289 等，可說是不少路線服務的『開荒牛』。

🚌 AT69(EK3738) 在佐敦道碼頭巴士總站，準備行走路線 203E。

🚌 AT70(EK4546) 正在荃灣碼頭巴士總站候命。

此外，九巴更將當中 10 輛「Coaster」空調巴士加裝行李架，全車座位減至 20 至 21 人，用以行走通天巴士機場路線 A4、A5 及 A7 等，包括 AT22、AT34、AT35、AT63 至 AT65、AT72、AT86、AT88、AT89 等。

🚌 九巴於 1990 年代開辦彌敦購物線 B1，AT48(EG8431) 是其中一員。

隨着空調巴士服務漸為乘客所接受，全車只設有 24 個座位的「Coaster」空調巴士便顯得不敷應用。在九巴引入其他載客量更大的空調巴士後，「Coaster」空調巴士於 1992 年開始陸續退役，AT11、AT12 被安排加入九巴訓練學校，AT2、AT7、AT24、AT27、AT28、AT33、AT39、AT82 則轉售予必達巴士運往中國梧州繼續服役，而 AT41 則獲九巴捐贈予東華三院作醫院專車。

另一邊廂，九廣鐵路巴士部於 1988 年亦曾購入 12 輛「Coaster」HB30 型長陣中型巴士，車隊編號 #160 至 #171。全車同樣可載乘客 24 人，用以行走新界東 50R 及新界西路線 520、521、670 等乘客量較低或受道路條件限制的路線。然而，這批巴士在服務短短三年便退出載客行列。

Mitsubishi-Fuso MK

「三菱」MK

踏入 1990 年，是九巴正式就邁向空調巴士服務新紀元跨進一大步的一年！隨着「豐田」「Coaster」巴士的引進讓空調巴士服務深受乘客歡迎，九巴遂訂下五年發展計劃，提出發展載客量約四十多人的中型空調巴士服務，以應付乘客量的需求。

回首 1980 年代末，面對乘客對空調巴士服務的需求日增，九巴一方面於 1989 年向雅高巴士租用 25 輛「日野」RK176K 型豪華巴士提供 48 座至 58 座的中型空調巴士，以緩解採購新中型空調巴士之急；另一邊廂，九巴亦同步向其他巴士製造商招手，洽談引入新中型空調巴士產品。當中，九巴從早前的

空調巴士試驗計劃、以至「豐田」Coaster巴士的營運經驗中，確立新巴士的空調系統需由主引擎直接驅動、並以全自動變速波箱為標準規格。

由於九巴要求的交貨期甚短，而以當時的技術及市場上可選擇的中型空調巴士產品亦不多，訂單最終落在「三菱」（Mitsubishi-Fuso）的香港代理商環宇汽車身上，促成由日本引進「三菱」MK 系中型空調巴士來港；而這批為數 40 輛的新中型空調巴士訂單，終於 1990 年 5 月開始陸續投入服務。「三菱」之所以能於短時間供應新巴士，全賴其不假外求的車身裝嵌運作，提供自家車身，

🚌 AM15(EL9549) 抵達落馬洲巴士總站，準備行走路線 277 前往元朗 (西)。

🚌 九巴「三菱」MK117J 型巴士車廂內部，扶手柱上原有圓形白色停站按鐘掣已被置換。

🚌 AM14(EL9314) 在彌敦道與「丹尼士」巨龍 12 米樣板巴士 3N1(CU5437) 相遇。

🚌 AM100(EW225) 以一身「彌敦道熱點任穿梭」廣告,行走彌敦購物線 B1。

🚌 AM8(EM263) 正加班行走路線 234X 前往尖沙咀。

🚌 AM42(EU7075) 正由代理商環宇汽車進行維修保養服務。

這與 1980 年代初英國「都城嘉慕」車廠在短時間研製出新一代大型三軸巴士有異曲同工之妙。而新車合約中最為九巴吸引的,莫過於環宇汽車將負責新巴士首十年的維修保養服務,大大減輕九巴就新巴士的維修壓力。

日本「三菱」車廠提供的新巴士型號為 MK117J 型,九巴以編號 AM1 至 AM40 編入車隊,取其 Air-conditioned Mitsubishi 之意。機械配搭方面,「三菱」MK117J 型巴士採用自家 6D16-OA 型引擎,帶動由美國通用出品的「Allison」AT545 全自動波箱;手掣則採用俗稱「拉雞」式手動掣動系統。

全長 9.1 米的新巴士裝設有 35 個以黑白條紋款式的膠皮椅套包裹的高背座位,而相對狹窄的走廊上則設有企位 10 個,令全車總載客量達 45 人;而車廂內採用上紅色軟膠包裹的扶手柱,扶手柱上設有圓形白色停站按鐘掣,地台則使用紅色防滑膠,甚為特別。另外,「三菱」巴士亦設有收音機設備,固定播放商台 903 電台節目。

新巴士自 1990 年 5 月起陸續投入服務,主要服務於市區路線 2、鄉郊路線 64K、豪華路線 203、208、238M 及 284 等。當中路線 2 乃九巴首條混合空調及非空調服務的主

🚍 AM157(FP4543) 屬九巴第三批引入的「三菱」MK117J 型巴士。

幹線路線,而路線 64K 則為取代「亞比安」Viking 55 型前置引擎單層巴士而引入。

由於「三菱」巴士表現理想,九巴續於 1991 年及 1992 年先後引入 81 輛及 47 輛「三菱」MK117J 型巴士,九巴車隊編號 AM41 至 AM121 及 AM122 至 AM168,全數於 1992 年 5 月至 1993 年 9 月間投入服務。新巴士改用上全風式雙迴路手掣,亦加裝傳動軸磁力減速裝置;改善了首批「三菱」巴士在停車後因「威也」手掣未能鎖緊傳動軸而溜前的情況,大大加強停車時的安全。新巴士的引入一方面讓九巴有更大的資源開辦更多豪華巴士路線,另一方面亦為普通巴士路線增加空調巴士服務,提升服務質素。

🚍 AM108(EW918) 於車廂內加設行李架,安排行走機場通天巴士路線 A7。

🚌 前往將軍澳華人永遠墳場的特別路線 14S，早年乃「三菱」巴士唯一主力車種。

九巴亦曾為當中 7 輛「三菱」巴士改裝為啟德機場通天巴士，包括 AM28、AM39、AM40、AM77、AM91、AM98、AM108，於車廂內左右兩旁各拆走兩排座椅以加設行李架，車廂座位減至 27 個；完成改裝工程的「三菱」巴士獲安排行走機場通天巴士路線 A7 來往啟德機場至九龍塘地鐵站循環線。

1995 年，九巴續引入新一批共 14 輛「三菱」巴士，型號為 MK217 型改良版，車隊編號 AM169 至 AM183。新巴士改用上較圓渾的車身設計，尤以車頭防撞桿更可見一斑；車頂空調機組冷凝器則由車頭移至車尾。新巴士於 1995 年 3 月投入服務，主要行走路線 64K、211 及 276。

初試啼聲　單層空調巴士

🚌 AM98(EV8606) 和 AM177(GJ3026) 的車身設計有明顯分別。

🚌 來自日本的 AM174(GJ2546) 與後方由德國引進的簇新「Neoplan」Centroliner 巴士 AP140(KR4350)。

🚌 日本「三菱」車廠供九巴試用的低入口設計 MK218J 型單層巴士樣板車 AM184(GP5016)。

同年 11 月，日本「三菱」車廠提供 1 輛低入口設計的 MK218J 型單層巴士樣板車供九巴試用。「三菱」MK218J 型新巴士與之前引入的 MK 系巴士最大分別，在於其低入口設計

令車廂內的梯級設計由兩級減省至一級；而車門旁的一排座椅改為橫向設計，令企位數目進一步增加至 15 人，總載客量達 50 人。新巴士除被編排服務市區路線 2 外，在九巴車隊內亦會被安排作員工結婚花車用途，甚為特別！

🚌 九鐵巴士部 #301(EY3321)，車廂前半部的座位安排上改以一加一排列模式，總載客量高達 51 人。

🚌 換上車身塗裝的九鐵巴士部 #308，這日完成路線
　50R 服務後返抵火炭車廠。

「三菱」巴士的引入無疑為九巴整個空調巴士服務發展計劃起了催化作用，開拓了不少屋邨巴士路線的客源。踏入 1990 年代後期，「三菱」巴士逐步淡出市區一些高乘客量的巴士路線，取而代之是新一代雙層空調巴士。然而「三菱」巴士卻未有被九巴所摒棄，安排進駐新界，接替年事已高的「利蘭」勝利二型雙層巴士，並旋即將有關巴士路線轉為全空調服務，這些路線包括路線 34、53、54、73K、76K、77K、78K 及 79K 等。

「三菱」巴士服務新界西北區，其實並非甚麼新面孔。早於 1991 年底，九廣鐵路巴士部便為輕便鐵路服務區的巴士網絡引進 11 輛「三菱」MK117J 型中型空調巴士，車隊編號 #301 至 #311，以調派行走乘客量較低的巴士路線，包括路線 520、670 及 A51 等。九鐵巴士部引入的「三菱」MK117J 型巴士，

與九巴所引進的為同一型號；然而車廂前半部的座位安排上改以 1+1 排列模式，騰出較大的空間作企位，令全車共提供座位 25 個、企位 26 個，總載客量高達 51 人。

要是說「三菱」巴士乃本地空調巴士服務的開荒牛之一，實不為過；然而有云『再鋒利的刀也有生鏽的一日』，開荒牛也有退下火線的時間。時至 2003 年，「三菱」巴士在九巴車隊服役 14 個年頭之際，九巴開始把「三菱」巴士陸續淘汰。另一邊廂，九鐵巴士部「三菱」巴士於 2007 年 12 月 2 日在兩鐵合併下轉交港鐵巴士部營運，直到 2008 年 8 月至 2009 年 3 月間相繼退出載客行列，由新一代「亞歷山大・丹尼士」Enviro 200 巴士所取締。而直至 2012 年 3 月 19 日，在九巴最後 4 輛「三菱」MK217J 巴士（包括 AM176、AM177、AM181 及 AM182）除牌退役後，標誌著日本製巴士正式離開九巴車隊行列。

Dennis Dart
「丹尼士」飛鏢

上世紀八十年代末，英國「丹尼士」車廠成功研發新一代中型單層空調巴士並將之投產，取名「飛鏢」（Dart）。時至 1990 年 5 月，廠方特意生產了 2 輛樣板巴士供港試用。

🚌 九巴「丹尼士」飛鏢樣板巴士 AA1(EP5213) 被改作九巴流動服務中心，定期到訪各區收集乘客意見。

🚌 AA2(EP1863) 的一副「都普」Dartline 車身，全長 9.8 米。

這 2 輛輸港的「丹尼士」飛鏢巴士，採用上全車 9 米的「都普」Dartline 車身，車身頭幅採用圓弧式流線形設計，而路線顯示牌箱則配合車身以「朝天看」的形式示人。動力系統方面，飛鏢巴士選配的標準機械組合，裝置有一台「康明斯」（Cummins）6BT 縱置式引擎，馬力輸出達 145 匹；以及「Allison」AT545 型四前速全自動波箱。新巴士設有 35 個座位，在通過香港運輸署的車輛檢訂後，車廂可設企位 18 個，令全車總載客量可達 53 人。

飛鏢樣板巴士獲運輸署發出車輛登記後，隨即由廠方提供予九巴及九廣鐵路巴士部試用。新巴士同步測試以飛鏢巴士的主引擎帶動空調系統的運用效能，九巴試用的飛鏢巴士採用上德國「超卓」空調系統；而九鐵的則裝有「日本電裝」空調系統。然而新巴士在試用期過後未獲兩間巴士公司垂青，於 1991 年被擱置下來。

同年 4 月，「丹尼士」車廠再向中巴提供長度達 9.8 米的飛鏢樣板巴士予以試用。新巴士裝嵌有「Carlyle」車身，其車身外型承襲了「都普」Dartline 車身的設計，款式別無兩

🚌 以一身雪白車身的 AA2(EP1863)，行走荃灣區內路
　線 34M 前往荃灣地鐵站。

樣，並改良了路線顯示牌箱的設計，由「朝
天看」設計改以垂直式路線顯示牌箱示人，
避免路線顯示受陽光折射影響。而載客量方
面，因應車身長度增長，使新巴士能裝設有
43 個附設膠頭枕的獨立座位，可供企位 16
人，總載客量進一步增至 59 人。

🚌 AA2(EP1863) 車廂內部。

中巴將樣板巴士投放在南區豪華路線 260
上，表現令人滿意。中巴隨即購入樣板巴士
收歸車隊旗下，車隊編號 DC1；另外更向
「丹尼士」車廠增購 19 輛同型號巴士，成為
飛鏢巴士在香港的首份訂單。新增購 19 輛
飛鏢巴士於 1991 年 9 月至 1992 年 2 月間
相繼加入中巴車隊，編號 DC2 至 DC20，並
安排主力行走南區豪華巴士路線 260、261
及 262，以及豪華巴士路線 525、590、592
及 595 等。

中巴的訂單似乎對「丹尼士」飛鏢巴士引入
香江打下強心針，九巴不僅購入原被擱置下
來的 2 輛飛鏢樣板巴士，納入車隊成為編號
AA1 及 AA2 的車隊一員，同時將「朝天看」

🚌 中巴引入 20 輛裝配「Carlyle」車身的「丹尼士」
飛鏢，部份行走機場巴士路線。

🚌 中巴 CX6(GD5694) 的一身「Marshall」車身擁有圓
渾設計，與九巴 AA12(FP915) 採用的「都普」車身
明顯感覺時尚。

設計的路線顯示牌箱更換為「Carlyle」車
身設計的垂直式路線顯示牌箱；並進一步於
1992 年 3 月增購 20 輛飛鏢巴士，「丹尼士」
車廠為九巴這張新訂單騰出 4 條生產線生產
巴士底盤。新巴士採用全長 9.8 米的底盤，
改配上「都普」（Duple Metsec）車身，以
CKD 散件形式付運香港，並由新美景工程公
司於九巴屯門車身裝嵌廠房代為組裝車身；
而車頂則裝設有德國「超卓」空調機組。

首 10 輛新巴士獲九巴編上車隊編號 AA3 至
AA12，車廂裝設有 43 張獨立座椅，可容納
企位 18 人，總載客量 61 人。而為配合加強
機場豪華巴士服務，另外 10 輛（AA13 至
AA22）則用作通天巴士，在車廂加裝有行
李架，令車廂座位減至 37 個、企位 12 個，
總載客量 49 人。九巴隨後於 1994 年進一

🚌 九巴 AA15(FP1202) 與 AA40(GG2513) 從通天巴士
車隊中退下來，行走九龍機場鐵路站接駁巴士路線。

🚌 九巴 AA27(GD4555) 正行走循環路線 219X 途經尖沙咀。

步增購 20 輛飛鏢巴士，車隊編號 AA23 至 AA42，當中 AA37 至 AA41 屬機場豪華巴士。由於當時新美景工程公司在九巴屯門車身裝嵌廠房忙於應付組裝雙層巴士，故此批飛鏢巴士改為於英國 Wadham Stringer 車廠負責組裝「都普」車身；而這批巴士的特色正正在路線顯示牌上，路線及目的地顯示是左右對調的。新巴士投入服務後，主要被派駐豪華巴士路線 212、216M、219X、224X 及 299 服務。

1994 年，中巴向運輸署申請開辦機場巴士路線 A6 來往啟德機場與中環交易廣場，遂向英國「丹尼士」車廠訂購 8 輛飛鏢單層空調巴士。新巴士全長 9.8 米，採用「Marshall」車身，車身外型圓渾，與「Carlyle」車身有強烈對比。由於擬作為日後的機場巴士，車廂內裝設有行李架，並安裝有 37 張高背獨立座椅，在通過運輸署的車輛檢訂後，車廂可設企位 16 個，總載客量 53 人。中巴替全新巴士以 CX 系列（CX1 至 CX8）編入車隊，取其 Coach Express 的縮寫。時至翌年 9 月 17 日，中巴機場巴士路線正式開辦，新路線編號由 A6 正名為 A20。除了 8 輛 CX 系飛鏢巴士外，中巴更將舊有 DC1 至 DC4 飛鏢巴士加裝行李架，並增設以卡式錄音帶播放的錄音報站機，用以行走機場巴士路線。

🚌 中巴 CX3(GD5189) 正在啟德機場候命，準備行走路線 A20 前往中環，留意車頭頂部設有車高指示燈，屬典型英國巴士設計。

🚌 城巴於 1995 年引入 21 輛 9.8 米飛鏢巴士，車身採用「Plaxton」Pointer 車身。

🚌 城巴 #1419(GM7990) 被城巴冠以「城市縱橫 City Shuttle」品牌。

1995 年是飛鏢巴士豐收的一年，多間巴士公司先後引入 36 輛新巴士訂單。九巴率先增購 10 輛裝配「Northern Counties」Paladin 車身的飛鏢巴士，車廂設有 43 個座位及 17 個企位，總載客量 60 人。當中 4 輛獲發九巴車隊編號 AA44 至 AA47，並服役於九巴路線一段短時間，後與其餘 6 輛飛鏢巴士一併轉投藝東巴士提供落馬洲過境巴士服務。同時九巴亦再增購 1 輛規格相同的飛鏢巴士，車隊編號 AA48。另一邊廂，九廣鐵路巴士部最終亦向「丹尼士」車廠訂購 3 輛飛鏢單層空調巴士；無獨有偶，車身同樣由「Northern Counties」提供，車廂企位限額較九巴的更多 1 人，總載客量 61 人。3 輛新巴士被編上車隊編號 #501 至 #503，於 1995 年 9 月相繼投入服務。

🚌 九鐵巴士部引入 3 輛「丹尼士」飛鏢巴士，車身由「Northern Counties」車廠提供。

城巴繼引入「富豪」B6R 型單層空調巴士後，1995 年，再一口氣訂購 21 輛 9.8 米飛鏢巴士，車身採用與「Northern Counties」同出一轍的「Plaxton」Pointer 車身。首輛新巴士於同年 8 月 3 日正式抵港，經運輸署檢驗後，車廂可容納座位 39 人及企位 15 人，總載客量 54 人。新巴士車隊編號 #1401 至 #1421，並與「富豪」B6R 型單層空調巴士一樣，被城巴冠以「城市縱橫 City Shuttle」品牌。

「丹尼士」飛鏢巴士在短短五年間，在香港市場已獲得超過 100 輛飛鏢巴士的訂單，實非僥倖。就在飛鏢巴士推出全新低地台型號之際，愉景灣交通服務有限公司及雅高巴士先後向「丹尼士」車廠訂購飛鏢巴士非低地台版本。兩輛飛鏢巴士先後於 1997 年抵港，前者的底盤編號 #2885，全長僅 9 米，原為「都普」車身的樣板車，後被安排重建為「Plaxton」Pointer 車身，車隊編號為 HKR121 的飛鏢巴士車廂內設有 19 個及企位 39 個，總載客量 58 人；而後者的底盤編號 #3040，全長 9.8 米，裝配有廣州「穗景」旅遊巴士車身，共設有座位 51 個。

改動方面，首輛「丹尼士」飛鏢 AA1 於 1995 年退出載客車隊，九巴將之改作九巴流動服務中心，定期到訪各區收集乘客意見。1996 年 1 月，九巴為 9 輛「丹尼士」飛鏢加裝手動減速器，並在車頭防撞桿上加裝霧燈，當中包括 AA24、AA28、AA29、AA32 至 AA36 及、AA42，以原來行走荃錦公路來往荃灣和錦田的路線 51，取代當時已屆退役年期的都城巴士。1997 年，AA8 在一次交通事故後被安排改裝成訓練巴士，加入九巴訓練學校，至 2015 年才正式除牌；而 AA3 至 AA42 則於 2009 年至 2012 年間退役。

🚌 九巴 AA48(GS9019) 採用「Northern Counties」Paladin 車身，車側路線顯示牌裝設於車窗下位置。

🚌 原屬九巴 AA46(GL9435)，於九巴路線一段短時間後轉投旗下藝東巴士，提供落馬洲過境巴士服務。

🚌 新巴於 1998 年接手原有中巴服務後，20 輛配有「Carlyle」車身的「丹尼士」飛鏢亦收歸旗下。

隨着中巴於 1998 年 8 月 31 日結束港島巴士專營權，中巴全數 20 輛配有「Carlyle」車身的飛鏢巴士轉售予新世界第一巴士服務有限公司，餘下 8 輛配有「Marshall」車身的飛鏢巴士則繼續留守中巴車隊，部分用以行走北角港運城的非專利巴士路線。2007 年，CX1 至 CX3 率先於 2007 年退役，當中 CX2 獲巴士迷購入保留後，重新鬆上路線 A20「機場特快」車身色彩，並貼上車隊編號「CX1」。2011 年，CX8 亦被安排退役，作為其餘 4 輛飛鏢巴士的零件車。隨着中巴於 2015 年 6 月 30 日終止營運其港運城穿梭巴士路線，旗下最後 4 輛飛鏢巴士正式完成歷史使命，以已屆 21 年的車齡功成身退。

1999 年，城巴獲英國捷達集團私有化，翌年 21 輛原屬單門車身設計的飛鏢巴士以僅 5 年的短短車齡退役，並隨即安排於香港加裝中置落車門，車門組件源自當時剛退役的九巴「利蘭」奧林比安雙層非空調巴士。完成改裝工程的飛鏢巴士，分別被轉售至英國 Stagecoach South East 及 Stagecoach Devon General 繼續服役。

2003 年，城巴再獲周大福集團收購，在資源整合下城巴從新巴車隊中購入 20 輛剛退役的「Carlyle」車身飛鏢巴士中的 12 輛，加入旗下非專利巴士車隊，包括 DC2 至 DC7、DC10、DC12、DC14 至 DC16 及 DC18，並獲以編號 #1481 至 #1490 編

🚌 愉景灣交通服務於 1997 年引入全長僅 9 米的飛鏢 HKR121(HD7319)，屬「都普」車身的樣板車，總載客量 58 人。

入車隊，而 DC12 及 DC14 則留作零件車之用。

其他非專利巴士方面，新香港巴士（前稱藝東巴士）旗下 #13（車牌 GL8510）飛鏢巴士於 2006 年因交通事故率先退役，餘下 9 輛飛鏢巴士亦分別於 2011 年 3 月 15 日及 28 日除牌，由「猛獅」18.320 HOCL/R-NL 全新低地台巴士所取代。2007 年底，雅高巴士的飛鏢巴士亦安排退役，並在翌年 3 月予以拆毀。九鐵巴士部的 3 輛飛鏢巴士，在 2007 年兩鐵合併後轉為港鐵巴士，亦於 2012 年 9 月 28 日及 10 月 12 日牌照期滿後退役，其中 1 輛獲私人保留。而愉景灣交通服務有限公司裝配有「Plaxton」Pointer 車

身的非低地台「丹尼士」飛鏢，最終亦以 20 年車齡於 2017 年 3 月 24 日正式退役，標誌着「丹尼士」飛鏢非低地台巴士全面退出載客行列。

🚌 城巴 #1488(EZ7136) 先後在中巴及新巴服役，輾轉轉投城巴非專利部。臨退役前於 2015 年 12 月 30 日行走路線 88R。

Dennis Lance

「丹尼士」長矛

隨着「丹尼士」獵鷹單層空調巴士的成功，「丹尼士」車廠欲進一步在大型單層巴士市場佔一席位，遂於 1991 年開發出長矛（Lance）車系。

時至 1992 年，九巴遂向「丹尼士」車廠訂購 24 輛長矛單層空調巴士，當中半數為機場豪華巴士設計，以加強啟德機場豪華巴士服務；另外半數則是市區版規格，藉着在行走彌敦道沿線的巴士路線引入大型單層巴士，好讓這些巴士路線試行「快上快落」的營運模式。

1992 年底，首輛裝嵌成型的「丹尼士」長矛

單層空調巴士正式於位於英國蘇格蘭 Falkirk 的「亞歷山大」車身廠廠房中亮相，新巴士選配「亞歷山大」PS 型車身，總長度 11.7 米、闊 2.5 米。首輛以樣板車模式完成組裝的新巴士屬機場豪華版規格，採用單一登車門設計，而寬闊的登車門設計實有助乘客攜帶行車登車。甫走進車廂，車廂走廊兩旁的前輪拱上裝設有大型行李架，而車廂內則安裝有 41 張高背豪華絲絨座椅、車廂廣播系統等，在在為機場豪華巴士服務訂下新標準。

除了首輛「丹尼士」長矛樣板車屬 CBU（Completely Built Up）完全組裝形式完成組裝後付運香港外，其餘 23 輛長矛巴士均

🚌 1993 年，一輛完成車身組裝工序的「丹尼士」長矛機場豪華版巴士現身九巴屯門巴士車身裝嵌廠外。

🚌 市區版的「丹尼士」長矛單層巴士，採用獨立上、落車門的雙門設計，寬闊的登車門設計更是首見於九巴的車隊。

🚌 長矛機場豪華版巴士的車廂設有行李架，主要行走通天路線 A2 和 A3 分別穿梭啟德機場與中環和銅鑼灣之間。

以 CKD 散件形式運港，再在九巴屯門巴士車身裝嵌廠組裝車身；當中市區版巴士上、落車門的雙門設計，寬闊的登車門設計更是首見於九巴的車隊。長矛巴士車身接近低地台的設計，登車門與車廂地台間只設有一級台階，對推行「快上快落」的營運模式相當有利。全車載客量達 78 人，包括座位 45 人及企位 33 人，足可媲美中巴於 1960 年代引入「佳牌」亞拉伯五型「長龍」單層巴士的總載客量 79 人。機械配搭方面，長矛巴士採用「康明斯」6CT 縱置引擎，配合「ZF」4HP500 四前速全自動波箱，足以推動如此龐大的單層空調巴士。

九巴替這批 24 輛全新「丹尼士」長矛單層巴士編上車隊編號 AN，即 AN1 至 AN24。當中 12 輛（AN1 至 AN10、AN12 及 AN13）的長矛單層巴士乃市區版；而其餘 12 輛（AN11、AN14 至 AN24）則屬機場豪華

🚌 AN19(FS7776) 行走路線 A2 剛抵達中環港澳碼頭，準備回程返回啟德機場。

🚌 披上航空公司車身橫額廣告的 AN22(FU5663)。

路線 110 屬少數採用單層巴士行走的過海隧道巴士路線，AN7(FP3732) 正駛離佐敦道碼頭巴士總站開赴港島。

版。全數「丹尼士」長矛巴士於 1993 年 5 月下旬至同年 12 月底相繼獲得運輸署發出的車輛登記，當中包括早年在英國蘇格蘭廠房組裝車身的原型車——AN11。

新巴士投入服務初期，機場版長矛巴士被安排行走啟德機場豪華巴士路線 A2 和 A3 分別穿梭啟德機場與中環和銅鑼灣之間；而市區版長矛巴士則被派往行走彌敦道沿線的路線 238X 和 30X，其後再安排派駐過海隧道巴士路線 110 及市區路線 203E、224M 等。

時至 1998 年，部分市區版長矛巴士陸續被調派駐新界北區區內的短途接駁路線營運，當中包括路線 78K、273、273A 及 278K 等。而隨着赤鱲角機場於同年 7 月 6 日起啟用，啟德機場隨之關閉，九巴的啟德機場豪華巴士路線亦同步取消，全數機場版長矛巴士被安排拆除行李架轉為企位，令企位限額由 18 人增至 24 人；而當中有 10 輛（包括

AN14、AN15 及 AN17 至 AN24）更被安排轉投集團旗下投得新機場巴士路線的龍運巴士，車隊編號 LW136 至 LW145（後改為編號 #901 至 #910），以行走機場島區內機場接駁路線。

2002 年底，隸屬龍運巴士的 #908 獲安排重返九巴車隊服役，重用舊有九巴車隊編號 AN23。翌年，龍運巴士將其中 4 輛長矛巴士（車隊編號 #901、#902、#904 及 #905）車廂前排的左右兩排共 8 張座椅拆除並改成企位，令坐位數目由 41 個減至 33 個、企位則由 24 個相應增至 42 個，全車載客量由原先 65 人提升至 75 人，更有利行走東涌及機場接駁路線。

踏入 2007 年 8 月，「丹尼士」長矛巴士以在港服役 14 年的漸高車齡，首兩輛隸屬龍運

🚌 AN9(FP5902) 與 AN10(FP5327) 在晚年獲安排調往
　北區，行走區內流水線。

巴士的 #905 及 #909 率先於 2007 年 8 月
退役，至 2010 年 8 月 29 日全數從龍運巴士
車隊中淘汰。同年 5 月 5 日，九巴車隊中的
15 輛「丹尼士」長矛巴士亦開始陸續退役，
至同年 10 月 14 日全數退役；當中九巴車隊
編號 AN8 的市區版長矛巴士獲私人保留。

「丹尼士」廠方早於 1993 年為長矛車系開
發出超低地台（Super Low Floor）巴士型
號，並取名為 Lance SLF；直到 1997 年
才被新一代體積與 Lance SLF 相近的 Dart
SPD（Super Pointer Dart）所取代。而在
1995 年亦以長矛巴士的設計藍本開發出雙層
巴士型號以取代統治者巴士，並取名為飛箭
（Arrow）。如此一來，「丹尼士」長矛車系
近乎低地台的設計規格，最終衍生出多款後
繼車型。直至 1998 年正式停產，並被新一
代後繼者——三叉戟（Trident）所取代。

🚌 九巴旗下 10 輛長矛機場豪華版巴士被安排轉投集團
　旗下龍運巴士，以行走機場島區內機場接駁路線。

🚌 龍運巴士 #904(FS7603) 前身為九巴 AN17，於
　1999 年重投機場巴士服務行列。

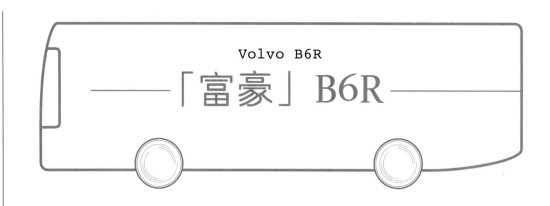

Volvo B6R

「富豪」B6R

1990 年代初，面對英國老牌巴士生產商「丹尼士」的飛鏢型單層巴士產品在英國單層巴士市場上獨領風騷，瑞典「富豪」車廠遂於 1991 年開發出 B6 型單層巴士底盤，實行與「丹尼士」車廠爭一日之長短。

「富豪」生產線供應有四款不同長度的 B6 型巴士底盤，包括 8.5 米（B6-36）、9.0 米（B6-41）、9.9 米（B6-50）等城市巴士底盤和 9.1 米（B6-45）豪華巴士底盤；然而市場反應普遍對 9.9 米中型巴士底盤較為受落，其他長度的銷量則較低。

🚌 城巴於 1995 年引入「富豪」B6R 巴士，採用「亞歷山大」Dash 型單門車身。

然而直到 1995 年，首輛「富豪」B6 型單層巴士才正式落戶香江，於 1 月 12 日交付予城巴有限公司試用。城巴自 1991 年 9 月染指專利巴士業務，一直以來均以雙層巴士作為車隊主力，旗下單層巴士只作為跨境服務及非專利巴士業務的一員，城巴這次顯然是為測試單層巴士行走市區專利巴士路線的可行性。

「富豪」車廠供應給城巴的單層巴士屬 B6R 型，動力來源自一台「富豪」TD63ES 型六公升後置式引擎，最大馬力輸出可達 206 匹，符合歐盟一型廢氣排放標準；並連接至「ZF」4HP500 型四前速全自動波箱，於引擎低轉的情況下已有着高扭力表現，起步及攀斜能力可見一斑。新巴士採用「亞歷山大」Dash 型單門車身，車身全長 9.9 米、闊 2.3 米、高 3.01 米，登車門與車廂地台間設有一級樓梯；車廂內裝有 39 張獨立絲絨座椅，並設有企位 20 個，總載客量為 59 人。空調機組由德國「Sutrak」提供，型號為 AS31T（R134a），並置放於車頂上。

這輛全新的「富豪」B6R 型單層巴士於同年 3 月 6 日獲運輸署發出車輛登記，城巴車隊

城巴 #1301(GJ155) 採用「富豪」TD63ES 型六公升後置式引擎，符合歐盟一型廢氣排放標準。

編號為 #1301。城巴特意以「城市縱橫 CITY SHUTTLE」品牌冠予這短小精悍的中型巴士，並將這品牌標註於車身兩旁上。新巴士投入服務初期主要被派駐行走路線 76，往來銅鑼灣摩頓臺及香港仔石排灣，途經黃泥涌峽道，正好挑戰這輛「富豪」B6R 型單層巴士的能耐。

1995 年 9 月，城巴再度接辦中巴 14 條港島專營巴士路線，求車若渴的城巴為紓緩車源緊張的壓力，遂正式向「富豪」車廠購入這輛 B6R 型單層巴士。

時至 1999 年，城巴的大股東北海集團出現財政困難，英國捷達集團以 8 億港元收購城巴；另一邊廂，運輸署於 2000 年向香港專利巴士公司實施車隊配額限制，致令城巴最終要將部分單層巴士賣往英國捷達集團服役，當中包括這輛城巴 #1301 單層巴士。城

城巴特意以「城市縱橫 CITY SHUTTLE」品牌冠予這短小精悍的中型巴士，並將這品牌標註於車身兩旁上。

巴 #1301 最初被售往英國西南部提供服務的 Stagecoach Devon，隨後再轉售到利物浦 Glenvale Transport（GTL）；2005 年 7 月再隨捷達集團收購 Glenvale Transport 並易名 Stagecoach Merseyside，這輛「富豪」單層巴士輾轉又回到捷達集團的懷抱。

Volvo B10M

「富豪」B10M

1979 年，瑞典巴士生產商「富豪」車廠開發出 B10M 中置引擎巴士底盤，引擎設於前車軸後方，並帶動後車軸驅動巴士。由於 B10M 底盤的引擎設於兩車軸之間，車廂地台較一般後置引擎巴士為高。然而有鑑於傳統後置引擎巴士的攀斜能力較為遜色，而散熱水箱需設置於車頭而導致車頭空間減少；B10M 中置引擎巴士遂有先天的優勢設計，把動力系統集中於前車軸後方，引擎動力組件及散熱水箱被置放於地台之下而不佔用車廂的空間，令車廂內的載客空間更能加以善用，適合裝配城市巴士車身或長途客車車身。

🚌 城巴早年以「富豪」B10M 巴士行走機場非專利接駁巴士路線 757，往返機場及多間酒店。

🚌 城巴 #1270(ER8753) 行走天水圍嘉湖山莊路線 921R。

🚌 配有中國國內車牌的城巴 #1275(FC8623)，走到沙田第一城準備開往深圳機場。

1990 年 9 月，城巴從瑞典「富豪」車廠引入 5 輛 B10M 豪華空調巴士，城巴車隊編號 #266 至 #270。新巴士車身選用比利時「Van Hool」Alizee H 單層客車車身，車身全長 12 米，高 3.7 米，單頁式車門為外推設計。車廂內設有 49 張可調教椅背角度的高背豪華座椅，而車廂中段後車軸前更設有洗手間，附有花灑淋浴設備；而車身兩旁均採用雙層玻璃，有效阻隔車外高溫及噪音。其他車廂設備還有電視及音響組合、冰箱、座椅餐桌等，一應俱全；車廂地台下設有大型行李倉。動力方面，城巴的「富豪」B10M 豪華巴士選用同廠 THD101GD 窩輪增壓臥式引擎，馬力達 276 匹，並帶動「ZF」5HP500 型五前速全自動波箱驅動巴士。

🚌 城巴於 1997 年引入 2 輛左軚版本的「富豪」B10M 單層豪華巴士，選配中國製「西沃」車身，並髹上特別的車身塗裝色彩。

城巴於 2001 年 3 月全面撤出過境巴士市場，#1269(ER7122) 隨即轉售予中旅過境巴士。

新巴士投入服務初期，被城巴冠名為「The Citybirds」，故又稱為「大雀」，為沙田第一城路線 88R 提供特別的早餐巴士服務，車費 $15 包括一份煙肉火腿蛋三文治及報章；而當時由九巴及中巴聯營同為來往中環至沙田第一城的過海隧道巴士路線 182 則收費 $6。

1991 年，城巴與多間酒店合辦機場接駁巴士服務，以非專利巴士形式於同年 5 月 18 日開辦路線 757，為沙田麗豪酒店、沙田帝都酒店及荃灣悅來酒店提供往來啟德機場的酒店接駁服務，亦是以「富豪」B10M 豪華空調巴士行走。

城巴於 1992 年再引入 5 輛同型號巴士加強相關服務，車隊編號 #1261 至 #1265；同時並將原有 B10M 巴士 #266 至 #270 的車隊編號重新編定為 #1266 至 #1270，當中 #1267 獲安排加入城巴過境車隊——深圳航聯運輸公司服務，及至 1998 年底再有 #1268、#1269 及 #1270 成為過境車隊行列；而 #1275 則以深圳機場的城巴牌頭，與其餘 4 輛 B10M 巴士輪流行走兩班東莞線及一班西麗湖線班次，與及其他包車班次服務。

1994 年 1 月，捷達巴士染指本地非專利巴士業務，開辦屋邨巴士路線 801R 來往沙田博康邨至中環港澳碼頭，單程車費 $16；並

🚌 九鐵巴士部 #410(GM5352) 行走路線 520 抵達龍鼓灘總站。

引入 5 輛「富豪」B10M 單層空調巴士，分屬 2 輛 11 米短陣版本及 3 輛 11.5 米長陣版本，車隊編號 #1、#2、#3L 至 #5L，遂有「三長兩短」稱號。新巴士的動力來源同樣採用「富豪」THD101GC 引擎及「ZF」5HP500 型全自動波箱，而車身則採用「亞歷山大」PS 型車身，採用單一上落車門設計，車廂內同樣設有座位 50 人及企位 18 人，總載客量 68 人。縱然捷達巴士其後於 1995 年增設路線 802R 服務沙田怡成坊至中環港澳碼頭並引入雙層空調巴士，最終於 1996 年 4 月 1 日仍難逃經營虧損而撤出香港巴士業務；5 輛「富豪」單層巴士被轉售至捷達集團紐西蘭分部服役。

🚌 九鐵巴士部引入 15 輛「富豪」B10M 巴士，配有「Northern Counties」Paladin 車身。

🚌「Northern Counties」Paladin 車身採用單一上落車門設計，並設有英國傳統的高低級兩頁式車門。

九鐵巴士部為取代車隊中年事已高的二手「都城嘉慕」都城一型巴士，遂於 1994 年訂購 18 輛全新單層空調巴士，當中 15 輛為配有「Northern Counties」Paladin 車身的「富豪」B10M 巴士。首輛新巴士於翌年 6 月 26 日以 CBU 形式原車付運香港，隨即安排在 7 月進行運輸署車輛檢訂測試。九鐵「富豪」B10M 巴士，車隊編號 #401 至 #415，車身採用單一上落車門設計，並設有英國傳統的高低級兩頁式車門，車廂地台仍要遷就中置引擎而要有所升高，車廂座椅可供 40 人乘坐，然而大型空間卻可容納高達 48 人，令全車總載客量達 88 人。新巴士投入服務後獲派往行走兩條特快路線 K1X 及 K2X，來往新界西北區內偏遠地方至屯門碼頭，接送居民乘搭渡輪服務往返中環，以減低因屯門公路擠塞而對區內居民的影響；而這批「富豪」B10M 巴士採用

🚌 九鐵巴士部「富豪」B10M 巴士的駕駛倉。

🚌 九鐵巴士部「富豪」B10M 巴士的車廂前半部採用一加一座位排列模式，總載客量高達 88 人。

🚌 九鐵巴士部 #406(GM3534) 行走路線 K65 前往流浮山。

原廠 THD102KF 歐盟一型引擎，配以「ZF」4HP500 型全自動波箱，在元朗公路動輒可以時速 90 公里行駛，性能可見一斑。

1997 年，城巴為配合中港過境直通巴士業務發展，遂再向「富豪」車廠訂購 2 輛左軚版本的 B10M 單層豪華巴士，車身更選配中國製「西沃」車身，並髹上特別的車身塗裝色彩。機械配搭上，新巴士採用原廠 DH10A-285 引擎，配以「ZF」5HP690 型全自動波箱。車廂內則裝設有 47 張豪華獨立座椅，乘坐感無容置疑。然而，隨着中港過境直通巴士市場競爭越趨激烈，加上城巴的直通巴士路線數目少，未能發揮網絡效應，最終城巴於 2001 年 3 月全面撤出過境巴士

市場。當中一直用於過境路線的 B10M 巴士，#1267 至 #1270 等隨即轉售予中旅過境巴士，行駛至 2003 年才正式退役報廢；而至於 #1276 及 #1277 則轉售予永東直巴，繼續穿梭中港兩地至 2009 年退役；其餘 6 輛 B10M 巴士則留守沙田第一城及嘉湖山莊路線服務，直到 2004 年轉售往英國。

2007 年，地鐵公司鯨吞百年老業九鐵公司，兩鐵正式合併，九鐵巴士部旗下車隊租予港鐵公司營運。直至 2012 年 3 月底，#413 及 #415 率先退役，其餘 13 輛「富豪」B10M 巴士亦於同年 12 月 14 日前相繼退下火線。

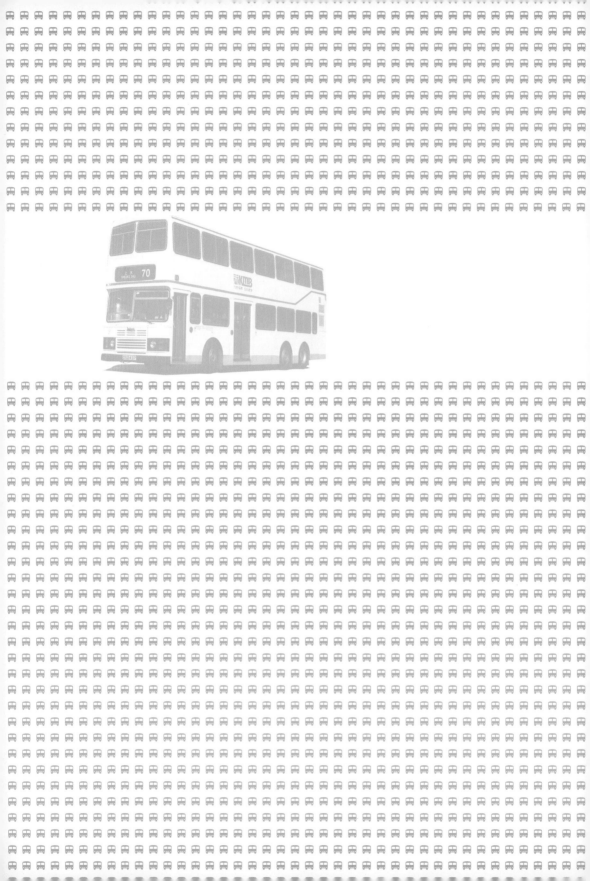

PART II
成功研發　雙層空調巴士

Leyland Olympian

「利蘭」奧林比安

時光倒流回到 1982 年，英國「利蘭」車廠將底盤編號 ON332 的奧林比安（Olympian）巴士底盤交予英格蘭「Eastern CoachWork」（ECW）廠房，組裝上「ECW」矮身車身，車窗採用富英國特色的半開合式設計，車身用上了兩車門設計，車廂內的下層佈局仍以企位為主，全車則設有 103 個座位。正當「利蘭」廠方準備將這輛繫上中巴標準車身色彩的新巴士交予中巴測試之際，卻遭中巴婉拒，原因來自新巴士所採用的「利蘭」TL11 引擎未獲中巴垂青，最終這樣板車待在「利蘭」廠房內用作研究測試用途。

直到 1984 年，城巴為改善屋邨居民巴士服務及拓展中港過境巴士服務，遂有引入雙層空調巴士的打算。城巴遂向「利蘭」車廠訂購 5 輛雙層豪華客車，「利蘭」車廠便將 ON332 奧林比安 12 米巴士底盤再一次運往「ECW」廠房重裝上矮身單門客車車身，並裝有獨立引擎帶動的「Stone International」空調機組，再交付城巴。新巴士改用上「吉拿」6LXCT 引擎，配合「利蘭」Hydracyclic 全自動波箱驅動巴士。車廂方面，則改用上 71 張高背豪華座椅，下層並設有行李架。這輛「利蘭」奧林比安三軸雙層空調巴士最終於 1985 年 2 月 14 日在港獲發車輛登記，正式落戶香江，並獲城巴編配車隊編號 C51。

🚌 曾被運往印尼推廣及試用的「利蘭」奧林比安樣板車，輾轉由城巴收歸旗下，成為 #105；其後更換上城巴標準車身車頭幅。

🚌 九巴 AL1 是全球首輛以主引擎帶動空調系統的雙層空調巴士。

🚍 新界西北大型私人屋苑嘉湖山莊入伙後，由城巴提供簇新雙層空調巴士作為屋邨居民巴士路線服務。

其後 2 輛底盤編號 ON1711 及 ON1715 的「利蘭」奧林比安巴士亦相繼交付城巴，城巴編配車隊編號 C52 及 C53，當中 C52 在付運前曾於英國作為「利蘭」的示範車向當地及比利時巴士公司作推介。C52 及 C53 的「ECW」車身採用經改良的設計，車身高度由 C51 的 4.16 米獲提升至 4.32 米，而兩旁車窗亦首次採用黏貼式方角車窗。然而餘下 2 輛底盤編號 ON1726 及 ON1731 的奧林比安巴士底盤雖然預留作供應城巴訂單，惜最終未有承造。同年，「利蘭」車廠安排「ECW」車廠承造 1 輛「ECW」車身的奧林比安三軸雙層空調巴士樣板車，底盤編號 ON1802；並運往印尼推廣及試用。全車規格與城巴 C52 及 C53 相似，只是機械上換上「利蘭」TL11 引擎，及下層車廂增設洗手間。最終這輛巴士無功而還，「利蘭」車廠將之轉售予城巴成為車隊一員，車隊編號 C61。城巴其後於 1989 年重整車隊編號，將 C51 至 C53 及 C61 等 4 輛巴士重編為 #102 至 #105。

1988 年初夏，正當九巴引入包含 4 張訂單的第二批共 266 輛「利蘭」奧林比安 11 米巴士，九巴除抽選其中 10 輛改配備「康明斯」LT10 引擎及「ZF」4HP500 波箱，即 S3BL264 至 S3BL272 外，當中 1 輛則與「利蘭」車廠試驗以主引擎直接驅動一台「日本電裝」（Nippondenso）空調系統。這輛試驗巴士的底盤被運到屯門巴士車身裝嵌廠房內，準備安裝「亞歷山大」RH 型車身；並由九巴、「利蘭」車廠、「ZF」波箱及「日本電裝」空調供應商等多個工程師，合力為這輛空調巴士進行研發，最終在設計多番修改下成功研製出全球首輛以主引擎帶動空調系統的雙層空調巴士。

全新雙層空調巴士參考了機場通天巴士的車身塗裝設計，披上純白色車身配紅直線及灰色裙腳的車身色彩；除此之外，無論是巴士車窗的設計、車廂座椅的款式，裏裏外外實在與當時同期投入服務的非空調巴士款式沒有兩樣。新巴士設有上層座位 67 個、下層

🚌 城電 #179(EW5449) 及 #186(FC4750) 先後披上復古城巴車身色彩，展現出投入服務初年的美態。

🚌 中電引入首批「利蘭」奧林比安 12 米雙層空調巴士到港，更備有車窗窗簾、高背絲絨座椅的豪華車廂設計。

🚌 城巴 #339(FG5290) 在下層車廂設有大型行李架，以用於服務深圳機場的中港過境巴士路線服務。

座位 40 個及企位 31 個，總載客量 138 人；在 1988 年 5 月 12 日取得運輸署車輛登記，投入服務後獲九巴派往路線 238M 行走。九巴其後於 1991 年為這輛巴士編配車隊編號 AL1。經過炎炎夏日，奧林比安空調巴士的試驗效果令人滿意，為日後處處皆是的雙層空調巴士踏出承先啟後的重要一步。

在「利蘭」奧林比安空調巴士的研發取得成功後，城巴率先於 1989 年向「利蘭」訂購 12 輛同型號巴士，車隊編號 C106 至 C117（其後重編為 #106 至 #117）。新巴士採用「亞歷山大」RH 型單門車身，車窗採用圓角入膠芯設計，車廂附設窗簾布；車廂內採用 2+2 座位排列方式的高背絲絨座椅，共設有上層座椅 53 個及下層座椅 41 個，全車載客量 94 人，不設企位。車頭路線顯示牌採用獨立地點顯示牌及三格式獨立數字路線號碼牌布，牌布以黃底紅字顯示。新巴士於同年投入服務後，#106 至 #111 及 #115 被安排用作中港過境巴士路線，其餘 5 輛則主要用作屋邨居民巴士路線服務。

城巴的巴士業務日漸擴張，遂在短時間內向「利蘭」車廠先後簽下 12 輛及 50 輛奧林比安 11 米空調巴士的訂單，是為車隊中的 #118 至 #129 及 #130 至 #179。汲取了上一批奧林比安巴士的營運經驗，新訂單中的設計也有所改良，其「亞歷山大」RH 型車身採用全密封式方角車窗設計、車頭路線顯示牌布改用上「Vultron」電子路線牌、座椅改用上更舒適的「Lazzerini」高背絲絨座椅等。城巴 #118 至 #120 在投入服務後，被投放至中港過境巴士路線服務。

城巴特別在 #129 試驗性改用俗稱「大食鬼」的車身塗裝，在傳統城巴黃色車身上，車身兩旁鬃上城巴的大型「食鬼」圖案；其後城巴在 #131 至 #179 的 49 輛新巴士上均採用此車身塗裝，車身上更貼有「城巴與你，共闖繁榮千萬里」標語，向市民大力推銷城巴品牌。當中 #137 至 #144、#146 及 #150 等 10 輛新巴士於 1991 年獲安排穿梭中港，取代早前加入過境車隊的奧林比安巴士；而 #145 及 #147 則換上「吉拿」LG1200 環保引擎作試驗。

1991 年 4 月，城巴從半山巴士路線 12A 服務的招標競投中，獲香港政府授予首條專利巴士路線的專營權，並在同年 9 月 11 日投入服務。雖然路線 12A 只屬臨時專利權，城巴仍以 #164 至 #170 及 #173 至 #176 等 11 輛簇新奧林比安雙層巴士提供服務。這樣一來，一輛輛鮮艷奪目的新巴士以頻密的班次在中環鬧市中穿梭；有指這些新巴士每日途經長江中心，致令當時長實集團主席主動邀請城巴為旗下的新樓盤嘉湖山莊提供屋邨居民巴士路線服務。為此，城巴憑藉嘉湖山莊的巴士服務合約，順利向匯豐銀行借貸以

進一步增購 25 輛奧林比安 11 米巴士，車隊編號 #180 至 #204，當中 #204 採用「吉拿」LG1200 環保引擎，其餘 24 輛則沿用「康明斯」LT10 引擎。

「利蘭」奧林比安的巴士底盤採用半合式設計 (Semi-Integral Construction)，設計上主要分為三個獨立組件，包括駕駛室及頭軸的車頭底盤組件、尾軸以至整個引擎室的車尾底盤組件，以及中軸和中央地台區域組件，兩組件的主陣互不相連，依靠外側的鋼條把兩段主陣利用多口鏍絲連接，從而靠中間部分的組件來決定不同底盤長度。故此，「利蘭」車廠能較容易按個別買家的要求，組合出不同長度的奧林比安巴士。

🚌 城巴一口氣向「利蘭」車廠訂購 87 輛奧林比安雙層空調巴士，準備於 1993 年 9 月接手中巴 26 條港島路線專營權。

🚌 城巴為科學園提供僱員巴士服務，四輛「利蘭」奧林比安空調巴士在雨中列隊出發。

🚌 城巴 #372(FR4821) 的引擎倉內，清晰看見「康明斯」LT10 引擎及「ZF」4HP500 波箱的擺放佈局。

1991 年，中華電力公司就提供僱員巴士服務公開招標。回說 1980 年代，當時中華造船廠正為中華電力公司在屯門踏石角的發電廠進行工程，中華造船廠經營的雅高旅遊巴士遂提供 15 輛來自英國倫敦運輸局的二手 DMS 雙層巴士接送員工。時至 1990 年代初，中華電力公司打算自行提供僱員巴士服務，並公開招標採購 15 輛雙層空調巴士，承標公司需提供司機、管理及營運。

最終城巴成功取得相關合約，而中電所訂購的，正是當時炙手可熱的「利蘭」奧林比安雙層空調巴士，底盤長度更是有關巴士型號量產後香港首見的 12 米，「亞歷山大」RH 型車身同樣亦是本地首見的單門設計。新巴士於 1992 年抵港，豪華的車廂設計備有車窗窗簾，全車採用高背絲絨座椅，設有上層座位 57 個、下層座位 45 個，不設企位，全車總載客量 102 人。由於屬城巴負責管理，城巴特別編配車隊編號 #300 至 #314。

同時，城巴亦訂購 11 輛奧林比安 12 米巴士，車隊編號 #330 至 #340，並首次改用「ZF」5HP500 五前速全自動波箱。當中 #330

至 #333 採用中電訂購的車廂規格，以作屋邨居民巴士路線服務；而 #334 至 #340 則基於中電的車廂規格下在下層車廂加設大型行李架，令下層座位減至 25 個，以用於服務深圳機場的中港過境巴士路線服務。新巴士於 1992 年 9 月至 12 月間陸續投入服務，較特別的是 #330 在蘇格蘭完成裝嵌車身後，於同年 8 月被送往新加坡先作示範用途接近一個月才來港；而 #331 更留於英國，由倫敦巴士旗下 Selkent 巴士公司及 CNT Group 旗下的首都城巴試營運，最終於同年 12 月底才在港正式獲發車輛登記。

🚌 城巴 #394(FW5526) 是因一次在火炭車廠內巴士遭焚毀的意外而獲保險公司賠償的。

🚌 城巴 #391(FR3912) 是車隊中最後一批「利蘭」奧林比安 12 米巴士，總載客量高達 148 人。

🚌 九廣鐵路巴士部為拓展鐵路接駁巴士服務，先後引入 24 輛「利蘭」奧林比安 11 米巴士。

🚌 九巴 AL19(ES3248) 上層車身試驗性加裝通風口設計，與車隊中其他「利蘭」奧林比安空調巴士截然不同。

1992 年初，城巴特別向「利蘭」車廠招手，試驗將三軸奧林比安巴士縮短至長度僅 10.4 米。同年 9 月，簇新的奧林比安短陣樣板雙層空調巴士，披上「亞歷山大」RH 型單門車身，以一身「大食鬼」車身塗裝，正式掛上香港車牌，城巴車隊編號 #205，隨即安排投入路線 12A 服務。樣板巴士採用當年城巴標準的豪華巴士規格，車窗窗簾、高背絲絨座椅、冷氣槽行李架等一應俱全；全車設有上層座位 49 個、下層座位 37 個及企位 28 個，全車總載客量 114 人。

1992 年 6 月，港府首次因應中巴的服務質素欠佳，決定削減中巴 26 條港島區巴士路線及 2 條過海隧道巴士路線的營運專利權，最終在公開競投下由城巴投得營運專利權。城巴要在短短 15 個月時間找尋車源應對新專營權服務，遂向「利蘭」車廠訂購 33 輛奧林比安 10.4 米短陣雙層空調巴士，及 54 輛奧林比安 11 米雙層空調巴士。前者的城巴車隊編號 #206 至 #238，全數安排於九巴屯門巴士車身裝嵌廠組裝車身；後者的城巴車隊編號 #342 至 #395，當中 22 輛同樣安排在屯門裝嵌車身，其餘 32 量則留於英國組裝，包括 #350 至 #353、#364 至 #367 及 #370 至 #393 等。這批為新專營權引入的新巴士全數以城市巴士規格仍為車廂佈局，車廂不設窗簾，上層座椅以 3+2 排列形式裝設，而 12 米版本的下層座椅更以橫向座位設計面向車廂走廊，以增加企位數量；令 10.4 米版本的總載客量提升至 114 人，而 12 米版本更高達 148 人。

🚌 中巴在 1990 年代初引入「利蘭」奧林比安空調巴
士時，在新巴士上試驗不同的空調巴士車身色彩。

值得留意的是，城巴 #110、#120、#122、#124 及 #129 等「利蘭」奧林比安巴士及 1 輛「平治」單層巴士 #264 於 1992 年 12 月 25 日凌晨在火炭車廠內遭附近燃放的煙花的火舌焚毀，由於 #120、#124、#129 及 #264 嚴重焚毀，城巴決定有關巴士不予修復及除牌；而 #110 則予以復修，城巴更試將 #122 的車身拆除，並於 1993 年安排將有關巴士底盤由 11 米改裝成 12 米，再重新組裝「亞歷山大」RH 型車身，並獲編配新車隊編號 #341。另外 #394 及 #395 則是因是次意外而獲保險公司賠償的。

另一邊廂，九廣鐵路巴士部為拓展鐵路接駁巴士服務，遂於 1989 年透過招標程序，向當時僅有的雙層空調巴士供應商「利蘭」車廠購買 10 輛全新奧林比安 11 米雙層空調巴士。新巴士採用城市版 3+2 排列絲絨座椅、下層採用橫向座位設計、圓角入膠芯車窗等普通城市巴士規格，頭門改用單頁式車門設計，中門則獲得延後位置，正對着車廂樓梯；這無非是讓新巴士的設計更貼近接駁巴士的運作模式。新巴士總載客量達 136 人，包括上層座位 64 個、下層座位 40 個及企位 32 個。九鐵巴士部的奧林比安巴士於 1990 年 7 月開始陸續投入服務，車隊編號 #201 至 #210，主要行走免費接駁巴士路線 K11 和 K12。九鐵巴士部其後再進一步增購 14 輛同型號巴士，車隊編號 #211 至 #224，並於 1991 年 1 月至 7 月間加入接駁巴士行列。

九巴作為試驗雙層空調巴士的先驅，要待到 1990 年至 1993 年間才先後分六批增購量產型「利蘭」奧林比安雙層空調巴士，全為 11 米版本。當中在首批 AL2 至 AL21 共 20 輛新巴士中，率先採用全密封式方角車窗設計、黏貼式車身傍板及全灰式獨立座椅。而在 1991 年中引入第三批 AL42 至 AL82 開始，車廂旁板改用上灰白色附花紋的防火板，座椅亦增設粉紅色配灰色的座位編排。第四批 AL83 至 AL105 則陸續採用整幅式路線號碼牌布，取代舊有三格獨立數字的路線號碼牌布。而在最後一批 AL136 至 AL150 更轉用全新設計的車頭鬼面罩和弧形擋風玻璃。1993 年，正當九巴對新巴士採購方針已轉為引進雙層空調巴士之時，有批評指空調巴士數目過多，在運輸署要求下，九巴唯有將新訂購 50 輛原為 AL151 至 AL200 的第七批訂單，轉為組裝非空調車身，最終成為 S3BL421 至 S3BL470。

時至 1991 年，當時「利蘭」車廠已收歸「富豪」車廠旗下，「富豪」車廠以九鐵巴士部的奧林比安雙層空調巴士藍圖交中巴參考，並向中巴提出相宜的車價和較短的交貨期，中巴遂答應購置 5 輛「利蘭」奧林比安 11 米雙層空調巴士。新巴士採用與九鐵巴士部的非常相近的設計，只是座椅上中巴採用較舒適的英國「Dunlop Pillow」厚身乳膠座墊連深藍色皮革面，車窗亦設有富英國特色的通風窗，車頭頂部兩旁更設有英國標準的車高顯示燈。

中巴奧林比安巴士在柴灣車廠完成組裝車身後，以一直沿用的豪華巴士車身色彩示人，

🚌 九巴最後一批引進的「利蘭」奧林比安空調巴士，轉用全新設計的車頭鬼面罩和弧形擋風玻璃。

🚌 中巴 LA23(FH7208) 以一身雪白車身色彩配以上下各一條藍色彩帶的中巴標準空調巴士車身色示人。

並獲以編號 LA1 至 LA5 編入車隊。新巴士於 1991 年 10 月至 12 月相繼投入服務，獲安排投放至豪華巴士路線 504 服務來往華富邨至灣仔碼頭。其後中巴再添置 20 輛同型號巴士，車隊編號 LA6 至 LA25，中巴更在新巴士上試驗不同的空調巴士車身色彩。新巴士在 1992 年 7 月至 11 月間獲發車輛登記，除服務路線 543 來往華貴邨至中環交易廣場外，亦為一系列晨早特別路線提供服務。1993 年底，中巴增購第三批奧林比安空調巴士，與九巴同樣受運輸署要求改為非空調巴士，最終這批 10 輛原為 LA26 至 LA35 的訂單，成為非空調巴士 LM1 至 LM10。

1994 年，隨着城巴 #102 至 #104 退出載客行列；城巴特別為 #105 重裝「亞歷山大」R 型車身頭幅，並更換「康明斯」LT10 引擎和「ZF」4HP500 四前速自動波箱，更換上由主引擎帶動的「Konvekta」空調機組及翻新車廂後繼續投入服務。1999 年，城巴展開為全數採用 3+2 座位排列的巴士進行車廂翻新工程，取而代之是 2+2 座位排列的車廂。2003 年至 2005 年間，隨着城巴收歸周大福集團旗下，遂將過剩的車隊轉售往英國服役，當中包括 #111 至 #117、#123、#130 至 #170、#173 至 #176、#204、#206、#207、#227、#341、#345、#378、#381、#385 至 #387 等共 64 輛奧林比安巴士。城巴 2006 年及 2008 年間分別為 #190 至 #192 及 #205、#221 改裝成開蓬雙層空調巴士；亦在 2009 年將專利部的 #344、#353、#357、#383、#384、#388、#391 及 #393 調往非專利部，繼續營運至 2015 年才全數退役。

九巴車隊中的「利蘭」奧林比安雙層空調巴士，AL27 及 AL118 先後於 1993 年及 1995 年遭受祝融光顧，需安排重裝「亞歷山大」RH 型車身；復修後的奧林比安巴士採用與九巴最後一批「利蘭」空調巴士 AL136 至 AL150 同款的 RH 型車身。

2005 年 8 月 20 日，九巴首輛「利蘭」奧林比安雙層空調巴士樣板車 AL1 正式除牌退役，九巴特別將巴士作永久保留。而量產型巴士則於 2007 年 11 月開始退役，直到 2011 年 6 月 21 日全數退出載客行列；在 2008 年 6 月至 10 月間亦有 7 輛奧林比安

巴士加入九巴訓練學校，當中包括 AL23、AL27、AL32、AL34、AL37 至 AL39 等，直到 2015 年 9 月才正式退役。

中電巴士方面，隨着青衣發電廠按計劃於 1998 年停產拆卸，中電先後於 1997 年將 #301、#306、#310、#312 等 5 輛「利蘭」奧林比安巴士售予城巴，2001 年再將 #304 及 #308 轉售予城巴及風彩旅運，後者其後再於 2006 年轉售至英國。2005 年及 2009 年，中電再分別將 #314 及 #300、#302、#303、#305、#307、#309、#313 等 8 輛奧林比安巴士轉售至英國。而最後 1 輛「利蘭」奧林比安巴士 #311 則於 2011 年退役，並獲得私人保留。

🚌 城巴 #304(FC1714) 以一身簇新的車身色彩，來到土瓜灣驗車中心進行運輸處驗車程序。

🚌 1998 年，中巴 25 輛「利蘭」奧林比安空調巴士由新巴接手並進行翻新，LA24(FJ1017) 被裝上全車電子路線顯示牌作試驗。

2002 年 7 月，九鐵特別向城巴租用 8 輛「利蘭」奧林比安非專利巴士行走杯渡路臨時替代巴士路線 506。

城巴於 2006 年 #192(FD7206) 改裝成開蓬雙層空調巴士，為旗下城巴旅遊的開蓬觀光巴士添加新血。

1998 年，中巴的港島巴士專營權轉由新巴接手，25 輛「利蘭」奧林比安雙層空調巴士亦在過檔之列。其後新巴為這批巴士進行翻新，當中只有 LA24 被裝上全車電子路線顯示牌，連目的地顯示的「長側牌」亦首次應用到香港巴士上，惟最終要到 2012 年才正式在城巴機場快線巴士中開始採用。隨著新巴這批「利蘭」巴士年事已高，最後一輛服役的 LA21 終於 2010 年 10 月 18 日最後一日服務後退出載客車隊行列；而 3 輛於 2010 年至 2011 年間轉作訓練巴士的 LA7、LA9 及 LA21，亦於 2015 年完成歷史使命。

2002 年 7 月，為配合杯渡路架空輕鐵路軌工程，九鐵遂開辦臨時替代巴士路線 505 來往山景至三聖及路線 506 來往屯門碼頭至友愛。為此，九鐵特別向城巴租用 8 輛「利蘭」奧林比安非專利巴士行走有關路線，當中包括 #105、#111 至 #117 等。車身雖仍以城巴標準車身色彩示人，但早已除去車身上的城巴標誌，取而代之是貼上九廣鐵路標誌，並在車隊編號前加上 K 字以作識別。其後於 2003 年 11 月，隨着 8 輛巴士退回城巴，九鐵遂再向新巴租用 35 輛專利巴士，當中包

括 LA1、LA3、LA7 及 LA17 等「利蘭」奧林比安巴士及另外 31 輛「富豪」奧林比安巴士，支援臨時路線 506、特快輔助路線 K2P 及臨時路線 K76 等，至 2004 年 11 月才退回新巴。

2015 年，愉景灣交通服務公司訂購的「富豪」B9TL 型雙層低地台巴士付運前，由於車隊未有足夠的非專利巴士客運營業證，遂向城巴購入 6 輛「利蘭」奧林比安非專利巴士連同有關非專利牌照，包括 #171、#180、#182、#185 至 #187 等，有關巴士亦未有在愉景灣巴士路線上投入服務。

自「利蘭」車廠於 1988 年成功研發出全球首輛以主引擎帶動空調系統的雙層空調巴士後，共為香港引入 411 輛全新奧林比安雙層空調巴士，當中包括 10.4 米、11 米及 12 米等三種車身長度。而在「強制淘汰歐盟四期以前柴油商業車輛」計劃下，最後一輛「利蘭」空調巴士 #191 於 2015 年 12 月 30 日完成車務工作返回西九龍車廠後，正式為「利蘭」奧林比安雙層空調巴士在港超過 27 年的服務劃上完美句號。

成功研發 雙層空調巴士

Dennis Dragon/Condor

「丹尼士」巨龍／禿鷹

1980 年代末，面對英國「利蘭」車廠成功研發雙層空調巴士的優勢，英國另一巴士生產商「丹尼士」車廠亦不甘示弱，於 1990 年代初向九巴推介為其巨龍（Dragon）雙層空調巴士。新巴士同樣採用「Nippondenso」空調系統，但巴士上三個空調壓縮機以齒帶與引擎曲軸相連的設計更具效能。

裝配有「都普」（Duple MetSec）雙層空調車身的全新巨龍巴士於 1990 年抵港後順利入籍九巴，經運輸署車輛檢定後於同年 4 月獲發車輛登記，九巴後來在 1991 年給予車隊編號 AD1。機械配置上，巨龍空調巴士選用「康明斯」LTA10-B282 引擎，馬力 280匹，並搭配上「ZF」4HP590 型四前速全自動波箱。其 11 米「都普」車身與當時同期引入的巨龍非空調巴士別無兩樣，只是下層車尾因安裝空調機組而改為密封式設計，車身兩旁採用圓角入膠芯的全密封式茶色車窗，而車頭上下層擋風玻璃亦採用通風窗設計。上層車廂內採用城市版 3+2 排列普通乳膠座椅，設有座位 66 個；下層採用橫向座位設計，設有座位 41 個、企位 34 個，全車總載客量 141 人。新巴士投入服務初期，被安排與「利蘭」奧林比安雙層空調巴士 AL1 一同行走荃灣區豪華巴士路線 238M。

🚌 九巴 AD1(EL5113) 的「都普」車身採用圓角入膠芯的全密封式茶色車窗，為早期空調巴士定下標準。

🚌 中巴向「丹尼士」車廠一口氣訂購 36 輛全新「禿鷹」空調巴士，DA16(EV352) 於 1991 年 5 月正式投入服務。

面對其他集體運輸系統的競爭，包括小巴、的士、地鐵、電氣化火車等均已提供空調設備，市民普遍對巴士公司引入空調車隊求之若渴，故中巴在九巴的新巴士尚未通過運輸署測試前，已急不及待率先向「丹尼士」車廠一口氣訂購 36 輛全新空調巴士，並特別取名「禿鷹」（Condor）。首批共 12 輛新巴士於 1990 年 7 月至 8 月間投入服務，車隊編號 DA1 至 DA12；而次批共 24 輛新巴士則於 1991 年 5 月至 8 月間投入服務，車隊編號 DA13 至 DA36。全數在中巴柴灣車廠組裝「都普」11 米空調巴士車身。

九巴引入量產型「巨龍」空調巴士改用上全密封式方角車窗設計，車廂座椅更用上 3+2 排列的粉紅色配灰色獨立座椅。

九巴 ADS135(GU7519) 披上香煙廣告穿梭中環鬧市。

機械配搭上，全新禿鷹空調巴士採用「康明斯」LTA10-B282 引擎，配用攀斜能力較強的「福伊特」DIWA-863 三前速全自動波箱。而其「都普」車身的車廂內則採用英國「Dunlop Pillow」厚身乳膠座墊連深藍色皮革面座椅，車窗設有富英國特色的通風窗。與九巴的巨龍樣板巴士採同相近的車廂佈局，上層車廂採用城市版「3+2」排列，設有座位 66 個；下層採用橫向座位設計，設有座位 41 個、企位 32 個，全車總載客量 139 人。新巴士以一身豪華巴士的車身色彩示人，車身四周均貼有「空調巴士 Air Conditioned Bus」大型字樣，投入服務後隨即派往新開辦的豪華巴士路線 537 和 504 服務。

隨後兩年中巴改向「利蘭」車廠添置 25 輛雙層空調巴士，直到 1993 年 8 月至 10 月間才再有新一批共 20 輛禿鷹空調巴士投入服務，中巴車隊編號 DA37 至 DA56，新巴士改用以白色為主調的全新空調巴士車身色彩。中巴其後在 1996 年再向「丹尼士」車廠簽訂第三批禿鷹空調巴士訂單，全數 10 輛，中巴車隊編號 DA57 至 DA66，並於同年 10 月至 11 月間投入服務；新訂單的「都普」車身兩旁車窗棄用了通風窗設計，而下層車廂中段的空調蒸發器亦被移到車廂尾部。同年，中巴再宣佈向「丹尼士」車廠訂 16 輛禿鷹空調巴士，中巴車隊編號 DA67 至 DA82，並在翌年 1 月至 3 月間投入服務，其上層車廂座位減至 62 個，其餘配置與上一批相約；而所採用的「康明斯」LTA10-B252 引擎輸出亦被調低至 250 匹。

ADS143(GV1553) 是九巴車隊中最後一批 3+2 座位配置的巴士，其後更在出席 2013 年 6 月的「再見3+2」活動後退役。

反觀對岸的九巴，雖然較中巴稍遲引入全新「丹尼士」空調巴士產品，但其實也對新巴士抱有信心。就在 1990 年 3 月，當時樣板巴士 AD1 還未領有車輛登記，九巴便向「丹尼士」車廠訂購 20 輛巨龍空調巴士，車隊編號 AD2 至 AD21，量產型新巴士要到翌年 5 月至 7 月間才投入服務。而九巴更先後於 1991 年初及年底先後增購 64 輛及 45 輛巨龍空調巴士兩張訂單，新訂單總數為 109 輛，車隊編號 AD22 至 AD130，新巴士直至 1993 年 3 月才全數投入服務。

值得一提的是，九巴曾在 AD53 及 AD56 上試用「吉拿」（Gardner）LG1200 型引擎，成為全港首 2 輛裝配符合歐盟一型廢氣排放標準引擎的專利巴士；然而最終在 1999 年先後轉回使用「康明斯」引擎。

這 129 輛量產型巨龍巴士，波箱改用上「福伊特」DIWA-863.3 型三前速全自動波箱。車身方面，兩旁車窗放棄了樣板車的圓角入膠芯車窗設計，改用上全密封式方角車窗。車廂方面，上層車廂採用 3+2 排列的獨立座椅，座位數目 62 個；下層車廂則放棄了樣板車的橫向座位排列方式，座位數目 40 個、企位 33 個。當中部分批次的量產型巨龍巴士，車廂座椅更用上粉紅色配灰色的座位編排，成為九巴的新標準。

正當九巴對新巴士採購方針已轉為引進雙層空調巴士之時，有批評指空調巴士數目過

多；港府遂於 1992 年刊憲，指引巴士公司在購置新巴士時，其總數不少於三分一需為非空調巴士。在這指引下，九巴唯有將三張共 100 輛巨龍空調巴士訂單轉為非空調巴士。當中包括 25 輛裝有「吉拿」LG1200引擎及「福伊特」DIWA-863 三前速全自動波箱，車隊編號為 S3N271 至 S3N295；另外 25 輛選配「康明斯」LT10 引擎及「ZF」4HP500 四前速全自動波箱，車隊編號為 S3N296 至 S3N319 及 S3N370；以及 50 輛裝有「康明斯」LT10-B245 引擎及「福伊特」DIWA-863 全自動波箱，車隊編號為 S3N320 至 S3N369。

1992 年，九巴再向「丹尼士」車廠研究引入短軸距巨龍空調巴士的可行性，以便投放於路面環境狹窄多彎的巴士路線。翌年，「丹尼士」車廠正式將巨龍巴士底盤的頭軸至中軸軸距由 11 米版本的 4900 毫米縮短至 4117 毫米，最終開發出全長 9.9 米的巨龍空調巴士。首批共 30 輛「ＢＢ龍」巴士於 1993 年 8 月至 12 月間完成車輛登記，用以行走路線 108、216M、234X、298、299 及 606 等。全車仍採用 3+2 排列的獨立座椅，設有上層座位 55 個、下層座位 34 個及企位 28 個，總載客量 117 人。其車身上層車窗上方設有 3 個通風口，以增加鮮風進入車廂。

🚌 1997 年青嶼幹線通車初期吸引大量市民前往東涌新市鎮，九巴 AD354(HC2219) 獲安排支援龍運巴士路線 E31。

🚌 城巴 #829 屬香港首批引入的 12 米長「丹尼士」巨龍空調巴士，這晚獲調派到機場支援通宵巴士路線 N11。

🚌 城巴於 1994 年引進 20 輛 10.3 米短陣版本巨龍空調巴士，為統一車隊形象，其「都普」車身頭幅仿傚「亞歷山大」RH 型設計。

🚌 全長僅 10.3 米的巨龍巴士，是當年城巴赤柱路線服務的主力車種。

1994 年，九巴繼續大量增購巨龍空調巴士，包括第四批共 115 輛 11 米版本，車隊編號 AD131 至 AD245，當中首 60 輛率先於 1995 年 1 月至 3 月間投入服務，其餘 55 輛則延至同年 7 月至 9 月間完成車輛登記；而新巴士較明顯的改變是車內扶手柱轉用黃色凹凸紋設計，而引擎亦轉用「康明斯」LT10 引擎。1995 年 12 月至 1996 年 7 月間，再有第五批共 35 輛 11 米版本及第二批共 115 輛 9.9 米版本巨龍空調巴士引進，前者車隊編號 AD246 至 AD280，後者則為 ADS31 至 ADS145。

1996 年底，九巴再陸續引入 40 輛 9.9 米版本巨龍空調巴士，車隊編號 ADS146 至 ADS185，九巴自同年夏天開始的新巴士均採用 2+2 排列的高背附頭枕獨立座椅以提升舒適度，車廂共設有上層座位 43 個、下層座位 32 個及企位 29 個，全車載客量 104 人。九巴接續引入的是最後一批共 80 輛 11 米巨龍空調巴士，同樣在轉用 2+2 排列的高背附頭枕獨立座椅後，全車載客量亦降至 119 人。

至於以「利蘭」奧林比安為車隊主力的城巴，於 1994 年 8 月至 12 月間亦首次引進 20 輛 10.3 米短陣版本巨龍空調巴士，車隊編號 #701 至 #720，以加強赤柱路線的服務。新巴士雖然同樣採用「都普」車身，然而城巴為統一車隊形象，遂要求「都普」車身廠將巴士車身頭幅設計仿傚「亞歷山大」RH 型設計。由於「都普」車廠沒有裝嵌巴士車身的功能，城巴遂委託葡萄牙「Salvador Caetano」車身廠負責組裝車身；完成組裝後運回位於英國 Guildford 的「丹尼士」車廠檢收後才付運來港。較獨特的是新巴士車頭防撞桿安裝有霧燈，車頭頂部亦裝設有車高顯示燈。而城巴採用單門闊頭闊設計，全車總長度亦較九巴短陣巨龍巴士的 9.9 米稍長。車廂方面，新巴士採用 2+2 排列獨立座椅，車廂共設有上層座位 50 個、下層座位 37 個及企位 29 個，全車載客量 116 人。至於在機械配置上，城巴的巨龍空調巴士選用「康明斯」LT10 引擎及「福伊特」DIWA-863 三前速全自動波箱。

🚌 城巴為行走赤鱲角新機場巴士路線而訂購的 12 米巨龍巴士，最終獲安排行走西隧過海路線及東區路線。

🚌 香港空運貨站於 1997 年引入 4 輛「丹尼士」巨龍 12 米雙層空調巴士作員工接送服務，有「空運龍」之稱。

因應新一代雙層低地台巴士未能趕及投產,九巴遂訂購 170 輛巨龍 12 米空調巴士以應付服務需要。

九巴 ADS198(JC570) 獲安排在廣洲組裝車身,並於 1997 年初完成車輛登記。

九巴 3AD58(HL8725) 被派往行走路線 104,以應付過海隧道巴士路線龐大的乘客量。

運輸署於 1995 年 9 月再將 14 條中巴路線直接交由城巴接辦,城巴遂增購 10 輛 10.3 米及 30 輛 12 米巨龍巴士,車隊編號分別為 #721 至 #730 及 #831 至 #860,車廂配置與前批次的設計相約。然而在機械配置上,城巴為這批新巴士轉用「康明斯」LTA10-B252 引擎。前者主要派往南區赤柱路線服務,而後者則活躍於過海隧道巴士路線及東區走廊特快路線。

城巴其後在 1997 年初亦分別引入 10 輛 10.3 米及 20 輛 12 米巨龍巴士,車隊編號 #731 至 #740 及 #861 至 #880,前者為徹底解決車隊中短車不足的問題,而後者則為行走赤鱲角新機場巴士路線而訂購。新一批 12 米巨龍巴士的車廂座椅不但設有頭枕,而座位上更特別加設手提行李架;在 1997 年 4、5 月間相繼投入服務後,成為當時新開辦的西隧過海巴士路線 917 及 930 的主力車種。當中 #876 因需等待「都普」車身散件,最後延遲到 1998 年 1 月才投入服務,實屬 CKD 散件形式組裝付運的常事。

在城巴首批短龍投入服務後,城巴同步引入的 30 輛「丹尼士」巨龍 12 米雙層空調巴士亦於 1995 年 1 月至 6 月間相繼投入服務,車隊編號 #801 至 #830。當中 #801 至 #829 採用 3+2 排列獨立座椅,全車載客量 144 人,包括上層座位 67 個、下層座位 42 個及企位 35 個。城巴更在 #830 試驗使用 2+2 排列獨立座椅,令上層座位減至 56 個、下層座位 42 個及企位 32 個,全車載客量調整至 130 人。新巴士主要被派往行走利東邨巴士路線 96、97 及其他南區路線。

🚌 城巴於 2000 年以當時僅六年車齡的 #701(GD1492)
改裝成無軌電車，以研究香港引進無軌電車系統的
可行性。

在城巴引入第二批巨龍空調巴士的同時，香港空運貨站亦同時為引入員工接送巴士進行採購，最終選擇了購買 4 輛「丹尼士」巨龍 12 米雙層空調巴士，而規格亦與城巴第二批巨龍空調巴士大致相同，只是新巴士採用 3+2 座位排列設計，令上層座位增至 67 個，下層座位 42 個，不設企位。4 輛「空運龍」於 1996 年 1 月 30 日正式領取車輛登記，車隊編號 #1 至 #4。由於全數「空運龍」由城巴負責提供司機、管理及營運，故城巴亦特別為新巴士編配城巴車隊編號 #97 至 #100。

在「丹尼士」車廠完成生產 DDA1822 批次的中巴 DA67 至 DA82 禿鷹巴士底盤後，廠方原計劃正式結束巨龍及禿鷹巴士生產線，轉而生產新一代雙層低地台巴士「三叉戟」；惟「丹尼士」車廠的三叉戟巴士未能趕及投產，遂重開巨龍及禿鷹巴士生產線，中巴亦將 10 輛三叉戟巴士訂單改回購置禿鷹巴士，成為車隊中的 DA83 至 DA92。中巴對新巴士放棄了一貫富中巴特色的設計，如改用全密封式方角車窗、2+2 座位排列的「Trend-Tex」獨立座椅、全車採用綠色凹凸紋扶手柱等。全車總載客量 121 人，包括上層座位 51 個、下層座位 39 個及企位 31 個。而為着符合 1996 年 4 月 1 日實施的歐盟二型引擎排放標準，新巴士轉用了「康明斯」M11-235E 型環保引擎，配合「福伊特」DIWA-863.3 三前速全自動波箱。

🚌 新巴為向中巴購入的「丹尼士」禿鷹空調巴士轉髹新巴標準車身色彩，DA83(HG4178) 剛完成翻髹工序，並安排行走路線 106。

🚌 1999 年「空運龍」易手予新巴，成為車隊中載客量最高的空調巴士。

九巴一直沒有意慾引進的 12 米版本的巨龍空調巴士，卻因「丹尼士」車廠就巨龍及三叉戟的無縫交接未如預期，而迫使九巴轉投 12 米版巨龍的懷抱，一口氣訂購 170 輛，車隊編號 3AD1 至 3AD170。九巴全新 12 米巨龍同樣轉用了「康明斯」M11-235E 型環保引擎，以符合廢氣排放標準要求。車身方面，車廂內沿用 2+2 排列的高背附頭枕獨立座椅，共設有上層座位 57 個、下層座位 42 個及企位 33 個，全車載客量 132 人。新巴士於 1997 年 8 月至翌年 7 月陸續投入

服務，全數在九巴屯門巴士車身裝嵌廠組裝「都普」車身。修長的車型配上九巴空調巴士標準的白色車身色彩附紅線，遂有「大白龍」的稱號。新巴士投入服務後率先被投放到新界西北的長途巴士路線，更被安排支援北大嶼山對外巴士路線 E31、X31 等。

1999 年，九巴為填補旗下「丹尼士」喝采巴士等短車退役後車隊中的位置，一方面放寬一些路線的車型限制而以較大型的巴士行走外，另一方面亦引進最後一批共 50 輛「B B 龍」獲安排在廣州組裝車身，車隊編號 ADS186 至 ADS235，並於同年 1 月至 7 日間完成車輛登記。新巴士共設有上層座位 45 個、下層座位 32 個及企位 27 個，全車載客量 104 人。

單計四間巴士公司引進香港服務的巨龍及禿鷹雙層空調巴士，已達 931 架之多，並全數裝配「都普」車身。

牽涉巨龍巴士的交通意外中，以九巴 AD2 及城巴 #870 較受關注。九巴 AD2 於 1996 年 7 月 23 日行走路線 276P 前往天水圍市中心途中，駛至粉嶺公路時因故障停靠在慢線上而被一輛貨櫃車猛撞車尾，意外導致 54 名乘客受傷；而這九巴首輛量產型巨龍空調巴士亦因底盤嚴重損毀而提早於同年年底退役。而城巴 #870 曾在 1998 年 1 月 20 日的農曆大年初三行走路線 118 前往深水埗途中，於灣仔杜老誌道天橋翻側，意外造成 5 死 17 傷；巴士其後獲得修復重投服務。

成功研發　雙層空調巴士

原屬「空運龍」的新巴 DA94(GR9765) 採用城巴相同的車廂規格，與剛翻髹的城巴 #834(GM7811) 合照。

另外，城巴於 2000 年斥資 500 萬研究無軌電車計劃，以解決由公共交通工具產生的路邊污染問題。城巴以當時僅六年車齡的 #701 進行全面改裝，當中包括需要將以往由柴油引擎所帶動或輔助的動力、制動、轉向、空調等系統改以電力馬達運作及配套，連接車頂新加設的一對集電桿。整個無軌電車研究計劃主要在城巴位於海洋公園旁的車廠內進行，設置 18 桿電柱承托兩組架空電纜，並以經改裝的無軌電車在場內繞場測試，模擬停站、超車等日常市內運作，試驗為期約半年。然而運輸署就《香港引進無軌電車系統的可行性研究》中指出香港並無引入無軌電車的需要，僅建議將來在新發展區域應用無軌電車系統。城巴無軌電車計劃亦無疾而終。

中巴的港島巴士專營權於 1998 年轉由新巴接手，新巴並以港幣 3.35 億元向中巴購入

710 輛中巴大部分車隊，當中包括 92 輛 11 米「丹尼士」禿鷹雙層空調巴士。新巴於同年年底陸續安排轉髹新巴標準車身色彩，並在 2000 年有關巴士年驗時翻新車廂，包括全車改為 2+2 座位排列的獨立座椅、更換新款冷氣出風口；當中 DA69 更試驗性換上橙色扶手柱，而 DA57 至 DA92 等較新的三批共 36 輛禿鷹巴士亦更換上「Hanover」電子路線牌。

1999 年，香港空運貨站將旗下 6 輛員工接送巴士出售，當中包括 4 輛「丹尼士」巨龍 12 米和 2 輛「富豪」奧林比安 12 米巴士，最終由新巴悉數購入。新巴為 4 輛前「空運龍」以車隊編號 DA93 至 DA96 編入車隊，由於車廂仍為 3+2 座位編排未作改動，巴士以上層座位 67 個、下層座位 42 個及企位 35 個等共 144 人的總載客量，成為新巴車隊中載客量最高的空調巴士。其後巴士獲安排翻新，車廂重鋪紫色防滑地台膠、轉用 2+2

座位編排並拉闊行距，令總載客量減至 129 人；同時亦轉用「Hanover」電子路線牌。

城巴於 2002 年開始安排將旗下巨龍空調巴士翻新車廂，包括更換車廂防滑地台膠、轉用為 2+2 座位編排、更換車廂扶手柱顏色等。隨着城巴巨龍巴士車齡漸高，城巴亦先後引入「ADL」Enviro 400 型及 Enviro 500 型雙層低地台巴士，巨龍巴士最終於 2012 年至 2015 年間相繼退下火線，並於同年 5 月悉數退出載客行列。

新巴由 2004 年至 2009 年間逐步替換首批禿鷹空調巴士，當中 DA1 至 DA13、DA17、DA29 及 DA30 退役後轉售至英國及杜拜繼續載客生涯，而 DA14、DA16、DA21 至 DA23、DA27、DA28 則獲英資大巴士觀光有限公司購入，並改裝成開篷空調巴士作本地觀光用途。2007 年底，新巴委託周大福企業旗下的城巴將 DA66 改裝為開篷空調巴士，以安排行走山頂纜車接駁路線 15C。改裝工程與大巴士改裝開篷空調巴士一樣一絲不苟，上層車廂採用開篷設計，而下層車廂則維持有空調，並在樓梯位置設置風閘減低冷氣流失。而隨着最後一輛禿鷹空調巴士 DA90 於 2015 年 9 月正式除牌退役後，禿鷹及巨龍巴士正式全面撤出新創建集團車隊行列。

至於對岸的九巴，首輛「丹尼士」巨龍空調巴士樣板車 AD1 於 2007 年 5 月 22 日正式退役，為其餘數百輛巨龍空調巴士步入晚年的退役潮揭開序幕。2014 年 6 月 25 日，全港最後一款以 3+2 座位排列的「丹尼士」巨龍 9.9 米在當晚完成載客服務後悉數退役，九巴並於翌年將全港最後一輛配有 3+2 座位的巴士 ADS143 加入古董巴士行列。

2015 年 3 月 26 日，九巴旗下「丹尼士」巨龍 11 米退出載客行列，標誌所有載客車隊提升至歐盟二期以上的環保排放標準。當中 AD53、AD68、AD108、AD110 至 AD112、AD115、AD117、AD118、AD121、AD123、AD124、AD128、AD134、AD135、AD138 至 AD140、AD143、AD187、AD234、AD237 及 AD238 等 23 輛巴士退役後相繼轉為訓練巴士，至 2016 年 9 月悉數退役為止。

2015 年 8 月，九巴的「丹尼士」巨龍 12 米亦開始退役，最後 2 輛 3AD169 及 3AD170 服務至 2016 年 7 月 26 日牌照到期後退役。餘下的 50 輛「丹尼士」巨龍 9.9 米巴士，晚年仍活躍於沙田及荃灣區內路線，並於 2017 年夏天悉數退役，象徵本港自 1982 年開始引入的「丹尼士」統治者（Dominator）車系正式完成歷史使命。

九巴 AD336(HC1507) 臨退役前貼上特別的橫額車身廣告，標誌其服務即將走進歷史。

Scania N113DRB

「紳佳」N113DRB

在英國「利蘭」車廠和「丹尼士」車廠先後於 1989 年及 1990 年成功向本港引進雙層空調巴士後，瑞典「紳佳」車廠亦於 1993 年供應 2 輛 N113DRB 型雙層空調巴士樣板車予九巴進行試驗，並獲九巴編配車隊編號 AS1 及 AS2。

🚌 九巴於 1993 年接收兩輛「進步環保巴士」，其後 AS1(FU482) 回復標準空調巴士車身色彩後被派往行走路線 42C。

在日漸被受注重的環保聲音中，新巴士採用符合歐盟一型廢氣排放標準的原廠 DS11-74 型 11 公升橫置式環保引擎，最大馬力輸出達 274 匹，波箱則選用上西德「福伊特」DIWA 863 型三前速全自動波箱。這是繼 1992 年九巴在 2 輛「丹尼士」巨龍雙層空調巴士上試用「吉拿」LG1200 型歐盟一型引擎後，正式引入的全新環保巴士。

🚌 九巴 AS2(FU2948) 於 1997 年底獲安排支援龍運巴士路線 E31，旁為龍運巴士當時簇新的超低地台巴士。

有別於一般後置引擎巴士採用車頭前置式的引擎冷卻水箱，「紳佳」N113 巴士的冷卻水箱則置放在巴士底盤右側；配合裝配有巨型滅聲鼓的密封式引擎室，令乘客無論置身於車內、車外，皆能感受得到其寧靜的表現。故此九巴特別為這款「紳佳」N113 巴士命名為「進步環保巴士」。

九巴的「紳佳」N113 巴士選用上英國「亞歷山大」RH 型車身，以 CBU 形式在位於蘇格蘭中部 Falkirk 的裝嵌廠房完成車身組裝工序後才原車付運來港。這款經改良的「亞歷山大」RH 型車身用上了較弧形的擋風玻璃設計，而由於「紳佳」N113 巴士車頭不設引擎冷卻水箱，故車頭鬼面罩上安裝上較大型的「SCANIA」廠徽，別樹一幟。

車廂方面，由於要遷就巴士底盤設計，令乘客要踏上三級梯階才能進入車廂地台，較「利蘭」奧林比安雙層空調巴士的兩級梯階高出一級。車廂內設有 102 個座位，包括上層 3+2 形式排列的座位 63 個及下層座位 39 個。下層車廂扶手柱特別採用綠色凹凸坑紋設計，而為符合車廂高度不少於 1.72 米的法定規例，下層車廂後半部的冷氣通風槽分設

🚌 九巴「紳佳」N113 巴士是路線 2A 的主力之一，AS2(FU2948) 亦曾長時間於有關路線服務。

九巴「紳佳」N113 的量產型巴士，車身地台較其他巴士為高。

投入服務後的九巴 AS11(GW2033) 行走路線 2A，途經當年即將關閉的啟德機場。

於左右兩旁的座位之上。遂令「紳佳」N113 新巴士成為全港車身最高的空調巴士車款。車頭頂部兩旁更設有車高顯示燈，屬英國標準，目的是讓其他道路使用者得悉車輛的高度闊度，以加強道路安全。

新巴士於 1993 年夏天以純白色的車身塗裝抵港，並由「紳佳」的香港代理瑞典汽車接收。在通過運輸署車輛檢定測試後，首輛新巴士 AS1 於同年 10 月 7 日獲發車輛登記，下層車廂企位限額定為 23 人，令全車總載客量達 125 人。九巴於 10 月 9 日隨即假尖沙咀新世界中心舉辦「進步環保巴士」記者招待會，正式向傳媒介紹九巴最新引進的環

九巴「紳佳」N113 巴士底盤，被駛到屯門巴士車身裝嵌廠房準備進行車身組裝工序。

保巴士；而另一輛 AS2 則於 10 月 18 日完成車輛登記。2 輛「紳佳」N113 新巴士投入服務後，被派往行走過海隧道巴士路線 300，來往太子地鐵站及上環德輔道中，並穿梭旺角彌敦道鬧市、紅磡海底隧道及中環商業區等以作宣傳。

「紳佳」N113 巴士的表現獲得九巴肯定，九巴遂於 1996 年進一步引入 20 輛同型號巴士，車隊編號 AS3 至 AS22。機械配置上，新巴士改為配備符合歐盟二期排放標準的 DSC11-24 型引擎，是全港首批配備歐盟二期引擎的雙層巴士；波箱則選用上「福伊特」DIWA 863.3 型三前速全自動波箱。

車身方面，這批以 CKD 散件形式在九巴屯門車身裝嵌廠內組裝的「亞歷山大」RH 型車身在外觀上沒有多大變化，只是位於車尾的路線顯示牌改設於太平門下方。車廂內的扶手則轉用黃色凹凸坑紋設計，上層車廂亦轉用 2+2 座位編排，令全車載客量有所調整，包括上層座位 53 個、下層座位 37 個及企位 33 個，總載客量 123 人。

然而新一批巴士配備新設計的「Nippondenso」空調機組，車廂內外傳來空調機組的運作聲響，令原先標榜寧靜的「進步環保巴士」美喻打了折扣。新巴士於 1996 年 7 月至 8 月間相繼投入服務，早期主力行走路線 2A 及 98A 等爬坡路線，後期才全數調往荔枝角車廠。

🚌 九巴「紳佳」N113 較少獲安排披上全車身廣告，AS9(GW1558) 就是較少數的一員。

🚌 九巴 AS18(GW3430) 獲工程部套上原屬「紳佳」N113 樣板巴士的車輪輪圈蓋。

2010 年 3 月 11 日，接近 17 年車齡的樣板車 AS2 因機件故障不獲維修而率先退役，翌年 6 月，另一樣板車 AS1 亦因年事已高而退下火線。及至 2014 年 1 月 7 日，AS5 退役，標誌着量產型 N113 巴士邁進退役階段。九巴最後 1 輛「紳佳」N113 巴士 (AS21) 在同年 8 月 22 日晚上被安排行走路線 87A 取消前的尾班車，為九巴的「紳佳」N113 巴士及路線 87A 的服務雙雙劃上句號。

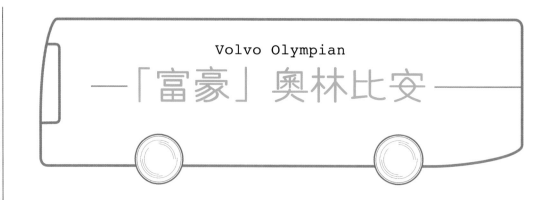

Volvo Olympian

「富豪」奧林比安

在香港的「利蘭」巴士數目市場佔有率日漸提高之際,其實自 1988 年英國「利蘭」車廠早已被瑞典「富豪」車廠收購,只是「富豪」車廠仍然以「利蘭」品牌外銷奧林比安巴士車系至海外。直至 1993 年「富豪」正式結束「利蘭」車廠位於英國 Workington 工廠的巴士底盤生產線,才正式以「富豪」的自家品牌改良奧林比安底盤上超過一半的原有部件設計,再轉而至「富豪」車廠位於蘇格蘭 Irvine 的工廠重新推出市場。

1993 年,在「富豪」推出改良版奧林比安底盤後,生產了 10 輛樣板奧林比安底盤,當中 1 輛底盤編號 #25005 預留予城巴、而另外 3 輛底盤編號 #25006、#25007 及 #25009 則屬九巴的訂單。

🚌 首輛裝配有「亞歷山大」RH 型雙層車身的「富豪」奧林比安於 1993 年 8 月以一身純白色的車身運抵香港。

🚌 中巴以 VA12(GE7388) 為旗下機場巴士路線 A20 作流動宣傳。

🚌 九巴 3AV50(GC8347) 為車隊中首批 12 米空調巴士，亦是車隊中首批正式轉用塑膠路線牌顯示服務路線及目的地的巴士。

1993 年 8 月，首輛裝配有「亞歷山大」RH 型雙層車身的「富豪」奧林比安，以一身純白色的車身運抵香港。這輛底盤編號 #25009 的新巴士，屬 10 輛樣板奧林比安底盤之一，全長 11 米。機械方面，引擎採用「富豪」TD102KF 型 10 公升柴油引擎，波箱則選用「ZF」4HP500 型四前速全自動波箱。

「富豪」奧林比安樣板巴士獲安排於蘇格蘭 Falkirk 裝嵌廠房完成「亞歷山大」車身組裝工序後，以 CBU 形式原車付運來港；外觀上，車身與九巴最後一批引進的「利蘭」奧林比安空調巴士沒有兩樣，只是新巴士的車頭及車尾頂部兩旁裝有高度顯示燈，以及在俗稱「鬼面罩」的車頭水箱欄柵上安裝有長斜條形「富豪」車廠廠徽，而車頭路線牌則採用整幅式號碼牌布。

🚌 捷達巴士開辦屋邨巴士路線 801R 染指本地非專利巴士業務，欲以城巴模式以非專利巴士業務作為踏腳石進軍專利巴士業務。

🚌 九巴特別引入 12 輛配以高背座椅並加裝收音機及廣播系統的「富豪」巴士，以行走全新路線 100 過海穿梭快線。

車廂內則裝設有綠色凹凸坑紋扶手柱，全車設有 102 張獨立座椅，包括上層以 3+2 形式排列的座位 63 個及下層座位 39 個。經過運輸署的車型檢訂後，下層設有企位 29 個，全車總載客量 131 人；並順利於 1994 年 1 月 10 日獲發車輛登記編號 FW5572，九巴並以編號 AV1 編入車隊。投入服務前，巴士車身獲噴回九巴標準空調巴士車身的兩條紅線、黑色防撞桿和灰色裙腳；較特別的是車頭大燈燈殼獲安排油上黑色。投入服務後獲安排行走路線 300 來往太子地鐵站至上環德輔道中。

1993 年，在「富豪」樣板巴士尚未來港前，城巴早已率先訂購 15 輛奧林比安 12 米巴士，車隊編號 #397 至 #411；而在這之先，更有 1 輛車隊編號 #396 的「富豪」奧林比安巴士，底盤編號正正是早前預留予城巴的 #25005 樣板奧林比安底盤，以作為因 1992 年聖誕節凌晨火炭車廠火警而報廢的「利蘭」奧林比安空調巴士的賠償。

城巴 #396 至 #411 同樣裝嵌上「亞歷山大」RH 型雙層車身，3+2 形式排列的標準規格下，上層共設有座位 68 個、下層座位 42 個及企位 37 個，全車載客量 147 人。城巴除 #396 特別裝上「富豪」TD102KF 引擎配上「ZF」4HP500 型波箱外，#397 至 #411 全都選用「康明斯」LT10 引擎。全數城巴以原車裝嵌形式付運來港，並於 1994 年初陸續投入服務，主要行走南區路線服務香港仔及鴨脷洲一帶。其後城巴進一步增購 15 輛規格相同的奧林比安空調巴士，車隊編號 #412 至 #426。

與此同時，九巴亦首次引入「富豪」奧林比安 12 米巴士，為數 50 輛，車隊編號 3AV1 至 3AV50。九巴同樣為新巴士選配「亞歷山大」RH 型雙層車身，在屯門巴士車身裝嵌廠組裝車身，路線牌箱亦正式轉為採用塑膠路線牌顯示服務路線及目的地；而骨子裏亦選用了「康明斯」LT10-B250 型引擎和「ZF」4HP500 型波箱。車廂佈局上，全車採用黃色凹凸扶手柱；上層同樣以 3+2 形式排列，共設有座位 68 個，下層則設座位 43 個及企位 26 個，全車載客量 137 人。新巴士在 1994 年 7 月至 8 月間相繼完成車輛登

🚌 中巴 VA50(GW8272) 以一身雪白車身色彩配以上下
各一條藍色彩帶的中巴標準空調巴士車身色彩示人。

記投入服務，隨即被安排行走各條乘客量較多的過海隧道巴士路線，以及長途巴士路線81C、98D、271 和 276P 等。

另外，九巴亦增購兩批共 100 輛奧林比安 11 米巴士，車隊編號 AV2 至 AV111；當中首批共 85 輛無論在機械配搭上還是與車廂佈置上，均與 12 米版本沒有兩樣，而次批共 15 輛則改用上「富豪」TD102KF 引擎。新巴士緊接着 12 米版本在屯門裝嵌廠組裝車身的檔期，組裝完成後兩批巴士分別於 1994 年 8 月至 1995 年 1 月及 6 月至 7 月間先後投入服務，九巴同樣將新巴士投放在過海隧道巴士路線及主幹線上服務。

城巴繼 1992 年向「利蘭」車廠訂購 33 輛奧林比安 10.4 米巴士後，1994 年續向「富豪」車廠增購為數 10 輛經改良的奧林比安 10.4 米巴士，車隊編號 #239 至 #248，同樣採用單門車身設計。新巴士續使用「富豪」奧林比安的全新標準機械配搭，即「富豪」TD102KF 歐盟一型引擎配上「ZF」4HP500 型波箱。車廂載客量可達 114 人，包括上層座位 49 個、下層座位 36 個及企位 29 個。

除了城巴為香港帶來 10 輛配「亞歷山大」RH 型單門車身的「富豪」奧林比安 10.4 米巴士外，中華電力公司亦向「富豪」車廠訂購 2 輛奧林比安 12 米巴士，同樣選用「亞歷山大」RH 型單門車身，這個配搭在「富豪」奧林比安巴士的八年生產期內生產的

新美景集團於 1996 年在廣州增城客車廠增闢生產線，替九巴組裝新巴士車身，以加快空調巴士引入的步伐。

4751 輛絕無僅有。新巴士沿用豪華巴士車廂的設計，備有車窗窗簾、全車採用高背絲絨座椅，設有上層座位 57 個、下層座位 45 個，不設企位，全車總載客量 102 人。由於屬城巴負責管理，城巴特別編配車隊編號 #315 至 #316。

至於另一邊廂的中巴，繼 1991 年引入「利蘭」奧林比安 11 米空調巴士後，1994 年續向「富豪」車廠引入 30 輛奧林比安 11 米空調巴士，車隊編號 VA1 至 VA30。機械配置上，新巴士選用「康明斯」LT10-B250 型引擎，配以「ZF」4HP500 型波箱。新巴士採用的「亞歷山大」RH 型車身，並在柴灣車廠內組裝車身。外觀上仍然以舊有「利蘭」空調巴士的車身設計，並採用以白色為主調的全新空調巴士車身色彩示人；車廂內則採用綠色凹凸紋扶手柱，座椅亦採用一貫佈局。新巴士於 1994 年 9 月至 1995 年 1 月間相繼投入服務，服務範圍遍佈各區如南區路線

38、590；過海隧道巴士路線 112、115、116、680、691；晨早特快路線 300、307 及東區走廊特快路線 780 等。

1994 年 1 月，捷達巴士開辦屋邨巴士路線 801R 染指本地非專利巴士業務，欲以城巴模式以非專利巴士業務作為踏腳石進軍專利巴士業務。在首批「富豪」B10M 單層空調巴士投入服務後，遂向「富豪」車廠再訂購 6 輛奧林比安 12 米空調巴士。機械配置方面，則採用「富豪」TD102KF 引擎配上「ZF」4HP500 型波箱。車廂佈局以 3+2 座位形式編排，設有上層座位 68 個、下層座位 42 個及企位 36 個，總載客量 146 人。新巴士在翌年 4 月至 5 月間相繼投入服務，車隊編號 #6 至 #11，並行走新增設的路線 802R。有關路線實屬路線 801R 加設沙田怡城坊站點的延伸，路線 802R 巴士在怡城坊總站開出

後，會前往路線 801R 的博康邨總站接載乘客，再前往港澳碼頭總站；故「富豪」奧林比安巴士上的路線牌布，會同時顯示兩條路線號碼。

城巴於 1995 年至 1996 年間亦先後分四張訂單分別增購 12 輛、46 輛、20 輛「富豪」奧林比安 12 米空調巴士及 50 輛奧林比安 11.3 米空調巴士，以拓展其專利巴士及非專利巴士車隊。機械配置上，全數改用「富豪」TD102KF 引擎配上「福伊特」DIWA-863.3 型三前速全自動波箱。三批增購的奧林比安 12 米訂單，車隊編號 #427 至 #504；當中 #427 至 #484 裝配有「亞歷山大」RH 型雙層車身，而餘下 #485 至 #504 則首次選配「Northern Counties」Palatine I 型雙層車身，以便新巴士能在不同車身廠同時間組裝車身以縮短新巴士交付時間。

「Northern Counties」雙層車身首次由城巴引進香港，在英國西北部曼徹斯特郡位於 Wigan 的車廠組裝車身，其車窗按城巴要求採用方角黏貼式設計，有別於車廠慣用的圓角入膠芯設計；除 #503 試用車頭電子路線牌外，其餘巴士的車頭路線牌均採用三格獨立數字的路線號碼牌布，而車側及車尾路線牌則採用電子跳字牌顯示；而上層車頭亦特別安裝有大型樹擋，惜最後城巴未有採用便移除樹擋。巴士車廂佈局改以 2+2 座位形式編排，設有上層座位 57 個、下層座位 42 個；因「Northern Counties」車身的骨架以扎實見稱，相對車身亦較重，故只設有企位 33 個，較採用「亞歷山大」車身的巴士少 3 個，總載客量 132 人。

🚌 城巴於 1996 年引入選配「Northern Counties」Palatine I 型雙層車身的「富豪」奧林比安巴士，以縮短新巴士交付時間。

🚌「富豪」奧林比安巴士底盤運抵香港後攔在九巴車廠，以待安排組裝巴士車身。

1995 年，城巴 #427 在付運前參與了英國 Showbus 巴士大集會，而 #484 亦曾代表「亞歷山大」車廠在英國出席商用車展覽。另外披上「Northern Counties」雙層車身的 #485 亦在 1996 年離開英國前出席英國威爾斯的巴士大集會。78 輛 12 米新巴士抵港後，於 1995 年 7 月至 12 月及 1996 年 7 月至 10 月間相繼投入服務，當中 #427 至 #446 及 #450 等 21 輛新巴士亦先後被編為非專利巴士。

而城巴另一批引進的 50 輛「富豪」奧林比安 11.3 米空調巴士的目的，則為應付一些 12 米巴士行走時有欠靈活性而 10.4 米巴士卻

九巴於 1997 年為旗下四輛「富豪」奧林比安巴士更換不同款式的電子路線顯示牌以作測試，其中之一為 AV194(GZ9930)。

未能滿足載客量的路線，如 1995 年接辦中巴「新十四」路線的半山路線 40、40M 及 103 等。新巴士車隊編號 #901 至 #950，於 1996 年 6 月至 1997 年 2 月間投入服務。新巴士採用「亞歷山大」車身，車廂佈局以 2+2 座位形式編排，設有上層座位 53 個、下層座位 38 個、企位 33 個，總載客量 124 人；載客量介乎 12 米版本的 135 人和 10.4 米版本的 114 人之間。

就在捷達巴士的非專利巴士服務踏入第三個年頭，有關的非專利路線經營未如理想，亦未能以城巴模式的翻版於 1995 年得到中巴「新十四」路線專營權，遂於 1996 年 3 月 31 日結束其非專利巴士業務，並將旗下 6 輛「富豪」奧林比安 12 米空調巴士於同年 4 月 22 日轉售予城巴，正式撤出香港；城巴則以編號 #505 至 #510 將 6 輛新成員編入車隊。

時間軸回到 1995 年 9 月，九巴續引入第二批共 70 輛「富豪」奧林比安 12 米空調巴士，以加強旗下路線空調巴士服務。新巴士車隊編號 3AV51 至 3AV120，車廂佈局率先以 2+2 座位形式編排，並全面採用高背附頭枕座椅，進一步提升車廂舒適度；全車載客量 129 人，包括上層座位 57 個、下層座位 42 個及企位 30 個。機械配置方面，新巴士選用「富豪」TD102KF 引擎配上「福伊特」DIWA-863.3 型波箱。九巴特別在其中 12 輛新巴士加裝收音機及廣播系統，以行走全新路線 100 過海穿梭快線；當中包括 3AV95 至 3AV96、3AV98 至 3AV106 及 3AV109 等。

1996 年，九巴為加快空調巴士引入的步伐，為九巴負責裝嵌巴士車身的新美景集團遂在屯門巴士車身裝嵌廠以外，再在位於廣州市郊的增城客車廠增闢生產線，替九巴組裝新巴士車身，當中包括新購置的「富豪」奧林

比安空調巴士。1996 年 8 月至 1997 年 3 月間，九巴先後引入 50 輛 12 米版本及 120 輛 11.3 米版本的「富豪」奧林比安巴士，車隊編號分別為 3AV121 至 3AV170 及 AV112 至 AV231，這 170 輛巴士分別在屯門及增城廠房組裝「亞歷山大」車身，全數採用高背附頭枕座椅及 2+2 座位編排的車廂佈局。

機械配置方面，絕大部分採用「富豪」TD102KF 型引擎配上「福伊特」DIWA-863.3 型波箱；當中 AV130、AV186、3AV137、3AV138 及 3AV165 則試用「富豪」D10A-245 型歐盟二型引擎，測試新引擎表現，以應對 1997 年 4 月開始實施的歐盟二期廢氣排放標準，而 3AV137 及 3AV138 更一併測試「ZF」4HP500 型波箱配合新引擎的行車表現。另外，九巴亦為 AV112 全車安裝「Vogelsitze」薄身座椅，而 AV112、AV180、AV194 及 AV197 亦於 1997 年更換不同款式的電子路線顯示牌以作測試；另外，AV133 則與先前投入服務的 3AV66 一併在上下層車廂試驗無間斷光管照明系統。

九巴於 1997 年 4 月至 1998 年 9 月間再一口氣引入 178 輛 12 米版本及 300 輛 11.3 米版本的「富豪」奧林比安巴士，當中 300 輛 11.3 米巴士，九巴車隊編號 AV232 至 AV531，沿用「富豪」D10A-245 型引擎與「福伊特」DIWA-863.3 型波箱的動力組合；而 178 輛奧林比安 12 米新巴士則全數轉用「ZF」4HP590 型四前速全自動波箱以便派往長途巴士路線服務，當中有 10 輛於 1997 年 5 月轉予集團旗下的全新巴士公司——龍運巴士有限公司，服務北大嶼山對外巴士路線及新機場巴士路線；其餘的則以編號 3AV171 至 3AV338 編入九巴車隊。較特別的是，九巴為當中 10 輛巴士試驗性安裝新座椅，包括 AV517、AV520 至 AV522、AV526 至 AV527、AV529 至 AV531 等試安裝俗稱「快餐椅」的「Vogelsitze」薄身座椅，而 AV528 則裝設有「Vogelsitze」厚身座椅，以測試其舒適度。

龍運的 10 輛「富豪」奧林比安 12 米巴士於 1997 年 5 月 22 日隨着青嶼幹線通車而正式投入服務，行走全新開辦的北大嶼山對外巴士路線 E31。龍運一直面對車源持續緊張，

九廣鐵路巴士部於 1997 年引入八輛「富豪」奧林比安 11 米空調巴士，車身選用「Northern Counties」Palatine I 型車身。

九巴集團旗下龍運巴士於 1998 年 5 月 22 日正式開辦首條北大嶼山對外巴士路線 E31，車隊正駛往東涌市中心總站準備投入服務。

遂於同年 8 月向母公司九巴借調 5 輛全新「富豪」奧林比安 11.3 米，車隊編號 AV238 至 AV242，並分別披上龍運的標準車身色彩及試驗色彩，當中 AV242 的車廂更裝有龍運的橙色座椅，直到翌年下半年才歸還九巴。隨着全數 175 輛新型號低地台巴士投入龍運車隊，龍運遂於 1999 年 2 月至 3 月間將 10 輛奧林比安 12 米巴士售回九巴，成為車隊中編號 3AV339 至 3AV348。

中巴方面，亦於 1995 年增購 20 輛「富豪」奧林比安 11.3 米空調巴士，車隊編號 VA31 至 VA50。新巴士沿用既有的動力組合，即「康明斯」LT10 型引擎和「ZF」4HP500 型波箱，以方便零件儲存及維修等。這 20 輛巴士在 1996 年 6 月至 8 月間投入服務，主要被派往過海隧道巴士路線 101、102、106、111、112 及 691 等。

中巴續於 1997 年向「富豪」車廠引進 14 輛奧林比安 11.3 米空調巴士，一如中巴同期引入的「丹尼士」禿鷹空調巴士，中巴對新巴士放棄了一貫富中巴特色的設計，只是務求將新巴士盡快投入服務，以增加與港

府談判新專營權的籌碼，遂完全參照九巴同期引入的「富豪」奧林比安 11.3 米空調巴士的車身設計和機械配搭，如選用「富豪」TD102KF 引擎配上「ZF」4HP500 型波箱、黏貼式方角車窗和 2+2 排列的「Trend-Tex」獨立座椅等。新巴士在翌年 1 月開始陸續投入服務，主要行走過海隧道巴士路線 102、106、111、112、1115 及 691 等；除 VA51、VA52、VA54 及 VA56 採用標準中巴空調巴士車身色彩外，其餘 10 輛均將標準空調巴士色彩的白色底色轉油銀色，故有「銀豪」之稱。「銀豪」的出現沒有扭轉中巴的命運，港府最終決定不為中巴專營權續約。

1996 年，九廣鐵路巴士部引入 8 輛「富豪」奧林比安 11.3 米空調巴士，車身選用「Northern Counties」Palatine I 型車身。與城巴的相比，車身外觀上改用了較細的車頭路線牌箱、下層擋風玻璃採用弧形設計、上車門則用上單頁式車門。車廂內採用 2+2 排列的獨立絲絨座椅，上下層樓梯組件安裝了一面圓鏡亦別具特色。新巴士於翌年初付運抵港，車隊編號 #225 至 #232，先後於 5 月至 10 月間投入服務，主要服務路線 95R

龍運巴士於 1997 年 8 月向母公司九巴借調 5 輛全新「富豪」奧林比安 11 米巴士，AV240(HH1452) 更披上紅色的龍運試驗色彩示人。

香港空運貨站於 1997 年購入兩輛「富豪」奧林比安 12 米雙層空調巴士作員工接送服務，車頭牌箱貼有「超級一號貨站」標示。

中巴於 1997 年為 10 輛簇新的「富豪」巴士以銀色底色配以藍色彩帶的車身色彩示人，故有「銀豪」之稱。

及 K2X。九鐵巴士部其後再引入 7 輛同型號巴士，車隊編號 #233 至 #239，同樣載客共 120 人，包括上層座位 53 個、下層座位 39 個及企位 28 個，並於 1998 年 8 月至 10 月間加入鐵路接駁巴士行列。

1997 年，香港空運貨站為員工巴士車隊增購 2 輛「富豪」奧林比安 12 米空調巴士，以配合新機場超級一號貨站落成啟用後員工數目增長的接送需要。新巴士的車隊編號 #5 及 #6，動力組合與九鐵的一致，其「Northern Counties」Palatine I 型車身除了上層車廂採用 3+2 座位排列外，與城巴的車廂佈局沒有兩樣。

1997 年至 1998 年仍然是城巴大舉引入「富豪」奧林比安空調巴士的時間，全數選用「富豪」D10A-245 型引擎。當中 12 米版本總數達 195 輛。在 1997 年 1 月至 6 月間投入服務的 90 輛奧林比安巴士，車隊編號 #511 至 #585 及 #621 至 #635，採用「亞歷山大」RH 型車身，其中 #511 至 #555 選用附頭枕座椅，#536 至 #585 的座椅上設有手提行李架。另一批共 35 輛於 1997 年 11 月至 1998 年 4 月間引入，車隊編號 #586 至 #620，則選用「Northern Counties」Palatine I 型車身，車廂佈局方面，車廠誤裝上紅色凹凸紋扶手柱，有別於慣常使用的黃色。最後引入的 70 輛於 1998 年 6 月至 8 月間相繼投入服務，車隊編號 #636 至 #699 及 #324

至 #329，重新採用「亞歷山大」RH 型車身，全數改配「ZF」5HP590 型五前速全自動波箱，以安排行走新界大西北來往港島的長途巴士路線。城巴更特意將原屬 #511 至 #555 的附頭枕座椅與 #655 至 #699 的普通座椅對調，讓長途巴士路線的乘客乘坐附頭枕座椅時更感安全和舒適。

而除了奧林比安 12 米空調巴士，城巴亦於 1998 年向「富豪」車廠引入 90 輛 11.3 米版本，全數採用「亞歷山大」RH 型車身；當中 #951 至 #980 選用「福伊特」DIWA-863.3 型波箱，而 #981 至 #1040 則選用「ZF」4HP500 型波箱。全數奧林比安巴士於同年 2 月至 10 月間相繼投入服務，同時亦成為最後一批供港的「富豪」奧林比安巴士。

由 1993 年至 1998 年間，「富豪」車廠生產予香港的奧林比安空調巴士總數共 1452 輛。

1997 年，中華電力公司因應青衣發電廠停產而將資源整合至龍鼓灘發電廠及青山發電廠，員工巴士車隊有過剩現象。遂將旗下車隊的 17 輛巴士中的 2 輛「富豪」奧林比安

巴士 #315 及 #316 連同 4 輛「利蘭」奧林比安巴士轉售予城巴。城巴將巴士翻髹為一身標準城巴色彩，並換上路線地點牌布後投放在非專利巴士服務。直到 2005 年，城巴將 #316 轉售予英國巴士公司 Beestons (Hadleigh) Ltd 繼續載客生涯。2007 年 #315 因應深圳灣路線開通而曾一度轉投專利巴士服務，直到 2017 年 1 月才正式退役。

1998 年，中巴的港島巴士專營權易手，新營辦商新巴購入 62 輛「富豪」奧林比安雙層空調巴士，餘下 VA62 及 VA64 由中巴保留作非專利巴士。新巴除陸續翻油車身為新巴標準車身色彩外，於翌年開始為這批巴士進行翻新車廂，包括更換地台膠及車廂內壁、增設暖氣系統，連帶原有綠色凹凸紋扶手柱亦換上藍色新裝；最後亦將原先 3+2 座位排列的座椅更換為 2+2 座位排列的「New China」座椅，而最新的一批奧林比安巴士則保留「Trend-Tex」座椅而換上紫色花紋椅套。新巴更將 VA31 至 VA50 下層車廂的四排座椅拆去，改為「大水塘」空間增加車廂企位；另外亦為 VA31 至 VA61 及 VA63 更換上「Hanover」電子路線顯示牌。

🚌 城巴 #987(HT4739) 乃英國「亞歷山大」車廠第 500 輛冷氣雙層巴士運抵城巴。

🚌「富豪」奧林比安空調巴士，可說是城巴業務發展中重要的一員。

🚌 九巴為慶祝雙層巴士服務 50 載而在旗下
AV456(HT3866) 鬈上特別宣傳廣告。

九巴亦在 1998 年至 1999 年間把旗下所有採用 2+2 座位排列的「富豪」奧林比安空調巴士下層車廂的座位拆除，改裝成企位，增加載客量。城巴亦於 2001 年為 #511 至 #535 拆除下層部分座位改設企位，令下層座位數目減至 28 個，而企位數目則增至 55 個，總載客量提升至 140 人。

原為中巴所保留的「富豪」奧林比安雙層巴士 VA62 及 VA64，最終於 2001 年售予城巴，城巴同時將 1 輛「富豪」單層巴士轉售予中巴，並獲租用中巴柴灣車廠，直至位於常安街 38 號的城巴柴灣車廠啟用。轉投城巴旗下的 VA62 及 VA64，獲安排以編號 #1041 及 #1042 編入車隊，車廂內仍然保留舊有車廂佈局及「Trend-Tex」座椅，只換上標準城巴車身塗裝及「LiteVision」電子路線顯示牌，亦成為城巴唯一採用單頁式上車門的巴士。2 輛巴士於同年 5 月 5 日重新投入服務，行走昔日中巴的過海隧道巴士路線 102。

2003 年 11 月，九鐵向新巴租用 35 輛專利巴士，當中包括 4 輛「利蘭」奧林比安巴士及 31 輛「富豪」奧林比安巴士，並獲發臨時車隊編號 K201 至 K235，全以新巴標準車身色彩配以九廣鐵路標誌示人，主要支援臨時路線 506、特快輔助路線 K2P 及臨時路線 K76 等，至 2004 年 11 月才退回新巴。其後新巴再將退回的 VA4、VA19、VA26、VA27 及 VA30 短期轉租予城巴，行走非專利巴士路線。2007 年 12 月，隨着兩鐵合

新巴為旗下「富豪」奧林比安空調巴士進行車身翻髹，VA21(GF8579) 披上新巴標準車身色彩行走路線 905 前往荔枝角。

在中巴專營權易手後獲中巴保留的 VA62(HP9730)，終於 2001 年轉售城巴；並於同年 5 月 5 日首航過海隧道巴士路線 102。

併，九鐵巴士部旗下 15 輛「富豪」奧林比安巴士亦悉數租借予港鐵公司，繼續營運港鐵接駁巴士路線。

2009 年 10 月，新巴推出「人力車觀光巴士」路線 H1 及 H2 服務，並將 VA51 至 VA55 等 5 輛「富豪」奧林比安巴士改裝為開篷觀光巴士。直到 2015 年 4 月，城巴非專利部旗下的 4 輛「利蘭」奧林比安開篷巴士因受「強制淘汰歐盟四期以前柴油商業車輛」環保政策而強制退役，新巴遂將 VA51 及 VA54 轉投城巴非專利部繼續營運，城巴車隊編號為 #22 及 #23；其餘 3 輛則予以退役；而原

有人力車觀光巴士的車隊則以新一批雙層低地台巴士改裝替代。

另外，九巴亦於 2011 年為 AV408 加裝氨素缸，試驗性將巴士達到歐盟四期廢氣排放標準；城巴同樣於 2012 年替 #555 進行相同測試。

2014 年，城巴將 10 輛「富豪」奧林比安 12 米空調巴士以招標形式出售，當中包括 #621 至 #627、#629、#631 及 #633，隨後於同年 3 月正式轉售予新巴，車隊編號 VA67 至 VA76，全數車身披上新巴城巴車長招聘廣告示人，並於 3 月 13 日開始陸續投入服務。同年 4 月，城巴再將 10 輛「富豪」奧林比安 12 米空調巴士包括 #570 至 #577、#579 及 #580 轉投非專利部；其後 #951 至 #954、#961 至 #970、#986 至 #988、#991 及 #601 至 #610 亦先後加入旗下非專利巴士行列。

2016 年，面對來往愉景灣至欣澳及東涌的巴士服務需求增加，愉景灣巴士進一步擴充雙層巴士車隊，在全新巴士抵港前，遂向城巴購入 4 輛「富豪」奧林比安 12 米巴士，包括 #570、#572、#579 及 #580，並在城巴車廠髹上愉景灣巴士的車身色彩後，正式投入服務，車隊編號 DBAY215 至 DBAY218，主要行走路線 DB03P 來往愉景北商場至欣澳。

「富豪」奧林比安空調巴士自 1994 年投入服務以來，隨着年事已高，九巴 AV1 於 2011 年 7 月 15 日率先退役；部分則被安排在退出載客行列後轉為訓練巴士。九巴 3AV1 於

🚌 新巴 VA53(HN9798) 於 2009 年 10 月獲安排改裝為開篷觀光巴士,以行走「人力車觀光巴士」路線 H1 及 H2 服務。

2012 年 4 月退役後成為九巴訓練學校首輛 12 米空調訓練巴士,其後 3AV2 至 3AV5、3AV7 至 3AV9、3AV13、3AV14、3AV18 至 3AV20 及 3AV49 亦先後加入九巴訓練學校;而九巴亦安排 22 輛「富豪」奧林比安 11.3 米巴士退役後改裝為訓練巴士。城巴更於同年 2 月已將「富豪」奧林比安 10.4 米巴士 #239、#245、#241 及 #243 改裝為訓練巴士,訓練車隊編號為 T6 至 T9;新巴 VA27 則接續以訓練車隊編號 T10 加入培訓新車長行列。2015 年,新城兩巴再將部分奧林比安巴士退役後改裝為訓練巴士,當中包括城巴 #560、#561、#563 及 #569,訓練車隊編號 T15 至 T18;而原新巴 VA56、VA58 至 VA60 退役亦加入訓練巴士行列,訓練車隊編號分別成為 T23、T21、T20 及 T22。

2014 年至 2015 年間,港鐵旗下 15 輛「富豪」奧林比安巴士在服役 17 個年頭後,先後退役。而隨着新巴最後 1 輛「富豪」奧林比安空調巴士 VA55 於 2015 年 10 月 20 日最後一日服務後退出載客車隊行列,標誌着向中巴購入的二手巴士正式完成歷史使命退出載客服務,新巴車隊於同日全面低地台化。九巴「富豪」奧林比安 11.3 米巴士亦於翌年 9 月悉數退出載客車隊行列。現時,只餘下城巴非專利仍有使用「富豪」奧林比安空調巴士載客服務,預計會於 2018 年全數退下火線。

🚌 城巴 #579(HD7684) 於 2016 年轉投愉景灣巴士車隊,成為 DBAY217,行走路線 DB03P 來往愉景北商場至欣澳。

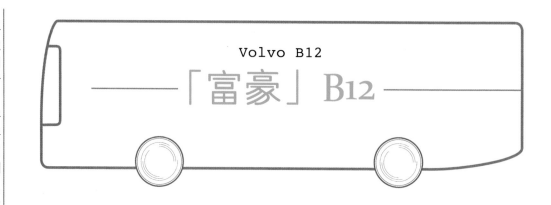

Volvo B12

「富豪」B12

九十年代中期，中港過境直通巴士市場的競爭愈趨激烈。為提升競爭力，城巴遂物色新型巴士加入過境巴士車隊，最終為香港市民帶來「富豪」B12型雙層豪華客車，一新其耳目。

🚌 城巴於 1995 年引入「富豪」B12型雙層豪華客車，一新香港市民耳目。

「富豪」B12屬瑞典「富豪」車廠旗下一款旗艦級後置引擎的客車底盤，於 1991 年正式投產。機械配置上，由一副縱置式引擎帶動波箱以驅動中軸，是典型歐洲雙層客車規格。這種以中軸作為驅動軸的雙層巴士底盤，在設計上能有效平均分配各車軸的載重量；同時亦因底盤的縱置式引擎擺放設計，更直接帶動波箱驅動中軸，動力損耗會較橫置式引擎為少。

PART 11

回說城巴在 1995 年向「富豪」車廠引入的 B12 客車，在機械配置上採用上原廠 TD123E 直列式六汽缸渦輪增壓引擎，引擎容積達 11,978cc，最大馬力輸出為 356 匹；而波箱則選用「ZF」5HP700 型五前速全自動波箱，特別適合在公路上馳騁。車身方面，則選用了比利時「Jonckheere」Monaco 車身，車身全長 11.98 米、闊 2.49 米，高度僅 4.01 米；最耀目的是車頭上下層的巨幅擋風玻璃，與及車身兩旁的車窗，既闊且深，在在令車上乘客擁有絕佳的視野。全車載客量 73 人，包括上層座位 57 個及下層座位 16 個，全為高背豪華獨立座椅；下層中門前設有對座，中間裝設有小桌子，而中門後則設有洗手間、行李艙及通往上層車廂的樓梯。

🚌「富豪」B12 型雙層豪華客車的儀錶板配置，儀錶顯示一目了然。

🚌 城巴 #2001(GT3740) 及 #2003(GT3752) 在深圳皇崗口岸，準備前往廣州。

「富豪」B12 型雙層豪華客車的車頭上下層巨幅擋風玻璃，與及車身兩旁的車窗，既闊且深，令車上乘客擁有絕佳的視野。

1996 年 1 月 20 日，首批共 3 輛的簇新「富豪」B12 客車以鮮黃色的車身色彩付運抵港，其餘 2 輛則於稍後緊隨來港，城巴車隊編號 #2001 至 #2005；在同年 2 月完成運輸署一系列車輛評定測試後，5 輛新巴士先後獲發車輛登記，並在取得國內過境車牌後投入中港過境直通巴士服務，主要行走香港至廣州花園酒店的直通巴士路線。馳騁於廣深高速公路，城巴的「富豪」B12 客車裝配有定速巡航系統，在時速 80 公里以上時司機能以軚盤旁的控制桿鎖定電子油針，以減輕司機長期腳踏油門踏板的疲憊；遇有路面突發情況，司機亦只需輕踏刹車踏板或油門踏板便可解除系統鎖定。

然而，邁向千禧年代，廣東省公路網日漸完善，與及廣深線鐵路提速縮短行車時間，不少乘客改由深圳乘坐國內大巴或廣深線鐵路；加上各間過境直通巴士營運商紛紛採取割喉式減價以保客源，競爭更見激烈。城巴先後減低過境巴士路線收費，仍免不了廣州、東莞、樟木頭等路線的乘客量大跌。最終城巴仍難敵經營環境轉變，於 2000 年 12 月底取消深圳灣、東莞及廣州等路線的過境直通巴士服務。

自從城巴「富豪」B12 客車從過境直通巴士服務中淡出，5 輛客車日常仍有行走本地非專利巴士路線，如置樂花園屋村巴士路線 79R、沙田第一城屋村巴士路線 88R 及海洋公園專線 629 等。直到 2001 年 3 月底，城巴正式替全數「富豪」B12 客車除牌，最終於同年 7 月轉售予新西蘭 Ritchies Transport Holdings 延續其載客生涯。

成功研發　雙層空調巴士

🚌 城巴 #2002(GT2767) 的跨境車牌已除去，然而上層車尾仍然貼有跨境路線宣傳資料。

🚌 城巴「富豪」B12 型雙層豪華客車選用了比利時「Jonckheere」Monaco 低矮式車身，全車高度只有四米。

PART III

傷健共融　超低地台空調巴士

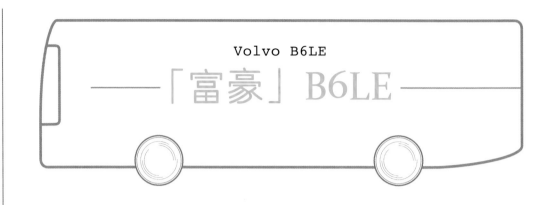

Volvo B6LE

「富豪」B6LE

城巴自 1995 年引入「富豪」B6R 型中型單層巴士後，欲向「富豪」車廠進一步增購相關產品。適逢當時港府大力推動傷健共融的理念，發展無障礙設施；而外國巴士生產商亦開始意識到社會對無障礙運輸的需求，遂對新一代超低地台巴士進行開發設計，最終向城巴引進「富豪」B6LE 型中型單層超低地台巴士。

1996 年 3 月 30 日，首批共兩輛超低地台巴士正式登陸香港，新巴士裝配上「Plaxton」Pointer 單門車身，全長 10.48 米、闊 2.44 米、2.98 米。機械配搭方面，「富豪」B6LE 型巴士沿用 B6R 型巴士的原廠 TD63ES 型後置式引擎，引擎容積六公升，最大馬力輸出 206 匹，符合歐盟一期廢氣排放標準；配以「ZF」4HP500 型四前速全自動波箱。空調系統則由「Sutrak」提供。

🚌 #1303(GT7587) 是城巴引入香港的首批超低地台巴士。

🚌 城巴於 1996 年再度八輛引進超低地台巴士,惟車廂內未有配備輪椅上落斜板及輪椅停泊區。

🚌 城巴 #1313(HM2185) 配置的「亞歷山大」ALX200型車身,車頭設計別緻,遂有「哈哈笑」的稱譽。

這兩輛「富豪」B6LE 型超低地台巴士的設計由 B6R 型巴士演化而來,從型號中的 LE 可透視其 Low Entrance 的特色,新巴士擁有一貫城巴的寬闊登車門設計外,乘客在路面上只需踏上一級,已順利踏進巴士的車廂地台,新巴士亦附設有車身下降功能,利用液壓調節控制全氣墊式懸掛系統的氣囊充氣或放氣,從而達至車廂升高或蹲下的功能,足可令車廂地台的離地距由 320 毫米進一步降低至 250 毫米的接近行人路的水平高度;新巴士更設有輪椅上落斜板,輪椅使用者可輕易將輪椅由行人路推上巴士上的輪椅停泊區固定輪椅。車廂內亦設有 31 張「Lazzerini」高背附頭枕絲絨座椅,另可容納企位 28 個,總載客量 59 人。

城巴於 1996 年 4 月 23 日為「富豪」B6LE 型巴士完成運輸署車輛登記並獲發車牌,車隊編號 #1302 及 #1303,投入服務後隨即安排行走半山路線 12A 及 12M。城巴繼續以「城市縱橫 CITY SHUTTLE」品牌冠予新巴士,並標註於車身兩旁。作為首批超低地台巴士,城巴於同年 12 月 8 日安排 #1302 外借大嶼山巴士進行實地測試,以了解超低地台巴士行走大嶼山顛簸的路面的可行性。另外,這兩輛「富豪」B6LE 型超低地台巴士更於翌年 5 月登記中國內地臨時車牌,接載一批殘疾人士由香港前往廣州,參與「全國助殘日」活動。

其後城巴再於 1996 年 4 月至 6 月間接收 8 輛「富豪」B6LE 型巴士,車隊編號 #1304 至 #1311,這 8 輛新巴士的車廂內未有配備輪椅上落斜板及輪椅停泊區,取而代之是將有關區域加設座位,令全車座位增至 41 個、企位 18 個,總載客量維持 59 人。新巴士除獲安排派駐半山路線 12A 及 12M 外,亦為赤柱豪華巴士路線 260 提供服務。

傷健共融 超低地台空調巴士

城巴 #1315(HM8456) 於投入服務後主力行走赤柱豪華巴士路線 260 來往赤柱及中環，車身亦有相關路線廣告。

城巴引入第四批「富豪」B6LE 型超低地台巴士，#1323(HP2524) 採用了雙門設計的「Plaxton」車身。

1997 年，城巴續向「富豪」車廠訂購 10 輛 B6LE 型巴士，車身改配上「亞歷山大」ALX200 型單門車身，全長 10.5 米、闊 2.44 米、高 3.11 米。新巴士的動力來源亦改為採用「富豪」D6A-210 型引擎，符合歐盟二期廢氣排放標準；而安裝於車頂的空調機組則轉用「NipponDenso」產品。城巴引入這「亞歷山大」ALX200 型車身的新面孔，車頭設計別緻，遂有「哈哈笑」的稱譽。新巴士的車廂內採用淺藍色扶手柱，同樣不設輪椅上落設備，全車設有「Fainsa」Cosmic 高背附頭枕座位 36 個、企位 20 個，總載客量 56 人。新巴士車隊編號 #1312 至 #1321，於 1997 年底投入服務後主力行走赤柱豪華巴士路線 260 來往赤柱及中環。

裝嵌上了香港「捷聯」車身的「富豪」B6LE 型巴士，#1337(HU2986) 這日前來支援赤鱲角機場路線 E11。

1998 年初，城巴再引入 10 輛採用「Plaxton」車身的「富豪」B6LE 型超低地台巴士，車隊編號 #1322 至 #1331；與先前引入的 #1302 至 #1311 等最大的分別，在於其「Plaxton」車身轉用了雙門設計，能夠有效地將乘客分流到車廂較後部分；另外車廂內亦採用淺藍色扶手柱。增設的中置落車門令車廂內減少了三排座位，全車座位減至 35 個、企位限額維持 18 個，總載客量 53 人。投入服務後，新巴士被派往南區路線 41A 及為其後開辦的西隧快線路線 973 作支援。

1998 年 7 月至 9 月間，城巴再一口氣引進 30 輛「富豪」B6LE 型超低地台巴士，車隊編號 #1332 至 #1361。而這次更為乘客帶來全新的面貌，採用了本地「捷聯」（Jit Luen）車身廠設計及組裝的車身，堪稱香港製造；新巴士完成車身裝嵌工序後並在 7 月 21 日於城巴鴨脷洲車廠進行移交儀式。「捷聯」車身採用上全幅式擋風玻璃，車頭路線顯示牌採用傳統路線牌布設計，路線號碼牌布以四格式獨立數字牌布顯示，最初

承造的首 20 輛新巴士的路線號碼牌布置於車頭右上方，最後 10 輛才改回車頭左上方的靠近行人路位置；而車側及車尾路線牌則採用「LiteVision」電子路線牌。全車採用「Vogelsitze」System 400/4 高背附頭枕絲絨座椅，車廂設有座位 34 個、企位 18 個，總載客量 52 人。車廂空調系統則由德國「Konvekta」提供。

面對港島彎多路窄的南區路線及半山路面，縱然「富豪」B6LE 型超低地台巴士這種短小精悍的中型巴士如履平地、應付自如，在城巴路線服務於 1990 年代末急速發展的年代發揮了重要的作用；惟港府於 1999 年對本港專營巴士公司實施車隊限額制度，城巴遂於 2000 年起陸續將部分車輛轉售，以騰出車隊配額轉而購置較高載客量的車種。

率先離巢的是配有「亞歷山大」ALX200 型車身的 #1312 至 #1321，雖然車身較為輕巧，然而在車身結構上，車廂天花板在營運初期很快便有鬆動甚至倒塌情況，故在新巴士服務兩年多後城巴已悉數運回到蘇

城巴 #1354(HV8135) 和 #1311(GV425) 在中環碼頭巴士總站，準備行走半山路線 11 及 12。

#1361(HV7805) 是城巴引入的最後一輛「富豪」B6LE 型超低地台巴士。

城巴 #1334(HU4294) 轉投非專利部提供巴士租賃服務，後面為同樣產自本地「亞洲」車身的日本「五十鈴」巴士。

格蘭 Falkirk 廠房，其後更連同 #1304 及 #1305 轉售至英國 Stagecoach South East 旗下的巴士公司 Sussex Coastline。其後在 2001 年及 2003 年更先後將餘下裝配「Plaxton」車身的 18 輛「富豪」單層巴士轉售至新西蘭，為捷達集團在當地的巴士公司提供服務。

餘下 30 輛裝配「捷聯」車身的「富豪」B6LE 型巴士，雖然得不到外國巴士營運商垂青而繼續留港服務，但本地巴士公司亦未有卻步。2001 年，#1355 轉投中巴旗下成為非專利巴士提供港運城接駁巴士服務；2005 年，#1349 至 #1351 及 #1334 至 #1339 等 9 輛巴士轉調至城巴非專利部門，取代原有來自新巴的「丹尼士」飛鏢單層巴士，提供合約出租或接送服務，成為該部門首批

超低地台巴士。及至 2007 年 6 月，#1335 至 #1339 及 #1350 等 6 輛「富豪」巴士再轉售予新大嶼山巴士，車隊編號 VL01 至 VL06，以騰出本身行走北大嶼山路線 37 及 38 的「猛獅」單層巴士到深圳灣口岸專線 B2 服務。另外 #1334 及 #1351 亦獲安排短期租賃予海天碼頭，行走接駁海天客運碼頭及機場管制區域路線。

步入晚年的城巴「富豪」B6LE 型巴士，狀態已有欠理想，部分更在 2009 年年驗時因引擎廢氣排放不合規格而未獲續牌，在招標求售不果的情況下，最終城巴安排進行大修後才獲續牌重新投入服務；最終仍延至 2013 年 11 月前悉數退役。而新大嶼山巴士旗下的 6 輛二手巴士，更早於 2010 年 11 月及 2011 年 8 月分批退出載客行列。能夠走到最

🚌 裝配「Plaxton」車身的「富豪」B6LE 型巴士獲安排髹上捷達集團車身色彩，並準備運往新西蘭。

後的，可算是中巴旗下的「富豪」B6LE 型巴士，在 2015 年 6 月 30 日港運城接駁巴士服務結束營運後伴隨退下火線。

一直以來，行動不便的人士如長者等在乘搭巴士時，往往因要踏上高高的登車台階而大感吃力；更甚是輪椅使用者未能享用巴士服務，實在對他們融入社區造成障礙。「富豪」B6LE 型巴士的引入，可見「富豪」車廠及城巴對巴士服務的前瞻性，而城巴更先後為這款巴士底盤引入「Plaxton」Pointer 單門及雙門車身、「亞歷山大」ALX200 型車身及本地「捷聯」車身等，為香港巴士發展寫下重要的一頁。

🚌 準備運走的「富豪」B6LE 型巴士駕駛倉，儀錶板上貼有英文標示。

🚌 原屬單門設計的車廂，於車廂中後部分拆去兩排座椅增設落車門。

Dennis Dart SLF
「丹尼士」飛鏢 SLF

1990 年代，社會對無障礙運輸的需求日增，巴士生產商遂對新一代超低地台巴士進行開發設計；而香港的巴士公司在政府的推動下亦開始引入超低地台巴士。「丹尼士」車廠就旗下飛鏢產品自 1990 年開始引進香港以來，在本地中型單層巴士市場佔據壟斷地位，總數超逾 100 輛。1996 年，九巴向「丹尼士」車廠招手，表達對引入單層超低地台巴士的意向。

1996 年，在城巴引進「富豪」B6LE 型單層超低地台巴士到港的同時，「丹尼士」飛鏢 SLF 巴士亦默默起革命，為正式交付九巴作好準備。而兩款單層超低地台巴士的引入，

亦為香港的超低地台巴士市場爭奪戰揭開序幕。而型號中的 SLF 字樣，正正就是超低地台 Super Low Floor 的意思。

九巴於 1996 年正式引進兩輛「丹尼士」飛鏢 SLF 巴士，全長 10.1 米，車隊編號 AA49 及 AA50；與對岸的城巴引入的「富豪」B6LE 型巴士取態相約，新巴士同樣採用「Plaxton」Pointer 單門車身，撇除車身色彩有異，兩款巴士的車身外觀別無兩樣。機械配置上，其配備的「康明斯」B5.9-130 型引擎，引擎容積 5.9 公升，最大馬力 130 匹，符合歐盟一期廢氣排放標準；波箱則選用「Allison」AT545 型四前速全自動波箱。

🚌 AA49(GU419) 是九巴首輛引進車隊的超低地台巴士，這日在青衣機鐵站候命，支援珀麗灣特別路線 Y41。

🚌 九巴增購「丹尼士」飛鏢 SLF 巴士，進一步為路線 1A、86K、60M 等提供「易搭巴士」服務。

🚌 九巴引進的「丹尼士」飛鏢 SLF 巴士配備雙輪椅位，這種設計在 21 年後才再獲巴士公司重視。

「丹尼士」新巴士的車廂內裝設有 29 張「Lazzerini」座椅，企位限額 32 人，載客量達 61 人。這兩輛飛鏢 SLF 巴士除同樣配備有超低地台設計、車身下降功能、全自動化伸縮輪椅斜板等設備外，更特別騰出空間設置兩個輪椅停泊區，同時間可讓兩位輪椅使用者登車停泊；在沒有輪椅停泊的時間亦設有兩張獨立摺椅供一般乘客拉下乘坐，故九巴旋即為新巴士冠名為「易搭巴士」（Easy Access Bus）。

兩輛「易搭巴士」於 1996 年 5 月下旬正式投入服務，行走沙田區路線 88K 來往大圍顯徑與火炭何東樓。新巴士投入服務後大獲好評，讓長者、傷健人士及其他需要幫助上落

之乘客亦能享受巴士服務，多家巴士公司均積極投放資源增購超低地台巴士。其中九巴繼續增購 10 輛相同規格的飛鏢 SLF 巴士，車隊編號 AA51 至 AA60，進一步為路線 1A、86K、60M 等提供「易搭巴士」服務。

那邊廂，城巴於 1997 年亦仿傚九巴，購入 15 輛「丹尼士」飛鏢 SLF 巴士，車隊編號 #1422 至 #1436。機械配置與九巴的相同，並選用「Plaxton」Pointer 雙門版車身，車廂內設有座位 35 個、企位 28 個，總載客量 63 人，不設輪椅停泊區；城巴亦續以「城市縱橫 CITY SHUTTLE」品牌冠予新巴士。新巴士全長 10.6 米，於同年 3 月至 4 月間相繼領取運輸署車輛登記，隨即投入服務。

城巴引入 15 輛選配「Plaxton」Pointer 雙門版車身的「丹尼士」飛鏢 SLF 巴士，車廂內不設輪椅停泊區。

城巴 #1425(HB4996) 以一身英國巴士風格，行走半山路線 12A。

新大嶼山巴士繼 1996 年 12 月向城巴借用「富豪」B6LE 巴士 (#1302) 到大嶼山進行實地路試，以了解超低地台巴士行走大嶼山顛簸的路面的可行性；其後，新大嶼山巴士再於 1997 年 3 月向九巴借用「丹尼士」飛鏢 SLF 巴士（AA50）進行同樣測試。最終新大嶼山巴士屬意「丹尼士」飛鏢 SLF 巴士，並購入 3 輛特別版飛鏢 SLF 10.1 米巴士，並

選用「Plaxton」Pointer 單門版車身。為着應付行走大嶼山東涌道的陡峭路面，機械配搭不但採用大馬力版本的「康明斯」B5.9-215 型引擎，馬力引擎提升至 210 匹，更特別配用「Eaton」六前速手動波箱。新巴士配合赤鱲角新機場啟用而投入服務，車隊編號 DN1 至 DN3，行走南大嶼山的機場巴士路線 A35 及 N35，每日穿梭往返東涌道。

1997 年，愉景灣交通服務有限公司在繼引入一輛「丹尼士」飛鏢非低地台單層巴士後，同年 10 月再引入兩輛裝配「Plaxton」Pointer 單門版車身的「丹尼士」飛鏢 SLF 10.6 米巴士，並以兩條深淺綠色的標準車身色彩示人。車廂以座位為主，設有座位 43 個、企位 20 個，總載客量 63 人，不設輪椅停泊區；原本的車廂佈局不設行李架，隨後當新巴士投入服務後，才在右前輪拱後的位置增設行李架，以方便乘客。

隨着港府於 1998 年公佈由新世界第一巴士服務有限公司於同年 9 月 1 日接手原屬中巴的港島巴士專營權後，新巴於籌備工作中遂向英國「丹尼士」車廠訂購 42 輛裝配「Plaxton」Pointer II 雙門版車身的「丹尼士」飛鏢 SLF 10.7 米巴士，車隊編號 #2001 至 #2042。新巴士的車廂採用「Lazzerini」高背附頭枕的絲絨座椅，設有座位 35 個、企位 28 個，總載客量 63 人。

🚍 HKR116(HL1588) 隸屬愉景灣交通服務有限公司，
車廂以座位為主，總載客量 63 人。

🚍 新大嶼山巴士購入三輛特別版「丹尼士」飛鏢 SLF
巴士，採用大馬力引擎及手動波箱，以應付大嶼山
顛簸的路面環境。

及後至 1999 年，新巴再引入 34 輛「丹
尼士」飛鏢 SLF 10.1 米巴士，同樣採用
「Plaxton」Pointer II 雙門版車身，車隊
編號 #2061 至 #2094。車廂裝有 29 張
「Scandus」絲絨座椅、企位 30 個，總載
客量 59 人。全數 76 輛飛鏢 SLF 巴士均裝配
符合歐盟二期排放標準的「康明斯」B5.9-
145 型引擎，波箱則採用飛鏢巴士標準配置
的「Allison」AT545 型全自動波箱。較特別
的是，新巴曾為 #2018 及 #2028 的車身兩
側頂部加裝廣告板，尤如 1960 年代在美國
甚為流行俗稱 Batwings 的「Bus-O-Rama」
的燈箱廣告，以圖拓展廣告收入，這個飛翼
設計到後期才予以拆除。

🚍 新大嶼山巴士的「丹尼士」飛鏢 SLF 巴士全為南大
嶼山機場巴士路線 A35 而購置，惟最終全面撤離途
經東涌道的巴士路線。

1999 年，愉景灣交通服務有限公司再增購兩輛裝配「Plaxton」Pointer II 車身的「丹尼士」飛鏢 SLF 9.3 米巴士，車廂佈局以企位為主的大型水塘位，只設有座位 19 個，企位則有 33 個，總載客量達 52 人，足以疏導龐大的乘客量。

🚌 新巴為接手港島巴士專營權，向英國「丹尼士」車廠訂購飛鏢 SLF 10.7 米巴士，並裝配「Plaxton」Pointer II 雙門版車身。

然而，受港府於 1999 年對本港專營巴士公司實施車隊限額制度的影響，城巴遂於 1999 年將旗下飛鏢 SLF 巴士轉售至英國捷達集團旗下的 Stagecoach South East 及 Stagecoach Devon General 繼續服役。另一邊廂，新巴亦先後於 2000 年至 2001 年將 #2001 至 #2017 及 #2019 至 #2021 等 20 輛飛鏢 SLF 10.7 米巴士，以及 #2066 至 #2075 等 10 輛飛鏢 SLF 10.1 米巴士轉售往英國第一集團繼續服務。隨後於 2003 年 10 月再將其中 10 輛飛鏢 SLF 10.7 米巴士售予九巴，當中包括 #2018、#2026 至 #2027、#2029 至 #2030、#2036 至 #2037、#2039 至 #2041 等；入籍九巴後

🚌 新巴特別為 #2042(HW7962) 披上特別的聖誕車身佈置。

重新髹上白底紅線灰裙腳的標準車身色彩，車廂座椅則換上九巴標準粉紅色人造皮套，並以九巴車隊編號 AA61 至 AA70 編入車隊，主要行走九龍市區路線 2D、211 及 224M 等。

至於新大嶼山巴士獨有三輛的特別版飛鏢 SLF 巴士，在行駛路面條件惡劣的東涌道多年後，機件耗損急速老化、情況嚴重，車身及底盤均不勝負荷。故隨後也淡出機場巴士路線，在嶼南一帶行走路線 2 及 4 服務一段時間後轉回服務東涌新市鎮區內路線 37 及 38。最終首兩輛在 2010 年 11 月 29 日退役，而餘下的亦終於翌年 8 月 29 日退下火線。

珀麗灣客運早於 2002 年向九巴購入 6 輛「丹尼士」飛鏢 SLF，包括 AA51、AA54 及 AA56 至 AA59 等，並髹上珀麗灣客運的標準黃色配綠色車身色彩，車廂座椅則換上湖水綠色人造皮套；而原有輪椅停泊區亦加裝座椅，使總載客量增至 56 人，包括座位 36 個及企位 20 個。

🚍 新巴 #2063(HY7985) 屬旗下第二批飛鏢 SLF 巴士，長度為 10.1 米。

🚍 新巴為旗下兩輛「丹尼士」飛鏢 SLF 巴士試驗性加裝車頂廣告牌，尤如一對飛翼。

傷健共融 超低地台空調巴士

🚌 HKR5(JB8385) 雖然全長僅 9.3 米，但車廂佈局以
企位為主，總載客量達 52 人。

🚌 珀麗灣客運在 2003 年再引入八輛飛鏢 SPD 巴士，
以加強珀麗灣對外交通服務。

珀麗灣客運在 2003 年再向「丹尼士」重組後的新公司「Transbus International」訂購 8 輛全港首批飛鏢 SPD（Super Pointer Dart）11.3 米巴士，並採用「Plaxton」Pointer II 車身，車廂座椅選用「Lazzarini」Pratico 2845 型湖水綠色人造皮面高背座椅，設有座位 39 個、企位 31 個，總載客量 70 人。動力配搭方面，飛鏢 SPD 新巴士採用「康明斯」ISBe 歐盟三型引擎及「福伊特」DIWA-854.3E 波箱。

🚌 由於新巴面對單層巴士過剩，原屬新巴 #2037（HV8607）等十輛飛鏢 SLF 巴士轉售予九巴。

2007 年 5 月，珀麗灣客運開辦路線 NR334 來往珀麗灣至機場，並以三輛全新訂購的飛鏢 SPD 11.3 米客車版巴士行走。新巴士由「亞歷山大・丹尼士」生產，即重組前的「Transbus International」或「丹尼士」，車身髹上白色底色配湖水綠色、啡色及黃色色帶的車身色彩，以突顯其「珀麗灣機場專線」品牌。車廂內右邊設有大型行李架，另一邊則設有輪椅停泊區；全車採用「Lazzarini」Pratico 高背座椅，設有座位 33 個、企位 33 個，總載客量 66 人。

翌年，珀麗灣客運續向「亞歷山大・丹尼士」增購兩輛飛鏢 SPD 11.3 米巴士，在新巴士完成生產後，飛鏢巴士亦正式停產。新巴士髹上標準黃色配綠色車身色彩，車廂不設行李架，車廂右前方採用摺椅設計，有需要時可將摺椅摺起以騰出企位，全車設有座位 33 個、企位 43 個，總載客量 76 人。新巴士投入服務後主力行走路線 NR331 及 NR331S。

2014 年，九巴首輛「丹尼士」飛鏢 SLF 巴士（AA49）在服務 18 個年頭後，終於 5 月 7 日正式除牌，退下火線。而 AA60 亦在 2015 年 2 月底退出載客行列，經改裝後加入九巴訓練學校成為訓練巴士。而購自新巴的 10 輛二手飛鏢 SLF 巴士，最後一輛 AA70 亦最終於 2016 年 9 月 9 日正式退役。

至於對岸的新巴，最後一輛「丹尼士」飛鏢 SLF 10.7 米巴士（#2022）於 2015 年 12 月 29 日正式退役，而 #2087 亦成為最後一輛退出載客行列的飛鏢 SLF 10.1 米巴士，於 2017 年 1 月 9 日退役。這表示「丹尼士」飛鏢巴士亦正式絕跡於專營巴士服務上。

傷健共融 超低地台空調巴士

Dennis Trident
「丹尼士」三叉戟

1990 年代中期，正當城巴及九巴先後引入超低地台單層巴士的同時，英國「丹尼士」車廠正式對外公佈以飛箭型（Arrow）兩車軸巴士底盤為藍本，成功設計一款全新三車軸特低地台雙層巴士底盤，新車系被冠以三叉戟（Trident）一名。

九巴 ATR1(HJ2127) 為全球首輛「丹尼士」三叉戟雙層空調超低地台巴士。

「丹尼士」三叉戟巴士底盤投產後，先後獲得「亞歷山大」車身廠及「都普」車身廠承造車身設計，並旋即受到香港巴士公司的青睞；中巴率先訂購 10 輛新巴士作更新車隊之用，其後九巴亦宣佈訂購 100 輛新巴士，部分會撥予集團旗下全資擁有的附屬公司——龍運巴士有限公司，行走新機場巴士路線；城巴亦公佈訂購 4 輛新巴士。值得留意的

是，在中巴訂購三叉戟巴士後，因廠方的新巴士生產線未能應付龐大訂單，以致交付期較長，未能滿足每年 20 至 40 輛新巴士的專營權要求，故中巴遂取消購買三叉戟巴士的訂單而改為增購交付期較短的禿鷹非低地台空調巴士。最終「丹尼士」車廠生產了 6 輛三叉戟樣板巴士，當中 5 輛供香港使用，包括 3 輛裝配有「亞歷山大」ALX500 型車身，另外 2 輛則組裝上「都普」DM5000 型車身。

🚌 由「都普」車廠承製 DM5000 型車身的城巴「丹尼士」三叉戟樣板巴士 #2100(HM1086)。

首輛「丹尼士」三叉戟新巴士於 1997 年 5 月 28 日抵港，九巴並於同年 6 月 16 日正式對外展示，並取名「新紀元巴士」，車隊編號 ATR1。新巴士全長 12 米，採用「亞歷山大」ALX500 型雙層車身，採用寬闊上車門設計；一如「易搭巴士」一樣，「新紀元巴士」同樣配備有超低地台設計、車身下降功能、及全自動伸縮斜板等，輪椅停泊區則設置於車廂右側的樓梯組件後；而落車門則緊置於前軸後的位置。全車車廂採用 2+2 形式排列的高背座椅，配以無間段式照明光管，提高車廂的舒適度之餘，亦令車廂更見光鮮。上、下層車頭擋風玻璃均以全幅式裝嵌，大大增強乘客的視野；圓渾的車身更特別配以香檳金色塗裝，喻意為乘客提供上賓式服務。

🚌 髹上九巴傳統空調巴士車身色彩的「丹尼士」三叉戟樣板巴士，在英國完成測試後抵港；車頭仍裝有路線搞牌機顯示路線。

機械配搭方面，「丹尼士」三叉戟巴士採用「康明斯」M11-305E 型引擎，這縱向排列的後置引擎最大能輸出 305 匹馬力，配合「福伊特」DIWA-863.3 型三前速全自動波箱，足夠應付市區的交通。新巴士於 1997 年 11 月 17 日正式投入服務，便被派駐行走既有「易搭巴士」服務的市區路線 1A，來往中秀茂坪與尖沙咀碼頭之間。

🚌 城巴 #2101(HR2174) 披上自家路線 E22A 宣傳廣告，行走相關路線前往將軍澳。

獲安排翻鬆上城巴機場快線色彩的 #2100(HM1086)，
與其餘 50 輛同型號巴士的外觀趨於一致，僅能從上
層車頭水撥設計可供分辨。

緊接着九巴「新紀元巴士」投入服務，城巴
的多部「丹尼士」三叉戟樣板巴士亦陸續抵
港並投入服務，當中包括唯一採用「亞歷
山大」ALX500 型市區版雙層車身，車隊編
號 #2200；與及另外 2 輛同樣裝上全新設
計的「都普」DM5000 型雙層車身，分屬豪
華版和市區版，車隊編號分別為 #2100 和
#2201。機械配搭方面，豪華版和市區版分
別採用「ZF」5HP590 型五前速全自動波箱
和「福伊特」DIWA-863.3 型三前速全自動
波箱。投入服務初期，城巴主要將 #2200 派
往行走路線 917 來往跑馬地與深水埗之間；
而 #2100 及 #2201 則行走路線 969 為市民
來往天水圍至銅鑼灣提供服務。

說到城巴裝配有「都普」DM5000 型市區版
車身的「丹尼士」三叉戟樣板巴士 #2201，
車廂內無論是藍色的纖維組件、「Trend-
Tex」座椅、車廂後部採用橫向座位設計等，
均與當時中巴新巴士所採用的車廂規格雷
同；當中是否廠方基於中巴的訂單承製，並
在中巴放棄訂單後轉而將半製成的樣板巴
士完成組裝再轉向城巴提供，這說法已不
可考究。

緊接樣板巴士來港的，是龍運巴士旗下 125
輛普通規格及 25 輛豪華版的三叉戟巴士，
以及城巴為旗下機場巴士路線訂購的 60 輛
三叉戟機場巴士。當中龍運巴士的普通版三
叉戟巴士訂單原本只有 75 輛，後於 1997 年
底再增購 50 輛。

🚌 龍運 #107(HN2195) 在付運香港前曾以九巴身分出席英國車展，故車身以香檳金色配上紅彩帶示人。

🚌 龍運巴士的通天巴士車隊，幾乎清一色是配上「亞歷山大」ALX500 型車身的「丹尼士」三叉戟巴士。

🚌 龍運 #523(HU2132) 披上自家通天巴士宣傳廣告，廣告雖以 Contra-vision 透視物料製成，惟最終很快便被除下。

🚌 剛完成裝嵌車身準備噴油工序的龍運巴士，與在國內完成組裝「都普」車身的九巴三叉戟巴士合照。

龍運巴士訂購的「丹尼士」三叉戟巴士，悉數採用「康明斯」M11-305E 型引擎配以「ZF」5HP590 型全自動波箱，並裝配上髹有龍運巴士標準色彩的「亞歷山大」ALX500 型車身。125 輛普通版三叉戟巴士，早期編號 LW11 至 LW136，後重組為 #101 至 #225，於 1997 年 12 月至 1998 年 7 月間投入服務。新巴士車廂採用「Lazzerini」高背附頭枕及安全帶的乳膠獨立座椅，設有上層座位 59 個、下層座位 28 個及企位 41 個，載客量 128 人；車廂原設有行李架，其後部分巴士獲安排拆除 4 個下層座位改裝為行李架，以增加行李存放空間。新巴士初期行走路線 E31 來往荃灣碼頭與東涌市中心，其後北大嶼山對外巴士路線 E32、E42、E33、E34、E41 等相繼於 1997 年 12 月 30 日至翌年 6 月 22 日期間開辦，陸續於各條路線上提供服務。

另一方面，龍運巴士旗下 14 輛全新「丹尼士」三叉戟巴士，包括 LW91、LW92、LW93、LW97、LW95、LW98、LW100、LW101、LW102、LW103、LW104、LW106、LW107 及 LW110 於 1998 年 6 月 10 日完成運輸署車輛登記後，於 6 月 13 日起獲特別安排派予 10 條九巴路線上「熱身」，包括路線 1A、3C、5、6、9、11、81C、87D、98D 及 271 等，主要途經油尖旺區路線，廣收宣傳之效。

傷健共融　超低地台空調巴士

龍運巴士其餘 25 輛豪華版三叉戟巴士，車隊編號 LWA1 至 LWA25，後重組為 #501 至 #525；於 1998 年 7 月 6 日正式投入服務，行走於同日開辦的新機場巴士路線 A31 及 A41。新巴士車廂採用「Lazzerini」高背附頭枕及安全帶並可調較角度的絲絨獨立座椅，設有上層座位 49 個、下層座位 19 個及企位 39 個，載客量 107 人；車廂設有大型行李架，其後部分巴士獲安排拆除 7 個下層座位改裝為行李架，進一步加大行李存放空間。

城巴最初宣佈訂購的 4 輛三叉戟巴士，除了前文提及的 3 輛樣板巴士外，餘下 1 輛樣板巴士並與增購的 60 輛同屬機場巴士規格，當中 11 輛採用「亞歷山大」ALX500 型車身，車隊編號 #2101 至 #2111，動力源自「康明斯」M11-305E 型引擎配以「Voith」DIWA-863.3 型全自動波箱；而其餘 50 輛則組裝上「都普」DM5000 型車身，車隊編號 #2112 至 #2161，波箱轉用上「ZF」5HP590 型全自動波箱。

城巴這 11 輛採用「亞歷山大」車身的三叉戟巴士，車身髹上城巴標準車身色彩，並自 1997 年 11 月起陸續抵港。車廂採用「Lazzerini」高背附頭枕及安全帶並可調較角度的絲絨獨立座椅，設有上層座位 51 個、下層座位 21 個及企位 36 個，載客量 108

🚌 #2265(HZ6968) 屬城巴最後一批引入的三叉戟巴士，車廂採用中置樓梯配置，主要行走港島區巴士路線服務。

🚌 新巴首輛新巴士 #1001 於 1998 年 7 月 7 日抵港，
特別的車身塗裝令人耳目一新！

人；下層車廂並設有大型行李架，而上層車
廂的冷氣槽旁亦設有手提行李架；這些巴士
在投入服務初期獲派予行走路線 5B、70、
90 及 671 等。至於 50 輛採用「都普」車
身的城巴三叉戟巴士，車身被安排髹上特別
的城巴機場快線車身色彩，車廂以紫紅色色
調，上層設有座位 53 個，下層安裝有大型
行李架及 25 張「Fainsa」Gaudi 可調較
角度的高背絲絨座椅，初期不設企位，後於
1998 年 6 月增設 31 個，載客量 109 人，而
車廂冷氣槽旁亦設有手提行李架，車窗亦裝
有窗簾，每個座位均有獨立閱讀燈，外趟式
落車門設有電動輪椅斜板，可供輪椅使用者
使用。

🚌 新巴投入服務初期，#1010(HV7249) 及
#3009(HY1426) 展示出新巴全新車隊的主力車款。

🚌 全長 11.3 米的簇新新巴 #1405(JC1696) 和 #1409(JC582)，
為過海隧道巴士路線 110 添上新色彩。

🚌 新巴在引進全新長度的 10.6 米短陣三叉戟巴士 #1601(JC6299) 時，不忘在車身貼上宣傳廣告。

🚌 城巴 #2700(JB5571) 與新巴 #3301L(JH6164) 合照，兩款巴士各有其獨特之處。

🚌 九巴引入旗下首批短陣超低地台巴士，ATS18(JJ6488) 正行走路線 84M 前往樂富。

1998 年，緊接着龍運巴士及城巴的機場巴士訂單，接續付運來港的包括九巴共 186 輛三叉戟巴士的訂單，與及城巴共 100 輛巴士訂單。九巴的訂單包括 116 輛採用「亞歷山大」市區版車身的三叉戟巴士，和 70 輛選配「都普」市區版車身，車隊編號 ATR2 至 ATR188，當中包括另外一輛屬三叉戟樣板巴士 ATR101。全車採用「Lazzerini」高背附頭枕乳膠獨立座椅，載客量 126 至 135 人。機械配置上，除 ATR101 採用「ZF」5HP590型全自動波箱外，其餘 186 輛三叉戟巴士均選配「Voith」DIWA-863.3 型全自動波箱。新巴士於 1998 年 7 月至 1999 年 8 月投入服務，全數採用塑膠路線顯示牌。

至於城巴的 100 輛「丹尼士」三叉戟巴士，全數配置「ZF」5HP590 型全自動波箱，並採用「都普」DM5000 型車身；因「都普」廠房不設車身裝嵌設備，故首批 30 輛車隊編號 #2202 至 #2231 所採用的雙門客車版「都普」車身交由「East Lancs」車廠代工負責組裝。新巴士車廂採用「Fainsa」Gaudi 高背絲絨座椅，設有上層座位 55個、下層座位 29 個及企位 33 個，總載客量 117 人。次批 30 輛三叉戟巴士則改用單門客車版「都普」車身，則由葡萄牙「Salvador Caetano」車廠代工裝嵌車身。車廂同樣採用「Fainsa」Gaudi 高背絲絨座椅，下層因只設單一上落車門而令座位增至 33 個，總載客量 121 人。這 60 輛客車規格的三叉戟巴士，主要派駐行走城巴「營運貳部」管理的新界、北大嶼山及機場的專營路線服務。最後一批屬城巴於 1998 年增購的 40 輛訂單，車廂佈局屬市區版規格，中置式樓梯配置、「Lazzerini」高背附塑膠頭枕獨立座椅，設有上層座位 59 個、下層座位 28 個及企位 37 個，總載客量 124 人，主要行走港島區巴士路線服務。

另一方面，城巴亦向「丹尼士」車廠訂購一輛三叉戟 10.6 米巴士，同樣委託葡萄牙「Salvador Caetano」車廠代工裝嵌「都普」單門客車版車身。全新樣板巴士於 1999 年初付運抵港，城巴車隊編號 #2700。全車基本上與 #2232 至 #2261 的規格相約，機械配搭上同樣選用「ZF」5HP590 型波箱；上層擋風玻璃更裝設水撥，車廂選用「Fainsa」Gaudi 高背絲絨座椅及手提行李架等。載客量方面，全車設有上層座位 47 個、下層座位 30 個及企位 20 個，總載客量 97 人。新巴士於同年 5 月完成運輸署車輛登記投入服務，主要行走豪華巴士路線 260 往返中環及赤柱。早期未有裝配輪椅上落斜板及輪椅停泊區，後於 2008 年 7 月才增設斜板，並拆除下層 3 個座位以騰出輪椅停泊位置，企位限額相應增至 28 個，總載客量亦修訂至 102 人。

1998 年，港府公佈新世界第一巴士從中巴手上取得港島巴士專營權，新巴並承諾於新專營權內購置 500 輛新巴士。新巴遂於同年 5 月率先訂購 202 輛全新雙層巴士及 76 輛單層巴士，當中包括 160 輛裝嵌「亞歷山大」ALX500 型車身的「丹尼士」三叉戟 12 米巴士、42 輛選配「都普」DM5000 型車身的三叉戟 12 米巴士，以及 76 輛「丹尼士」飛鏢巴士。由於新巴急需於同年 9 月開展新專營權時有足夠巴士投入服務，遂在「丹尼士」廠方安排下將廠內存貨先交付新巴，並在其他巴士公司的同意下，將部分訂單的交付期延後，以讓廠方優先履行新巴訂單。

🚌 九巴 ATR17(HW3472) 剛完成路線 26 服務停泊在巴士站旁，前方為同為「亞歷山大」車身的「富豪」巴士 ASV49(KB2508)。

🚌 新巴 #1201(KM6194) 採用「亞歷山大」改良版車身，其後在 2003 年底轉投城巴旗下，成為 #2302。

🚌 新巴 #3601(JT480) 原屬「丹尼士」車廠於 1998 年承造的示範車，中門採用外趟式設計，並配有德國「Lawo」電子路線顯示牌。

新巴首輛新巴士屬裝配「亞歷山大」ALX500 型車身的「丹尼士」三叉戟 12 米巴士，於 1998 年 7 月 7 日抵港，並以公司標誌為設計藍本的「NW 波浪紋」車身塗裝示人，新巴車隊編號 #1001。這巴士的底盤出廠時原為預備安裝「都普」DM5000 型車身，相信原屬城巴訂單，其機械配搭亦與城巴同期生產的「都普」雙門客車版三叉戟巴士無異；其後改配上「亞歷山大」ALX500 型車身交付予新巴。

新巴士的超低地台設計同樣備有車身下降功能，令車廂地台的離地距降低至接近行人路的水平高度，輪椅使用者便可利用附設於登車門的輪椅斜板進入車廂，並將輪椅停泊在輪椅停泊區享受巴士旅程，達至傷健共融的理念。全車乘客座椅均為絲絨設計，色調以紫藍色為主；另外由於新巴士主要於市區行駛，故座椅上不設頭枕。新巴士在 7 月底正式在港登記後，便旋即以流動客務中心的姿態巡迴港島各區宣傳。

1998 年 8 月 31 日，新巴最終有 52 輛新巴訂購的新巴士能夠趕及在專營權展開前領有運輸署車輛登記，當中包括 19 輛組裝上「亞歷山大」車身的「丹尼士」三叉戟 12 米巴士。

新巴成功兌現承諾，於新專營權內購置 500 輛新巴士，當中除 76 輛「丹尼士」飛鏢單層巴士及 40 輛「富豪」超級奧林比安雙層巴士外，其餘 384 輛均為不同規格的「丹尼士」三叉戟巴士。這批三叉戟巴士包括 190 輛裝配「亞歷山大」車身的 12 米版本（車隊編號 #1001 至 #1190）、62 輛裝配「都普」車身的 12 米版本（車隊編號 #3001 至 #3062）、62 輛裝配「都普」車身的 12 米版本（車隊編號 #3001 至 #3062）、30 輛裝配「亞歷山大」車身的 11.3 米版本（車隊編號 #1401 至 #1430）、62 輛裝配「亞歷山大」的 10.6 米版本（車隊編號 #1601 至 #1662）、以及「都普」低矮式車身的 10.3 米版本（車隊編號 #3301L 至 #3340L）等。

🚌 九鐵巴士部於 2000 年購置 22 輛 11.3 米「丹尼士」三叉戟巴士,並選配「亞歷山大」ALX500 型改良版車身。

簇新的新巴車隊中 #1001 至 #1090、#1101 至 #1105、#1107 至 #1109 及 #1129 等 99 輛三叉戟巴士,在英國位於蘇格蘭 Falkirk 的「亞歷山大」車廠完成組裝車身後,披着一身「NW 波浪紋」車身塗裝抵港,於投入服務初期一直以此車身色彩宣傳公司形象;其餘 31 輛同在英國組裝車身的三叉戟巴士,則披上綠白橙三色的新巴標準車身色彩。另外,新巴亦將部分三叉戟巴士安排在香港本地以至國內組裝車身,包括在中國廈門金龍車廠代工組裝的 #1091 至 #1100 及 #1161 至 #1190、在新巴柴灣車廠裝嵌的 #1141 至 #1160 等。這 190 輛新巴士悉數於 1998 年 9 月至 1999 年 7 月相繼投入服務。

🚌 龍運 #301(JV7629) 為車隊中唯一一輛採用「都普」DM5000 型車身的三叉戟巴士。

較特別的是，#1002 至 #1020 則原屬九巴訂單，車廂內採用九巴標準的灰色組件和車廂旁板，而車身頂部則髹上橙色；其後批次則正式轉用新巴的紫色車廂旁板設計，車頂則改髹上白色。另一方面，#1131 至 #1141 等 10 輛則與 #1001 一樣配用「ZF」全自動波箱，這有別於新巴其他三叉戟巴士所配用的「福伊特」全自動波箱。

🚌 前城巴機場快線 #2154(HU1416) 獲安排非專利巴士登記並轉售予冠忠巴士，與當時臨將退役的新巴 #3006(HY2230) 合照。

🚌 九巴 ATR1(HJ2127) 在 2015 年臨近退役前獲翻髹上簇新的香檳金車身色彩，退役後獲九巴保留。

至於新巴採用「都普」DM5000 型車身的三叉戟巴士，首批 42 輛於英國「Northern Counties」車廠組裝車身，車廂採用英國第一巴士標準的「Scandus」座椅；而隨後 20 輛則由葡萄牙「Salvador Caetano」車廠代工組裝「都普」車身；全數於 1998 年 11 月至 1999 年 6 月相繼投入服務。

新巴亦引入 30 輛 11.3 米版本及 62 輛 10.6 米版本的三叉戟巴士，全數裝配「亞歷山大」車身；有別於新巴旗下的 12 版本三叉戟巴士，其車身的上下層車頭擋風玻璃改用上左右兩幅式設計，以減輕日常運作中因損耗而需更換擋風玻璃的成本。當中 #1401 至 #1415 安排在英國組裝車身、#1416 至 #1430 及 #1601 至 #1620 在國內設於廣州增城的新美景車廠裝配車身、其餘 #1621 至 #1661 則於前中巴柴灣車廠組裝。

而為着山頂巴士服務，新巴更與「丹尼士」廠方商討，研發出 10.3 米三叉戟巴士，並裝嵌上「都普」DM5000 型低矮式車身，僅高 4.17 米，適合沿山頂道穿過有高度限制的加列山道天橋下。新巴引入 40 輛有關型號巴士，以取代車齡已高的中巴二手「利蘭」珍寶巴士。時至 2002 年，新巴再增購 20 輛同型號巴士，車隊編號 #3341 至 #3360，並訂購 21 輛選配「亞歷山大」車身的三叉戟 12 米巴士，車隊編號 #1201 至 #1221；悉數改用「康明斯」ISMe335 型引擎，符合歐盟三期排放標準，並用上「福伊特」DIWA-864.3E 全自動波箱。

回說九巴方面，九巴亦繼新巴後於 1999 年至 2000 年間引入 50 輛 10.6 米版本的三叉戟巴士，以填補在「丹尼士」喝采前置引擎巴士退役後的位置。新巴士悉數採用「都普」DM5000 型車身，九巴車隊編號 ATS1 至 ATS50。機械配置上與早前引入的 12 米版本一樣，新巴士採用「福伊特」DIWA-863.3 型三前速全自動波箱；組裝「都普」車身後並裝配標準塑膠路線牌設計；車廂方面，新巴士設有上層座位 51 個、下層座位 26 個及企位 33 個，總載客量 110 人。

及後英國「丹尼士」車廠重組成「TransBus」集團，九巴隨之先後落實兩張各 50 輛 10.6 米版本的三叉戟巴士訂單，悉數選配「亞歷山大」ALX500 型車身及「Hanover」電子路線顯示牌，九巴車隊編號 ATS51 至 ATS150。當中 ATS96 及 ATS97 更率先轉用「康明斯」ISMe335-30 型歐盟三型引擎，並以一身 Kolibri 多重色彩漆油示人；新色彩會因應光線折射角度的變化而反射出不同顏色，與九巴另外三輛巴士同樣命名「綠悠悠巴士」，以突顯其採用歐盟三型廢氣排放標準環保引擎。而緊接引入的第三批 10.6 米版本的三叉戟巴士訂單亦採用相同型號引擎，當中 ATS141 至 ATS150 更轉用「ZF」Ecomat-2 5HP602C 型五前速全自動波箱。

九巴續於 2000 年 4 月至 10 月及 2002 年 10 月至 2003 年 4 月先後引入 110 輛裝配「都普」DM5000 型改良版車身及 80 輛裝配「亞歷山大」ALX500 型改良版車身的「丹尼士」

三叉戟 12 米巴士，前者的車隊編號 ATR189 至 ATR298，後者則是 ATR299 至 ATR354 及 ATR369 至 ATR392，兩者的載客量相約，「都普」車身可載客 133 人，而「亞歷山大」的則有 134 人。全數採用「Hanover」電子路線顯示牌。

而由於龍運巴士陸續安排車隊更新，遂將旗下 19 輛三叉戟巴士轉到九巴營運，當中 5 輛其後歸運龍運巴士，其餘 14 輛則正式入籍九巴，車隊編號 ATR355 至 ATR368，車頭布牌箱獲安排改回九巴標準的塑膠路線牌設計、車廂行李架亦被拆除改回座位。其後在 2009 年至 2015 年間再先後分四批將 103 輛三叉戟巴士轉予九巴車隊，車隊編號 ATR393 至 ATR495。

1999 年 4 月 21 日，新巴 #3004 在行走路線 720 前往筲箕灣途中在金鐘道起火；相隔三個月，龍運巴士 #197 再於同年 7 月 24 日在行走路線 A43 前往聯和墟途中在青朗公路焚燬。事件引起外界關注，經調查後發現起火原因源於三叉戟底盤設計失誤而導致起火，後來「丹尼士」車廠分別向新巴及龍運巴士提供各一輛三叉戟巴士作賠償。新巴的三叉戟巴士屬於裝配「都普」10.6 米車身的三叉戟雙門樣板巴士，入籍新巴後以車隊編號 #3601 編入車隊；而龍運巴士的則屬全新巴士，配用當時正值在屯門巴士車身裝嵌廠組裝中的「都普」12 米車身，車隊編號 #301，成為旗下唯一一輛配用「都普」車身的「丹尼士」三叉戟巴士。

傷健共融 超低地台空調巴士

新巴 #3601 原屬「丹尼士」車廠的示範車，早於 1998 年承造，其「都普」車身採用圓形車頭大燈設計而非慣常的方形，中門則採用外趟式設計、電子路線顯示牌則為德國製「Lawo」產品。車廂內裝設有上層座位 51 個、下層座位 26 個，全為「Lazzerini」Pratico 座椅，連同企位 33 人，載客量 110 人；車窗設有布簾及天花小型行李架等。新巴士於 2000 年 9 月初投入服務，行走南區路線 595 來往香港仔至海怡半島。

在四間專營巴士公司以外，九鐵巴士部亦於 2000 年購置 22 輛 11.3 米「丹尼士」三叉戟巴士，並選配「亞歷山大」ALX500 型改良版車身，車隊編號 #601 至 #622。新巴士於同年 7 月 13 日起陸續付運抵港，並配備「康明斯」M11-305E 型引擎及「福伊特」DIWA-864.3 型四前速全自動波箱。三叉戟巴士於 9 月中旬投入服務後主要行走西鐵接駁巴士路線 506、K51、K58、K73 等。

及至 2004 年底至 2005 年間，九鐵巴士部再向新巴購入了 47 輛 10.6 米及 6 輛 11.3 米三叉戟巴士，車隊編號 #701 至 #753，以取代年事已高的「都城嘉慕」都城型兩軸非空調巴士。53 輛二手巴士在投入服務後，當中 #713 至 #718、#741 至 #742 及 #745 等 9 輛 10.6 米三叉戟巴士被安排派駐東鐵接駁巴士路線，其餘 44 輛則行走西鐵巴士路線，直到九龍南綫通車後才悉數調回行走西鐵接駁巴士路線。而全數二手三叉戟巴士最後亦在 2016 年底前由其他新引入的巴士所取代。

2013 年 6 月，8 輛原屬城巴機場快線的「丹尼士」三叉戟巴士（車隊編號 #2148、#2151、#2153、#2154、#2156、#2158、#2159 及 #2161 等）獲安排承接原屬城巴非專利部「利蘭」奧林比安空調巴士的非專利巴士牌照，並轉售予冠忠巴士提供僱員巴士服務，而假日則支援新大嶼山巴士的深圳灣巴士路線 B2X。同年 12 月新大嶼山巴士再從城巴購入 #2118、#2120 以及相關非專利巴士牌照，兩輛巴士於翌年 3 月正式納入嶼巴車隊，車隊編號 DN4 及 DN5，投入服務初期主要行走北大嶼山巴士路線 38，其後再調往深圳灣巴士路線 B2P 服務。直至 2015 年 8 月，冠忠巴士旗下的 8 輛三叉戟巴士率先退下火線；而到翌年 1 月新大嶼山巴士的 2 輛三叉戟巴士亦予以退役，全數 10 輛巴士被新購置的「猛獅」超低地台雙層巴士所取代。

隨着「丹尼士」三叉戟巴士年事已高，九巴旗下首輛「丹尼士」三叉戟巴士 ATR1 已於 2015 年 9 月 22 日退役，九巴曾有意安排改裝為訓練巴士用途，最終獲直接保留作活動及展覽用途。而集團旗下的龍運巴士，其車隊中配備「亞歷山大」車身的三叉戟巴士亦於 2016 年 6 月 22 日全數除牌退役，餘下配備「都普」車身的 #301 亦於翌年 12 月除牌。

城巴方面，三輛「丹尼士」三叉戟樣板巴士 #2100、#2201 及 #2200 亦分別於 2013 年 9 月 16 日、2014 年 12 月及 2015 年 1 月相繼退役。而機場客車版及市區普通版三叉戟巴士亦分別於 2015 年 5 月及 2017 年 5 月悉數退出專利巴士車隊行列，現時僅餘下

🚌 新巴 #1216(KN4792) 被改裝成開篷巴士，作為旗下「人力車觀光巴士」品牌的路線 H1 服務。

#2211、#2212、#2214 及 #2215 仍在非專利部服役；而 #2117、#2131 及 #2143 則被改裝作訓練巴士用途。至於 #2700 亦於 2017 年 4 月下旬因機件問題提早退役。

新巴方面，車隊首輛巴士 #1001 已於 2015 年 8 月 21 日除牌退役拆毀；#1005 則於同年改裝成訓練巴士。其餘三叉戟巴士亦已於同年起踏入退役潮，除 2002 年引入的兩批三叉戟巴士訂單外，其餘悉數預計於 2017 年內退役。另外，新巴 #1201 至 #1209 於 2003 年底轉投城巴旗下，車隊編號 #2302 至 #2310；而 #1215 至 #1219 則於 2015 年 5 月先後改裝為人力車觀光巴士，主力行走新巴觀光巴士路線 H1。

「丹尼士」憑着其產品在港服務的數十年經驗，三叉戟巴士在短短六年間為香港五間巴士公司提供了達 1306 部三叉戟巴士，當中車款的長度選擇由最初的 12 米版本，逐漸推廣至 10.6 米、11.3 米及 10.3 米等，選用的引擎亦由最初符合歐盟二型環保規格的「康明斯」M11-305E 型發展至「康明斯」ISMe-335 型歐盟三型環保引擎，波箱亦增設有「ZF」4HP590 型四前速全自動波箱或「ZF」5HP590 型五前速全自動波箱產品可供選擇。凡此種種，皆可見其產品的穩定性和口碑實在不俗。

MAN NL262

「猛獅」NL262

自 1996 年本地巴士營運商正式引入超低地台巴士，供應商主要也是英國「丹尼士」車廠和「富豪」車廠。然而，這兩間巴士生產商單是應付英國本土訂單已忙得不可開交，故城巴遂向德國「猛獅」（MAN）車廠接洽，期望可引入超低地台巴士的新車種。雖然城巴在洽商「猛獅」雙層超低地台巴士的過程不算順利，但引進單層超低地台巴士的洽購過程卻又來得輕易。

🚌 #1503(HT8509) 屬城巴引進的「猛獅」NL262/R 型大型單層超低地台巴士。

🚌「猛獅」NL262/R 型巴士 #1527(HT8514) 的載客量達 69 人，適合港島區流水式路線使用。

城巴 #1501(HP6440) 於 2003 年獲安排髹上以母公司捷達集團為設計藍本的試驗色彩。

城巴「猛獅」NL262/R 型樣板巴士 #1501(HP6440) 的車尾引擎蓋設計，在後期的量產巴士改為兩節式設計。

1998 年 1 月初，城巴首輛引入的「猛獅」NL262/R 型單層超低地台大型巴士率先付運抵港。這輛樣板車以城巴車隊編號 #1501 編入車隊，屬城市巴士規格，全車總長 12 米，雙門設計；底盤以俗稱「牙籤陣」的無大樑式建造，車廂的低地台區域得以由上車門一直延伸至車尾，並配以「猛獅」自家車身，車頭則裝設有「Brose」闊身電子路線顯示牌，裝設在車頂的空調系統則由「超卓」AC335 型供應全車冷氣。

動力配置上，新巴士沒有因屬單層巴士而降低引擎輸出，馬力輸出高達 260 匹的「猛獅」D2866-LUH22 型引擎屬縱置臥式設計，配上「福伊特」DIWA-851.3 型三前速全自動波箱，有如城市中的一頭猛獸，乘客往往得要抓緊扶手才可抵禦巴士起步時的推力。

城巴成功引進的「猛獅」NL262/R 型單層超低地台巴士，德國「猛獅」廠方僅將原本屬左軚的設計轉為右軚版本，故在樣板車上可清晰見到車身右方仍有預留車側路線顯示

牌的位置。新巴士的車尾引擎蓋屬整幅式設計，城巴遂要求德國廠方為其餘 59 輛量產型巴士轉用上下兩幅式設計，以方便工程人員揭起引擎蓋進行維修。而車廂佈置方面，車廂內設有 31 個「Vogelsitze」System 600 型獨立絲絨座椅，而前輪上的四張加闊座椅更屬單人座位，城巴更要在椅背上加以標示，以免兩名乘客強行擠進而不得要領；而企位限額高達 38 人，全車總載客量 69 人。城巴亦自行加裝車廂照明及扶手吊環；而車頭輪椅斜板亦是在巴士投入服務後才進一步加裝。

城巴 #1501 於同年 2 月 23 日領取車輛登記後隨即投入服務，行走港島市區路線 5B，以測試新巴士的可靠性。其餘 #1502 至 #1560 等 59 輛「猛獅」NL262/R 型單層巴士於同年年中陸續投入服務，部分被安排行走東涌市中心及機場島上的穿梭接駁路線，另外亦有派往港島市區路線 1、5C、48 及半山路線 25A、25C 等提供服務。

🚌「猛獅」NL262/R 型巴士擁有德國典型巴士的駕駛倉設計，尤其那回力鏢形的儀錶板。

🚌「猛獅」NL262/R 型巴士的車廂內部，值得留意前排四張闊身座椅屬單人座位。

🚌#1545(HU7461) 的引擎倉內部。

隨後，城巴有意增購 40 輛「猛獅」NL262/R 型單層巴士以擴充車隊，惟適逢運輸署以專利巴士過度膨脹引致繁忙道路交通擠塞為由，遂向巴士公司實施車隊限額制度；城巴唯有將新巴士訂單縮減至 20 輛；車隊編號 #1561 至 #1580 的新巴士最終於 2000 年投入服務，取代車隊中原有中型單層巴士。

2004 年，城巴更陸續將部分「猛獅」NL262/R 型單層巴士出售。當中 #1575 被轉售往紐西蘭巴士營運商 Go Bus；#1576 至 #1580 則被轉售到新大嶼山巴士，以支援東涌新市鎮路線服務，直至 2012 年至 2013 年間才陸續退役。城巴於 2005 年更將 5 輛 #1570 至 #1574 等車齡較新的 NL262/R 巴士轉售予愉景灣交通服務有限公司。其後再將 #1514、#1517 及 #1534 轉售往海天碼頭，行走接駁海天客運碼頭及機場管制區域路線，直到 2009 年才重返城巴，作零件車之用。

在愉景灣交通服務有限公司向城巴購入 5 輛「猛獅」NL262/R 型雙門巴士之先，其實早於 2000 年已直接向「猛獅」車廠引入 5 輛 NL262/R 型單層巴士，以服務因應愉景灣隧道通車而新增路線。新巴士更特別採用單一上落車門設計，全車設有座位 40 個，企位 24 個，總載客量 68 人。至於購自城巴的 5 輛二手「猛獅」NL262/R 型雙門巴士，則獲安排於城巴車廠內進行改裝工程，包括翻髹車身色彩及更換車廂佈置，全車的座椅亦換上人造皮面並加裝行李架，並以「LiteVision」電子路線顯示牌取代原裝「Brose」路線牌。

🚌 城巴「猛獅」NL262/R 型單層巴士擁有強大的 260 匹馬力，適合中半山巴士路線使用。

2006 年，城巴為配合開辦港島南區的機場巴士路線 A10，遂將 #1560 至 #1569 等 10 輛車隊中最新的「猛獅」NL262/R 型巴士改裝為機場客車規格，包括由雙門設計改裝為單門設計、加裝行李架、裝上城巴機場快線車隊的「Fainsa」高背座椅，以及髹上城巴機場快線車身色彩。這批安裝在 #1561 至 #1568 的「Fainsa」Gaudi 高背座椅原屬城巴機場快線車隊的「丹尼士」三叉戟巴士，後來才於上層車廂逐一拆走整排座椅以優化車廂空間，並騰出座椅予這批機場快線車隊的新成員上。而 #1560 及 #1569 則裝上全新訂造的「Fainsa」Gala 紅色豪華座椅。機械配置上，城巴亦特別為其換上「福伊特」DIWA 854.3E 型四前速全自動波箱，以更合適於長時間行走快速公路上。

踏入「猛獅」NL262/R 型巴士的晚年，城巴於 2012 年 8 月為 #1528 至 #1533 等 6 輛營運二部的「猛獅」單層巴士加裝行李架，並悉數安排行走路線 S52 及 S56，以方便往返機場的旅客，直至 2015 年 6 月才正式退下火線；而城巴機場快線的「猛獅」機場巴士亦難逃退役命運，於 2016 年 4 月全數退役。至於愉景灣交通服務有限公司旗下的「猛獅」NL262/R 型單層巴士亦於 2017 年 4 月悉數退出載客行列。

🚌 簇新的城巴 #1541(HU5697) 這日來到赤鱲角南的飛機維修區，車頭採用「Brose」路線牌顯示。

目前仍在載客服務的「猛獅」NL262/R 型巴士就只有城巴 #1545 及 #1546，於城巴非專利部服務。兩車於 2015 年 8 月離開城巴專利部後便獲安排進行車廂改裝工程，包括將中門封閉、取消輪椅停泊位以新增車內座位、更換車內所有座椅為「Lazzerini」City 系列配頭枕座椅等，令全車設有座位 45 個、企位減至 24 個，總載客量仍維持 69 人。最後於翌年 1 月初加入非專利部作租貸用途，並行走學生接送服務路線 SC5 及居民巴士服務路線 61R 及 88R 等。

🚌 城巴 #1530(HU1304) 停泊在中環碼頭巴士總站，準備行走路線 11 開往渣甸山。

🚌 #1564(JL7265) 和 HKR131(JL7593) 同屬「猛獅」NL262/R 型單層巴士，分別在於單門及雙門設計而已。

🚌 愉景灣交通服務於 2000 年引入 5 輛「猛獅」單層巴士，載客量 68 人。

🚌 城巴引進第二批「猛獅」單層巴士，#1567(JL7352) 剛從寶馬山返抵灣仔。

🚌 城巴為排在隊末的 10 輛「猛獅」NL262/R 型單層巴士改裝成城巴機場快線車隊，主要行走路線 A10 來往南區與機場。

MAN 24.350 / 24.310

「猛獅」24.350 / 24.310

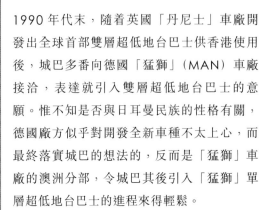

1990 年代末，隨着英國「丹尼士」車廠開發出全球首部雙層超低地台巴士供香港使用後，城巴多番向德國「猛獅」（MAN）車廠接洽，表達就引入雙層超低地台巴士的意願。惟不知是否與日耳曼民族的性格有關，德國廠方似乎對開發全新車種不太上心，而最終落實城巴的想法的，反而是「猛獅」車廠的澳洲分部，令城巴其後引入「猛獅」單層超低地台巴士的進程來得輕鬆。

「猛獅」位於澳洲的廠房，憑藉其多變配搭的車系特色，最終向城巴提供 1 輛「猛獅」24.350HOCL-N-DD 型雙層超低地台巴士。新巴士以一身特別的塗裝，於 1997 年 10 月 20 日於葵涌貨櫃碼頭抵港。

城巴全新的「猛獅」24.350 型雙層超低地台巴士，全長 12 米，巴士底盤於澳洲製造，底盤型號為 A57。動力源自原廠 D2866LOH 十二公升引擎，符合歐盟二期排放標準，馬力高達 350 匹，可以媲美城巴於 1996 年引進的「富豪」B12 客車；後來因動力過猛而被調低至 310 匹。傳動方面，則以「ZP」Ecomat 5HP600 型五前速全自動波箱附減速器驅動巴士中軸。

🚌 城巴為香港帶來配用澳洲「Volgren」車身的「猛獅」24.350 型雙層巴士 #2500(HN1013)。

🚌 #2500(HN1013) 採用鮮黃色車身色彩配合獨特的漸變色方格及平衡四邊形設計。

城巴 #2500(HN1013) 於 2003 年被獲安排髹上以母公司捷達集團為設計藍本的試驗色彩。

城巴於 1998 年增購「猛獅」24.310 型雙層巴士，惜最終因車隊配額限制而需轉投九巴，圖為 AMN7。

車身方面，澳洲「猛獅」車廠亦為城巴帶來澳洲地道的「Volgren」車身，新巴士採用的屬 CR221LD 型車身，外觀上上層車頭組件繼續沿用與「亞歷山大」RH 型車身相似的設計，一方面統一城巴形象，另一方面亦在

採用荷蘭「Berkhof」車身的「猛獅」24.310 型巴士，其中一輛獲髹上冠忠巴士的車身色彩。

需要時可調適「亞歷山大」車身組件替代；而下層車頭則沿用澳洲「Volgren」車身的設計。城巴特別為新巴士髹上特別的車身色彩，採用城巴標準的鮮黃色車身、車頂塗上白色、深灰色裙腳，車身兩旁則有多個藍色、灰色及橙色的漸變色方格及平衡四邊形設計。

傷健共融 超低地台空調巴士

入藉九巴的「猛獅」24.310型巴士，九巴起初為新巴士設計一款以兩條可接式金屬路軌。

「猛獅」24.310型巴士下層車廂一覽。

「猛獅」24.310型巴士下層車廂的輪椅停泊區與車廂前半部分位置。

「猛獅」雙層巴士轉投九巴後，全車座椅獲重新包上九巴標準的粉紅色皮面並加裝頭枕。

甫走進車廂，前輪拱上設置了一排儼如「導航位」的乘客座椅，這種設計未見於「丹尼士」三叉戟上，據稱是「丹尼士」廠方避免乘客的重量會令左前輪的氣囊受壓破損。通往上層的樓梯及落車門則中置於車廂兩旁，這種車廂佈局有助讓乘客流帶往全車較後位置，避免行走市區流水線時乘客集中在巴士前半部分。巴士屬於低入口（Low Entry）設計，而輪椅停泊區則安排於前輪與落車門之間，低地台區域亦止於落車門位置，下層車廂後部為漸次提高的地台以遷就底盤組件。全車設有95個座位，包括上層59個及下層36個，核准企位25人，總載客量120人。

城巴為「猛獅」新巴士以編號#2500編入車隊，並於同年聖誕期間投入服務，行走路線5B來往堅尼地城至銅鑼灣一帶。其後更被派往行走北大嶼山對外巴士路線E22來往赤鱲角至九龍城碼頭，#2500在北大嶼山高速公路動輒以時速100公里以上行駛，由於底盤避震設定柔軟，巴士於公路飛馳時乘客有如坐船一樣。

城巴對#2500的表現大感滿意，故在1998年向德國「猛獅」車廠增購62輛經調低馬力的同型號巴士。這批24.310型雙層超低地台巴士，當中30輛沿用澳洲「Volgren」

🚌 九巴 AMN10(JM3537) 正行走假日特別路線 264R 前往元朗 (西)。

車身，另外 32 輛則選配荷蘭「Berkhof」車身。正當新巴士底盤於德國「猛獅」車廠製造得如火如荼，部分更已成型分別運往澳洲及荷蘭組裝車身；惟適逢運輸署於 1999 年當年以專利巴士過度膨脹引致繁忙道路交通擠塞為由，遂實施巴士車隊限額制度，並將城巴車隊數量上限設定其為 1,030 輛，導致城巴有車隊過剩現象，這些「猛獅」雙層巴士最後撻訂收場。然而當時全數裝嵌「Berkhof」車身及 2 輛選配「Volgren」車身的新巴士已告生產，在香港代理商合德汽車的努力下，全數「Berkhof」車身的「猛獅」新巴士悉數有了新路向，當中 1 輛售予經營非專利巴士業務的冠忠巴士、另外 30 輛則由九巴接收，餘下 1 輛則運回德國供廠方進行測試。

🚌 荷蘭「Berkhof」車身線條簡約而四四方方，則帶有當年九巴「平頂寶」的味道。

🚌 九巴 AMN24(JU8353) 採用的中置式樓梯車廂佈局，有別於九巴一貫採用的設計。

九巴 AMN32(KM3192) 屬於九巴自行訂購的訂單，前置式樓梯屬九巴的標準規格。

1999 年 1 月下旬，組裝上「Berkhof」車身的「猛獅」24.310 型雙層超低地台巴士陸續付運抵港，車身仍然是採用城巴標準車身色彩；其後其中 1 輛獲髹上冠忠巴士的車身色彩，另外 20 輛則於香港代理的維修中心髹上九巴香檳金色車身色彩，其餘 10 輛則於付運前已在「Berkhof」荷蘭廠房直接髹上九巴標準車身色彩。

由於這批新巴士原屬城巴的訂單，無論在車身設計以至車廂佈局上亦有濃厚的城巴味道。外觀上，上層車頭組件繼續承襲「亞歷山大」RH 型車身相近的設計，而車身線條簡約而四四方，則帶有當年九巴「平頂寶」的味道；車窗設計既闊且深，車尾設計則與英國「Plaxton」車身異曲同工，尤其是那上層的大型緊急逃生窗。

車廂佈局與城巴 #2500 別無兩樣，只是當新巴士抵港後，九巴遂要求香港代理商為全車的「Fainsa Cosmic」高背絲絨座椅重新包上九巴標準的粉紅色皮面並加裝頭枕；全車設有上層座位 59 個、下層座位 33 個及企位 30 個，總載客量 122 人。另外，按城巴訂單規格，新巴士不設輪椅登車斜板；九巴起初為新巴士設計一款以兩條可接式金屬路軌，後來在正式投入服務前才為巴士更換標準輪椅斜板，而稍後抵港的新巴士則於「Berkhof」荷蘭廠房直接加裝。全車路線牌採用「LiteVision」電子路線顯示牌，而控制器則換上九巴慣常款式。

九巴為「猛獅」24.310 型雙層超低地台巴士以編號 AMN1 至 AMN30 編入車隊，AMN1 曾短暫入籍沙田車廠供九巴訓練學校作車型訓練，其後全數撥入屯門車廠管轄。首批新巴士於 2000 年 4 月 25 日投入服務，行走屯門區長途路線 60X、252B 及 260B。

2002 年，九巴續向德國「猛獅」車廠增購 15 輛 24.310 型雙層超低地台巴士，並選配澳洲「Volgren」CR223LD 型雙層車身。這批 15 輛新巴士以編號 AMN31 至 AMN33 及 AMN36 至 AMN47 編入車隊，車廂佈局採用九巴標準，包括樓梯組件緊貼於駕駛室後；而全車路線牌則選用九巴標準的「Hanover」電子路線顯示牌。與此同時，九巴亦購入原屬城巴撻訂的 2 輛裝配「Volgren」CR223LD 型雙層車身的「猛獅」，有關車身配置和佈局則與城巴 #2500 大致相同，車隊編號 AMN34 至 AMN35。全數 17 輛新巴士同歸九巴屯門廠管轄，投入服務後主要行走屯門區路線，包括路線 57M、60M 及 61M 等。

至於城巴的 #2500，服役期間曾先後多次轉換車身色彩或宣傳廣告，繼新車抵港時的特別車身塗裝後，於 1998 年 10 月漆上城巴標準色彩。2001 年，城巴替 #2500 換上一身蛇年生肖巴士全車身廣告；其後再換上與「紳佳」新巴士同樣的捷達城巴車身色彩設計。

2005 年至 2007 年間，城巴 #2500 多次因機件故障而長時間留廠待修，直到 2007 年 7 月底才重投載客服務行列。翌年城巴將其「Hanover」電子路線顯示牌換上面積較細的「LiteVision」電子路線牌，並在同年 6 月底將車廂內的絲絨座椅更換為人造皮套面。

2015 年 4 月 17 日，城巴 #2500 因引擎故障無法維修而退役，退役前原有車輛登記編號 HN1013 獲得保留，並在運輸署重新登記為 TJ3653 才安排退役。

2017 年 8 月，隸屬九巴的 AMN14 因一次交通意外損毀而未獲修復，提早退役；成為九巴首輛退下火線的「猛獅」24.310 型雙層超低地台巴士。其後九巴 AMN21 亦因機件問題而在同年 12 月 27 日除牌退役。隨着這批九巴車隊中的少數民族步入晚年，加上九巴接連訂購大量「亞歷山大‧丹尼士」及「富豪」車廠的新力軍相繼抵港；為騰出車隊配額，九巴遂於 2018 年 2 月起，陸續安排旗下「猛獅」24.310 型雙層巴士提早退役。

傷健共融 超低地台空調巴士

同樣為城巴訂購、選配「Volgren」車身的「猛獅」新巴士，最終亦由九巴接收。

九巴 AMN36(KR4948) 與其他同型號巴士同歸九巴屯門廠管轄，投入服務後主要行走屯門區路線。

Neoplan Centroliner

「Neoplan」 Centroliner

1997 年，德國「Neoplan」車廠向九巴及城巴提供 1 輛 Megashuttle 15 米四軸巨無霸巴士作路試。這輛「Neoplan」Megashuttle 巴士乃廠方製造的 14 輛樣板巴士中的其中 1 輛，用以向全球各巴士營運商推廣其 15 米四軸巴士設計。九巴及城巴分別於同年 7 月 18 日及 8 月 14 日進行路試，隨後 Megashuttle 巴士亦參與在香港會議展覽中心舉行的第一屆亞太區城市運輸展中展出；最終這輛巴士於 1999 年年中被安排運返德國。雖然 Megashuttle 巴士始終因受香港法例所限而未有被引入，然而卻引領了同廠的 Centroliner 車系到港。

1998 年 1 月，九巴正式向德國「Neoplan」車廠訂購為數 20 輛 Centroliner N4026 型 12 米雙層超低地台巴士，新巴士於同年 9 月 10 日付運抵港，並隨即於 10 月 18 日與「Neoplan」Megashuttle 巴士在第一屆亞太區城市運輸展中同場亮相。

全新「Neoplan」Centroliner N4026/3 型 12 米雙層超低地台巴士於德國西南部 Stuttgart 的廠房承造，採用無大樑式底盤配以不銹鋼一體化車身，全車高度僅 4,300 毫米；車頭擋風玻璃採用方角嵌入式設計，配合車身闊大的車窗，大大提高了乘客在車廂裏外望的視野。另一方面，新巴士更首次

🚌 九巴引入首輛德國「Neoplan」Centroliner 巴士，準備出席第一屆亞太區城市運輸展。

🚌 德國「Neoplan」Centroliner 巴士的車身設計，較傳統英國巴士予人多一份時代感。

全面採用「Hanover」點陣式電子路線顯示牌，利用熒光磁片的開合控制來顯示巴士行駛中的路線。

機械配搭上，「Neoplan」車廠屬意為 Centroliner 車系選用德國「猛獅」D2066-LUH 柴油引擎或「平治」車廠的引擎產品，惟九巴當時為統一零件，遂與「丹尼士」三叉戟巴士一併採用「康明斯」M11-305E21 型十一公升縱置式引擎，並配以「ZF」Ecomat 5HP590 型五前速全自動波箱驅動巴士中軸。這種配搭可見於龍運巴士的「丹尼士」三叉戟機場巴士車隊，公路巡航的表現實在有目共睹！另外，新巴士更設有四輪轉向系統，除頭轉向軸外，尾軸亦具備逆位輔助轉向功能，有助減低輪胎耗損。

九巴首批德國「Neoplan」Centroliner 巴士的車廂設計，低地台空間不設座椅。

九巴 Centroliner 巴士於 1999 年 8 月 1 日正式投入服務，行走路線 296C 來往深水埗與將軍澳。

傷健共融　超低地台空調巴士

🚌 九巴首批 Centroliner 巴士的車廂設計各有不同,部分的駕駛室後設有一排兩座位座椅。

🚌 九巴 AP6(JB319) 披上全車身廣告作流動宣傳。

🚌 九巴續引入「Neoplan」Centroliner 巴士,最大分別在於車頭擋風玻璃設計。

車廂方面,由於 Centroliner 採用無大樑式底盤設計,其低地台可一直延伸至車廂尾部。地台鋪設有 KVS 噴面地板,堅硬而耐用。座位方面,全車採用「Lazzerini」高背附頭枕座椅,上層設有座位 59 個,下層駕駛室後方設有兩張「導航位」,這個設計僅在當中 15 輛巴士上出現,其餘的則取消了有關座位,故下層設有座位 33 個或 31 個、企位 36 個,全車總載客量 128 人或 126 人。

九巴為「Neoplan」Centroliner 巴士以車隊編號 AP1 至 AP20 編入車隊,並於 1999 年 8 月 1 日起相繼投入服務,首航路線 296C 來往將軍澳尚德至深水埗東京街。

1999 年底,新巴及九巴先後訂購分別 30 輛及 60 輛 Centroliner 巴士,型號同為 N4026/3,然而車身高度得以提升至 4,350 毫米;弧形車頭擋風玻璃改為圓角設計,並改用本地巴士常用的英國「Deans」車門。車廂方面,原設於駕駛室後的「導航位」正式被移除,改為安放油缸,這改動亦令原位於樓梯後的三排座椅下的油缸得以移走,有關座椅位置則成為低地台區域。另外,車廂佈局得以改良,重新設計冷氣槽並鋪設無間斷光管。新巴的車隊編號為 #6001 至 #6030,於 2000 年 6 月至 2001 年 2 月間相繼領取運輸署車輪登記,投入服務後主要

派往行走東區走廊主幹路線 8P、2X 及 720
等往來港島東區及銅鑼灣一帶的特快巴士路
線；而九巴的則為 AP21 至 AP80，於 2000
年 7 月至 11 月間投入服務，主要行走新界
西北、北區及大埔區的長途巴士路線服務。

2000 年，九巴再進一步增購 50 輛 Centroliner
巴士，型號改為 N4426/3，但骨子裏與份屬
前一批訂單的 60 輛 Centroliner N4026/3 型
巴士的規格沒有兩樣。新巴士的車隊編號為
AP81 至 AP130，並於 2000 年 12 月至 2001
年 3 月間投入服務。

2001 年 5 月，2 輛裝配有「猛獅」D2866-
LOH27 型引擎的「Neoplan」Centroliner
N4426/3 型巴士抵港並交付予九巴，乃全
港首 2 輛符合歐盟三期廢氣排放標準的新巴

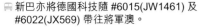
🚌 新巴亦將德國科技隨 #6015(JW1461) 及
#6022(JX569) 帶往將軍澳。

🚌 新巴亦仿傚九巴購置「Neoplan」Centroliner 巴士，
#6001(JP1200) 正出發前往筲箕灣。

🚌 新巴替其中兩輛「Neoplan」Centroliner 巴士鬆上
波浪紋車身色彩，其中之一為 #6008(JU1220)。

傷健共融 超低地台空調巴士

🚌 九巴 Centroliner 巴士主要由活躍於新界西北區路線，AP73(JU6126) 及 AP114(JY4066) 均行走於路線 59M 服務。

士。車身特別以 Kolibri 多重色彩漆油糅上，新色彩會因應光線折射角度的變化而反射出不同顏色。九巴並特別以「綠悠悠巴士」予以命名，車隊編號 AP131 至 AP132，兩車被安排分別配上「福伊特」DIWA-864.3E 型四前速全自動波箱及「ZF」Ecomat-2 5HP602C 型五前速全自動波箱，投入服務之初主要被派往行走過海隧道巴士路線 104 來往白田及堅尼地城，以測試兩款波箱的行車表現。

其後，九巴續增購 30 輛「Neoplan」Centroliner N4426/3 型 12 米雙層超低地台巴士，車隊編號 AP133 至 AP162，並於 2002 年 6 月至 8 月間相繼投入服務。全數 30 輛新巴士裝配「猛獅」D2866-LOH27 型歐盟三型引擎，惟當中 10 輛採用「福伊特」DIWA-864.3E 型四前速全自動波箱，

包括 AP133 至 AP136、AP145、AP146、AP148、AP152、AP153 及 AP160 等；其餘 20 輛則選用「ZF」Ecomat-2 5HP602C 型波箱，當中九巴又以車隊編號 AP144 及 AP159 修改波箱電腦程式，成為全球首批配備六前速全自動波箱的城市巴士，以測試九巴的「經濟動力組合系統」（Eco-driveline），而其餘 18 輛採用「ZF」波箱的 Centroliner 巴士亦作出相應改動。

訴說近年較嚴重的巴士事故，則是發生於 2003 年 7 月 10 日早上，九巴「Neoplan」Centroliner 巴士車隊編號 AP69 正行走路線 265M 前往天水圍，當駛經屯門公路近汀九時被尾隨貨櫃車撞出橋面，直墮橋下逾 30 米山坡，造成共 21 死及 20 傷的嚴重交通意外。

🚌 AP132(KC3551) 乃全港首兩輛符合歐盟三期廢氣排放標準的新巴士之一，九巴特別以 Kolibri 多重色彩漆油鬃上車身。

2006 年 2 月，九巴安排車隊旗下 AP24 運返德國「Neoplan」車廠，以供廠方進行一系列研究，至翌年 9 月才運返香港繼續服務。

近年，港府收緊專營巴士行駛中環、銅鑼灣及旺角等低排放區政策，而「Neoplan」Centroliner 因其一體化車身設計而未能於引擎倉加裝催化還原器，致令新巴只能將旗下 Centroliner 巴士撤出東區走廊特快巴士路線，並調往港島西區路線 18P、18X 及港島東區的區內路線 82、82X 等。至於九巴旗下的「Neoplan」Centroliner 更因年事已高，自 2017 年起踏入退役潮，首批引入的 Centroliner 巴士已悉數退役。

🚌 簇新的九巴 AP121(JZ3138) 正在上水廣場總站，準備行走路線 70X 前往觀塘。

🚌 隸屬九巴元朗車廠的 AP116(JZ2801) 正服務荃灣區內路線 39M 駛上荃景圍。

Volvo Super Olympian B10TL

「富豪」超級奧林比安

1997 年中，英國「丹尼士」的全新三叉戟超低地台巴士率先登陸香江，緊接而來還有從澳洲和德國分別傳來「猛獅」和「Neoplan」的全新超低地台巴士產品如箭在弦般默默起革命。相比之下，由「利蘭」到「富豪」一直作為香港巴士的主要供應商之一，似乎已覺察到其市場佔有率正逐漸被蠶蝕，遂打算

以當時僅有的超低地台雙層三軸巴士底盤 B12BLE，為九巴打造兩輛「富豪」B12BLE 型超低地台樣板巴士，惟最終未有成事。

🚌 首輛「富豪」超級奧林比安巴士底盤，於第一屆亞太區城市運輸展會場外率先展示。

然而,「富豪」車廠並未有放慢發展超低地台巴士底盤的步伐,並以奧林比安巴士底盤為藍本,改用上 B10BLE 型超低地台單層巴士的前半部分相似的設計,再將冷卻水箱、重新安放於底盤右前輪後位置。制動風缸則被安置於右前輪拱上,稍後在裝嵌車身後會被巧妙安排收藏在樓梯組件之內。在這種安排下,造就出車廂內一大片的低地台區域。另外由於部分機件集中於底盤右側,故同時亦在懸掛系統上加設車身水平平衡裝置。另一方面,「富豪」車廠亦為巴士的制動系統加以改良,包括將頭軸的制動系統由傳統的風壓式制動改為碟式制動系統,並加入防鎖死剎車系統功能,而因應此新增功能,原先在奧林比安底盤上的中軸附助轉向功能因而被撤銷。最終「富豪」車廠成功發展出超級奧林比安(Super Olympian)車系,底盤型號為 B10TL。

首輛超級奧林比安樣板底盤於 1998 年 10 月在香港舉行的第一屆亞太區城市運輸展中首次公開亮相,巴士底盤全長 12 米,底盤編號 YV3YNA417WC029033;序號由奧林比安底盤所延續,然而其後的超級奧林比安底盤則重開全新序列。

在「富豪」超級奧林比安超低地台雙層空調巴士於 1998 年正式面世後,廠方遂準備供應一輛超級奧林比安樣板巴士供九巴測試;而九巴亦同時訂購 60 輛 12 米新巴士,另外新巴亦於同年 11 月初向「富豪」車廠訂購 40 輛同型號巴士。

🚌 首輛於英國蘇格蘭「亞歷山大」車廠組裝車身的「富豪」超級奧林比安巴士 3ASV3,剛完成運輸處車輛測試。

🚌 九巴 3ASV18(JF6723) 採用塑膠路線顯示牌,路線顯示份外清晰。

🚌 新巴於 1998 年 11 月初向「富豪」車廠訂購 40 輛超級奧林比安巴士,貼上反光橫額宣傳廣告的 #5001 正在筲箕灣向傳媒展示。

傷健共融 超低地台空調巴士

🚌 3ASV78(JP6375) 乃由英國「亞歷山大」車身廠提供予九巴的第 3000 輛巴士。

兩巴引入的首批逾 100 輛「富豪」超級奧林比安巴士，全長 12 米，同樣選配「亞歷山大」ALX500 改良型車身，惟車廂佈局有小量差別。九巴訂單在車廂內選用「Lazzerini」高背附頭枕座椅，上層設有座位 59 個，下層座位 33 個及企位 40 個，全車總載客量共 132 人；而新巴則選用「Scandus」絲絨座椅，座椅不設頭枕，上層車廂設有座位 59 個，下層座位 32 個及企位 40 個，全車總載客量共 131 人。外觀上，九巴選用上全幅式擋風玻璃，並配以塑膠路線顯示牌；而新巴則選用上左右兩幅式擋風玻璃，並配以「Hanover」電子路線顯示牌。機械配置上，「富豪」超級奧林比安巴士採用原廠 D10A-285 型歐盟二型引擎，波箱方面九巴選配上「ZF」5HP590 型五前速全自動波箱，而新巴則選用「ZF」4HP590 型四前速全自動波箱。

超級奧林比安巴士樣板巴士於翌年 3 月在「富豪」位於蘇格蘭 Irvine 的工廠完成後轉送往「亞歷山大」車廠組裝車身，並於 5 月中

旬付運抵港。在完成本港運輸署的車輛評定測試後，這輛樣板巴士與其他以 CKD 散件形式安排在九巴屯門巴士車身裝嵌廠組裝車身的「富豪」超級奧林比安巴士於同年 8 月起陸續獲發車輛登記，車隊編號 3ASV1 至 3ASV61，當中樣板巴士為 3ASV3。

就在九巴的「富豪」超級奧林比安巴士在屯門組裝車身的同時，那邊廂新巴的訂單亦在蘇格蘭準備得如火如荼。當時新巴在接手中巴港島巴士專營權之初求車若渴，為求新巴士能早日投入服務，故主要採用 CBU 形式在外地組裝車身後原車付運來港。首輛抵港的新巴「富豪」超級奧林比安巴士，於 1999 年 7 月 2 日即以「第 350 名新成員」身份率先向市民亮相，車隊編號 #5001。其後這 40 輛新巴士亦於同月 17 日起陸續投入服務，行走旗下皇牌路線 8P、2X 等，相比九巴的還要早投入服務。

隨後九巴再購入 80 輛「富豪」超級奧林比安巴士，車隊編號 3ASV62 至 3ASV141，並於 2000 年 6 月至翌年 4 月間投入服務。新巴士選用「Hanover」電子路線顯示牌，取代由九十年代初開始使用的塑膠路線顯示牌。當中 3ASV62 至 3ASV91 等 30 輛巴士被安排於廈門金龍客車廠組裝車身，其餘 50 輛則繼續留於屯門裝嵌巴士車身。另外較特別的是，九巴為訂單中最後一輛超級奧林比安巴士 3ASV141 試用原廠 D10A-285 型歐盟三型引擎及「ZF」6HP592 型六前速全自動波箱；車身方面亦試驗裝上夾層玻璃，在車重相應增加的前提下，下層企位因而減少 2 人至 38 人，總載客量減少至 130 人。

🚌 九巴為 3ASV141(JZ6467) 試用「富豪」歐盟三型引擎及「ZF」六前速全自動波箱，並試驗性裝上夾層玻璃。

🚌 新巴於 2000 年增購包括 #5059 在內的 20 輛新巴士，以應付投得將軍澳南的路線專營權對巴士車輛的需求。

🚌 九巴訂購的 49 輛「富豪」超級奧林比安 10.6 米巴士，以散件形式在港組裝「亞歷山大」ALX500 改良型車身。

🚌 九巴 ASV13(JY4462) 以一身無添加廣告的香檳金色車身,服務屯門區居民。

🚌 九巴為 3ASV297(KJ6128) 的車身噴上 Kolibri 多重色彩漆油,變色效果不及「Neoplan」Centroliner 巴士。

緊接九巴的訂單,新巴亦於 2000 年增購 20 輛新巴士訂單,車隊編號 #5041 至 #5060,以應付投得將軍澳南的路線專營權對巴士車輛的需求;新巴士繼續沿用上一批的機械配搭,車廂設備亦大同小異,惟經過運輸署檢驗後下層企位人數獲增加 2 人至 42 人,總載客量提升至 133 人,而車廂座椅亦由絲絨座椅改為人造皮面設計。

九巴於 2000 年首次向「富豪」車廠訂購 49 輛 10.6 米短陣版本的超級奧林比安巴士,新底盤在「富豪」波蘭廠房承造,並以 CKD 散件形式在港組裝「亞歷山大」ALX500 改良型車身。機械配置方面,採用了「富豪」D10A-285 型歐盟二型引擎配上「ZF」5HP590 型波箱。短陣底盤的空間十分考

究，冷卻水箱的位置需要由右邊前軸後改放
於中軸前，才能騰出低地台位置設置輪椅停
放區；而因應冷卻水箱的設置，其上方的車
廂亦因而要改用橫向式座位排列設計。

這批超級奧林比安 10.6 米巴士的車廂內繼續
選用九巴標準的「Lazzerini」高背附頭枕座
椅，上層設有座位 51 個，下層座位 26 個及
企位 32 個，全車總載客量共 109 人。新巴
士於 2001 年 2 月至 5 月間相繼領取牌照投
入服務，九巴車隊編號 ASV1 至 ASV49。其
後於 2002 年原屬「富豪」車廠的一輛 10.6
米樣板巴士亦以一身全白色車身色彩抵港，
樣板巴士早於 1999 年便已完成裝嵌作為示
範用途，全車規格與九巴的沒有兩樣，最終
亦收歸九巴旗下，成為車隊中的 ASV50。

九巴 3ASV275(KH4339) 獲安排於蘇格蘭裝嵌車身，全車採用「Fainsa」Cosmic 5.0 高背附頭枕座椅。

新巴 #5070(KC6983) 以一身橙色為車身色調，宣傳其歐盟三型環保新巴。

傷健共融　超低地台空調巴士

九巴 3ASV462(KU2490) 特別選用澳洲「Volgren」CR223LD 型車身,車頭頂部裝設有車高指示燈。

「富豪」車廠為回應本地巴士營運商對環保巴士的訴求,遂為超級奧林比安巴士供應新一代原廠 D10A-285 型歐盟三型引擎。九巴於 2001 年 6 月至 2002 年 12 月間共引入 351 輛超級奧林比安巴士,全數採用「ZF」6HP592 型六前速全自動波箱。而為縮短輪候車身組裝時間,九巴除特別安排新巴士於蘇格蘭、中國內地及香港等三地組裝「亞歷山大」ALX500 改良型車身外,當中 21 輛更特別選用澳洲「Volgren」CR223LD 型車身,兩種車身的車廂均設有座位 92 個及企位 40 個,載客量 132 人。座椅方面,裝嵌「Volgren」車身的超級奧林比安巴士採用「Vogelsitze」System 400/6 座椅;而在蘇格蘭裝嵌的 25 輛新巴士則悉數採用「Fainsa」Cosmic 5.0 座椅,其餘則裝上「Lazzerini」高背附頭枕座椅。

至於對岸的新巴,亦於 2001 年及 2002 年分別增購 29 輛及 14 輛「富豪」超級奧林比安巴士,車隊編號 #5061 至 #5103。新巴士除改用歐盟三型引擎外,亦特別選用上「ZF」5HP590 型波箱。新巴士分別於 2001 年 7 月至 12 月及 2002 年 10 月至 11 月間領取運輸署牌照登記,當中 #5080 至 #5086 等 7 輛巴士出牌時獲安排套上 7 個原屬新巴「佳牌」亞拉伯五型工程車輛及「丹尼士」喝采巴士的舊車牌。而最後一批的 14 輛巴士的車身採用新設計的車尾組件,路線顯示牌箱的位置由上層太平窗下改為車身頂部;而車廂座椅則改為「Lazzerini」高背附頭枕座椅。

2002 年,「富豪」車廠引入「Wright」作為策略性合作伙伴,為旗下超級奧林比安巴士供應車身。九巴遂分兩批引入共 100 輛新巴士,車隊編號 AVW1 至 AVW100,當中包括編號 AVW1 的樣板巴士。新巴士全數於英國「Wright」車廠組裝旗下 Explorer 車身,擁有 2,550 毫米的特闊車身、中置直樓梯、外趨式車門設計、桃紅色玫瑰花紋高背座椅等,車廂內設有上層座椅 53 個、下層座椅 27 個及企位 41 個,總載客量 121 人;九巴特別為新巴士命名為「前衛巴士」。

「富豪」超級奧林比安由最初主要以亞歷山大車廠提供 ALX500 改良型雙層車身,隨後更先後有澳洲「Volgren」車身及英國「Wright」Explorer 車身的超級奧林比安入籍九巴。長度款式方面,廠方除提供 12 米標準版本外,隨後在 2001 年更為應付香港部分峽窄的街道環境而引進 10.6 米短車軸版本,可謂作為奧林比安巴士的成功延續。

🚌「富豪」車廠於 2002 年引入「Wright」作為策略性
合作伙伴，為旗下超級奧林比安巴士供應車身。

🚌 九巴 AVW29(LL3858) 與「丹拿」CVG5 合照，兩
代車型相差超過 60 年。

Scania K94UB

「紳佳」 K94UB

在「丹尼士」、「猛獅」、「Neoplan」及「富豪」等四間巴士生產商相繼為香港巴士營運商提供雙層低地台巴士產品後；2001 年 9 月 26 日凌晨，「紳佳」（Scania）首輛雙層低地台巴士正式付運抵港。

早於 2000 年中，1 輛「紳佳」K94UB 型巴士底盤運抵位於澳洲墨爾本的「Volgren」車身廠房，預備裝嵌鋁合金車身；並於同年 10 月以一身未完成車身組裝工序的雛型於《第二屆亞太城市運輸展》中亮相。及至翌年 2 月，這輛「紳佳」K94UB 型超低地台巴士終以一身澳洲「Volgren」CR223LD 型雙層鋁合金車身，並髹上城巴標準車身色彩在

🚌「紳佳」K94UB 雙層巴士待在車廠內準備交付城巴。

🚌「紳佳」K94UB 雙層巴士以一身城巴標準車身色彩
由元朗屏山開往小蠔灣，準備由廠方交付城巴。

澳洲廠房外示人。與展覽時的雛型相比，完
成組裝的新巴士的鬼面罩部分換上了「紳佳」
Omni 系列的「微笑」款式的組件，取代舊
有「四眼仔」設計，令人一望而知是「紳佳」
產品。

「紳佳」繼 1993 年為港人帶來首 2 輛九巴
N113DRB 型「進步環保巴士」；8 年過去，
再為城巴打造旗下首輛裝配歐盟三型引擎的
K94UB 型雙層超低地台環保巴士。機械配置
上，新巴士選上原廠 DC9-02 型九公升引擎，
縱置於車尾連接「ZF」Ecomat-2 5HP592C
型五前速附減速器自動波箱；引擎屬眾多本
地雙層巴士中最細容積的一台，馬力輸出 260
匹。同時基於利用縱置引擎驅動尾軸的關係，
以致巴士的尾跨特別冗長。新巴士另一特色是

🚌「紳佳」K94UB 的駕駛室儀錶顯示，全獲貼上中文
標示。

🚌 下層車廂佈局，中、尾軸上座位全為向前裝設。

🚌 城巴 #2800 是首部獲安排髹上以母公司捷達集團為設計藍本的試驗色彩。

🚌 城巴 #2800 正於九龍灣運輸處驗車中心進行俗稱傾側測試的穩定性測試。

具備四輪同步轉向的八爪魚式底盤設計，有助減低輪胎損耗之餘，亦可將轉向中心移後，避免因冗長尾跨而令轉彎時引起神龍擺尾的現象。另外巴士底盤的懸掛系統更屬氣墊懸掛式設計，配備有電子水平控制（Electronic Level Control）功能，有效減低因路面起伏而引起車廂內的顛簸感覺。

在車廂設計上，甫走進澳洲「Volgren」CR233LD 型車身，由上車門至中置落車門之間為低地台區域，輪椅停泊區則設於落車門與左前輪輪拱之間。車廂內裏安裝有澳洲「Transit Seating」附頭枕的高背微桶型絲絨座椅，除樓梯後裝設有一張闊身橫向座椅外，其餘全部均為全前向排列，鋪排略見湊密，共設有下層座位 31 個；上層 59 個座位雖然採用 2+2 座椅排列方式，但同樣感覺湊密，座椅前後間距較窄。然而「Transit Seating」的座椅呈微桶型，較厚身的座墊亦有頗佳的承托力。

城巴於 2001 年 10 月 4 日正式從「紳佳」代理福方集團手上接收新巴士，並隨即於城巴小蠔灣車廠的焗油房改髹上全新車身色彩。新色彩設計由城巴向母公司英國捷達集團行政總裁 Mike Kinskey 進行游說，設計糅合母公司的標準車身色彩設計與城巴的色調，以凸顯兩公司相互的關係。其後新巴士經過運輸署一連串的車輛評定測試後，可搭載企位 37 人，令全車總載客量達 127 人。

城巴全新「紳佳」巴士於 2001 年 12 月 17 日順利獲發 KJ1502 車輛登記，車隊編號 #2800。隨後於同月 19 日正式投入服務，行走循環路線 5B 來往堅尼地城至銅鑼灣，其後先後派往市區路線 10 來往堅尼地城至北角，以及東區走廊特快路線 788 來往小西灣至中環等。

2017 年 2 月，隨着城巴旗下「富豪」奧林比安 12 米空調巴士相繼退出載客行列，城巴遂將奧林比安巴士車廂上的「Lazzerini」附頭枕的人造皮面高背座椅拆下，替換 #2800 原有的「Transit Seating」絲絨座椅；這動作亦令昔日作為豪華巴士象徵之一的絲絨座椅正式於香港專營巴士上絕跡。

🚌 城巴 #2800(KJ1502) 投入服務後,長時間調派往港島市區路線 10 服務。

🚌 從這角度,這輛正行走路線 969A 前往金鐘的城巴 #2800(KJ1502) 的尾跨更見修長。

傷健共融 超低地台空調巴士

PART IV
全新標準
次世代超低地台巴士

Transbus / Alexander-Dennis Enviro-500

「TransBus / 亞歷山大・丹尼士」Enviro-500

回說 1995 年，英國汽車集團「Mayflower」先後收購巴士車身製造商「亞歷山大」及巴士底盤製造商「丹尼士」，稍後又再於 1998 年 10 月進一步收購另一車身製造商「都普」，其巴士製造王國日漸壯大。

其後又與擁有多間車身品牌「Plaxton」及「Northern Counties」的英國巴士車身集團「Henlys」整合巴士製造王國，遂於 2001 年 1 月 1 日正式成立「TransBus International」。

惟好景不常，2004 年「TransBus」陷入財政危機，最終需要將「Plaxton」客車業務

🚌 從這幀相片可見，Enviro-500 系列在香港巴士中擔當著如何重要的角色。

分拆出售予本身之管理層；而餘下部分則
售予英國捷達巴士持有人 Brian Souter，
並將新公司改名為「亞歷山大‧丹尼士」
（Alexander-Dennis Limited），正式結束
十年間一連串的收購、合併及分拆。

「丹尼士」在香港專利巴士市場一直佔據領導
地位，1996 年率先與九巴共同研發三叉戟雙
層超低地台巴士底盤；三叉戟巴士面世五年
後，剛成立的「TransBus」再一次夥同九巴
開發新一代雙層超低地台巴士，新巴士在 18
個月的研發期後面世，並取名為「TransBus」
Enviro-500 型。

「TransBus」Enviro-500 型雙層巴士可説是
一體化巴士的品牌，也可説是車身的型號。
「TransBus」研發的 Enviro-500 型新巴士，
主要改良自舊有三叉戟底盤設計，並交由
「TransBus」的前「亞歷山大」部門負責設
計雙層車身；説穿了，其實也只是「丹尼士」
與「亞歷山大」的配搭。的而且確，新巴士
的機械配搭上實在與三叉戟無異。

「TransBus」以歐洲先進國家的巴士規格為
基礎，為九巴打造的新巴士正好給人耳目一
新的感覺。九巴的 Enviro-500 型新巴士車
廂內，裝設有桃紅玫瑰花紋「Lazzerini」高
背附頭枕的闊身座椅，車身採用特闊規格，
闊度達 2550 毫米，要特別向運輸署申請豁
免才可。車廂亦放棄使用傳統旋轉式樓梯設
計，而採用直樓梯設計，能同時容納上樓及
下樓的乘客同時使用，以改善乘客流量，面
積較大的梯級面亦令上、下樓梯更見安全。

🚌ATE1(KX675) 為首輛 Enviro-500 巴士，投入服務
後被派往過海隧道巴士路線 104。

🚌Enviro-500 巴士的出現，特別是頭幅與尾幅的設
計，令人耳目一新。

全新標準　次世代超低地台巴士

而上層車尾太平門位置則改為密封的車窗，
以減低太平門被誤開或滲水的情況。下車門
使用外趟式車門設計（Plug-door），有助
減低車廂冷氣流失之餘，亦可避免內接式車
門夾傷乘客的機會。如此的嶄新設計，九巴
特別為標準的香檳金色車身色彩下點功夫，
在車身裙腳位置加塗一層香檳棕色，以凸顯
其新車隊標準的身份，更特別取名「超直
巴士」。

🚌 ATE140(LJ7524) 及 ATE242(ME9866) 分別裝配上改良前後的 Enviro-500 車身設計。

🚌 九鐵巴士部首輛「ADL」Enviro-500 型 12 米雙層巴士 #801，於英國組裝車身並髹上九鐵標準車身色彩後才付運來港。

🚌 借往新界西北服務的港鐵巴士 #802(NF6585) 於 2011 年 4 月臨時派往大埔支援東鐵接駁巴士服務，行走路線 K17。

九巴及龍運巴士自 2002 年至 2010 年間，先後引入 388 輛 Enviro-500 型新巴士。首批訂單源自 2002 年 10 月至 2003 年 4 月付運的 100 輛裝配「亞歷山大」ALX500 型改良版車身的「丹尼士」三叉戟 12 米巴士，當中 20 輛獲安排改為 Enviro-500 型新巴士，並進一步增購多 10 輛，以取代部分「都城嘉慕」都城型 11 米非空調巴士；並以 ATE 系列為車隊編號。

30 輛新巴士採用「康明斯」ISMe335-30 型引擎，最高馬力輸出達 335 匹，符合歐盟三期廢氣排放標準；當中 15 輛選用「福伊特」DIWA 864.3E 型四前速全自動波箱，其餘 15 輛則配用「ZF」Ecomat-2 5HP602C 型五前速全自動波箱。車廂方面，全車設有上層座位 53 個、下層座位 27 個及企位 44 個，總載客量 124 人。

首輛 Enviro-500 型新巴士於英國組裝車身後於 2002 年 11 月 12 日付運抵港，並於 2003 年 1 月 28 日獲發車輛登記，九巴車隊編號 ATE1，於同年 3 月 24 日投入服務行過海隧道巴士路線 104；其餘 29 輛巴士亦於 2003 年 3 月至 8 月間投入服務。

緊接着九巴再分三批次引進 90 輛、65 輛及 50 輛 Enviro-500 型巴士，其中 202 輛新巴士並於 2003 年 11 月至 2005 年 6 月間投入服務，以取代 220 輛「丹尼士」巨龍 11 米非空調巴士；其餘 3 輛則轉予龍運巴士，車隊編號 #801 至 #803。

2005 年,九巴再增購 40 輛 Enviro-500 型巴士,車隊編號 ATE233 至 ATE271;當中包括 1 輛配備「康明斯」ISLe-340b 型歐盟四型環保引擎的 ATEU1;全數新巴士用以取代部分「利蘭」奧林比安 11 米非空調巴士。新巴士的車身採用改良版 Mk.II 設計,並改配上「福伊特」DIWA 864.5D4 型全自動波箱;當中 15 輛裝有「Gorba」液晶體電子路線顯示牌。40 輛新巴士於 2006 年 1 月至 8 月間相繼投入服務;而 ATEU1 其後於 2009 年更被安排加裝廢氣管制裝置及改良引擎,使其廢氣排放規格進一步提升至歐盟五期水平。

那邊廂龍運巴士亦於 2005 年底自行訂購 5 輛 Enviro-500 型巴士,新巴士的車身同樣採用改良版 Mk.II 設計,並全數採用「ZF」Ecomat-2 5HP602C 型五前速全自動波箱。當中 4 輛車隊編號 #804 至 #807 裝配桃紅玫瑰花紋「Lazzerini」高背附頭枕的闊身座椅,下層車廂裝設有兩組大型行李架,其餘 1 輛車隊編號 #601 則採用絲絨座椅及三組大型行李架的豪華版巴士,先後於 2006 年 6 月至 7 月間獲發車牌。而 #601 更於 2016 年 7 月換上桃紅玫瑰花紋椅套,並拆去一組大型行李架,至翌年 3 月重新以 #808 的車隊編號編入車隊。

🚌 中電於 2008 年訂購 5 輛 Enviro-500 雙層巴士,以替換旗下「利蘭」奧林比安 12 米員工巴士。

🚌 新巴 #4021(PD9799) 由深圳「五洲龍」車廠代工組裝車身,惟新巴士裝嵌質素欠佳。

🚌 城巴 #8159(PJ5535) 改由珠海「廣通」客車負責裝嵌車身。

2008 年,龍運巴士及九巴合共增購 16 輛 Enviro-500 型巴士,6 輛龍運巴士 #8401 至 #8406 及 9 輛九巴 ATEU2 至 ATEU10 等裝配桃紅玫瑰花紋「Lazzerini」高背附頭枕的闊身座椅,其餘 1 輛車隊編號 #6401 則採用絲絨座椅。新巴士悉數改配「康明斯」ISLe-340b 型歐盟四型引擎及「ZF」Ecomat-4 6HP604C 型全自動波箱,以及「Gorba」青色液晶體電子路線顯示牌。新巴士開始陸續由中國珠海「廣通」客車負責組裝車身,並於 2009 年 5 月至 10 月間領取車輛登記。而 #6401 更於 2015 年 10 月換上桃紅玫瑰花紋椅套,並拆去一組大型行李架,重新以 #8431 的車隊編號編入車隊。

2009 年,龍運巴士及九巴合共增購 51 輛 Enviro-500 型巴士,24 輛龍運巴士 #8407 至 #8430 及 20 輛九巴 ATEU17 至 ATEU36 等裝配桃紅玫瑰花紋「Vogelsitze」高背附頭枕座椅、6 輛九巴 ATEU11 至 ATEU16 等選用桃紅玫瑰花紋「Lazzerini」City 高背附頭枕座椅及改配「福伊特」DIWA-864.5D4 型波箱,其餘 1 輛車隊編號 #6402 則採用絲絨座椅。新巴士的下層車尾太平門試驗性地改用整幅式強化玻璃,以及「Hanover」綠色磁翻板電子路線顯示牌。新巴士於 2009 年 12 月至 2011 年 9 月間領取車輛登記。而 #6402 更於 2016 年 1 月換上桃紅玫瑰花紋椅套,並拆去一組大型行李架,重新以 #8432 的車隊編號編入車隊。

2010 年 6 月,龍運巴士及九巴再進一步增購合共 41 輛 Enviro-500 型巴士,包括 36 輛龍運巴士 #8501 至 #8536 及 5 輛九巴 ATEE1 至 ATEE5 等,悉數改配「康明斯」ISL8.9e5-340b 型歐盟五型引擎及附有 TopoDyn 功能的「ZF」Ecomat-4 6HP604C 型全自動波箱,並裝配桃紅色巴士仔圖案「Vogelsitze」高背附頭枕座椅、上海「鴻隆」電子路線顯示牌及荷蘭「Ventura」車門等。新巴士於 2011 年 5 月至 2013 年 4 月間投入服務。

反觀於 2004 年開始同屬新創建集團成員的城巴和新巴,在 2007 年至 2015 年期間共引入 343 輛 Enviro-500 型巴士,悉數以淺紫色車廂色調及採用配新創建 NW 暗花的紫色仿皮的「Lazzerini」City 高背座椅。

🚌 新巴 #5538(PV3687) 採用「康明斯」歐盟五型環保引擎配以「ZF」六前速全自動波箱。

2007 年 1 月，新創建集團分別為城巴及新巴訂購 10 輛及 18 輛 Enviro-500 型巴士，前者編號 #8100 至 #8109 用以調派往深圳灣口岸路線 B3、B3A 及 B3X 服務；後者編號 #5500 至 #5517 則用作取締車隊中 5 輛「利蘭」奧林比安 11 米及 13 輛「丹尼士」禿鷹 11 米巴士。28 輛新巴士訂單包括 19 輛採用「ZF」Ecomat-2 5HP602C 型波箱、餘下 9 輛採用「福伊特」DIWA-864.5D4 型波箱，原計劃城巴全取「ZF」波箱底盤，以更適合行走長途巴士路線，其餘則分配予新巴；惟因當時城巴急需新巴士投放至深圳灣口岸路線，故遂將較早運抵而原屬新巴的 8 輛「福伊特」波箱底盤及 2 輛「ZF」波箱底盤先行撥予城巴組裝車身，其餘則調回予新巴車隊。

全數 28 輛新巴士底盤於 2007 年 9 月開始陸續付運抵港，並安排以散件形式於新巴創富道車廠組裝車身。新巴士大部分於 2007 年 12 月至 2008 年 5 月間相繼投入服務，惟 #5504 獲安排到澳洲作為示範車進行測試及展覽，延至 2008 年 6 月始領有車輛登記。車廂佈局上，新巴士悉數配備直樓梯，而城巴 10 輛新巴士的下層更裝設有大型行李架，全車設有上層座位 53 個、下層座位 21 個及企位 44 個，總載客量 118 人；而新巴 18 輛新巴士則可載客 124 人，包括因下層未有安裝行李架而增加的 6 個座位。

🚌 龍運 #8429(PG7174) 的車廂內部採用九巴標準的桃紅玫瑰花紋「Vogelsitze」高背附頭枕座椅。

🚌 在 2011 年發生的「佔領中環」大型社會運動，路線 E21A 需臨時改道；#8204(PR8372) 的「Hanover」電子路線牌只能顯示 21A。

2008 年，城巴率先增購 18 輛 Enviro-500 型 12 米巴士，車隊編號 #8110 至 #8127，用以取代 18 輛「利蘭」奧林比安 12 米空調巴士及 1 輛「猛獅」NL262/R 巴士；與此同時新巴亦訂購 20 輛 Enviro-500 型 11.3 米版本，車隊編號 #4000 至 #4019，用以取締悉數「利蘭」奧林比安 11 米空調巴士。38 輛新巴士均轉用「Hanover」橙色 LED 電子路線顯示牌及英國「Deans」車門連橫趟式落車門。另外，由於早前有直樓梯設計的巴士在香港多次發生意外，更較傳統的旋轉式樓梯佔用更多車廂空間，故新批次的巴士並改用回旋轉式樓梯，以增加載客量，當中城巴 12 米版本的載客量由直樓梯設計標準的 124 人增加至 129 人，包括上層座位 55 個、下層座位 31 個及企位 43 個；而新巴的 11.3 米版本則設有上層座位 51

個、下層座位 26 個及企位 41 個，總載客量 118 人。城巴新巴士同時亦改為選用「ZF」Ecomat-4 6HP604C 型波箱，而新巴則選用附有 SensoTop 功能的「福伊特」DIWA 864.5D4 型波箱。

全數 38 輛新巴士的車身組裝工序獲安排移師至深圳「五洲龍」車廠進行，惟完成裝嵌工序的新巴士未能通過檢收程序，最終延至 2009 年 3 月至 10 月才陸續抵港，完成執漏工作並投入服務。

與此同時，中華電力亦於 2008 年訂購 5 輛 Enviro-500 型 12 米雙層巴士，用以替換旗下絕大部分「利蘭」奧林比安 12 米員工巴士。這批巴士同樣由深圳「五洲龍」車廠代工組裝車身，全車大致採用與城巴相同的規格，只是原有輪椅停泊區則改裝上兩個前向的單人座椅，而且所有座椅均配備安全帶，全車不設企位，總載客量 88 人。新巴士於翌年 5 月起陸續抵港，並於 6 月投入服務，車隊編號 #317 至 #321。

2009 年，新巴再增購 20 輛配用附設有 TopoDyn 功能的「ZF」Ecomat-4 6HP604C 型波箱的 Enviro-500 型 11.3 米巴士，車隊編號 #4020 至 #4039，預備取代 20 輛於「丹尼士」禿鷹 11 米空調巴士。新巴士續由深圳「五洲龍」車廠代工組裝車身，當中 #4020 至 #4022、#4026、#4028 及 #4030 等 6 輛巴士沿用英國「Deans」車門連橫趟式落車門，其餘 14 輛則轉用荷蘭「Ventura」車門。新巴士於 2010 年 3 月至 4 月間投入服務。

而城巴於 2009 年亦先後落實兩張分別 44 輛及 33 輛 Enviro-500 型 12 米巴士訂單，用以取代「Network 26」時期引入的部分首批「利蘭」奧林比安 10.4 米及 12 米、「富豪」奧林比安 12 米及「丹尼士」巨龍 12 米巴士。車隊編號 #8128 至 #8204 的新巴士全面採用「康明斯」ISL8.9e5-340b 型歐盟五型環保引擎，「ZF」Ecomat-4 6HP604C 型波箱亦加配了 TopoDyn 功能；車身方面亦選用荷蘭「Ventura」車門連橫趟式落車門設計。而有鑑於早前由深圳「五洲龍」車廠代工組裝車身的裝嵌質素欠佳，故新巴士改交由珠海「廣通」客車負責裝嵌車身。新巴士於 2010 年 5 月 7 日開始投入服務，並於 2011 年 1 月悉數獲發車輛登記。

緊接着城巴的訂單，新巴於 2010 年亦增購 24 輛 Enviro-500 型 12 米巴士訂單，以取締車隊中首批「富豪」奧林比安 11 米巴士；這批車隊編號 #5518 至 #5541 的 Enviro-500 型巴士與城巴引進的 #8128 至 #8204 在規格上別無兩樣。新巴士於 2011 年 1 月 25 日開始陸續投入服務，並在同年 5 月全數出牌。

2011 年，城巴再大量購置 115 輛 Enviro-500 型 12 米巴士，以取代車隊中年事已高的「富豪」奧林比安 12 米及 10.4 米、「丹尼士」巨龍 12 米、「猛獅」NL262/R 及「富豪」B6LE 等。這批車隊編號 #8205 至 #8319 的新巴士主要在車廂色調方面進行優化，包括將車廂通道及輪椅停放區改以深藍色地台，並改用淺紫色 LED 照明系統。新巴士於 2012 年 6 月至翌年 3 月間投入服務。與此同時，新巴為取締車隊旗下「富豪」奧

全新標準　次世代超低地台巴士

🚌 因應城巴機場快線車源緊張，城巴將 #8203 至 #8207 共五輛巴士加裝大型行李架並在車身貼上紅色貼紙，成為城巴機場快線一員。

林比安 11 米、「丹尼士」禿鷹 11 米、「丹尼士」巨龍 12 米及「丹尼士」飛鏢 10.7 米等巴士，遂以城巴採用的相同規格先後於 2011 年至 2012 年間先後增購分別 13 輛及 28 輛 Enviro-500 型 12 米巴士，車隊編號 #5542 至 #5582，新巴士分別於 2012 年 5 月及 2013 年 1 月至 5 月間悉數投入服務。

至於九鐵巴士部亦於 2007 年 1 月向「亞歷山大・丹尼士」車廠訂購 9 輛 Enviro-500 型 12 米雙層巴士，以替代部分「利蘭」奧林比安 11 米空調巴士。在標準的「康明斯」ISLe-340b 型引擎之上，九鐵巴士部為新巴士選用「福伊特」DIWA-864.5D4 型波箱作為動力組合。另外車身則配備「Hanover」綠色磁翻板電子路線顯示牌及英國「Deans」車門連橫趟式落車門設計。車廂方面則以九鐵巴士部標準的湖水綠色車廂色調，採用「Lazzerini」仿皮高背附頭枕座椅、直樓梯設計、黃色凹凸紋扶手等。

全數巴士於英國原廠組裝車身，並髹上九鐵巴士部標準車身色彩，九鐵巴士部將新巴士以編號 #801 至 #809 編入車隊。首輛新巴士於 2007 年 11 月 24 日經水路抵港，並於同年 12 月 1 日正式貼上九鐵標誌示人。隨着地下鐵路公司及九廣鐵路公司於翌日正式合併，全數巴士按協議轉予港鐵公司繼續營運；首輛新巴士於 2008 年 1 月 31 日獲發運輸署車輛登記，其餘 8 輛亦於同年 4 月底前悉數投入服務，用以行走接駁港鐵東鐵綫的接駁巴士服務。

🚌 港鐵巴士於 2011 年引入 Enviro-500 巴士 (#825) 及
Enviro-400 巴士 (#140)，用以取代「丹尼士」飛鏢
及「富豪」B10M 型單層巴士。

為取締悉數「利蘭」奧林比安 11 米空調巴士，港鐵於 2009 年增購 15 輛 Enviro-500 型 12 米雙層巴士，規格與前批次大致相信，僅在車身尾部的上層指揮燈款式有異。新巴士交由深圳「五洲龍」車廠代工組裝車身，並鬆上以灰白色配紅彩帶的全新港鐵接駁巴士塗裝。新巴士車隊編號 #810 至 #824，順利於 2009 年 4 月至 8 月間相繼投入服務。

及至 2011 年，港鐵續引入 9 輛 Enviro-500 型 11.3 米巴士及 9 輛 Enviro-400 型巴士，用以取代 18 輛「丹尼士」飛鏢及「富豪」B10M 型巴士，調派新界西北區行走港鐵巴士路線。新巴士車隊編號 #825 至 #833，

港鐵巴士部採用與新巴 Enviro-500 型 11.3 米巴士的動力組合和車廂規格，僅下層車廂省去兩張單人座椅，令企位限額增加 4 人，而全車總載客量亦達至 120 人。新車於珠海「廣通」車廠裝嵌車身後經陸路駛回香港，並於 2012 年 9 月 28 日起陸續完成運輸署車輛登記手續，投入載客車隊行列。

無論「TransBus」以至「亞歷山大・丹尼士」，對超低地台巴士訂下了新標準，九巴、龍運巴士、城巴、九鐵巴士部、新巴、中電巴士、港鐵等在 Enviro-500 型新巴士面世至停產的十年時間，累積達 769 輛本地巴士訂單，可說是當年在同級巴士中佔據領導地位。

Volvo B9TL

「富豪」B9TL

隨着主要競爭對手英國「TransBus」車廠於 2002 年成功推出 Enviro-500 型雙層超低地台巴士並順利引進來港，瑞典「富豪」車廠亦不甘示弱，於 2003 年引入全新 B9TL 型雙層超低地台巴士，正式與「TransBus」車廠爭一日之長短。

🚌 九巴安排 AVD1(LJ7006) 樣辦巴士試驗行走路線 30X 以收集行車數據，該固定字軌平日早上需行走路線 230X。

2003 年 7 月，首輛裝配澳洲「Volgren」CR223LD 型車身的「富豪」B9TL 型雙層超低地台巴士，以一身純白色登陸香江。全新樣板巴士在外觀上如同在 2002 年抵港、同樣採用「Volgren」車身的「富豪」超級奧林比安 B10TL 型 12 米巴士，然而在細節上不難發現新巴士右方的頭軸後方不設散熱水箱，同時省卻了安裝車身自動平衡裝置；而全新佈置的大型散熱水箱改放於車尾引擎艙

內的靠右位置，引擎艙內剩餘位置剛好讓一台體積較小的「富豪」原廠 D9A-300 型引擎置身其中，新引擎符合歐盟三期廢氣排放標準，最大馬力輸出達 300 匹，最大扭力更達 1400 牛頓米；波箱則採用「ZF」6HP592C 型六前速全自動波箱，配以大比例差速裝置，正好就是九巴號稱「全環保巴士驅動系統」的經濟動力組合（Eco-Driveline），在慳油的同時仍能對以往超級奧林比安巴士爬坡表現較遜色的問題加以改善。

全新「富豪」B9TL 型樣板巴士旋即被髹上九巴標準香檳金色車身色彩，再安排進行運輸署類型評定測試，並於 2014 年 3 月 19 日獲發正式車輛登記，九巴車隊編號 AVD1；同年 4 月 27 日投入載客服務，行走西隧快線 905。新巴士的車廂裝有旋轉式樓梯，並採用粉紅色仿皮面的「Vogelsitze」System 400/6 高背附頭枕座椅，設有上層座位 59 個、下層座位 33 個及企位 36 個，總載客量 128 人。

九巴安排這輛 B9TL 型樣板巴士試驗行走數條巴士路線以收集行車數據，當中包括路線 905、42C、30X 等。同年 12 月 21 日，AVD1 被安排運返瑞典加以改良，並換上另一台「富豪」D9B-310 型歐盟四期環保引擎，最大馬力輸出達 310 匹，最大扭力同樣為 1400 牛頓米；新巴士同時亦加裝尿素缸，利用選擇性催化還原技術（Selective Catalytic Reduction, SCR）透過注入尿素至催化器，將氮氧化物還原作氮氣及水分排放，以達致廢氣減排。至 2005 年 8 月重返香港，於翌年 2 月 14 日重新進行車輛登記，返回載客服務行列。

🚌 裝配有「Wright」Eclipse Gemini 車身的九巴 AVBW1(LU3739)，總載客量達 123 人。

🚌 AVBE27(MU4827) 及 AVBW10(PH5408) 展示出兩款套用在「富豪」B9TL 巴士上不同的車身型格。

2004 年底，再有兩輛「富豪」B9TL 型樣板巴士先後抵港，首先是裝配有 Enviro-500 型改良版車身的，但其品牌已由「TransBus」重組為「亞歷山大·丹尼士」，全車設有 80 個座位，總載客量 122 人，車隊編號 AVBE1。另一輛則裝配有「Wright」Eclipse Gemini 車身，座位數目與 Enviro-500 型改良版車身的 B9TL 型巴士無異，然而卻可容納較多的企位，令總載客量達 123 人，車隊編號 AVBW1。兩輛新巴士均裝配有「富豪」D9A-300 型環保引擎並搭載「ZF」6HP592C 型六前速全自動波箱，並於 2015 年 2 月投入服務。新巴士擁有 2,550 毫米的特闊車身、中置直樓梯、外趟式車門設計、桃紅色玫瑰花紋高背座椅等。

全新標準·次世代超低地台巴士

🚌 #708(NF9046) 的電子路線顯示牌已於 2017 年 4 月獲安排置換上九巴路線資料，惟一直未有落實轉售予九巴的安排。

九巴於 2005 年先後增購兩批共 63 輛裝配「Wright」Eclipse Gemini 車身的「富豪」B9TL 型巴士，以及另外兩批分別為數 50 輛及 45 輛選配「亞歷山大‧丹尼士」Enviro-500 型車身的「富豪」B9TL 型巴士，當中第二批訂單的其中 10 輛調配予龍運巴士。在英國組裝上「Wright」車身的「富豪」B9TL 型巴士於 2005 年 10 月至 2006 年 11 月間完成運輸署車輛登記程序，九巴車隊編號 AVBW2 至 AVBW64；而 Enviro-500 型車身的新巴士則安排於九巴屯門巴士車身裝嵌廠組裝車身，歸屬九巴的 85 輛車隊編號為 AVBE2 至 AVBE86，而龍運巴士的則以 #701 至 #709 及 #410 編配入車隊，並緊接於 2006 年 11 月至 2008 年 3 月間投入載客服務行列。

其中 AVBW15 及 AVBW26 屬另外兩輛「富豪」B9TL 型樣板巴士，AVBW15 特別採用「富豪」D9C-340 型歐盟四期環保引擎搭配「福伊特」DIWA-864.5D4 型四前速全自動波箱，而 AVBW26 連同其餘 61 輛量產巴士均選配「富豪」D9A-300 型引擎搭配「ZF」6HP592C 型波箱。而 85 輛 Enviro-500 型車身的新巴士則有 38 輛裝上「ZF」波箱，另外 47 輛則選配「福伊特」波箱，以調派行走不同路面環境的巴士路線。

九巴 AVBWU16(PJ5187) 披上甲午馬年賀年巴士廣告，停泊於大埔富亨邨巴士總站。

全數隸屬九巴的 148 輛新巴士上，均裝配「Hanover」或「Gorba」電子路線顯示牌；車廂方面，亦分別裝有「Lazzerini」及「Vogelsitze」高背附頭枕座椅，全車載客量 122 人，包括上層座位 53 個、下層座位 27 個及企位 42 個，而其中有 8 輛則因在下層加裝行李架而減少 6 個座位。

而龍運巴士購置的 10 輛裝「富豪」B9TL 型巴士上，車身裝有「Gorba」電子路線顯示牌，其中 9 輛車隊編號 #701 至 #709 的車廂規格與九巴 8 輛配備行李架的 B9TL 型新巴士無異。另一輛 #410 則裝有三組大型行李架及全車絲絨座椅，至 2016 年 7 月才拆除一組行李架並加裝座椅、換回桃紅色玫瑰花紋人造皮座椅皮套後以全新車隊編號 #710 重新投入服務，規格與其他 B9TL 型巴士看齊。

隨着符合歐盟五期廢氣排放規格的「富豪」D9B-310 型引擎於 2009 年獲安排配備於「富豪」B9TL 型巴士上並推出市場，與其搭載「ZF」EcoLife 6AB1403B 型六前速全自動波箱的動力組合可說是往後五年新巴士訂單的標準組合。而「富豪」車廠自 2002 年引入「Wright」作為策略性合作伙伴後，雖然期間出現過「Volgren」及「亞歷山大·丹尼士」的車身產品，然而往後香港巴士公司引入的「富豪」B9TL 型巴士，則統統為配置「Wright」Eclipse Gemini Mk.II 型配備全新車咀設計的車身。

全新標準 次世代超低地台巴士

165

2009 年至 2010 年間，九巴先後分三批次向「富豪」車廠落實購置 60 輛、115 輛及 115 輛 B9TL 型 12 米雙層低地台巴士。全數 290 輛新巴士的車廂繼續沿用直樓梯設計，並使用「Vogelsitze」System 400/6 型座椅，可提供上層座位 53 個、下層座位 27 個及企位 46 個，載客量提升至 126 人，車隊編號 AVBWU1 至 AVBWU290。新巴士於 2010 年至 2011 年間悉數付運來港，惟自首 46 輛在 2010 年 3 月至 8 月間投入服務後，九巴因應服務調整及車隊重整，遂將其餘新巴士囤積於各車廠內，直至 2011 年 2 月底才再安排將新巴士陸續出牌，最後待到 2012 年 5 月所有新巴士才完成運輸署車輛登記程序、投入服務，主要行走各大彌敦道沿線路線、公路主幹線特快路線及過海隧道巴士路線等。

2010 年暑假，兩輛全新「富豪」B9TL 型 10.6 米兩軸樣板巴士先後抵港，同樣裝配有「Wright」Eclipse Gemini Mk.II 型車身的 B9TL 型巴士，外型儼如一部沒有中軸的縮水版三軸 B9TL 型巴士一樣。新巴士承襲「Wright」集團註冊設計的 ALUMINIQUE 鋁材構件，故無論在車身鋁柱的大小及還是用料的厚度更見粗、厚；卻又因此令新巴士的淨重超出 18 公噸的特殊豁免上限，廠方其後需為樣板巴士減磅——移去空調機組一個冷氣泵、上層車尾的整排座椅及下層落車門前的座椅，並換上鋁合金輪圈，令巴士淨重減至低於 18 公噸始能通過運輸署的測試，獲准出牌。另一項較特別的是，兩輛樣板巴士均裝配傳統旋轉式樓梯而棄用直樓梯設計，是首見於輸港的「Wright」巴士上。在如此的車廂佈局下，全車共設有上層座位 42 個、下層座位 23 個及企位 20 個，總載客量 85 人。兩輛新巴士其後交付城巴及九巴，車隊編號分別為 #7500 及 AVBWS1，並先後在 2010 年 11 月及 12 月正式獲發車輛登記；前者於同年 12 月 20 日正式投入服務，行走赤柱豪華巴士路線 260，而後者則待到翌年 4 月上旬才投入服務。

2012 年 8 月，九巴訂購 50 輛「富豪」B9TL 型 12 米巴士，並在車廂內引入全新方梯設計，從傳統俗稱曲梯的旋轉形樓梯節省車廂空間和近代直樓梯的安全度等優點中取得平衡，全車共設有上層座位 59 個、下層座位 31 個及企位 48 個，總載客量 138 人；

🚌 城巴 #7500(PN8018) 於 2010 年 12 月 20 日正式投入服務，行走赤柱豪華巴士路線 260。

🚌 城巴「富豪」B9TL 巴士的駕駛室，設計簡潔。

🚌 九巴為慶祝成立 80 週年，特意為旗下八輛巴士髹上復古色彩塗裝。AVBWU200(PZ8904) 的車身色彩源自「富豪」VMD1 巴士。

🚌 AVBWU306(SL8438) 屬九巴第四批「富豪」B9TL 巴士，車廂採用全新方型樓梯設計，總載客量增加至 138 人。

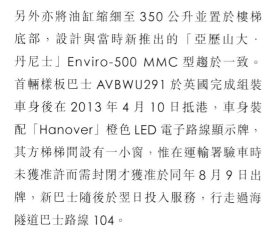

另外亦將油缸縮細至 350 公升並置於樓梯底部，設計與當時新推出的「亞歷山大·丹尼士」Enviro-500 MMC 型趨於一致。首輛樣板巴士 AVBWU291 於英國完成組裝車身後在 2013 年 4 月 10 日抵港，車身裝配「Hanover」橙色 LED 電子路線顯示牌，其方梯梯間設有一小窗，惟在運輸署驗車時未獲准許而需封閉才獲准於同年 8 月 9 日出牌，新巴士隨後於翌日投入服務，行走過海隧道巴士路線 104。

而其餘 49 輛新巴士則安排於珠海「廣通」客車代工組裝車身，過往「Wright」車身的獨特之處，是其極富神秘感的車身裝嵌技術，廠方規定巴士必須以 CBU（Completely Built Up）的完全組裝形式在英國廠房組裝後付運，故今次以 CKD（Completely Knock Down）的散件形式付運香港再轉運內地作組裝，實屬少見。有別於樣板巴士，49 輛新巴士採用「Gorba」橙色 LED 電子路線顯示牌，並於 2013 年 8 月至 2014 年 8 月悉數出牌並投入服務。

2013 年 8 月，九巴進一步增購 60 輛 B9TL 型巴士，並繼續由珠海「廣通」客車代工組裝車身，並採用「Hanover」橙色 LED 電子路線顯示牌，而車頭燈組件亦加裝有 LED 日間行車指示燈；新訂單中除 58 輛屬 12 米版本外，餘下兩輛則為全新 12.8 米特長版本。兩種長度的新巴士車廂規格類同，特長巴士車廂內設有上層座位 63 個、下層座位 35 個及企位 48 個，總載客量 146 人，較標準 12 米版本多 8 人。

兩輛特長「富豪」巴士乃繼三軸 12 米及兩軸 10.6 米後，第三款引入香港的 B9TL 型巴士長度。新巴士獲九巴編配車隊編號 3AVBWU1 及 3AVBWU2，首輛新車 3AVBWU1 於完成車身裝嵌工序後於 2014 年 5 月 23 日駛回香港，隨即安排在 6 月進行運輸署車輛評定測試，惟在 6 月 18 日於運輸署九龍灣驗車中心未能通過俗稱穩定性測試的傾側測試並告損毀；其後經完成維修並作出跟進後，於 7 月 4 日順利通過有關測試程序。連同 3AVBWU2 於 6 月 20 日抵港

全新標準　次世代超低地台巴士

後，兩輛特長巴士亦分別於 8 月 26 日及 8 月 27 日正式獲發運輸署車輛登記，並於同年 10 月 10 日投入服務，行走首條獲運輸署准許行走 12.8 米巴士的路線 73X。

2014 年，「富豪」B9TL 型巴士的「Wright」車身組裝工序開始轉移至馬來西亞吉隆坡「Masdef」車廠進行。除了九巴增購了 25 輛「富豪」B9TL 型 12 米新巴士外，新創建集團同時間亦為旗下城巴及新巴訂購的 51 輛「富豪」B9TL 型巴士，是有關集團首次引入有關巴士型號，而當中包括一輛隸屬城巴的 12.8 米版本，其餘 50 輛則為 11.3 米版本，分屬城巴與新巴；而這亦為全球首批「富豪」B9TL 型 11.3 米版本。新巴士悉數由吉隆坡「Masdef」車廠負責組裝車身，而城巴訂購的 12.8 米特長巴士與九巴的沒有兩樣，只是城巴為新巴士引入「Hanover」長幅式 LED 電子路線顯示牌，安裝於車身及車尾位置，能同時顯示路線號碼及目的地；全車並改用「Lazzerini」CityLight 座椅。新巴士於 2014 年 9 月 29 日抵港，延至 2015 年 3 月 17 日才完成車輛登記程序，並獲城巴編配車隊編號 #6500，終於同年 3 月 20 日投入服務，行走路線 969C。

🚌 九巴引入了兩輛 12.8 米特長「富豪」B9TL 巴士，包括 3AVBWU1(SX1716) 及 3AVBWU2(SX2327)。

🚌 DBAY208(TN7303) 與 DBAY217(HD7684) 除同為「富豪」產品之外，其非專利巴士牌照同樣來自城巴非專利部。

至於新創建集團購入的 50 輛「富豪」B9TL 型 11.3 米巴士，其中 30 輛分配予城巴，城巴車隊編號 #9500 至 #9529，以取代部分「富豪」奧林比安 11.3 米空調巴士；而其餘 20 輛則由新巴營運，新巴車隊編號 #4500 至 #4519，替代旗下「丹尼士」禿鷹 11 米空調巴士。車廂佈局方面，新巴士車廂採用「Lazzerini」CityLight 座椅，設有上層座位 55 個、下層座位 25 個及企位 46 個，總載客量 126 人。20 輛新巴 B9TL 型 11.3 米巴士於 2015 年 5 月至 11 月間投入服務，行走南區路線 30X、38、590、590A、595 及過海隧道巴士路線 970、970X、985 等；而 30 輛城巴新巴士則緊接於 2015 年 9 月至 12 月間投入服務，主要行走途經中半山的路線 37 系、40 系及南區路線 71、72A 及 75 等。

新創建集團其後再於 2014 年 9 月採購 65
輛「富豪」B9TL 型巴士，當中包括 40 輛編
入城巴的 11.3 米版本（車隊編號 #9530 至
#9559）、10 輛歸屬新巴的 11.3 米版本（車
隊編號 #4520 至 #4529）及 25 輛同樣歸
屬新巴的 12 米版本（車隊編號 #5200 至
#5224）。當中以新巴的 11.3 米新巴士率
先於 2015 年 12 月至 2016 年 2 月投入服
務，而城巴的則於 2016 年 1 月至 5 月領取
車牌；至於新巴全新引進的 12 米 B9TL 型新
巴士，車廂規格儼如一輛改用「Lazzerini」
CityLight 座椅的九巴 B9TL 型巴士一樣，只
是下層車廂的企位限額略少一人；而車身側
牌則改用「Hanover」長幅式 LED 電子路線
顯示牌。這批 12 米巴士於 2016 年 7 月 4 日
抵港。並於同年 9 月至 12 月間完成運輸署
驗車手續領取車牌，其後再於同年 9 月 24
日投入服務，行走過海隧道巴士路線 116。

早於 2011 年 1 月 27 日，「亞歷山大 · 丹尼
士」向愉景灣交通服務借出一輛準備交付新
巴的 Enviro-500 型三軸 12 米雙層巴士，以
研究行走愉景灣路面的可行性，最終順利完
成實地測試。然而，愉景灣交通服務最後卻
落實向「富豪」車廠訂購六輛配備「Wright」
Eclipse Gemini Mk.II 型車身的「富豪」
B9TL 型 12 米巴士。在新巴士付運前，由於
車隊未有足夠的非專利巴士客運營業證，
遂向城巴購入 6 輛「利蘭」奧林比安非專
利巴士連同有關非專利牌照，包括 #171、
#180、#182、#185 至 #187 等，有關巴士
亦未有在愉景灣巴士路線上投入服務。

🚍 城巴 #9510(TT1064) 於 2015 年 10 月投入服務，
主要行走途經中半山的路線 37 系。

首輛全新雙層巴士於 2015 年 6 月 13 日抵
港，車身被安排髹上標準愉景灣交通服務的
車身色彩，上層車頭擋風玻璃左側設有樹
擋。車廂方面，左前軸輪拱上配有大型行李
架，全車裝有「Lazzerini」Pratico 3840 座
椅，設有上層座位 55 個、下層座位 31 個及
企位 34 個，總載客量 120 人。六輛新巴士
於 2015 年 7 月至 8 月間完成運輸署車輛登
記程序，車隊編號 DBAY208 至 DBAY213；
新巴士並於同年 8 月 16 日投入服務，行走
愉景灣至欣澳站的愉景灣巴士路線 DB03R。

「富豪」B9TL 型雙層超低地台巴士自 2009 年
採用「富豪」D9B-310 型引擎以來，一直以
搭載「ZF」EcoLife 6AB1403B 型六前速全
自動波箱為標準動力組合，549 輛符合歐盟
五期排放標準的 B9TL 型悉數採用這種機械
配置。惟有趣的是，在往後無論港鐵公司還
是九巴，欲又清一色選配「福伊特」DIWA
864.5D4 型四前速全自動波箱。

🚌 新巴 #5209(UJ405) 的車身側牌用上「Hanover」長幅式 LED 電子路線顯示牌。

🚌 簇新的九巴 AVBWU457(UM1014)，車內車外均裝設有閉路電視錄影系統。

2014 年 9 月，港鐵巴士向「富豪」車廠訂購 62 輛簇新 B9TL 型 11.3 米雙層巴士，以取代車隊中悉數「丹尼士」三叉戟巴士；其後再增加額外 6 輛，令總數高達 68 輛，車隊編號 #319 至 #386。新巴士的車廂規格與新巴最新一批引入的別無兩樣，總載客量 126 人；首輛新巴士於 2016 年 1 月 13 日獲發車輛登記，並於同年 1 月 20 日投入服務，行走港鐵巴士路線 K76。

而九巴亦先後於 2014 年 9 月、2015 年及 2016 年 8 月先後三次增購分別 25 輛、25 輛及 220 輛 B9TL 型 12 米巴士，悉數採用「福伊特」DIWA 864.5D4 型四前速全自動波箱。而在 2015 年落實的 25 輛訂單開始，新巴士的駕駛室改用上全新的儀錶版設計，車身左側及車尾亦全面裝配「Hanover」長幅式 LED 電子路線顯示牌，能同時顯示路線號碼及目的地。按巴士規格的變動，運輸署將下層車廂企位限額減少一人至 47 人，令總載客量降至 137 人。

2017 年 5 月，就在九巴最後一批「丹尼士」巨龍非低地台巴士快將退下火線之際，九巴公佈將以「城市脈搏」為題，引入車身採用傳統紅色為主色配以銀色線條、車頂採用紅色線條勾勒香港城市景觀的全新巴士，並稱之為「紅巴」。車廂內色調亦有全新設計，以商務啡色為主；並採用全新設計座椅，頭枕設計配合亞洲人士體形。車廂個別位置更配備 USB 充電插座，方便乘客為手機充電；全車更配備免費無線上網設備。新一代巴士屬九巴在 2016 年 8 月訂購的 220 輛「富豪」B9TL 型 12 米巴士當中的 70 輛訂單，並在 2017 年 6 月開始陸續投入服務；而另外 150 輛屬九巴車隊中的末代「金巴」，最後一輛亦於 2018 年 5 月 31 日正式獲發車輛登記，九巴車隊編號 AVBWU792。2017 至 2018 年間九巴亦分三批次分別增購 80 輛、40 輛及 24 輛「富豪」B9TL 型雙層巴士，全數以「城市脈搏」為設計的「紅巴」，令九巴車隊中的 AVBWU 車型總數達至 837 輛。

至於車隊變動方面，10 輛隸屬龍運巴士的「富豪」B9TL 型巴士於 2017 年 4 月獲安排在電子路線顯示牌加入九巴路線資料，至同年 6 月 1 日，其中 5 輛巴士包括 #703、#705、#706、#707 及 #709 更以龍運巴士車身色彩行走多條九巴屯門區對外巴士路線服務。據悉有關巴士計劃悉數轉售九巴，惟截至 2018 年 5 月底仍未落實有關方案。如最終成事，屆時龍運巴士車隊中的雙層巴士將悉數統一為「亞歷山大・丹尼士」產品。

而因應香港政府資助更換歐盟二期引擎的商業車輛的計劃，九巴部分「富豪」B9TL 型巴士在 2017 年陸續改裝為訓練巴士，取代歐盟二型廢氣排放標準的「富豪」奧林比安及「丹尼士」三叉戟訓練巴士，當中 AVBWU6 已率先於 2017 年 4 月底開始改裝訓練巴士。

2018 年 4 月中旬，九巴正式對外公佈第二代「紅巴」新設計，是以裝配有馬來西亞「順豐」（Gemilang）車身的「富豪」B9TL 型巴士。這個巴士底盤及車身配搭其實早於 2014 年出現，是隸屬新加坡新捷運（SBS Transit）旗下的 SBS7777Y 樣板車。全新「紅巴」與新捷運的樣板車在外觀上大致相近，只是上層頭幅設計採用「亞歷山大・丹尼士」Enviro-500 型車身款式，車咀亦加設以背光燈設計的九巴徽章。全車採用液晶體顯示的彩色電子路線顯示屏，車廂內亦設有動態乘客資訊系統、無線電落車鐘、樓梯夜燈及全新座椅設計等。

🚌 AVBWU564(UW5960) 屬九巴首批引入的新一代雙層巴士「紅巴」，車廂設施以至設計均大有提升。

Scania K310UD / K280UD

「Scania」 K310UD / K280UD

瑞典「Scania」廠方繼 2001 年打造一輛 K94UB 型雙層超低地台巴士予城巴測試後，於 2006 年再一次研製出新一代超低地台巴士底盤，準備了兩輛新巴士供港試用；「Scania」的全新超低地台巴士，遠較其他巴士製造商供港的足足遲了四個年頭。

兩輛「Scania」全新超低地台巴士的底盤型號為 K310UD，用上新一代系列命名系統。全新雙層城市巴士的動力源自一台馬力輸出達 310 匹的「Scania」原廠 DC9-18 B02 型九公升縱置引擎，帶動着「ZF」6HP602CN型六前速全自動波箱，屬九巴「全環保巴士驅動系統」的標準。

🚌 九巴首輛「Scania」K310UD 型樣板巴士 ASU1
(MT6551)，獲安排貼上環保巴士宣傳橫額廣告。

🚌 九巴 ASU14(PC4423) 罕有地派往城門隧道巴士路線 48X。

🚌 城巴 #8900(PX3555) 的車廂內轉用傳統旋轉式樓梯，全車車廂座位較使用直樓梯的九巴增加六個。

🚌 城巴及九巴引入的「Scania」K310UD / K280UD 巴士，其「Caetano」車身設計以「都普」車身為藍本。

🚌 九巴兩輛「Scania」K310UB 型雙層樣辦巴士於 2012 年 5 月 20 日正式離開香港運返瑞典車廠作數據研究。

新巴士並採用廢氣再循環裝置（Exhaust Gas Recirculation, EGR），在不須依賴尿素或其他添加物來達至歐盟四型廢氣排放標準；這有別於「亞歷山大·丹尼士」Enviro-500 型巴士或「富豪」B9TL 型巴士使用的選擇性催化還原技術（Selective Catalytic Reduction, SCR），需要使用尿素添加劑才能達至歐盟四型廢氣排放標準，然而相對地 EGR 技術亦會使耗油量稍升，可謂魚與熊掌不可兼得。

「Scania」廠方引入葡萄牙「Salvador Caetano」車身廠作為策略性合作伙伴，安排兩輛新巴士裝配「Salvador Caetano」車身，並採用加拿大鋁業集團（Alcan Aluminium Limited）的鋁合金車架及技術，在旗下位於英國南部 Hampshire 的屬廠組裝車身。這款車身原為「都普」車身廠的設計，故不難發現有着濃厚的「都普」影子。其實葡萄牙車身製造商「Salvador Caetano」和英國車身製造商「都普」的關係一直千絲萬縷，因英國車身製造商「都普」車廠一向只提供車身組件散件而不設裝嵌服務，故過往城巴配用「都普」車身的「丹尼士」巨龍巴士及「丹尼士」三叉戟巴士絕大部分均於「Salvador Caetano」的廠房裝嵌。

全新標準 次世代超低地台巴士

兩輛全新「Scania」K310UD 型樣板巴士在 2006 年 10 月至 2007 年間先後付運抵港，2,550 毫米特闊車身、中置直樓梯、外趟式落車門、桃紅玫瑰花紋高背座椅等仍然是九巴的標準規格，新巴士並配備有「Gorba」液晶體電子路線顯示牌。載客量方面，全車設有 80 個座位，包括上層 53 個、下層 27 個，企位 43 人，總載客量達 123 人。兩輛新巴士先後於 2007 年 8 月 23 日及 2008 年 2 月 14 日投入服務，九巴車隊編號 ASU1 及 ASU2。

🚌 九巴 ASU4(PC2853) 帶著嬰幼兒奶粉全車身宣傳廣告行走路線 30X 前往荃威花園。

🚌 瑞典「Scania」車廠為九巴再度供應兩輛 K280UB 型雙層樣辦巴士供試驗，ASUD1(TE7277) 的「Caetano」車身更顯時代感。

葡萄牙「Salvador Caetano」車廠在生產「Scania」K310UD 雙層巴士車身後，廠方曾一度宣佈停止生產雙層巴士車身，以集中資源生產單層巴士車身。然而因應杜拜方面欲訂購 293 部規格與九巴相約的「Scania」巴士訂單，並計劃於 2009 年夏季開始接收新車，面對突如其來的龐大訂單，「Salvador Caetano」決定重開雙層巴士車身生產線，怎料杜拜於 2009 年初宣佈檢討訂單，最後無疾而終。

經過兩年試驗期後，九巴於 2009 年增購 20 輛「Scania」K310UD 型新巴士，九巴車隊編號 ASU3 至 ASU22，是次增購令同款巴士總數達 22 輛。首批共兩輛新巴士於 2009 年 7 月 7 日抵港，新巴士沿用「Gorba」液晶體電子路線顯示牌及「Lazzerini」桃紅玫瑰花紋高背附頭枕座椅，其後獲九巴車隊編號 ASU3 及 ASU11；而其餘 18 輛新巴士則改用上「Hanover」電子路線顯示牌，車廂內亦轉用上「Vogelsitze」System 400/6 高背附頭枕座椅。在經過運輸署檢驗後，新巴士於 2010 年 1 月正式投入服務，初期獲編配行走市區路線 6F 及 296C、快速公路路線 58X 及 60X、過海隧道巴士路線 104、113、170 及 690 等。

2011 年，「Scania」看着城巴車隊更替的換車潮臨近，遂向城巴提供一輛同樣配有「Salvador Caetano」雙層巴士車身的 K280UD 型雙層超低地台巴士試用，引擎配用上一台馬力輸出達 280 匹的「Scania」原廠 DC9-29 型引擎，符合歐盟五期廢氣排放標準；波箱則採用「ZF」6HP604C6 型六前速全自動波箱。

🚌 ASUD2(TF6087) 這日獲安排行走路線 290 來往荃灣與將軍澳。

車廂方面，新巴士轉用傳統旋轉式樓梯，梯級間邊陲設有 LED 燈條以提升車廂安全。全車採用配有紫色 NW 字樣的「Lazzerini」人造皮套高背附頭枕座椅，設有上層座位 57 個、下層座位 29 個及企位 42 個，總載客量 128 人。全新樣板巴士於 2011 年 3 月 21 日抵港，其後於 6 月 28 日領取車輛登記，城巴以編號 #8900 編入車隊。#8900 於 2011 年 7 月 14 日投入服務，行走東區走廊快線 788。新巴士服務初期被安排與一輛編號 #8192 的「亞歷山大·丹尼士」Enviro-500 型雙層巴士一同行走相同巴士路線服務，當中包括路線 8X、5B 及 967 等，以測試兩款新巴士在不同路面環境的表現及引擎耗油量數據等。

2012 年 5 月 20 日，九巴自 2007 年引入的兩輛「Scania」K310UB 型雙層樣板巴士，於服役五個年頭後正式離開香港運返瑞典車廠作數據研究。直至 2014 年 9 月，瑞典「Scania」車廠再度為九巴供應兩輛 K280UB 型雙層樣板巴士，新巴士同樣採用西班牙「Salvador Caetano」City Gold CB200 型雙層車身，車廂樓梯採用方形設計，並選用「Lazzerini」Citylight 座椅，在通過運輸署的車輛類型評定後，新巴士載客量可高達 133 人，包括上層座位 59 人、下層座位 31 人及企位 43 人，較舊型號可多載 10 人。

兩輛九巴「Scania」K280UD 型樣板巴士先後於 2015 年 2 月 13 日及 3 月 4 日完成車輛登記，九巴車隊編號 ASUD1 及 ASUD2。ASUD1 更於 2 月 14 日旋即投入服務，單日內先後行走路線 112、108、8P、41R 及 102，而 ASUD2 則於 3 月 5 日投入服務，行走路線 42C。兩輛新巴士歸屬九巴荔枝角車廠管理，先後獲分派主要行走路線 30X、102、118、6、271、69X、109、112、238M、16 等。

全新標準 次世代超低地台巴士

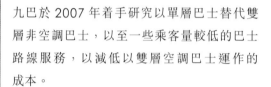

Scania K230UB

──「Scania」K230UB──

九巴於 2007 年着手研究以單層巴士替代雙層非空調巴士,以至一些乘客量較低的巴士路線服務,以減低以雙層空調巴士運作的成本。

時至 2008 年,九巴向瑞典「Scania」車廠訂購 30 輛 K230UB 型單層超低地台巴士,悉數裝配葡萄牙「Salvador Caetano」City Gold CB 型車身。這是繼「Scania」廠方向九巴供應兩輛 K310UD 型雙層超低地台樣板巴士後,九巴進一步引進「Scania」巴士。

🚌 ASB19(NV7865) 投入服務初期,車身兩旁的車窗採用茶色玻璃設計,有效阻隔陽光的熱力滲進車廂。

🚌 九巴於 2008 年引入短少精桿的「Scania」K230UB
型短陣單層巴士，全長僅 10.6 米。

九巴首次引進「Scania」K230UB 型單層
超低地台巴士，當中 20 輛屬 10.6 米短陣版
本，九巴車隊編號 ASB1 至 ASB20；另外 10
輛則屬 12 米長陣版本，九巴車隊編號 ASC1
至 ASC10。機械配搭上，兩款新巴士均採
用「Scania」原廠 DC9-16 型縱置臥式引
擎，最大馬力輸出 230 匹；並牽引着「ZF」
Ecomat-4 6HP504CN 型六前速全自動波
箱，屬於「全環保巴士驅動系統」的標準。
值得留意的是，這款引擎配備廢氣再循環裝
置（Exhaust Gas Recirculation, EGR），
毋需使用尿素添加劑已符合歐盟四期廢氣排
放標準。

🚌「Scania」K230UB 巴士的駕駛室。

🚌「Scania」K230UB 巴士的下層車廂，車廂地台自中
門向向漸次提升。

🚌 ASC25(PB7069) 屬長軸距大型巴士設計，適合行走部分載客量不高的快速公路巴士路線。

「Scania」車廠引入「Salvador Caetano」車身廠作為策略性合作伙伴，令「Salvador Caetano」車身成為了九巴引進「Scania」巴士的標準配搭，而這30輛「Scania」K230UB型單層巴士，無論以2,500毫米的車身闊度、或是3,280毫米的車身高度，均足可媲美一輛大型巴士。

甫走進車廂，空間感更見闊大，闊大得甚至高攀不到冷氣槽上的球形送風口，需要作出調較的話相信不是易事。車身兩旁的車窗採用茶色玻璃設計，能有效阻隔陽光的熱力滲進車廂，然而其後於2010年4月起應運輸署要求而換上透光度較高的車窗。新巴士採用「Deans」上落車門，而外趟式落車門亦首見於九巴的單層巴士上。比較特別的是車尾不設車窗。車廂內採用「Vogelsitze」System 400/6高背附頭枕座椅，桃紅色椅墊附有玫瑰花圖案，份外高貴。載客量方面，長陣及短陣版本的總載客量分別達81人及68人之多，單是載客量也可分別令「丹尼士」長矛及「三菱」FUSO等舊型號巴士比了下去。

🚌 ASC6(NX2184) 這日以加班車模式行走城門隧道巴士路線 48X。

首批「Scania」K230UB 型 10.6 米巴士於 2009 年 5 月 24 日投入服務，行走來往九龍塘又一村及尖沙咀的路線 2C；其後亦分派予路線 2D、5M、7B、8A、10、46、77K、208 等服務。而 12 米版本則於同年 7 月 4 日晚試行通宵路線 N691 後，待到兩星期後的 7 月 18 日才正式投入服務，行走大埔公路路線 74A；其餘則分派至沙田車廠管轄的路線 73A、82K、278K、281M 等服務。

九巴其後於 2009 年進一步增購 20 輛相同規格的 12 米長陣版本巴士，當中一輛更配備有「Scania」原廠 DC9-30 EEV 型歐盟五型引擎。外觀上，九巴棄用了先前 30 輛「Scania」巴士所採用的「Gorba」液晶體電子路線顯示牌，改用上「Hanover」電子路線顯示牌。而車廂內的座椅亦換上了

「Fainsa」Cosmic 5.0 高背附頭枕座椅。這 20 輛新巴士於 2009 年 12 月至 2010 年 1 月間投入服務，九巴為這批新巴士以編號 ASC11 至 ASC29 及 ASCU1 編入車隊，投入服務後主要行走路線 14B、28B、54、68E、73A、82K、251A、273 等服務。

九巴推行多年的巴士路線重組計劃漸見成效，卻衍生出單層巴士過剩現象。及至 2016 年 2 月，九巴遂公佈計劃進行車隊重組，出售約 40 輛車齡僅 4 至 6 年的單層巴士，並發出意向書邀請本地及海外潛在買家，而「Scania」K230UB 型超低地台巴士亦在出售名單之上；惟最終未見成事。

「Neoman」A34 /「猛獅」A95

2003 年 5 月，九巴接收一輛新一代超低地台巴士，是一款由德國「Neoplan」與「猛獅」車廠於 2001 年 6 月合併之後共同打造的產物。

🚌 九巴於 2003 年 5 月接收「Neoman」A34-ND313F型雙層巴士 APM1(LE4612)。

🚌 九巴「猛獅」A95 樣辦巴士 AMNE1(TP1095) 裝配馬來西亞「順豐」車身，裏裏外外都令人耳目一新。

九巴接收的這輛新巴士，以「利奧猛獅」(Neoman) 為品牌，但骨子裏其實是一台「猛獅」A34-ND313F 型底盤，裝設上一台馬力高達 310 匹的「猛獅」D2866LUH-24 型引擎，符合歐盟三型廢氣排放標準規格；並搭載到「福伊特」DIWA-864.3E 型四前速全自動波箱。

車身方面，新巴士於德國史圖加特市 (Stuttgart) 的「Neoplan」廠房內裝嵌雙層車身，而裝配的 Centroliner 車身亦由闊度 2500 毫米增至 2550 毫米，配合中置直樓梯、外趟式落車門、桃紅玫瑰花紋高背座椅等，令新巴士與「Transbus」Enviro-500 及「富豪」B9TL 新一代超低地台巴士的標準規格趨於一致。載客量方面，全車設有 80 個座位，分別為上層座位 53 個、下層座位 27 個及企位 42 個，總載客量 122 人。

「Neoman」新巴士於 2003 年 10 月 6 日獲運輸署發出車輛登記，投入服務後主要行走屯門、元朗、天水圍等對外長途巴士路線。然而「Neoman」新巴士似乎未能適應香港的氣候和路面環境，經常因故障而需留廠等候零件。九巴亦未有進一步購置同型號巴士，成就了這輛獨一無異的「利奧猛獅」巴士。

過了接近十二年時間，德國「猛獅」車廠續
以租借形式向九巴供應一輛裝配馬來西亞
「順豐」車身的 A95-ND363F 型 12 米雙層
巴士，屬於 2003 年「Neoman」為九巴提
供的 A34-ND313F 型雙層巴士的後繼型號。
「猛獅」新巴士配備一台原廠 D2066LUH-33
型縱置平臥式引擎，馬力 360 匹，符合歐
盟三型廢氣排放標準規格；並配上「ZF」
Ecolife 6AP2000B 型六前速全自動波箱。

🚌「猛獅」A95 巴士的引擎倉內，配備一台原廠
D2066LUH-33 型縱置平臥式引擎。

全新樣板巴士於 2015 年 5 月 15 日抵港，在
「猛獅」的香港代理商完成運輸署車輛評定測
試後，全車可載客 133 人，包括上層座位 59
人、下層座位 31 人及企位 43 人，並順利
於同年 8 月 10 日領取車牌，九巴車隊編號
AMNE1，隨即納入九巴屯門車廠管理。「猛
獅」樣板巴士於 8 月 18 日投入服務，行走

🚌 新大嶼山巴士首輛「猛獅」A95 新巴士於 2015 年 7
月 3 日經新加坡運抵香港。

全新標準 次世代超低地台巴士

🚌 新大嶼山巴士及冠忠集團共訂購 19 輛「猛獅」A95 雙層巴士，以取代「猛獅」24.310 型雙層巴士及「丹尼士」三叉戟雙層巴士。

路線 269D 由沙田前往天水圍；其後獲先後編配行走路線 265B 及 52X。

在一年租借期滿後，「猛獅」A95 型樣板巴士一直待在九巴屯門總修中心天台，直至同年 10 月才正式由九巴購入，入籍九巴車隊，並在進行年驗後於同年 12 月 20 日重新投入服務。

至於新大嶼山巴士及其母公司冠忠集團於 2014 年 8 月 18 日宣佈招標採購 8 輛超低地台雙層巴士，最終由「猛獅」香港總代理合德汽車奪得。招標合約中「猛獅」原訂向冠忠集團供應 8 輛 A95-ND363F 型 12 米超低地台雙層巴士，及後冠忠集團運用標書的購買權再進一步增購額外 1 輛 A95-ND363F 型

及 10 輛 A95-ND323F 型 12 米巴士，最終訂單為 19 輛「猛獅」A95 雙層巴士，以取代舊有的「猛獅」24.310 型雙層巴士以及向城巴購入的「丹尼士」三叉戟雙層巴士。

全數「猛獅」A95 雙層巴士於馬來西亞組裝「順豐」車身，車廂採用馬來西亞「Vogel」Revo S 座椅，下層樓梯後設有大型行李架，全車座位 100 個，包括上層 59 個及下層 27 個，企位限額 41 人，全車總載客量 127 人。首輛新巴士於 2015 年 7 月 3 日經新加坡運抵香港，並於 2015 年 8 月陸續出牌，後於 9 月 1 日正式投入服務，行走冠忠巴士的僱員接送服務及北大嶼山巴士路線 37。而嶼巴的 10 輛 A95 巴士則於同年 11 月 19 日陸續獲發車輛登記，車身上特別加上「NLB」字樣以茲識別，投入服務後主要行走北大嶼山路線 37、37M、38 及深圳灣口岸路線 B2 及 B2P。

在九巴試用樣板巴士期間，有鑑於首批在 1999 年引入的「Neoplan」Centroliner 退役在即，遂向「猛獅」車廠訂購 20 輛「猛獅」A95-ND323F 型 12 米超低地台雙層巴士。新一批量產巴士與樣板巴士不同之處，在於新巴士改配「猛獅」D2066LUH-32 型縱置平臥式引擎，馬力下調至 320 匹。馬來西亞製「順豐」車身上，車側及車尾改用上長幅式「Hanover」LED 橙色電子路線顯示牌，可同時顯示路線號碼及目的地；同時並採用上巴塞隆拿「Masats」電動上、落車門，落車門並增設護欄，加強車廂安全。車廂內採用黃色 LED 照明系統。車廂內企位限額亦獲增至 44 人，加上上層座位 59 人、下層座位 31 人，全車可載客 134 人。而車身外及車廂內多個位置亦裝設有可錄影的閉路電視系統。

九巴首輛「猛獅」A95 量產巴士於 2016 年 7 月 4 日付運抵港，並於同年 10 月 12 日獲發車輛登記，車隊編號 AMNF1；而全數 20 輛新巴士則於 2016 年 10 月至 12 月間完成運輸署車輛登記，主要被派往行走屯門巴士路線 61X 及 66X。

「猛獅」A95 巴士在 2016 年 12 月起陸續接受車身修改工程，包括將車身兩旁近車頭的黑色傍板改髹上九巴標準的香檳金色、車頭原有的電鍍「猛獅」標誌及英文銘牌被除去、原位於車尾路線顯示牌箱上的「猛獅」廠徽亦被移往引擎蓋上。

至於對岸的新巴，亦於 2015 年向「猛獅」車廠訂購一輛「猛獅」A95-ND323F 型 12.8 米超低地台雙層樣板巴士，同樣組裝上馬來西

九巴 AMNF2(UJ6029) 的車側及車尾改用上長幅式「Hanover」LED 橙色電子路線顯示牌，可同時顯示路線號碼及目的地。

九巴 AMNF7(UL723) 的車身外及車廂內多個位置均裝設有可錄影的閉路電視系統。

全新標準　次世代超低地台巴士

配上馬來西亞「順豐」車身的「猛獅」巴士線條圓渾，設計亦別具型格。

🚌 新巴引入「猛獅」A95-ND323F 型 12.8 米超低地台雙層樣辦巴士 #6090；尾軸備有逆位輔助轉向功能，有助縮短迴旋半徑。

🚌 新巴「猛獅」A95 樣辦巴士採用荷蘭「Ventura」氣動上、落車門；車側及車尾亦用上長幅式「Hanover」電子路線顯示牌。

亞「順豐」車身。外觀上，新巴的「猛獅」A95 巴士改用上荷蘭「Ventura」氣動上、落車門；車側及車尾亦用上可同時顯示路線號碼及目的地的長幅式「Hanover」LED 橙色電子路線顯示牌。新巴士原使用鋼製輪圈，其後獲更換上「Alcoa」合金輪圈，進一步減輕車身重量；而尾軸更備有逆位輔助轉向功能（Rear Axle Steering, RAS），有助縮短迴旋半徑，令這 12.8 米特長巴士轉彎尤如 12 米巴士般。車廂方面，採用上黃色 LED 照明系統，座椅則選用馬來西亞「Vogel」Revo S 款式，全車設有上層座位 63 個、下層座位 35 個及企位 45 人，總載客量 143 人。

全新的「猛獅」A95 型 12.8 米樣板巴士於 2015 年 9 月 26 日凌晨正式付運抵港，並於翌年 3 月 9 日交付予新巴。其後在 3 月 21 日領取運輸署車輛登記後，正式納入新巴車隊，車隊編號 #6090。新巴士於 4 月 6 日投入服務，行走旗下旗艦路線 8P 來往灣仔及小西灣。

愉景灣交通服務亦於 2016 年訂購 4 輛「猛獅」A95-ND323F 型 12 米超低地台雙層巴士，新巴士於 2017 年 6 月先後付運抵港，經運輸署檢驗後並於 7 月 11 日首航路線 DB01R。新巴士的規格大致與新大嶼山巴士所採用的規格相近，惟上層車頭左側車身加設有樹擋，並改用上「Hanover」橙色 LED 電子路線顯示牌；上層車廂亦設有顯示屏讓乘客監察下層車廂的行李架情況。

2017 年，冠忠集團續替旗下新大嶼山巴士增購了 16 輛「猛獅」A95-ND363F 型 12 米巴士，並配備「順豐」Lion's City DD 改良版車身，車身採用荷蘭「Ventura」氣動車門組件，並髹上新大嶼山巴士的全新車身色彩，上層車頭兩側車身亦裝設有樹擋。新巴士特別選配有尾軸逆位輔助轉向功能，加強轉彎效能；另外亦改用上「Hanover」橙色 LED 電子路線顯示牌，車側及車尾路線牌亦採用可供路線號碼連目的地顯示的長幅式電子路線顯示牌，車廂內並設有「Hanover」報站系統及動態巴士站顯示屏，而部分座椅並設有 USB 充電插座。更特別的是，新巴士更配備有上層剩餘座位顯示器。首 2 輛新巴士已於 2018 年 1 月底完成運輸署測試領取車牌，並於同年 2 月中投入服務。

🚍 愉景灣交通服務訂購的四輛「猛獅」A95 雙層巴士，已於 2017 年初夏投入服務。

而坊間除了新輝旅遊、東洋旅行社、金亮香港旅運、水晶巴士等均有採用「猛獅」A95-ND323F 型雙層巴士作觀光用途外，廣東港珠澳大橋穿梭巴士有限公司作為港珠澳大橋的跨境穿梭巴士服務營辦商，亦訂購了 20 輛「猛獅」A95-ND363F 型 12 米雙層巴士，採用「順豐」Lion's City DD 改良版車身，高度僅 4.2 米。全車採用三門設計，包括採用客車式趟門設計的左前門、以及位於左右兩邊車身的中置車門，以配合在港、珠、澳三地運作。下層車廂並設有行李架，全車不設企位。首輛巴士已於 2018 年 1 月下旬抵港，可望於港珠澳大橋正式通車前領取三地牌照投入服務。

🚍 新大嶼山巴士派出最新的「猛獅」A95 雙層巴士 MDR11(VH785) 服務路線 37M，途經迎東路開往港鐵東涌站。

🚍 坊間不少非專利巴士公司均有採用「猛獅」A95-ND323F 型雙層巴士作觀光用途。

Volvo B7RLE

「富豪」B7RLE

回首於 1993 年九巴引入「丹尼士」長矛大型單層空調巴士之後，不經不覺服務了十多個年頭。時至「丹尼士」長矛巴士於 2010 年悉數退役之前，九巴除於 2009 年開始引入 30 輛「Scania」K230UB 大型單層超低地台巴士外，同時亦於同年 5 月向「富豪」車廠訂購 100 輛超低地台巴士，當中 40 輛為 B7RLE 型大型單層巴士，其餘則為首批 B9TL 量產型雙層巴士。這舉措一方面是作為慣常的車隊更替，另一方面可見九巴希望藉引進新一代大型單層超低地台巴士，安排派予一些乘客量較低的巴士路線服務，以減低過往以雙層巴士運作的成本。

🚌 AVC2(PE5856) 是「富豪」車廠供應予九巴的首輛 B7RLE 巴士底盤。

九巴這批「富豪」B7RLE 型超低地台巴士，底盤設計由 B7R 型巴士為基礎配以 Low Entrance 設計演化而來，並選配上「MCV」Evolution 車身，全長 12 米。「MCV」車廠全名為 Manufacturing Commercial Vehicles Group，其車身產品雖然是首見於香港，但與我們一海之隔的澳門早已於 2004 年由新福利巴士引進「MCV」Stirling 車身的「丹尼士」飛鏢 SLF，相信並不陌生。而「MCV」車身以隔音技術聞名，造工與設計水準更不次於大型車身製造商。

🚍 排在九巴首批「富豪」B7RLE 隊末的 AVC40(PK406)，於 2010 年 8 月完成運輸署車輛登記。

🚍 AVC50(RG2991) 與 AAS2(SE5580)、「富豪」與「丹尼士」、雙門與單門、方與圓等等，歷來都是相對的。

🚍 AVC53(RG5117) 停泊在蘇屋邨巴士總站，準備行走彌敦道路線 2。

全新標準 次世代超低地台巴士

🚌AVC54(RG6339) 披上薯片車身宣傳廣告，以「加班車」模式行走路線 39M 服務荃景圍居民。

首輛九巴訂購的「富豪」B7RLE 型單層巴士於 2009 年 11 月 7 日抵港，惟在新巴士進行路試期間發現車頭防撞桿在斜路行駛時有刮底情況，需退回代理商為車頭防撞桿修改設計及進行更換工程，至 2010 年 3 月完成才交付九巴驗收，九巴並以車隊編號 AVC1 至 AVC40 編入車隊，至同年 8 月中旬悉數完成運輸署車輛登記。

「富豪」B7RLE 型單層巴士全長 12 米，動力源自一台「富豪」D7E-290 型引擎，馬力高達 290 匹，搭配上「ZF」六前速全自動波箱。值得留意的是，AVC2 的「富豪」引擎值屬歐盟四型廢氣排放規格，而其餘 39 輛新巴士則符合歐盟五期廢氣排放標準。

全數 40 輛組裝上「MCV」車身的「富豪」單層巴士，髹上九巴標準香檳金色車身色彩，並配備「Hanover」電子路線顯示牌，車頂裝設有「Denso」空調機組。車廂採用「Deans」上落車門，車廂內設有 35 張「Vogelsitze」System 400/6 高背附頭枕座椅，當中 20 輛巴士的座椅椅墊印有玫瑰花圖案，其餘 20 輛則改以巴士仔圖案取代。而在車廂通道兩旁的前輪拱上各設有一張前向座椅，當中左邊的「導航座」擁有極佳的視野景觀。企位方面，按廠方設定原有企位 43 個，惟經過運輸署車輛評定後，企位限額訂為 40 人，全車載客量 75 人。

🚌 AVC66(RK4220) 獲安排行走東九龍特快巴士路線 X42C 前往藍田。

🚌「富豪」B7RLE 大型單層巴士可說是投放在流水線 服務的不二之選。

這批「富豪」巴士於 2010 年 4 月 13 日起投入服務，行走北區路線 273 來往華明邨至粉嶺火車站的循環線；投入服務初期亦相繼行走北區路線 73K 及 78K、荃灣區路線 34M 及 234B 等。

九巴其後再增購 30 輛同型號巴士，車輛規格大致與首批「富豪」B7RLE 型單層巴士相同，僅改用「Ventura」上落車門。新一批巴士於 2010 年 10 月中旬起陸續抵港，然而待到 2011 年 12 月至 2012 年 5 月才悉數完成運輸署車輛登記程序。

九巴推行多年的巴士路線重組計劃漸見成效，卻衍生出單層巴士過剩現象。及至 2016 年 2 月，九巴遂公佈計劃進行車隊重組，出售約 40 輛車齡僅 4 至 6 年的單層巴士，並發出意向書邀請本地及海外潛在買家，而「富豪」B7RLE 型超低地台巴士亦在出售名單之上；惟最終未見成事。

另一邊廂，九巴訓練學校的訓練車隊，過往主要屬現役專利巴士行駛滿 18 年限期後退出載客行列後改裝而來。然而九巴有見每隔數年便需為訓練車隊進行更替，遂於 2017 年初決定將部分符合歐盟五期廢氣排放標準的營運車隊改裝作訓練巴士用途，當中 AVC10 及 AVC14 已於 2017 年 3 月率先退下火線，以僅七年車齡加入九巴訓練學校。

全新標準　次世代超低地台巴士

Youngman JNP
「青年」JNP

在「亞歷山大‧丹尼士」、「富豪」、「Scania」、「猛獅」等車廠均將目光投放於九巴、城巴、新巴的雙層巴士車隊的換車潮；單層巴士方面，隨着國內汽車生產水平的提升，國產巴士自2004年開始打入旅遊巴士市場後，本地專利巴士公司亦嘗試引入國產單層巴士。

早於2009年，新大嶼山巴士為替換旗下3輛「丹尼士」飛鏢及6輛「富豪」B6LE型中型單層低地台巴士，遂向國內青年（Young Man）客車廠訂購9輛「青年」JNP6122GR1型單層全低地台巴士。

🚌 珀麗灣客運與新大嶼山巴士先後引入「青年」JNP6122GR型單層全低地台巴士。

全新引進香港的「青年」JNP6122GR1
型單層巴士，機械配搭上採用「猛獅」
D2066LUH-32 型臥式引擎，符合歐盟五期廢
氣排放標準，最大輸出馬力達 320 匹；搭配
「福伊特」DIWA864.5D4 型四前速全自動波
箱。新巴士採用「Neoplan」原廠車身骨架
技術，以無大樑式底盤設計建構出車身底盤
一體化的「青年」單層巴士。

車廂方面，「青年」單層巴士的空調系統由
日本「Denso」提供，車廂內設有大型行
李架，並裝有傳統內旋式車門；全車採用
「Vogelstize」System 400/6 型高背附頭枕
座椅，設有座位 31 個、企位 42 個，總載客
量 73 人。新巴士車身裝設有「Amplus」電
子路線顯示牌，而由於原裝車頭指揮燈設計
過小，顯示不夠清晰明顯，因而未能符合運
輸署的要求，遂加裝額外的車頭指揮燈，首
輛巴士順利於 2010 年 10 月 22 日獲發運輸
署車輛登記，並於 10 月 27 日投入服務，行
走北大嶼山路線 38P；其餘八輛亦於同年 12
月中旬前相繼投入服務。首 6 輛「青年」巴
士出牌後獲配車隊編號 MN79 至 MN84，
其後於悉數投入服務後改編為 YM1 至 YM9。

在這批首 5 輛「青年」單層巴士投入服務
後，原安排取締的「丹尼士」飛鏢及「富豪」
B6LE 型巴士並未有即時退役，而是填補上於
同年 8 月退下火線的 5 輛「五十鈴」LT132L
型舊巴士的配額。故嶼巴隨後再增購第二批
共 5 輛「青年」JNP6122GR1 型巴士，並
於翌年 8 月投入服務，車隊編號 YM10 至
YM14，正式取締旗下「富豪」B6LE 型巴士。

#1815(RP866) 是城巴為取締年事已高的「富豪」B6LE 型單層巴士而訂購的 16 輛「青年」JNP6105GR 型 10.5 米單層巴士之一。

為取締「猛獅」NL262/R 型單層巴士，城巴遂引入 16 輛「青年」JNP6120GR 型 12 米單層巴士。

嶼巴母公司冠忠巴士集團其後於 2012 年底
向「青年」客車廠訂購 14 輛 JNP6122GR1
型巴士，當中 4 輛屬所有嶼巴所有，車隊編
號 YM15 至 YM18；其餘 10 輛則用作香港
機場管理局的機場停機坪客運服務，當中 6
輛續於翌年 2 月初、3 月底及 8 月底分批轉
到嶼巴旗下並出牌，成為車隊中的 YM19 至
YM24。機械配搭上，這批 14 輛新巴士棄用
了「福伊特」DIWA864.5D4 型四前速全自
動波箱，改為裝配「ZF」Ecolife 6AP1700B
型六前速全自動波箱。

全新標準　次世代超低地台巴士

🚌 城巴「青年」JNP6120GR 型 12 米單層巴士的車廂
內部。

另一邊廂，在與大嶼山一海之隔的馬灣上，
珀麗灣客運亦向「青年」客車的香港總代理
合德汽車，購入一輛「青年」JNP6122GR2
型單層全低地台巴士，以接替車隊中最後一
輛「Designline」Olymbus 混合動力巴士的
位置，並於 2010 年 10 月 28 日順利獲發車
輛登記。

珀麗灣客運這輛車隊編號 #301 的「青年」
巴士有別於嶼巴的 JNP6122GR1 型，新巴
士選用「猛獅」D0836LOH-64 型歐盟五型
環保引擎，縱置於底盤車尾的尾跨上，最大
輸出馬力亦稍降至 290 匹；並搭配上「福
伊特」DIWA864.3E 型四前速全自動波箱。

🚌 城巴「青年」大型單層巴士，完全取締了昔日「猛
獅」單層巴士穿梭中半山路線的席位。

🚌 城巴 #1845(TH5804) 正行走路線 12A 前往麥當奴道。

外觀上與嶼巴的異曲同工,只是珀麗灣客運為新巴士選用上「Hanover」電子路線顯示牌。車廂佈局方面,新巴士同樣於左前輪拱上設有大型行李架,並採用「春山」牌CS00326-A 型高背附頭枕座椅,設有座位29 個、企位 44 個,總載客量 73 人。

其後珀麗灣客運進一步增購 7 輛「青年」同型號巴士,車型編號 #302 至 #308 於 2011年 2 月至 11 月間先後投入服務,部分更沿用已退役的「丹尼士」飛鏢和「豐田」Coaster 巴士舊有的車輛登記編號。

🚌 城巴「青年」JNP6120GR 型單層巴士的車尾設計,還是擺脫不了國產設計的味道。

全新標準 次世代超低地台巴士

🚌 新巴的「青年」巴士主要行走路線 13、15C、27 及 81 等，#2603(TM7643) 正為路線 13 提供服務。

2011 年，內地「青年」客車更進一步取得城巴的訂單。城巴為取締年事已高的「富豪」B6LE 型單層巴士，遂訂購 16 輛「青年」JNP6105GR 型 10.5 米單層全低地台空調巴士，城巴車隊編號 #1810 至 #1825。新巴士配備「猛獅」D0836LOH-65 型引擎，最大輸出馬力 250 匹；波箱則使用「福伊特」DIWA 865.4 型四前速全自動波箱。車身方面，城巴為採用「青年」自家車身的新巴士選用「Hanover」LED 電子路線顯示牌，並採用上「Ventura」車門；車廂佈局，「青年」巴士裝有 28 張「Fainsa」Cosmic Punt 7.0

型高背附頭枕座椅、企位限額 33 個，全車總載客量 61 人。首輛新巴士於 2012 年 8 月 15 日投入服務，行走路線 76，其餘則主要行走路線 95C；當中 #1811 更在出牌前遠赴愉景灣進行路面測試。

時至 2014 年，新創建集團續向「青年」客車廠訂購 24 輛 JNP6120GR 型單層全低地台空調巴士，當中 16 輛歸城巴所有，用以取代「猛獅」NL262/R 型單層巴士；而餘下 8 輛則屬新巴所有，用以取代旗下「丹尼士」飛鏢單層巴士。首輛「青年」JNP6120GR

🚌 新巴 #2601(TM1112) 的載客量達 71 人，足夠應付路線 971 的乘客需求。

型新巴士於 2015 年 1 月 8 日從陸路抵達香港，外觀上與純粹將 JNP6105GR 型 10.5 米版巴士加長無異，只是在車身側面路線牌改配上可同時顯示路線號碼及目的地的長幅式「Hanover」LED 橙色電子路線顯示牌。

機械規格上，新巴士改以最大馬力輸出達 290 匹的「猛獅」D0836LOH-64 型引擎，帶動「福伊特」DIWA 865.4D4 型四前速全自動波箱驅動巴士。載客量方面，全車採用「Lazzerini」CityLight 高背附頭枕座椅，提供座位 34 個、企位 37 個，總載客量 71 人。這批城巴車隊編號 #1830 至 #1845 的新巴士，部分率先於 2015 年 4 月 14 日投入服務，分別行走路線 12M、25A 及 41A 服務，其後獲指定編派予路線 11、12、12A、12M、25A 及 511 行走；而新巴的則於同年 6 月至 7 月間相繼投入服務，新巴車隊編號 #2600 至 #2607，主要行走路線 13、15C、27 及 81 等。

Alexander-Dennis Enviro 200

「亞歷山大・丹尼士」
Enviro 200

前文提及，在 2001 年成立的「TransBus」併合自「丹尼士」巴士底盤製造商及多間巴士車身製造商「亞歷山大」、「都普」、「Plaxton」及「Northern Counties」等。隨後並開發出 Enviro 系列的單、雙層低地台巴士產品。

「TransBus」在早年銳意推出一款全新 Enviro-200 型單層低地台巴士，在一體化車身設計上其縱置引擎及相關部件被安排於右側車尾角落位置，經引擎排放的熱氣及廢氣會經由車尾頂部的 Enviro Pack 排出。尾軸車輪改用上直徑較大的闊身單胎，此舉明顯能擴闊尾軸上的車廂通道，好讓低地台空間可以延伸至車尾之餘，落車門也能安放車尾的尾軸後，更有效控制車廂內的乘客流。

然而「TransBus」Enviro-200 型巴士的嶄新設計未為巴士公司所接受，加上公司本身於 2004 年的架構重整，成為「亞歷山大・丹尼士」（Alexander Dennis Limited）。最終「亞歷山大・丹尼士」車廠放棄了 Enviro-200 型巴士的革新，取而代之是以飛鏢底盤為基礎，再配以經改良的 Enviro-200 型車身重新推出市場，是為 Enviro-200 Dart。

2007 年 1 月 12 日，九廣鐵路巴士部宣佈正式向「亞歷山大・丹尼士」車廠訂購 11 輛 Enviro-200 Dart 雙門版飛鏢巴士，以取代車齡已接近 17 年的「三菱」MK117J 型單層巴士，行走輕鐵接駁巴士路線。新巴士全長 11.3 米、闊 2.44 米，車門採用「Deans」外趟式落車門，緊設於低地台區域的最後位置。車廂佈局方面，新巴士以湖水綠色為車廂主色調。由於接駁巴士設計以企位為主，全車僅設有 27 張「Lazzerini」Pratico 2840 高背座椅，較廠方原設計的 36 個座位為少，增加了的低地台空間令企位限額提升至 50 人，令總載客量高達 77 人。

🚌 九鐵巴士部為取代「三菱」MK117J 型單層巴士而訂購的「ADL」Enviro-200 Dart 雙門版飛鏢巴士，兩鐵合併後由港鐵營運。

🚌 啟德新發展區樓宇陸續入伙，九巴 AAU28(PZ9554) 獲安排行走全新路線 5M 前往九龍灣鐵路站。

動力配搭上，Enviro-200 Dart 巴士採用「康明斯」ISBe-225b 型七公升引擎，最高馬力輸出 225 匹，在選擇性催化還原技術（SCR）下配合尿素添加劑可達致歐盟四型廢氣排放規格；配合「福伊特」DIWA864.5D4 型四前速全自動波箱。而 Enviro-200 Dart 特設有西門子的綜合多路傳送系統（Integrated Multiplex Wiring System），能在儀錶板上的顯示屏中顯示巴士的操作狀態資料。

隨着九廣鐵路公司及地鐵有限公司於 2007 年 12 月 2 日合併為香港鐵路有限公司，這批新巴士訂單亦同時交予港鐵負責履行。2008 年 8 月 1 日，首輛 Enviro-200 Dart 在英國完成車身組裝後經水路抵港，全數 11 輛新巴士先後於 2009 年 3 月前亦悉數投入

服務；車隊編號 #901 至 #911，當中 #901 及 #902 更於抵港後一個月內完成運輸署車輛評定測試，並於 2008 年 8 月 31 日旋即獲發車輛登記投入服務，行走港鐵接駁巴士路線 K68。

🚌 九巴 AAS8(SF566) 屬短陣設計，車身短小靈活。

🚌 全紅色的廣告巴士，令九巴 AAS8(SF566) 倍添一份英倫巴士味道。

2010 年 6 月，九巴向「亞歷山大・丹尼士」訂購 30 輛 Enviro-200 Dart 10.4 米雙門版飛鏢巴士，用以取締車隊中年事已高的「丹尼士」飛鏢及「三菱」MK117J 型單層空調巴士。九巴新巴士以編號 AAU1 至 AAU30 編配入車隊，採用與港鐵 Enviro-200 Dart 巴士相同的動力組合，而引擎的排放技術亦已提升至歐盟五期廢氣排放標準。車廂採用「Ventura」車門，落車門屬外趟式設計。而原裝設 28 張「Lazzerini」Pratico 2840 型高背座椅，在 2011 年底前悉數改配上改良版「Lazzerini」Pratico 3840 型高背座椅；加上企位限額 34 人，全車總載客量可客納 62 人。

九巴全新 Enviro-200 Dart 巴士的其中一項任務，是取代「丹尼士」飛鏢巴士行走路線 51 穿梭荃錦公路；故在 30 輛新巴士當中 8 輛在生產時已裝有手動減速器，當中包括 AAU2、AAU6、AAU10、AAU14、AAU18、AAU21 至 AAU23，後期九巴再於 2013 年 11 月為 AAU1、AAU3、AAU8 及 AAU16 等 4 輛 Enviro-200 Dart 巴士加裝手動減速器，以確保駕馭荃錦公路時的行車安全。

2012 年，九巴進一步增購 11 輛 Enviro-200 Dart 10.4 米飛鏢巴士，較特別的是是次訂單採用單門版車身設計。新巴士於 2013 年 4 月抵港，車身路線顯示牌由上一批訂單的「Hanover」綠色磁翻板電子路線顯示牌，改為使用「Hanover」橙色 LED 路線顯示牌；而座位亦用上「Vogelsitze」System 400/4 型座椅，共設有座位 33 個、企位 26 個，總載客量僅 59 人。然而在新巴士抵港後，九巴有意放棄訂單，惟未有巴士營運商承接有關巴士；最終九巴仍履行訂單，並以車隊編號 AAS1 至 AAS11 編入車隊，並行走乘客量較低的巴士路線服務。

2014 年，愉景灣交通服務有限公司向「亞歷山大・丹尼士」訂購 5 輛 Enviro-200 Dart 單層巴士，用以取締舊有兩輛「丹尼士」飛鏢 9.3 米、兩輛「猛獅」14.220 及一輛「猛獅」NL262/R 等單層巴士，故訂單中除四輛 10.4 米版本外，還有一輛屬 11.3 米型號。新巴士悉數裝有荷蘭「Ventura」車門及「Lazzerini」Pratico 3840 型高背座椅，前者設有座位 27 個、企位 32 個，載客量 59 人；後者設有座位 33 個、企位 34 個，載客量 67 人。2017 年，愉景灣交通服務再進一步增購兩輛 Enviro-200 Dart 10.4 米單層巴士，用以取締一輛「丹尼士」飛鏢 9.3 米及一輛「猛獅」12.220 9.5 米單層巴士。

而首輛珀麗灣客運的「亞歷山大・丹尼士」Enviro-200 Dart 11.3 米單層巴士亦於 2015 年 10 月於英國亮相，用以取代車隊中一輛「猛獅」LBC6101 客車，並於 2016 年 1 月 27 日獲發車輛登記。新巴士車身的落車門被安排在車身稍前位置，有別於香港其他同型號巴士的設計；然而總載客量仍為 67 人，包括座位 35 個、企位 32 個。而訂單中其餘四輛新巴士亦於 2016 年 12 月至 2017 年 2 月間相繼抵港，並於 2017 年 3 月至 4 月間投入服務，以取代四輛車齡 13 年的「TransBus」Dart SPD 11.3 米單層巴士。

2015 年 10 月 25 日起，港鐵逐步安排 6 輛 Enviro-200 Dart 巴士於每日鐵路營運時間期間在港九各區待命，分別在寶琳站、香港站、尖東站、九龍塘站、荔枝角站及荃灣西站，有關巴士改以特別營運牌照登記，當港鐵鐵路服務受阻而需提供緊急接駁巴士服務時，候命的巴士會前往相關港鐵站行走緊急接駁路綫。

2016 年，港鐵宣佈斥資兩億元購入 68 輛符合歐盟五期排放標準的雙層巴士，陸續更換旗下接駁巴士車隊。全數新巴士將於 2017 年底前投入服務，屆時港鐵接駁巴士車隊所有單層巴士都會退出載客行列。

而新巴於 2016 年 4 月訂購的五輛配備歐盟六型引擎的 Enviro-200 Dart MMC 單層巴士，已於 2017 年 7 月 1 日抵港，並於同年 12 月 1 日陸續投入服務。新巴士的外貌、車廂佈局以至行車表現如何，就讓我們拭目以待了。

🚌 愉景灣於 2014 年引入四輛「ADL」Enviro-200 Dart 單層巴士，DBAY5(SR384) 是其中一員。

🚌 新巴最新訂購的「ADL」Enviro-200 Dart MMC 單層巴士，車身設計有著明顯的轉變。

全新標準 次世代超低地台巴士

Alexander-Dennis Enviro 400

「亞歷山大・丹尼士」 Enviro 400

一直以來，雙層空調巴士因需承受空調機組的負載，非用上三車軸不可。然而，隨着科技日新月異，空調機組及引擎重量得以減輕，運輸署亦酌情放寬兩軸巴士總重量規限至 18 噸，最終在香港絕跡多年的兩軸雙層巴士，再一次從英國踏上遠東這片土地。

🚌「ADL」於 2009 年供應三輛 Enviro-400 兩軸樣板巴士來港，試圖打開兩軸雙層空調巴士市場。

城巴面對一批短陣「利蘭」雙層空調巴士快將退役，早已於 2007 年初便向「亞歷山大・丹尼士」及「富豪」招手，希望能提供樣板巴士試用，研究兩軸雙層空調巴士行走赤柱、淺水灣等南區路線的可行性。

「亞歷山大・丹尼士」率先於 2009 年提供 3 輛 Enviro-400 型兩軸樣板巴士輸港，當中

一輛予九巴試用，九巴車隊編號 ATSE1，於 2010 年 1 月 18 日領取車輛登記牌照；另外兩輛則予城巴試用，城巴車隊編號 #7000 及 #7001，分別於同年 2 月 1 日及 7 月 2 日出牌。

樣板巴士全長 10.52 米，配合直樓梯、外趟式落車門、闊身高背座椅等，設備大致與 Enviro-500 型巴士沒有兩樣，只是在兩邊頭輪輪拱特別加裝了共三個座位，是本地服役的英國巴士中多年未見的。Enviro-400 型巴士全車共設有 64 個座位，包括上層座位 41 個及下層座位 23 個，另設企位 24 個，總載客量 88 人。動力組合上，新巴士動力源自一台「康明斯」ISL8.9E5-320B 型引擎，符合歐盟五期廢氣排放標準；並搭上「ZF」EcoLife 6AP1403B8 型六前速全自動波箱。

🚌 城巴 #7056(RY7768) 正行走過海隧道巴士路線路線 690，其兩軸設計有助減輕巴士公司就隧道費負擔。

🚌 港鐵於 2011 年引入「ADL」Enviro-400 型量產巴士，行走新界西北接駁巴士路線。

全新標準　次世代超低地台巴士

🚌 九巴派出 ATSE22(RU5822) 行走路線 276，以應付屏廈路相對較窄且彎的路段。

🚌 九巴為慶祝成立 80 週年，ATSE31(RV3531) 獲安排髹上「紅燈籠」復古車身色彩塗裝。

縱然「富豪」車廠於 2010 年為九巴及城巴提供兩輛 B9TL 型兩軸樣板巴士供測試，然而城巴在尚未試用「富豪」B9TL 新巴士前已宣佈訂購 38 輛「亞歷山大・丹尼士」Enviro-400 型量產巴士，車隊編號 #7002 及 #7039 的新巴士於 2011 年投入服務，主要行走赤柱及南區路線 6、6A、6X 及 260 等。其後城巴再於 2013 年增購 20 輛同型號巴士，車隊編號 #7040 及 #7059，以取締車隊旗下「丹尼士」巨龍 10.4 米雙層巴士。

2011 年，港鐵向「亞歷山大・丹尼士」車廠訂購 9 輛 Enviro-400 型量產巴士及 9 輛 Enviro-500 型 11.3 米三軸巴士，用以取代

18 輛「丹尼士」飛鏢及「富豪」B10M 型巴士。9 輛 Enviro-400 型新巴士由珠海「廣通」客車廠負責組裝車身，首輛新巴士在 2012 年 1 月中旬抵港，車隊編號 #140，並在同年 5 月 27 日投入服務，行走接駁巴士路線 K65。其餘新巴士則於 2012 年 9 月全數投入服務，車隊編號 #141 至 #149。

隨後，九巴為更替車隊中的「三菱」MK 型單層巴士及「丹尼士」巨龍 9.9 米雙層巴士，遂訂購 50 輛 Enviro-400 型量產巴士。新巴士車隊編號 ATSE2 及 ATSE51，於 2012 年 11 月至 2013 年 2 月間投入服務；量產型號的規格較略為不同，包括由「ZF」全自動波箱轉用「福伊特」DIWA864.5D4 型四前速全自動波箱、路線顯示牌改為「Hanover」橙色 LED 電子路線牌、全車改為裝設「Vogelsitze」System 400/4 型座椅、以及因應「Deans」車門停產而轉用荷蘭「Ventura」車門等。

2015 年，「亞歷山大・丹尼士」推出 Enviro-400 改良型巴士，新巴在翌年 7 月遂訂購 60 輛採用低矮式車身的 Enviro-400 型巴士，車隊編號 #3800 至 #3859，以取締自 1999 年服役的「丹尼士」三叉戟 10.3 米巴士。新巴士於 2016 年 12 月開始陸續獲發運輸署車輛牌照，並於 12 月 28 日起投入服務。

新巴士沿襲「丹尼士」三叉戟 10.3 米巴士的低矮式車身設計，車身僅高 4.17 米，以便行走山頂路線 15 通過加列山道天橋下帶有高度限制的山頂道；另外，短頭跨及窄上車門設計

🚌 新巴於 2016 年引入 Enviro-400 改良型巴士，採用低矮式車身設計，以取締自 1999 年服役的「丹尼士」三叉戟 10.3 米巴士。

亦有助增加巴士的靈活性；輪椅上落斜板亦設於落車門位置，而車廂座椅則選用較輕身的意大利「Lazzerini」Pratico 3840 高背座椅。巴士車頭裝設有一組 H 形樹擋，以緩減巴士車身碰撞到伸出樹枝的衝力，避免撞及上層車頭擋風玻璃造成意外。現時新巴士除行走路線 9、14、15 外，亦會行走路線 3A、13、23、25、26 及 81 等巴士路線服務。

而另一邊廂，提供大嶼山巴士服務的新大嶼山巴士亦訂購了 14 輛低矮式車身設計的 Enviro-400 型巴士，規格與新巴引入的相近，以行走來往梅窩碼頭及東涌市中心的路線 3M。新巴士預計於 2018 年中抵港，投入服務後將是繼 1980 年代引進「利蘭」勝利二型雙層巴士後，再次有雙層巴士服務南大嶼山巴士路線。

🚌 簇新的新巴 #3826(UT553) 正支援路線 590 前往海怡半島，自港鐵南港島綫開通後該路線的乘客量明顯減少。

🚌 #3847(UX8427) 車頭裝設有一組 H 形樹擋，以緩減巴士車身碰撞到伸出樹枝的衝力，適合穿梭山頂路線 15。

ADL Enviro 500 MMC

「亞歷山大‧丹尼士」
Enviro 500 MMC

從 1996 年推出第一代「丹尼士」三叉戟型超低地台雙層巴士，演化到 2002 年的「TransBus」Enviro-500 型巴士，接續「亞歷山大‧丹尼士」再憑藉 Enviro-500 MMC 型巴士於 2012 年以全新形象登場；骨子裏雖然仍舊是三叉戟底盤，然而適逢踏入香港本地巴士公司的換車潮，確實為這款巴士近年在香港巴士公司車隊扮演着吃重的角色奠定基礎。

顧名思義，全寫為 Major Model Change 的 Enviro-500 MMC 版本，意即 Enviro-500 的重大改良版，乃「亞歷山大‧丹尼士」車廠旗下主要型號的更改項目。而從 Enviro-500 MMC 型巴士的底盤編號序號來看，新巴士底盤仍舊依循三叉戟型巴士以至 Enviro-500 型巴士的編號排序，可想以知新巴士底盤仍舊帶有濃厚的三叉戟型巴士的設計色彩。

🚌 2013 年 3 月 29 日，首批城巴機場快線全新車隊投入服務，揭開機場巴士服務新一頁。

假日路線 698R 乃 2003 年 SARS 疫情時為推廣行山樂而開辦，#8331(SE5637) 在 2014 年 11 月 9 日的路線最後服務日提供服務。

城巴的南區路線服務一直以 #7000 系列巴士為主力，這日城巴派出 #9100 系列巴士加強有關巴士路線服務。

打從 2012 年至 2017 年上半年，單計載通國際旗下九巴及龍運巴士已訂購一共 1657 輛 Enviro-500 MMC 型巴士，當中包括 12 米及 12.8 米長度；而新創建集團則為旗下的城巴及新巴引入共 794 輛 Enviro-500 MMC 型巴士，除標準 12 米及 12.8 米長度外，更包括 11.3 米長度。而港鐵及中電亦分別購入 34 輛 11.3 米及 1 輛 12 米 Enviro-500 MMC 型巴士，令全港「亞歷山大·丹尼士」Enviro-500 MMC 型巴士總計達 2486 輛，數量是香港歷來單一型號巴士之冠，亦佔全港專營巴士總數超過四成。

動力組合方面，「亞歷山大·丹尼士」Enviro-500 MMC 型巴士統一裝設有「康明斯」ISL8.9e5-340B 型九公升柴油引擎，符合歐盟五期廢氣排放標準，最大馬力輸出 340 匹；可搭載配備 TopoDyn 功能的「ZF」Ecolife 6AP1700B 型六前速全自動波箱或附有 SenseTop 功能的「福伊特」DIWA-864.5D4 型四前速全自動波箱。另外，尾牙比亦設有 5.13、5.74 及 6.2 等可供選配。

車身方面，Enviro-500 MMC 型巴士在最初推出時的外觀設計承襲自當時香港版 Enviro-400 型雙層巴士，以統一家族面譜。後來在 2015 年 9 月引入改良型車身，並重新為頭幅及尾幅設計，令其與英國版 Enviro-400 MMC 型雙層巴士的組件看齊。

回首 2012 年，「亞歷山大·丹尼士」廠方研發出新一代 Enviro-500 MMC 型超低地台雙層巴士，並生產了三輛樣板巴士，其中一輛留予廠方作內部測試；另外兩輛的廠方代號及底盤序號分別為 B510/#2450、B511/#2457，並在英國完成組裝車身，預備供香港巴士公司城巴及九巴試用；車廂內裝設有上層座位 55 個、下層座位 31 個。由於廠方代號 B510 的城巴樣板巴士特別裝配有「ZF」Servocom 電子控制尾軸輔助轉向系統，故廠方特別安排與另一輛未有選配輔助轉向系統的 Enviro-500 MMC 型巴士在英國試車場上同場進行示範，以便更清晰展示兩者在轉向上的分別。

全新標準 次世代超低台巴士

🚌 新巴於 2013 年首次引入 Enviro-500 MMC 型 11.3 米巴士，#4048(SL1271) 是其中一員。

🚌 龍運 #9514(SM8298) 的上層車廂採用高載版設計，下層裝有兩組行李架，總載客量 131 人。

2012 年 11 月 6 日，九巴首輛安排在英國組裝車身的 Enviro-500 MMC 型巴士以一身香檳金色為主色調的標準車身色彩，於英國伯明翰國家展覽中心舉行的歐洲巴士博覽 2012（Euro Bus Expo 2012）中展出。新巴士承襲九巴 Enviro-400 量產型雙層巴士的車身規格，包括採用「Hanover」橙色 LED 電子路線顯示牌、荷蘭「Ventura」車門連橫趟式落車門及「Vogelsitze」System 400/4 型巴士仔圖案座椅等，而較特別的是新巴士連接上、下層車廂的樓梯改用全新方梯設計，從傳統俗稱曲梯的旋轉型樓梯節省車廂空間和近代直樓梯的安全度等優點中取得平衡。在揭幕典禮上，「亞歷山大‧丹尼士」行政總裁亦正式宣佈已獲得香港巴士公司 532 輛新巴士訂單，當中包括九巴 370 輛、城巴 156 輛及港鐵 6 輛。

另一邊廂，同樣安排在英國蘇格蘭 Falkirk「亞歷山大」廠房組裝車身的城巴機場快線全新 Enviro-500 MMC 型 12 米客車版巴士，在完成車身組裝工序付運香港前，亦於 2012 年 11 月 11 日率先借給英國愛丁堡巴士公司 Lothian Bus 進行車型測試，待到同年 11 月 17 日才登上汽車船付運。經歷整整一個月的航程，在同年 12 月 17 日正式抵港。

這輛首輛付運來港的「亞歷山大・丹尼士」Enviro-500 MMC 型巴士，車身塗裝沿用城巴機場快線舊色調，但按車身線條配搭出全新的設計，而下層行李架位置的車身不設車窗，全車採用「Hanover」橙色 LED 電子路線顯示牌，車身及車尾更首次採用可同時顯示路線號碼及目的地的長幅式電子路線牌；車廂內則裝設有大型行李架，並配備高規格的全新意大利「Lazzerini」GTS 3700 豪華真皮座椅，上層設有座位 51 個、下層座位 23 個及企位 46 個，總載客量 120 人。

這輛新巴士連同另外三輛稍後抵港的城巴機場快線新巴士，於 2013 年 3 月 22 日及 26 日先後獲發運輸署車輛登記後，車隊編號 #8000 至 #8003，並率先於同年 3 月 29 日投入服務，行走城巴機場快線路線 A11；而訂單中其餘 62 輛新巴士亦於 2014 年 9 月前悉數加入載客行列，取締舊有自新機場啟用以來一直服役的城巴機場快線「丹尼士」三叉戟型 12 米車隊。

🚌 2014 年九巴引入兩款 12.8 米特長巴士——
3ATENU1(SV1175) 及 3AVBWU2(SX2327)。

至於早前在英國伯明翰參展的九巴「亞歷山大・丹尼士」Enviro-500 MMC 型 12 米巴士，亦於 2013 年 2 月 2 日抵港，其後於同年 4 月 23 日取得車輛登記後，獲編配九巴車隊編號 ATENU1，並於 4 月 30 日投入服務，行走路線 58X。車廂方面，新巴士設有上層座位 55 個、下層座位 31 個及企位 45 個，總載客量 131 人。

九巴首兩批落實的 Enviro-500 MMC 型訂單，分別為 198 輛及 150 輛 12 米城市版巴士，當中原為 298 輛 90 座及 50 輛 86 座，箇中分別在於上層設有座位 59 個或 55 個；惟最終九巴除已組裝車身的兩輛巴士採用 86 座設計外，其餘 327 輛則採用高載版的 90 座設計、企位限額 47 人；另外 19 輛則轉予龍運巴士配備 84 座設計。

🚍 城巴首輛 12.8 米巨無霸巴士 #6300(SV9154)，服役初期限定於路線 962 系服務。

🚍 港鐵巴士 #239(HX1911) 走到歷史盡頭，由簇新的 #517(SX2027) 繼續走來往後的道路。

九巴首兩張訂單的 329 輛新巴士於 2014 年 8 月底前悉數出牌，車隊編號 ATENU2 至 ATENU329，用以取代部分採用「富豪」TD102KF 引擎的「富豪」奧林比安 11 米及 12 米巴士、部分採用「康明斯」LTA10 歐盟一型引擎的「丹尼士」巨龍 11 米及 9.9 米，並安排於珠海「廣通」客車負責組裝車身；當中 ATENU135 屬廠方代號 B511 的樣板巴士，與 ATENU1 同樣採用 86 座設計，因留廠測試而延至 2013 年 9 月 11 日從英國運抵香港。

至於龍運巴士方面，除自行採購首批 22 輛 Enviro-500 MMC 型巴士外，亦自行加訂 6 輛新巴士，並有 19 輛轉自九巴第二批訂單，總數共 47 輛。新巴士於 2013 年 12 月至 2014 年 12 月投入服務，車隊編號 #9501 至 #9547，悉數安排行走北大嶼山對外巴士路線 E33 及 E34 等。新巴士採用高載版設計，上層車廂設有 59 個座位，下層裝有兩組行李架，並設有 25 個座位及 47 個企位，總載客量 131 人。

城巴方面，156 輛 Enviro-500 MMC 型巴士訂單中，除包括 66 輛城巴機場快線外，還有 41 輛 12 米城市版及 49 輛 11.3 米巴士。前者車隊編號 #8320 至 #8360，用以取代部分「丹尼士」巨龍 12 米及部分「富豪」奧林比安 12 米巴士；當中 #8320 屬廠方代號 B510 的樣板巴士，與九巴 ATENU135 一併於 2013 年 9 月 11 日抵港。其餘 40 輛新巴士底盤從水路抵港後，隨即以拖架運上中國珠海「廣通」客車廠組裝車身，完成組裝工序後再駛回香港；並於 2013 年 7 月至 12 月相繼投入服務。而 11.3 米版本則用以取代首批引入的「富豪」奧林比安 11 米巴士，新巴士車隊編號為 #9100 至 #9148，於 2013 年 5 月至 12 月悉數出牌，投入載客行列。除非 #8320 外，全數 89 輛新巴士的上層頭幅均裝設有樹擋。

值得留意的是，城巴在採購這批新巴士而引入「Hanover」橙色 LED 電子路線顯示牌的同時，亦為電子路線顯示牌配備自訂內容功能。有關自訂內容功能可顯示五位自訂數字或英文字等純文字組合。而在 2014 年

10 月，城巴更因應港九多區出現「雨傘革命」大型集會運動，引致香港多條主要道路封閉而令不少巴士路線需要長時間改道或更改總站；城巴遂為旗下採用「Hanover」橙色 LED 電子路線顯示牌的巴士更新程式，特別加入俗稱「佔中牌」的「輸入臨時總站」功能，在電子路線顯示牌的資料庫內預先加入預設目的地，有關預設目的地顯示包括西環、上環、港澳碼頭、中環、灣仔、跑馬地、銅鑼灣、維園、天后、北角、西灣河、紅隧、西隧、觀塘、九龍城、佐敦、深水埗等；車長便能透過此功能分別輸入路線號碼及按需要自由配上目的地，其靈活程度有如早年傳統巴士使用布牌攪牌機一樣。

話說回頭，港鐵巴士部則於 2012 年 9 月 25 日訂購六輛 Enviro-500 MMC 型 11.3 米巴士，以取代旗下六輛改以緊急接駁巴士服務的 Enviro-200 Dart 巴士。新巴士車廂佈局與城巴版本相近，僅換上港鐵巴士標準的湖水綠色色調；而車身則採用「Hanover」電子路線顯示牌，車廂不設任何電視組件。六輛新巴士於 2013 年 6 月在珠海完成組裝車身後，隨後於同年 8 月 26 日完成車輛登記出牌，車隊編號 #504 至 #509，並於 9 月 2 日投入服務，行走路線 K76。

🚌 路線 290A 於 2015 年 3 月 28 日投入服務，披上路線宣傳廣告的 ATENU456(TF7808) 亦有提供路線服務。

🚌 九巴為部分 12.8 米巴士增設大水塘,以安排行走流水式巴士路線。

港鐵巴士部隨後再引入 28 輛 Enviro-500 MMC 型 11.3 米巴士,用以取代全數「富豪」奧林比安 11 米及部分二手「丹尼士」三叉戟 10.6 米巴士。新巴士有別於上一批次的六輛 Enviro-500 MMC 型 11.3 米巴士,如改用「Hanover」橙色 LED 電子路線顯示牌、車頭加裝了閉路電視鏡頭,以及改用「Lazzerini」CityLight 高背附頭枕座椅等。新巴士於 2013 年 12 月在珠海陸續完成組裝車身後付運來港,並於同年 5 月至翌年 12 月間相繼獲發車輛登記,車隊編號 #510 至 #537。

新巴亦於 2013 年首次引入 Enviro-500 MMC 型 11.3 米巴士,總數共 12 輛,車隊編號 #4040 至 #4051,車廂內同樣採用「Lazzerini」CityLight 高背附頭枕座椅,但尾軸不設「ZF」Servocom 電子控制尾軸輔助轉向系統。新巴士於 2013 年 12 月至 2014 月 1 月領取車輛登記牌照,並於 1 月 2 日投入服務,主要行走路線 2、2A、8、23、38、81 等。

🚌 龍運以全新 Enviro 500MMC 豪華版巴士更新車隊，#1526(UF5398) 採用上早期設計的車身色彩。

新創建集團在 2013 年至 2015 年亦先後為城巴及新巴增購 260 輛 Enviro-500 MMC 型 12 米新巴士，當中 174 輛屬城巴所有，車隊編號 #8361 至 #8399 及 #8402 至 #8536，以取代部分「富豪」奧林比安 11.3 米及 12 米、「丹尼士」巨龍 12 米、「丹尼士」三叉戟 12 米城市版樣板巴士及「猛獅」24.350 型 12 米樣板巴士等；另外 86 輛則屬新巴訂單，車隊編號 #5583 至 #5599 及 #5601 至 #5669，以替代車隊中部分「丹尼士」禿鷹 11 米、「富豪」奧林比安 11 米、「丹尼士」三叉戟 12 米及「丹尼士」飛鏢 10.7 米等。新巴士全數採用「Lazzerini」CityLight 高背附頭枕座椅，尾軸亦設有

「ZF」Servocom 電子控制尾軸輔助轉向系統；當中在 2014 年往後的訂單，即城巴 #8467 至 #8536 及新巴的新巴士的車身均配備長幅式電子路線顯示牌，而車尾則沿用普通電子路線顯示牌。

2014 年，中華電力因應車隊中一輛編號 #319 的 Enviro-500 型 12 米巴士因交通意外嚴重損毀而退役，遂訂購一輛 Enviro-500 MMC 型 12 米巴士予以替代。新巴士於 2015 年 6 月至 8 月進行車身組裝工序，車廂內採用「Lazzerini」CityLight 藍色仿皮座椅附安全帶，並不設企位及輪椅停放區，上層及下層車廂均裝設有車速顯示器。全新

中電 Enviro-500 型 12 米新巴士於同年 12 月 17 日獲發車牌，車隊編號 #322，並於翌年 1 月 4 日投入服務。

2014 年上半年，珠海「廣通」客車廠內先後出現三輛特長 Enviro-500 MMC 型 12.8 米巴士，剛完成車身裝嵌程序。其實早於 2013 年 9 月，英國「亞歷山大・丹尼士」行政總裁已公開透露將會為香港供應全長 12.8 米的 Enviro-500 型雙層空調巴士，並預期可以在 2014 年夏季前投入服務。

這三輛供港的 12.8 米樣板巴士，當中兩輛由九巴購置，車隊編號 3ATENU1 及 3ATENU2；餘下一輛則歸屬城巴，車隊編號 #6300。在珠海完成組裝車身後，首部隸屬九巴的 12.8 米巴士於 2014 年 4 月 24 日正式從陸路抵港。

🚌 新巴部分巴士路線獲運輸署許可派出 12.8 米巴士行走，路線 720 是其中一條。

車廂佈局方面，九巴的新巴士上，安裝有 98 張高背乳膠獨立座椅，下層低地台區域裝上闊度較窄的「Vogel」Revo S400 型座椅，以騰出更大的通道空間；下層車廂後方的非低地台區域座椅則使用標準闊度的「Vogel」Revo S440 型座椅，而上層採用則較闊身的「Vogel」Revo S480 型座椅，以加強乘坐舒適度。而城巴則全車採用「Lazzerini」CityLight 薄身輕量版座椅。如此一來，已較同型號 12 米巴士增添 8 個座位，在通過運輸署的「類型鑒定檢測」後，新巴士可設有企位 48 個，全車載客量達 146 人，成為歷來載客量最高的雙層空調巴士，較載客量達 138 人的舊式 3+2 座位排列的雙層空調巴士還要多。

由於本港法例限制巴士長度只可達 12 米，三輛 Enviro-500 MMC 型 12.8 米特長巴士在運輸署批核車輛過長豁免許可申請後，最終於 2014 年 7 月先後正式領取運輸署車輛登記，九巴兩輛特長巴士終於同年 8 月 22 日正式投入載客服務，行走路線 73X 來往荃灣如心廣場至大埔富善邨。至於城巴 #6300 更選配「ZF」Servocom 尾軸輔助轉向系統，並在 11 月 6 日正式投入服務，主要安排行走路線 962 系及 969 系，往來屯門、天水圍至銅鑼灣。

回說載通集團，旗下龍運巴士於 2014 年亦訂購了 26 輛半豪華版 Enviro-500 MMC 型 12 米新巴士，原屬取代豪華版「丹尼士」三叉戟 12 米巴士，然而最終改為取締城市版「丹尼士」三叉戟 12 米巴士。新一批巴士改為採用可調較角度的「Vogelsitze」

🚌 城巴染指九龍半島巴士服務，在啟德新發展區開辦路線 20，並派出簇新的 Enviro 500MMC 12.8 米巴士行走。

Magino 橙黑色仿皮客車座椅，上層座位上設有閱讀燈及落車鐘。新巴士於 2015 年 3 月至 12 月獲發車輛登記，車隊編號 #6501 至 #6526，主要行走各條北大嶼山對外巴士路線。

至於九巴亦在 2014 年內先後增購三批分別 145 輛、209 輛及 194 輛 Enviro-500 MMC 型 12 米新巴士，以取代年事已高的「丹尼士」低地台飛鏢、「Scania」N113、部分「富豪」奧林比安 11 米及 12 米，部分「丹尼士」三叉戟 12 米以及部分「丹尼士」巨龍 11 米、9.9 米及 12 米巴士等。當中 172

輛 Enviro-500 MMC 型巴士底盤於英國生產，其餘則由馬來西亞廠房生產。適逢「亞歷山大·丹尼士」車廠於 2015 年 9 月尾推出改良版車身，車身頭幅及尾幅改用與英國版 Enviro-400 MMC 型巴士的設計；故在 548 輛新巴士訂單中，其中 474 輛仍然採用舊款車身，包括車隊編號 ATENU330 至 ATENU802 及 ATENU840。

另一方面，在這三批採用舊款車身的 Enviro-500 MMC 型巴士當中，有 197 輛首次選配備有 SensoTop 程式的「福伊特」DIWA864.5D4 型四前速波箱，其餘均沿

全新標準　次世代超低地台巴士

213

🚌 龍運最新半豪華版巴士抵港一段長時間後，
#2502(VE573) 終獲出牌投入服務。

用「ZF」波箱；而車廂座椅方面，當中亦有 116 輛選配採用桃紅色巴士仔家族圖案的「Lazzerini」CityLight 高背附頭枕座椅，其餘則沿用「Vogel」Revo S 座椅。值得留意是，由 ATENU474 開始引入的 Enviro-500 MMC 型巴士，除 ATENU498 外均於車廂內外加裝具有錄影功能的閉路電視鏡頭及攝錄系統。

2015 年 2 月，九巴亦增購 50 輛 Enviro-500 MMC 型 12.8 米巴士，當中 20 輛同樣採用舊款車身，車隊編號 3ATENU3 至 3ATENU22，車廂內裝設有大型行李架及水塘位，全車設有上層座位 63 個、下層座位 23 個及企位 60 個，總載客量 146 人。當中 10 輛選配「福伊特」波箱、10 輛沿用「ZF」波箱。

至此，在「亞歷山大・丹尼士」Enviro-500 MMC 型巴士面世的三年間，本地六間巴士公司已引入共 1384 輛採用 Enviro-500 MMC 型車身的雙層巴士，而最後一輛供香港使用的舊款 Enviro-500 MMC 型巴士，相信是新巴 #5669；然而有關車身仍在生產予新加坡及新西蘭使用。

然而「亞歷山大・丹尼士」Enviro-500 MMC 型巴士的故事尚未完結，廠方除繼續以 Enviro-500 MMC 改良型車身履行九巴第五批訂單中餘下 74 輛巴士外，九巴亦在 2015 年 2 月至 2016 年 4 月再簽訂額外四批訂單並分別增購 94 輛、126 輛、100 輛及 44 輛 12 米版本。

在全數 438 輛新巴士訂單中，當中 152 輛選配「福伊特」全自動波箱，其餘繼續沿用「ZF」波箱。車廂座椅亦同樣分以 44 輛

選配「Lazzerini」CityLight 座椅及 394 輛裝上「Vogel」Revo S 座椅。首輛裝配改良型車身的 Enviro-500 MMC 型巴士，車隊編號 ATENU803 於 2015 年 9 月 29 日在珠海「廣通」客車廠完成裝嵌工序，並於 10 月 27 日正式抵港，後於 11 月 23 日獲發車牌後於晚上投入服務，行走路線 258D。而這五批 Enviro-500 MMC 型巴士亦於 2017 年 5 月中旬前領取車輛登記牌照，悉數投入服務。

另一方面，九巴亦於 2015 年 4 月增購 100 輛 12.8 米特長版本，悉數配用改良版車身。這些巴士中有 54 輛採用「福伊特」波箱；載客量亦有 146 人至 155 人不等。而在第三批訂單引入的 100 輛新巴士全數採用可顯示目的地的長幅式車側及車尾電子路線顯示牌。當中一輛試行配備「ZF」Servocom 電子控制尾軸輔助轉向系統，並於 2016 年 7 月 15 日登記出牌，車隊編號 3ATENUW1，投入服務後主要被派往路線 87K 服務。九巴其後於 2017 年 11 月進一步增購 70 輛 12.8 米特長巴士，並預計於 2018 年下半年投入服務。

龍運巴士方面，亦在更新車隊中同樣選用配備改良型車身的 Enviro-500 MMC 型巴士。其訂單包括 40 輛車隊編號 #5501 至 #5540 的 12 米客車版、51 輛車隊編號 #1501 至 #1551 的 12.8 米客車版，兩款客車版巴士的車身髹上全新的龍運巴士車身色彩，而車廂內的上層座椅亦特別設有雜誌架、全車靠窗的座椅在窗下設有 USB 插孔供乘客的手提電話作充電之用、下層車頭輪拱上亦設有保溫箱，可供存放冷凍物品；巴士車廂內更提供免費無線上網服務。而另外亦訂購

有 50 輛 12 米及 10 輛 12.8 米半客車版，當中 2 輛 12.8 米半客車版已先後於 2017 年 10 月及 12 月先後領牌投入服務，車隊編號 #2501 及 #2502。礙於龍運旗下部分舊車隊未能按計劃如期轉至九巴服務，截至 2018 年 5 月底，仍有共 67 輛新巴士尚未投入服務。

至於新創建集團方面，城巴於 2015 年亦增購 133 輛 Enviro-500 MMC 型 12.8 米巴士，當中 84 輛為城市版，車隊編號 #6301 至 #6384，車身側路線牌採用長幅式路線號碼連目的地的「Hanover」橙色 LED 電子路線顯示牌；新巴士於 2015 年 12 月至 2016 年 8 月投入服務，主要行走新界西北往返港島的長途巴士路線。另外 49 輛屬半客車版，車隊編號 #6501 至 #6549，全車車窗均設有太陽簾，車廂配置有大型行李架，以供北大嶼山對外巴士路線專用，而行李架外的車身不設車窗，改以金屬旁板取代；新巴士於 2016 年 2 月至 11 月投入服務。

新創建集團其後在 2015 年 9 月再為城巴增購 78 輛 Enviro-500 MMC 型 12.8 米巴士，當中包括 19 輛半客車版和 59 輛城市版。前者獲城巴納入車隊編號 #6550 至 #6568，悉數行走北大嶼山對外巴士路線；後者除 29 輛以編號 #6385 至 #6413 歸屬城巴車隊外，其餘 30 輛被安排轉讓予新巴，車隊編號 #6100 至 #6129，用以取代部分「丹尼士」三叉戟 12 米及部分「富豪」超級奧林比安 12 米巴士，主要行走東區路線 2A、2X、8、8P、82、82M、82X 及東區走廊特快路線 720 系、722 等。新巴續於 2015 年

全新標準 次世代超低地台巴士

11 月增購 76 輛 Enviro-500 MMC 型 12.8 米城市版巴士，當中 30 輛由新創建集團撥回城巴以車隊編號 #6414 至 #6443 編入城巴車隊，餘下 46 輛則以車隊編號 #6130 至 #6175 編入新巴車隊，全車規格與前批次無異，並在 2017 年 4 月 24 日起陸續獲發車輛登記並投入服務。2017 年底，新一批共 36 輛 Enviro-500 MMC 型 12.8 米巴士交付新創建集團，包括歸屬新巴的 22 輛城市版巴士，車隊編號 #6176 至 #6197；以及城巴 14 輛配備行李架的半客車版，車隊編號 #6569 至 #6582，並獲改良車身散熱網組件及部分車廂組件。

另外，新巴亦分別於 2005 年及 2006 年先後訂購 50 輛配備改良型車身的 Enviro-500 MMC 型 12 米巴士及 40 輛 11.3 米版本，以取代車隊中年事已高的「丹尼士」三叉戟型 12 米及 11.3 米、「丹尼士」飛鏢 10.1 米、「富豪」超級奧林比安 12 米等。全數新巴士底盤獲安排於「亞歷山大・丹尼士」的馬來西亞廠房生產，再以水路運抵香港轉送

🚌 在 2015 年出廠、歐盟六期的兩輛「ADL」Enviro 500MMC 巴士，至 2018 年初才來港加入九巴車隊，E6T1(VG7382) 是其中之一。

至中國珠海「廣通」客車廠組裝車身。

新巴為 50 輛 12 米版本新巴士及 40 輛 11.3 米版本新巴士分別編配車隊編號 #5670 至 #5719 及 #4052 至 #4091。全數 90 輛新巴士仍配置「康明斯」ISL8.9e5-340b 型九公升柴油引擎，符合歐盟五期廢氣排放標準，並首次選配備有 SensoTop 程式的「福伊特」DIWA864.5D4 型四前速全自動波箱作為動力組合。車身方面，車側路線牌採用可供路線號碼連目的地顯示的長幅式「Hanover」橙色 LED 電子路線顯示牌；另外部分 11.3 米型號的新巴士（編號 #4076 至 #4091）在上層車頭裝設有一組 H 形樹擋，以緩減巴士車身碰撞到伸出樹枝的衝力，避免撞及上層車頭擋風玻璃造成意外。

車廂佈局方面，12 米版本設有上層座位 59 個、下層座位 31 個及企位 46 個，總載客量 136 人，較舊款車身的企位限額減少一人；而 11.3 米版本則修訂了上層座位佈局，上層座位獲增至 55 個，並設有下層座位 25 個及企位 45 個，雖然仍較舊款車身的企位限額減少一人，但總載客量卻增至 125 人。12 米新巴士率先於 2016 年 2 月 2 日投入服務，並於 2016 年 9 月悉數完成車輛登記程序；而 11.3 米新巴士則於 2017 年 2 月 23 日至 7 月 3 日期間相繼投入服務。另一邊廂，城巴於 2017 年 9 月陸續安排 #8361 至 #8390 等共 30 輛於 2014 年投入服務的 Enviro-500 MMC 型 12 米巴士，重新髹上新巴標準車身色彩轉投新巴，納入新巴車隊編號 #5720 至 #5749。另外，新創建集團亦分別為城巴及新巴增購符合歐盟六期廢氣排放標準的

🚌 九巴 ATENU1401(VK8296) 以一身「紅巴」途經觀塘和樂邨，車身旁板未貼有完整九巴標誌。

Enviro-500 MMC 型 12 米巴士，並可望於 2018 年下半年投入服務。

而為配合城巴機場快線服務擴展，並全面取締舊有「猛獅」NL262/R 型單層機場巴士車隊，城巴遂於 2016 年 4 月 29 日訂購 12 輛 Enviro-500 MMC 型 12.8 米客車版巴士，車隊編號 #6800 至 #6811。新巴士除換上 Enviro-500 MMC 型改良版車身及車身長度有異外，規格上與 Enviro-500 MMC 型 12 米客車版巴士別無兩樣，車身採用「Hanover」橙色 LED 電子路線顯示牌，車身及車尾採用可同時顯示路線號碼及目的地的長幅式電子路線牌；而下層行李架位置的車身不設車窗。車廂方面，車廂內則裝設有大型行李架，並配備高規格的全新意大利「Lazzerini」GTS 3700 豪華真皮座椅，上層設有座位 55 個、下層座位 27 個及企位 47 個，總載客量 129 人，較 12 米版本多載

9 人。全新城巴機場快線巴士車隊已悉數於 2016 年 12 月 22 日起相繼投入服務。與此同時，城巴再進一步增購 25 輛相同規格的 12.8 米客車版巴士，並於 2017 年 10 月至 2018 年 1 月間相繼投入服務。

九巴在 2016 年 11 月及 2017 年 11 月再分別簽訂訂單增購 80 輛及 305 輛 12 米版本巴士，有關巴士於 2017 年 5 月陸續於珠海組裝車身，新巴士如旗下新一批「富豪」B9TL 型巴士般，改以「城市脈搏」為題，引入車身採用傳統紅色為主色配以銀色線條、車頂採用紅色線條勾勒香港城市景觀的全新九巴紅色車身塗裝。當中 10 輛更配上尾軸輔助轉向系統，並特別另闢車隊編號 TW1 至 TW10 以作識別。

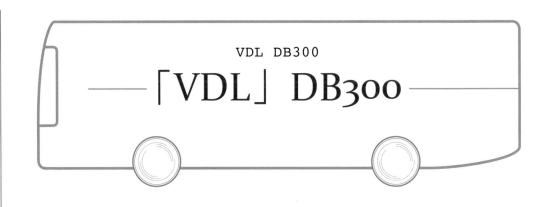

VDL DB300

「VDL」DB300

近年，九巴及城巴車隊中的短軸版巨龍及奧林比安巴士相繼退役；除「亞歷山大・丹尼士」於 2009 年開始輸港的 Enviro-400，至今已有 180 輛現已或即將投入服務，以及於 2010 年由「富豪」車廠提供的 2 輛 B9TL 型雙層兩軸空調巴士外，荷蘭「VDL」DB300 型雙層兩軸空調巴士亦於 2014 年 1 月正式進軍香港，冀在本地的短軸巴士市場上分一杯羹。

回望 1989 年英國「都城嘉慕」車廠的母公司「Laird Group」結束了「都城嘉慕」的業務，並將「都城」（Metrobus）巴士的設計售予英國「Optare」及「DAF」巴士生產部；至 1993 年 9 月再被荷蘭「VDL」車廠收購，當時「都城」巴士的後繼者 DB250 型巴士，在經過進一步改良底盤及引擎室設計後，遂成為現時的 DB300 型巴士。

🚌「富豪」、「VDL」、「亞歷山大・丹尼士」無論在機件性能還是車廂設計，均各善勝場。

而主導是次荷蘭「VDL」DB300 型雙層兩軸空調巴士進軍香港的，卻是於 2009 年為九巴「富豪」B7RLE 型單層巴士承造車身的英國「MCV」（Manufacturing Commercial Vehicles Group）車廠；於 2013 年以「VDL」DB300 型英國市場版本裝配自家品牌「MCV」車身並加載空調系統，續向九巴推介試用。

🚌 荷蘭「VDL」DB300 型雙層兩軸空調巴士進軍香港，冀在短軸巴士市場上分一杯羹。

🚌「MCV」D102RLE-HK 型雙層車身外型儼如一條生命麵包。

🚌「亞比安」(BM248) 與「VDL」AMC1(SY4050) 兩車相隔超逾三十載。

供港的「VDL」DB300 型新巴士於 2014 年 1 月 27 日抵港。機械配置上,新巴士採用容積僅 6.7 公升的「康明斯」ISB6.7E5-250B 型引擎,符合歐盟五型廢氣排放標準,並配以「福伊特」DIWA864.5D4 型四前速全自動波箱。新巴士終於同年 9 月 22 日通過運輸署的檢驗正式獲發車牌,車隊編號為 AMC1。

新巴士採用「MCV」D102RLE-HK 型雙層車身,配備荷蘭「Ventura」上、落車門。全車裝設有「Vogelsitze」巴士仔圖案座椅,在載客量上,憑藉淨重較輕的車身,上層共設座位 47 個、下層座位 25 個及企位 26 個,總載客量為 98 人,較「亞歷山大‧丹尼士」Enviro-400 甚至「富豪」B9TL 型雙層兩軸空調巴士的 88 人總載客量還要多!

「VDL」新巴士於 2014 年 10 月 3 日正式投入服務,行走過海隧道巴士路線 116,其後再先後派往行走過海隧道巴士路線 606 及 690 服務。2016 年 3 月底,九巴 AMC1 在行走路線 690 期間發生交通意外,事故後一直留廠;直至近一個月後才復出重投服務。

在兩年租借試用期過後,九巴遂正式購入這輛「VDL」DB300 型巴士,標誌着這輛荷蘭製巴士正式落戶九巴。至於「VDL」新巴士能否獲得九巴甚至其他香港巴士公司的新訂單,就留待時間做個驗證了。

🚌 新巴士設有上層座位 47 個、下層座位 25 個及企位 26 個,總載客量為 98 人。

🚌 配備荷蘭「Ventura」上、落車門，落車門屬外趟式車門設計。

🚌 駕駛室外望，廣闊的擋風玻璃對行車倍感安全。

🚌 AMC1(SY4050) 的下層車廂，上車門外設有一張兩座位「導航椅」。

Yutong ZK6128HG1
「宇通」ZK6128HG1

在中國「青年」（Youngman）客車廠成功於香港專利巴士市場上佔一席位之時，中國「宇通」（Yutong）客車亦早已在本地旅遊巴士市場站穩陣腳，並圖在專利巴士市場上再分杯羹。

2013 年，中國「宇通」客車承製出一輛 ZK6128HG1 型全低地台單層巴士，預備作為樣板巴士供九巴試用。新巴士大致採用九巴規格，如配備上海「鴻隆」電子路線顯示牌、

🚌「宇通」客車於 2014 年 2 月打造一輛 ZK6128HG1 型全低地台單層巴士供九巴試用。

「Ventura」車門、香檳金色車身及「Vogelsitze」座椅等；惟因這輛巴士採用「上海柴油機」SC8DK260Q3 引擎，據稱符合歐盟五期廢氣排放標準；惟九巴對新巴士使用「上海柴油機」引擎而卻步，婉拒接收及試用新巴士。

「宇通」客車遂於 2013 年 9 月將新巴士轉予澳門維澳蓮運（Reolian Public Transport）試用，車身並改為髹上維澳蓮運標準的綠色塗裝，車廂內「Vogelsitze」座椅上的巴士仔圖案亦在投入服務後更換為單色皮套。維澳蓮運並安排於同年 11 月試驗行走路線 3

🚌 AYT1(TB3420) 無論在設計、裝工甚或行車表現上，足可媲美一輛歐洲巴士。

🚌 駕駛室儀錶板設計時尚。

🚌 AYT1(TB3420) 的引擎倉內，裝配有「康明斯」ISL8.9E5-320B 型引擎並搭載上「福伊特」DIWA-864.5D4 型全自動波箱。

🚌 車廂屬全低地台設計，低地台區域由車頭延伸至車尾位置。

來往關閘及外港碼頭。在試驗期結束後，「宇通」客車安排將巴士車身髹上白色，並運往本港存放。

直至 2014 年 2 月，「宇通」客車再度製造一輛改配美國「康明斯」ISL8.9E5-320B 型引擎的 ZK6128HG1 型全低地台單層巴士供九巴試用，引擎馬力 320 匹；並搭載上「福伊特」DIWA-864.5D4 型全自動波箱。由於巴士底盤設計沿襲「宇通」ZK6126HGC 型，兩者均採用全低地台（Full Super Low Floor）設計，以致車廂地台由上車門直至車尾均不設任何踏級。而車廂內設有 35 張獨立座椅，加上企位 44 個，全車總載客量高達 79 人。

「宇通」單層巴士在 2014 年 11 月 27 日於運輸署獲發正式車輛登記後，並獲九巴編上車隊編號 AYT1；新巴士於同年 12 月 16 日首航，主要服務北區路線 70K，直至 2015 年 8 月 5 日再改為行走路線 72A 服務。

隨着已延長的試用期即將屆滿，九巴在試用過「宇通」樣板單層巴士後，最終於 2016 年 2 月 15 日安排在車廠內除去所有巴士公司徽號及標貼，並在運輸署車輛登記中除牌，退還「宇通」客車；其後再沒有任何增購相關巴士的消息。

Volvo B8L

「富豪」B8L

九巴自 1999 年及 2004 年相繼引進「富豪」超級奧林比安 B10TL 型及「富豪」B9TL 型超低地台雙層巴士後，在 2017 年再度引入全新「富豪」超級低地台雙層巴士，型號為 B8L。

今次引進香港的「富豪」B8L 型巴士，為廠方全新研發的三軸超低地台雙層巴士底盤。機械配搭上，新巴士採用「富豪」原廠 D8K-350 型柴油引擎，引擎容積 7698cc，馬力輸出達 350 匹，符合歐盟六期廢氣排放標準；並搭載上「ZF」六前速全自動波箱。

🚌 九巴首輛「富豪」B8L 縱置引擎巴士 AVBWL1
(UU8290)，車身披上「香港第一部歐盟 6 型雙層巴士」的標語，於 2017 年 5 月投入服務。

全新歐盟六型環保引擎與歐盟五型引擎的雙層巴士比較，新款巴士大幅減少廢氣排放，其中氮氧化物（Nitrogenoxides）的排放量減少高達 80%；懸浮粒子和碳氫化合物（Hydrocarbons）的排放量亦分別減少 50% 和 72%，更能符合環保效益。

有別於之前供港的超級奧林比安 B10TL 型及 B9TL 型超低地台雙層巴士，新款 B8L 型巴士棄用上橫置式引擎佈局的尾軸驅動設計，而改為使用縱置式引擎設計，以中軸驅動巴士，以改善一直為人垢病的巴士轉向性能。

🚌 AVBWL1(UU8290) 為香港首輛歐盟六型雙層巴士，九巴特別在車身上貼上宣傳廣告標示。

「富豪」車廠自 2002 年起引入「Wright」作為策略性合作伙伴，為旗下超級奧林比安 B10TL 型巴士供應車身，隨後再發展至 B9TL 型巴士；今次的樣板巴士同樣也不例外，「富豪」廠方於 2016 年完成生產樣板巴士底盤後將底盤移送往愛爾蘭「Wright」廠房，為新巴士組裝上「Wright」Eclipse Gemini 2 車身。

在車身外觀上，全新 B8L 型樣板巴士的「Wright」Eclipse Gemini 2 型車身與九巴旗下同期出廠的「富豪」B9TL 型巴士幾乎沒有兩樣，只是新巴士未有在車頭及車尾採用設有地點顯示的長幅式電子路線牌，而僅使用舊式數字顯示牌；另外在車身右側的車尾引擎倉旁板則用上網型設計，並裝上六把大型散熱風扇，亦有別於傳統採用的普通進風口欄柵設計。

全新標準 次世代超低地台巴士

🚌 九巴首輛「富豪」B8L 巴士 AVBWL1(UU8290) 以一身 Volvo Ocean Race 環球帆船賽的車身色彩行走路線 6C。

車廂佈局與九巴「富豪」B9TL 型巴士一貫所採用的設計無異,上下層樓梯繼續採用方形樓梯設計,而全車裝有「Vogelsitze」高背附頭枕的巴士仔暗紋桃紅色座椅,上層設有座位 59 個、下層座位 31 個及企位 48 個,總載客量 138 人;較 B9TL 型巴士多出一名乘客企位限額。

這輛全新的「富豪」B8L 型樣板巴士於 2016 年 12 月在北愛爾蘭「富豪」車廠亮相,並於翌年 1 月 22 日運抵香港。在往後的個多月在香港不同地區展開路面測試,並進行香港運輸署的「車輛類型評定」測試,終在同年 5 月 15 日正式領取車輛登記。九巴以車隊編號 AVBWL1 將新巴士編入車隊,並納入屯門車廠管理;隨後在 5 月 19 日正式投入服務,行走西隧過海巴士路線 968 來往元朗西及港島天后。

九巴並特別為 AVBWL1 的巴士車身裱上獨特的「歐盟 6 型雙層巴士」綠色宣傳廣告,突顯新巴士的「Natural」(自然)、「Evolutioanry」(進步)和「Wise」(睿智)的特質,運用科技保護自然環境。

🚌 由新加坡陸交局引入的「富豪」B8L 巴士，採用「Wright」Gemini 3 型車身，樓梯旁板以透明玻璃設計，加強車廂採光。

2017 年底，第二輛「富豪」B8L 型樣板巴士抵達新加坡，交付新加坡陸路交通管理局。新巴士裝配上「Wright」Gemini 3 型車身，與九巴的 AVBWL1 的外觀截然不同；尤其在右側車身的樓梯旁板改用透明玻璃設計，加強車廂採光。新巴士於 2018 年 1 月 27 日在 Seletar Bus Depot Carnival 中首次亮相，新加坡新捷運（SBS Transit）旗下其後於同年 4 月 2 日正式將新巴士投入服務，行走 Eunos 區內路線 94。

2018 年 2 月 5 日，第三輛「富豪」B8L 型樣板巴士，披上埃及「MCV」EvoSeti 車身，並以一身純白色的車身色彩的全新形象抵達香港。車廂規格採用上九巴第二代「紅巴」設計，包括上、下層車廂分別配置有 59 張及 31 張「Lazzerini」Ethos 高背附頭枕獨立座椅，落車門上方亦裝上了動態乘客資訊系統等。

在新城兩巴的更新車隊大致完結之時，「富豪」B8L 型新巴士能否為「富豪」車廠在本地巴士市場上，在「亞歷山大·丹尼士」Enviro-500 MMC 型雙層巴士的高度佔有率中搶回多少份額，就要留待時間進行驗證了。

PART Ⅴ

綠路最好　環保空調巴士

ADL Enviro E50H Hybrid

「亞歷山大・丹尼士」
Enviro E50H Hybrid

早於 2007 年 2 月，全球首架混合動力雙層巴士於英國倫敦開始投入服務，而混合動力巴士技術上相較於全電動巴士更為成熟。

🚌2014 年 9 月，九巴為全新混合動力巴士「ADL」Enviro 500 Hybrid 在月輪街車廠作公開展示。

為測試混合動力巴士的運作效益，包括能否應付香港地形和氣候的要求，以及收集營運數據，環境保護署遂耗資 3,300 萬港元，全數資助專營巴士公司購置 6 輛混合動力巴士，每部價值約 550 萬港元。全新混合動力巴士將分別分配予載通國際旗下的九巴，以及新創建交通旗下的城巴和新巴，主要調派駛經銅鑼灣、中環及旺角的繁忙路段的專營

巴士路線試驗行駛，試驗期建議為兩年，特別是評估混合動力巴士在行車班次頻密、在炎熱潮濕夏季需提供足夠空調的本地運作情況下的效率及排放表現。

隨着環境保護署於 2011 年 4 月向立法會財委會完成申請撥款相關撥款，九巴、城巴及新巴等三間巴士公司正式獲政府資助，引入混合動力巴士。英國「亞歷山大・丹尼士」車廠經過三年研發，全新混合動力巴士終於 2014 年 9 月至 11 月間分批付運抵港，新巴士型號為 Enviro-500 Hybird（簡稱 E50H）。

動力結構上，E50H 新巴士採用「串聯式混合動力」（Hybrid Series）驅動系統，由一台符合歐盟六型排放規格的「康明斯」ISB6.7E6-280B 型細容積柴油引擎驅動發電機組，提供電力驅動電摩打，直接帶動巴士驅動軸運行。這種嶄新的無機械式轉動技術，讓車輪與引擎之間無需機械式連接。而全車安裝有 16 組鋰離子納米磷酸鹽電池（Lithium-Ion Nano-Phospate Batteries），不單可以利用電池裝置將引擎在動力傳送過程的部分電力儲存，其回生技術更可回收剎車時所產生的能量並儲存於電池備用，提升能源效益。

E50H 新巴士更配備了智能「Arrive and Go」技術，當巴士遇上交通擠塞或預備停站而行駛速度低於每小時 6.4 公里時，內置的智能控制器會暫時將柴油引擎停止操作，自動調節改為電力驅動巴士及空調系統，令巴士在慢駛或停駛時達至「零排放」；直至巴士重新起步而行駛速度直至增加至每小時 11.2 公里或以上時，柴油引擎才會重新啟動

🚌 下層車廂尾部由於需放置電池裝置，故此巴士後排座位數目較傳統巴士有所減少。

🚌 巴士上層設計有同小異，只是後排座位數目較傳統巴士減少四個。

🚌 新巴士使用方梯設計，連接上層與下層車廂。

綠路最好　環保空調巴士

🚌 ATH1(TA2344) 於 2014 年 11 月中旬開始投入服務，行走過海隧道巴士路線 619 途經中環及銅鑼灣。

🚌 從車尾角度可更清晰看見巴士新增的電池裝置所佔用的位置。

🚌 城巴 #8400(TB2893) 行走高速公路路段較多的路線969，整體減排表現不及行走市區路線優越。

為巴士提供動力。這種智能技術讓混合動力巴士特別適合行走停車較頻密的市區路線，新技術有助降低排放及油耗，從而令混合動力巴士的環保功效發揮至最大。據廠方資料顯示，全新 E50H 巴士可減低耗油量高達 30%，並減少主要排放物如懸浮粒子 50% 及氮氧化物 80%。

外觀上，Enviro-500 Hybird 巴士與舊有的 Enviro-500 MMC 巴士相似，而車廂尾部由於需放置電池裝置，故此巴士上層後排座位數目較傳統巴士減少 4 個，下層左方車尾亦減少 2 個座位；使全車載客量下降至 123 人，包括上層座位 51 個、下層座位 29 個及企位 43 個。

九巴的 3 輛全新 E50H 巴士先後於 2014 年 10 月底至 12 月初獲發運輸署車輛登記，九巴車隊編號為 ATH1 至 ATH3，並於 11 月中旬開始陸續投入服務，分別行走路線 104、1A 及 619 等三條市區路線，途經中環、旺角及銅鑼灣。而編號 #5600 的新巴 E50H 巴士則於 11 月初完成首次登記，與編號 #8401 及 #8400 的城巴混合動力巴士於 11 月底至 12 月初啟用，分別行走路線 8、5B 及 969 等。

混合動力巴士在香港成功引進，在在令香港的巴士服務開展一個嶄新領域。

🚌 混合動力巴士特別適合行走停車較頻密的市區路
線,有助降低排放及油耗,從而令巴士的環保功效
發揮至最大。

🚌 新巴 #5600(TA3523) 與城巴 #8400(TB2893) 聚首
一堂。

綠路最好　環保空調巴士

BYD K9 eBus

「比亞迪」K9

時間線回到 2011 年 9 月，位於內地深圳的「比亞迪」車廠正積極地為九巴研發一輛新一代全電動環保巴士，並計劃讓九巴試用半年，以作廣泛路面測試。

事隔一年，就在 2012 年 9 月，中國「比亞迪」車廠正式以象徵性一元租金為九巴供應一輛 K9A 型單層空調全電動巴士作測試。電動巴士全長 12 米，在原廠「比亞迪」車身上披有九巴標準的香檳金色標準色彩，並配備

🚌 2012 年 9 月，中國「比亞迪」車廠正式以象徵性一元租金為九巴供應一輛 K9A 型單層空調全電動巴士作測試。

🚌「比亞迪」K9A 型單層巴士的駕駛室。

🚌 電動巴士全長 12 米，在原廠「比亞迪」車身上披有九巴標準的香檳金色標準色彩。

🚌 車尾引擎倉內裝設有一台「比亞迪」原廠 TYC90A 型馬達。

🚌 九巴以 BE1(RV8143) 編入車隊，試驗性派往市區路線 2 行走來往蘇屋至尖沙咀碼頭的巴士路線服務。

國產「鴻隆」綠色磁翻板電子路線顯示牌。全車裝設有 31 張「Vogelsitze」System 400/4 高背附頭枕座椅，並可容納企位 35 人，總載客量 66 人。

機械裝置方面，「比亞迪」K9A 型單層巴士裝設有「比亞迪」FADM07315 型磷酸鐵鈷鋰電池，總容量 600 安培，標準充電時間為 6 小時，行駛里數達 250 公里；動力來源自以一台「比亞迪」原廠 TYC90A 型馬達，最高可發動相當於 120 匹馬力的 90 千瓦動力。

樣板巴士於 2012 年底進行運輸署車輛類型評定測試，並於 2013 年 1 月 14 日獲發車輛登記，九巴遂以車隊編號 BE1 編入車隊。經過內部測試後，九巴安排「比亞迪」電動巴士於同年 5 月 2 日起的平日下午時段行走荔枝角車廠的員工接送車。2013 年 9 月 9 日，新巴士以「eBus」之名配以一身綠葉襯托的電動巴士宣傳廣告，假尖沙咀碼頭巴士總站進行新車剪綵儀式，並於同日下午開始獲派

🚌 BE1(RV8143) 以「eBus」之名配以一身綠葉襯托的電動巴士宣傳廣告。

綠路最好　環保空調巴士

🚌 #1582(TV2703) 正行走路線 12，以評估新巴士在本地環境下的運作效能及成本效益。

往市區路線 2 行走來往蘇屋至尖沙咀碼頭的巴士路線服務；其後亦於平日上下午繁忙時間，每日以定點班次模式行走路線 2，為期一個月。

然而九巴對「比亞迪」K9A 型電動巴士經過一年測試後，電池損耗已達 20%，遠超預期。九巴遂於同年 12 月 10 日將電動巴士除牌，結束租賃期交回「比亞迪」車廠。

2015 年，新創建集團受政府資助後續於 2014 年 1 月招標購置 5 輛 11.6 米兩軸單層電動巴士，最終由「比亞迪」車廠中標。按標書內容，「比亞迪」車廠將向新創建集團供應 5 輛屬其改良型號的 K9R 型單層電動巴士，新巴士於 2015 年 7 月起陸續交付新創建集團，當中城巴獲分派 3 輛，而餘下 2 輛則交由新巴營運，並各自以城巴及新巴標準車身色彩為車身塗裝基礎，再配以「藍天」為題的環保新裝。

城巴及新巴的「比亞迪」K9R 型電動巴士，與九巴於 2012 年引入的 K9A 型巴士比較，原廠車身在外觀上大同小異，車長僅略縮短至 11.6 米；另外亦改配上「比亞迪」BYD-2912TZ-XY-A 型鱗酸鐵錳鋰電池，動力輸出亦有所提升，最高可提供相當於 200 匹馬力的動力。車廂內採用「Vogel」Revo S 高背附頭枕座椅，可承載座位 31 個、企位 37 個，總載客量 68 人。

這 5 輛電動巴士以城巴車隊編號 #1581 至 #1583 及新巴車隊編號 #2051 至 #2052 編入車隊，續於 2015 年 11 月至 12 月間先後獲發運輸署車輛登記，並於同年 12 月 27 日起開始陸續投入服務，展開為期兩年的試驗，分別行走五條路線，包括新巴路線 78、81，以及城巴路線 11、12 及 25A，以評估新巴士在本地環境下的運作效能及成本效益。

惟新巴士在投入服務初期，便發現巴士在停車時若擠壓落車門中間的防夾膠邊，車門會自動打開而需停駛；復駛後再發現車軸有螺絲杆斷裂而需再度停駛；另外又因發現制動回饋充電力度，在天雨路滑時或會較地面摩擦力大造成輪胎打滑，需交回廠方調整系統設定等。

而新大嶼山巴士亦訂購了一輛「比亞迪」K9R 型電動巴士，並已於 2016 年 9 月抵港，預計在投入服務後會試驗行走北大嶼山路線 38 及深圳灣口岸路線 B2。

至於九巴及龍運巴士，亦於 2015 年經招標採購電動巴士後，同樣由「比亞迪」中標，分別供應 10 輛及 4 輛 K9R 型電動巴士。新巴士的車身改由馬來西亞「順豐」（Gemilang）車廠承造，車廂內同樣採用「Vogel」Revo S 高背附頭枕座椅，設有座位 35 個、企位 37 個，總載客量 72 人。全新 K9R 型電動巴士於 2017 年 4 月起陸續獲發運輸署車輛登記，並獲預留編配九巴車隊編號 BDE1 至 BDE10 及龍運巴士車隊編號 SE101 至 SE104。部分已獲發車牌的電動巴士已馬不停蹄地進行路面測試，並讓車長熟習駕駛相關車型。

🚌 九巴受政府資助購買十輛「比亞迪」K9R 型電動巴士。

🚌「比亞迪」K9R 型單層巴士的駕駛室。

🚌 BDE2(UU3461) 的車身色彩有較多啞黑色配以光黑色，予人感覺時尚。

🚌 巴士的部分電池組件獲安排置放在司機位後位置。

綠路最好 環保空調巴士

Youngman JNP Ultra-Capacitor Bus
「青年」JNP 超級電容巴士

香港特區政府於 2011 至 2012 年度行政長官施政報告中提到，主動撥款港幣 1.8 億元，資助本港專營巴士公司購入 28 輛電池電動巴士、8 輛超級電容巴士及相關充電設施，當中 8 輛超級電容巴士配額悉數撥予九巴。

有別於城巴在 2000 年公佈的無軌電車計劃，超級電容巴士無需在巴士路線沿途架設電纜，而超級電容巴士只需停靠在巴士總站的充電設施下，利用車頂自動升高的集電桿，接連車站充電架進行快速充電。電容器充滿電力後足以讓空調巴士連續行走數公里，而以約半分鐘時間的快速充電所充得的電力可供巴士行走一公里，故無需沿途鋪設架空電纜提供電源。

九巴早於 2010 年 9 月 14 日宣佈引進上海「申沃」（Sunwin）客車有限公司製造的 SWB6121EV2 型 gBus 超級電容巴士，以零排放、低噪音、行動靈活為賣點，展開為期約一年的實地測試，並在試驗後退還原廠。超級電容巴士屬於電動車的一種，以可快速充電的車用超級電容器作為驅動電源；並將刹車時所產生的能量回收使用，從而減低電力消耗。超級電容巴士的核心為中置於車身底部的電池及巨型電動機，而電機控制組件則安置於位於車尾的傳統引擎室之內。

得到港府的全額資助，九巴於 2012 年 4 月落實向「青年」客車廠購入 8 輛 JNP6122UC 型超級電容巴士，並於位於浙江金華的車廠承造。新巴士採用的技術亦得以提升，充滿電後一次過最多可行走 8 至 10 公里，比 2010 年引進的「申沃」gBus 超級電容巴士的續航力增加了一倍。而最高車速可達每小時 70 公里，更適合本港路面的不同車速限制；爬坡度更達 15%。

🚌 九巴「青年」JNP6122UC 超級電容巴士 AYM1(TP7758) 在沙田路面試車。

🚌 AYM4(UV259) 正式投放在路線 284 服務。

🚌 九巴未有在路線 284 位於繽景花園的巴士站置放充電設施，足見巴士電池的續航能力不俗。

首輛「青年」超級電容巴士於 2015 年 1 月上旬抵港，在經過運輸署車輛評定測試後，最終於同年 8 月 21 日領取車輛登記，並以車隊編號 AYM1 編入車隊。新巴士除了正式改為右軚設計的香港車輛標準外，車身亦選用了「青年」Centro-Liner Series 的車身設計；九巴特意讓新巴士以特別的車身塗裝示人。車廂佈局方面，全車裝設有 35 個高背附頭枕座椅，另設企位 37 個，總載客量 72 人。

據九巴原來計劃，8 輛超級電容巴士將會行走兩條啟德新發展區路線，包括一條全新循環路線 5M 往返坪石與啟東道，並會於坪石及啟東道兩邊車站設置充電站；而另一條路線則為連接觀塘開源道、啟德發展區與九龍灣鐵路站，並在其中四個車站設置充電站。

惟後來九巴將首階段試驗改為行走現有來往沙田市中心至濱景花園的循環路線 284，待首階段展開試驗後的次年才進行第二階段試驗，在往返啟晴至九龍灣港鐵站的循環路線

5M 推行。首階段試驗的預計展開日期原為 2014 年，惟翠湖花園分站計劃設置的充電設施因有關屋苑法團的反對而擱置，而沙田市中心總站興建充電設施及電力裝置的基礎建設牽涉修改室內巴士總站核准建築圖則，最終於 2016 年首季才正式完工；九巴並預計沙田市中心總站的充電設施，足夠應付超級電容巴士在路線 284 上營運的需要。

九巴遂安排「青年」超級電容巴士於午夜時段實地進行充電測試，及至 2017 年 3 月 29 日正式投入服務，按計劃行走路線 284，並以 4 輛單層超級電容巴士取代 2 輛雙層巴士；如在試驗期間充電設施出現故障，導致超級電容巴士未能提供服務，九巴會調配柴油巴士行走。

在為期兩年的試驗期後港府會再檢討成效，決定未來會否繼續資助專營巴士公司購入超級電容巴士。

綠路最好　環保空調巴士

附錄 香港空調巴士資料表

Dennis Falcon

公司	車隊編號	車牌	底盤編號	車型	車身	座位佈局	首次登記日期	退役日期
KMB		DH1700	SDA418-160	Dennis Falcon HC Coach	Duple Metsec R77	C45F	1985	1989
KMB	AF2	DH1523	SDA418-161	Dennis Falcon HC Coach	Duple Metsec R77	B41F	1985	1999
KMB	AF17	DJ112	SDA418-162	Dennis Falcon HC Coach	Duple Metsec R77	B41F	1986	2000
KMB	AF4	DH1577	SDA418-163	Dennis Falcon HC Coach	Duple Metsec R77	B41F	1985	2000
KMB	AF3	DH972	SDA418-164	Dennis Falcon HC Coach	Duple Metsec R77	B41F	1985	1999
KMB	AF1	DH743	SDA418-165	Dennis Falcon HC Coach	Duple Metsec R77	B41F	1985	1999
KMB	AF5	DH1634	SDA418-166	Dennis Falcon HC Coach	Duple Metsec R77	B41F	1985	2000
KMB	AF6	DH1644	SDA418-167	Dennis Falcon HC Coach	Duple Metsec R77	B41F	1985	2000
KMB	AF9	DH3323	SDA418-168	Dennis Falcon HC Coach	Duple Metsec R77	B41F	1985	2000
KMB	AF8	DH2192	SDA418-169	Dennis Falcon HC Coach	Duple Metsec R77	B41F	1985	2000
KMB	AF10	DH3087	SDA418-170	Dennis Falcon HC Coach	Duple Metsec R77	B41F	1985	2000
KMB	AF12	DH5034	SDA418-171	Dennis Falcon HC Coach	Duple Metsec R77	B41F	1985	2000
KMB	AF11	DH4881	SDA418-172	Dennis Falcon HC Coach	Duple Metsec R77	B41F	1985	2000
KMB	AF13	DH5921	SDA418-173	Dennis Falcon HC Coach	Duple Metsec R77	B41F	1986	2000
KMB	AF7	DH2134	SDA418-174	Dennis Falcon HC Coach	Duple Metsec R77	B41F	1985	2000
KMB	AF14	DH8180	SDA418-175	Dennis Falcon HC Coach	Duple Metsec R77	B41F	1986	2000
KMB	AF16	DJ107	SDA418-176	Dennis Falcon HC Coach	Duple Metsec R77	B41F	1986	2000
KMB	AF18	DJ167	SDA418-177	Dennis Falcon HC Coach	Duple Metsec R77	B41F	1986	2000
KMB	AF19	DJ258	SDA418-178	Dennis Falcon HC Coach	Duple Metsec R77	B41F	1986	2000
KMB	AF15	DH9046	SDA418-179	Dennis Falcon HC Coach	Duple Metsec R77	B41F	1986	2000

Toyota Coaster

公司	車隊編號	車牌	底盤編號	車型	車身	座位佈局	首次登記日期	退役日期
KMB	AT1	DS8752	HB30-0005556	Toyota Coaster	Arakawa Auto Body Co	B24F	1987	1992
KMB	AT7	DT956	HB30-0005559	Toyota Coaster	Arakawa Auto Body Co	B24F	1987	1992
KMB	AT2	DS9892	HB30-0005561	Toyota Coaster	Arakawa Auto Body Co	B24F	1987	1992
KMB	AT3	DS9894	HB30-0005566	Toyota Coaster	Arakawa Auto Body Co	B24F	1987	1992
KMB	AT5	DS8549	HB30-0005569	Toyota Coaster	Arakawa Auto Body Co	B24F	1987	1992
KMB	AT9	DT1445	HB30-0005570	Toyota Coaster	Arakawa Auto Body Co	B24F	1987	1992
KMB	AT4	DT139	HB30-0005571	Toyota Coaster	Arakawa Auto Body Co	B24F	1987	1992
KMB	AT8	DT2373	HB30-0005573	Toyota Coaster	Arakawa Auto Body Co	B24F	1987	1992
KMB	AT6	DS9790	HB30-0005576	Toyota Coaster	Arakawa Auto Body Co	B24F	1987	1992

公司	車隊編號	車牌	底盤編號	車型	車身	座位佈局	首次登記日期	退役日期
KMB	AT11	DV647	HB30-0005976	Toyota Coaster	Arakawa Auto Body Co	B24F	1988	1993
KMB	AT14	DV1309	HB30-0005981	Toyota Coaster	Arakawa Auto Body Co	B24F	1988	1993
KMB	AT12	DV699	HB30-0005982	Toyota Coaster	Arakawa Auto Body Co	B24F	1988	1993
KMB	AT10	DV644	HB30-0005983	Toyota Coaster	Arakawa Auto Body Co	B24F	1988	1993
KMB	AT13	DV1312	HB30-0005985	Toyota Coaster	Arakawa Auto Body Co	B24F	1988	1993
KMB	AT17	DV2996	HB30-0005986	Toyota Coaster	Arakawa Auto Body Co	B24F	1988	1993
KMB	AT15	DV3822	HB30-0005987	Toyota Coaster	Arakawa Auto Body Co	B24F	1988	1993
KMB	AT16	DV2802	HB30-0005988	Toyota Coaster	Arakawa Auto Body Co	B24F	1988	1993
KMB	AT25	DX8907	HB30-0006294	Toyota Coaster	Arakawa Auto Body Co	B24F	1988	199?
KMB	AT19	DX4553	HB30-0006296	Toyota Coaster	Arakawa Auto Body Co	B24F	1988	199?
KMB	AT20	DX5231	HB30-0006297	Toyota Coaster	Arakawa Auto Body Co	B24F	1988	199?
KMB	AT22	DX5813	HB30-0006300	Toyota Coaster	Arakawa Auto Body Co	B20F	1988	199?
KMB	AT23	DX6289	HB30-0006303	Toyota Coaster	Arakawa Auto Body Co	B24F	1988	199?
KMB	AT21	DX5406	HB30-0006308	Toyota Coaster	Arakawa Auto Body Co	B24F	1988	199?
KMB	AT26	DX9280	HB30-0006310	Toyota Coaster	Arakawa Auto Body Co	B24F	1988	199?
KMB	AT29	DY377	HB30-0006311	Toyota Coaster	Arakawa Auto Body Co	B24F	1988	199?
KMB	AT24	DX8893	HB30-0006318	Toyota Coaster	Arakawa Auto Body Co	B24F	1988	1994
KMB	AT28	DX9699	HB30-0006322	Toyota Coaster	Arakawa Auto Body Co	B24F	1988	1994
KMB	AT27	DX9537	HB30-0006401	Toyota Coaster	Arakawa Auto Body Co	B24F	1988	1994
KMB	AT18	DX1424	HB30-0006414	Toyota Coaster	Arakawa Auto Body Co	B24F	1988	199?
KMB	AT31	DZ5379	HB30-0006862	Toyota Coaster	Arakawa Auto Body Co	B24F	1988	199?
KMB	AT33	DZ7231	HB30-0006864	Toyota Coaster	Arakawa Auto Body Co	B24F	1988	1994
KMB	AT30	DZ4947	HB30-0006867	Toyota Coaster	Arakawa Auto Body Co	B24F	1988	199?
KMB	AT35	EA6127	HB30-0006868	Toyota Coaster	Arakawa Auto Body Co	B21F	1988	199?
KMB	AT34	EA5269	HB30-0006870	Toyota Coaster	Arakawa Auto Body Co	B21F	1988	199?
KMB	AT32	DZ5559	HB30-0006871	Toyota Coaster	Arakawa Auto Body Co	B24F	1988	199?
KMB	AT36	EA6976	HB30-0007026	Toyota Coaster	Arakawa Auto Body Co	B24F	1988	199?
KMB	AT37	EA8057	HB30-0007033	Toyota Coaster	Arakawa Auto Body Co	B24F	1988	199?
KMB	AT39	EB5694	HB30-0007137	Toyota Coaster	Arakawa Auto Body Co	B24F	1989	1994
KMB	AT43	EC514	HB30-0007145	Toyota Coaster	Arakawa Auto Body Co	B24F	1989	199?
KMB	AT38	EB5189	HB30-0007151	Toyota Coaster	Arakawa Auto Body Co	B24F	1989	199?
KMB	AT40	EB5697	HB30-0007183	Toyota Coaster	Arakawa Auto Body Co	B24F	1989	199?
KMB	AT41	EB7408	HB30-0007190	Toyota Coaster	Arakawa Auto Body Co	B24F	1989	199?
KMB	AT44	EC790	HB30-0007194	Toyota Coaster	Arakawa Auto Body Co	B24F	1989	199?
KMB	AT45	EC1575	HB30-0007195	Toyota Coaster	Arakawa Auto Body Co	B24F	1989	199?

公司	車隊編號	車牌	底盤編號	車型	車身	座位佈局	首次登記日期	退役日期
KMB	AT42	EB6537	HB30-0007198	Toyota Coaster	Arakawa Auto Body Co	B24F	1989	199?
KMB	AT46	EG4635	HB30-0007902	Toyota Coaster	Arakawa Auto Body Co	B24F	1989	1996
KMB	AT47	EG4742	HB30-0007913	Toyota Coaster	Arakawa Auto Body Co	B24F	1989	1996
KMB	AT48	EG8431	HB30-0007984	Toyota Coaster	Arakawa Auto Body Co	B24F	1989	1996
KMB	AT49	EH293	HB30-0007988	Toyota Coaster	Arakawa Auto Body Co	B24F	1989	1996
KMB	AT62	EJ4491	HB30-0007993	Toyota Coaster	Arakawa Auto Body Co	B24F	1990	1997
KMB	AT63	EJ4740	HB30-0007995	Toyota Coaster	Arakawa Auto Body Co	B21F	1990	1997
KMB	AT64	EJ5883	HB30-0007998	Toyota Coaster	Arakawa Auto Body Co	B21F	1990	1997
KMB	AT65	EJ6276	HB30-0008035	Toyota Coaster	Arakawa Auto Body Co	B21F	1990	1996
KMB	AT51	EH149	HB30-0008131	Toyota Coaster	Arakawa Auto Body Co	B24F	1989	1996
KMB	AT52	EH766	HB30-0008132	Toyota Coaster	Arakawa Auto Body Co	B24F	1989	1996
KMB	AT60	EH5970	HB30-0008133	Toyota Coaster	Arakawa Auto Body Co	B24F	1989	199?
KMB	AT50	EG6752	HB30-0008134	Toyota Coaster	Arakawa Auto Body Co	B24F	1989	1996
KMB	AT54	EH2620	HB30-0008136	Toyota Coaster	Arakawa Auto Body Co	B24F	1989	199?
KMB	AT57	EH3730	HB30-0008139	Toyota Coaster	Arakawa Auto Body Co	B24F	1989	199?
KMB	AT53	EH2443	HB30-0008140	Toyota Coaster	Arakawa Auto Body Co	B24F	1989	1996
KMB	AT55	EH2959	HB30-0008143	Toyota Coaster	Arakawa Auto Body Co	B24F	1989	1996
KMB	AT59	EH6302	HB30-0008145	Toyota Coaster	Arakawa Auto Body Co	B24F	1989	199?
KMB	AT56	EH3534	HB30-0008147	Toyota Coaster	Arakawa Auto Body Co	B24F	1989	199?
KMB	AT58	EH5495	HB30-0008149	Toyota Coaster	Arakawa Auto Body Co	B24F	1989	199?
KMB	AT61	EH5296	HB30-0008150	Toyota Coaster	Arakawa Auto Body Co	B24F	1989	199?
KMB	AT66	EJ7909	HB30-0008461	Toyota Coaster	Arakawa Auto Body Co	B24F	1990	1997
KMB	AT71	EK5062	HB30-0008479	Toyota Coaster	Arakawa Auto Body Co	B24F	1990	1997
KMB	AT73	EK6195	HB30-0008491	Toyota Coaster	Arakawa Auto Body Co	B24F	1990	1997
KMB	AT72	EK5068	HB30-0008496	Toyota Coaster	Arakawa Auto Body Co	B20F	1990	1997
KMB	AT69	EK3738	HB30-0008497	Toyota Coaster	Arakawa Auto Body Co	B24F	1990	1997
KMB	AT68	EK539	HB30-0008502	Toyota Coaster	Arakawa Auto Body Co	B24F	1990	199?
KMB	AT67	EK502	HB30-0008507	Toyota Coaster	Arakawa Auto Body Co	B24F	1990	1997
KMB	AT75	EL452	HB30-0008510	Toyota Coaster	Arakawa Auto Body Co	B24F	1990	1996
KMB	AT74	EK9655	HB30-0008513	Toyota Coaster	Arakawa Auto Body Co	B24F	1990	199?
KMB	AT76	EK9579	HB30-0008514	Toyota Coaster	Arakawa Auto Body Co	B24F	1990	199?
KMB	AT70	EK4546	HB30-0008524	Toyota Coaster	Arakawa Auto Body Co	B24F	1990	1997
KMB	AT81	EL4705	HB30-0008532	Toyota Coaster	Arakawa Auto Body Co	B24F	1990	1996
KMB	AT77	EL3913	HB30-0008546	Toyota Coaster	Arakawa Auto Body Co	B24F	1990	1996
KMB	AT78	EL2636	HB30-0008547	Toyota Coaster	Arakawa Auto Body Co	B24F	1990	1996
KMB	AT80	EL6500	HB30-0008553	Toyota Coaster	Arakawa Auto Body Co	B24F	1990	1992
KMB	AT79	EL5138	HB30-0008556	Toyota Coaster	Arakawa Auto Body Co	B24F	1990	1996
KMB	AT82	EL7795	HB30-0008559	Toyota Coaster	Arakawa Auto Body Co	B24F	1990	1994
KMB	AT83	EL8144	HB30-0008560	Toyota Coaster	Arakawa Auto Body Co	B24F	1990	1996
KMB	AT85	EM6057	HB30-0008565	Toyota Coaster	Arakawa Auto Body Co	B24F	1990	1996
KMB	AT89	EN401	HB30-0008571	Toyota Coaster	Arakawa Auto Body Co	B21F	1990	1996
KMB	AT84	EM5808	HB30-0008572	Toyota Coaster	Arakawa Auto Body Co	B24F	1990	1996
KMB	AT88	EN387	HB30-0008573	Toyota Coaster	Arakawa Auto Body Co	B21F	1990	1996
KMB	AT86	EM8997	HB30-0008577	Toyota Coaster	Arakawa Auto Body Co	B21F	1990	1996
KMB	AT87	EM9421	HB30-0008578	Toyota Coaster	Arakawa Auto Body Co	B24F	1990	1996
KMB	AT91	EN6160	HB30-0008585	Toyota Coaster	Arakawa Auto Body Co	B24F	1990	1996
KMB	AT90	EN4271	HB30-0008586	Toyota Coaster	Arakawa Auto Body Co	B24F	1990	1996

Mitsubishi Fuso MK

公司	車隊編號	車牌	底盤編號	車型	車身	座位佈局	首次登記日期	退役日期
KMB	AM1	EL8611	MK117J-92788	Mitsubishi FUSO MK117J	Kureha Motors Corporation	B35F	1990	2003
KMB	AM2	EL9048	MK117J-92783	Mitsubishi FUSO MK117J	Kureha Motors Corporation	B35F	1990	2004
KMB	AM3	EL9171	MK117J-92786	Mitsubishi FUSO MK117J	Kureha Motors Corporation	B35F	1990	2004
KMB	AM4	EL9337	MK117J-92751	Mitsubishi FUSO MK117J	Kureha Motors Corporation	B35F	1990	2003
KMB	AM5	EL9970	MK117J-92749	Mitsubishi FUSO MK117J	Kureha Motors Corporation	B35F	1990	2004
KMB	AM6	EM312	MK117J-92785	Mitsubishi FUSO MK117J	Kureha Motors Corporation	B35F	1990	2003
KMB	AM7	EL8933	MK117J-92787	Mitsubishi FUSO MK117J	Kureha Motors Corporation	B35F	1990	2004
KMB	AM8	EM263	MK117J-92750	Mitsubishi FUSO MK117J	Kureha Motors Corporation	B35F	1990	2003
KMB	AM9	EL8779	MK117J-92812	Mitsubishi FUSO MK117J	Kureha Motors Corporation	B35F	1990	2003
KMB	AM10	EL8873	MK117J-92822	Mitsubishi FUSO MK117J	Kureha Motors Corporation	B35F	1990	2004
KMB	AM11	EL9025	MK117J-92791	Mitsubishi FUSO MK117J	Kureha Motors Corporation	B35F	1990	2004
KMB	AM12	EL9254	MK117J-92815	Mitsubishi FUSO MK117J	Kureha Motors Corporation	B35F	1990	2004
KMB	AM13	EL9310	MK117J-92755	Mitsubishi FUSO MK117J	Kureha Motors Corporation	B35F	1990	2004
KMB	AM14	EL9314	MK117J-92757	Mitsubishi FUSO MK117J	Kureha Motors Corporation	B35F	1990	2004
KMB	AM15	EL9549	MK117J-92790	Mitsubishi FUSO MK117J	Kureha Motors Corporation	B35F	1990	2004
KMB	AM16	EL9639	MK117J-92821	Mitsubishi FUSO MK117J	Kureha Motors Corporation	B35F	1990	2004
KMB	AM17	EL9700	MK117J-92834	Mitsubishi FUSO MK117J	Kureha Motors Corporation	B35F	1990	2003
KMB	AM18	EL9701	MK117J-92810	Mitsubishi FUSO MK117J	Kureha Motors Corporation	B35F	1990	2004
KMB	AM19	EL9780	MK117J-92811	Mitsubishi FUSO MK117J	Kureha Motors Corporation	B35F	1990	2004
KMB	AM20	EL9807	MK117J-92824	Mitsubishi FUSO MK117J	Kureha Motors Corporation	B35F	1990	2004
KMB	AM21	EL9808	MK117J-92817	Mitsubishi FUSO MK117J	Kureha Motors Corporation	B35F	1990	2004
KMB	AM22	EM125	MK117J-92820	Mitsubishi FUSO MK117J	Kureha Motors Corporation	B35F	1990	2003
KMB	AM23	EM4983	MK117J-92758	Mitsubishi FUSO MK117J	Kureha Motors Corporation	B35F	1990	2003
KMB	AM24	EM5061	MK117J-92818	Mitsubishi FUSO MK117J	Kureha Motors Corporation	B35F	1990	2004
KMB	AM25	EM5288	MK117J-92823	Mitsubishi FUSO MK117J	Kureha Motors Corporation	B35F	1990	2004
KMB	AM26	EM5396	MK117J-92784	Mitsubishi FUSO MK117J	Kureha Motors Corporation	B35F	1990	2004
KMB	AM27	EM5451	MK117J-92756	Mitsubishi FUSO MK117J	Kureha Motors Corporation	B35F	1990	2003
KMB	AM28	EM5783	MK117J-92813	Mitsubishi FUSO MK117J	Kureha Motors Corporation	B35F	1990	2003
KMB	AM29	EM5788	MK117J-92836	Mitsubishi FUSO MK117J	Kureha Motors Corporation	B35F	1990	2004
KMB	AM30	EM5804	MK117J-92816	Mitsubishi FUSO MK117J	Kureha Motors Corporation	B35F	1990	2004
KMB	AM31	EM6023	MK117J-92754	Mitsubishi FUSO MK117J	Kureha Motors Corporation	B35F	1990	2004
KMB	AM32	EM6130	MK117J-92789	Mitsubishi FUSO MK117J	Kureha Motors Corporation	B35F	1990	2004
KMB	AM33	EM6236	MK117J-92792	Mitsubishi FUSO MK117J	Kureha Motors Corporation	B35F	1990	2004
KMB	AM34	EM6244	MK117J-92753	Mitsubishi FUSO MK117J	Kureha Motors Corporation	B35F	1990	2004
KMB	AM35	EM8699	MK117J-92752	Mitsubishi FUSO MK117J	Kureha Motors Corporation	B35F	1990	2004
KMB	AM36	EM8782	MK117J-92819	Mitsubishi FUSO MK117J	Kureha Motors Corporation	B35F	1990	2003
KMB	AM37	EM9814	MK117J-92833	Mitsubishi FUSO MK117J	Kureha Motors Corporation	B35F	1990	2004
KMB	AM38	EN182	MK117J-92814	Mitsubishi FUSO MK117J	Kureha Motors Corporation	B35F	1990	2003
KMB	AM39	EN342	MK117J-92832	Mitsubishi FUSO MK117J	Kureha Motors Corporation	B35F	1990	2004
KMB	AM40	EN419	MK117J-92835	Mitsubishi FUSO MK117J	Kureha Motors Corporation	B35F	1990	2004
KMB	AM41	EU6518	MK117J-20256	Mitsubishi FUSO MK117J	Kureha Motors Corporation	B35F	1991	2005
KMB	AM42	EU7075	MK117J-20249	Mitsubishi FUSO MK117J	Kureha Motors Corporation	B35F	1991	2008
KMB	AM43	EU7311	MK117J-20253	Mitsubishi FUSO MK117J	Kureha Motors Corporation	B35F	1991	2005
KMB	AM44	EU7330	MK117J-20252	Mitsubishi FUSO MK117J	Kureha Motors Corporation	B35F	1991	2005
KMB	AM45	EU7966	MK117J-20251	Mitsubishi FUSO MK117J	Kureha Motors Corporation	B35F	1991	2005

公司	車隊編號	車牌	底盤編號	車型	車身	座位佈局	首次登記日期	退役日期
KMB	AM46	EU7970	MK117J-20255	Mitsubishi FUSO MK117J	Kureha Motors Corporation	B35F	1991	2008
KMB	AM47	EU8152	MK117J-20270	Mitsubishi FUSO MK117J	Kureha Motors Corporation	B35F	1991	2005
KMB	AM48	EU8184	MK117J-20248	Mitsubishi FUSO MK117J	Kureha Motors Corporation	B35F	1991	2005
KMB	AM49	EU6804	MK117J-20254	Mitsubishi FUSO MK117J	Kureha Motors Corporation	B35F	1991	2003
KMB	AM50	EU7309	MK117J-20250	Mitsubishi FUSO MK117J	Kureha Motors Corporation	B35F	1991	2008
KMB	AM51	EU8298	MK117J-20247	Mitsubishi FUSO MK117J	Kureha Motors Corporation	B35F	1991	2005
KMB	AM52	EU9302	MK117J-20274	Mitsubishi FUSO MK117J	Kureha Motors Corporation	B35F	1991	2008
KMB	AM53	EU9493	MK117J-20276	Mitsubishi FUSO MK117J	Kureha Motors Corporation	B35F	1991	2005
KMB	AM54	EU9869	MK117J-20271	Mitsubishi FUSO MK117J	Kureha Motors Corporation	B35F	1991	2005
KMB	AM55	EV349	MK117J-20275	Mitsubishi FUSO MK117J	Kureha Motors Corporation	B35F	1991	2005
KMB	AM56	EU8798	MK117J-20278	Mitsubishi FUSO MK117J	Kureha Motors Corporation	B35F	1991	2003
KMB	AM57	EU8970	MK117J-20277	Mitsubishi FUSO MK117J	Kureha Motors Corporation	B35F	1991	2008
KMB	AM58	EU9116	MK117J-20273	Mitsubishi FUSO MK117J	Kureha Motors Corporation	B35F	1991	2004
KMB	AM59	EU9325	MK117J-20294	Mitsubishi FUSO MK117J	Kureha Motors Corporation	B35F	1991	2005
KMB	AM60	EU9596	MK117J-20279	Mitsubishi FUSO MK117J	Kureha Motors Corporation	B35F	1991	2008
KMB	AM61	EV341	MK117J-20293	Mitsubishi FUSO MK117J	Kureha Motors Corporation	B35F	1991	2008
KMB	AM62	EV487	MK117J-20272	Mitsubishi FUSO MK117J	Kureha Motors Corporation	B35F	1991	2008
KMB	AM63	EV2921	MK117J-20295	Mitsubishi FUSO MK117J	Kureha Motors Corporation	B35F	1991	2008
KMB	AM64	EV3589	MK117J-20298	Mitsubishi FUSO MK117J	Kureha Motors Corporation	B35F	1991	1995
KMB	AM65	EV4210	MK117J-20296	Mitsubishi FUSO MK117J	Kureha Motors Corporation	B35F	1991	2004
KMB	AM66	EV4454	MK117J-20329	Mitsubishi FUSO MK117J	Kureha Motors Corporation	B35F	1991	2008
KMB	AM67	EV2661	MK117J-20320	Mitsubishi FUSO MK117J	Kureha Motors Corporation	B35F	1991	2005
KMB	AM68	EV3417	MK117J-20301	Mitsubishi FUSO MK117J	Kureha Motors Corporation	B35F	1991	2008
KMB	AM69	EV3791	MK117J-20319	Mitsubishi FUSO MK117J	Kureha Motors Corporation	B35F	1991	2004
KMB	AM70	EV3872	MK117J-20317	Mitsubishi FUSO MK117J	Kureha Motors Corporation	B35F	1991	2005
KMB	AM71	EV2603	MK117J-20322	Mitsubishi FUSO MK117J	Kureha Motors Corporation	B35F	1991	2005
KMB	AM72	EV2681	MK117J-20318	Mitsubishi FUSO MK117J	Kureha Motors Corporation	B35F	1991	2010
KMB	AM73	EV3179	MK117J-20300	Mitsubishi FUSO MK117J	Kureha Motors Corporation	B35F	1991	2007
KMB	AM74	EV3221	MK117J-20330	Mitsubishi FUSO MK117J	Kureha Motors Corporation	B35F	1991	2005
KMB	AM75	EV3449	MK117J-20299	Mitsubishi FUSO MK117J	Kureha Motors Corporation	B35F	1991	2005
KMB	AM76	EV4070	MK117J-20331	Mitsubishi FUSO MK117J	Kureha Motors Corporation	B35F	1991	2008
KMB	AM77	EV4148	MK117J-20315	Mitsubishi FUSO MK117J	Kureha Motors Corporation	B35F	1991	2008
KMB	AM78	EV4472	MK117J-20321	Mitsubishi FUSO MK117J	Kureha Motors Corporation	B35F	1991	2008
KMB	AM79	EV4573	MK117J-20314	Mitsubishi FUSO MK117J	Kureha Motors Corporation	B35F	1991	2008
KMB	AM80	EV4952	MK117J-20316	Mitsubishi FUSO MK117J	Kureha Motors Corporation	B35F	1991	2007
KMB	AM81	EV5027	MK117J-20302	Mitsubishi FUSO MK117J	Kureha Motors Corporation	B35F	1991	2004
KMB	AM82	EV5427	MK117J-20313	Mitsubishi FUSO MK117J	Kureha Motors Corporation	B35F	1991	2008
KMB	AM83	EV6483	MK117J-20297	Mitsubishi FUSO MK117J	Kureha Motors Corporation	B35F	1991	2007
KMB	AM84	EV4921	MK117J-20333	Mitsubishi FUSO MK117J	Kureha Motors Corporation	B35F	1991	2004
KMB	AM85	EV5285	MK117J-20332	Mitsubishi FUSO MK117J	Kureha Motors Corporation	B35F	1991	2005
KMB	AM86	EV5667	MK117J-20335	Mitsubishi FUSO MK117J	Kureha Motors Corporation	B35F	1991	2004
KMB	AM87	EV6500	MK117J-20334	Mitsubishi FUSO MK117J	Kureha Motors Corporation	B35F	1991	2004
KMB	AM88	EV4897	MK117J-20336	Mitsubishi FUSO MK117J	Kureha Motors Corporation	B35F	1991	2008
KMB	AM89	EV5322	MK117J-20337	Mitsubishi FUSO MK117J	Kureha Motors Corporation	B35F	1991	2008
KMB	AM90	EV7175	MK117J-20338	Mitsubishi FUSO MK117J	Kureha Motors Corporation	B35F	1991	2004
KMB	AM91	EV7544	MK117J-20343	Mitsubishi FUSO MK117J	Kureha Motors Corporation	B35F	1991	2008
KMB	AM92	EV9305	MK117J-20349	Mitsubishi FUSO MK117J	Kureha Motors Corporation	B35F	1991	2004

公司	車隊編號	車牌	底盤編號	車型	車身	座位佈局	首次登記日期	退役日期
KMB	AM93	EV9573	MK117J-20365	Mitsubishi FUSO MK117J	Kureha Motors Corporation	B35F	1991	2003
KMB	AM94	EV8783	MK117J-20367	Mitsubishi FUSO MK117J	Kureha Motors Corporation	B35F	1991	2004
KMB	AM95	EV8949	MK117J-20369	Mitsubishi FUSO MK117J	Kureha Motors Corporation	B35F	1991	2004
KMB	AM96	EV9913	MK117J-20363	Mitsubishi FUSO MK117J	Kureha Motors Corporation	B35F	1991	2004
KMB	AM97	EV9984	MK117J-20346	Mitsubishi FUSO MK117J	Kureha Motors Corporation	B35F	1991	2004
KMB	AM98	EV8606	MK117J-20366	Mitsubishi FUSO MK117J	Kureha Motors Corporation	B35F	1991	2008
KMB	AM99	EV9686	MK117J-20371	Mitsubishi FUSO MK117J	Kureha Motors Corporation	B35F	1991	2004
KMB	AM100	EW225	MK117J-20362	Mitsubishi FUSO MK117J	Kureha Motors Corporation	B35F	1991	2004
KMB	AM101	EW468	MK117J-20347	Mitsubishi FUSO MK117J	Kureha Motors Corporation	B35F	1991	2004
KMB	AM102	EV8912	MK117J-20361	Mitsubishi FUSO MK117J	Kureha Motors Corporation	B35F	1991	2004
KMB	AM103	EV9853	MK117J-20345	Mitsubishi FUSO MK117J	Kureha Motors Corporation	B35F	1991	2003
KMB	AM104	EV9905	MK117J-20368	Mitsubishi FUSO MK117J	Kureha Motors Corporation	B35F	1991	2004
KMB	AM105	EW347	MK117J-20370	Mitsubishi FUSO MK117J	Kureha Motors Corporation	B35F	1991	2004
KMB	AM106	EW733	MK117J-20350	Mitsubishi FUSO MK117J	Kureha Motors Corporation	B35F	1991	2004
KMB	AM107	EW849	MK117J-20344	Mitsubishi FUSO MK117J	Kureha Motors Corporation	B35F	1991	2004
KMB	AM108	EW918	MK117J-20364	Mitsubishi FUSO MK117J	Kureha Motors Corporation	B35F	1991	2004
KMB	AM109	EW1131	MK117J-20351	Mitsubishi FUSO MK117J	Kureha Motors Corporation	B35F	1991	2004
KMB	AM110	EW1568	MK117J-20312	Mitsubishi FUSO MK117J	Kureha Motors Corporation	B35F	1991	2004
KMB	AM111	EW4094	MK117J-20348	Mitsubishi FUSO MK117J	Kureha Motors Corporation	B35F	1991	2004
KMB	AM112	EW4617	MK117J-20372	Mitsubishi FUSO MK117J	Kureha Motors Corporation	B35F	1991	2004
KMB	AM113	EW4947	MK117J-20376	Mitsubishi FUSO MK117J	Kureha Motors Corporation	B35F	1991	2004
KMB	AM114	EW5660	MK117J-20373	Mitsubishi FUSO MK117J	Kureha Motors Corporation	B35F	1991	2004
KMB	AM115	EW6173	MK117J-20378	Mitsubishi FUSO MK117J	Kureha Motors Corporation	B35F	1991	2004
KMB	AM116	EW4517	MK117J-20379	Mitsubishi FUSO MK117J	Kureha Motors Corporation	B35F	1991	2004
KMB	AM117	EW4906	MK117J-20375	Mitsubishi FUSO MK117J	Kureha Motors Corporation	B35F	1991	2004
KMB	AM118	EW4934	MK117J-20381	Mitsubishi FUSO MK117J	Kureha Motors Corporation	B35F	1991	2004
KMB	AM119	EW5191	MK117J-20380	Mitsubishi FUSO MK117J	Kureha Motors Corporation	B35F	1991	2004
KMB	AM120	EW5360	MK117J-20374	Mitsubishi FUSO MK117J	Kureha Motors Corporation	B35F	1991	2004
KMB	AM121	EW5510	MK117J-20377	Mitsubishi FUSO MK117J	Kureha Motors Corporation	B35F	1991	2004
KMB	AM122	FF6647	MK117J-20866	Mitsubishi FUSO MK117J	Kureha Motors Corporation	B35F	1992	2009
KMB	AM123	FF7510	MK117J-20874	Mitsubishi FUSO MK117J	Kureha Motors Corporation	B35F	1992	2009
KMB	AM124	FF8496	MK117J-20871	Mitsubishi FUSO MK117J	Kureha Motors Corporation	B35F	1992	2009
KMB	AM125	FG665	MK117J-20867	Mitsubishi FUSO MK117J	Kureha Motors Corporation	B35F	1992	2009
KMB	AM126	FG1156	MK117J-20868	Mitsubishi FUSO MK117J	Kureha Motors Corporation	B35F	1992	2008
KMB	AM127	FG1189	MK117J-20870	Mitsubishi FUSO MK117J	Kureha Motors Corporation	B35F	1992	2009
KMB	AM128	FG1356	MK117J-20872	Mitsubishi FUSO MK117J	Kureha Motors Corporation	B35F	1992	2009
KMB	AM129	FG2055	MK117J-20869	Mitsubishi FUSO MK117J	Kureha Motors Corporation	B35F	1992	2009
KMB	AM130	FG1954	MK117J-20884	Mitsubishi FUSO MK117J	Kureha Motors Corporation	B35F	1992	2009
KMB	AM131	FG2479	MK117J-20877	Mitsubishi FUSO MK117J	Kureha Motors Corporation	B35F	1992	2007
KMB	AM132	FG4597	MK117J-20879	Mitsubishi FUSO MK117J	Kureha Motors Corporation	B35F	1992	2009
KMB	AM133	FG4804	MK117J-20878	Mitsubishi FUSO MK117J	Kureha Motors Corporation	B35F	1992	2009
KMB	AM134	FG5583	MK117J-20882	Mitsubishi FUSO MK117J	Kureha Motors Corporation	B35F	1992	2009
KMB	AM135	FG4552	MK117J-20873	Mitsubishi FUSO MK117J	Kureha Motors Corporation	B35F	1992	2009
KMB	AM136	FG5027	MK117J-20876	Mitsubishi FUSO MK117J	Kureha Motors Corporation	B35F	1992	2009
KMB	AM137	FG5402	MK117J-20883	Mitsubishi FUSO MK117J	Kureha Motors Corporation	B35F	1992	2009
KMB	AM138	FG5767	MK117J-20865	Mitsubishi FUSO MK117J	Kureha Motors Corporation	B35F	1992	2009
KMB	AM139	FG6084	MK117J-20880	Mitsubishi FUSO MK117J	Kureha Motors Corporation	B35F	1992	2009

公司	車隊編號	車牌	底盤編號	車型	車身	座位佈局	首次登記日期	退役日期
KMB	AM140	FJ2624	MK117J-20885	Mitsubishi FUSO MK117J	Kureha Motors Corporation	B35F	1992	2009
KMB	AM141	FJ3786	MK117J-20886	Mitsubishi FUSO MK117J	Kureha Motors Corporation	B35F	1992	2009
KMB	AM142	FJ4139	MK117J-20881	Mitsubishi FUSO MK117J	Kureha Motors Corporation	B35F	1992	2010
KMB	AM143	FJ4266	MK117J-20875	Mitsubishi FUSO MK117J	Kureha Motors Corporation	B35F	1992	2010
KMB	AM144	FN6619	MK117J-21117	Mitsubishi FUSO MK117J	Kureha Motors Corporation	B35F	1993	2011
KMB	AM145	FN6924	MK117J-21064	Mitsubishi FUSO MK117J	Kureha Motors Corporation	B35F	1993	2005
KMB	AM146	FN7236	MK117J-21115	Mitsubishi FUSO MK117J	Kureha Motors Corporation	B35F	1993	2011
KMB	AM147	FN7313	MK117J-21063	Mitsubishi FUSO MK117J	Kureha Motors Corporation	B35F	1993	2011
KMB	AM148	FN7362	MK117J-21090	Mitsubishi FUSO MK117J	Kureha Motors Corporation	B35F	1993	2011
KMB	AM149	FN7382	MK117J-21066	Mitsubishi FUSO MK117J	Kureha Motors Corporation	B35F	1993	2011
KMB	AM150	FN7475	MK117J-21119	Mitsubishi FUSO MK117J	Kureha Motors Corporation	B35F	1993	2010
KMB	AM151	FN7657	MK117J-21085	Mitsubishi FUSO MK117J	Kureha Motors Corporation	B35F	1993	2011
KMB	AM152	FN7719	MK117J-21091	Mitsubishi FUSO MK117J	Kureha Motors Corporation	B35F	1993	2011
KMB	AM153	FN7890	MK117J-21118	Mitsubishi FUSO MK117J	Kureha Motors Corporation	B35F	1993	2007
KMB	AM154	FN8250	MK117J-21065	Mitsubishi FUSO MK117J	Kureha Motors Corporation	B35F	1993	2011
KMB	AM155	FN8469	MK117J-21092	Mitsubishi FUSO MK117J	Kureha Motors Corporation	B35F	1993	2011
KMB	AM156	FP4511	MK117J-21094	Mitsubishi FUSO MK117J	Kureha Motors Corporation	B35F	1993	2010
KMB	AM157	FP4543	MK117J-21093	Mitsubishi FUSO MK117J	Kureha Motors Corporation	B35F	1993	2011
KMB	AM158	FP4790	MK117J-21061	Mitsubishi FUSO MK117J	Kureha Motors Corporation	B35F	1993	2010
KMB	AM159	FP4975	MK117J-21087	Mitsubishi FUSO MK117J	Kureha Motors Corporation	B35F	1993	2011
KMB	AM160	FP5039	MK117J-21088	Mitsubishi FUSO MK117J	Kureha Motors Corporation	B35F	1993	2011
KMB	AM161	FP5118	MK117J-21089	Mitsubishi FUSO MK117J	Kureha Motors Corporation	B35F	1993	2011
KMB	AM162	FP5465	MK117J-21062	Mitsubishi FUSO MK117J	Kureha Motors Corporation	B35F	1993	2011
KMB	AM163	FP5496	MK117J-21060	Mitsubishi FUSO MK117J	Kureha Motors Corporation	B35F	1993	2010
KMB	AM164	FP5595	MK117J-21059	Mitsubishi FUSO MK117J	Kureha Motors Corporation	B35F	1993	2011
KMB	AM165	FP6073	MK117J-21086	Mitsubishi FUSO MK117J	Kureha Motors Corporation	B35F	1993	2010
KMB	AM166	FP6263	MK117J-21057	Mitsubishi FUSO MK117J	Kureha Motors Corporation	B35F	1993	2005
KMB	AM167	FS8774	MK117J-21058	Mitsubishi FUSO MK117J	Kureha Motors Corporation	B35F	1993	2010
KMB	AM168	FS9389	MK117J-21116	Mitsubishi FUSO MK117J	Kureha Motors Corporation	B35F	1993	2010
KMB	AM169	GJ2756	MK217J-20007	Mitsubishi FUSO MK217J	Kureha Motors Corporation	B35F	1995	2012
KMB	AM170	GJ3652	MK217J-20004	Mitsubishi FUSO MK217J	Kureha Motors Corporation	B35F	1995	2012
KMB	AM171	GJ3678	MK217J-20002	Mitsubishi FUSO MK217J	Kureha Motors Corporation	B35F	1995	2012
KMB	AM172	GJ4099	MK217J-20005	Mitsubishi FUSO MK217J	Kureha Motors Corporation	B35F	1995	2012
KMB	AM173	GJ4256	MK217J-20003	Mitsubishi FUSO MK217J	Kureha Motors Corporation	B35F	1995	2012
KMB	AM174	GJ2546	MK217J-20012	Mitsubishi FUSO MK217J	Kureha Motors Corporation	B35F	1995	2011
KMB	AM175	GJ2664	MK217J-20006	Mitsubishi FUSO MK217J	Kureha Motors Corporation	B35F	1995	2011
KMB	AM176	GJ2752	MK217J-20013	Mitsubishi FUSO MK217J	Kureha Motors Corporation	B35F	1995	2012
KMB	AM177	GJ3026	MK217J-20008	Mitsubishi FUSO MK217J	Kureha Motors Corporation	B35F	1995	2012
KMB	AM178	GJ3069	MK217J-20015	Mitsubishi FUSO MK217J	Kureha Motors Corporation	B35F	1995	2012
KMB	AM179	GJ3373	MK217J-20011	Mitsubishi FUSO MK217J	Kureha Motors Corporation	B35F	1995	2011
KMB	AM180	GJ3551	MK217J-20014	Mitsubishi FUSO MK217J	Kureha Motors Corporation	B35F	1995	2011
KMB	AM181	GJ3563	MK217J-20009	Mitsubishi FUSO MK217J	Kureha Motors Corporation	B35F	1995	2012
KMB	AM182	GJ3654	MK217J-20016	Mitsubishi FUSO MK217J	Kureha Motors Corporation	B35F	1995	2012
KMB	AM183	GJ4299	MK217J-20010	Mitsubishi FUSO MK217J	Kureha Motors Corporation	B35F	1995	2011
KMB	AM184	GP5016	MK218J-24001	Mitsubishi FUSO MK218J	Kureha Motors Corporation	B35F	1995	2002

Dennis Dart

公司	車隊編號	車牌	底盤編號	車型	車身	座位佈局	首次登記日期	退役日期
KMB	AA2	EP1863	9SDL3002/115	Dennis Dart 9m	Duple D8900/0011	B35F	1990	2008
KMB	AA1	EP5213	9SDL3002/132	Dennis Dart 9m	Duple D8900/0028	B35F	1990	1995
CMB	DC1	EU3821	9.8SDL3008/411	Dennis Dart 9.8m	Carlyle C28 001	B37F	1991	1998
CMB	DC3	EX1241	9.8SDL3008/577	Dennis Dart 9.8m	Carlyle C28 004	B37F	1991	1998
CTB	1482	EX1241	9.8SDL3008/577	Dennis Dart 9.8m	Carlyle C28 004	DP43F	1991	2014
CMB	DC2	EX1835	9.8SDL3008/578	Dennis Dart 9.8m	Carlyle C28 003	B37F	1991	1998
CTB	1481	EX1835	9.8SDL3008/578	Dennis Dart 9.8m	Carlyle C28 003	DP43F	1991	2005
CMB	DC5	EX3840	9.8SDL3008/579	Dennis Dart 9.8m	Carlyle C28 005	B43F	1991	1998
CTB	1484	EX3840	9.8SDL3008/579	Dennis Dart 9.8m	Carlyle C28 005	DP43F	1991	2006
CMB	DC4	EX4327	9.8SDL3008/580	Dennis Dart 9.8m	Carlyle C28 006	B37F	1991	1998
CTB	1483	EX4327	9.8SDL3008/580	Dennis Dart 9.8m	Carlyle C28 006	DP43F	1991	2015
CMB	DC6	EX3655	9.8SDL3008/581	Dennis Dart 9.8m	Carlyle C28 007	B43F	1991	1998
CTB	1485	EX3655	9.8SDL3008/581	Dennis Dart 9.8m	Carlyle C28 007	DP43F	1991	2006
CMB	DC7	EX3833	9.8SDL3008/582	Dennis Dart 9.8m	Carlyle C28 008	B43F	1991	1998
CTB	1486	JX3748	9.8SDL3008/582	Dennis Dart 9.8m	Carlyle C28 008	DP43F	1991	2006
CMB	DC8	EX2604	9.8SDL3008/583	Dennis Dart 9.8m	Carlyle C28 009	B43F	1991	1998
CMB	DC10	EZ548	9.8SDL3014/603	Dennis Dart 9.8m	Carlyle C28 010	B43F	1991	1998
CTB	1487	EZ548	9.8SDL3014/603	Dennis Dart 9.8m	Carlyle C28 010	DP43F	1991	2006
CMB	DC9	EZ597	9.8SDL3014/604	Dennis Dart 9.8m	Carlyle C28 011	B43F	1991	1998
CMB	DC11	EZ1810	9.8SDL3014/605	Dennis Dart 9.8m	Carlyle C28 012	B43F	1991	1998
CMB	DC12	EZ1337	9.8SDL3014/607	Dennis Dart 9.8m	Carlyle C28 013	B43F	1991	1998
CTB		EZ1337	9.8SDL3014/607	Dennis Dart 9.8m	Carlyle C28 013	B43F	1991	2004
CMB	DC13	EZ4951	9.8SDL3014/608	Dennis Dart 9.8m	Carlyle C28 014	B43F	1991	1998
CMB	DC14	EZ5493	9.8SDL3014/609	Dennis Dart 9.8m	Carlyle C28 015	B43F	1991	1998
CTB		EZ5493	9.8SDL3014/609	Dennis Dart 9.8m	Carlyle C28 015	B43F	1991	2004
CMB	DC15	EZ7136	9.8SDL3014/642	Dennis Dart 9.8m	Carlyle C28 017	B43F	1991	1998
CTB	1488	EZ7136	9.8SDL3014/642	Dennis Dart 9.8m	Carlyle C28 017	DP43F	1991	2015
CMB	DC16	EZ6900	9.8SDL3014/643	Dennis Dart 9.8m	Carlyle C28 016	B43F	1991	1998
CTB	1489	EZ6900	9.8SDL3014/643	Dennis Dart 9.8m	Carlyle C28 016	DP43F	1991	2006
CMB	DC20	FB904	9.8SDL3014/644	Dennis Dart 9.8m	Carlyle C28 019	B43F	1992	1998
CMB	DC18	EZ8889	9.8SDL3014/645	Dennis Dart 9.8m	Carlyle C28 021	B43F	1992	1998
CTB	1490	JW7924	9.8SDL3014/645	Dennis Dart 9.8m	Carlyle C28 021	DP43F	1992	2007
CMB	DC19	FA2285	9.8SDL3014/646	Dennis Dart 9.8m	Carlyle C28 020	B43F	1992	1998
CMB	DC17	EZ9823	9.8SDL3014/647	Dennis Dart 9.8m	Carlyle C28 018	B43F	1992	1998
KMB	AA14	FP997	9.8SDL3014/1010	Dennis Dart 9.8m	Duple Metsec T04	B43F	1993	2010
KMB	AA22	FP6003	9.8SDL3014/1011	Dennis Dart 9.8m	Duple Metsec T04	B43F	1993	2010
KMB	AA12	FP915	9.8SDL3014/1012	Dennis Dart 9.8m	Duple Metsec T04	B43F	1993	2010
KMB	AA20	FP1891	9.8SDL3014/1013	Dennis Dart 9.8m	Duple Metsec T04	B43F	1993	2010
KMB	AA10	FN8039	9.8SDL3014/1017	Dennis Dart 9.8m	Duple Metsec T04	B43F	1993	2010
KMB	AA21	FP2107	9.8SDL3014/1018	Dennis Dart 9.8m	Duple Metsec T04	B43F	1993	2010
KMB	AA5	FN1967	9.8SDL3014/1019	Dennis Dart 9.8m	Duple Metsec T04	B43F	1993	2009
KMB	AA7	FN6870	9.8SDL3014/1020	Dennis Dart 9.8m	Duple Metsec T04	B43F	1993	2010
KMB	AA15	FP1202	9.8SDL3014/1028	Dennis Dart 9.8m	Duple Metsec T04	B43F	1993	2010
KMB	AA17	FP1678	9.8SDL3014/1029	Dennis Dart 9.8m	Duple Metsec T04	B43F	1993	2010
KMB	AA11	FN8391	9.8SDL3014/1030	Dennis Dart 9.8m	Duple Metsec T04	B43F	1993	2010

公司	車隊編號	車牌	底盤編號	車型	車身	座位佈局	首次登記日期	退役日期
KMB	AA6	FN6824	9.8SDL3014/1031	Dennis Dart 9.8m	Duple Metsec T04	B43F	1993	2010
KMB	AA16	FP1330	9.8SDL3014/1049	Dennis Dart 9.8m	Duple Metsec T04	B43F	1993	2010
KMB	AA4	FN1854	9.8SDL3014/1050	Dennis Dart 9.8m	Duple Metsec T04	B43F	1993	2010
KMB	AA8	FN7282	9.8SDL3014/1051	Dennis Dart 9.8m	Duple Metsec T04	B43F	1993	2015
KMB	AA9	FN7995	9.8SDL3014/1052	Dennis Dart 9.8m	Duple Metsec T04	B43F	1993	2010
KMB	AA3	FN1332	9.8SDL3014/1059	Dennis Dart 9.8m	Duple Metsec T04	B43F	1993	2010
KMB	AA18	FP1695	9.8SDL3014/1060	Dennis Dart 9.8m	Duple Metsec T04	B43F	1993	2010
KMB	AA13	FP957	9.8SDL3014/1061	Dennis Dart 9.8m	Duple Metsec T04	B43F	1993	2010
KMB	AA19	FP1778	9.8SDL3014/1062	Dennis Dart 9.8m	Duple Metsec T04	B43F	1993	2010
KMB	AA26	GD5192	9.8SDL3039/1961	Dennis Dart 9.8m	Duple Metsec/Wadham Stringer T34	B43F	1994	2012
KMB	AA23	GD3852	9.8SDL3039/1962	Dennis Dart 9.8m	Duple Metsec/Wadham Stringer T34	B43F	1994	2011
KMB	AA28	GD5813	9.8SDL3039/1963	Dennis Dart 9.8m	Duple Metsec/Wadham Stringer T34	B43F	1994	2011
KMB	AA25	GD5114	9.8SDL3039/1999	Dennis Dart 9.8m	Duple Metsec/Wadham Stringer T34	B43F	1994	2012
KMB	AA29	GE7471	9.8SDL3039/2008	Dennis Dart 9.8m	Duple Metsec/Wadham Stringer T34	B43F	1994	2012
KMB	AA27	GD4555	9.8SDL3039/2009	Dennis Dart 9.8m	Duple Metsec/Wadham Stringer T34	B43F	1994	2012
KMB	AA24	GD3952	9.8SDL3039/2010	Dennis Dart 9.8m	Duple Metsec/Wadham Stringer T34	B43F	1994	2011
KMB	AA35	GF2592	9.8SDL3039/2037	Dennis Dart 9.8m	Duple Metsec/Wadham Stringer T34	B43F	1994	2012
KMB	AA30	GE7349	9.8SDL3039/2038	Dennis Dart 9.8m	Duple Metsec/Wadham Stringer T34	B43F	1994	2012
KMB	AA31	GE8781	9.8SDL3039/2039	Dennis Dart 9.8m	Duple Metsec/Wadham Stringer T34	B43F	1994	2012
KMB	AA32	GE8603	9.8SDL3039/2040	Dennis Dart 9.8m	Duple Metsec/Wadham Stringer T34	B43F	1994	2012
KMB	AA33	GE9055	9.8SDL3039/2041	Dennis Dart 9.8m	Duple Metsec/Wadham Stringer T34	B43F	1994	2012
KMB	AA34	GF1742	9.8SDL3039/2042	Dennis Dart 9.8m	Duple Metsec/Wadham Stringer T34	B43F	1994	2012
KMB	AA36	GF6156	9.8SDL3039/2043	Dennis Dart 9.8m	Duple Metsec/Wadham Stringer T34	B43F	1994	2012
KMB	AA42	GG6508	9.8SDL3039/2044	Dennis Dart 9.8m	Duple Metsec/Wadham Stringer T34	B43F	1995	2013
KMB	AA38	GF7823	9.8SDL3039/2045	Dennis Dart 9.8m	Duple Metsec/Wadham Stringer T34	B43F	1994	2012
KMB	AA40	GG2513	9.8SDL3039/2046	Dennis Dart 9.8m	Duple Metsec/Wadham Stringer T34	B43F	1994	2012
KMB	AA37	GF8477	9.8SDL3039/2047	Dennis Dart 9.8m	Duple Metsec/Wadham Stringer T34	B43F	1994	2012
KMB	AA39	GF9466	9.8SDL3039/2048	Dennis Dart 9.8m	Duple Metsec/Wadham Stringer T34	B43F	1994	2012
KMB	AA41	GG8136	9.8SDL3039/2049	Dennis Dart 9.8m	Duple Metsec/Wadham Stringer T34	B43F	1995	2013
CMB	CX6	GD5694	9.8SDL3039/2053	Dennis Dart 9.8m	Marshall C37 016	B37F	1994	2015
CMB	CX2	GD6249	9.8SDL3039/2054	Dennis Dart 9.8m	Marshall C37 017	B37F	1994	2007
CMB	CX3	GD5189	9.8SDL3039/2064	Dennis Dart 9.8m	Marshall C37 018	B37F	1994	2007
CMB	CX4	GD6444	9.8SDL3039/2065	Dennis Dart 9.8m	Marshall C37 019	B37F	1994	2015
CMB	CX5	GD5622	9.8SDL3039/2066	Dennis Dart 9.8m	Marshall C37 020	B37F	1994	2015
CMB	CX1	GD4678	9.8SDL3039/2076	Dennis Dart 9.8m	Marshall C37 021	B37F	1994	2007
CMB	CX7	GD4980	9.8SDL3039/2077	Dennis Dart 9.8m	Marshall C37 022	B37F	1994	2015
CMB	CX8	GD4697	9.8SDL3039/2078	Dennis Dart 9.8m	Marshall C37 023	B37F	1994	2012
KMB	AA45	GL9113	9.8SDL3058/2421	Dennis Dart 9.8m	Northern Counties 4981	B43F	1995	1997
NHKB	15	GL9113	9.8SDL3058/2421	Dennis Dart 9.8m	Northern Counties 4981	B43F	1995	2011
KMB	AA44	GL8563	9.8SDL3058/2422	Dennis Dart 9.8m	Northern Counties 4982	B43F	1995	1997
NHKB	14	GL8563	9.8SDL3058/2422	Dennis Dart 9.8m	Northern Counties 4982	B43F	1995	2011
KMB	AA43	GL8510	9.8SDL3058/2438	Dennis Dart 9.8m	Northern Counties 4983	B43F	1995	1997
NHKB	13	GL8510	9.8SDL3058/2438	Dennis Dart 9.8m	Northern Counties 4983	B43F	1995	2006
NHKB	12	HB6061	9.8SDL3058/2439	Dennis Dart 9.8m	Northern Counties 4984	B43F	1997	2011
KMB	AA46	GL9435	9.8SDL3058/2460	Dennis Dart 9.8m	Northern Counties 4985	B43F	1995	1997
NHKB	19	GL9435	9.8SDL3058/2460	Dennis Dart 9.8m	Northern Counties 4985	B43F	1995	2011
KMB	AA47	GM261	9.8SDL3058/2463	Dennis Dart 9.8m	Northern Counties 4986	B43F	1995	1997

公司	車隊編號	車牌	底盤編號	車型	車身	座位佈局	首次登記日期	退役日期
NHKB	20	GM261	9.8SDL3058/2463	Dennis Dart 9.8m	Northern Counties 4986	B43F	1995	2011
NHKB	16	HB4937	9.8SDL3058/2474	Dennis Dart 9.8m	Northern Counties 4987	B43F	1997	2011
NHKB	11	HB5236	9.8SDL3058/2475	Dennis Dart 9.8m	Northern Counties 4988	B43F	1997	2011
NHKB	17	HB5093	9.8SDL3058/2476	Dennis Dart 9.8m	Northern Counties 4989	B43F	1997	2011
NHKB	18	HB6118	9.8SDL3058/2477	Dennis Dart 9.8m	Northern Counties 4990	B43F	1997	2011
CTB	1401	GM9051	9.8SDL3060/2648	Dennis Dart 9.8m	Plaxton 9510HXN4309	DP39F	1995	1999
CTB	1402	GM6631	9.8SDL3060/2649	Dennis Dart 9.8m	Plaxton 9510HXN4289	DP39F	1995	1999
CTB	1403	GM5868	9.8SDL3060/2650	Dennis Dart 9.8m	Plaxton 9510HXN4290	DP39F	1995	1999
CTB	1404	GM6090	9.8SDL3060/2651	Dennis Dart 9.8m	Plaxton 9510HXN4291	DP39F	1995	1999
CTB	1405	GM5334	9.8SDL3060/2652	Dennis Dart 9.8m	Plaxton 9510HXN4292	DP39F	1995	1999
CTB	1406	GM9182	9.8SDL3060/2655	Dennis Dart 9.8m	Plaxton 9510HXN4293	DP39F	1995	1999
CTB	1407	GM6331	9.8SDL3060/2656	Dennis Dart 9.8m	Plaxton 9510HXN4294	DP39F	1995	1999
CTB	1408	GM4964	9.8SDL3060/2657	Dennis Dart 9.8m	Plaxton 9510HXN4295	DP39F	1995	1999
CTB	1409	GM5431	9.8SDL3060/2658	Dennis Dart 9.8m	Plaxton 9510HXN4296	DP39F	1995	1999
CTB	1410	GM7131	9.8SDL3060/2659	Dennis Dart 9.8m	Plaxton 9510HXN4297	DP39F	1995	1999
CTB	1411	GM8040	9.8SDL3060/2661	Dennis Dart 9.8m	Plaxton 9510HXN4298	DP39F	1995	1999
CTB	1412	GM7558	9.8SDL3060/2662	Dennis Dart 9.8m	Plaxton 9510HXN4299	DP39F	1995	1999
KMB	AA48	GS9019	9.8SDL3058/2663	Dennis Dart 9.8m	Northern Counties 4991	B43F	1996	2014
KCRC	501	GN5128	9.8SDL3058/2666	Dennis Dart 9.8m	Northern Counties 4994	B43F	1995	2012
CTB	1413	GM5376	9.8SDL3060/2667	Dennis Dart 9.8m	Plaxton 9510HXN4300	DP39F	1995	1999
CTB	1414	GM7606	9.8SDL3060/2668	Dennis Dart 9.8m	Plaxton 9510HXN4301	DP39F	1995	1999
CTB	1415	GM8109	9.8SDL3060/2669	Dennis Dart 9.8m	Plaxton 9510HXN4302	DP39F	1995	1999
CTB	1416	GM6788	9.8SDL3060/2670	Dennis Dart 9.8m	Plaxton 9510HXN4303	DP39F	1995	1999
CTB	1417	GM7642	9.8SDL3060/2674	Dennis Dart 9.8m	Plaxton 9510HXN4304	DP39F	1995	1999
CTB	1418	GM8269	9.8SDL3060/2675	Dennis Dart 9.8m	Plaxton 9510HXN4305	DP39F	1995	1999
KCRC	502	GN6355	9.8SDL3058/2676	Dennis Dart 9.8m	Northern Counties 4993	B43F	1995	2012
KCRC	503	GN5032	9.8SDL3058/2677	Dennis Dart 9.8m	Northern Counties 4992	B43F	1995	2012
CTB	1419	GM7990	9.8SDL3060/2694	Dennis Dart 9.8m	Plaxton 9510HXN4306	DP39F	1995	1999
CTB	1420	GM9240	9.8SDL3060/2695	Dennis Dart 9.8m	Plaxton 9510HXN4307	DP39F	1995	1999
CTB	1421	GM6717	9.8SDL3060/2696	Dennis Dart 9.8m	Plaxton 9510HXN4308	DP39F	1995	1999
DBTSL	HKR121	HD7319	9SDL3055/2885	Dennis Dart 9.2m	Pn 979.2HQN6030	L19+S39	1997	2017
Argos		HF4057	9.8SDL3054/3040	Dennis Dart 9.8m	Shui King	B51F	1997	-

Dennis Lance

公司	車隊編號	車牌	底盤編號	車型	車身	座位佈局	首次登記日期	退役日期
KMB	AN11	FP6762	11SDA3104/129	Dennis Lance 11.7m	Walter Alexander 21PS/2791/1	DP41F	1993	2010
KMB	AN12	FR667	11SDA3104/134	Dennis Lance 11.7m	Walter Alexander PS--/1392/--	B45D	1993	2010
KMB	AN19	FS7776	11SDA3104/135	Dennis Lance 11.7m	Walter Alexander PS--/1492/--	DP41F	1993	1999
KMB	AN5	FP4320	11SDA3104/136	Dennis Lance 11.7m	Walter Alexander PS--/1392/--	B45D	1993	2010
KMB	AN6	FP2738	11SDA3104/139	Dennis Lance 11.7m	Walter Alexander PS--/1392/--	B45D	1993	2010
KMB	AN20	FS7880	11SDA3104/140	Dennis Lance 11.7m	Walter Alexander PS--/1492/--	DP41F	1993	1999
KMB	AN21	FS7603	11SDA3104/141	Dennis Lance 11.7m	Walter Alexander PS--/1492/--	DP41F	1993	1999
KMB	AN14	FR9173	11SDA3104/142	Dennis Lance 11.7m	Walter Alexander PS--/1492/--	DP41F	1993	1999
KMB	AN9	FP5902	11SDA3104/143	Dennis Lance 11.7m	Walter Alexander PS--/1392/--	B45D	1993	2010
KMB	AN8	FP4583	11SDA3104/144	Dennis Lance 11.7m	Walter Alexander PS--/1392/--	B45D	1993	2010

公司	車隊編號	車牌	底盤編號	車型	車身	座位佈局	首次登記日期	退役日期
KMB	AN3	FP2756	11SDA3104/145	Dennis Lance 11.7m	Walter Alexander PS--/1392/--	B45D	1993	2010
KMB	AN22	FU5663	11SDA3104/146	Dennis Lance 11.7m	Walter Alexander PS--/1492/--	DP41F	1993	1999
KMB	AN23	FU5072	11SDA3104/147	Dennis Lance 11.7m	Walter Alexander PS--/1492/--	DP41F	1993	2010
KMB	AN17	FS6904	11SDA3104/148	Dennis Lance 11.7m	Walter Alexander PS--/1492/--	DP41F	1993	1999
KMB	AN10	FP5327	11SDA3104/149	Dennis Lance 11.7m	Walter Alexander PS--/1392/--	B45D	1993	2010
KMB	AN18	FS7610	11SDA3104/150	Dennis Lance 11.7m	Walter Alexander PS--/1492/--	DP41F	1993	1998
KMB	AN1	FP2584	11SDA3104/151	Dennis Lance 11.7m	Walter Alexander PS--/1392/--	B45D	1993	2010
KMB	AN15	FS6584	11SDA3104/152	Dennis Lance 11.7m	Walter Alexander PS--/1492/--	DP41F	1993	1999
KMB	AN2	FP3934	11SDA3104/153	Dennis Lance 11.7m	Walter Alexander PS--/1392/--	B45D	1993	2010
KMB	AN13	FR755	11SDA3104/154	Dennis Lance 11.7m	Walter Alexander PS--/1392/--	B45D	1993	2010
KMB	AN4	FP2943	11SDA3104/155	Dennis Lance 11.7m	Walter Alexander PS--/1392/--	B45D	1993	2010
KMB	AN7	FP3732	11SDA3104/156	Dennis Lance 11.7m	Walter Alexander PS--/1392/--	B45D	1993	2010
KMB	AN16	FS6896	11SDA3104/157	Dennis Lance 11.7m	Walter Alexander PS--/1492/--	DP41F	1993	2010
KMB	AN24	FW3600	11SDA3104/158	Dennis Lance 11.7m	Walter Alexander PS--/1492/--	DP41F	1993	1998

Volvo B6R

公司	車隊編號	車牌	底盤編號	車型	車身	座位佈局	首次登記日期	退役日期
CTB	1301	GJ155	YV3R36S13RC005715	Volvo B6-50	Walter Alexander AM121/9422/1	B39F	1995	2000

Volvo B10M

公司	車隊編號	車牌	底盤編號	車型	車身	座位佈局	首次登記日期	退役日期
CTB	1266	EP2969	YV31MGD17LA025191	Volvo B10M-60	Van Hool Alizee H	C49F	1990	2004
CTB	1267	EP3273	YV31MGD19LA025192	Volvo B10M-60	Van Hool Alizee H	C49F	1990	2001
CTB	1268	ER7363	YV31MGD15LA025318	Volvo B10M-60	Van Hool Alizee H	C49F	1990	2001
CTB	1269	ER7122	YV31MGD17LA025319	Volvo B10M-60	Van Hool Alizee H	C49F	1990	2001
CTB	1270	ER8753	YV31MGD13LA025320	Volvo B10M-60	Van Hool Alizee H	C49F	1990	2001
CTB	1271	FB9806	YV31MGD11NA028669	Volvo B10M-60	Van Hool Alizee H	C49F	1992	2004
CTB	1272	FC9565	YV31MGD18NA028670	Volvo B10M-60	Van Hool Alizee H	C49F	1992	2004
CTB	1273	FC9356	YV31MGD1XNA028671	Volvo B10M-60	Van Hool Alizee H	C49F	1992	2004
CTB	1274	FD207	YV31MGD11NA028672	Volvo B10M-60	Van Hool Alizee H	C49F	1992	2004
CTB	1275	FC8623	YV31MGD13NA028673	Volvo B10M-60	Van Hool Alizee H	C49F	1992	2004
Stagecoach	1	FW6766	YV31MGC14PA032008	Volvo B10M-55	Walter Alexander 28PS/1793/1	L50+S18	1994	1996
Stagecoach	2	FW655	YV31MGC16PA032009	Volvo B10M-55	Walter Alexander 28PS/1793/2	L50+S18	1994	1996
Stagecoach	3L	FW6832	YV31MGC12PA032010	Volvo B10M-55	Walter Alexander 28PS/1793/3	L50+S18	1994	1996
Stagecoach	4L	FW8231	YV31MGC14PA032011	Volvo B10M-55	Walter Alexander 28PS/1793/4	L50+S18	1994	1996
Stagecoach	5L	FW7894	YV31MGC16PA032012	Volvo B10M-55	Walter Alexander 28PS/1793/5	L50+S18	1994	1996
KCRC	403	GM3185	YV31M2F13SA043296	Volvo B10M-55	Northern Counties 4996	B40F	1995	2012
KCRC	406	GM3534	YV31M2F15SA043297	Volvo B10M-55	Northern Counties 4997	B40F	1995	2012
KCRC	407	GM4729	YV31M2F17SA043298	Volvo B10M-55	Northern Counties 4998	B40F	1995	2012
KCRC	402	GM3660	YV31M2F16SA043339	Volvo B10M-55	Northern Counties 4999	B40F	1995	2012
KCRC	401	GM3239	YV31M2F12SA043340	Volvo B10M-55	Northern Counties 5000	B40F	1995	2012
KCRC	404	GM4372	YV31M2F14SA043341	Volvo B10M-55	Northern Counties 5001	B40F	1995	2012
KCRC	405	GM4276	YV31M2F18SA043388	Volvo B10M-55	Northern Counties 5002	B40F	1995	2012

公司	車隊編號	車牌	底盤編號	車型	車身	座位佈局	首次登記日期	退役日期
KCRC	415	GN614	YV31M2F1XSA043389	Volvo B10M-55	Northern Counties 5003	B40F	1995	2012
KCRC	414	GM7189	YV31M2F16SA043390	Volvo B10M-55	Northern Counties 5004	B40F	1995	2012
KCRC	408	GM4875	YV31M2F16SA043468	Volvo B10M-55	Northern Counties 5005	B40F	1995	2012
KCRC	409	GM5559	YV31M2F18SA043469	Volvo B10M-55	Northern Counties 5006	B40F	1995	2012
KCRC	410	GM5352	YV31M2F14SA043470	Volvo B10M-55	Northern Counties 5007	B40F	1995	2012
KCRC	411	GM5628	YV31M2F16SA043471	Volvo B10M-55	Northern Counties 5008	B40F	1995	2012
KCRC	412	GM4969	YV31M2F18SA043472	Volvo B10M-55	Northern Counties 5009	B40F	1995	2012
KCRC	413	GM8213	YV31M2F1XSA043473	Volvo B10M-55	Northern Counties 5010	B40F	1995	2012
CTB	1276	HH1319	YV31MA610VK046729	Volvo B10M-62	Xian Silver Bus Corporation Saffle	C47Dt	1997	2001
CTB	1277	HH2450	YV31MA617VK046730	Volvo B10M-62	Xian Silver Bus Corporation Saffle	C47Dt	1997	2001

Leyland Olympian

公司	車隊編號	車牌	底盤編號	車型	車身	座位佈局	首次登記日期	退役日期
CTB	102	DE4281	ON332	Leyland Olympian ONTL11/2R	ECW EX19/26236	CH49/22F	1985	1999
CTB	103	DG4817	ON1711	Leyland Olympian ONLXCT/3RSp	ECW 26237	CH53/24F	1985	1997
CTB	104	DG7762	ON1715	Leyland Olympian ONLXCT/3RSp	ECW 26238	CH53/24F	1985	1999
CTB	105	DU5866	ON1802	Leyland Olympian ONTL11/3R	Walter Alexander RH	DPH55/41F	1987	2003
KMB	AL1	DX2437	ON10743	Leyland Olympian ONCL10/5RV	Walter Alexander RH	H67/40D	1988	2005
CTB	106	EE5853	ON11037	Leyland Olympian ONCL10/5RZ	Walter Alexander RH60/3788/1	DPH53/41F	1989	2008
CTB	107	EF1962	ON11047	Leyland Olympian ONCL10/5RZ	Walter Alexander RH60/3788/2	DPH53/41F	1989	2008
CTB	108	EF2067	ON11048	Leyland Olympian ONCL10/5RZ	Walter Alexander RH60/3788/3	DPH53/41F	1989	2008
CTB	109	EF1671	ON11049	Leyland Olympian ONCL10/5RZ	Walter Alexander RH60/3788/4	DPH53/41F	1989	2008
CTB	110	EF587	ON11057	Leyland Olympian ONCL10/5RZ	Walter Alexander RH60/3788/5	DPH53/41F	1989	2008
CTB	111	EF1523	ON11058	Leyland Olympian ONCL10/5RZ	Walter Alexander RH60/3788/6	DPH53/41F	1989	2004
CTB	112	EF3592	ON11170	Leyland Olympian ONCL10/5RZ	Walter Alexander RH60/3788/7	DPH53/41F	1989	2004
CTB	113	EF6118	ON11171	Leyland Olympian ONCL10/5RZ	Walter Alexander RH60/3788/8	DPH53/41F	1989	2004
CTB	114	EF8967	ON11172	Leyland Olympian ONCL10/5RZ	Walter Alexander RH60/3788/9	DPH53/41F	1989	2004
CTB	116	EF8850	ON11173	Leyland Olympian ONCL10/5RZ	Walter Alexander RH60/3788/11	DPH53/41F	1989	2004
CTB	117	EF9412	ON11174	Leyland Olympian ONCL10/5RZ	Walter Alexander RH60/3788/12	DPH53/41F	1989	2004
CTB	115	EF9671	ON11175	Leyland Olympian ONCL10/5RZ	Walter Alexander RH60/3788/10	DPH53/41F	1989	2004
KMB	AL7	ER3931	ON11473	Leyland Olympian ON3R49C18Z4	Walter Alexander RH--/2789/	H63/39D	1990	2008
KMB	AL19	ES3248	ON11474	Leyland Olympian ON3R49C18Z4	Walter Alexander RH--/2789/	H63/39D	1990	2008
KMB	AL3	ER2645	ON11475	Leyland Olympian ON3R49C18Z4	Walter Alexander RH--/2789/	H63/39D	1990	2008
KMB	AL14	ER9171	ON11476	Leyland Olympian ON3R49C18Z4	Walter Alexander RH--/2789/	H63/39D	1990	2008
KMB	AL13	ER7526	ON11477	Leyland Olympian ON3R49C18Z4	Walter Alexander RH--/2789/	H63/39D	1990	2008
KMB	AL9	ER4721	ON11478	Leyland Olympian ON3R49C18Z4	Walter Alexander RH--/2789/	H63/39D	1990	2008
KMB	AL18	ES2803	ON11479	Leyland Olympian ON3R49C18Z4	Walter Alexander RH--/2789/	H63/39D	1990	2008
KMB	AL11	ER6834	ON11480	Leyland Olympian ON3R49C18Z4	Walter Alexander RH--/2789/	H63/39D	1990	2008
KMB	AL17	ER8639	ON11481	Leyland Olympian ON3R49C18Z4	Walter Alexander RH--/2789/	H63/39D	1990	2008
KMB	AL21	ES3304	ON11482	Leyland Olympian ON3R49C18Z4	Walter Alexander RH--/2789/	H63/39D	1990	2008
KMB	AL2	ER4295	ON11483	Leyland Olympian ON3R49C18Z4	Walter Alexander RH--/2789/	H63/39D	1990	2008
KMB	AL16	ES271	ON11484	Leyland Olympian ON3R49C18Z4	Walter Alexander RH--/2789/	H63/39D	1990	2008
KMB	AL5	ER2990	ON11495	Leyland Olympian ON3R49C18Z4	Walter Alexander RH--/2789/	H63/39D	1990	2008
KMB	AL12	ER7077	ON11496	Leyland Olympian ON3R49C18Z4	Walter Alexander RH--/2789/	H63/39D	1990	2008
KMB	AL20	ES3246	ON11497	Leyland Olympian ON3R49C18Z4	Walter Alexander RH--/2789/	H63/39D	1990	2008

公司	車隊編號	車牌	底盤編號	車型	車身	座位佈局	首次登記日期	退役日期
KMB	AL8	ER4299	ON11498	Leyland Olympian ON3R49C18Z4	Walter Alexander RH--/2789/	H63/39D	1990	2008
KMB	AL10	ER6572	ON11499	Leyland Olympian ON3R49C18Z4	Walter Alexander RH--/2789/	H63/39D	1990	2008
KMB	AL4	ER2796	ON11500	Leyland Olympian ON3R49C18Z4	Walter Alexander RH--/2789/	H63/39D	1990	2008
KMB	AL15	ER9386	ON11506	Leyland Olympian ON3R49C18Z4	Walter Alexander RH--/2789/	H63/39D	1990	2008
KMB	AL6	ER3201	ON11507	Leyland Olympian ON3R49C18Z4	Walter Alexander RH--/2789/	H63/39D	1990	2008
CTB	119	EL9367	ON11508	Leyland Olympian ON3R49C18Z4	Walter Alexander RH74/2489/2	DPH53/41F	1990	2011
CTB	122	EL7976	ON11509	Leyland Olympian ON3R49C18Z4	Walter Alexander RH74/2489/5	CH53/41F	1990	2005
CTB	341	EL7976	ON11509	Leyland Olympian ON3R49C18Z5	Walter Alexander RH111/393/3	H57/42D	1990	2005
CTB	118	EL7207	ON11510	Leyland Olympian ON3R49C18Z4	Walter Alexander RH74/2489/1	DPH53/41F	1990	2010
CTB	120	EM1545	ON11511	Leyland Olympian ON3R49C18Z4	Walter Alexander RH74/2489/3	CH53/41F	1990	1992
CTB	121	EL7565	ON11512	Leyland Olympian ON3R49C18Z4	Walter Alexander RH74/2489/4	DPH53/41F	1990	2010
CTB	123	EL8119	ON11513	Leyland Olympian ON3R49C18Z4	Walter Alexander RH74/2489/6	DPH53/41F	1990	2003
CTB	124	EM2075	ON11514	Leyland Olympian ON3R49C18Z4	Walter Alexander RH74/2489/7	CH53/41F	1990	1992
CTB	129	EM8014	ON11515	Leyland Olympian ON3R49C18Z4	Walter Alexander RH74/2489/12	CH53/41F	1990	1992
CTB	126	EM2375	ON11516	Leyland Olympian ON3R49C18Z4	Walter Alexander RH74/2489/9	DPH53/41F	1990	2011
CTB	125	EM7306	ON11517	Leyland Olympian ON3R49C18Z4	Walter Alexander RH74/2489/8	DPH53/41F	1990	2011
CTB	128	EM5408	ON11528	Leyland Olympian ON3R49C18Z4	Walter Alexander RH74/2489/11	DPH53/41F	1990	2011
CTB	127	EM6616	ON11529	Leyland Olympian ON3R49C18Z4	Walter Alexander RH74/2489/10	DPH53/41F	1990	2011
KMB	AL26	ET1836	ON11706	Leyland Olympian ON3R49C18Z4	Walter Alexander RH--/2790/	H63/39D	1991	2008
KMB	AL24	ET1282	ON11707	Leyland Olympian ON3R49C18Z4	Walter Alexander RH--/2790/	H63/39D	1991	2008
KMB	AL23	ET856	ON11708	Leyland Olympian ON3R49C18Z4	Walter Alexander RH--/2790/	H63/39D	1991	2008
KMB	AL29	ET2191	ON11709	Leyland Olympian ON3R49C18Z4	Walter Alexander RH--/2790/	H63/39D	1991	2008
KMB	AL30	ET1076	ON11710	Leyland Olympian ON3R49C18Z4	Walter Alexander RH--/2790/	H63/39D	1991	2008
KMB	AL27	ET1852	ON11711	Leyland Olympian ON3R49C18Z4	Walter Alexander RH--/2790/	H63/39D	1991	2008
KMB	AL34	ET4946	ON11712	Leyland Olympian ON3R49C18Z4	Walter Alexander RH--/2790/	H63/39D	1991	2008
KMB	AL37	ET7360	ON11713	Leyland Olympian ON3R49C18Z4	Walter Alexander RH--/2790/	H63/39D	1991	2008
KMB	AL22	ET576	ON11721	Leyland Olympian ON3R49C18Z4	Walter Alexander RH--/2790/	H63/39D	1991	2008
KMB	AL28	ET2117	ON11722	Leyland Olympian ON3R49C18Z4	Walter Alexander RH--/2790/	H63/39D	1991	2008
KMB	AL31	ET1967	ON11723	Leyland Olympian ON3R49C18Z4	Walter Alexander RH--/2790/	H63/39D	1991	2008
KMB	AL38	ET7856	ON11724	Leyland Olympian ON3R49C18Z4	Walter Alexander RH--/2790/	H63/39D	1991	2008
KMB	AL25	ET1295	ON11742	Leyland Olympian ON3R49C18Z4	Walter Alexander RH--/2790/	H63/39D	1991	2008
KMB	AL40	EU6705	ON11743	Leyland Olympian ON3R49C18Z4	Walter Alexander RH--/2790/	H63/39D	1991	2009
KMB	AL41	EU8479	ON11744	Leyland Olympian ON3R49C18Z4	Walter Alexander RH--/2790/	H63/39D	1991	2009
KMB	AL39	EU260	ON11745	Leyland Olympian ON3R49C18Z4	Walter Alexander RH--/2790/	H63/39D	1991	2008
CTB	142	ET1026	ON11746	Leyland Olympian ON3R49C18Z4	Walter Alexander RH82/1390/13	DPH53/41F	1991	2003
CTB	130	ER1374	ON11747	Leyland Olympian ON3R49C18Z4	Walter Alexander RH82/1390/1	DPH53/41F	1990	2003
CTB	131	ER9169	ON11748	Leyland Olympian ON3R49C18Z4	Walter Alexander RH82/1390/2	DPH53/41F	1990	2003
CTB	132	ER7389	ON11749	Leyland Olympian ON3R49C18Z4	Walter Alexander RH82/1390/3	DPH53/41F	1990	2003
CTB	134	ER6587	ON11750	Leyland Olympian ON3R49C18Z4	Walter Alexander RH82/1390/5	DPH53/41F	1990	2003
CTB	133	ER6824	ON11751	Leyland Olympian ON3R49C18Z4	Walter Alexander RH82/1390/4	DPH53/41F	1990	2003
CTB	135	ER9371	ON11752	Leyland Olympian ON3R49C18Z4	Walter Alexander RH82/1390/6	DPH53/41F	1990	2003
CTB	136	ER9289	ON11753	Leyland Olympian ON3R49C18Z4	Walter Alexander RH82/1390/7	DPH53/41F	1990	2003
CTB	137	ER8952	ON11754	Leyland Olympian ON3R49C18Z4	Walter Alexander RH82/1390/8	DPH53/41F	1990	2003
CTB	138	ER8635	ON11755	Leyland Olympian ON3R49C18Z4	Walter Alexander RH82/1390/9	DPH53/41F	1990	2003
CTB	139	ES2467	ON11756	Leyland Olympian ON3R49C18Z4	Walter Alexander RH82/1390/10	DPH53/41F	1990	2003
CTB	140	ES3710	ON11757	Leyland Olympian ON3R49C18Z4	Walter Alexander RH82/1390/11	DPH53/41F	1990	2003
CTB	141	ES1962	ON11758	Leyland Olympian ON3R49C18Z4	Walter Alexander RH82/1390/12	DPH53/41F	1990	2003

公司	車隊編號	車牌	底盤編號	車型	車身	座位佈局	首次登記日期	退役日期
KMB	AL32	ET2032	ON11759	Leyland Olympian ON3R49C18Z4	Walter Alexander RH--/2790/	H63/39D	1991	2014
KMB	AL35	ET5603	ON11760	Leyland Olympian ON3R49C18Z4	Walter Alexander RH--/2790/	H63/39D	1991	2008
KMB	AL33	ET2624	ON11761	Leyland Olympian ON3R49C18Z4	Walter Alexander RH--/2790/	H63/39D	1991	2008
KMB	AL36	ET7228	ON11762	Leyland Olympian ON3R49C18Z4	Walter Alexander RH--/2790/	H63/39D	1991	2008
CTB	143	ES3771	ON11770	Leyland Olympian ON3R49C18Z4	Walter Alexander RH82/1390/14	DPH53/41F	1990	2003
CTB	144	ES7623	ON11771	Leyland Olympian ON3R49C18Z4	Walter Alexander RH82/1390/15	DPH53/41F	1991	2003
CTB	145	ES4877	ON11772	Leyland Olympian ON3R49C18Z4	Walter Alexander RH82/1390/16	DPH53/41F	1990	2003
CTB	146	ES5389	ON11773	Leyland Olympian ON3R49C18Z4	Walter Alexander RH82/1390/17	DPH53/41F	1990	2003
CTB	147	ET1848	ON11774	Leyland Olympian ON3R49C18Z4	Walter Alexander RH82/1390/18	DPH53/41F	1991	2003
CTB	148	ET1613	ON11789	Leyland Olympian ON3R49C18Z4	Walter Alexander RH82/1390/19	DPH53/41F	1991	2003
CTB	149	ET550	ON11790	Leyland Olympian ON3R49C18Z4	Walter Alexander RH82/1390/20	DPH53/41F	1991	2004
CTB	150	ES8691	ON11791	Leyland Olympian ON3R49C18Z4	Walter Alexander RH82/1390/21	DPH53/41F	1991	2003
CTB	151	ET1989	ON11792	Leyland Olympian ON3R49C18Z4	Walter Alexander RH82/1390/22	DPH53/41F	1991	2003
CTB	152	ET778	ON11793	Leyland Olympian ON3R49C18Z4	Walter Alexander RH82/1390/23	DPH53/41F	1991	2003
CTB	153	ET2205	ON11794	Leyland Olympian ON3R49C18Z4	Walter Alexander RH82/1390/24	DPH53/41F	1991	2004
CTB	154	EV3020	ON11795	Leyland Olympian ON3R49C18Z4	Walter Alexander RH82/1390/25	DPH53/41F	1991	2004
CTB	155	ET1163	ON11803	Leyland Olympian ON3R49C18Z4	Walter Alexander RH82/1390/26	DPH53/41F	1991	2003
CTB	156	ET623	ON11804	Leyland Olympian ON3R49C18Z4	Walter Alexander RH82/1390/27	DPH53/41F	1991	2003
CTB	157	EW3034	ON11805	Leyland Olympian ON3R49C18Z4	Walter Alexander RH82/1390/28	DPH53/41F	1991	2004
CTB	158	ET160	ON11806	Leyland Olympian ON3R49C18Z4	Walter Alexander RH82/1390/29	DPH53/41F	1991	2003
CTB	159	ET1023	ON11807	Leyland Olympian ON3R49C18Z4	Walter Alexander RH82/1390/30	DPH53/41F	1991	2004
CTB	160	ET1190	ON11808	Leyland Olympian ON3R49C18Z4	Walter Alexander RH82/1390/31	DPH53/41F	1991	2004
CTB	161	ES8820	ON11809	Leyland Olympian ON3R49C18Z4	Walter Alexander RH82/1390/32	DPH53/41F	1991	2004
CTB	162	ET1746	ON11816	Leyland Olympian ON3R49C18Z4	Walter Alexander RH82/1390/33	DPH53/41F	1991	2004
CTB	163	EW3999	ON11817	Leyland Olympian ON3R49C18Z4	Walter Alexander RH82/1390/34	DPH53/41F	1991	2003
CTB	164	EW9215	ON11829	Leyland Olympian ON3R49C18Z4	Walter Alexander RH82/1390/35	DPH53/41F	1991	2003
CTB	165	EX441	ON11830	Leyland Olympian ON3R49C18Z4	Walter Alexander RH82/1390/36	DPH53/41F	1991	2003
CTB	166	EW8656	ON11831	Leyland Olympian ON3R49C18Z4	Walter Alexander RH82/1390/37	DPH53/41F	1991	2003
CTB	167	EW9698	ON11832	Leyland Olympian ON3R49C18Z4	Walter Alexander RH82/1390/38	DPH53/41F	1991	2003
CTB	168	EW9357	ON11833	Leyland Olympian ON3R49C18Z4	Walter Alexander RH82/1390/39	DPH53/41F	1991	2004
CTB	169	EX166	ON11834	Leyland Olympian ON3R49C18Z4	Walter Alexander RH82/1390/40	DPH53/41F	1991	2004
CTB	170	EX258	ON11835	Leyland Olympian ON3R49C18Z4	Walter Alexander RH82/1390/41	DPH53/41F	1991	2003
CTB	171	EV4813	ON11836	Leyland Olympian ON3R49C18Z4	Walter Alexander RH82/1390/42	DPH53/41F	1991	2015
CTB	172	EW4971	ON11837	Leyland Olympian ON3R49C18Z4	Walter Alexander RH82/1390/43	DPH53/41F	1991	2013
CTB	173	EW9757	ON11838	Leyland Olympian ON3R49C18Z4	Walter Alexander RH82/1390/44	DPH53/41F	1991	2003
CTB	174	EW8815	ON11839	Leyland Olympian ON3R49C18Z4	Walter Alexander RH82/1390/45	DPH53/41F	1991	2003
CTB	175	EW8584	ON11840	Leyland Olympian ON3R49C18Z4	Walter Alexander RH82/1390/46	DPH53/41F	1991	2003
CTB	176	EW9231	ON11841	Leyland Olympian ON3R49C18Z4	Walter Alexander RH82/1390/47	DPH53/41F	1991	2003
CTB	177	EV4854	ON11842	Leyland Olympian ON3R49C18Z4	Walter Alexander RH82/1390/48	DPH53/41F	1991	2013
CTB	178	EV6091	ON11843	Leyland Olympian ON3R49C18Z4	Walter Alexander RH82/1390/49	DPH53/41F	1991	2013
CTB	179	EW5449	ON11844	Leyland Olympian ON3R49C18Z4	Walter Alexander RH82/1390/50	DPH53/41F	1991	2015
KMB	AL53	EY285	ON20058	Leyland Olympian ON3R49C18Z4	Walter Alexander RH	H63/39D	1991	2009
KMB	AL61	EY6211	ON20059	Leyland Olympian ON3R49C18Z4	Walter Alexander RH	H63/39D	1991	2009
KMB	AL54	EY607	ON20060	Leyland Olympian ON3R49C18Z4	Walter Alexander RH	H63/39D	1991	2009
KMB	AL47	EX7407	ON20061	Leyland Olympian ON3R49C18Z4	Walter Alexander RH	H63/39D	1991	2009
KMB	AL58	EY3211	ON20062	Leyland Olympian ON3R49C18Z4	Walter Alexander RH	H63/39D	1991	2009
KMB	AL57	EY4088	ON20063	Leyland Olympian ON3R49C18Z4	Walter Alexander RH	H63/39D	1991	2009

公司	車隊編號	車牌	底盤編號	車型	車身	座位佈局	首次登記日期	退役日期
KMB	AL48	EX8076	ON20064	Leyland Olympian ON3R49C18Z4	Walter Alexander RH	H63/39D	1991	2009
KMB	AL51	EY176	ON20065	Leyland Olympian ON3R49C18Z4	Walter Alexander RH	H63/39D	1991	2009
KMB	AL59	EY4052	ON20066	Leyland Olympian ON3R49C18Z4	Walter Alexander RH	H63/39D	1991	2008
KMB	AL60	EY4921	ON20067	Leyland Olympian ON3R49C18Z4	Walter Alexander RH	H63/39D	1991	2009
KMB	AL42	EX2907	ON20068	Leyland Olympian ON3R49C18Z4	Walter Alexander RH	H63/39D	1991	2009
KMB	AL44	EX5154	ON20069	Leyland Olympian ON3R49C18Z4	Walter Alexander RH	H63/39D	1991	2009
KMB	AL49	EX6915	ON20073	Leyland Olympian ON3R49C18Z4	Walter Alexander RH	H63/39D	1991	2009
KMB	AL56	EY3231	ON20074	Leyland Olympian ON3R49C18Z4	Walter Alexander RH	H63/39D	1991	2008
KMB	AL50	EX7190	ON20075	Leyland Olympian ON3R49C18Z4	Walter Alexander RH	H63/39D	1991	2008
KMB	AL46	EX5627	ON20076	Leyland Olympian ON3R49C18Z4	Walter Alexander RH	H63/39D	1991	2009
KMB	AL52	EX9092	ON20077	Leyland Olympian ON3R49C18Z4	Walter Alexander RH	H63/39D	1991	2009
KMB	AL55	EY1792	ON20081	Leyland Olympian ON3R49C18Z4	Walter Alexander RH	H63/39D	1991	2009
KMB	AL43	EX3585	ON20082	Leyland Olympian ON3R49C18Z4	Walter Alexander RH	H63/39D	1991	2008
KMB	AL45	EX5396	ON20083	Leyland Olympian ON3R49C18Z4	Walter Alexander RH	H63/39D	1991	2009
KMB	AL75	EZ8310	ON20123	Leyland Olympian ON3R49C18Z4	Walter Alexander RH	H63/39D	1991	2009
CMB	LA4	EZ1236	ON20124	Leyland Olympian ON3R49C18Z4	Walter Alexander RH	H64/40D	1991	1998
CMB	LA1	EX9383	ON20125	Leyland Olympian ON3R49C18Z4	Walter Alexander RH	H64/40D	1991	1998
CMB	LA2	EY6303	ON20126	Leyland Olympian ON3R49C18Z4	Walter Alexander RH	H64/40D	1991	1998
CMB	LA5	EZ4168	ON20127	Leyland Olympian ON3R49C18Z4	Walter Alexander RH	H64/40D	1991	1998
CMB	LA3	EY7409	ON20128	Leyland Olympian ON3R49C18Z4	Walter Alexander RH	H64/40D	1991	1998
KMB	AL80	FA9827	ON20147	Leyland Olympian ON3R49C18Z4	Walter Alexander RH	H63/39D	1992	2010
KMB	AL62	EY6501	ON20148	Leyland Olympian ON3R49C18Z4	Walter Alexander RH	H63/39D	1991	2009
KMB	AL71	EZ4416	ON20149	Leyland Olympian ON3R49C18Z4	Walter Alexander RH	H63/39D	1991	2009
KMB	AL72	EZ7241	ON20150	Leyland Olympian ON3R49C18Z4	Walter Alexander RH	H63/39D	1991	2009
KMB	AL79	FA8827	ON20151	Leyland Olympian ON3R49C18Z4	Walter Alexander RH	H63/39D	1992	2009
KMB	AL73	EZ7739	ON20152	Leyland Olympian ON3R49C18Z4	Walter Alexander RH	H63/39D	1991	2009
KMB	AL81	FB4642	ON20153	Leyland Olympian ON3R49C18Z4	Walter Alexander RH	H63/39D	1992	2010
KMB	AL64	EY8244	ON20154	Leyland Olympian ON3R49C18Z4	Walter Alexander RH	H63/39D	1991	2009
KMB	AL78	FA3436	ON20155	Leyland Olympian ON3R49C18Z4	Walter Alexander RH	H63/39D	1992	2009
KMB	AL65	EZ521	ON20156	Leyland Olympian ON3R49C18Z4	Walter Alexander RH	H63/39D	1991	2009
KMB	AL82	FB5674	ON20177	Leyland Olympian ON3R49C18Z4	Walter Alexander RH	H63/39D	1992	2010
KMB	AL69	EZ1951	ON20178	Leyland Olympian ON3R49C18Z4	Walter Alexander RH	H63/39D	1991	2009
KMB	AL74	EZ7970	ON20179	Leyland Olympian ON3R49C18Z4	Walter Alexander RH	H63/39D	1991	2009
KMB	AL77	EZ8701	ON20180	Leyland Olympian ON3R49C18Z4	Walter Alexander RH	H63/39D	1992	2009
KMB	AL76	EZ8538	ON20181	Leyland Olympian ON3R49C18Z4	Walter Alexander RH	H63/39D	1992	2009
KMB	AL68	EZ1252	ON20182	Leyland Olympian ON3R49C18Z4	Walter Alexander RH	H63/39D	1991	2009
KMB	AL66	EZ933	ON20183	Leyland Olympian ON3R49C18Z4	Walter Alexander RH	H63/39D	1991	2009
KMB	AL70	EZ2818	ON20184	Leyland Olympian ON3R49C18Z4	Walter Alexander RH	H63/39D	1991	2009
KMB	AL67	EZ945	ON20185	Leyland Olympian ON3R49C18Z4	Walter Alexander RH	H63/39D	1991	2009
KMB	AL63	EY7455	ON20186	Leyland Olympian ON3R49C18Z4	Walter Alexander RH	H63/39D	1991	2009
KMB	AL90	FD9160	ON20223	Leyland Olympian ON3R49C18Z4	Walter Alexander RH	H63/39D	1992	2010
KMB	AL101	FE3173	ON20224	Leyland Olympian ON3R49C18Z4	Walter Alexander RH	H63/39D	1992	2010
KMB	AL88	FD8794	ON20225	Leyland Olympian ON3R49C18Z4	Walter Alexander RH	H63/39D	1992	2010
KMB	AL83	FD6512	ON20226	Leyland Olympian ON3R49C18Z4	Walter Alexander RH	H63/39D	1992	2010
KMB	AL93	FD9800	ON20227	Leyland Olympian ON3R49C18Z4	Walter Alexander RH	H63/39D	1992	2010
KMB	AL84	FD7303	ON20228	Leyland Olympian ON3R49C18Z4	Walter Alexander RH	H63/39D	1992	2010
KMB	AL94	FE324	ON20229	Leyland Olympian ON3R49C18Z4	Walter Alexander RH	H63/39D	1992	2010

公司	車隊編號	車牌	底盤編號	車型	車身	座位佈局	首次登記日期	退役日期
KMB	AL106	FE7632	ON20230	Leyland Olympian ON3R49C18Z4	Walter Alexander RH	H63/39D	1992	2010
KMB	AL100	FE4085	ON20231	Leyland Olympian ON3R49C18Z4	Walter Alexander RH	H63/39D	1992	2010
KMB	AL107	FE7686	ON20236	Leyland Olympian ON3R49C18Z4	Walter Alexander RH	H63/39D	1992	2010
KMB	AL98	FE1975	ON20237	Leyland Olympian ON3R49C18Z4	Walter Alexander RH	H63/39D	1992	2010
KMB	AL95	FD8977	ON20238	Leyland Olympian ON3R49C18Z4	Walter Alexander RH	H63/39D	1992	2010
KMB	AL97	FE1022	ON20239	Leyland Olympian ON3R49C18Z4	Walter Alexander RH	H63/39D	1992	2010
KMB	AL96	FD9560	ON20240	Leyland Olympian ON3R49C18Z4	Walter Alexander RH	H63/39D	1992	2010
KMB	AL86	FD8502	ON20241	Leyland Olympian ON3R49C18Z4	Walter Alexander RH	H63/39D	1992	2010
KMB	AL91	FD9754	ON20242	Leyland Olympian ON3R49C18Z4	Walter Alexander RH	H63/39D	1992	2010
KMB	AL99	FE2747	ON20243	Leyland Olympian ON3R49C18Z4	Walter Alexander RH	H63/39D	1992	2010
KMB	AL87	FD8592	ON20244	Leyland Olympian ON3R49C18Z4	Walter Alexander RH	H63/39D	1992	2010
KMB	AL89	FD8900	ON20245	Leyland Olympian ON3R49C18Z4	Walter Alexander RH	H63/39D	1992	2010
KMB	AL102	FE3626	ON20246	Leyland Olympian ON3R49C18Z4	Walter Alexander RH	H63/39D	1992	2008
KMB	AL104	FE7263	ON20247	Leyland Olympian ON3R49C18Z4	Walter Alexander RH	H63/39D	1992	2010
KMB	AL92	FD9758	ON20248	Leyland Olympian ON3R49C18Z4	Walter Alexander RH	H63/39D	1992	2010
KMB	AL85	FD7935	ON20253	Leyland Olympian ON3R49C18Z4	Walter Alexander RH	H63/39D	1992	2010
CTB	180	FC3474	ON20262	Leyland Olympian ON3R49C18Z4	Walter Alexander RH92/1392/1	DPH53/41F	1992	2015
CTB	181	FB8714	ON20263	Leyland Olympian ON3R49C18Z4	Walter Alexander RH92/1392/2	DPH53/41F	1992	2013
CTB	182	FC3084	ON20264	Leyland Olympian ON3R49C18Z4	Walter Alexander RH92/1392/3	DPH53/41F	1992	2015
CTB	183	FC2566	ON20265	Leyland Olympian ON3R49C18Z4	Walter Alexander RH92/1392/4	DPH53/41F	1992	2015
CTB	184	FC6490	ON20266	Leyland Olympian ON3R49C18Z4	Walter Alexander RH92/1392/5	DPH53/41F	1992	2015
CTB	185	FC5301	ON20267	Leyland Olympian ON3R49C18Z4	Walter Alexander RH92/1392/6	DPH53/41F	1992	2015
CTB	186	FC4750	ON20268	Leyland Olympian ON3R49C18Z4	Walter Alexander RH92/1392/7	DPH53/41F	1992	2015
CTB	187	FC8295	ON20269	Leyland Olympian ON3R49C18Z4	Walter Alexander RH92/1392/8	DPH53/41F	1992	2015
CTB	188	FC6577	ON20270	Leyland Olympian ON3R49C18Z4	Walter Alexander RH92/1392/9	DPH53/41F	1992	2014
CTB	189	FD6912	ON20271	Leyland Olympian ON3R49C18Z4	Walter Alexander RH92/1392/10	DPH53/41F	1992	2014
CTB	204	FJ4674	ON20283	Leyland Olympian ON3R49C18Z4	Walter Alexander RH92/1392/25	DPH53/41F	1992	2003
CTB	205	FG9161	ON20284	Leyland Olympian ON3R49C18Z4	Walter Alexander RH104/492/1	O49/37F	1992	2015
CTB	190	FD8372	ON20285	Leyland Olympian ON3R49C18Z4	Walter Alexander RH92/1392/11	O53/41F	1992	2015
CTB	191	FD7919	ON20286	Leyland Olympian ON3R49C18Z4	Walter Alexander RH92/1392/12	O53/41F	1992	2015
CTB	192	FD7206	ON20287	Leyland Olympian ON3R49C18Z4	Walter Alexander RH92/1392/13	O53/41F	1992	2014
CTB	193	FD8109	ON20288	Leyland Olympian ON3R49C18Z4	Walter Alexander RH92/1392/14	DPH53/41F	1992	2014
CTB	194	FD8434	ON20296	Leyland Olympian ON3R49C18Z4	Walter Alexander RH92/1392/15	DPH53/41F	1992	2013
CTB	195	FD6686	ON20297	Leyland Olympian ON3R49C18Z4	Walter Alexander RH92/1392/16	DPH53/41F	1992	2014
CTB	196	FD8049	ON20298	Leyland Olympian ON3R49C18Z4	Walter Alexander RH92/1392/17	DPH53/41F	1992	2015
CTB	197	FD8768	ON20299	Leyland Olympian ON3R49C18Z4	Walter Alexander RH92/1392/18	DPH53/41F	1992	2015
CTB	198	FD8530	ON20300	Leyland Olympian ON3R49C18Z4	Walter Alexander RH92/1392/19	DPH53/41F	1992	2015
CTB	199	FD9162	ON20301	Leyland Olympian ON3R49C18Z4	Walter Alexander RH92/1392/20	DPH53/41F	1992	2010
CTB	200	FD8677	ON20302	Leyland Olympian ON3R49C18Z4	Walter Alexander RH92/1392/21	DPH53/41F	1992	2013
CTB	201	FD9105	ON20303	Leyland Olympian ON3R49C18Z4	Walter Alexander RH92/1392/22	DPH53/41F	1992	2015
CTB	202	FD8653	ON20304	Leyland Olympian ON3R49C18Z4	Walter Alexander RH92/1392/23	DPH53/41F	1992	2015
CTB	203	FD9084	ON20305	Leyland Olympian ON3R49C18Z4	Walter Alexander RH92/1392/24	DPH53/41F	1992	2015
CLP	300	FC3781	ON20306	Leyland Olympian ON3R56C18Z4	Walter Alexander RH98/1991/1	DPH57/45F	1992	2009
CLP	301	FC1067	ON20307	Leyland Olympian ON3R56C18Z4	Walter Alexander RH98/1991/2	DPH57/45F	1992	1997
CTB	301	FC1067	ON20307	Leyland Olympian ON3R56C18Z4	Walter Alexander RH98/1991/2	DPH57/45F	1997	2006
CLP	302	FC736	ON20308	Leyland Olympian ON3R56C18Z4	Walter Alexander RH98/1991/3	DPH57/45F	1992	2009
CLP	303	FC712	ON20309	Leyland Olympian ON3R56C18Z4	Walter Alexander RH98/1991/4	DPH57/45F	1992	2009

公司	車隊編號	車牌	底盤編號	車型	車身	座位佈局	首次登記日期	退役日期
CLP	304	FC1714	ON20310	Leyland Olympian ON3R56C18Z4	Walter Alexander RH98/1991/5	DPH57/45F	1992	2001
CTB	304	FC1714	ON20310	Leyland Olympian ON3R56C18Z4	Walter Alexander RH98/1991/5	DPH57/45F	2001	2005
CLP	305	FC7535	ON20317	Leyland Olympian ON3R56C18Z4	Walter Alexander RH98/1991/6	DPH57/45F	1992	2009
CLP	306	FC7431	ON20318	Leyland Olympian ON3R56C18Z4	Walter Alexander RH98/1991/7	DPH57/45F	1992	1997
CTB	306	FC7431	ON20318	Leyland Olympian ON3R56C18Z4	Walter Alexander RH98/1991/7	DPH57/45F	1997	2005
CLP	307	FC7752	ON20319	Leyland Olympian ON3R56C18Z4	Walter Alexander RH98/1991/8	DPH57/45F	1992	2009
CLP	308	FC7695	ON20320	Leyland Olympian ON3R56C18Z4	Walter Alexander RH98/1991/9	DPH57/45F	1992	2001
CLP	309	FC8342	ON20321	Leyland Olympian ON3R56C18Z4	Walter Alexander RH98/1991/10	DPH57/45F	1992	2009
CLP	310	FC8014	ON20322	Leyland Olympian ON3R56C18Z4	Walter Alexander RH98/1991/11	DPH57/45F	1992	1997
CTB	310	FC8014	ON20322	Leyland Olympian ON3R56C18Z4	Walter Alexander RH98/1991/11	DPH57/45F	1997	2006
CLP	311	FC7256	ON20330	Leyland Olympian ON3R56C18Z4	Walter Alexander RH98/1991/12	DPH57/45F	1992	2011
CLP	312	FC7233	ON20331	Leyland Olympian ON3R56C18Z4	Walter Alexander RH98/1991/13	DPH57/45F	1992	1997
CTB	312	FC7233	ON20331	Leyland Olympian ON3R56C18Z4	Walter Alexander RH98/1991/13	DPH57/45F	1997	2006
CLP	313	FC8248	ON20332	Leyland Olympian ON3R56C18Z4	Walter Alexander RH98/1991/14	DPH57/45F	1992	2009
CLP	314	FC7328	ON20333	Leyland Olympian ON3R56C18Z4	Walter Alexander RH98/1991/15	DPH57/45F	1992	2005
KMB	AL103	FE6927	ON20334	Leyland Olympian ON3R49C18Z4	Walter Alexander RH	H63/39D	1992	2010
KMB	AL118	FF1819	ON20335	Leyland Olympian ON3R49C18Z4	Walter Alexander RH	H53/38D	1992	2010
KMB	AL116	FF1304	ON20336	Leyland Olympian ON3R49C18Z4	Walter Alexander RH	H63/39D	1992	2010
KMB	AL105	FE7384	ON20337	Leyland Olympian ON3R49C18Z4	Walter Alexander RH	H63/39D	1992	2010
KMB	AL115	FF1149	ON20338	Leyland Olympian ON3R49C18Z4	Walter Alexander RH	H63/39D	1992	2010
KMB	AL117	FF1526	ON20339	Leyland Olympian ON3R49C18Z4	Walter Alexander RH	H63/39D	1992	2010
KMB	AL119	FF2295	ON20340	Leyland Olympian ON3R49C18Z4	Walter Alexander RH	H63/39D	1992	2010
KMB	AL122	FF3449	ON20341	Leyland Olympian ON3R49C18Z4	Walter Alexander RH	H63/39D	1992	2010
KMB	AL125	FF5186	ON20342	Leyland Olympian ON3R49C18Z4	Walter Alexander RH	H63/39D	1992	2009
KMB	AL130	FF8559	ON20343	Leyland Olympian ON3R49C18Z4	Walter Alexander RH	H63/39D	1992	2010
KMB	AL133	FH866	ON20344	Leyland Olympian ON3R49C18Z4	Walter Alexander RH	H63/39D	1992	2010
KMB	AL132	FG6325	ON20345	Leyland Olympian ON3R49C18Z4	Walter Alexander RH	H63/39D	1992	2010
KMB	AL127	FF7526	ON20346	Leyland Olympian ON3R49C18Z4	Walter Alexander RH	H63/39D	1992	2010
KMB	AL129	FF7842	ON20347	Leyland Olympian ON3R49C18Z4	Walter Alexander RH	H63/39D	1992	2010
KMB	AL135	FH1887	ON20348	Leyland Olympian ON3R49C18Z4	Walter Alexander RH	H63/39D	1992	2009
KMB	AL128	FF7590	ON20349	Leyland Olympian ON3R49C18Z4	Walter Alexander RH	H63/39D	1992	2010
KMB	AL131	FG5039	ON20350	Leyland Olympian ON3R49C18Z4	Walter Alexander RH	H63/39D	1992	2010
KMB	AL134	FH1058	ON20351	Leyland Olympian ON3R49C18Z4	Walter Alexander RH	H63/39D	1992	2010
CTB	330	FG4672	ON20359	Leyland Olympian ON3R56C18Z4	Walter Alexander RH102/392/1	DPH57/45F	1992	2014
CTB	331	FK5095	ON20360	Leyland Olympian ON3R56C18Z4	Walter Alexander RH102/392/3	DPH57/45F	1992	2015
CTB	332	FG3811	ON20361	Leyland Olympian ON3R56C18Z4	Walter Alexander RH102/392/2	DPH57/45F	1992	2014
CTB	333	FG4101	ON20362	Leyland Olympian ON3R56C18Z4	Walter Alexander RH102/392/4	DPH57/45F	1992	2014
CTB	334	FG4976	ON20363	Leyland Olympian ON3R56C18Z4	Walter Alexander RH103/1292/1	DPH57/45F	1992	2014
CTB	335	FG5594	ON20364	Leyland Olympian ON3R56C18Z4	Walter Alexander RH103/1292/2	DPH57/45F	1992	2014
KMB	AL126	FF6443	ON20365	Leyland Olympian ON3R49C18Z4	Walter Alexander RH	H63/39D	1992	2010
KMB	AL110	FE8874	ON20366	Leyland Olympian ON3R49C18Z4	Walter Alexander RH	H63/39D	1992	2010
KMB	AL120	FF2711	ON20367	Leyland Olympian ON3R49C18Z4	Walter Alexander RH	H63/39D	1992	2010
KMB	AL113	FE9690	ON20368	Leyland Olympian ON3R49C18Z4	Walter Alexander RH	H63/39D	1992	2010
CTB	336	FG4769	ON20375	Leyland Olympian ON3R56C18Z4	Walter Alexander RH103/1292/3	DPH57/45F	1992	2014
CTB	337	FG5912	ON20376	Leyland Olympian ON3R56C18Z4	Walter Alexander RH103/1292/4	DPH57/45F	1992	2014
CTB	338	FG5350	ON20377	Leyland Olympian ON3R56C18Z4	Walter Alexander RH103/1292/5	DPH57/45F	1992	2014
CTB	339	FG5290	ON20378	Leyland Olympian ON3R56C18Z4	Walter Alexander RH103/1292/6	DPH57/45F	1992	2014

公司	車隊編號	車牌	底盤編號	車型	車身	座位佈局	首次登記日期	退役日期
CTB	340	FK5226	ON20379	Leyland Olympian ON3R56C18Z4	Walter Alexander RH103/1292/7	DPH57/45F	1992	2015
KMB	AL121	FF3078	ON20388	Leyland Olympian ON3R49C18Z4	Walter Alexander RH	H63/39D	1992	2010
KMB	AL123	FF4377	ON20389	Leyland Olympian ON3R49C18Z4	Walter Alexander RH	H63/39D	1992	2010
KMB	AL108	FE7245	ON20390	Leyland Olympian ON3R49C18Z4	Walter Alexander RH	H63/39D	1992	2010
KMB	AL111	FE9169	ON20391	Leyland Olympian ON3R49C18Z4	Walter Alexander RH	H63/39D	1992	2010
KMB	AL112	FE9366	ON20396	Leyland Olympian ON3R49C18Z4	Walter Alexander RH	H63/39D	1992	2008
KMB	AL114	FF418	ON20397	Leyland Olympian ON3R49C18Z4	Walter Alexander RH	H63/39D	1992	2010
KMB	AL124	FF4495	ON20398	Leyland Olympian ON3R49C18Z4	Walter Alexander RH	H63/39D	1992	2010
KMB	AL109	FE8498	ON20399	Leyland Olympian ON3R49C18Z4	Walter Alexander RH	H63/39D	1992	2010
KMB	AL139	FN7710	ON20413	Leyland Olympian ON3R49C18Z4	Walter Alexander RH	H63/39D	1993	2011
KMB	AL148	FP9061	ON20414	Leyland Olympian ON3R49C18Z4	Walter Alexander RH	H63/39D	1993	2011
KMB	AL146	FP6351	ON20415	Leyland Olympian ON3R49C18Z4	Walter Alexander RH	H63/39D	1993	2011
CMB	LA12	FF8835	ON20416	Leyland Olympian ON3R49C18Z4	Walter Alexander RH	H64/40D	1992	1998
CMB	LA22	FH6751	ON20417	Leyland Olympian ON3R49C18Z4	Walter Alexander RH	H64/40D	1992	1998
CMB	LA19	FH2405	ON20418	Leyland Olympian ON3R49C18Z4	Walter Alexander RH	H64/40D	1992	1998
CMB	LA10	FF7409	ON20419	Leyland Olympian ON3R49C18Z4	Walter Alexander RH	H64/40D	1992	1998
CMB	LA11	FF7869	ON20420	Leyland Olympian ON3R49C18Z4	Walter Alexander RH	H64/40D	1992	1998
CMB	LA13	FF8735	ON20421	Leyland Olympian ON3R49C18Z4	Walter Alexander RH	H64/40D	1992	1998
CMB	LA8	FF3551	ON20422	Leyland Olympian ON3R49C18Z4	Walter Alexander RH	H64/40D	1992	1998
CMB	LA9	FF4163	ON20443	Leyland Olympian ON3R49C18Z4	Walter Alexander RH	H64/40D	1992	1998
CMB	LA6	FF3170	ON20444	Leyland Olympian ON3R49C18Z4	Walter Alexander RH	H64/40D	1992	1998
CMB	LA7	FF2854	ON20445	Leyland Olympian ON3R49C18Z4	Walter Alexander RH	H64/40D	1992	1998
KMB	AL140	FN7831	ON20457	Leyland Olympian ON3R49C18Z4	Walter Alexander RH	H63/39D	1993	2011
KMB	AL141	FP5351	ON20458	Leyland Olympian ON3R49C18Z4	Walter Alexander RH	H63/39D	1993	2011
KMB	AL149	FP9563	ON20459	Leyland Olympian ON3R49C18Z4	Walter Alexander RH	H63/39D	1993	2011
KMB	AL137	FN6824	ON20460	Leyland Olympian ON3R49C18Z4	Walter Alexander RH	H63/39D	1993	2011
KMB	AL147	FP8644	ON20461	Leyland Olympian ON3R49C18Z4	Walter Alexander RH	H63/39D	1993	2011
KMB	AL138	FN7122	ON20462	Leyland Olympian ON3R49C18Z4	Walter Alexander RH	H63/39D	1993	2011
KMB	AL145	FP6071	ON20463	Leyland Olympian ON3R49C18Z4	Walter Alexander RH	H63/39D	1993	2011
KMB	AL142	FP5449	ON20464	Leyland Olympian ON3R49C18Z4	Walter Alexander RH	H63/39D	1993	2011
KMB	AL144	FP5789	ON20465	Leyland Olympian ON3R49C18Z4	Walter Alexander RH	H63/39D	1993	2011
KMB	AL150	FP9847	ON20466	Leyland Olympian ON3R49C18Z4	Walter Alexander RH	H63/39D	1993	2011
KMB	AL143	FP5469	ON20467	Leyland Olympian ON3R49C18Z4	Walter Alexander RH	H63/39D	1993	2011
KMB	AL136	FM4502	ON20468	Leyland Olympian ON3R49C18Z4	Walter Alexander RH	H63/39D	1993	2011
CMB	LA16	FG8663	ON20469	Leyland Olympian ON3R49C18Z4	Walter Alexander RH	H64/40D	1992	1998
CMB	LA18	FH1086	ON20470	Leyland Olympian ON3R49C18Z4	Walter Alexander RH	H64/40D	1992	1998
CMB	LA25	FJ853	ON20471	Leyland Olympian ON3R49C18Z4	Walter Alexander RH	H64/40D	1992	1998
CMB	LA23	FH7208	ON20472	Leyland Olympian ON3R49C18Z4	Walter Alexander RH	H64/40D	1992	1998
CMB	LA24	FJ1017	ON20473	Leyland Olympian ON3R49C18Z4	Walter Alexander RH	H64/40D	1992	1998
CMB	LA17	FG9004	ON20474	Leyland Olympian ON3R49C18Z4	Walter Alexander RH	H64/40D	1992	1998
CMB	LA21	FH5136	ON20475	Leyland Olympian ON3R49C18Z4	Walter Alexander RH	H64/40D	1992	1998
CMB	LA20	FH4562	ON20476	Leyland Olympian ON3R49C18Z4	Walter Alexander RH	H64/40D	1992	1998
CMB	LA14	FG3725	ON20477	Leyland Olympian ON3R49C18Z4	Walter Alexander RH	H64/40D	1992	1998
CMB	LA15	FG4346	ON20478	Leyland Olympian ON3R49C18Z4	Walter Alexander RH	H64/40D	1992	1998
CTB	342	FR2937	ON20640	Leyland Olympian ON3R56C18Z5	Walter Alexander RH111/4992/7	H57/42D	1993	2009
CTB	343	FR3093	ON20641	Leyland Olympian ON3R56C18Z5	Walter Alexander RH111/4992/13	H57/42D	1993	2009
CTB	344	FS7312	ON20642	Leyland Olympian ON3R56C18Z5	Walter Alexander RH111/4992/19	H57/42D	1993	2015

公司	車隊編號	車牌	底盤編號	車型	車身	座位佈局	首次登記日期	退役日期
CTB	345	FR2618	ON20643	Leyland Olympian ON3R56C18Z5	Walter Alexander RH111/4992/4	H57/42D	1993	2006
CTB	346	FR3454	ON20644	Leyland Olympian ON3R56C18Z5	Walter Alexander RH111/4992/8	H57/42D	1993	2011
CTB	347	FR2763	ON20645	Leyland Olympian ON3R56C18Z5	Walter Alexander RH111/4992/17	H57/42D	1993	2010
CTB	348	FR3613	ON20646	Leyland Olympian ON3R56C18Z5	Walter Alexander RH111/4992/1	H57/42D	1993	2009
CTB	349	FR3055	ON20647	Leyland Olympian ON3R56C18Z5	Walter Alexander RH111/4992/11	H57/42D	1993	2011
CTB	350	FR7432	ON20737	Leyland Olympian ON3R56C18Z5	Walter Alexander RH111/4292/1	H57/42D	1993	2015
CTB	351	FR7947	ON20738	Leyland Olympian ON3R56C18Z5	Walter Alexander RH111/4292/2	H57/42D	1993	2009
CTB	352	FR3046	ON20739	Leyland Olympian ON3R56C18Z5	Walter Alexander RH111/4292/3	H57/42D	1993	2010
CTB	353	FS1819	ON20740	Leyland Olympian ON3R56C18Z5	Walter Alexander RH111/4292/4	H57/42D	1993	2015
CTB	354	FR5671	ON20741	Leyland Olympian ON3R56C18Z5	Walter Alexander RH111/4992/18	H57/42D	1993	2009
CTB	355	FR7062	ON20742	Leyland Olympian ON3R56C18Z5	Walter Alexander RH111/4992/15	H57/42D	1993	2009
CTB	356	FR3369	ON20743	Leyland Olympian ON3R56C18Z5	Walter Alexander RH111/4992/9	H57/42D	1993	2009
CTB	357	FR3501	ON20744	Leyland Olympian ON3R56C18Z5	Walter Alexander RH111/4992/3	H57/42D	1993	2015
CTB	358	FR2931	ON20745	Leyland Olympian ON3R56C18Z5	Walter Alexander RH111/4992/10	H57/42D	1993	2010
CTB	359	FR8225	ON20746	Leyland Olympian ON3R56C18Z5	Walter Alexander RH111/4992/14	H57/42D	1993	2009
CTB	360	FR6674	ON20747	Leyland Olympian ON3R56C18Z5	Walter Alexander RH111/4992/20	H57/42D	1993	2009
CTB	361	FR3912	ON20748	Leyland Olympian ON3R56C18Z5	Walter Alexander RH111/4992/6	H57/42D	1993	2011
CTB	362	FR3695	ON20749	Leyland Olympian ON3R56C18Z5	Walter Alexander RH111/4992/2	H57/42D	1993	2010
CTB	363	FR4162	ON20750	Leyland Olympian ON3R56C18Z5	Walter Alexander RH111/4992/5	H57/42D	1993	2010
CTB	364	FR5308	ON20884	Leyland Olympian ON3R56C18Z5	Walter Alexander RH111/4292/5	H57/42D	1993	2011
CTB	365	FS2231	ON20885	Leyland Olympian ON3R56C18Z5	Walter Alexander RH111/4292/6	H57/42D	1993	2011
CTB	366	FR6369	ON20886	Leyland Olympian ON3R56C18Z5	Walter Alexander RH111/4292/7	H57/42D	1993	2011
CTB	367	FR8472	ON20887	Leyland Olympian ON3R56C18Z5	Walter Alexander RH111/4292/8	H57/42D	1993	2010
CTB	368	FR5220	ON20888	Leyland Olympian ON3R56C18Z5	Walter Alexander RH111/4992/16	H57/42D	1993	2010
CTB	369	FR5468	ON20889	Leyland Olympian ON3R56C18Z5	Walter Alexander RH111/4992/12	H57/42D	1993	2010
CTB	370	FR5742	ON20890	Leyland Olympian ON3R56C18Z5	Walter Alexander RH111/4292/9	H57/42D	1993	2012
CTB	371	FR4546	ON20891	Leyland Olympian ON3R56C18Z5	Walter Alexander RH111/4292/10	H57/42D	1993	2010
CTB	372	FR4821	ON20892	Leyland Olympian ON3R56C18Z5	Walter Alexander RH111/4292/11	H57/42D	1993	2010
CTB	373	FR8415	ON20893	Leyland Olympian ON3R56C18Z5	Walter Alexander RH111/4292/12	H57/42D	1993	2010
CTB	374	FR8349	ON20894	Leyland Olympian ON3R56C18Z5	Walter Alexander RH111/4292/13	H57/42D	1993	2010
CTB	375	FR7570	ON20895	Leyland Olympian ON3R56C18Z5	Walter Alexander RH111/4292/14	H57/42D	1993	2011
CTB	376	FR6990	ON20896	Leyland Olympian ON3R56C18Z5	Walter Alexander RH111/4292/15	H57/42D	1993	2010
CTB	377	FR8386	ON20897	Leyland Olympian ON3R56C18Z5	Walter Alexander RH111/4292/16	H57/42D	1993	2010
CTB	378	FS6384	ON20898	Leyland Olympian ON3R56C18Z5	Walter Alexander RH111/4292/17	H57/42D	1993	2006
CTB	379	FR7911	ON20899	Leyland Olympian ON3R56C18Z5	Walter Alexander RH111/4292/18	H57/42D	1993	2010
CTB	380	FS5587	ON20900	Leyland Olympian ON3R56C18Z5	Walter Alexander RH111/4292/19	H57/42D	1993	2011
CTB	381	FS6392	ON20901	Leyland Olympian ON3R56C18Z5	Walter Alexander RH111/4292/20	H57/42D	1993	2006
CTB	382	FS5668	ON20902	Leyland Olympian ON3R56C18Z5	Walter Alexander RH111/4292/21	H57/42D	1993	2011
CTB	383	FS5030	ON20903	Leyland Olympian ON3R56C18Z5	Walter Alexander RH111/4292/22	H57/42D	1993	2015
CTB	384	FS6038	ON20904	Leyland Olympian ON3R56C18Z5	Walter Alexander RH111/4292/23	H57/42D	1993	2015
CTB	385	F55383	ON20905	Leyland Olympian ON3R56C18Z5	Walter Alexander RH111/4292/24	H57/42D	1993	2006
CTB	386	FS5611	ON20906	Leyland Olympian ON3R56C18Z5	Walter Alexander RH111/4292/25	H57/42D	1993	2006
CTB	387	FS4861	ON20907	Leyland Olympian ON3R56C18Z5	Walter Alexander RH111/4292/26	H57/42D	1993	2006
CTB	388	FS6141	ON20908	Leyland Olympian ON3R56C18Z5	Walter Alexander RH111/4292/27	H57/42D	1993	2015
CTB	389	FS7009	ON20909	Leyland Olympian ON3R56C18Z5	Walter Alexander RH111/4292/28	H57/42D	1993	2010
CTB	390	FS6492	ON20910	Leyland Olympian ON3R56C18Z5	Walter Alexander RH111/4292/29	H57/42D	1993	2010
CTB	391	FS7669	ON20911	Leyland Olympian ON3R56C18Z5	Walter Alexander RH111/4292/30	H57/42D	1993	2015

公司	車隊編號	車牌	底盤編號	車型	車身	座位佈局	首次登記日期	退役日期
CTB	392	FS9208	ON20912	Leyland Olympian ON3R56C18Z5	Walter Alexander RH111/4292/31	H57/42D	1993	2010
CTB	393	FS9252	ON20913	Leyland Olympian ON3R56C18Z5	Walter Alexander RH111/4292/32	H57/42D	1993	2015
CTB	206	FS7207	ON20914	Leyland Olympian ON3R49C18Z4	Walter Alexander RH114/4392/32	DPH49/37F	1993	2004
CTB	207	FS6695	ON20915	Leyland Olympian ON3R49C18Z4	Walter Alexander RH114/4392/31	DPH49/37F	1993	2004
CTB	208	FS3596	ON20916	Leyland Olympian ON3R49C18Z4	Walter Alexander RH114/4392/12	DPH49/37F	1993	2011
CTB	209	FS4088	ON20917	Leyland Olympian ON3R49C18Z4	Walter Alexander RH114/4392/13	DPH49/37F	1993	2011
CTB	210	FS4022	ON20918	Leyland Olympian ON3R49C18Z4	Walter Alexander RH114/4392/14	DPH49/37F	1993	2011
CTB	211	FS8100	ON20919	Leyland Olympian ON3R49C18Z4	Walter Alexander RH114/4392/27	DPH49/37F	1993	2011
CTB	212	FS2841	ON20920	Leyland Olympian ON3R49C18Z4	Walter Alexander RH114/4392/10	DPH49/37F	1993	2011
CTB	213	FS4075	ON20921	Leyland Olympian ON3R49C18Z4	Walter Alexander RH114/4392/11	DPH49/37F	1993	2011
CTB	214	FS2692	ON20922	Leyland Olympian ON3R49C18Z4	Walter Alexander RH114/4392/5	DPH49/37F	1993	2011
CTB	215	FS3166	ON20923	Leyland Olympian ON3R49C18Z4	Walter Alexander RH114/4392/16	DPH49/37F	1993	2011
CTB	216	FS7159	ON20924	Leyland Olympian ON3R49C18Z4	Walter Alexander RH114/4392/24	DPH49/37F	1993	2011
CTB	217	FS7820	ON20925	Leyland Olympian ON3R49C18Z4	Walter Alexander RH114/4392/19	DPH49/37F	1993	2011
CTB	218	FS2678	ON20926	Leyland Olympian ON3R49C18Z4	Walter Alexander RH114/4392/17	DPH49/37F	1993	2011
CTB	219	FS7829	ON20927	Leyland Olympian ON3R49C18Z4	Walter Alexander RH114/4392/30	DPH49/37F	1993	2011
CTB	220	FS3991	ON20928	Leyland Olympian ON3R49C18Z4	Walter Alexander RH114/4392/3	DPH49/37F	1993	2015
CTB	221	FS6891	ON20929	Leyland Olympian ON3R49C18Z4	Walter Alexander RH114/4392/15	O49/37F	1993	2015
CTB	222	FS3055	ON20930	Leyland Olympian ON3R49C18Z4	Walter Alexander RH114/4392/2	DPH49/37F	1993	2014
CTB	223	FS4341	ON20931	Leyland Olympian ON3R49C18Z4	Walter Alexander RH114/4392/8	DPH49/37F	1993	2014
CTB	224	FS3026	ON20932	Leyland Olympian ON3R49C18Z4	Walter Alexander RH114/4392/9	DPH49/37F	1993	2014
CTB	225	FS8209	ON20933	Leyland Olympian ON3R49C18Z4	Walter Alexander RH114/4392/20	DPH49/37F	1993	2014
CTB	226	FS7274	ON20934	Leyland Olympian ON3R49C18Z4	Walter Alexander RH114/4392/22	DPH49/37F	1993	2015
CTB	227	FS3214	ON20935	Leyland Olympian ON3R49C18Z4	Walter Alexander RH114/4392/4	DPH49/37F	1993	2004
CTB	228	FS7921	ON20936	Leyland Olympian ON3R49C18Z4	Walter Alexander RH114/4392/25	DPH49/37F	1993	2011
CTB	229	FS6880	ON20937	Leyland Olympian ON3R49C18Z4	Walter Alexander RH114/4392/33	DPH49/37F	1993	2011
CTB	230	FS7682	ON20938	Leyland Olympian ON3R49C18Z4	Walter Alexander RH114/4392/23	DPH49/37F	1993	2011
CTB	231	FS3645	ON20939	Leyland Olympian ON3R49C18Z4	Walter Alexander RH114/4392/1	DPH49/37F	1993	2011
CTB	232	FS4481	ON20940	Leyland Olympian ON3R49C18Z4	Walter Alexander RH114/4392/6	DPH49/37F	1993	2011
CTB	233	FS3544	ON20941	Leyland Olympian ON3R49C18Z4	Walter Alexander RH114/4392/18	DPH49/37F	1993	2011
CTB	234	FS7418	ON20942	Leyland Olympian ON3R49C18Z4	Walter Alexander RH114/4392/21	DPH49/37F	1993	2011
CTB	235	FS8420	ON20943	Leyland Olympian ON3R49C18Z4	Walter Alexander RH114/4392/28	DPH49/37F	1993	2011
CTB	236	FS6950	ON20944	Leyland Olympian ON3R49C18Z4	Walter Alexander RH114/4392/29	DPH49/37F	1993	2011
CTB	237	FS6873	ON20945	Leyland Olympian ON3R49C18Z4	Walter Alexander RH114/4392/26	DPH49/37F	1993	2011
CTB	238	FS2847	ON20946	Leyland Olympian ON3R49C18Z4	Walter Alexander RH114/4392/7	DPH49/37F	1993	2011
CTB	394	FW5526	ON21034	Leyland Olympian ON3R56C18Z5	Walter Alexander RH111/393/1	H57/42D	1994	2011
CTB	395	FW4489	ON21035	Leyland Olympian ON3R56C18Z5	Walter Alexander RH111/393/2	H57/42D	1994	2011

Dennis Dragon / Condor

公司	車隊編號	車牌	底盤編號	車型	車身	座位佈局	首次登記日期	退役日期
KMB	AD1	EL5113	DDA1806-515	Dennis Dragon 11m AC	Duple Metsec	H66/41D	1990	2007
CMB	DA12	EN9804	DDA1809-612	Dennis Condor 11m AC	Duple Metsec W46	H53/40D	1990	2004
CMB	DA5	EN1721	DDA1809-613	Dennis Condor 11m AC	Duple Metsec W46	H53/40D	1990	2004
CMB	DA6	EN758	DDA1809-614	Dennis Condor 11m AC	Duple Metsec W46	H53/40D	1990	2004
CMB	DA9	EN5953	DDA1809-615	Dennis Condor 11m AC	Duple Metsec W46	H53/40D	1990	2004

公司	車隊編號	車牌	底盤編號	車型	車身	座位佈局	首次登記日期	退役日期
CMB	DA11	EN6522	DDA1809-616	Dennis Condor 11m AC	Duple Metsec W46	H53/40D	1990	2004
CMB	DA10	EN8287	DDA1809-617	Dennis Condor 11m AC	Duple Metsec W46	H53/40D	1990	2004
CMB	DA7	EN2946	DDA1809-618	Dennis Condor 11m AC	Duple Metsec W46	H53/40D	1990	2004
CMB	DA1	EM8539	DDA1809-619	Dennis Condor 11m AC	Duple Metsec W46	H53/40D	1990	2004
CMB	DA2	EM8983	DDA1809-620	Dennis Condor 11m AC	Duple Metsec W46	H53/40D	1990	2004
CMB	DA3	EN275	DDA1809-621	Dennis Condor 11m AC	Duple Metsec W46	H53/40D	1990	2004
CMB	DA8	EN2924	DDA1809-622	Dennis Condor 11m AC	Duple Metsec W46	H53/40D	1990	2004
CMB	DA4	EM8645	DDA1809-623	Dennis Condor 11m AC	Duple Metsec W46	H53/40D	1990	2004
KMB	AD20	EV4864	DDA1811-652	Dennis Dragon 11m AC	Duple Metsec	H62/40D	1991	2008
KMB	AD21	EV5507	DDA1811-653	Dennis Dragon 11m AC	Duple Metsec	H62/40D	1991	2008
KMB	AD7	EU7919	DDA1811-654	Dennis Dragon 11m AC	Duple Metsec	H62/40D	1991	2007
KMB	AD2	EU7058	DDA1811-655	Dennis Dragon 11m AC	Duple Metsec	H62/40D	1991	1996
KMB	AD19	EV5814	DDA1811-656	Dennis Dragon 11m AC	Duple Metsec	H62/40D	1991	2008
KMB	AD13	EV3286	DDA1811-657	Dennis Dragon 11m AC	Duple Metsec	H62/40D	1991	2009
KMB	AD5	EU7649	DDA1811-658	Dennis Dragon 11m AC	Duple Metsec	H62/40D	1991	2009
KMB	AD6	EU7767	DDA1811-659	Dennis Dragon 11m AC	Duple Metsec	H62/40D	1991	2009
KMB	AD12	EV2021	DDA1811-660	Dennis Dragon 11m AC	Duple Metsec	H62/40D	1991	2009
KMB	AD15	EV4297	DDA1811-661	Dennis Dragon 11m AC	Duple Metsec	H62/40D	1991	2009
KMB	AD10	EU9446	DDA1811-662	Dennis Dragon 11m AC	Duple Metsec	H62/40D	1991	2009
KMB	AD11	EU9067	DDA1811-663	Dennis Dragon 11m AC	Duple Metsec	H62/40D	1991	2008
KMB	AD3	EU7248	DDA1811-664	Dennis Dragon 11m AC	Duple Metsec	H62/40D	1991	2009
KMB	AD16	EV3060	DDA1811-665	Dennis Dragon 11m AC	Duple Metsec	H62/40D	1991	2008
KMB	AD9	EU9513	DDA1811-666	Dennis Dragon 11m AC	Duple Metsec	H62/40D	1991	2009
KMB	AD17	EV3201	DDA1811-667	Dennis Dragon 11m AC	Duple Metsec	H62/40D	1991	2008
KMB	AD4	EU7509	DDA1811-668	Dennis Dragon 11m AC	Duple Metsec	H62/40D	1991	2009
KMB	AD18	EV3767	DDA1811-669	Dennis Dragon 11m AC	Duple Metsec	H62/40D	1991	2009
KMB	AD8	EU9201	DDA1811-670	Dennis Dragon 11m AC	Duple Metsec	H62/40D	1991	2009
KMB	AD14	EV4156	DDA1811-671	Dennis Dragon 11m AC	Duple Metsec	H62/40D	1991	2008
CMB	DA13	EU7418	DDA1809-672	Dennis Condor 11m AC	Duple Metsec	H53/40D	1991	2006
CMB	DA14	EU7840	DDA1809-673	Dennis Condor 11m AC	Duple Metsec	H53/40D	1991	2008
CMB	DA19	EV1016	DDA1809-674	Dennis Condor 11m AC	Duple Metsec	H53/40D	1991	2006
CMB	DA15	EU8719	DDA1809-675	Dennis Condor 11m AC	Duple Metsec	H53/40D	1991	2009
CMB	DA17	EV2009	DDA1809-676	Dennis Condor 11m AC	Duple Metsec	H53/40D	1991	2004
CMB	DA36	EW6985	DDA1809-677	Dennis Condor 11m AC	Duple Metsec	H53/40D	1991	2009
CMB	DA30	EW1691	DDA1809-678	Dennis Condor 11m AC	Duple Metsec	H53/40D	1991	2006
CMB	DA31	EW4319	DDA1809-679	Dennis Condor 11m AC	Duple Metsec	H53/40D	1991	2009
CMB	DA34	EW5006	DDA1809-680	Dennis Condor 11m AC	Duple Metsec	H53/40D	1991	2009
CMB	DA18	EV1394	DDA1809-681	Dennis Condor 11m AC	Duple Metsec	H53/40D	1991	2009
CMB	DA33	EW4639	DDA1809-682	Dennis Condor 11m AC	Duple Metsec	H53/40D	1991	2009
CMB	DA32	EW4321	DDA1809-683	Dennis Condor 11m AC	Duple Metsec	H53/40D	1991	2009
CMB	DA29	EW1940	DDA1809-684	Dennis Condor 11m AC	Duple Metsec	H53/40D	1991	2006
CMB	DA35	EW8101	DDA1809-685	Dennis Condor 11m AC	Duple Metsec	H53/40D	1991	2009
CMB	DA23	EV7489	DDA1809-686	Dennis Condor 11m AC	Duple Metsec	H53/40D	1991	2007
CMB	DA24	EV7207	DDA1809-687	Dennis Condor 11m AC	Duple Metsec	H53/40D	1991	2009
CMB	DA25	EV9195	DDA1809-688	Dennis Condor 11m AC	Duple Metsec	H53/40D	1991	2009
CMB	DA27	EW1256	DDA1809-689	Dennis Condor 11m AC	Duple Metsec	H53/40D	1991	2008
CMB	DA26	EV9176	DDA1809-690	Dennis Condor 11m AC	Duple Metsec	H53/40D	1991	2009

公司	車隊編號	車牌	底盤編號	車型	車身	座位佈局	首次登記日期	退役日期
CMB	DA28	EW724	DDA1809-691	Dennis Condor 11m AC	Duple Metsec	H53/40D	1991	2008
CMB	DA20	EV2743	DDA1809-692	Dennis Condor 11m AC	Duple Metsec	H53/40D	1991	2009
CMB	DA21	EV2652	DDA1809-693	Dennis Condor 11m AC	Duple Metsec	H53/40D	1991	2007
CMB	DA16	EV352	DDA1809-694	Dennis Condor 11m AC	Duple Metsec	H53/40D	1991	2007
CMB	DA22	EV6409	DDA1809-695	Dennis Condor 11m AC	Duple Metsec	H53/40D	1991	2007
KMB	AD26	EW2459	DDA1811-696	Dennis Dragon 11m AC	Duple Metsec	H62/40D	1991	2009
KMB	AD23	EW1005	DDA1811-697	Dennis Dragon 11m AC	Duple Metsec	H62/40D	1991	2008
KMB	AD24	EW1306	DDA1811-698	Dennis Dragon 11m AC	Duple Metsec	H62/40D	1991	2009
KMB	AD25	EW1694	DDA1811-699	Dennis Dragon 11m AC	Duple Metsec	H62/40D	1991	2008
KMB	AD22	EW699	DDA1811-700	Dennis Dragon 11m AC	Duple Metsec	H62/40D	1991	2009
KMB	AD27	EW3309	DDA1811-701	Dennis Dragon 11m AC	Duple Metsec	H62/40D	1991	2009
KMB	AD30	EW3074	DDA1811-702	Dennis Dragon 11m AC	Duple Metsec	H62/40D	1991	2009
KMB	AD38	EW9016	DDA1811-703	Dennis Dragon 11m AC	Duple Metsec	H62/40D	1991	2008
KMB	AD28	EW3508	DDA1811-704	Dennis Dragon 11m AC	Duple Metsec	H62/40D	1991	2009
KMB	AD34	EW5608	DDA1811-705	Dennis Dragon 11m AC	Duple Metsec	H62/40D	1991	2009
KMB	AD37	EW8437	DDA1811-706	Dennis Dragon 11m AC	Duple Metsec	H62/40D	1991	2009
KMB	AD35	EW6225	DDA1811-707	Dennis Dragon 11m AC	Duple Metsec	H62/40D	1991	2005
KMB	AD29	EW3806	DDA1811-708	Dennis Dragon 11m AC	Duple Metsec	H62/40D	1991	2009
KMB	AD33	EW6304	DDA1811-709	Dennis Dragon 11m AC	Duple Metsec	H62/40D	1991	2009
KMB	AD39	EW9809	DDA1811-710	Dennis Dragon 11m AC	Duple Metsec	H62/40D	1991	2008
KMB	AD32	EW5598	DDA1811-711	Dennis Dragon 11m AC	Duple Metsec	H62/40D	1991	2009
KMB	AD41	EX2369	DDA1811-712	Dennis Dragon 11m AC	Duple Metsec	H62/40D	1991	2009
KMB	AD40	EX2116	DDA1811-713	Dennis Dragon 11m AC	Duple Metsec	H62/40D	1991	2009
KMB	AD31	EW3979	DDA1811-714	Dennis Dragon 11m AC	Duple Metsec	H62/40D	1991	2008
KMB	AD36	EW7507	DDA1811-715	Dennis Dragon 11m AC	Duple Metsec	H62/40D	1991	2008
KMB	AD48	FC4888	DDA1811-716	Dennis Dragon 11m AC	Duple Metsec	H62/40D	1992	2010
KMB	AD47	FC321	DDA1811-717	Dennis Dragon 11m AC	Duple Metsec	H62/40D	1992	2009
KMB	AD50	FC5718	DDA1811-718	Dennis Dragon 11m AC	Duple Metsec	H62/40D	1992	2010
KMB	AD61	FD1436	DDA1811-719	Dennis Dragon 11m AC	Duple Metsec	H62/40D	1992	2010
KMB	AD60	FD1232	DDA1811-720	Dennis Dragon 11m AC	Duple Metsec	H62/40D	1992	2010
KMB	AD43	FB9527	DDA1811-721	Dennis Dragon 11m AC	Duple Metsec	H62/40D	1992	2009
KMB	AD45	FB9728	DDA1811-722	Dennis Dragon 11m AC	Duple Metsec	H62/40D	1992	2010
KMB	AD54	FC6282	DDA1811-723	Dennis Dragon 11m AC	Duple Metsec	H62/40D	1992	2010
KMB	AD52	FC5772	DDA1811-724	Dennis Dragon 11m AC	Duple Metsec	H62/40D	1992	2010
KMB	AD42	FB8780	DDA1811-725	Dennis Dragon 11m AC	Duple Metsec	H62/40D	1992	2010
KMB	AD44	FB9226	DDA1811-726	Dennis Dragon 11m AC	Duple Metsec	H62/40D	1992	2009
KMB	AD49	FC5018	DDA1811-727	Dennis Dragon 11m AC	Duple Metsec	H62/40D	1992	2010
KMB	AD58	FD1146	DDA1811-728	Dennis Dragon 11m AC	Duple Metsec	H62/40D	1992	2010
KMB	AD51	FC5745	DDA1811-729	Dennis Dragon 11m AC	Duple Metsec	H62/40D	1992	2010
KMB	AD55	FC6330	DDA1811-730	Dennis Dragon 11m AC	Duple Metsec	H62/40D	1992	2010
KMB	AD62	FD1603	DDA1811-731	Dennis Dragon 11m AC	Duple Metsec	H62/40D	1992	2010
KMB	AD46	FB9897	DDA1811-732	Dennis Dragon 11m AC	Duple Metsec	H62/40D	1992	2010
KMB	AD57	FD1091	DDA1811-733	Dennis Dragon 11m AC	Duple Metsec	H62/40D	1992	2010
KMB	AD59	FD1179	DDA1811-734	Dennis Dragon 11m AC	Duple Metsec	H62/40D	1992	2010
KMB	AD53	FC6037	DDA1811-735	Dennis Dragon 11m AC	Duple Metsec	H62/40D	1992	2015
KMB	AD56	FC6469	DDA1811-736	Dennis Dragon 11m AC	Duple Metsec	H62/40D	1992	2010
KMB	AD64	FD1879	DDA1811-737	Dennis Dragon 11m AC	Duple Metsec	H62/40D	1992	2010

公司	車隊編號	車牌	底盤編號	車型	車身	座位佈局	首次登記日期	退役日期
KMB	AD79	FD5906	DDA1811-738	Dennis Dragon 11m AC	Duple Metsec	H62/40D	1992	2010
KMB	AD66	FD2497	DDA1811-739	Dennis Dragon 11m AC	Duple Metsec	H62/40D	1992	2010
KMB	AD65	FD2180	DDA1811-740	Dennis Dragon 11m AC	Duple Metsec	H62/40D	1992	2010
KMB	AD63	FD1755	DDA1811-741	Dennis Dragon 11m AC	Duple Metsec	H62/40D	1992	2010
KMB	AD80	FD5962	DDA1811-742	Dennis Dragon 11m AC	Duple Metsec	H62/40D	1992	2010
KMB	AD73	FD5587	DDA1811-743	Dennis Dragon 11m AC	Duple Metsec	H62/40D	1992	2010
KMB	AD71	FD5410	DDA1811-744	Dennis Dragon 11m AC	Duple Metsec	H62/40D	1992	2010
KMB	AD82	FD6118	DDA1811-745	Dennis Dragon 11m AC	Duple Metsec	H62/40D	1992	2010
KMB	AD68	FD4715	DDA1811-746	Dennis Dragon 11m AC	Duple Metsec	H62/40D	1992	2015
KMB	AD67	FD4612	DDA1811-747	Dennis Dragon 11m AC	Duple Metsec	H62/40D	1992	2010
KMB	AD74	FD5735	DDA1811-748	Dennis Dragon 11m AC	Duple Metsec	H62/40D	1992	2010
KMB	AD78	FD5872	DDA1811-749	Dennis Dragon 11m AC	Duple Metsec	H62/40D	1992	2010
KMB	AD76	FD5801	DDA1811-750	Dennis Dragon 11m AC	Duple Metsec	H62/40D	1992	2010
KMB	AD77	FD5806	DDA1811-751	Dennis Dragon 11m AC	Duple Metsec	H62/40D	1992	2010
KMB	AD84	FD6420	DDA1811-752	Dennis Dragon 11m AC	Duple Metsec	H62/40D	1992	2010
KMB	AD81	FD5993	DDA1811-753	Dennis Dragon 11m AC	Duple Metsec	H62/40D	1992	2010
KMB	AD70	FD5407	DDA1811-754	Dennis Dragon 11m AC	Duple Metsec	H62/40D	1992	2010
KMB	AD69	FD4750	DDA1811-755	Dennis Dragon 11m AC	Duple Metsec	H62/40D	1992	2010
KMB	AD75	FD5793	DDA1811-756	Dennis Dragon 11m AC	Duple Metsec	H62/40D	1992	2010
KMB	AD83	FD6160	DDA1811-757	Dennis Dragon 11m AC	Duple Metsec	H62/40D	1992	2010
KMB	AD72	FD5520	DDA1811-758	Dennis Dragon 11m AC	Duple Metsec	H62/40D	1992	2010
KMB	AD85	FD6725	DDA1811-759	Dennis Dragon 11m AC	Duple Metsec	H62/40D	1992	2010
KMB	AD111	FK6019	DDA1813-760	Dennis Dragon 11m AC	Duple Metsec W70	H62/40D	1993	2015
KMB	AD107	FK4563	DDA1813-761	Dennis Dragon 11m AC	Duple Metsec W70	H62/40D	1993	2010
KMB	AD104	FK2988	DDA1813-762	Dennis Dragon 11m AC	Duple Metsec W53	H62/40D	1992	2010
KMB	AD110	FK5141	DDA1813-763	Dennis Dragon 11m AC	Duple Metsec W70	H62/40D	1993	2015
KMB	AD109	FK5072	DDA1813-764	Dennis Dragon 11m AC	Duple Metsec W70	H62/40D	1993	2010
KMB	AD108	FK4875	DDA1813-765	Dennis Dragon 11m AC	Duple Metsec W70	H62/40D	1993	2015
KMB	AD89	FH2119	DDA1813-766	Dennis Dragon 11m AC	Duple Metsec W53	H62/40D	1992	2010
KMB	AD105	FK3292	DDA1813-767	Dennis Dragon 11m AC	Duple Metsec W53	H62/40D	1992	2010
KMB	AD91	FH2202	DDA1813-768	Dennis Dragon 11m AC	Duple Metsec W53	H62/40D	1992	2009
KMB	AD86	FH772	DDA1813-769	Dennis Dragon 11m AC	Duple Metsec W53	H62/40D	1992	2010
KMB	AD96	FH9577	DDA1813-770	Dennis Dragon 11m AC	Duple Metsec W53	H62/40D	1992	2010
KMB	AD93	FH5548	DDA1813-771	Dennis Dragon 11m AC	Duple Metsec W53	H62/40D	1992	2010
KMB	AD90	FH2171	DDA1813-772	Dennis Dragon 11m AC	Duple Metsec W53	H62/40D	1992	2010
KMB	AD99	FJ8921	DDA1813-773	Dennis Dragon 11m AC	Duple Metsec W53	H62/40D	1992	2010
KMB	AD118	FL1437	DDA1813-774	Dennis Dragon 11m AC	Duple Metsec W70	H62/40D	1993	2015
KMB	AD87	FH1393	DDA1813-775	Dennis Dragon 11m AC	Duple Metsec W53	H62/40D	1992	2010
KMB	AD106	FK4038	DDA1813-776	Dennis Dragon 11m AC	Duple Metsec W53	H62/40D	1992	2010
KMB	AD117	FL1282	DDA1813-777	Dennis Dragon 11m AC	Duple Metsec W70	H62/40D	1993	2015
KMB	AD100	FJ8931	DDA1813-778	Dennis Dragon 11m AC	Duple Metsec W53	H62/40D	1992	2010
KMB	AD115	FL724	DDA1813-778	Dennis Dragon 11m AC	Duple Metsec W70	H62/40D	1993	2015
KMB	AD123	FL2498	DDA1813-779	Dennis Dragon 11m AC	Duple Metsec W70	H62/40D	1993	2015
KMB	AD120	FL1978	DDA1813-780	Dennis Dragon 11m AC	Duple Metsec W70	H62/40D	1993	2011
KMB	AD112	FL562	DDA1813-781	Dennis Dragon 11m AC	Duple Metsec W70	H62/40D	1993	2015
KMB	AD103	FK455	DDA1813-782	Dennis Dragon 11m AC	Duple Metsec W53	H62/40D	1992	2010
KMB	AD114	FL652	DDA1813-783	Dennis Dragon 11m AC	Duple Metsec W70	H62/40D	1993	2011

公司	車隊編號	車牌	底盤編號	車型	車身	座位佈局	首次登記日期	退役日期
KMB	AD98	FJ8627	DDA1813-784	Dennis Dragon 11m AC	Duple Metsec W53	H62/40D	1992	2010
KMB	AD102	FJ9228	DDA1813-785	Dennis Dragon 11m AC	Duple Metsec W53	H62/40D	1992	2010
KMB	AD122	FL2434	DDA1813-786	Dennis Dragon 11m AC	Duple Metsec W70	H62/40D	1993	2011
KMB	AD88	FH2110	DDA1813-787	Dennis Dragon 11m AC	Duple Metsec W53	H62/40D	1992	2010
KMB	AD101	FJ9070	DDA1813-789	Dennis Dragon 11m AC	Duple Metsec W53	H62/40D	1992	2010
KMB	AD121	FL2085	DDA1813-790	Dennis Dragon 11m AC	Duple Metsec W70	H62/40D	1993	2015
KMB	AD126	FM5360	DDA1813-791	Dennis Dragon 11m AC	Duple Metsec W70	H62/40D	1993	2011
KMB	AD127	FM5444	DDA1813-792	Dennis Dragon 11m AC	Duple Metsec W70	H62/40D	1993	2011
KMB	AD113	FL590	DDA1813-793	Dennis Dragon 11m AC	Duple Metsec W70	H62/40D	1993	2011
KMB	AD92	FH4920	DDA1813-794	Dennis Dragon 11m AC	Duple Metsec W53	H62/40D	1992	2010
KMB	AD129	FM5897	DDA1813-795	Dennis Dragon 11m AC	Duple Metsec W70	H62/40D	1993	2010
KMB	AD124	FM4674	DDA1813-796	Dennis Dragon 11m AC	Duple Metsec W70	H62/40D	1993	2015
KMB	AD95	FH9512	DDA1813-797	Dennis Dragon 11m AC	Duple Metsec W53	H62/40D	1992	2010
KMB	AD116	FL954	DDA1813-808	Dennis Dragon 11m AC	Duple Metsec W70	H62/40D	1993	2011
KMB	AD130	FM5987	DDA1813-809	Dennis Dragon 11m AC	Duple Metsec W70	H62/40D	1993	2011
KMB	AD128	FM5652	DDA1813-810	Dennis Dragon 11m AC	Duple Metsec W70	H62/40D	1993	2015
KMB	AD125	FM4824	DDA1813-811	Dennis Dragon 11m AC	Duple Metsec W70	H62/40D	1993	2011
KMB	AD119	FL1504	DDA1813-812	Dennis Dragon 11m AC	Duple Metsec W70	H62/40D	1993	2011
KMB	AD94	FH8543	DDA1813-813	Dennis Dragon 11m AC	Duple Metsec W53	H62/40D	1992	2010
KMB	AD97	FJ8597	DDA1813-814	Dennis Dragon 11m AC	Duple Metsec W53	H62/40D	1992	2010
CMB	DA55	FU3477	DDA1817-846	Dennis Condor 11m AC	Duple Metsec	H53/40D	1993	2011
CMB	DA38	FS3241	DDA1817-847	Dennis Condor 11m AC	Duple Metsec	H53/40D	1993	2010
CMB	DA52	FT7484	DDA1817-848	Dennis Condor 11m AC	Duple Metsec	H53/40D	1993	2010
CMB	DA54	FU684	DDA1817-849	Dennis Condor 11m AC	Duple Metsec	H53/40D	1993	2010
CMB	DA45	FT3674	DDA1817-850	Dennis Condor 11m AC	Duple Metsec	H53/40D	1993	2011
CMB	DA51	FT8465	DDA1817-851	Dennis Condor 11m AC	Duple Metsec	H53/40D	1993	2011
CMB	DA56	FU4461	DDA1817-852	Dennis Condor 11m AC	Duple Metsec	H53/40D	1993	2011
CMB	DA37	FS3024	DDA1817-853	Dennis Condor 11m AC	Duple Metsec	H53/40D	1993	2010
CMB	DA46	FT2896	DDA1817-854	Dennis Condor 11m AC	Duple Metsec	H53/40D	1993	2011
CMB	DA47	FT5168	DDA1817-855	Dennis Condor 11m AC	Duple Metsec	H53/40D	1993	2011
CMB	DA43	FT336	DDA1817-856	Dennis Condor 11m AC	Duple Metsec	H53/40D	1993	2011
CMB	DA49	FT5696	DDA1817-857	Dennis Condor 11m AC	Duple Metsec	H53/40D	1993	2011
CMB	DA42	FS6573	DDA1817-858	Dennis Condor 11m AC	Duple Metsec	H53/40D	1993	2011
CMB	DA41	FS7967	DDA1817-859	Dennis Condor 11m AC	Duple Metsec	H53/40D	1993	2011
CMB	DA48	FT5295	DDA1817-860	Dennis Condor 11m AC	Duple Metsec	H53/40D	1993	2011
CMB	DA44	FS8718	DDA1817-861	Dennis Condor 11m AC	Duple Metsec	H53/40D	1993	2011
CMB	DA39	FS5635	DDA1817-862	Dennis Condor 11m AC	Duple Metsec	H53/40D	1993	2010
CMB	DA40	FS5294	DDA1817-863	Dennis Condor 11m AC	Duple Metsec	H53/40D	1993	2010
CMB	DA50	FT5059	DDA1817-864	Dennis Condor 11m AC	Duple Metsec	H53/40D	1993	2010
CMB	DA53	FU1457	DDA1817-865	Dennis Condor 11m AC	Duple Metsec	H53/40D	1993	2011
KMB	ADS27	FU2195	DDA2201-867	Dennis Dragon 9.9m AC	Duple Metsec	H55/34D	1993	2011
KMB	ADS24	FT9178	DDA2201-876	Dennis Dragon 9.9m AC	Duple Metsec	H55/34D	1993	2011
KMB	ADS8	FT182	DDA2201-877	Dennis Dragon 9.9m AC	Duple Metsec	H55/34D	1993	2011
KMB	ADS6	FT144	DDA2201-878	Dennis Dragon 9.9m AC	Duple Metsec	H55/34D	1993	2011
KMB	ADS26	FU1694	DDA2201-879	Dennis Dragon 9.9m AC	Duple Metsec	H55/34D	1993	2011
KMB	ADS30	FV7835	DDA2201-880	Dennis Dragon 9.9m AC	Duple Metsec	H55/34D	1993	2011
KMB	ADS4	FS9108	DDA2201-881	Dennis Dragon 9.9m AC	Duple Metsec	H55/34D	1993	2011

公司	車隊編號	車牌	底盤編號	車型	車身	座位佈局	首次登記日期	退役日期
KMB	ADS1	FS7340	DDA2201-882	Dennis Dragon 9.9m AC	Duple Metsec	H55/34D	1993	2011
KMB	ADS3	FS8419	DDA2201-883	Dennis Dragon 9.9m AC	Duple Metsec	H55/34D	1993	2011
KMB	ADS10	FT2125	DDA2201-884	Dennis Dragon 9.9m AC	Duple Metsec	H55/34D	1993	2011
KMB	ADS2	FS8396	DDA2201-885	Dennis Dragon 9.9m AC	Duple Metsec	H55/34D	1993	2011
KMB	ADS7	FS9772	DDA2201-886	Dennis Dragon 9.9m AC	Duple Metsec	H55/34D	1993	2011
KMB	ADS9	FT1039	DDA2201-887	Dennis Dragon 9.9m AC	Duple Metsec	H55/34D	1993	2011
KMB	ADS11	FT3273	DDA2201-888	Dennis Dragon 9.9m AC	Duple Metsec	H55/34D	1993	2011
KMB	ADS5	FS9649	DDA2201-889	Dennis Dragon 9.9m AC	Duple Metsec	H55/34D	1993	2011
KMB	ADS13	FT3867	DDA2201-890	Dennis Dragon 9.9m AC	Duple Metsec	H55/34D	1993	2011
KMB	ADS12	FT3339	DDA2201-891	Dennis Dragon 9.9m AC	Duple Metsec	H55/34D	1993	2011
KMB	ADS23	FT8994	DDA2201-892	Dennis Dragon 9.9m AC	Duple Metsec	H55/34D	1993	2011
KMB	ADS15	FT4465	DDA2201-893	Dennis Dragon 9.9m AC	Duple Metsec	H55/34D	1993	2011
KMB	ADS14	FT4173	DDA2201-894	Dennis Dragon 9.9m AC	Duple Metsec	H55/34D	1993	2011
KMB	ADS22	FT9056	DDA2201-895	Dennis Dragon 9.9m AC	Duple Metsec	H55/34D	1993	2011
KMB	ADS25	FU1098	DDA2201-896	Dennis Dragon 9.9m AC	Duple Metsec	H55/34D	1993	2011
KMB	ADS18	FT6673	DDA2201-897	Dennis Dragon 9.9m AC	Duple Metsec	H55/34D	1993	2011
KMB	ADS29	FU4387	DDA2201-898	Dennis Dragon 9.9m AC	Duple Metsec	H55/34D	1993	2011
KMB	ADS21	FT9054	DDA2201-899	Dennis Dragon 9.9m AC	Duple Metsec	H55/34D	1993	2011
KMB	ADS16	FT4764	DDA2201-900	Dennis Dragon 9.9m AC	Duple Metsec	H55/34D	1993	2011
KMB	ADS20	FT8209	DDA2201-901	Dennis Dragon 9.9m AC	Duple Metsec	H55/34D	1993	2011
KMB	ADS17	FT5712	DDA2201-902	Dennis Dragon 9.9m AC	Duple Metsec	H55/34D	1993	2011
KMB	ADS19	FT7214	DDA2201-903	Dennis Dragon 9.9m AC	Duple Metsec	H55/34D	1993	2011
KMB	ADS28	FU2776	DDA2201-904	Dennis Dragon 9.9m AC	Duple Metsec	H55/34D	1993	2011
KMB	AD195	GL9153	DDA1819-965	Dennis Dragon 11m AC	Duple Metsec W70	H62/40D	1995	2013
KMB	AD175	GJ5319	DDA1819-966	Dennis Dragon 11m AC	Duple Metsec W70	H62/40D	1995	2013
KMB	AD173	GJ5069	DDA1819-967	Dennis Dragon 11m AC	Duple Metsec W70	H62/40D	1995	2013
KMB	AD201	GL8933	DDA1819-968	Dennis Dragon 11m AC	Duple Metsec W70	H62/40D	1995	2013
KMB	AD188	GJ6229	DDA1819-969	Dennis Dragon 11m AC	Duple Metsec W70	H62/40D	1995	2013
KMB	AD176	GJ5334	DDA1819-970	Dennis Dragon 11m AC	Duple Metsec W70	H62/40D	1995	2013
KMB	AD142	GH6239	DDA1819-971	Dennis Dragon 11m AC	Duple Metsec W70	H62/40D	1995	2013
KMB	AD178	GJ5568	DDA1819-972	Dennis Dragon 11m AC	Duple Metsec W70	H62/40D	1995	2013
KMB	AD159	GJ3964	DDA1819-973	Dennis Dragon 11m AC	Duple Metsec W70	H62/40D	1995	2013
KMB	AD162	GJ4084	DDA1819-974	Dennis Dragon 11m AC	Duple Metsec W70	H62/40D	1995	2013
KMB	AD177	GJ5466	DDA1819-975	Dennis Dragon 11m AC	Duple Metsec W70	H62/40D	1995	2013
KMB	AD160	GJ3965	DDA1819-976	Dennis Dragon 11m AC	Duple Metsec W70	H62/40D	1995	2013
KMB	AD179	GJ5727	DDA1819-977	Dennis Dragon 11m AC	Duple Metsec W70	H62/40D	1995	2013
KMB	AD158	GJ3815	DDA1819-978	Dennis Dragon 11m AC	Duple Metsec W70	H62/40D	1995	2013
KMB	AD183	GJ5913	DDA1819-979	Dennis Dragon 11m AC	Duple Metsec W70	H62/40D	1995	2013
KMB	AD186	GJ6162	DDA1819-980	Dennis Dragon 11m AC	Duple Metsec W70	H62/40D	1995	2013
KMB	AD167	GJ4622	DDA1819-981	Dennis Dragon 11m AC	Duple Metsec W70	H62/40D	1995	2013
KMB	AD185	GJ6017	DDA1819-982	Dennis Dragon 11m AC	Duple Metsec W70	H62/40D	1995	2013
KMB	AD141	GH6231	DDA1819-983	Dennis Dragon 11m AC	Duple Metsec W70	H62/40D	1995	2013
KMB	AD181	GJ5792	DDA1819-984	Dennis Dragon 11m AC	Duple Metsec W70	H62/40D	1995	2013
CTB	701	GD1492	DDA2202-985	Dennis Dragon 10.4m	Duple Metsec W65/01468001	H50/37F	1994	2000
KMB	AD166	GJ4402	DDA1819-986	Dennis Dragon 11m AC	Duple Metsec W70	H62/40D	1995	2013
KMB	AD134	GH5221	DDA1819-987	Dennis Dragon 11m AC	Duple Metsec W70	H62/40D	1995	2015
KMB	AD153	GJ3303	DDA1819-988	Dennis Dragon 11m AC	Duple Metsec W70	H62/40D	1995	2013

公司	車隊編號	車牌	底盤編號	車型	車身	座位佈局	首次登記日期	退役日期
KMB	AD147	GJ2795	DDA1819-989	Dennis Dragon 11m AC	Duple Metsec W70	H62/40D	1995	2013
CTB	702	GD1340	DDA2202-990	Dennis Dragon 10.4m	Duple Metsec W65/02468002	H50/37F	1994	2011
CTB	703	GD1405	DDA2202-991	Dennis Dragon 10.4m	Duple Metsec W65/03468003	H50/37F	1994	2011
CTB	704	GD3124	DDA2202-992	Dennis Dragon 10.4m	Duple Metsec W65/04468004	H50/37F	1994	2011
CTB	705	GD5698	DDA2202-993	Dennis Dragon 10.4m	Duple Metsec W65/05468005	H50/37F	1994	2012
CTB	706	GD3176	DDA2202-994	Dennis Dragon 10.4m	Duple Metsec W65/06468006	H50/37F	1994	2011
CTB	707	GD1363	DDA2202-995	Dennis Dragon 10.4m	Duple Metsec W65/07468007	H50/37F	1994	2011
CTB	708	GD3392	DDA2202-996	Dennis Dragon 10.4m	Duple Metsec W65/08468008	H50/37F	1994	2011
CTB	709	GD5150	DDA2202-997	Dennis Dragon 10.4m	Duple Metsec W65/09468009	H50/37F	1994	2011
CTB	710	GD8314	DDA2202-998	Dennis Dragon 10.4m	Duple Metsec W65/10468010	H50/37F	1994	2012
CTB	711	GD4855	DDA2202-999	Dennis Dragon 10.4m	Duple Metsec W65/12468012	H50/37F	1994	2011
CTB	712	GD5968	DDA2202-1000	Dennis Dragon 10.4m	Duple Metsec W65/11468011	H50/37F	1994	2012
CTB	713	GD6286	DDA2202-1001	Dennis Dragon 10.4m	Duple Metsec W65/13468013	H50/37F	1994	2002
CTB	714	GD5727	DDA2202-1002	Dennis Dragon 10.4m	Duple Metsec W65/14468014	H50/37F	1994	2012
CTB	715	GD4924	DDA2202-1003	Dennis Dragon 10.4m	Duple Metsec W65/15468015	H50/37F	1994	2011
CTB	716	GE4348	DDA2202-1004	Dennis Dragon 10.4m	Duple Metsec W65/16468016	H50/37F	1994	2012
CTB	717	GE4025	DDA2202-1005	Dennis Dragon 10.4m	Duple Metsec W65/17468017	H50/37F	1994	2012
CTB	718	GE3148	DDA2202-1006	Dennis Dragon 10.4m	Duple Metsec W65/18468018	H50/37F	1994	2012
CTB	719	GE3031	DDA2202-1007	Dennis Dragon 10.4m	Duple Metsec W65/19468019	H50/37F	1994	2012
CTB	720	GF8124	DDA2202-1008	Dennis Dragon 10.4m	Duple Metsec W65/20468020	H50/37F	1994	2012
KMB	AD131	GG8659	DDA1819-1009	Dennis Dragon 11m AC	Duple Metsec W70	H62/40D	1995	2013
KMB	AD197	GL9591	DDA1819-1010	Dennis Dragon 11m AC	Duple Metsec W70	H62/40D	1995	2013
KMB	AD151	GJ3184	DDA1819-1011	Dennis Dragon 11m AC	Duple Metsec W70	H62/40D	1995	2013
KMB	AD180	GJ5751	DDA1819-1012	Dennis Dragon 11m AC	Duple Metsec W70	H62/40D	1995	2013
KMB	AD187	GJ6209	DDA1819-1013	Dennis Dragon 11m AC	Duple Metsec W70	H62/40D	1995	2015
KMB	AD168	GJ4721	DDA1819-1014	Dennis Dragon 11m AC	Duple Metsec W70	H62/40D	1995	2013
KMB	AD135	GH5398	DDA1819-1015	Dennis Dragon 11m AC	Duple Metsec W70	H62/40D	1995	2015
KMB	AD140	GH6112	DDA1819-1016	Dennis Dragon 11m AC	Duple Metsec W70	H62/40D	1995	2015
CTB	801	GJ6202	DDA2301-1017	Dennis Dragon 12m	Duple Metsec W66/01468021	H56/42D	1995	2013
KMB	AD136	GH5813	DDA1819-1018	Dennis Dragon 11m AC	Duple Metsec W70	H62/40D	1995	2013
KMB	AD139	GH5996	DDA1819-1019	Dennis Dragon 11m AC	Duple Metsec W70	H62/40D	1995	2015
KMB	AD242	GN1674	DDA1819-1020	Dennis Dragon 11m AC	Duple Metsec W70	H62/40D	1995	2013
KMB	AD172	GJ4985	DDA1819-1021	Dennis Dragon 11m AC	Duple Metsec W70	H62/40D	1995	2013
KMB	AD170	GJ4960	DDA1819-1022	Dennis Dragon 11m AC	Duple Metsec W70	H62/40D	1995	2013
KMB	AD184	GJ5920	DDA1819-1023	Dennis Dragon 11m AC	Duple Metsec W70	H62/40D	1995	2013
KMB	AD190	GJ8306	DDA1819-1024	Dennis Dragon 11m AC	Duple Metsec W70	H62/40D	1995	2013
KMB	AD198	GL9740	DDA1819-1025	Dennis Dragon 11m AC	Duple Metsec W70	H62/40D	1995	2013
KMB	AD202	GL8980	DDA1819-1026	Dennis Dragon 11m AC	Duple Metsec W70	H62/40D	1995	2013
CTB	802	GG9926	DDA2301-1027	Dennis Dragon 12m	Duple Metsec W66/02468022	H56/42D	1995	2013
CTB	803	GH290	DDA2301-1028	Dennis Dragon 12m	Duple Metsec W66/03468023	H56/42D	1995	2013
CTB	804	GG8766	DDA2301-1029	Dennis Dragon 12m	Duple Metsec W66/04468024	H56/42D	1995	2013
CTB	805	GG9134	DDA2301-1030	Dennis Dragon 12m	Duple Metsec W66/05468025	H56/42D	1995	2013
CTB	806	GH126	DDA2301-1031	Dennis Dragon 12m	Duple Metsec W66/06468026	H56/42D	1995	2013
CTB	807	GG9906	DDA2301-1032	Dennis Dragon 12m	Duple Metsec W66/07468027	H56/42D	1995	2013
CTB	808	GG5800	DDA2301-1033	Dennis Dragon 12m	Duple Metsec W66/08468028	H56/42D	1995	2012
CTB	809	GG6484	DDA2301-1034	Dennis Dragon 12m	Duple Metsec W66/09468029	H56/42D	1995	2012
CTB	810	GG4674	DDA2301-1035	Dennis Dragon 12m	Duple Metsec W66/10468030	H56/42D	1995	2013

公司	車隊編號	車牌	底盤編號	車型	車身	座位佈局	首次登記日期	退役日期
CTB	811	GL6432	DDA2301-1036	Dennis Dragon 12m	Duple Metsec W66/30468050	H56/42D	1995	2012
CTB	812	GH469	DDA2301-1037	Dennis Dragon 12m	Duple Metsec W66/11468031	H56/42D	1995	2013
CTB	813	GG9857	DDA2301-1038	Dennis Dragon 12m	Duple Metsec W66/12468032	H56/42D	1995	2013
CTB	814	GJ6038	DDA2301-1039	Dennis Dragon 12m	Duple Metsec W66/13468033	H56/42D	1995	2013
CTB	815	GG9967	DDA2301-1040	Dennis Dragon 12m	Duple Metsec W66/14468034	H56/42D	1995	2013
CTB	816	GH392	DDA2301-1041	Dennis Dragon 12m	Duple Metsec W66/15468035	H56/42D	1995	2012
CTB	817	GG9591	DDA2301-1042	Dennis Dragon 12m	Duple Metsec W66/16468036	H56/42D	1995	2012
CTB	818	GG9178	DDA2301-1043	Dennis Dragon 12m	Duple Metsec W66/17468037	H56/42D	1995	2013
CTB	819	GJ4691	DDA2301-1044	Dennis Dragon 12m	Duple Metsec W66/18468038	H56/42D	1995	2013
CTB	820	GJ5015	DDA2301-1045	Dennis Dragon 12m	Duple Metsec W66/19468039	H56/42D	1995	2013
CTB	821	GJ5954	DDA2301-1046	Dennis Dragon 12m	Duple Metsec W66/20468040	H56/42D	1995	2013
CTB	822	GL4393	DDA2301-1047	Dennis Dragon 12m	Duple Metsec W66/21468041	H56/42D	1995	2012
CTB	823	GL2448	DDA2301-1048	Dennis Dragon 12m	Duple Metsec W66/22468042	H56/42D	1995	2012
CTB	824	GL4186	DDA2301-1049	Dennis Dragon 12m	Duple Metsec W66/23468043	H56/42D	1995	2012
CTB	825	GL2614	DDA2301-1050	Dennis Dragon 12m	Duple Metsec W66/24468044	H56/42D	1995	2012
CTB	826	GL5275	DDA2301-1051	Dennis Dragon 12m	Duple Metsec W66/25468045	H56/42D	1995	2012
CTB	827	GL3631	DDA2301-1052	Dennis Dragon 12m	Duple Metsec W66/26468046	H56/42D	1995	2012
CTB	828	GL4465	DDA2301-1053	Dennis Dragon 12m	Duple Metsec W66/27468047	H56/42D	1995	2012
CTB	829	GL4506	DDA2301-1054	Dennis Dragon 12m	Duple Metsec W66/28468048	H56/42D	1995	2012
CTB	830	GL3812	DDA2301-1055	Dennis Dragon 12m	Duple Metsec W66/29468049	H56/42D	1995	2012
KMB	AD232	GM7856	DDA1819-1056	Dennis Dragon 11m AC	Duple Metsec W70	H62/40D	1995	2013
KMB	AD227	GM6562	DDA1819-1057	Dennis Dragon 11m AC	Duple Metsec W70	H62/40D	1995	2013
KMB	AD199	GM107	DDA1819-1058	Dennis Dragon 11m AC	Duple Metsec W70	H62/40D	1995	2013
KMB	AD236	GM9421	DDA1819-1059	Dennis Dragon 11m AC	Duple Metsec W70	H62/40D	1995	2013
KMB	AD241	GN1220	DDA1819-1060	Dennis Dragon 11m AC	Duple Metsec W70	H62/40D	1995	2013
KMB	AD244	GN2217	DDA1819-1061	Dennis Dragon 11m AC	Duple Metsec W70	H62/40D	1995	2013
KMB	AD245	GN2274	DDA1819-1062	Dennis Dragon 11m AC	Duple Metsec W70	H62/40D	1995	2013
KMB	AD240	GN927	DDA1819-1063	Dennis Dragon 11m AC	Duple Metsec W70	H62/40D	1995	2013
KMB	AD200	GM302	DDA1819-1064	Dennis Dragon 11m AC	Duple Metsec W70	H62/40D	1995	2013
KMB	AD132	GG9877	DDA1819-1065	Dennis Dragon 11m AC	Duple Metsec W70	H62/40D	1995	2013
KMB	AD194	GL8704	DDA1819-1066	Dennis Dragon 11m AC	Duple Metsec W70	H62/40D	1995	2013
KMB	AD237	GM9551	DDA1819-1067	Dennis Dragon 11m AC	Duple Metsec W70	H62/40D	1995	2016
KMB	AD206	GL8946	DDA1819-1068	Dennis Dragon 11m AC	Duple Metsec W70	H62/40D	1995	2013
KMB	AD192	GL7903	DDA1819-1069	Dennis Dragon 11m AC	Duple Metsec W70	H62/40D	1995	2013
KMB	AD243	GN2070	DDA1819-1070	Dennis Dragon 11m AC	Duple Metsec W70	H62/40D	1995	2013
KMB	AD238	GN174	DDA1819-1071	Dennis Dragon 11m AC	Duple Metsec W70	H62/40D	1995	2016
KMB	AD208	GM2549	DDA1819-1072	Dennis Dragon 11m AC	Duple Metsec W70	H62/40D	1995	2013
KMB	AD215	GM4460	DDA1819-1073	Dennis Dragon 11m AC	Duple Metsec W70	H62/40D	1995	2013
KMB	AD143	GH6283	DDA1819-1074	Dennis Dragon 11m AC	Duple Metsec W70	H62/40D	1995	2015
KMB	AD204	GL9463	DDA1819-1075	Dennis Dragon 11m AC	Duple Metsec W70	H62/40D	1995	2013
KMB	AD191	GL7231	DDA1819-1076	Dennis Dragon 11m AC	Duple Metsec W70	H62/40D	1995	2013
KMB	AD205	GM361	DDA1819-1077	Dennis Dragon 11m AC	Duple Metsec W70	H62/40D	1995	2013
KMB	AD169	GJ4823	DDA1819-1078	Dennis Dragon 11m AC	Duple Metsec W70	H62/40D	1995	2013
KMB	AD203	GL9201	DDA1819-1079	Dennis Dragon 11m AC	Duple Metsec W70	H62/40D	1995	2013
KMB	AD182	GJ5810	DDA1819-1080	Dennis Dragon 11m AC	Duple Metsec W70	H62/40D	1995	2013
KMB	AD196	GL9420	DDA1819-1081	Dennis Dragon 11m AC	Duple Metsec W70	H62/40D	1995	2013
KMB	AD235	GM9114	DDA1819-1082	Dennis Dragon 11m AC	Duple Metsec W70	H62/40D	1995	2013

公司	車隊編號	車牌	底盤編號	車型	車身	座位佈局	首次登記日期	退役日期
KMB	AD214	GM4082	DDA1819-1083	Dennis Dragon 11m AC	Duple Metsec W70	H62/40D	1995	2013
KMB	AD222	GM5634	DDA1819-1084	Dennis Dragon 11m AC	Duple Metsec W70	H62/40D	1995	2013
KMB	AD226	GM6315	DDA1819-1085	Dennis Dragon 11m AC	Duple Metsec W70	H62/40D	1995	2013
KMB	AD216	GM4500	DDA1819-1086	Dennis Dragon 11m AC	Duple Metsec W70	H62/40D	1995	2013
KMB	AD145	GJ2779	DDA1819-1087	Dennis Dragon 11m AC	Duple Metsec W70	H62/40D	1995	2013
KMB	AD155	GJ3609	DDA1819-1088	Dennis Dragon 11m AC	Duple Metsec W70	H62/40D	1995	2013
KMB	AD164	GJ4309	DDA1819-1089	Dennis Dragon 11m AC	Duple Metsec W70	H62/40D	1995	2013
KMB	AD163	GJ4150	DDA1819-1090	Dennis Dragon 11m AC	Duple Metsec W70	H62/40D	1995	2013
KMB	AD149	GJ3078	DDA1819-1091	Dennis Dragon 11m AC	Duple Metsec W70	H62/40D	1995	2013
KMB	AD154	GJ3318	DDA1819-1092	Dennis Dragon 11m AC	Duple Metsec W70	H62/40D	1995	2013
KMB	AD220	GM5219	DDA1819-1093	Dennis Dragon 11m AC	Duple Metsec W70	H62/40D	1995	2013
KMB	AD146	GJ2783	DDA1819-1094	Dennis Dragon 11m AC	Duple Metsec W70	H62/40D	1995	2013
KMB	AD171	GJ4963	DDA1819-1095	Dennis Dragon 11m AC	Duple Metsec W70	H62/40D	1995	2013
KMB	AD225	GM6242	DDA1819-1096	Dennis Dragon 11m AC	Duple Metsec W70	H62/40D	1995	2013
KMB	AD224	GM6174	DDA1819-1097	Dennis Dragon 11m AC	Duple Metsec W70	H62/40D	1995	2013
KMB	AD219	GM5145	DDA1819-1098	Dennis Dragon 11m AC	Duple Metsec W70	H62/40D	1995	2013
KMB	AD223	GM6125	DDA1819-1099	Dennis Dragon 11m AC	Duple Metsec W70	H62/40D	1995	2013
KMB	AD211	GM3684	DDA1819-1100	Dennis Dragon 11m AC	Duple Metsec W70	H62/40D	1995	2013
KMB	AD218	GM5125	DDA1819-1101	Dennis Dragon 11m AC	Duple Metsec W70	H62/40D	1995	2013
KMB	AD221	GM5591	DDA1819-1102	Dennis Dragon 11m AC	Duple Metsec W70	H62/40D	1995	2013
KMB	AD213	GM4024	DDA1819-1103	Dennis Dragon 11m AC	Duple Metsec W70	H62/40D	1995	2013
KMB	AD207	GM2543	DDA1819-1104	Dennis Dragon 11m AC	Duple Metsec W70	H62/40D	1995	2013
KMB	AD133	GH5169	DDA1819-1105	Dennis Dragon 11m AC	Duple Metsec W70	H62/40D	1995	2012
KMB	AD161	GJ3975	DDA1819-1106	Dennis Dragon 11m AC	Duple Metsec W70	H62/40D	1995	2013
KMB	AD138	GH5934	DDA1819-1107	Dennis Dragon 11m AC	Duple Metsec W70	H62/40D	1995	2015
KMB	AD137	GH5874	DDA1819-1108	Dennis Dragon 11m AC	Duple Metsec W70	H62/40D	1995	2013
KMB	AD189	GJ6426	DDA1819-1109	Dennis Dragon 11m AC	Duple Metsec W70	H62/40D	1995	2013
KMB	AD193	GL8511	DDA1819-1110	Dennis Dragon 11m AC	Duple Metsec W70	H62/40D	1995	2013
KMB	AD239	GN921	DDA1819-1111	Dennis Dragon 11m AC	Duple Metsec W70	H62/40D	1995	2013
KMB	AD174	GJ5216	DDA1819-1112	Dennis Dragon 11m AC	Duple Metsec W70	H62/40D	1995	2013
KMB	AD152	GJ3219	DDA1819-1113	Dennis Dragon 11m AC	Duple Metsec W70	H62/40D	1995	2013
KMB	AD148	GJ3073	DDA1819-1114	Dennis Dragon 11m AC	Duple Metsec W70	H62/40D	1995	2013
KMB	AD230	GM7658	DDA1819-1115	Dennis Dragon 11m AC	Duple Metsec W70	H62/40D	1995	2013
KMB	AD228	GM6701	DDA1819-1116	Dennis Dragon 11m AC	Duple Metsec W70	H62/40D	1995	2013
KMB	AD233	GM7971	DDA1819-1117	Dennis Dragon 11m AC	Duple Metsec W70	H62/40D	1995	2013
KMB	AD229	GM7198	DDA1819-1118	Dennis Dragon 11m AC	Duple Metsec W70	H62/40D	1995	2013
KMB	AD234	GM8204	DDA1819-1119	Dennis Dragon 11m AC	Duple Metsec W70	H62/40D	1995	2016
KMB	AD231	GM7671	DDA1819-1120	Dennis Dragon 11m AC	Duple Metsec W70	H62/40D	1995	2013
KMB	AD150	GJ3112	DDA1819-1121	Dennis Dragon 11m AC	Duple Metsec W70	H62/40D	1995	2013
KMB	AD157	GJ3750	DDA1819-1122	Dennis Dragon 11m AC	Duple Metsec W70	H62/40D	1995	2013
KMB	AD209	GM2580	DDA1819-1123	Dennis Dragon 11m AC	Duple Metsec W70	H62/40D	1995	2013
KMB	AD212	GM3701	DDA1819-1124	Dennis Dragon 11m AC	Duple Metsec W70	H62/40D	1995	2013
KMB	AD210	GM3276	DDA1819-1125	Dennis Dragon 11m AC	Duple Metsec W70	H62/40D	1995	2013
KMB	AD217	GM4781	DDA1819-1126	Dennis Dragon 11m AC	Duple Metsec W70	H62/40D	1995	2013
KMB	AD144	GJ2541	DDA1819-1127	Dennis Dragon 11m AC	Duple Metsec W70	H62/40D	1995	2013
KMB	AD156	GJ3659	DDA1819-1128	Dennis Dragon 11m AC	Duple Metsec W70	H62/40D	1995	2013
KMB	AD165	GJ4369	DDA1819-1129	Dennis Dragon 11m AC	Duple Metsec W70	H62/40D	1995	2013

公司	車隊編號	車牌	底盤編號	車型	車身	座位佈局	首次登記日期	退役日期
KMB	AD252	GR3285	DDA1821-1130	Dennis Dragon 11m AC	Duple Metsec	H62/40D	1995	2013
KMB	AD279	GR9491	DDA1821-1131	Dennis Dragon 11m AC	Duple Metsec	H62/40D	1996	2014
KMB	AD275	GR9096	DDA1821-1132	Dennis Dragon 11m AC	Duple Metsec	H62/40D	1996	2014
KMB	AD249	GR4428	DDA1821-1133	Dennis Dragon 11m AC	Duple Metsec	H62/40D	1995	2013
KMB	AD255	GR4112	DDA1821-1134	Dennis Dragon 11m AC	Duple Metsec	H62/40D	1995	2013
KMB	AD250	GR2575	DDA1821-1135	Dennis Dragon 11m AC	Duple Metsec	H62/40D	1995	2013
KMB	AD262	GR5386	DDA1821-1136	Dennis Dragon 11m AC	Duple Metsec	H62/40D	1996	2014
KMB	AD254	GR3915	DDA1821-1137	Dennis Dragon 11m AC	Duple Metsec	H62/40D	1995	2013
KMB	AD246	GR2809	DDA1821-1138	Dennis Dragon 11m AC	Duple Metsec	H62/40D	1995	2013
KMB	AD257	GR4581	DDA1821-1139	Dennis Dragon 11m AC	Duple Metsec	H62/40D	1996	2014
KMB	AD248	GR4043	DDA1821-1140	Dennis Dragon 11m AC	Duple Metsec	H62/40D	1995	2013
KMB	AD247	GR3429	DDA1821-1141	Dennis Dragon 11m AC	Duple Metsec	H62/40D	1995	2013
KMB	AD263	GR5548	DDA1821-1142	Dennis Dragon 11m AC	Duple Metsec	H62/40D	1996	2013
KMB	AD253	GR3633	DDA1821-1143	Dennis Dragon 11m AC	Duple Metsec	H62/40D	1995	2013
KMB	AD259	GR4640	DDA1821-1144	Dennis Dragon 11m AC	Duple Metsec	H62/40D	1996	2014
KMB	AD251	GR3201	DDA1821-1145	Dennis Dragon 11m AC	Duple Metsec	H62/40D	1995	2013
KMB	AD264	GR5843	DDA1821-1146	Dennis Dragon 11m AC	Duple Metsec	H62/40D	1996	2014
KMB	AD261	GR5292	DDA1821-1147	Dennis Dragon 11m AC	Duple Metsec	H62/40D	1996	2014
KMB	AD258	GR4634	DDA1821-1148	Dennis Dragon 11m AC	Duple Metsec	H62/40D	1996	2014
KMB	AD256	GR4517	DDA1821-1149	Dennis Dragon 11m AC	Duple Metsec	H62/40D	1996	2014
KMB	AD267	GR6890	DDA1821-1150	Dennis Dragon 11m AC	Duple Metsec	H62/40D	1996	2013
KMB	AD272	GR8180	DDA1821-1151	Dennis Dragon 11m AC	Duple Metsec	H62/40D	1996	2014
KMB	AD276	GR9750	DDA1821-1152	Dennis Dragon 11m AC	Duple Metsec	H62/40D	1996	2014
KMB	AD280	GS227	DDA1821-1153	Dennis Dragon 11m AC	Duple Metsec	H62/40D	1996	2014
KMB	AD278	GR9841	DDA1821-1154	Dennis Dragon 11m AC	Duple Metsec	H62/40D	1996	2014
KMB	AD266	GR6753	DDA1821-1155	Dennis Dragon 11m AC	Duple Metsec	H62/40D	1996	2005
KMB	AD265	GR5950	DDA1821-1156	Dennis Dragon 11m AC	Duple Metsec	H62/40D	1996	2014
KMB	AD270	GR7516	DDA1821-1157	Dennis Dragon 11m AC	Duple Metsec	H62/40D	1996	2014
KMB	AD260	GR5269	DDA1821-1158	Dennis Dragon 11m AC	Duple Metsec	H62/40D	1996	2014
KMB	AD268	GR7017	DDA1821-1159	Dennis Dragon 11m AC	Duple Metsec	H62/40D	1996	2014
KMB	AD271	GR7759	DDA1821-1160	Dennis Dragon 11m AC	Duple Metsec	H62/40D	1996	2014
KMB	AD269	GR7513	DDA1821-1161	Dennis Dragon 11m AC	Duple Metsec	H62/40D	1996	2014
KMB	AD274	GR8689	DDA1821-1162	Dennis Dragon 11m AC	Duple Metsec	H62/40D	1996	2014
KMB	AD273	GR8375	DDA1821-1163	Dennis Dragon 11m AC	Duple Metsec	H62/40D	1996	2014
KMB	AD277	GR9791	DDA1821-1164	Dennis Dragon 11m AC	Duple Metsec	H62/40D	1996	2014
CTB	831	GM8878	DDA2302-1175	Dennis Dragon 12m	Duple Metsec W69/01	H56/42D	1995	2012
CTB	832	GM5723	DDA2302-1176	Dennis Dragon 12m	Duple Metsec W69/02	H56/42D	1995	2012
CTB	833	GM6324	DDA2302-1177	Dennis Dragon 12m	Duple Metsec W69/03	H56/42D	1995	2012
CTB	834	GM7811	DDA2302-1178	Dennis Dragon 12m	Duple Metsec W69/04	H56/42D	1995	2012
CTB	835	GM7339	DDA2302-1179	Dennis Dragon 12m	Duple Metsec W69/05	H56/42D	1995	2012
CTB	836	GM6583	DDA2302-1180	Dennis Dragon 12m	Duple Metsec W69/06	H56/42D	1995	2012
CTB	837	GM6898	DDA2302-1181	Dennis Dragon 12m	Duple Metsec W69/07	H56/42D	1995	2012
CTB	838	GN485	DDA2302-1182	Dennis Dragon 12m	Duple Metsec W69/08	H56/42D	1995	2012
CTB	839	GM9644	DDA2302-1183	Dennis Dragon 12m	Duple Metsec W69/09	H56/42D	1995	2012
CTB	840	GM9789	DDA2302-1186	Dennis Dragon 12m	Duple Metsec W69/10	H56/42D	1995	2012
CTB	841	GN371	DDA2302-1187	Dennis Dragon 12m	Duple Metsec W69/11	H56/42D	1995	2012
CTB	842	GM9300	DDA2302-1188	Dennis Dragon 12m	Duple Metsec W69/12	H56/42D	1995	2012

公司	車隊編號	車牌	底盤編號	車型	車身	座位佈局	首次登記日期	退役日期
CTB	843	GP8055	DDA2302-1189	Dennis Dragon 12m	Duple Metsec W69/13	H56/42D	1995	2013
CTB	844	GN281	DDA2302-1190	Dennis Dragon 12m	Duple Metsec W69/14	H56/42D	1995	2013
CTB	845	GM9634	DDA2302-1191	Dennis Dragon 12m	Duple Metsec W69/15	H56/42D	1995	2012
CTB	846	GM9296	DDA2302-1192	Dennis Dragon 12m	Duple Metsec W69/16	H56/42D	1995	2014
CTB	847	GM8662	DDA2302-1193	Dennis Dragon 12m	Duple Metsec W69/17	H56/42D	1995	2014
CTB	848	GP8260	DDA2302-1194	Dennis Dragon 12m	Duple Metsec W69/18	H56/42D	1995	2013
CTB	849	GP6675	DDA2302-1195	Dennis Dragon 12m	Duple Metsec W69/19	H56/42D	1995	2013
CTB	850	GP8266	DDA2302-1196	Dennis Dragon 12m	Duple Metsec W69/20	H56/42D	1995	2012
KMB	ADS46	GS4624	DDA2203-1197	Dennis Dragon 9.9m AC	Duple Metsec	H51/34D	1996	2014
CTB	851	GS4391	DDA2302-1204	Dennis Dragon 12m	Duple Metsec W69/21	H56/42D	1996	2014
KMB	ADS56	GS8579	DDA2203-1205	Dennis Dragon 9.9m AC	Duple Metsec	H51/34D	1996	2014
CTB	852	GS3740	DDA2302-1206	Dennis Dragon 12m	Duple Metsec W69/22	H56/42D	1996	2014
CTB	853	GR4432	DDA2302-1207	Dennis Dragon 12m	Duple Metsec W69/23	H56/42D	1995	2014
CTB	854	GR2547	DDA2302-1208	Dennis Dragon 12m	Duple Metsec W69/24	H56/42D	1995	2012
CTB	855	GR2793	DDA2302-1209	Dennis Dragon 12m	Duple Metsec W69/25	H56/42D	1995	2014
CTB	856	GS4109	DDA2302-1210	Dennis Dragon 12m	Duple Metsec W69/26	H56/42D	1996	2014
CTB	857	GS4432	DDA2302-1211	Dennis Dragon 12m	Duple Metsec W69/27	H56/42D	1996	2014
CTB	858	GS3788	DDA2302-1212	Dennis Dragon 12m	Duple Metsec W69/28	H56/42D	1996	2014
CTB	859	GS3216	DDA2302-1213	Dennis Dragon 12m	Duple Metsec W69/29	H56/42D	1996	2014
CTB	860	GS4173	DDA2302-1214	Dennis Dragon 12m	Duple Metsec W69/30	H56/42D	1996	2014
KMB	ADS60	GT2620	DDA2203-1217	Dennis Dragon 9.9m AC	Duple Metsec	H51/34D	1996	2014
KMB	ADS45	GS6381	DDA2203-1218	Dennis Dragon 9.9m AC	Duple Metsec	H51/34D	1996	2014
KMB	ADS70	GT4132	DDA2203-1219	Dennis Dragon 9.9m AC	Duple Metsec	H51/34D	1996	2014
KMB	ADS40	GS6500	DDA2203-1220	Dennis Dragon 9.9m AC	Duple Metsec	H51/34D	1996	2014
KMB	ADS37	GS6216	DDA2203-1221	Dennis Dragon 9.9m AC	Duple Metsec	H51/34D	1996	2014
KMB	ADS35	GS5458	DDA2203-1222	Dennis Dragon 9.9m AC	Duple Metsec	H51/34D	1996	2014
KMB	ADS39	GS6406	DDA2203-1223	Dennis Dragon 9.9m AC	Duple Metsec	H51/34D	1996	2014
KMB	ADS31	GS4726	DDA2203-1224	Dennis Dragon 9.9m AC	Duple Metsec	H51/34D	1996	2014
KMB	ADS41	GS4666	DDA2203-1225	Dennis Dragon 9.9m AC	Duple Metsec	H51/34D	1996	2014
KMB	ADS34	GS5431	DDA2203-1226	Dennis Dragon 9.9m AC	Duple Metsec	H51/34D	1996	2014
KMB	ADS38	GS6405	DDA2203-1227	Dennis Dragon 9.9m AC	Duple Metsec	H51/34D	1996	2014
KMB	ADS75	GT5868	DDA2203-1228	Dennis Dragon 9.9m AC	Duple Metsec	H51/34D	1996	2014
KMB	ADS33	GS5198	DDA2203-1229	Dennis Dragon 9.9m AC	Duple Metsec	H51/34D	1996	2014
KMB	ADS66	GT3665	DDA2203-1230	Dennis Dragon 9.9m AC	Duple Metsec	H51/34D	1996	2014
KMB	ADS145	GV6074	DDA2203-1231	Dennis Dragon 9.9m AC	Duple Metsec	H51/34D	1996	2014
KMB	ADS32	GS4814	DDA2203-1232	Dennis Dragon 9.9m AC	Duple Metsec	H51/34D	1996	2014
KMB	ADS36	GS5777	DDA2203-1233	Dennis Dragon 9.9m AC	Duple Metsec	H51/34D	1996	2014
KMB	ADS44	GS6072	DDA2203-1234	Dennis Dragon 9.9m AC	Duple Metsec	H51/34D	1996	2014
KMB	ADS48	GS5055	DDA2203-1235	Dennis Dragon 9.9m AC	Duple Metsec	H51/34D	1996	2014
KMB	ADS63	GT2874	DDA2203-1236	Dennis Dragon 9.9m AC	Duple Metsec	H51/34D	1996	2014
HACTL	DA93	GR9720	DDA2302-1237	Dennis Dragon 12m	Duple Metsec W69/41	H53/41D	1996	2013
HACTL	DA94	GR9765	DDA2302-1238	Dennis Dragon 12m	Duple Metsec W69/42	H53/41D	1996	2013
HACTL	DA95	GR9217	DDA2302-1239	Dennis Dragon 12m	Duple Metsec W69/43	H53/41D	1996	2013
HACTL	DA96	GR8581	DDA2302-1240	Dennis Dragon 12m	Duple Metsec W69/44	H53/41D	1996	2013
KMB	ADS59	GT317	DDA2203-1241	Dennis Dragon 9.9m AC	Duple Metsec	H51/34D	1996	2014
KMB	ADS58	GS9293	DDA2203-1242	Dennis Dragon 9.9m AC	Duple Metsec	H51/34D	1996	2013
KMB	ADS64	GT3108	DDA2203-1243	Dennis Dragon 9.9m AC	Duple Metsec	H51/34D	1996	2014

公司	車隊編號	車牌	底盤編號	車型	車身	座位佈局	首次登記日期	退役日期
KMB	ADS71	GT4264	DDA2203-1244	Dennis Dragon 9.9m AC	Duple Metsec	H51/34D	1996	2014
KMB	ADS47	GS4753	DDA2203-1245	Dennis Dragon 9.9m AC	Duple Metsec	H51/34D	1996	2014
KMB	ADS67	GT3675	DDA2203-1246	Dennis Dragon 9.9m AC	Duple Metsec	H51/34D	1996	2014
KMB	ADS72	GT4311	DDA2203-1247	Dennis Dragon 9.9m AC	Duple Metsec	H51/34D	1996	2014
CTB	721	GS3491	DDA2204-1248	Dennis Dragon 10.4m	Duple Metsec W69/31	H50/37F	1996	2013
CTB	722	GS6069	DDA2204-1249	Dennis Dragon 10.4m	Duple Metsec W69/32	H50/37F	1996	2013
CTB	723	GS5232	DDA2204-1250	Dennis Dragon 10.4m	Duple Metsec W69/33	H50/37F	1996	2013
CTB	724	GS5550	DDA2204-1251	Dennis Dragon 10.4m	Duple Metsec W69/34	H50/37F	1996	2013
CTB	725	GS5902	DDA2204-1252	Dennis Dragon 10.4m	Duple Metsec W69/35	H50/37F	1996	2013
CTB	726	GS3486	DDA2204-1253	Dennis Dragon 10.4m	Duple Metsec W69/36	H50/37F	1996	2013
CTB	727	GS5497	DDA2204-1254	Dennis Dragon 10.4m	Duple Metsec W69/37	H50/37F	1996	2013
CTB	728	GS2819	DDA2204-1255	Dennis Dragon 10.4m	Duple Metsec W69/38	H50/37F	1996	2013
CTB	729	GS3908	DDA2204-1256	Dennis Dragon 10.4m	Duple Metsec W69/39	H50/37F	1996	2013
CTB	730	GS2902	DDA2204-1257	Dennis Dragon 10.4m	Duple Metsec W69/40	H50/37F	1996	2013
KMB	ADS42	GS5171	DDA2203-1258	Dennis Dragon 9.9m AC	Duple Metsec	H51/34D	1996	2014
KMB	ADS43	GS5475	DDA2203-1259	Dennis Dragon 9.9m AC	Duple Metsec	H51/34D	1996	2014
KMB	ADS49	GS5068	DDA2203-1260	Dennis Dragon 9.9m AC	Duple Metsec	H51/34D	1996	2014
KMB	ADS54	GS8098	DDA2203-1261	Dennis Dragon 9.9m AC	Duple Metsec	H51/34D	1996	2014
KMB	ADS50	GS6985	DDA2203-1262	Dennis Dragon 9.9m AC	Duple Metsec	H51/34D	1996	2014
KMB	ADS55	GS8415	DDA2203-1263	Dennis Dragon 9.9m AC	Duple Metsec	H51/34D	1996	2014
KMB	ADS52	GS7414	DDA2203-1264	Dennis Dragon 9.9m AC	Duple Metsec	H51/34D	1996	2014
KMB	ADS57	GS8755	DDA2203-1265	Dennis Dragon 9.9m AC	Duple Metsec	H51/34D	1996	2014
KMB	ADS62	GT2749	DDA2203-1266	Dennis Dragon 9.9m AC	Duple Metsec	H51/34D	1996	2014
KMB	ADS68	GT3697	DDA2203-1267	Dennis Dragon 9.9m AC	Duple Metsec	H51/34D	1996	2014
KMB	ADS73	GT4440	DDA2203-1268	Dennis Dragon 9.9m AC	Duple Metsec	H51/34D	1996	2014
KMB	ADS53	GS7736	DDA2203-1269	Dennis Dragon 9.9m AC	Duple Metsec	H51/34D	1996	2014
KMB	ADS51	GS7398	DDA2203-1270	Dennis Dragon 9.9m AC	Duple Metsec	H51/34D	1996	2014
KMB	ADS65	GT3595	DDA2203-1271	Dennis Dragon 9.9m AC	Duple Metsec	H51/34D	1996	2014
KMB	ADS69	GT3820	DDA2203-1272	Dennis Dragon 9.9m AC	Duple Metsec	H51/34D	1996	2014
KMB	ADS61	GT2745	DDA2203-1273	Dennis Dragon 9.9m AC	Duple Metsec	H51/34D	1996	2014
KMB	ADS99	GT9491	DDA2203-1275	Dennis Dragon 9.9m AC	Duple Metsec	H51/34D	1996	2014
KMB	ADS116	GU4542	DDA2203-1276	Dennis Dragon 9.9m AC	Duple Metsec	H51/34D	1996	2014
KMB	ADS103	GU657	DDA2203-1277	Dennis Dragon 9.9m AC	Duple Metsec	H51/34D	1996	2014
KMB	ADS105	GU1071	DDA2203-1278	Dennis Dragon 9.9m AC	Duple Metsec	H51/34D	1996	2014
KMB	ADS109	GU1815	DDA2203-1279	Dennis Dragon 9.9m AC	Duple Metsec	H51/34D	1996	2014
KMB	ADS97	GT9094	DDA2203-1280	Dennis Dragon 9.9m AC	Duple Metsec	H51/34D	1996	2014
KMB	ADS98	GT9421	DDA2203-1281	Dennis Dragon 9.9m AC	Duple Metsec	H51/34D	1996	2014
KMB	ADS101	GU362	DDA2203-1282	Dennis Dragon 9.9m AC	Duple Metsec	H51/34D	1996	2014
KMB	ADS100	GU216	DDA2203-1283	Dennis Dragon 9.9m AC	Duple Metsec	H51/34D	1996	2014
KMB	ADS76	GT5992	DDA2203-1284	Dennis Dragon 9.9m AC	Duple Metsec	H51/34D	1996	2014
KMB	ADS117	GU4611	DDA2203-1285	Dennis Dragon 9.9m AC	Duple Metsec	H51/34D	1996	2014
KMB	ADS119	GU6244	DDA2203-1286	Dennis Dragon 9.9m AC	Duple Metsec	H51/34D	1996	2014
KMB	ADS128	GU7225	DDA2203-1287	Dennis Dragon 9.9m AC	Duple Metsec	H51/34D	1996	2014
KMB	ADS118	GU5170	DDA2203-1288	Dennis Dragon 9.9m AC	Duple Metsec	H51/34D	1996	2014
KMB	ADS85	GT6887	DDA2203-1289	Dennis Dragon 9.9m AC	Duple Metsec	H51/34D	1996	2014
KMB	ADS133	GU8126	DDA2203-1290	Dennis Dragon 9.9m AC	Duple Metsec	H51/34D	1996	2014
KMB	ADS87	GT8276	DDA2203-1291	Dennis Dragon 9.9m AC	Duple Metsec	H51/34D	1996	2014

公司	車隊編號	車牌	底盤編號	車型	車身	座位佈局	首次登記日期	退役日期
KMB	ADS120	GU6613	DDA2203-1292	Dennis Dragon 9.9m AC	Duple Metsec	H51/34D	1996	2014
KMB	ADS113	GU3186	DDA2203-1293	Dennis Dragon 9.9m AC	Duple Metsec	H51/34D	1996	2014
KMB	ADS114	GU3677	DDA2203-1294	Dennis Dragon 9.9m AC	Duple Metsec	H51/34D	1996	2014
KMB	ADS112	GU2784	DDA2203-1295	Dennis Dragon 9.9m AC	Duple Metsec	H51/34D	1996	2014
KMB	ADS111	GU2381	DDA2203-1296	Dennis Dragon 9.9m AC	Duple Metsec	H51/34D	1996	2014
KMB	ADS80	GT5026	DDA2203-1297	Dennis Dragon 9.9m AC	Duple Metsec	H51/34D	1996	2014
KMB	ADS82	GT5880	DDA2203-1298	Dennis Dragon 9.9m AC	Duple Metsec	H51/34D	1996	2014
KMB	ADS74	GT5512	DDA2203-1299	Dennis Dragon 9.9m AC	Duple Metsec	H51/34D	1996	2014
KMB	ADS115	GU4511	DDA2203-1300	Dennis Dragon 9.9m AC	Duple Metsec	H51/34D	1996	2014
KMB	ADS142	GU9551	DDA2203-1301	Dennis Dragon 9.9m AC	Duple Metsec	H51/34D	1996	2014
KMB	ADS89	GT6698	DDA2203-1302	Dennis Dragon 9.9m AC	Duple Metsec	H51/34D	1996	2014
KMB	ADS139	GU9067	DDA2203-1303	Dennis Dragon 9.9m AC	Duple Metsec	H51/34D	1996	2014
KMB	ADS131	GU7753	DDA2203-1304	Dennis Dragon 9.9m AC	Duple Metsec	H51/34D	1996	2014
KMB	ADS137	GU8230	DDA2203-1305	Dennis Dragon 9.9m AC	Duple Metsec	H51/34D	1996	2014
KMB	ADS77	GT6269	DDA2203-1306	Dennis Dragon 9.9m AC	Duple Metsec	H51/34D	1996	2014
KMB	ADS110	GU2276	DDA2203-1307	Dennis Dragon 9.9m AC	Duple Metsec	H51/34D	1996	2014
KMB	ADS144	GV1753	DDA2203-1308	Dennis Dragon 9.9m AC	Duple Metsec	H51/34D	1996	2014
KMB	ADS78	GT6456	DDA2203-1309	Dennis Dragon 9.9m AC	Duple Metsec	H51/34D	1996	2014
KMB	ADS102	GU563	DDA2203-1310	Dennis Dragon 9.9m AC	Duple Metsec	H51/34D	1996	2014
KMB	ADS91	GT7215	DDA2203-1311	Dennis Dragon 9.9m AC	Duple Metsec	H51/34D	1996	2014
KMB	ADS123	GU6806	DDA2203-1312	Dennis Dragon 9.9m AC	Duple Metsec	H51/34D	1996	2014
KMB	ADS121	GU6659	DDA2203-1313	Dennis Dragon 9.9m AC	Duple Metsec	H51/34D	1996	2014
KMB	ADS122	GU6734	DDA2203-1314	Dennis Dragon 9.9m AC	Duple Metsec	H51/34D	1996	2014
KMB	ADS107	GU2120	DDA2203-1315	Dennis Dragon 9.9m AC	Duple Metsec	H51/34D	1996	2014
KMB	ADS104	GU714	DDA2203-1316	Dennis Dragon 9.9m AC	Duple Metsec	H51/34D	1996	2014
KMB	ADS106	GU1559	DDA2203-1317	Dennis Dragon 9.9m AC	Duple Metsec	H51/34D	1996	2014
KMB	ADS126	GU7099	DDA2203-1318	Dennis Dragon 9.9m AC	Duple Metsec	H51/34D	1996	2014
KMB	ADS124	GU6963	DDA2203-1319	Dennis Dragon 9.9m AC	Duple Metsec	H51/34D	1996	2014
KMB	ADS84	GT6553	DDA2203-1320	Dennis Dragon 9.9m AC	Duple Metsec	H51/34D	1996	2014
KMB	ADS93	GT8423	DDA2203-1321	Dennis Dragon 9.9m AC	Duple Metsec	H51/34D	1996	2014
KMB	ADS88	GT8319	DDA2203-1322	Dennis Dragon 9.9m AC	Duple Metsec	H51/34D	1996	2014
KMB	ADS79	GT4502	DDA2203-1323	Dennis Dragon 9.9m AC	Duple Metsec	H51/34D	1996	2014
KMB	ADS83	GT6259	DDA2203-1324	Dennis Dragon 9.9m AC	Duple Metsec	H51/34D	1996	2014
KMB	ADS108	GU1776	DDA2203-1325	Dennis Dragon 9.9m AC	Duple Metsec	H51/34D	1996	2014
KMB	ADS94	GT7822	DDA2203-1326	Dennis Dragon 9.9m AC	Duple Metsec	H51/34D	1996	2008
KMB	ADS96	GT8645	DDA2203-1327	Dennis Dragon 9.9m AC	Duple Metsec	H51/34D	1996	2014
KMB	ADS86	GT7040	DDA2203-1328	Dennis Dragon 9.9m AC	Duple Metsec	H51/34D	1996	2014
KMB	ADS81	GT5156	DDA2203-1329	Dennis Dragon 9.9m AC	Duple Metsec	H51/34D	1996	2014
KMB	ADS140	GU9338	DDA2203-1330	Dennis Dragon 9.9m AC	Duple Metsec	H51/34D	1996	2014
KMB	ADS141	GU9434	DDA2203-1331	Dennis Dragon 9.9m AC	Duple Metsec	H51/34D	1996	2014
KMB	ADS138	GU8933	DDA2203-1332	Dennis Dragon 9.9m AC	Duple Metsec	H51/34D	1996	2014
KMB	ADS143	GV1553	DDA2203-1333	Dennis Dragon 9.9m AC	Duple Metsec	H51/34D	1996	2015
KMB	ADS95	GT7908	DDA2203-1334	Dennis Dragon 9.9m AC	Duple Metsec	H51/34D	1996	2014
KMB	ADS132	GU7831	DDA2203-1335	Dennis Dragon 9.9m AC	Duple Metsec	H51/34D	1996	2014
KMB	ADS135	GU7519	DDA2203-1336	Dennis Dragon 9.9m AC	Duple Metsec	H51/34D	1996	2014
KMB	ADS130	GU7597	DDA2203-1337	Dennis Dragon 9.9m AC	Duple Metsec	H51/34D	1996	2014
KMB	ADS134	GU8384	DDA2203-1338	Dennis Dragon 9.9m AC	Duple Metsec	H51/34D	1996	2014

公司	車隊編號	車牌	底盤編號	車型	車身	座位佈局	首次登記日期	退役日期
KMB	ADS90	GT6933	DDA2203-1339	Dennis Dragon 9.9m AC	Duple Metsec	H51/34D	1996	2014
KMB	ADS127	GU7109	DDA2203-1340	Dennis Dragon 9.9m AC	Duple Metsec	H51/34D	1996	2014
KMB	ADS92	GT7610	DDA2203-1341	Dennis Dragon 9.9m AC	Duple Metsec	H51/34D	1996	2014
KMB	ADS129	GU7502	DDA2203-1342	Dennis Dragon 9.9m AC	Duple Metsec	H51/34D	1996	2014
KMB	ADS125	GU7021	DDA2203-1343	Dennis Dragon 9.9m AC	Duple Metsec	H51/34D	1996	2014
KMB	ADS136	GU8136	DDA2203-1344	Dennis Dragon 9.9m AC	Duple Metsec	H51/34D	1996	2014
CMB	DA59	GX7099	DDA1822-1345	Dennis Condor 11m AC	Duple Metsec	H53/40D	1996	2014
CMB	DA65	DB550	DDA1822-1346	Dennis Condor 11m AC	Duple Metsec	H53/40D	1996	2014
CMB	DA62	GY2016	DDA1822-1347	Dennis Condor 11m AC	Duple Metsec	H53/40D	1996	2014
CMB	DA61	GY572	DDA1822-1348	Dennis Condor 11m AC	Duple Metsec	H53/40D	1996	2014
CMB	DA60	GX9848	DDA1822-1349	Dennis Condor 11m AC	Duple Metsec	H53/40D	1996	2013
CMB	DA64	GY2679	DDA1822-1350	Dennis Condor 11m AC	Duple Metsec	H53/40D	1996	2013
CMB	DA66	GY4478	DDA1822-1351	Dennis Condor 11m AC	Duple Metsec	H53/40D	1996	2015
CMB	DA63	GY3754	DDA1822-1352	Dennis Condor 11m AC	Duple Metsec	H53/40D	1996	2014
CMB	DA57	GX7529	DDA1822-1353	Dennis Condor 11m AC	Duple Metsec	H53/40D	1996	2014
CMB	DA58	GX7580	DDA1822-1354	Dennis Condor 11m AC	Duple Metsec	H53/40D	1996	2014
KMB	ADS154	GZ7005	DDA2205-1355	Dennis Dragon 9.9m AC	Duple Metsec	H43/32D	1997	2015
KMB	ADS163	HA241	DDA2205-1356	Dennis Dragon 9.9m AC	Duple Metsec	H43/32D	1997	2015
KMB	ADS181	HB1413	DDA2205-1357	Dennis Dragon 9.9m AC	Duple Metsec	H43/32D	1997	2015
KMB	ADS175	HB695	DDA2205-1358	Dennis Dragon 9.9m AC	Duple Metsec	H43/32D	1997	2015
KMB	ADS185	HB2036	DDA2205-1359	Dennis Dragon 9.9m AC	Duple Metsec	H43/32D	1997	2015
KMB	ADS150	GZ6566	DDA2205-1360	Dennis Dragon 9.9m AC	Duple Metsec	H43/32D	1997	2015
KMB	ADS179	HB1205	DDA2205-1361	Dennis Dragon 9.9m AC	Duple Metsec	H43/32D	1997	2015
KMB	ADS160	GZ9268	DDA2205-1362	Dennis Dragon 9.9m AC	Duple Metsec	H43/32D	1997	2014
KMB	ADS178	HB1060	DDA2205-1363	Dennis Dragon 9.9m AC	Duple Metsec	H43/32D	1997	2015
KMB	ADS173	HB607	DDA2205-1364	Dennis Dragon 9.9m AC	Duple Metsec	H43/32D	1997	2015
KMB	ADS172	HB506	DDA2205-1365	Dennis Dragon 9.9m AC	Duple Metsec	H43/32D	1997	2015
KMB	ADS182	HB1528	DDA2205-1366	Dennis Dragon 9.9m AC	Duple Metsec	H43/32D	1997	2015
KMB	ADS162	HA239	DDA2205-1367	Dennis Dragon 9.9m AC	Duple Metsec	H43/32D	1997	2015
KMB	ADS153	GZ6799	DDA2205-1368	Dennis Dragon 9.9m AC	Duple Metsec	H43/32D	1997	2015
KMB	ADS159	GZ8334	DDA2205-1369	Dennis Dragon 9.9m AC	Duple Metsec	H43/32D	1997	2015
KMB	ADS174	HB691	DDA2205-1370	Dennis Dragon 9.9m AC	Duple Metsec	H43/32D	1997	2010
KMB	ADS147	GZ6049	DDA2205-1371	Dennis Dragon 9.9m AC	Duple Metsec	H43/32D	1996	2014
KMB	ADS161	GZ9270	DDA2205-1372	Dennis Dragon 9.9m AC	Duple Metsec	H43/32D	1997	2015
KMB	ADS151	GZ6673	DDA2205-1373	Dennis Dragon 9.9m AC	Duple Metsec	H43/32D	1997	2015
KMB	ADS155	GZ7314	DDA2205-1374	Dennis Dragon 9.9m AC	Duple Metsec	H43/32D	1997	2015
KMB	ADS177	HB857	DDA2205-1375	Dennis Dragon 9.9m AC	Duple Metsec	H43/32D	1997	2015
KMB	ADS157	GZ7742	DDA2205-1376	Dennis Dragon 9.9m AC	Duple Metsec	H43/32D	1997	2015
KMB	ADS156	GZ7712	DDA2205-1377	Dennis Dragon 9.9m AC	Duple Metsec	H43/32D	1997	2015
KMB	ADS158	GZ7775	DDA2205-1378	Dennis Dragon 9.9m AC	Duple Metsec	H43/32D	1997	2015
KMB	ADS146	GZ4853	DDA2205-1379	Dennis Dragon 9.9m AC	Duple Metsec	H43/32D	1996	2014
KMB	ADS171	HB413	DDA2205-1380	Dennis Dragon 9.9m AC	Duple Metsec	H43/32D	1997	2015
KMB	ADS164	HA8521	DDA2205-1381	Dennis Dragon 9.9m AC	Duple Metsec	H43/32D	1997	2015
KMB	ADS165	HA8712	DDA2205-1382	Dennis Dragon 9.9m AC	Duple Metsec	H43/32D	1997	2015
KMB	ADS180	HB1305	DDA2205-1383	Dennis Dragon 9.9m AC	Duple Metsec	H43/32D	1997	2015
KMB	ADS168	HA9351	DDA2205-1384	Dennis Dragon 9.9m AC	Duple Metsec	H43/32D	1997	2015
KMB	ADS169	HA9375	DDA2205-1385	Dennis Dragon 9.9m AC	Duple Metsec	H43/32D	1997	2015

公司	車隊編號	車牌	底盤編號	車型	車身	座位佈局	首次登記日期	退役日期
KMB	ADS184	HB1966	DDA2205-1386	Dennis Dragon 9.9m AC	Duple Metsec	H43/32D	1997	2015
KMB	ADS170	HA9354	DDA2205-1387	Dennis Dragon 9.9m AC	Duple Metsec	H43/32D	1997	2015
KMB	ADS149	GZ6177	DDA2205-1388	Dennis Dragon 9.9m AC	Duple Metsec	H43/32D	1996	2014
KMB	ADS167	HA8854	DDA2205-1389	Dennis Dragon 9.9m AC	Duple Metsec	H43/32D	1997	2015
KMB	ADS183	HB1674	DDA2205-1390	Dennis Dragon 9.9m AC	Duple Metsec	H43/32D	1997	2015
KMB	ADS166	HA8721	DDA2205-1391	Dennis Dragon 9.9m AC	Duple Metsec	H43/32D	1997	2015
KMB	ADS152	GZ6795	DDA2205-1392	Dennis Dragon 9.9m AC	Duple Metsec	H43/32D	1997	2015
KMB	ADS176	HB723	DDA2205-1393	Dennis Dragon 9.9m AC	Duple Metsec	H43/32D	1997	2015
KMB	ADS148	GZ6081	DDA2205-1394	Dennis Dragon 9.9m AC	Duple Metsec	H43/32D	1996	2014
KMB	AD345	HC2037	DDA1823-1395	Dennis Dragon 11m AC	Duple Metsec	H49/37D	1997	2015
KMB	AD293	HB916	DDA1823-1396	Dennis Dragon 11m AC	Duple Metsec	H49/37D	1997	2015
KMB	AD294	HB1162	DDA1823-1397	Dennis Dragon 11m AC	Duple Metsec	H49/37D	1997	2015
KMB	AD291	HB586	DDA1823-1398	Dennis Dragon 11m AC	Duple Metsec	H49/37D	1997	2015
KMB	AD347	HC2083	DDA1823-1399	Dennis Dragon 11m AC	Duple Metsec	H49/37D	1997	2015
KMB	AD339	HC1608	DDA1823-1400	Dennis Dragon 11m AC	Duple Metsec	H49/37D	1997	2015
KMB	AD286	HA9400	DDA1823-1401	Dennis Dragon 11m AC	Duple Metsec	H49/37D	1997	2015
KMB	AD315	HB9636	DDA1823-1402	Dennis Dragon 11m AC	Duple Metsec	H49/37D	1997	2015
KMB	AD289	HA9916	DDA1823-1403	Dennis Dragon 11m AC	Duple Metsec	H49/37D	1997	2015
KMB	AD341	HC1858	DDA1823-1404	Dennis Dragon 11m AC	Duple Metsec	H49/37D	1997	2015
KMB	AD282	HA9145	DDA1823-1405	Dennis Dragon 11m AC	Duple Metsec	H49/37D	1997	2015
KMB	AD338	HC1558	DDA1823-1406	Dennis Dragon 11m AC	Duple Metsec	H49/37D	1997	2015
KMB	AD321	HC816	DDA1823-1407	Dennis Dragon 11m AC	Duple Metsec	H49/37D	1997	2015
KMB	AD340	HC1774	DDA1823-1408	Dennis Dragon 11m AC	Duple Metsec	H49/37D	1997	2015
KMB	AD342	HC1912	DDA1823-1409	Dennis Dragon 11m AC	Duple Metsec	H49/37D	1997	2015
KMB	AD335	HC1409	DDA1823-1410	Dennis Dragon 11m AC	Duple Metsec	H49/37D	1997	2015
KMB	AD344	HC2033	DDA1823-1411	Dennis Dragon 11m AC	Duple Metsec	H49/37D	1997	2015
KMB	AD348	HC2091	DDA1823-1412	Dennis Dragon 11m AC	Duple Metsec	H49/37D	1997	2015
KMB	AD343	HC1915	DDA1823-1413	Dennis Dragon 11m AC	Duple Metsec	H49/37D	1997	2015
KMB	AD326	HC1148	DDA1823-1414	Dennis Dragon 11m AC	Duple Metsec	H49/37D	1997	2015
KMB	AD319	HC553	DDA1823-1415	Dennis Dragon 11m AC	Duple Metsec	H49/37D	1997	2015
KMB	AD298	HB2123	DDA1823-1416	Dennis Dragon 11m AC	Duple Metsec	H49/37D	1997	2015
KMB	AD317	HB9968	DDA1823-1417	Dennis Dragon 11m AC	Duple Metsec	H49/37D	1997	2015
KMB	AD305	HB9073	DDA1823-1418	Dennis Dragon 11m AC	Duple Metsec	H49/37D	1997	2015
KMB	AD306	HB9216	DDA1823-1419	Dennis Dragon 11m AC	Duple Metsec	H49/37D	1997	2015
KMB	AD290	HB342	DDA1823-1420	Dennis Dragon 11m AC	Duple Metsec	H49/37D	1997	2015
KMB	AD297	HB1442	DDA1823-1421	Dennis Dragon 11m AC	Duple Metsec	H49/37D	1997	2015
KMB	AD309	HB9235	DDA1823-1422	Dennis Dragon 11m AC	Duple Metsec	H49/37D	1997	2015
KMB	AD281	HA9056	DDA1823-1423	Dennis Dragon 11m AC	Duple Metsec	H49/37D	1997	2015
CTB	731	HB2811	DDA2206-1424	Dennis Dragon 10.4m	Duple Metsec W81/01	H49/37F	1997	2013
CTB	732	HB5114	DDA2206-1425	Dennis Dragon 10.4m	Duple Metsec W81/02	H49/37F	1997	2013
CTB	733	HB4005	DDA2206-1426	Dennis Dragon 10.4m	Duple Metsec W81/03	H49/37F	1997	2013
CTB	734	HB3380	DDA2206-1427	Dennis Dragon 10.4m	Duple Metsec W81/04	H49/37F	1997	2013
CTB	735	HB5201	DDA2206-1428	Dennis Dragon 10.4m	Duple Metsec W81/05	H49/37F	1997	2014
CTB	736	HB8207	DDA2206-1429	Dennis Dragon 10.4m	Duple Metsec W81/06	H49/37F	1997	2013
KMB	AD353	HC2168	DDA1823-1430	Dennis Dragon 11m AC	Duple Metsec	H49/37D	1997	2015
KMB	AD354	HC2219	DDA1823-1431	Dennis Dragon 11m AC	Duple Metsec	H49/37D	1997	2015
KMB	AD324	HC892	DDA1823-1432	Dennis Dragon 11m AC	Duple Metsec	H49/37D	1997	2015

公司	車隊編號	車牌	底盤編號	車型	車身	座位佈局	首次登記日期	退役日期
KMB	AD327	HC1190	DDA1823-1433	Dennis Dragon 11m AC	Duple Metsec	H49/37D	1997	2015
CTB	737	HB3857	DDA2206-1434	Dennis Dragon 10.4m	Duple Metsec W81/07	H49/37F	1997	2013
CTB	738	HB3972	DDA2206-1435	Dennis Dragon 10.4m	Duple Metsec W81/08	H49/37F	1997	2013
CTB	739	HB2965	DDA2206-1436	Dennis Dragon 10.4m	Duple Metsec W81/09	H49/37F	1997	2013
CTB	740	HB7872	DDA2206-1437	Dennis Dragon 10.4m	Duple Metsec W81/10	H49/37F	1997	2014
KMB	AD304	HB8909	DDA1823-1438	Dennis Dragon 11m AC	Duple Metsec	H49/37D	1997	2015
KMB	AD322	HC865	DDA1823-1439	Dennis Dragon 11m AC	Duple Metsec	H49/37D	1997	2015
KMB	AD352	HC2165	DDA1823-1440	Dennis Dragon 11m AC	Duple Metsec	H49/37D	1997	2015
KMB	AD320	HC699	DDA1823-1441	Dennis Dragon 11m AC	Duple Metsec	H49/37D	1997	2015
KMB	AD328	HC1220	DDA1823-1442	Dennis Dragon 11m AC	Duple Metsec	H49/37D	1997	2015
KMB	AD310	HB9238	DDA1823-1443	Dennis Dragon 11m AC	Duple Metsec	H49/37D	1997	2015
KMB	AD358	HC2319	DDA1823-1444	Dennis Dragon 11m AC	Duple Metsec	H49/37D	1997	2015
KMB	AD350	HC2105	DDA1823-1445	Dennis Dragon 11m AC	Duple Metsec	H49/37D	1997	2015
KMB	AD359	HC2437	DDA1823-1446	Dennis Dragon 11m AC	Duple Metsec	H49/37D	1997	2015
KMB	AD323	HC879	DDA1823-1447	Dennis Dragon 11m AC	Duple Metsec	H49/37D	1997	2015
KMB	AD316	HB9742	DDA1823-1448	Dennis Dragon 11m AC	Duple Metsec	H49/37D	1997	2015
KMB	AD337	HC1527	DDA1823-1449	Dennis Dragon 11m AC	Duple Metsec	H49/37D	1997	2011
KMB	AD336	HC1507	DDA1823-1450	Dennis Dragon 11m AC	Duple Metsec	H49/37D	1997	2015
KMB	AD334	HC1402	DDA1823-1451	Dennis Dragon 11m AC	Duple Metsec	H49/37D	1997	2015
KMB	AD357	HC2291	DDA1823-1452	Dennis Dragon 11m AC	Duple Metsec	H49/37D	1997	2015
KMB	AD318	HC526	DDA1823-1453	Dennis Dragon 11m AC	Duple Metsec	H49/37D	1997	2015
KMB	AD333	HC1365	DDA1823-1454	Dennis Dragon 11m AC	Duple Metsec	H49/37D	1997	2015
KMB	AD351	HC2145	DDA1823-1455	Dennis Dragon 11m AC	Duple Metsec	H49/37D	1997	2015
KMB	AD355	HC2254	DDA1823-1456	Dennis Dragon 11m AC	Duple Metsec	H49/37D	1997	2014
KMB	AD325	HC1096	DDA1823-1457	Dennis Dragon 11m AC	Duple Metsec	H49/37D	1997	2015
KMB	AD360	HC2446	DDA1823-1458	Dennis Dragon 11m AC	Duple Metsec	H49/37D	1997	2015
KMB	AD329	HC1250	DDA1823-1459	Dennis Dragon 11m AC	Duple Metsec	H49/37D	1997	2015
KMB	AD283	HA9203	DDA1823-1460	Dennis Dragon 11m AC	Duple Metsec	H49/37D	1997	2015
KMB	AD313	HB9425	DDA1823-1461	Dennis Dragon 11m AC	Duple Metsec	H49/37D	1997	2015
KMB	AD288	HA9879	DDA1823-1462	Dennis Dragon 11m AC	Duple Metsec	H49/37D	1997	2015
KMB	AD284	HA9257	DDA1823-1463	Dennis Dragon 11m AC	Duple Metsec	H49/37D	1997	2015
KMB	AD331	HC1297	DDA1823-1464	Dennis Dragon 11m AC	Duple Metsec	H49/37D	1997	2015
KMB	AD301	HB2214	DDA1823-1465	Dennis Dragon 11m AC	Duple Metsec	H49/37D	1997	2015
KMB	AD285	HA9367	DDA1823-1466	Dennis Dragon 11m AC	Duple Metsec	H49/37D	1997	2015
KMB	AD296	HB1306	DDA1823-1467	Dennis Dragon 11m AC	Duple Metsec	H49/37D	1997	2015
KMB	AD300	HB2143	DDA1823-1468	Dennis Dragon 11m AC	Duple Metsec	H49/37D	1997	2015
KMB	AD287	HA9566	DDA1823-1469	Dennis Dragon 11m AC	Duple Metsec	H49/37D	1997	2015
KMB	AD302	HB2220	DDA1823-1470	Dennis Dragon 11m AC	Duple Metsec	H49/37D	1997	2015
KMB	AD292	HB740	DDA1823-1471	Dennis Dragon 11m AC	Duple Metsec	H49/37D	1997	2015
KMB	AD308	HB9224	DDA1823-1472	Dennis Dragon 11m AC	Duple Metsec	H49/37D	1997	2015
KMB	AD295	HB1301	DDA1823-1473	Dennis Dragon 11m AC	Duple Metsec	H49/37D	1997	2015
KMB	AD299	HB2132	DDA1823-1474	Dennis Dragon 11m AC	Duple Metsec	H49/37D	1997	2015
KMB	AD312	HB9378	DDA1823-1475	Dennis Dragon 11m AC	Duple Metsec	H49/37D	1997	2015
CTB	861	HD1169	DDA2303-1476	Dennis Dragon 12m	Duple Metsec W82/01	DPH55/42D	1997	2014
CTB	862	HD953	DDA2303-1477	Dennis Dragon 12m	Duple Metsec W82/02	DPH55/42D	1997	2014
KMB	AD330	HC1289	DDA1823-1478	Dennis Dragon 11m AC	Duple Metsec	H49/37D	1997	2015
KMB	AD307	HB9217	DDA1823-1479	Dennis Dragon 11m AC	Duple Metsec	H49/37D	1997	2015

公司	車隊編號	車牌	底盤編號	車型	車身	座位佈局	首次登記日期	退役日期
KMB	AD303	HB8579	DDA1823-1480	Dennis Dragon 11m AC	Duple Metsec	H49/37D	1997	2015
CTB	863	HD1407	DDA2303-1481	Dennis Dragon 12m	Duple Metsec W82/03	DPH55/42D	1997	2015
CTB	864	HD1555	DDA2303-1482	Dennis Dragon 12m	Duple Metsec W82/04	DPH55/42D	1997	2015
KMB	AD349	HC2103	DDA1823-1483	Dennis Dragon 11m AC	Duple Metsec	H49/37D	1997	2015
KMB	AD332	HC1332	DDA1823-1484	Dennis Dragon 11m AC	Duple Metsec	H49/37D	1997	2015
KMB	AD314	HB9536	DDA1823-1485	Dennis Dragon 11m AC	Duple Metsec	H49/37D	1997	2015
KMB	AD311	HB9242	DDA1823-1486	Dennis Dragon 11m AC	Duple Metsec	H49/37D	1997	2015
KMB	AD356	HC2284	DDA1823-1487	Dennis Dragon 11m AC	Duple Metsec	H49/37D	1997	2015
KMB	AD346	HC2055	DDA1823-1488	Dennis Dragon 11m AC	Duple Metsec	H49/37D	1997	2015
CTB	865	HD3198	DDA2303-1489	Dennis Dragon 12m	Duple Metsec W82/05	DPH55/42D	1997	2015
CTB	866	HD902	DDA2303-1490	Dennis Dragon 12m	Duple Metsec W82/06	DPH55/42D	1997	2015
CTB	867	HD1759	DDA2303-1491	Dennis Dragon 12m	Duple Metsec W82/07	DPH55/42D	1997	2015
CTB	868	HD1436	DDA2303-1492	Dennis Dragon 12m	Duple Metsec W82/08	DPH55/42D	1997	2015
CTB	869	HD937	DDA2303-1493	Dennis Dragon 12m	Duple Metsec W82/09	DPH55/42D	1997	2015
CTB	870	HD935	DDA2303-1494	Dennis Dragon 12m	Duple Metsec W82/10	DPH55/42D	1997	2015
CTB	871	HD1419	DDA2303-1495	Dennis Dragon 12m	Duple Metsec W82/11	DPH55/42D	1997	2015
CTB	872	HD1562	DDA2303-1496	Dennis Dragon 12m	Duple Metsec W82/12	DPH55/42D	1997	2015
CTB	873	HD1846	DDA2303-1497	Dennis Dragon 12m	Duple Metsec W82/13	DPH55/42D	1997	2015
CTB	874	HD3455	DDA2303-1498	Dennis Dragon 12m	Duple Metsec W82/14	DPH55/42D	1997	2015
CTB	875	HD2541	DDA2303-1499	Dennis Dragon 12m	Duple Metsec W82/15	DPH55/42D	1997	2015
CTB	876	HN6752	DDA2303-1500	Dennis Dragon 12m	Duple Metsec W82/20	DPH55/42D	1998	2015
CTB	877	HD1873	DDA2303-1501	Dennis Dragon 12m	Duple Metsec W82/16	DPH55/42D	1997	2015
CTB	878	HD6044	DDA2303-1502	Dennis Dragon 12m	Duple Metsec W82/17	DPH55/42D	1997	2014
CTB	879	HD1433	DDA2303-1503	Dennis Dragon 12m	Duple Metsec W82/18	DPH55/42D	1997	2015
CTB	880	HD1989	DDA2303-1504	Dennis Dragon 12m	Duple Metsec W82/19	DPH55/42D	1997	2015
CMB	DA67	HA1470	DDA1822-1505	Dennis Condor 11m AC	Duple Metsec	H53/40D	1997	2015
CMB	DA68	HA551	DDA1822-1506	Dennis Condor 11m AC	Duple Metsec	H53/40D	1997	2015
CMB	DA70	DA370	DDA1822-1507	Dennis Condor 11m AC	Duple Metsec	H53/40D	1997	2015
CMB	DA71	HA8204	DDA1822-1508	Dennis Condor 11m AC	Duple Metsec	H53/40D	1997	2015
CMB	DA69	HA4051	DDA1822-1509	Dennis Condor 11m AC	Duple Metsec	H53/40D	1997	2015
CMB	DA74	HA9516	DDA1822-1510	Dennis Condor 11m AC	Duple Metsec	H53/40D	1997	2015
CMB	DA72	HA8337	DDA1822-1511	Dennis Condor 11m AC	Duple Metsec	H53/40D	1997	2015
CMB	DA75	HB2179	DDA1822-1512	Dennis Condor 11m AC	Duple Metsec	H53/40D	1997	2015
CMB	DA76	HB925	DDA1822-1513	Dennis Condor 11m AC	Duple Metsec	H53/40D	1997	2015
CMB	DA73	HA9736	DDA1822-1514	Dennis Condor 11m AC	Duple Metsec	H53/40D	1997	2015
CMB	DA80	HB5648	DDA1822-1515	Dennis Condor 11m AC	Duple Metsec	H53/40D	1997	2015
CMB	DA82	HB8095	DDA1822-1516	Dennis Condor 11m AC	Duple Metsec	H53/40D	1997	2015
CMB	DA78	HB4359	DDA1822-1517	Dennis Condor 11m AC	Duple Metsec	H53/40D	1997	2015
CMB	DA81	HB7365	DDA1822-1518	Dennis Condor 11m AC	Duple Metsec	H53/40D	1997	2015
CMB	DA79	HB4954	DDA1822-1519	Dennis Condor 11m AC	Duple Metsec	H53/40D	1997	2015
CMB	DA77	HB2564	DDA1822-1520	Dennis Condor 11m AC	Duple Metsec	H53/40D	1997	2015
KMB	3AD17	HH4806	DDA2304-1521	Dennis Dragon 12m AC	Duple Metsec	H57/42D	1997	2015
KMB	3AD16	HH4738	DDA2304-1522	Dennis Dragon 12m AC	Duple Metsec	H57/42D	1997	2015
KMB	3AD49	HL1891	DDA2304-1523	Dennis Dragon 12m AC	Duple Metsec	H57/42D	1997	2015
KMB	3AD29	HH9245	DDA2304-1524	Dennis Dragon 12m AC	Duple Metsec	H57/42D	1997	2015
KMB	3AD24	HH6167	DDA2304-1525	Dennis Dragon 12m AC	Duple Metsec	H57/42D	1997	2015
KMB	3AD33	HJ365	DDA2304-1526	Dennis Dragon 12m AC	Duple Metsec	H57/42D	1997	2015

公司	車隊編號	車牌	底盤編號	車型	車身	座位佈局	首次登記日期	退役日期
KMB	3AD21	HH5755	DDA2304-1527	Dennis Dragon 12m AC	Duple Metsec	H57/42D	1997	2015
KMB	3AD18	HH5004	DDA2304-1528	Dennis Dragon 12m AC	Duple Metsec	H57/42D	1997	2015
KMB	3AD27	HH8580	DDA2304-1529	Dennis Dragon 12m AC	Duple Metsec	H57/42D	1997	2015
KMB	3AD55	HL7522	DDA2304-1530	Dennis Dragon 12m AC	Duple Metsec	H57/42D	1997	2015
KMB	3AD20	HH5581	DDA2304-1531	Dennis Dragon 12m AC	Duple Metsec	H57/42D	1997	2015
KMB	3AD42	HJ7533	DDA2304-1532	Dennis Dragon 12m AC	Duple Metsec	H57/42D	1997	2015
KMB	3AD46	HJ8388	DDA2304-1533	Dennis Dragon 12m AC	Duple Metsec	H57/42D	1997	2009
KMB	3AD22	HH5831	DDA2304-1534	Dennis Dragon 12m AC	Duple Metsec	H57/42D	1997	2015
KMB	3AD31	HH9810	DDA2304-1535	Dennis Dragon 12m AC	Duple Metsec	H57/42D	1997	2015
KMB	3AD65	HM175	DDA2304-1536	Dennis Dragon 12m AC	Duple Metsec	H57/42D	1997	2015
KMB	3AD53	HL6558	DDA2304-1537	Dennis Dragon 12m AC	Duple Metsec	H57/42D	1997	2015
KMB	3AD70	HM3075	DDA2304-1538	Dennis Dragon 12m AC	Duple Metsec	H57/42D	1997	2015
KMB	3AD54	HL7245	DDA2304-1539	Dennis Dragon 12m AC	Duple Metsec	H57/42D	1997	2015
KMB	3AD57	HL8373	DDA2304-1540	Dennis Dragon 12m AC	Duple Metsec	H57/42D	1997	2015
KMB	3AD56	HL8186	DDA2304-1541	Dennis Dragon 12m AC	Duple Metsec	H57/42D	1997	2015
KMB	3AD60	HL9019	DDA2304-1542	Dennis Dragon 12m AC	Duple Metsec	H57/42D	1997	2015
KMB	3AD2	HG3579	DDA2304-1543	Dennis Dragon 12m AC	Duple Metsec	H57/42D	1997	2015
KMB	3AD47	HL615	DDA2304-1544	Dennis Dragon 12m AC	Duple Metsec	H57/42D	1997	2015
KMB	3AD64	HL9804	DDA2304-1545	Dennis Dragon 12m AC	Duple Metsec	H57/42D	1997	2015
KMB	3AD1	HG3037	DDA2304-1546	Dennis Dragon 12m AC	Duple Metsec	H57/42D	1997	2015
KMB	3AD9	HG7794	DDA2304-1547	Dennis Dragon 12m AC	Duple Metsec	H57/42D	1997	2015
KMB	3AD7	HG7241	DDA2304-1548	Dennis Dragon 12m AC	Duple Metsec	H57/42D	1997	2015
KMB	3AD5	HG6951	DDA2304-1549	Dennis Dragon 12m AC	Duple Metsec	H57/42D	1997	2015
KMB	3AD10	HG7800	DDA2304-1550	Dennis Dragon 12m AC	Duple Metsec	H57/42D	1997	2015
KMB	3AD4	HG6818	DDA2304-1551	Dennis Dragon 12m AC	Duple Metsec	H57/42D	1997	2015
KMB	3AD3	HG6732	DDA2304-1552	Dennis Dragon 12m AC	Duple Metsec	H57/42D	1997	2015
KMB	3AD6	HG7139	DDA2304-1553	Dennis Dragon 12m AC	Duple Metsec	H57/42D	1997	2015
KMB	3AD13	HG8277	DDA2304-1554	Dennis Dragon 12m AC	Duple Metsec	H57/42D	1997	2015
KMB	3AD25	HH6371	DDA2304-1555	Dennis Dragon 12m AC	Duple Metsec	H57/42D	1997	2015
KMB	3AD8	HG7407	DDA2304-1556	Dennis Dragon 12m AC	Duple Metsec	H57/42D	1997	2015
KMB	3AD14	HG8358	DDA2304-1557	Dennis Dragon 12m AC	Duple Metsec	H57/42D	1997	2015
KMB	3AD12	HG8271	DDA2304-1558	Dennis Dragon 12m AC	Duple Metsec	H57/42D	1997	2015
KMB	3AD11	HG7980	DDA2304-1559	Dennis Dragon 12m AC	Duple Metsec	H57/42D	1997	2015
KMB	3AD30	HH9337	DDA2304-1560	Dennis Dragon 12m AC	Duple Metsec	H57/42D	1997	2015
KMB	3AD19	HH5474	DDA2304-1561	Dennis Dragon 12m AC	Duple Metsec	H57/42D	1997	2015
KMB	3AD15	HH4644	DDA2304-1562	Dennis Dragon 12m AC	Duple Metsec	H57/42D	1997	2015
KMB	3AD23	HH5881	DDA2304-1563	Dennis Dragon 12m AC	Duple Metsec	H57/42D	1997	2015
KMB	3AD37	HJ7027	DDA2304-1564	Dennis Dragon 12m AC	Duple Metsec	H57/42D	1997	2015
KMB	3AD40	HJ7459	DDA2304-1565	Dennis Dragon 12m AC	Duple Metsec	H57/42D	1997	2015
KMB	3AD38	HJ7406	DDA2304-1566	Dennis Dragon 12m AC	Duple Metsec	H57/42D	1997	2015
KMB	3AD36	HJ6945	DDA2304-1567	Dennis Dragon 12m AC	Duple Metsec	H57/42D	1997	2015
KMB	3AD41	HJ7481	DDA2304-1568	Dennis Dragon 12m AC	Duple Metsec	H57/42D	1997	2015
KMB	3AD73	HM4056	DDA2304-1569	Dennis Dragon 12m AC	Duple Metsec	H57/42D	1997	2015
KMB	3AD51	HL2226	DDA2304-1570	Dennis Dragon 12m AC	Duple Metsec	H57/42D	1997	2015
KMB	3AD34	HJ6582	DDA2304-1571	Dennis Dragon 12m AC	Duple Metsec	H57/42D	1997	2015
KMB	3AD77	HM4457	DDA2304-1572	Dennis Dragon 12m AC	Duple Metsec	H57/42D	1997	2015
KMB	3AD80	HN1537	DDA2304-1573	Dennis Dragon 12m AC	Duple Metsec	H57/42D	1997	2011

公司	車隊編號	車牌	底盤編號	車型	車身	座位佈局	首次登記日期	退役日期
KMB	3AD67	HM2827	DDA2304-1574	Dennis Dragon 12m AC	Duple Metsec	H57/42D	1997	2015
CMB	DA84	HG4712	DDA1824-1575	Dennis Condor 11m AC	Duple Metsec	H51/39D	1997	2015
CMB	DA85	BJ6626	DDA1824-1576	Dennis Condor 11m AC	Duple Metsec	H51/39D	1997	2015
CMB	DA83	HG4178	DDA1824-1577	Dennis Condor 11m AC	Duple Metsec	H51/39D	1997	2015
CMB	DA90	HH6198	DDA1824-1578	Dennis Condor 11m AC	Duple Metsec	H51/39D	1997	2015
CMB	DA88	HH4157	DDA1824-1579	Dennis Condor 11m AC	Duple Metsec	H51/39D	1997	2015
CMB	DA91	HH8093	DDA1824-1580	Dennis Condor 11m AC	Duple Metsec	H51/39D	1997	2015
CMB	DA89	HH6355	DDA1824-1581	Dennis Condor 11m AC	Duple Metsec	H51/39D	1997	2015
CMB	DA86	HG9673	DDA1824-1582	Dennis Condor 11m AC	Duple Metsec	H51/39D	1997	2015
CMB	DA87	HH2711	DDA1824-1583	Dennis Condor 11m AC	Duple Metsec	H51/39D	1997	2015
CMB	DA92	HH7687	DDA1824-1584	Dennis Condor 11m AC	Duple Metsec	H51/39D	1997	2015
KMB	3AD81	HN1569	DDA2304-1585	Dennis Dragon 12m AC	Duple Metsec	H57/42D	1997	2015
KMB	3AD50	HL2102	DDA2304-1586	Dennis Dragon 12m AC	Duple Metsec	H57/42D	1997	2015
KMB	3AD78	HN642	DDA2304-1587	Dennis Dragon 12m AC	Duple Metsec	H57/42D	1997	2015
KMB	3AD48	HL1394	DDA2304-1588	Dennis Dragon 12m AC	Duple Metsec	H57/42D	1997	2015
KMB	3AD52	HL2438	DDA2304-1589	Dennis Dragon 12m AC	Duple Metsec	H57/42D	1997	2015
KMB	3AD44	HJ8202	DDA2304-1590	Dennis Dragon 12m AC	Duple Metsec	H57/42D	1997	2015
KMB	3AD79	HN770	DDA2304-1591	Dennis Dragon 12m AC	Duple Metsec	H57/42D	1997	2015
KMB	3AD83	HN2403	DDA2304-1592	Dennis Dragon 12m AC	Duple Metsec	H57/42D	1997	2015
KMB	3AD75	HM4143	DDA2304-1593	Dennis Dragon 12m AC	Duple Metsec	H57/42D	1997	2015
KMB	3AD45	HJ8230	DDA2304-1594	Dennis Dragon 12m AC	Duple Metsec	H57/42D	1997	2015
KMB	3AD32	HH9854	DDA2304-1595	Dennis Dragon 12m AC	Duple Metsec	H57/42D	1997	2015
KMB	3AD26	HH8545	DDA2304-1596	Dennis Dragon 12m AC	Duple Metsec	H57/42D	1997	2015
KMB	3AD35	HJ6843	DDA2304-1597	Dennis Dragon 12m AC	Duple Metsec	H57/42D	1997	2015
KMB	3AD39	HJ7414	DDA2304-1598	Dennis Dragon 12m AC	Duple Metsec	H57/42D	1997	2015
KMB	3AD43	HJ8032	DDA2304-1599	Dennis Dragon 12m AC	Duple Metsec	H57/42D	1997	2015
KMB	3AD28	HH9104	DDA2304-1600	Dennis Dragon 12m AC	Duple Metsec	H57/42D	1997	2015
KMB	3AD84	HN6547	DDA2304-1601	Dennis Dragon 12m AC	Duple Metsec	H57/42D	1998	2016
KMB	3AD61	HL9230	DDA2304-1602	Dennis Dragon 12m AC	Duple Metsec	H57/42D	1997	2015
KMB	3AD58	HL8725	DDA2304-1603	Dennis Dragon 12m AC	Duple Metsec	H57/42D	1997	2015
KMB	3AD92	HN7482	DDA2304-1604	Dennis Dragon 12m AC	Duple Metsec	H57/42D	1998	2016
KMB	3AD86	HN7041	DDA2304-1605	Dennis Dragon 12m AC	Duple Metsec	H57/42D	1998	2016
KMB	3AD97	HN7721	DDA2304-1606	Dennis Dragon 12m AC	Duple Metsec	H57/42D	1998	2016
KMB	3AD69	HM2985	DDA2304-1607	Dennis Dragon 12m AC	Duple Metsec	H57/42D	1997	2015
KMB	3AD72	HM3524	DDA2304-1608	Dennis Dragon 12m AC	Duple Metsec	H57/42D	1997	2015
KMB	3AD62	HL9247	DDA2304-1609	Dennis Dragon 12m AC	Duple Metsec	H57/42D	1997	2015
KMB	3AD76	HM4208	DDA2304-1610	Dennis Dragon 12m AC	Duple Metsec	H57/42D	1997	2015
KMB	3AD89	HN7341	DDA2304-1611	Dennis Dragon 12m AC	Duple Metsec	H57/42D	1998	2016
KMB	3AD82	HN2280	DDA2304-1612	Dennis Dragon 12m AC	Duple Metsec	H57/42D	1997	2015
KMB	3AD91	HN7395	DDA2304-1613	Dennis Dragon 12m AC	Duple Metsec	H57/42D	1998	2016
KMB	3AD71	HM3147	DDA2304-1614	Dennis Dragon 12m AC	Duple Metsec	H57/42D	1997	2015
KMB	3AD74	HM4090	DDA2304-1615	Dennis Dragon 12m AC	Duple Metsec	H57/42D	1997	2015
KMB	3AD66	HM2595	DDA2304-1616	Dennis Dragon 12m AC	Duple Metsec	H57/42D	1997	2015
KMB	3AD63	HL9742	DDA2304-1617	Dennis Dragon 12m AC	Duple Metsec	H57/42D	1997	2015
KMB	3AD68	HM2966	DDA2304-1618	Dennis Dragon 12m AC	Duple Metsec	H57/42D	1997	2015
KMB	3AD88	HN7169	DDA2304-1619	Dennis Dragon 12m AC	Duple Metsec	H57/42D	1998	2016
KMB	3AD59	HL8742	DDA2304-1620	Dennis Dragon 12m AC	Duple Metsec	H57/42D	1997	2015

公司	車隊編號	車牌	底盤編號	車型	車身	座位佈局	首次登記日期	退役日期
KMB	3AD98	HN8024	DDA2304-1621	Dennis Dragon 12m AC	Duple Metsec	H57/42D	1998	2015
KMB	3AD95	HN7525	DDA2304-1622	Dennis Dragon 12m AC	Duple Metsec	H57/42D	1998	2016
KMB	3AD99	HN8075	DDA2304-1623	Dennis Dragon 12m AC	Duple Metsec	H57/42D	1998	2016
KMB	3AD85	HN6872	DDA2304-1624	Dennis Dragon 12m AC	Duple Metsec	H57/42D	1998	2016
KMB	3AD90	HN7385	DDA2304-1625	Dennis Dragon 12m AC	Duple Metsec	H57/42D	1998	2016
KMB	3AD96	HN7582	DDA2304-1626	Dennis Dragon 12m AC	Duple Metsec	H57/42D	1998	2016
KMB	3AD94	HN7489	DDA2304-1627	Dennis Dragon 12m AC	Duple Metsec	H57/42D	1998	2016
KMB	3AD93	HN7483	DDA2304-1628	Dennis Dragon 12m AC	Duple Metsec	H57/42D	1998	2016
KMB	3AD143	HS2113	DDA2304-1629	Dennis Dragon 12m AC	Duple Metsec	H57/42D	1998	2016
KMB	3AD112	HP2083	DDA2304-1630	Dennis Dragon 12m AC	Duple Metsec	H57/42D	1998	2016
KMB	3AD132	HS1286	DDA2304-1631	Dennis Dragon 12m AC	Duple Metsec	H57/42D	1998	2016
KMB	3AD105	HN9067	DDA2304-1632	Dennis Dragon 12m AC	Duple Metsec	H57/42D	1998	2016
KMB	3AD139	HS1840	DDA2304-1633	Dennis Dragon 12m AC	Duple Metsec	H57/42D	1998	2016
KMB	3AD125	HS625	DDA2304-1634	Dennis Dragon 12m AC	Duple Metsec	H57/42D	1998	2016
KMB	3AD109	HP1136	DDA2304-1635	Dennis Dragon 12m AC	Duple Metsec	H57/42D	1998	2016
KMB	3AD113	HP2269	DDA2304-1636	Dennis Dragon 12m AC	Duple Metsec	H57/42D	1998	2016
KMB	3AD102	HN8140	DDA2304-1637	Dennis Dragon 12m AC	Duple Metsec	H57/42D	1998	2016
KMB	3AD101	HN7814	DDA2304-1638	Dennis Dragon 12m AC	Duple Metsec	H57/42D	1998	2016
KMB	3AD87	HN7052	DDA2304-1639	Dennis Dragon 12m AC	Duple Metsec	H57/42D	1998	2016
KMB	3AD107	HP366	DDA2304-1640	Dennis Dragon 12m AC	Duple Metsec	H57/42D	1998	2016
KMB	3AD108	HP1032	DDA2304-1641	Dennis Dragon 12m AC	Duple Metsec	H57/42D	1998	2016
KMB	3AD103	HN8597	DDA2304-1642	Dennis Dragon 12m AC	Duple Metsec	H57/42D	1998	2016
KMB	3AD111	HP1417	DDA2304-1643	Dennis Dragon 12m AC	Duple Metsec	H57/42D	1998	2016
KMB	3AD104	HN8795	DDA2304-1644	Dennis Dragon 12m AC	Duple Metsec	H57/42D	1998	2016
KMB	3AD106	HN9388	DDA2304-1645	Dennis Dragon 12m AC	Duple Metsec	H57/42D	1998	2016
KMB	3AD119	HR9801	DDA2304-1646	Dennis Dragon 12m AC	Duple Metsec	H57/42D	1998	2016
KMB	3AD115	HR9096	DDA2304-1647	Dennis Dragon 12m AC	Duple Metsec	H57/42D	1998	2016
KMB	3AD118	HR9507	DDA2304-1648	Dennis Dragon 12m AC	Duple Metsec	H57/42D	1998	2016
KMB	3AD135	HS1526	DDA2304-1649	Dennis Dragon 12m AC	Duple Metsec	H57/42D	1998	2016
KMB	3AD121	HR9979	DDA2304-1650	Dennis Dragon 12m AC	Duple Metsec	H57/42D	1998	2016
KMB	3AD124	HS539	DDA2304-1651	Dennis Dragon 12m AC	Duple Metsec	H57/42D	1998	2016
KMB	3AD148	HS2389	DDA2304-1652	Dennis Dragon 12m AC	Duple Metsec	H57/42D	1998	2016
KMB	3AD128	HS851	DDA2304-1653	Dennis Dragon 12m AC	Duple Metsec	H57/42D	1998	2016
KMB	3AD155	HS9108	DDA2304-1654	Dennis Dragon 12m AC	Duple Metsec	H57/42D	1998	2016
KMB	3AD129	HS896	DDA2304-1655	Dennis Dragon 12m AC	Duple Metsec	H57/42D	1998	2016
KMB	3AD136	HS1588	DDA2304-1656	Dennis Dragon 12m AC	Duple Metsec	H57/42D	1998	2016
KMB	3AD140	HS1889	DDA2304-1657	Dennis Dragon 12m AC	Duple Metsec	H57/42D	1998	2016
KMB	3AD130	HS1260	DDA2304-1658	Dennis Dragon 12m AC	Duple Metsec	H57/42D	1998	2016
KMB	3AD137	HS1605	DDA2304-1659	Dennis Dragon 12m AC	Duple Metsec	H57/42D	1998	2016
KMB	3AD133	HS1474	DDA2304-1660	Dennis Dragon 12m AC	Duple Metsec	H57/42D	1998	2016
KMB	3AD144	HS2241	DDA2304-1661	Dennis Dragon 12m AC	Duple Metsec	H57/42D	1998	2016
KMB	3AD134	HS1489	DDA2304-1662	Dennis Dragon 12m AC	Duple Metsec	H57/42D	1998	2016
KMB	3AD142	HS2106	DDA2304-1663	Dennis Dragon 12m AC	Duple Metsec	H57/42D	1998	2016
KMB	3AD163	HS9661	DDA2304-1664	Dennis Dragon 12m AC	Duple Metsec	H57/42D	1998	2016
KMB	3AD147	HS2358	DDA2304-1665	Dennis Dragon 12m AC	Duple Metsec	H57/42D	1998	2016
KMB	3AD149	HS8560	DDA2304-1666	Dennis Dragon 12m AC	Duple Metsec	H57/42D	1998	2016
KMB	3AD141	HS1936	DDA2304-1667	Dennis Dragon 12m AC	Duple Metsec	H57/42D	1998	2016

公司	車隊編號	車牌	底盤編號	車型	車身	座位佈局	首次登記日期	退役日期
KMB	3AD150	HS8964	DDA2304-1668	Dennis Dragon 12m AC	Duple Metsec	H57/42D	1998	2016
KMB	3AD126	HS765	DDA2304-1669	Dennis Dragon 12m AC	Duple Metsec	H57/42D	1998	2016
KMB	3AD166	HT309	DDA2304-1670	Dennis Dragon 12m AC	Duple Metsec	H57/42D	1998	2016
KMB	3AD116	HR9165	DDA2304-1671	Dennis Dragon 12m AC	Duple Metsec	H57/42D	1998	2016
KMB	3AD117	HR9320	DDA2304-1672	Dennis Dragon 12m AC	Duple Metsec	H57/42D	1998	2016
KMB	3AD123	HS481	DDA2304-1673	Dennis Dragon 12m AC	Duple Metsec	H57/42D	1998	2016
KMB	3AD114	HR8572	DDA2304-1674	Dennis Dragon 12m AC	Duple Metsec	H57/42D	1998	2016
KMB	3AD120	HR9855	DDA2304-1675	Dennis Dragon 12m AC	Duple Metsec	H57/42D	1998	2016
KMB	3AD156	HS9139	DDA2304-1676	Dennis Dragon 12m AC	Duple Metsec	H57/42D	1998	2016
KMB	3AD122	HS397	DDA2304-1677	Dennis Dragon 12m AC	Duple Metsec	H57/42D	1998	2016
KMB	3AD170	HU8420	DDA2304-1678	Dennis Dragon 12m AC	Duple Metsec	H57/42D	1998	2016
KMB	3AD152	HS8990	DDA2304-1679	Dennis Dragon 12m AC	Duple Metsec	H57/42D	1998	2016
KMB	3AD154	HS9071	DDA2304-1680	Dennis Dragon 12m AC	Duple Metsec	H57/42D	1998	2016
KMB	3AD169	HU7803	DDA2304-1681	Dennis Dragon 12m AC	Duple Metsec	H57/42D	1998	2016
KMB	3AD159	HS9387	DDA2304-1682	Dennis Dragon 12m AC	Duple Metsec	H57/42D	1998	2016
KMB	3AD100	HN7046	DDA2304-1683	Dennis Dragon 12m AC	Duple Metsec	H57/42D	1998	2016
KMB	3AD110	HP1279	DDA2304-1684	Dennis Dragon 12m AC	Duple Metsec	H57/42D	1998	2016
KMB	3AD157	HS9236	DDA2304-1685	Dennis Dragon 12m AC	Duple Metsec	H57/42D	1998	2016
KMB	3AD164	HS9874	DDA2304-1686	Dennis Dragon 12m AC	Duple Metsec	H57/42D	1998	2016
KMB	3AD167	HT346	DDA2304-1687	Dennis Dragon 12m AC	Duple Metsec	H57/42D	1998	2016
KMB	3AD145	HS2242	DDA2304-1688	Dennis Dragon 12m AC	Duple Metsec	H57/42D	1998	2016
KMB	3AD153	HS9068	DDA2304-1689	Dennis Dragon 12m AC	Duple Metsec	H57/42D	1998	2016
KMB	3AD161	HS9627	DDA2304-1690	Dennis Dragon 12m AC	Duple Metsec	H57/42D	1998	2016
KMB	3AD162	HS9659	DDA2304-1691	Dennis Dragon 12m AC	Duple Metsec	H57/42D	1998	2016
KMB	3AD168	HT475	DDA2304-1692	Dennis Dragon 12m AC	Duple Metsec	H57/42D	1998	2016
KMB	3AD158	HS9282	DDA2304-1693	Dennis Dragon 12m AC	Duple Metsec	H57/42D	1998	2016
KMB	3AD160	HS9552	DDA2304-1694	Dennis Dragon 12m AC	Duple Metsec	H57/42D	1998	2016
KMB	3AD151	HS8970	DDA2304-1695	Dennis Dragon 12m AC	Duple Metsec	H57/42D	1998	2016
KMB	3AD165	HS9875	DDA2304-1696	Dennis Dragon 12m AC	Duple Metsec	H57/42D	1998	2016
KMB	3AD131	HS1275	DDA2304-1697	Dennis Dragon 12m AC	Duple Metsec	H57/42D	1998	2016
KMB	3AD127	HS781	DDA2304-1698	Dennis Dragon 12m AC	Duple Metsec	H57/42D	1998	2016
KMB	3AD138	HS1745	DDA2304-1699	Dennis Dragon 12m AC	Duple Metsec	H57/42D	1998	2016
KMB	3AD146	HS2335	DDA2304-1700	Dennis Dragon 12m AC	Duple Metsec	H57/42D	1998	2016
KMB	ADS187	HY9545	DDA2207-1701	Dennis Dragon 9.9m AC	Duple Metsec	H45/32D	1999	2017
KMB	ADS186	HY9332	DDA2207-1702	Dennis Dragon 9.9m AC	Duple Metsec	H45/32D	1999	2017
KMB	ADS192	JA1063	DDA2207-1703	Dennis Dragon 9.9m AC	Duple Metsec	H45/32D	1999	2017
KMB	ADS188	HY8581	DDA2207-1704	Dennis Dragon 9.9m AC	Duple Metsec	H45/32D	1999	2017
KMB	ADS190	HY9798	DDA2207-1705	Dennis Dragon 9.9m AC	Duple Metsec	H45/32D	1999	2017
KMB	ADS189	HY8872	DDA2207-1706	Dennis Dragon 9.9m AC	Duple Metsec	H45/32D	1999	2017
KMB	ADS196	JA8776	DDA2207-1707	Dennis Dragon 9.9m AC	Duple Metsec	H45/32D	1999	2017
KMB	ADS195	JA2234	DDA2207-1708	Dennis Dragon 9.9m AC	Duple Metsec	H45/32D	1999	2017
KMB	ADS194	JA1606	DDA2207-1709	Dennis Dragon 9.9m AC	Duple Metsec	H45/32D	1999	2017
KMB	ADS197	JA9302	DDA2207-1710	Dennis Dragon 9.9m AC	Duple Metsec	H45/32D	1999	2017
KMB	ADS199	JC1464	DDA2207-1711	Dennis Dragon 9.9m AC	Duple Metsec	H45/32D	1999	2017
KMB	ADS204	JC2048	DDA2207-1712	Dennis Dragon 9.9m AC	Duple Metsec	H45/32D	1999	2017
KMB	ADS201	JC1532	DDA2207-1713	Dennis Dragon 9.9m AC	Duple Metsec	H45/32D	1999	2017
KMB	ADS203	JC1749	DDA2207-1714	Dennis Dragon 9.9m AC	Duple Metsec	H45/32D	1999	2017

公司	車隊編號	車牌	底盤編號	車型	車身	座位佈局	首次登記日期	退役日期
KMB	ADS202	JC1714	DDA2207-1715	Dennis Dragon 9.9m AC	Duple Metsec	H45/32D	1999	2017
KMB	ADS198	JC570	DDA2207-1716	Dennis Dragon 9.9m AC	Duple Metsec	H45/32D	1999	2017
KMB	ADS193	JA1192	DDA2207-1717	Dennis Dragon 9.9m AC	Duple Metsec	H45/32D	1999	2017
KMB	ADS191	JA799	DDA2207-1718	Dennis Dragon 9.9m AC	Duple Metsec	H45/32D	1999	2017
KMB	ADS205	JC2418	DDA2207-1719	Dennis Dragon 9.9m AC	Duple Metsec	H45/32D	1999	2017
KMB	ADS223	JC3752	DDA2207-1720	Dennis Dragon 9.9m AC	Duple Metsec	H45/32D	1999	2017
KMB	ADS200	JC1480	DDA2207-1721	Dennis Dragon 9.9m AC	Duple Metsec	H45/32D	1999	2017
KMB	ADS225	JC3987	DDA2207-1722	Dennis Dragon 9.9m AC	Duple Metsec	H45/32D	1999	2017
KMB	ADS218	JC2943	DDA2207-1723	Dennis Dragon 9.9m AC	Duple Metsec	H45/32D	1999	2017
KMB	ADS224	JC3914	DDA2207-1724	Dennis Dragon 9.9m AC	Duple Metsec	H45/32D	1999	2017
KMB	ADS217	JC2558	DDA2207-1725	Dennis Dragon 9.9m AC	Duple Metsec	H45/32D	1999	2017
KMB	ADS227	JC4277	DDA2207-1726	Dennis Dragon 9.9m AC	Duple Metsec	H45/32D	1999	2017
KMB	ADS226	JC4061	DDA2207-1727	Dennis Dragon 9.9m AC	Duple Metsec	H45/32D	1999	2017
KMB	ADS221	JC3341	DDA2207-1728	Dennis Dragon 9.9m AC	Duple Metsec	H45/32D	1999	2017
KMB	ADS220	JC3180	DDA2207-1729	Dennis Dragon 9.9m AC	Duple Metsec	H45/32D	1999	2017
KMB	ADS222	JC3655	DDA2207-1730	Dennis Dragon 9.9m AC	Duple Metsec	H45/32D	1999	2017
KMB	ADS216	JC2553	DDA2207-1731	Dennis Dragon 9.9m AC	Duple Metsec	H45/32D	1999	2017
KMB	ADS219	JC3075	DDA2207-1732	Dennis Dragon 9.9m AC	Duple Metsec	H45/32D	1999	2017
KMB	ADS208	JC3103	DDA2207-1733	Dennis Dragon 9.9m AC	Duple Metsec	H45/32D	1999	2017
KMB	ADS206	JC2777	DDA2207-1734	Dennis Dragon 9.9m AC	Duple Metsec	H45/32D	1999	2017
KMB	ADS212	JC3845	DDA2207-1735	Dennis Dragon 9.9m AC	Duple Metsec	H45/32D	1999	2017
KMB	ADS210	JC3356	DDA2207-1736	Dennis Dragon 9.9m AC	Duple Metsec	H45/32D	1999	2017
KMB	ADS211	JC3697	DDA2207-1737	Dennis Dragon 9.9m AC	Duple Metsec	H45/32D	1999	2017
KMB	ADS207	JC3036	DDA2207-1738	Dennis Dragon 9.9m AC	Duple Metsec	H45/32D	1999	2017
KMB	ADS215	JC4352	DDA2207-1739	Dennis Dragon 9.9m AC	Duple Metsec	H45/32D	1999	2017
KMB	ADS209	JC3316	DDA2207-1740	Dennis Dragon 9.9m AC	Duple Metsec	H45/32D	1999	2017
KMB	ADS213	JC3853	DDA2207-1741	Dennis Dragon 9.9m AC	Duple Metsec	H45/32D	1999	2017
KMB	ADS214	JC4148	DDA2207-1742	Dennis Dragon 9.9m AC	Duple Metsec	H45/32D	1999	2017
KMB	ADS228	JC8018	DDA2207-1743	Dennis Dragon 9.9m AC	Duple Metsec	H45/32D	1999	2017
KMB	ADS231	JD3215	DDA2207-1744	Dennis Dragon 9.9m AC	Duple Metsec	H45/32D	1999	2017
KMB	ADS235	JD4215	DDA2207-1745	Dennis Dragon 9.9m AC	Duple Metsec	H45/32D	1999	2017
KMB	ADS232	JD3484	DDA2207-1746	Dennis Dragon 9.9m AC	Duple Metsec	H45/32D	1999	2017
KMB	ADS230	JD3134	DDA2207-1747	Dennis Dragon 9.9m AC	Duple Metsec	H45/32D	1999	2017
KMB	ADS234	JD4139	DDA2207-1748	Dennis Dragon 9.9m AC	Duple Metsec	H45/32D	1999	2017
KMB	ADS233	JD3959	DDA2207-1749	Dennis Dragon 9.9m AC	Duple Metsec	H45/32D	1999	2017
KMB	ADS229	JD2522	DDA2207-1750	Dennis Dragon 9.9m AC	Duple Metsec	H45/32D	1999	2017

Scania N113DRB

公司	車隊編號	車牌	底盤編號	車型	車身	座位佈局	首次登記日期	退役日期
KMB	AS1	FU482	YS4NC6X2B01820465	Scania N113DRB	Walter Alexander RH	H63/39D	1993	2011
KMB	AS2	FU2948	YS4NC6X2B01820466	Scania N113DRB	Walter Alexander RH	H63/39D	1993	2010
KMB	AS5	GV9197	YS4NC6X2B01824984	Scania N113DRB	Walter Alexander RH	H53/37D	1996	2014
KMB	AS13	GW2410	YS4NC6X2B01825338	Scania N113DRB	Walter Alexander RH	H53/37D	1996	2014
KMB	AS12	GW2102	YS4NC6X2B01825339	Scania N113DRB	Walter Alexander RH	H53/37D	1996	2014
KMB	AS18	GW3430	YS4NC6X2B01825340	Scania N113DRB	Walter Alexander RH	H53/37D	1996	2014

公司	車隊編號	車牌	底盤編號	車型	車身	座位佈局	首次登記日期	退役日期
KMB	AS6	GW652	YS4NC6X2B01825341	Scania N113DRB	Walter Alexander RH	H53/37D	1996	2014
KMB	AS10	GW1693	YS4NC6X2B01825342	Scania N113DRB	Walter Alexander RH	H53/37D	1996	2014
KMB	AS7	GW1272	YS4NC6X2B01825373	Scania N113DRB	Walter Alexander RH	H53/37D	1996	2014
KMB	AS11	GW2033	YS4NC6X2B01825374	Scania N113DRB	Walter Alexander RH	H53/37D	1996	2014
KMB	AS22	GW5725	YS4NC6X2B01825733	Scania N113DRB	Walter Alexander RH	H53/37D	1996	2014
KMB	AS20	GW5017	YS4NC6X2B01825734	Scania N113DRB	Walter Alexander RH	H53/37D	1996	2014
KMB	AS15	GW2312	YS4NC6X2B01826194	Scania N113DRB	Walter Alexander RH	H53/37D	1996	2014
KMB	AS19	GW3582	YS4NC6X2B01826195	Scania N113DRB	Walter Alexander RH	H53/37D	1996	2014
KMB	AS16	GW2556	YS4NC6X2B01826197	Scania N113DRB	Walter Alexander RH	H53/37D	1996	2014
KMB	AS4	GV8635	YS4NC6X2B01826198	Scania N113DRB	Walter Alexander RH	H53/37D	1996	2014
KMB	AS21	GW4537	YS4NC6X2B01826366	Scania N113DRB	Walter Alexander RH	H53/37D	1996	2014
KMB	AS3	GV8566	YS4NC6X2B01826367	Scania N113DRB	Walter Alexander RH	H53/37D	1996	2014
KMB	AS9	GW1558	YS4NC6X2B01826368	Scania N113DRB	Walter Alexander RH	H53/37D	1996	2014
KMB	AS17	GW3014	YS4NC6X2B01826461	Scania N113DRB	Walter Alexander RH	H53/37D	1996	2014
KMB	AS8	GW1346	YS4NC6X2B01826463	Scania N113DRB	Walter Alexander RH	H53/37D	1996	2014
KMB	AS14	GW1158	YS4NC6X2B01826482	Scania N113DRB	Walter Alexander RH	H53/37D	1996	2014

Volvo Olympian

公司	車隊編號	車牌	底盤編號	車型	車身	座位佈局	首次登記日期	退役日期
CTB	396	FX4273	SLVYNC117PC025005	Volvo Olympian YN3RV18Z4	Walter Alexander RH117/493/1	H57/42D	1994	2011
KMB	3AV16	GB6251	SLVYNC119PC025006	Volvo Olympian YN3RC18Z4	Walter Alexander RH	H68/43D	1994	2012
KMB	3AV10	GB5483	SLVYNC110PC025007	Volvo Olympian YN3RC18Z4	Walter Alexander RH	H68/43D	1994	2012
KMB	AV1	FW5572	SLVYNF218NC025009	Volvo Olympian YN3RV18Z4	Walter Alexander RH	H63/39D	1994	2011
CTB	397	FX2865	SLVYNC117PC025067	Volvo Olympian YN3RC18Z4	Walter Alexander RH121/1493/2	H57/42D	1994	2011
CTB	398	FX2556	SLVYNC119PC025068	Volvo Olympian YN3RC18Z4	Walter Alexander RH121/1493/1	H57/42D	1994	2011
CTB	399	FX3423	SLVYNC110PC025069	Volvo Olympian YN3RC18Z4	Walter Alexander RH121/1493/3	H57/42D	1994	2011
CTB	400	FX5563	SLVYNC117PC025070	Volvo Olympian YN3RC18Z4	Walter Alexander RH121/1493/4	H57/42D	1994	2011
CTB	401	FX4150	SLVYNC110PC025072	Volvo Olympian YN3RC18Z4	Walter Alexander RH121/1493/5	H57/42D	1994	2011
CTB	402	FY4982	SLVYNC112PC025073	Volvo Olympian YN3RC18Z4	Walter Alexander RH121/1493/6	H57/42D	1994	2011
CTB	403	FX4838	SLVYNC114PC025074	Volvo Olympian YN3RC18Z4	Walter Alexander RH121/1493/7	H57/42D	1994	2011
CTB	404	FX4555	SLVYNC116PC025075	Volvo Olympian YN3RC18Z4	Walter Alexander RH121/1493/8	H57/42D	1994	2011
CTB	405	FY6216	SLVYNC118PC025076	Volvo Olympian YN3RC18Z4	Walter Alexander RH121/1493/9	H57/42D	1994	2013
CTB	406	FY5560	SLVYNC11XPC025077	Volvo Olympian YN3RC18Z4	Walter Alexander RH121/1493/10	H57/42D	1994	2013
CTB	407	FY5799	SLVYNC111PC025078	Volvo Olympian YN3RC18Z4	Walter Alexander RH121/1493/11	H57/42D	1994	2013
CTB	408	FY7146	SLVYNC113PC025079	Volvo Olympian YN3RC18Z4	Walter Alexander RH121/1493/12	H57/42D	1994	2013
CTB	409	FZ1978	SLVYNC115PC025083	Volvo Olympian YN3RC18Z4	Walter Alexander RH121/1493/13	H57/42D	1994	2011
CTB	410	FZ352	SLVYNC117PC025084	Volvo Olympian YN3RC18Z4	Walter Alexander RH121/1493/14	H57/42D	1994	2011
CTB	411	FY8417	SLVYNC114PC025091	Volvo Olympian YN3RC18Z4	Walter Alexander RH121/1493/15	H57/42D	1994	2011
KMB	3AV2	GB3493	SLVYNC116PC025092	Volvo Olympian YN3RC18Z4	Walter Alexander RH	H68/43D	1994	2015
KMB	3AV6	GB3485	SLVYNC118PC025093	Volvo Olympian YN3RC18Z4	Walter Alexander RH	H68/43D	1994	2012
KMB	3AV4	GB3968	SLVYNC11XPC025094	Volvo Olympian YN3RC18Z4	Walter Alexander RH	H68/43D	1994	2015
KMB	3AV46	GC7591	SLVYNC111PC025095	Volvo Olympian YN3RC18Z4	Walter Alexander RH	H68/43D	1994	2012
KMB	3AV9	GB5045	SLVYNC118PC025112	Volvo Olympian YN3RC18Z4	Walter Alexander RH	H68/43D	1994	2015
KMB	3AV28	GC431	SLVYNC11XPC025113	Volvo Olympian YN3RC18Z4	Walter Alexander RH	H68/43D	1994	2012
KMB	3AV8	GB5360	SLVYNC111PC025114	Volvo Olympian YN3RC18Z4	Walter Alexander RH	H68/43D	1994	2015

公司	車隊編號	車牌	底盤編號	車型	車身	座位佈局	首次登記日期	退役日期
KMB	3AV5	GB2585	SLVYNC113PC025115	Volvo Olympian YN3RC18Z4	Walter Alexander RH	H68/43D	1994	2015
KMB	3AV27	GB9437	SLVYNC111RC025116	Volvo Olympian YN3RC18Z4	Walter Alexander RH	H68/43D	1994	2012
KMB	3AV32	GC1425	SLVYNC113RC025117	Volvo Olympian YN3RC18Z4	Walter Alexander RH	H68/43D	1994	2012
KMB	3AV1	GB2607	SLVYNC115RC025118	Volvo Olympian YN3RC18Z4	Walter Alexander RH	H68/43D	1994	2015
KMB	3AV7	GB5018	SLVYNC117RC025119	Volvo Olympian YN3RC18Z4	Walter Alexander RH	H68/43D	1994	2015
KMB	3AV26	GB9549	SLVYNC113RC025120	Volvo Olympian YN3RC18Z4	Walter Alexander RH	H68/43D	1994	2011
KMB	3AV13	GB4603	SLVYNC111RC025133	Volvo Olympian YN3RC18Z4	Walter Alexander RH	H68/43D	1994	2015
KMB	3AV25	GB9206	SLVYNC113RC025134	Volvo Olympian YN3RC18Z4	Walter Alexander RH	H68/43D	1994	2012
KMB	3AV14	GB4681	SLVYNC115RC025135	Volvo Olympian YN3RC18Z4	Walter Alexander RH	H68/43D	1994	2015
KMB	3AV12	GB5890	SLVYNC117RC025136	Volvo Olympian YN3RC18Z4	Walter Alexander RH	H68/43D	1994	2012
KMB	3AV24	GB8235	SLVYNC119RC025137	Volvo Olympian YN3RC18Z4	Walter Alexander RH	H68/43D	1994	2012
KMB	3AV30	GB9848	SLVYNC110RC025138	Volvo Olympian YN3RC18Z4	Walter Alexander RH	H68/43D	1994	2012
KMB	3AV29	GB9487	SLVYNC112RC025139	Volvo Olympian YN3RC18Z4	Walter Alexander RH	H68/43D	1994	2012
KMB	3AV17	GB4995	SLVYNC119RC025140	Volvo Olympian YN3RC18Z4	Walter Alexander RH	H68/43D	1994	2012
KMB	3AV31	GC1189	SLVYNC110RC025141	Volvo Olympian YN3RC18Z4	Walter Alexander RH	H68/43D	1994	2012
KMB	3AV22	GB8218	SLVYNC112RC025142	Volvo Olympian YN3RC18Z4	Walter Alexander RH	H68/43D	1994	2012
KMB	3AV15	GB6156	SLVYNC114RC025143	Volvo Olympian YN3RC18Z4	Walter Alexander RH	H68/43D	1994	2012
KMB	3AV40	GC6682	SLVYNC116RC025144	Volvo Olympian YN3RC18Z4	Walter Alexander RH	H68/43D	1994	2012
KMB	3AV44	GC7464	SLVYNC118RC025145	Volvo Olympian YN3RC18Z4	Walter Alexander RH	H68/43D	1994	2012
KMB	3AV35	GC2329	SLVYNC11XRC025146	Volvo Olympian YN3RC18Z4	Walter Alexander RH	H68/43D	1994	2012
KMB	3AV19	GB6517	SLVYNC111RC025147	Volvo Olympian YN3RC18Z4	Walter Alexander RH	H68/43D	1994	2015
KMB	3AV21	GB6839	SLVYNC113RC025148	Volvo Olympian YN3RC18Z4	Walter Alexander RH	H68/43D	1994	2012
KMB	3AV37	GC4401	SLVYNC115RC025149	Volvo Olympian YN3RC18Z4	Walter Alexander RH	H68/43D	1994	2012
KMB	3AV11	GB4860	SLVYNC111RC025150	Volvo Olympian YN3RC18Z4	Walter Alexander RH	H68/43D	1994	2012
KMB	3AV50	GC8347	SLVYNC113RC025151	Volvo Olympian YN3RC18Z4	Walter Alexander RH	H68/43D	1994	2012
KMB	3AV45	GC7522	SLVYNC115RC025152	Volvo Olympian YN3RC18Z4	Walter Alexander RH	H68/43D	1994	2012
KMB	3AV48	GC8099	SLVYNC119RC025154	Volvo Olympian YN3RC18Z4	Walter Alexander RH	H68/43D	1994	2012
KMB	3AV20	GB8469	SLVYNC110RC025155	Volvo Olympian YN3RC18Z4	Walter Alexander RH	H68/43D	1994	2015
KMB	3AV3	GB3693	SLVYNC112RC025156	Volvo Olympian YN3RC18Z4	Walter Alexander RH	H68/43D	1994	2015
KMB	3AV39	GC2875	SLVYNC114RC025157	Volvo Olympian YN3RC18Z4	Walter Alexander RH	H68/43D	1994	2012
KMB	3AV42	GC7236	SLVYNC116RC025158	Volvo Olympian YN3RC18Z4	Walter Alexander RH	H68/43D	1994	2012
KMB	3AV36	GC2488	SLVYNC118RC025159	Volvo Olympian YN3RC18Z4	Walter Alexander RH	H68/43D	1994	2012
KMB	3AV34	GC1659	SLVYNC114RC025160	Volvo Olympian YN3RC18Z4	Walter Alexander RH	H68/43D	1994	2012
KMB	3AV38	GC2805	SLVYNC116RC025161	Volvo Olympian YN3RC18Z4	Walter Alexander RH	H68/43D	1994	2012
KMB	3AV47	GC8095	SLVYNC118RC025162	Volvo Olympian YN3RC18Z4	Walter Alexander RH	H68/43D	1994	2012
KMB	3AV18	GB5976	SLVYNC11XRC025163	Volvo Olympian YN3RC18Z4	Walter Alexander RH	H68/43D	1994	2015
KMB	3AV41	GC6720	SLVYNC111RC025164	Volvo Olympian YN3RC18Z4	Walter Alexander RH	H68/43D	1994	2012
KMB	3AV43	GC7353	SLVYNC113RC025165	Volvo Olympian YN3RC18Z4	Walter Alexander RH	H68/43D	1994	2012
KMB	3AV23	GB6673	SLVYNC115RC025166	Volvo Olympian YN3RC18Z4	Walter Alexander RH	H68/43D	1994	2012
KMB	3AV33	GC629	SLVYNC117RC025167	Volvo Olympian YN3RC18Z4	Walter Alexander RH	H68/43D	1994	2012
KMB	3AV49	GC8229	SLVYNC119RC025168	Volvo Olympian YN3RC18Z4	Walter Alexander RH	H68/43D	1994	2015
KMB	AV26	GD7748	SLVYNC116RC025337	Volvo Olympian YN3RC18Z4	Walter Alexander RH	H63/39D	1994	2012
KMB	AV53	GE6919	SLVYNC118RC025338	Volvo Olympian YN3RC18Z4	Walter Alexander RH	H63/39D	1994	2012
KMB	AV50	GE6351	SLVYNC11XRC025339	Volvo Olympian YN3RC18Z4	Walter Alexander RH	H63/39D	1994	2012
KMB	AV21	GD4331	SLVYNC116RC025340	Volvo Olympian YN3RC18Z4	Walter Alexander RH	H63/39D	1994	2012
KMB	AV20	GD3353	SLVYNC118RC025341	Volvo Olympian YN3RC18Z4	Walter Alexander RH	H63/39D	1994	2012
KMB	AV35	GE750	SLVYNC110RC025396	Volvo Olympian YN3RC18Z4	Walter Alexander RH	H63/39D	1994	2012

公司	車隊編號	車牌	底盤編號	車型	車身	座位佈局	首次登記日期	退役日期
KMB	AV43	GE4240	SLVYNC112RC025397	Volvo Olympian YN3RC18Z4	Walter Alexander RH	H63/39D	1994	2012
KMB	AV27	GD8073	SLVYNC114RC025398	Volvo Olympian YN3RC18Z4	Walter Alexander RH	H63/39D	1994	2012
KMB	AV18	GD2896	SLVYNC116RC025399	Volvo Olympian YN3RC18Z4	Walter Alexander RH	H63/39D	1994	2012
KMB	AV48	GE5513	SLVYNC119RC025400	Volvo Olympian YN3RC18Z4	Walter Alexander RH	H63/39D	1994	2012
CTB	239	GC7987	SLVYNF213RC025411	Volvo Olympian YN3RV18Z4	Walter Alexander RH128/3593/4	DPH49/36F	1994	2015
KMB	AV15	GD2535	SLVYNC113RC025425	Volvo Olympian YN3RC18Z4	Walter Alexander RH	H63/39D	1994	2012
KMB	AV28	GD7765	SLVYNC115RC025426	Volvo Olympian YN3RC18Z4	Walter Alexander RH	H63/39D	1994	2012
KMB	AV42	GE2915	SLVYNC117RC025427	Volvo Olympian YN3RC18Z4	Walter Alexander RH	H63/39D	1994	2012
KMB	AV14	GD4055	SLVYNC119RC025428	Volvo Olympian YN3RC18Z4	Walter Alexander RH	H63/39D	1994	2012
KMB	AV16	GD3191	SLVYNC110RC025429	Volvo Olympian YN3RC18Z4	Walter Alexander RH	H63/39D	1994	2012
CTB	240	GC6664	SLVYNF215RC025443	Volvo Olympian YN3RV18Z4	Walter Alexander RH128/3593/2	DPH49/36F	1994	2012
CTB	241	GC7306	SLVYNF217RC025444	Volvo Olympian YN3RV18Z4	Walter Alexander RH128/3593/3	DPH49/36F	1994	2015
CTB	242	GC6717	SLVYNF219RC025445	Volvo Olympian YN3RV18Z4	Walter Alexander RH128/3593/1	DPH49/36F	1994	2012
KMB	AV40	GE2852	SLVYNC110RC025446	Volvo Olympian YN3RC18Z4	Walter Alexander RH	H63/39D	1994	2012
KMB	AV25	GD7147	SLVYNC112RC025447	Volvo Olympian YN3RC18Z4	Walter Alexander RH	H63/39D	1994	2012
KMB	AV38	GE2641	SLVYNC114RC025448	Volvo Olympian YN3RC18Z4	Walter Alexander RH	H63/39D	1994	2012
KMB	AV41	GE2878	SLVYNC116RC025449	Volvo Olympian YN3RC18Z4	Walter Alexander RH	H63/39D	1994	2012
KMB	AV39	GE4410	SLVYNC112RC025450	Volvo Olympian YN3RC18Z4	Walter Alexander RH	H63/39D	1994	2012
KMB	AV5	GD2390	SLVYNC112RC025464	Volvo Olympian YN3RC18Z4	Walter Alexander RH	H63/39D	1994	2012
KMB	AV6	GD568	SLVYNC114RC025465	Volvo Olympian YN3RC18Z4	Walter Alexander RH	H63/39D	1994	2012
KMB	AV8	GD1092	SLVYNC116RC025466	Volvo Olympian YN3RC18Z4	Walter Alexander RH	H63/39D	1994	2012
KMB	AV19	GD3159	SLVYNC118RC025467	Volvo Olympian YN3RC18Z4	Walter Alexander RH	H63/39D	1994	2012
KMB	AV10	GD2187	SLVYNC11XRC025468	Volvo Olympian YN3RC18Z4	Walter Alexander RH	H63/39D	1994	2012
CTB	243	GC7776	SLVYNF211RC025469	Volvo Olympian YN3RV18Z4	Walter Alexander RH128/3593/5	DPH49/36F	1994	2015
CTB	244	GC7665	SLVYNF218RC025470	Volvo Olympian YN3RV18Z4	Walter Alexander RH128/3593/6	DPH49/36F	1994	2011
CTB	245	GC6617	SLVYNF216RC025483	Volvo Olympian YN3RV18Z4	Walter Alexander RH128/3593/7	DPH49/36F	1994	2011
CTB	246	GC7448	SLVYNF218RC025484	Volvo Olympian YN3RV18Z4	Walter Alexander RH128/3593/8	DPH49/36F	1994	2011
KMB	AV36	GE2449	SLVYNC11XRC025485	Volvo Olympian YN3RC18Z4	Walter Alexander RH	H63/39D	1994	2012
KMB	AV13	GD3163	SLVYNC111RC025486	Volvo Olympian YN3RC18Z4	Walter Alexander RH	H63/39D	1994	2012
KMB	AV2	GD1404	SLVYNC113RC025487	Volvo Olympian YN3RC18Z4	Walter Alexander RH	H63/39D	1994	2012
KMB	AV11	GD2665	SLVYNC115RC025488	Volvo Olympian YN3RC18Z4	Walter Alexander RH	H63/39D	1994	2012
KMB	AV7	GD830	SLVYNC117RC025489	Volvo Olympian YN3RC18Z4	Walter Alexander RH	H63/39D	1994	2012
CTB	247	GC9321	SLVYNF218RC025498	Volvo Olympian YN3RV18Z4	Walter Alexander RH128/3593/9	DPH49/36F	1994	2011
CTB	248	GC8753	SLVYNF21XRC025499	Volvo Olympian YN3RV18Z4	Walter Alexander RH128/3593/10	DPH49/36F	1994	2011
KMB	AV85	GH377	SLVYNC112RC025500	Volvo Olympian YN3RC18Z4	Walter Alexander RH	H63/39D	1995	2013
KMB	AV3	GD1673	SLVYNC114RC025501	Volvo Olympian YN3RC18Z4	Walter Alexander RH	H63/39D	1994	2012
KMB	AV9	GD1570	SLVYNC116RC025502	Volvo Olympian YN3RC18Z4	Walter Alexander RH	H63/39D	1994	2012
KMB	AV83	GG9302	SLVYNC118RC025503	Volvo Olympian YN3RC18Z4	Walter Alexander RH	H63/39D	1995	2013
KMB	AV31	GD9501	SLVYNC11XRC025504	Volvo Olympian YN3RC18Z4	Walter Alexander RH	H63/39D	1994	2012
KMB	AV4	GD1757	SLVYNC111RC025505	Volvo Olympian YN3RC18Z4	Walter Alexander RH	H63/39D	1994	2012
KMB	AV17	GD3865	SLVYNC113RC025506	Volvo Olympian YN3RC18Z4	Walter Alexander RH	H63/39D	1994	2012
KMB	AV24	GD6641	SLVYNC115RC025507	Volvo Olympian YN3RC18Z4	Walter Alexander RH	H63/39D	1994	2012
KMB	AV12	GD2923	SLVYNC117RC025508	Volvo Olympian YN3RC18Z4	Walter Alexander RH	H63/39D	1994	2012
KMB	AV46	GE4660	SLVYNC119RC025509	Volvo Olympian YN3RC18Z4	Walter Alexander RH	H63/39D	1994	2012
KMB	AV44	GE4405	SLVYNC115RC025510	Volvo Olympian YN3RC18Z4	Walter Alexander RH	H63/39D	1994	2012
CLP	315	GE5135	SLVYNC117RC025511	Volvo Olympian YN3RC18Z4	Walter Alexander RH129/3793/1	DPH57/45F	1994	1997
CTB	315	GE5135	SLVYNC117RC025511	Volvo Olympian YN3RC18Z4	Walter Alexander RH129/3793/1	DPH57/45F	1994	2017

公司	車隊編號	車牌	底盤編號	車型	車身	座位佈局	首次登記日期	退役日期
CLP	316	GE5021	SLVYNC119RC025512	Volvo Olympian YN3RC18Z4	Walter Alexander RH129/3793/2	DPH57/45F	1994	1997
CTB	316	GE5021	SLVYNC119RC025512	Volvo Olympian YN3RC18Z4	Walter Alexander RH129/3793/2	DPH57/45F	1994	2006
KMB	AV65	GF2069	SLVYNC11XRC025518	Volvo Olympian YN3RC18Z4	Walter Alexander RH	H63/39D	1994	2012
KMB	AV70	GF557	SLVYNC111RC025519	Volvo Olympian YN3RC18Z4	Walter Alexander RH	H63/39D	1994	2012
KMB	AV76	GF4070	SLVYNC118RC025520	Volvo Olympian YN3RC18Z4	Walter Alexander RH	H63/39D	1994	2012
KMB	AV32	GE556	SLVYNC11XRC025521	Volvo Olympian YN3RC18Z4	Walter Alexander RH	H63/39D	1994	2012
KMB	AV71	GF2543	SLVYNC111RC025522	Volvo Olympian YN3RC18Z4	Walter Alexander RH	H63/39D	1994	2012
KMB	AV73	GF3727	SLVYNC113RC025523	Volvo Olympian YN3RC18Z4	Walter Alexander RH	H63/39D	1994	2012
KMB	AV72	GF3087	SLVYNC115RC025524	Volvo Olympian YN3RC18Z4	Walter Alexander RH	H63/39D	1994	2012
KMB	AV64	GF1242	SLVYNC117RC025525	Volvo Olympian YN3RC18Z4	Walter Alexander RH	H63/39D	1994	2012
KMB	AV74	GF4035	SLVYNC119RC025526	Volvo Olympian YN3RC18Z4	Walter Alexander RH	H63/39D	1994	2012
KMB	AV66	GF786	SLVYNC114RC025532	Volvo Olympian YN3RC18Z4	Walter Alexander RH	H63/39D	1994	2012
KMB	AV51	GE6827	SLVYNC116RC025533	Volvo Olympian YN3RC18Z4	Walter Alexander RH	H63/39D	1994	2012
KMB	AV23	GD5733	SLVYNC118RC025534	Volvo Olympian YN3RC18Z4	Walter Alexander RH	H63/39D	1994	2012
KMB	AV57	GE6760	SLVYNC11XRC025535	Volvo Olympian YN3RC18Z4	Walter Alexander RH	H63/39D	1994	2012
KMB	AV68	GF1110	SLVYNC111RC025536	Volvo Olympian YN3RC18Z4	Walter Alexander RH	H63/39D	1994	2012
KMB	AV22	GD4816	SLVYNC113RC025537	Volvo Olympian YN3RC18Z4	Walter Alexander RH	H63/39D	1994	2012
KMB	AV55	GE8007	SLVYNC115RC025538	Volvo Olympian YN3RC18Z4	Walter Alexander RH	H63/39D	1994	2012
KMB	AV54	GE7832	SLVYNC117RC025539	Volvo Olympian YN3RC18Z4	Walter Alexander RH	H63/39D	1994	2012
KMB	AV58	GE7672	SLVYNC113RC025540	Volvo Olympian YN3RC18Z4	Walter Alexander RH	H63/39D	1994	2012
CMB	VA15	GF2817	SLVYNC114RC025546	Volvo Olympian YN3RC18Z4	Walter Alexander RH--/3693/	H64/40D	1994	1998
CMB	VA2	GD6917	SLVYNC116RC025547	Volvo Olympian YN3RC18Z4	Walter Alexander RH--/3693/	H64/40D	1994	1998
CMB	VA28	GG4658	SLVYNC118RC025548	Volvo Olympian YN3RC18Z4	Walter Alexander RH--/3693/	H64/40D	1995	1998
CMB	VA8	GE3588	SLVYNC11XRC025549	Volvo Olympian YN3RC18Z4	Walter Alexander RH--/3693/	H64/40D	1994	1998
CMB	VA6	GE1769	SLVYNC116RC025550	Volvo Olympian YN3RC18Z4	Walter Alexander RH--/3693/	H64/40D	1994	1998
KMB	AV59	GE7990	SLVYNC118RC025551	Volvo Olympian YN3RC18Z4	Walter Alexander RH	H63/39D	1994	2012
KMB	AV37	GE2756	SLVYNC11XRC025552	Volvo Olympian YN3RC18Z4	Walter Alexander RH	H63/39D	1994	2012
KMB	AV33	GE1148	SLVYNC111RC025553	Volvo Olympian YN3RC18Z4	Walter Alexander RH	H63/39D	1994	2012
KMB	AV30	GD8850	SLVYNC113RC025554	Volvo Olympian YN3RC18Z4	Walter Alexander RH	H63/39D	1994	2012
KMB	AV52	GE6864	SLVYNC115RC025555	Volvo Olympian YN3RC18Z4	Walter Alexander RH	H63/39D	1994	2012
KMB	AV29	GD8840	SLVYNC117RC025556	Volvo Olympian YN3RC18Z4	Walter Alexander RH	H63/39D	1994	2012
KMB	AV45	GE4577	SLVYNC119RC025557	Volvo Olympian YN3RC18Z4	Walter Alexander RH	H63/39D	1994	2012
CMB	VA9	GE6431	SLVYNC110RC025561	Volvo Olympian YN3RC18Z4	Walter Alexander RH--/3693/	H64/40D	1994	1998
CMB	VA29	GG8152	SLVYNC112RC025562	Volvo Olympian YN3RC18Z4	Walter Alexander RH--/3693/	H64/40D	1995	1998
CMB	VA4	GD6958	SLVYNC114RC025563	Volvo Olympian YN3RC18Z4	Walter Alexander RH--/3693/	H64/40D	1994	1998
CMB	VA5	GE1766	SLVYNC116RC025564	Volvo Olympian YN3RC18Z4	Walter Alexander RH--/3693/	H64/40D	1994	1998
CMB	VA27	GG4586	SLVYNC118RC025565	Volvo Olympian YN3RC18Z4	Walter Alexander RH--/3693/	H64/40D	1995	1998
KMB	AV47	GE4861	SLVYNC11XRC025566	Volvo Olympian YN3RC18Z4	Walter Alexander RH	H63/39D	1994	2012
KMB	AV67	GF1912	SLVYNC111RC025567	Volvo Olympian YN3RC18Z4	Walter Alexander RH	H63/39D	1994	2012
KMB	AV49	GE5395	SLVYNC113RC025568	Volvo Olympian YN3RC18Z4	Walter Alexander RH	H63/39D	1994	2012
CMB	VA13	GE9574	SLVYNC114RC025577	Volvo Olympian YN3RC18Z4	Walter Alexander RH--/3693/	H64/40D	1994	1998
CMB	VA14	GE9536	SLVYNC116RC025578	Volvo Olympian YN3RC18Z4	Walter Alexander RH--/3693/	H64/40D	1994	1998
CMB	VA1	GD7476	SLVYNC118RC025579	Volvo Olympian YN3RC18Z4	Walter Alexander RH--/3693/	H64/40D	1994	1998
CMB	VA7	GE3255	SLVYNC114RC025580	Volvo Olympian YN3RC18Z4	Walter Alexander RH--/3693/	H64/40D	1994	1998
CMB	VA10	GE5908	SLVYNC116RC025581	Volvo Olympian YN3RC18Z4	Walter Alexander RH--/3693/	H64/40D	1994	1998
CMB	VA30	GG8455	SLVYNC110RC025589	Volvo Olympian YN3RC18Z4	Walter Alexander RH--/3693/	H64/40D	1995	1998
CMB	VA3	GD7590	SLVYNC117RC025590	Volvo Olympian YN3RC18Z4	Walter Alexander RH--/3693/	H64/40D	1994	1998

公司	車隊編號	車牌	底盤編號	車型	車身	座位佈局	首次登記日期	退役日期
CMB	VA11	GE6588	SLVYNC119RC025591	Volvo Olympian YN3RC18Z4	Walter Alexander RH--/3693/	H64/40D	1994	1998
CMB	VA12	GE7388	SLVYNC110RC025592	Volvo Olympian YN3RC18Z4	Walter Alexander RH--/3693/	H64/40D	1994	1998
CMB	VA16	GF2620	SLVYNC112RC025593	Volvo Olympian YN3RC18Z4	Walter Alexander RH--/3693/	H64/40D	1994	1998
KMB	AV34	GE1943	SLVYNC114RC025594	Volvo Olympian YN3RC18Z4	Walter Alexander RH	H63/39D	1994	2012
CTB	412	GF3853	SLVYNC116RC025595	Volvo Olympian YN3RC18Z4	Walter Alexander RH135/9410/6	H57/42D	1994	2011
CTB	413	GF2158	SLVYNC116RC025600	Volvo Olympian YN3RC18Z4	Walter Alexander RH135/9410/4	H57/42D	1994	2012
CTB	414	GF6558	SLVYNC118RC025601	Volvo Olympian YN3RC18Z4	Walter Alexander RH135/9410/7	H57/42D	1994	2013
CTB	415	GF1163	SLVYNC11XRC025602	Volvo Olympian YN3RC18Z4	Walter Alexander RH135/9410/5	H57/42D	1994	2013
CTB	416	GF7675	SLVYNC111RC025603	Volvo Olympian YN3RC18Z4	Walter Alexander RH135/9410/8	H57/42D	1994	2011
CTB	417	GG1976	SLVYNC113RC025604	Volvo Olympian YN3RC18Z4	Walter Alexander RH135/9410/9	H57/42D	1994	2011
CTB	418	GE5272	SLVYNC115RC025605	Volvo Olympian YN3RC18Z4	Walter Alexander RH135/9410/1	H57/42D	1994	2011
CTB	419	GE4513	SLVYNC117RC025606	Volvo Olympian YN3RC18Z4	Walter Alexander RH135/9410/2	H57/42D	1994	2011
CTB	420	GG1443	SLVYNC119RC025610	Volvo Olympian YN3RC18Z4	Walter Alexander RH135/9410/10	H57/42D	1994	2012
CTB	421	GG1360	SLVYNC110RC025611	Volvo Olympian YN3RC18Z4	Walter Alexander RH135/9410/11	H57/42D	1994	2012
CTB	422	GF8727	SLVYNC112RC025612	Volvo Olympian YN3RC18Z4	Walter Alexander RH135/9410/12	H57/42D	1994	2012
CTB	423	GF9457	SLVYNC114RC025613	Volvo Olympian YN3RC18Z4	Walter Alexander RH135/9410/13	H57/42D	1994	2013
CTB	424	GG378	SLVYNC116RC025614	Volvo Olympian YN3RC18Z4	Walter Alexander RH135/9410/14	H57/42D	1994	2013
CTB	425	GH478	SLVYNC118RC025615	Volvo Olympian YN3RC18Z4	Walter Alexander RH135/9410/15	H57/42D	1995	2013
CTB	426	GE7657	SLVYNC11XRC025616	Volvo Olympian YN3RC18Z4	Walter Alexander RH135/9410/3	H57/42D	1994	2012
CMB	VA19	GF8254	SLVYNC113RC025652	Volvo Olympian YN3RC18Z4	Walter Alexander RH--/3693/	H64/40D	1994	1998
CMB	VA17	GF6345	SLVYNC115RC025653	Volvo Olympian YN3RC18Z4	Walter Alexander RH--/3693/	H64/40D	1994	1998
CMB	VA25	GG8241	SLVYNC117RC025654	Volvo Olympian YN3RC18Z4	Walter Alexander RH--/3693/	H64/40D	1995	1998
CMB	VA18	GF5091	SLVYNC119RC025655	Volvo Olympian YN3RC18Z4	Walter Alexander RH--/3693/	H64/40D	1994	1998
CMB	VA20	GF7258	SLVYNC116RC025662	Volvo Olympian YN3RC18Z4	Walter Alexander RH--/3693/	H64/40D	1994	1998
CMB	VA26	GG5629	SLVYNC118RC025663	Volvo Olympian YN3RC18Z4	Walter Alexander RH--/3693/	H64/40D	1995	1998
CMB	VA23	GG3083	SLVYNC11XRC025664	Volvo Olympian YN3RC18Z4	Walter Alexander RH--/3693/	H64/40D	1994	1998
CMB	VA22	GF9086	SLVYNC111RC025665	Volvo Olympian YN3RC18Z4	Walter Alexander RH--/3693/	H64/40D	1994	1998
CMB	VA24	GG2981	SLVYNC113RC025666	Volvo Olympian YN3RC18Z4	Walter Alexander RH--/3693/	H64/40D	1994	1998
CMB	VA21	GF8579	SLVYNC115RC025667	Volvo Olympian YN3RC18Z4	Walter Alexander RH--/3693/	H64/40D	1994	1998
KMB	AV84	GG9879	SLVYNC11XRC025678	Volvo Olympian YN3RC18Z4	Walter Alexander RH	H63/39D	1995	2013
KMB	AV86	GH418	SLVYNC111RC025679	Volvo Olympian YN3RC18Z4	Walter Alexander RH	H63/39D	1995	2013
KMB	AV81	GG8734	SLVYNC118RC025680	Volvo Olympian YN3RC18Z4	Walter Alexander RH	H63/39D	1995	2013
KMB	AV82	GG9294	SLVYNC11XRC025681	Volvo Olympian YN3RC18Z4	Walter Alexander RH	H63/39D	1995	2013
KMB	AV79	GF6351	SLVYNC111RC025682	Volvo Olympian YN3RC18Z4	Walter Alexander RH	H63/39D	1994	2012
KMB	AV61	GE9355	SLVYNC113RC025683	Volvo Olympian YN3RC18Z4	Walter Alexander RH	H63/39D	1994	2012
KMB	AV78	GF5012	SLVYNC115RC025684	Volvo Olympian YN3RC18Z4	Walter Alexander RH	H63/39D	1994	2012
KMB	AV62	GE9596	SLVYNC117RC025685	Volvo Olympian YN3RC18Z4	Walter Alexander RH	H63/39D	1994	2012
KMB	AV75	GF3766	SLVYNC119RC025686	Volvo Olympian YN3RC18Z4	Walter Alexander RH	H63/39D	1994	2012
KMB	AV80	GG8690	SLVYNC110RC025687	Volvo Olympian YN3RC18Z4	Walter Alexander RH	H63/39D	1995	2013
KMB	AV63	GE9531	SLVYNC112RC025688	Volvo Olympian YN3RC18Z4	Walter Alexander RH	H63/39D	1994	2012
KMB	AV77	GF4681	SLVYNC114RC025689	Volvo Olympian YN3RC18Z4	Walter Alexander RH	H63/39D	1994	2012
KMB	AV69	GF2128	SLVYNC110RC025690	Volvo Olympian YN3RC18Z4	Walter Alexander RH	H63/39D	1994	2012
KMB	AV56	GE6568	SLVYNC112RC025691	Volvo Olympian YN3RC18Z4	Walter Alexander RH	H63/39D	1994	2009
KMB	AV60	GF227	SLVYNC114RC025692	Volvo Olympian YN3RC18Z4	Walter Alexander RH	H63/39D	1994	2012
KMB	AV98	GL3050	SLVYNF218SC025765	Volvo Olympian YN3RV18Z4	Walter Alexander RH	H63/39D	1995	2013
KMB	AV111	GL8202	SLVYNF21XSC025766	Volvo Olympian YN3RV18Z4	Walter Alexander RH	H63/39D	1995	2012
KMB	AV99	GL3220	SLVYNF211SC025767	Volvo Olympian YN3RV18Z4	Walter Alexander RH	H63/39D	1995	2013

公司	車隊編號	車牌	底盤編號	車型	車身	座位佈局	首次登記日期	退役日期
KMB	AV105	GL4316	SLVYNF213SC025768	Volvo Olympian YN3RV18Z4	Walter Alexander RH	H63/39D	1995	2013
KMB	AV91	GL1612	SLVYNF216SC025781	Volvo Olympian YN3RV18Z4	Walter Alexander RH	H63/39D	1995	2013
KMB	AV102	GL3694	SLVYNF218SC025782	Volvo Olympian YN3RV18Z4	Walter Alexander RH	H63/39D	1995	2013
KMB	AV100	GL3607	SLVYNF21XSC025783	Volvo Olympian YN3RV18Z4	Walter Alexander RH	H63/39D	1995	2013
KMB	AV106	GL4355	SLVYNF211SC025784	Volvo Olympian YN3RV18Z4	Walter Alexander RH	H63/39D	1995	2013
KMB	AV110	GL8078	SLVYNF213SC025785	Volvo Olympian YN3RV18Z4	Walter Alexander RH	H63/39D	1995	2013
KMB	AV104	GL4039	SLVYNF210SC025792	Volvo Olympian YN3RV18Z4	Walter Alexander RH	H63/39D	1995	2013
KMB	AV97	GL2867	SLVYNF212SC025793	Volvo Olympian YN3RV18Z4	Walter Alexander RH	H63/39D	1995	2013
KMB	AV101	GL3611	SLVYNF214SC025794	Volvo Olympian YN3RV18Z4	Walter Alexander RH	H63/39D	1995	2013
KMB	AV96	GL2296	SLVYNF216SC025795	Volvo Olympian YN3RV18Z4	Walter Alexander RH	H63/39D	1995	2013
KMB	AV89	GL1183	SLVYNF211SC025798	Volvo Olympian YN3RV18Z4	Walter Alexander RH	H63/39D	1995	2013
KMB	AV88	GL1047	SLVYNF213SC025799	Volvo Olympian YN3RV18Z4	Walter Alexander RH	H63/39D	1995	2013
KMB	AV109	GL7586	SLVYNF210SC025808	Volvo Olympian YN3RV18Z4	Walter Alexander RH	H63/39D	1995	2013
KMB	AV93	GL2196	SLVYNF212SC025809	Volvo Olympian YN3RV18Z4	Walter Alexander RH	H63/39D	1995	2013
KMB	AV103	GL3789	SLVYNF219SC025810	Volvo Olympian YN3RV18Z4	Walter Alexander RH	H63/39D	1995	2013
KMB	AV107	GL7011	SLVYNF210SC025811	Volvo Olympian YN3RV18Z4	Walter Alexander RH	H63/39D	1995	2013
KMB	AV95	GL2272	SLVYNF212SC025812	Volvo Olympian YN3RV18Z4	Walter Alexander RH	H63/39D	1995	2013
CTB	427	GM6872	SLVYNF21XSC025816	Volvo Olympian YN3RV18V3	Walter Alexander RH141/9427/1	H57/38D	1995	2012
CTB	428	GM8856	SLVYNF211SC025817	Volvo Olympian YN3RV18V3	Walter Alexander RH141/9427/2	H57/38D	1995	2013
CTB	429	GM2809	SLVYNF213SC025818	Volvo Olympian YN3RV18V3	Walter Alexander RH141/9427/3	DPH57/38D	1995	2013
CTB	430	GM3815	SLVYNF215SC025819	Volvo Olympian YN3RV18V3	Walter Alexander RH141/9427/4	DPH57/42D	1995	2013
CTB	431	GM4350	SLVYNF211SC025820	Volvo Olympian YN3RV18V3	Walter Alexander RH141/9427/5	H57/42D	1995	2013
KMB	AV94	GL2220	SLVYNF214SC025830	Volvo Olympian YN3RV18Z4	Walter Alexander RH	H63/39D	1995	2013
KMB	AV92	GL2110	SLVYNF216SC025831	Volvo Olympian YN3RV18Z4	Walter Alexander RH	H63/39D	1995	2013
CTB	432	GM2871	SLVYNF218SC025832	Volvo Olympian YN3RV18V3	Walter Alexander RH141/9427/11	H57/42D	1995	2013
CTB	433	GM3523	SLVYNF21XSC025833	Volvo Olympian YN3RV18V3	Walter Alexander RH141/9427/6	H57/42D	1995	2013
CTB	434	GM8303	SLVYNF211SC025834	Volvo Olympian YN3RV18V3	Walter Alexander RH141/9427/12	H57/42D	1995	2012
CTB	435	GM2972	SLVYNF213SC025835	Volvo Olympian YN3RV18V3	Walter Alexander RH141/9427/7	H57/42D	1995	2013
CTB	436	GM6773	SLVYNF215SC025836	Volvo Olympian YN3RV18V3	Walter Alexander RH141/9427/13	H57/42D	1995	2012
CTB	437	GM3255	SLVYNF217SC025837	Volvo Olympian YN3RV18V3	Walter Alexander RH141/9427/14	H57/42D	1995	2012
CTB	438	GM6754	SLVYNF219SC025838	Volvo Olympian YN3RV18V3	Walter Alexander RH141/9427/15	H57/42D	1995	2013
CTB	505	GK7584	SLVYNF210SC025839	Volvo Olympian YN3RV18Z4	Walter Alexander RH RH143/9435/2	H57/42D	1995	2012
CTB	506	GK2009	SLVYNF217SC025840	Volvo Olympian YN3RV18Z4	Walter Alexander RH RH143/9435/1	H57/42D	1995	2013
CTB	507	GK3194	SLVYNF219SC025841	Volvo Olympian YN3RV18Z4	Walter Alexander RH RH143/9435/3	H57/42D	1995	2012
CTB	508	GK4058	SLVYNF210SC025842	Volvo Olympian YN3RV18Z4	Walter Alexander RH RH143/9435/4	H57/42D	1995	2012
CTB	509	GK9454	SLVYNF212SC025843	Volvo Olympian YN3RV18Z4	Walter Alexander RH RH143/9435/5	H57/42D	1995	2012
CTB	510	GK3258	SLVYNF214SC025844	Volvo Olympian YN3RV18Z4	Walter Alexander RH RH143/9435/6	H57/42D	1995	2014
CTB	439	GM7352	SLVYNF216SC025845	Volvo Olympian YN3RV18V3	Walter Alexander RH141/9427/8	H57/42D	1995	2011
CTB	440	GM8361	SLVYNF218SC025846	Volvo Olympian YN3RV18V3	Walter Alexander RH141/9427/9	H57/42D	1995	2013
CTB	441	GL8374	SLVYNF21XSC025847	Volvo Olympian YN3RV18V3	Walter Alexander RH141/9427/10	H57/42D	1995	2013
CTB	442	GL8643	SLVYNF21XSC025864	Volvo Olympian YN3RV18V3	Walter Alexander RH141/9427/26	H57/42D	1995	2013
CTB	443	GM5427	SLVYNF211SC025865	Volvo Olympian YN3RV18V3	Walter Alexander RH141/9427/38	H57/42D	1995	2013
CTB	444	GL9161	SLVYNF213SC025866	Volvo Olympian YN3RV18V3	Walter Alexander RH141/9427/27	H57/42D	1995	2013

公司	車隊編號	車牌	底盤編號	車型	車身	座位佈局	首次登記日期	退役日期
KMB	AV87	GL746	SLVYNF215SC025867	Volvo Olympian YN3RV18Z4	Walter Alexander RH	H63/39D	1995	2013
KMB	AV90	GL1489	SLVYNF217SC025868	Volvo Olympian YN3RV18Z4	Walter Alexander RH	H63/39D	1995	2013
CTB	445	GM427	SLVYNF219SC025869	Volvo Olympian YN3RV18V3	Walter Alexander RH141/9427/29	H57/42D	1995	2013
CTB	446	GL7440	SLVYNF215SC025870	Volvo Olympian YN3RV18V3	Walter Alexander RH141/9427/23	H57/42D	1995	2013
CTB	447	GL7865	SLVYNF217SC025871	Volvo Olympian YN3RV18V3	Walter Alexander RH141/9427/21	H57/42D	1995	2012
CTB	448	GL7047	SLVYNF219SC025872	Volvo Olympian YN3RV18V3	Walter Alexander RH141/9427/22	H57/42D	1995	2012
CTB	449	GM3206	SLVYNF210SC025873	Volvo Olympian YN3RV18V3	Walter Alexander RH141/9427/28	H57/42D	1995	2012
CTB	450	GL9583	SLVYNF213SC025897	Volvo Olympian YN3RV18V3	Walter Alexander RH141/9427/30	H57/42D	1995	2012
CTB	451	GL6714	SLVYNF215SC025898	Volvo Olympian YN3RV18V3	Walter Alexander RH141/9427/16	H57/42D	1995	2012
CTB	452	GL8129	SLVYNF217SC025899	Volvo Olympian YN3RV18V3	Walter Alexander RH141/9427/17	H57/42D	1995	2012
CTB	453	GL7657	SLVYNF21XSC025900	Volvo Olympian YN3RV18V3	Walter Alexander RH141/9427/18	H57/42D	1995	2012
CTB	454	GL8001	SLVYNF211SC025901	Volvo Olympian YN3RV18V3	Walter Alexander RH141/9427/19	H57/42D	1995	2012
CTB	455	GL7626	SLVYNF215SC025903	Volvo Olympian YN3RV18V3	Walter Alexander RH141/9427/20	H57/42D	1995	2013
CTB	456	GM2664	SLVYNF217SC025904	Volvo Olympian YN3RV18V3	Walter Alexander RH141/9427/31	H57/42D	1995	2012
KMB	AV108	GL7388	SLVYNF21XSC025931	Volvo Olympian YN3RV18Z4	Walter Alexander RH	H63/39D	1995	2013
CTB	457	GL7298	SLVYNF210SC025937	Volvo Olympian YN3RV18V3	Walter Alexander RH141/9427/24	H57/42D	1995	2012
CTB	458	GM236	SLVYNF212SC025938	Volvo Olympian YN3RV18V3	Walter Alexander RH141/9427/25	H57/42D	1995	2012
CTB	459	GM6398	SLVYNF218SC025944	Volvo Olympian YN3RV18V3	Walter Alexander RH141/9427/32	H57/42D	1995	2013
CTB	460	GM3446	SLVYNF21XSC025945	Volvo Olympian YN3RV18V3	Walter Alexander RH141/9427/33	H57/42D	1995	2012
CTB	461	GM3538	SLVYNF211SC025946	Volvo Olympian YN3RV18V3	Walter Alexander RH141/9427/34	H57/42D	1995	2012
CTB	462	GM4002	SLVYNF210SC025954	Volvo Olympian YN3RV18V3	Walter Alexander RH141/9427/35	H57/42D	1995	2012
CTB	463	GM5644	SLVYNF212SC025955	Volvo Olympian YN3RV18V3	Walter Alexander RH141/9427/36	H57/42D	1995	2013
CTB	464	GM2650	SLVYNF214SC025956	Volvo Olympian YN3RV18V3	Walter Alexander RH141/9427/37	H57/42D	1995	2012
CTB	465	GM5127	SLVYNF215SC025965	Volvo Olympian YN3RV18V3	Walter Alexander RH141/9427/39	H57/42D	1995	2013
CTB	466	GM5896	SLVYNF217SC025966	Volvo Olympian YN3RV18V3	Walter Alexander RH141/9427/40	H57/42D	1995	2013
CTB	467	GM6384	SLVYNF215SC025996	Volvo Olympian YN3RV18V3	Walter Alexander 9505/1	H57/42D	1995	2013
CTB	468	GM8486	SLVYNF212SC026006	Volvo Olympian YN3RV18V3	Walter Alexander 9505/2	H57/42D	1995	2013
CTB	469	GM4803	SLVYNF214SC026007	Volvo Olympian YN3RV18V3	Walter Alexander 9505/3	H57/42D	1995	2013
CTB	470	GM4689	SLVYNF216SC026008	Volvo Olympian YN3RV18V3	Walter Alexander 9505/4	H57/42D	1995	2012
CTB	471	GM4809	SLVYNF218SC026009	Volvo Olympian YN3RV18V3	Walter Alexander 9505/5	H57/42D	1995	2012
CTB	472	GM7332	SLVYNF215SC026016	Volvo Olympian YN3RV18V3	Walter Alexander 9505/6	H57/42D	1995	2012
CTB	473	GM6615	SLVYNF217SC026017	Volvo Olympian YN3RV18V3	Walter Alexander 9505/7	H57/42D	1995	2012
CTB	474	GM6832	SLVYNF219SC026018	Volvo Olympian YN3RV18V3	Walter Alexander 9505/8	H57/42D	1995	2012
CTB	475	GM6785	SLVYNF210SC026019	Volvo Olympian YN3RV18V3	Walter Alexander 9505/9	H57/42D	1995	2013
CTB	476	GM7027	SLVYNF217SC026020	Volvo Olympian YN3RV18V3	Walter Alexander 9505/10	H57/42D	1995	2013
CTB	477	GM8183	SLVYNF216SC026025	Volvo Olympian YN3RV18V3	Walter Alexander 9505/11	H57/42D	1995	2013
CTB	478	GM8267	SLVYNF218SC026026	Volvo Olympian YN3RV18V3	Walter Alexander 9505/12	H57/42D	1995	2013
CTB	479	GM6891	SLVYNF21XSC026027	Volvo Olympian YN3RV18V3	Walter Alexander 9505/13	H57/42D	1995	2013
CTB	480	GM6779	SLVYNF211SC026028	Volvo Olympian YN3RV18V3	Walter Alexander 9505/14	H57/42D	1995	2013
KMB	3AV115	GR1747	SLVYNF213SC026029	Volvo Olympian YN3RV18V3	Walter Alexander RH	H57/32D	1995	2013
CTB	481	GM7991	SLVYNF212SC026040	Volvo Olympian YN3RV18V3	Walter Alexander 9505/15	H57/42D	1995	2013
CTB	482	GM7118	SLVYNF214SC026041	Volvo Olympian YN3RV18V3	Walter Alexander 9505/16	H57/42D	1995	2013
CTB	483	GN5150	SLVYNF216SC026042	Volvo Olympian YN3RV18V3	Walter Alexander 9505/17	H57/42D	1995	2013
CTB	484	GP9991	SLVYNF218SC026043	Volvo Olympian YN3RV18V3	Walter Alexander 9505/18	H57/42D	1995	2013
KMB	3AV60	GN4673	SLVYNF21XSC026044	Volvo Olympian YN3RV18V3	Walter Alexander RH	H57/32D	1995	2013
KMB	3AV63	GN6122	SLVYNF215SC026047	Volvo Olympian YN3RV18V3	Walter Alexander RH	H57/32D	1995	2013
KMB	3AV74	GN7913	SLVYNF217SC026048	Volvo Olympian YN3RV18V3	Walter Alexander RH	H57/32D	1995	2013

公司	車隊編號	車牌	底盤編號	車型	車身	座位佈局	首次登記日期	退役日期
KMB	3AV55	GN2841	SLVYNF219SC026049	Volvo Olympian YN3RV18V3	Walter Alexander RH	H57/32D	1995	2013
KMB	3AV57	GN4081	SLVYNF217SC026051	Volvo Olympian YN3RV18V3	Walter Alexander RH	H57/32D	1995	2013
KMB	3AV64	GN6291	SLVYNF219SC026052	Volvo Olympian YN3RV18V3	Walter Alexander RH	H57/32D	1995	2013
KMB	3AV61	GN4738	SLVYNF210SC026053	Volvo Olympian YN3RV18V3	Walter Alexander RH	H57/32D	1995	2013
KMB	3AV62	GN6048	SLVYNF212SC026054	Volvo Olympian YN3RV18V3	Walter Alexander RH	H57/32D	1995	2013
KMB	3AV68	GN8326	SLVYNF214SC026055	Volvo Olympian YN3RV18V3	Walter Alexander RH	H57/32D	1995	2013
KMB	3AV58	GN4179	SLVYNF211SC026062	Volvo Olympian YN3RV18V3	Walter Alexander RH	H57/32D	1995	2013
KMB	3AV59	GN4230	SLVYNF213SC026063	Volvo Olympian YN3RV18V3	Walter Alexander RH	H57/32D	1995	2013
KMB	3AV52	GN3486	SLVYNF215SC026064	Volvo Olympian YN3RV18V3	Walter Alexander RH	H57/32D	1995	2013
KMB	3AV51	GN2729	SLVYNF217SC026065	Volvo Olympian YN3RV18V3	Walter Alexander RH	H57/32D	1995	2013
KMB	3AV73	GN7875	YV3YNF212SC026101	Volvo Olympian YN3RV18V3	Walter Alexander RH	H57/32D	1995	2013
KMB	3AV67	GN7836	YV3YNF214SC026102	Volvo Olympian YN3RV18V3	Walter Alexander RH	H57/32D	1995	2013
KMB	3AV53	GN3509	YV3YNF216SC026103	Volvo Olympian YN3RV18V3	Walter Alexander RH	H57/32D	1995	2013
KMB	3AV92	GP7179	YV3YNF218SC026104	Volvo Olympian YN3RV18V3	Walter Alexander RH	H57/32D	1995	2013
KMB	3AV72	GN7088	YV3YNF21XSC026105	Volvo Olympian YN3RV18V3	Walter Alexander RH	H57/32D	1995	2013
KMB	3AV117	GR2326	YV3YNF211SC026106	Volvo Olympian YN3RV18V3	Walter Alexander RH	H57/32D	1995	2013
KMB	3AV54	GN4157	YV3YNF213SC026107	Volvo Olympian YN3RV18V3	Walter Alexander RH	H57/32D	1995	2013
KMB	3AV69	GN6700	YV3YNF215SC026108	Volvo Olympian YN3RV18V3	Walter Alexander RH	H57/32D	1995	2013
KMB	3AV70	GN6758	YV3YNF212SC026115	Volvo Olympian YN3RV18V3	Walter Alexander RH	H57/32D	1995	2013
KMB	3AV102	GP7387	YV3YNF214SC026116	Volvo Olympian YN3RV18V3	Walter Alexander RH	H57/32D	1995	2013
KMB	3AV114	GR1473	YV3YNF216SC026117	Volvo Olympian YN3RV18V3	Walter Alexander RH	H57/32D	1995	2013
KMB	3AV118	GR2498	YV3YNF218SC026118	Volvo Olympian YN3RV18V3	Walter Alexander RH	H57/32D	1995	2013
KMB	3AV98	GP6970	YV3YNF21XSC026119	Volvo Olympian YN3RV18V3	Walter Alexander RH	H57/32D	1995	2013
KMB	3AV89	GP7429	YV3YNF219SC026130	Volvo Olympian YN3RV18V3	Walter Alexander RH	H57/32D	1995	2013
KMB	3AV100	GP7285	YV3YNF210SC026131	Volvo Olympian YN3RV18V3	Walter Alexander RH	H57/32D	1995	2013
KMB	3AV75	GP4618	YV3YNF212SC026132	Volvo Olympian YN3RV18V3	Walter Alexander RH	H57/32D	1995	2013
KMB	3AV91	GP8485	YV3YNF214SC026133	Volvo Olympian YN3RV18V3	Walter Alexander RH	H57/32D	1995	2013
KMB	3AV65	GN6976	YV3YNF216SC026134	Volvo Olympian YN3RV18V3	Walter Alexander RH	H57/32D	1995	2013
KMB	3AV83	GP5888	YV3YNF218SC026135	Volvo Olympian YN3RV18V3	Walter Alexander RH	H57/32D	1995	2013
KMB	3AV85	GP6298	YV3YNF21XSC026136	Volvo Olympian YN3RV18V3	Walter Alexander RH	H57/32D	1995	2013
KMB	3AV81	GP5367	YV3YNF211SC026137	Volvo Olympian YN3RV18V3	Walter Alexander RH	H57/32D	1995	2013
KMB	3AV76	GP4633	YV3YNF213SC026138	Volvo Olympian YN3RV18V3	Walter Alexander RH	H57/32D	1995	2013
KMB	3AV86	GP6441	YV3YNF215SC026139	Volvo Olympian YN3RV18V3	Walter Alexander RH	H57/32D	1995	2013
KMB	3AV82	GP5737	YV3YNF211SC026140	Volvo Olympian YN3RV18V3	Walter Alexander RH	H57/32D	1995	2013
KMB	3AV80	GP5292	YV3YNF213SC026141	Volvo Olympian YN3RV18V3	Walter Alexander RH	H57/32D	1995	2013
KMB	3AV56	GN2984	YV3YNF215SC026142	Volvo Olympian YN3RV18V3	Walter Alexander RH	H57/32D	1995	2013
KMB	3AV71	GN6912	YV3YNF217SC026143	Volvo Olympian YN3RV18V3	Walter Alexander RH	H57/32D	1995	2013
KMB	3AV66	GN7615	YV3YNF213SC026155	Volvo Olympian YN3RV18V3	Walter Alexander RH	H57/32D	1995	2013
KMB	3AV93	GP7340	YV3YNF215SC026156	Volvo Olympian YN3RV18V3	Walter Alexander RH	H57/32D	1995	2013
KMB	3AV84	GP6274	YV3YNF217SC026157	Volvo Olympian YN3RV18V3	Walter Alexander RH	H57/32D	1995	2013
KMB	3AV79	GP5205	YV3YNF219SC026158	Volvo Olympian YN3RV18V3	Walter Alexander RH	H57/32D	1995	2013
KMB	3AV104	GP7748	YV3YNF210SC026159	Volvo Olympian YN3RV18V3	Walter Alexander RH	H57/32D	1995	2013
KMB	3AV120	GR6291	YV3YNF213SC026186	Volvo Olympian YN3RV18V3	Walter Alexander RH	H57/32D	1996	2014
KMB	3AV99	GP7100	YV3YNF215SC026187	Volvo Olympian YN3RV18V3	Walter Alexander RH	H57/32D	1995	2013
KMB	3AV113	GR614	YV3YNF217SC026188	Volvo Olympian YN3RV18V3	Walter Alexander RH	H57/32D	1995	2013
KMB	3AV105	GP7842	YV3YNF219SC026189	Volvo Olympian YN3RV18V3	Walter Alexander RH	H57/32D	1995	2013
KMB	3AV97	GP6895	YV3YNF215SC026190	Volvo Olympian YN3RV18V3	Walter Alexander RH	H57/32D	1995	2013

公司	車隊編號	車牌	底盤編號	車型	車身	座位佈局	首次登記日期	退役日期
KMB	3AV77	GP4661	YV3YNF216TC026278	Volvo Olympian YN3RV18V3	Walter Alexander RH	H57/32D	1995	2013
KMB	3AV78	GP5128	YV3YNF218TC026279	Volvo Olympian YN3RV18V3	Walter Alexander RH	H57/32D	1995	2013
KMB	3AV111	GP8170	YV3YNF214TC026280	Volvo Olympian YN3RV18V3	Walter Alexander RH	H57/32D	1995	2013
KMB	3AV107	GP8003	YV3YNF219TC026307	Volvo Olympian YN3RV18V3	Walter Alexander RH	H57/32D	1995	2013
KMB	3AV96	GP6690	YV3YNF210TC026308	Volvo Olympian YN3RV18V3	Walter Alexander RH	H57/32D	1995	2013
KMB	3AV108	GP8306	YV3YNF212TC026309	Volvo Olympian YN3RV18V3	Walter Alexander RH	H57/32D	1995	2013
KMB	3AV101	GP7359	YV3YNF219TC026310	Volvo Olympian YN3RV18V3	Walter Alexander RH	H57/32D	1995	2013
KMB	3AV109	GP8309	YV3YNF210TC026311	Volvo Olympian YN3RV18V3	Walter Alexander RH	H57/32D	1995	2013
KMB	3AV88	GP7295	YV3YNF219TC026324	Volvo Olympian YN3RV18V3	Walter Alexander RH	H57/32D	1995	2013
KMB	3AV110	GP7618	YV3YNF210TC026325	Volvo Olympian YN3RV18V3	Walter Alexander RH	H57/32D	1995	2013
KMB	3AV116	GR2284	YV3YNF212TC026326	Volvo Olympian YN3RV18V3	Walter Alexander RH	H57/32D	1995	2013
KMB	3AV87	GP6827	YV3YNF214TC026327	Volvo Olympian YN3RV18V3	Walter Alexander RH	H57/32D	1995	2013
KMB	3AV90	GP8186	YV3YNF216TC026328	Volvo Olympian YN3RV18V3	Walter Alexander RH	H57/32D	1995	2013
KMB	3AV103	GP7629	YV3YNF218TC026329	Volvo Olympian YN3RV18V3	Walter Alexander RH	H57/32D	1995	2013
KMB	3AV94	GP7512	YV3YNF214TC026330	Volvo Olympian YN3RV18V3	Walter Alexander RH	H57/32D	1995	2013
KMB	3AV95	GP6654	YV3YNF216TC026331	Volvo Olympian YN3RV18V3	Walter Alexander RH	H57/32D	1995	2013
KMB	3AV112	GR550	YV3YNF21XTC026333	Volvo Olympian YN3RV18V3	Walter Alexander RH	H57/32D	1995	2013
KMB	3AV119	GR4110	YV3YNF211TC026334	Volvo Olympian YN3RV18V3	Walter Alexander RH	H57/32D	1995	2013
KMB	3AV106	GP7857	YV3YNF213TC026335	Volvo Olympian YN3RV18V3	Walter Alexander RH	H57/32D	1995	2013
KMB	3AV161	GY9733	YV3YNF212TC026391	Volvo Olympian YN3RV18V3	Walter Alexander RH	H57/32D	1996	2014
KMB	3AV138	GX7873	YV3YNF216TC026426	Volvo Olympian YN3RV18Z4	Walter Alexander RH	H57/32D	1996	2014
KMB	3AV154	GY7548	YV3YNF213TC026447	Volvo Olympian YN3RV18V3	Walter Alexander RH	H57/32D	1996	2014
KMB	3AV153	GY6808	YV3YNF217TC026449	Volvo Olympian YN3RV18V3	Walter Alexander RH	H57/32D	1996	2014
KMB	3AV159	GY9379	YV3YNF215TC026451	Volvo Olympian YN3RV18V3	Walter Alexander RH	H57/32D	1996	2014
KMB	3AV150	GY8150	YV3YNF217TC026452	Volvo Olympian YN3RV18V3	Walter Alexander RH	H57/32D	1996	2014
KMB	3AV149	GY8038	YV3YNF219TC026453	Volvo Olympian YN3RV18V3	Walter Alexander RH	H57/32D	1996	2014
KMB	3AV158	GY9294	YV3YNF210TC026454	Volvo Olympian YN3RV18V3	Walter Alexander RH	H57/32D	1996	2014
KMB	3AV155	GY8094	YV3YNF212TC026455	Volvo Olympian YN3RV18V3	Walter Alexander RH	H57/32D	1996	2014
KMB	3AV170	GZ9203	YV3YNF214TC026456	Volvo Olympian YN3RV18V3	Walter Alexander RH	H57/32D	1997	2015
KMB	3AV163	GY9969	YV3YNF21XTC026462	Volvo Olympian YN3RV18V3	Walter Alexander RH	H57/32D	1996	2014
KMB	3AV127	GX6676	YV3YNF211TC026463	Volvo Olympian YN3RV18V3	Walter Alexander RH	H57/32D	1996	2014
KMB	3AV130	GX6763	YV3YNF213TC026464	Volvo Olympian YN3RV18V3	Walter Alexander RH	H57/32D	1996	2014
KMB	3AV121	GW5498	YV3YNF215TC026465	Volvo Olympian YN3RV18V3	Walter Alexander RH	H57/32D	1996	2014
KMB	3AV128	GX6685	YV3YNF217TC026466	Volvo Olympian YN3RV18V3	Walter Alexander RH	H57/32D	1996	2014
KMB	3AV139	GX8057	YV3YNF219TC026467	Volvo Olympian YN3RV18V3	Walter Alexander RH	H57/32D	1996	2014
KMB	3AV135	GX7205	YV3YNF210TC026468	Volvo Olympian YN3RV18V3	Walter Alexander RH	H57/32D	1996	2014
KMB	3AV133	GX7153	YV3YNF212TC026469	Volvo Olympian YN3RV18V3	Walter Alexander RH	H57/32D	1996	2014
KMB	3AV134	GX7180	YV3YNF219TC026470	Volvo Olympian YN3RV18V3	Walter Alexander RH	H57/32D	1996	2014
CTB	485	GW1926	YV3YNF219TC026484	Volvo Olympian YN3RV18V3	Northern Counties 5233	H57/42D	1996	2013
CTB	486	GW3302	YV3YNF210TC026485	Volvo Olympian YN3RV18V3	Northern Counties 5234	H57/42D	1996	2013
KMB	3AV136	GX7615	YV3YNF212TC026486	Volvo Olympian YN3RV18V3	Walter Alexander RH	H57/32D	1996	2014
KMB	3AV123	GW6550	YV3YNF214TC026487	Volvo Olympian YN3RV18V3	Walter Alexander RH	H57/32D	1996	2014
KMB	3AV131	GX6937	YV3YNF216TC026488	Volvo Olympian YN3RV18V3	Walter Alexander RH	H57/32D	1996	2014
KMB	3AV126	GX6663	YV3YNF218TC026489	Volvo Olympian YN3RV18V3	Walter Alexander RH	H57/32D	1996	2014
KMB	3AV140	GX8307	YV3YNF214TC026490	Volvo Olympian YN3RV18V3	Walter Alexander RH	H57/32D	1996	2014
KMB	3AV125	GX6577	YV3YNF216TC026491	Volvo Olympian YN3RV18V3	Walter Alexander RH	H57/32D	1996	2014
KMB	3AV152	GY8361	YV3YNF218TC026492	Volvo Olympian YN3RV18V3	Walter Alexander RH	H57/32D	1996	2014

公司	車隊編號	車牌	底盤編號	車型	車身	座位佈局	首次登記日期	退役日期
KMB	3AV132	GX7055	YV3YNF21XTC026493	Volvo Olympian YN3RV18V3	Walter Alexander RH	H57/32D	1996	2014
KMB	3AV156	GY8582	YV3YNF211TC026494	Volvo Olympian YN3RV18V3	Walter Alexander RH	H57/32D	1996	2014
KMB	3AV168	GZ4066	YV3YNF210TC026499	Volvo Olympian YN3RV18V3	Walter Alexander RH	H57/32D	1996	2014
KMB	3AV147	GY7155	YV3YNF213TC026500	Volvo Olympian YN3RV18V3	Walter Alexander RH	H57/32D	1996	2014
KMB	3AV162	GY9851	YV3YNF215TC026501	Volvo Olympian YN3RV18V3	Walter Alexander RH	H57/32D	1996	2014
KMB	3AV160	GY9728	YV3YNF217TC026502	Volvo Olympian YN3RV18V3	Walter Alexander RH	H57/32D	1996	2014
KMB	3AV167	GZ3832	YV3YNF219TC026503	Volvo Olympian YN3RV18V3	Walter Alexander RH	H57/32D	1996	2013
KMB	3AV166	GZ3664	YV3YNF212TC026505	Volvo Olympian YN3RV18V3	Walter Alexander RH	H57/32D	1996	2014
KMB	3AV169	GZ4802	YV3YNF216TC026507	Volvo Olympian YN3RV18V3	Walter Alexander RH	H57/32D	1996	2014
KMB	3AV157	GY8940	YV3YNF21XTC026509	Volvo Olympian YN3RV18V3	Walter Alexander RH	H57/32D	1996	2014
KMB	3AV165	GZ3536	YV3YNF216TC026510	Volvo Olympian YN3RV18V3	Walter Alexander RH	H57/32D	1996	2014
KMB	3AV151	GY8160	YV3YNF212TC026522	Volvo Olympian YN3RV18V3	Walter Alexander RH	H57/32D	1996	2014
KMB	3AV129	GX6723	YV3YNF214TC026523	Volvo Olympian YN3RV18V3	Walter Alexander RH	H57/32D	1996	2014
KMB	3AV164	GZ488	YV3YNF216TC026524	Volvo Olympian YN3RV18V3	Walter Alexander RH	H57/32D	1996	2014
KMB	3AV122	GW6239	YV3YNF218TC026525	Volvo Olympian YN3RV18V3	Walter Alexander RH	H57/32D	1996	2014
KMB	3AV137	GX7824	YV3YNF21XTC026526	Volvo Olympian YN3RV18V3	Walter Alexander RH	H57/32D	1996	2014
KMB	3AV142	GX7569	YV3YNF211TC026527	Volvo Olympian YN3RV18V3	Walter Alexander RH	H57/32D	1996	2014
KMB	3AV124	GW6829	YV3YNF213TC026528	Volvo Olympian YN3RV18V3	Walter Alexander RH	H57/32D	1996	2014
KMB	3AV145	GY6915	YV3YNF213TC026531	Volvo Olympian YN3RV18V3	Walter Alexander RH	H57/32D	1996	2014
KMB	3AV143	GY145	YV3YNF215TC026532	Volvo Olympian YN3RV18V3	Walter Alexander RH	H57/32D	1996	2014
KMB	3AV144	GX9648	YV3YNF217TC026533	Volvo Olympian YN3RV18V3	Walter Alexander RH	H57/32D	1996	2014
KMB	3AV141	GX7081	YV3YNF219TC026534	Volvo Olympian YN3RV18V3	Walter Alexander RH	H57/32D	1996	2014
KMB	3AV148	GY7604	YV3YNF210TC026535	Volvo Olympian YN3RV18V3	Walter Alexander RH	H57/32D	1996	2014
KMB	3AV146	GY7013	YV3YNF212TC026536	Volvo Olympian YN3RV18V3	Walter Alexander RH	H57/32D	1996	2014
KMB	AV132	GX7473	YV3YNF214TC026540	Volvo Olympian YN3RV18V3	Walter Alexander RH	H53/32D	1996	2014
KMB	AV125	GX6978	YV3YNF216TC026541	Volvo Olympian YN3RV18V3	Walter Alexander RH	H53/32D	1996	2014
KMB	AV130	GX7271	YV3YNF218TC026542	Volvo Olympian YN3RV18V3	Walter Alexander RH	H53/32D	1996	2014
KMB	AV126	GX7043	YV3YNF21XTC026543	Volvo Olympian YN3RV18V3	Walter Alexander RH	H53/32D	1996	2014
KMB	AV136	GX7767	YV3YNF211TC026544	Volvo Olympian YN3RV18V3	Walter Alexander RH	H53/32D	1996	2014
CTB	487	GX7687	YV3YNF213TC026545	Volvo Olympian YN3RV18V3	Northern Counties 5244	H57/42D	1996	2014
CTB	488	GX6968	YV3YNF215TC026546	Volvo Olympian YN3RV18V3	Northern Counties 5245	H57/42D	1996	2014
CTB	489	GX8049	YV3YNF217TC026547	Volvo Olympian YN3RV18V3	Northern Counties 5249	H57/42D	1996	2014
CTB	490	GX7142	YV3YNF219TC026548	Volvo Olympian YN3RV18V3	Northern Counties 5246	H57/42D	1996	2014
CTB	491	GW7519	YV3YNF219TC026551	Volvo Olympian YN3RV18V3	Northern Counties 5235	H57/42D	1996	2014
CTB	492	GW7734	YV3YNF210TC026552	Volvo Olympian YN3RV18V3	Northern Counties 5236	H57/42D	1996	2014
CTB	493	GW7286	YV3YNF212TC026553	Volvo Olympian YN3RV18V3	Northern Counties 5241	H57/42D	1996	2014
KMB	AV119	GX2903	YV3YNF214TC026554	Volvo Olympian YN3RV18V3	Walter Alexander RH	H53/32D	1996	2014
KMB	AV113	GW5385	YV3YNF216TC026555	Volvo Olympian YN3RV18V3	Walter Alexander RH	H53/32D	1996	2014
KMB	AV124	GX6903	YV3YNF218TC026556	Volvo Olympian YN3RV18V3	Walter Alexander RH	H53/32D	1996	2014
CTB	494	GW4321	YV3YNF21XTC026557	Volvo Olympian YN3RV18V3	Northern Counties 5242	H57/42D	1996	2014
CTB	495	GX7765	YV3YNF211TC026558	Volvo Olympian YN3RV18V3	Northern Counties 5243	H57/42D	1996	2014
KMB	AV137	GX7960	YV3YNF213TC026559	Volvo Olympian YN3RV18V3	Walter Alexander RH	H53/32D	1996	2014
KMB	AV115	GW6027	YV3YNF21XTC026560	Volvo Olympian YN3RV18V3	Walter Alexander RH	H53/32D	1996	2014
CTB	496	GW7120	YV3YNF211TC026561	Volvo Olympian YN3RV18V3	Northern Counties 5237	H57/42D	1996	2014
CTB	497	GX7802	YV3YNF217TC026564	Volvo Olympian YN3RV18V3	Northern Counties 5238	H57/42D	1996	2014
KMB	AV133	GX7685	YV3YNF219TC026565	Volvo Olympian YN3RV18V3	Walter Alexander RH	H53/32D	1996	2014
CTB	498	GW3206	YV3YNF210TC026566	Volvo Olympian YN3RV18V3	Northern Counties 5239	H57/42D	1996	2014

公司	車隊編號	車牌	底盤編號	車型	車身	座位佈局	首次登記日期	退役日期
KMB	AV138	GX8070	YV3YNF212TC026567	Volvo Olympian YN3RV18V3	Walter Alexander RH	H53/32D	1996	2014
KMB	AV135	GX7757	YV3YNF214TC026568	Volvo Olympian YN3RV18V3	Walter Alexander RH	H53/32D	1996	2014
KMB	AV112	GW4866	YV3YNF216TC026569	Volvo Olympian YN3RV18V3	Walter Alexander RH	H53/32D	1996	2014
CTB	499	GX7655	YV3YNF212TC026570	Volvo Olympian YN3RV18V3	Northern Counties 5240	H57/42D	1996	2014
KMB	AV114	GW5789	YV3YNF214TC026571	Volvo Olympian YN3RV18V3	Walter Alexander RH	H53/32D	1996	2006
KMB	AV118	GW7052	YV3YNF216TC026572	Volvo Olympian YN3RV18V3	Walter Alexander RH	H53/32D	1996	2014
KMB	AV117	GW7044	YV3YNF218TC026573	Volvo Olympian YN3RV18V3	Walter Alexander RH	H53/32D	1996	2014
KMB	AV120	GX3152	YV3YNF21XTC026574	Volvo Olympian YN3RV18V3	Walter Alexander RH	H53/32D	1996	2014
KMB	AV116	GW6918	YV3YNF211TC026575	Volvo Olympian YN3RV18V3	Walter Alexander RH	H53/32D	1996	2014
KMB	AV121	GX3921	YV3YNF213TC026576	Volvo Olympian YN3RV18V3	Walter Alexander RH	H53/32D	1996	2014
CTB	901	GU8600	YV3YNF21XTC026588	Volvo Olympian YN3RV18V3	Walter Alexander RH 9527/1	H53/38D	1996	2014
CTB	902	GV397	YV3YNF211TC026589	Volvo Olympian YN3RV18V3	Walter Alexander RH 9527/2	H53/38D	1996	2013
CTB	903	GV1124	YV3YNF218TC026590	Volvo Olympian YN3RV18V3	Walter Alexander RH 9527/3	H53/38D	1996	2014
CTB	904	GV226	YV3YNF21XTC026591	Volvo Olympian YN3RV18V3	Walter Alexander RH 9527/4	H53/38D	1996	2013
CTB	905	GV317	YV3YNF211TC026592	Volvo Olympian YN3RV18V3	Walter Alexander RH 9527/5	H53/38D	1996	2014
CMB	VA46	GW3191	YV3YNC113TC026609	Volvo Olympian YN3RC18Z4	Walter Alexander RH	H65/40D	1996	1998
CMB	VA40	GW8404	YV3YNC11XTC026610	Volvo Olympian YN3RC18Z4	Walter Alexander RH	H65/40D	1996	1998
CMB	VA31	GV1897	YV3YNC111TC026611	Volvo Olympian YN3RC18Z4	Walter Alexander RH	H65/40D	1996	1998
CMB	VA43	GW1735	YV3YNC117TC026614	Volvo Olympian YN3RC18Z4	Walter Alexander RH	H65/40D	1996	1998
CMB	VA44	GW1562	YV3YNC119TC026615	Volvo Olympian YN3RC18Z4	Walter Alexander RH	H65/40D	1996	1998
CMB	VA50	GW8272	YV3YNC112TC026617	Volvo Olympian YN3RC18Z4	Walter Alexander RH	H65/40D	1996	1998
CMB	VA47	GW5011	YV3YNC116TC026619	Volvo Olympian YN3RC18Z4	Walter Alexander RH	H65/40D	1996	1998
CTB	906	GW3682	YV3YNF212TC026620	Volvo Olympian YN3RV18V3	Walter Alexander RH 9527/20	H53/38D	1996	2013
CTB	500	GX8043	YV3YNF214TC026621	Volvo Olympian YN3RV18V3	Northern Counties 5252	H57/42D	1996	2014
CMB	VA36	GV6348	YV3YNC115TC026627	Volvo Olympian YN3RC18Z4	Walter Alexander RH	H65/40D	1996	1998
CMB	VA49	GW8435	YV3YNC117TC026628	Volvo Olympian YN3RC18Z4	Walter Alexander RH	H65/40D	1996	1998
CMB	VA41	GV9359	YV3YNC115TC026630	Volvo Olympian YN3RC18Z4	Walter Alexander RH	H65/40D	1996	1998
CMB	VA33	GV4297	YV3YNC119TC026632	Volvo Olympian YN3RC18Z4	Walter Alexander RH	H65/40D	1996	1998
CMB	VA34	GV4049	YV3YNC112TC026634	Volvo Olympian YN3RC18Z4	Walter Alexander RH	H65/40D	1996	1998
CMB	VA48	GW5878	YV3YNC118TC026640	Volvo Olympian YN3RC18Z4	Walter Alexander RH	H65/40D	1996	1998
CMB	VA39	GV7288	YV3YNC111TC026642	Volvo Olympian YN3RC18Z4	Walter Alexander RH	H65/40D	1996	1998
CTB	501	GX7638	YV3YNF217TC026645	Volvo Olympian YN3RV18V3	Northern Counties 5247	H57/42D	1996	2014
CTB	907	GU9984	YV3YNF214TC026649	Volvo Olympian YN3RV18V3	Walter Alexander RH 9527/6	H53/38D	1996	2014
CTB	502	GW6799	YV3YNF215TC026658	Volvo Olympian YN3RV18V3	Northern Counties 5248	H57/42D	1996	2014
CTB	908	GV6014	YV3YNF215TC026661	Volvo Olympian YN3RV18V3	Walter Alexander RH 9527/7	H53/38D	1996	2013
CMB	VA32	GV1386	YV3YNC119TC026663	Volvo Olympian YN3RC18Z4	Walter Alexander RH	H65/40D	1996	1998
CMB	VA35	GV6367	YV3YNC112TC026665	Volvo Olympian YN3RC18Z4	Walter Alexander RH	H65/40D	1996	1998
CMB	VA42	GV9212	YV3YNC116TC026667	Volvo Olympian YN3RC18Z4	Walter Alexander RH	H65/40D	1996	1998
CMB	VA45	GW2762	YV3YNC11XTC026669	Volvo Olympian YN3RC18Z4	Walter Alexander RH	H65/40D	1996	1998
CMB	VA38	GV6192	YV3YNC118TC026671	Volvo Olympian YN3RC18Z4	Walter Alexander RH	H65/40D	1996	1998
CMB	VA37	GV5740	YV3YNC111TC026673	Volvo Olympian YN3RC18Z4	Walter Alexander RH	H65/40D	1996	1998
CTB	503	GX3886	YV3YNF219TC026680	Volvo Olympian YN3RV18V3	Northern Counties 5250	H57/42D	1996	2014
CTB	504	GX7008	YV3YNF212TC026682	Volvo Olympian YN3RV18V3	Northern Counties 5251	H57/42D	1996	2014
CTB	909	GV6276	YV3YNF218TC026685	Volvo Olympian YN3RV18V3	Walter Alexander RH 9527/8	H53/38D	1996	2013
CTB	910	GV5780	YV3YNF211TC026687	Volvo Olympian YN3RV18V3	Walter Alexander RH 9527/9	H53/38D	1996	2013
CTB	911	GV6994	YV3YNF215TC026689	Volvo Olympian YN3RV18V3	Walter Alexander RH 9527/10	H53/38D	1996	2013
CTB	912	GW4298	YV3YNF218TC026718	Volvo Olympian YN3RV18V3	Walter Alexander RH 9527/21	H53/38D	1996	2013

公司	車隊編號	車牌	底盤編號	車型	車身	座位佈局	首次登記日期	退役日期
CTB	913	GW3415	YV3YNF216TC026720	Volvo Olympian YN3RV18V3	Walter Alexander RH 9527/22	H53/38D	1996	2013
CTB	914	GV8261	YV3YNF21XTC026722	Volvo Olympian YN3RV18V3	Walter Alexander RH 9527/11	H53/38D	1996	2013
CTB	915	GV7869	YV3YNF213TC026724	Volvo Olympian YN3RV18V3	Walter Alexander RH 9527/12	H53/38D	1996	2013
CTB	916	GW3343	YV3YNF215TC026739	Volvo Olympian YN3RV18V3	Walter Alexander RH 9527/13	H53/38D	1996	2013
CTB	917	GW2544	YV3YNF216TC026751	Volvo Olympian YN3RV18V3	Walter Alexander RH 9527/14	H53/38D	1996	2013
CTB	918	GW3432	YV3YNF21XTC026753	Volvo Olympian YN3RV18V3	Walter Alexander RH 9527/15	H53/38D	1996	2013
CTB	919	GW3787	YV3YNF211TC026754	Volvo Olympian YN3RV18V3	Walter Alexander RH 9527/16	H53/38D	1996	2006
CTB	920	GW4016	YV3YNF219TC026775	Volvo Olympian YN3RV18V3	Walter Alexander RH 9527/18	H53/38D	1996	2013
CTB	921	GW2858	YV3YNF212TC026777	Volvo Olympian YN3RV18V3	Walter Alexander RH 9527/17	H53/38D	1996	2013
CTB	922	GW3268	YV3YNF216TC026779	Volvo Olympian YN3RV18V3	Walter Alexander RH 9527/19	H53/38D	1996	2013
CTB	923	GX6793	YV3YNF21XTC026798	Volvo Olympian YN3RV18V3	Walter Alexander RH 9527/23	H53/38D	1996	2013
CTB	924	GX8298	YV3YNF214TC026800	Volvo Olympian YN3RV18V3	Walter Alexander RH 9527/24	H53/38D	1996	2013
CTB	925	GX6728	YV3YNF218TC026802	Volvo Olympian YN3RV18V3	Walter Alexander RH 9527/25	H53/38D	1996	2013
KMB	AV194	GZ9930	YV3YNF213TC026867	Volvo Olympian OLY-65	Walter Alexander RH	H53/32D	1997	2015
KMB	AV122	GX6726	YV3YNF217TC026869	Volvo Olympian OLY-65	Walter Alexander RH	H53/32D	1996	2014
KMB	AV141	GX9426	YV3YNF215TC026871	Volvo Olympian OLY-65	Walter Alexander RH	H53/32D	1996	2014
KMB	AV143	GX9743	YV3YNF217TC026872	Volvo Olympian OLY-65	Walter Alexander RH	H53/32D	1996	2014
KMB	AV129	GX7209	YV3YNF210TC026874	Volvo Olympian OLY-65	Walter Alexander RH	H53/32D	1996	2014
KMB	AV144	GX9967	YV3YNF214TC026876	Volvo Olympian OLY-65	Walter Alexander RH	H53/32D	1996	2014
KMB	AV128	GX7130	YV3YNF218TC026878	Volvo Olympian OLY-65	Walter Alexander RH	H53/32D	1996	2014
KMB	AV175	GZ4079	YV3YNF216TC026880	Volvo Olympian OLY-65	Walter Alexander RH	H53/32D	1996	2014
KMB	AV185	GZ8760	YV3YNF218TC026895	Volvo Olympian OLY-65	Walter Alexander RH	H53/32D	1997	2014
KMB	AV131	GX7273	YV3YNF211TC026897	Volvo Olympian OLY-65	Walter Alexander RH	H53/32D	1996	2014
KMB	AV127	GX7063	YV3YNF215TC026899	Volvo Olympian OLY-65	Walter Alexander RH	H53/32D	1996	2014
KMB	AV176	GZ4751	YV3YNF218TC026900	Volvo Olympian OLY-65	Walter Alexander RH	H53/32D	1996	2014
KMB	AV183	GZ8707	YV3YNF211TC026902	Volvo Olympian OLY-65	Walter Alexander RH	H53/32D	1997	2015
KMB	AV171	GZ2909	YV3YNF217TC026905	Volvo Olympian OLY-65	Walter Alexander RH	H53/32D	1996	2014
KMB	AV177	GZ5181	YV3YNF210TC026907	Volvo Olympian OLY-65	Walter Alexander RH	H53/32D	1996	2014
KMB	AV178	GZ5818	YV3YNF214TC026909	Volvo Olympian OLY-65	Walter Alexander RH	H53/32D	1996	2014
KMB	AV186	GZ8858	YV3YNF216TC026930	Volvo Olympian OLY-65	Walter Alexander RH	H53/32D	1997	2015
KMB	AV207	HA7681	YV3YNF218TC026931	Volvo Olympian OLY-65	Walter Alexander RH	H53/32D	1997	2015
KMB	AV181	GZ8628	YV3YNF21XTC026932	Volvo Olympian OLY-65	Walter Alexander RH	H53/32D	1997	2015
KMB	AV205	HA7574	YV3YNF211TC026933	Volvo Olympian OLY-65	Walter Alexander RH	H53/32D	1997	2015
KMB	AV203	HA7501	YV3YNF213TC026934	Volvo Olympian OLY-65	Walter Alexander RH	H53/32D	1997	2015
KMB	AV188	GZ9074	YV3YNF216TC026944	Volvo Olympian OLY-65	Walter Alexander RH	H53/32D	1997	2015
KMB	AV187	GZ9025	YV3YNF21XTC026946	Volvo Olympian OLY-65	Walter Alexander RH	H53/32D	1997	2015
KMB	AV206	HA7578	YV3YNF211TC026947	Volvo Olympian OLY-65	Walter Alexander RH	H53/32D	1997	2015
KMB	AV198	HA6737	YV3YNF215TC026949	Volvo Olympian OLY-65	Walter Alexander RH	H53/32D	1997	2015
KMB	AV182	GZ8642	YV3YNF213TC026951	Volvo Olympian OLY-65	Walter Alexander RH	H53/32D	1997	2014
KMB	AV179	GZ5940	YV3YNF217TC026953	Volvo Olympian OLY-65	Walter Alexander RH	H53/32D	1996	2014
KMB	AV180	GZ6096	YV3YNF212TC026956	Volvo Olympian OLY-65	Walter Alexander RH	H53/32D	1996	2014
KMB	AV170	GZ2531	YV3YNF214TC026957	Volvo Olympian OLY-65	Walter Alexander RH	H53/32D	1996	2014
KMB	AV211	HA7907	YV3YNF218TC026959	Volvo Olympian OLY-65	Walter Alexander RH	H53/32D	1997	2015
KMB	AV209	HA7874	YV3YNF211TC026981	Volvo Olympian OLY-65	Walter Alexander RH	H53/32D	1997	2015
KMB	AV212	HA8203	YV3YNF215TC026983	Volvo Olympian OLY-65	Walter Alexander RH	H53/32D	1997	2015
KMB	AV123	GX6858	YV3YNF219TC026985	Volvo Olympian OLY-65	Walter Alexander RH	H53/32D	1996	2014
KMB	AV134	GX7696	YV3YNF212TC026987	Volvo Olympian OLY-65	Walter Alexander RH	H53/32D	1996	2014

公司	車隊編號	車牌	底盤編號	車型	車身	座位佈局	首次登記日期	退役日期
KMB	AV193	GZ9738	YV3YNF212TC026990	Volvo Olympian OLY-65	Walter Alexander RH	H53/32D	1997	2015
KMB	AV195	HA319	YV3YNF216TC026992	Volvo Olympian OLY-65	Walter Alexander RH	H53/32D	1997	2015
KMB	AV191	GZ9464	YV3YNF21XTC026994	Volvo Olympian OLY-65	Walter Alexander RH	H53/32D	1997	2015
KMB	AV152	GY4192	YV3YNF213TC026996	Volvo Olympian OLY-65	Walter Alexander RH	H53/32D	1996	2014
KMB	AV202	HA7489	YV3YNF217TC026998	Volvo Olympian OLY-65	Walter Alexander RH	H53/32D	1997	2014
KMB	AV184	GZ8756	YV3YNF21XTC027000	Volvo Olympian OLY-65	Walter Alexander RH	H53/32D	1997	2015
KMB	AV189	GZ9426	YV3YNF213TC027002	Volvo Olympian OLY-65	Walter Alexander RH	H53/32D	1997	2015
KMB	AV192	GZ9689	YV3YNF217TC027004	Volvo Olympian OLY-65	Walter Alexander RH	H53/32D	1997	2015
KMB	AV139	GX8561	YV3YNF210TC027006	Volvo Olympian OLY-65	Walter Alexander RH	H53/32D	1996	2014
KMB	AV147	GY2770	YV3YNF212TC027007	Volvo Olympian OLY-65	Walter Alexander RH	H53/32D	1996	2014
KMB	AV167	GY8984	YV3YNF216TC027009	Volvo Olympian OLY-65	Walter Alexander RH	H53/32D	1996	2014
KMB	AV146	GY2676	YV3YNF214TC027011	Volvo Olympian OLY-65	Walter Alexander RH	H53/32D	1996	2014
KMB	AV190	GZ9444	YV3YNF218TC027013	Volvo Olympian OLY-65	Walter Alexander RH	H53/32D	1997	2015
KMB	AV196	HA437	YV3YNF21XTC027014	Volvo Olympian OLY-65	Walter Alexander RH	H53/32D	1997	2015
KMB	AV156	GY6694	YV3YNF210TC027037	Volvo Olympian OLY-65	Walter Alexander RH	H53/32D	1996	2014
KMB	AV158	GY6908	YV3YNF214TC027039	Volvo Olympian OLY-65	Walter Alexander RH	H53/32D	1996	2014
KMB	AV151	GY4088	YV3YNF212TC027041	Volvo Olympian OLY-65	Walter Alexander RH	H53/32D	1996	2014
KMB	AV168	GY9308	YV3YNF216TC027043	Volvo Olympian OLY-65	Walter Alexander RH	H53/32D	1996	2014
KMB	AV149	GY3832	YV3YNF218TC027044	Volvo Olympian OLY-65	Walter Alexander RH	H53/32D	1996	2014
KMB	AV159	GY7128	YV3YNF21XTC027045	Volvo Olympian OLY-65	Walter Alexander RH	H53/32D	1996	2014
KMB	AV173	GZ3470	YV3YNF211TC027046	Volvo Olympian OLY-65	Walter Alexander RH	H53/32D	1996	2014
KMB	AV169	GY9660	YV3YNF213TC027047	Volvo Olympian OLY-65	Walter Alexander RH	H53/32D	1996	2014
KMB	AV165	GY8271	YV3YNF215TC027048	Volvo Olympian OLY-65	Walter Alexander RH	H53/32D	1996	2014
KMB	AV166	GY8702	YV3YNF217TC027049	Volvo Olympian OLY-65	Walter Alexander RH	H53/32D	1996	2014
KMB	AV155	GY6588	YV3YNF215TC027051	Volvo Olympian OLY-65	Walter Alexander RH	H53/32D	1996	2014
KMB	AV145	GY2583	YV3YNF219TC027053	Volvo Olympian OLY-65	Walter Alexander RH	H53/32D	1996	2014
KMB	AV148	GY2825	YV3YNF212TC027055	Volvo Olympian OLY-65	Walter Alexander RH	H53/32D	1996	2014
KMB	AV163	GY8158	YV3YNF216TC027057	Volvo Olympian OLY-65	Walter Alexander RH	H53/32D	1996	2014
KMB	AV161	GY7302	YV3YNF21XTC027059	Volvo Olympian OLY-65	Walter Alexander RH	H53/32D	1996	2014
KMB	AV174	GZ4031	YV3YNF21XTC027062	Volvo Olympian OLY-65	Walter Alexander RH	H53/32D	1996	2014
KMB	AV153	GY4249	YV3YNF211TC027063	Volvo Olympian OLY-65	Walter Alexander RH	H53/32D	1996	2014
KMB	AV154	GY4317	YV3YNF215TC027065	Volvo Olympian OLY-65	Walter Alexander RH	H53/32D	1996	2014
KMB	AV172	GZ3109	YV3YNF219TC027084	Volvo Olympian OLY-65	Walter Alexander RH	H53/32D	1996	2014
KMB	AV150	GY4032	YV3YNF212TC027086	Volvo Olympian OLY-65	Walter Alexander RH	H53/32D	1996	2014
KMB	AV140	GX8840	YV3YNF216TC027088	Volvo Olympian OLY-65	Walter Alexander RH	H53/32D	1996	2014
KMB	AV160	GY7215	YV3YNF214TC027090	Volvo Olympian OLY-65	Walter Alexander RH	H53/32D	1996	2014
KMB	AV142	GX9712	YV3YNF218TC027092	Volvo Olympian OLY-65	Walter Alexander RH	H53/32D	1996	2014
KMB	AV157	GY6811	YV3YNF211TC027094	Volvo Olympian OLY-65	Walter Alexander RH	H53/32D	1996	2014
KMB	AV164	GY8212	YV3YNF217TC027097	Volvo Olympian OLY-65	Walter Alexander RH	H53/32D	1996	2014
KMB	AV162	GY8146	YV3YNF210TC027099	Volvo Olympian OLY-65	Walter Alexander RH	H53/32D	1996	2014
CTB	926	GZ2353	YV3YNF210TC027104	Volvo Olympian OLY-65	Walter Alexander RH 9539/1	H53/38D	1996	2013
CTB	927	GZ690	YV3YNF214TC027106	Volvo Olympian OLY-65	Walter Alexander RH 9539/2	H53/38D	1996	2014
CTB	928	GZ1921	YV3YNF218TC027108	Volvo Olympian OLY-65	Walter Alexander RH 9539/3	H53/38D	1996	2013
CTB	929	GZ5804	YV3YNF216TC027110	Volvo Olympian OLY-65	Walter Alexander RH 9539/4	H53/38D	1996	2013
CTB	930	GZ4632	YV3YNF21XTC027112	Volvo Olympian OLY-65	Walter Alexander RH 9539/5	H53/38D	1996	2014
CTB	931	GZ6225	YV3YNF213TC027114	Volvo Olympian OLY-65	Walter Alexander RH 9539/6	H53/38D	1996	2014
CTB	932	GZ6061	YV3YNF217TC027116	Volvo Olympian OLY-65	Walter Alexander RH 9539/7	H53/38D	1996	2013

公司	車隊編號	車牌	底盤編號	車型	車身	座位佈局	首次登記日期	退役日期
CTB	933	GZ4643	YV3YNF210TC027118	Volvo Olympian OLY-65	Walter Alexander RH 9539/8	H53/38D	1996	2013
CTB	934	GZ5771	YV3YNF218TC027139	Volvo Olympian OLY-65	Walter Alexander RH 9539/9	H53/38D	1996	2013
CTB	935	GZ6498	YV3YNF216TC027141	Volvo Olympian OLY-65	Walter Alexander RH 9539/10	H53/38D	1996	2013
CTB	936	GZ5231	YV3YNF21XTC027143	Volvo Olympian OLY-65	Walter Alexander RH 9539/11	H53/38D	1996	2014
CTB	937	GZ5683	YV3YNF215TC027146	Volvo Olympian OLY-65	Walter Alexander RH 9539/12	H53/38D	1996	2013
CTB	938	GZ8685	YV3YNF219TC027148	Volvo Olympian OLY-65	Walter Alexander RH 9539/13	H53/38D	1997	2014
CTB	939	GZ9279	YV3YNF217TC027150	Volvo Olympian OLY-65	Walter Alexander RH 9539/14	H53/38D	1997	2014
CTB	940	GZ8681	YV3YNF219TC027151	Volvo Olympian OLY-65	Walter Alexander RH 9539/15	H53/38D	1997	2014
CTB	941	GZ9904	YV3YNF214TC027154	Volvo Olympian OLY-65	Walter Alexander RH 9539/16	H53/38D	1997	2014
KMB	AV208	HA7819	YV3YNF21XTC027157	Volvo Olympian OLY-65	Walter Alexander RH	H53/32D	1997	2015
KMB	AV204	HA7569	YV3YNF211TC027158	Volvo Olympian OLY-65	Walter Alexander RH	H53/32D	1997	2015
KMB	AV213	HA8366	YV3YNF211TC027161	Volvo Olympian OLY-65	Walter Alexander RH	H53/32D	1997	2015
KMB	AV210	HA7883	YV3YNF215TC027163	Volvo Olympian OLY-65	Walter Alexander RH	H53/32D	1997	2015
KMB	AV201	HA7295	YV3YNF219TC027165	Volvo Olympian OLY-65	Walter Alexander RH	H53/32D	1997	2015
KMB	AV199	HA6739	YV3YNF212TC027167	Volvo Olympian OLY-65	Walter Alexander RH	H53/32D	1997	2015
KMB	AV220	HB2155	YV3YNF216TC027169	Volvo Olympian OLY-65	Walter Alexander RH	H53/32D	1997	2015
KMB	AV214	HA8442	YV3YNF216TC027172	Volvo Olympian OLY-65	Walter Alexander RH	H53/32D	1997	2015
KMB	3AV182	HC9055	YV3YNA414TC027185	Volvo Olympian OLY-72	Walter Alexander RH	H57/32D	1997	2015
KMB	3AV189	HD379	YV3YNA418TC027187	Volvo Olympian OLY-72	Walter Alexander RH	H57/32D	1997	2015
KMB	3AV174	HC8672	YV3YNA411TC027189	Volvo Olympian OLY-72	Walter Alexander RH	H57/32D	1997	2014
KMB	AV217	HB973	YV3YNF21XTC027191	Volvo Olympian OLY-65	Walter Alexander RH	H53/32D	1997	2015
KMB	AV218	HB1170	YV3YNF213TC027193	Volvo Olympian OLY-65	Walter Alexander RH	H53/32D	1997	2015
KMB	3AV171	HC8537	YV3YNA419TC027196	Volvo Olympian OLY-72	Walter Alexander RH	H57/32D	1997	2015
KMB	3AV184	HC9918	YV3YNA412TC027198	Volvo Olympian OLY-72	Walter Alexander RH	H57/32D	1997	2015
CTB	942	GZ9408	YV3YNF214TC027199	Volvo Olympian OLY-65	Walter Alexander RH 9539/17	H53/38D	1997	2014
CTB	943	GZ9708	YV3YNF215VC027201	Volvo Olympian OLY-65	Walter Alexander RH 9539/18	H53/38D	1997	2014
CTB	944	HA3556	YV3YNF217VC027202	Volvo Olympian OLY-65	Walter Alexander RH 9539/19	H53/38D	1997	2014
CTB	945	HA4190	YV3YNF214VC027206	Volvo Olympian OLY-65	Walter Alexander RH 9539/22	H53/38D	1997	2014
CTB	511	HA9347	YV3YNA416VC027207	Volvo Olympian OLY-72	Walter Alexander RH 9540/1	H57/28D	1997	2015
CTB	947	HA3808	YV3YNF217VC027216	Volvo Olympian OLY-65	Walter Alexander RH 9539/20	H53/38D	1997	2014
CTB	948	HA2922	YV3YNF210VC027218	Volvo Olympian OLY-65	Walter Alexander RH 9539/21	H53/38D	1997	2014
KMB	3AV173	HC8644	YV3YNA411VC027227	Volvo Olympian OLY-72	Walter Alexander RH	H57/32D	1997	2017
KMB	3AV181	HC9045	YV3YNA415VC027229	Volvo Olympian OLY-72	Walter Alexander RH	H57/32D	1997	2015
KMB	3AV172	HC8591	YV3YNA413VC027231	Volvo Olympian OLY-72	Walter Alexander RH	H57/32D	1997	2017
KMB	3AV175	HC8720	YV3YNA417VC027233	Volvo Olympian OLY-72	Walter Alexander RH	H57/32D	1997	2017
KMB	3AV188	HD199	YV3YNA410VC027235	Volvo Olympian OLY-72	Walter Alexander RH	H57/32D	1997	2017
KMB	3AV176	HC8726	YV3YNA416VC027238	Volvo Olympian OLY-72	Walter Alexander RH	H57/32D	1997	2015
KMB	3AV178	HC8927	YV3YNA414VC027240	Volvo Olympian OLY-72	Walter Alexander RH	H57/32D	1997	2015
KMB	3AV190	HD461	YV3YNA418VC027242	Volvo Olympian OLY-72	Walter Alexander RH	H57/32D	1997	2015
KMB	3AV186	HD170	YV3YNA41XVC027243	Volvo Olympian OLY-72	Walter Alexander RH	H57/32D	1997	2017
KMB	3AV179	HC8942	YV3YNA411VC027244	Volvo Olympian OLY-72	Walter Alexander RH	H57/32D	1997	2015
KMB	3AV185	HC9959	YV3YNA413VC027245	Volvo Olympian OLY-72	Walter Alexander RH	H57/32D	1997	2015
KMB	3AV228	HE166	YV3YNA417VC027247	Volvo Olympian OLY-72	Walter Alexander RH	H57/32D	1997	2015
KMB	3AV191	HD6550	YV3YNA410VC027249	Volvo Olympian OLY-72	Walter Alexander RH	H57/32D	1997	2017
KMB	3AV194	HD6949	YV3YNA419VC027251	Volvo Olympian OLY-72	Walter Alexander RH	H57/32D	1997	2015
KMB	3AV180	HC9031	YV3YNA412VC027253	Volvo Olympian OLY-72	Walter Alexander RH	H57/32D	1997	2017
KMB	3AV213	HD9101	YV3YNA418VC027256	Volvo Olympian OLY-72	Walter Alexander RH	H57/32D	1997	2015

公司	車隊編號	車牌	底盤編號	車型	車身	座位佈局	首次登記日期	退役日期
KMB	3AV187	HD194	YV3YNA411VC027258	Volvo Olympian OLY-72	Walter Alexander RH	H57/32D	1997	2015
KMB	3AV177	HC8760	YV3YNA41XVC027260	Volvo Olympian OLY-72	Walter Alexander RH	H57/32D	1997	2015
KMB	3AV183	HC9336	YV3YNA413VC027262	Volvo Olympian OLY-72	Walter Alexander RH	H57/32D	1997	2015
KMB	3AV193	HD6859	YV3YNA415VC027263	Volvo Olympian OLY-72	Walter Alexander RH	H57/32D	1997	2015
CTB	949	HA2514	YV3YNF216VC027272	Volvo Olympian OLY-65	Walter Alexander RH 9539/23	H53/38D	1997	2014
CTB	950	HA4312	YV3YNF21XVC027274	Volvo Olympian OLY-65	Walter Alexander RH 9539/24	H53/38D	1997	2014
KMB	AV197	HA6667	YV3YNF213VC027276	Volvo Olympian OLY-65	Walter Alexander RH	H53/32D	1997	2015
KMB	AV215	HB610	YV3YNF217VC027278	Volvo Olympian OLY-65	Walter Alexander RH	H53/32D	1997	2015
KMB	AV216	HB689	YV3YNF216VC027286	Volvo Olympian OLY-65	Walter Alexander RH	H53/32D	1997	2015
KMB	AV200	HA6862	YV3YNF21XVC027288	Volvo Olympian OLY-65	Walter Alexander RH	H53/32D	1997	2015
KMB	AV219	HB1972	YV3YNF218VC027290	Volvo Olympian OLY-65	Walter Alexander RH	H53/32D	1997	2015
KMB	AV226	HC1664	YV3YNF211VC027292	Volvo Olympian OLY-65	Walter Alexander RH	H53/32D	1997	2015
KMB	AV224	HC1460	YV3YNF215VC027294	Volvo Olympian OLY-65	Walter Alexander RH	H53/32D	1997	2015
KMB	AV227	HC1667	YV3YNF219VC027296	Volvo Olympian OLY-65	Walter Alexander RH	H53/32D	1997	2015
KMB	AV228	HC1802	YV3YNF212VC027298	Volvo Olympian OLY-65	Walter Alexander RH	H53/32D	1997	2015
KMB	AV222	HC1237	YV3YNF217VC027300	Volvo Olympian OLY-65	Walter Alexander RH	H53/32D	1997	2015
KMB	AV223	HC1363	YV3YNF210VC027302	Volvo Olympian OLY-65	Walter Alexander RH	H53/32D	1997	2015
KMB	AV225	HC1524	YV3YNF214VC027304	Volvo Olympian OLY-65	Walter Alexander RH	H53/32D	1997	2015
KCRC	225	HD8312	YV3YNA416VC027305	Volvo Olympian OLY-65	Northern Counties/Plaxton 5616	H53/39D	1997	2014
KMB	AV231	HC2409	YV3YNF218VC027306	Volvo Olympian OLY-65	Walter Alexander RH	H53/32D	1997	2015
KMB	3AV212	HD9094	YV3YNA41XVC027307	Volvo Olympian OLY-72	Walter Alexander RH	H57/32D	1997	2015
KMB	AV221	HC1231	YV3YNF211VC027308	Volvo Olympian OLY-65	Walter Alexander RH	H53/32D	1997	2015
KMB	3AV201	HD8277	YV3YNA413VC027309	Volvo Olympian OLY-72	Walter Alexander RH	H57/32D	1997	2015
KMB	AV229	HC1841	YV3YNF21XVC027310	Volvo Olympian OLY-65	Walter Alexander RH	H53/32D	1997	2015
KMB	3AV195	HD7044	YV3YNA413VC027312	Volvo Olympian OLY-72	Walter Alexander RH	H57/32D	1997	2015
KMB	AV230	HC2110	YV3YNF217VC027314	Volvo Olympian OLY-65	Walter Alexander RH	H53/32D	1997	2015
CTB	512	HA6325	YV3YNA419VC027315	Volvo Olympian OLY-72	Walter Alexander RH 9540/2	H57/28D	1997	2014
CTB	513	HA8502	YV3YNA412VC027317	Volvo Olympian OLY-72	Walter Alexander RH 9540/3	H57/28D	1997	2014
CTB	514	HB3140	YV3YNA416VC027319	Volvo Olympian OLY-72	Walter Alexander RH 9540/4	H57/28D	1997	2014
CTB	515	HB2477	YV3YNA414VC027321	Volvo Olympian OLY-72	Walter Alexander RH 9540/7	H57/28D	1997	2015
CTB	516	HA9567	YV3YNA41XVC027324	Volvo Olympian OLY-72	Walter Alexander RH 9540/8	H57/28D	1997	2014
CTB	517	HB1656	YV3YNA414VC027335	Volvo Olympian OLY-72	Walter Alexander RH 9540/9	H57/28D	1997	2014
CTB	518	HB9800	YV3YNA418VC027337	Volvo Olympian OLY-72	Walter Alexander RH 9540/10	H57/28D	1997	2015
CTB	519	HA9714	YV3YNA411VC027339	Volvo Olympian OLY-72	Walter Alexander RH 9540/11	H57/28D	1997	2014
CTB	520	HA9070	YV3YNA41XVC027341	Volvo Olympian OLY-72	Walter Alexander RH 9540/12	H57/28D	1997	2014
CTB	521	HA9804	YV3YNA413VC027343	Volvo Olympian OLY-72	Walter Alexander RH 9540/13	H57/28D	1997	2014
KMB	3AV199	HD7965	YV3YNA417VC027345	Volvo Olympian OLY-72	Walter Alexander RH	H57/32D	1997	2015
KMB	3AV285	HF3518	YV3YNA412VC027348	Volvo Olympian OLY-72	Walter Alexander RH	H57/32D	1997	2015
KMB	3AV192	HD6716	YV3YNA414VC027349	Volvo Olympian OLY-72	Walter Alexander RH	H57/32D	1997	2017
KMB	3AV197	HD7610	YV3YNA412VC027351	Volvo Olympian OLY-72	Walter Alexander RH	H57/32D	1997	2015
KMB	3AV218	HD9363	YV3YNA416VC027353	Volvo Olympian OLY-72	Walter Alexander RH	H57/32D	1997	2015
KMB	3AV203	HD8611	YV3YNA41XVC027355	Volvo Olympian OLY-72	Walter Alexander RH	H57/32D	1997	2015
KMB	3AV210	HD9056	YV3YNA415VC027358	Volvo Olympian OLY-72	Walter Alexander RH	H57/32D	1997	2015
KMB	3AV229	HE187	YV3YNA413VC027360	Volvo Olympian OLY-72	Walter Alexander RH	H57/32D	1997	2015
KCRC	226	HD7604	YV3YNA417VC027362	Volvo Olympian OLY-65	Northern Counties/Plaxton 5620	H53/39D	1997	2014
KCRC	231	HJ7498	YV3YNA410VC027364	Volvo Olympian OLY-65	Northern Counties/Plaxton 5619	H53/39D	1997	2014
KCRC	228	HE5488	YV3YNA414VC027366	Volvo Olympian OLY-65	Northern Counties/Plaxton 5617	H53/39D	1997	2014

公司	車隊編號	車牌	底盤編號	車型	車身	座位佈局	首次登記日期	退役日期
KCRC	229	HE5549	YV3YNA418VC027368	Volvo Olympian OLY-65	Northern Counties/Plaxton 5618	H53/39D	1997	2014
KMB	3AV206	HD8854	YV3YNA416VC027370	Volvo Olympian OLY-72	Walter Alexander RH	H57/32D	1997	2015
KMB	3AV202	HD8351	YV3YNA418VC027371	Volvo Olympian OLY-72	Walter Alexander RH	H57/32D	1997	2015
KMB	3AV196	HD7443	YV3YNA411VC027373	Volvo Olympian OLY-72	Walter Alexander RH	H57/32D	1997	2015
KMB	3AV331	HG4291	YV3YNA415VC027375	Volvo Olympian OLY-72	Walter Alexander RH	H57/32D	1997	2015
KMB	3AV233	HE421	YV3YNA419VC027377	Volvo Olympian OLY-72	Walter Alexander RH	H57/32D	1997	2015
KMB	3AV286	HF3648	YV3YNA412VC027379	Volvo Olympian OLY-72	Walter Alexander RH	H57/32D	1997	2015
KMB	3AV273	HF2563	YV3YNA412VC027382	Volvo Olympian OLY-72	Walter Alexander RH	H57/32D	1997	2015
CTB	522	HA9013	YV3YNA414VC027383	Volvo Olympian OLY-72	Walter Alexander RH 9540/14	H57/28D	1997	2014
CTB	523	HA9820	YV3YNA416VC027384	Volvo Olympian OLY-72	Walter Alexander RH 9540/17	H57/28D	1997	2014
CTB	524	HB2181	YV3YNA41XVC027386	Volvo Olympian OLY-72	Walter Alexander RH 9540/15	H57/28D	1997	2014
CTB	525	HB2127	YV3YNA412VC027401	Volvo Olympian OLY-72	Walter Alexander RH 9540/5	H57/28D	1997	2014
CTB	526	HB2027	YV3YNA416VC027403	Volvo Olympian OLY-72	Walter Alexander RH 9540/6	H57/28D	1997	2014
CTB	527	HA8771	YV3YNA41XVC027405	Volvo Olympian OLY-72	Walter Alexander RH 9540/18	H57/28D	1997	2014
KMB	3AV279	HF3048	YV3YNA411VC027406	Volvo Olympian OLY-72	Walter Alexander RH	H57/32D	1997	2015
KMB	3AV290	HF3978	YV3YNA415VC027408	Volvo Olympian OLY-72	Walter Alexander RH	H57/32D	1997	2015
KMB	3AV281	HF3204	YV3YNA415VC027411	Volvo Olympian OLY-72	Walter Alexander RH	H57/32D	1997	2015
KMB	3AV278	HF2994	YV3YNA417VC027412	Volvo Olympian OLY-72	Walter Alexander RH	H57/32D	1997	2015
KMB	3AV253	HE6813	YV3YNA410VC027414	Volvo Olympian OLY-72	Walter Alexander RH	H57/32D	1997	2015
KMB	3AV224	HD9695	YV3YNA414VC027416	Volvo Olympian OLY-72	Walter Alexander RH	H57/32D	1997	2015
KMB	3AV266	HE8072	YV3YNA418VC027418	Volvo Olympian OLY-72	Walter Alexander RH	H57/32D	1997	2015
KCRC	227	HD7231	YV3YNA41XVC027419	Volvo Olympian OLY-65	Northern Counties/Plaxton 5615	H53/39D	1997	2014
KCRC	230	HJ8208	YV3YNA416VC027420	Volvo Olympian OLY-65	Northern Counties/Plaxton 5621	H53/39D	1997	2014
KMB	3AV200	HD8214	YV3YNA418VC027421	Volvo Olympian OLY-72	Walter Alexander RH	H57/32D	1997	2015
KCRC	232	HJ7896	YV3YNA41XVC027422	Volvo Olympian OLY-65	Northern Counties/Plaxton 5622	H53/39D	1997	2014
KMB	3AV270	HE8222	YV3YNA411VC027423	Volvo Olympian OLY-72	Walter Alexander RH	H57/32D	1997	2017
KMB	3AV219	HD9401	YV3YNA413VC027424	Volvo Olympian OLY-72	Walter Alexander RH	H57/32D	1997	2015
KMB	3AV335	HH4757	YV3YNA415VC027425	Volvo Olympian OLY-72	Walter Alexander RH	H57/32D	1997	2015
KMB	3AV268	HE8107	YV3YNA419VC027427	Volvo Olympian OLY-72	Walter Alexander RH	H57/32D	1997	2015
KMB	3AV235	HE476	YV3YNA419VC027430	Volvo Olympian OLY-72	Walter Alexander RH	H57/32D	1997	2015
KMB	3AV264	HE8017	YV3YNA410VC027431	Volvo Olympian OLY-72	Walter Alexander RH	H57/32D	1997	2015
CTB	528	HA9346	YV3YNA414VC027433	Volvo Olympian OLY-72	Walter Alexander RH 9540/20	H57/28D	1997	2014
CTB	529	HB9187	YV3YNA418VC027435	Volvo Olympian OLY-72	Walter Alexander RH 9540/21	H57/28D	1997	2014
CTB	530	HA9698	YV3YNA413VC027438	Volvo Olympian OLY-72	Walter Alexander RH 9540/16	H57/28D	1997	2014
CTB	531	HB2122	YV3YNA411VC027440	Volvo Olympian OLY-72	Walter Alexander RH 9540/19	H57/28D	1997	2014
CTB	532	HB8762	YV3YNA419VC027461	Volvo Olympian OLY-72	Walter Alexander RH 9540/22	H57/28D	1997	2015
CTB	533	HB9423	YV3YNA412VC027463	Volvo Olympian OLY-72	Walter Alexander RH 9540/23	H57/28D	1997	2015
CTB	534	HC429	YV3YNA416VC027465	Volvo Olympian OLY-72	Walter Alexander RH 9540/24	H57/28D	1997	2015
CTB	535	HB6578	YV3YNA41XVC027467	Volvo Olympian OLY-72	Walter Alexander RH 9540/25	H57/28D	1997	2015
KMB	3AV338	HJ245	YV3YNA411VC027468	Volvo Olympian OLY-72	Walter Alexander RH	H57/32D	1997	2015
KMB	3AV283	HF3307	YV3YNA41XVC027470	Volvo Olympian OLY-72	Walter Alexander RH	H57/32D	1997	2015
KMB	3AV211	HD9073	YV3YNA413VC027472	Volvo Olympian OLY-72	Walter Alexander RH	H57/32D	1997	2015
KMB	3AV265	HE8049	YV3YNA417VC027474	Volvo Olympian OLY-72	Walter Alexander RH	H57/32D	1997	2015
KMB	3AV274	HF2593	YV3YNA419VC027475	Volvo Olympian OLY-72	Walter Alexander RH	H57/32D	1997	2015
KMB	3AV240	HE3221	YV3YNA410VC027476	Volvo Olympian OLY-72	Walter Alexander RH	H57/32D	1997	2015
KMB	3AV267	HE8089	YV3YNA412VC027477	Volvo Olympian OLY-72	Walter Alexander RH	H57/32D	1997	2015
KMB	3AV288	HF3694	YV3YNA414VC027478	Volvo Olympian OLY-72	Walter Alexander RH	H57/32D	1997	2015

公司	車隊編號	車牌	底盤編號	車型	車身	座位佈局	首次登記日期	退役日期
KMB	3AV222	HD9602	YV3YNA416VC027479	Volvo Olympian OLY-72	Walter Alexander RH	H57/32D	1997	2015
KMB	3AV333	HG7144	YV3YNA412VC027480	Volvo Olympian OLY-72	Walter Alexander RH	H57/32D	1997	2015
KMB	3AV256	HE7242	YV3YNA414VC027481	Volvo Olympian OLY-72	Walter Alexander RH	H57/32D	1997	2017
KMB	3AV248	HE4211	YV3YNA416VC027482	Volvo Olympian OLY-72	Walter Alexander RH	H57/32D	1997	2015
KMB	3AV269	HE8161	YV3YNA418VC027483	Volvo Olympian OLY-72	Walter Alexander RH	H57/32D	1997	2011
KMB	3AV234	HE423	YV3YNA41XVC027484	Volvo Olympian OLY-72	Walter Alexander RH	H57/32D	1997	2015
KMB	3AV289	HF3760	YV3YNA411VC027485	Volvo Olympian OLY-72	Walter Alexander RH	H57/32D	1997	2015
KMB	3AV198	HD7839	YV3YNA413VC027486	Volvo Olympian OLY-72	Walter Alexander RH	H57/32D	1997	2017
KMB	3AV225	HD9704	YV3YNA417VC027488	Volvo Olympian OLY-72	Walter Alexander RH	H57/32D	1997	2015
CTB	946	HA8541	YV3YNF218VC027502	Volvo Olympian OLY-65	Walter Alexander RH 9539/25	H53/38D	1997	2014
CTB	536	HC2417	YV3YNA413VC027505	Volvo Olympian OLY-72	Walter Alexander RH 9622/1	H57/42D	1997	2015
CTB	537	HC4449	YV3YNA417VC027507	Volvo Olympian OLY-72	Walter Alexander RH 9622/2	H57/42D	1997	2015
CTB	538	HC1380	YV3YNA419VC027508	Volvo Olympian OLY-72	Walter Alexander RH 9622/3	H57/42D	1997	2015
CTB	539	HD1136	YV3YNA417VC027510	Volvo Olympian OLY-72	Walter Alexander RH 9622/4	H57/42D	1997	2015
KMB	3AV205	HD8841	YV3YNA412VC027513	Volvo Olympian OLY-72	Walter Alexander RH	H57/32D	1997	2015
KMB	3AV260	HE7642	YV3YNA414VC027514	Volvo Olympian OLY-72	Walter Alexander RH	H57/32D	1997	2015
KMB	3AV257	HE7352	YV3YNA418VC027516	Volvo Olympian OLY-72	Walter Alexander RH	H57/32D	1997	2017
KMB	3AV231	HE342	YV3YNA411VC027518	Volvo Olympian OLY-72	Walter Alexander RH	H57/32D	1997	2015
CTB	540	HC9271	YV3YNA41XVC027520	Volvo Olympian OLY-72	Walter Alexander RH 9622/5	H57/42D	1997	2014
CTB	541	HC2271	YV3YNA413VC027522	Volvo Olympian OLY-72	Walter Alexander RH 9622/6	H57/42D	1997	2015
CTB	542	HC9451	YV3YNA417VC027524	Volvo Olympian OLY-72	Walter Alexander RH 9622/7	H57/42D	1997	2015
CTB	543	HD1150	YV3YNA419VC027525	Volvo Olympian OLY-72	Walter Alexander RH 9622/8	H57/42D	1997	2014
CTB	544	HD4363	YV3YNA41XVC027534	Volvo Olympian OLY-72	Walter Alexander RH 9622/9	H57/42D	1997	2015
CTB	545	HC9180	YV3YNA411VC027535	Volvo Olympian OLY-72	Walter Alexander RH 9622/10	H57/42D	1997	2015
CTB	546	HC9107	YV3YNA413VC027536	Volvo Olympian OLY-72	Walter Alexander RH 9622/11	H57/42D	1997	2015
CTB	547	HD156	YV3YNA419VC027539	Volvo Olympian OLY-72	Walter Alexander RH 9622/12	H57/42D	1997	2015
CTB	548	HD723	YV3YNA415VC027540	Volvo Olympian OLY-72	Walter Alexander RH 9622/13	H57/42D	1997	2015
CTB	549	HD392	YV3YNA417VC027541	Volvo Olympian OLY-72	Walter Alexander RH 9622/15	H57/42D	1997	2015
CTB	550	HC9014	YV3YNA419VC027542	Volvo Olympian OLY-72	Walter Alexander RH 9622/14	H57/42D	1997	2015
CTB	551	HD4492	YV3YNA414VC027545	Volvo Olympian OLY-72	Walter Alexander RH 9622/16	H57/42D	1997	2015
CTB	552	HC9648	YV3YNA416VC027546	Volvo Olympian OLY-72	Walter Alexander RH 9622/17	H57/42D	1997	2014
CTB	553	HC8950	YV3YNA418VC027547	Volvo Olympian OLY-72	Walter Alexander RH 9622/18	H57/42D	1997	2015
CTB	554	HC8604	YV3YNA41XVC027548	Volvo Olympian OLY-72	Walter Alexander RH 9622/19	H57/42D	1997	2014
CTB	555	HC9921	YV3YNA418VC027550	Volvo Olympian OLY-72	Walter Alexander RH 9622/20	H57/42D	1997	2014
KMB	3AV340	HD2793	YV3YNA411VC027552	Volvo Olympian OLY-72	Walter Alexander RH	H57/32D	1997	2015
LWB	LW2	HD2793	YV3YNA411VC027552	Volvo Olympian OLY-72	Walter Alexander RH	H57/42D	1997	2000
KMB	3AV347	HD4462	YV3YNA413VC027553	Volvo Olympian OLY-72	Walter Alexander RH	H57/32D	1997	2017
LWB	LW10	HD4462	YV3YNA413VC027553	Volvo Olympian OLY-72	Walter Alexander RH	H57/42D	1997	2000
KMB	3AV207	HD8857	YV3YNA419VC027556	Volvo Olympian OLY-72	Walter Alexander RH	H57/32D	1997	2015
KMB	3AV341	HD3560	YV3YNA410VC027557	Volvo Olympian OLY-72	Walter Alexander RH	H57/32D	1997	2015
LWB	LW6	HD3560	YV3YNA410VC027557	Volvo Olympian OLY-72	Walter Alexander RH	H57/42D	1997	2000
KMB	3AV345	HD4316	YV3YNA412VC027558	Volvo Olympian OLY-72	Walter Alexander RH	H57/32D	1997	2017
LWB	LW9	HD4316	YV3YNA412VC027558	Volvo Olympian OLY-72	Walter Alexander RH	H57/42D	1997	2000
KMB	3AV217	HD9331	YV3YNA414VC027559	Volvo Olympian OLY-72	Walter Alexander RH	H57/32D	1997	2015
KMB	3AV232	HE376	YV3YNA418VC027564	Volvo Olympian OLY-72	Walter Alexander RH	H57/32D	1997	2015
KMB	3AV230	HE298	YV3YNA413VC027567	Volvo Olympian OLY-72	Walter Alexander RH	H57/32D	1997	2015
KMB	3AV346	HD2985	YV3YNA415VC027568	Volvo Olympian OLY-72	Walter Alexander RH	H57/32D	1997	2015

公司	車隊編號	車牌	底盤編號	車型	車身	座位佈局	首次登記日期	退役日期
LWB	LW3	HD2985	YV3YNA415VC027568	Volvo Olympian OLY-72	Walter Alexander RH	H57/42D	1997	2000
KMB	3AV214	HD9113	YV3YNA417VC027569	Volvo Olympian OLY-72	Walter Alexander RH	H57/32D	1997	2015
KMB	3AV348	HD3005	YV3YNA415VC027571	Volvo Olympian OLY-72	Walter Alexander RH	H57/32D	1997	2015
LWB	LW4	HD3005	YV3YNA415VC027571	Volvo Olympian OLY-72	Walter Alexander RH	H57/42D	1997	2000
KMB	3AV342	HD3999	YV3YNA417VC027572	Volvo Olympian OLY-72	Walter Alexander RH	H57/32D	1997	2015
LWB	LW7	HD3999	YV3YNA417VC027572	Volvo Olympian OLY-72	Walter Alexander RH	H57/42D	1997	2000
KMB	3AV343	HD4066	YV3YNA419VC027573	Volvo Olympian OLY-72	Walter Alexander RH	H57/32D	1997	2017
LWB	LW8	HD4066	YV3YNA419VC027573	Volvo Olympian OLY-72	Walter Alexander RH	H57/42D	1997	2000
KMB	3AV344	HD3126	YV3YNA410VC027574	Volvo Olympian OLY-72	Walter Alexander RH	H57/32D	1997	2015
LWB	LW5	HD3126	YV3YNA410VC027574	Volvo Olympian OLY-72	Walter Alexander RH	H57/42D	1997	2000
KMB	3AV227	HD9938	YV3YNA412VC027575	Volvo Olympian OLY-72	Walter Alexander RH	H57/32D	1997	2015
KMB	3AV246	HE3840	YV3YNA414VC027576	Volvo Olympian OLY-72	Walter Alexander RH	H57/32D	1997	2015
KMB	3AV204	HD8712	YV3YNA416VC027577	Volvo Olympian OLY-72	Walter Alexander RH	H57/32D	1997	2015
KMB	3AV339	HD2599	YV3YNA418VC027578	Volvo Olympian OLY-72	Walter Alexander RH	H57/32D	1997	2015
LWB	LW1	HD2599	YV3YNA418VC027578	Volvo Olympian OLY-72	Walter Alexander RH	H57/42D	1997	2000
KMB	3AV223	HD9688	YV3YNA416VC027580	Volvo Olympian OLY-72	Walter Alexander RH	H57/32D	1997	2015
KMB	3AV208	HD8924	YV3YNA41XVC027582	Volvo Olympian OLY-72	Walter Alexander RH	H57/32D	1997	2015
KMB	3AV255	HE6950	YV3YNA411VC027583	Volvo Olympian OLY-72	Walter Alexander RH	H57/32D	1997	2015
KMB	3AV236	HE2554	YV3YNA413VC027584	Volvo Olympian OLY-72	Walter Alexander RH	H57/32D	1997	2015
KMB	3AV220	HD9444	YV3YNA415VC027585	Volvo Olympian OLY-72	Walter Alexander RH	H57/32D	1997	2015
KMB	3AV221	HD9584	YV3YNA417VC027586	Volvo Olympian OLY-72	Walter Alexander RH	H57/32D	1997	2015
KMB	3AV250	HE4241	YV3YNA412VC027589	Volvo Olympian OLY-72	Walter Alexander RH	H57/32D	1997	2015
KMB	3AV241	HE3310	YV3YNA419VC027590	Volvo Olympian OLY-72	Walter Alexander RH	H57/32D	1997	2015
KMB	3AV238	HE2933	YV3YNA410VC027591	Volvo Olympian OLY-72	Walter Alexander RH	H57/32D	1997	2015
KMB	3AV245	HE3808	YV3YNA412VC027592	Volvo Olympian OLY-72	Walter Alexander RH	H57/32D	1997	2015
KMB	3AV215	HD9149	YV3YNA415VC027604	Volvo Olympian OLY-72	Walter Alexander RH	H57/32D	1997	2015
KMB	3AV249	HE4236	YV3YNA419VC027606	Volvo Olympian OLY-72	Walter Alexander RH	H57/32D	1997	2015
KMB	3AV209	HD9035	YV3YNA412VC027608	Volvo Olympian OLY-72	Walter Alexander RH	H57/32D	1997	2015
KMB	3AV226	HD9820	YV3YNA414VC027609	Volvo Olympian OLY-72	Walter Alexander RH	H57/32D	1997	2015
KMB	3AV216	HD9250	YV3YNA410VC027610	Volvo Olympian OLY-72	Walter Alexander RH	H57/32D	1997	2015
KMB	3AV244	HE3543	YV3YNA416VC027613	Volvo Olympian OLY-72	Walter Alexander RH	H57/32D	1997	2015
KMB	3AV243	HE3447	YV3YNA418VC027614	Volvo Olympian OLY-72	Walter Alexander RH	H57/32D	1997	2015
KMB	3AV259	HE7601	YV3YNA41XVC027615	Volvo Olympian OLY-72	Walter Alexander RH	H57/32D	1997	2015
KMB	3AV247	HE4158	YV3YNA411VC027616	Volvo Olympian OLY-72	Walter Alexander RH	H57/32D	1997	2015
KMB	3AV251	HE4260	YV3YNA417VC027619	Volvo Olympian OLY-72	Walter Alexander RH	H57/32D	1997	2015
KMB	3AV275	HF2608	YV3YNA413VC027620	Volvo Olympian OLY-72	Walter Alexander RH	H57/32D	1997	2015
KMB	3AV252	HE6672	YV3YNA415VC027621	Volvo Olympian OLY-72	Walter Alexander RH	H57/32D	1997	2015
KMB	3AV258	HE7489	YV3YNA417VC027622	Volvo Olympian OLY-72	Walter Alexander RH	H57/32D	1997	2015
KMB	3AV239	HE3208	YV3YNA410VC027624	Volvo Olympian OLY-72	Walter Alexander RH	H57/32D	1997	2015
KMB	3AV254	HE6871	YV3YNA414VC027626	Volvo Olympian OLY-72	Walter Alexander RH	H57/32D	1997	2015
KMB	3AV263	HE7842	YV3YNA418VC027628	Volvo Olympian OLY-72	Walter Alexander RH	H57/32D	1997	2015
KMB	3AV242	HE3353	YV3YNA416VC027630	Volvo Olympian OLY-72	Walter Alexander RH	H57/32D	1997	2015
KMB	3AV237	HE2610	YV3YNA41XVC027632	Volvo Olympian OLY-72	Walter Alexander RH	H57/32D	1997	2015
CTB	586	HM4450	YV3YNA411VC027633	Volvo Olympian OLY-72	Northern Counties 5729	H57/42D	1997	2016
CTB	587	HL4301	YV3YNA413VC027634	Volvo Olympian OLY-72	Northern Counties 5728	H57/42D	1997	2016
KMB	3AV280	HF3094	YV3YNA414VC027643	Volvo Olympian OLY-72	Walter Alexander RH	H57/32D	1997	2015
CTB	556	HD1184	YV3YNA41XVC027646	Volvo Olympian OLY-72	Walter Alexander RH 9626/1	DPH57/42D	1997	2014

公司	車隊編號	車牌	底盤編號	車型	車身	座位佈局	首次登記日期	退役日期
KMB	3AV292	HF4164	YV3YNA411VC027647	Volvo Olympian OLY-72	Walter Alexander RH	H57/32D	1997	2015
CTB	557	HD2072	YV3YNA413VC027648	Volvo Olympian OLY-72	Walter Alexander RH 9626/2	DPH57/42D	1997	2014
CTB	588	HL9870	YV3YNA415VC027649	Volvo Olympian OLY-72	Northern Counties 5730	H57/42D	1997	2016
CTB	589	HL3130	YV3YNA411VC027650	Volvo Olympian OLY-72	Northern Counties 5731	H57/42D	1997	2016
KMB	3AV277	HF2861	YV3YNA413VC027651	Volvo Olympian OLY-72	Walter Alexander RH	H57/32D	1997	2015
KMB	3AV291	HF4113	YV3YNA415VC027652	Volvo Olympian OLY-72	Walter Alexander RH	H57/32D	1997	2015
KMB	3AV271	HE8456	YV3YNA417VC027653	Volvo Olympian OLY-72	Walter Alexander RH	H57/32D	1997	2015
KMB	3AV262	HE7707	YV3YNA419VC027654	Volvo Olympian OLY-72	Walter Alexander RH	H57/32D	1997	2015
KMB	3AV261	HE7652	YV3YNA410VC027655	Volvo Olympian OLY-72	Walter Alexander RH	H57/32D	1997	2015
KMB	3AV272	HF2534	YV3YNA412VC027656	Volvo Olympian OLY-72	Walter Alexander RH	H57/32D	1997	2015
KMB	3AV282	HF3295	YV3YNA414VC027657	Volvo Olympian OLY-72	Walter Alexander RH	H57/32D	1997	2015
KMB	3AV294	HF4489	YV3YNA416VC027658	Volvo Olympian OLY-72	Walter Alexander RH	H57/32D	1997	2015
KMB	3AV276	HF2641	YV3YNA418VC027659	Volvo Olympian OLY-72	Walter Alexander RH	H57/32D	1997	2015
KMB	3AV287	HF3692	YV3YNA414VC027660	Volvo Olympian OLY-72	Walter Alexander RH	H57/32D	1997	2015
KMB	3AV284	HF3458	YV3YNA416VC027661	Volvo Olympian OLY-72	Walter Alexander RH	H57/32D	1997	2015
KMB	3AV301	HG3286	YV3YNA41XVC027663	Volvo Olympian OLY-72	Walter Alexander RH	H57/32D	1997	2015
KMB	3AV297	HG2895	YV3YNA413VC027665	Volvo Olympian OLY-72	Walter Alexander RH	H57/32D	1997	2015
KMB	3AV299	HG3111	YV3YNA415VC027666	Volvo Olympian OLY-72	Walter Alexander RH	H57/32D	1997	2015
KMB	3AV307	HG3661	YV3YNA417VC027667	Volvo Olympian OLY-72	Walter Alexander RH	H57/32D	1997	2015
KMB	3AV293	HF4189	YV3YNA419VC027668	Volvo Olympian OLY-72	Walter Alexander RH	H57/32D	1997	2015
KMB	3AV323	HG4465	YV3YNA410VC027669	Volvo Olympian OLY-72	Walter Alexander RH	H57/32D	1997	2015
KMB	3AV324	HG4476	YV3YNA419VC027671	Volvo Olympian OLY-72	Walter Alexander RH	H57/32D	1997	2015
CTB	590	HH6240	YV3YNA410VC027672	Volvo Olympian OLY-72	Northern Counties 5732	H57/42D	1997	2016
CTB	591	HM251	YV3YNA412VC027673	Volvo Olympian OLY-72	Northern Counties 5735	H57/42D	1997	2016
CTB	558	HD2353	YV3YNA418VC027676	Volvo Olympian OLY-72	Walter Alexander RH 9626/3	DPH57/42D	1997	2014
CTB	559	HD4385	YV3YNA41XVC027677	Volvo Olympian OLY-72	Walter Alexander RH 9626/4	DPH57/42D	1997	2014
CTB	560	HD8873	YV3YNA411VC027678	Volvo Olympian OLY-72	Walter Alexander RH 9626/5	DPH57/42D	1997	
CTB	561	HD4006	YV3YNA413VC027679	Volvo Olympian OLY-72	Walter Alexander RH 9626/6	DPH57/42D	1997	
CTB	562	HD674	YV3YNA41XVC027680	Volvo Olympian OLY-72	Walter Alexander RH 9626/7	DPH57/42D	1997	2016
CTB	563	HD4364	YV3YNA411VC027681	Volvo Olympian OLY-72	Walter Alexander RH 9626/8	DPH57/42D	1997	
CTB	564	HD2014	YV3YNA416VC027692	Volvo Olympian OLY-72	Walter Alexander RH 9626/9	DPH57/42D	1997	2014
CTB	565	HD2333	YV3YNA41XVC027694	Volvo Olympian OLY-72	Walter Alexander RH 9626/10	DPH57/42D	1997	2016
KMB	3AV308	HG3782	YV3YNA411VC027695	Volvo Olympian OLY-72	Walter Alexander RH	H57/32D	1997	2015
CTB	566	HD1479	YV3YNA413VC027696	Volvo Olympian OLY-72	Walter Alexander RH 9626/11	DPH57/42D	1997	2014
CTB	567	HD7489	YV3YNA415VC027697	Volvo Olympian OLY-72	Walter Alexander RH 9626/12	DPH57/42D	1997	2016
CTB	568	HE457	YV3YNA417VC027698	Volvo Olympian OLY-72	Walter Alexander RH 9626/13	DPH57/42D	1997	2015
KMB	3AV315	HG4167	YV3YNA419VC027699	Volvo Olympian OLY-72	Walter Alexander RH	H57/32D	1997	2015
KMB	3AV309	HG3830	YV3YNA411VC027700	Volvo Olympian OLY-72	Walter Alexander RH	H57/32D	1997	2015
CTB	592	HM876	YV3YNA413VC027701	Volvo Olympian OLY-72	Northern Counties 5734	H57/42D	1997	2016
CTB	593	HM994	YV3YNA415VC027702	Volvo Olympian OLY-72	Northern Counties 5733	H57/42D	1997	2016
KMB	3AV303	HG3444	YV3YNA417VC027703	Volvo Olympian OLY-72	Walter Alexander RH	H57/32D	1997	2015
KMB	3AV316	HG4168	YV3YNA419VC027704	Volvo Olympian OLY-72	Walter Alexander RH	H57/32D	1997	2015
KMB	3AV304	HG3463	YV3YNA410VC027705	Volvo Olympian OLY-72	Walter Alexander RH	H57/32D	1997	2015
KMB	3AV310	HG3895	YV3YNA412VC027706	Volvo Olympian OLY-72	Walter Alexander RH	H57/32D	1997	2015
KMB	3AV319	HG4257	YV3YNA414VC027707	Volvo Olympian OLY-72	Walter Alexander RH	H57/32D	1997	2015
KMB	3AV302	HG3421	YV3YNA416VC027708	Volvo Olympian OLY-72	Walter Alexander RH	H57/32D	1997	2015
KMB	3AV306	HG3632	YV3YNA418VC027709	Volvo Olympian OLY-72	Walter Alexander RH	H57/32D	1997	2015

公司	車隊編號	車牌	底盤編號	車型	車身	座位佈局	首次登記日期	退役日期
KMB	3AV322	HG4437	YV3YNA414VC027710	Volvo Olympian OLY-72	Walter Alexander RH	H57/32D	1997	2015
KMB	3AV312	HG3988	YV3YNA416VC027711	Volvo Olympian OLY-72	Walter Alexander RH	H57/32D	1997	2015
KMB	3AV298	HG3019	YV3YNA418VC027712	Volvo Olympian OLY-72	Walter Alexander RH	H57/32D	1997	2015
KMB	3AV311	HG3923	YV3YNA41XVC027713	Volvo Olympian OLY-72	Walter Alexander RH	H57/32D	1997	2015
KMB	3AV321	HG4404	YV3YNA411VC027714	Volvo Olympian OLY-72	Walter Alexander RH	H57/32D	1997	2015
KMB	3AV314	HG4069	YV3YNA413VC027715	Volvo Olympian OLY-72	Walter Alexander RH	H57/32D	1997	2015
KMB	3AV320	HG4315	YV3YNA415VC027716	Volvo Olympian OLY-72	Walter Alexander RH	H57/32D	1997	2015
KMB	3AV313	HG4029	YV3YNA417VC027717	Volvo Olympian OLY-72	Walter Alexander RH	H57/32D	1997	2015
KMB	3AV295	HG2645	YV3YNA419VC027718	Volvo Olympian OLY-72	Walter Alexander RH	H57/32D	1997	2015
KMB	3AV332	HG4407	YV3YNA410VC027719	Volvo Olympian OLY-72	Walter Alexander RH	H57/32D	1997	2015
CTB	569	HD9014	YV3YNA417VC027720	Volvo Olympian OLY-72	Walter Alexander RH 9626/14	DPH57/42D	1997	
CTB	570	HD6896	YV3YNA419VC027721	Volvo Olympian OLY-72	Walter Alexander RH 9626/15	DPH57/42D	1997	2016
CTB	571	HD7581	YV3YNA410VC027722	Volvo Olympian OLY-72	Walter Alexander RH 9626/16	DPH57/42D	1997	
CTB	572	HD7329	YV3YNA412VC027723	Volvo Olympian OLY-72	Walter Alexander RH 9626/17	DPH57/42D	1997	2016
CTB	573	HD7404	YV3YNA418VC027726	Volvo Olympian OLY-72	Walter Alexander RH 9626/18	DPH57/42D	1997	
CTB	594	HJ5024	YV3YNA41XVC027727	Volvo Olympian OLY-72	Northern Counties 5737	H57/42D	1997	2016
CTB	595	HH5510	YV3YNA411VC027728	Volvo Olympian OLY-72	Northern Counties 5738	H57/42D	1997	2016
CTB	574	HD9422	YV3YNA417VC027734	Volvo Olympian OLY-72	Walter Alexander RH 9626/19	DPH57/42D	1997	
CTB	575	HE152	YV3YNA410VC027736	Volvo Olympian OLY-72	Walter Alexander RH 9626/20	DPH57/42D	1997	
CTB	576	HD7252	YV3YNA414VC027738	Volvo Olympian OLY-72	Walter Alexander RH 9626/21	DPH57/42D	1997	
CTB	577	HD7093	YV3YNA412VC027740	Volvo Olympian OLY-72	Walter Alexander RH 9626/22	DPH57/42D	1997	
CTB	578	HE7921	YV3YNA418VC027743	Volvo Olympian OLY-72	Walter Alexander RH 9626/26	DPH57/42D	1997	2015
CTB	596	HH5548	YV3YNA41XVC027744	Volvo Olympian OLY-72	Northern Counties 5736	H57/42D	1997	2016
CTB	597	HM219	YV3YNA413VC027746	Volvo Olympian OLY-72	Northern Counties 5739	H57/42D	1997	2016
KMB	3AV296	HG2774	YV3YNA417VC027748	Volvo Olympian OLY-72	Walter Alexander RH	H57/32D	1997	2015
KMB	3AV329	HG4169	YV3YNA415VC027750	Volvo Olympian OLY-72	Walter Alexander RH	H57/32D	1997	2015
KMB	3AV318	HG4200	YV3YNA417VC027751	Volvo Olympian OLY-72	Walter Alexander RH	H57/32D	1997	2015
KMB	3AV305	HG3608	YV3YNA419VC027752	Volvo Olympian OLY-72	Walter Alexander RH	H57/32D	1997	2015
KMB	3AV325	HG2515	YV3YNA410VC027753	Volvo Olympian OLY-72	Walter Alexander RH	H57/32D	1997	2015
KMB	3AV330	HG4196	YV3YNA412VC027754	Volvo Olympian OLY-72	Walter Alexander RH	H57/32D	1997	2015
KMB	3AV337	HH9257	YV3YNA414VC027755	Volvo Olympian OLY-72	Walter Alexander RH	H57/32D	1997	2015
KMB	3AV328	HG3998	YV3YNA416VC027756	Volvo Olympian OLY-72	Walter Alexander RH	H57/32D	1997	2015
KMB	3AV326	HG2630	YV3YNA418VC027757	Volvo Olympian OLY-72	Walter Alexander RH	H57/32D	1997	2015
KMB	3AV317	HG4179	YV3YNA41XVC027758	Volvo Olympian OLY-72	Walter Alexander RH	H57/32D	1997	2015
KMB	3AV300	HG3211	YV3YNA411VC027759	Volvo Olympian OLY-72	Walter Alexander RH	H57/32D	1997	2015
KMB	3AV327	HG3864	YV3YNA418VC027760	Volvo Olympian OLY-72	Walter Alexander RH	H57/32D	1997	2015
KMB	3AV334	HG7559	YV3YNA41XVC027761	Volvo Olympian OLY-72	Walter Alexander RH	H57/32D	1997	2015
KMB	3AV336	HH4914	YV3YNA413VC027763	Volvo Olympian OLY-72	Walter Alexander RH	H57/32D	1997	2015
CTB	579	HD7684	YV3YNA417VC027765	Volvo Olympian OLY-72	Walter Alexander RH 9626/23	DPH57/42D	1997	2016
CTB	580	HD9627	YV3YNA410VC027767	Volvo Olympian OLY-72	Walter Alexander RH 9626/24	DPH57/42D	1997	2016
CTB	581	HD6589	YV3YNA412VC027768	Volvo Olympian OLY-72	Walter Alexander RH 9626/25	DPH57/42D	1997	2014
CTB	582	HE3668	YV3YNA410VC027770	Volvo Olympian OLY-72	Walter Alexander RH 9626/27	DPH57/42D	1997	2015
CTB	583	HE3921	YV3YNA414VC027772	Volvo Olympian OLY-72	Walter Alexander RH 9626/28	DPH57/42D	1997	2015
CTB	598	HL2784	YV3YNA418VC027774	Volvo Olympian OLY-72	Northern Counties 5740	H57/42D	1997	2016
CTB	599	HL3432	YV3YNA411VC027776	Volvo Olympian OLY-72	Northern Counties 5742	H57/42D	1997	2016
KMB	AV240	HH1452	YV3YNA415VC027778	Volvo Olympian OLY-65	Walter Alexander RH	H53/32D	1997	2017
LWB		HH1452	YV3YNA415VC027778	Volvo Olympian OLY-65	Walter Alexander RH	H53/38D	1997	1998

公司	車隊編號	車牌	底盤編號	車型	車身	座位佈局	首次登記日期	退役日期
KMB	AV245	HH4985	YV3YNA413VC027780	Volvo Olympian OLY-65	Walter Alexander RH	H53/32D	1997	2017
KMB	AV238	HH882	YV3YNA417VC027782	Volvo Olympian OLY-65	Walter Alexander RH	H53/32D	1997	2017
LWB		HH882	YV3YNA417VC027782	Volvo Olympian OLY-65	Walter Alexander RH	H53/38D	1997	1998
KMB	AV246	HH5023	YV3YNA419VC027783	Volvo Olympian OLY-65	Walter Alexander RH	H53/32D	1997	2017
KMB	AV243	HH4721	YV3YNA414VC027786	Volvo Olympian OLY-65	Walter Alexander RH	H53/32D	1997	2017
KMB	AV241	HH1472	YV3YNA418VC027788	Volvo Olympian OLY-65	Walter Alexander RH	H53/32D	1997	2015
LWB		HH1472	YV3YNA418VC027788	Volvo Olympian OLY-65	Walter Alexander RH	H53/38D	1997	1998
KMB	AV236	HG7385	YV3YNA41XVC027789	Volvo Olympian OLY-65	Walter Alexander RH	H53/32D	1997	2015
KMB	AV232	HG6568	YV3YNA418VC027791	Volvo Olympian OLY-65	Walter Alexander RH	H53/32D	1997	2017
KMB	AV242	HH2032	YV3YNA411VC027793	Volvo Olympian OLY-65	Walter Alexander RH	H53/32D	1997	2017
LWB		HH2032	YV3YNA411VC027793	Volvo Olympian OLY-65	Walter Alexander RH	H53/38D	1997	1998
KMB	AV235	HG7369	YV3YNA415VC027795	Volvo Olympian OLY-65	Walter Alexander RH	H53/32D	1997	2015
KMB	AV279	HL962	YV3YNA417VC027796	Volvo Olympian OLY-65	Walter Alexander RH	H53/32D	1997	2015
KMB	AV237	HG7528	YV3YNA410VC027798	Volvo Olympian OLY-65	Walter Alexander RH	H53/32D	1997	2015
KMB	AV239	HH1412	YV3YNA417VC027801	Volvo Olympian OLY-65	Walter Alexander RH	H53/32D	1997	2017
LWB		HH1412	YV3YNA417VC027801	Volvo Olympian OLY-65	Walter Alexander RH	H53/38D	1997	1998
KMB	AV297	HL1928	YV3YNA410VC027803	Volvo Olympian OLY-65	Walter Alexander RH	H53/32D	1997	2015
KMB	AV247	HH5793	YV3YNA412VC027804	Volvo Olympian OLY-65	Walter Alexander RH	H53/32D	1997	2017
CTB	584	HE2740	YV3YNA416VC027806	Volvo Olympian OLY-72	Walter Alexander RH 9626/29	DPH57/42D	1997	2015
CTB	585	HE2706	YV3YNA41XVC027808	Volvo Olympian OLY-72	Walter Alexander RH 9626/30	DPH57/42D	1997	2015
CTB	600	HJ5553	YV3YNA418VC027810	Volvo Olympian OLY-72	Northern Counties 5741	H57/42D	1997	2016
CTB	601	HJ5152	YV3YNA411VC027812	Volvo Olympian OLY-72	Northern Counties 5744	H57/42D	1997	
CTB	602	HM1052	YV3YNA415VC027814	Volvo Olympian OLY-72	Northern Counties 5743	H57/42D	1997	
CTB	603	HM3980	YV3YNA419VC027816	Volvo Olympian OLY-72	Northern Counties 5745	H57/42D	1997	
CTB	604	HM1528	YV3YNA412VC027818	Volvo Olympian OLY-72	Northern Counties 5746	H57/42D	1997	
CTB	605	HM1620	YV3YNA410VC027820	Volvo Olympian OLY-72	Northern Counties 5747	H57/42D	1997	
KMB	AV248	HH5898	YV3YNA414VC027822	Volvo Olympian OLY-65	Walter Alexander RH	H53/32D	1997	2015
KMB	AV233	HG6729	YV3YNA418VC027824	Volvo Olympian OLY-65	Walter Alexander RH	H53/32D	1997	2017
KMB	AV234	HG6971	YV3YNA411VC027826	Volvo Olympian OLY-65	Walter Alexander RH	H53/32D	1997	2015
KMB	AV268	HJ7480	YV3YNA415VC027828	Volvo Olympian OLY-65	Walter Alexander RH	H53/32D	1997	2015
KMB	AV244	HH4769	YV3YNA413VC027830	Volvo Olympian OLY-65	Walter Alexander RH	H53/32D	1997	2017
KMB	AV256	HH9791	YV3YNA417VC027832	Volvo Olympian OLY-65	Walter Alexander RH	H53/32D	1997	2017
KMB	AV262	HJ6918	YV3YNA410VC027834	Volvo Olympian OLY-65	Walter Alexander RH	H53/32D	1997	2015
KMB	AV258	HJ265	YV3YNA414VC027836	Volvo Olympian OLY-65	Walter Alexander RH	H53/32D	1997	2017
KMB	AV252	HH9068	YV3YNA418VC027838	Volvo Olympian OLY-65	Walter Alexander RH	H53/32D	1997	2015
KMB	AV251	HH8825	YV3YNA418VC027841	Volvo Olympian OLY-65	Walter Alexander RH	H53/32D	1997	2015
KMB	AV250	HH8578	YV3YNA411VC027843	Volvo Olympian OLY-65	Walter Alexander RH	H53/32D	1997	2015
KMB	AV249	HH6380	YV3YNA415VC027845	Volvo Olympian OLY-65	Walter Alexander RH	H53/32D	1997	2015
KMB	AV253	HH9138	YV3YNA419VC027847	Volvo Olympian OLY-65	Walter Alexander RH	H53/32D	1997	2017
KMB	AV275	HJ8489	YV3YNA412VC027849	Volvo Olympian OLY-65	Walter Alexander RH	H53/32D	1997	2015
KMB	AV254	HH9285	YV3YNA410VC027851	Volvo Olympian OLY-65	Walter Alexander RH	H53/32D	1997	2017
KMB	AV263	HJ7062	YV3YNA414VC027853	Volvo Olympian OLY-65	Walter Alexander RH	H53/32D	1997	2017
KMB	AV257	HH9875	YV3YNA416VC027854	Volvo Olympian OLY-65	Walter Alexander RH	H53/32D	1997	2015
KMB	AV276	HJ8495	YV3YNA41XVC027856	Volvo Olympian OLY-65	Walter Alexander RH	H53/32D	1997	2015
KMB	AV261	HJ6913	YV3YNA415VC027859	Volvo Olympian OLY-65	Walter Alexander RH	H53/32D	1997	2015
KMB	AV271	HJ7663	YV3YNA413VC027861	Volvo Olympian OLY-65	Walter Alexander RH	H53/32D	1997	2015
KMB	AV259	HJ483	YV3YNA415VC027862	Volvo Olympian OLY-65	Walter Alexander RH	H53/32D	1997	2017

公司	車隊編號	車牌	底盤編號	車型	車身	座位佈局	首次登記日期	退役日期
KMB	AV272	HJ7748	YV3YNA419VC027864	Volvo Olympian OLY-65	Walter Alexander RH	H53/32D	1997	2015
KMB	AV255	HH9619	YV3YNA412VC027866	Volvo Olympian OLY-65	Walter Alexander RH	H53/32D	1997	2015
KMB	AV264	HJ7143	YV3YNA416VC027868	Volvo Olympian OLY-65	Walter Alexander RH	H53/32D	1997	2015
KMB	AV265	HJ7145	YV3YNA414VC027870	Volvo Olympian OLY-65	Walter Alexander RH	H53/32D	1997	2015
KMB	AV273	HJ7982	YV3YNA418VC027872	Volvo Olympian OLY-65	Walter Alexander RH	H53/32D	1997	2015
KMB	AV260	HJ6716	YV3YNA411VC027874	Volvo Olympian OLY-65	Walter Alexander RH	H53/32D	1997	2015
KMB	AV270	HJ7540	YV3YNA415VC027876	Volvo Olympian OLY-65	Walter Alexander RH	H53/32D	1997	2015
KMB	AV269	HJ7491	YV3YNA419VC027878	Volvo Olympian OLY-65	Walter Alexander RH	H53/32D	1997	2015
KMB	AV277	HL659	YV3YNA412VC027883	Volvo Olympian OLY-65	Walter Alexander RH	H53/32D	1997	2015
KMB	AV298	HL1990	YV3YNA416VC027885	Volvo Olympian OLY-65	Walter Alexander RH	H53/32D	1997	2015
KMB	AV291	HL1674	YV3YNA41XVC027887	Volvo Olympian OLY-65	Walter Alexander RH	H53/32D	1997	2015
KMB	AV292	HL1693	YV3YNA411VC027888	Volvo Olympian OLY-65	Walter Alexander RH	H53/32D	1997	2015
HACTL	6	HP8141	YV3YNA413VC027889	Volvo Olympian OLY-72	Northern Counties 5942	H68/42D	1998	1999
HACTL	5	HP7107	YV3YNA41XVC027890	Volvo Olympian OLY-72	Northern Counties 5941	H68/42D	1998	1999
KMB	AV267	HJ7397	YV3YNA411VC027891	Volvo Olympian OLY-65	Walter Alexander RH	H53/32D	1997	2015
KMB	AV294	HL1732	YV3YNA413VC027892	Volvo Olympian OLY-65	Walter Alexander RH	H53/32D	1997	2015
KMB	AV266	HJ7151	YV3YNA417VC027894	Volvo Olympian OLY-65	Walter Alexander RH	H53/32D	1997	2015
KMB	AV274	HJ8325	YV3YNA410VC027896	Volvo Olympian OLY-65	Walter Alexander RH	H53/32D	1997	2015
KMB	AV299	HL2363	YV3YNA414VC027898	Volvo Olympian OLY-65	Walter Alexander RH	H53/32D	1997	2017
KMB	AV283	HL1097	YV3YNA419VC027900	Volvo Olympian OLY-65	Walter Alexander RH	H53/32D	1997	2015
KMB	AV281	HL1070	YV3YNA412VC027902	Volvo Olympian OLY-65	Walter Alexander RH	H53/32D	1997	2015
KMB	AV285	HL1142	YV3YNA416VC027904	Volvo Olympian OLY-65	Walter Alexander RH	H53/32D	1997	2015
KMB	AV288	HL1366	YV3YNA411VC027907	Volvo Olympian OLY-65	Walter Alexander RH	H53/32D	1997	2015
KMB	AV278	HL831	YV3YNA415VC027909	Volvo Olympian OLY-65	Walter Alexander RH	H53/32D	1997	2017
KMB	AV289	HL1452	YV3YNA413VC027911	Volvo Olympian OLY-65	Walter Alexander RH	H53/32D	1997	2015
KMB	AV290	HL1522	YV3YNA417VC027913	Volvo Olympian OLY-65	Walter Alexander RH	H53/32D	1997	2015
KMB	AV311	HL8278	YV3YNA410VC027915	Volvo Olympian OLY-65	Walter Alexander RH	H53/32D	1997	2015
KMB	AV300	HL2452	YV3YNA414VC027917	Volvo Olympian OLY-65	Walter Alexander RH	H53/32D	1997	2015
KMB	AV286	HL1232	YV3YNA418VC027919	Volvo Olympian OLY-65	Walter Alexander RH	H53/32D	1997	2015
KMB	AV309	HL7825	YV3YNA416VC027921	Volvo Olympian OLY-65	Walter Alexander RH	H53/32D	1997	2015
KMB	AV295	HL1794	YV3YNA41XVC027923	Volvo Olympian OLY-65	Walter Alexander RH	H53/32D	1997	2015
KMB	AV328	HM230	YV3YNA413VC027925	Volvo Olympian OLY-65	Walter Alexander RH	H53/32D	1997	2015
KMB	AV354	HN611	YV3YNA417VC027927	Volvo Olympian OLY-65	Walter Alexander RH	H53/32D	1997	2015
KMB	AV287	HL1352	YV3YNA410VC027929	Volvo Olympian OLY-65	Walter Alexander RH	H53/32D	1997	2017
KMB	AV310	HL8189	YV3YNA419VC027931	Volvo Olympian OLY-65	Walter Alexander RH	H53/32D	1997	2015
KMB	AV293	HL1711	YV3YNA412VC027933	Volvo Olympian OLY-65	Walter Alexander RH	H53/32D	1997	2015
KMB	AV284	HL1134	YV3YNA416VC027935	Volvo Olympian OLY-65	Walter Alexander RH	H53/32D	1997	2015
KMB	AV305	HL7308	YV3YNA411VC027938	Volvo Olympian OLY-65	Walter Alexander RH	H53/32D	1997	2015
KMB	AV301	HL6522	YV3YNA411VC027941	Volvo Olympian OLY-65	Walter Alexander RH	H53/32D	1997	2015
CTB	621	HF1792	YV3YNA413VC027942	Volvo Olympian OLY-72	Walter Alexander RH 9702/3	H57/42D	1997	2014
KMB	AV382	HN8444	YV3YNA415VC027943	Volvo Olympian OLY-65	Walter Alexander RH	H53/32D	1998	2016
CTB	622	HF940	YV3YNA417VC027944	Volvo Olympian OLY-72	Walter Alexander RH 9702/4	H57/42D	1997	2014
CTB	623	HE5271	YV3YNA410VC027946	Volvo Olympian OLY-72	Walter Alexander RH 9702/1	H57/42D	1997	2014
CTB	624	HF1036	YV3YNA414VC027948	Volvo Olympian OLY-72	Walter Alexander RH 9702/5	H57/42D	1997	2014
CTB	625	HF2057	YV3YNA412VC027950	Volvo Olympian OLY-72	Walter Alexander RH 9702/6	H57/42D	1997	2014
CTB	626	HE8132	YV3YNA416VC027952	Volvo Olympian OLY-72	Walter Alexander RH 9702/2	H57/42D	1997	2014
KMB	AV312	HL8354	YV3YNA41XVC027954	Volvo Olympian OLY-65	Walter Alexander RH	H53/32D	1997	2015

公司	車隊編號	車牌	底盤編號	車型	車身	座位佈局	首次登記日期	退役日期
KMB	AV313	HL8355	YV3YNA411VC027955	Volvo Olympian OLY-65	Walter Alexander RH	H53/32D	1997	2015
KMB	AV314	HL8428	YV3YNA415VC027957	Volvo Olympian OLY-65	Walter Alexander RH	H53/32D	1997	2015
KMB	AV308	HL7646	YV3YNA419VC027959	Volvo Olympian OLY-65	Walter Alexander RH	H53/32D	1997	2015
KMB	AV303	HL6747	YV3YNA417VC027961	Volvo Olympian OLY-65	Walter Alexander RH	H53/32D	1997	2015
KMB	AV302	HL6542	YV3YNA410VC027963	Volvo Olympian OLY-65	Walter Alexander RH	H53/32D	1997	2015
KMB	AV282	HL1076	YV3YNA414VC027965	Volvo Olympian OLY-65	Walter Alexander RH	H53/32D	1997	2015
KMB	AV296	HL1875	YV3YNA418VC027967	Volvo Olympian OLY-65	Walter Alexander RH	H53/32D	1997	2017
KMB	AV304	HL6958	YV3YNA411VC027969	Volvo Olympian OLY-65	Walter Alexander RH	H53/32D	1997	2015
KMB	AV315	HL8446	YV3YNA41XVC027971	Volvo Olympian OLY-65	Walter Alexander RH	H53/32D	1997	2015
KMB	AV307	HL7491	YV3YNA413VC027973	Volvo Olympian OLY-65	Walter Alexander RH	H53/32D	1997	2015
KMB	AV306	HL7478	YV3YNA417VC027975	Volvo Olympian OLY-65	Walter Alexander RH	H53/32D	1997	2015
KMB	AV322	HL9521	YV3YNA410VC027977	Volvo Olympian OLY-65	Walter Alexander RH	H53/32D	1997	2015
KMB	AV323	HL9654	YV3YNA414VC027979	Volvo Olympian OLY-65	Walter Alexander RH	H53/32D	1997	2015
KMB	AV280	HL983	YV3YNA412VC027981	Volvo Olympian OLY-65	Walter Alexander RH	H53/32D	1997	2017
KMB	AV317	HL8618	YV3YNA416VC027983	Volvo Olympian OLY-65	Walter Alexander RH	H53/32D	1997	2015
KMB	AV326	HL9881	YV3YNA41XVC027985	Volvo Olympian OLY-65	Walter Alexander RH	H53/32D	1997	2015
KMB	AV321	HL9321	YV3YNA415VC027988	Volvo Olympian OLY-65	Walter Alexander RH	H53/32D	1997	2015
KMB	AV327	HM165	YV3YNA413VC027990	Volvo Olympian OLY-65	Walter Alexander RH	H53/32D	1997	2015
KMB	AV320	HL9314	YV3YNA415VC027991	Volvo Olympian OLY-65	Walter Alexander RH	H53/32D	1997	2015
KMB	AV316	HL8604	YV3YNA419VC027993	Volvo Olympian OLY-65	Walter Alexander RH	H53/32D	1997	2015
KMB	AV329	HM361	YV3YNA412VC027995	Volvo Olympian OLY-65	Walter Alexander RH	H53/32D	1997	2015
CTB	627	HF6829	YV3YNA41XVC027999	Volvo Olympian OLY-72	Walter Alexander RH 9702/8	H57/42D	1997	2014
CTB	628	HJ5263	YV3YNA410VC028000	Volvo Olympian OLY-72	Walter Alexander RH 9702/15	H57/42D	1997	2016
KMB	AV325	HL9837	YV3YNA412VC028001	Volvo Olympian OLY-65	Walter Alexander RH	H53/32D	1997	2015
CTB	629	HF7633	YV3YNA414VC028002	Volvo Olympian OLY-72	Walter Alexander RH 9702/9	H57/42D	1997	2014
KMB	AV319	HL9044	YV3YNA416VC028003	Volvo Olympian OLY-65	Walter Alexander RH	H53/32D	1997	2015
CTB	630	HG3906	YV3YNA418VC028004	Volvo Olympian OLY-72	Walter Alexander RH 9702/7	H57/42D	1997	2016
CTB	631	HF8016	YV3YNA411VC028006	Volvo Olympian OLY-72	Walter Alexander RH 9702/10	H57/42D	1997	2014
CTB	632	HG3816	YV3YNA415VC028008	Volvo Olympian OLY-72	Walter Alexander RH 9702/11	H57/42D	1997	2016
CTB	633	HF8902	YV3YNA413VC028010	Volvo Olympian OLY-72	Walter Alexander RH 9702/12	H57/42D	1997	2014
CTB	634	HG120	YV3YNA417VC028012	Volvo Olympian OLY-72	Walter Alexander RH 9702/13	H57/42D	1997	2014
CTB	635	HH1198	YV3YNA419VC028013	Volvo Olympian OLY-72	Walter Alexander RH 9702/14	H57/42D	1997	2016
KMB	AV324	HL9678	YV3YNA412VC028015	Volvo Olympian OLY-65	Walter Alexander RH	H53/32D	1997	2015
KMB	AV343	HM3601	YV3YNA416VC028017	Volvo Olympian OLY-65	Walter Alexander RH	H53/32D	1997	2015
CTB	606	HP1158	YV3YNA413VC028038	Volvo Olympian OLY-72	Northern Counties 6053	H57/42D	1998	
CTB	607	HP1760	YV3YNA411VC028040	Volvo Olympian OLY-72	Northern Counties 6054	H57/42D	1998	
CTB	608	HP1193	YV3YNA415VC028042	Volvo Olympian OLY-72	Northern Counties 6055	H57/42D	1998	
CTB	609	HP1268	YV3YNA419VC028044	Volvo Olympian OLY-72	Northern Counties 6056	H57/42D	1998	
KMB	AV339	HM2933	YV3YNA410VC028045	Volvo Olympian OLY-65	Walter Alexander RH	H53/32D	1997	2015
KMB	AV349	HM4139	YV3YNA414VC028047	Volvo Olympian OLY-65	Walter Alexander RH	H53/32D	1997	2015
KMB	AV350	HM4161	YV3YNA418VC028049	Volvo Olympian OLY-65	Walter Alexander RH	H53/32D	1997	2015
KMB	AV357	HN2106	YV3YNA416VC028051	Volvo Olympian OLY-65	Walter Alexander RH	H53/32D	1997	2015
KMB	AV345	HM3824	YV3YNA41XVC028053	Volvo Olympian OLY-65	Walter Alexander RH	H53/32D	1997	2015
KMB	AV333	HM2631	YV3YNA413VC028055	Volvo Olympian OLY-65	Walter Alexander RH	H53/32D	1997	2015
KMB	AV342	HM3066	YV3YNA417VC028057	Volvo Olympian OLY-65	Walter Alexander RH	H53/32D	1997	2015
KMB	AV334	HM2649	YV3YNA410VC028059	Volvo Olympian OLY-65	Walter Alexander RH	H53/32D	1997	2015
KMB	AV337	HM2767	YV3YNA419VC028061	Volvo Olympian OLY-65	Walter Alexander RH	H53/32D	1997	2015

公司	車隊編號	車牌	底盤編號	車型	車身	座位佈局	首次登記日期	退役日期
KMB	AV348	HM4053	YV3YNA412VC028063	Volvo Olympian OLY-65	Walter Alexander RH	H53/32D	1997	2015
KMB	AV352	HM4384	YV3YNA416VC028065	Volvo Olympian OLY-65	Walter Alexander RH	H53/32D	1997	2015
KMB	AV318	HL8927	YV3YNA41XVC028067	Volvo Olympian OLY-65	Walter Alexander RH	H53/32D	1997	2015
KMB	AV341	HM3056	YV3YNA413VC028069	Volvo Olympian OLY-65	Walter Alexander RH	H53/32D	1997	2015
KMB	AV331	HM2562	YV3YNA411VC028071	Volvo Olympian OLY-65	Walter Alexander RH	H53/32D	1997	2015
KMB	AV332	HM2593	YV3YNA415VC028073	Volvo Olympian OLY-65	Walter Alexander RH	H53/32D	1997	2015
KMB	AV330	HM2518	YV3YNA419VC028075	Volvo Olympian OLY-65	Walter Alexander RH	H53/32D	1997	2015
KMB	AV351	HM4239	YV3YNA414VC028078	Volvo Olympian OLY-65	Walter Alexander RH	H53/32D	1997	2015
KMB	AV347	HM3869	YV3YNA412VC028080	Volvo Olympian OLY-65	Walter Alexander RH	H53/32D	1997	2015
KMB	AV335	HM2687	YV3YNA416VC028082	Volvo Olympian OLY-65	Walter Alexander RH	H53/32D	1997	2015
KMB	AV338	HM2884	YV3YNA41XVC028084	Volvo Olympian OLY-65	Walter Alexander RH	H53/32D	1997	2015
KMB	AV356	HN1895	YV3YNA413VC028086	Volvo Olympian OLY-65	Walter Alexander RH	H53/32D	1997	2015
KMB	AV340	HM3044	YV3YNA417VC028088	Volvo Olympian OLY-65	Walter Alexander RH	H53/32D	1997	2015
CTB	610	HP1368	YV3YNA415VC028090	Volvo Olympian OLY-72	Northern Counties 6057	H57/42D	1998	
CTB	611	HP1298	YV3YNA419VC028092	Volvo Olympian OLY-72	Northern Counties 6059	H57/42D	1998	2016
CTB	612	HP2274	YV3YNA412VC028094	Volvo Olympian OLY-72	Northern Counties 6058	H57/42D	1998	2016
CTB	613	HR3194	YV3YNA416VC028096	Volvo Olympian OLY-72	Northern Counties 6062	H57/42D	1998	2016
CTB	614	HP2060	YV3YNA41XVC028098	Volvo Olympian OLY-72	Northern Counties 6060	H57/42D	1998	2016
CTB	615	HP5932	YV3YNA414VC028100	Volvo Olympian OLY-72	Northern Counties 6061	H57/42D	1998	2016
CTB	616	HR8031	YV3YNA418VC028102	Volvo Olympian OLY-72	Northern Counties 6063	H57/42D	1998	2016
CTB	617	HR7507	YV3YNA411VC028104	Volvo Olympian OLY-72	Northern Counties 6064	H57/42D	1998	2016
KMB	AV336	HM2693	YV3YNA415VC028106	Volvo Olympian OLY-65	Walter Alexander RH	H53/32D	1997	2015
KMB	AV361	HN5602	YV3YNA419VC028108	Volvo Olympian OLY-65	Walter Alexander RH	H53/32D	1998	2016
KMB	AV368	HN7282	YV3YNA417VC028110	Volvo Olympian OLY-65	Walter Alexander RH	H53/32D	1998	2016
KMB	AV353	HN577	YV3YNA419VC028111	Volvo Olympian OLY-65	Walter Alexander RH	H53/32D	1997	2015
KMB	AV391	HR845	YV3YNA414VC028114	Volvo Olympian OLY-65	Walter Alexander RH	H53/32D	1998	2016
KMB	AV358	HN4534	YV3YNA416VC028115	Volvo Olympian OLY-65	Walter Alexander RH	H53/32D	1998	2016
KMB	AV360	HN5246	YV3YNA41XVC028117	Volvo Olympian OLY-65	Walter Alexander RH	H53/32D	1998	2016
KMB	AV359	HN5133	YV3YNA413VC028119	Volvo Olympian OLY-65	Walter Alexander RH	H53/32D	1998	2016
KMB	AV344	HM3746	YV3YNA411VC028121	Volvo Olympian OLY-65	Walter Alexander RH	H53/32D	1997	2015
KMB	AV363	HN6721	YV3YNA415VC028123	Volvo Olympian OLY-65	Walter Alexander RH	H53/32D	1998	2016
KMB	AV355	HN1877	YV3YNA419VC028125	Volvo Olympian OLY-65	Walter Alexander RH	H53/32D	1997	2015
KMB	AV379	HN8056	YV3YNA416VC028132	Volvo Olympian OLY-65	Walter Alexander RH	H53/32D	1998	2016
KMB	AV362	HN6704	YV3YNA41XVC028134	Volvo Olympian OLY-65	Walter Alexander RH	H53/32D	1998	2016
KMB	AV365	HN7488	YV3YNA411VC028135	Volvo Olympian OLY-65	Walter Alexander RH	H53/32D	1998	2016
KMB	AV380	HN8208	YV3YNA415VC028137	Volvo Olympian OLY-65	Walter Alexander RH	H53/32D	1998	2016
KMB	AV346	HM3835	YV3YNA419VC028139	Volvo Olympian OLY-65	Walter Alexander RH	H53/32D	1997	2015
KMB	AV367	HN7067	YV3YNA415VC028140	Volvo Olympian OLY-65	Walter Alexander RH	H53/32D	1998	2016
KMB	AV364	HN7396	YV3YNA410VC028143	Volvo Olympian OLY-65	Walter Alexander RH	H53/32D	1998	2016
KMB	AV377	HN7699	YV3YNA414VC028145	Volvo Olympian OLY-65	Walter Alexander RH	H53/32D	1998	2016
KMB	AV374	HN7553	YV3YNA418VC028147	Volvo Olympian OLY-65	Walter Alexander RH	H53/32D	1998	2016
KMB	AV373	HN7542	YV3YNA411VC028149	Volvo Olympian OLY-65	Walter Alexander RH	H53/32D	1998	2016
KMB	AV376	HN7687	YV3YNA418VC028150	Volvo Olympian OLY-65	Walter Alexander RH	H53/32D	1998	2016
CTB	618	HS5583	YV3YNA413VC028153	Volvo Olympian OLY-72	Northern Counties 6065	H57/42D	1998	2016
CTB	619	HS6295	YV3YNA417VC028155	Volvo Olympian OLY-72	Northern Counties 6066	H57/42D	1998	2016
CTB	620	HS4668	YV3YNA419VC028156	Volvo Olympian OLY-72	Northern Counties 6067	H57/42D	1998	2016
KMB	AV381	HN8357	YV3YNA410VC028174	Volvo Olympian OLY-65	Walter Alexander RH	H53/32D	1998	2016

公司	車隊編號	車牌	底盤編號	車型	車身	座位佈局	首次登記日期	退役日期
KMB	AV384	HP2036	YV3YNA414VC028176	Volvo Olympian OLY-65	Walter Alexander RH	H53/32D	1998	2016
KMB	AV387	HP5389	YV3YNA418VC028178	Volvo Olympian OLY-65	Walter Alexander RH	H53/32D	1998	2016
KMB	AV371	HN7340	YV3YNA416VC028180	Volvo Olympian OLY-65	Walter Alexander RH	H53/32D	1998	2016
KMB	AV386	HP5049	YV3YNA41XVC028182	Volvo Olympian OLY-65	Walter Alexander RH	H53/32D	1998	2016
KMB	AV403	HR1622	YV3YNA413VC028184	Volvo Olympian OLY-65	Walter Alexander RH	H53/32D	1998	2016
KMB	AV395	HR1124	YV3YNA417VC028186	Volvo Olympian OLY-65	Walter Alexander RH	H53/32D	1998	2016
KMB	AV369	HN7298	YV3YNA410VC028188	Volvo Olympian OLY-65	Walter Alexander RH	H53/32D	1998	2016
KMB	AV370	HN7327	YV3YNA419VC028190	Volvo Olympian OLY-65	Walter Alexander RH	H53/32D	1998	2016
KMB	AV399	HR1507	YV3YNA412VC028192	Volvo Olympian OLY-65	Walter Alexander RH	H53/32D	1998	2016
KMB	AV404	HR1815	YV3YNA416VC028194	Volvo Olympian OLY-65	Walter Alexander RH	H53/32D	1998	2016
KMB	AV372	HN7378	YV3YNA41XVC028196	Volvo Olympian OLY-65	Walter Alexander RH	H53/32D	1998	2017
KMB	AV375	HN7646	YV3YNA415VC028199	Volvo Olympian OLY-65	Walter Alexander RH	H53/32D	1998	2016
KMB	AV378	HN8007	YV3YNA417VC028205	Volvo Olympian OLY-65	Walter Alexander RH	H53/32D	1998	2016
KMB	AV366	HN6783	YV3YNA410VC028207	Volvo Olympian OLY-65	Walter Alexander RH	H53/32D	1998	2016
KMB	AV394	HR913	YV3YNA412VC028208	Volvo Olympian OLY-65	Walter Alexander RH	H53/32D	1998	2016
KMB	AV388	HP5653	YV3YNA410VC028210	Volvo Olympian OLY-65	Walter Alexander RH	H53/32D	1998	2016
KMB	AV383	HN9758	YV3YNA414VC028212	Volvo Olympian OLY-65	Walter Alexander RH	H53/32D	1998	2016
KMB	AV480	HT6861	YV3YNA418VC028214	Volvo Olympian OLY-65	Walter Alexander RH	H53/32D	1998	2016
KMB	AV390	HR586	YV3YNA411VC028216	Volvo Olympian OLY-65	Walter Alexander RH	H53/32D	1998	2016
KMB	AV393	HR889	YV3YNA415VC028218	Volvo Olympian OLY-65	Walter Alexander RH	H53/32D	1998	2016
KMB	AV405	HR1918	YV3YNA413VC028220	Volvo Olympian OLY-65	Walter Alexander RH	H53/32D	1998	2016
KMB	AV407	HR2013	YV3YNA417VC028222	Volvo Olympian OLY-65	Walter Alexander RH	H53/32D	1998	2016
KMB	AV494	HT8280	YV3YNA410VC028224	Volvo Olympian OLY-65	Walter Alexander RH	H53/32D	1998	2016
KMB	AV385	HP4690	YV3YNA414VC028226	Volvo Olympian OLY-65	Walter Alexander RH	H53/32D	1998	2016
KMB	AV389	HP5950	YV3YNA418VC028228	Volvo Olympian OLY-65	Walter Alexander RH	H53/32D	1998	2016
KMB	AV408	HR2088	YV3YNA416VC028244	Volvo Olympian OLY-65	Walter Alexander RH	H53/32D	1998	2016
KMB	AV409	HR2493	YV3YNA41XVC028246	Volvo Olympian OLY-65	Walter Alexander RH	H53/32D	1998	2016
KMB	AV397	HR1377	YV3YNA411VC028247	Volvo Olympian OLY-65	Walter Alexander RH	H53/32D	1998	2016
KMB	AV398	HR1490	YV3YNA411VC028250	Volvo Olympian OLY-65	Walter Alexander RH	H53/32D	1998	2016
KMB	AV396	HR1273	YV3YNA415VC028252	Volvo Olympian OLY-65	Walter Alexander RH	H53/32D	1998	2016
KMB	AV402	HR1577	YV3YNA419VC028254	Volvo Olympian OLY-65	Walter Alexander RH	H53/32D	1998	2016
KMB	AV416	HR9972	YV3YNA410VC028255	Volvo Olympian OLY-65	Walter Alexander RH	H53/32D	1998	2016
KCRC	233	HV8126	YV3YNA416VC028258	Volvo Olympian OLY-65	Northern Counties/Plaxton 6107	H53/39D	1998	2015
KCRC	234	HV8124	YV3YNA414VC028260	Volvo Olympian OLY-65	Northern Counties/Plaxton 6108	H53/39D	1998	2015
KCRC	235	HV7346	YV3YNA416VC028261	Volvo Olympian OLY-65	Northern Counties/Plaxton 6109	H53/39D	1998	2015
KMB	AV411	HR8916	YV3YNA418VC028262	Volvo Olympian OLY-65	Walter Alexander RH	H53/32D	1998	2016
KMB	AV414	HR9710	YV3YNA411VC028264	Volvo Olympian OLY-65	Walter Alexander RH	H53/32D	1998	2016
KMB	AV412	HR9234	YV3YNA417VC028267	Volvo Olympian OLY-65	Walter Alexander RH	H53/32D	1998	2016
KMB	AV413	HR9394	YV3YNA410VC028269	Volvo Olympian OLY-65	Walter Alexander RH	H53/32D	1998	2016
KMB	AV415	HR9800	YV3YNA419VC028271	Volvo Olympian OLY-65	Walter Alexander RH	H53/32D	1998	2016
KMB	AV392	HR881	YV3YNA412VC028273	Volvo Olympian OLY-65	Walter Alexander RH	H53/32D	1998	2016
KMB	AV440	HT1443	YV3YNA416VC028275	Volvo Olympian OLY-65	Walter Alexander RH	H53/32D	1998	2016
KCRC	239	HX1911	YV3YNA418VC028276	Volvo Olympian OLY-65	Northern Counties/Plaxton 6111	H53/39D	1998	2015
KCRC	236	HW5644	YV3YNA413VC028279	Volvo Olympian OLY-65	Northern Counties/Plaxton 6110	H53/39D	1998	2015
KMB	AV410	HR8741	YV3YNA414VC028307	Volvo Olympian OLY-65	Walter Alexander RH	H53/32D	1998	2016
KMB	AV401	HR1565	YV3YNA416VC028311	Volvo Olympian OLY-65	Walter Alexander RH	H53/32D	1998	2016
KMB	AV406	HR1969	YV3YNA418VC028312	Volvo Olympian OLY-65	Walter Alexander RH	H53/32D	1998	2016

公司	車隊編號	車牌	底盤編號	車型	車身	座位佈局	首次登記日期	退役日期
KMB	AV400	HR1554	YV3YNA41XVC028313	Volvo Olympian OLY-65	Walter Alexander RH	H53/32D	1998	2016
KMB	AV423	HT158	YV3YNA411VC028314	Volvo Olympian OLY-65	Walter Alexander RH	H53/32D	1998	2016
KCRC	237	HW5902	YV3YNA419VC028318	Volvo Olympian OLY-65	Northern Counties/Plaxton 6112	H53/39D	1998	2015
KCRC	238	HX1596	YV3YNA410VC028319	Volvo Olympian OLY-65	Northern Counties/Plaxton 6113	H53/39D	1998	2015
KMB	AV434	HT1113	YV3YNA417VC028320	Volvo Olympian OLY-65	Walter Alexander RH	H53/32D	1998	2016
KMB	AV421	HS9634	YV3YNA419VC028321	Volvo Olympian OLY-65	Walter Alexander RH	H53/32D	1998	2016
KMB	AV452	HT2291	YV3YNA418VC028326	Volvo Olympian OLY-65	Walter Alexander RH	H53/32D	1998	2016
KMB	AV446	HT1808	YV3YNA413VC028329	Volvo Olympian OLY-65	Walter Alexander RH	H53/32D	1998	2016
KMB	AV426	HT447	YV3YNA41XVC028330	Volvo Olympian OLY-65	Walter Alexander RH	H53/32D	1998	2016
KMB	AV417	HS8568	YV3YNA411VC028359	Volvo Olympian OLY-65	Walter Alexander RH	H53/32D	1998	2016
KMB	AV445	HT1714	YV3YNA417VC028365	Volvo Olympian OLY-65	Walter Alexander RH	H53/32D	1998	2016
KMB	AV419	HS9585	YV3YNA419VC028366	Volvo Olympian OLY-65	Walter Alexander RH	H53/32D	1998	2016
KMB	AV425	HT408	YV3YNA410VC028370	Volvo Olympian OLY-65	Walter Alexander RH	H53/32D	1998	2016
KMB	AV447	HT1841	YV3YNA412VC028371	Volvo Olympian OLY-65	Walter Alexander RH	H53/32D	1998	2016
KMB	AV418	HS9569	YV3YNA414VC028372	Volvo Olympian OLY-65	Walter Alexander RH	H53/32D	1998	2016
KMB	AV420	HS9605	YV3YNA416VC028373	Volvo Olympian OLY-65	Walter Alexander RH	H53/32D	1998	2016
KMB	AV439	HT1391	YV3YNA411VC028376	Volvo Olympian OLY-65	Walter Alexander RH	H53/32D	1998	2016
KMB	AV424	HT319	YV3YNA415VC028378	Volvo Olympian OLY-65	Walter Alexander RH	H53/32D	1998	2016
KMB	AV438	HT1363	YV3YNA413VC028380	Volvo Olympian OLY-65	Walter Alexander RH	H53/32D	1998	2016
KMB	AV422	HS9667	YV3YNA415VC028381	Volvo Olympian OLY-65	Walter Alexander RH	H53/32D	1998	2016
KMB	AV453	HT2351	YV3YNA419VC028383	Volvo Olympian OLY-65	Walter Alexander RH	H53/32D	1998	2016
KMB	AV429	HT714	YV3YNA412VC028385	Volvo Olympian OLY-65	Walter Alexander RH	H53/32D	1998	2016
KMB	AV448	HT1936	YV3YNA416VC028387	Volvo Olympian OLY-65	Walter Alexander RH	H53/32D	1998	2015
KMB	AV437	HT1324	YV3YNA412VC028421	Volvo Olympian OLY-65	Walter Alexander RH	H53/32D	1998	2016
KMB	AV469	HT3596	YV3YNA414VC028422	Volvo Olympian OLY-65	Walter Alexander RH	H53/32D	1998	2016
KMB	AV430	HT745	YV3YNA418WC028425	Volvo Olympian OLY-65	Walter Alexander RH	H53/32D	1998	2016
KMB	AV443	HT1541	YV3YNA41XWC028426	Volvo Olympian OLY-65	Walter Alexander RH	H53/32D	1998	2016
KMB	AV441	HT1507	YV3YNA411WC028427	Volvo Olympian OLY-65	Walter Alexander RH	H53/32D	1998	2016
KMB	AV442	HT1532	YV3YNA415WC028429	Volvo Olympian OLY-65	Walter Alexander RH	H53/32D	1998	2016
KMB	AV427	HT524	YV3YNA413WC028431	Volvo Olympian OLY-65	Walter Alexander RH	H53/32D	1998	2016
KMB	AV450	HT2071	YV3YNA417WC028433	Volvo Olympian OLY-65	Walter Alexander RH	H53/32D	1998	2016
KMB	AV449	HT2009	YV3YNA419WC028434	Volvo Olympian OLY-65	Walter Alexander RH	H53/32D	1998	2016
KMB	AV455	HT3415	YV3YNA412WC028436	Volvo Olympian OLY-65	Walter Alexander RH	H53/32D	1998	2016
KMB	AV436	HT1292	YV3YNA416WC028438	Volvo Olympian OLY-65	Walter Alexander RH	H53/32D	1998	2016
KMB	AV433	HT923	YV3YNA418WC028439	Volvo Olympian OLY-65	Walter Alexander RH	H53/32D	1998	2016
KMB	AV451	HT2286	YV3YNA414WC028440	Volvo Olympian OLY-65	Walter Alexander RH	H53/32D	1998	2016
KMB	AV435	HT1176	YV3YNA413WC028476	Volvo Olympian OLY-65	Walter Alexander RH	H53/32D	1998	2016
KMB	AV431	HT774	YV3YNA415WC028477	Volvo Olympian OLY-65	Walter Alexander RH	H53/32D	1998	2016
KMB	AV428	HT532	YV3YNA417WC028478	Volvo Olympian OLY-65	Walter Alexander RH	H53/32D	1998	2016
KMB	AV456	HT3866	YV3YNA419WC028479	Volvo Olympian OLY-65	Walter Alexander RH	H53/32D	1998	2016
KMB	AV454	HT3275	YV3YNA417WC028481	Volvo Olympian OLY-65	Walter Alexander RH	H53/32D	1998	2016
KMB	AV432	HT873	YV3YNA410WC028483	Volvo Olympian OLY-65	Walter Alexander RH	H53/32D	1998	2016
KMB	AV444	HT1544	YV3YNA412WC028484	Volvo Olympian OLY-65	Walter Alexander RH	H53/32D	1998	2016
KMB	AV466	HT3484	YV3YNA416WC028486	Volvo Olympian OLY-65	Walter Alexander RH	H53/32D	1998	2016
KMB	AV476	HT4402	YV3YNA41XWC028488	Volvo Olympian OLY-65	Walter Alexander RH	H53/32D	1998	2016
KMB	AV464	HT3276	YV3YNA418WC028490	Volvo Olympian OLY-65	Walter Alexander RH	H53/32D	1998	2016
CTB	951	HP7153	YV3YNA411WC028492	Volvo Olympian OLY-65	Walter Alexander RH 9719/2	H53/38D	1998	

公司	車隊編號	車牌	底盤編號	車型	車身	座位佈局	首次登記日期	退役日期
CTB	952	HP7780	YV3YNA417WC028495	Volvo Olympian OLY-65	Walter Alexander RH 9719/3	H53/38D	1998	
KMB	AV473	HT3789	YV3YNA41XWC028510	Volvo Olympian OLY-65	Walter Alexander RH	H53/32D	1998	2016
KMB	AV458	HT2693	YV3YNA411WC028511	Volvo Olympian OLY-65	Walter Alexander RH	H53/32D	1998	2016
KMB	AV474	HT4259	YV3YNA415WC028513	Volvo Olympian OLY-65	Walter Alexander RH	H53/32D	1998	2016
KMB	AV457	HT2591	YV3YNA419WC028515	Volvo Olympian OLY-65	Walter Alexander RH	H53/32D	1998	2016
KMB	AV460	HT2758	YV3YNA412WC028517	Volvo Olympian OLY-65	Walter Alexander RH	H53/32D	1998	2016
KMB	AV467	HT3562	YV3YNA416WC028519	Volvo Olympian OLY-65	Walter Alexander RH	H53/32D	1998	2016
CTB	953	HP7753	YV3YNA414WC028521	Volvo Olympian OLY-65	Walter Alexander RH 9719/1	H53/38D	1998	
CTB	954	HP7176	YV3YNA418WC028523	Volvo Olympian OLY-65	Walter Alexander RH 9719/4	H53/38D	1998	
CTB	955	HP8095	YV3YNA413WC028526	Volvo Olympian OLY-65	Walter Alexander RH 9719/5	H53/38D	1998	2016
CTB	956	HP6885	YV3YNA417WC028528	Volvo Olympian OLY-65	Walter Alexander RH 9719/6	H53/38D	1998	2016
CTB	957	HP7626	YV3YNA419WC028529	Volvo Olympian OLY-65	Walter Alexander RH 9719/7	H53/38D	1998	2016
CTB	958	HP7685	YV3YNA419WC028532	Volvo Olympian OLY-65	Walter Alexander RH 9719/8	H53/38D	1998	2016
CTB	959	HR2908	YV3YNA410WC028533	Volvo Olympian OLY-65	Walter Alexander RH 9719/9	H53/38D	1998	2016
KMB	AV475	HT4310	YV3YNA416WC028536	Volvo Olympian OLY-65	Walter Alexander RH	H53/32D	1998	2016
KMB	AV485	HT7561	YV3YNA418WC028537	Volvo Olympian OLY-65	Walter Alexander RH	H53/32D	1998	2016
KMB	AV459	HT2699	YV3YNA41XWC028538	Volvo Olympian OLY-65	Walter Alexander RH	H53/32D	1998	2016
KMB	AV462	HT2897	YV3YNA41XWC028541	Volvo Olympian OLY-65	Walter Alexander RH	H53/32D	1998	2016
KMB	AV471	HT3629	YV3YNA411WC028542	Volvo Olympian OLY-65	Walter Alexander RH	H53/32D	1998	2016
KMB	AV468	HT3592	YV3YNA41XWC028555	Volvo Olympian OLY-65	Walter Alexander RH	H53/32D	1998	2016
KMB	AV491	HT8086	YV3YNA411WC028556	Volvo Olympian OLY-65	Walter Alexander RH	H53/32D	1998	2016
KMB	AV465	HT3320	YV3YNA413WC028557	Volvo Olympian OLY-65	Walter Alexander RH	H53/32D	1998	2016
KMB	AV470	HT3601	YV3YNA413WC028560	Volvo Olympian OLY-65	Walter Alexander RH	H53/32D	1998	2016
KMB	AV463	HT3200	YV3YNA415WC028561	Volvo Olympian OLY-65	Walter Alexander RH	H53/32D	1998	2016
CTB	960	HR2784	YV3YNA417WC028562	Volvo Olympian OLY-65	Walter Alexander RH 9719/10	H53/38D	1998	2016
CTB	961	HR2697	YV3YNA410WC028564	Volvo Olympian OLY-65	Walter Alexander RH 9719/11	H53/38D	1998	
CTB	962	HR3712	YV3YNA412WC028565	Volvo Olympian OLY-65	Walter Alexander RH 9719/12	H53/38D	1998	
CTB	963	HR8259	YV3YNA414WC028566	Volvo Olympian OLY-65	Walter Alexander RH 9719/13	H53/38D	1998	
CTB	964	HR2817	YV3YNA416WC028567	Volvo Olympian OLY-65	Walter Alexander RH 9719/14	H53/38D	1998	
CTB	965	HR3878	YV3YNA41XWC028569	Volvo Olympian OLY-65	Walter Alexander RH 9719/15	H53/38D	1998	
CTB	966	HR6854	YV3YNA418WC028571	Volvo Olympian OLY-65	Walter Alexander RH 9719/16	H53/38D	1998	
KMB	AV478	HT6683	YV3YNA41XWC028572	Volvo Olympian OLY-65	Walter Alexander RH	H53/32D	1998	2016
KMB	AV472	HT3635	YV3YNA415WC028575	Volvo Olympian OLY-65	Walter Alexander RH	H53/32D	1998	2016
KMB	AV461	HT2877	YV3YNA417WC028576	Volvo Olympian OLY-65	Walter Alexander RH	H53/32D	1998	2016
CTB	967	HR6533	YV3YNA415WC028592	Volvo Olympian OLY-65	Walter Alexander RH 9719/17	H53/38D	1998	
CTB	968	HR8359	YV3YNA410WC028595	Volvo Olympian OLY-65	Walter Alexander RH 9719/18	H53/38D	1998	
CTB	969	HR8463	YV3YNA412WC028596	Volvo Olympian OLY-65	Walter Alexander RH 9719/19	H53/38D	1998	
CTB	970	HR8002	YV3YNA414WC028597	Volvo Olympian OLY-65	Walter Alexander RH 9719/20	H53/38D	1998	
CMB	VA58	HP4732	YV3YNA418WC028599	Volvo Olympian OLY-65	Walter Alexander RH	H53/39D	1998	1998
CMB	VA56	HP3011	YV3YNA410WC028600	Volvo Olympian OLY-65	Walter Alexander RH	H53/39D	1998	1998
CMB	VA52	HN6509	YV3YNA412WC028601	Volvo Olympian OLY-65	Walter Alexander RH	H53/39D	1998	1998
CMB	VA55	HP3851	YV3YNA416WC028603	Volvo Olympian OLY-65	Walter Alexander RH	H53/39D	1998	1998
CMB	VA57	HP6260	YV3YNA418WC028604	Volvo Olympian OLY-65	Walter Alexander RH	H53/39D	1998	1998
CMB	VA51	HN8481	YV3YNA41XWC028605	Volvo Olympian OLY-65	Walter Alexander RH	H53/39D	1998	1998
CTB	22	HN8481	YV3YNA41XWC028605	Volvo Olympian OLY-65	Walter Alexander RH	O53/37D	1998	
CMB	VA53	HN9798	YV3YNA411WC028606	Volvo Olympian OLY-65	Walter Alexander RH	H53/39D	1998	1998
CMB	VA54	HN8897	YV3YNA417WC028609	Volvo Olympian OLY-65	Walter Alexander RH	H53/39D	1998	1998

公司	車隊編號	車牌	底盤編號	車型	車身	座位佈局	首次登記日期	退役日期
CTB	23	HN8897	YV3YNA417WC028609	Volvo Olympian OLY-65	Walter Alexander RH	O53/37D	1998	
CMB	VA63	HR2439	YV3YNA413WC028610	Volvo Olympian OLY-65	Walter Alexander RH	H53/39D	1998	1998
CTB	971	HR6960	YV3YNA415WC028611	Volvo Olympian OLY-65	Walter Alexander RH 9719/21	H53/38D	1998	2016
CTB	972	HR6591	YV3YNA419WC028613	Volvo Olympian OLY-65	Walter Alexander RH 9719/22	H53/38D	1998	2016
CTB	973	HS5344	YV3YNA410WC028614	Volvo Olympian OLY-65	Walter Alexander RH 9719/23	H53/38D	1998	2016
CTB	974	HR6577	YV3YNA412WC028615	Volvo Olympian OLY-65	Walter Alexander RH 9719/24	H53/38D	1998	2016
CTB	975	HS5207	YV3YNA418WC028618	Volvo Olympian OLY-65	Walter Alexander RH 9719/25	H53/38D	1998	2016
CTB	976	HS6205	YV3YNA41XWC028619	Volvo Olympian OLY-65	Walter Alexander RH 9719/26	H53/38D	1998	2016
CMB	VA59	HP7236	YV3YNA413WC028638	Volvo Olympian OLY-65	Walter Alexander RH	H53/39D	1998	1998
CTB	977	HS6140	YV3YNA415WC028639	Volvo Olympian OLY-65	Walter Alexander RH 9719/27	H53/38D	1998	2016
CTB	978	HS5817	YV3YNA413WC028641	Volvo Olympian OLY-65	Walter Alexander RH 9719/28	H53/38D	1998	2016
CTB	979	HS7280	YV3YNA415WC028642	Volvo Olympian OLY-65	Walter Alexander RH 9719/29	H53/38D	1998	2016
CTB	980	HS8067	YV3YNA417WC028643	Volvo Olympian OLY-65	Walter Alexander RH 9719/30	H53/38D	1998	2016
CMB	VA60	HP8260	YV3YNA419WC028644	Volvo Olympian OLY-65	Walter Alexander RH	H53/39D	1998	1998
CTB	981	HS6505	YV3YNA412WC028646	Volvo Olympian OLY-65	Walter Alexander RH 9737/1	H53/38D	1998	2016
CTB	982	HS6560	YV3YNA416WC028648	Volvo Olympian OLY-65	Walter Alexander RH 9737/2	H53/38D	1998	2016
CTB	983	HT1574	YV3YNA418WC028649	Volvo Olympian OLY-65	Walter Alexander RH 9737/3	H53/38D	1998	2016
CTB	984	HS6860	YV3YNA418WC028652	Volvo Olympian OLY-65	Walter Alexander RH 9737/4	H53/38D	1998	2016
CTB	985	HS8397	YV3YNA41XWC028653	Volvo Olympian OLY-65	Walter Alexander RH 9737/5	H53/38D	1998	2016
CTB	986	HT1366	YV3YNA410WC028676	Volvo Olympian OLY-65	Walter Alexander RH 9737/6	H53/38D	1998	
CTB	987	HT4739	YV3YNA416WC028679	Volvo Olympian OLY-65	Walter Alexander RH 9737/20	H53/38D	1998	
CTB	988	HT1937	YV3YNA412WC028680	Volvo Olympian OLY-65	Walter Alexander RH 9737/7	H53/38D	1998	
CTB	989	HT1648	YV3YNA414WC028681	Volvo Olympian OLY-65	Walter Alexander RH 9737/8	H53/38D	1998	2016
CTB	990	HT1123	YV3YNA416WC028682	Volvo Olympian OLY-65	Walter Alexander RH 9737/9	H53/38D	1998	2016
CTB	991	HT817	YV3YNA411WC028685	Volvo Olympian OLY-65	Walter Alexander RH 9737/10	H53/38D	1998	
CMB	VA61	HP8961	YV3YNA413WC028686	Volvo Olympian OLY-65	Walter Alexander RH	H53/39D	1998	1998
CMB	VA62	HP9730	YV3YNA415WC028687	Volvo Olympian OLY-65	Walter Alexander RH	H53/39D	1998	2001
CTB	9041	HP9730	YV3YNA415WC028687	Volvo Olympian OLY-65	Walter Alexander RH	H53/39D	1998	2016
CMB	VA64	HR1121	YV3YNA417WC028688	Volvo Olympian OLY-65	Walter Alexander RH	H53/39D	1998	2001
CTB	9042	HR1121	YV3YNA417WC028688	Volvo Olympian OLY-65	Walter Alexander RH	H53/39D	1998	2016
CTB	992	HT641	YV3YNA415WC028690	Volvo Olympian OLY-65	Walter Alexander RH 9737/11	H53/38D	1998	2016
CTB	993	HT6228	YV3YNA419WC028692	Volvo Olympian OLY-65	Walter Alexander RH 9737/12	H53/38D	1998	2016
CTB	994	HT6478	YV3YNA410WC028693	Volvo Olympian OLY-65	Walter Alexander RH 9737/13	H53/38D	1998	2016
CTB	995	HT4344	YV3YNA414WC028695	Volvo Olympian OLY-65	Walter Alexander RH 9737/14	H53/38D	1998	2016
CTB	996	HT4030	YV3YNA418WC028697	Volvo Olympian OLY-65	Walter Alexander RH 9737/15	H53/38D	1998	2016
CTB	997	HT3818	YV3YNA416WC028732	Volvo Olympian OLY-65	Walter Alexander RH 9737/16	H53/38D	1998	2016
CTB	998	HT3126	YV3YNA411WC028735	Volvo Olympian OLY-65	Walter Alexander RH 9737/17	H53/38D	1998	2016
CTB	999	HT5860	YV3YNA413WC028736	Volvo Olympian OLY-65	Walter Alexander RH 9737/18	H53/38D	1998	2016
CTB	9000	HT6493	YV3YNA415WC028737	Volvo Olympian OLY-65	Walter Alexander RH 9737/19	H53/38D	1998	2016
KMB	AV490	HT7949	YV3YNA410WC028757	Volvo Olympian OLY-65	Walter Alexander RH	H53/32D	1998	2016
KMB	AV486	HT7699	YV3YNA412WC028758	Volvo Olympian OLY-65	Walter Alexander RH	H53/32D	1998	2016
KMB	AV487	HT7701	YV3YNA414WC028759	Volvo Olympian OLY-65	Walter Alexander RH	H53/32D	1998	2016
KMB	AV495	HT8399	YV3YNA412WC028761	Volvo Olympian OLY-65	Walter Alexander RH	H53/32D	1998	2016
KMB	AV489	HT7904	YV3YNA416WC028763	Volvo Olympian OLY-65	Walter Alexander RH	H53/32D	1998	2016
KMB	AV477	HT6540	YV3YNA41XWC028765	Volvo Olympian OLY-65	Walter Alexander RH	H53/32D	1998	2016
KMB	AV502	HT8954	YV3YNA411WC028766	Volvo Olympian OLY-65	Walter Alexander RH	H53/32D	1998	2016
KMB	AV481	HT6962	YV3YNA417WC028769	Volvo Olympian OLY-65	Walter Alexander RH	H53/32D	1998	2016

公司	車隊編號	車牌	底盤編號	車型	車身	座位佈局	首次登記日期	退役日期
CTB	9001	HT3827	YV3YNA413WC028770	Volvo Olympian OLY-65	Walter Alexander RH 9738/1	H53/38D	1998	2016
CTB	9002	HT6374	YV3YNA415WC028771	Volvo Olympian OLY-65	Walter Alexander RH 9738/2	H53/38D	1998	2016
CTB	9003	HT5882	YV3YNA410WC028774	Volvo Olympian OLY-65	Walter Alexander RH 9738/3	H53/38D	1998	2016
CTB	9004	HT4489	YV3YNA412WC028775	Volvo Olympian OLY-65	Walter Alexander RH 9738/4	H53/38D	1998	2016
CTB	9005	HT4676	YV3YNA41XWC028801	Volvo Olympian OLY-65	Walter Alexander RH 9738/5	H53/38D	1998	2016
CTB	9006	HT5740	YV3YNA411WC028802	Volvo Olympian OLY-65	Walter Alexander RH 9738/6	H53/38D	1998	2016
CTB	9007	HT5957	YV3YNA413WC028803	Volvo Olympian OLY-65	Walter Alexander RH 9738/7	H53/38D	1998	2016
CTB	9008	HU418	YV3YNA419WC028806	Volvo Olympian OLY-65	Walter Alexander RH 9738/8	H53/38D	1998	2016
CTB	9009	HT4659	YV3YNA410WC028807	Volvo Olympian OLY-65	Walter Alexander RH 9738/9	H53/38D	1998	2016
CTB	9010	HT9714	YV3YNA412WC028808	Volvo Olympian OLY-65	Walter Alexander RH 9738/10	H53/38D	1998	2016
KMB	AV479	HT6709	YV3YNA414WC028809	Volvo Olympian OLY-65	Walter Alexander RH	H53/32D	1998	2016
KMB	AV493	HT8193	YV3YNA412WC028811	Volvo Olympian OLY-65	Walter Alexander RH	H53/32D	1998	2016
KMB	AV484	HT7335	YV3YNA416WC028813	Volvo Olympian OLY-65	Walter Alexander RH	H53/32D	1998	2016
KMB	AV488	HT7851	YV3YNA41XWC028815	Volvo Olympian OLY-65	Walter Alexander RH	H53/32D	1998	2016
KMB	AV482	HT7029	YV3YNA413WC028817	Volvo Olympian OLY-65	Walter Alexander RH	H53/32D	1998	2016
KMB	AV492	HT8142	YV3YNA417WC028819	Volvo Olympian OLY-65	Walter Alexander RH	H53/32D	1998	2016
KMB	AV483	HT7043	YV3YNA413WC028820	Volvo Olympian OLY-65	Walter Alexander RH	H53/32D	1998	2016
KMB	AV509	HT9608	YV3YNA419WC028823	Volvo Olympian OLY-65	Walter Alexander RH	H53/32D	1998	2016
KMB	AV496	HT8415	YV3YNA410WC028824	Volvo Olympian OLY-65	Walter Alexander RH	H53/32D	1998	2016
KMB	AV507	HT9516	YV3YNA412WC028825	Volvo Olympian OLY-65	Walter Alexander RH	H53/32D	1998	2016
KMB	AV510	HT9655	YV3YNA418WC028828	Volvo Olympian OLY-65	Walter Alexander RH	H53/32D	1998	2016
KMB	AV512	HU162	YV3YNA41XWC028829	Volvo Olympian OLY-65	Walter Alexander RH	H53/32D	1998	2016
KMB	AV511	HU106	YV3YNA416WC028830	Volvo Olympian OLY-65	Walter Alexander RH	H53/32D	1998	2016
KMB	AV516	HU422	YV3YNA412WC028839	Volvo Olympian OLY-65	Walter Alexander RH	H53/32D	1998	2016
KMB	AV501	HT8912	YV3YNA419WC028840	Volvo Olympian OLY-65	Walter Alexander RH	H53/32D	1998	2016
KMB	AV500	HT8689	YV3YNA410WC028841	Volvo Olympian OLY-65	Walter Alexander RH	H53/32D	1998	2016
KMB	AV497	HT8576	YV3YNA416WC028844	Volvo Olympian OLY-65	Walter Alexander RH	H53/32D	1998	2016
KMB	AV506	HT9508	YV3YNA418WC028845	Volvo Olympian OLY-65	Walter Alexander RH	H53/32D	1998	2016
KMB	AV498	HT8608	YV3YNA41XWC028846	Volvo Olympian OLY-65	Walter Alexander RH	H53/32D	1998	2016
KMB	AV515	HU366	YV3YNA415WC028849	Volvo Olympian OLY-65	Walter Alexander RH	H53/32D	1998	2016
KMB	AV505	HT9462	YV3YNA411WC028850	Volvo Olympian OLY-65	Walter Alexander RH	H53/32D	1998	2016
KMB	AV504	HT9346	YV3YNA413WC028851	Volvo Olympian OLY-65	Walter Alexander RH	H53/32D	1998	2016
KMB	AV514	HU360	YV3YNA419WC028854	Volvo Olympian OLY-65	Walter Alexander RH	H53/32D	1998	2016
KMB	AV503	HT9176	YV3YNA410WC028855	Volvo Olympian OLY-65	Walter Alexander RH	H53/32D	1998	2016
KMB	AV508	HT9578	YV3YNA412WC028856	Volvo Olympian OLY-65	Walter Alexander RH	H53/32D	1998	2016
KMB	AV499	HT8622	YV3YNA414WC028857	Volvo Olympian OLY-65	Walter Alexander RH	H53/32D	1998	2016
KMB	AV513	HU208	YV3YNA418WC028859	Volvo Olympian OLY-65	Walter Alexander RH	H53/32D	1998	2016
KMB	AV525	HU8087	YV3YNA416WC028861	Volvo Olympian OLY-65	Walter Alexander RH	H53/32D	1998	2016
KMB	AV524	HU7907	YV3YNA41XWC028863	Volvo Olympian OLY-65	Walter Alexander RH	H53/32D	1998	2016
KMB	AV518	HU6639	YV3YNA413WC028865	Volvo Olympian OLY-65	Walter Alexander RH	H53/32D	1998	2016
KMB	AV523	HU7874	YV3YNA417WC028867	Volvo Olympian OLY-65	Walter Alexander RH	H53/32D	1998	2016
KMB	AV519	HU6846	YV3YNA418WC028893	Volvo Olympian OLY-65	Walter Alexander RH	H53/32D	1998	2016
KMB	AV526	HU8225	YV3YNA41XWC028894	Volvo Olympian OLY-65	Walter Alexander RH	H53/32D	1998	2016
KMB	AV521	HU7855	YV3YNA411WC028895	Volvo Olympian OLY-65	Walter Alexander RH	H53/32D	1998	2016
KMB	AV517	HU6558	YV3YNA417WC028898	Volvo Olympian OLY-65	Walter Alexander RH	H53/32D	1998	2016
KMB	AV528	HU9385	YV3YNA419WC028899	Volvo Olympian OLY-65	Walter Alexander RH	H53/32D	1998	2016
KMB	AV529	HV8280	YV3YNA411WC028900	Volvo Olympian OLY-65	Walter Alexander RH	H53/32D	1998	2016

公司	車隊編號	車牌	底盤編號	車型	車身	座位佈局	首次登記日期	退役日期
KMB	AV530	HV9690	YV3YNA413WC028901	Volvo Olympian OLY-65	Walter Alexander RH	H53/32D	1998	2016
KMB	AV520	HU7455	YV3YNA417WC028903	Volvo Olympian OLY-65	Walter Alexander RH	H53/32D	1998	2016
KMB	AV522	HU7872	YV3YNA410WC028905	Volvo Olympian OLY-65	Walter Alexander RH	H53/32D	1998	2016
KMB	AV527	HU8803	YV3YNA412WC028906	Volvo Olympian OLY-65	Walter Alexander RH	H53/32D	1998	2016
KMB	AV531	HW225	YV3YNA418WC028909	Volvo Olympian OLY-65	Walter Alexander RH	H53/32D	1998	2016
CTB	9011	HT9893	YV3YNA414WC028938	Volvo Olympian OLY-65	Walter Alexander RH 9738/11	H53/38D	1998	2016
CTB	9012	HT8643	YV3YNA414WC028941	Volvo Olympian OLY-65	Walter Alexander RH 9738/12	H53/38D	1998	2016
CTB	9013	HT9707	YV3YNA416WC028942	Volvo Olympian OLY-65	Walter Alexander RH 9738/13	H53/38D	1998	2016
CTB	9014	HT9318	YV3YNA418WC028943	Volvo Olympian OLY-65	Walter Alexander RH 9738/14	H53/38D	1998	2016
CTB	9015	HU3986	YV3YNA411WC028945	Volvo Olympian OLY-65	Walter Alexander RH 9738/15	H53/38D	1998	2016
CTB	9016	HU4328	YV3YNA415WC028947	Volvo Olympian OLY-65	Walter Alexander RH 9738/16	H53/38D	1998	2016
CTB	9017	HT9551	YV3YNA417WC028948	Volvo Olympian OLY-65	Walter Alexander RH 9738/17	H53/38D	1998	2016
CTB	9018	HT9479	YV3YNA419WC028949	Volvo Olympian OLY-65	Walter Alexander RH 9738/18	H53/38D	1998	2016
CTB	9019	HT9681	YV3YNA419WC028952	Volvo Olympian OLY-65	Walter Alexander RH 9738/19	H53/38D	1998	2016
CTB	9020	HT8973	YV3YNA410WC028953	Volvo Olympian OLY-65	Walter Alexander RH 9738/20	H53/38D	1998	2016
CTB	636	HT8766	YV3YNA415WC028981	Volvo Olympian OLY-72	Walter Alexander RH 9739/1	H57/42D	1998	2016
CTB	637	HU2851	YV3YNA417WC028982	Volvo Olympian OLY-72	Walter Alexander RH 9739/2	H57/42D	1998	2016
CTB	638	HT9566	YV3YNA412WC028985	Volvo Olympian OLY-72	Walter Alexander RH 9739/3	H57/42D	1998	2016
CTB	639	HT9708	YV3YNA414WC028986	Volvo Olympian OLY-72	Walter Alexander RH 9739/4	H57/42D	1998	2016
CTB	640	HT8675	YV3YNA416WC028987	Volvo Olympian OLY-72	Walter Alexander RH 9739/5	H57/42D	1998	2016
CTB	641	HT8865	YV3YNA418WC028988	Volvo Olympian OLY-72	Walter Alexander RH 9739/6	H57/42D	1998	2016
CTB	642	HT8541	YV3YNA416WC028990	Volvo Olympian OLY-72	Walter Alexander RH 9739/7	H57/42D	1998	2016
CTB	643	HU164	YV3YNA41XWC028992	Volvo Olympian OLY-72	Walter Alexander RH 9739/8	H57/42D	1998	2016
CTB	644	HT9711	YV3YNA413WC028994	Volvo Olympian OLY-72	Walter Alexander RH 9739/9	H57/42D	1998	2016
CTB	645	HU3608	YV3YNA417WC028996	Volvo Olympian OLY-72	Walter Alexander RH 9739/10	H57/42D	1998	2016
CTB	646	HU2982	YV3YNA410WC028998	Volvo Olympian OLY-72	Walter Alexander RH 9739/11	H57/42D	1998	2016
CTB	647	HU3867	YV3YNA416WC029024	Volvo Olympian OLY-72	Walter Alexander RH 9739/12	H57/42D	1998	2016
CTB	648	HU3759	YV3YNA418WC029025	Volvo Olympian OLY-72	Walter Alexander RH 9739/13	H57/42D	1998	2016
CTB	649	HU3876	YV3YNA41XWC029026	Volvo Olympian OLY-72	Walter Alexander RH 9739/14	H57/42D	1998	2016
CTB	650	HU2987	YV3YNA415WC029029	Volvo Olympian OLY-72	Walter Alexander RH 9739/15	H57/42D	1998	2016
CTB	651	HU3048	YV3YNA411WC029030	Volvo Olympian OLY-72	Walter Alexander RH 9739/16	H57/42D	1998	2016
CTB	652	HU3818	YV3YNA413WC029031	Volvo Olympian OLY-72	Walter Alexander RH 9739/17	H57/42D	1998	2016
CTB	653	HU2673	YV3YNA414WC029037	Volvo Olympian OLY-72	Walter Alexander RH 9739/18	H57/42D	1998	2016
CTB	654	HU3055	YV3YNA416WC029038	Volvo Olympian OLY-72	Walter Alexander RH 9739/19	H57/42D	1998	2016
CTB	655	HU3162	YV3YNA416WC029041	Volvo Olympian OLY-72	Walter Alexander RH 9739/20	DPH57/42D	1998	2016
CTB	656	HU3984	YV3YNA418WC029042	Volvo Olympian OLY-72	Walter Alexander RH 9739/21	DPH57/42D	1998	2016
CTB	657	HU4392	YV3YNA41XWC029043	Volvo Olympian OLY-72	Walter Alexander RH 9739/22	DPH57/42D	1998	2016
CTB	658	HU2518	YV3YNA415WC029046	Volvo Olympian OLY-72	Walter Alexander RH 9739/23	DPH57/42D	1998	2016
CTB	659	HU3803	YV3YNA417WC029047	Volvo Olympian OLY-72	Walter Alexander RH 9739/24	DPH57/42D	1998	2016
CTB	660	HU3579	YV3YNA417WC029064	Volvo Olympian OLY-72	Walter Alexander RH 9739/25	DPH57/42D	1998	2016
CTB	661	HU4373	YV3YNA419WC029065	Volvo Olympian OLY-72	Walter Alexander RH 9739/26	DPH57/42D	1998	2016
CTB	662	HU2550	YV3YNA414WC029068	Volvo Olympian OLY-72	Walter Alexander RH 9739/27	DPH57/42D	1998	2016
CTB	663	HU2560	YV3YNA416WC029069	Volvo Olympian OLY-72	Walter Alexander RH 9739/28	DPH57/42D	1998	2016
CTB	664	HU3262	YV3YNA412WC029070	Volvo Olympian OLY-72	Walter Alexander RH 9739/29	DPH57/42D	1998	2016
CTB	665	HU2980	YV3YNA418WC029073	Volvo Olympian OLY-72	Walter Alexander RH 9739/30	DPH57/42D	1998	2016
CTB	666	HU4048	YV3YNA41XWC029074	Volvo Olympian OLY-72	Walter Alexander RH 9739/31	DPH57/42D	1998	2016
CTB	667	HU3160	YV3YNA411WC029075	Volvo Olympian OLY-72	Walter Alexander RH 9739/32	DPH57/42D	1998	2016

公司	車隊編號	車牌	底盤編號	車型	車身	座位佈局	首次登記日期	退役日期
CTB	668	HU6819	YV3YNA413WC029076	Volvo Olympian OLY-72	Walter Alexander RH 9739/33	DPH57/42D	1998	2016
CTB	669	HU3668	YV3YNA417WC029078	Volvo Olympian OLY-72	Walter Alexander RH 9739/34	DPH57/42D	1998	2016
CTB	670	HU6805	YV3YNA415WC029080	Volvo Olympian OLY-72	Walter Alexander RH 9739/35	DPH57/42D	1998	2016
CTB	671	HU3830	YV3YNA419WC029082	Volvo Olympian OLY-72	Walter Alexander RH 9739/36	DPH57/42D	1998	2016
CTB	672	HU8656	YV3YNA414WC029085	Volvo Olympian OLY-72	Walter Alexander RH 9739/37	DPH57/42D	1998	2016
CTB	673	HU6784	YV3YNA416WC029086	Volvo Olympian OLY-72	Walter Alexander RH 9739/38	DPH57/42D	1998	2016
CTB	674	HU8326	YV3YNA418WC029087	Volvo Olympian OLY-72	Walter Alexander RH 9739/39	DPH57/42D	1998	2016
CTB	675	HU7692	YV3YNA418WC029090	Volvo Olympian OLY-72	Walter Alexander RH 9739/40	DPH57/42D	1998	2016
CTB	676	HV2258	YV3YNA41XWC029091	Volvo Olympian OLY-72	Walter Alexander RH 9739/41	DPH57/42D	1998	2016
CTB	677	HU9421	YV3YNA418WC029106	Volvo Olympian OLY-72	Walter Alexander RH 9739/42	DPH57/42D	1998	2016
CTB	678	HU7527	YV3YNA411WC029108	Volvo Olympian OLY-72	Walter Alexander RH 9739/43	DPH57/42D	1998	2016
CTB	679	HU9508	YV3YNA413WC029109	Volvo Olympian OLY-72	Walter Alexander RH 9739/44	DPH57/42D	1998	2016
CTB	680	HV5362	YV3YNA415WC029111	Volvo Olympian OLY-72	Walter Alexander RH 9739/50	DPH57/42D	1998	2016
CTB	681	HV7333	YV3YNA413WC029112	Volvo Olympian OLY-72	Walter Alexander RH 9739/45	DPH57/42D	1998	2016
CTB	682	HU9053	YV3YNA415WC029113	Volvo Olympian OLY-72	Walter Alexander RH 9739/46	DPH57/42D	1998	2016
CTB	683	HV153	YV3YNA417WC029114	Volvo Olympian OLY-72	Walter Alexander RH 9739/47	DPH57/42D	1998	2016
CTB	684	HU9447	YV3YNA412WC029117	Volvo Olympian OLY-72	Walter Alexander RH 9753/2	DPH57/42D	1998	2017
CTB	685	HU6517	YV3YNA414WC029118	Volvo Olympian OLY-72	Walter Alexander RH 9753/4	DPH57/42D	1998	2017
CTB	686	HU9720	YV3YNA416WC029119	Volvo Olympian OLY-72	Walter Alexander RH 9753/1	DPH57/42D	1998	2017
CTB	687	HU7791	YV3YNA412WC029120	Volvo Olympian OLY-72	Walter Alexander RH 9753/5	DPH57/42D	1998	2017
CTB	688	HU9112	YV3YNA416WC029122	Volvo Olympian OLY-72	Walter Alexander RH 9753/3	DPH57/42D	1998	2017
CTB	689	HU9262	YV3YNA41XWC029124	Volvo Olympian OLY-72	Walter Alexander RH 9753/6	DPH57/42D	1998	2017
CTB	690	HU9075	YV3YNA413WC029126	Volvo Olympian OLY-72	Walter Alexander RH 9753/7	DPH57/42D	1998	2017
CTB	691	HU9241	YV3YNA419WC029129	Volvo Olympian OLY-72	Walter Alexander RH 9753/8	DPH57/42D	1998	2017
CTB	692	HV1286	YV3YNA415WC029130	Volvo Olympian OLY-72	Walter Alexander RH 9753/9	DPH57/42D	1998	2017
CTB	693	HU9603	YV3YNA417WC029131	Volvo Olympian OLY-72	Walter Alexander RH 9753/10	DPH57/42D	1998	2017
CTB	694	HV4985	YV3YNA412WC029134	Volvo Olympian OLY-72	Walter Alexander RH 9753/11	DPH57/42D	1998	2017
CTB	695	HV5580	YV3YNA414WC029135	Volvo Olympian OLY-72	Walter Alexander RH 9753/12	DPH57/42D	1998	2017
CTB	696	HV6418	YV3YNA410WC029150	Volvo Olympian OLY-72	Walter Alexander RH 9753/13	DPH57/42D	1998	2017
CTB	697	HV5277	YV3YNA414WC029152	Volvo Olympian OLY-72	Walter Alexander RH 9753/14	DPH57/42D	1998	2016
CTB	698	HV6196	YV3YNA416WC029153	Volvo Olympian OLY-72	Walter Alexander RH 9753/15	DPH57/42D	1998	2017
CTB	699	HV5166	YV3YNA411WC029156	Volvo Olympian OLY-72	Walter Alexander RH 9753/16	DPH57/42D	1998	2016
CTB	324	HV5025	YV3YNA413WC029157	Volvo Olympian OLY-72	Walter Alexander RH 9753/17	H57/42D	1998	2016
CTB	325	HV5961	YV3YNA413WC029160	Volvo Olympian OLY-72	Walter Alexander RH 9753/18	H57/42D	1998	2016
CTB	326	HV5419	YV3YNA415WC029161	Volvo Olympian OLY-72	Walter Alexander RH 9753/19	H57/42D	1998	2016
CTB	327	HV7618	YV3YNA417WC029162	Volvo Olympian OLY-72	Walter Alexander RH 9753/20	H57/42D	1998	2016
CTB	328	HU9029	YV3YNA414WC029166	Volvo Olympian OLY-72	Walter Alexander RH 9739/48	H57/42D	1998	2017
CTB	329	HV5031	YV3YNA418WC029168	Volvo Olympian OLY-72	Walter Alexander RH 9739/49	H57/42D	1998	2016
CTB	9021	HV8472	YV3YNA41XWC029169	Volvo Olympian OLY-65	Walter Alexander RH 9804/1	H53/38D	1998	2017
CTB	9022	HW1646	YV3YNA41XWC029172	Volvo Olympian OLY-65	Walter Alexander RH 9804/2	H53/38D	1998	2017
CTB	9023	HV8093	YV3YNA411WC029173	Volvo Olympian OLY-65	Walter Alexander RH 9804/3	H53/38D	1998	2017
CTB	9024	HV6596	YV3YNA413WC029174	Volvo Olympian OLY-65	Walter Alexander RH 9804/4	H53/38D	1998	2017
CTB	9025	HV7671	YV3YNA419WC029177	Volvo Olympian OLY-65	Walter Alexander RH 9804/5	H53/38D	1998	2017
CTB	9026	HV7257	YV3YNA416WC029198	Volvo Olympian OLY-65	Walter Alexander RH 9804/6	H53/38D	1998	2017
CTB	9027	HV6743	YV3YNA418WC029199	Volvo Olympian OLY-65	Walter Alexander RH 9804/7	H53/38D	1998	2017
CTB	9028	HV8123	YV3YNA410WC029200	Volvo Olympian OLY-65	Walter Alexander RH 9804/8	H53/38D	1998	2017
CTB	9029	HV7448	YV3YNA416WC029203	Volvo Olympian OLY-65	Walter Alexander RH 9804/9	H53/38D	1998	2017

公司	車隊編號	車牌	底盤編號	車型	車身	座位佈局	首次登記日期	退役日期
CTB	9030	HV6947	YV3YNA418WC029204	Volvo Olympian OLY-65	Walter Alexander RH 9804/10	H53/38D	1998	2017
CTB	9031	HW977	YV3YNA41XWC029205	Volvo Olympian OLY-65	Walter Alexander RH 9804/11	H53/38D	1998	2017
CTB	9032	HW1045	YV3YNA415WC029208	Volvo Olympian OLY-65	Walter Alexander RH 9804/12	H53/38D	1998	2017
CTB	9033	HW1311	YV3YNA417WC029209	Volvo Olympian OLY-65	Walter Alexander RH 9804/13	H53/38D	1998	2017
CTB	9034	HW3695	YV3YNA419WC029213	Volvo Olympian OLY-65	Walter Alexander RH 9804/14	H53/38D	1998	2017
CTB	9035	HW3061	YV3YNA41XWC029236	Volvo Olympian OLY-65	Walter Alexander RH 9804/15	H53/38D	1998	2017
CTB	9036	HW4031	YV3YNA415WC029239	Volvo Olympian OLY-65	Walter Alexander RH 9804/16	H53/38D	1998	2017
CTB	9037	HW8373	YV3YNA411WC029240	Volvo Olympian OLY-65	Walter Alexander RH 9804/17	H53/38D	1998	2017
CTB	9038	HW8104	YV3YNA410WC029262	Volvo Olympian OLY-65	Walter Alexander RH 9804/18	H53/38D	1998	2017
CTB	9039	HW8193	YV3YNA414WC029264	Volvo Olympian OLY-65	Walter Alexander RH 9804/19	H53/38D	1998	2017
CTB	9040	HW7897	YV3YNA41XWC029267	Volvo Olympian OLY-65	Walter Alexander RH 9804/20	H53/38D	1998	2017

Volvo B12

公司	車隊編號	車牌	底盤編號	車型	車身	座位佈局	首次登記日期	退役日期
CTB	2001	GT3740	YV3R2EX19TA001936	Volvo B12	Jonckheere Monaco	CH57/16Ct	1996	2001
CTB	2002	GT2767	YV3R2EX10TA001937	Volvo B12	Jonckheere Monaco	CH57/16Ct	1996	2001
CTB	2003	GT3752	YV3R2EX12TA001938	Volvo B12	Jonckheere Monaco	CH57/16Ct	1996	2001
CTB	2004	GT2814	YV3R2EX14TA001939	Volvo B12	Jonckheere Monaco	CH57/16Ct	1996	2001
CTB	2005	GT2890	YV3R2EX10TA001940	Volvo B12	Jonckheere Monaco	CH57/16Ct	1996	2001

Dennis Dart SLF

公司	車隊編號	車牌	底盤編號	車型	車身	座位佈局	首次登記日期	退役日期
KMB	AA50	GU1278	SFD222AR1SGW10111	Dennis Dart SLF 10.1m	Plaxton 9610HJZ4827	B29F	1996	2011
KMB	AA49	GU719	SFD222AR1SGW10112	Dennis Dart SLF 10.1m	Plaxton 9610HJZ4828	B29F	1996	2014
KMB	AA56	HC1062	SFD222AR1TGW10218	Dennis Dart SLF 10.1m	Plaxton 9610HJZ5566	B29F	1997	2002
PITCL	106	HC1062	SFD222AR1TGW10218	Dennis Dart SLF 10.1m	Plaxton 9610HJZ5566	B36F	1997	2011
KMB	AA57	HC1387	SFD222AR1TGW10235	Dennis Dart SLF 10.1m	Plaxton 9610HJZ5567	B29F	1997	2002
PITCL	103	HC1387	SFD222AR1TGW10235	Dennis Dart SLF 10.1m	Plaxton 9610HJZ5567	B36F	1997	2011
KMB	AA51	HA9428	SFD222AR1TGW10248	Dennis Dart SLF 10.1m	Plaxton 9610HJZ5568	B29F	1997	2002
PITCL	101	HA9428	SFD222AR1TGW10248	Dennis Dart SLF 10.1m	Plaxton 9610HJZ5568	B36F	1997	2014
KMB	AA52	HA9560	SFD222AR1TGW10259	Dennis Dart SLF 10.1m	Plaxton 9610HJZ5569	B29F	1997	2015
KMB	AA53	HA9706	SFD222AR1TGW10260	Dennis Dart SLF 10.1m	Plaxton 9610HJZ5570	B29F	1997	2014
KMB	AA60	HC1932	SFD222AR1TGW10261	Dennis Dart SLF 10.1m	Plaxton 9610HJZ5571	B29F	1997	2015
KMB	AA54	HB9775	SFD222AR1TGW10268	Dennis Dart SLF 10.1m	Plaxton 9610HJZ5572	B29F	1997	2002
PITCL	102	HB9775	SFD222AR1TGW10268	Dennis Dart SLF 10.1m	Plaxton 9610HJZ5572	B36F	1997	2011
KMB	AA59	HC1614	SFD222AR1TGW10269	Dennis Dart SLF 10.1m	Plaxton 9610HJZ5573	B29F	1997	2002
PITCL	105	HC1614	SFD222AR1TGW10269	Dennis Dart SLF 10.1m	Plaxton 9610HJZ5573	B36F	1997	2011
KMB	AA55	HC907	SFD222AR1TGW10270	Dennis Dart SLF 10.1m	Plaxton 9610HJZ5574	B29F	1997	2014
KMB	AA58	HC1586	SFD222AR1TGW10271	Dennis Dart SLF 10.1m	Plaxton 9610HJZ5575	B29F	1997	2002
PITCL	104	HC1586	SFD222AR1TGW10271	Dennis Dart SLF 10.1m	Plaxton 9610HJZ5575	B36F	1997	2011
CTB	1422	HB5506	SFD322AR1TGW10432	Dennis Dart SLF 10.6m	Plaxton 9610.6HLZ6066	DP39D	1997	1999
CTB	1423	HB5013	SFD322AR1TGW10433	Dennis Dart SLF 10.6m	Plaxton 9610.6HLZ6067	DP39D	1997	1999
CTB	1424	HB8862	SFD322AR1TGW10434	Dennis Dart SLF 10.6m	Plaxton 9610.6HLZ6068	DP39D	1997	1999

公司	車隊編號	車牌	底盤編號	車型	車身	座位佈局	首次登記日期	退役日期
CTB	1425	HB4996	SFD322AR1TGW10456	Dennis Dart SLF 10.6m	Plaxton 9610.6HLZ6069	DP39D	1997	1999
CTB	1426	HB7989	SFD322AR1TGW10473	Dennis Dart SLF 10.6m	Plaxton 9610.6HLZ6070	DP39D	1997	1999
CTB	1427	HB8988	SFD322AR1TGW10474	Dennis Dart SLF 10.6m	Plaxton 9610.6HLZ6071	DP39D	1997	1999
CTB	1428	HC5075	SFD322AR1TGW10475	Dennis Dart SLF 10.6m	Plaxton 9610.6HLZ6072	DP39D	1997	1999
CTB	1429	HB9296	SFD322AR1TGW10494	Dennis Dart SLF 10.6m	Plaxton 9610.6HLZ6073	DP39D	1997	1999
CTB	1430	HC5122	SFD322AR1TGW10495	Dennis Dart SLF 10.6m	Plaxton 9610.6HLZ6074	DP39D	1997	1999
CTB	1431	HC8802	SFD322AR1TGW10518	Dennis Dart SLF 10.6m	Plaxton 9610.6HLZ6075	DP39D	1997	1999
CTB	1432	HC5574	SFD322AR1TGW10519	Dennis Dart SLF 10.6m	Plaxton 9610.6HLZ6076	DP39D	1997	1999
CTB	1433	HC5014	SFD322AR1TGW10537	Dennis Dart SLF 10.6m	Plaxton 9610.6HLZ6077	DP39D	1997	1999
CTB	1434	HC5778	SFD322AR1TGW10538	Dennis Dart SLF 10.6m	Plaxton 9610.6HLZ6078	DP39D	1997	1999
CTB	1435	HC4904	SFD322AR1TGW10561	Dennis Dart SLF 10.6m	Plaxton 9610.6HLZ6079	DP39D	1997	1999
CTB	1436	HC9965	SFD322AR1TGW10564	Dennis Dart SLF 10.6m	Plaxton 9610.6HLZ6080	DP39D	1997	1999
DBTSL	HKR116	HL1588	SFD322AR1VGW11069	Dennis Dart SLF	Pn 9710.6HLZ6958	B45F	1997	2014
DBTSL	HKR117	HL2854	SFD322AR1VGW11070	Dennis Dart SLF	Pn 9710.6HLZ6959	B45F	1997	2013
NWFB	2001	HV3127	SFD322AR1WGW12290	Dennis Dart SLF 10.7m	Plaxton 9810.7HLB9400	B35D	1998	2001
NWFB	2003	HV4733	SFD322AR1WGW12291	Dennis Dart SLF 10.7m	Plaxton 9810.7HLB9401	B35D	1998	2001
NWFB	2029	HV7025	SFD322AR1WGW12292	Dennis Dart SLF 10.7m	Plaxton 9810.7HLB9402	B35D	1998	2003
KMB	AA67	HV7025	SFD322AR1WGW12292	Dennis Dart SLF 10.7m	Plaxton 9810.7HLB9402	B32D	2003	2016
NWFB	2004	HV5822	SFD322AR1WGW12295	Dennis Dart SLF 10.7m	Plaxton 9810.7HLB9403	B35D	1998	2001
NWFB	2005	HV6137	SFD322AR1WGW12296	Dennis Dart SLF 10.7m	Plaxton 9810.7HLB9404	B35D	1998	2001
NWFB	2002	HV6302	SFD322AR1WGW12309	Dennis Dart SLF 10.7m	Plaxton 9810.7HLB9405	B35D	1998	2001
NWFB	2024	HV8137	SFD322AR1WGW12310	Dennis Dart SLF 10.7m	Plaxton 9810.7HLB9406	B32D	1998	2015
NWFB	2006	HV5087	SFD322AR1WGW12311	Dennis Dart SLF 10.7m	Plaxton 9810.7HLB9407	B35D	1998	2001
NWFB	2007	HV5609	SFD322AR1WGW12312	Dennis Dart SLF 10.7m	Plaxton 9810.7HLB9408	B35D	1998	2001
NWFB	2008	HV5346	SFD322AR1WGW12313	Dennis Dart SLF 10.7m	Plaxton 9810.7HLB9409	B35D	1998	2001
NWFB	2030	HV8435	SFD322AR1WGW12314	Dennis Dart SLF 10.7m	Plaxton 9810.7HLB9410	B35D	1998	2003
KMB	AA68	HV8435	SFD322AR1WGW12314	Dennis Dart SLF 10.7m	Plaxton 9810.7HLB9410	B32D	2003	2015
NWFB	2016	HV8269	SFD322AR1WGW12331	Dennis Dart SLF 10.7m	Plaxton 9810.7HLB9411	B35D	1998	2001
NWFB	2017	HV6815	SFD322AR1WGW12332	Dennis Dart SLF 10.7m	Plaxton 9810.7HLB9412	B35D	1998	2001
NWFB	2034	HV8910	SFD322AR1WGW12333	Dennis Dart SLF 10.7m	Plaxton 9810.7HLB9413	B32D	1998	2015
NWFB	2009	HV5864	SFD322AR1WGW12334	Dennis Dart SLF 10.7m	Plaxton 9810.7HLB9414	B35D	1998	2001
NWFB	2031	HV8152	SFD322AR1WGW12335	Dennis Dart SLF 10.7m	Plaxton 9810.7HLB9415	B32D	1998	2015
NWFB	2018	HV6963	SFD322AR1WGW12336	Dennis Dart SLF 10.7m	Plaxton 9810.7HLB9416	B35D	1998	2003
KMB	AA66	HV6963	SFD322AR1WGW12336	Dennis Dart SLF 10.7m	Plaxton 9810.7HLB9416	B32D	2003	2016
NWFB	2010	HV4863	SFD322AR1WGW12337	Dennis Dart SLF 10.7m	Plaxton 9810.7HLB9417	B35D	1998	2001
NWFB	2032	HV6942	SFD322AR1WGW12351	Dennis Dart SLF 10.7m	Plaxton 9810.7HLB9418	B32D	1998	2015
NWFB	2033	HV6769	SFD322AR1WGW12352	Dennis Dart SLF 10.7m	Plaxton 9810.7HLB9419	B32D	1998	2015
NWFB	2035	HW2439	SFD322AR1WGW12353	Dennis Dart SLF 10.7m	Plaxton 9810.7HLB9420	B32D	1998	2015
NWFB	2011	HV7513	SFD322AR1WGW12354	Dennis Dart SLF 10.7m	Plaxton 9810.7HLB9421	B35D	1998	2001
NWFB	2012	HV6710	SFD322AR1WGW12355	Dennis Dart SLF 10.7m	Plaxton 9810.7HLB9422	B35D	1998	2001
NWFB	2019	HV8029	SFD322AR1WGW12356	Dennis Dart SLF 10.7m	Plaxton 9810.7HLB9423	B35D	1998	2001
NWFB	2025	HV8337	SFD322AR1WGW12357	Dennis Dart SLF 10.7m	Plaxton 9810.7HLB9424	B32D	1998	2015
NWFB	2020	HV6940	SFD322AR1WGW12358	Dennis Dart SLF 10.7m	Plaxton 9810.7HLB9425	B35D	1998	2001
NWFB	2013	HV7180	SFD322AR1WGW12359	Dennis Dart SLF 10.7m	Plaxton 9810.7HLB9426	B35D	1998	2001
NWFB	2014	HV8186	SFD322AR1WGW12360	Dennis Dart SLF 10.7m	Plaxton 9810.7HLB9427	B35D	1998	2001
NWFB	2015	HV7625	SFD322AR1WGW12361	Dennis Dart SLF 10.7m	Plaxton 9810.7HLB9428	B35D	1998	2001
NWFB	2021	HV7615	SFD322AR1WGW12373	Dennis Dart SLF 10.7m	Plaxton 9810.7HLB9430	B35D	1998	2001

公司	車隊編號	車牌	底盤編號	車型	車身	座位佈局	首次登記日期	退役日期
NWFB	2036	HW354	SFD322AR1WGW12374	Dennis Dart SLF 10.7m	Plaxton 9810.7HLB9431	B35D	1998	2003
KMB	AA69	HW354	SFD322AR1WGW12374	Dennis Dart SLF 10.7m	Plaxton 9810.7HLB9431	B32D	2003	2015
NWFB	2022	HV8246	SFD322AR1WGW12375	Dennis Dart SLF 10.7m	Plaxton 9810.7HLB9429	B32D	1998	2015
NWFB	2026	HV7008	SFD322AR1WGW12376	Dennis Dart SLF 10.7m	Plaxton 9810.7HLB9432	B35D	1998	2003
KMB	AA61	HV7008	SFD322AR1WGW12376	Dennis Dart SLF 10.7m	Plaxton 9810.7HLB9432	B32D	2003	2016
NWFB	2037	HV8607	SFD322AR1WGW12377	Dennis Dart SLF 10.7m	Plaxton 9810.7HLB9433	B35D	1998	2003
KMB	AA62	HV8607	SFD322AR1WGW12377	Dennis Dart SLF 10.7m	Plaxton 9810.7HLB9433	B32D	2003	2016
NWFB	2023	HV7858	SFD322AR1WGW12393	Dennis Dart SLF 10.7m	Plaxton 9810.7HLB9434	B32D	1998	2015
NWFB	2038	HW584	SFD322AR1WGW12394	Dennis Dart SLF 10.7m	Plaxton 9810.7HLB9435	B32D	1998	2015
NWFB	2039	HW2481	SFD322AR1WGW12395	Dennis Dart SLF 10.7m	Plaxton 9810.7HLB9436	B35D	1998	2003
KMB	AA63	HW2481	SFD322AR1WGW12395	Dennis Dart SLF 10.7m	Plaxton 9810.7HLB9436	B32D	2003	2016
NWFB	2027	HV6817	SFD322AR1WGW12398	Dennis Dart SLF 10.7m	Plaxton 9810.7HLB9437	B35D	1998	2003
KMB	AA65	HV6817	SFD322AR1WGW12398	Dennis Dart SLF 10.7m	Plaxton 9810.7HLB9437	B32D	2003	2016
NWFB	2042	HW7962	SFD322AR1WGW12399	Dennis Dart SLF 10.7m	Plaxton 9810.7HLB9438	B32D	1998	2015
NWFB	2028	HV7556	SFD322AR1WGW12400	Dennis Dart SLF 10.7m	Plaxton 9810.7HLB9439	B32D	1998	2013
NWFB	2040	HV8986	SFD322AR1WGW12423	Dennis Dart SLF 10.7m	Plaxton 9810.7HLB9513	B35D	1998	2003
KMB	AA64	HV8986	SFD322AR1WGW12423	Dennis Dart SLF 10.7m	Plaxton 9810.7HLB9513	B32D	2003	2014
NWFB	2041	HV9990	SFD322AR1WGW12424	Dennis Dart SLF 10.7m	Plaxton 9810.7HLB9514	B35D	1998	2003
KMB	AA70	HV9990	SFD322AR1WGW12424	Dennis Dart SLF 10.7m	Plaxton 9810.7HLB9514	B32D	2003	2016
NWFB	2062	HY7281	SFD222AR1WGW12688	Dennis Dart SLF 10.1m	Plaxton 9810.1HJB0004	B29D	1999	2016
NWFB	2061	HY7390	SFD222AR1WGW12691	Dennis Dart SLF 10.1m	Plaxton 9810.1HJB0005	B29D	1999	2016
NWFB	2063	HY7985	SFD222AR1WGW12692	Dennis Dart SLF 10.1m	Plaxton 9810.1HJB0006	B29D	1999	2016
NWFB	2064	HY9159	SFD222AR1WGW12693	Dennis Dart SLF 10.1m	Plaxton 9810.1HJB0007	B29D	1999	2016
NWFB	2065	HY6871	SFD222AR1WGW12694	Dennis Dart SLF 10.1m	Plaxton 9810.1HJB0008	B29D	1999	2016
NWFB	2066	HY8116	SFD222AR1WGW12710	Dennis Dart SLF 10.1m	Plaxton 9810.1HJB0009	B29D	1999	2001
NWFB	2067	HY9565	SFD222AR1WGW12718	Dennis Dart SLF 10.1m	Plaxton 9810.1HJB0010	B29D	1999	2000
NWFB	2068	HY7438	SFD222AR1WGW12719	Dennis Dart SLF 10.1m	Plaxton 9810.1HJB0011	B29D	1999	2001
NWFB	2069	HY6798	SFD222AR1WGW12720	Dennis Dart SLF 10.1m	Plaxton 9810.1HJB0012	B29D	1999	2001
NWFB	2070	HZ220	SFD222AR1WGW12721	Dennis Dart SLF 10.1m	Plaxton 9810.1HJB0013	B29D	1999	2001
NWFB	2071	HY9064	SFD222AR1WGW12722	Dennis Dart SLF 10.1m	Plaxton 9810.1HJB0014	B29D	1999	2001
NWFB	2072	HY9322	SFD222AR1WGW12738	Dennis Dart SLF 10.1m	Plaxton 9810.1HJB0015	B29D	1999	2001
NWFB	2073	HY9996	SFD222AR1WGW12739	Dennis Dart SLF 10.1m	Plaxton 9810.1HJB0016	B29D	1999	2001
NWFB	2074	HY8769	SFD222AR1WGW12740	Dennis Dart SLF 10.1m	Plaxton 9810.1HJB0017	B29D	1999	2001
NWFB	2075	HY8973	SFD222AR1WGW12741	Dennis Dart SLF 10.1m	Plaxton 9810.1HJB0018	B29D	1999	2001
NWFB	2076	HY9848	SFD222AR1WGW12758	Dennis Dart SLF 10.1m	Plaxton 9810.1HJB0019	B29D	1999	2016
NWFB	2077	HY9246	SFD222AR1WGW12759	Dennis Dart SLF 10.1m	Plaxton 9810.1HJB0020	B29D	1999	2016
NWFB	2078	HY8521	SFD222AR1WGW12760	Dennis Dart SLF 10.1m	Plaxton 9810.1HJB0021	B29D	1999	2016
NWFB	2079	HY8993	SFD222AR1WGW12761	Dennis Dart SLF 10.1m	Plaxton 9810.1HJB0022	B29D	1999	2016
NWFB	2081	HZ324	SFD222AR1WGW12762	Dennis Dart SLF 10.1m	Plaxton 9810.1HJB0023	B29D	1999	2016
NWFB	2080	HY9603	SFD222AR1WGW12778	Dennis Dart SLF 10.1m	Plaxton 9810.1HJB0024	B29D	1999	2016
NWFB	2082	HY9708	SFD222AR1WGW12779	Dennis Dart SLF 10.1m	Plaxton 9810.1HJB0025	B29D	1999	2016
NWFB	2083	HY8839	SFD222AR1WGW12780	Dennis Dart SLF 10.1m	Plaxton 9810.1HJB0026	B29D	1999	2016
NWFB	2084	HY9275	SFD222AR1WGW12781	Dennis Dart SLF 10.1m	Plaxton 9810.1HJB0027	B29D	1999	2016
NWFB	2091	HZ5336	SFD222AR1WGW12782	Dennis Dart SLF 10.1m	Plaxton 9810.1HJB0028	B29D	1999	2016
NWFB	2086	HZ1973	SFD222AR1WGW12798	Dennis Dart SLF 10.1m	Plaxton 9810.1HJB0029	B29D	1999	2016
NWFB	2087	HZ1586	SFD222AR1WGW12799	Dennis Dart SLF 10.1m	Plaxton 9810.1HJB0030	B29D	1999	2017
NWFB	2085	HY8681	SFD222AR1WGW12800	Dennis Dart SLF 10.1m	Plaxton 9810.1HJB0031	B29D	1999	2016

公司	車隊編號	車牌	底盤編號	車型	車身	座位佈局	首次登記日期	退役日期
NWFB	2093	HZ6791	SFD222AR1WGW12801	Dennis Dart SLF 10.1m	Plaxton 9810.1HJB0032	B29D	1999	2016
NWFB	2088	HZ2416	SFD222AR1WGW12802	Dennis Dart SLF 10.1m	Plaxton 9810.1HJB0033	B29D	1999	2015
NWFB	2092	HZ4927	SFD222AR1WGW12803	Dennis Dart SLF 10.1m	Plaxton 9810.1HJB0034	B29D	1999	2016
NWFB	2094	HZ6763	SFD222AR1WGW12806	Dennis Dart SLF 10.1m	Plaxton 9810.1HJB0035	B29D	1999	2016
NWFB	2089	HZ1379	SFD222AR1WGW12809	Dennis Dart SLF 10.1m	Plaxton 9810.1HJB0036	B29D	1999	2016
NWFB	2090	HZ2036	SFD222AR1WGW12823	Dennis Dart SLF 10.1m	Plaxton 9810.1HJB0037	B29D	1999	2016
DBTSL	HKR5	JB8385	SFD122AR1WGW12843	Dennis Dart SLF 9.3m	Plaxton Pointer II	B19D	1999	2014
DBTSL	HKR27	JB7591	SFD122AR1WGW12844	Dennis Dart SLF 9.3m	Plaxton Pointer II	B19D	1999	2014
PITCL	108	LB9730	SFD4D9GR33GW47227	Dennis Dart SLF 11.3m	TransBus Plaxton 3018/2	B39F	2003	2018
PITCL	107	LB8858	SFD4D9GR33GW47228	Dennis Dart SLF 11.3m	TransBus Plaxton 3018/1	B39F	2003	2018
PITCL	109	LE5705	SFD4D9GR33GW47290	Dennis Dart SLF 11.3m	TransBus Plaxton 3034/1	B39F	2003	
PITCL	110	LE6074	SFD4D9GR33GW47291	Dennis Dart SLF 11.3m	TransBus Plaxton 3034/2	B39F	2003	
PITCL	112	LL3004	SFD4D9GR33GW47554	Dennis Dart SLF 11.3m	TransBus Plaxton 3070/1	B39F	2004	2017
PITCL	113	LL5041	SFD4D9GR33GW47555	Dennis Dart SLF 11.3m	TransBus Plaxton 3070/2	B39F	2004	2017
PITCL	111	LK9179	SFD4D9GR33GW47556	Dennis Dart SLF 11.3m	TransBus Plaxton 3070/3	B39F	2004	2017
PITCL	114	LL5808	SFD4D9GR33GW47557	Dennis Dart SLF 11.3m	TransBus Plaxton 3070/4	B39F	2004	2017
PITCL	202	MW3648	SFD4D9GR36GW49044	ADL Dart SLF 11.3m	ADL Super Pointer 6239/2	B33F	2007	
PITCL	201	MW3441	SFD4D9GR36GW49045	ADL Dart SLF 11.3m	ADL Super Pointer 6239/1	B33F	2007	
PITCL	203	MW3933	SFD4D9GR36GW49046	ADL Dart SLF 11.3m	ADL Super Pointer 6239/3	B33F	2007	
PITCL	115	NE3283	SFD4D9GR37GW49060	ADL Dart SLF 11.3m	ADL Super Pointer	B39F	2008	
PITCL	116	LU2001	SFD4D9GR37GW49061	ADL Dart SLF 11.3m	ADL Super Pointer	B39F	2008	

Volvo B6LE

公司	車隊編號	車牌	底盤編號	車型	車身	座位佈局	首次登記日期	退役日期
CTB	1302	GT7186	YV3R36S13TC005950	Volvo B6LE-53	Plaxton 9610.5VHZ4852	DP31F	1996	2003
CTB	1303	GT7587	YV3R36S16TC005957	Volvo B6LE-53	Plaxton 9610.5VHZ4853	DP31F	1996	2003
CTB	1304	GU5116	YV3R36S18TC005958	Volvo B6LE-53	Plaxton 9610.5VHZ4854	DP41F	1996	2000
CTB	1305	GU5924	YV3R36S19TC005967	Volvo B6LE-53	Plaxton 9610.5VHZ4855	DP41F	1996	2000
CTB	1306	GU8201	YV3R36S12TC005969	Volvo B6LE-53	Plaxton 9610.5VHZ4856	DP41F	1996	2003
CTB	1307	GU7005	YV3R36S19TC005970	Volvo B6LE-53	Plaxton 9610.5VHZ4857	DP41F	1996	2003
CTB	1308	GU9787	YV3R36S10TC005971	Volvo B6LE-53	Plaxton 9610.5VHZ4858	DP41F	1996	2003
CTB	1310	GU5985	YV3R36S14TC005973	Volvo B6LE-53	Plaxton 9610.5VHZ4860	DP41F	1996	2003
CTB	1309	GV265	YV3R36S16TC005974	Volvo B6LE-53	Plaxton 9610.5VHZ4859	DP41F	1996	2003
CTB	1311	GV425	YV3R36S1XTC005976	Volvo B6LE-53	Plaxton 9610.5VHZ4861	DP41F	1996	2003
CTB	1312	HM6567	YV3R3B114VC006358	Volvo B6LE-53	Alexander ALX200 9704/9	C36F	1997	2000
CTB	1313	HM2185	YV3R3B116VC006359	Volvo B6LE-53	Alexander ALX200 9704/1	C36F	1997	2000
CTB	1314	HM547	YV3R3B112VC006360	Volvo B6LE-53	Alexander ALX200 9704/2	C36F	1997	2000
CTB	1315	HM8456	YV3R3B114VC006361	Volvo B6LE-53	Alexander ALX200 9704/10	C36F	1997	2000
CTB	1316	HM1748	YV3R3B11XVC006364	Volvo B6LE-53	Alexander ALX200 9704/3	C36F	1997	2000
CTB	1317	HM653	YV3R3B111VC006365	Volvo B6LE-53	Alexander ALX200 9704/4	C36F	1997	2000
CTB	1318	HM536	YV3R3B113VC006366	Volvo B6LE-53	Alexander ALX200 9704/5	C36F	1997	2000
CTB	1319	HM1895	YV3R3B115VC006367	Volvo B6LE-53	Alexander ALX200 9704/6	C36F	1997	2000
CTB	1320	HM1495	YV3R3B117VC006368	Volvo B6LE-53	Alexander ALX200 9704/7	C36F	1997	2000
CTB	1321	HM2053	YV3R3B119VC006369	Volvo B6LE-53	Alexander ALX200 9704/8	C36F	1997	2000
CTB	1322	HP2778	YV3R3B111VC006379	Volvo B6LE-53	Plaxton 9710.5VGZ7308	DP26D	1998	2001

公司	車隊編號	車牌	底盤編號	車型	車身	座位佈局	首次登記日期	退役日期
CTB	1323	HP2524	YV3R3B118VC006380	Volvo B6LE-53	Plaxton 9710.5VGZ7309	DP26D	1998	2001
CTB	1324	HP3441	YV3R3B111VC006382	Volvo B6LE-53	Plaxton 9710.5VGZ7310	DP26D	1998	2001
CTB	1325	HP2005	YV3R3B113VC006383	Volvo B6LE-53	Plaxton 9710.5VGZ7311	DP26D	1998	2001
CTB	1326	HP2647	YV3R3B115VC006384	Volvo B6LE-53	Plaxton 9710.5VGZ7312	DP26D	1998	2001
CTB	1327	HP3681	YV3R3B117VC006385	Volvo B6LE-53	Plaxton 9710.5VGZ7313	DP26D	1998	2001
CTB	1328	HP3085	YV3R3B119VC006386	Volvo B6LE-53	Plaxton 9710.5VGZ7314	DP26D	1998	2001
CTB	1329	HP2466	YV3R3B110VC006387	Volvo B6LE-53	Plaxton 9710.5VGZ7315	DP26D	1998	2001
CTB	1330	HP3668	YV3R3B112VC006388	Volvo B6LE-53	Plaxton 9710.5VGZ7316	DP26D	1998	2001
CTB	1331	HP2966	YV3R3B114VC006389	Volvo B6LE-53	Plaxton 9710.5VGZ7317	DP26D	1998	2001
CTB	1332	HU4227	YV3R3B115WC006452	Volvo B6LE-53	Jit Luen Auto Body	DP34D	1998	2012
CTB	1333	HU9997	YV3R3B117WC006470	Volvo B6LE-53	Jit Luen Auto Body	DP34D	1998	2012
CTB	1334	HU4294	YV3R3B119WC006471	Volvo B6LE-53	Jit Luen Auto Body	DP34D	1998	2013
CTB	1335	HU4796	YV3R3B110WC006472	Volvo B6LE-53	Jit Luen Auto Body	DP34D	1998	2007
NLB	VL4	HU4796	YV3R3B110WC006472	Volvo B6LE-53	Jit Luen Auto Body	DP34D	2007	2011
CTB	1336	HU3286	YV3R3B119WC006499	Volvo B6LE-53	Jit Luen Auto Body	DP34D	1998	2007
NLB	VL2	HU3286	YV3R3B119WC006499	Volvo B6LE-53	Jit Luen Auto Body	DP34D	2007	2011
CTB	1337	HU2986	YV3R3B111WC006500	Volvo B6LE-53	Jit Luen Auto Body	DP34D	1998	2007
NLB	VL1	HU2986	YV3R3B111WC006500	Volvo B6LE-53	Jit Luen Auto Body	DP34D	2007	2011
CTB	1338	HU5293	YV3R3B113WC006501	Volvo B6LE-53	Jit Luen Auto Body	DP34D	1998	2007
NLB	VL5	HU5293	YV3R3B113WC006501	Volvo B6LE-53	Jit Luen Auto Body	DP34D	2007	2011
CTB	1339	HU4792	YV3R3B115WC006502	Volvo B6LE-53	Jit Luen Auto Body	DP34D	1998	2007
NLB	VL3	HU4792	YV3R3B115WC006502	Volvo B6LE-53	Jit Luen Auto Body	DP34D	2007	2011
CTB	1340	HU6050	YV3R3B112WC006506	Volvo B6LE-53	Jit Luen Auto Body	DP34D	1998	2013
CTB	1341	HU6030	YV3R3B114WC006507	Volvo B6LE-53	Jit Luen Auto Body	DP34D	1998	2013
CTB	1342	HV6320	YV3R3B116WC006508	Volvo B6LE-53	Jit Luen Auto Body	DP34D	1998	2013
CTB	1343	HV5003	YV3R3B118WC006509	Volvo B6LE-53	Jit Luen Auto Body	DP34D	1998	2014
CTB	1344	HV4841	YV3R3B114WC006510	Volvo B6LE-53	Jit Luen Auto Body	DP34D	1998	2012
CTB	1345	HV5285	YV3R3B116WC006511	Volvo B6LE-53	Jit Luen Auto Body	DP34D	1998	2012
CTB	1346	HV4669	YV3R3B11XWC006530	Volvo B6LE-53	Jit Luen Auto Body	DP34D	1998	2012
CTB	1347	HV4509	YV3R3B111WC006531	Volvo B6LE-53	Jit Luen Auto Body	DP34D	1998	2012
CTB	1348	HV5667	YV3R3B114WC006541	Volvo B6LE-53	Jit Luen Auto Body	DP34D	1998	2012
CTB	1349	HV6358	YV3R3B116WC006542	Volvo B6LE-53	Jit Luen Auto Body	DP34D	1998	2013
CTB	1350	HV5220	YV3R3B117WC006548	Volvo B6LE-53	Jit Luen Auto Body	DP34D	1998	2007
NLB	VL6	HV5220	YV3R3B117WC006548	Volvo B6LE-53	Jit Luen Auto Body	DP34D	2007	2011
CTB	1351	HV9997	YV3R3B119WC006549	Volvo B6LE-53	Jit Luen Auto Body	DP34D	1998	2013
CTB	1352	HV6780	YV3R3B116WC006556	Volvo B6LE-53	Jit Luen Auto Body	DP34D	1998	2013
CTB	1353	HV8346	YV3R3B118WC006557	Volvo B6LE-53	Jit Luen Auto Body	DP34D	1998	2012
CTB	1354	HV8135	YV3R3B111WC006559	Volvo B6LE-53	Jit Luen Auto Body	DP34D	1998	2013
CTB	1355	HV6755	YV3R3B118WC006560	Volvo B6LE-53	Jit Luen Auto Body	DP34D	1998	2001
CMB	VC1	HV6755	YV3R3B118WC006560	Volvo B6LE-53	Jit Luen Auto Body	DP34D	2001	2015
CTB	1356	HV6835	YV3R3B11XWC006561	Volvo B6LE-53	Jit Luen Auto Body	DP34D	1998	2013
CTB	1357	HV5716	YV3R3B111WC006562	Volvo B6LE-53	Jit Luen Auto Body	DP34D	1998	2012
CTB	1358	HV4766	YV3R3B113WC006563	Volvo B6LE-53	Jit Luen Auto Body	DP34D	1998	2012
CTB	1359	HV6653	YV3R3B115WC006564	Volvo B6LE-53	Jit Luen Auto Body	DP34D	1998	2012
CTB	1360	HV7267	YV3R3B117WC006565	Volvo B6LE-53	Jit Luen Auto Body	DP34D	1998	2012
CTB	1361	HV7805	YV3R3B119WC006566	Volvo B6LE-53	Jit Luen Auto Body	DP34D	1998	2012

Dennis Trident

公司	車隊編號	車牌	底盤編號	車型	車身	座位佈局	首次登記日期	退役日期
KMB	ATR1	HJ2127	SFD111AR1TGT10102	Dennis Trident 12m	Alexander ALX500-9618/2	H57/31D	1997	
KMB	ATR101	HZ6751	SFD112AR1TGT10103	Dennis Trident 12m	Alexander ALX500-9618/1	H57/31D	1999	2017
CTB	2201	HN4366	SFD111AR1TGT10104	Dennis Trident 12m	Duple Metsec DM5000	H57/34D	1997	2015
CTB	2100	HM1086	SFD112BR1TGT10105	Dennis Trident 12m	Duple Metsec DM5000	CH49/25D	1997	2014
CTB	2200	HN1822	SFD111AR1TGT10106	Dennis Trident 12m	Alexander ALX500-9623/1	H57/35D	1997	2015
CTB	2101	HR2174	SFD111AR1VGT10107	Dennis Trident 12m	Alexander ALX500-9707/11	CH51/21D	1998	2015
LWB	101	HM6894	SFD112BR1VGT10108	Dennis Trident 12m	Alexander ALX500-9608/1	H59/28D	1997	2013
KMB	ATR447	HM6894	SFD112BR1VGT10108	Dennis Trident 12m	Alexander ALX500-9608/1	H59/28D	2013	2015
LWB	107	HN2195	SFD112BR1VGT10109	Dennis Trident 12m	Alexander ALX500-9608/2	H59/28D	1997	2002
KMB	ATR356	HN2195	SFD112BR1VGT10109	Dennis Trident 12m	Alexander ALX500-9608/2	H59/30D	2002	2015
LWB	106	HN745	SFD112BR1VGT10110	Dennis Trident 12m	Alexander ALX500-9608/3	H59/28D	1997	2012
KMB	ATR432	HN745	SFD112BR1VGT10110	Dennis Trident 12m	Alexander ALX500-9608/3	H59/28D	2012	2017
LWB	103	HM8416	SFD112BR1VGT10111	Dennis Trident 12m	Alexander ALX500-9608/4	H59/28D	1997	2013
KMB	ATR444	HM8416	SFD112BR1VGT10111	Dennis Trident 12m	Alexander ALX500-9608/4	H59/28D	2013	2017
LWB	102	HM6990	SFD112BR1VGT10112	Dennis Trident 12m	Alexander ALX500-9608/5	H59/28D	1997	2002
KMB	ATR355	HM6990	SFD112BR1VGT10112	Dennis Trident 12m	Alexander ALX500-9608/5	H59/30D	2002	2015
LWB	108	HN3876	SFD112BR1VGT10113	Dennis Trident 12m	Alexander ALX500-9608/6	H59/28D	1997	2013
KMB	ATR445	HN3876	SFD112BR1VGT10113	Dennis Trident 12m	Alexander ALX500-9608/6	H59/28D	2013	2015
LWB	109	HN4077	SFD112BR1VGT10114	Dennis Trident 12m	Alexander ALX500-9608/7	H59/28D	1997	2013
KMB	ATR446	HN4077	SFD112BR1VGT10114	Dennis Trident 12m	Alexander ALX500-9608/7	H59/28D	2013	2015
LWB	104	HN1655	SFD112BR1VGT10115	Dennis Trident 12m	Alexander ALX500-9608/8	H59/28D	1997	2013
KMB	ATR443	HN1655	SFD112BR1VGT10115	Dennis Trident 12m	Alexander ALX500-9608/8	H59/28D	2013	2015
LWB	105	HN2157	SFD112BR1VGT10116	Dennis Trident 12m	Alexander ALX500-9608/9	H59/28D	1997	2010
KMB	ATR396	HN2157	SFD112BR1VGT10116	Dennis Trident 12m	Alexander ALX500-9608/9	H59/28D	2010	2017
LWB	110	HN4195	SFD112BR1VGT10117	Dennis Trident 12m	Alexander ALX500-9608/10	H59/24D	1997	2015
KMB	ATR481	HN4195	SFD112BR1VGT10117	Dennis Trident 12m	Alexander ALX500-9608/10	H59/28D	2015	2015
LWB	113	HN6631	SFD112BR1VGT10118	Dennis Trident 12m	Alexander ALX500-9608/11	H59/28D	1998	2012
KMB	ATR429	HN6631	SFD112BR1VGT10118	Dennis Trident 12m	Alexander ALX500-9608/11	H59/28D	2012	2016
LWB	112	HN3158	SFD112BR1VGT10119	Dennis Trident 12m	Alexander ALX500-9608/12	H59/28D	1997	2002
KMB	ATR357	HN3158	SFD112BR1VGT10119	Dennis Trident 12m	Alexander ALX500-9608/12	H59/30D	2002	2015
LWB	117	HN6878	SFD112BR1VGT10120	Dennis Trident 12m	Alexander ALX500-9608/13	H59/28D	1998	2014
KMB	ATR452	HN6878	SFD112BR1VGT10120	Dennis Trident 12m	Alexander ALX500-9608/13	H59/28D	2014	2016
LWB	115	HN8234	SFD112BR1VGT10121	Dennis Trident 12m	Alexander ALX500-9608/14	H59/24D	1998	2014
KMB	ATR449	HN8234	SFD112BR1VGT10121	Dennis Trident 12m	Alexander ALX500-9608/14	H59/28D	2014	2016
LWB	116	HN6691	SFD112BR1VGT10122	Dennis Trident 12m	Alexander ALX500-9608/16	H59/24D	1998	2014
KMB	ATR451	HN6691	SFD112BR1VGT10122	Dennis Trident 12m	Alexander ALX500-9608/16	H59/28D	2014	2016
LWB	114	HN6616	SFD112BR1VGT10123	Dennis Trident 12m	Alexander ALX500-9608/15	H59/24D	1998	2015
KMB	ATR482	HN6616	SFD112BR1VGT10123	Dennis Trident 12m	Alexander ALX500-9608/15	H59/28D	2015	2015
LWB	126	HR9546	SFD112BR1VGT10124	Dennis Trident 12m	Alexander ALX500-9608/17	H59/28D	1998	2010
KMB	ATR394	HR9546	SFD112BR1VGT10124	Dennis Trident 12m	Alexander ALX500-9608/17	H59/28D	2010	2016
LWB	121	HN9036	SFD112BR1VGT10125	Dennis Trident 12m	Alexander ALX500-9608/18	H59/28D	1998	2010
KMB	ATR393	HN9036	SFD112BR1VGT10125	Dennis Trident 12m	Alexander ALX500-9608/18	H59/28D	2010	2016
LWB	111	HN2951	SFD112BR1VGT10126	Dennis Trident 12m	Alexander ALX500-9608/19	H59/28D	1997	2014
KMB	ATR448	HN2951	SFD112BR1VGT10126	Dennis Trident 12m	Alexander ALX500-9608/19	H59/28D	2014	2015
LWB	118	HN8082	SFD112BR1VGT10127	Dennis Trident 12m	Alexander ALX500-9608/20	H59/24D	1998	2014

公司	車隊編號	車牌	底盤編號	車型	車身	座位佈局	首次登記日期	退役日期
KMB	ATR450	HN8082	SFD112BR1VGT10127	Dennis Trident 12m	Alexander ALX500-9608/20	H59/28D	2014	2016
LWB	122	HN9680	SFD112BR1VGT10128	Dennis Trident 12m	Alexander ALX500-9608/21	H59/28D	1998	2012
KMB	ATR428	HN9680	SFD112BR1VGT10128	Dennis Trident 12m	Alexander ALX500-9608/21	H59/28D	2012	2016
LWB	129	HS459	SFD112BR1VGT10129	Dennis Trident 12m	Alexander ALX500-9608/22	H59/24D	1998	2014
KMB	ATR455	HS459	SFD112BR1VGT10129	Dennis Trident 12m	Alexander ALX500-9608/22	H59/28D	2014	2016
LWB	119	HN8553	SFD112BR1VGT10130	Dennis Trident 12m	Alexander ALX500-9608/23	H59/28D	1998	2012
KMB	ATR430	HN8553	SFD112BR1VGT10130	Dennis Trident 12m	Alexander ALX500-9608/23	H59/28D	2012	2016
LWB	127	HR9683	SFD112BR1VGT10131	Dennis Trident 12m	Alexander ALX500-9608/24	H59/28D	1998	2002
KMB	ATR363	HR9683	SFD112BR1VGT10131	Dennis Trident 12m	Alexander ALX500-9608/24	H59/30D	2002	2016
CTB	2102	HN3697	SFD111AR1VGT10132	Dennis Trident 12m	Alexander ALX500-9707/1	CH51/21D	1997	2015
CTB	2103	HN5545	SFD111AR1VGT10133	Dennis Trident 12m	Alexander ALX500-9707/2	CH51/21D	1998	2015
CTB	2104	HN7737	SFD111AR1VGT10134	Dennis Trident 12m	Alexander ALX500-9707/3	CH51/21D	1998	2013
CTB	2105	HN9651	SFD111AR1VGT10135	Dennis Trident 12m	Alexander ALX500-9707/4	CH51/21D	1998	2015
CTB	2106	HN4867	SFD111AR1VGT10136	Dennis Trident 12m	Alexander ALX500-9707/5	CH51/21D	1998	2015
CTB	2107	HN8465	SFD111AR1VGT10137	Dennis Trident 12m	Alexander ALX500-9707/6	CH51/21D	1998	2014
CTB	2108	HR287	SFD111AR1VGT10138	Dennis Trident 12m	Alexander ALX500-9707/7	CH51/21D	1998	2014
CTB	2109	HN7602	SFD111AR1VGT10139	Dennis Trident 12m	Alexander ALX500-9707/8	CH51/21D	1998	2014
CTB	2110	HP4451	SFD111AR1VGT10140	Dennis Trident 12m	Alexander ALX500-9707/9	CH51/21D	1998	2014
CTB	2111	HP2678	SFD111AR1VGT10141	Dennis Trident 12m	Alexander ALX500-9707/10	CH51/21D	1998	2011
CTB	2112	HS6637	SFD112BR1VGT20142	Dennis Trident 12m	Duple Metsec DM5000	CH49/25D	1998	2014
CTB	2113	HS8204	SFD112BR1VGT20143	Dennis Trident 12m	Duple Metsec DM5000	CH49/25D	1998	2014
CTB	2114	HS7147	SFD112BR1VGT20144	Dennis Trident 12m	Duple Metsec DM5000	CH49/25D	1998	2014
CTB	2115	HT2588	SFD112BR1VGT20145	Dennis Trident 12m	Duple Metsec DM5000	CH49/25D	1998	2016
CTB	2116	HS7792	SFD112BR1VGT20146	Dennis Trident 12m	Duple Metsec DM5000	CH49/25D	1998	2016
CTB	2117	HS8472	SFD112BR1VGT20147	Dennis Trident 12m	Duple Metsec DM5000	CH49/25D	1998	2015
CTB	2118	HS6714	SFD112BR1VGT20148	Dennis Trident 12m	Duple Metsec DM5000	CH49/25D	1998	2014
CTB	2119	HS7791	SFD112BR1VGT20149	Dennis Trident 12m	Duple Metsec DM5000	CH49/25D	1998	2014
CTB	2120	HS7326	SFD112BR1VGT20150	Dennis Trident 12m	Duple Metsec DM5000	CH49/25D	1998	2014
CTB	2121	HS8500	SFD112BR1VGT20151	Dennis Trident 12m	Duple Metsec DM5000	CH49/25D	1998	2014
CTB	2122	HS7876	SFD112BR1VGT20152	Dennis Trident 12m	Duple Metsec DM5000	CH49/25D	1998	2014
CTB	2123	HU6912	SFD112BR1VGT20153	Dennis Trident 12m	Duple Metsec DM5000	CH49/25D	1998	2015
CTB	2124	HT3115	SFD112BR1VGT20154	Dennis Trident 12m	Duple Metsec DM5000	CH49/25D	1998	2014
CTB	2125	HT3877	SFD112BR1VGT20155	Dennis Trident 12m	Duple Metsec DM5000	CH49/25D	1998	2014
CTB	2126	HT3633	SFD112BR1VGT20156	Dennis Trident 12m	Duple Metsec DM5000	CH49/25D	1998	2014
CTB	2127	HT4452	SFD112BR1VGT20157	Dennis Trident 12m	Duple Metsec DM5000	CH49/25D	1998	2014
CTB	2128	HT6310	SFD112BR1VGT20158	Dennis Trident 12m	Duple Metsec DM5000	CH49/25D	1998	2014
CTB	2129	HT4830	SFD112BR1VGT20159	Dennis Trident 12m	Duple Metsec DM5000	CH49/25D	1998	2014
CTB	2130	HT6075	SFD112BR1VGT20160	Dennis Trident 12m	Duple Metsec DM5000	CH49/25D	1998	2014
CTB	2131	HT5826	SFD112BR1VGT20161	Dennis Trident 12m	Duple Metsec DM5000	CH49/25D	1998	2015
CTB	2132	HT6221	SFD112BR1VGT20162	Dennis Trident 12m	Duple Metsec DM5000	CH49/25D	1998	2014
CTB	2133	HT5320	SFD112BR1VGT20163	Dennis Trident 12m	Duple Metsec DM5000	CH49/25D	1998	2014
CTB	2134	HT5018	SFD112BR1VGT20164	Dennis Trident 12m	Duple Metsec DM5000	CH49/25D	1998	2014
CTB	2135	HT6278	SFD112BR1VGT20165	Dennis Trident 12m	Duple Metsec DM5000	CH49/25D	1998	2014
CTB	2136	HT9646	SFD112BR1VGT20166	Dennis Trident 12m	Duple Metsec DM5000	CH49/25D	1998	2014
CTB	2137	HU261	SFD112BR1VGT20167	Dennis Trident 12m	Duple Metsec DM5000	CH49/25D	1998	2014
CTB	2138	HT9127	SFD112BR1VGT20168	Dennis Trident 12m	Duple Metsec DM5000	CH49/25D	1998	2015
CTB	2139	HU356	SFD112BR1VGT20169	Dennis Trident 12m	Duple Metsec DM5000	CH49/25D	1998	2014

公司	車隊編號	車牌	底盤編號	車型	車身	座位佈局	首次登記日期	退役日期
CTB	2140	HT9542	SFD112BR1VGT20170	Dennis Trident 12m	Duple Metsec DM5000	CH49/25D	1998	2014
CTB	2141	HT9961	SFD112BR1VGT20171	Dennis Trident 12m	Duple Metsec DM5000	CH49/25D	1998	2015
LWB	133	HS3751	SFD112BR1VGT10172	Dennis Trident 12m	Alexander ALX500-9608/25	H59/28D	1998	2010
KMB	ATR405	HS3751	SFD112BR1VGT10172	Dennis Trident 12m	Alexander ALX500 9608/25	H59/28D	2010	2016
LWB	125	HR9271	SFD112BR1VGT10173	Dennis Trident 12m	Alexander ALX500-9608/26	H59/28D	1998	2002
KMB	ATR362	HR9271	SFD112BR1VGT10173	Dennis Trident 12m	Alexander ALX500-9608/26	H59/30D	2002	2016
LWB	120	HN8802	SFD112BR1VGT10174	Dennis Trident 12m	Alexander ALX500-9608/27	H59/24D	1998	2014
KMB	ATR453	HN8802	SFD112BR1VGT10174	Dennis Trident 12m	Alexander ALX500-9608/27	H59/28D	2014	2016
LWB	124	HR9072	SFD112BR1VGT10175	Dennis Trident 12m	Alexander ALX500-9608/28	H59/28D	1998	2012
KMB	ATR431	HR9072	SFD112BR1VGT10175	Dennis Trident 12m	Alexander ALX500-9608/28	H59/28D	2012	2016
LWB	151	HS8135	SFD112BR1VGT10176	Dennis Trident 12m	Alexander ALX500-9608/29	H59/28D	1998	2010
KMB	ATR403	HS8135	SFD112BR1VGT10176	Dennis Trident 12m	Alexander ALX500 9608/29	H59/28D	2010	2016
LWB	123	HR8939	SFD112BR1VGT10177	Dennis Trident 12m	Alexander ALX500-9608/30	H59/28D	1998	2002
KMB	ATR358	HR8939	SFD112BR1VGT10177	Dennis Trident 12m	Alexander ALX500-9608/30	H59/30D	2002	2008
LWB	134	HS4027	SFD112BR1VGT10178	Dennis Trident 12m	Alexander ALX500-9608/31	H59/24D	1998	2014
KMB	ATR460	HS4027	SFD112BR1VGT10178	Dennis Trident 12m	Alexander ALX500-9608/31	H59/28D	2014	2016
LWB	128	HS306	SFD112BR1VGT10179	Dennis Trident 12m	Alexander ALX500-9608/32	H59/24D	1998	2014
KMB	ATR454	HS306	SFD112BR1VGT10179	Dennis Trident 12m	Alexander ALX500-9608/32	H59/28D	2014	2016
LWB	130	HS471	SFD112BR1VGT10180	Dennis Trident 12m	Alexander ALX500-9608/33	H59/28D	1998	2012
KMB	ATR437	HS471	SFD112BR1VGT10180	Dennis Trident 12m	Alexander ALX500-9608/33	H59/28D	2012	2016
LWB	131	HS3240	SFD112BR1VGT10181	Dennis Trident 12m	Alexander ALX500-9608/34	H59/24D	1998	2014
KMB	ATR457	HS3240	SFD112BR1VGT10181	Dennis Trident 12m	Alexander ALX500-9608/34	H59/28D	2014	2016
LWB	135	HS4481	SFD112BR1VGT10182	Dennis Trident 12m	Alexander ALX500	H59/28D	1998	2010
KMB	ATR399	HS4481	SFD112BR1VGT10182	Dennis Trident 12m	Alexander ALX500	H59/28D	2010	2016
LWB	137	HS6626	SFD112BR1VGT10183	Dennis Trident 12m	Alexander ALX500	H59/28D	1998	2010
KMB	ATR397	HS6626	SFD112BR1VGT10183	Dennis Trident 12m	Alexander ALX500	H59/28D	2010	2016
LWB	153	HS8257	SFD112BR1VGT10184	Dennis Trident 12m	Alexander ALX500	H59/24D	1998	2016
LWB	132	HS3639	SFD112BR1VGT10185	Dennis Trident 12m	Alexander ALX500	H59/24D	1998	2014
KMB	ATR456	HS3639	SFD112BR1VGT10185	Dennis Trident 12m	Alexander ALX500	H59/28D	2014	2016
LWB	154	HS8302	SFD112BR1VGT10186	Dennis Trident 12m	Alexander ALX500-9608/39	H59/28D	1998	2011
KMB	ATR414	HS8302	SFD112BR1VGT10186	Dennis Trident 12m	Alexander ALX500-9608/39	H59/28D	2011	2016
LWB	141	HS7215	SFD112BR1VGT10187	Dennis Trident 12m	Alexander ALX500	H59/28D	1998	2010
KMB	ATR398	HS7215	SFD112BR1VGT10187	Dennis Trident 12m	Alexander ALX500	H59/28D	2010	2016
LWB	149	HS7994	SFD112BR1VGT10188	Dennis Trident 12m	Alexander ALX500	H59/28D	1998	2012
KMB	ATR433	HS7994	SFD112BR1VGT10188	Dennis Trident 12m	Alexander ALX500	H59/28D	2012	2016
LWB	155	HS8375	SFD112BR1VGT10189	Dennis Trident 12m	Alexander ALX500	H59/24D	1998	2014
KMB	ATR459	HS8375	SFD112BR1VGT10189	Dennis Trident 12m	Alexander ALX500	H59/28D	2014	2016
LWB	152	HS8237	SFD112BR1VGT10190	Dennis Trident 12m	Alexander ALX500	H59/28D	1998	2002
KMB	ATR361	HS8237	SFD112BR1VGT10190	Dennis Trident 12m	Alexander ALX500	H59/30D	2002	2016
LWB	143	HS7496	SFD112BR1VGT10191	Dennis Trident 12m	Alexander ALX500	H59/28D	1998	2002
KMB	ATR360	HS7496	SFD112BR1VGT10191	Dennis Trident 12m	Alexander ALX500	H59/30D	2002	2016
LWB	148	HS7949	SFD112BR1VGT10192	Dennis Trident 12m	Alexander ALX500	H59/28D	1998	2002
KMB	ATR364	HS7949	SFD112BR1VGT10192	Dennis Trident 12m	Alexander ALX500	H59/30D	2002	2016
LWB	140	HS7202	SFD112BR1VGT10193	Dennis Trident 12m	Alexander ALX500	H59/24D	1998	2014
KMB	ATR461	HS7202	SFD112BR1VGT10193	Dennis Trident 12m	Alexander ALX500	H59/28D	2014	2016
LWB	159	HT1646	SFD112BR1VGT10194	Dennis Trident 12m	Alexander ALX500-9608/47	H59/28D	1998	2002
KMB	ATR366	HT1646	SFD112BR1VGT10194	Dennis Trident 12m	Alexander ALX500-9608/47	H59/30D	2002	2016

公司	車隊編號	車牌	底盤編號	車型	車身	座位佈局	首次登記日期	退役日期
LWB	183	HT6721	SFD112BR1VGT10195	Dennis Trident 12m	Alexander ALX500	H59/28D	1998	2014
KMB	ATR476	HT6721	SFD112BR1VGT10195	Dennis Trident 12m	Alexander ALX500	H59/28D	2014	2016
LWB	145	HS7818	SFD112BR1VGT10196	Dennis Trident 12m	Alexander ALX500 9608/49	H59/28D	1998	2010
KMB	ATR402	HS7818	SFD112BR1VGT10196	Dennis Trident 12m	Alexander ALX500 9608/49	H59/28D	2010	2016
CTB	2142	HU293	SFD112BR1VGT20197	Dennis Trident 12m	Duple Metsec DM5000	CH49/25D	1998	2014
CTB	2143	HT8976	SFD112BR1VGT20198	Dennis Trident 12m	Duple Metsec DM5000	CH49/25D	1998	2015
CTB	2144	HT9935	SFD112BR1VGT20199	Dennis Trident 12m	Duple Metsec DM5000	CH49/25D	1998	2014
LWB	187	HT7230	SFD112BR1VGT10200	Dennis Trident 12m	Alexander ALX500	H59/28D	1998	2014
KMB	ATR480	HT7230	SFD112BR1VGT10200	Dennis Trident 12m	Alexander ALX500	H59/28D	2014	2016
CTB	2145	HT9266	SFD112BR1VGT20201	Dennis Trident 12m	Duple Metsec DM5000	CH49/25D	1998	2014
CTB	2146	HU290	SFD112BR1VGT20202	Dennis Trident 12m	Duple Metsec DM5000	CH49/25D	1998	2015
CTB	2147	HT9187	SFD112BR1VGT20203	Dennis Trident 12m	Duple Metsec DM5000	CH49/25D	1998	2015
CTB	2148	HT9500	SFD112BR1VGT20204	Dennis Trident 12m	Duple Metsec DM5000	CH53/25F	1998	2014
CTB	2149	HU269	SFD112BR1VGT20205	Dennis Trident 12m	Duple Metsec DM5000	CH49/25D	1998	2014
CTB	2150	HU2507	SFD112BR1VGT20206	Dennis Trident 12m	Duple Metsec DM5000	CH49/25D	1998	2014
CTB	2151	HT9721	SFD112BR1VGT20207	Dennis Trident 12m	Duple Metsec DM5000	CH53/25D	1998	2014
CTB	2152	HT9327	SFD112BR1VGT20208	Dennis Trident 12m	Duple Metsec DM5000	CH49/25D	1998	2014
CTB	2153	HT9364	SFD112BR1VGT20209	Dennis Trident 12m	Duple Metsec DM5000	CH53/25D	1998	2014
CTB	2154	HU1416	SFD112BR1VGT20210	Dennis Trident 12m	Duple Metsec DM5000	CH53/25D	1998	2014
CTB	2155	HT9303	SFD112BR1VGT20211	Dennis Trident 12m	Duple Metsec DM5000	CH49/25D	1998	2014
CTB	2156	HU1057	SFD112BR1VGT20212	Dennis Trident 12m	Duple Metsec DM5000	CH53/25D	1998	2014
CTB	2157	HT9589	SFD112BR1VGT20213	Dennis Trident 12m	Duple Metsec DM5000	CH49/25D	1998	2014
CTB	2158	HU4937	SFD112BR1VGT20214	Dennis Trident 12m	Duple Metsec DM5000	CH53/25D	1998	2014
CTB	2159	HU7617	SFD112BR1VGT20215	Dennis Trident 12m	Duple Metsec DM5000	CH53/25D	1998	2014
CTB	2160	HU6305	SFD112BR1VGT20216	Dennis Trident 12m	Duple Metsec DM5000	CH49/25D	1998	2015
CTB	2161	HV7107	SFD112BR1VGT20217	Dennis Trident 12m	Duple Metsec DM5000	CH53/25D	1998	2014
LWB	505	HT8644	SFD112BR1VGT10218	Dennis Trident 12m	Alexander ALX500-9708	CH49/19D	1998	2016
LWB	508	HT8731	SFD112BR1VGT10219	Dennis Trident 12m	Alexander ALX500-9708	CH49/19D	1998	2016
LWB	524	HU2287	SFD112BR1VGT10220	Dennis Trident 12m	Alexander ALX500-9708	CH49/19D	1998	2016
LWB	502	HT8111	SFD112BR1VGT10221	Dennis Trident 12m	Alexander ALX500-9708	CH49/19D	1998	2016
LWB	506	HT8698	SFD112BR1VGT10222	Dennis Trident 12m	Alexander ALX500-9708	CH49/19D	1998	2016
LWB	507	HT8699	SFD112BR1VGT10223	Dennis Trident 12m	Alexander ALX500-9708	CH49/19D	1998	2016
LWB	520	HU958	SFD112BR1VGT10224	Dennis Trident 12m	Alexander ALX500-9708	CH49/19D	1998	2016
LWB	510	HT9311	SFD112BR1VGT10225	Dennis Trident 12m	Alexander ALX500-9708	CH49/19D	1998	2016
CTB	2700	JB5571	SFD212BR1VGT30226	Dennis Trident 10.6m	Duple Metsec DM5000	H47/27F	1999	2017
LWB	516	HT8830	SFD112BR1VGT10227	Dennis Trident 12m	Alexander ALX500-9708	CH49/19D	1998	2016
LWB	523	HU2132	SFD112BR1VGT10228	Dennis Trident 12m	Alexander ALX500-9708	CH49/19D	1998	2016
LWB	501	HT4665	SFD112BR1VGT10229	Dennis Trident 12m	Alexander ALX500-9708	CH49/19D	1998	2016
LWB	513	HT9734	SFD112BR1VGT10230	Dennis Trident 12m	Alexander ALX500-9708	CH49/19D	1998	2016
LWB	503	HT7481	SFD112BR1VGT10231	Dennis Trident 12m	Alexander ALX500-9708	CH49/19D	1998	2016
LWB	515	HU295	SFD112BR1VGT10232	Dennis Trident 12m	Alexander ALX500-9708	CH49/19D	1998	2016
LWB	509	HT8940	SFD112BR1VGT10233	Dennis Trident 12m	Alexander ALX500-9708	CH49/19D	1998	2016
LWB	504	HT8552	SFD112BR1VGT10234	Dennis Trident 12m	Alexander ALX500-9708	CH49/19D	1998	2016
LWB	512	HT9461	SFD112BR1VGT10235	Dennis Trident 12m	Alexander ALX500-9708	CH49/19D	1998	2016
LWB	511	HT9312	SFD112BR1VGT10236	Dennis Trident 12m	Alexander ALX500-9708	CH49/19D	1998	2016
LWB	518	HU763	SFD112BR1VGT10237	Dennis Trident 12m	Alexander ALX500-9708	CH49/19D	1998	2016
LWB	514	HT9826	SFD112BR1VGT10238	Dennis Trident 12m	Alexander ALX500-9708	CH49/19D	1998	2016

公司	車隊編號	車牌	底盤編號	車型	車身	座位佈局	首次登記日期	退役日期
LWB	519	HU795	SFD112BR1VGT10239	Dennis Trident 12m	Alexander ALX500-9708	CH49/19D	1998	2016
LWB	517	HT9829	SFD112BR1VGT10240	Dennis Trident 12m	Alexander ALX500-9708	CH49/19D	1998	2016
LWB	521	HU1110	SFD112BR1VGT10241	Dennis Trident 12m	Alexander ALX500-9708	CH49/19D	1998	2016
LWB	525	HU2437	SFD112BR1VGT10242	Dennis Trident 12m	Alexander ALX500-9708	CH49/19D	1998	2016
LWB	522	HU1469	SFD112BR1VGT10243	Dennis Trident 12m	Alexander ALX500-9708	CH49/19D	1998	2016
NWFB	3601	JT480	SFD211BR1VGT30244	Dennis Trident 10.6m	Duple Metsec DM5000	H51/26D	2000	
LWB	163	HT3078	SFD112BR1VGT10245	Dennis Trident 12m	Alexander ALX500-9609/10	H59/28D	1998	2012
KMB	ATR434	HT3078	SFD112BR1VGT10245	Dennis Trident 12m	Alexander ALX500-9609/10	H59/28D	2012	2016
LWB	150	HS8039	SFD112BR1VGT10246	Dennis Trident 12m	Alexander ALX500	H59/24D	1998	2014
KMB	ATR458	HS8039	SFD112BR1VGT10246	Dennis Trident 12m	Alexander ALX500	H59/28D	2014	2016
LWB	165	HT3625	SFD112BR1VGT10247	Dennis Trident 12m	Alexander ALX500-9609/9	H59/28D	1998	2002
KMB	ATR367	HT3625	SFD112BR1VGT10247	Dennis Trident 12m	Alexander ALX500-9609/9	H59/30D	2002	2016
LWB	139	HS6974	SFD112BR1VGT10248	Dennis Trident 12m	Alexander ALX500	H59/28D	1998	2010
KMB	ATR395	HS6974	SFD112BR1VGT10248	Dennis Trident 12m	Alexander ALX500	H59/28D	2010	2016
LWB	144	HS7737	SFD112BR1VGT10249	Dennis Trident 12m	Alexander ALX500	H59/24D	1998	2016
LWB	157	HT711	SFD112BR1VGT10250	Dennis Trident 12m	Alexander ALX500	H59/28D	1998	2011
KMB	ATR420	HT711	SFD112BR1VGT10250	Dennis Trident 12m	Alexander ALX500	H59/28D	2011	2016
LWB	172	HT5152	SFD112BR1VGT10251	Dennis Trident 12m	Alexander ALX500-9609/15	H59/24D	1998	2014
KMB	ATR466	HT5152	SFD112BR1VGT10251	Dennis Trident 12m	Alexander ALX500-9609/15	H59/28D	2014	2016
LWB	213	HU112	SFD112BR1VGT10252	Dennis Trident 12m	Alexander ALX500	H59/28D	1998	2010
KMB	ATR412	HU112	SFD112BR1VGT10252	Dennis Trident 12m	Alexander ALX500	H59/28D	2010	2016
LWB	147	HS7872	SFD112BR1VGT10253	Dennis Trident 12m	Alexander ALX500	H59/24D	1998	2011
LWB	164	HT3155	SFD112BR1VGT10254	Dennis Trident 12m	Alexander ALX500-9609/17	H59/24D	1998	2016
LWB	138	HS6942	SFD112BR1VGT10255	Dennis Trident 12m	Alexander ALX500	H59/28D	1998	2011
KMB	ATR421	HS6942	SFD112BR1VGT10255	Dennis Trident 12m	Alexander ALX500	H59/28D	2011	2016
LWB	156	HT580	SFD112BR1VGT10256	Dennis Trident 12m	Alexander ALX500-9609/16	H59/24D	1998	2016
LWB	146	HS7847	SFD112BR1VGT10257	Dennis Trident 12m	Alexander ALX500	H59/28D	1998	2010
KMB	ATR400	HS7847	SFD112BR1VGT10257	Dennis Trident 12m	Alexander ALX500	H59/28D	2010	2016
LWB	168	HT4352	SFD112BR1VGT10258	Dennis Trident 12m	Alexander ALX500	H59/24D	1998	2014
KMB	ATR462	HT4352	SFD112BR1VGT10258	Dennis Trident 12m	Alexander ALX500	H59/28D	2014	2016
LWB	161	HT2760	SFD112BR1VGT10259	Dennis Trident 12m	Alexander ALX500	H59/28D	1998	2012
KMB	ATR435	HT2760	SFD112BR1VGT10259	Dennis Trident 12m	Alexander ALX500	H59/28D	2012	2016
LWB	162	HT2844	SFD112BR1VGT10260	Dennis Trident 12m	Alexander ALX500	H59/24D	1998	2016
LWB	142	HS7298	SFD112BR1VGT10261	Dennis Trident 12m	Alexander ALX500-9609/11	H59/28D	1998	2002
KMB	ATR359	HS7298	SFD112BR1VGT10261	Dennis Trident 12m	Alexander ALX500-9609/11	H59/30D	2002	2016
LWB	160	HT2320	SFD112BR1VGT10262	Dennis Trident 12m	Alexander ALX500	H59/28D	1998	2011
KMB	ATR417	HT2320	SFD112BR1VGT10262	Dennis Trident 12m	Alexander ALX500	H59/28D	2011	2016
LWB	174	HT5214	SFD112BR1VGT10263	Dennis Trident 12m	Alexander ALX500	H59/28D	1998	2002
KMB	ATR368	HT5214	SFD112BR1VGT10263	Dennis Trident 12m	Alexander ALX500	H59/30D	2002	2016
LWB	136	HS6573	SFD112BR1VGT10264	Dennis Trident 12m	Alexander ALX500	H59/28D	1998	2011
KMB	ATR413	HS6573	SFD112BR1VGT10264	Dennis Trident 12m	Alexander ALX500	H59/28D	2011	2016
LWB	158	HT1429	SFD112BR1VGT10265	Dennis Trident 12m	Alexander ALX500	H59/28D	1998	2002
KMB	ATR365	HT1429	SFD112BR1VGT10265	Dennis Trident 12m	Alexander ALX500	H59/30D	2002	2016
LWB	166	HT3655	SFD112BR1VGT10266	Dennis Trident 12m	Alexander ALX500	H59/28D	1998	2011
KMB	ATR423	HT3655	SFD112BR1VGT10266	Dennis Trident 12m	Alexander ALX500	H59/28D	2011	2016
LWB	167	HT4146	SFD112BR1VGT10267	Dennis Trident 12m	Alexander ALX500	H59/28D	1998	2010
KMB	ATR407	HT4146	SFD112BR1VGT10267	Dennis Trident 12m	Alexander ALX500	H59/28D	2010	2016

公司	車隊編號	車牌	底盤編號	車型	車身	座位佈局	首次登記日期	退役日期
LWB	180	HT6153	SFD112BR1VGT10268	Dennis Trident 12m	Alexander ALX500	H59/28D	1998	2010
KMB	ATR406	HT6153	SFD112BR1VGT10268	Dennis Trident 12m	Alexander ALX500	H59/28D	2010	2016
LWB	170	HT4899	SFD112BR1VGT10269	Dennis Trident 12m	Alexander ALX500	H59/24D	1998	2015
KMB	ATR488	HT4899	SFD112BR1VGT10269	Dennis Trident 12m	Alexander ALX500	H59/28D	2015	2016
LWB	193	HT7635	SFD112BR1VGT10270	Dennis Trident 12m	Alexander ALX500	H59/24D	1998	2015
KMB	ATR489	HT7635	SFD112BR1VGT10270	Dennis Trident 12m	Alexander ALX500	H59/28D	2015	2016
LWB	173	HT5197	SFD112BR1VGT10271	Dennis Trident 12m	Alexander ALX500	H59/28D	1998	2012
KMB	ATR438	HT5197	SFD112BR1VGT10271	Dennis Trident 12m	Alexander ALX500	H59/28D	2012	2016
LWB	169	HT4619	SFD112BR1VGT10272	Dennis Trident 12m	Alexander ALX500	H59/28D	1998	2011
KMB	ATR424	HT4619	SFD112BR1VGT10272	Dennis Trident 12m	Alexander ALX500	H59/28D	2011	2017
LWB	203	HT8267	SFD112BR1VGT10273	Dennis Trident 12m	Alexander ALX500	H59/28D	1998	2010
KMB	ATR409	HT8267	SFD112BR1VGT10273	Dennis Trident 12m	Alexander ALX500	H59/28D	2010	2016
LWB	175	HT5484	SFD112BR1VGT10274	Dennis Trident 12m	Alexander ALX500	H59/24D	1998	2014
KMB	ATR465	HT5484	SFD112BR1VGT10274	Dennis Trident 12m	Alexander ALX500	H59/28D	2014	2016
LWB	191	HT7467	SFD112BR1VGT10275	Dennis Trident 12m	Alexander ALX500	H59/28D	1998	2010
KMB	ATR404	HT7467	SFD112BR1VGT10275	Dennis Trident 12m	Alexander ALX500	H59/28D	2010	2016
LWB	177	HT5838	SFD112BR1VGT10276	Dennis Trident 12m	Alexander ALX500	H59/28D	1998	2011
KMB	ATR426	HT5838	SFD112BR1VGT10276	Dennis Trident 12m	Alexander ALX500	H59/28D	2011	2016
LWB	176	HT5669	SFD112BR1VGT10277	Dennis Trident 12m	Alexander ALX500	H59/28D	1998	2010
KMB	ATR410	HT5669	SFD112BR1VGT10277	Dennis Trident 12m	Alexander ALX500	H59/28D	2010	2016
LWB	181	HT6624	SFD112BR1VGT10278	Dennis Trident 12m	Alexander ALX500	H59/28D	1998	2014
KMB	ATR472	HT6624	SFD112BR1VGT10278	Dennis Trident 12m	Alexander ALX500	H59/28D	2014	2017
LWB	196	HT7929	SFD112BR1VGT10279	Dennis Trident 12m	Alexander ALX500	H59/24D	1998	2015
KMB	ATR492	HT7929	SFD112BR1VGT10279	Dennis Trident 12m	Alexander ALX500	H59/28D	2015	2016
LWB	194	HT7866	SFD112BR1VGT10280	Dennis Trident 12m	Alexander ALX500	H59/24D	1998	2015
KMB	ATR490	HT7866	SFD112BR1VGT10280	Dennis Trident 12m	Alexander ALX500	H59/28D	2015	2016
LWB	198	HT8022	SFD112BR1VGT10281	Dennis Trident 12m	Alexander ALX500	H59/28D	1998	2014
KMB	ATR473	HT8022	SFD112BR1VGT10281	Dennis Trident 12m	Alexander ALX500	H59/28D	2014	2016
LWB	206	HT8854	SFD112BR1VGT10282	Dennis Trident 12m	Alexander ALX500	H59/24D	1998	2015
KMB	ATR484	HT8854	SFD112BR1VGT10282	Dennis Trident 12m	Alexander ALX500	H59/28D	2015	2016
LWB	202	HT8221	SFD112BR1VGT10283	Dennis Trident 12m	Alexander ALX500	H59/28D	1998	2014
KMB	ATR477	HT8221	SFD112BR1VGT10283	Dennis Trident 12m	Alexander ALX500	H59/28D	2014	2016
LWB	179	HT5928	SFD112BR1VGT10284	Dennis Trident 12m	Alexander ALX500	H59/28D	1998	2012
KMB	ATR436	HT5928	SFD112BR1VGT10284	Dennis Trident 12m	Alexander ALX500	H59/28D	2012	2016
LWB	207	HT8942	SFD112BR1VGT10285	Dennis Trident 12m	Alexander ALX500	H59/28D	1998	2014
KMB	ATR474	HT8942	SFD112BR1VGT10285	Dennis Trident 12m	Alexander ALX500	H59/28D	2014	2016
LWB	189	HT7332	SFD112BR1VGT10286	Dennis Trident 12m	Alexander ALX500	H59/24D	1998	2015
KMB	ATR487	HT7332	SFD112BR1VGT10286	Dennis Trident 12m	Alexander ALX500	H59/28D	2015	2016
LWB	204	HT8353	SFD112BR1VGT10287	Dennis Trident 12m	Alexander ALX500	H59/28D	1998	2014
KMB	ATR471	HT8353	SFD112BR1VGT10287	Dennis Trident 12m	Alexander ALX500	H59/28D	2014	2017
LWB	201	HT7555	SFD112BR1VGT10288	Dennis Trident 12m	Alexander ALX500	H59/24D	1998	2014
KMB	ATR468	HT7555	SFD112BR1VGT10288	Dennis Trident 12m	Alexander ALX500	H59/28D	2014	2016
LWB	208	HT8953	SFD112BR1VGT10289	Dennis Trident 12m	Alexander ALX500	H59/28D	1998	2014
KMB	ATR479	HT8953	SFD112BR1VGT10289	Dennis Trident 12m	Alexander ALX500	H59/28D	2014	2016
LWB	192	HT7507	SFD112BR1VGT10290	Dennis Trident 12m	Alexander ALX500	H59/24D	1998	2015
KMB	ATR491	HT7507	SFD112BR1VGT10290	Dennis Trident 12m	Alexander ALX500	H59/28D	2015	2016
LWB	212	HT9489	SFD112BR1VGT10291	Dennis Trident 12m	Alexander ALX500	H59/28D	1998	2010

公司	車隊編號	車牌	底盤編號	車型	車身	座位佈局	首次登記日期	退役日期
KMB	ATR411	HT9489	SFD112BR1VGT10291	Dennis Trident 12m	Alexander ALX500	H59/28D	2010	2016
LWB	214	HU114	SFD112BR1VGT10292	Dennis Trident 12m	Alexander ALX500	H59/28D	1998	2010
KMB	ATR408	HU114	SFD112BR1VGT10292	Dennis Trident 12m	Alexander ALX500	H59/28D	2010	2016
LWB	205	HT8458	SFD112BR1VGT10293	Dennis Trident 12m	Alexander ALX500	H59/28D	1998	2011
KMB	ATR425	HT8458	SFD112BR1VGT10293	Dennis Trident 12m	Alexander ALX500	H59/28D	2011	2016
LWB	209	HT9057	SFD112BR1VGT10294	Dennis Trident 12m	Alexander ALX500	H59/28D	1998	2012
KMB	ATR441	HT9057	SFD112BR1VGT10294	Dennis Trident 12m	Alexander ALX500	H59/28D	2012	2016
LWB	171	HT5002	SFD112BR1VGT10295	Dennis Trident 12m	Alexander ALX500	H59/24D	1998	2015
KMB	ATR483	HT5002	SFD112BR1VGT10295	Dennis Trident 12m	Alexander ALX500	H59/28D	2015	2016
LWB	178	HT5886	SFD112BR1VGT10296	Dennis Trident 12m	Alexander ALX500	H59/28D	1998	2011
KMB	ATR422	HT5886	SFD112BR1VGT10296	Dennis Trident 12m	Alexander ALX500	H59/28D	2011	2016
LWB	199	HT8197	SFD112BR1VGT10297	Dennis Trident 12m	Alexander ALX500	H59/24D	1998	2015
KMB	ATR486	HT8197	SFD112BR1VGT10297	Dennis Trident 12m	Alexander ALX500	H59/28D	2015	2016
LWB	186	HT7204	SFD112BR1VGT10298	Dennis Trident 12m	Alexander ALX500	H59/24D	1998	2014
KMB	ATR467	HT7204	SFD112BR1VGT10298	Dennis Trident 12m	Alexander ALX500	H59/28D	2014	2016
LWB	182	HT6719	SFD112BR1VGT10299	Dennis Trident 12m	Alexander ALX500	H59/24D	1998	2011
LWB	190	HT7458	SFD112BR1VGT10300	Dennis Trident 12m	Alexander ALX500	H59/28D	1998	2011
KMB	ATR427	HT7458	SFD112BR1VGT10300	Dennis Trident 12m	Alexander ALX500	H59/28D	2011	2016
LWB	188	HT7255	SFD112BR1VGT10301	Dennis Trident 12m	Alexander ALX500	H59/24D	1998	2014
KMB	ATR463	HT7255	SFD112BR1VGT10301	Dennis Trident 12m	Alexander ALX500	H59/28D	2014	2016
LWB	185	HT7031	SFD112BR1WGT10302	Dennis Trident 12m	Alexander ALX500	H59/24D	1998	2014
KMB	ATR464	HT7031	SFD112BR1WGT10302	Dennis Trident 12m	Alexander ALX500	H59/28D	2014	2016
LWB	197	HT7970	SFD112BR1WGT10303	Dennis Trident 12m	Alexander ALX500	H59/28D	1998	1999
LWB	195	HT7918	SFD112BR1WGT10304	Dennis Trident 12m	Alexander ALX500	H59/28D	1998	1999
KMB	ATR439	HT7918	SFD112BR1WGT10304	Dennis Trident 12m	Alexander ALX500	H59/28D	1998	2016
LWB	184	HT7016	SFD112BR1WGT10305	Dennis Trident 12m	Alexander ALX500	H59/28D	1998	2014
KMB	ATR470	HT7016	SFD112BR1WGT10305	Dennis Trident 12m	Alexander ALX500	H59/28D	2014	2016
LWB	200	HT8234	SFD112BR1WGT10306	Dennis Trident 12m	Alexander ALX500	H59/28D	1998	2010
KMB	ATR401	HT8234	SFD112BR1WGT10306	Dennis Trident 12m	Alexander ALX500	H59/28D	2010	2016
LWB	210	HT9338	SFD112BR1WGT10307	Dennis Trident 12m	Alexander ALX500	H59/24D	1998	2014
KMB	ATR469	HT9338	SFD112BR1WGT10307	Dennis Trident 12m	Alexander ALX500	H59/28D	2014	2016
LWB	211	HT9480	SFD112BR1WGT10308	Dennis Trident 12m	Alexander ALX500	H59/24D	1998	2015
KMB	ATR485	HT9480	SFD112BR1WGT10308	Dennis Trident 12m	Alexander ALX500	H59/28D	2015	2016
LWB	215	HU413	SFD112BR1WGT10309	Dennis Trident 12m	Alexander ALX500	H59/28D	1998	2014
KMB	ATR475	HU413	SFD112BR1WGT10309	Dennis Trident 12m	Alexander ALX500	H59/28D	2014	2016
KMB	ATR2	HU4752	SFD111AR1WGT20310	Dennis Trident 12m	Duple Metsec DM5000	H59/31D	1998	2016
KMB	ATR3	HU5515	SFD111AR1WGT20311	Dennis Trident 12m	Duple Metsec DM5000	H59/31D	1998	2016
KMB	ATR48	HX7455	SFD111AR1WGT20312	Dennis Trident 12m	Duple Metsec DM5000	H59/31D	1998	2016
KMB	ATR64	HX9847	SFD111AR1WGT20313	Dennis Trident 12m	Duple Metsec DM5000	H59/31D	1998	2016
KMB	ATR65	HY1180	SFD111AR1WGT20314	Dennis Trident 12m	Duple Metsec DM5000	H59/31D	1998	2016
KMB	ATR66	HY2114	SFD111AR1WGT20315	Dennis Trident 12m	Duple Metsec DM5000	H59/31D	1998	2016
KMB	ATR73	HY2261	SFD111AR1WGT20316	Dennis Trident 12m	Duple Metsec DM5000	H59/31D	1998	2016
KMB	ATR72	HY2252	SFD111AR1WGT20317	Dennis Trident 12m	Duple Metsec DM5000	H59/31D	1998	2016
KMB	ATR71	HY2088	SFD111AR1WGT20318	Dennis Trident 12m	Duple Metsec DM5000	H59/31D	1998	2016
KMB	ATR68	HY1003	SFD111AR1WGT20319	Dennis Trident 12m	Duple Metsec DM5000	H59/31D	1998	2016
KMB	ATR67	HY754	SFD111AR1WGT20320	Dennis Trident 12m	Duple Metsec DM5000	H59/31D	1998	2016
KMB	ATR70	HY1315	SFD111AR1WGT20321	Dennis Trident 12m	Duple Metsec DM5000	H59/31D	1998	2016

公司	車隊編號	車牌	底盤編號	車型	車身	座位佈局	首次登記日期	退役日期
KMB	ATR69	HY1092	SFD111AR1WGT20322	Dennis Trident 12m	Duple Metsec DM5000	H59/31D	1998	2016
KMB	ATR87	HY8958	SFD111AR1WGT20323	Dennis Trident 12m	Duple Metsec DM5000	H59/31D	1999	2017
KMB	ATR75	HY2361	SFD111AR1WGT20324	Dennis Trident 12m	Duple Metsec DM5000	H59/31D	1998	2016
KMB	ATR51	HX6550	SFD111AR1WGT20325	Dennis Trident 12m	Duple Metsec DM5000	H59/31D	1998	2016
KMB	ATR54	HX7649	SFD111AR1WGT20326	Dennis Trident 12m	Duple Metsec DM5000	H59/31D	1998	2008
KMB	ATR59	HX8945	SFD111AR1WGT20327	Dennis Trident 12m	Duple Metsec DM5000	H59/31D	1998	2016
KMB	ATR61	HX9308	SFD111AR1WGT20328	Dennis Trident 12m	Duple Metsec DM5000	H59/31D	1998	2016
KMB	ATR62	HX9475	SFD111AR1WGT20329	Dennis Trident 12m	Duple Metsec DM5000	H59/31D	1998	2016
KMB	ATR63	HX9590	SFD111AR1WGT20330	Dennis Trident 12m	Duple Metsec DM5000	H59/31D	1998	2016
KMB	ATR92	HZ903	SFD111AR1WGT20331	Dennis Trident 12m	Duple Metsec DM5000	H59/31D	1999	2017
KMB	ATR74	HY2312	SFD111AR1WGT20332	Dennis Trident 12m	Duple Metsec DM5000	H59/31D	1998	2016
KMB	ATR79	HY4956	SFD111AR1WGT20333	Dennis Trident 12m	Duple Metsec DM5000	H59/31D	1998	2016
KMB	ATR45	HX6880	SFD111AR1WGT20334	Dennis Trident 12m	Duple Metsec DM5000	H59/31D	1998	2016
KMB	ATR95	HZ1985	SFD111AR1WGT20335	Dennis Trident 12m	Duple Metsec DM5000	H59/31D	1999	2017
KMB	ATR85	HY8573	SFD111AR1WGT20336	Dennis Trident 12m	Duple Metsec DM5000	H59/31D	1999	2016
KMB	ATR107	HZ7528	SFD111AR1WGT20337	Dennis Trident 12m	Duple Metsec DM5000	H59/31D	1999	2017
KMB	ATR93	HZ1852	SFD111AR1WGT20338	Dennis Trident 12m	Duple Metsec DM5000	H59/31D	1999	2017
KMB	ATR126	JA5223	SFD111AR1WGT20339	Dennis Trident 12m	Duple Metsec DM5000	H59/31D	1999	2017
KMB	ATR97	HZ6546	SFD111AR1WGT20340	Dennis Trident 12m	Duple Metsec DM5000	H59/31D	1999	2017
KMB	ATR110	HZ8377	SFD111AR1WGT20341	Dennis Trident 12m	Duple Metsec DM5000	H59/31D	1999	2017
KMB	ATR124	JA2469	SFD111AR1WGT20342	Dennis Trident 12m	Duple Metsec DM5000	H59/31D	1999	2017
KMB	ATR109	HZ8186	SFD111AR1WGT20343	Dennis Trident 12m	Duple Metsec DM5000	H59/31D	1999	2017
KMB	ATR111	HZ8389	SFD111AR1WGT20344	Dennis Trident 12m	Duple Metsec DM5000	H59/31D	1999	2017
KMB	ATR128	JA5674	SFD111AR1WGT20345	Dennis Trident 12m	Duple Metsec DM5000	H59/31D	1999	2017
KMB	ATR127	JA5239	SFD111AR1WGT20346	Dennis Trident 12m	Duple Metsec DM5000	H59/31D	1999	2017
KMB	ATR129	JA6071	SFD111AR1WGT20347	Dennis Trident 12m	Duple Metsec DM5000	H59/31D	1999	2017
KMB	ATR131	JB2581	SFD111AR1WGT20348	Dennis Trident 12m	Duple Metsec DM5000	H59/31D	1999	2017
KMB	ATR130	JB2529	SFD111AR1WGT20349	Dennis Trident 12m	Duple Metsec DM5000	H59/31D	1999	2017
CTB	2232	HV7244	SFD112BR1WGT20350	Dennis Trident 12m	Duple Metsec DM5000	CH55/31F	1998	2016
CTB	2233	HV7880	SFD112BR1WGT20351	Dennis Trident 12m	Duple Metsec DM5000	CH55/31F	1998	2016
CTB	2234	HV7471	SFD112BR1WGT20352	Dennis Trident 12m	Duple Metsec DM5000	CH55/31F	1998	2016
CTB	2235	HV7692	SFD112BR1WGT20353	Dennis Trident 12m	Duple Metsec DM5000	CH55/31F	1998	2016
CTB	2236	HW1198	SFD112BR1WGT20354	Dennis Trident 12m	Duple Metsec DM5000	CH55/31F	1998	2016
CTB	2237	HV6915	SFD112BR1WGT20355	Dennis Trident 12m	Duple Metsec DM5000	CH55/31F	1998	2016
CTB	2202	HV8262	SFD112BR1WGT20356	Dennis Trident 12m	Duple Metsec DM5000	CH55/27D	1998	2016
CTB	2203	HV6654	SFD112BR1WGT20357	Dennis Trident 12m	Duple Metsec DM5000	CH55/27D	1998	2016
CTB	2204	HV6874	SFD112BR1WGT20358	Dennis Trident 12m	Duple Metsec DM5000	CH55/27D	1998	2015
CTB	2238	HV7100	SFD112BR1WGT20359	Dennis Trident 12m	Duple Metsec DM5000	CH55/31F	1998	2016
CTB	2239	HW5088	SFD112BR1WGT20360	Dennis Trident 12m	Duple Metsec DM5000	CH55/31F	1998	2016
CTB	2240	HW5399	SFD112BR1WGT20361	Dennis Trident 12m	Duple Metsec DM5000	CH55/31F	1998	2015
CTB	2241	HV6640	SFD112BR1WGT20362	Dennis Trident 12m	Duple Metsec DM5000	CH55/31F	1998	2016
CTB	2242	HW2377	SFD112BR1WGT20363	Dennis Trident 12m	Duple Metsec DM5000	CH55/31F	1998	2016
CTB	2243	HV7299	SFD112BR1WGT20364	Dennis Trident 12m	Duple Metsec DM5000	CH55/31F	1998	2016
CTB	2205	HV7903	SFD112BR1WGT20365	Dennis Trident 12m	Duple Metsec DM5000	CH55/27D	1998	2016
CTB	2206	HW4172	SFD112BR1WGT20366	Dennis Trident 12m	Duple Metsec DM5000	CH55/27D	1998	2016
CTB	2207	HV7644	SFD112BR1WGT20367	Dennis Trident 12m	Duple Metsec DM5000	CH55/27D	1998	2013
CTB	2244	HV7488	SFD112BR1WGT20368	Dennis Trident 12m	Duple Metsec DM5000	CH55/31F	1998	2016

公司	車隊編號	車牌	底盤編號	車型	車身	座位佈局	首次登記日期	退役日期
CTB	2245	HV6689	SFD112BR1WGT20369	Dennis Trident 12m	Duple Metsec DM5000	CH55/31F	1998	2016
CTB	2246	HW4900	SFD112BR1WGT20370	Dennis Trident 12m	Duple Metsec DM5000	CH55/31F	1998	2016
CTB	2247	HV6518	SFD112BR1WGT20371	Dennis Trident 12m	Duple Metsec DM5000	CH55/31F	1998	2016
CTB	2248	HV7177	SFD112BR1WGT20372	Dennis Trident 12m	Duple Metsec DM5000	CH55/31F	1998	2016
CTB	2249	HW674	SFD112BR1WGT20373	Dennis Trident 12m	Duple Metsec DM5000	CH55/31F	1998	2016
CTB	2208	HW849	SFD112BR1WGT20374	Dennis Trident 12m	Duple Metsec DM5000	CH55/27D	1998	2015
CTB	2209	HW3621	SFD112BR1WGT20375	Dennis Trident 12m	Duple Metsec DM5000	CH55/27D	1998	2016
CTB	2210	HW6791	SFD112BR1WGT20376	Dennis Trident 12m	Duple Metsec DM5000	CH55/27D	1998	2016
CTB	2250	HW5290	SFD112BR1WGT20377	Dennis Trident 12m	Duple Metsec DM5000	CH55/31F	1998	2016
CTB	2251	HW5108	SFD112BR1WGT20378	Dennis Trident 12m	Duple Metsec DM5000	CH55/31F	1998	2016
CTB	2252	HW3181	SFD112BR1WGT20379	Dennis Trident 12m	Duple Metsec DM5000	CH55/31F	1998	2016
CTB	2253	HX6255	SFD112BR1WGT20380	Dennis Trident 12m	Duple Metsec DM5000	CH55/31F	1998	2016
CTB	2262	HZ2973	SFD112BR1WGT20381	Dennis Trident 12m	Duple Metsec DM5000	H59/27D	1999	2017
CTB	2255	HW1568	SFD112BR1WGT20382	Dennis Trident 12m	Duple Metsec DM5000	CH55/31F	1998	2016
CTB	2211	HW3550	SFD112BR1WGT20383	Dennis Trident 12m	Duple Metsec DM5000	CH55/27D	1998	2016
CTB	2311	HW3550	SFD112BR1WGT20383	Dennis Trident 12m	Duple Metsec DM5000	CH55/27D	2016	
CTB	2212	HW8068	SFD112BR1WGT20384	Dennis Trident 12m	Duple Metsec DM5000	CH55/27D	1998	
CTB	2213	HW8037	SFD112BR1WGT20385	Dennis Trident 12m	Duple Metsec DM5000	CH55/27D	1998	2016
CTB	2256	HW2231	SFD112BR1WGT20386	Dennis Trident 12m	Duple Metsec DM5000	CH55/31F	1998	2016
CTB	2257	HW1450	SFD112BR1WGT20387	Dennis Trident 12m	Duple Metsec DM5000	CH55/31F	1998	2016
CTB	2258	HW3686	SFD112BR1WGT20388	Dennis Trident 12m	Duple Metsec DM5000	CH55/31F	1998	2016
CTB	2259	HX5754	SFD112BR1WGT20389	Dennis Trident 12m	Duple Metsec DM5000	CH55/31F	1998	2011
CTB	2260	HW2791	SFD112BR1WGT20390	Dennis Trident 12m	Duple Metsec DM5000	CH55/31F	1998	2016
CTB	2261	HW5383	SFD112BR1WGT20391	Dennis Trident 12m	Duple Metsec DM5000	CH55/31F	1998	2017
CTB	2214	JM8115	SFD112BR1WGT20392	Dennis Trident 12m	Duple Metsec DM5000	CH55/27D	2000	2017
CTB	2215	HW6956	SFD112BR1WGT20393	Dennis Trident 12m	Duple Metsec DM5000	CH55/27D	1998	
CTB	2216	HW6835	SFD112BR1WGT20394	Dennis Trident 12m	Duple Metsec DM5000	CH55/27D	1998	2016
CTB	2217	HX5301	SFD112BR1WGT20395	Dennis Trident 12m	Duple Metsec DM5000	CH55/27D	1998	2017
CTB	2218	HY4120	SFD112BR1WGT20396	Dennis Trident 12m	Duple Metsec DM5000	CH55/27D	1998	2015
CTB	2219	HX6499	SFD112BR1WGT20397	Dennis Trident 12m	Duple Metsec DM5000	CH55/27D	1998	2016
CTB	2254	HW1120	SFD112BR1WGT20398	Dennis Trident 12m	Duple Metsec DM5000	CH55/31F	1998	2016
CTB	2263	HZ7381	SFD112BR1WGT20399	Dennis Trident 12m	Duple Metsec DM5000	H59/27D	1999	2017
CTB	2264	HZ8144	SFD112BR1WGT20400	Dennis Trident 12m	Duple Metsec DM5000	H59/27D	1999	2017
CTB	2265	HZ6968	SFD112BR1WGT20401	Dennis Trident 12m	Duple Metsec DM5000	H59/27D	1999	2017
CTB	2266	HZ3418	SFD112BR1WGT20402	Dennis Trident 12m	Duple Metsec DM5000	H59/27D	1999	2017
CTB	2267	HZ7065	SFD112BR1WGT20403	Dennis Trident 12m	Duple Metsec DM5000	H59/27D	1999	2017
CTB	2268	HZ7336	SFD112BR1WGT20404	Dennis Trident 12m	Duple Metsec DM5000	H59/27D	1999	2017
CTB	2269	HZ6585	SFD112BR1WGT20405	Dennis Trident 12m	Duple Metsec DM5000	H59/27D	1999	2017
CTB	2270	HZ4238	SFD112BR1WGT20406	Dennis Trident 12m	Duple Metsec DM5000	H59/27D	1999	2017
CTB	2271	HZ7457	SFD112BR1WGT20407	Dennis Trident 12m	Duple Metsec DM5000	H59/27D	1999	2017
CTB	2272	HZ8014	SFD112BR1WGT20408	Dennis Trident 12m	Duple Metsec DM5000	H59/27D	1999	2017
CTB	2273	HZ7895	SFD112BR1WGT20409	Dennis Trident 12m	Duple Metsec DM5000	H59/27D	1999	2017
CTB	2220	HX4541	SFD112BR1WGT20410	Dennis Trident 12m	Duple Metsec DM5000	CH55/27D	1998	2016
NWFB	1001	HU8370	SFD112BR1WGT20411	Dennis Trident 12m	Alexander ALX500-9805	H59/32D	1998	2015
CTB	2221	HY2758	SFD112BR1WGT20412	Dennis Trident 12m	Duple Metsec DM5000	CH55/27D	1998	2015
LWB	217	HU5341	SFD112BR1WGT10413	Dennis Trident 12m	Alexander ALX500	H59/28D	1998	2011
KMB	ATR418	HU5341	SFD112BR1WGT10413	Dennis Trident 12m	Alexander ALX500	H59/28D	1998	2016

公司	車隊編號	車牌	底盤編號	車型	車身	座位佈局	首次登記日期	退役日期
LWB	219	HU6383	SFD112BR1WGT10414	Dennis Trident 12m	Alexander ALX500	H59/24D	1998	2015
KMB	ATR494	HU6383	SFD112BR1WGT10414	Dennis Trident 12m	Alexander ALX500	H59/28D	1998	2016
LWB	218	HU5463	SFD112BR1WGT10415	Dennis Trident 12m	Alexander ALX500	H59/28D	1998	2011
KMB	ATR415	HU5463	SFD112BR1WGT10415	Dennis Trident 12m	Alexander ALX500	H59/28D	1998	2016
CTB	2274	HZ6993	SFD112BR1WGT20416	Dennis Trident 12m	Duple Metsec DM5000	H59/27D	1999	2017
CTB	2275	HZ3619	SFD112BR1WGT20417	Dennis Trident 12m	Duple Metsec DM5000	H59/27D	1999	2017
CTB	2276	HZ7266	SFD112BR1WGT20418	Dennis Trident 12m	Duple Metsec DM5000	H59/27D	1999	2017
CTB	2277	HZ8499	SFD112BR1WGT20419	Dennis Trident 12m	Duple Metsec DM5000	H59/27D	1999	2017
CTB	2278	HZ7152	SFD112BR1WGT20420	Dennis Trident 12m	Duple Metsec DM5000	H59/27D	1999	2017
CTB	2279	HZ3357	SFD112BR1WGT20421	Dennis Trident 12m	Duple Metsec DM5000	H59/27D	1999	2017
CTB	2222	HX4605	SFD112BR1WGT20422	Dennis Trident 12m	Duple Metsec DM5000	CH55/27D	1998	2016
CTB	2223	HY5381	SFD112BR1WGT20423	Dennis Trident 12m	Duple Metsec DM5000	CH55/27D	1998	2017
LWB	216	HU4540	SFD112BR1WGT10424	Dennis Trident 12m	Alexander ALX500	H59/28D	1998	2012
KMB	ATR442	HU4540	SFD112BR1WGT10424	Dennis Trident 12m	Alexander ALX500	H59/28D	1998	2016
CTB	2224	HY5113	SFD112BR1WGT20425	Dennis Trident 12m	Duple Metsec DM5000	CH55/27D	1998	2017
LWB	220	HU6455	SFD112BR1WGT10426	Dennis Trident 12m	Alexander ALX500	H59/28D	1998	2011
KMB	ATR416	HU6455	SFD112BR1WGT10426	Dennis Trident 12m	Alexander ALX500	H59/28D	1998	2016
LWB	222	HU5026	SFD112BR1WGT10427	Dennis Trident 12m	Alexander ALX500	H59/28D	1998	2011
KMB	ATR419	HU5026	SFD112BR1WGT10427	Dennis Trident 12m	Alexander ALX500	H59/28D	1998	2016
CTB	2280	HZ9371	SFD112BR1WGT20428	Dennis Trident 12m	Duple Metsec DM5000	H59/27D	1999	2017
CTB	2281	HZ4048	SFD112BR1WGT20429	Dennis Trident 12m	Duple Metsec DM5000	H59/27D	1999	2017
CTB	2282	HZ9534	SFD112BR1WGT20430	Dennis Trident 12m	Duple Metsec DM5000	H59/27D	1999	2017
CTB	2283	HZ3575	SFD112BR1WGT20431	Dennis Trident 12m	Duple Metsec DM5000	H59/27D	1999	2017
CTB	2284	HZ3656	SFD112BR1WGT20432	Dennis Trident 12m	Duple Metsec DM5000	H59/27D	1999	2017
CTB	2285	HZ8789	SFD112BR1WGT20433	Dennis Trident 12m	Duple Metsec DM5000	H59/27D	1999	2017
CTB	2286	JA220	SFD112BR1WGT20434	Dennis Trident 12m	Duple Metsec DM5000	H59/27D	1999	2013
CTB	2287	JB3698	SFD112BR1WGT20435	Dennis Trident 12m	Duple Metsec DM5000	H59/27D	1999	2017
CTB	2288	HZ2879	SFD112BR1WGT20436	Dennis Trident 12m	Duple Metsec DM5000	H59/28D	1999	2017
LWB	221	HU4944	SFD112BR1WGT10437	Dennis Trident 12m	Alexander ALX500	H59/28D	1998	2012
KMB	ATR440	HU4944	SFD112BR1WGT10437	Dennis Trident 12m	Alexander ALX500	H59/28D	1998	2016
LWB	225	HU5978	SFD112BR1WGT10438	Dennis Trident 12m	Alexander ALX500	H59/28D	1998	2014
KMB	ATR478	HU5978	SFD112BR1WGT10438	Dennis Trident 12m	Alexander ALX500	H59/28D	1998	2016
LWB	223	HU5300	SFD112BR1WGT10439	Dennis Trident 12m	Alexander ALX500	H59/24D	1998	2015
KMB	ATR493	HU5300	SFD112BR1WGT10439	Dennis Trident 12m	Alexander ALX500	H59/28D	1998	2016
CTB	2225	HY6005	SFD112BR1WGT20440	Dennis Trident 12m	Duple Metsec DM5000	CH55/27D	1998	2017
CTB	2226	HZ1054	SFD112BR1WGT20441	Dennis Trident 12m	Duple Metsec DM5000	CH55/27D	1999	2016
CTB	2227	HZ2031	SFD112BR1WGT20442	Dennis Trident 12m	Duple Metsec DM5000	CH55/27D	1999	2016
CTB	2289	HZ3766	SFD112BR1WGT20443	Dennis Trident 12m	Duple Metsec DM5000	H59/28D	1999	2017
CTB	2290	HZ8573	SFD112BR1WGT20444	Dennis Trident 12m	Duple Metsec DM5000	H59/28D	1999	2017
CTB	2291	HZ8722	SFD112BR1WGT20445	Dennis Trident 12m	Duple Metsec DM5000	H59/28D	1999	2017
CTB	2228	HZ3898	SFD112BR1WGT20446	Dennis Trident 12m	Duple Metsec DM5000	CH55/27D	1999	2017
CTB	2229	HZ3467	SFD112BR1WGT20447	Dennis Trident 12m	Duple Metsec DM5000	CH55/27D	1999	2017
CTB	2230	HZ4270	SFD112BR1WGT20448	Dennis Trident 12m	Duple Metsec DM5000	CH55/27D	1999	2017
NWFB	1002	HV3176	SFD111BR1WGT10449	Dennis Trident 12m	Alexander ALX500-9805	H59/32D	1998	2015
KMB	ATR34	HW7769	SFD111BR1WGT10450	Dennis Trident 12m	Alexander ALX500	H59/30D	1998	2016
LWB	224	HU5630	SFD112BR1WGT10451	Dennis Trident 12m	Alexander ALX500	H59/24D	1998	2015
KMB	ATR495	HU5630	SFD112BR1WGT10451	Dennis Trident 12m	Alexander ALX500	H59/28D	1998	2016

公司	車隊編號	車牌	底盤編號	車型	車身	座位佈局	首次登記日期	退役日期
KMB	ATR36	HW8402	SFD111BR1WGT10452	Dennis Trident 12m	Alexander ALX500	H59/30D	1998	2016
NWFB	1003	HV4273	SFD111BR1WGT10453	Dennis Trident 12m	Alexander ALX500-9805	H59/32D	1998	2015
NWFB	1004	HV3406	SFD111BR1WGT10454	Dennis Trident 12m	Alexander ALX500-9805	H59/32D	1998	2015
KMB	ATR4	HV6619	SFD111BR1WGT10455	Dennis Trident 12m	Alexander ALX500	H59/30D	1998	2016
CTB	2292	HZ9308	SFD112BR1WGT20456	Dennis Trident 12m	Duple Metsec DM5000	H59/28D	1999	2017
CTB	2293	JA449	SFD112BR1WGT20457	Dennis Trident 12m	Duple Metsec DM5000	H59/28D	1999	2017
CTB	2294	HZ8881	SFD112BR1WGT20458	Dennis Trident 12m	Duple Metsec DM5000	H59/28D	1999	2017
CTB	2295	HZ8980	SFD112BR1WGT20459	Dennis Trident 12m	Duple Metsec DM5000	H59/28D	1999	2017
CTB	2296	JA499	SFD112BR1WGT20460	Dennis Trident 12m	Duple Metsec DM5000	H59/28D	1999	2017
CTB	2297	JB2934	SFD112BR1WGT20461	Dennis Trident 12m	Duple Metsec DM5000	H59/28D	1999	2017
CTB	2298	JB2927	SFD112BR1WGT20462	Dennis Trident 12m	Duple Metsec DM5000	H59/28D	1999	2017
CTB	2299	JB3675	SFD112BR1WGT20463	Dennis Trident 12m	Duple Metsec DM5000	H59/28D	1999	2017
CTB	2300	JB7459	SFD112BR1WGT20464	Dennis Trident 12m	Duple Metsec DM5000	H59/28D	1999	2017
CTB	2301	JB7500	SFD112BR1WGT20465	Dennis Trident 12m	Duple Metsec DM5000	H59/28D	1999	2017
NWFB	1005	HV2854	SFD111BR1WGT10466	Dennis Trident 12m	Alexander ALX500-9805	H59/32D	1998	2015
KMB	ATR5	HV6857	SFD111BR1WGT10467	Dennis Trident 12m	Alexander ALX500	H59/30D	1998	2016
NWFB	1006	HV2808	SFD111BR1WGT10468	Dennis Trident 12m	Alexander ALX500-9805	H59/32D	1998	2015
KMB	ATR6	HV6943	SFD111BR1WGT10469	Dennis Trident 12m	Alexander ALX500	H59/30D	1998	2003
NWFB	1007	HV2560	SFD111BR1WGT10470	Dennis Trident 12m	Alexander ALX500-9805	H59/32D	1998	2015
KMB	ATR14	HV7541	SFD111BR1WGT10471	Dennis Trident 12m	Alexander ALX500	H59/30D	1998	2016
KMB	ATR10	HV8230	SFD111BR1WGT10472	Dennis Trident 12m	Alexander ALX500	H59/30D	1998	2016
KMB	ATR11	HV6502	SFD111BR1WGT10473	Dennis Trident 12m	Alexander ALX500	H59/30D	1998	2016
KMB	ATR9	HV7967	SFD111BR1WGT10474	Dennis Trident 12m	Alexander ALX500	H59/30D	1998	2016
NWFB	1008	HV6531	SFD111BR1WGT10475	Dennis Trident 12m	Alexander ALX500-9805	H59/32D	1998	2015
KMB	ATR13	HV7159	SFD111BR1WGT10476	Dennis Trident 12m	Alexander ALX500	H59/30D	1998	2016
KMB	ATR8	HV7682	SFD111BR1WGT10477	Dennis Trident 12m	Alexander ALX500	H59/30D	1998	2016
KMB	ATR15	HV8151	SFD111BR1WGT10478	Dennis Trident 12m	Alexander ALX500	H59/30D	1998	2016
KMB	ATR12	HV6965	SFD111BR1WGT10479	Dennis Trident 12m	Alexander ALX500	H59/30D	1998	2016
KMB	ATR7	HV7287	SFD111BR1WGT10480	Dennis Trident 12m	Alexander ALX500	H59/30D	1998	2016
NWFB	1009	HV8318	SFD111BR1WGT10481	Dennis Trident 12m	Alexander ALX500-9805	H59/32D	1998	2015
KMB	ATR29	HW6084	SFD111BR1WGT10482	Dennis Trident 12m	Alexander ALX500	H59/30D	1998	2016
KMB	ATR27	HW6015	SFD111BR1WGT10483	Dennis Trident 12m	Alexander ALX500	H59/30D	1998	2016
KMB	ATR16	HW3385	SFD111BR1WGT10484	Dennis Trident 12m	Alexander ALX500-9747	H59/30D	1998	2016
NWFB	1010	HV7249	SFD111BR1WGT10485	Dennis Trident 12m	Alexander ALX500-9805	H59/32D	1998	2015
KMB	ATR25	HW5600	SFD111BR1WGT10486	Dennis Trident 12m	Alexander ALX500	H59/30D	1998	2016
KMB	ATR21	HW4761	SFD111BR1WGT10487	Dennis Trident 12m	Alexander ALX500-9747	H59/30D	1998	2016
NWFB	1011	HV6812	SFD111BR1WGT10488	Dennis Trident 12m	Alexander ALX500-9805	H59/32D	1998	2015
NWFB	1012	HV8027	SFD111BR1WGT10489	Dennis Trident 12m	Alexander ALX500-9805	H59/32D	1998	2015
KMB	ATR23	HW5331	SFD111BR1WGT10490	Dennis Trident 12m	Alexander ALX500	H59/30D	1998	2016
KMB	ATR18	HW4010	SFD111BR1WGT10491	Dennis Trident 12m	Alexander ALX500-9805	H59/30D	1998	2016
NWFB	1013	HV7187	SFD111BR1WGT10492	Dennis Trident 12m	Alexander ALX500-9805	H59/32D	1998	2015
KMB	ATR28	HW6072	SFD111BR1WGT10493	Dennis Trident 12m	Alexander ALX500	H59/30D	1998	2016
NWFB	1014	HV7225	SFD111BR1WGT10494	Dennis Trident 12m	Alexander ALX500-9805	H59/32D	1998	2015
NWFB	1015	HV7992	SFD111BR1WGT10495	Dennis Trident 12m	Alexander ALX500-9805	H59/32D	1998	2015
KMB	ATR24	HW5476	SFD111BR1WGT10496	Dennis Trident 12m	Alexander ALX500	H59/30D	1998	2016
KMB	ATR32	HW7905	SFD111BR1WGT10497	Dennis Trident 12m	Alexander ALX500	H59/30D	1998	2016
NWFB	3001	HX5993	SFD111BR1WGT10498	Dennis Trident 12m	Duple Metsec DM5000	H59/32D	1998	2016

公司	車隊編號	車牌	底盤編號	車型	車身	座位佈局	首次登記日期	退役日期
NWFB	3002	HX5636	SFD111BR1WGT10499	Dennis Trident 12m	Duple Metsec DM5000	H59/32D	1998	2016
NWFB	1016	HV6921	SFD111BR1WGT10500	Dennis Trident 12m	Alexander ALX500-9805	H59/32D	1998	2015
KMB	ATR17	HW3472	SFD111BR1WGT10501	Dennis Trident 12m	Alexander ALX500	H59/30D	1998	2016
NWFB	1017	HV8316	SFD111BR1WGT10502	Dennis Trident 12m	Alexander ALX500-9805	H59/32D	1998	2015
KMB	ATR35	HW8391	SFD111BR1WGT10503	Dennis Trident 12m	Alexander ALX500	H59/30D	1998	2016
NWFB	1018	HV7798	SFD111BR1WGT10504	Dennis Trident 12m	Alexander ALX500-9805	H59/32D	1998	2015
NWFB	1019	HV6927	SFD111BR1WGT10505	Dennis Trident 12m	Alexander ALX500-9805	H59/32D	1998	2015
KMB	ATR31	HW7228	SFD111BR1WGT10506	Dennis Trident 12m	Alexander ALX500	H59/30D	1998	2016
KMB	ATR30	HW6144	SFD111BR1WGT10507	Dennis Trident 12m	Alexander ALX500	H59/30D	1998	2016
NWFB	1020	HW3836	SFD111BR1WGT10508	Dennis Trident 12m	Alexander ALX500-9805	H59/32D	1998	2015
KMB	ATR19	HW4498	SFD111BR1WGT10509	Dennis Trident 12m	Alexander ALX500	H59/30D	1998	2016
NWFB	1022	HW9107	SFD111BR1WGT10510	Dennis Trident 12m	Alexander ALX500-9814	H59/32D	1998	2015
NWFB	1023	HW9139	SFD111BR1WGT10511	Dennis Trident 12m	Alexander ALX500-9814	H59/32D	1998	2015
KMB	ATR38	HW8069	SFD111BR1WGT10512	Dennis Trident 12m	Alexander ALX500	H59/30D	1998	2016
NWFB	1021	HW3545	SFD111BR1WGT10513	Dennis Trident 12m	Alexander ALX500-9814	H59/32D	1998	2015
KMB	ATR20	HW4672	SFD111BR1WGT10514	Dennis Trident 12m	Alexander ALX500	H59/30D	1998	2016
NWFB	1024	HX273	SFD111BR1WGT10515	Dennis Trident 12m	Alexander ALX500-9814	H59/32D	1998	2015
NWFB	1025	HW8505	SFD111BR1WGT10516	Dennis Trident 12m	Alexander ALX500-9814	H59/32D	1998	2016
KMB	ATR22	HW4950	SFD111BR1WGT10517	Dennis Trident 12m	Alexander ALX500	H59/30D	1998	2016
NWFB	1026	HW9403	SFD111BR1WGT10518	Dennis Trident 12m	Alexander ALX500-9814	H59/32D	1998	2016
KMB	ATR43	HX2449	SFD111BR1WGT10519	Dennis Trident 12m	Alexander ALX500	H59/30D	1998	2016
NWFB	1027	HW9945	SFD111BR1WGT10520	Dennis Trident 12m	Alexander ALX500-9814	H59/32D	1998	2016
NWFB	1028	HX217	SFD111BR1WGT10521	Dennis Trident 12m	Alexander ALX500-9814	H59/32D	1998	2016
KMB	ATR42	HX1961	SFD111BR1WGT10522	Dennis Trident 12m	Alexander ALX500	H59/30D	1998	2016
NWFB	1029	HW8963	SFD111BR1WGT10523	Dennis Trident 12m	Alexander ALX500-9814	H59/32D	1998	2015
KMB	ATR39	HW8970	SFD111BR1WGT10524	Dennis Trident 12m	Alexander ALX500	H59/30D	1998	2016
NWFB	1030	HX1396	SFD111BR1WGT10525	Dennis Trident 12m	Alexander ALX500-9814	H59/32D	1998	2015
NWFB	1091	HX7048	SFD111BR1WGT10526	Dennis Trident 12m	Alexander ALX500-9815	H59/32D	1998	2016
NWFB	1092	HY4071	SFD111BR1WGT10527	Dennis Trident 12m	Alexander ALX500-9815	H59/32D	1998	2017
NWFB	1097	HY4544	SFD111BR1WGT10528	Dennis Trident 12m	Alexander ALX500-9815	H59/32D	1998	2017
NWFB	1093	HY2755	SFD111BR1WGT10529	Dennis Trident 12m	Alexander ALX500-9815	H59/32D	1998	2016
NWFB	1094	HY2653	SFD111BR1WGT10530	Dennis Trident 12m	Alexander ALX500-9815	H59/32D	1998	2017
NWFB	1031	HX501	SFD111BR1WGT10531	Dennis Trident 12m	Alexander ALX500-9814	H59/32D	1998	2016
KMB	ATR26	HW5926	SFD111BR1WGT10532	Dennis Trident 12m	Alexander ALX500	H59/30D	1998	2016
NWFB	1032	HX574	SFD111BR1WGT10533	Dennis Trident 12m	Alexander ALX500-9814	H59/32D	1998	2016
NWFB	1033	HX548	SFD111BR1WGT10534	Dennis Trident 12m	Alexander ALX500-9814	H59/32D	1998	2016
KMB	ATR33	HW7161	SFD111BR1WGT10535	Dennis Trident 12m	Alexander ALX500	H59/30D	1998	2016
NWFB	1034	HX2026	SFD111BR1WGT10536	Dennis Trident 12m	Alexander ALX500-9814	H59/32D	1998	2015
KMB	ATR41	HX859	SFD111BR1WGT10537	Dennis Trident 12m	Alexander ALX500	H59/30D	1998	2016
KMB	ATR37	HW7486	SFD111BR1WGT10538	Dennis Trident 12m	Alexander ALX500	H59/30D	1998	2016
KMB	ATR40	HW9389	SFD111BR1WGT10539	Dennis Trident 12m	Alexander ALX500	H59/30D	1998	2016
NWFB	1035	HX1640	SFD111BR1WGT10540	Dennis Trident 12m	Alexander ALX500-9814	H59/32D	1998	2015
NWFB	1036	HX804	SFD111BR1WGT10541	Dennis Trident 12m	Alexander ALX500-9814	H59/32D	1998	2015
NWFB	1037	HX1323	SFD111BR1WGT10542	Dennis Trident 12m	Alexander ALX500-9814	H59/32D	1998	2016
NWFB	1038	HX853	SFD111BR1WGT10543	Dennis Trident 12m	Alexander ALX500-9814	H59/32D	1998	2016
NWFB	1039	HX703	SFD111BR1WGT10544	Dennis Trident 12m	Alexander ALX500-9814	H59/32D	1998	2015
CTB	2231	JD107	SFD112BR1WGT20545	Dennis Trident 12m	Duple Metsec DM5000	CH55/27D	1999	2017

公司	車隊編號	車牌	底盤編號	車型	車身	座位佈局	首次登記日期	退役日期
NWFB	3003	HX6064	SFD111BR1WGT10546	Dennis Trident 12m	Duple Metsec DM5000	H59/32D	1998	2016
NWFB	1040	HX615	SFD111BR1WGT10547	Dennis Trident 12m	Alexander ALX500-9814	H59/32D	1998	2015
NWFB	1041	HX1585	SFD111BR1WGT10548	Dennis Trident 12m	Alexander ALX500-9814	H59/32D	1998	2016
NWFB	1042	HX1860	SFD111BR1WGT10549	Dennis Trident 12m	Alexander ALX500-9814	H59/32D	1998	2016
NWFB	3005	HY2357	SFD111BR1WGT10550	Dennis Trident 12m	Duple Metsec DM5000	H59/32D	1998	2016
NWFB	3004	HX5101	SFD111BR1WGT10551	Dennis Trident 12m	Duple Metsec DM5000	H59/32D	1998	2016
NWFB	1043	HX1120	SFD111BR1WGT10552	Dennis Trident 12m	Alexander ALX500-9814	H59/32D	1998	2016
NWFB	1047	HX4754	SFD111BR1WGT10553	Dennis Trident 12m	Alexander ALX500-9814	H59/32D	1998	2016
NWFB	1048	HX5793	SFD111BR1WGT10554	Dennis Trident 12m	Alexander ALX500-9814	H59/32D	1998	2016
NWFB	1044	HX905	SFD111BR1WGT10555	Dennis Trident 12m	Alexander ALX500-9814	H59/32D	1998	2016
NWFB	1045	HX1995	SFD111BR1WGT10556	Dennis Trident 12m	Alexander ALX500-9814	H59/32D	1998	2016
NWFB	1046	HX2174	SFD111BR1WGT10557	Dennis Trident 12m	Alexander ALX500-9814	H59/32D	1998	2016
NWFB	1049	HX6151	SFD111BR1WGT10558	Dennis Trident 12m	Alexander ALX500-9814	H59/32D	1998	2015
NWFB	1050	HX5917	SFD111BR1WGT10559	Dennis Trident 12m	Alexander ALX500-9814	H59/32D	1998	2016
NWFB	1051	HX5473	SFD111BR1WGT10560	Dennis Trident 12m	Alexander ALX500-9814	H59/32D	1998	2015
NWFB	1052	HX5851	SFD111BR1WGT10561	Dennis Trident 12m	Alexander ALX500-9814	H59/32D	1998	2016
NWFB	1053	HX5293	SFD111BR1WGT10562	Dennis Trident 12m	Alexander ALX500-9814	H59/32D	1998	2014
NWFB	1054	HX5595	SFD111BR1WGT10563	Dennis Trident 12m	Alexander ALX500-9814	H59/32D	1998	2016
NWFB	3006	HY2230	SFD111BR1WGT10564	Dennis Trident 12m	Duple Metsec DM5000	H59/32D	1998	2016
NWFB	3007	HY1508	SFD111BR1WGT10565	Dennis Trident 12m	Duple Metsec DM5000	H59/32D	1998	2016
NWFB	3008	HY2190	SFD111BR1WGT10566	Dennis Trident 12m	Duple Metsec DM5000	H59/32D	1998	2016
NWFB	1055	HX6009	SFD111BR1WGT10567	Dennis Trident 12m	Alexander ALX500-9814	H59/32D	1998	2016
NWFB	1056	HX6393	SFD111BR1WGT10568	Dennis Trident 12m	Alexander ALX500-9814	H59/32D	1998	2016
NWFB	1057	HX6061	SFD111BR1WGT10569	Dennis Trident 12m	Alexander ALX500-9814	H59/32D	1998	2016
NWFB	1058	HX4736	SFD111BR1WGT10570	Dennis Trident 12m	Alexander ALX500-9814	H59/32D	1998	2016
NWFB	1059	HX6181	SFD111BR1WGT10571	Dennis Trident 12m	Alexander ALX500-9814	H59/32D	1998	2016
NWFB	1060	HX6341	SFD111BR1WGT10572	Dennis Trident 12m	Alexander ALX500-9814	H59/32D	1998	2016
NWFB	1061	HX5013	SFD111BR1WGT10573	Dennis Trident 12m	Alexander ALX500-9814	H59/32D	1998	2016
NWFB	1062	HX5242	SFD111BR1WGT10574	Dennis Trident 12m	Alexander ALX500-9814	H59/32D	1998	2016
NWFB	1063	HX8852	SFD111BR1WGT10575	Dennis Trident 12m	Alexander ALX500-9814	H59/32D	1998	2016
NWFB	1064	HX9093	SFD111BR1WGT10576	Dennis Trident 12m	Alexander ALX500-9814	H59/32D	1998	2016
NWFB	1065	HX9538	SFD111BR1WGT10577	Dennis Trident 12m	Alexander ALX500-9814	H59/32D	1998	2016
NWFB	1066	HY2017	SFD111BR1WGT10578	Dennis Trident 12m	Alexander ALX500-9814	H59/32D	1998	2015
NWFB	1067	HY763	SFD111BR1WGT10579	Dennis Trident 12m	Alexander ALX500-9814	H59/32D	1998	2016
NWFB	3012	HY3075	SFD111BR1WGT10580	Dennis Trident 12m	Duple Metsec DM5000	H59/32D	1998	2016
NWFB	3009	HY1426	SFD111BR1WGT10581	Dennis Trident 12m	Duple Metsec DM5000	H59/32D	1998	2016
NWFB	3013	HY3650	SFD111BR1WGT10582	Dennis Trident 12m	Duple Metsec DM5000	H59/32D	1998	2016
NWFB	3010	HY726	SFD111BR1WGT10583	Dennis Trident 12m	Duple Metsec DM5000	H59/32D	1998	2016
NWFB	1068	HY1796	SFD111BR1WGT10584	Dennis Trident 12m	Alexander ALX500-9814	H59/32D	1998	2016
NWFB	1069	HY543	SFD111BR1WGT10585	Dennis Trident 12m	Alexander ALX500-9814	H59/32D	1998	2016
NWFB	1070	HY1376	SFD111BR1WGT10586	Dennis Trident 12m	Alexander ALX500-9814	H59/32D	1998	2016
NWFB	1071	HY671	SFD111BR1WGT10587	Dennis Trident 12m	Alexander ALX500-9814	H59/32D	1998	2016
NWFB	1072	HY2330	SFD111BR1WGT10588	Dennis Trident 12m	Alexander ALX500-9814	H59/32D	1998	2016
NWFB	1073	HY1835	SFD111BR1WGT10589	Dennis Trident 12m	Alexander ALX500-9814	H59/32D	1998	2016
NWFB	1074	HY1266	SFD111BR1WGT10590	Dennis Trident 12m	Alexander ALX500-9814	H59/32D	1998	2016
NWFB	1075	HY1740	SFD111BR1WGT10591	Dennis Trident 12m	Alexander ALX500-9814	H59/32D	1998	2017
KMB	ATR53	HX7118	SFD111BR1WGT10592	Dennis Trident 12m	Alexander ALX500	H59/32D	1998	2016

公司	車隊編號	車牌	底盤編號	車型	車身	座位佈局	首次登記日期	退役日期
KMB	ATR76	HY583	SFD111BR1WGT10593	Dennis Trident 12m	Alexander ALX500	H59/32D	1998	2016
KMB	ATR44	HX6756	SFD111BR1WGT10594	Dennis Trident 12m	Alexander ALX500	H59/32D	1998	2016
NWFB	3011	HY2077	SFD111BR1WGT10595	Dennis Trident 12m	Duple Metsec DM5000	H59/32D	1998	2016
NWFB	3014	HY3792	SFD111BR1WGT10596	Dennis Trident 12m	Duple Metsec DM5000	H59/32D	1998	2017
NWFB	3016	HY4142	SFD111BR1WGT10597	Dennis Trident 12m	Duple Metsec DM5000	H59/32D	1998	2017
NWFB	3017	HY2530	SFD111BR1WGT10598	Dennis Trident 12m	Duple Metsec DM5000	H59/32D	1998	2016
NWFB	3020	HZ1156	SFD111BR1WGT10599	Dennis Trident 12m	Duple Metsec DM5000	H59/32D	1999	2017
NWFB	1076	HY2400	SFD111BR1WGT10600	Dennis Trident 12m	Alexander ALX500-9814	H59/32D	1998	2016
NWFB	1077	HY2483	SFD111BR1WGT10601	Dennis Trident 12m	Alexander ALX500-9814	H59/32D	1998	2016
NWFB	1095	HY2716	SFD111BR1WGT10602	Dennis Trident 12m	Alexander ALX500-9815	H59/32D	1998	2016
NWFB	1078	HY1121	SFD111BR1WGT10603	Dennis Trident 12m	Alexander ALX500-9814	H59/32D	1998	2016
NWFB	1098	HY4562	SFD111BR1WGT10604	Dennis Trident 12m	Alexander ALX500-9815	H59/32D	1998	2016
NWFB	1099	HY6092	SFD111BR1WGT10605	Dennis Trident 12m	Alexander ALX500-9815	H59/32D	1998	2016
KMB	ATR52	HX7067	SFD111BR1WGT10606	Dennis Trident 12m	Alexander ALX500	H59/32D	1998	2016
KMB	ATR56	HX8062	SFD111BR1WGT10607	Dennis Trident 12m	Alexander ALX500	H59/32D	1998	2016
KMB	ATR46	HX7241	SFD111BR1WGT10608	Dennis Trident 12m	Alexander ALX500	H59/32D	1998	2016
KMB	ATR57	HX8504	SFD111BR1WGT10609	Dennis Trident 12m	Alexander ALX500	H59/32D	1998	2016
KMB	ATR78	HY2171	SFD111BR1WGT10610	Dennis Trident 12m	Alexander ALX500	H59/32D	1998	2016
KMB	ATR58	HX8815	SFD111BR1WGT10611	Dennis Trident 12m	Alexander ALX500	H59/32D	1998	2016
KMB	ATR47	HX7427	SFD111BR1WGT10612	Dennis Trident 12m	Alexander ALX500	H59/32D	1998	2016
KMB	ATR82	HY5639	SFD111BR1WGT10613	Dennis Trident 12m	Alexander ALX500	H59/32D	1998	2016
NWFB	1096	HY3161	SFD111BR1WGT10614	Dennis Trident 12m	Alexander ALX500-9815	H59/32D	1998	2017
NWFB	3021	HZ691	SFD111BR1WGT10615	Dennis Trident 12m	Duple Metsec DM5000	H59/32D	1999	2017
NWFB	3015	HY3524	SFD111BR1WGT10616	Dennis Trident 12m	Duple Metsec DM5000	H59/32D	1998	2016
NWFB	3018	HY4596	SFD111BR1WGT10617	Dennis Trident 12m	Duple Metsec DM5000	H59/32D	1998	2016
NWFB	3022	HZ706	SFD111BR1WGT10618	Dennis Trident 12m	Duple Metsec DM5000	H59/32D	1999	2017
NWFB	3027	HZ3648	SFD111BR1WGT10619	Dennis Trident 12m	Duple Metsec DM5000	H59/32D	1999	2017
KMB	ATR49	HX8024	SFD111BR1WGT10620	Dennis Trident 12m	Alexander ALX500	H59/32D	1998	2016
KMB	ATR55	HX7885	SFD111BR1WGT10621	Dennis Trident 12m	Alexander ALX500	H59/32D	1998	2016
KMB	ATR60	HX9257	SFD111BR1WGT10622	Dennis Trident 12m	Alexander ALX500	H59/32D	1998	2016
KMB	ATR83	HY5883	SFD111BR1WGT10623	Dennis Trident 12m	Alexander ALX500	H59/32D	1998	2016
KMB	ATR84	HY5929	SFD111BR1WGT10624	Dennis Trident 12m	Alexander ALX500	H59/32D	1998	2016
KMB	ATR50	HX8152	SFD111BR1WGT10625	Dennis Trident 12m	Alexander ALX500	H59/32D	1998	2016
KMB	ATR81	HY5275	SFD111BR1WGT10626	Dennis Trident 12m	Alexander ALX500	H59/32D	1998	2016
KMB	ATR77	HY1012	SFD111BR1WGT10627	Dennis Trident 12m	Alexander ALX500	H59/32D	1998	2016
NWFB	3023	HZ802	SFD111BR1WGT10628	Dennis Trident 12m	Duple Metsec DM5000	H59/32D	1999	2017
NWFB	3019	HY6227	SFD111BR1WGT10629	Dennis Trident 12m	Duple Metsec DM5000	H59/32D	1998	2017
NWFB	3024	HZ1453	SFD111BR1WGT10630	Dennis Trident 12m	Duple Metsec DM5000	H59/32D	1999	2017
NWFB	3028	HZ3150	SFD111BR1WGT10631	Dennis Trident 12m	Duple Metsec DM5000	H59/32D	1999	2017
NWFB	3025	HZ2509	SFD111BR1WGT10632	Dennis Trident 12m	Duple Metsec DM5000	H59/32D	1999	2017
NWFB	1100	HY6455	SFD111BR1WGT10633	Dennis Trident 12m	Alexander ALX500-9815	H59/32D	1998	2016
KMB	ATR80	HY5110	SFD111BR1WGT10634	Dennis Trident 12m	Alexander ALX500	H59/32D	1998	2016
KMB	ATR86	HY8728	SFD111BR1WGT10635	Dennis Trident 12m	Alexander ALX500	H59/32D	1999	2017
KMB	ATR89	HY9447	SFD111BR1WGT10636	Dennis Trident 12m	Alexander ALX500	H59/32D	1999	2017
KMB	ATR94	HZ1910	SFD111BR1WGT10637	Dennis Trident 12m	Alexander ALX500	H59/32D	1999	2017
KMB	ATR90	HY9885	SFD111BR1WGT10638	Dennis Trident 12m	Alexander ALX500	H59/32D	1999	2017
KMB	ATR88	HY9110	SFD111BR1WGT10639	Dennis Trident 12m	Alexander ALX500	H59/32D	1999	2017

公司	車隊編號	車牌	底盤編號	車型	車身	座位佈局	首次登記日期	退役日期
KMB	ATR132	JB2660	SFD111BR1WGT10640	Dennis Trident 12m	Alexander ALX500	H59/32D	1999	2017
KMB	ATR125	JA4840	SFD111BR1WGT10641	Dennis Trident 12m	Alexander ALX500	H59/32D	1999	2017
NWFB	1079	HY1231	SFD111BR1WGT10642	Dennis Trident 12m	Alexander ALX500-9814	H59/32D	1998	2016
NWFB	3029	HZ4001	SFD111BR1WGT10643	Dennis Trident 12m	Duple Metsec DM5000	H59/32D	1999	2017
NWFB	3032	HZ5937	SFD111BR1WGT10644	Dennis Trident 12m	Duple Metsec DM5000	H59/32D	1999	2017
NWFB	3026	HZ1770	SFD111BR1WGT10645	Dennis Trident 12m	Duple Metsec DM5000	H59/32D	1999	2017
NWFB	3033	HZ5518	SFD111BR1WGT10646	Dennis Trident 12m	Duple Metsec DM5000	H59/32D	1999	2017
NWFB	3037	HZ6761	SFD111BR1WGT10647	Dennis Trident 12m	Duple Metsec DM5000	H59/32D	1999	2017
KMB	ATR100	HZ6722	SFD111BR1WGT10648	Dennis Trident 12m	Alexander ALX500	H59/32D	1999	2017
KMB	ATR91	HZ673	SFD111BR1WGT10649	Dennis Trident 12m	Alexander ALX500	H59/32D	1999	2017
KMB	ATR96	HZ2050	SFD111BR1WGT10650	Dennis Trident 12m	Alexander ALX500	H59/32D	1999	2017
KMB	ATR138	JB7081	SFD111BR1WGT10651	Dennis Trident 12m	Alexander ALX500	H59/32D	1999	2017
KMB	ATR134	JB3845	SFD111BR1WGT10652	Dennis Trident 12m	Alexander ALX500	H59/32D	1999	2017
KMB	ATR106	HZ7433	SFD111BR1WGT10653	Dennis Trident 12m	Alexander ALX500	H59/32D	1999	2017
KMB	ATR137	JB4097	SFD111BR1WGT10654	Dennis Trident 12m	Alexander ALX500	H59/32D	1999	2017
KMB	ATR136	JB4058	SFD111BR1WGT10655	Dennis Trident 12m	Alexander ALX500	H59/32D	1999	2017
NWFB	3034	HZ4843	SFD111BR1WGT10656	Dennis Trident 12m	Duple Metsec DM5000	H59/32D	1999	2017
NWFB	3038	HZ6800	SFD111BR1WGT10657	Dennis Trident 12m	Duple Metsec DM5000	H59/32D	1999	2017
NWFB	3030	HZ2867	SFD111BR1WGT10658	Dennis Trident 12m	Duple Metsec DM5000	H59/32D	1999	2016
NWFB	3031	HZ4237	SFD111BR1WGT10659	Dennis Trident 12m	Duple Metsec DM5000	H59/32D	1999	2017
NWFB	3039	HZ8453	SFD111BR1WGT10660	Dennis Trident 12m	Duple Metsec DM5000	H59/32D	1999	2016
NWFB	1080	HY2385	SFD111BR1WGT10661	Dennis Trident 12m	Alexander ALX500-9814	H59/32D	1998	2016
KMB	ATR135	JB4055	SFD111BR1WGT10662	Dennis Trident 12m	Alexander ALX500	H59/32D	1999	2017
KMB	ATR133	JB3590	SFD111BR1WGT10663	Dennis Trident 12m	Alexander ALX500	H59/32D	1999	2017
KMB	ATR99	HZ6580	SFD111BR1WGT10664	Dennis Trident 12m	Alexander ALX500	H59/32D	1999	2017
KMB	ATR112	HZ8468	SFD111BR1WGT10665	Dennis Trident 12m	Alexander ALX500	H59/32D	1999	2017
KMB	ATR104	HZ7206	SFD111BR1WGT10666	Dennis Trident 12m	Alexander ALX500	H59/32D	1999	2017
KMB	ATR105	HZ7309	SFD111BR1WGT10667	Dennis Trident 12m	Alexander ALX500	H59/32D	1999	2017
KMB	ATR98	HZ6550	SFD111BR1WGT10668	Dennis Trident 12m	Alexander ALX500	H59/32D	1999	2015
KMB	ATR117	JA1066	SFD111BR1WGT10669	Dennis Trident 12m	Alexander ALX500	H59/32D	1999	2017
NWFB	1129	HZ958	SFD111BR1WGT10670	Dennis Trident 12m	Alexander ALX500-9814	H59/32D	1999	2017
NWFB	3035	HZ5090	SFD111BR1WGT10671	Dennis Trident 12m	Duple Metsec DM5000	H59/32D	1999	2017
NWFB	3036	HZ6313	SFD111BR1WGT10672	Dennis Trident 12m	Duple Metsec DM5000	H59/32D	1999	2017
NWFB	3040	HZ9312	SFD111BR1WGT10673	Dennis Trident 12m	Duple Metsec DM5000	H59/32D	1999	2017
NWFB	3041	JA2047	SFD111BR1WGT10674	Dennis Trident 12m	Duple Metsec DM5000	H59/32D	1999	2017
NWFB	3042	HZ9589	SFD111BR1WGT10675	Dennis Trident 12m	Duple Metsec DM5000	H59/32D	1999	2017
KMB	ATR102	HZ6921	SFD111BR1WGT10676	Dennis Trident 12m	Alexander ALX500	H59/32D	1999	2017
KMB	ATR103	HZ7137	SFD111BR1WGT10677	Dennis Trident 12m	Alexander ALX500	H59/32D	1999	2017
KMB	ATR114	HZ7361	SFD111BR1WGT10678	Dennis Trident 12m	Alexander ALX500	H59/32D	1999	2017
KMB	ATR108	HZ7644	SFD111BR1WGT10679	Dennis Trident 12m	Alexander ALX500	H59/32D	1999	2017
KMB	ATR113	HZ7273	SFD111BR1WGT10680	Dennis Trident 12m	Alexander ALX500	H59/32D	1999	2017
KMB	ATR115	JA684	SFD111BR1WGT10681	Dennis Trident 12m	Alexander ALX500	H59/32D	1999	2017
KMB	ATR123	JA2216	SFD111BR1WGT10682	Dennis Trident 12m	Alexander ALX500	H59/32D	1999	2017
KMB	ATR119	JA1147	SFD111BR1WGT10683	Dennis Trident 12m	Alexander ALX500	H59/32D	1999	2017
NWFB	1081	HY2053	SFD111BR1WGT10684	Dennis Trident 12m	Alexander ALX500-9814	H59/32D	1998	2016
NWFB	1082	HY1988	SFD111BR1WGT10685	Dennis Trident 12m	Alexander ALX500-9814	H59/32D	1998	2016
NWFB	1083	HY2177	SFD111BR1WGT10686	Dennis Trident 12m	Alexander ALX500-9814	H59/32D	1998	2016

公司	車隊編號	車牌	底盤編號	車型	車身	座位佈局	首次登記日期	退役日期
NWFB	1088	HY1582	SFD111BR1WGT10687	Dennis Trident 12m	Alexander ALX500-9814	H59/32D	1998	2017
KMB	ATR122	JA2031	SFD111BR1WGT10688	Dennis Trident 12m	Alexander ALX500	H59/32D	1999	2017
KMB	ATR116	JA815	SFD111BR1WGT10689	Dennis Trident 12m	Alexander ALX500	H59/32D	1999	2017
KMB	ATR121	JA1479	SFD111BR1WGT10690	Dennis Trident 12m	Alexander ALX500	H59/32D	1999	2017
KMB	ATR120	JA1267	SFD111BR1WGT10691	Dennis Trident 12m	Alexander ALX500	H59/32D	1999	2017
KMB	ATR118	JA1119	SFD111BR1WGT10692	Dennis Trident 12m	Alexander ALX500	H59/32D	1999	2017
KMB	ATR140	JB8324	SFD111BR1WGT20693	Dennis Trident 12m	Duple Metsec DM5000	H59/33D	1999	2017
KMB	ATR141	JB8400	SFD111BR1WGT20694	Dennis Trident 12m	Duple Metsec DM5000	H59/33D	1999	2017
KMB	ATR139	JB7251	SFD111BR1WGT20695	Dennis Trident 12m	Duple Metsec DM5000	H59/33D	1999	2017
KMB	ATR145	JC894	SFD111BR1WGT20696	Dennis Trident 12m	Duple Metsec DM5000	H59/33D	1999	2017
KMB	ATR147	JC1343	SFD111BR1WGT20697	Dennis Trident 12m	Duple Metsec DM5000	H59/33D	1999	2017
KMB	ATR146	JC1248	SFD111BR1WGT20698	Dennis Trident 12m	Duple Metsec DM5000	H59/33D	1999	2017
NWFB	1084	HY2249	SFD111BR1WGT10699	Dennis Trident 12m	Alexander ALX500-9814	H59/32D	1998	2016
NWFB	1085	HY1072	SFD111BR1WGT10700	Dennis Trident 12m	Alexander ALX500-9814	H59/32D	1998	2016
KMB	ATR144	JB9843	SFD111BR1WGT20701	Dennis Trident 12m	Duple Metsec DM5000	H59/33D	1999	2017
KMB	ATR149	JC2254	SFD111BR1WGT20702	Dennis Trident 12m	Duple Metsec DM5000	H59/33D	1999	2017
KMB	ATR148	JC1611	SFD111BR1WGT20703	Dennis Trident 12m	Duple Metsec DM5000	H59/33D	1999	2017
NWFB	1086	HY2326	SFD111BR1WGT10704	Dennis Trident 12m	Alexander ALX500-9814	H59/32D	1998	2016
NWFB	1089	HY1164	SFD111BR1WGT10705	Dennis Trident 12m	Alexander ALX500-9814	H59/32D	1998	2016
NWFB	1090	HY2563	SFD111BR1WGT10706	Dennis Trident 12m	Alexander ALX500-9814	H59/32D	1998	2017
NWFB	1106	HY3082	SFD111BR1WGT10707	Dennis Trident 12m	Alexander ALX500-9814	H59/32D	1998	2016
NWFB	1087	HY1631	SFD111BR1WGT10708	Dennis Trident 12m	Alexander ALX500-9814	H59/32D	1998	2017
NWFB	1101	HY4273	SFD111BR1WGT10709	Dennis Trident 12m	Alexander ALX500-9814	H59/32D	1998	2017
KMB	ATR142	JB9332	SFD111BR1WGT20710	Dennis Trident 12m	Duple Metsec DM5000	H59/33D	1999	2017
KMB	ATR151	JC7006	SFD111BR1WGT20711	Dennis Trident 12m	Duple Metsec DM5000	H59/33D	1999	2017
KMB	ATR143	JB9381	SFD111BR1WGT20712	Dennis Trident 12m	Duple Metsec DM5000	H59/33D	1999	2017
KMB	ATR157	JC8385	SFD111BR1WGT20713	Dennis Trident 12m	Duple Metsec DM5000	H59/33D	1999	2017
KMB	ATR152	JC7027	SFD111BR1WGT20714	Dennis Trident 12m	Duple Metsec DM5000	H59/33D	1999	2017
NWFB	1102	HY3544	SFD111BR1WGT10715	Dennis Trident 12m	Alexander ALX500-9814	H59/32D	1998	2016
NWFB	1107	HY3334	SFD111BR1WGT10716	Dennis Trident 12m	Alexander ALX500-9814	H59/32D	1998	2016
NWFB	1103	HY3782	SFD111BR1WGT10717	Dennis Trident 12m	Alexander ALX500-9814	H59/32D	1998	2017
NWFB	1104	HY4099	SFD111BR1WGT10718	Dennis Trident 12m	Alexander ALX500-9814	H59/32D	1998	2016
NWFB	1108	HY3979	SFD111BR1WGT10719	Dennis Trident 12m	Alexander ALX500-9814	H59/32D	1998	2016
NWFB	1105	HY3813	SFD111BR1WGT10720	Dennis Trident 12m	Alexander ALX500-9814	H59/32D	1998	2016
KMB	ATR156	JC8121	SFD111BR1WGT20721	Dennis Trident 12m	Duple Metsec DM5000	H59/33D	1999	2017
KMB	ATR155	JC8084	SFD111BR1WGT20722	Dennis Trident 12m	Duple Metsec DM5000	H59/33D	1999	2017
NWFB	1109	HY2877	SFD111BR1WGT10723	Dennis Trident 12m	Alexander ALX500-9814	H59/32D	1998	2016
NWFB	1110	HY4363	SFD111BR1WGT10724	Dennis Trident 12m	Alexander ALX500-9814	H59/32D	1998	2017
NWFB	1111	HY2509	SFD111BR1WGT10725	Dennis Trident 12m	Alexander ALX500-9814	H59/32D	1998	2017
NWFB	1112	HY3130	SFD111BR1WGT10726	Dennis Trident 12m	Alexander ALX500-9814	H59/32D	1998	2016
NWFB	1113	HY4399	SFD111BR1WGT10727	Dennis Trident 12m	Alexander ALX500-9814	H59/32D	1998	2016
NWFB	1117	HZ936	SFD111BR1WGT10728	Dennis Trident 12m	Alexander ALX500-9814	H59/32D	1999	2017
NWFB	1114	HY5393	SFD111BR1WGT10729	Dennis Trident 12m	Alexander ALX500-9814	H59/32D	1998	2016
NWFB	1115	HY6444	SFD111BR1WGT10730	Dennis Trident 12m	Alexander ALX500-9814	H59/32D	1998	2017
KMB	ATR159	JD2551	SFD111BR1WGT20731	Dennis Trident 12m	Duple Metsec DM5000	H59/33D	1999	2017
KMB	ATR150	JC6884	SFD111BR1WGT20732	Dennis Trident 12m	Duple Metsec DM5000	H59/33D	1999	2017
KMB	ATR153	JC7110	SFD111BR1WGT20733	Dennis Trident 12m	Duple Metsec DM5000	H59/33D	1999	2017

公司	車隊編號	車牌	底盤編號	車型	車身	座位佈局	首次登記日期	退役日期
NWFB	1116	HY5356	SFD111BR1WGT10734	Dennis Trident 12m	Alexander ALX500-9814	H59/32D	1998	2017
NWFB	1130	HZ9203	SFD111BR1WGT10735	Dennis Trident 12m	Alexander ALX500-9814	H59/32D	1999	2016
NWFB	1118	HZ752	SFD111BR1WGT10736	Dennis Trident 12m	Alexander ALX500-9814	H59/32D	1999	2017
NWFB	1119	HZ654	SFD111BR1WGT10737	Dennis Trident 12m	Alexander ALX500-9814	H59/32D	1999	2017
NWFB	1120	HZ1179	SFD111BR1WGT10738	Dennis Trident 12m	Alexander ALX500-9814	H59/32D	1999	2017
KMB	ATR167	JE834	SFD111BR1WGT20739	Dennis Trident 12m	Duple Metsec DM5000	H59/33D	1999	2017
NWFB	1121	HZ590	SFD111BR1WGT10740	Dennis Trident 12m	Alexander ALX500-9814	H59/32D	1999	2017
NWFB	1122	HZ2136	SFD111BR1WGT10741	Dennis Trident 12m	Alexander ALX500-9814	H59/32D	1999	2017
NWFB	1123	HZ1518	SFD111BR1WGT10742	Dennis Trident 12m	Alexander ALX500-9814	H59/32D	1999	2017
KMB	ATR154	JC7947	SFD111BR1WGT20743	Dennis Trident 12m	Duple Metsec DM5000	H59/33D	1999	2017
KMB	ATR161	JD3718	SFD111BR1WGT20744	Dennis Trident 12m	Duple Metsec DM5000	H59/33D	1999	2017
KMB	ATR158	JD2527	SFD111BR1WGT20745	Dennis Trident 12m	Duple Metsec DM5000	H59/33D	1999	2017
KMB	ATR160	JD3231	SFD111BR1WGT20746	Dennis Trident 12m	Duple Metsec DM5000	H59/33D	1999	2017
KMB	ATR162	JD4183	SFD111BR1WGT20747	Dennis Trident 12m	Duple Metsec DM5000	H59/33D	1999	2017
NWFB	1124	HZ1064	SFD111BR1WGT10748	Dennis Trident 12m	Alexander ALX500-9814	H59/32D	1999	2017
NWFB	1125	HZ1891	SFD111BR1WGT10749	Dennis Trident 12m	Alexander ALX500-9814	H59/32D	1999	2017
NWFB	1126	HZ1908	SFD111BR1WGT10750	Dennis Trident 12m	Alexander ALX500-9814	H59/32D	1999	2017
NWFB	1127	HZ830	SFD111BR1WGT10751	Dennis Trident 12m	Alexander ALX500-9814	H59/32D	1999	2017
NWFB	1128	HZ2032	SFD111BR1WGT10752	Dennis Trident 12m	Alexander ALX500-9814	H59/32D	1999	2017
NWFB	1131	HZ1665	SFD112BR1WGT10753	Dennis Trident 12m	Alexander ALX500-9814	H59/32D	1999	2017
NWFB	1132	HZ2128	SFD112BR1WGT10754	Dennis Trident 12m	Alexander ALX500-9814	H59/32D	1999	2017
KMB	ATR188	JE2462	SFD111BR1WGT20755	Dennis Trident 12m	Duple Metsec DM5000	H59/33D	1999	2017
KMB	ATR163	JE703	SFD111BR1WGT20756	Dennis Trident 12m	Duple Metsec DM5000	H59/33D	1999	2017
KMB	ATR174	JE1439	SFD111BR1WGT20757	Dennis Trident 12m	Duple Metsec DM5000	H59/33D	1999	2017
KMB	ATR186	JE1643	SFD111BR1WGT20758	Dennis Trident 12m	Duple Metsec DM5000	H59/33D	1999	2017
KMB	ATR187	JE1676	SFD111BR1WGT20759	Dennis Trident 12m	Duple Metsec DM5000	H59/33D	1999	2017
NWFB	1133	HZ2393	SFD112BR1WGT10760	Dennis Trident 12m	Alexander ALX500-9814	H59/32D	1999	2017
NWFB	1134	HZ2143	SFD112BR1WGT10761	Dennis Trident 12m	Alexander ALX500-9814	H59/32D	1999	2017
NWFB	1135	HZ1539	SFD112BR1WGT10762	Dennis Trident 12m	Alexander ALX500-9814	H59/32D	1999	2017
NWFB	1136	HZ1562	SFD112BR1WGT10763	Dennis Trident 12m	Alexander ALX500-9814	H59/32D	1999	2017
NWFB	1137	HZ2286	SFD112BR1WGT10764	Dennis Trident 12m	Alexander ALX500-9814	H59/32D	1999	2017
NWFB	1138	HZ1597	SFD112BR1WGT10765	Dennis Trident 12m	Alexander ALX500-9814	H59/32D	1999	2017
NWFB	1139	HZ2132	SFD112BR1WGT10766	Dennis Trident 12m	Alexander ALX500-9814	H59/32D	1999	2017
NWFB	1140	HZ3713	SFD112BR1WGT10767	Dennis Trident 12m	Alexander ALX500-9814	H59/32D	1999	2017
NWFB	3043	JB3937	SFD111BR1WGT10768	Dennis Trident 12m	Duple Metsec DM5000	H57/32D	1999	2015
NWFB	3044	JB3385	SFD111BR1WGT10769	Dennis Trident 12m	Duple Metsec DM5000	H57/32D	1999	2017
NWFB	3045	JB5584	SFD111BR1WGT10770	Dennis Trident 12m	Duple Metsec DM5000	H57/32D	1999	2017
NWFB	3046	JB4752	SFD111BR1WGT10771	Dennis Trident 12m	Duple Metsec DM5000	H57/32D	1999	2017
NWFB	3047	JB5486	SFD111BR1WGT10772	Dennis Trident 12m	Duple Metsec DM5000	H57/32D	1999	2017
NWFB	3048	JB4830	SFD111BR1WGT10773	Dennis Trident 12m	Duple Metsec DM5000	H57/32D	1999	2017
NWFB	3049	JB4604	SFD111BR1WGT10774	Dennis Trident 12m	Duple Metsec DM5000	H57/32D	1999	2017
NWFB	3051	JB6704	SFD111BR1WGT10775	Dennis Trident 12m	Duple Metsec DM5000	H57/32D	1999	2017
NWFB	3050	JB6402	SFD111BR1WGT10776	Dennis Trident 12m	Duple Metsec DM5000	H57/32D	1999	2017
NWFB	3052	JB6491	SFD111BR1WGT10777	Dennis Trident 12m	Duple Metsec DM5000	H57/32D	1999	2017
NWFB	1144	HZ9257	SFD111BR1WGT10778	Dennis Trident 12m	Alexander ALX500-9814	H59/32D	1999	2017
NWFB	1143	HZ9742	SFD111BR1WGT10779	Dennis Trident 12m	Alexander ALX500-9814	H59/32D	1999	2017
NWFB	1146	JA3533	SFD111BR1WGT10780	Dennis Trident 12m	Alexander ALX500-9814	H59/32D	1999	2017

公司	車隊編號	車牌	底盤編號	車型	車身	座位佈局	首次登記日期	退役日期
NWFB	1142	HZ6781	SFD111BR1WGT10781	Dennis Trident 12m	Alexander ALX500-9814	H59/32D	1999	2017
NWFB	1141	HZ7612	SFD111BR1WGT10782	Dennis Trident 12m	Alexander ALX500-9814	H59/32D	1999	2017
NWFB	1145	JA4277	SFD111BR1WGT10783	Dennis Trident 12m	Alexander ALX500-9814	H59/32D	1999	2017
NWFB	1151	JA8108	SFD111BR1WGT10784	Dennis Trident 12m	Alexander ALX500-9814	H59/32D	1999	2017
NWFB	1149	JA7142	SFD111BR1WGT10785	Dennis Trident 12m	Alexander ALX500-9814	H59/32D	1999	2017
NWFB	1147	JA4944	SFD111BR1WGT10786	Dennis Trident 12m	Alexander ALX500-9814	H59/32D	1999	2017
NWFB	1150	JA7544	SFD111BR1WGT10787	Dennis Trident 12m	Alexander ALX500-9814	H59/32D	1999	2017
NWFB	3053	JB7236	SFD111BR1WGT20788	Dennis Trident 12m	Duple Metsec DM5000	H57/32D	1999	2017
NWFB	3060	JC3297	SFD111BR1WGT20789	Dennis Trident 12m	Duple Metsec DM5000	H57/32D	1999	2017
NWFB	3054	JB6897	SFD111BR1WGT20790	Dennis Trident 12m	Duple Metsec DM5000	H57/32D	1999	2017
NWFB	3055	JB7656	SFD111BR1WGT20791	Dennis Trident 12m	Duple Metsec DM5000	H57/32D	1999	2017
NWFB	3056	JB7199	SFD111BR1WGT20792	Dennis Trident 12m	Duple Metsec DM5000	H57/32D	1999	2017
NWFB	3057	JB5423	SFD111BR1WGT20793	Dennis Trident 12m	Duple Metsec DM5000	H57/32D	1999	2017
NWFB	3058	JB7507	SFD111BR1WGT20794	Dennis Trident 12m	Duple Metsec DM5000	H57/32D	1999	2017
NWFB	3059	JB7484	SFD111BR1WGT20795	Dennis Trident 12m	Duple Metsec DM5000	H57/32D	1999	2017
NWFB	3061	JC4184	SFD111BR1WGT20796	Dennis Trident 12m	Duple Metsec DM5000	H57/32D	1999	2017
NWFB	3062	JC3951	SFD111BR1WGT20797	Dennis Trident 12m	Duple Metsec DM5000	H57/32D	1999	2017
NWFB	1152	JA7927	SFD111BR1WGT10798	Dennis Trident 12m	Alexander ALX500-9814	H59/32D	1999	2017
NWFB	1148	JA4946	SFD111BR1WGT10799	Dennis Trident 12m	Alexander ALX500-9814	H59/32D	1999	2016
NWFB	1153	JB1384	SFD111BR1WGT10800	Dennis Trident 12m	Alexander ALX500-9814	H59/32D	1999	2017
NWFB	1154	JB1626	SFD111BR1WGT10801	Dennis Trident 12m	Alexander ALX500-9814	H59/32D	1999	2017
NWFB	1155	JB3160	SFD111BR1WGT10802	Dennis Trident 12m	Alexander ALX500-9814	H59/32D	1999	2017
NWFB	1156	JB2960	SFD111BR1WGT10803	Dennis Trident 12m	Alexander ALX500-9814	H59/32D	1999	2017
NWFB	1159	JB8416	SFD111BR1WGT10804	Dennis Trident 12m	Alexander ALX500-9814	H59/32D	1999	2017
NWFB	1160	JB5808	SFD111BR1WGT10805	Dennis Trident 12m	Alexander ALX500-9814	H59/32D	1999	2017
NWFB	1157	JB6196	SFD111BR1WGT10806	Dennis Trident 12m	Alexander ALX500-9814	H59/32D	1999	2017
NWFB	1158	JB4590	SFD111BR1WGT10807	Dennis Trident 12m	Alexander ALX500-9814	H59/32D	1999	2017
NWFB	1169	JB9727	SFD111BR1WGT10808	Dennis Trident 12m	Alexander ALX500-9838	H57/32D	1999	2017
NWFB	1170	JB8843	SFD111BR1WGT10809	Dennis Trident 12m	Alexander ALX500-9838	H57/32D	1999	2017
NWFB	1171	JB9156	SFD111BR1WGT10810	Dennis Trident 12m	Alexander ALX500-9838	H57/32D	1999	2017
NWFB	1172	JC240	SFD111BR1WGT10811	Dennis Trident 12m	Alexander ALX500-9838	H57/32D	1999	2017
NWFB	1165	JB9980	SFD111BR1WGT10812	Dennis Trident 12m	Alexander ALX500-9838	H57/32D	1999	2017
NWFB	1166	JB8937	SFD111BR1WGT10813	Dennis Trident 12m	Alexander ALX500-9838	H57/32D	1999	2017
NWFB	1167	JB9643	SFD111BR1WGT10814	Dennis Trident 12m	Alexander ALX500-9838	H57/32D	1999	2017
NWFB	1168	JB9058	SFD111BR1WGT10815	Dennis Trident 12m	Alexander ALX500-9838	H57/32D	1999	2017
NWFB	1161	JB9953	SFD111BR1WGT10816	Dennis Trident 12m	Alexander ALX500-9838	H57/32D	1999	2017
NWFB	1162	JB9544	SFD111BR1WGT10817	Dennis Trident 12m	Alexander ALX500-9838	H57/32D	1999	2017
NWFB	1163	JB8699	SFD111BR1WGT10818	Dennis Trident 12m	Alexander ALX500-9838	H57/32D	1999	2017
NWFB	1164	JB9941	SFD111BR1WGT10819	Dennis Trident 12m	Alexander ALX500-9838	H57/32D	1999	2017
NWFB	1173	JC3907	SFD111BR1WGT10820	Dennis Trident 12m	Alexander ALX500-9838	H57/32D	1999	2017
KMB	ATR173	JE1373	SFD111BR1WGT10821	Dennis Trident 12m	Alexander ALX500	H59/32D	1999	2017
KMB	ATR182	JE2074	SFD111BR1WGT10822	Dennis Trident 12m	Alexander ALX500	H59/32D	1999	2017
KMB	ATR184	JE2414	SFD111BR1WGT10823	Dennis Trident 12m	Alexander ALX500	H59/32D	1999	2017
KMB	ATR181	JE1999	SFD111BR1WGT10824	Dennis Trident 12m	Alexander ALX500	H59/32D	1999	2017
NWFB	1601	JC6299	SFD211BR1WGT60825	Dennis Trident 10.6m	Alexander ALX500-9839/1	H51/27D	1999	2004
KCRC	701	JC6299	SFD211BR1WGT60825	Dennis Trident 10.6m	Alexander ALX500-9839/1	H51/27D	2004	2015
NWFB	1602	JC4652	SFD211BR1WGT60826	Dennis Trident 10.6m	Alexander ALX500	H51/27D	1999	2005

公司	車隊編號	車牌	底盤編號	車型	車身	座位佈局	首次登記日期	退役日期
KCRC	741	JC4652	SFD211BR1WGT60826	Dennis Trident 10.6m	Alexander ALX500	H51/27D	2005	2015
NWFB	1623	JC9219	SFD211BR1WGT60827	Dennis Trident 10.6m	Alexander ALX500	H51/27D	1999	2004
KCRC	720	JC9219	SFD211BR1WGT60827	Dennis Trident 10.6m	Alexander ALX500	H51/27D	2004	2015
NWFB	1626	JD1982	SFD211BR1WGT60828	Dennis Trident 10.6m	Alexander ALX500	H51/27D	1999	2005
KCRC	737	JD1982	SFD211BR1WGT60828	Dennis Trident 10.6m	Alexander ALX500	H51/27D	2005	2015
NWFB	1624	JC9308	SFD211BR1WGT60829	Dennis Trident 10.6m	Alexander ALX500	H51/27D	1999	2017
NWFB	1625	JC9638	SFD211BR1WGT60830	Dennis Trident 10.6m	Alexander ALX500	H51/27D	1999	2004
KCRC	721	JC9638	SFD211BR1WGT60830	Dennis Trident 10.6m	Alexander ALX500	H51/27D	2004	2016
NWFB	1627	JD2455	SFD211BR1WGT60831	Dennis Trident 10.6m	Alexander ALX500	H51/27D	1999	2004
KCRC	722	JD2455	SFD211BR1WGT60831	Dennis Trident 10.6m	Alexander ALX500	H51/27D	2004	2016
NWFB	1603	JC4874	SFD211BR1WGT60832	Dennis Trident 10.6m	Alexander ALX500	H51/27D	1999	2004
KCRC	702	JC4874	SFD211BR1WGT60832	Dennis Trident 10.6m	Alexander ALX500	H51/27D	2004	2016
NWFB	1604	JC4903	SFD211BR1WGT60833	Dennis Trident 10.6m	Alexander ALX500	H51/27D	1999	2005
KCRC	747	JC4903	SFD211BR1WGT60833	Dennis Trident 10.6m	Alexander ALX500	H51/27D	2005	2016
NWFB	1605	JC6230	SFD211BR1WGT60834	Dennis Trident 10.6m	Alexander ALX500-9839/5	H51/27D	1999	2004
KCRC	713	JC6230	SFD211BR1WGT60834	Dennis Trident 10.6m	Alexander ALX500-9839/5	H51/27D	2004	2016
NWFB	1606	JC5627	SFD211BR1WGT60835	Dennis Trident 10.6m	Alexander ALX500-9839/6	H51/27D	1999	2005
KCRC	743	JC5627	SFD211BR1WGT60835	Dennis Trident 10.6m	Alexander ALX500-9839/6	H51/27D	2005	2015
NWFB	1607	JC5291	SFD211BR1WGT60836	Dennis Trident 10.6m	Alexander ALX500	H51/27D	1999	2005
KCRC	742	JC5291	SFD211BR1WGT60836	Dennis Trident 10.6m	Alexander ALX500	H51/27D	2005	2015
NWFB	1608	JC5474	SFD211BR1WGT60837	Dennis Trident 10.6m	Alexander ALX500	H51/27D	1999	2004
KCRC	703	JC5474	SFD211BR1WGT60837	Dennis Trident 10.6m	Alexander ALX500	H51/27D	2004	2015
NWFB	1628	JD1704	SFD211BR1XGT60838	Dennis Trident 10.6m	Alexander ALX500	H51/27D	1999	2004
KCRC	723	JD1704	SFD211BR1XGT60838	Dennis Trident 10.6m	Alexander ALX500	H51/27D	2004	2016
NWFB	1629	JD3802	SFD211BR1XGT60839	Dennis Trident 10.6m	Alexander ALX500	H51/27D	1999	2004
KCRC	709	JD3802	SFD211BR1XGT60839	Dennis Trident 10.6m	Alexander ALX500	H51/27D	2004	2016
NWFB	1631	JD5701	SFD211BR1XGT60840	Dennis Trident 10.6m	Alexander ALX500	H51/27D	1999	2004
KCRC	711	JD5701	SFD211BR1XGT60840	Dennis Trident 10.6m	Alexander ALX500	H51/27D	2004	2016
NWFB	1630	JD3346	SFD211BR1XGT60841	Dennis Trident 10.6m	Alexander ALX500	H51/27D	1999	2004
KCRC	710	JD3346	SFD211BR1XGT60841	Dennis Trident 10.6m	Alexander ALX500	H51/27D	2004	2016
NWFB	1622	JC8013	SFD211BR1XGT60842	Dennis Trident 10.6m	Alexander ALX500	H51/27D	1999	2004
KCRC	719	JC8013	SFD211BR1XGT60842	Dennis Trident 10.6m	Alexander ALX500	H51/27D	2004	2016
NWFB	1609	JC5041	SFD211BR1XGT60843	Dennis Trident 10.6m	Alexander ALX500	H51/27D	1999	2005
KCRC	731	JC5041	SFD211BR1XGT60843	Dennis Trident 10.6m	Alexander ALX500	H51/27D	2005	2016
NWFB	1610	JC5140	SFD211BR1XGT60844	Dennis Trident 10.6m	Alexander ALX500	H51/27D	1999	2004
KCRC	714	JC5140	SFD211BR1XGT60844	Dennis Trident 10.6m	Alexander ALX500	H51/27D	2004	2016
NWFB	1611	JC6227	SFD211BR1XGT60845	Dennis Trident 10.6m	Alexander ALX500	H51/27D	1999	2005
KCRC	744	JC6227	SFD211BR1XGT60845	Dennis Trident 10.6m	Alexander ALX500	H51/27D	2005	2016
NWFB	1174	JC2616	SFD111BR1XGT10846	Dennis Trident 12m	Alexander ALX500-9838	H57/32D	1999	2017
NWFB	1175	JC2915	SFD111BR1XGT10847	Dennis Trident 12m	Alexander ALX500-9838	H57/32D	1999	2017
NWFB	1176	JC2527	SFD111BR1XGT10848	Dennis Trident 12m	Alexander ALX500-9838	H57/32D	1999	2017
NWFB	1401	JC1103	SFD311BR1XGT40849	Dennis Trident 11.3m	Alexander ALX500-9845/1	H53/30D	1999	2017
NWFB	1612	JC4837	SFD211BR1XGT60850	Dennis Trident 10.6m	Alexander ALX500	H51/27D	1999	2004
KCRC	704	JC4837	SFD211BR1XGT60850	Dennis Trident 10.6m	Alexander ALX500	H51/27D	2004	2016
NWFB	1613	JC4600	SFD211BR1XGT60851	Dennis Trident 10.6m	Alexander ALX500	H51/27D	1999	2004
KCRC	705	JC4600	SFD211BR1XGT60851	Dennis Trident 10.6m	Alexander ALX500	H51/27D	2004	2016
NWFB	3301	JH6164	SFD211BR1XGT50852	Dennis Trident 10.3m	Duple Metsec DM5000	H45/27D	1999	2017

公司	車隊編號	車牌	底盤編號	車型	車身	座位佈局	首次登記日期	退役日期
NWFB	1614	JC4962	SFD211BR1XGT60853	Dennis Trident 10.6m	Alexander ALX500	H51/27D	1999	2004
KCRC	706	JC4962	SFD211BR1XGT60853	Dennis Trident 10.6m	Alexander ALX500	H51/27D	2004	2016
NWFB	1615	JC6867	SFD211BR1XGT60854	Dennis Trident 10.6m	Alexander ALX500	H51/27D	1999	2004
KCRC	707	JC6867	SFD211BR1XGT60854	Dennis Trident 10.6m	Alexander ALX500	H51/27D	2004	2016
NWFB	1616	JC7346	SFD211BR1XGT60855	Dennis Trident 10.6m	Alexander ALX500-9839/16	H51/27D	1999	2004
KCRC	715	JC7346	SFD211BR1XGT60855	Dennis Trident 10.6m	Alexander ALX500-9839/16	H51/27D	2004	2016
NWFB	1617	JC6552	SFD211BR1XGT60856	Dennis Trident 10.6m	Alexander ALX500	H51/27D	1999	2004
KCRC	708	JC6552	SFD211BR1XGT60856	Dennis Trident 10.6m	Alexander ALX500	H51/27D	2004	2016
NWFB	1618	JD1834	SFD211BR1XGT60857	Dennis Trident 10.6m	Alexander ALX500-9839/18	H51/27D	1999	2005
KCRC	745	JD1834	SFD211BR1XGT60857	Dennis Trident 10.6m	Alexander ALX500-9839/18	H51/27D	2005	2016
NWFB	1619	JD4016	SFD211BR1XGT60858	Dennis Trident 10.6m	Alexander ALX500-9839/19	H51/27D	1999	2004
KCRC	716	JD4016	SFD211BR1XGT60858	Dennis Trident 10.6m	Alexander ALX500-9839/19	H51/27D	2004	2016
NWFB	1402	JC2381	SFD311BR1XGT40859	Dennis Trident 11.3m	Alexander ALX500-9845/3	H53/30D	1999	2017
NWFB	1403	JC1621	SFD311BR1XGT40860	Dennis Trident 11.3m	Alexander ALX500-9845/2	H53/30D	1999	2017
NWFB	1404	JC1759	SFD311BR1XGT40861	Dennis Trident 11.3m	Alexander ALX500-9845/4	H53/30D	1999	2017
NWFB	1405	JC1696	SFD311BR1XGT40862	Dennis Trident 11.3m	Alexander ALX500-9845/5	H53/30D	1999	2017
NWFB	1406	JC2470	SFD311BR1XGT40863	Dennis Trident 11.3m	Alexander ALX500-9845/6	H53/30D	1999	2017
NWFB	1407	JC1874	SFD311BR1XGT40864	Dennis Trident 11.3m	Alexander ALX500-9845/7	H53/30D	1999	2017
NWFB	1408	JC2185	SFD311BR1XGT40865	Dennis Trident 11.3m	Alexander ALX500-9845/8	H53/30D	1999	2017
NWFB	1409	JC582	SFD311BR1XGT40866	Dennis Trident 11.3m	Alexander ALX500-9845/9	H53/30D	1999	2017
NWFB	1185	JD4851	SFD111BR1XGT10867	Dennis Trident 12m	Alexander ALX500-9838	H57/32D	1999	2017
KMB	ATR170	JE1168	SFD111BR1XGT10868	Dennis Trident 12m	Alexander ALX500	H59/32D	1999	2017
KMB	ATR166	JE750	SFD111BR1XGT10869	Dennis Trident 12m	Alexander ALX500	H59/32D	1999	2017
KMB	ATR177	JE1791	SFD111BR1XGT10870	Dennis Trident 12m	Alexander ALX500	H59/32D	1999	2017
NWFB	1620	JD5491	SFD211BR1XGT60871	Dennis Trident 10.6m	Alexander ALX500-9839/20	H51/27D	1999	2004
KCRC	717	JD5491	SFD211BR1XGT60871	Dennis Trident 10.6m	Alexander ALX500-9838	H51/27D	2004	2016
NWFB	1621	JC6715	SFD211BR1XGT60872	Dennis Trident 10.6m	Alexander ALX500	H51/27D	1999	2004
KCRC	718	JC6715	SFD211BR1XGT60872	Dennis Trident 10.6m	Alexander ALX500	H51/27D	2004	2016
NWFB	1632	JD5632	SFD211BR1XGT60873	Dennis Trident 10.6m	Alexander ALX500	H51/27D	1999	2004
KCRC	724	JD5632	SFD211BR1XGT60873	Dennis Trident 10.6m	Alexander ALX500	H51/27D	2004	2016
NWFB	1639	JE266	SFD211BR1XGT60874	Dennis Trident 10.6m	Alexander ALX500	H51/27D	1999	2017
NWFB	1410	JC2768	SFD311BR1XGT40875	Dennis Trident 11.3m	Alexander ALX500-9845/10	H53/30D	1999	2017
NWFB	1411	JC2161	SFD311BR1XGT40876	Dennis Trident 11.3m	Alexander ALX500-9845/11	H53/30D	1999	2017
NWFB	1412	JC1886	SFD311BR1XGT40877	Dennis Trident 11.3m	Alexander ALX500-9845/12	H53/30D	1999	2017
KMB	ATR183	JE2075	SFD111BR1XGT10878	Dennis Trident 12m	Alexander ALX500	H59/32D	1999	2017
KMB	ATR175	JE1642	SFD111BR1XGT10879	Dennis Trident 12m	Alexander ALX500	H59/32D	1999	2017
KMB	ATR180	JE1886	SFD111BR1XGT10880	Dennis Trident 12m	Alexander ALX500	H59/32D	1999	2017
NWFB	1640	JE5753	SFD211BR1XGT60881	Dennis Trident 10.6m	Alexander ALX500	H51/27D	1999	2017
NWFB	1413	JC2696	SFD311BR1XGT40882	Dennis Trident 11.3m	Alexander ALX500-9845/14	H53/30D	1999	2017
NWFB	1414	JC1578	SFD311BR1XGT40883	Dennis Trident 11.3m	Alexander ALX500-9845/13	H53/30D	1999	2017
NWFB	1415	JC3605	SFD311BR1XGT40884	Dennis Trident 11.3m	Alexander ALX500-9845/15	H53/30D	1999	2017
KMB	ATR179	JE1878	SFD111BR1XGT10885	Dennis Trident 12m	Alexander ALX500	H59/32D	1999	2017
KMB	ATR171	JE1262	SFD111BR1XGT10886	Dennis Trident 12m	Alexander ALX500	H59/32D	1999	2017
NWFB	1177	JC9470	SFD111BR1XGT10887	Dennis Trident 12m	Alexander ALX500-9838	H57/32D	1999	2017
NWFB	1178	JD1799	SFD111BR1XGT10888	Dennis Trident 12m	Alexander ALX500-9838	H57/32D	1999	2017
NWFB	1416	JD4239	SFD311BR1XGT40889	Dennis Trident 11.3m	Alexander ALX500-9842/1	H53/30D	1999	2005
KCRC	748	JD4239	SFD311BR1XGT40889	Dennis Trident 11.3m	Alexander ALX500-9842/1	H53/30D	2005	2016

公司	車隊編號	車牌	底盤編號	車型	車身	座位佈局	首次登記日期	退役日期
NWFB	1417	JD3725	SFD311BR1XGT40890	Dennis Trident 11.3m	Alexander ALX500-9842/2	H53/30D	1999	2005
KCRC	753	JD3725	SFD311BR1XGT40890	Dennis Trident 11.3m	Alexander ALX500-9842/2	H53/30D	2005	2016
NWFB	1418	JD5908	SFD311BR1XGT40891	Dennis Trident 11.3m	Alexander ALX500-9842/3	H53/30D	1999	2005
KCRC	749	JD5908	SFD311BR1XGT40891	Dennis Trident 11.3m	Alexander ALX500-9842/3	H53/30D	2005	2016
NWFB	1419	JD4663	SFD311BR1XGT40892	Dennis Trident 11.3m	Alexander ALX500-9842/4	H53/30D	1999	2005
KCRC	750	JD4663	SFD311BR1XGT40892	Dennis Trident 11.3m	Alexander ALX500-9842/4	H53/30D	2005	2016
NWFB	1420	JD8692	SFD311BR1XGT40893	Dennis Trident 11.3m	Alexander ALX500-9842/5	H53/30D	1999	2005
KCRC	751	JD8692	SFD311BR1XGT40893	Dennis Trident 11.3m	Alexander ALX500-9842/5	H53/30D	2005	2016
NWFB	1180	JC9158	SFD111BR1XGT10894	Dennis Trident 12m	Alexander ALX500-9838	H57/32D	1999	2017
NWFB	1179	JC9761	SFD111BR1XGT10895	Dennis Trident 12m	Alexander ALX500-9838	H57/32D	1999	2017
NWFB	1181	JD1220	SFD111BR1XGT10896	Dennis Trident 12m	Alexander ALX500-9838	H57/32D	1999	2017
NWFB	1635	JD7408	SFD211BR1XGT60897	Dennis Trident 10.6m	Alexander ALX500	H51/27D	1999	2004
KCRC	712	JD7408	SFD211BR1XGT60897	Dennis Trident 10.6m	Alexander ALX500	H51/27D	2004	2016
NWFB	1634	JD5385	SFD211BR1XGT60898	Dennis Trident 10.6m	Alexander ALX500	H51/27D	1999	2005
KCRC	746	JD5385	SFD211BR1XGT60898	Dennis Trident 10.6m	Alexander ALX500	H51/27D	2005	2016
NWFB	1421	JE465	SFD311BR1XGT40899	Dennis Trident 11.3m	Alexander ALX500-9842/6	H53/30D	1999	2005
KCRC	752	JE465	SFD311BR1XGT40899	Dennis Trident 11.3m	Alexander ALX500-9842/6	H53/30D	2005	2016
NWFB	1422	JD7500	SFD311BR1XGT40900	Dennis Trident 11.3m	Alexander ALX500-9842/7	H53/30D	1999	2017
NWFB	1423	JD9337	SFD311BR1XGT40901	Dennis Trident 11.3m	Alexander ALX500-9842/8	H53/30D	1999	2017
NWFB	1182	JD1720	SFD111BR1XGT10902	Dennis Trident 12m	Alexander ALX500-9838	H57/32D	1999	2017
NWFB	1183	JD1513	SFD111BR1XGT10903	Dennis Trident 12m	Alexander ALX500-9838	H57/32D	1999	2017
NWFB	1184	JD771	SFD111BR1XGT10904	Dennis Trident 12m	Alexander ALX500-9838	H57/32D	1999	2017
NWFB	1633	JD4517	SFD211BR1XGT60905	Dennis Trident 10.6m	Alexander ALX500	H51/27D	1999	2004
KCRC	725	JD4517	SFD211BR1XGT60905	Dennis Trident 10.6m	Alexander ALX500	H51/27D	2004	2016
NWFB	1636	JD7372	SFD211BR1XGT60906	Dennis Trident 10.6m	Alexander ALX500	H51/27D	1999	2004
KCRC	726	JD7372	SFD211BR1XGT60906	Dennis Trident 10.6m	Alexander ALX500	H51/27D	2004	2016
NWFB	1424	JD8143	SFD311BR1XGT40907	Dennis Trident 11.3m	Alexander ALX500-9842/9	H53/30D	1999	2017
NWFB	1425	JE1123	SFD311BR1XGT40908	Dennis Trident 11.3m	Alexander ALX500-9842/10	H53/30D	1999	2017
NWFB	1426	JE1352	SFD311BR1XGT40909	Dennis Trident 11.3m	Alexander ALX500-9842/11	H53/30D	1999	2017
NWFB	1427	JE3108	SFD311BR1XGT40910	Dennis Trident 11.3m	Alexander ALX500-9842/12	H53/30D	1999	2017
NWFB	1428	JE4825	SFD311BR1XGT40911	Dennis Trident 11.3m	Alexander ALX500-9842/13	H53/30D	1999	2017
NWFB	1186	JD5213	SFD111BR1XGT10912	Dennis Trident 12m	Alexander ALX500-9838	H57/32D	1999	2017
KMB	ATR165	JE714	SFD111BR1XGT10913	Dennis Trident 12m	Alexander ALX500	H59/32D	1999	2017
KMB	ATR178	JE1812	SFD111BR1XGT10914	Dennis Trident 12m	Alexander ALX500	H59/32D	1999	2017
KMB	ATR169	JE1006	SFD111BR1XGT10915	Dennis Trident 12m	Alexander ALX500	H59/32D	1999	2017
NWFB	1429	JE5992	SFD311BR1XGT40916	Dennis Trident 11.3m	Alexander ALX500-9842/14	H53/30D	1999	2017
NWFB	1430	JE4978	SFD311BR1XGT40917	Dennis Trident 11.3m	Alexander ALX500-9842/15	H53/30D	1999	2017
KMB	ATR185	JE2422	SFD111BR1XGT10918	Dennis Trident 12m	Alexander ALX500	H59/32D	1999	2017
KMB	ATR172	JE1364	SFD111BR1XGT10919	Dennis Trident 12m	Alexander ALX500	H59/32D	1999	2017
KMB	ATR164	JE709	SFD111BR1XGT10920	Dennis Trident 12m	Alexander ALX500	H59/32D	1999	2017
NWFB	1644	JE7664	SFD211BR1XGT60921	Dennis Trident 10.6m	Alexander ALX500	H51/27D	1999	2017
NWFB	1646	JE8240	SFD211BR1XGT60922	Dennis Trident 10.6m	Alexander ALX500	H51/27D	1999	2017
KMB	ATR168	JE893	SFD111BR1XGT10923	Dennis Trident 12m	Alexander ALX500	H59/32D	1999	2017
KMB	ATR176	JE1695	SFD111BR1XGT10924	Dennis Trident 12m	Alexander ALX500	H59/32D	1999	2017
NWFB	1187	JD5870	SFD111BR1XGT10925	Dennis Trident 12m	Alexander ALX500-9838	H57/32D	1999	2017
NWFB	1188	JD4634	SFD111BR1XGT10926	Dennis Trident 12m	Alexander ALX500-9838	H57/32D	1999	2017
NWFB	1189	JD4803	SFD111BR1XGT10927	Dennis Trident 12m	Alexander ALX500-9838	H57/32D	1999	2017

公司	車隊編號	車牌	底盤編號	車型	車身	座位佈局	首次登記日期	退役日期
NWFB	1190	JD4831	SFD111BR1XGT10928	Dennis Trident 12m	Alexander ALX500-9838	H57/32D	1999	2017
NWFB	1641	JE5472	SFD211BR1XGT60929	Dennis Trident 10.6m	Alexander ALX500	H51/27D	1999	2005
KCRC	734	JE5472	SFD211BR1XGT60929	Dennis Trident 10.6m	Alexander ALX500	H51/27D	2005	2016
NWFB	1642	JE5847	SFD211BR1XGT60930	Dennis Trident 10.6m	Alexander ALX500	H51/27D	1999	2004
KCRC	727	JE5847	SFD211BR1XGT60930	Dennis Trident 10.6m	Alexander ALX500	H51/27D	2004	2016
NWFB	1643	JE5189	SFD211BR1XGT60931	Dennis Trident 10.6m	Alexander ALX500	H51/27D	1999	2005
KCRC	739	JE5189	SFD211BR1XGT60931	Dennis Trident 10.6m	Alexander ALX500	H51/27D	2005	2016
NWFB	1645	JE8032	SFD211BR1XGT60932	Dennis Trident 10.6m	Alexander ALX500	H51/27D	1999	2017
NWFB	1638	JD7245	SFD211BR1XGT60933	Dennis Trident 10.6m	Alexander ALX500	H51/27D	1999	2005
KCRC	733	JD7245	SFD211BR1XGT60933	Dennis Trident 10.6m	Alexander ALX500	H51/27D	2005	2016
KMB	ATS1	JH4735	SFD211BR1XGT30934	Dennis Trident 10.6m	Duple Metsec DM5000	H51/26D	1999	2017
KMB	ATS3	JH7233	SFD211BR1XGT30935	Dennis Trident 10.6m	Duple Metsec DM5000	H51/26D	1999	2017
KMB	ATS4	JH7969	SFD211BR1XGT30936	Dennis Trident 10.6m	Duple Metsec DM5000	H51/26D	1999	2017
KMB	ATS2	JH5684	SFD211BR1XGT30937	Dennis Trident 10.6m	Duple Metsec DM5000	H51/26D	1999	2017
KMB	ATS5	JH8051	SFD211BR1XGT30938	Dennis Trident 10.6m	Duple Metsec DM5000	H51/26D	1999	2017
KMB	ATS17	JJ6360	SFD211BR1XGT30939	Dennis Trident 10.6m	Duple Metsec DM5000	H51/26D	2000	2017
KMB	ATS8	JJ5008	SFD211BR1XGT30940	Dennis Trident 10.6m	Duple Metsec DM5000	H51/26D	2000	2017
KMB	ATS9	JJ5174	SFD211BR1XGT30941	Dennis Trident 10.6m	Duple Metsec DM5000	H51/26D	2000	2017
NWFB	1637	JE423	SFD211BR1XGT60953	Dennis Trident 10.6m	Alexander ALX500	H51/27D	1999	2005
KCRC	732	JE423	SFD211BR1XGT60953	Dennis Trident 10.6m	Alexander ALX500	H51/27D	2005	2016
KMB	ATS6	JH8424	SFD211BR1XGT30954	Dennis Trident 10.6m	Duple Metsec DM5000	H51/26D	1999	2017
KMB	ATS7	JJ4775	SFD211BR1XGT30955	Dennis Trident 10.6m	Duple Metsec DM5000	H51/26D	2000	2017
KMB	ATS14	JJ5971	SFD211BR1XGT30956	Dennis Trident 10.6m	Duple Metsec DM5000	H51/26D	2000	2017
KMB	ATS12	JJ5602	SFD211BR1XGT30957	Dennis Trident 10.6m	Duple Metsec DM5000	H51/26D	2000	2017
KMB	ATS13	JJ5929	SFD211BR1XGT30958	Dennis Trident 10.6m	Duple Metsec DM5000	H51/26D	2000	2017
KMB	ATS21	JK1725	SFD211BR1XGT30959	Dennis Trident 10.6m	Duple Metsec DM5000	H51/26D	2000	2017
KMB	ATS11	JJ5482	SFD211BR1XGT30960	Dennis Trident 10.6m	Duple Metsec DM5000	H51/26D	2000	2017
NWFB	1658	JF8209	SFD211BR1XGT60961	Dennis Trident 10.6m	Alexander ALX500	H51/27D	1999	2017
NWFB	1657	JF8429	SFD211BR1XGT60962	Dennis Trident 10.6m	Alexander ALX500	H51/27D	1999	2017
NWFB	1649	JF2408	SFD211BR1XGT60963	Dennis Trident 10.6m	Alexander ALX500	H51/27D	1999	2005
KCRC	738	JF2408	SFD211BR1XGT60963	Dennis Trident 10.6m	Alexander ALX500	H51/27D	2005	2016
NWFB	3304	JJ3203	SFD211BR1XGT50964	Dennis Trident 10.3m	Duple Metsec DM5000	H45/27D	2000	2017
NWFB	3302	JH7156	SFD211BR1XGT50965	Dennis Trident 10.3m	Duple Metsec DM5000	H45/27D	1999	2017
NWFB	3308	JJ4019	SFD211BR1XGT50966	Dennis Trident 10.3m	Duple Metsec DM5000	H45/27D	2000	2018
NWFB	3303	JH6741	SFD211BR1XGT50967	Dennis Trident 10.3m	Duple Metsec DM5000	H45/27D	1999	2017
NWFB	1650	JE9381	SFD211BR1XGT60968	Dennis Trident 10.6m	Alexander ALX500	H51/27D	1999	2005
KCRC	729	JE9381	SFD211BR1XGT60968	Dennis Trident 10.6m	Alexander ALX500	H51/27D	2005	2016
NWFB	1656	JF7381	SFD211BR1XGT60969	Dennis Trident 10.6m	Alexander ALX500	H51/27D	1999	2017
KMB	ATS16	JJ6076	SFD211BR1XGT30970	Dennis Trident 10.6m	Duple Metsec DM5000	H51/26D	2000	2017
KMB	ATS18	JJ6488	SFD211BR1XGT30971	Dennis Trident 10.6m	Duple Metsec DM5000	H51/26D	2000	2017
NWFB	3306	JJ2919	SFD211BR1XGT50972	Dennis Trident 10.3m	Duple Metsec DM5000	H45/27D	2000	2018
NWFB	3315	JJ8831	SFD211BR1XGT50973	Dennis Trident 10.3m	Duple Metsec DM5000	H45/27D	2000	2018
NWFB	3305	JJ3576	SFD211BR1XGT50974	Dennis Trident 10.3m	Duple Metsec DM5000	H45/27D	2000	2017
NWFB	3307	JJ3978	SFD211BR1XGT50975	Dennis Trident 10.3m	Duple Metsec DM5000	H45/27D	2000	2018
NWFB	1660	JF8441	SFD211BR1XGT60976	Dennis Trident 10.6m	Alexander ALX500	H51/27D	1999	2017
NWFB	1655	JF7602	SFD211BR1XGT60977	Dennis Trident 10.6m	Alexander ALX500	H51/27D	1999	2017
KMB	ATS15	JJ6021	SFD211BR1XGT30978	Dennis Trident 10.6m	Duple Metsec DM5000	H51/26D	2000	2017

公司	車隊編號	車牌	底盤編號	車型	車身	座位佈局	首次登記日期	退役日期
KMB	ATS10	JJ5418	SFD211BR1XGT30979	Dennis Trident 10.6m	Duple Metsec DM5000	H51/26D	2000	2017
KMB	ATS22	JK1805	SFD211BR1XGT30980	Dennis Trident 10.6m	Duple Metsec DM5000	H51/26D	2000	2017
NWFB	3310	JJ3505	SFD211BR1XGT50981	Dennis Trident 10.3m	Duple Metsec DM5000	H45/27D	2000	2017
NWFB	3317	JJ7902	SFD211BR1XGT50982	Dennis Trident 10.3m	Duple Metsec DM5000	H45/27D	2000	2018
NWFB	3313	JJ6805	SFD211BR1XGT50983	Dennis Trident 10.3m	Duple Metsec DM5000	H45/27D	2000	2018
NWFB	3320	JK4263	SFD211BR1XGT50984	Dennis Trident 10.3m	Duple Metsec DM5000	H45/27D	2000	2018
NWFB	3312	JJ6349	SFD211BR1XGT50985	Dennis Trident 10.3m	Duple Metsec DM5000	H45/27D	2000	2018
NWFB	3319	JK932	SFD211BR1XGT50986	Dennis Trident 10.3m	Duple Metsec DM5000	H45/27D	2000	2018
NWFB	1647	JE8073	SFD211BR1XGT60987	Dennis Trident 10.6m	Alexander ALX500	H51/27D	1999	2005
KCRC	735	JE8073	SFD211BR1XGT60987	Dennis Trident 10.6m	Alexander ALX500	H51/27D	2005	2016
NWFB	1648	JE9858	SFD211BR1XGT60988	Dennis Trident 10.6m	Alexander ALX500	H51/27D	1999	2017
NWFB	1653	JF3718	SFD211BR1XGT60989	Dennis Trident 10.6m	Alexander ALX500	H51/27D	1999	2017
KMB	ATS37	JK6383	SFD211BR1XGT30990	Dennis Trident 10.6m	Duple Metsec DM5000	H51/26D	2000	2017
KMB	ATS20	JK1534	SFD211BR1XGT30991	Dennis Trident 10.6m	Duple Metsec DM5000	H51/26D	2000	2017
KMB	ATS24	JK2071	SFD211BR1XGT30992	Dennis Trident 10.6m	Duple Metsec DM5000	H51/26D	2000	2017
NWFB	1659	JF7636	SFD211BR1XGT60993	Dennis Trident 10.6m	Alexander ALX500	H51/27D	1999	2017
NWFB	1661	JF8845	SFD211BR1XGT60994	Dennis Trident 10.6m	Alexander ALX500	H51/27D	1999	2017
NWFB	3309	JJ2930	SFD211BR1XGT50995	Dennis Trident 10.3m	Duple Metsec DM5000	H45/27D	2000	2018
NWFB	3318	JK1452	SFD211BR1XGT50996	Dennis Trident 10.3m	Duple Metsec DM5000	H45/27D	2000	2018
NWFB	3316	JJ8254	SFD211BR1XGT50997	Dennis Trident 10.3m	Duple Metsec DM5000	H45/27D	2000	2018
NWFB	3314	JJ9818	SFD211BR1XGT50998	Dennis Trident 10.3m	Duple Metsec DM5000	H45/27D	2000	2018
NWFB	1662	JF9088	SFD211BR1XGT60999	Dennis Trident 10.6m	Alexander ALX500	H51/27D	1999	2005
KCRC	736	JF9088	SFD211BR1XGT60999	Dennis Trident 10.6m	Alexander ALX500	H51/27D	2005	2016
NWFB	1654	JF4340	SFD211BR1XGT61000	Dennis Trident 10.6m	Alexander ALX500	H51/27D	1999	2005
KCRC	740	JF4340	SFD211BR1XGT61000	Dennis Trident 10.6m	Alexander ALX500	H51/27D	2005	2016
KMB	ATS23	JK2026	SFD211BR1XGT31001	Dennis Trident 10.6m	Duple Metsec DM5000	H51/26D	2000	2017
KMB	ATS25	JK2480	SFD211BR1XGT31002	Dennis Trident 10.6m	Duple Metsec DM5000	H51/26D	2000	2017
KMB	ATS19	JK1216	SFD211BR1XGT31003	Dennis Trident 10.6m	Duple Metsec DM5000	H51/26D	2000	2017
NWFB	3311	JJ5560	SFD211BR1XGT51004	Dennis Trident 10.3m	Duple Metsec DM5000	H45/27D	2000	2017
NWFB	3331	JK4473	SFD211BR1XGT51005	Dennis Trident 10.3m	Duple Metsec DM5000	H45/27D	2000	2018
NWFB	3325	JJ5448	SFD211BR1XGT51006	Dennis Trident 10.3m	Duple Metsec DM5000	H45/27D	2000	2018
NWFB	3326	JJ3952	SFD211BR1XGT51007	Dennis Trident 10.3m	Duple Metsec DM5000	H45/27D	2000	2018
NWFB	1651	JF4049	SFD211BR1XGT61008	Dennis Trident 10.6m	Alexander ALX500	H51/27D	1999	2004
KCRC	728	JF4049	SFD211BR1XGT61008	Dennis Trident 10.6m	Alexander ALX500	H51/27D	2004	2016
NWFB	1652	JF1475	SFD211BR1XGT61009	Dennis Trident 10.6m	Alexander ALX500	H51/27D	1999	2005
KCRC	730	JF1475	SFD211BR1XGT61009	Dennis Trident 10.6m	Alexander ALX500	H51/27D	2005	2016
KMB	ATS29	JK5059	SFD211BR1XGT31010	Dennis Trident 10.6m	Duple Metsec DM5000	H51/26D	2000	2017
NWFB	3333	JK5927	SFD211BR1XGT51011	Dennis Trident 10.3m	Duple Metsec DM5000	H45/27D	2000	2017
NWFB	3329	JJ8167	SFD211BR1XGT51012	Dennis Trident 10.3m	Duple Metsec DM5000	H45/27D	2000	2018
NWFB	3328	JJ5509	SFD211BR1XGT51013	Dennis Trident 10.3m	Duple Metsec DM5000	H45/27D	2000	2018
NWFB	3334	JK5864	SFD211BR1XGT51014	Dennis Trident 10.3m	Duple Metsec DM5000	H45/27D	2000	2018
NWFB	3335	JK5715	SFD211BR1XGT51015	Dennis Trident 10.3m	Duple Metsec DM5000	H45/27D	2000	2018
KMB	ATS30	JK5688	SFD211BR1XGT31016	Dennis Trident 10.6m	Duple Metsec DM5000	H51/26D	2000	2017
KMB	ATS26	JK4706	SFD211BR1XGT31017	Dennis Trident 10.6m	Duple Metsec DM5000	H51/26D	2000	2017
KMB	ATS34	JK6132	SFD211BR1XGT31018	Dennis Trident 10.6m	Duple Metsec DM5000	H51/26D	2000	2017
NWFB	3323	JJ4211	SFD211BR1XGT51019	Dennis Trident 10.3m	Duple Metsec DM5000	H45/27D	2000	2017
NWFB	3321	JH8172	SFD211BR1XGT51020	Dennis Trident 10.3m	Duple Metsec DM5000	H45/27D	1999	2017

公司	車隊編號	車牌	底盤編號	車型	車身	座位佈局	首次登記日期	退役日期
NWFB	3324	JJ2965	SFD211BR1XGT51021	Dennis Trident 10.3m	Duple Metsec DM5000	H45/27D	2000	2017
NWFB	3322	JH8311	SFD211BR1XGT51022	Dennis Trident 10.3m	Duple Metsec DM5000	H45/27D	1999	2017
NWFB	3336	JK8040	SFD211BR1XGT51023	Dennis Trident 10.3m	Duple Metsec DM5000	H45/27D	2000	2017
NWFB	3327	JJ5841	SFD211BR1XGT51024	Dennis Trident 10.3m	Duple Metsec DM5000	H45/27D	2000	2018
NWFB	3332	JK2733	SFD211BR1XGT51025	Dennis Trident 10.3m	Duple Metsec DM5000	H45/27D	2000	2018
NWFB	3330	JJ7481	SFD211BR1XGT51026	Dennis Trident 10.3m	Duple Metsec DM5000	H45/27D	2000	2017
NWFB	3338	JL1768	SFD211BR1XGT51027	Dennis Trident 10.3m	Duple Metsec DM5000	H45/27D	2000	2018
NWFB	3337	JL2164	SFD211BR1XGT51028	Dennis Trident 10.3m	Duple Metsec DM5000	H45/27D	2000	2018
NWFB	3339	JL4070	SFD211BR1XGT51029	Dennis Trident 10.3m	Duple Metsec DM5000	H45/27D	2000	2017
NWFB	3340	JL3691	SFD211BR1XGT51030	Dennis Trident 10.3m	Duple Metsec DM5000	H45/27D	2000	2018
KMB	ATS49	JN4317	SFD211BR1XGT31031	Dennis Trident 10.6m	Duple Metsec DM5000	H51/26D	2000	2017
KMB	ATS31	JK5699	SFD211BR1XGT31032	Dennis Trident 10.6m	Duple Metsec DM5000	H51/26D	2000	2017
KMB	ATS35	JK6140	SFD211BR1XGT31033	Dennis Trident 10.6m	Duple Metsec DM5000	H51/26D	2000	2017
KMB	ATS47	JN4092	SFD211BR1XGT31034	Dennis Trident 10.6m	Duple Metsec DM5000	H51/26D	2000	2017
KMB	ATS43	JN3907	SFD211BR1XGT31035	Dennis Trident 10.6m	Duple Metsec DM5000	H51/26D	2000	2017
KMB	ATS48	JN4225	SFD211BR1XGT31036	Dennis Trident 10.6m	Duple Metsec DM5000	H51/26D	2000	2017
KMB	ATS27	JK4727	SFD211BR1XGT31037	Dennis Trident 10.6m	Duple Metsec DM5000	H51/26D	2000	2017
KMB	ATS40	JN3194	SFD211BR1XGT31038	Dennis Trident 10.6m	Duple Metsec DM5000	H51/26D	2000	2017
KMB	ATS46	JN4034	SFD211BR1XGT31039	Dennis Trident 10.6m	Duple Metsec DM5000	H51/26D	2000	2017
KMB	ATS44	JN3966	SFD211BR1XGT31040	Dennis Trident 10.6m	Duple Metsec DM5000	H51/26D	2000	2017
KMB	ATS33	JK6080	SFD211BR1XGT31041	Dennis Trident 10.6m	Duple Metsec DM5000	H51/26D	2000	2017
KMB	ATS50	JN4481	SFD211BR1XGT31042	Dennis Trident 10.6m	Duple Metsec DM5000	H51/26D	2000	2017
KMB	ATS36	JK6249	SFD211BR1XGT31043	Dennis Trident 10.6m	Duple Metsec DM5000	H51/26D	2000	2008
KMB	ATS38	JN2780	SFD211BR1XGT31044	Dennis Trident 10.6m	Duple Metsec DM5000	H51/26D	2000	2017
KMB	ATS41	JN3731	SFD211BR1XGT31045	Dennis Trident 10.6m	Duple Metsec DM5000	H51/26D	2000	2017
KMB	ATS28	JK5056	SFD211BR1XGT31046	Dennis Trident 10.6m	Duple Metsec DM5000	H51/26D	2000	2017
KMB	ATS45	JN3975	SFD211BR1XGT31047	Dennis Trident 10.6m	Duple Metsec DM5000	H51/26D	2000	2017
KMB	ATS39	JN2804	SFD211BR1XGT31048	Dennis Trident 10.6m	Duple Metsec DM5000	H51/26D	2000	2017
KMB	ATS32	JK5844	SFD211BR1XGT31049	Dennis Trident 10.6m	Duple Metsec DM5000	H51/26D	2000	2017
KMB	ATS42	JN3794	SFD211BR1XGT31050	Dennis Trident 10.6m	Duple Metsec DM5000	H51/26D	2000	2017
KMB	ATR192	JM7741	SFD112BR2XGT21052	Dennis Trident 12m	Duple Metsec DM5000	H59/33D	2000	2018
KMB	ATR190	JM7383	SFD112BR2XGT21053	Dennis Trident 12m	Duple Metsec DM5000	H59/33D	2000	2018
KMB	ATR200	JN568	SFD112BR2XGT21054	Dennis Trident 12m	Duple Metsec DM5000	H59/33D	2000	2018
KMB	ATR193	JM7829	SFD112BR2XGT21055	Dennis Trident 12m	Duple Metsec DM5000	H59/33D	2000	2018
KMB	ATR206	JN1509	SFD112BR2XGT21056	Dennis Trident 12m	Duple Metsec DM5000	H59/33D	2000	2018
KMB	ATR208	JN1970	SFD112BR2XGT21057	Dennis Trident 12m	Duple Metsec DM5000	H59/33D	2000	2018
KMB	ATR191	JM7389	SFD112BR2XGT21058	Dennis Trident 12m	Duple Metsec DM5000	H59/33D	2000	2018
KMB	ATR195	JM8323	SFD112BR2XGT21059	Dennis Trident 12m	Duple Metsec DM5000	H59/33D	2000	2008
KMB	ATR197	JM7120	SFD112BR2XGT21060	Dennis Trident 12m	Duple Metsec DM5000	H59/33D	2000	2018
KMB	ATR204	JN1354	SFD112BR2XGT21061	Dennis Trident 12m	Duple Metsec DM5000	H59/33D	2000	2018
KMB	ATR198	JM7548	SFD112BR2XGT21062	Dennis Trident 12m	Duple Metsec DM5000	H59/33D	2000	2018
KMB	ATR201	JN912	SFD112BR2XGT21063	Dennis Trident 12m	Duple Metsec DM5000	H59/33D	2000	2018
KMB	ATR194	JM7830	SFD112BR2XGT21064	Dennis Trident 12m	Duple Metsec DM5000	H59/33D	2000	2018
KMB	ATR196	JM6585	SFD112BR2XGT21065	Dennis Trident 12m	Duple Metsec DM5000	H59/33D	2000	2018
KMB	ATR215	JN8334	SFD112BR2XGT21066	Dennis Trident 12m	Duple Metsec DM5000	H59/33D	2000	2018
KMB	ATR189	JM7370	SFD112BR2XGT21070	Dennis Trident 12m	Duple Metsec DM5000	H59/33D	2000	2018
KMB	ATR203	JN1104	SFD112BR2XGT21071	Dennis Trident 12m	Duple Metsec DM5000	H59/33D	2000	2018

公司	車隊編號	車牌	底盤編號	車型	車身	座位佈局	首次登記日期	退役日期
KMB	ATR202	JN1007	SFD112BR2XGT21072	Dennis Trident 12m	Duple Metsec DM5000	H59/33D	2000	2018
KMB	ATR214	JN8197	SFD112BR2XGT21073	Dennis Trident 12m	Duple Metsec DM5000	H59/33D	2000	2018
KMB	ATR209	JN7396	SFD112BR2XGT21074	Dennis Trident 12m	Duple Metsec DM5000	H59/33D	2000	2018
KMB	ATR211	JN7619	SFD112BR2XGT21075	Dennis Trident 12m	Duple Metsec DM5000	H59/33D	2000	2018
KMB	ATR205	JN1445	SFD112BR2XGT21076	Dennis Trident 12m	Duple Metsec DM5000	H59/33D	2000	2018
KMB	ATR199	JM8284	SFD112BR2XGT21077	Dennis Trident 12m	Duple Metsec DM5000	H59/33D	2000	2018
KMB	ATR207	JN1566	SFD112BR2XGT21078	Dennis Trident 12m	Duple Metsec DM5000	H59/33D	2000	2018
KMB	ATR212	JN7809	SFD112BR2XGT21079	Dennis Trident 12m	Duple Metsec DM5000	H59/33D	2000	2017
KMB	ATR213	JN8003	SFD112BR2XGT21080	Dennis Trident 12m	Duple Metsec DM5000	H59/33D	2000	2018
KMB	ATR216	JN8572	SFD112BR2XGT21081	Dennis Trident 12m	Duple Metsec DM5000	H59/33D	2000	2018
KMB	ATR210	JN7473	SFD112BR2XGT21082	Dennis Trident 12m	Duple Metsec DM5000	H59/33D	2000	2018
KMB	ATR217	JN9038	SFD112BR2XGT21083	Dennis Trident 12m	Duple Metsec DM5000	H59/33D	2000	2018
KMB	ATR218	JN9883	SFD112BR2XGT21084	Dennis Trident 12m	Duple Metsec DM5000	H59/33D	2000	2018
KMB	ATR220	JP2064	SFD112BR2XGT21085	Dennis Trident 12m	Duple Metsec DM5000	H59/33D	2000	2018
KMB	ATR219	JP1528	SFD112BR2XGT21086	Dennis Trident 12m	Duple Metsec DM5000	H59/33D	2000	2017
KMB	ATR229	JP5975	SFD112BR2YGT21094	Dennis Trident 12m	Duple Metsec DM5000	H59/33D	2000	2018
KMB	ATR224	JP4978	SFD112BR2YGT21095	Dennis Trident 12m	Duple Metsec DM5000	H59/33D	2000	2018
KMB	ATR221	JP2126	SFD112BR2YGT21096	Dennis Trident 12m	Duple Metsec DM5000	H59/33D	2000	2018
KMB	ATR228	JP5664	SFD112BR2YGT21100	Dennis Trident 12m	Duple Metsec DM5000	H59/33D	2000	2018
KMB	ATR222	JP4830	SFD112BR2YGT21107	Dennis Trident 12m	Duple Metsec DM5000	H59/33D	2000	2018
KMB	ATR225	JP5185	SFD112BR2YGT21108	Dennis Trident 12m	Duple Metsec DM5000	H59/33D	2000	2018
KMB	ATR232	JR4827	SFD112BR2YGT21109	Dennis Trident 12m	Duple Metsec DM5000	H59/33D	2000	2018
KMB	ATR223	JP4971	SFD112BR2YGT21110	Dennis Trident 12m	Duple Metsec DM5000	H59/33D	2000	2018
KMB	ATR226	JP5308	SFD112BR2YGT21111	Dennis Trident 12m	Duple Metsec DM5000	H59/33D	2000	2018
KMB	ATR238	JR6252	SFD112BR2YGT21112	Dennis Trident 12m	Duple Metsec DM5000	H59/33D	2000	2018
KMB	ATR227	JP5558	SFD112BR2YGT21113	Dennis Trident 12m	Duple Metsec DM5000	H59/33D	2000	2018
KMB	ATR234	JR4881	SFD112BR2YGT21114	Dennis Trident 12m	Duple Metsec DM5000	H59/33D	2000	2018
KMB	ATR236	JR5117	SFD112BR2YGT21115	Dennis Trident 12m	Duple Metsec DM5000	H59/33D	2000	2018
KMB	ATR237	JR5545	SFD112BR2YGT21116	Dennis Trident 12m	Duple Metsec DM5000	H59/33D	2000	2018
KMB	ATR233	JR4844	SFD112BR2YGT21117	Dennis Trident 12m	Duple Metsec DM5000	H59/33D	2000	2018
KMB	ATR235	JR4941	SFD112BR2YGT21118	Dennis Trident 12m	Duple Metsec DM5000	H59/33D	2000	2017
KMB	ATR243	JR8548	SFD112BR2YGT21119	Dennis Trident 12m	Duple Metsec DM5000	H59/33D	2000	2018
KMB	ATR252	JS6669	SFD112BR2YGT21120	Dennis Trident 12m	Duple Metsec DM5000	H59/33D	2000	2018
KMB	ATR242	JR8537	SFD112BR2YGT21121	Dennis Trident 12m	Duple Metsec DM5000	H59/33D	2000	2018
KMB	ATR248	JR9538	SFD112BR2YGT21122	Dennis Trident 12m	Duple Metsec DM5000	H59/33D	2000	
KMB	ATR239	JR6414	SFD112BR2YGT21123	Dennis Trident 12m	Duple Metsec DM5000	H59/33D	2000	2018
KMB	ATR240	JR6479	SFD112BR2YGT21124	Dennis Trident 12m	Duple Metsec DM5000	H59/33D	2000	2018
KMB	ATR247	JR9534	SFD112BR2YGT21125	Dennis Trident 12m	Duple Metsec DM5000	H59/33D	2000	2018
KMB	ATR230	JR4518	SFD112BR2YGT21126	Dennis Trident 12m	Duple Metsec DM5000	H59/33D	2000	2018
KMB	ATR241	JR8532	SFD112BR2YGT21127	Dennis Trident 12m	Duple Metsec DM5000	H59/33D	2000	
KMB	ATR231	JR4680	SFD112BR2YGT21128	Dennis Trident 12m	Duple Metsec DM5000	H59/33D	2000	2018
KMB	ATR249	JR9557	SFD112BR2YGT21129	Dennis Trident 12m	Duple Metsec DM5000	H59/33D	2000	2018
KMB	ATR244	JR9177	SFD112BR2YGT21130	Dennis Trident 12m	Duple Metsec DM5000	H59/33D	2000	2018
KMB	ATR245	JR9359	SFD112BR2YGT21131	Dennis Trident 12m	Duple Metsec DM5000	H59/33D	2000	
KMB	ATR268	JS8467	SFD112BR2YGT21132	Dennis Trident 12m	Duple Metsec DM5000	H59/33D	2000	2017
KMB	ATR267	JS8381	SFD112BR2YGT21133	Dennis Trident 12m	Duple Metsec DM5000	H59/33D	2000	2018
KMB	ATR260	JS7632	SFD112BR2YGT21134	Dennis Trident 12m	Duple Metsec DM5000	H59/33D	2000	2018

公司	車隊編號	車牌	底盤編號	車型	車身	座位佈局	首次登記日期	退役日期
KMB	ATR256	JS7257	SFD112BR2YGT21135	Dennis Trident 12m	Duple Metsec DM5000	H59/33D	2000	2018
KMB	ATR246	JR9385	SFD112BR2YGT21136	Dennis Trident 12m	Duple Metsec DM5000	H59/33D	2000	2018
KMB	ATR266	JS8378	SFD112BR2YGT21137	Dennis Trident 12m	Duple Metsec DM5000	H59/33D	2000	
KMB	ATR258	JS7285	SFD112BR2YGT21138	Dennis Trident 12m	Duple Metsec DM5000	H59/33D	2000	2018
KMB	ATR254	JS7054	SFD112BR2YGT21139	Dennis Trident 12m	Duple Metsec DM5000	H59/33D	2000	
KMB	ATR264	JS8263	SFD112BR2YGT21140	Dennis Trident 12m	Duple Metsec DM5000	H59/33D	2000	2018
KMB	ATR253	JS6853	SFD112BR2YGT21141	Dennis Trident 12m	Duple Metsec DM5000	H59/33D	2000	
KMB	ATR263	JS7936	SFD112BR2YGT21142	Dennis Trident 12m	Duple Metsec DM5000	H59/33D	2000	
KMB	ATR255	JS7080	SFD112BR2YGT21143	Dennis Trident 12m	Duple Metsec DM5000	H59/33D	2000	2018
KMB	ATR261	JS7813	SFD112BR2YGT21144	Dennis Trident 12m	Duple Metsec DM5000	H59/33D	2000	2018
KMB	ATR262	JS7816	SFD112BR2YGT21145	Dennis Trident 12m	Duple Metsec DM5000	H59/33D	2000	2018
KCRC	601	JS6193	SFD314BR2YGT91146	Dennis Trident 11.3m	Alexander ALX500-9963/1	H53/30D	2000	2017
KMB	ATR251	JS6529	SFD112BR2YGT21147	Dennis Trident 12m	Duple Metsec DM5000	H59/33D	2000	
KMB	ATR257	JS7265	SFD112BR2YGT21148	Dennis Trident 12m	Duple Metsec DM5000	H59/33D	2000	
KMB	ATR250	JS6522	SFD112BR2YGT21149	Dennis Trident 12m	Duple Metsec DM5000	H59/33D	2000	2018
KMB	ATR265	JS8303	SFD112BR2YGT21150	Dennis Trident 12m	Duple Metsec DM5000	H59/33D	2000	
KMB	ATR259	JS7533	SFD112BR2YGT21151	Dennis Trident 12m	Duple Metsec DM5000	H59/33D	2000	
KCRC	602	JS5747	SFD314BR2YGT91152	Dennis Trident 11.3m	Alexander ALX500-9963/2	H53/30D	2000	2018
KCRC	603	JS5156	SFD314BR2YGT91153	Dennis Trident 11.3m	Alexander ALX500-9963/3	H53/30D	2000	2017
KMB	ATR275	JT1954	SFD114BR2YGT81154	Dennis Trident 12m	Duple Metsec DM5000	H59/33D	2000	2017
KMB	ATR270	JT865	SFD114BR2YGT81155	Dennis Trident 12m	Duple Metsec DM5000	H59/33D	2000	2018
KMB	ATR284	JT6076	SFD114BR2YGT81156	Dennis Trident 12m	Duple Metsec DM5000	H59/33D	2000	2018
KMB	ATR273	JT1196	SFD114BR2YGT81157	Dennis Trident 12m	Duple Metsec DM5000	H59/33D	2000	2017
KMB	ATR269	JT647	SFD114BR2YGT81158	Dennis Trident 12m	Duple Metsec DM5000	H59/33D	2000	2018
KCRC	604	JS4959	SFD314BR2YGT91159	Dennis Trident 11.3m	Alexander ALX500-9963/4	H53/30D	2000	2017
KCRC	609	JS6352	SFD314BR2YGT91160	Dennis Trident 11.3m	Alexander ALX500-9963/5	H53/30D	2000	2017
KMB	ATR282	JT5823	SFD114BR2YGT81161	Dennis Trident 12m	Duple Metsec DM5000	H59/33D	2000	2018
KMB	ATR283	JT6032	SFD114BR2YGT81162	Dennis Trident 12m	Duple Metsec DM5000	H59/33D	2000	2018
KMB	ATR276	JT2256	SFD114BR2YGT81163	Dennis Trident 12m	Duple Metsec DM5000	H59/33D	2000	2018
KMB	ATR274	JT1656	SFD114BR2YGT81164	Dennis Trident 12m	Duple Metsec DM5000	H59/33D	2000	
KMB	ATR285	JT6456	SFD114BR2YGT81165	Dennis Trident 12m	Duple Metsec DM5000	H59/33D	2000	2017
KCRC	605	JS5132	SFD314BR2YGT91166	Dennis Trident 11.3m	Alexander ALX500-9963/9	H53/30D	2000	2017
KCRC	606	JS5341	SFD314BR2YGT91167	Dennis Trident 11.3m	Alexander ALX500-9963/11	H53/30D	2000	2017
KCRC	610	JS6410	SFD314BR2YGT91168	Dennis Trident 11.3m	Alexander ALX500-9963/10	H53/30D	2000	2017
KCRC	611	JV1911	SFD314BR2YGT91169	Dennis Trident 11.3m	Alexander ALX500-9963/12	H53/30D	2000	2017
KCRC	617	JU6729	SFD314BR2YGT91170	Dennis Trident 11.3m	Alexander ALX500-9963/22	H53/30D	2000	2017
KCRC	607	JS5899	SFD314BR2YGT91171	Dennis Trident 11.3m	Alexander ALX500-9963/6	H53/30D	2000	2017
KCRC	612	JV1376	SFD314BR2YGT91172	Dennis Trident 11.3m	Alexander ALX500-9963/8	H53/30D	2000	2017
KCRC	608	JS5980	SFD314BR2YGT91173	Dennis Trident 11.3m	Alexander ALX500-9963/7	H53/30D	2000	2017
KCRC	613	JV1180	SFD314BR2YGT91174	Dennis Trident 11.3m	Alexander ALX500-9963/13	H53/30D	2000	2017
KCRC	614	JV569	SFD314BR2YGT91175	Dennis Trident 11.3m	Alexander ALX500-9963/14	H53/30D	2000	2017
KCRC	615	JU7698	SFD314BR2YGT91176	Dennis Trident 11.3m	Alexander ALX500-9963/16	H53/30D	2000	2017
KCRC	618	JW3880	SFD314BR2YGT91177	Dennis Trident 11.3m	Alexander ALX500-9963/17	H53/30D	2000	2017
KCRC	616	JW3767	SFD314BR2YGT91178	Dennis Trident 11.3m	Alexander ALX500-9963/15	H53/30D	2000	2017
KCRC	619	JW3442	SFD314BR2YGT91179	Dennis Trident 11.3m	Alexander ALX500-9963/18	H53/30D	2000	2017
KCRC	620	JW3354	SFD314BR2YGT91180	Dennis Trident 11.3m	Alexander ALX500-9963/19	H53/30D	2000	2017
KCRC	621	JW2970	SFD314BR2YGT91181	Dennis Trident 11.3m	Alexander ALX500-9963/20	H53/30D	2000	2017

公司	車隊編號	車牌	底盤編號	車型	車身	座位佈局	首次登記日期	退役日期
KCRC	622	JW3103	SFD314BR2YGT91182	Dennis Trident 11.3m	Alexander ALX500-9963/21	H53/30D	2000	2017
KMB	ATR278	JT4785	SFD114BR2YGT81183	Dennis Trident 12m	Duple Metsec DM5000	H59/33D	2000	2018
KMB	ATR286	JU2164	SFD114BR2YGT81184	Dennis Trident 12m	Duple Metsec DM5000	H59/33D	2000	
KMB	ATR297	JU6335	SFD114BR2YGT81185	Dennis Trident 12m	Duple Metsec DM5000	H59/33D	2000	
KMB	ATR271	JT1030	SFD114BR2YGT81186	Dennis Trident 12m	Duple Metsec DM5000	H59/33D	2000	
KMB	ATR277	JT4686	SFD114BR2YGT81187	Dennis Trident 12m	Duple Metsec DM5000	H59/33D	2000	
KMB	ATR272	JT1189	SFD114BR2YGT81188	Dennis Trident 12m	Duple Metsec DM5000	H59/33D	2000	
KMB	ATR293	JU5403	SFD114BR2YGT81189	Dennis Trident 12m	Duple Metsec DM5000	H59/33D	2000	
KMB	ATR290	JU4654	SFD114BR2YGT81190	Dennis Trident 12m	Duple Metsec DM5000	H59/33D	2000	
KMB	ATR292	JU4806	SFD114BR2YGT81191	Dennis Trident 12m	Duple Metsec DM5000	H59/33D	2000	
KMB	ATR291	JU4778	SFD114BR2YGT81192	Dennis Trident 12m	Duple Metsec DM5000	H59/33D	2000	
KMB	ATR279	JT4898	SFD114BR2YGT81193	Dennis Trident 12m	Duple Metsec DM5000	H59/33D	2000	2018
KMB	ATR295	JU5927	SFD114BR2YGT81194	Dennis Trident 12m	Duple Metsec DM5000	H59/33D	2000	2017
KMB	ATR289	JU2300	SFD114BR2YGT81195	Dennis Trident 12m	Duple Metsec DM5000	H59/33D	2000	
KMB	ATR294	JU5414	SFD114BR2YGT81196	Dennis Trident 12m	Duple Metsec DM5000	H59/33D	2000	
KMB	ATR281	JT5803	SFD114BR2YGT81197	Dennis Trident 12m	Duple Metsec DM5000	H59/33D	2000	2018
KMB	ATR288	JU2223	SFD114BR2YGT81198	Dennis Trident 12m	Duple Metsec DM5000	H59/33D	2000	
KMB	ATR280	JT5039	SFD114BR2YGT81199	Dennis Trident 12m	Duple Metsec DM5000	H59/33D	2000	2018
KMB	ATR296	JU5958	SFD114BR2YGT81200	Dennis Trident 12m	Duple Metsec DM5000	H59/33D	2000	
KMB	ATR287	JU2210	SFD114BR2YGT81201	Dennis Trident 12m	Duple Metsec DM5000	H59/33D	2000	
KMB	ATR298	JU6365	SFD114BR2YGT81202	Dennis Trident 12m	Duple Metsec DM5000	H59/33D	2000	
LWB	301	JV7629	SFD112BR2YGT21203	Dennis Trident 12m	Duple Metsec DM5000	H59/26D	2000	2017
KMB	ATS62	KC7561	SFD215BR2YGTB1217	Dennis Trident 10.6m	Alexander ALX500	H51/27D	2001	
KMB	ATS66	KC7987	SFD215BR2YGTB1235	Dennis Trident 10.6m	Alexander ALX500-0053/13	H51/27D	2001	
KMB	ATS53	KC6695	SFD215BR2YGTB1236	Dennis Trident 10.6m	Alexander ALX500-0053/3	H51/27D	2001	
KMB	ATS54	KC6705	SFD215BR2YGTB1237	Dennis Trident 10.6m	Alexander ALX500	H51/27D	2001	
KMB	ATS52	KC6632	SFD215BR2YGTB1238	Dennis Trident 10.6m	Alexander ALX500	H51/27D	2001	
KMB	ATS64	KC7813	SFD215BR2YGTB1239	Dennis Trident 10.6m	Alexander ALX500	H51/27D	2001	
KMB	ATS70	KC8296	SFD215BR2YGTB1240	Dennis Trident 10.6m	Alexander ALX500	H51/27D	2001	
KMB	ATS60	KC7551	SFD215BR2YGTB1241	Dennis Trident 10.6m	Alexander ALX500	H51/27D	2001	
KMB	ATS63	KC7600	SFD215BR2YGTB1242	Dennis Trident 10.6m	Alexander ALX500-0053/5	H51/27D	2001	
KMB	ATS71	KC8419	SFD215BR2YGTB1243	Dennis Trident 10.6m	Alexander ALX500-0053/10	H51/27D	2001	
KMB	ATS59	KC7361	SFD215BR2YGTB1244	Dennis Trident 10.6m	Alexander ALX500	H51/27D	2001	
KMB	ATS67	KC8013	SFD215BR21GTB1245	Dennis Trident 10.6m	Alexander ALX500	H51/27D	2001	
KMB	ATS73	KC8489	SFD215BR21GTB1246	Dennis Trident 10.6m	Alexander ALX500	H51/27D	2001	
KMB	ATS61	KC7553	SFD215BR21GTB1247	Dennis Trident 10.6m	Alexander ALX500	H51/27D	2001	
KMB	ATS56	KC7135	SFD215BR21GTB1248	Dennis Trident 10.6m	Alexander ALX500	H51/27D	2001	
KMB	ATS75	KD1044	SFD215BR21GTB1249	Dennis Trident 10.6m	Alexander ALX500	H51/27D	2001	
KMB	ATS51	KC6619	SFD215BR21GTB1250	Dennis Trident 10.6m	Alexander ALX500-0053/20	H51/27D	2001	
KMB	ATS81	KD1896	SFD215BR21GTB1251	Dennis Trident 10.6m	Alexander ALX500-0053/16	H51/27D	2001	
KMB	ATS80	KD1848	SFD215BR21GTB1252	Dennis Trident 10.6m	Alexander ALX500-0053/21	H51/27D	2001	
KMB	ATS55	KC6895	SFD215BR21GTB1253	Dennis Trident 10.6m	Alexander ALX500	H51/27D	2001	
KMB	ATS58	KC7356	SFD215BR21GTB1254	Dennis Trident 10.6m	Alexander ALX500	H51/27D	2001	
KMB	ATS65	KC7960	SFD215BR21GTB1255	Dennis Trident 10.6m	Alexander ALX500	H51/27D	2001	
KMB	ATS68	KC8120	SFD215BR21GTB1256	Dennis Trident 10.6m	Alexander ALX500	H51/27D	2001	
KMB	ATS77	KD1476	SFD215BR21GTB1257	Dennis Trident 10.6m	Alexander ALX500-0053/22	H51/27D	2001	
KMB	ATS86	KD2947	SFD215BR21GTB1258	Dennis Trident 10.6m	Alexander ALX500	H51/27D	2001	

公司	車隊編號	車牌	底盤編號	車型	車身	座位佈局	首次登記日期	退役日期
KMB	ATS57	KC7298	SFD215BR21GTB1259	Dennis Trident 10.6m	Alexander ALX500	H51/27D	2001	
KMB	ATS76	KD1456	SFD215BR21GTB1260	Dennis Trident 10.6m	Alexander ALX500	H51/27D	2001	
KMB	ATS72	KC8460	SFD215BR21GTB1261	Dennis Trident 10.6m	Alexander ALX500	H51/27D	2001	
KMB	ATS89	KD3259	SFD215BR21GTB1262	Dennis Trident 10.6m	Alexander ALX500	H51/27D	2001	
KMB	ATS69	KC8237	SFD215BR21GTB1263	Dennis Trident 10.6m	Alexander ALX500	H51/27D	2001	
KMB	ATS83	KD2767	SFD215BR21GTB1264	Dennis Trident 10.6m	Alexander ALX500	H51/27D	2001	
KMB	ATS85	KD2907	SFD215BR21GTB1265	Dennis Trident 10.6m	Alexander ALX500	H51/27D	2001	
KMB	ATS88	KD3203	SFD215BR21GTB1266	Dennis Trident 10.6m	Alexander ALX500	H51/27D	2001	
KMB	ATS92	KD3751	SFD215BR21GTB1267	Dennis Trident 10.6m	Alexander ALX500	H51/27D	2001	
KMB	ATS94	KD4389	SFD215BR21GTB1268	Dennis Trident 10.6m	Alexander ALX500	H51/27D	2001	
KMB	ATS90	KD3290	SFD215BR21GTB1269	Dennis Trident 10.6m	Alexander ALX500	H51/27D	2001	
KMB	ATS74	KD801	SFD215BR21GTB1270	Dennis Trident 10.6m	Alexander ALX500	H51/27D	2001	
KMB	ATS84	KD2869	SFD215BR21GTB1271	Dennis Trident 10.6m	Alexander ALX500	H51/27D	2001	
KMB	ATS78	KD1490	SFD215BR21GTB1272	Dennis Trident 10.6m	Alexander ALX500	H51/27D	2001	
KMB	ATS93	KD4057	SFD215BR21GTB1273	Dennis Trident 10.6m	Alexander ALX500	H51/27D	2001	
KMB	ATS95	KD4423	SFD215BR21GTB1274	Dennis Trident 10.6m	Alexander ALX500-0053/40	H51/27D	2001	
KMB	ATS99	KF7551	SFD215BR21GTB1275	Dennis Trident 10.6m	Alexander ALX500-0053/46	H51/27D	2001	
KMB	ATS82	KD2568	SFD215BR21GTB1276	Dennis Trident 10.6m	Alexander ALX500-0053/44	H51/27D	2001	
KMB	ATS79	KD1743	SFD215BR21GTB1281	Dennis Trident 10.6m	Alexander ALX500	H51/27D	2001	
KMB	ATS87	KD3024	SFD215BR21GTB1282	Dennis Trident 10.6m	Alexander ALX500	H51/27D	2001	
KMB	ATS91	KD3606	SFD215BR21GTB1286	Dennis Trident 10.6m	Alexander ALX500	H51/27D	2001	
KMB	ATS96	KF6694	SFD235BR31GTB1287	Dennis Trident 10.6m	Alexander ALX500-0053/49	H51/27D	2001	
KMB	ATS97	KF8311	SFD235BR31GTB1291	Dennis Trident 10.6m	Alexander ALX500	H51/27D	2001	
KMB	ATS100	KF7883	SFD215BR21GTB1292	Dennis Trident 10.6m	Alexander ALX500	H51/27D	2001	
KMB	ATS98	KF6863	SFD215BR21GTB1293	Dennis Trident 10.6m	Alexander ALX500	H51/27D	2001	
CTB	2302	KM6194	SFD135ER31GTA1294	Dennis Trident 12m	Alexander ALX500-0127/1	H57/31D	2002	
NWFB	1201	KM6194	SFD135ER31GTA1294	Dennis Trident 12m	Alexander ALX500-0127/1	H57/33D	2002	2003
CTB	2303	KM5696	SFD135ER31GTA1296	Dennis Trident 12m	Alexander ALX500-0127/2	H57/31D	2002	2013
NWFB	1202	KM5696	SFD135ER31GTA1296	Dennis Trident 12m	Alexander ALX500-0127/2	H57/33D	2002	2003
CTB	2304	KN1558	SFD135ER31GTA1297	Dennis Trident 12m	Alexander ALX500-0127/3	H57/31D	2002	
NWFB	1203	KN1558	SFD135ER31GTA1297	Dennis Trident 12m	Alexander ALX500-0127/3	H57/33D	2002	2003
CTB	2305	KN1182	SFD135ER31GTA1298	Dennis Trident 12m	Alexander ALX500-0127/4	H57/31D	2002	
NWFB	1204	KN1182	SFD135ER31GTA1298	Dennis Trident 12m	Alexander ALX500-0127/4	H57/33D	2002	2003
CTB	2306	KN2813	SFD135ER31GTA1299	Dennis Trident 12m	Alexander ALX500-0127/5	H57/31D	2002	
NWFB	1205	KN2813	SFD135ER31GTA1299	Dennis Trident 12m	Alexander ALX500-0127/5	H57/33D	2002	2003
CTB	2307	KN2972	SFD135ER31GTA1300	Dennis Trident 12m	Alexander ALX500-0127/6	H57/31D	2002	
NWFB	1206	KN2972	SFD135ER31GTA1300	Dennis Trident 12m	Alexander ALX500-0127/6	H57/33D	2002	2003
CTB	2308	KN2642	SFD135ER31GTA1301	Dennis Trident 12m	Alexander ALX500-0127/7	H57/31D	2002	
NWFB	1207	KN2642	SFD135ER31GTA1301	Dennis Trident 12m	Alexander ALX500-0127/7	H57/33D	2002	2003
CTB	2309	KN3208	SFD135ER31GTA1302	Dennis Trident 12m	Alexander ALX500-0127/8	H57/31D	2002	
NWFB	1208	KN3608	SFD135ER31GTA1302	Dennis Trident 12m	Alexander ALX500-0127/8	H57/33D	2002	2003
CTB	2310	KN4157	SFD135ER31GTA1303	Dennis Trident 12m	Alexander ALX500-0127/9	H57/31D	2002	
NWFB	1209	KN4157	SFD135ER31GTA1303	Dennis Trident 12m	Alexander ALX500-0127/9	H57/33D	2002	2003
NWFB	1210	KN4257	SFD135ER31GTA1304	Dennis Trident 12m	Alexander ALX500-0127/10	H57/33D	2002	
NWFB	1211	KM5666	SFD135GR31GTA1305	Dennis Trident 12m	Alexander ALX500-0127/11	H57/33D	2002	2016
NWFB	1212	KN5992	SFD135FR31GTA1306	Dennis Trident 12m	Alexander ALX500-0127/12	H57/33D	2002	
NWFB	1213	KN5468	SFD135FR31GTA1319	Dennis Trident 12m	Alexander ALX500-0127/13	H57/33D	2002	

公司	車隊編號	車牌	底盤編號	車型	車身	座位佈局	首次登記日期	退役日期
KMB	ATS105	KL5563	SFD235GR31GTB1321	Dennis Trident 10.6m	Alexander ALX500	H51/27D	2002	
KMB	ATS104	KL5552	SFD235GR31GTB1322	Dennis Trident 10.6m	Alexander ALX500-0146/4	H51/27D	2002	
KMB	ATS101	KL4588	SFD235GR31GTB1323	Dennis Trident 10.6m	Alexander ALX500	H51/27D	2002	
KMB	ATS102	KL4903	SFD235GR31GTB1324	Dennis Trident 10.6m	Alexander ALX500-0146/1	H51/27D	2002	
KMB	ATS106	KL6097	SFD235GR31GTB1325	Dennis Trident 10.6m	Alexander ALX500	H51/27D	2002	
NWFB	1214	KN4525	SFD135FR31GTA1328	Dennis Trident 12m	Alexander ALX500-0127/14	H57/33D	2002	
NWFB	1215	KM5423	SFD135FR31GTA1329	Dennis Trident 12m	Alexander ALX500-0127/15	O57/33D	2002	
KMB	ATS110	KL8537	SFD235GR31GTB1331	Dennis Trident 10.6m	Alexander ALX500	H51/27D	2002	
KMB	ATS103	KL5163	SFD235GR31GTB1332	Dennis Trident 10.6m	Alexander ALX500	H51/27D	2002	
KMB	ATS109	KL8462	SFD235GR31GTB1333	Dennis Trident 10.6m	Alexander ALX500	H51/27D	2002	
KMB	ATS108	KL7164	SFD235GR31GTB1334	Dennis Trident 10.6m	Alexander ALX500-0146/9	H51/27D	2002	
KMB	ATS114	KL9510	SFD235GR31GTB1335	Dennis Trident 10.6m	Alexander ALX500	H51/27D	2002	
NWFB	1216	KN4792	SFD135FR31GTA1336	Dennis Trident 12m	Alexander ALX500-0127/16	O57/33D	2002	
NWFB	1217	KN8036	SFD135FR31GTA1337	Dennis Trident 12m	Alexander ALX500-0127/17	O57/33D	2002	
KMB	ATS117	KM258	SFD235GR31GTB1338	Dennis Trident 10.6m	Alexander ALX500	H51/27D	2002	
KMB	ATS118	KM270	SFD235GR31GTB1339	Dennis Trident 10.6m	Alexander ALX500	H51/27D	2002	
KMB	ATS107	KL6712	SFD235GR31GTB1340	Dennis Trident 10.6m	Alexander ALX500	H51/27D	2002	
KMB	ATS112	KL9369	SFD235GR31GTB1341	Dennis Trident 10.6m	Alexander ALX500	H51/27D	2002	
KMB	ATS116	KL9674	SFD235GR31GTB1342	Dennis Trident 10.6m	Alexander ALX500	H51/27D	2002	
NWFB	1218	KN8184	SFD135FR31GTA1343	Dennis Trident 12m	Alexander ALX500-0127/18	O57/33D	2002	
NWFB	1219	KP3155	SFD135FR31GTA1346	Dennis Trident 12m	Alexander ALX500-0127/19	O57/33D	2002	
NWFB	1220	KP3470	SFD135FR31GTA1347	Dennis Trident 12m	Alexander ALX500-0127/20	H57/33D	2002	
NWFB	1221	KP5220	SFD135FR31GTA1348	Dennis Trident 12m	Alexander ALX500-0127/21	H57/33D	2002	
KMB	ATS115	KL9641	SFD235GR31GTB1349	Dennis Trident 10.6m	Alexander ALX500	H51/27D	2002	
KMB	ATS120	KM1453	SFD235GR31GTB1350	Dennis Trident 10.6m	Alexander ALX500	H51/27D	2002	
KMB	ATS121	KM2369	SFD235GR31GTB1351	Dennis Trident 10.6m	Alexander ALX500-0146/21	H51/27D	2002	
KMB	ATS111	KL9327	SFD235GR31GTB1352	Dennis Trident 10.6m	Alexander ALX500	H51/27D	2002	
KMB	ATS119	KM455	SFD235GR31GTB1353	Dennis Trident 10.6m	Alexander ALX500	H51/27D	2002	
KMB	ATS124	KM5075	SFD235GR31GTB1354	Dennis Trident 10.6m	Alexander ALX500	H51/27D	2002	
KMB	ATS113	KL9467	SFD235GR31GTB1355	Dennis Trident 10.6m	Alexander ALX500	H51/27D	2002	
KMB	ATS125	KP2709	SFD235GR31GTB1356	Dennis Trident 10.6m	Alexander ALX500	H51/27D	2002	
KMB	ATS127	KP3011	SFD235GR31GTB1357	Dennis Trident 10.6m	Alexander ALX500	H51/27D	2002	
KMB	ATS126	KP2734	SFD235GR31GTB1358	Dennis Trident 10.6m	Alexander ALX500	H51/27D	2002	
KMB	ATS122	KM4909	SFD235GR31GTB1359	Dennis Trident 10.6m	Alexander ALX500	H51/27D	2002	
KMB	ATS131	KR1119	SFD235GR31GTB1361	Dennis Trident 10.6m	Alexander ALX500	H51/27D	2002	
KMB	ATS132	KR1722	SFD235GR31GTB1362	Dennis Trident 10.6m	Alexander ALX500	H51/27D	2002	
NWFB	3341	KR3115	SFD235ER31GTC1363	Dennis Trident 10.3m	Duple Metsec DM5000	H45/27D	2002	
NWFB	3342	KR4001	SFD235ER31GTC1364	Dennis Trident 10.3m	Duple Metsec DM5000	H45/27D	2002	
KMB	ATS129	KP3805	SFD235GR31GTB1365	Dennis Trident 10.6m	Alexander ALX500	H51/27D	2002	
KMB	ATS128	KP3369	SFD235GR31GTB1366	Dennis Trident 10.6m	Alexander ALX500	H51/27D	2002	
KMB	ATS130	KP4228	SFD235GR31GTB1367	Dennis Trident 10.6m	Alexander ALX500	H51/27D	2002	
KMB	ATS123	KM5040	SFD235GR31GTB1368	Dennis Trident 10.6m	Alexander ALX500	H51/27D	2002	
NWFB	3343	KR5406	SFD235ER31GTC1369	Dennis Trident 10.3m	Duple Metsec DM5000	H45/27D	2002	
NWFB	3344	KR5184	SFD235ER31GTC1370	Dennis Trident 10.3m	Duple Metsec DM5000	H45/27D	2002	
NWFB	3345	KR8041	SFD235ER31GTC1371	Dennis Trident 10.3m	Duple Metsec DM5000	H45/27D	2002	
NWFB	3346	KR6915	SFD235ER31GTC1372	Dennis Trident 10.3m	Duple Metsec DM5000	H45/27D	2002	
NWFB	3347	KR7057	SFD235ER31GTC1373	Dennis Trident 10.3m	Duple Metsec DM5000	H45/27D	2002	

公司	車隊編號	車牌	底盤編號	車型	車身	座位佈局	首次登記日期	退役日期
NWFB	3348	KR6515	SFD235ER31GTC1374	Dennis Trident 10.3m	Duple Metsec DM5000	H45/27D	2002	
KMB	ATS133	KR2110	SFD235GR31GTB1375	Dennis Trident 10.6m	Alexander ALX500	H51/27D	2002	
KMB	ATS135	KR3892	SFD235GR31GTB1376	Dennis Trident 10.6m	Alexander ALX500	H51/27D	2002	
KMB	ATS134	KR2278	SFD235GR31GTB1377	Dennis Trident 10.6m	Alexander ALX500	H51/27D	2002	
NWFB	3349	KR8155	SFD235ER31GTC1378	Dennis Trident 10.3m	Duple Metsec DM5000	H45/27D	2002	
NWFB	3350	KR7085	SFD235ER32GTC1379	Dennis Trident 10.3m	Duple Metsec DM5000	H45/27D	2002	
NWFB	3351	KS1615	SFD235ER31GTC1380	Dennis Trident 10.3m	Duple Metsec DM5000	H45/27D	2002	
NWFB	3352	KS3556	SFD235ER32GTC1381	Dennis Trident 10.3m	Duple Metsec DM5000	H45/27D	2002	
NWFB	3353	KS4408	SFD235ER32GTC1382	Dennis Trident 10.3m	Duple Metsec DM5000	H45/27D	2002	
NWFB	3354	KS5331	SFD235ER32GTC1383	Dennis Trident 10.3m	Duple Metsec DM5000	H45/27D	2002	
NWFB	3355	KS5587	SFD235ER32GTC1384	Dennis Trident 10.3m	Duple Metsec DM5000	H45/27D	2002	
NWFB	3356	KS5137	SFD235ER32GTC1385	Dennis Trident 10.3m	Duple Metsec DM5000	H45/27D	2002	
KMB	ATS137	KR5568	SFD235GR32GTB1386	Dennis Trident 10.6m	Alexander ALX500	H51/27D	2002	
KMB	ATS140	KS1951	SFD235GR32GTB1387	Dennis Trident 10.6m	Alexander ALX500	H51/27D	2002	
KMB	ATS138	KR7951	SFD235GR32GTB1388	Dennis Trident 10.6m	Alexander ALX500-0159/7	H51/27D	2002	
KMB	ATS136	KR4997	SFD235GR32GTB1389	Dennis Trident 10.6m	Alexander ALX500	H51/27D	2002	
KMB	ATS139	KS1014	SFD235GR32GTB1390	Dennis Trident 10.6m	Alexander ALX500-0159/9	H51/27D	2002	
KMB	ATS144	KS8313	SFD236GR32GTB1391	Dennis Trident 10.6m	Alexander ALX500-0159/13	H51/27D	2002	
KMB	ATS143	KS6946	SFD236GR32GTB1392	Dennis Trident 10.6m	Alexander ALX500	H51/27D	2002	
KMB	ATS148	KU5548	SFD236GR32GTB1393	Dennis Trident 10.6m	Alexander ALX500	H51/27D	2002	
KMB	ATS145	KS8440	SFD236GR32GTB1394	Dennis Trident 10.6m	Alexander ALX500	H51/27D	2002	
KMB	ATS147	KS8269	SFD236GR32GTB1395	Dennis Trident 10.6m	Alexander ALX500	H51/27D	2002	
KMB	ATS141	KS2718	SFD236GR32GTB1396	Dennis Trident 10.6m	Alexander ALX500-0159/11	H51/27D	2002	
KMB	ATS150	KU6028	SFD236GR32GTB1397	Dennis Trident 10.6m	Alexander ALX500	H51/27D	2002	
KMB	ATS149	KU5917	SFD236GR32GTB1398	Dennis Trident 10.6m	Alexander ALX500	H51/27D	2002	
KMB	ATS142	KS2996	SFD236GR32GTB1399	Dennis Trident 10.6m	Alexander ALX500-0159/12	H51/27D	2002	
KMB	ATS146	KS6988	SFD236GR32GTB1400	Dennis Trident 10.6m	Alexander ALX500-0159/18	H51/27D	2002	
NWFB	3357	KS8450	SFD235ER32GTC1401	Dennis Trident 10.3m	Duple Metsec DM5000	H45/27D	2002	
NWFB	3358	KS7996	SFD235ER32GTC1402	Dennis Trident 10.3m	Duple Metsec DM5000	H45/27D	2002	
NWFB	3359	KT786	SFD235ER32GTC1403	Dennis Trident 10.3m	Duple Metsec DM5000	H45/27D	2002	
NWFB	3360	KT3917	SFD235ER32GTC1404	Dennis Trident 10.3m	Duple Metsec DM5000	H45/27D	2002	
KMB	ATR327	KV3977	SFD135GR42GTA1407	Dennis Trident 12m	Alexander ALX500	H59/33D	2002	
KMB	ATR325	KV2570	SFD135GR42GTA1408	Dennis Trident 12m	Alexander ALX500	H59/33D	2002	
KMB	ATR328	KV4063	SFD135GR42GTA1409	Dennis Trident 12m	Alexander ALX500-2009/5	H59/33D	2002	
KMB	ATR344	KV8948	SFD135GR42GTA1410	Dennis Trident 12m	Alexander ALX500	H59/33D	2002	
KMB	ATR329	KV4192	SFD135GR42GTA1411	Dennis Trident 12m	Alexander ALX500	H59/33D	2002	
KMB	ATR330	KV6610	SFD135GR42GTA1412	Dennis Trident 12m	Alexander ALX500-2010/3	H59/33D	2002	
KMB	ATR335	KV7884	SFD135GR42GTA1413	Dennis Trident 12m	Alexander ALX500	H59/33D	2002	
KMB	ATR334	KV7798	SFD135GR42GTA1414	Dennis Trident 12m	Alexander ALX500	H59/33D	2002	
KMB	ATR348	KW1730	SFD135GR42GTA1415	Dennis Trident 12m	Alexander ALX500	H59/33D	2002	
KMB	ATR333	KV7167	SFD135GR42GTA1416	Dennis Trident 12m	Alexander ALX500	H59/33D	2002	
KMB	ATR347	KW746	SFD135GR42GTA1417	Dennis Trident 12m	Alexander ALX500	H59/33D	2002	
KMB	ATR332	KV6935	SFD135GR42GTA1418	Dennis Trident 12m	Alexander ALX500	H59/33D	2002	
KMB	ATR349	KW1792	SFD135GR42GTA1419	Dennis Trident 12m	Alexander ALX500	H59/33D	2002	
KMB	ATR377	KW9514	SFD135GR42GTA1420	Dennis Trident 12m	Alexander ALX500	H59/33D	2003	
KMB	ATR350	KW2523	SFD135GR42GTA1421	Dennis Trident 12m	Alexander ALX500	H59/33D	2002	
KMB	ATR353	KW3555	SFD135GR42GTA1422	Dennis Trident 12m	Alexander ALX500	H59/33D	2002	

公司	車隊編號	車牌	底盤編號	車型	車身	座位佈局	首次登記日期	退役日期
KMB	ATR351	KW2806	SFD135GR42GTA1423	Dennis Trident 12m	Alexander ALX500	H59/33D	2002	
KMB	ATR373	KW9112	SFD135GR42GTA1424	Dennis Trident 12m	Alexander ALX500	H59/33D	2003	
KMB	ATR374	KW9192	SFD135GR42GTA1426	Dennis Trident 12m	Alexander ALX500	H59/33D	2003	
KMB	ATR370	KW8531	SFD135GR42GTA1427	Dennis Trident 12m	Alexander ALX500	H59/33D	2003	
KMB	ATR300	KU1062	SFD135GR42GTA1433	Dennis Trident 12m	Alexander ALX500	H59/33D	2002	
KMB	ATR303	KU1500	SFD135GR42GTA1434	Dennis Trident 12m	Alexander ALX500	H59/33D	2002	
KMB	ATR299	KU689	SFD135GR42GTA1435	Dennis Trident 12m	Alexander ALX500-2009/3	H59/33D	2002	
KMB	ATR301	KU1311	SFD135GR42GTA1436	Dennis Trident 12m	Alexander ALX500-2009/6	H59/33D	2002	
KMB	ATR307	KU5922	SFD135GR42GTA1437	Dennis Trident 12m	Alexander ALX500-2009/8	H59/33D	2002	
KMB	ATR302	KU1349	SFD135GR42GTA1438	Dennis Trident 12m	Alexander ALX500	H59/33D	2002	
KMB	ATR308	KU6236	SFD135GR42GTA1439	Dennis Trident 12m	Alexander ALX500-2009/7	H59/33D	2002	
KMB	ATR306	KU5892	SFD135GR42GTA1440	Dennis Trident 12m	Alexander ALX500-2009/10	H59/33D	2002	
KMB	ATR305	KU5832	SFD135GR42GTA1441	Dennis Trident 12m	Alexander ALX500	H59/33D	2002	
KMB	ATR319	KU8269	SFD135GR42GTA1442	Dennis Trident 12m	Alexander ALX500	H59/33D	2002	
KMB	ATR304	KU5428	SFD135GR42GTA1443	Dennis Trident 12m	Alexander ALX500-2009/9	H59/33D	2002	
KMB	ATR371	KW8556	SFD135GR42GTA1444	Dennis Trident 12m	Alexander ALX500	H59/33D	2003	
KMB	ATR375	KW9232	SFD135GR42GTA1445	Dennis Trident 12m	Alexander ALX500	H59/33D	2003	
KMB	ATR378	KW9791	SFD135GR42GTA1446	Dennis Trident 12m	Alexander ALX500	H59/33D	2003	
KMB	ATR372	KW8561	SFD135GR42GTA1447	Dennis Trident 12m	Alexander ALX500	H59/33D	2003	
KMB	ATR311	KU6395	SFD135GR42GTA1448	Dennis Trident 12m	Alexander ALX500	H59/33D	2002	
KMB	ATR310	KU6233	SFD135GR42GTA1449	Dennis Trident 12m	Alexander ALX500	H59/33D	2002	
KMB	ATR309	KU5091	SFD135GR42GTA1450	Dennis Trident 12m	Alexander ALX500	H59/33D	2002	
KMB	ATR318	KU8216	SFD135GR42GTA1451	Dennis Trident 12m	Alexander ALX500	H59/33D	2002	
KMB	ATR376	KW9501	SFD135GR42GTA1452	Dennis Trident 12m	Alexander ALX500	H59/33D	2003	
KMB	ATR369	KW8528	SFD135GR42GTA1453	Dennis Trident 12m	Alexander ALX500	H59/33D	2003	
KMB	ATR385	KW9517	SFD135GR42GTA1454	Dennis Trident 12m	Alexander ALX500	H59/33D	2003	
KMB	ATR383	KW9280	SFD135GR42GTA1455	Dennis Trident 12m	Alexander ALX500	H59/33D	2003	
KMB	ATR320	KU8278	SFD135GR42GTA1456	Dennis Trident 12m	Alexander ALX500	H59/33D	2002	
KMB	ATR312	KU6514	SFD135GR42GTA1457	Dennis Trident 12m	Alexander ALX500	H59/33D	2002	
KMB	ATR321	KU8374	SFD135GR42GTA1458	Dennis Trident 12m	Alexander ALX500	H59/33D	2002	
KMB	ATR315	KU7538	SFD135GR42GTA1459	Dennis Trident 12m	Alexander ALX500	H59/33D	2002	
KMB	ATR384	KW9329	SFD135GR42GTA1460	Dennis Trident 12m	Alexander ALX500	H59/33D	2003	
KMB	ATR382	KW9218	SFD135GR42GTA1461	Dennis Trident 12m	Alexander ALX500	H59/33D	2003	
KMB	ATR386	KW9938	SFD135GR42GTA1462	Dennis Trident 12m	Alexander ALX500	H59/33D	2003	
KMB	ATR381	KW8955	SFD135GR42GTA1463	Dennis Trident 12m	Alexander ALX500	H59/33D	2003	
KMB	ATR313	KU6605	SFD135GR42GTA1464	Dennis Trident 12m	Alexander ALX500	H59/33D	2002	
KMB	ATR316	KU7668	SFD135GR42GTA1465	Dennis Trident 12m	Alexander ALX500	H59/33D	2002	
KMB	ATR331	KV6817	SFD135GR42GTA1466	Dennis Trident 12m	Alexander ALX500	H59/33D	2002	
KMB	ATR317	KU7913	SFD135GR42GTA1467	Dennis Trident 12m	Alexander ALX500	H59/33D	2002	
KMB	ATR379	KW8821	SFD135GR42GTA1468	Dennis Trident 12m	Alexander ALX500	H59/33D	2003	
KMB	ATR380	KW8934	SFD135GR42GTA1469	Dennis Trident 12m	Alexander ALX500	H59/33D	2003	
KMB	ATR390	KX1470	SFD135GR42GTA1470	Dennis Trident 12m	Alexander ALX500-2010/35	H59/33D	2003	
KMB	ATR389	KX1287	SFD135GR42GTA1471	Dennis Trident 12m	Alexander ALX500	H59/33D	2003	
KMB	ATR337	KV8478	SFD135GR42GTA1472	Dennis Trident 12m	Alexander ALX500-2009/28	H59/33D	2002	
KMB	ATR314	KU7002	SFD135GR42GTA1473	Dennis Trident 12m	Alexander ALX500	H59/33D	2002	
KMB	ATR322	KU8654	SFD135GR42GTA1474	Dennis Trident 12m	Alexander ALX500	H59/33D	2002	
KMB	ATR323	KV149	SFD135GR42GTA1475	Dennis Trident 12m	Alexander ALX500-2009/25	H59/33D	2002	

公司	車隊編號	車牌	底盤編號	車型	車身	座位佈局	首次登記日期	退役日期
KMB	ATR387	KX910	SFD135GR42GTA1476	Dennis Trident 12m	Alexander ALX500	H59/33D	2003	
KMB	ATR391	KX1948	SFD135GR42GTA1477	Dennis Trident 12m	Alexander ALX500	H59/33D	2003	
KMB	ATR388	KX1072	SFD135GR42GTA1478	Dennis Trident 12m	Alexander ALX500	H59/33D	2003	
KMB	ATR392	KZ2356	SFD135GR42GTA1479	Dennis Trident 12m	Alexander ALX500	H59/33D	2003	
KMB	ATR326	KV3410	SFD135GR42GTA1480	Dennis Trident 12m	Alexander ALX500	H59/33D	2002	
KMB	ATR342	KV8252	SFD135GR42GTA1481	Dennis Trident 12m	Alexander ALX500-2009/31	H59/33D	2002	
KMB	ATR341	KV7995	SFD135GR42GTA1482	Dennis Trident 12m	Alexander ALX500-2009/32	H59/33D	2002	
KMB	ATR338	KV6582	SFD135GR42GTA1483	Dennis Trident 12m	Alexander ALX500-2009/33	H59/33D	2002	
KMB	ATR336	KV8102	SFD135GR42GTA1484	Dennis Trident 12m	Alexander ALX500	H59/33D	2002	
KMB	ATR345	KV9033	SFD135GR42GTA1485	Dennis Trident 12m	Alexander ALX500	H59/33D	2002	
KMB	ATR343	KV8572	SFD135GR42GTA1486	Dennis Trident 12m	Alexander ALX500	H59/33D	2002	
KMB	ATR324	KU9092	SFD135GR42GTA1487	Dennis Trident 12m	Alexander ALX500	H59/33D	2002	
KMB	ATR346	KW376	SFD135GR42GTA1488	Dennis Trident 12m	Alexander ALX500	H59/33D	2002	
KMB	ATR339	KV6657	SFD135GR42GTA1489	Dennis Trident 12m	Alexander ALX500	H59/33D	2002	
KMB	ATR352	KW3077	SFD135GR42GTA1490	Dennis Trident 12m	Alexander ALX500	H59/33D	2002	
KMB	ATR340	KV7059	SFD135GR42GTA1491	Dennis Trident 12m	Alexander ALX500	H59/33D	2002	
KMB	ATR354	KW3708	SFD135GR42GTA1492	Dennis Trident 12m	Alexander ALX500	H59/33D	2002	

MAN NL262

公司	車隊編號	車牌	底盤編號	車型	車身	座位佈局	首次登記日期	退役日期
CTB	1501	HP6440	WMAA270001B016459	MAN 18.260 HOCL-NL	MAN	B31D	1998	2014
CTB	1512	HU2412	WMAA270002B016791	MAN 18.260 HOCL-NL	MAN	B31D	1998	2009
CTB	1559	HU5706	WMAA270003B016792	MAN 18.260 HOCL-NL	MAN	B31D	1998	2015
CTB	1502	HT8914	WMAA270004B016810	MAN 18.260 HOCL-NL	MAN	B31D	1998	2014
CTB	1513	HU266	WMAA270005B016811	MAN 18.260 HOCL-NL	MAN	B31D	1998	2013
CTB	1514	HU1016	WMAA270006B016812	MAN 18.260 HOCL-NL	MAN	B31D	1998	2006
CTB	1503	HT8509	WMAA270007B016813	MAN 18.260 HOCL-NL	MAN	B31D	1998	2015
CTB	1504	HT9100	WMAA270008B016814	MAN 18.260 HOCL-NL	MAN	B31D	1998	2013
CTB	1560	HU4891	WMAA270009B016815	MAN 18.260 HOCL-NL	MAN	C33F	1998	2011
CTB	1515	HT9507	WMAA270010B016816	MAN 18.260 HOCL-NL	MAN	B31D	1998	2015
CTB	1516	HT8960	WMAA270011B016817	MAN 18.260 HOCL-NL	MAN	B31D	1998	2015
CTB	1517	HU609	WMAA270012B016818	MAN 18.260 HOCL-NL	MAN	B31D	1998	2006
CTB	1505	HT9095	WMAA270013B016819	MAN 18.260 HOCL-NL	MAN	B31D	1998	2015
CTB	1506	HT9806	WMAA270014B016820	MAN 18.260 HOCL-NL	MAN	B31D	1998	2013
CTB	1518	HU798	WMAA270015B016821	MAN 18.260 HOCL-NL	MAN	B31D	1998	2015
CTB	1519	HU265	WMAA270016B016822	MAN 18.260 HOCL-NL	MAN	B31D	1998	2015
CTB	1520	HU5793	WMAA270017B016823	MAN 18.260 HOCL-NL	MAN	B31D	1998	2015
CTB	1521	HU4821	WMAA270018B016824	MAN 18.260 HOCL-NL	MAN	B31D	1998	2015
CTB	1522	HU3157	WMAA270019B016825	MAN 18.260 HOCL-NL	MAN	B31D	1998	2015
CTB	1523	HU685	WMAA270020B016826	MAN 18.260 HOCL-NL	MAN	B31D	1998	2015
CTB	1507	HT8615	WMAA270021B016827	MAN 18.260 HOCL-NL	MAN	B31D	1998	2016
CTB	1524	HU1632	WMAA270022B016828	MAN 18.260 HOCL-NL	MAN	B31D	1998	2015
CTB	1508	HT9373	WMAA270023B016829	MAN 18.260 HOCL-NL	MAN	B31D	1998	2013
CTB	1509	HT9534	WMAA270024B016830	MAN 18.260 HOCL-NL	MAN	B31D	1998	2015
CTB	1510	HU493	WMAA270025B016831	MAN 18.260 HOCL-NL	MAN	B31D	1998	2013

公司	車隊編號	車牌	底盤編號	車型	車身	座位佈局	首次登記日期	退役日期
CTB	1525	HT9511	WMAA270026B016832	MAN 18.260 HOCL-NL	MAN	B31D	1998	2014
CTB	1526	HU1574	WMAA270027B016833	MAN 18.260 HOCL-NL	MAN	B31D	1998	2015
CTB	1528	HU5428	WMAA270028B016834	MAN 18.260 HOCL-NL	MAN	B30D	1998	2015
CTB	1511	HT8562	WMAA270029B016835	MAN 18.260 HOCL-NL	MAN	B31D	1998	2015
CTB	1527	HT8514	WMAA270030B016836	MAN 18.260 HOCL-NL	MAN	B31D	1998	2015
CTB	1529	HT9142	WMAA270031B016885	MAN 18.260 HOCL-NL	MAN	B30D	1998	2015
CTB	1530	HU1304	WMAA270032B016886	MAN 18.260 HOCL-NL	MAN	B30D	1998	2015
CTB	1531	HT8707	WMAA270033B016887	MAN 18.260 HOCL-NL	MAN	B30D	1998	2016
CTB	1532	HT9125	WMAA270034B016888	MAN 18.260 HOCL-NL	MAN	B30D	1998	2013
CTB	1533	HU4558	WMAA270035B016889	MAN 18.260 HOCL-NL	MAN	B30D	1998	2015
CTB	1534	HU7221	WMAA270036B016890	MAN 18.260 HOCL-NL	MAN	B31D	1998	2005
CTB	1535	HU3159	WMAA270037B016891	MAN 18.260 HOCL-NL	MAN	B31D	1998	2015
CTB	1536	HU7425	WMAA270038B016892	MAN 18.260 HOCL-NL	MAN	B31D	1998	2015
CTB	1537	HV6508	WMAA270039B016893	MAN 18.260 HOCL-NL	MAN	B31D	1998	2014
CTB	1538	HU8264	WMAA270040B016894	MAN 18.260 HOCL-NL	MAN	B31D	1998	2013
CTB	1539	HU5465	WMAA270041B016895	MAN 18.260 HOCL-NL	MAN	B31D	1998	2013
CTB	1540	HU6012	WMAA270042B016964	MAN 18.260 HOCL-NL	MAN	B31D	1998	2015
CTB	1541	HU5697	WMAA270043B016965	MAN 18.260 HOCL-NL	MAN	B31D	1998	2015
CTB	1542	HU9824	WMAA270044B016966	MAN 18.260 HOCL-NL	MAN	B31D	1998	2015
CTB	1543	HV7871	WMAA270045B016967	MAN 18.260 HOCL-NL	MAN	B31D	1998	2015
CTB	1544	HV371	WMAA270046B016968	MAN 18.260 HOCL-NL	MAN	B31D	1998	2015
CTB	1545	HU7461	WMAA270047B016969	MAN 18.260 HOCL-NL	MAN	B31D	1998	
CTB	1546	HU6297	WMAA270048B016970	MAN 18.260 HOCL-NL	MAN	B31D	1998	
CTB	1547	HU5040	WMAA270049B016971	MAN 18.260 HOCL-NL	MAN	B31D	1998	2015
CTB	1548	HU9297	WMAA270050B016972	MAN 18.260 HOCL-NL	MAN	B31D	1998	2015
CTB	1550	HU4928	WMAA270052B016977	MAN 18.260 HOCL-NL	MAN	B31D	1998	2013
CTB	1551	HU4619	WMAA270053B016978	MAN 18.260 HOCL-NL	MAN	B31D	1998	2015
CTB	1552	HU8327	WMAA270054B016979	MAN 18.260 HOCL-NL	MAN	B31D	1998	2015
CTB	1553	HU9891	WMAA270055B016980	MAN 18.260 HOCL-NL	MAN	B31D	1998	2015
CTB	1554	HU5441	WMAA270056B016981	MAN 18.260 HOCL-NL	MAN	B31D	1998	2015
CTB	1555	HU8151	WMAA270057B016982	MAN 18.260 HOCL-NL	MAN	B31D	1998	2013
CTB	1556	HU5156	WMAA270058B016983	MAN 18.260 HOCL-NL	MAN	B31D	1998	2015
CTB	1557	HU8506	WMAA270059B016984	MAN 18.260 HOCL-NL	MAN	B31D	1998	2015
CTB	1558	HU9443	WMAA270060B016985	MAN 18.260 HOCL-NL	MAN	B31D	1998	2014
CTB	1549	HV165	WMAA270051B016986	MAN 18.260 HOCL-NL	MAN	B31D	1998	2015
CTB	1561	JL8180	WMAA270061B017251	MAN 18.260 HOCL-NL	MAN	C33F	2000	2016
CTB	1562	JM1746	WMAA270062B017252	MAN 18.260 HOCL-NL	MAN	C33F	2000	2016
CTB	1563	JL8297	WMAA270063B017253	MAN 18.260 HOCL-NL	MAN	C33F	2000	2016
CTB	1564	JL7265	WMAA270064B017254	MAN 18.260 HOCL-NL	MAN	C33F	2000	2016
CTB	1565	JL7599	WMAA270065B017255	MAN 18.260 HOCL-NL	MAN	C33F	2000	2016
CTB	1566	JM764	WMAA270066B017256	MAN 18.260 HOCL-NL	MAN	C33F	2000	2016
CTB	1567	JL7352	WMAA270067B017257	MAN 18.260 HOCL-NL	MAN	C33F	2000	2016
CTB	1568	JL6936	WMAA270068B017258	MAN 18.260 HOCL-NL	MAN	C33F	2000	2016
CTB	1569	JL8007	WMAA270069B017259	MAN 18.260 HOCL-NL	MAN	C33F	2000	2016
CTB	1570	JM1872	WMAA270070B017260	MAN 18.260 HOCL-NL	MAN	B31D	2000	2005
DBTSL	HKR35	JM1872	WMAA270070B017260	MAN 18.260 HOCL-NL	MAN	B31D	2005	2016
CTB	1571	JM1951	WMAA270071B017261	MAN 18.260 HOCL-NL	MAN	B31D	2000	2005

公司	車隊編號	車牌	底盤編號	車型	車身	座位佈局	首次登記日期	退役日期
DBTSL	HKR115	JM1951	WMAA270071B017261	MAN 18.260 HOCL-NL	MAN	B31D	2005	2017
CTB	1572	JL8120	WMAA270072B017262	MAN 18.260 HOCL-NL	MAN	B31D	2000	2005
DBTSL	HKR78	JL8120	WMAA270072B017262	MAN 18.260 HOCL-NL	MAN	B31D	2005	2016
CTB	1573	JL6596	WMAA270073B017263	MAN 18.260 HOCL-NL	MAN	B31D	2000	2005
DBTSL	HKR90	JL6596	WMAA270073B017263	MAN 18.260 HOCL-NL	MAN	B31D	2005	2016
CTB	1574	JL8491	WMAA270074B017264	MAN 18.260 HOCL-NL	MAN	B31D	2000	2005
DBTSL	HKR21	JL8491	WMAA270074B017264	MAN 18.260 HOCL-NL	MAN	B31D	2005	2016
CTB	1575	JM1334	WMAA270075B017265	MAN 18.260 HOCL-NL	MAN	B31D	2000	2004
CTB	1576	JM4266	WMAA270076B017266	MAN 18.260 HOCL-NL	MAN	B31D	2000	2004
NLB	MN10	JM4266	WMAA270076B017266	MAN 18.260 HOCL-NL	MAN	B31D	2004	2013
CTB	1577	JL7600	WMAA270077B017267	MAN 18.260 HOCL-NL	MAN	B31D	2000	2004
NLB	MN11	JL7600	WMAA270077B017267	MAN 18.260 HOCL-NL	MAN	B31D	2004	2013
CTB	1578	JM3964	WMAA270078B017268	MAN 18.260 HOCL-NL	MAN	B31D	2000	2004
NLB	MN12	JM3964	WMAA270078B017268	MAN 18.260 HOCL-NL	MAN	B31D	2004	2013
CTB	1579	JM4418	WMAA270079B017269	MAN 18.260 HOCL-NL	MAN	B31D	2000	2004
NLB	MN13	JM4418	WMAA270079B017269	MAN 18.260 HOCL-NL	MAN	B31D	2004	2013
CTB	1580	JM4430	WMAA270080B017270	MAN 18.260 HOCL-NL	MAN	B31D	2000	2004
NLB	MN14	JM4430	WMAA270080B017270	MAN 18.260 HOCL-NL	MAN	B31D	2004	2013
DBTSL	HKR107	JL5894	WMAA270081B018872	MAN 18.260 HOCL-NL	MAN	B40D	2000	2016
DBTSL	HKR115	JL6489	WMAA270082B018873	MAN 18.260 HOCL-NL	MAN	B40D	2000	2005
DBTSL	HKR127	JL5514	WMAA270083B018874	MAN 18.260 HOCL-NL	MAN	B40D	2000	2016
DBTSL	HKR131	JL7593	WMAA270084B018875	MAN 18.260 HOCL-NL	MAN	B40D	2000	2016
DBTSL	HKR135	JL6971	WMAA270085B018876	MAN 18.260 HOCL-NL	MAN	B40D	2000	2016

MAN 24.350 / 24.310

公司	車隊編號	車牌	底盤編號	車型	車身	座位佈局	首次登記日期	退役日期
CTB	2500	HN1013	6ABA570001MX00793	MAN 24.350 NL-DD	Volgren CR221LD	H59/36D	1997	2015
KCM		JN4886	WMAA590002B099051	MAN 24.310HOCL-N/R	Berkhof	H59/33D	2000	2015
KMB	AMN7	JM3098	WMAA590013H000103	MAN 24.310HOCL-N/R	Berkhof	H59/33D	2000	2018
KMB	AMN5	JM2535	WMAA590014H000104	MAN 24.310HOCL-N/R	Berkhof	H59/33D	2000	2018
KMB	AMN17	JR6675	WMAA590015H000105	MAN 24.310HOCL-N/R	Berkhof	H59/33D	2000	2018
KMB	AMN4	JM2042	WMAA590016H000106	MAN 24.310HOCL-N/R	Berkhof	H59/33D	2000	2018
KMB	AMN10	JM3537	WMAA590017H000107	MAN 24.310HOCL-N/R	Berkhof	H59/33D	2000	2018
KMB	AMN6	JM2711	WMAA590018H000108	MAN 24.310HOCL-N/R	Berkhof	H59/33D	2000	2018
KMB	AMN11	JM3592	WMAA590019H000109	MAN 24.310HOCL-N/R	Berkhof	H59/33D	2000	2018
KMB	AMN20	JR7741	WMAA590020H000110	MAN 24.310HOCL-N/R	Berkhof	H59/33D	2000	2018
KMB	AMN9	JM3524	WMAA590021H000111	MAN 24.310HOCL-N/R	Berkhof	H59/33D	2000	2018
KMB	AMN8	JM3221	WMAA590022H000112	MAN 24.310HOCL-N/R	Berkhof	H59/33D	2000	2018
KMB	AMN18	JR7183	WMAA590023H000113	MAN 24.310HOCL-N/R	Berkhof	H59/33D	2000	2018
KMB	AMN2	JM1666	WMAA590024H000114	MAN 24.310HOCL-N/R	Berkhof	H59/33D	2000	2018
KMB	AMN16	JR6661	WMAA590025H000115	MAN 24.310HOCL-N/R	Berkhof	H59/33D	2000	2018
KMB	AMN29	JV2347	WMAA590026H000116	MAN 24.310HOCL-N/R	Berkhof	H59/33D	2000	2018
KMB	AMN28	JV2129	WMAA590027H000117	MAN 24.310HOCL-N/R	Berkhof	H59/33D	2000	2018
KMB	AMN25	JV762	WMAA590028H000118	MAN 24.310HOCL-N/R	Berkhof	H59/33D	2000	2018
KMB	AMN14	JM4317	WMAA590029H000119	MAN 24.310HOCL-N/R	Berkhof	H59/33D	2000	2017

公司	車隊編號	車牌	底盤編號	車型	車身	座位佈局	首次登記日期	退役日期
KMB	AMN22	JU4325	WMAA590003H000142	MAN 24.310HOCL-N/R	Berkhof	H59/33D	2000	2018
KMB	AMN21	JU3416	WMAA590004H000143	MAN 24.310HOCL-N/R	Berkhof	H59/33D	2000	2017
KMB	AMN23	JU7841	WMAA590005H000144	MAN 24.310HOCL-N/R	Berkhof	H59/33D	2000	2018
KMB	AMN24	JU8353	WMAA590006H000145	MAN 24.310HOCL-N/R	Berkhof	H59/33D	2000	2018
KMB	AMN15	JM4406	WMAA590007H000146	MAN 24.310HOCL-N/R	Berkhof	H59/33D	2000	2018
KMB	AMN3	JM1947	WMAA590008H000149	MAN 24.310HOCL-N/R	Berkhof	H59/33D	2000	2018
KMB	AMN19	JR7609	WMAA590009H000153	MAN 24.310HOCL-N/R	Berkhof	H59/33D	2000	2018
KMB	AMN1	JL1989	WMAA590010H000154	MAN 24.310HOCL-N/R	Berkhof	H59/33D	2000	2018
KMB	AMN12	JM3689	WMAA590011H000157	MAN 24.310HOCL-N/R	Berkhof	H59/33D	2000	2018
KMB	AMN13	JM3928	WMAA590012H000158	MAN 24.310HOCL-N/R	Berkhof	H59/33D	2000	2018
KMB	AMN30	JV2400	WMAA590030H000161	MAN 24.310HOCL-N/R	Berkhof	H59/33D	2000	2018
KMB	AMN26	JV1055	WMAA590031H000162	MAN 24.310HOCL-N/R	Berkhof	H59/33D	2000	2018
KMB	AMN27	JV1681	WMAA590033H000165	MAN 24.310HOCL-N/R	Berkhof	H59/33D	2000	2018
KMB	AMN33	KM3942	WMAA590034H000166	MAN 24.310HOCL-N/R	Volgren CR223LD	H59/29D	2002	2018
KMB	AMN35	KR2164	6ABA570002MX00966	MAN 24.310HOCL-N/R	Volgren CR223LD	H59/33D	2002	2018
KMB	AMN34	KR1850	6ABA570003MX00967	MAN 24.310HOCL-N/R	Volgren CR223LD	H59/33D	2002	2018
KMB	AMN36	KR4948	WMAA59ZZZ1H001854	MAN 24.310HOCL-N/R	Volgren CR223LD	H59/29D	2002	2018
KMB	AMN42	KR6983	WMAA59ZZZ1H001922	MAN 24.310HOCL-N/R	Volgren CR223LD	H59/29D	2002	2018
KMB	AMN41	KR6870	WMAA59ZZZ1H002004	MAN 24.310HOCL-N/R	Volgren CR223LD	H59/29D	2002	2018
KMB	AMN39	KR6080	WMAA59ZZZ1H002005	MAN 24.310HOCL-N/R	Volgren CR223LD	H59/29D	2002	2018
KMB	AMN46	KR9497	WMAA59ZZZ1H002008	MAN 24.310HOCL-N/R	Volgren CR223LD	H59/29D	2002	2017
KMB	AMN44	KR7980	WMAA59ZZZ1H002009	MAN 24.310HOCL-N/R	Volgren CR223LD	H59/29D	2002	2018
KMB	AMN43	KR7254	WMAA59ZZZ1H002012	MAN 24.310HOCL-N/R	Volgren CR223LD	H59/29D	2002	2018
KMB	AMN37	KR5192	WMAA59ZZZ1H002015	MAN 24.310HOCL-N/R	Volgren CR223LD	H59/29D	2002	2018
KMB	AMN47	KS1481	WMAA59ZZZ1H002016	MAN 24.310HOCL-N/R	Volgren CR223LD	H59/29D	2002	2018
KMB	AMN31	KM2979	WMAA59ZZZ1H002047	MAN 24.310HOCL-N/R	Volgren CR223LD	H59/29D	2002	2018
KMB	AMN32	KM3192	WMAA59ZZZ1H002052	MAN 24.310HOCL-N/R	Volgren CR223LD	H59/29D	2002	2018
KMB	AMN45	KR8476	WMAA59ZZZ1H002053	MAN 24.310HOCL-N/R	Volgren CR223LD	H59/29D	2002	2018
KMB	AMN40	KR6560	WMAA59ZZZ1H002095	MAN 24.310HOCL-N/R	Volgren CR223LD	H59/29D	2002	2018
KMB	AMN38	KR5701	WMAA59ZZZ1H002096	MAN 24.310HOCL-N/R	Volgren CR223LD	H59/29D	2002	2018

Neoplan Centroliner

公司	車隊編號	車牌	底盤編號	車型	車身	座位佈局	首次登記日期	退役日期
KMB	AP1	HY1677	WAG340264WSP27050	Neoplan Centroliner N4026/3	Neoplan	H59/33D	1998	2016
KMB	AP3	JA3907	WAG340264XSP27166	Neoplan Centroliner N4026/3	Neoplan	H59/33D	1999	2017
KMB	AP7	JB3779	WAG340264XSP27167	Neoplan Centroliner N4026/3	Neoplan	H59/33D	1999	2017
KMB	AP2	JA3175	WAG340264XSP27168	Neoplan Centroliner N4026/3	Neoplan	H59/33D	1999	2017
KMB	AP4	JA9579	WAG340264XSP27169	Neoplan Centroliner N4026/3	Neoplan	H59/33D	1999	2017
KMB	AP5	JA9879	WAG340264XSP27170	Neoplan Centroliner N4026/3	Neoplan	H59/33D	1999	2017
KMB	AP6	JB319	WAG340264XSP27171	Neoplan Centroliner N4026/3	Neoplan	H59/33D	1999	2017
KMB	AP10	JD9093	WAG340264XSP27172	Neoplan Centroliner N4026/3	Neoplan	H59/33D	1999	2017
KMB	AP11	JD9374	WAG340264XSP27173	Neoplan Centroliner N4026/3	Neoplan	H59/33D	1999	2017
KMB	AP17	JE396	WAG340264XSP27174	Neoplan Centroliner N4026/3	Neoplan	H59/33D	1999	2017
KMB	AP8	JD8739	WAG340264XSP27175	Neoplan Centroliner N4026/3	Neoplan	H59/33D	1999	2017
KMB	AP15	JD9772	WAG340264XSP27176	Neoplan Centroliner N4026/3	Neoplan	H59/33D	1999	2017

公司	車隊編號	車牌	底盤編號	車型	車身	座位佈局	首次登記日期	退役日期
KMB	AP9	JD9051	WAG340264XSP27177	Neoplan Centroliner N4026/3	Neoplan	H59/33D	1999	2017
KMB	AP13	JD9456	WAG340264XSP27178	Neoplan Centroliner N4026/3	Neoplan	H59/33D	1999	2017
KMB	AP14	JD9717	WAG340264XSP27179	Neoplan Centroliner N4026/3	Neoplan	H59/33D	1999	2017
KMB	AP16	JE140	WAG340264XSP27180	Neoplan Centroliner N4026/3	Neoplan	H59/31D	1999	2017
KMB	AP20	JE284	WAG340264XSP27181	Neoplan Centroliner N4026/3	Neoplan	H59/31D	1999	2017
KMB	AP19	JD9687	WAG340264XSP27182	Neoplan Centroliner N4026/3	Neoplan	H59/31D	1999	2017
KMB	AP12	JD9405	WAG340264XSP27183	Neoplan Centroliner N4026/3	Neoplan	H59/31D	1999	2017
KMB	AP18	JD9037	WAG340264XSP27184	Neoplan Centroliner N4026/3	Neoplan	H59/31D	1999	2017
KMB	AP21	JP6752	WAG340264YSP29181	Neoplan Centroliner N4026/3	Neoplan	H59/31D	2000	2018
NWFB	6001	JP1200	WAG340264YSP29182	Neoplan Centroliner N4026/3	Neoplan	H59/31D	2000	2018
KMB	AP33	JS1582	WAG340264YSP29183	Neoplan Centroliner N4026/3	Neoplan	H59/31D	2000	2018
KMB	AP23	JR3544	WAG340264YSP29184	Neoplan Centroliner N4026/3	Neoplan	H59/31D	2000	2017
KMB	AP31	JS615	WAG340264YSP29185	Neoplan Centroliner N4026/3	Neoplan	H59/31D	2000	2018
KMB	AP22	JR3092	WAG340264YSP29186	Neoplan Centroliner N4026/3	Neoplan	H59/31D	2000	2018
KMB	AP24	JR8733	WAG340264YSP29187	Neoplan Centroliner N4026/3	Neoplan	H59/31D	2000	2018
KMB	AP27	JR9475	WAG340264YSP29188	Neoplan Centroliner N4026/3	Neoplan	H59/31D	2000	2018
KMB	AP30	JS263	WAG340264YSP29189	Neoplan Centroliner N4026/3	Neoplan	H59/31D	2000	2018
KMB	AP25	JR8753	WAG340264YSP29190	Neoplan Centroliner N4026/3	Neoplan	H59/31D	2000	2018
KMB	AP29	JR9839	WAG340264YSP29191	Neoplan Centroliner N4026/3	Neoplan	H59/31D	2000	2018
KMB	AP26	JR9063	WAG340264YSP29192	Neoplan Centroliner N4026/3	Neoplan	H59/31D	2000	2018
KMB	AP28	JR9572	WAG340264YSP29193	Neoplan Centroliner N4026/3	Neoplan	H59/31D	2000	2018
KMB	AP32	JS1203	WAG340264YSP29194	Neoplan Centroliner N4026/3	Neoplan	H59/31D	2000	2018
KMB	AP36	JS6058	WAG340264YSP29195	Neoplan Centroliner N4026/3	Neoplan	H59/31D	2000	2018
KMB	AP34	JS4756	WAG340264YSP29196	Neoplan Centroliner N4026/3	Neoplan	H59/31D	2000	2018
KMB	AP37	JS6490	WAG340264YSP29197	Neoplan Centroliner N4026/3	Neoplan	H59/31D	2000	2018
KMB	AP35	JS4991	WAG340264YSP29198	Neoplan Centroliner N4026/3	Neoplan	H59/31D	2000	2018
KMB	AP50	JT1719	WAG340264YSP29199	Neoplan Centroliner N4026/3	Neoplan	H59/31D	2000	
KMB	AP53	JT5256	WAG340264YSP29200	Neoplan Centroliner N4026/3	Neoplan	H59/31D	2000	
KMB	AP43	JS8341	WAG340264YSP29201	Neoplan Centroliner N4026/3	Neoplan	H59/31D	2000	
KMB	AP39	JS7176	WAG340264YSP29202	Neoplan Centroliner N4026/3	Neoplan	H59/31D	2000	2018
KMB	AP52	JT1993	WAG340264YSP29203	Neoplan Centroliner N4026/3	Neoplan	H59/31D	2000	2018
KMB	AP44	JT697	WAG340264YSP29204	Neoplan Centroliner N4026/3	Neoplan	H59/31D	2000	
KMB	AP48	JT1542	WAG340264YSP29205	Neoplan Centroliner N4026/3	Neoplan	H59/31D	2000	
KMB	AP54	JT5333	WAG340264YSP29206	Neoplan Centroliner N4026/3	Neoplan	H59/31D	2000	2018
KMB	AP56	JT7972	WAG340264YSP29207	Neoplan Centroliner N4026/3	Neoplan	H59/31D	2000	
KMB	AP61	JU2489	WAG340264YSP29208	Neoplan Centroliner N4026/3	Neoplan	H59/31D	2000	
KMB	AP68	JU3887	WAG340264YSP29209	Neoplan Centroliner N4026/3	Neoplan	H59/31D	2000	
KMB	AP65	JU3065	WAG340264YSP29210	Neoplan Centroliner N4026/3	Neoplan	H59/31D	2000	
KMB	AP64	JU3018	WAG340264YSP29211	Neoplan Centroliner N4026/3	Neoplan	H59/31D	2000	
KMB	AP62	JU2541	WAG340264YSP29212	Neoplan Centroliner N4026/3	Neoplan	H59/31D	2000	
KMB	AP57	JU1217	WAG340264YSP29213	Neoplan Centroliner N4026/3	Neoplan	H59/31D	2000	
KMB	AP59	JU2232	WAG340264YSP29214	Neoplan Centroliner N4026/3	Neoplan	H59/31D	2000	
KMB	AP58	JU1546	WAG340264YSP29215	Neoplan Centroliner N4026/3	Neoplan	H59/31D	2000	
KMB	AP60	JU2409	WAG340264YSP29216	Neoplan Centroliner N4026/3	Neoplan	H59/31D	2000	
KMB	AP63	JU2544	WAG340264YSP29217	Neoplan Centroliner N4026/3	Neoplan	H59/31D	2000	
KMB	AP67	JU3372	WAG340264YSP29218	Neoplan Centroliner N4026/3	Neoplan	H59/31D	2000	
KMB	AP70	JU4767	WAG340264YSP29219	Neoplan Centroliner N4026/3	Neoplan	H59/31D	2000	

公司	車隊編號	車牌	底盤編號	車型	車身	座位佈局	首次登記日期	退役日期
KMB	AP80	JU8330	WAG340264YSP29220	Neoplan Centroliner N4026/3	Neoplan	H59/31D	2000	2018
KMB	AP77	JU7153	WAG340264YSP29221	Neoplan Centroliner N4026/3	Neoplan	H59/31D	2000	
KMB	AP79	JU7763	WAG340264YSP29222	Neoplan Centroliner N4026/3	Neoplan	H59/31D	2000	
KMB	AP38	JS7003	WAG340264YSP29223	Neoplan Centroliner N4026/3	Neoplan	H59/31D	2000	
KMB	AP41	JS7499	WAG340264YSP29224	Neoplan Centroliner N4026/3	Neoplan	H59/31D	2000	
KMB	AP40	JS7186	WAG340264YSP29225	Neoplan Centroliner N4026/3	Neoplan	H59/31D	2000	
KMB	AP42	JS8267	WAG340264YSP29226	Neoplan Centroliner N4026/3	Neoplan	H59/31D	2000	
KMB	AP51	JT1887	WAG340264YSP29227	Neoplan Centroliner N4026/3	Neoplan	H59/31D	2000	
KMB	AP47	JT1369	WAG340264YSP29228	Neoplan Centroliner N4026/3	Neoplan	H59/31D	2000	
KMB	AP46	JT1157	WAG340264YSP29229	Neoplan Centroliner N4026/3	Neoplan	H59/31D	2000	
KMB	AP49	JT1608	WAG340264YSP29230	Neoplan Centroliner N4026/3	Neoplan	H59/31D	2000	2018
KMB	AP45	JT890	WAG340264YSP29231	Neoplan Centroliner N4026/3	Neoplan	H59/31D	2000	2017
KMB	AP72	JU5808	WAG340264YSP29232	Neoplan Centroliner N4026/3	Neoplan	H59/31D	2000	
KMB	AP75	JU6496	WAG340264YSP29233	Neoplan Centroliner N4026/3	Neoplan	H59/31D	2000	
KMB	AP78	JU7694	WAG340264YSP29234	Neoplan Centroliner N4026/3	Neoplan	H59/31D	2000	
KMB	AP55	JT7632	WAG340264YSP29235	Neoplan Centroliner N4026/3	Neoplan	H59/31D	2000	
KMB	AP71	JU5595	WAG340264YSP29236	Neoplan Centroliner N4026/3	Neoplan	H59/31D	2000	
KMB	AP73	JU6126	WAG340264YSP29237	Neoplan Centroliner N4026/3	Neoplan	H59/31D	2000	
KMB	AP76	JU6861	WAG340264YSP29238	Neoplan Centroliner N4026/3	Neoplan	H59/31D	2000	
KMB	AP69	JU4667	WAG340264YSP29239	Neoplan Centroliner N4026/3	Neoplan	H59/31D	2000	2003
KMB	AP74	JU6428	WAG340264YSP29240	Neoplan Centroliner N4026/3	Neoplan	H59/31D	2000	
KMB	AP66	JU3332	WAG340264YSP29241	Neoplan Centroliner N4026/3	Neoplan	H59/31D	2000	
NWFB	6002	JT1258	WAG340264YSP30299	Neoplan Centroliner N4026/3	Neoplan	H59/31D	2000	2017
KMB	AP84	JV6850	WAG344264YPP30926	Neoplan Centroliner N4426/3	Neoplan	H59/31D	2000	2018
KMB	AP82	JV6680	WAG344264YPP30960	Neoplan Centroliner N4426/3	Neoplan	H59/31D	2000	
KMB	AP85	JV7191	WAG344264YPP30961	Neoplan Centroliner N4426/3	Neoplan	H59/31D	2000	
KMB	AP88	JV7012	WAG344264YPP30962	Neoplan Centroliner N4426/3	Neoplan	H59/31D	2000	
KMB	AP83	JV6814	WAG344264YPP30972	Neoplan Centroliner N4426/3	Neoplan	H59/31D	2000	
KMB	AP90	JV7964	WAG344264YPP30973	Neoplan Centroliner N4426/3	Neoplan	H59/31D	2000	2018
KMB	AP81	JV6501	WAG344264YPP30974	Neoplan Centroliner N4426/3	Neoplan	H59/31D	2000	2018
KMB	AP89	JV7178	WAG344264YPP31008	Neoplan Centroliner N4426/3	Neoplan	H59/31D	2000	
KMB	AP87	JV6725	WAG344264YPP31009	Neoplan Centroliner N4426/3	Neoplan	H59/31D	2000	
KMB	AP91	JV8208	WAG344264YPP31010	Neoplan Centroliner N4426/3	Neoplan	H59/31D	2000	
KMB	AP92	JV9821	WAG344264YPP31011	Neoplan Centroliner N4426/3	Neoplan	H59/31D	2000	2018
KMB	AP97	JX1259	WAG344264YPP31012	Neoplan Centroliner N4426/3	Neoplan	H59/31D	2001	2017
KMB	AP100	JX1720	WAG344264YPP31013	Neoplan Centroliner N4426/3	Neoplan	H59/31D	2001	2017
NWFB	6003	JS9150	WAG340264YNP31040	Neoplan Centroliner N4026/3	Neoplan	H59/31D	2000	
NWFB	6007	JU2773	WAG340264YNP31041	Neoplan Centroliner N4026/3	Neoplan	H59/31D	2000	
NWFB	6008	JU1220	WAG340264YNP31042	Neoplan Centroliner N4026/3	Neoplan	H59/31D	2000	
NWFB	6006	JU2138	WAG340264YNP31043	Neoplan Centroliner N4026/3	Neoplan	H59/31D	2000	
NWFB	6005	JU1924	WAG340264YNP31044	Neoplan Centroliner N4026/3	Neoplan	H59/31D	2000	
NWFB	6004	JU294	WAG340264YNP31045	Neoplan Centroliner N4026/3	Neoplan	H59/31D	2000	
NWFB	6009	JU3746	WAG340264YNP31046	Neoplan Centroliner N4026/3	Neoplan	H59/31D	2000	
NWFB	6010	JU4419	WAG340264YNP31047	Neoplan Centroliner N4026/3	Neoplan	H59/31D	2000	
NWFB	6018	JV9549	WAG340264YNP31048	Neoplan Centroliner N4026/3	Neoplan	H59/31D	2000	
NWFB	6011	JV3169	WAG340264YNP31049	Neoplan Centroliner N4026/3	Neoplan	H59/31D	2000	
NWFB	6012	JV3756	WAG340264YNP31050	Neoplan Centroliner N4026/3	Neoplan	H59/31D	2000	

公司	車隊編號	車牌	底盤編號	車型	車身	座位佈局	首次登記日期	退役日期
NWFB	6013	JV2745	WAG340264YNP31051	Neoplan Centroliner N4026/3	Neoplan	H59/31D	2000	
NWFB	6015	JW1461	WAG340264YNP31052	Neoplan Centroliner N4026/3	Neoplan	H59/31D	2000	
NWFB	6016	JW2597	WAG340264YNP31053	Neoplan Centroliner N4026/3	Neoplan	H59/31D	2000	
NWFB	6017	JW2844	WAG340264YNP31054	Neoplan Centroliner N4026/3	Neoplan	H59/31D	2000	
NWFB	6014	JW2249	WAG340264YNP31055	Neoplan Centroliner N4026/3	Neoplan	H59/31D	2000	
NWFB	6019	JW8276	WAG340264YNP31056	Neoplan Centroliner N4026/3	Neoplan	H59/31D	2001	
NWFB	6020	JW9013	WAG340264YNP31057	Neoplan Centroliner N4026/3	Neoplan	H59/31D	2001	
NWFB	6021	JW9647	WAG340264YNP31058	Neoplan Centroliner N4026/3	Neoplan	H59/31D	2001	
NWFB	6022	JX569	WAG340264YNP31059	Neoplan Centroliner N4026/3	Neoplan	H59/31D	2001	
NWFB	6023	JX1171	WAG340264YNP31060	Neoplan Centroliner N4026/3	Neoplan	H59/31D	2001	
NWFB	6024	JY1853	WAG340264YNP31061	Neoplan Centroliner N4026/3	Neoplan	H59/31D	2001	
NWFB	6025	JX9422	WAG340264YNP31062	Neoplan Centroliner N4026/3	Neoplan	H59/31D	2001	
NWFB	6026	JX9697	WAG340264YNP31063	Neoplan Centroliner N4026/3	Neoplan	H59/31D	2001	
NWFB	6027	JX9980	WAG340264YNP31064	Neoplan Centroliner N4026/3	Neoplan	H59/31D	2001	
NWFB	6028	JY246	WAG340264YNP31065	Neoplan Centroliner N4026/3	Neoplan	H59/31D	2001	
NWFB	6029	JY1379	WAG340264YNP31066	Neoplan Centroliner N4026/3	Neoplan	H59/31D	2001	
NWFB	6030	JY970	WAG340264YNP31067	Neoplan Centroliner N4026/3	Neoplan	H59/31D	2001	
KMB	AP99	JX1576	WAG344264YPP31081	Neoplan Centroliner N4426/3	Neoplan	H59/31D	2001	2017
KMB	AP98	JX1554	WAG344264YPP31082	Neoplan Centroliner N4426/3	Neoplan	H59/31D	2001	2017
KMB	AP94	JX754	WAG344264YPP31083	Neoplan Centroliner N4426/3	Neoplan	H59/31D	2001	2017
KMB	AP95	JX820	WAG344264YPP31084	Neoplan Centroliner N4426/3	Neoplan	H59/31D	2001	2017
KMB	AP101	JX1763	WAG344264YPP31085	Neoplan Centroliner N4426/3	Neoplan	H59/31D	2001	2017
KMB	AP102	JX2224	WAG344264YPP31086	Neoplan Centroliner N4426/3	Neoplan	H59/31D	2001	2017
KMB	AP93	JX563	WAG344264YPP31087	Neoplan Centroliner N4426/3	Neoplan	H59/31D	2001	2017
KMB	AP96	JX1219	WAG344264YPP31088	Neoplan Centroliner N4426/3	Neoplan	H59/31D	2001	2017
KMB	AP118	JZ2868	WAG344264YPP31089	Neoplan Centroliner N4426/3	Neoplan	H59/31D	2001	2018
KMB	AP114	JY4066	WAG344264YPP31090	Neoplan Centroliner N4426/3	Neoplan	H59/31D	2001	2018
KMB	AP111	JY952	WAG344264YPP31091	Neoplan Centroliner N4426/3	Neoplan	H59/31D	2001	2018
KMB	AP105	JX5467	WAG344264YPP31092	Neoplan Centroliner N4426/3	Neoplan	H59/31D	2001	2017
KMB	AP109	JY710	WAG344264YPP31093	Neoplan Centroliner N4426/3	Neoplan	H59/31D	2001	2017
KMB	AP110	JY850	WAG344264YPP31094	Neoplan Centroliner N4426/3	Neoplan	H59/31D	2001	2018
KMB	AP113	JY1065	WAG344264YPP31095	Neoplan Centroliner N4426/3	Neoplan	H59/31D	2001	2017
KMB	AP116	JZ2801	WAG344264YPP31096	Neoplan Centroliner N4426/3	Neoplan	H59/31D	2001	2018
KMB	AP121	JZ3138	WAG344264YPP31097	Neoplan Centroliner N4426/3	Neoplan	H59/31D	2001	2018
KMB	AP123	JZ3217	WAG344264YPP31098	Neoplan Centroliner N4426/3	Neoplan	H59/31D	2001	2018
KMB	AP128	JZ3928	WAG344264YPP31099	Neoplan Centroliner N4426/3	Neoplan	H59/31D	2001	2018
KMB	AP117	JZ2866	WAG344264YPP31100	Neoplan Centroliner N4426/3	Neoplan	H59/31D	2001	2018
KMB	AP115	JZ2715	WAG344264YPP31101	Neoplan Centroliner N4426/3	Neoplan	H59/31D	2001	2018
KMB	AP125	JZ3858	WAG344264YPP31102	Neoplan Centroliner N4426/3	Neoplan	H59/31D	2001	2017
KMB	AP119	JZ2946	WAG344264YPP31103	Neoplan Centroliner N4426/3	Neoplan	H59/31D	2001	2018
KMB	AP127	JZ3914	WAG344264YPP31104	Neoplan Centroliner N4426/3	Neoplan	H59/31D	2001	2018
KMB	AP124	JZ3403	WAG344264YPP31105	Neoplan Centroliner N4426/3	Neoplan	H59/31D	2001	2018
KMB	AP126	JZ3859	WAG344264YPP31106	Neoplan Centroliner N4426/3	Neoplan	H59/31D	2001	2018
KMB	AP120	JZ2977	WAG344264YPP31107	Neoplan Centroliner N4426/3	Neoplan	H59/31D	2001	2018
KMB	AP129	JZ4062	WAG344264YPP31108	Neoplan Centroliner N4426/3	Neoplan	H59/31D	2001	2018
KMB	AP131	KC2571	WAG344266YPP31276	Neoplan Centroliner N4426/3	Neoplan	H59/31D	2001	2018
KMB	AP132	KC3551	WAG344266YSP31277	Neoplan Centroliner N4426/3	Neoplan	H59/31D	2001	2018

公司	車隊編號	車牌	底盤編號	車型	車身	座位佈局	首次登記日期	退役日期
KMB	AP130	JZ4159	WAG344264YSP31287	Neoplan Centroliner N4426/3	Neoplan	H59/31D	2001	2018
KMB	AP112	JY966	WAG344264YSP31288	Neoplan Centroliner N4426/3	Neoplan	H59/31D	2001	2017
KMB	AP86	JV8145	WAG344264YSP31289	Neoplan Centroliner N4426/3	Neoplan	H59/31D	2000	
KMB	AP122	JZ3149	WAG344264YSP31290	Neoplan Centroliner N4426/3	Neoplan	H59/31D	2001	2018
KMB	AP104	JX5383	WAG344264YSP31291	Neoplan Centroliner N4426/3	Neoplan	H59/31D	2001	2017
KMB	AP108	JX6227	WAG344264YSP31292	Neoplan Centroliner N4426/3	Neoplan	H59/31D	2001	2017
KMB	AP107	JX6215	WAG344264YSP31293	Neoplan Centroliner N4426/3	Neoplan	H59/31D	2001	2017
KMB	AP106	JX6040	WAG344264YSP31294	Neoplan Centroliner N4426/3	Neoplan	H59/31D	2001	2017
KMB	AP103	JX4829	WAG344264YSP31295	Neoplan Centroliner N4426/3	Neoplan	H59/31D	2001	2018
KMB	AP162	KS6592	WAG3442662PN33038	Neoplan Centroliner N4426/3	Neoplan	H59/31D	2002	2018
KMB	AP145	KR6749	WAG3442662PN33093	Neoplan Centroliner N4426/3	Neoplan	H59/31D	2002	
KMB	AP148	KR8140	WAG3442662PN33094	Neoplan Centroliner N4426/3	Neoplan	H59/31D	2002	2018
KMB	AP146	KR6768	WAG3442662PN33104	Neoplan Centroliner N4426/3	Neoplan	H59/31D	2002	2018
SunBus		KR6768	WAG3442662PN33104	Neoplan Centroliner N4426/3	Neoplan	H59/31D	2018	
KMB	AP133	KP4820	WAG3442662PN33110	Neoplan Centroliner N4426/3	Neoplan	H59/31D	2002	2017
KMB	AP134	KP5016	WAG3442662PN33111	Neoplan Centroliner N4426/3	Neoplan	H59/31D	2002	2018
KMB	AP136	KP8250	WAG3442662PN33112	Neoplan Centroliner N4426/3	Neoplan	H59/31D	2002	2018
KMB	AP160	KS3790	WAG3442662PN33116	Neoplan Centroliner N4426/3	Neoplan	H59/31D	2002	2018
KMB	AP153	KS2043	WAG3442662PN33117	Neoplan Centroliner N4426/3	Neoplan	H59/31D	2002	2017
KMB	AP152	KS563	WAG3442662PN33118	Neoplan Centroliner N4426/3	Neoplan	H59/31D	2002	2018
KMB	AP135	KP7401	WAG3442662PN33119	Neoplan Centroliner N4426/3	Neoplan	H59/31D	2002	2018
KMB	AP141	KR4210	WAG3442662PN33169	Neoplan Centroliner N4426/3	Neoplan	H59/31D	2002	2018
KMB	AP138	KR3631	WAG3442662PN33170	Neoplan Centroliner N4426/3	Neoplan	H59/31D	2002	2018
KMB	AP161	KS3849	WAG3442662PN33171	Neoplan Centroliner N4426/3	Neoplan	H59/31D	2002	2018
KMB	AP158	KS1278	WAG3442662PN33172	Neoplan Centroliner N4426/3	Neoplan	H59/31D	2002	2018
KMB	AP147	KR7723	WAG3442662PN33173	Neoplan Centroliner N4426/3	Neoplan	H59/31D	2002	2018
KMB	AP157	KS849	WAG3442662PN33174	Neoplan Centroliner N4426/3	Neoplan	H59/31D	2002	2018
KMB	AP159	KS2291	WAG3442662PN33175	Neoplan Centroliner N4426/3	Neoplan	H59/31D	2002	2018
KMB	AP155	KS2234	WAG3442662PN33176	Neoplan Centroliner N4426/3	Neoplan	H59/31D	2002	2017
KMB	AP156	KS709	WAG3442662PN33177	Neoplan Centroliner N4426/3	Neoplan	H59/31D	2002	2018
KMB	AP143	KR4981	WAG3442662PN33178	Neoplan Centroliner N4426/3	Neoplan	H59/31D	2002	
KMB	AP142	KR4350	WAG3442662PN33207	Neoplan Centroliner N4426/3	Neoplan	H59/31D	2002	2018
KMB	AP139	KR3941	WAG3442662PN33208	Neoplan Centroliner N4426/3	Neoplan	H59/31D	2002	2018
KMB	AP140	KR4025	WAG3442662PN33209	Neoplan Centroliner N4426/3	Neoplan	H59/31D	2002	2018
KMB	AP149	KR8603	WAG3442662PN33210	Neoplan Centroliner N4426/3	Neoplan	H59/31D	2002	2018
KMB	AP150	KR9594	WAG3442662PN33210	Neoplan Centroliner N4426/3	Neoplan	H59/31D	2002	2018
KMB	AP137	KR3186	WAG3442662PN33211	Neoplan Centroliner N4426/3	Neoplan	H59/31D	2002	2018
KMB	AP151	KR9862	WAG3442662PN33212	Neoplan Centroliner N4426/3	Neoplan	H59/31D	2002	2018
KMB	AP144	KR6160	WAG3442662PN33215	Neoplan Centroliner N4426/3	Neoplan	H59/31D	2002	2018
SunBus		KR6160	WAG3442662PN33215	Neoplan Centroliner N4426/3	Neoplan	H59/31D	2018	
KMB	AP154	KS2144	WAG3442662PN33216	Neoplan Centroliner N4426/3	Neoplan	H59/31D	2002	2018

Volvo Super Olympian B10TL

公司	車隊編號	車牌	底盤編號	車型	車身	座位佈局	首次登記日期	退役日期
KMB	ASV50	KU5862	YV3S1E114XC050002	Volvo B10TL-6000	Alexander ALX500	H51/26D	2002	

公司	車隊編號	車牌	底盤編號	車型	車身	座位佈局	首次登記日期	退役日期
KMB	3ASV3	JE1672	YV3S1E116XC050003	Volvo B10TL-7300	Alexander ALX500	H59/33D	1999	2017
KMB	3ASV22	JF6914	YV3S1E11XXC050053	Volvo B10TL-7300	Alexander ALX500	H59/33D	1999	2017
NWFB	5002	JD3488	YV3S1E111XC050054	Volvo B10TL-7300	Alexander ALX500 9843/1	H57/32D	1999	2017
KMB	3ASV2	JE1586	YV3S1E113XC050055	Volvo B10TL-7300	Alexander ALX500	H59/33D	1999	2017
KMB	3ASV15	JF1827	YV3S1E115XC050056	Volvo B10TL-7300	Alexander ALX500	H59/33D	1999	2017
KMB	3ASV12	JF1713	YV3S1E117XC050057	Volvo B10TL-7300	Alexander ALX500	H59/33D	1999	2017
KMB	3ASV1	JE1053	YV3S1E119XC050058	Volvo B10TL-7300	Alexander ALX500	H59/33D	1999	2017
KMB	3ASV16	JF2004	YV3S1E110XC050059	Volvo B10TL-7300	Alexander ALX500	H59/33D	1999	2017
KMB	3ASV6	JF1181	YV3S1E117XC050060	Volvo B10TL-7300	Alexander ALX500	H59/33D	1999	2017
KMB	3ASV13	JF1737	YV3S1E119XC050061	Volvo B10TL-7300	Alexander ALX500	H59/33D	1999	2017
KMB	3ASV8	JF1263	YV3S1E110XC050062	Volvo B10TL-7300	Alexander ALX500	H59/33D	1999	2017
NWFB	5001	JD4116	YV3S1E114XC050064	Volvo B10TL-7300	Alexander ALX500 9843/2	H57/32D	1999	2017
NWFB	5003	JD3799	YV3S1E116XC050065	Volvo B10TL-7300	Alexander ALX500 9843/3	H57/32D	1999	2017
NWFB	5004	JD3585	YV3S1E118XC050066	Volvo B10TL-7300	Alexander ALX500 9843/4	H57/32D	1999	2017
NWFB	5005	JD5464	YV3S1E11XXC050067	Volvo B10TL-7300	Alexander ALX500 9843/5	H57/32D	1999	2017
NWFB	5006	JD4906	YV3S1E111XC050068	Volvo B10TL-7300	Alexander ALX500 9843/6	H57/32D	1999	2017
NWFB	5007	JD2968	YV3S1E113XC050069	Volvo B10TL-7300	Alexander ALX500 9843/7	H57/32D	1999	2017
NWFB	5008	JD4182	YV3S1E11XXC050070	Volvo B10TL-7300	Alexander ALX500 9843/8	H57/32D	1999	2017
NWFB	5009	JD5218	YV3S1E111XC050071	Volvo B10TL-7300	Alexander ALX500 9843/9	H57/32D	1999	2017
NWFB	5010	JD2884	YV3S1E113XC050072	Volvo B10TL-7300	Alexander ALX500 9843/10	H57/32D	1999	2017
NWFB	5011	JD5780	YV3S1E115XC050073	Volvo B10TL-7300	Alexander ALX500 9843/11	H57/32D	1999	2017
NWFB	5012	JD6190	YV3S1E117XC050074	Volvo B10TL-7300	Alexander ALX500 9843/16	H57/32D	1999	2017
NWFB	5013	JD4965	YV3S1E119XC050075	Volvo B10TL-7300	Alexander ALX500 9843/12	H57/32D	1999	2017
NWFB	5014	JD3862	YV3S1E110XC050076	Volvo B10TL-7300	Alexander ALX500 9843/13	H57/32D	1999	2017
NWFB	5029	JD9654	YV3S1E112XC050077	Volvo B10TL-7300	Alexander ALX500 9843/37	H57/32D	1999	2017
NWFB	5030	JE2376	YV3S1E114XC050078	Volvo B10TL-7300	Alexander ALX500 9843/17	H57/32D	1999	2017
NWFB	5015	JD3099	YV3S1E116XC050079	Volvo B10TL-7300	Alexander ALX500 9843/14	H57/32D	1999	2017
NWFB	5016	JD4824	YV3S1E112XC050080	Volvo B10TL-7300	Alexander ALX500 9843/18	H57/32D	1999	2017
NWFB	5017	JD3091	YV3S1E114XC050081	Volvo B10TL-7300	Alexander ALX500 9843/15	H57/32D	1999	2017
KMB	3ASV10	JF1564	YV3S1E116XC050082	Volvo B10TL-7300	Alexander ALX500	H59/33D	1999	2017
KMB	3ASV5	JF1132	YV3S1E118XC050083	Volvo B10TL-7300	Alexander ALX500	H59/33D	1999	2017
KMB	3ASV29	JF7729	YV3S1E11XXC050084	Volvo B10TL-7300	Alexander ALX500	H59/33D	1999	2017
KMB	3ASV9	JF1460	YV3S1E111XC050085	Volvo B10TL-7300	Alexander ALX500	H59/33D	1999	2017
KMB	3ASV14	JF1809	YV3S1E113XC050086	Volvo B10TL-7300	Alexander ALX500	H59/33D	1999	2017
KMB	3ASV7	JF1261	YV3S1E115XC050087	Volvo B10TL-7300	Alexander ALX500	H59/33D	1999	2017
KMB	3ASV11	JF1595	YV3S1E117XC050088	Volvo B10TL-7300	Alexander ALX500	H59/33D	1999	2017
KMB	3ASV23	JF7147	YV3S1E119XC050089	Volvo B10TL-7300	Alexander ALX500	H59/33D	1999	2017
KMB	3ASV24	JF7222	YV3S1E115XC050090	Volvo B10TL-7300	Alexander ALX500	H59/33D	1999	2017
KMB	3ASV18	JF6723	YV3S1E117XC050091	Volvo B10TL-7300	Alexander ALX500	H59/33D	1999	2017
NWFB	5018	JD3687	YV3S1E119XC050092	Volvo B10TL-7300	Alexander ALX500 9843/19	H57/32D	1999	2017
NWFB	5019	JD2731	YV3S1E110XC050093	Volvo B10TL-7300	Alexander ALX500 9843/20	H57/32D	1999	2017
NWFB	5021	JD4962	YV3S1E112XC050094	Volvo B10TL-7300	Alexander ALX500 9843/22	H57/32D	1999	2017
NWFB	5020	JD2911	YV3S1E114XC050095	Volvo B10TL-7300	Alexander ALX500 9843/21	H57/32D	1999	2017
NWFB	5022	JD8231	YV3S1E116XC050096	Volvo B10TL-7300	Alexander ALX500 9843/23	H57/32D	1999	2017
NWFB	5023	JD6815	YV3S1E118XC050097	Volvo B10TL-7300	Alexander ALX500 9843/24	H57/32D	1999	2017
NWFB	5024	JD8244	YV3S1E11XXC050098	Volvo B10TL-7300	Alexander ALX500 9843/25	H57/32D	1999	2017
NWFB	5025	JD7530	YV3S1E111XC050099	Volvo B10TL-7300	Alexander ALX500 9843/26	H57/32D	1999	2017

公司	車隊編號	車牌	底盤編號	車型	車身	座位佈局	首次登記日期	退役日期
NWFB	5026	JD7806	YV3S1E114XC050100	Volvo B10TL-7300	Alexander ALX500 9843/27	H57/32D	1999	2017
NWFB	5027	JD7770	YV3S1E116XC050101	Volvo B10TL-7300	Alexander ALX500 9843/28	H57/32D	1999	2017
NWFB	5028	JD7280	YV3S1E118XC050102	Volvo B10TL-7300	Alexander ALX500 9843/29	H57/32D	1999	2017
NWFB	5031	JE1993	YV3S1E11XXC050103	Volvo B10TL-7300	Alexander ALX500 9843/30	H57/32D	1999	2017
NWFB	5032	JE2483	YV3S1E111XC050104	Volvo B10TL-7300	Alexander ALX500 9843/31	H57/32D	1999	2017
NWFB	5033	JE1617	YV3S1E113XC050105	Volvo B10TL-7300	Alexander ALX500 9843/32	H57/32D	1999	2017
NWFB	5034	JE1588	YV3S1E115XC050106	Volvo B10TL-7300	Alexander ALX500 9843/33	H57/32D	1999	2017
NWFB	5035	JE1684	YV3S1E117XC050107	Volvo B10TL-7300	Alexander ALX500 9843/34	H57/32D	1999	2017
NWFB	5036	JE960	YV3S1E119XC050108	Volvo B10TL-7300	Alexander ALX500 9843/35	H57/32D	1999	2017
NWFB	5037	JE3106	YV3S1E110XC050109	Volvo B10TL-7300	Alexander ALX500 9843/36	H57/32D	1999	2017
KMB	3ASV21	JF6845	YV3S1E117XC050110	Volvo B10TL-7300	Alexander ALX500	H59/33D	1999	2017
KMB	3ASV20	JF6839	YV3S1E119XC050111	Volvo B10TL-7300	Alexander ALX500	H59/33D	1999	2017
NWFB	5038	JE1786	YV3S1E110XC050112	Volvo B10TL-7300	Alexander ALX500 9843/38	H57/32D	1999	2017
NWFB	5039	JE4186	YV3S1E112XC050113	Volvo B10TL-7300	Alexander ALX500 9843/39	H57/32D	1999	2017
KMB	3ASV4	JF947	YV3S1E114XC050114	Volvo B10TL-7300	Alexander ALX500	H59/33D	1999	2017
KMB	3ASV26	JF8241	YV3S1E116XC050115	Volvo B10TL-7300	Alexander ALX500	H59/33D	1999	2017
NWFB	5040	JE2524	YV3S1E118XC050116	Volvo B10TL-7300	Alexander ALX500 9843/40	H57/32D	1999	2017
KMB	3ASV27	JF8308	YV3S1E11XXC050117	Volvo B10TL-7300	Alexander ALX500	H59/33D	1999	2017
KMB	3ASV17	JF6587	YV3S1E111XC050118	Volvo B10TL-7300	Alexander ALX500	H59/33D	1999	2017
KMB	3ASV19	JF6780	YV3S1E113XC050119	Volvo B10TL-7300	Alexander ALX500	H59/33D	1999	2017
KMB	3ASV25	JF7552	YV3S1E11XXC050120	Volvo B10TL-7300	Alexander ALX500	H59/33D	1999	2017
KMB	3ASV31	JF8398	YV3S1E111XC050121	Volvo B10TL-7300	Alexander ALX500	H59/33D	1999	2017
KMB	3ASV28	JF7040	YV3S1E113XC050122	Volvo B10TL-7300	Alexander ALX500	H59/33D	1999	2017
KMB	3ASV30	JF8263	YV3S1E115XC050123	Volvo B10TL-7300	Alexander ALX500	H59/33D	1999	2017
KMB	3ASV40	JG495	YV3S1E117XC050124	Volvo B10TL-7300	Alexander ALX500	H59/33D	1999	2017
KMB	3ASV33	JF8911	YV3S1E119XC050125	Volvo B10TL-7300	Alexander ALX500	H59/33D	1999	2017
KMB	3ASV36	JF9604	YV3S1E110XC050126	Volvo B10TL-7300	Alexander ALX500	H59/33D	1999	2017
KMB	3ASV34	JF9006	YV3S1E112XC050127	Volvo B10TL-7300	Alexander ALX500	H59/33D	1999	2017
KMB	3ASV32	JF8754	YV3S1E114XC050128	Volvo B10TL-7300	Alexander ALX500	H59/33D	1999	2017
KMB	3ASV37	JG175	YV3S1E116XC050129	Volvo B10TL-7300	Alexander ALX500	H59/33D	1999	2017
KMB	3ASV38	JG249	YV3S1E112XC050130	Volvo B10TL-7300	Alexander ALX500	H59/33D	1999	2017
KMB	3ASV39	JG413	YV3S1E114XC050131	Volvo B10TL-7300	Alexander ALX500	H59/33D	1999	2017
KMB	3ASV35	JF9127	YV3S1E116XC050132	Volvo B10TL-7300	Alexander ALX500	H59/33D	1999	2017
KMB	3ASV44	JG3533	YV3S1E118XC050133	Volvo B10TL-7300	Alexander ALX500	H59/33D	1999	2017
KMB	3ASV60	JH4035	YV3S1E11XXC050134	Volvo B10TL-7300	Alexander ALX500	H59/33D	1999	2017
KMB	3ASV45	JG4733	YV3S1E111XC050135	Volvo B10TL-7300	Alexander ALX500	H59/33D	1999	2017
KMB	3ASV42	JG2735	YV3S1E113XC050136	Volvo B10TL-7300	Alexander ALX500	H59/33D	1999	2017
KMB	3ASV54	JH1912	YV3S1E115XC050137	Volvo B10TL-7300	Alexander ALX500	H59/33D	1999	2017
KMB	3ASV48	JG5070	YV3S1E117XC050138	Volvo B10TL-7300	Alexander ALX500	H59/33D	1999	2017
KMB	3ASV51	JG5696	YV3S1E119XC050139	Volvo B10TL-7300	Alexander ALX500	H59/33D	1999	2017
KMB	3ASV55	JH2096	YV3S1E115XC050140	Volvo B10TL-7300	Alexander ALX500	H59/33D	1999	2017
KMB	3ASV50	JG5446	YV3S1E117XC050141	Volvo B10TL-7300	Alexander ALX500	H59/33D	1999	2017
KMB	3ASV43	JG2912	YV3S1E110XC050143	Volvo B10TL-7300	Alexander ALX500	H59/33D	1999	2017
KMB	3ASV46	JG4928	YV3S1E112XC050144	Volvo B10TL-7300	Alexander ALX500	H59/33D	1999	2017
KMB	3ASV47	JG4959	YV3S1E114XC050145	Volvo B10TL-7300	Alexander ALX500	H59/33D	1999	2017
KMB	3ASV49	JG5355	YV3S1E116XC050146	Volvo B10TL-7300	Alexander ALX500	H59/33D	1999	2008
KMB	3ASV41	JG2524	YV3S1E118XC050147	Volvo B10TL-7300	Alexander ALX500	H59/33D	1999	2017

公司	車隊編號	車牌	底盤編號	車型	車身	座位佈局	首次登記日期	退役日期
KMB	3ASV52	JH1524	YV3S1E11XXC050148	Volvo B10TL-7300	Alexander ALX500	H59/33D	1999	2017
KMB	3ASV53	JH1860	YV3S1E111XC050149	Volvo B10TL-7300	Alexander ALX500	H59/33D	1999	2017
KMB	3ASV56	JH2737	YV3S1E118XC050150	Volvo B10TL-7300	Alexander ALX500	H59/33D	1999	2017
KMB	3ASV59	JH3666	YV3S1E11XXC050151	Volvo B10TL-7300	Alexander ALX500	H59/33D	1999	2017
KMB	3ASV58	JH3385	YV3S1E111XC050152	Volvo B10TL-7300	Alexander ALX500	H59/33D	1999	2017
KMB	3ASV57	JH3006	YV3S1E113XC050153	Volvo B10TL-7300	Alexander ALX500	H59/33D	1999	2017
KMB	3ASV61	JH4285	YV3S1E115XC050154	Volvo B10TL-7300	Alexander ALX500	H59/33D	1999	2017
KMB	3ASV64	JN9435	YV3S1E115YC050155	Volvo B10TL-7300	Alexander ALX500	H59/33D	2000	2018
KMB	3ASV70	JP1026	YV3S1E117YC050156	Volvo B10TL-7300	Alexander ALX500	H59/33D	2000	2018
KMB	3ASV78	JP6375	YV3S1E119YC050157	Volvo B10TL-7300	Alexander ALX500	H59/33D	2000	2018
KMB	3ASV73	JP4606	YV3S1E110YC050158	Volvo B10TL-7300	Alexander ALX500	H59/33D	2000	2018
KMB	3ASV74	JP5279	YV3S1E112YC050159	Volvo B10TL-7300	Alexander ALX500	H59/33D	2000	2018
KMB	3ASV66	JP208	YV3S1E119YC050160	Volvo B10TL-7300	Alexander ALX500	H59/33D	2000	2018
KMB	3ASV80	JR4923	YV3S1E110YC050161	Volvo B10TL-7300	Alexander ALX500	H59/33D	2000	2018
KMB	3ASV67	JP1194	YV3S1E112YC050162	Volvo B10TL-7300	Alexander ALX500	H59/33D	2000	2018
KMB	3ASV81	JR5204	YV3S1E114YC050163	Volvo B10TL-7300	Alexander ALX500	H59/33D	2000	2018
KMB	3ASV85	JR5869	YV3S1E116YC050164	Volvo B10TL-7300	Alexander ALX500	H59/33D	2000	2018
KMB	3ASV88	JR6205	YV3S1E118YC050165	Volvo B10TL-7300	Alexander ALX500	H59/33D	2000	2018
KMB	3ASV87	JR6182	YV3S1E11XYC050166	Volvo B10TL-7300	Alexander ALX500	H59/33D	2000	2018
KMB	3ASV90	JR6320	YV3S1E111YC050167	Volvo B10TL-7300	Alexander ALX500	H59/33D	2000	2018
KMB	3ASV83	JR5785	YV3S1E113YC050168	Volvo B10TL-7300	Alexander ALX500	H59/33D	2000	2018
KMB	3ASV79	JR4860	YV3S1E115YC050169	Volvo B10TL-7300	Alexander ALX500	H59/33D	2000	2018
KMB	3ASV84	JR5856	YV3S1E111YC050170	Volvo B10TL-7300	Alexander ALX500	H59/33D	2000	2017
KMB	3ASV69	JP2432	YV3S1E113YC050171	Volvo B10TL-7300	Alexander ALX500	H59/33D	2000	2018
KMB	3ASV65	JN9784	YV3S1E115YC050172	Volvo B10TL-7300	Alexander ALX500	H59/33D	2000	2018
KMB	3ASV62	JN8630	YV3S1E117YC050173	Volvo B10TL-7300	Alexander ALX500	H59/33D	2000	2018
KMB	3ASV68	JP2010	YV3S1E119YC050174	Volvo B10TL-7300	Alexander ALX500	H59/33D	2000	2018
KMB	3ASV77	JP6253	YV3S1E110YC050175	Volvo B10TL-7300	Alexander ALX500	H59/33D	2000	2018
KMB	3ASV71	JP1158	YV3S1E112YC050176	Volvo B10TL-7300	Alexander ALX500	H59/33D	2000	2018
KMB	3ASV63	JN9021	YV3S1E114YC050177	Volvo B10TL-7300	Alexander ALX500	H59/33D	2000	2018
KMB	3ASV72	JP1997	YV3S1E116YC050178	Volvo B10TL-7300	Alexander ALX500	H59/33D	2000	2018
KMB	3ASV75	JP5720	YV3S1E118YC050179	Volvo B10TL-7300	Alexander ALX500	H59/33D	2000	2018
KMB	3ASV76	JP6147	YV3S1E114YC050180	Volvo B10TL-7300	Alexander ALX500	H59/33D	2000	2018
KMB	3ASV86	JR6165	YV3S1E116YC050181	Volvo B10TL-7300	Alexander ALX500	H59/33D	2000	2018
KMB	3ASV82	JR5771	YV3S1E118YC050182	Volvo B10TL-7300	Alexander ALX500	H59/33D	2000	2018
KMB	3ASV91	JR6350	YV3S1E11XYC050183	Volvo B10TL-7300	Alexander ALX500	H59/33D	2000	2018
KMB	3ASV89	JR6276	YV3S1E111YC050184	Volvo B10TL-7300	Alexander ALX500	H59/33D	2000	
KMB	3ASV93	JU9958	YV3S1E113YC050185	Volvo B10TL-7300	Alexander ALX500	H59/33D	2000	
KMB	3ASV97	JV1924	YV3S1E115YC050186	Volvo B10TL-7300	Alexander ALX500	H59/33D	2000	2018
KMB	3ASV100	JV2746	YV3S1E117YC050187	Volvo B10TL-7300	Alexander ALX500	H59/33D	2000	
KMB	3ASV96	JV1490	YV3S1E119YC050188	Volvo B10TL-7300	Alexander ALX500	H59/33D	2000	2018
KMB	3ASV92	JU9741	YV3S1E110YC050189	Volvo B10TL-7300	Alexander ALX500	H59/33D	2000	
KMB	3ASV95	JV1063	YV3S1E117YC050190	Volvo B10TL-7300	Alexander ALX500	H59/33D	2000	
KMB	3ASV98	JV2004	YV3S1E119YC050191	Volvo B10TL-7300	Alexander ALX500	H59/33D	2000	2018
KMB	3ASV94	JV146	YV3S1E110YC050192	Volvo B10TL-7300	Alexander ALX500	H59/33D	2000	
KMB	3ASV99	JV2658	YV3S1E112YC050193	Volvo B10TL-7300	Alexander ALX500	H59/33D	2000	
KMB	3ASV115	JW3695	YV3S1E114YC050194	Volvo B10TL-7300	Alexander ALX500	H59/33D	2000	

公司	車隊編號	車牌	底盤編號	車型	車身	座位佈局	首次登記日期	退役日期
KMB	3ASV101	JV2771	YV3S1E116YC050195	Volvo B10TL-7300	Alexander ALX500	H59/33D	2000	
KMB	3ASV118	JW4379	YV3S1E118YC050196	Volvo B10TL-7300	Alexander ALX500	H59/33D	2000	
KMB	3ASV107	JV3767	YV3S1E11XYC050197	Volvo B10TL-7300	Alexander ALX500	H59/33D	2000	
KMB	3ASV106	JV3308	YV3S1E111YC050198	Volvo B10TL-7300	Alexander ALX500	H59/33D	2000	
KMB	3ASV108	JV4186	YV3S1E113YC050199	Volvo B10TL-7300	Alexander ALX500	H59/33D	2000	2017
KMB	3ASV105	JV3129	YV3S1E116YC050200	Volvo B10TL-7300	Alexander ALX500	H59/33D	2000	
KMB	3ASV112	JW3046	YV3S1E118YC050201	Volvo B10TL-7300	Alexander ALX500	H59/33D	2000	
KMB	3ASV113	JW3276	YV3S1E11XYC050202	Volvo B10TL-7300	Alexander ALX500	H59/33D	2000	
KMB	3ASV103	JV2972	YV3S1E111YC050203	Volvo B10TL-7300	Alexander ALX500	H59/33D	2000	
KMB	3ASV110	JV5835	YV3S1E113YC050204	Volvo B10TL-7300	Alexander ALX500	H59/33D	2000	
KMB	3ASV111	JW2997	YV3S1E115YC050205	Volvo B10TL-7300	Alexander ALX500	H59/33D	2000	
KMB	3ASV117	JW4166	YV3S1E117YC050206	Volvo B10TL-7300	Alexander ALX500	H59/33D	2000	
KMB	3ASV104	JV3031	YV3S1E119YC050207	Volvo B10TL-7300	Alexander ALX500	H59/33D	2000	
KMB	3ASV109	JV5199	YV3S1E110YC050208	Volvo B10TL-7300	Alexander ALX500	H59/33D	2000	
KMB	3ASV129	JX7797	YV3S1E112YC050209	Volvo B10TL-7300	Alexander ALX500	H59/33D	2001	
KMB	3ASV127	JX7494	YV3S1E119YC050210	Volvo B10TL-7300	Alexander ALX500	H59/33D	2001	
KMB	3ASV125	JX7411	YV3S1E110YC050211	Volvo B10TL-7300	Alexander ALX500	H59/33D	2001	
KMB	3ASV123	JX7342	YV3S1E112YC050212	Volvo B10TL-7300	Alexander ALX500	H59/33D	2001	
KMB	3ASV132	JX7849	YV3S1E114YC050213	Volvo B10TL-7300	Alexander ALX500	H59/33D	2001	
KMB	3ASV138	JX8315	YV3S1E116YC050214	Volvo B10TL-7300	Alexander ALX500	H59/33D	2001	
KMB	3ASV119	JX6690	YV3S1E118YC050215	Volvo B10TL-7300	Alexander ALX500	H59/33D	2001	
KMB	3ASV136	JX8028	YV3S1E11XYC050216	Volvo B10TL-7300	Alexander ALX500	H59/33D	2001	
KMB	3ASV116	JW3790	YV3S1E111YC050217	Volvo B10TL-7300	Alexander ALX500	H59/33D	2000	
KMB	3ASV114	JW3297	YV3S1E113YC050218	Volvo B10TL-7300	Alexander ALX500	H59/33D	2000	
KMB	3ASV102	JV2966	YV3S1E115YC050219	Volvo B10TL-7300	Alexander ALX500	H59/33D	2000	
KMB	3ASV133	JX7899	YV3S1E111YC050220	Volvo B10TL-7300	Alexander ALX500	H59/33D	2001	
KMB	3ASV126	JX7426	YV3S1E113YC050221	Volvo B10TL-7300	Alexander ALX500	H59/33D	2001	
KMB	3ASV124	JX7348	YV3S1E115YC050222	Volvo B10TL-7300	Alexander ALX500	H59/33D	2001	
KMB	3ASV135	JX7966	YV3S1E117YC050223	Volvo B10TL-7300	Alexander ALX500	H59/33D	2001	
KMB	3ASV121	JX7113	YV3S1E119YC050224	Volvo B10TL-7300	Alexander ALX500	H59/33D	2001	
KMB	3ASV120	JX6847	YV3S1E110YC050225	Volvo B10TL-7300	Alexander ALX500	H59/33D	2001	
KMB	3ASV141	JZ6467	YV3S1E112YC050226	Volvo B10TL-7300	Alexander ALX500	H59/33D	2001	
KMB	3ASV128	JX7790	YV3S1E114YC050227	Volvo B10TL-7300	Alexander ALX500	H59/33D	2001	
KMB	3ASV140	JZ5727	YV3S1E116YC050228	Volvo B10TL-7300	Alexander ALX500	H59/33D	2001	
KMB	3ASV122	JX7277	YV3S1E118YC050229	Volvo B10TL-7300	Alexander ALX500	H59/33D	2001	
KMB	3ASV130	JX7814	YV3S1E114YC050230	Volvo B10TL-7300	Alexander ALX500	H59/33D	2001	
KMB	3ASV139	JX7452	YV3S1E116YC050231	Volvo B10TL-7300	Alexander ALX500	H59/33D	2001	
KMB	3ASV137	JX8314	YV3S1E118YC050232	Volvo B10TL-7300	Alexander ALX500	H59/33D	2001	
KMB	3ASV134	JX7949	YV3S1E11XYC050233	Volvo B10TL-7300	Alexander ALX500	H59/33D	2001	
KMB	3ASV131	JX7838	YV3S1E111YC050234	Volvo B10TL-7300	Alexander ALX500	H59/33D	2001	
NWFB	5041	JU4180	YV3S1E1161C050235	Volvo B10TL-7300	Alexander ALX500 0039/1	H57/32D	2000	
NWFB	5046	JV2056	YV3S1E1181C050236	Volvo B10TL-7300	Alexander ALX500 0039/6	H57/32D	2000	
NWFB	5047	JV6004	YV3S1E11X1C050237	Volvo B10TL-7300	Alexander ALX500 0039/	H57/32D	2000	
NWFB	5049	JV5548	YV3S1E1111C050238	Volvo B10TL-7300	Alexander ALX500 0039/9	H57/32D	2000	
NWFB	5043	JU5499	YV3S1E1131C050239	Volvo B10TL-7300	Alexander ALX500 0039/3	H57/32D	2000	
NWFB	5042	JU4383	YV3S1E11X1C050240	Volvo B10TL-7300	Alexander ALX500 0039/2	H57/32D	2000	
NWFB	5058	JW9293	YV3S1E1111C050241	Volvo B10TL-7300	Alexander ALX500 0039/18	H57/32D	2000	

公司	車隊編號	車牌	底盤編號	車型	車身	座位佈局	首次登記日期	退役日期
NWFB	5054	JW4957	YV3S1E1131C050242	Volvo B10TL-7300	Alexander ALX500 0039/	H57/32D	2000	
NWFB	5044	JU4662	YV3S1E1151C050243	Volvo B10TL-7300	Alexander ALX500 0039/4	H57/32D	2000	
NWFB	5055	JW4796	YV3S1E1171C050244	Volvo B10TL-7300	Alexander ALX500 0039/	H57/32D	2000	
NWFB	5052	JV9670	YV3S1E1191C050245	Volvo B10TL-7300	Alexander ALX500 0039/	H57/32D	2000	
NWFB	5051	JV9875	YV3S1E1101C050246	Volvo B10TL-7300	Alexander ALX500 0039/	H57/32D	2000	
NWFB	5053	JW472	YV3S1E1121C050247	Volvo B10TL-7300	Alexander ALX500 0039/	H57/32D	2000	
NWFB	5057	JW8694	YV3S1E1141C050248	Volvo B10TL-7300	Alexander ALX500 0039/17	H57/32D	2000	
NWFB	5048	JV5708	YV3S1E1161C050249	Volvo B10TL-7300	Alexander ALX500 0039/	H57/32D	2000	2017
NWFB	5059	JX1159	YV3S1E1121C050250	Volvo B10TL-7300	Alexander ALX500 0039/	H57/32D	2000	
NWFB	5050	JV7020	YV3S1E1141C050251	Volvo B10TL-7300	Alexander ALX500 0039/10	H57/32D	2000	
NWFB	5056	JW6542	YV3S1E1161C050252	Volvo B10TL-7300	Alexander ALX500 0039/	H57/32D	2000	
NWFB	5045	JV2100	YV3S1E1181C050253	Volvo B10TL-7300	Alexander ALX500 0039/5	H57/32D	2000	
NWFB	5060	JY1603	YV3S1E115Y1050300	Volvo B10TL-7300	Alexander ALX500 0039/	H57/32D	2000	
KMB	ASV1	JX6659	YV3S1E11X11050301	Volvo B10TL-6000	Alexander ALX500	H51/26D	2001	
KMB	ASV3	JX7466	YV3S1E11111050302	Volvo B10TL-6000	Alexander ALX500	H51/26D	2001	
KMB	ASV5	JX9924	YV3S1E11311050303	Volvo B10TL-6000	Alexander ALX500	H51/26D	2001	
KMB	ASV2	JX6859	YV3S1E11511050304	Volvo B10TL-6000	Alexander ALX500	H51/26D	2001	
KMB	ASV4	JX9097	YV3S1E11711050305	Volvo B10TL-6000	Alexander ALX500	H51/26D	2001	
KMB	ASV6	JX9994	YV3S1E11911050306	Volvo B10TL-6000	Alexander ALX500	H51/26D	2001	
KMB	ASV7	JY381	YV3S1E11011050307	Volvo B10TL-6000	Alexander ALX500	H51/26D	2001	
KMB	ASV13	JY4462	YV3S1E11211050308	Volvo B10TL-6000	Alexander ALX500	H51/26D	2001	
KMB	ASV9	JY2958	YV3S1E11411050309	Volvo B10TL-6000	Alexander ALX500	H51/26D	2001	
KMB	ASV10	JY3265	YV3S1E11011050310	Volvo B10TL-6000	Alexander ALX500	H51/26D	2001	
KMB	ASV8	JY458	YV3S1E11211050311	Volvo B10TL-6000	Alexander ALX500	H51/26D	2001	
KMB	ASV11	JY3693	YV3S1E11411050312	Volvo B10TL-6000	Alexander ALX500	H51/26D	2001	
KMB	ASV12	JY4396	YV3S1E11611050313	Volvo B10TL-6000	Alexander ALX500	H51/26D	2001	
KMB	ASV49	KB2508	YV3S1E11811050314	Volvo B10TL-6000	Alexander ALX500	H51/26D	2001	
KMB	ASV19	JY7839	YV3S1E11X11050315	Volvo B10TL-6000	Alexander ALX500	H51/26D	2001	
KMB	ASV23	JZ2024	YV3S1E11111050316	Volvo B10TL-6000	Alexander ALX500	H51/26D	2001	
KMB	ASV20	JY8490	YV3S1E11311050317	Volvo B10TL-6000	Alexander ALX500	H51/26D	2001	
KMB	ASV14	JY5249	YV3S1E11511050318	Volvo B10TL-6000	Alexander ALX500	H51/26D	2001	
KMB	ASV21	JZ748	YV3S1E11711050319	Volvo B10TL-6000	Alexander ALX500	H51/26D	2001	
KMB	ASV17	JY6520	YV3S1E11311050320	Volvo B10TL-6000	Alexander ALX500	H51/26D	2001	
KMB	ASV22	JZ1815	YV3S1E11511050321	Volvo B10TL-6000	Alexander ALX500	H51/26D	2001	
KMB	ASV18	JY7636	YV3S1E11711050322	Volvo B10TL-6000	Alexander ALX500	H51/26D	2001	
KMB	ASV16	JY6516	YV3S1E11911050323	Volvo B10TL-6000	Alexander ALX500	H51/26D	2001	
KMB	ASV15	JY6332	YV3S1E11011050324	Volvo B10TL-6000	Alexander ALX500	H51/26D	2001	
KMB	ASV31	JZ6109	YV3S1E11211050325	Volvo B10TL-6000	Alexander ALX500	H51/26D	2001	
KMB	ASV26	JZ3968	YV3S1E11411050326	Volvo B10TL-6000	Alexander ALX500	H51/26D	2001	
KMB	ASV27	JZ4497	YV3S1E11611050327	Volvo B10TL-6000	Alexander ALX500	H51/26D	2001	
KMB	ASV41	KA9548	YV3S1E11811050328	Volvo B10TL-6000	Alexander ALX500	H51/26D	2001	
KMB	ASV24	JZ3063	YV3S1E11X11050329	Volvo B10TL-6000	Alexander ALX500	H51/26D	2001	
KMB	ASV25	JZ3282	YV3S1E11611050330	Volvo B10TL-6000	Alexander ALX500	H51/26D	2001	
KMB	ASV45	KA9813	YV3S1E11811050331	Volvo B10TL-6000	Alexander ALX500	H51/26D	2001	
KMB	ASV44	KA9676	YV3S1E11X11050332	Volvo B10TL-6000	Alexander ALX500	H51/26D	2001	
KMB	ASV38	KA9116	YV3S1E11111050333	Volvo B10TL-6000	Alexander ALX500	H51/26D	2001	
KMB	ASV29	JZ5508	YV3S1E11311050334	Volvo B10TL-6000	Alexander ALX500	H51/26D	2001	

公司	車隊編號	車牌	底盤編號	車型	車身	座位佈局	首次登記日期	退役日期
KMB	ASV28	JZ4670	YV3S1E11511050335	Volvo B10TL-6000	Alexander ALX500	H51/26D	2001	
KMB	ASV34	JZ9232	YV3S1E11711050336	Volvo B10TL-6000	Alexander ALX500	H51/26D	2001	
KMB	ASV35	JZ9426	YV3S1E11911050337	Volvo B10TL-6000	Alexander ALX500	H51/26D	2001	
KMB	ASV30	JZ5663	YV3S1E11011050338	Volvo B10TL-6000	Alexander ALX500	H51/26D	2001	
KMB	ASV40	KA9364	YV3S1E11211050339	Volvo B10TL-6000	Alexander ALX500	H51/26D	2001	
KMB	ASV32	JZ6270	YV3S1E11911050340	Volvo B10TL-6000	Alexander ALX500	H51/26D	2001	
KMB	ASV46	KA9827	YV3S1E11011050341	Volvo B10TL-6000	Alexander ALX500	H51/26D	2001	
KMB	ASV33	JZ8690	YV3S1E11211050342	Volvo B10TL-6000	Alexander ALX500	H51/26D	2001	
KMB	ASV39	KA9153	YV3S1E11411050343	Volvo B10TL-6000	Alexander ALX500	H51/26D	2001	
KMB	ASV42	KA9608	YV3S1E11611050344	Volvo B10TL-6000	Alexander ALX500	H51/26D	2001	
KMB	ASV36	KA8625	YV3S1E11811050345	Volvo B10TL-6000	Alexander ALX500	H51/26D	2001	
KMB	ASV48	KB471	YV3S1E11X11050346	Volvo B10TL-6000	Alexander ALX500	H51/26D	2001	
KMB	ASV47	KA9938	YV3S1E11111050347	Volvo B10TL-6000	Alexander ALX500	H51/26D	2001	
KMB	ASV37	KA8657	YV3S1E11311050348	Volvo B10TL-6000	Alexander ALX500	H51/26D	2001	
KMB	ASV43	KA9633	YV3S1E11511050349	Volvo B10TL-6000	Alexander ALX500	H51/26D	2001	
KMB	3ASV142	KC2619	YV3S1E11011050369	Volvo B10TL-7300	Alexander ALX500	H59/33D	2001	
KMB	3ASV143	KC2845	YV3S1E11811050362	Volvo B10TL-7300	Alexander ALX500	H59/33D	2001	
KMB	3ASV144	KC2857	YV3S1E11111050350	Volvo B10TL-7300	Alexander ALX500	H59/33D	2001	
KMB	3ASV145	KC2949	YV3S1E11711050370	Volvo B10TL-7300	Alexander ALX500	H59/33D	2001	
KMB	3ASV146	KC3271	YV3S1E11911050368	Volvo B10TL-7300	Alexander ALX500	H59/33D	2001	
KMB	3ASV147	KC3555	YV3S1E11311050365	Volvo B10TL-7300	Alexander ALX500	H59/33D	2001	
KMB	3ASV148	KC3626	YV3S1E11311050351	Volvo B10TL-7300	Alexander ALX500	H59/33D	2001	
KMB	3ASV149	KC3640	YV3S1E11X11050363	Volvo B10TL-7300	Alexander ALX500	H59/33D	2001	
KMB	3ASV150	KC3689	YV3S1E11611050361	Volvo B10TL-7300	Alexander ALX500	H59/33D	2001	
KMB	3ASV151	KC3742	YV3S1E11511050366	Volvo B10TL-7300	Alexander ALX500	H59/33D	2001	
KMB	3ASV152	KC3867	YV3S1E11111050364	Volvo B10TL-7300	Alexander ALX500	H59/33D	2001	
KMB	3ASV153	KC3911	YV3S1E11211050356	Volvo B10TL-7300	Alexander ALX500	H59/33D	2001	
KMB	3ASV154	KC4116	YV3S1E11011050355	Volvo B10TL-7300	Alexander ALX500	H59/33D	2001	
KMB	3ASV155	KC4417	YV3S1E11711050367	Volvo B10TL-7300	Alexander ALX500	H59/33D	2001	
KMB	3ASV156	KC6927	YV3S1E11111050381	Volvo B10TL-7300	Alexander ALX500	H59/33D	2001	
KMB	3ASV157	KC7379	YV3S1E11911050354	Volvo B10TL-7300	Alexander ALX500	H59/33D	2001	
KMB	3ASV158	KC7462	YV3S1E11511050352	Volvo B10TL-7300	Alexander ALX500	H59/33D	2001	
KMB	3ASV159	KC7528	YV3S1E11311050382	Volvo B10TL-7300	Alexander ALX500	H59/33D	2001	
KMB	3ASV160	KC7617	YV3S1E11411050391	Volvo B10TL-7300	Alexander ALX500	H59/33D	2001	
KMB	3ASV161	KC7800	YV3S1E11711050353	Volvo B10TL-7300	Alexander ALX500	H59/33D	2001	
KMB	3ASV162	KC7884	YV3S1E11611050392	Volvo B10TL-7300	Alexander ALX500	H59/33D	2001	
KMB	3ASV163	KC8170	YV3S1E11611050358	Volvo B10TL-7300	Alexander ALX500	H59/33D	2001	
KMB	3ASV164	KC8251	YV3S1E11411050357	Volvo B10TL-7300	Alexander ALX500	H59/33D	2001	
KMB	3ASV165	KC6529	YV3S1E11011050372	Volvo B10TL-7300	Alexander ALX500	H59/33D	2001	
KMB	3ASV166	KC6793	YV3S1E11111050414	Volvo B10TL-7300	Alexander ALX500	H59/33D	2001	
KMB	3ASV167	KC6831	YV3S1E11411050360	Volvo B10TL-7300	Alexander ALX500	H59/33D	2001	
KMB	3ASV168	KC6972	YV3S1E11211050373	Volvo B10TL-7300	Alexander ALX500	H59/33D	2001	
KMB	3ASV169	KC6994	YV3S1E11811050393	Volvo B10TL-7300	Alexander ALX500	H59/33D	2001	
KMB	3ASV170	KC7069	YV3S1E11X11050394	Volvo B10TL-7300	Alexander ALX500	H59/33D	2001	
KMB	3ASV171	KC7354	YV3S1E11X11050380	Volvo B10TL-7300	Alexander ALX500	H59/33D	2001	
KMB	3ASV172	KC7911	YV3S1E11311050415	Volvo B10TL-7300	Alexander ALX500	H59/33D	2001	
KMB	3ASV173	KC8249	YV3S1E11311050379	Volvo B10TL-7300	Alexander ALX500	H59/33D	2001	

公司	車隊編號	車牌	底盤編號	車型	車身	座位佈局	首次登記日期	退役日期
KMB	3ASV174	KC8347	YV3S1E11811050359	Volvo B10TL-7300	Alexander ALX500	H59/33D	2001	
KMB	3ASV175	KD2786	YV3S1E11711050403	Volvo B10TL-7300	Alexander ALX500	H59/33D	2001	
KMB	3ASV176	KD3074	YV3S1E11511050416	Volvo B10TL-7300	Alexander ALX500	H59/33D	2001	
KMB	3ASV177	KD3321	YV3S1E11911050371	Volvo B10TL-7300	Alexander ALX500	H59/33D	2001	
KMB	3ASV178	KD3375	YV3S1E11211050423	Volvo B10TL-7300	Alexander ALX500	H59/33D	2001	
KMB	3ASV179	KD3913	YV3S1E11411050424	Volvo B10TL-7300	Alexander ALX500	H59/33D	2001	
KMB	3ASV180	KD4112	YV3S1E11911050404	Volvo B10TL-7300	Alexander ALX500	H59/33D	2001	
KMB	3ASV181	KD4129	YV3S1E11711050417	Volvo B10TL-7300	Alexander ALX500	H59/33D	2001	2011
KMB	3ASV182	KD6685	YV3S1E11111050445	Volvo B10TL-7300	Alexander ALX500	H59/33D	2001	
KMB	3ASV183	KD6749	YV3S1E11811050443	Volvo B10TL-7300	Alexander ALX500	H59/33D	2001	
KMB	3ASV184	KD7035	YV3S1E11611050411	Volvo B10TL-7300	Alexander ALX500	H59/33D	2001	
KMB	3ASV185	KD7307	YV3S1E11711050448	Volvo B10TL-7300	Alexander ALX500	H59/33D	2001	
KMB	3ASV186	KD7664	YV3S1E11511050447	Volvo B10TL-7300	Alexander ALX500	H59/33D	2001	
KMB	3ASV187	KD7941	YV3S1E11011050405	Volvo B10TL-7300	Alexander ALX500	H59/33D	2001	
KMB	3ASV188	KD7994	YV3S1E11611050425	Volvo B10TL-7300	Alexander ALX500	H59/33D	2001	
KMB	3ASV189	KD8020	YV3S1E11211050440	Volvo B10TL-7300	Alexander ALX500	H59/33D	2001	
KMB	3ASV190	KD8231	YV3S1E11211050390	Volvo B10TL-7300	Alexander ALX500	H59/33D	2001	
KMB	3ASV191	KD8283	YV3S1E11911050399	Volvo B10TL-7300	Alexander ALX500	H59/33D	2001	
KMB	3ASV193	KE6728	YV3S1E11411050407	Volvo B10TL-7300	Alexander ALX500	H59/33D	2001	
KMB	3ASV194	KE7066	YV3S1E11711050420	Volvo B10TL-7300	Alexander ALX500	H59/33D	2001	
KMB	3ASV195	KE7253	YV3S1E11311050432	Volvo B10TL-7300	Alexander ALX500	H59/33D	2001	
KMB	3ASV196	KE7270	YV3S1E11411050374	Volvo B10TL-7300	Alexander ALX500	H59/33D	2001	
KMB	3ASV197	KE7363	YV3S1E11411050441	Volvo B10TL-7300	Alexander ALX500	H59/33D	2001	
KMB	3ASV198	KE7400	YV3S1E11711050434	Volvo B10TL-7300	Alexander ALX500	H59/33D	2001	
KMB	3ASV199	KE7510	YV3S1E11811050376	Volvo B10TL-7300	Alexander ALX500	H59/33D	2001	
KMB	3ASV200	KE7782	YV3S1E11411050388	Volvo B10TL-7300	Alexander ALX500	H59/33D	2001	
KMB	3ASV201	KE7838	YV3S1E11011050419	Volvo B10TL-7300	Alexander ALX500	H59/33D	2001	
KMB	3ASV202	KE7933	YV3S1E11511050433	Volvo B10TL-7300	Alexander ALX500	H59/33D	2001	
KMB	3ASV203	KE7936	YV3S1E11111050431	Volvo B10TL-7300	Alexander ALX500	H59/33D	2001	
KMB	3ASV204	KE8135	YV3S1E11911050421	Volvo B10TL-7300	Alexander ALX500	H59/33D	2001	
KMB	3ASV205	KE8231	YV3S1E11611050408	Volvo B10TL-7300	Alexander ALX500	H59/33D	2001	
KMB	3ASV206	KE8312	YV3S1E11911050449	Volvo B10TL-7300	Alexander ALX500	H59/33D	2001	
KMB	3ASV207	KE8466	YV3S1E11311050446	Volvo B10TL-7300	Alexander ALX500	H59/33D	2001	
KMB	3ASV208	KF673	YV3S1E11811050409	Volvo B10TL-7300	Alexander ALX500	H59/33D	2001	
KMB	3ASV209	KF874	YV3S1E11111050400	Volvo B10TL-7300	Alexander ALX500	H59/33D	2001	
KMB	3ASV210	KF1044	YV3S1E11511050402	Volvo B10TL-7300	Alexander ALX500	H59/33D	2001	
KMB	3ASV211	KF1105	YV3S1E11411050410	Volvo B10TL-7300	Alexander ALX500	H59/33D	2001	
KMB	3ASV212	KF2312	YV3S1E11611050389	Volvo B10TL-7300	Alexander ALX500	H59/33D	2001	
KMB	3ASV213	KF4824	YV3S1E11611050439	Volvo B10TL-7300	Alexander ALX500	H59/33D	2001	
KMB	3ASV214	KF5040	YV3S1E11011050386	Volvo B10TL-7300	Alexander ALX500	H59/33D	2001	
KMB	3ASV215	KF5371	YV3S1E11011050436	Volvo B10TL-7300	Alexander ALX500	H59/33D	2001	
KMB	3ASV218	KF5771	YV3S1E11211050387	Volvo B10TL-7300	Alexander ALX500	H59/33D	2001	
KMB	3ASV220	KF5953	YV3S1E11111050378	Volvo B10TL-7300	Alexander ALX500	H59/33D	2001	
KMB	3ASV221	KF6062	YV3S1E11611050375	Volvo B10TL-7300	Alexander ALX500	H59/33D	2001	
KMB	3ASV223	KF6224	YV3S1E11811050426	Volvo B10TL-7300	Alexander ALX500	H59/33D	2001	
KMB	3ASV224	KF4715	YV3S1E11311050401	Volvo B10TL-7300	Alexander ALX500	H59/33D	2001	
KMB	3ASV225	KF4981	YV3S1E11411050438	Volvo B10TL-7300	Alexander ALX500	H59/33D	2001	

公司	車隊編號	車牌	底盤編號	車型	車身	座位佈局	首次登記日期	退役日期
KMB	3ASV228	KF5891	YV3S1E11211050437	Volvo B10TL-7300	Alexander ALX500	H59/33D	2001	
KMB	3ASV229	KF6039	YV3S1E11911050435	Volvo B10TL-7300	Alexander ALX500	H59/33D	2001	
KMB	3ASV230	KF6322	YV3S1E11X11050444	Volvo B10TL-7300	Alexander ALX500	H59/33D	2001	
KMB	3ASV231	KF6343	YV3S1E11211050406	Volvo B10TL-7300	Alexander ALX500	H59/33D	2001	
KMB	3ASV235	KG1443	YV3S1E11911050385	Volvo B10TL-7300	Alexander ALX500	H59/33D	2001	
KMB	3ASV249	KG3107	YV3S1E11011050422	Volvo B10TL-7300	Alexander ALX500	H59/33D	2001	
KMB	3ASV254	KG4875	YV3S1E11711050384	Volvo B10TL-7300	Alexander ALX500	H59/33D	2001	
KMB	3ASV256	KG5873	YV3S1E11511050383	Volvo B10TL-7300	Alexander ALX500	H59/33D	2001	
KMB	3ASV257	KG6068	YV3S1E11611050442	Volvo B10TL-7300	Alexander ALX500	H59/33D	2001	
KMB	3ASV261	KH2669	YV3S1E11111050428	Volvo B10TL-7300	Alexander ALX500	H59/33D	2001	
KMB	3ASV265	KH2922	YV3S1E11X11050377	Volvo B10TL-7300	Alexander ALX500	H59/33D	2001	
KMB	3ASV267	KH3380	YV3S1E11711050398	Volvo B10TL-7300	Alexander ALX500	H59/33D	2001	
KMB	3ASV269	KH3660	YV3S1E11111050395	Volvo B10TL-7300	Alexander ALX500	H59/33D	2001	
KMB	3ASV271	KH3696	YV3S1E11X11050427	Volvo B10TL-7300	Alexander ALX500	H59/33D	2001	
KMB	3ASV273	KH3995	YV3S1E11311050396	Volvo B10TL-7300	Alexander ALX500	H59/33D	2001	
KMB	3ASV275	KH4339	YV3S1E11511050397	Volvo B10TL-7300	Alexander ALX500	H59/33D	2001	
KMB	3ASV280	KJ802	YV3S1E11311050429	Volvo B10TL-7300	Alexander ALX500 0054/24	H59/33D	2001	
KMB	3ASV286	KJ1974	YV3S1E11X11050430	Volvo B10TL-7300	Alexander ALX500	H59/33D	2001	
KMB	3ASV319	KK4355	YV3S1E11911050418	Volvo B10TL-7300	Alexander ALX500	H59/33D	2002	
KMB	3ASV323	KL1647	YV3S1E11X11050413	Volvo B10TL-7300	Alexander ALX500	H59/33D	2002	
KMB	3ASV328	KL5420	YV3S1E11811050412	Volvo B10TL-7300	Alexander ALX500	H59/33D	2002	
NWFB	5061	KC6796	YV3S1E11511050450	Volvo B10TL-7300	Alexander ALX500 0060/2	H57/32D	2001	
NWFB	5062	KC7457	YV3S1E11711050451	Volvo B10TL-7300	Alexander ALX500	H57/32D	2001	
NWFB	5063	KC7969	YV3S1E11911050452	Volvo B10TL-7300	Alexander ALX500	H57/32D	2001	
NWFB	5064	KC7438	YV3S1E11011050453	Volvo B10TL-7300	Alexander ALX500 0060/4	H57/32D	2001	
NWFB	5065	KD1620	YV3S1E11211050454	Volvo B10TL-7300	Alexander ALX500	H57/32D	2001	
NWFB	5066	KD2467	YV3S1E11411050455	Volvo B10TL-7300	Alexander ALX500 0060/7	H57/32D	2001	
NWFB	5067	KD3757	YV3S1E11611050456	Volvo B10TL-7300	Alexander ALX500 0060/3	H57/32D	2001	
NWFB	5068	KE8495	YV3S1E11811050457	Volvo B10TL-7300	Alexander ALX500 0060/6	H57/32D	2001	
NWFB	5069	KD3096	YV3S1E11X11050458	Volvo B10TL-7300	Alexander ALX500	H57/32D	2001	
NWFB	5070	KC6983	YV3S1E11111050459	Volvo B10TL-7300	Alexander ALX500 0060/10	H57/32D	2001	
KMB	3ASV192	KE6577	YV3S1E11811050460	Volvo B10TL-7300	Alexander ALX500	H59/33D	2001	
KMB	3ASV219	KF5782	YV3S1E11X11050461	Volvo B10TL-7300	Alexander ALX500	H59/33D	2001	
KMB	3ASV234	KG1428	YV3S1E11111050462	Volvo B10TL-7300	Alexander ALX500	H59/33D	2001	
NWFB	5071	KE7090	YV3S1E11311050463	Volvo B10TL-7300	Alexander ALX500 0060/13	H57/32D	2001	
NWFB	5072	KE7699	YV3S1E11511050464	Volvo B10TL-7300	Alexander ALX500	H57/32D	2001	
NWFB	5073	KE7877	YV3S1E11711050465	Volvo B10TL-7300	Alexander ALX500	H57/32D	2001	
NWFB	5074	KE7080	YV3S1E11911050466	Volvo B10TL-7300	Alexander ALX500 0060/12	H57/32D	2001	
NWFB	5075	KE7613	YV3S1E11011050467	Volvo B10TL-7300	Alexander ALX500	H57/32D	2001	
KMB	3ASV242	KG3633	YV3S1E11211050468	Volvo B10TL-7300	Alexander ALX500	H59/33D	2001	
KMB	3ASV246	KG4410	YV3S1E11411050469	Volvo B10TL-7300	Alexander ALX500	H59/33D	2001	
KMB	3ASV251	KG4463	YV3S1E11011050470	Volvo B10TL-7300	Alexander ALX500	H59/33D	2001	
KMB	3ASV222	KF6177	YV3S1E11211050471	Volvo B10TL-7300	Alexander ALX500	H59/33D	2001	
KMB	3ASV226	KF5455	YV3S1E11411050472	Volvo B10TL-7300	Alexander ALX500	H59/33D	2001	
NWFB	5076	KE7093	YV3S1E11611050473	Volvo B10TL-7300	Alexander ALX500	H57/32D	2001	
NWFB	5077	KE8045	YV3S1E11811050474	Volvo B10TL-7300	Alexander ALX500 0060/14	H57/32D	2001	
NWFB	5078	KE7118	YV3S1E11X11050475	Volvo B10TL-7300	Alexander ALX500 0060/19	H57/32D	2001	

公司	車隊編號	車牌	底盤編號	車型	車身	座位佈局	首次登記日期	退役日期
NWFB	5079	KE7751	YV3S1E11111050476	Volvo B10TL-7300	Alexander ALX500 0060/11	H57/32D	2001	
KMB	3ASV241	KG3301	YV3S1E11311050477	Volvo B10TL-7300	Alexander ALX500	H59/33D	2001	
KMB	3ASV243	KG3832	YV3S1E11511050478	Volvo B10TL-7300	Alexander ALX500	H59/33D	2001	
KMB	3ASV245	KG4055	YV3S1E11711050479	Volvo B10TL-7300	Alexander ALX500	H59/33D	2001	
KMB	3ASV238	KG2775	YV3S1E11311050480	Volvo B10TL-7300	Alexander ALX500	H59/33D	2001	
KMB	3ASV244	KG4051	YV3S1E11511050481	Volvo B10TL-7300	Alexander ALX500	H59/33D	2001	
KMB	3ASV247	KG2822	YV3S1E11711050482	Volvo B10TL-7300	Alexander ALX500	H59/33D	2001	
KMB	3ASV248	KG2937	YV3S1E11911050483	Volvo B10TL-7300	Alexander ALX500	H59/33D	2001	
KMB	3ASV276	KJ530	YV3S1E11011050484	Volvo B10TL-7300	Alexander ALX500	H59/33D	2001	
KMB	3ASV253	KG4600	YV3S1E11211050485	Volvo B10TL-7300	Alexander ALX500	H59/33D	2001	
KMB	3ASV260	KG6387	YV3S1E11411050486	Volvo B10TL-7300	Alexander ALX500	H59/33D	2001	
KMB	3ASV217	KF5503	YV3S1E11611050487	Volvo B10TL-7300	Alexander ALX500	H59/33D	2001	
KMB	3ASV239	KG2997	YV3S1E11811050488	Volvo B10TL-7300	Alexander ALX500	H59/33D	2001	
KMB	3ASV252	KG4571	YV3S1E11X11050489	Volvo B10TL-7300	Alexander ALX500	H59/33D	2001	
KMB	3ASV237	KG1744	YV3S1E11611050490	Volvo B10TL-7300	Alexander ALX500	H59/33D	2001	
KMB	3ASV281	KJ1352	YV3S1E11811050491	Volvo B10TL-7300	Alexander ALX500	H59/33D	2001	
KMB	3ASV240	KG3036	YV3S1E11X11050492	Volvo B10TL-7300	Alexander ALX500	H59/33D	2001	
KMB	3ASV236	KG1650	YV3S1E11111050493	Volvo B10TL-7300	Alexander ALX500	H59/33D	2001	
KMB	3ASV232	KG607	YV3S1E11311050494	Volvo B10TL-7300	Alexander ALX500	H59/33D	2001	
KMB	3ASV227	KF5620	YV3S1E11511050495	Volvo B10TL-7300	Alexander ALX500	H59/33D	2001	
KMB	3ASV216	KF5410	YV3S1E11711050496	Volvo B10TL-7300	Alexander ALX500	H59/33D	2001	
KMB	3ASV233	KG768	YV3S1E11911050497	Volvo B10TL-7300	Alexander ALX500	H59/33D	2001	
KMB	3ASV285	KJ1872	YV3S1E11011050498	Volvo B10TL-7300	Alexander ALX500	H59/33D	2001	
KMB	3ASV277	KJ553	YV3S1E11211050499	Volvo B10TL-7300	Alexander ALX500	H59/33D	2001	
KMB	3ASV283	KJ1797	YV3S1E11511050500	Volvo B10TL-7300	Alexander ALX500	H59/33D	2001	
KMB	3ASV290	KJ2343	YV3S1E11711050501	Volvo B10TL-7300	Alexander ALX500	H59/33D	2001	
KMB	3ASV278	KJ622	YV3S1E11911050502	Volvo B10TL-7300	Alexander ALX500	H59/33D	2001	
KMB	3ASV250	KG3458	YV3S1E11011050503	Volvo B10TL-7300	Alexander ALX500	H59/33D	2001	
KMB	3ASV274	KH4265	YV3S1E11211050504	Volvo B10TL-7300	Alexander ALX500	H59/33D	2001	
KMB	3ASV288	KJ2078	YV3S1E11411050505	Volvo B10TL-7300	Alexander ALX500	H59/33D	2001	
KMB	3ASV284	KJ1840	YV3S1E11611050506	Volvo B10TL-7300	Alexander ALX500	H59/33D	2001	
KMB	3ASV331	KL6379	YV3S1E11811050507	Volvo B10TL-7300	Alexander ALX500	H59/33D	2002	
KMB	3ASV327	KL5210	YV3S1E11X11050508	Volvo B10TL-7300	Alexander ALX500	H59/33D	2002	
KMB	3ASV282	KJ1708	YV3S1E11111050509	Volvo B10TL-7300	Alexander ALX500	H59/33D	2001	
KMB	3ASV289	KJ2179	YV3S1E11811050510	Volvo B10TL-7300	Alexander ALX500	H59/33D	2001	
KMB	3ASV287	KJ2052	YV3S1E11X11050511	Volvo B10TL-7300	Alexander ALX500	H59/33D	2001	
KMB	3ASV255	KG5641	YV3S1E11111050512	Volvo B10TL-7300	Alexander ALX500	H59/33D	2001	
KMB	3ASV279	KJ658	YV3S1E11311050513	Volvo B10TL-7300	Alexander ALX500	H59/33D	2001	
NWFB	5080	AC4723	YV3S1E11511050514	Volvo B10TL-7300	Alexander ALX500 0112/1	H57/32D	2001	
NWFB	5081	AH4134	YV3S1E11711050515	Volvo B10TL-7300	Alexander ALX500 0112/2	H57/32D	2001	
NWFB	5082	AH4072	YV3S1E11911050516	Volvo B10TL-7300	Alexander ALX500	H57/32D	2001	
NWFB	5083	CD2198	YV3S1E11011050517	Volvo B10TL-7300	Alexander ALX500	H57/32D	2001	
NWFB	5084	AD4589	YV3S1E11211050518	Volvo B10TL-7300	Alexander ALX500	H57/32D	2001	
NWFB	5085	AC4764	YV3S1E11411050519	Volvo B10TL-7300	Alexander ALX500 0112/6	H57/32D	2001	
NWFB	5086	AH4194	YV3S1E11011050520	Volvo B10TL-7300	Alexander ALX500	H57/32D	2001	
NWFB	5087	KJ3297	YV3S1E11211050521	Volvo B10TL-7300	Alexander ALX500 0112/8	H57/32D	2001	
NWFB	5088	KJ4161	YV3S1E11411050522	Volvo B10TL-7300	Alexander ALX500 0112/9	H57/32D	2001	

公司	車隊編號	車牌	底盤編號	車型	車身	座位佈局	首次登記日期	退役日期
NWFB	5089	KJ3608	YV3S1E11611050523	Volvo B10TL-7300	Alexander ALX500	H57/32D	2001	
KMB	3ASV403	KR2701	YV3S1E11811050524	Volvo B10TL-7300	Volgren CR223LD	H59/33D	2002	
KMB	3ASV259	KG6316	YV3S1E11X11050525	Volvo B10TL-7300	Alexander ALX500	H59/33D	2001	
KMB	3ASV258	KG6256	YV3S1E11111050526	Volvo B10TL-7300	Alexander ALX500	H59/33D	2001	
KMB	3ASV302	KJ5155	YV3S1E11311050527	Volvo B10TL-7300	Alexander ALX500	H59/33D	2002	
KMB	3ASV272	KH3978	YV3S1E11511050528	Volvo B10TL-7300	Alexander ALX500	H59/33D	2001	
KMB	3ASV304	KJ6035	YV3S1E11711050529	Volvo B10TL-7300	Alexander ALX500	H59/33D	2002	2012
KMB	3ASV317	KK4121	YV3S1E11311050530	Volvo B10TL-7300	Alexander ALX500	H59/33D	2002	
KMB	3ASV291	KJ4528	YV3S1E11511050531	Volvo B10TL-7300	Alexander ALX500	H59/33D	2002	
KMB	3ASV263	KH3743	YV3S1E11711050532	Volvo B10TL-7300	Alexander ALX500	H59/33D	2001	
KMB	3ASV264	KH4299	YV3S1E11911050533	Volvo B10TL-7300	Alexander ALX500	H59/33D	2001	
KMB	3ASV316	KK3607	YV3S1E11011050534	Volvo B10TL-7300	Alexander ALX500	H59/33D	2002	
KMB	3ASV270	KH3665	YV3S1E11211050535	Volvo B10TL-7300	Alexander ALX500	H59/33D	2001	
KMB	3ASV295	KJ5777	YV3S1E11411050536	Volvo B10TL-7300	Alexander ALX500	H59/33D	2002	
KMB	3ASV292	KJ5273	YV3S1E11611050537	Volvo B10TL-7300	Alexander ALX500	H59/33D	2002	
KMB	3ASV313	KK3314	YV3S1E11811050538	Volvo B10TL-7300	Alexander ALX500	H59/33D	2002	
KMB	3ASV297	KJ6128	YV3S1E11X11050539	Volvo B10TL-7300	Alexander ALX500	H59/33D	2002	
KMB	3ASV262	KH2728	YV3S1E11611050540	Volvo B10TL-7300	Alexander ALX500	H59/33D	2001	
KMB	3ASV303	KJ5277	YV3S1E11811050541	Volvo B10TL-7300	Alexander ALX500	H59/33D	2002	
KMB	3ASV300	KJ4779	YV3S1E11X11050542	Volvo B10TL-7300	Alexander ALX500	H59/33D	2002	
KMB	3ASV310	KK2630	YV3S1E11111050543	Volvo B10TL-7300	Alexander ALX500	H59/33D	2002	
KMB	3ASV324	KL2487	YV3S1E11311050544	Volvo B10TL-7300	Alexander ALX500	H59/33D	2002	
KMB	3ASV321	KL612	YV3S1E11511050545	Volvo B10TL-7300	Alexander ALX500	H59/33D	2002	
KMB	3ASV320	KK4458	YV3S1E11711050546	Volvo B10TL-7300	Alexander ALX500	H59/33D	2002	
KMB	3ASV318	KK4200	YV3S1E11911050547	Volvo B10TL-7300	Alexander ALX500	H59/33D	2002	
KMB	3ASV315	KK3483	YV3S1E11011050548	Volvo B10TL-7300	Alexander ALX500	H59/33D	2002	
KMB	3ASV268	KH3549	YV3S1E11211050549	Volvo B10TL-7300	Alexander ALX500	H59/33D	2001	
KMB	3ASV266	KH3127	YV3S1E11911050550	Volvo B10TL-7300	Alexander ALX500	H59/33D	2001	
KMB	3ASV312	KK3140	YV3S1E11011050551	Volvo B10TL-7300	Alexander ALX500	H59/33D	2002	
KMB	3ASV326	KL5185	YV3S1E11211050552	Volvo B10TL-7300	Alexander ALX500	H59/33D	2002	
KMB	3ASV311	KK2883	YV3S1E11411050553	Volvo B10TL-7300	Alexander ALX500	H59/33D	2002	2008
KMB	3ASV314	KK3474	YV3S1E11611050554	Volvo B10TL-7300	Alexander ALX500	H59/33D	2002	
KMB	3ASV309	KK2624	YV3S1E11811050555	Volvo B10TL-7300	Alexander ALX500	H59/33D	2002	
KMB	3ASV322	KL631	YV3S1E11X11050556	Volvo B10TL-7300	Alexander ALX500	H59/33D	2002	
KMB	3ASV329	KL5734	YV3S1E11111050557	Volvo B10TL-7300	Alexander ALX500	H59/33D	2002	
KMB	3ASV325	KL5121	YV3S1E11311050558	Volvo B10TL-7300	Alexander ALX500	H59/33D	2002	
KMB	3ASV301	KJ4838	YV3S1E11511050559	Volvo B10TL-7300	Alexander ALX500	H59/33D	2002	
KMB	3ASV305	KJ8825	YV3S1E11111050560	Volvo B10TL-7300	Alexander ALX500	H59/33D	2002	
KMB	3ASV308	KJ9653	YV3S1E11311050561	Volvo B10TL-7300	Alexander ALX500	H59/33D	2002	
KMB	3ASV306	KJ9021	YV3S1E11511050562	Volvo B10TL-7300	Alexander ALX500	H59/33D	2002	
KMB	3ASV307	KJ9633	YV3S1E11711050563	Volvo B10TL-7300	Alexander ALX500	H59/33D	2002	
KMB	3ASV293	KJ5327	YV3S1E11721050564	Volvo B10TL-7300	Alexander ALX500	H59/33D	2002	
KMB	3ASV294	KJ5512	YV3S1E11921050565	Volvo B10TL-7300	Alexander ALX500	H59/33D	2002	
KMB	3ASV296	KJ6092	YV3S1E11021050566	Volvo B10TL-7300	Alexander ALX500	H59/33D	2002	
KMB	3ASV330	KL6039	YV3S1E11221050567	Volvo B10TL-7300	Alexander ALX500	H59/33D	2002	
KMB	3ASV298	KJ6266	YV3S1E11421050568	Volvo B10TL-7300	Alexander ALX500	H59/33D	2002	
KMB	3ASV299	KJ4626	YV3S1E11621050569	Volvo B10TL-7300	Alexander ALX500	H59/33D	2002	

公司	車隊編號	車牌	底盤編號	車型	車身	座位佈局	首次登記日期	退役日期
KMB	AVW1	KY2604	YV3S1E11221050570	Volvo B10TL-7300	Wright Gemini Explorer E458	H53/27D	2003	
KMB	3ASV333	KM7241	YV3S1E11221050584	Volvo B10TL-7300	Alexander ALX500	H59/33D	2002	
KMB	3ASV337	KM8453	YV3S1E11421050585	Volvo B10TL-7300	Alexander ALX500	H59/33D	2002	
KMB	3ASV348	KN3328	YV3S1E11621050586	Volvo B10TL-7300	Alexander ALX500	H59/33D	2002	
KMB	3ASV342	KM9149	YV3S1E11821050587	Volvo B10TL-7300	Alexander ALX500	H59/33D	2002	
KMB	3ASV357	KN7917	YV3S1E11X21050588	Volvo B10TL-7300	Alexander ALX500	H59/33D	2002	
KMB	3ASV353	KN4207	YV3S1E11121050589	Volvo B10TL-7300	Alexander ALX500	H59/33D	2002	
KMB	3ASV359	KN8261	YV3S1E11821050590	Volvo B10TL-7300	Alexander ALX500	H59/33D	2002	
KMB	3ASV436	KT3034	YV3S1E11X21050591	Volvo B10TL-7300	Volgren CR223LD VG1563	H59/33D	2002	
KMB	3ASV442	KT4404	YV3S1E11121050592	Volvo B10TL-7300	Volgren CR223LD VG1567	H59/33D	2002	
KMB	3ASV441	KT4187	YV3S1E11321050593	Volvo B10TL-7300	Volgren CR223LD	H59/33D	2002	
KMB	3ASV433	KS8534	YV3S1E11521050594	Volvo B10TL-7300	Volgren CR223LD	H59/33D	2002	
KMB	3ASV434	KS9352	YV3S1E11721050595	Volvo B10TL-7300	Volgren CR223LD VP0224	H59/33D	2002	
KMB	3ASV355	KN7229	YV3S1E11921050596	Volvo B10TL-7300	Alexander ALX500	H59/33D	2002	
KMB	3ASV354	KN7143	YV3S1E11021050597	Volvo B10TL-7300	Alexander ALX500	H59/33D	2002	
KMB	3ASV341	KM8827	YV3S1E11221050598	Volvo B10TL-7300	Alexander ALX500	H59/33D	2002	
KMB	3ASV358	KN7970	YV3S1E11421050599	Volvo B10TL-7300	Alexander ALX500	H59/33D	2002	
KMB	3ASV372	KP297	YV3S1E11721050600	Volvo B10TL-7300	Alexander ALX500	H59/33D	2002	
KMB	3ASV335	KM7430	YV3S1E11921050601	Volvo B10TL-7300	Alexander ALX500	H59/33D	2002	
KMB	3ASV338	KM7093	YV3S1E11821050606	Volvo B10TL-7300	Alexander ALX500	H59/33D	2002	
KMB	3ASV339	KM7761	YV3S1E11X21050607	Volvo B10TL-7300	Alexander ALX500	H59/33D	2002	
KMB	3ASV347	KN2829	YV3S1E11121050608	Volvo B10TL-7300	Alexander ALX500	H59/33D	2002	
KMB	3ASV343	KM9636	YV3S1E11321050609	Volvo B10TL-7300	Alexander ALX500	H59/33D	2002	
KMB	3ASV345	KN142	YV3S1E11X21050610	Volvo B10TL-7300	Alexander ALX500	H59/33D	2002	
KMB	3ASV344	KM9913	YV3S1E11121050611	Volvo B10TL-7300	Alexander ALX500	H59/33D	2002	
KMB	3ASV334	KM7420	YV3S1E11321050612	Volvo B10TL-7300	Alexander ALX500	H59/33D	2002	
KMB	3ASV332	KM7215	YV3S1E11521050613	Volvo B10TL-7300	Alexander ALX500	H59/33D	2002	
KMB	3ASV336	KM7488	YV3S1E11721050614	Volvo B10TL-7300	Alexander ALX500	H59/33D	2002	
KMB	3ASV352	KN3460	YV3S1E11921050615	Volvo B10TL-7300	Alexander ALX500	H59/33D	2002	
KMB	3ASV340	KM8675	YV3S1E11021050616	Volvo B10TL-7300	Alexander ALX500	H59/33D	2002	
KMB	3ASV361	KN8465	YV3S1E11221050617	Volvo B10TL-7300	Alexander ALX500	H59/33D	2002	
KMB	3ASV362	KN8476	YV3S1E11421050618	Volvo B10TL-7300	Alexander ALX500	H59/33D	2002	
KMB	3ASV367	KN9213	YV3S1E11621050619	Volvo B10TL-7300	Alexander ALX500	H59/33D	2002	
KMB	3ASV356	KN7359	YV3S1E11221050620	Volvo B10TL-7300	Alexander ALX500	H59/33D	2002	
KMB	3ASV369	KN9614	YV3S1E11421050621	Volvo B10TL-7300	Alexander ALX500	H59/33D	2002	
KMB	3ASV366	KN9052	YV3S1E11621050622	Volvo B10TL-7300	Alexander ALX500	H59/33D	2002	
KMB	3ASV435	KS9658	YV3S1E11821050623	Volvo B10TL-7300	Volgren CR223LD	H59/33D	2002	
KMB	3ASV451	KT5339	YV3S1E11X21050624	Volvo B10TL-7300	Volgren CR223LD	H59/33D	2002	
KMB	3ASV468	KU4927	YV3S1E11121050625	Volvo B10TL-7300	Volgren CR223LD	H59/33D	2002	
KMB	3ASV454	KT6491	YV3S1E11321050626	Volvo B10TL-7300	Volgren CR223LD	H59/33D	2002	
KMB	3ASV447	KT6487	YV3S1E11521050627	Volvo B10TL-7300	Volgren CR223LD	H59/33D	2002	
KMB	3ASV350	KN3745	YV3S1E11721050628	Volvo B10TL-7300	Alexander ALX500	H59/33D	2002	
KMB	3ASV346	KN2689	YV3S1E11921050629	Volvo B10TL-7300	Alexander ALX500	H59/33D	2002	
KMB	3ASV349	KN3485	YV3S1E11521050630	Volvo B10TL-7300	Alexander ALX500	H59/33D	2002	
KMB	3ASV360	KN8422	YV3S1E11721050631	Volvo B10TL-7300	Alexander ALX500	H59/33D	2002	
KMB	3ASV382	KP5961	YV3S1E11921050632	Volvo B10TL-7300	Alexander ALX500	H59/33D	2002	
KMB	3ASV385	KP6560	YV3S1E11021050633	Volvo B10TL-7300	Alexander ALX500	H59/33D	2002	

公司	車隊編號	車牌	底盤編號	車型	車身	座位佈局	首次登記日期	退役日期
KMB	3ASV379	KP4559	YV3S1E11221050634	Volvo B10TL-7300	Alexander ALX500	H59/33D	2002	
KMB	3ASV389	KP8126	YV3S1E11421050635	Volvo B10TL-7300	Alexander ALX500	H59/33D	2002	
KMB	3ASV381	KP5934	YV3S1E11821050640	Volvo B10TL-7300	Alexander ALX500	H59/33D	2002	
KMB	3ASV351	KN4427	YV3S1E11X21050641	Volvo B10TL-7300	Alexander ALX500	H59/33D	2002	
KMB	3ASV363	KN8738	YV3S1E11121050642	Volvo B10TL-7300	Alexander ALX500	H59/33D	2002	
KMB	3ASV365	KN9050	YV3S1E11321050643	Volvo B10TL-7300	Alexander ALX500 0158/020	H59/33D	2002	
KMB	3ASV364	KN9016	YV3S1E11521050644	Volvo B10TL-7300	Alexander ALX500	H59/33D	2002	
KMB	3ASV371	KP221	YV3S1E11721050645	Volvo B10TL-7300	Alexander ALX500	H59/33D	2002	
KMB	3ASV370	KN9648	YV3S1E11921050646	Volvo B10TL-7300	Alexander ALX500	H59/33D	2002	
KMB	3ASV368	KN9301	YV3S1E11021050647	Volvo B10TL-7300	Alexander ALX500	H59/33D	2002	
KMB	3ASV376	KP3851	YV3S1E11021050650	Volvo B10TL-7300	Alexander ALX500	H59/33D	2002	
KMB	3ASV374	KP3669	YV3S1E11221050651	Volvo B10TL-7300	Alexander ALX500	H59/33D	2002	
KMB	3ASV375	KP3778	YV3S1E11421050652	Volvo B10TL-7300	Alexander ALX500	H59/33D	2002	
KMB	3ASV383	KP6453	YV3S1E11621050653	Volvo B10TL-7300	Alexander ALX500	H59/33D	2002	
KMB	3ASV462	KU2490	YV3S1E11821050654	Volvo B10TL-7300	Volgren CR223LD	H59/33D	2002	
KMB	3ASV467	KU4608	YV3S1E11X21050655	Volvo B10TL-7300	Volgren CR223LD	H59/33D	2002	
KMB	3ASV459	KU871	YV3S1E11121050656	Volvo B10TL-7300	Volgren CR223LD	H59/33D	2002	
KMB	3ASV453	KT5824	YV3S1E11321050657	Volvo B10TL-7300	Volgren CR223LD VP0229	H59/33D	2002	
KMB	3ASV456	KT8144	YV3S1E11521050658	Volvo B10TL-7300	Volgren CR223LD	H59/33D	2002	
NWFB	5090	KU4116	YV3S1E11221050665	Volvo B10TL-7300	Alexander ALX500	H57/32D	2002	
NWFB	5091	KU4339	YV3S1E11421050666	Volvo B10TL-7300	Alexander ALX500	H57/32D	2002	
NWFB	5092	KU5966	YV3S1E11621050667	Volvo B10TL-7300	Alexander ALX500 0160/3	H57/32D	2002	
NWFB	5093	KU4964	YV3S1E11821050668	Volvo B10TL-7300	Alexander ALX500	H57/32D	2002	
NWFB	5094	KU6223	YV3S1E11X21050669	Volvo B10TL-7300	Alexander ALX500	H57/32D	2002	
NWFB	5095	KU4849	YV3S1E11621050670	Volvo B10TL-7300	Alexander ALX500 0160/6	H57/32D	2002	
NWFB	5096	KU7650	YV3S1E11821050671	Volvo B10TL-7300	Alexander ALX500 0160/7	H57/32D	2002	
NWFB	5097	KU7052	YV3S1E11X21050672	Volvo B10TL-7300	Alexander ALX500 0160/8	H57/32D	2002	
NWFB	5098	KU8643	YV3S1E11121050673	Volvo B10TL-7300	Alexander ALX500 0160/9	H57/32D	2002	2018
NWFB	T31	GC7776	YV3S1E11121050673	Volvo B10TL-7300	Alexander ALX500 0160/9	Training	2018	
NWFB	5099	KU9621	YV3S1E11321050674	Volvo B10TL-7300	Alexander ALX500 0160/10	H57/32D	2002	2018
NWFB	T32	HD8873	YV3S1E11321050674	Volvo B10TL-7300	Alexander ALX500 0160/10	Training	2018	
NWFB	5100	KV1902	YV3S1E11521050675	Volvo B10TL-7300	Alexander ALX500	H57/32D	2002	2018
NWFB	T33	KV1902	YV3S1E11521050675	Volvo B10TL-7300	Alexander ALX500	Training	2018	
NWFB	5101	KV1407	YV3S1E11721050676	Volvo B10TL-7300	Alexander ALX500	H57/32D	2002	
NWFB	5102	KV3603	YV3S1E11921050677	Volvo B10TL-7300	Alexander ALX500	H57/32D	2002	
NWFB	5103	KV2768	YV3S1E11021050678	Volvo B10TL-7300	Alexander ALX500 0610/12	H57/32D	2002	
KMB	3ASV472	KU7530	YV3S1E11421050683	Volvo B10TL-7300	Volgren CR223LD	H59/33D	2002	
KMB	3ASV470	KU6051	YV3S1E11621050684	Volvo B10TL-7300	Volgren CR223LD	H59/33D	2002	
KMB	3ASV474	KU8676	YV3S1E11821050685	Volvo B10TL-7300	Volgren CR223LD	H59/33D	2002	
KMB	3ASV471	KU7372	YV3S1E11X21050686	Volvo B10TL-7300	Volgren CR223LD VP0238	H59/33D	2002	
KMB	3ASV466	KU6118	YV3S1E11121050687	Volvo B10TL-7300	Volgren CR223LD	H59/33D	2002	
KMB	3ASV421	KS7716	YV3S1E11X21050705	Volvo B10TL-7300	Alexander ALX500	H59/33D	2002	
KMB	3ASV420	KS7537	YV3S1E11121050706	Volvo B10TL-7300	Alexander ALX500	H59/33D	2002	
KMB	3ASV428	KS7124	YV3S1E11321050707	Volvo B10TL-7300	Alexander ALX500	H59/33D	2002	
KMB	3ASV384	KP6551	YV3S1E11521050708	Volvo B10TL-7300	Alexander ALX500	H59/33D	2002	
KMB	3ASV373	KP3357	YV3S1E11721050709	Volvo B10TL-7300	Alexander ALX500	H59/33D	2002	
KMB	3ASV380	KP5277	YV3S1E11321050710	Volvo B10TL-7300	Alexander ALX500	H59/33D	2002	

公司	車隊編號	車牌	底盤編號	車型	車身	座位佈局	首次登記日期	退役日期
KMB	3ASV377	KP3891	YV3S1E11521050711	Volvo B10TL-7300	Alexander ALX500	H59/33D	2002	
KMB	3ASV439	KT3808	YV3S1E11721050712	Volvo B10TL-7300	Alexander ALX500	H59/33D	2002	
KMB	3ASV430	KS7568	YV3S1E11921050713	Volvo B10TL-7300	Alexander ALX500	H59/33D	2002	
KMB	3ASV437	KT3143	YV3S1E11021050714	Volvo B10TL-7300	Alexander ALX500	H59/33D	2002	
KMB	3ASV440	KT4135	YV3S1E11221050715	Volvo B10TL-7300	Alexander ALX500	H59/33D	2002	
KMB	3ASV438	KT3315	YV3S1E11421050716	Volvo B10TL-7300	Alexander ALX500	H59/33D	2002	
KMB	3ASV449	KT5123	YV3S1E11621050717	Volvo B10TL-7300	Alexander ALX500	H59/33D	2002	
KMB	3ASV390	KP8144	YV3S1E11821050718	Volvo B10TL-7300	Alexander ALX500	H59/33D	2002	
KMB	3ASV386	KP7024	YV3S1E11X21050719	Volvo B10TL-7300	Alexander ALX500	H59/33D	2002	
KMB	3ASV378	KP4535	YV3S1E11621050720	Volvo B10TL-7300	Alexander ALX500	H59/33D	2002	
KMB	3ASV388	KP7430	YV3S1E11821050721	Volvo B10TL-7300	Alexander ALX500	H59/33D	2002	
KMB	3ASV452	KT5549	YV3S1E11X21050722	Volvo B10TL-7300	Alexander ALX500	H59/33D	2002	
KMB	3ASV458	KU541	YV3S1E11121050723	Volvo B10TL-7300	Alexander ALX500	H59/33D	2002	
KMB	3ASV450	KT5159	YV3S1E11321050724	Volvo B10TL-7300	Alexander ALX500	H59/33D	2002	
KMB	3ASV398	KR2506	YV3S1E11521050725	Volvo B10TL-7300	Alexander ALX500	H59/33D	2002	
KMB	3ASV387	KP7203	YV3S1E11721050726	Volvo B10TL-7300	Alexander ALX500	H59/33D	2002	
KMB	3ASV391	KR598	YV3S1E11921050727	Volvo B10TL-7300	Alexander ALX500	H59/33D	2002	
KMB	3ASV399	KR2749	YV3S1E11021050728	Volvo B10TL-7300	Alexander ALX500	H59/33D	2002	
KMB	3ASV396	KR2186	YV3S1E11221050729	Volvo B10TL-7300	Alexander ALX500	H59/33D	2002	
KMB	3ASV405	KR3510	YV3S1E11921050730	Volvo B10TL-7300	Alexander ALX500	H59/33D	2002	
KMB	3ASV394	KR1731	YV3S1E11021050731	Volvo B10TL-7300	Alexander ALX500	H59/33D	2002	
KMB	3ASV448	KT4707	YV3S1E11221050732	Volvo B10TL-7300	Alexander ALX500	H59/33D	2002	
KMB	3ASV455	KT7625	YV3S1E11421050733	Volvo B10TL-7300	Alexander ALX500	H59/33D	2002	
KMB	3ASV457	KT8350	YV3S1E11621050734	Volvo B10TL-7300	Alexander ALX500	H59/33D	2002	
KMB	3ASV393	KR1694	YV3S1E11821050735	Volvo B10TL-7300	Alexander ALX500	H59/33D	2002	
KMB	3ASV395	KR1798	YV3S1E11X21050736	Volvo B10TL-7300	Alexander ALX500	H59/33D	2002	
KMB	3ASV400	KR4304	YV3S1E11121050737	Volvo B10TL-7300	Alexander ALX500	H59/33D	2002	
KMB	3ASV392	KR1691	YV3S1E11321050738	Volvo B10TL-7300	Alexander ALX500	H59/33D	2002	
KMB	3ASV397	KR2394	YV3S1E11521050739	Volvo B10TL-7300	Alexander ALX500	H59/33D	2002	
KMB	3ASV461	KU1391	YV3S1E11121050740	Volvo B10TL-7300	Alexander ALX500	H59/33D	2002	
KMB	3ASV465	KU4600	YV3S1E11321050741	Volvo B10TL-7300	Alexander ALX500	H59/33D	2002	
KMB	3ASV464	KU5249	YV3S1E11521050742	Volvo B10TL-7300	Alexander ALX500	H59/33D	2002	
KMB	3ASV463	KU4709	YV3S1E11721050743	Volvo B10TL-7300	Alexander ALX500	H59/33D	2002	
KMB	3ASV460	KU1143	YV3S1E11921050744	Volvo B10TL-7300	Alexander ALX500	H59/33D	2002	
KMB	3ASV475	KU9511	YV3S1E11021050745	Volvo B10TL-7300	Alexander ALX500	H59/33D	2002	
KMB	3ASV469	KU5626	YV3S1E11221050746	Volvo B10TL-7300	Alexander ALX500	H59/33D	2002	
KMB	3ASV473	KU8565	YV3S1E11421050747	Volvo B10TL-7300	Alexander ALX500	H59/33D	2002	
KMB	3ASV479	KV5952	YV3S1E11621050748	Volvo B10TL-7300	Alexander ALX500	H59/33D	2002	
KMB	3ASV408	KR4264	YV3S1E11821050749	Volvo B10TL-7300	Alexander ALX500	H59/33D	2002	
KMB	3ASV406	KR3579	YV3S1E11421050750	Volvo B10TL-7300	Alexander ALX500	H59/33D	2002	
KMB	3ASV401	KR2515	YV3S1E11621050751	Volvo B10TL-7300	Alexander ALX500	H59/33D	2002	
KMB	3ASV407	KR3694	YV3S1E11821050752	Volvo B10TL-7300	Alexander ALX500	H59/33D	2002	
KMB	3ASV404	KR3384	YV3S1E11X21050753	Volvo B10TL-7300	Alexander ALX500	H59/33D	2002	
KMB	3ASV477	KU9937	YV3S1E11121050754	Volvo B10TL-7300	Alexander ALX500	H59/33D	2002	
KMB	3ASV476	KU9771	YV3S1E11321050755	Volvo B10TL-7300	Alexander ALX500	H59/33D	2002	
KMB	3ASV478	KV5308	YV3S1E11521050756	Volvo B10TL-7300	Alexander ALX500	H59/33D	2002	
KMB	3ASV480	KV5169	YV3S1E11721050757	Volvo B10TL-7300	Alexander ALX500	H59/33D	2002	

公司	車隊編號	車牌	底盤編號	車型	車身	座位佈局	首次登記日期	退役日期
KMB	3ASV492	KW1624	YV3S1E11921050758	Volvo B10TL-7300	Alexander ALX500	H59/33D	2002	
KMB	3ASV483	KV5906	YV3S1E11021050759	Volvo B10TL-7300	Alexander ALX500	H59/33D	2002	
KMB	3ASV484	KV6245	YV3S1E11721050760	Volvo B10TL-7300	Alexander ALX500	H59/33D	2002	
KMB	3ASV482	KV5737	YV3S1E11921050761	Volvo B10TL-7300	Alexander ALX500	H59/33D	2002	
KMB	3ASV481	KV5712	YV3S1E11021050762	Volvo B10TL-7300	Alexander ALX500	H59/33D	2002	
KMB	3ASV485	KV6399	YV3S1E11221050763	Volvo B10TL-7300	Alexander ALX500	H59/33D	2002	
KMB	3ASV486	KV6795	YV3S1E11421050764	Volvo B10TL-7300	Alexander ALX500	H59/33D	2002	
KMB	3ASV490	KV8348	YV3S1H81721050765	Volvo B10TL-7300	Alexander ALX500	H59/33D	2002	
KMB	3ASV402	KR2587	YV3S1H81921050766	Volvo B10TL-7300	Alexander ALX500	H59/33D	2002	
KMB	3ASV409	KR7295	YV3S1H81021050767	Volvo B10TL-7300	Alexander ALX500	H59/33D	2002	
KMB	3ASV410	KR7607	YV3S1H81221050768	Volvo B10TL-7300	Alexander ALX500	H59/33D	2002	
KMB	3ASV414	KR8093	YV3S1H81421050769	Volvo B10TL-7300	Alexander ALX500	H59/33D	2002	
KMB	3ASV411	KR6863	YV3S1H81021050770	Volvo B10TL-7300	Alexander ALX500	H59/33D	2002	
KMB	3ASV412	KR7350	YV3S1H81221050771	Volvo B10TL-7300	Alexander ALX500	H59/33D	2002	
KMB	3ASV413	KR7546	YV3S1H81421050772	Volvo B10TL-7300	Alexander ALX500	H59/33D	2002	
KMB	3ASV417	KR9045	YV3S1H81621050773	Volvo B10TL-7300	Alexander ALX500	H59/33D	2002	
KMB	3ASV489	KV8210	YV3S1H81821050774	Volvo B10TL-7300	Alexander ALX500	H59/33D	2002	
KMB	3ASV487	KV7582	YV3S1H81X21050775	Volvo B10TL-7300	Alexander ALX500	H59/33D	2002	
KMB	3ASV488	KV7983	YV3S1H81121050776	Volvo B10TL-7300	Alexander ALX500	H59/33D	2002	
KMB	3ASV491	KV8663	YV3S1H81321050777	Volvo B10TL-7300	Alexander ALX500	H59/33D	2002	
KMB	3ASV424	KS7297	YV3S1H81521050778	Volvo B10TL-7300	Alexander ALX500	H59/33D	2002	
KMB	3ASV419	KS2137	YV3S1H81721050779	Volvo B10TL-7300	Alexander ALX500	H59/33D	2002	
KMB	3ASV418	KR9617	YV3S1H81321050780	Volvo B10TL-7300	Alexander ALX500	H59/33D	2002	
KMB	3ASV415	KR8423	YV3S1H81521050781	Volvo B10TL-7300	Alexander ALX500	H59/33D	2002	
KMB	3ASV416	KR8514	YV3S1H81721050782	Volvo B10TL-7300	Alexander ALX500	H59/33D	2002	
KMB	3ASV426	KS8012	YV3S1H81921050783	Volvo B10TL-7300	Alexander ALX500	H59/33D	2002	
KMB	3ASV427	KS8246	YV3S1H81021050784	Volvo B10TL-7300	Alexander ALX500	H59/33D	2002	
KMB	3ASV423	KS6835	YV3S1H81221050785	Volvo B10TL-7300	Alexander ALX500	H59/33D	2002	
KMB	3ASV445	KT5668	YV3S1H81421050786	Volvo B10TL-7300	Alexander ALX500	H59/33D	2002	
KMB	3ASV446	KT5738	YV3S1H81621050787	Volvo B10TL-7300	Alexander ALX500	H59/33D	2002	
KMB	3ASV444	KT5421	YV3S1H81821050788	Volvo B10TL-7300	Alexander ALX500	H59/33D	2002	
KMB	3ASV422	KS6632	YV3S1H81X21050789	Volvo B10TL-7300	Alexander ALX500	H59/33D	2002	
KMB	3ASV431	KS7631	YV3S1H81621050790	Volvo B10TL-7300	Alexander ALX500	H59/33D	2002	
KMB	3ASV443	KT4909	YV3S1H81821050791	Volvo B10TL-7300	Alexander ALX500	H59/33D	2002	
KMB	3ASV425	KS7360	YV3S1H81X21050792	Volvo B10TL-7300	Alexander ALX500	H59/33D	2002	
KMB	3ASV429	KS7201	YV3S1H81121050793	Volvo B10TL-7300	Alexander ALX500	H59/33D	2002	
KMB	3ASV432	KS8042	YV3S1H81321050794	Volvo B10TL-7300	Alexander ALX500	H59/33D	2002	
KMB	ASV64	KY5393	YV3S1H81331050795	Volvo B10TL-6000	Alexander ALX500	H51/26D	2003	
KMB	ASV53	KX2357	YV3S1H81531050796	Volvo B10TL-6000	Alexander ALX500	H51/26D	2003	
KMB	ASV51	KX2135	YV3S1H81731050797	Volvo B10TL-6000	Alexander ALX500	H51/26D	2003	
KMB	ASV57	KX3423	YV3S1H81931050798	Volvo B10TL-6000	Alexander ALX500	H51/26D	2003	
KMB	ASV52	KX2260	YV3S1H81031050799	Volvo B10TL-6000	Alexander ALX500	H51/26D	2003	
KMB	ASV55	KX2953	YV3S1H81331050800	Volvo B10TL-6000	Alexander ALX500	H51/26D	2003	
KMB	ASV60	KX6567	YV3S1H81531050801	Volvo B10TL-6000	Alexander ALX500	H51/26D	2003	
KMB	ASV61	KX7623	YV3S1H81731050802	Volvo B10TL-6000	Alexander ALX500	H51/26D	2003	
KMB	ASV56	KX3088	YV3S1H81931050803	Volvo B10TL-6000	Alexander ALX500	H51/26D	2003	
KMB	ASV69	KZ1229	YV3S1H81031050804	Volvo B10TL-6000	Alexander ALX500	H51/26D	2003	

公司	車隊編號	車牌	底盤編號	車型	車身	座位佈局	首次登記日期	退役日期
KMB	ASV68	KZ1103	YV3S1H81231050805	Volvo B10TL-6000	Alexander ALX500	H51/26D	2003	
KMB	ASV62	KX7724	YV3S1H81431050806	Volvo B10TL-6000	Alexander ALX500	H51/26D	2003	
KMB	ASV58	KX3566	YV3S1H81631050807	Volvo B10TL-6000	Alexander ALX500	H51/26D	2003	
KMB	ASV54	KX2574	YV3S1H81831050808	Volvo B10TL-6000	Alexander ALX500	H51/26D	2003	
KMB	ASV59	KX4760	YV3S1H81X31050809	Volvo B10TL-6000	Alexander ALX500	H51/26D	2003	
KMB	ASV66	KY6311	YV3S1H81631050810	Volvo B10TL-6000	Alexander ALX500	H51/26D	2003	
KMB	ASV70	KZ6846	YV3S1H81831050811	Volvo B10TL-6000	Alexander ALX500	H51/26D	2003	
KMB	ASV67	KZ593	YV3S1H81X31050812	Volvo B10TL-6000	Alexander ALX500	H51/26D	2003	
KMB	ASV73	KZ7576	YV3S1H81131050813	Volvo B10TL-6000	Alexander ALX500	H51/26D	2003	
KMB	ASV72	KZ7389	YV3S1H81331050814	Volvo B10TL-6000	Alexander ALX500	H51/26D	2003	
KMB	ASV71	KZ7008	YV3S1H81531050815	Volvo B10TL-6000	Alexander ALX500	H51/26D	2003	
KMB	ASV88	LR7034	YV3S1H81731050816	Volvo B10TL-6000	Alexander ALX500	H51/26D	2004	
KMB	ASV65	KY5837	YV3S1H81931050817	Volvo B10TL-6000	Alexander ALX500	H51/26D	2003	
KMB	ASV63	KY5268	YV3S1H81031050818	Volvo B10TL-6000	Alexander ALX500	H51/26D	2003	
KMB	ASV74	KZ8212	YV3S1H81231050819	Volvo B10TL-6000	Alexander ALX500	H51/26D	2003	
KMB	ASV94	LS1526	YV3S1H81931050820	Volvo B10TL-6000	Alexander ALX500	H51/26D	2004	
KMB	ASV92	LS886	YV3S1H81031050821	Volvo B10TL-6000	Alexander ALX500	H51/26D	2004	
KMB	ASV100	LV8402	YV3S1H81231050822	Volvo B10TL-6000	Alexander ALX500	H51/26D	2005	
KMB	ASV93	LS1154	YV3S1H81431050823	Volvo B10TL-6000	Alexander ALX500	H51/26D	2004	
KMB	ASV95	LS1601	YV3S1H81631050824	Volvo B10TL-6000	Alexander ALX500	H51/26D	2004	
KMB	ASV91	LR7875	YV3S1H81831050825	Volvo B10TL-6000	Alexander ALX500	H51/26D	2004	
KMB	ASV97	LS6379	YV3S1H81X31050826	Volvo B10TL-6000	Alexander ALX500	H51/26D	2004	
KMB	ASV78	LR725	YV3S1H81131050827	Volvo B10TL-6000	Alexander ALX500	H51/26D	2004	
KMB	ASV98	LT6216	YV3S1H81331050828	Volvo B10TL-6000	Alexander ALX500	H51/26D	2004	
KMB	ASV96	LS4702	YV3S1H81531050829	Volvo B10TL-6000	Alexander ALX500	H51/26D	2004	
KMB	ASV99	LV1012	YV3S1H81131050830	Volvo B10TL-6000	Alexander ALX500	H51/26D	2005	
KMB	ASV79	LR2889	YV3S1H81331050831	Volvo B10TL-6000	Alexander ALX500	H51/26D	2004	
KMB	ASV82	LR3641	YV3S1H81531050832	Volvo B10TL-6000	Alexander ALX500	H51/26D	2004	
KMB	ASV75	LR1178	YV3S1H81731050833	Volvo B10TL-6000	Alexander ALX500	H51/26D	2004	
KMB	ASV89	LR7288	YV3S1H81931050834	Volvo B10TL-6000	Alexander ALX500	H51/26D	2004	
KMB	ASV81	LR3478	YV3S1H81031050835	Volvo B10TL-6000	Alexander ALX500	H51/26D	2004	
KMB	ASV84	LR4543	YV3S1H81231050836	Volvo B10TL-6000	Alexander ALX500	H51/26D	2004	
KMB	ASV85	LR5759	YV3S1H81431050837	Volvo B10TL-6000	Alexander ALX500	H51/26D	2004	
KMB	ASV76	LR1187	YV3S1H81631050838	Volvo B10TL-6000	Alexander ALX500	H51/26D	2004	
KMB	ASV80	LR3042	YV3S1H81831050839	Volvo B10TL-6000	Alexander ALX500	H51/26D	2004	
KMB	ASV83	LR4087	YV3S1H81431050840	Volvo B10TL-6000	Alexander ALX500	H51/26D	2004	
KMB	ASV86	LR5788	YV3S1H81631050841	Volvo B10TL-6000	Alexander ALX500	H51/26D	2004	
KMB	ASV87	LR6271	YV3S1H81831050842	Volvo B10TL-6000	Alexander ALX500	H51/26D	2004	
KMB	ASV77	LR623	YV3S1H81X31050843	Volvo B10TL-6000	Alexander ALX500	H51/26D	2004	
KMB	ASV90	LR7392	YV3S1H81131050844	Volvo B10TL-6000	Alexander ALX500	H51/26D	2004	
KMB	AVW3	LF6277	YV3S1H81331050845	Volvo B10TL-7300	Wright Gemini Explorer G233	H53/27D	2003	
KMB	AVW4	LF6495	YV3S1H81531050846	Volvo B10TL-7300	Wright Gemini Explorer G234	H53/27D	2003	
KMB	AVW6	LF9149	YV3S1H81731050847	Volvo B10TL-7300	Wright Gemini Explorer G235	H53/27D	2003	
KMB	AVW2	LF5502	YV3S1H81931050848	Volvo B10TL-7300	Wright Gemini Explorer G236	H53/27D	2003	
KMB	AVW50	LN8033	YV3S1H81031050849	Volvo B10TL-7300	Wright Gemini Explorer G237	H53/27D	2004	
KMB	AVW5	LF9138	YV3S1H81731050850	Volvo B10TL-7300	Wright Gemini Explorer G238	H53/27D	2003	
KMB	AVW7	LF9463	YV3S1H81931050851	Volvo B10TL-7300	Wright Gemini Explorer G239	H53/27D	2003	

公司	車隊編號	車牌	底盤編號	車型	車身	座位佈局	首次登記日期	退役日期
KMB	AVW47	LN6648	YV3S1H81031050852	Volvo B10TL-7300	Wright Gemini Explorer G240	H53/27D	2004	
KMB	AVW10	LJ9904	YV3S1H81231050853	Volvo B10TL-7300	Wright Gemini Explorer G241	H53/27D	2004	
KMB	AVW8	LJ8652	YV3S1H81431050854	Volvo B10TL-7300	Wright Gemini Explorer G242	H53/27D	2004	
KMB	AVW11	LJ9994	YV3S1H81631050855	Volvo B10TL-7300	Wright Gemini Explorer G674	H53/27D	2004	
KMB	AVW9	LJ9248	YV3S1H81831050856	Volvo B10TL-7300	Wright Gemini Explorer G675	H53/27D	2004	
KMB	AVW48	LN7321	YV3S1H81X31050857	Volvo B10TL-7300	Wright Gemini Explorer G676	H53/27D	2004	
KMB	AVW21	LL3245	YV3S1H81131050858	Volvo B10TL-7300	Wright Gemini Explorer G677	H53/27D	2004	
KMB	AVW13	LL3600	YV3S1H81331050859	Volvo B10TL-7300	Wright Gemini Explorer G678	H53/27D	2004	
KMB	AVW12	LL2812	YV3S1H81X31050860	Volvo B10TL-7300	Wright Gemini Explorer G679	H53/27D	2004	
KMB	AVW18	LL3063	YV3S1H81131050861	Volvo B10TL-7300	Wright Gemini Explorer G680	H53/27D	2004	
KMB	AVW30	LL3895	YV3S1H81331050862	Volvo B10TL-7300	Wright Gemini Explorer G681	H53/27D	2004	
KMB	AVW23	LL3418	YV3S1H81531050863	Volvo B10TL-7300	Wright Gemini Explorer G682	H53/27D	2004	
KMB	AVW25	LL3634	YV3S1H81731050864	Volvo B10TL-7300	Wright Gemini Explorer G683	H53/27D	2004	
KMB	AVW34	LL4132	YV3S1H81931050865	Volvo B10TL-7300	Wright Gemini Explorer G684	H53/27D	2004	
KMB	AVW32	LL4063	YV3S1H81031050866	Volvo B10TL-7300	Wright Gemini Explorer G685	H53/27D	2004	
KMB	AVW15	LL2913	YV3S1H81231050867	Volvo B10TL-7300	Wright Gemini Explorer G686	H53/27D	2004	
KMB	AVW28	LL3850	YV3S1H81431050868	Volvo B10TL-7300	Wright Gemini Explorer G687	H53/27D	2004	
KMB	AVW14	LL2844	YV3S1H81631050869	Volvo B10TL-7300	Wright Gemini Explorer G688	H53/27D	2004	
KMB	AVW27	LL3722	YV3S1H81231050870	Volvo B10TL-7300	Wright Gemini Explorer G689	H53/27D	2004	
KMB	AVW22	LL3373	YV3S1H81431050871	Volvo B10TL-7300	Wright Gemini Explorer G690	H53/27D	2004	
KMB	AVW20	LL3185	YV3S1H81631050872	Volvo B10TL-7300	Wright Gemini Explorer G691	H53/27D	2004	
KMB	AVW29	LL3858	YV3S1H81831050873	Volvo B10TL-7300	Wright Gemini Explorer G692	H53/27D	2004	
KMB	AVW31	LL3910	YV3S1H81X31050874	Volvo B10TL-7300	Wright Gemini Explorer G693	H53/27D	2004	
KMB	AVW33	LL4101	YV3S1H81131050875	Volvo B10TL-7300	Wright Gemini Explorer G694	H53/27D	2004	
KMB	AVW17	LL2946	YV3S1H81331050876	Volvo B10TL-7300	Wright Gemini Explorer G695	H53/27D	2004	
KMB	AVW24	LL3578	YV3S1H81531050877	Volvo B10TL-7300	Wright Gemini Explorer G696	H53/27D	2004	
KMB	AVW35	LL4450	YV3S1H81731050878	Volvo B10TL-7300	Wright Gemini Explorer G697	H53/27D	2004	
KMB	AVW19	LL3120	YV3S1H81931050879	Volvo B10TL-7300	Wright Gemini Explorer G698	H53/27D	2004	
KMB	AVW26	LL3708	YV3S1H81531050880	Volvo B10TL-7300	Wright Gemini Explorer G699	H53/27D	2004	
KMB	AVW16	LL2945	YV3S1H81541050881	Volvo B10TL-7300	Wright Gemini Explorer G700	H53/27D	2004	
KMB	AVW37	LM1173	YV3S1H81741050882	Volvo B10TL-7300	Wright Gemini Explorer G701	H53/27D	2004	
KMB	AVW43	LM2010	YV3S1H81941050883	Volvo B10TL-7300	Wright Gemini Explorer G702	H53/27D	2004	
KMB	AVW49	LN7682	YV3S1H81041050884	Volvo B10TL-7300	Wright Gemini Explorer G703	H53/27D	2004	
KMB	AVW45	LM2398	YV3S1H81241050885	Volvo B10TL-7300	Wright Gemini Explorer G704	H53/27D	2004	
KMB	AVW42	LM1933	YV3S1H81441050886	Volvo B10TL-7300	Wright Gemini Explorer G705	H53/27D	2004	
KMB	AVW41	LM1840	YV3S1H81641050887	Volvo B10TL-7300	Wright Gemini Explorer G706	H53/27D	2004	
KMB	AVW39	LM1517	YV3S1H81841050888	Volvo B10TL-7300	Wright Gemini Explorer G707	H53/27D	2004	
KMB	AVW38	LM1450	YV3S1H81X41050889	Volvo B10TL-7300	Wright Gemini Explorer G708	H53/27D	2004	
KMB	AVW36	LM1083	YV3S1H81641050890	Volvo B10TL-7300	Wright Gemini Explorer G709	H53/27D	2004	
KMB	AVW40	LM1682	YV3S1H81841050891	Volvo B10TL-7300	Wright Gemini Explorer G710	H53/27D	2004	
KMB	AVW46	LN6618	YV3S1H81X41050892	Volvo B10TL-7300	Wright Gemini Explorer G711	H53/27D	2004	
KMB	AVW44	LM2148	YV3S1H81141050893	Volvo B10TL-7300	Wright Gemini Explorer G712	H53/27D	2004	
KMB	AVW69	LS609	YV3S1H81341050894	Volvo B10TL-7300	Wright Gemini Explorer G907	H53/27D	2004	
KMB	AVW56	LP2416	YV3S1H81541050895	Volvo B10TL-7300	Wright Gemini Explorer G908	H53/27D	2004	
KMB	AVW53	LP1113	YV3S1H81741050896	Volvo B10TL-7300	Wright Gemini Explorer G909	H53/27D	2004	
KMB	AVW97	MA5527	YV3S1H81941050897	Volvo B10TL-7300	Wright Gemini Explorer G910	H53/27D	2005	
KMB	AVW52	LP785	YV3S1H81041050898	Volvo B10TL-7300	Wright Gemini Explorer G911	H53/27D	2004	

公司	車隊編號	車牌	底盤編號	車型	車身	座位佈局	首次登記日期	退役日期
KMB	AVW54	LP1651	YV3S1H81241050899	Volvo B10TL-7300	Wright Gemini Explorer G912	H53/27D	2004	
KMB	AVW51	LP563	YV3S1H81541050900	Volvo B10TL-7300	Wright Gemini Explorer G913	H53/27D	2004	
KMB	AVW67	LR7542	YV3S1H81741050901	Volvo B10TL-7300	Wright Gemini Explorer G914	H53/27D	2004	
KMB	AVW55	LP771	YV3S1H81941050902	Volvo B10TL-7300	Wright Gemini Explorer G915	H53/27D	2004	2008
KMB	AVW100	MA5811	YV3S1H81041050903	Volvo B10TL-7300	Wright Gemini Explorer G916	H53/27D	2005	
KMB	AVW58	LP9904	YV3S1H81241050904	Volvo B10TL-7300	Wright Gemini Explorer G917	H53/27D	2004	
KMB	AVW57	LP9022	YV3S1H81441050905	Volvo B10TL-7300	Wright Gemini Explorer G918	H53/27D	2004	
KMB	AVW62	LR3448	YV3S1H81641050906	Volvo B10TL-7300	Wright Gemini Explorer G919	H53/27D	2004	
KMB	AVW59	LP9951	YV3S1H81841050907	Volvo B10TL-7300	Wright Gemini Explorer G920	H53/27D	2004	
KMB	AVW60	LR649	YV3S1H81X41050908	Volvo B10TL-7300	Wright Gemini Explorer G921	H53/27D	2004	
KMB	AVW61	LR1932	YV3S1H81141050909	Volvo B10TL-7300	Wright Gemini Explorer G922	H53/27D	2004	
KMB	AVW65	LR7306	YV3S1H81841050910	Volvo B10TL-7300	Wright Gemini Explorer G923	H53/27D	2004	
KMB	AVW70	LS1392	YV3S1H81X41050911	Volvo B10TL-7300	Wright Gemini Explorer G924	H53/27D	2004	
KMB	AVW66	LR7420	YV3S1H81141050912	Volvo B10TL-7300	Wright Gemini Explorer G925	H53/27D	2004	
KMB	AVW64	LR7009	YV3S1H81341050913	Volvo B10TL-7300	Wright Gemini Explorer G926	H53/27D	2004	
KMB	AVW84	LZ5287	YV3S1H81541050914	Volvo B10TL-7300	Wright Gemini Explorer G927	H53/27D	2005	
KMB	AVW68	LR7977	YV3S1H81741050915	Volvo B10TL-7300	Wright Gemini Explorer G928	H53/27D	2004	
KMB	AVW63	LR6536	YV3S1H81941050916	Volvo B10TL-7300	Wright Gemini Explorer G929	H53/27D	2004	
KMB	AVW71	LS907	YV3S1H81041050917	Volvo B10TL-7300	Wright Gemini Explorer G930	H53/27D	2004	
KMB	AVW94	LZ9365	YV3S1H81241050918	Volvo B10TL-7300	Wright Gemini Explorer G931	H53/27D	2005	
KMB	AVW85	LZ5504	YV3S1H81441050919	Volvo B10TL-7300	Wright Gemini Explorer G932	H53/27D	2005	
KMB	AVW93	LZ9291	YV3S1H81041050920	Volvo B10TL-7300	Wright Gemini Explorer G933	H53/27D	2005	
KMB	AVW89	LZ6455	YV3S1H81241050921	Volvo B10TL-7300	Wright Gemini Explorer G934	H53/27D	2005	
KMB	AVW92	LZ8705	YV3S1H81441050922	Volvo B10TL-7300	Wright Gemini Explorer G935	H53/27D	2005	
KMB	AVW95	LZ9484	YV3S1H81641050923	Volvo B10TL-7300	Wright Gemini Explorer G936	H53/27D	2005	
KMB	AVW72	LU3834	YV3S1H81841050924	Volvo B10TL-7300	Wright Gemini Explorer G937	H53/27D	2005	
KMB	AVW88	LZ5771	YV3S1H81X41050925	Volvo B10TL-7300	Wright Gemini Explorer G938	H53/27D	2005	
KMB	AVW87	LZ5663	YV3S1H81141050926	Volvo B10TL-7300	Wright Gemini Explorer G939	H53/27D	2005	
KMB	AVW91	LZ8592	YV3S1H81341050927	Volvo B10TL-7300	Wright Gemini Explorer G940	H53/27D	2005	
KMB	AVW90	LZ8569	YV3S1H81541050928	Volvo B10TL-7300	Wright Gemini Explorer G941	H53/27D	2005	
KMB	AVW78	LX9991	YV3S1H81741050929	Volvo B10TL-7300	Wright Gemini Explorer G942	H53/27D	2005	
KMB	AVW79	LY356	YV3S1H81341050930	Volvo B10TL-7300	Wright Gemini Explorer G943	H53/27D	2005	
KMB	AVW77	LX9743	YV3S1H81541050931	Volvo B10TL-7300	Wright Gemini Explorer G944	H53/27D	2005	
KMB	AVW73	LX8711	YV3S1H81741050932	Volvo B10TL-7300	Wright Gemini Explorer G945	H53/27D	2005	
KMB	AVW74	LX9299	YV3S1H81941050933	Volvo B10TL-7300	Wright Gemini Explorer G946	H53/27D	2005	
KMB	AVW76	LX9702	YV3S1H81041050934	Volvo B10TL-7300	Wright Gemini Explorer G947	H53/27D	2005	
KMB	AVW75	LX9418	YV3S1H81241050935	Volvo B10TL-7300	Wright Gemini Explorer G948	H53/27D	2005	
KMB	AVW80	LY6540	YV3S1H81441050936	Volvo B10TL-7300	Wright Gemini Explorer G949	H53/27D	2005	
KMB	AVW99	MA5684	YV3S1H81641050937	Volvo B10TL-7300	Wright Gemini Explorer G950	H53/27D	2005	
KMB	AVW82	LY7610	YV3S1H81841050938	Volvo B10TL-7300	Wright Gemini Explorer G951	H53/27D	2005	
KMB	AVW86	LZ5525	YV3S1H81X41050939	Volvo B10TL-7300	Wright Gemini Explorer G952	H53/27D	2005	
KMB	AVW81	LY7309	YV3S1H81641050940	Volvo B10TL-7300	Wright Gemini Explorer G953	H53/27D	2005	
KMB	AVW96	MA4745	YV3S1H81841050941	Volvo B10TL-7300	Wright Gemini Explorer G954	H53/27D	2005	
KMB	AVW98	MA5571	YV3S1H81X41050942	Volvo B10TL-7300	Wright Gemini Explorer G955	H53/27D	2005	
KMB	AVW83	LZ4519	YV3S1H81141050943	Volvo B10TL-7300	Wright Gemini Explorer G956	H53/27D	2005	

Scania K94UB

公司	車隊編號	車牌	底盤編號	車型	車身	座位佈局	首次登記日期	退役日期
CTB	2800	KJ1502	YS4K6X20001837112	Scania K94UB 6x2/4	Volgren CR223LD	H59/31D	2001	

TransBus Enviro500

公司	車隊編號	車牌	底盤編號	車型	車身	座位佈局	首次登記日期	退役日期
KMB	ATE22	KZ4678	SFD135GR42GTD1405	TransBus Trident Enviro500	TransBus Enviro500	H53/27D	2003	
KMB	ATE1	KX675	SFD135GR42GTD1406	TransBus Trident Enviro500	TransBus Enviro500 2011/1	H53/27D	2003	
KMB	ATE14	KY9690	SFD136GR42GTD1425	TransBus Trident Enviro500	TransBus Enviro500 2032/9	H53/27D	2003	
KMB	ATE4	KY4321	SFD135GR42GTD1428	TransBus Trident Enviro500	TransBus Enviro500 2011/2	H53/27D	2003	
KMB	ATE2	KY2595	SFD135GR42GTD1429	TransBus Trident Enviro500	TransBus Enviro500 2011/3	H53/27D	2003	
KMB	ATE5	KY4464	SFD135GR42GTD1430	TransBus Trident Enviro500	TransBus Enviro500 2011/4	H53/27D	2003	
KMB	ATE3	KY3126	SFD135GR42GTD1431	TransBus Trident Enviro500	TransBus Enviro500 2011/5	H53/27D	2003	
KMB	ATE7	KY5580	SFD135GR42GTD1432	TransBus Trident Enviro500	TransBus Enviro500	H53/27D	2003	
KMB	ATE8	KY5722	SFD135GR42GTD1493	TransBus Trident Enviro500	TransBus Enviro500 2032/3	H53/27D	2003	
KMB	ATE11	KY7092	SFD135GR42GTD1494	TransBus Trident Enviro500	TransBus Enviro500 2032/1	H53/27D	2003	
KMB	ATE6	KY5280	SFD135GR42GTD1495	TransBus Trident Enviro500	TransBus Enviro500 2032/4	H53/27D	2003	
KMB	ATE9	KY6440	SFD135GR42GTD1496	TransBus Trident Enviro500	TransBus Enviro500 2032/2	H53/27D	2003	
KMB	ATE10	KY6735	SFD135GR42GTD1497	TransBus Trident Enviro500	TransBus Enviro500 2032/5	H53/27D	2003	
KMB	ATE12	KY7641	SFD135GR42GTD1498	TransBus Trident Enviro500	TransBus Enviro500 2032/6	H53/27D	2003	
KMB	ATE20	KZ1422	SFD135GR42GTD1499	TransBus Trident Enviro500	TransBus Enviro500 2032/7	H53/27D	2003	
KMB	ATE15	KZ379	SFD135GR42GTD1500	TransBus Trident Enviro500	TransBus Enviro500 2032/8	H53/27D	2003	
KMB	ATE13	KY9168	SFD136GR42GTD1501	TransBus Trident Enviro500	TransBus Enviro500 2032/10	H53/27D	2003	
KMB	ATE16	KZ916	SFD136GR42GTD1502	TransBus Trident Enviro500	TransBus Enviro500 2032/11	H53/27D	2003	
KMB	ATE17	KZ1026	SFD136GR42GTD1503	TransBus Trident Enviro500	TransBus Enviro500 2032/12	H53/27D	2003	
KMB	ATE18	KZ2111	SFD136GR42GTD1504	TransBus Trident Enviro500	TransBus Enviro500 2032/13	H53/27D	2003	
KMB	ATE19	KZ687	SFD136GR42GTD1505	TransBus Trident Enviro500	TransBus Enviro500 2032/14	H53/27D	2003	
KMB	ATE21	KZ5600	SFD136GR42GTD1506	TransBus Trident Enviro500	TransBus Enviro500	H53/27D	2003	
KMB	ATE23	KZ4755	SFD136GR42GTD1507	TransBus Trident Enviro500	TransBus Enviro500 2032/16	H53/27D	2003	
KMB	ATE26	KZ6414	SFD136GR42GTD1508	TransBus Trident Enviro500	TransBus Enviro500 2032/17	H53/27D	2003	
KMB	ATE25	KZ6377	SFD136GR42GTD1509	TransBus Trident Enviro500	TransBus Enviro500 2032/18	H53/27D	2003	
KMB	ATE28	KZ6682	SFD136GR42GTD1510	TransBus Trident Enviro500	TransBus Enviro500 2032/19	H53/27D	2003	
KMB	ATE33	KZ9268	SFD136GR42GTD1511	TransBus Trident Enviro500	TransBus Enviro500 2032/20	H53/27D	2003	
KMB	ATE30	KZ8692	SFD136GR42GTD1512	TransBus Trident Enviro500	TransBus Enviro500 2032/21	H53/27D	2003	
KMB	ATE45	LB7856	SFD136GR42GTD1513	TransBus Trident Enviro500	TransBus Enviro500 2032/22	H53/27D	2003	
KMB	ATE37	LB6755	SFD136GR42GTD1514	TransBus Trident Enviro500	TransBus Enviro500 2032/23	H53/27D	2003	
KMB	ATE57	LB9774	SFD136GR42GTD1515	TransBus Trident Enviro500	TransBus Enviro500 2063/1	H53/27D	2003	
KMB	ATE52	LB9148	SFD136GR42GTD1516	TransBus Trident Enviro500	TransBus Enviro500 2063/2	H53/27D	2003	
KMB	ATE53	LB9316	SFD136GR42GTD1517	TransBus Trident Enviro500	TransBus Enviro500 2063/3	H53/27D	2003	
KMB	ATE51	LB8591	SFD136GR42GTD1518	TransBus Trident Enviro500	TransBus Enviro500 2063/4	H53/27D	2003	
KMB	ATE47	LB8103	SFD136GR42GTD1519	TransBus Trident Enviro500	TransBus Enviro500	H53/27D	2003	
KMB	ATE41	LB7092	SFD136GR42GTD1520	TransBus Trident Enviro500	TransBus Enviro500 2063/6	H53/27D	2003	
KMB	ATE40	LB6946	SFD136GR42GTD1521	TransBus Trident Enviro500	TransBus Enviro500 2063/7	H53/27D	2003	
KMB	ATE35	LB6564	SFD136GR42GTD1522	TransBus Trident Enviro500	TransBus Enviro500 2063/8	H53/27D	2003	
KMB	ATE61	LB8869	SFD136GR42GTD1523	TransBus Trident Enviro500	TransBus Enviro500	H53/27D	2003	

公司	車隊編號	車牌	底盤編號	車型	車身	座位佈局	首次登記日期	退役日期
KMB	ATE58	LB9974	SFD136GR42GTD1524	TransBus Trident Enviro500	TransBus Enviro500 2063/10	H53/27D	2003	
KMB	ATE94	LE8869	SFD136GR42GTD1525	TransBus Trident Enviro500	TransBus Enviro500 2063/11	H53/27D	2003	
KMB	ATE91	LE8602	SFD136GR42GTD1526	TransBus Trident Enviro500	TransBus Enviro500 2063/12	H53/27D	2003	
KMB	ATE93	LE8747	SFD136GR42GTD1527	TransBus Trident Enviro500	TransBus Enviro500 2063/19	H53/27D	2003	
KMB	ATE66	LB9604	SFD136GR42GTD1528	TransBus Trident Enviro500	TransBus Enviro500 2063/14	H53/27D	2003	
KMB	ATE99	LF139	SFD136GR42GTD1529	TransBus Trident Enviro500	TransBus Enviro500	H53/27D	2003	
KMB	ATE97	LE9442	SFD136GR42GTD1530	TransBus Trident Enviro500	TransBus Enviro500 2063/16	H53/27D	2003	
KMB	ATE100	LF2642	SFD136GR42GTD1531	TransBus Trident Enviro500	TransBus Enviro500 2063/18	H53/27D	2003	
KMB	ATE98	LE9821	SFD136GR42GTD1532	TransBus Trident Enviro500	TransBus Enviro500	H53/27D	2003	
KMB	ATE29	KZ7579	SFD136GR42GTD1533	TransBus Trident Enviro500	TransBus Enviro500 2064/3	H53/27D	2003	
KMB	ATE24	KZ4977	SFD136GR42GTD1534	TransBus Trident Enviro500	TransBus Enviro500	H53/27D	2003	
KMB	ATE34	KZ9314	SFD136GR42GTD1535	TransBus Trident Enviro500	TransBus Enviro500 2064/5	H53/27D	2003	
KMB	ATE90	LE8548	SFD136GR42GTD1536	TransBus Trident Enviro500	TransBus Enviro500	H53/27D	2003	
KMB	ATE95	LE9116	SFD136GR42GTD1537	TransBus Trident Enviro500	TransBus Enviro500 2063/20	H53/27D	2003	
KMB	ATE92	LE8684	SFD136GR42GTD1538	TransBus Trident Enviro500	TransBus Enviro500 2063/21	H53/27D	2003	
KMB	ATE96	LE9387	SFD136GR42GTD1539	TransBus Trident Enviro500	TransBus Enviro500 2063/22	H53/27D	2003	
KMB	ATE101	LF2791	SFD136GR42GTD1540	TransBus Trident Enviro500	TransBus Enviro500	H53/27D	2003	
KMB	ATE27	KZ6570	SFD136GR42GTD1541	TransBus Trident Enviro500	TransBus Enviro500 2064/2	H53/27D	2003	
KMB	ATE31	KZ9022	SFD136GR42GTD1542	TransBus Trident Enviro500	TransBus Enviro500 2064/4	H53/27D	2003	
KMB	ATE56	LB9756	SFD136GR42GTD1543	TransBus Trident Enviro500	TransBus Enviro500 2064/7	H53/27D	2003	
KMB	ATE105	LF3557	SFD136GR42GTD1544	TransBus Trident Enviro500	TransBus Enviro500 2063/24	H53/27D	2003	
KMB	ATE103	LF3218	SFD136GR42GTD1545	TransBus Trident Enviro500	TransBus Enviro500 2063/25	H53/27D	2003	
KMB	ATE102	LF2846	SFD136GR42GTD1546	TransBus Trident Enviro500	TransBus Enviro500	H53/27D	2003	
KMB	ATE32	KZ9147	SFD136GR42GTD1547	TransBus Trident Enviro500	TransBus Enviro500 2064/6	H53/27D	2003	
KMB	ATE50	LB8540	SFD136GR42GTD1548	TransBus Trident Enviro500	TransBus Enviro500 2064/8	H53/27D	2003	
KMB	ATE54	LB9394	SFD136GR42GTD1549	TransBus Trident Enviro500	TransBus Enviro500 2064/9	H53/27D	2003	
KMB	ATE59	LD316	SFD136GR42GTD1550	TransBus Trident Enviro500	TransBus Enviro500 2064/10	H53/27D	2003	
KMB	ATE43	LB7159	SFD135GR42GTD1551	TransBus Trident Enviro500	TransBus Enviro500 2064/11	H53/27D	2003	
KMB	ATE48	LB8236	SFD135GR42GTD1552	TransBus Trident Enviro500	TransBus Enviro500	H53/27D	2003	
KMB	ATE39	LB6817	SFD135GR42GTD1553	TransBus Trident Enviro500	TransBus Enviro500	H53/27D	2003	
KMB	ATE46	LB8047	SFD135GR43GTD1554	TransBus Trident Enviro500	TransBus Enviro500 2064/14	H53/27D	2003	
KMB	ATE49	LB8421	SFD135GR43GTD1555	TransBus Trident Enviro500	TransBus Enviro500 2064/15	H53/27D	2003	
KMB	ATE55	LB9544	SFD135GR43GTD1556	TransBus Trident Enviro500	TransBus Enviro500 2064/21	H53/27D	2003	
KMB	ATE36	LB6749	SFD135GR43GTD1557	TransBus Trident Enviro500	TransBus Enviro500 2064/16	H53/27D	2003	
KMB	ATE42	LB7129	SFD135GR43GTD1558	TransBus Trident Enviro500	TransBus Enviro500 2064/17	H53/27D	2003	
KMB	ATE38	LB6785	SFD135GR43GTD1559	TransBus Trident Enviro500	TransBus Enviro500 2064/12	H53/27D	2003	
KMB	ATE69	LD297	SFD135GR43GTD1560	TransBus Trident Enviro500	TransBus Enviro500 2064/20	H53/27D	2003	
KMB	ATE67	LB9812	SFD135GR43GTD1561	TransBus Trident Enviro500	TransBus Enviro500 2064/25	H53/27D	2003	
KMB	ATE44	LB7702	SFD135GR43GTD1562	TransBus Trident Enviro500	TransBus Enviro500	H53/27D	2003	
KMB	ATE62	LB8981	SFD135GR43GTD1563	TransBus Trident Enviro500	TransBus Enviro500 2064/23	H53/27D	2003	
KMB	ATE89	LE4456	SFD135GR43GTD1564	TransBus Trident Enviro500	TransBus Enviro500 2064/29	H53/27D	2003	
KMB	ATE63	LB9050	SFD135GR43GTD1565	TransBus Trident Enviro500	TransBus Enviro500 2064/26	H53/27D	2003	
KMB	ATE80	LE2788	SFD135GR43GTD1566	TransBus Trident Enviro500	TransBus Enviro500 2064/31	H53/27D	2003	
KMB	ATE64	LB9087	SFD135GR43GTD1567	TransBus Trident Enviro500	TransBus Enviro500 2064/27	H53/27D	2003	
KMB	ATE68	LB9855	SFD135GR43GTD1568	TransBus Trident Enviro500	TransBus Enviro500	H53/27D	2003	
KMB	ATE88	LE3924	SFD135GR43GTD1569	TransBus Trident Enviro500	TransBus Enviro500 2064/32	H53/27D	2003	
KMB	ATE85	LE3503	SFD135GR43GTD1570	TransBus Trident Enviro500	TransBus Enviro500 2064/30	H53/27D	2003	

公司	車隊編號	車牌	底盤編號	車型	車身	座位佈局	首次登記日期	退役日期
KMB	ATE75	LD9861	SFD135GR43GTD1571	TransBus Trident Enviro500	TransBus Enviro500 2064/33	H53/27D	2003	
KMB	ATE78	LE427	SFD135GR43GTD1572	TransBus Trident Enviro500	TransBus Enviro500	H53/27D	2003	
KMB	ATE65	LB9345	SFD135GR43GTD1573	TransBus Trident Enviro500	TransBus Enviro500 2064/22	H53/27D	2003	
KMB	ATE77	LE186	SFD135GR43GTD1574	TransBus Trident Enviro500	TransBus Enviro500	H53/27D	2003	
KMB	ATE76	LE145	SFD135GR43GTD1575	TransBus Trident Enviro500	TransBus Enviro500 2064/37	H53/27D	2003	
KMB	ATE82	LE3142	SFD135GR43GTD1576	TransBus Trident Enviro500	TransBus Enviro500 2064/34	H53/27D	2003	
KMB	ATE79	LE443	SFD135GR43GTD1577	TransBus Trident Enviro500	TransBus Enviro500	H53/27D	2003	
KMB	ATE71	LD9079	SFD135GR43GTD1578	TransBus Trident Enviro500	TransBus Enviro500 2064/41	H53/27D	2003	
KMB	ATE74	LD9490	SFD135GR43GTD1579	TransBus Trident Enviro500	TransBus Enviro500 2064/38	H53/27D	2003	
KMB	ATE84	LE3454	SFD135GR43GTD1580	TransBus Trident Enviro500	TransBus Enviro500 2064/42	H53/27D	2003	
KMB	ATE111	LF4456	SFD136GR42GTD1581	TransBus Trident Enviro500	TransBus Enviro500	H53/27D	2003	
KMB	ATE110	LF4147	SFD136GR42GTD1582	TransBus Trident Enviro500	TransBus Enviro500	H53/27D	2003	
KMB	ATE109	LF4079	SFD136GR42GTD1583	TransBus Trident Enviro500	TransBus Enviro500 2063/29	H53/27D	2003	
KMB	ATE108	LF4063	SFD136GR43GTD1584	TransBus Trident Enviro500	TransBus Enviro500 2063/30	H53/27D	2003	
KMB	ATE60	LB8594	SFD135GR43GTD1585	TransBus Trident Enviro500	TransBus Enviro500 2064/24	H53/27D	2003	
KMB	ATE86	LE3543	SFD135GR43GTD1586	TransBus Trident Enviro500	TransBus Enviro500 2064/44	H53/27D	2003	
KMB	ATE72	LD9156	SFD135GR43GTD1587	TransBus Trident Enviro500	TransBus Enviro500 2064/40	H53/27D	2003	
KMB	ATE81	LE3009	SFD135GR43GTD1588	TransBus Trident Enviro500	TransBus Enviro500 2064/45	H53/27D	2003	
KMB	ATE106	LF3614	SFD135GR43GTD1589	TransBus Trident Enviro500	TransBus Enviro500 2064/50	H53/27D	2003	
KMB	ATE119	LF5619	SFD135GR43GTD1590	TransBus Trident Enviro500	TransBus Enviro500 2064/49	H53/27D	2003	
KMB	ATE107	LF3790	SFD135GR43GTD1591	TransBus Trident Enviro500	TransBus Enviro500 2064/47	H53/27D	2003	
KMB	ATE87	LE3738	SFD135GR43GTD1592	TransBus Trident Enviro500	TransBus Enviro500 2064/46	H53/27D	2003	
KMB	ATE83	LE3181	SFD135GR43GTD1593	TransBus Trident Enviro500	TransBus Enviro500 2064/43	H53/27D	2003	
KMB	ATE70	LD8968	SFD135GR43GTD1594	TransBus Trident Enviro500	TransBus Enviro500	H53/27D	2003	
KMB	ATE104	LF3258	SFD135GR43GTD1595	TransBus Trident Enviro500	TransBus Enviro500 2064/52	H53/27D	2003	
KMB	ATE124	LF6395	SFD135GR43GTD1596	TransBus Trident Enviro500	TransBus Enviro500 2064/58	H53/27D	2003	
KMB	ATE73	LD9166	SFD135GR43GTD1597	TransBus Trident Enviro500	TransBus Enviro500	H53/27D	2003	
KMB	ATE113	LF5084	SFD135GR43GTD1598	TransBus Trident Enviro500	TransBus Enviro500 2063/53	H53/27D	2003	
KMB	ATE117	LF5591	SFD135GR43GTD1599	TransBus Trident Enviro500	TransBus Enviro500 2064/53	H53/27D	2003	
KMB	ATE114	LF6071	SFD135GR43GTD1600	TransBus Trident Enviro500	TransBus Enviro500 2064/55	H53/27D	2003	
KMB	ATE118	LF5595	SFD135GR43GTD1601	TransBus Trident Enviro500	TransBus Enviro500 2064/56	H53/27D	2003	
KMB	ATE112	LF4667	SFD135GR43GTD1602	TransBus Trident Enviro500	TransBus Enviro500 2063/54	H53/27D	2003	
KMB	ATE116	LF5499	SFD135GR43GTD1603	TransBus Trident Enviro500	TransBus Enviro500 2064/59	H53/27D	2003	
KMB	ATE121	LF5972	SFD135GR43GTD1604	TransBus Trident Enviro500	TransBus Enviro500 2064/60	H53/27D	2003	
KMB	ATE115	LF4593	SFD136GR43GTD1605	TransBus Trident Enviro500	TransBus Enviro500 3009/1	H53/27D	2003	
KMB	ATE122	LF6001	SFD136GR43GTD1606	TransBus Trident Enviro500	TransBus Enviro500 3009/4	H53/27D	2003	
KMB	ATE123	LF6005	SFD136GR43GTD1607	TransBus Trident Enviro500	TransBus Enviro500 3009/5	H53/27D	2003	
KMB	ATE135	LG486	SFD136GR43GTD1608	TransBus Trident Enviro500	TransBus Enviro500 3009/2	H53/27D	2003	
KMB	ATE125	LF8537	SFD136GR43GTD1609	TransBus Trident Enviro500	TransBus Enviro500	H53/27D	2003	
KMB	ATE120	LF5804	SFD136GR43GTD1610	TransBus Trident Enviro500	TransBus Enviro500 3009/9	H53/27D	2003	
KMB	ATE129	LF9207	SFD136GR43GTD1611	TransBus Trident Enviro500	TransBus Enviro500 3009/8	H53/27D	2003	
KMB	ATE128	LF8952	SFD136GR43GTD1612	TransBus Trident Enviro500	TransBus Enviro500	H53/27D	2003	
KMB	ATE130	LF9490	SFD136GR43GTD1613	TransBus Trident Enviro500	TransBus Enviro500	H53/27D	2003	
KMB	ATE131	LF9671	SFD136GR43GTD1614	TransBus Trident Enviro500	TransBus Enviro500 3009/14	H53/27D	2003	
KMB	ATE174	LN264	SFD136GR43GTD1615	TransBus Trident Enviro500	TransBus Enviro500	H53/27D	2004	
KMB	ATE133	LG261	SFD136GR43GTD1616	TransBus Trident Enviro500	TransBus Enviro500	H53/27D	2003	
KMB	ATE126	LF8639	SFD136GR43GTD1617	TransBus Trident Enviro500	TransBus Enviro500	H53/27D	2003	

公司	車隊編號	車牌	底盤編號	車型	車身	座位佈局	首次登記日期	退役日期
KMB	ATE171	LM9661	SFD136GR43GTD1618	TransBus Trident Enviro500	TransBus Enviro500 3009/17	H53/27D	2004	
KMB	ATE134	LG419	SFD136GR43GTD1619	TransBus Trident Enviro500	TransBus Enviro500 3009/7	H53/27D	2003	
KMB	ATE173	LM9791	SFD136GR43GTD1620	TransBus Trident Enviro500	TransBus Enviro500 3009/18	H53/27D	2004	
KMB	ATE175	LN342	SFD136GR43GTD1621	TransBus Trident Enviro500	TransBus Enviro500	H53/27D	2004	
KMB	ATE132	LF9718	SFD136GR43GTD1622	TransBus Trident Enviro500	TransBus Enviro500 3009/20	H53/27D	2003	
KMB	ATE127	LF8780	SFD136GR43GTD1623	TransBus Trident Enviro500	TransBus Enviro500 3009/19	H53/27D	2003	
KMB	ATE176	LN493	SFD136GR43GTD1624	TransBus Trident Enviro500	TransBus Enviro500	H53/27D	2004	
KMB	ATE143	LJ6295	SFD136GR43GTD1625	TransBus Trident Enviro500	TransBus Enviro500 3009/26	H53/27D	2004	
KMB	ATE172	LM9695	SFD136GR43GTD1626	TransBus Trident Enviro500	TransBus Enviro500 3009/22	H53/27D	2004	
KMB	ATE141	LJ5809	SFD136GR43GTD1627	TransBus Trident Enviro500	TransBus Enviro500	H53/27D	2004	
KMB	ATE138	LJ4981	SFD136GR43GTD1628	TransBus Trident Enviro500	TransBus Enviro500	H53/27D	2004	
KMB	ATE178	LN5419	SFD136GR43GTD1629	TransBus Trident Enviro500	TransBus Enviro500	H53/27D	2004	
KMB	ATE169	LM9106	SFD136GR43GTD1630	TransBus Trident Enviro500	TransBus Enviro500 3009/41	H53/27D	2004	
KMB	ATE177	LN5406	SFD136GR43GTD1631	TransBus Trident Enviro500	TransBus Enviro500 3009/42	H53/27D	2004	
KMB	ATE186	LN6487	SFD136GR43GTD1632	TransBus Trident Enviro500	TransBus Enviro500	H53/27D	2004	
KMB	ATE185	LN6371	SFD136GR43GTD1633	TransBus Trident Enviro500	TransBus Enviro500	H53/27D	2004	
KMB	ATE167	LM8782	SFD136GR43GTD1634	TransBus Trident Enviro500	TransBus Enviro500 3009/65	H53/27D	2004	
KMB	ATE140	LJ5724	SFD136GR43GTD1635	TransBus Trident Enviro500	TransBus Enviro500 3009/25	H53/27D	2004	
KMB	ATE181	LN5756	SFD136GR43GTD1636	TransBus Trident Enviro500	TransBus Enviro500	H53/27D	2004	
KMB	ATE184	LN6140	SFD136GR43GTD1637	TransBus Trident Enviro500	TransBus Enviro500	H53/27D	2004	
KMB	ATE180	LN5481	SFD136GR43GTD1638	TransBus Trident Enviro500	TransBus Enviro500	H53/27D	2004	2008
KMB	ATE158	LM925	SFD136GR43GTD1639	TransBus Trident Enviro500	TransBus Enviro500	H53/27D	2004	
KMB	ATE157	LM582	SFD136GR43GTD1640	TransBus Trident Enviro500	TransBus Enviro500	H53/27D	2004	
KMB	ATE154	LM2030	SFD136GR43GTD1641	TransBus Trident Enviro500	TransBus Enviro500 3009/53	H53/27D	2004	
KMB	ATE155	LM2407	SFD136GR43GTD1642	TransBus Trident Enviro500	TransBus Enviro500 3009/55	H53/27D	2004	
KMB	ATE139	LJ5057	SFD136GR43GTD1643	TransBus Trident Enviro500	TransBus Enviro500 3009/21	H53/27D	2004	
KMB	ATE142	LJ6053	SFD136GR43GTD1644	TransBus Trident Enviro500	TransBus Enviro500 3009/23	H53/27D	2004	
KMB	ATE144	LJ6347	SFD136GR43GTD1645	TransBus Trident Enviro500	TransBus Enviro500	H53/27D	2004	
KMB	ATE137	LJ4929	SFD136GR43GTD1646	TransBus Trident Enviro500	TransBus Enviro500	H53/27D	2004	
KMB	ATE136	LJ4783	SFD136GR43GTD1647	TransBus Trident Enviro500	TransBus Enviro500 3009/29	H53/27D	2004	
KMB	ATE146	LJ9116	SFD136GR43GTD1648	TransBus Trident Enviro500	TransBus Enviro500 3009/39	H53/27D	2004	
KMB	ATE148	LJ9837	SFD136GR43GTD1649	TransBus Trident Enviro500	TransBus Enviro500 3009/40	H53/27D	2004	
KMB	ATE149	LK438	SFD136GR43GTD1650	TransBus Trident Enviro500	TransBus Enviro500	H53/27D	2004	
KMB	ATE150	LK486	SFD136GR43GTD1651	TransBus Trident Enviro500	TransBus Enviro500	H53/27D	2004	
KMB	ATE147	LJ9155	SFD136GR43GTD1652	TransBus Trident Enviro500	TransBus Enviro500	H53/27D	2004	
KMB	ATE152	LM1362	SFD136GR43GTD1653	TransBus Trident Enviro500	TransBus Enviro500 3009/56	H53/27D	2004	
KMB	ATE162	LM5869	SFD136GR43GTD1654	TransBus Trident Enviro500	TransBus Enviro500 3009/60	H53/27D	2004	
KMB	ATE179	LN5477	SFD136GR43GTD1655	TransBus Trident Enviro500	TransBus Enviro500 3009/49	H53/27D	2004	
KMB	ATE153	LM1565	SFD136GR43GTD1656	TransBus Trident Enviro500	TransBus Enviro500	H53/27D	2004	
KMB	ATE151	LM1080	SFD136GR43GTD1657	TransBus Trident Enviro500	TransBus Enviro500 3009/52	H53/27D	2004	
KMB	ATE182	LN5806	SFD136GR43GTD1658	TransBus Trident Enviro500	TransBus Enviro500	H53/27D	2004	
KMB	ATE156	LM2490	SFD136GR43GTD1659	TransBus Trident Enviro500	TransBus Enviro500	H53/27D	2004	
KMB	ATE164	LM5924	SFD136GR43GTD1660	TransBus Trident Enviro500	TransBus Enviro500	H53/27D	2004	
KMB	ATE159	LM5517	SFD136GR43GTD1661	TransBus Trident Enviro500	TransBus Enviro500 3009/62	H53/27D	2004	
KMB	ATE163	LM5893	SFD136GR43GTD1662	TransBus Trident Enviro500	TransBus Enviro500 3009/64	H53/27D	2004	
KMB	ATE160	LM5523	SFD136GR43GTD1663	TransBus Trident Enviro500	TransBus Enviro500 3009/61	H53/27D	2004	
KMB	ATE161	LM5728	SFD136GR43GTD1664	TransBus Trident Enviro500	TransBus Enviro500 3009/53	H53/27D	2004	

公司	車隊編號	車牌	底盤編號	車型	車身	座位佈局	首次登記日期	退役日期
KMB	ATE168	LM8813	SFD135GR43GTD1665	TransBus Trident Enviro500	TransBus Enviro500 3009/33	H53/27D	2004	
KMB	ATE145	LJ9081	SFD135GR43GTD1666	TransBus Trident Enviro500	TransBus Enviro500	H53/27D	2004	
KMB	ATE166	LM8663	SFD135GR43GTD1667	TransBus Trident Enviro500	TransBus Enviro500 3009/35	H53/27D	2004	
KMB	ATE165	LM8510	SFD135GR43GTD1668	TransBus Trident Enviro500	TransBus Enviro500 3009/32	H53/27D	2004	
KMB	ATE170	LM9262	SFD136GR43GTD1669	TransBus Trident Enviro500	TransBus Enviro500	H53/27D	2004	
KMB	ATE202	LP4275	SFD136GR43GTD1671	TransBus Trident Enviro500	TransBus Enviro500 3051/15	H53/27D	2004	
KMB	ATE192	LN9940	SFD136GR43GTD1672	TransBus Trident Enviro500	TransBus Enviro500 3051/1	H53/27D	2004	
KMB	ATE203	LP5756	SFD136GR43GTD1673	TransBus Trident Enviro500	TransBus Enviro500	H53/27D	2004	
KMB	ATE207	LR2973	SFD136GR43GTD1674	TransBus Trident Enviro500	TransBus Enviro500	H53/27D	2004	
KMB	ATE201	LP4268	SFD136GR43GTD1675	TransBus Trident Enviro500	TransBus Enviro500	H53/27D	2004	
KMB	ATE191	LN9877	SFD136GR43GTD1676	TransBus Trident Enviro500	TransBus Enviro500 3051/5	H53/27D	2004	
KMB	ATE194	LP489	SFD136GR43GTD1677	TransBus Trident Enviro500	TransBus Enviro500	H53/27D	2004	
KMB	ATE196	LP2685	SFD136GR43GTD1678	TransBus Trident Enviro500	TransBus Enviro500 3051/13	H53/27D	2004	
KMB	ATE193	LP307	SFD136GR43GTD1679	TransBus Trident Enviro500	TransBus Enviro500	H53/27D	2004	
KMB	ATE205	LR947	SFD136GR43GTD1680	TransBus Trident Enviro500	TransBus Enviro500 3051/20	H53/27D	2004	
KMB	ATE183	LN6024	SFD136GR43GTD1681	TransBus Trident Enviro500	TransBus Enviro500 3051/2	H53/27D	2004	
KMB	ATE208	LR3733	SFD136GR43GTD1682	TransBus Trident Enviro500	TransBus Enviro500	H53/27D	2004	
KMB	ATE204	LR931	SFD136GR43GTD1683	TransBus Trident Enviro500	TransBus Enviro500	H53/27D	2004	
KMB	ATE209	LR4088	SFD136GR43GTD1684	TransBus Trident Enviro500	TransBus Enviro500	H53/27D	2004	
KMB	ATE211	LR4090	SFD136GR43GTD1685	TransBus Trident Enviro500	TransBus Enviro500	H53/27D	2004	
KMB	ATE190	LN9726	SFD136GR43GTD1686	TransBus Trident Enviro500	TransBus Enviro500 3051/8	H53/27D	2004	
KMB	ATE189	LN9267	SFD136GR43GTD1687	TransBus Trident Enviro500	TransBus Enviro500 3051/6	H53/27D	2004	
KMB	ATE199	LP2918	SFD136GR43GTD1688	TransBus Trident Enviro500	TransBus Enviro500	H53/27D	2004	
KMB	ATE213	LR6329	SFD136GR43GTD1689	TransBus Trident Enviro500	TransBus Enviro500	H53/27D	2004	
KMB	ATE200	LP3395	SFD136GR43GTD1690	TransBus Trident Enviro500	TransBus Enviro500	H53/27D	2004	
KMB	ATE206	LR2717	SFD136GR43GTD1691	TransBus Trident Enviro500	TransBus Enviro500 3051/24	H53/27D	2004	
KMB	ATE195	LP2279	SFD136GR43GTD1692	TransBus Trident Enviro500	TransBus Enviro500	H53/27D	2004	
KMB	ATE187	LN8814	SFD136GR43GTD1693	TransBus Trident Enviro500	TransBus Enviro500	H53/27D	2004	
KMB	ATE198	LP3787	SFD136GR43GTD1694	TransBus Trident Enviro500	TransBus Enviro500 3051/14	H53/27D	2004	
KMB	ATE215	LR8433	SFD136GR43GTD1695	TransBus Trident Enviro500	TransBus Enviro500	H53/27D	2004	
KMB	ATE197	LP3786	SFD136GR43GTD1696	TransBus Trident Enviro500	TransBus Enviro500 3051/12	H53/27D	2004	
KMB	ATE212	LR5088	SFD136GR43GTD1697	TransBus Trident Enviro500	TransBus Enviro500	H53/27D	2004	
KMB	ATE214	LR7587	SFD136GR43GTD1698	TransBus Trident Enviro500	TransBus Enviro500	H53/27D	2004	
KMB	ATE188	LN8987	SFD136GR43GTD1699	TransBus Trident Enviro500	TransBus Enviro500 3051/7	H53/27D	2004	
KMB	ATE210	LR3241	SFD136GR43GTD1700	TransBus Trident Enviro500	TransBus Enviro500	H53/27D	2004	
LWB	801	MA2723	SFD137GR43GTD1701	TransBus Trident Enviro500	TransBus Enviro500 3051/48	H53/21D	2005	
KMB	ATE229	LX8651	SFD137GR43GTD1702	TransBus Trident Enviro500	TransBus Enviro500	H53/27D	2005	
LWB	802	MA4140	SFD137GR43GTD1703	TransBus Trident Enviro500	TransBus Enviro500 3051/49	H53/21D	2005	
KMB	ATE232	LY6518	SFD137GR43GTD1704	TransBus Trident Enviro500	TransBus Enviro500	H53/27D	2005	
KMB	ATE226	LV7106	SFD137GR43GTD1705	TransBus Trident Enviro500	TransBus Enviro500	H53/27D	2005	
LWB	803	MA4413	SFD137GR43GTD1706	TransBus Trident Enviro500	TransBus Enviro500 3051/50	H53/21D	2005	
KMB	ATE231	LY6508	SFD137GR43GTD1707	TransBus Trident Enviro500	TransBus Enviro500	H53/27D	2005	
KMB	ATE225	LV6939	SFD137GR43GTD1708	TransBus Trident Enviro500	TransBus Enviro500	H53/27D	2005	
KMB	ATE230	LX9965	SFD137GR43GTD1709	TransBus Trident Enviro500	TransBus Enviro500	H53/27D	2005	
KMB	ATE223	LS9645	SFD137GR43GTD1710	TransBus Trident Enviro500	TransBus Enviro500	H53/27D	2004	
KMB	ATE228	LV8077	SFD137GR43GTD1711	TransBus Trident Enviro500	TransBus Enviro500	H53/27D	2005	
KMB	ATE221	LS8682	SFD137GR43GTD1712	TransBus Trident Enviro500	TransBus Enviro500	H53/27D	2004	

公司	車隊編號	車牌	底盤編號	車型	車身	座位佈局	首次登記日期	退役日期
KMB	ATE220	LS6007	SFD137GR43GTD1713	TransBus Trident Enviro500	TransBus Enviro500	H53/27D	2004	
KMB	ATE218	LS4896	SFD137GR43GTD1714	TransBus Trident Enviro500	TransBus Enviro500	H53/27D	2004	
KMB	ATE217	LS2216	SFD137GR43GTD1715	TransBus Trident Enviro500	TransBus Enviro500	H53/27D	2004	
KMB	ATE216	LS996	SFD137GR43GTD1716	TransBus Trident Enviro500	TransBus Enviro500	H53/27D	2004	
KMB	ATE219	LS5968	SFD137GR43GTD1717	TransBus Trident Enviro500	TransBus Enviro500	H53/27D	2004	
KMB	ATE227	LV7921	SFD137GR43GTD1718	TransBus Trident Enviro500	TransBus Enviro500	H53/27D	2005	
KMB	ATE224	LS9722	SFD137GR43GTD1719	TransBus Trident Enviro500	TransBus Enviro500 3051/37	H53/27D	2004	
KMB	ATE222	LS8765	SFD137GR43GTD1720	TransBus Trident Enviro500	TransBus Enviro500	H53/27D	2004	
KMB	ATE254	MH3437	SFD138GR45GTD1804	ADL Trident Enviro500	ADL Enviro500	H53/27D	2006	
KMB	ATE235	ME8909	SFD138GR45GTD1805	ADL Trident Enviro500	ADL Enviro500	H53/27D	2006	
KMB	ATE233	ME8594	SFD138GR45GTD1806	ADL Trident Enviro500	ADL Enviro500 5501/2	H53/27D	2006	
KMB	ATE245	MF421	SFD138GR45GTD1807	ADL Trident Enviro500	ADL Enviro500	H53/27D	2006	
KMB	ATE244	MF409	SFD138GR45GTD1808	ADL Trident Enviro500	ADL Enviro500	H53/27D	2006	
KMB	ATE234	ME8853	SFD138GR45GTD1809	ADL Trident Enviro500	ADL Enviro500 5501/9	H53/27D	2006	
KMB	ATE253	MH2849	SFD138GR45GTD1810	ADL Trident Enviro500	ADL Enviro500	H53/27D	2006	
KMB	ATE255	MH3836	SFD138GR45GTD1811	ADL Trident Enviro500	ADL Enviro500	H53/27D	2006	
KMB	ATEU1	MJ2927	SFD138GR45GTD1812	ADL Trident Enviro500	ADL Enviro500	H53/27D	2006	
KMB	ATE236	ME8933	SFD138GR45GTD1813	ADL Trident Enviro500	ADL Enviro500 5501/5	H53/27D	2006	
KMB	ATE238	ME9327	SFD138GR45GTD1814	ADL Trident Enviro500	ADL Enviro500	H53/27D	2006	
KMB	ATE251	MG9003	SFD138GR45GTD1815	ADL Trident Enviro500	ADL Enviro500	H53/27D	2006	
KMB	ATE252	MH139	SFD138GR45GTD1816	ADL Trident Enviro500	ADL Enviro500	H53/27D	2006	
KMB	ATE242	ME9866	SFD138GR45GTD1817	ADL Trident Enviro500	ADL Enviro500	H53/27D	2006	
KMB	ATE240	ME9510	SFD138GR45GTD1818	ADL Trident Enviro500	ADL Enviro500	H53/27D	2006	
KMB	ATE247	MF3531	SFD138GR45GTD1819	ADL Trident Enviro500	ADL Enviro500 5500/7	H53/27D	2006	
KMB	ATE239	ME9378	SFD138GR45GTD1820	ADL Trident Enviro500	ADL Enviro500	H53/27D	2006	
KMB	ATE256	MH4138	SFD138GR45GTD1821	ADL Trident Enviro500	ADL Enviro500	H53/27D	2006	
KMB	ATE241	ME9631	SFD138GR45GTD1822	ADL Trident Enviro500	ADL Enviro500 5500/14	H53/27D	2006	
KMB	ATE237	ME9186	SFD138GR45GTD1823	ADL Trident Enviro500	ADL Enviro500 5500/5	H53/27D	2006	
KMB	ATE249	MF3949	SFD138GR45GTD1824	ADL Trident Enviro500	ADL Enviro500 5500/9	H53/27D	2006	
KMB	ATE246	MF3411	SFD138GR45GTD1825	ADL Trident Enviro500	ADL Enviro500 5500/10	H53/27D	2006	
KMB	ATE248	MF3776	SFD138GR45GTD1826	ADL Trident Enviro500	ADL Enviro500 5500/12	H53/27D	2006	
KMB	ATE250	MF4415	SFD138GR45GTD1827	ADL Trident Enviro500	ADL Enviro500 5500/11	H53/27D	2006	
KMB	ATE243	MF341	SFD138GR45GTD1828	ADL Trident Enviro500	ADL Enviro500	H53/27D	2006	
LWB	601	ML3941	SFD139GR45TGD1829	ADL Trident Enviro500	ADL Enviro500	H53/17D	2006	
LWB	807	MK8411	SFD139GR45GTD1830	ADL Trident Enviro500	ADL Enviro500	H53/21D	2006	
LWB	804	MK1546	SFD139GR46GTD1831	ADL Trident Enviro500	ADL Enviro500	H53/21D	2006	
LWB	806	MK7524	SFD139GR46GTD1832	ADL Trident Enviro500	ADL Enviro500	H53/21D	2006	
LWB	805	MK2043	SFD139GR46GTD1833	ADL Trident Enviro500	ADL Enviro500	H53/21D	2006	
KMB	ATE258	MM2535	SFD138GR46GTD1834	ADL Trident Enviro500	ADL Enviro500	H53/27D	2006	
KMB	ATE261	MM3033	SFD138GR46GTD1835	ADL Trident Enviro500	ADL Enviro500	H53/27D	2006	
KMB	ATE259	MM2609	SFD138GR46GTD1836	ADL Trident Enviro500	ADL Enviro500	H53/27D	2006	
KMB	ATE267	MM3454	SFD138GR46GTD1837	ADL Trident Enviro500	ADL Enviro500	H53/27D	2006	
KMB	ATE268	MM4031	SFD138GR46GTD1838	ADL Trident Enviro500	ADL Enviro500	H53/27D	2006	
KMB	ATE271	MM4353	SFD138GR46GTD1839	ADL Trident Enviro500	ADL Enviro500	H53/27D	2006	
KMB	ATE269	MM4148	SFD138GR46GTD1840	ADL Trident Enviro500	ADL Enviro500	H53/27D	2006	
KMB	ATE262	MM3206	SFD138GR46GTD1841	ADL Trident Enviro500	ADL Enviro500	H53/27D	2006	
KMB	ATE265	MM3327	SFD138GR46GTD1842	ADL Trident Enviro500	ADL Enviro500	H53/27D	2006	

公司	車隊編號	車牌	底盤編號	車型	車身	座位佈局	首次登記日期	退役日期
KMB	ATE264	MM3254	SFD138GR46GTD1843	ADL Trident Enviro500	ADL Enviro500	H53/27D	2006	
KMB	ATE260	MM2817	SFD138GR46GTD1844	ADL Trident Enviro500	ADL Enviro500	H53/27D	2006	
KMB	ATE263	MM3208	SFD138GR46GTD1845	ADL Trident Enviro500	ADL Enviro500	H53/27D	2006	
KMB	ATE257	MM2505	SFD138GR46GTD1846	ADL Trident Enviro500	ADL Enviro500	H53/27D	2006	
KMB	ATE270	MM4313	SFD138GR46GTD1847	ADL Trident Enviro500	ADL Enviro500	H53/27D	2006	
KMB	ATE266	MM3372	SFD138GR46GTD1848	ADL Trident Enviro500	ADL Enviro500	H53/27D	2006	
KCRC	801	NE5930	SFD158LR47GTF1919	ADL Trident Enviro500	ADL Enviro500 7501/1	H53/27D	2008	
CTB	8102	ND2420	SFD158LR47GTF1920	ADL Trident Enviro500	ADL Enviro500 7503/2	H53/21D	2007	
CTB	8101	NC8285	SFD158LR47GTF1921	ADL Trident Enviro500	ADL Enviro500 7503/2	H53/21D	2007	
CTB	8106	ND6885	SFD158LR47GTF1922	ADL Trident Enviro500	ADL Enviro500	H53/21D	2008	
CTB	8100	NC7577	SFD158LR47GTF1923	ADL Trident Enviro500	ADL Enviro500 7503/1	H53/21D	2007	
NWFB	5500	NF4063	SFD158LR47GTF1924	ADL Trident Enviro500	ADL Enviro500 7500/7	H53/27D	2008	
CTB	8103	ND1159	SFD158LR47GTF1925	ADL Trident Enviro500	ADL Enviro500	H53/21D	2007	
CTB	8107	ND9337	SFD158LR47GTF1926	ADL Trident Enviro500	ADL Enviro500	H53/21D	2008	
CTB	8104	ND5993	SFD158LR47GTF1927	ADL Trident Enviro500	ADL Enviro500	H53/21D	2007	
CTB	8105	ND5473	SFD158LR47GTF1928	ADL Trident Enviro500	ADL Enviro500	H53/21D	2008	
KCRC	802	NF6585	SFD158LR47GTF1929	ADL Trident Enviro500	ADL Enviro500 7501/2	H53/27D	2008	
KCRC	804	NF9153	SFD158LR47GTF1930	ADL Trident Enviro500	ADL Enviro500 7501/3	H53/27D	2008	
KCRC	805	NG8400	SFD158LR47GTF1931	ADL Trident Enviro500	ADL Enviro500 7501/4	H53/27D	2008	
KCRC	806	NG7406	SFD158LR47GTF1932	ADL Trident Enviro500	ADL Enviro500 7501/5	H53/27D	2008	
KCRC	803	NF9815	SFD158LR47GTF1933	ADL Trident Enviro500	ADL Enviro500 7501/6	H53/27D	2008	
KCRC	807	NH776	SFD158LR47GTF1934	ADL Trident Enviro500	ADL Enviro500 7501/7	H53/27D	2008	
KCRC	808	NH2643	SFD158LR47GTF1935	ADL Trident Enviro500	ADL Enviro500 7501/8	H53/27D	2008	
KCRC	809	NH2745	SFD158LR47GTF1936	ADL Trident Enviro500	ADL Enviro500 7501/9	H53/27D	2008	
NWFB	5501	NF7025	SFD159LR47GTF1937	ADL Trident Enviro500	ADL Enviro500	H53/27D	2008	
NWFB	5502	NE7587	SFD159LR47GTF1938	ADL Trident Enviro500	ADL Enviro500	H53/27D	2008	
NWFB	5503	NE1443	SFD159LR47GTF1939	ADL Trident Enviro500	ADL Enviro500	H53/27D	2008	
CTB	8109	NE3539	SFD159LR47GTF1940	ADL Trident Enviro500	ADL Enviro500	H53/21D	2008	
NWFB	5504	NK3640	SFD159LR47GTF1941	ADL Trident Enviro500	ADL Enviro500 7500/4	H53/27D	2008	
NWFB	5505	NF5206	SFD159LR47GTF1942	ADL Trident Enviro500	ADL Enviro500	H53/27D	2008	
CTB	8108	NE1851	SFD159LR47GTF1943	ADL Trident Enviro500	ADL Enviro500	H53/21D	2008	
NWFB	5506	NF749	SFD159LR47GTF1944	ADL Trident Enviro500	ADL Enviro500	H53/27D	2008	
NWFB	5507	NF2977	SFD159LR47GTF1945	ADL Trident Enviro500	ADL Enviro500	H53/27D	2008	
NWFB	5508	NF7268	SFD159LR47GTF1960	ADL Trident Enviro500	ADL Enviro500 7500/9	H53/27D	2008	
NWFB	5509	NG1278	SFD159LR47GTF1961	ADL Trident Enviro500	ADL Enviro500 7500/10	H53/27D	2008	
NWFB	5510	NF9053	SFD159LR47GTF1962	ADL Trident Enviro500	ADL Enviro500	H53/27D	2008	
NWFB	5511	NG5067	SFD159LR47GTF1963	ADL Trident Enviro500	ADL Enviro500 7500/12	H53/27D	2008	
NWFB	5512	NG4744	SFD159LR47GTF1964	ADL Trident Enviro500	ADL Enviro500 7500/13	H53/27D	2008	
NWFB	5513	NG5568	SFD159LR47GTF1965	ADL Trident Enviro500	ADL Enviro500	H53/27D	2008	
NWFB	5514	NG7542	SFD159LR47GTF1966	ADL Trident Enviro500	ADL Enviro500	H53/27D	2008	
NWFB	5515	NG8831	SFD159LR47GTF1967	ADL Trident Enviro500	ADL Enviro500	H53/27D	2008	
NWFB	5516	NG8873	SFD159LR47GTF1968	ADL Trident Enviro500	ADL Enviro500 7500/17	H53/27D	2008	
NWFB	5517	NH9684	SFD159LR47GTF1969	ADL Trident Enviro500	ADL Enviro500	H53/27D	2008	
LWB	8403	NV3983	SFD159LR48GTF2037	ADL Trident Enviro500	ADL Enviro500	H53/21D	2009	
LWB	8404	NV6762	SFD159LR48GTF2038	ADL Trident Enviro500	ADL Enviro500	H53/21D	2009	
LWB	8402	NV1169	SFD159LR48GTF2039	ADL Trident Enviro500	ADL Enviro500	H53/21D	2009	
LWB	8401	NV966	SFD159LR48GTF2040	ADL Trident Enviro500	ADL Enviro500	H53/21D	2009	

公司	車隊編號	車牌	底盤編號	車型	車身	座位佈局	首次登記日期	退役日期
LWB	8405	NW3460	SFD159LR48GTF2041	ADL Trident Enviro500	ADL Enviro500	H53/21D	2009	
LWB	8406	NY6119	SFD159LR48GTF2042	ADL Trident Enviro500	ADL Enviro500	H53/21D	2009	
LWB	6401	NZ1753	SFD159LR48GTF2043	ADL Trident Enviro500	ADL Enviro500	H53/21D	2009	
KMB	ATEU3	NX2844	SFD159NR48GTF2047	ADL Trident Enviro500	ADL Enviro500	H53/27D	2009	
KMB	ATEU8	NX4459	SFD159NR48GTF2048	ADL Trident Enviro500	ADL Enviro500	H53/27D	2009	
KMB	ATEU2	NW9459	SFD159NR48GTF2049	ADL Trident Enviro500	ADL Enviro500	H53/21D	2009	
KMB	ATEU7	NX4162	SFD159NR48GTF2050	ADL Trident Enviro500	ADL Enviro500	H53/27D	2009	
CTB	8110	NU4614	SFD159LR48GTH2051	ADL Trident Enviro500	ADL Enviro500	H55/31D	2009	
KMB	ATEU6	NX3732	SFD159NR48GTF2052	ADL Trident Enviro500	ADL Enviro500	H53/27D	2009	
KMB	ATEU4	NX3079	SFD159NR48GTF2053	ADL Trident Enviro500	ADL Enviro500	H53/27D	2009	
KMB	ATEU9	NX6979	SFD159NR48GTF2054	ADL Trident Enviro500	ADL Enviro500	H53/27D	2009	
KMB	ATEU5	NX3426	SFD159NR48GTF2055	ADL Trident Enviro500	ADL Enviro500	H53/27D	2009	
KMB	ATEU10	NX7837	SFD159NR48GTF2056	ADL Trident Enviro500	ADL Enviro500	H53/27D	2009	
CTB	8111	NU5176	SFD159LR48GTH2057	ADL Trident Enviro500	ADL Enviro500	H55/31D	2009	
CTB	8112	NU7670	SFD159LR48GTH2058	ADL Trident Enviro500	ADL Enviro500	H55/31D	2009	
CTB	8113	NU7209	SFD159LR48GTH2059	ADL Trident Enviro500	ADL Enviro500	H55/31D	2009	
CTB	8114	NV9609	SFD159LR48GTH2060	ADL Trident Enviro500	ADL Enviro500	H55/31D	2009	
CTB	8115	NV185	SFD159LR48GTH2061	ADL Trident Enviro500	ADL Enviro500	H55/31D	2009	
NWFB	4000	NX204	SFD358LR48GTJ2062	ADL Trident Enviro500	ADL Enviro500	H51/26D	2009	
CTB	8116	NV5906	SFD159LR48GTH2063	ADL Trident Enviro500	ADL Enviro500	H55/31D	2009	
CTB	8117	NV5516	SFD159LR48GTH2064	ADL Trident Enviro500	ADL Enviro500	H55/31D	2009	
CTB	8118	NV6627	SFD159LR48GTH2065	ADL Trident Enviro500	ADL Enviro500	H55/31D	2009	
CTB	8119	NV8767	SFD159LR48GTH2066	ADL Trident Enviro500	ADL Enviro500	H55/31D	2009	
CTB	8120	NV9714	SFD159LR48GTH2067	ADL Trident Enviro500	ADL Enviro500	H55/31D	2009	
CTB	8121	NW1633	SFD159LR48GTH2068	ADL Trident Enviro500	ADL Enviro500	H55/31D	2009	
CTB	8122	NZ3602	SFD159LR48GTH2069	ADL Trident Enviro500	ADL Enviro500	H55/31D	2009	
CTB	8123	NZ7879	SFD159LR48GTH2070	ADL Trident Enviro500	ADL Enviro500	H55/31D	2009	
CTB	8124	PA1162	SFD159LR48GTH2071	ADL Trident Enviro500	ADL Enviro500	H55/31D	2009	
CTB	8125	PA3839	SFD159LR48GTH2072	ADL Trident Enviro500	ADL Enviro500	H55/31D	2009	
CTB	8126	PA5955	SFD159LR48GTH2073	ADL Trident Enviro500	ADL Enviro500	H55/31D	2009	
CTB	8127	PA7994	SFD159LR48GTH2074	ADL Trident Enviro500	ADL Enviro500	H55/31D	2009	
KCRC	810	NU3439	SFD158LR48GTF2075	ADL Trident Enviro500	ADL Enviro500	H53/27D	2009	
KCRC	811	NU9816	SFD158LR48GTF2076	ADL Trident Enviro500	ADL Enviro500	H53/27D	2009	
KCRC	812	NU8940	SFD158LR48GTF2077	ADL Trident Enviro500	ADL Enviro500	H53/27D	2009	
KCRC	813	NU9852	SFD158LR48GTF2078	ADL Trident Enviro500	ADL Enviro500	H53/27D	2009	
KCRC	814	NU8805	SFD158LR48GTF2079	ADL Trident Enviro500	ADL Enviro500	H53/27D	2009	
KCRC	815	NW1524	SFD158LR48GTF2080	ADL Trident Enviro500	ADL Enviro500	H53/27D	2009	
KCRC	816	NW2333	SFD158LR48GTF2081	ADL Trident Enviro500	ADL Enviro500	H53/27D	2009	
KCRC	817	NW3480	SFD158LR48GTF2082	ADL Trident Enviro500	ADL Enviro500 8505/8	H53/27D	2009	
KCRC	818	NW6906	SFD158LR48GTF2083	ADL Trident Enviro500	ADL Enviro500	H53/27D	2009	
KCRC	819	NW6826	SFD158LR48GTF2084	ADL Trident Enviro500	ADL Enviro500	H53/27D	2009	
KCRC	820	NW8224	SFD158LR48GTF2085	ADL Trident Enviro500	ADL Enviro500	H53/27D	2009	
KCRC	821	NX3790	SFD158LR48GTF2086	ADL Trident Enviro500	ADL Enviro500	H53/27D	2009	
KCRC	822	NX4438	SFD158LR48GTF2087	ADL Trident Enviro500	ADL Enviro500	H53/27D	2009	
KCRC	823	NX3837	SFD158LR48GTF2088	ADL Trident Enviro500	ADL Enviro500	H53/27D	2009	
KCRC	824	NX8813	SFD158LR48GTF2089	ADL Trident Enviro500	ADL Enviro500	H53/27D	2009	
CLP	317	NV7086	SFD159LR48GTH2091	ADL Trident Enviro500	ADL Enviro500	H55/33D	2009	

公司	車隊編號	車牌	底盤編號	車型	車身	座位佈局	首次登記日期	退役日期
CLP	318	NV7723	SFD159LR48GTH2092	ADL Trident Enviro500	ADL Enviro500	H55/33D	2009	
CLP	319	NV6750	SFD159LR48GTH2093	ADL Trident Enviro500	ADL Enviro500	H55/33D	2009	2015
CLP	320	NV7850	SFD159LR48GTH2094	ADL Trident Enviro500	ADL Enviro500	H55/33D	2009	
CLP	321	NV9003	SFD159LR48GTH2095	ADL Trident Enviro500	ADL Enviro500	H55/33D	2009	
NWFB	4001	NW9472	SFD358LR48GTJ2106	ADL Trident Enviro500	ADL Enviro500 8504/2	H51/26D	2009	
NWFB	4002	NX2519	SFD358LR48GTJ2107	ADL Trident Enviro500	ADL Enviro500 8504/3	H51/26D	2009	
NWFB	4003	NX3251	SFD358LR48GTJ2108	ADL Trident Enviro500	ADL Enviro500	H51/26D	2009	
NWFB	4004	NX8381	SFD358LR48GTJ2109	ADL Trident Enviro500	ADL Enviro500	H51/26D	2009	
NWFB	4005	NX8939	SFD358LR48GTJ2110	ADL Trident Enviro500	ADL Enviro500	H51/26D	2009	
NWFB	4006	NX9683	SFD358LR48GTJ2111	ADL Trident Enviro500	ADL Enviro500	H51/26D	2009	
NWFB	4007	NY284	SFD358LR48GTJ2112	ADL Trident Enviro500	ADL Enviro500 8504/8	H51/26D	2009	
NWFB	4008	NY912	SFD358LR48GTJ2113	ADL Trident Enviro500	ADL Enviro500	H51/26D	2009	
NWFB	4009	NY3041	SFD358LR48GTJ2114	ADL Trident Enviro500	ADL Enviro500 8504/10	H51/26D	2009	
NWFB	4010	NY2724	SFD358LR48GTJ2115	ADL Trident Enviro500	ADL Enviro500	H51/26D	2009	
NWFB	4011	NY5364	SFD358LR48GTJ2116	ADL Trident Enviro500	ADL Enviro500	H51/26D	2009	
NWFB	4012	NY8628	SFD358LR48GTJ2117	ADL Trident Enviro500	ADL Enviro500 8504/13	H51/26D	2009	
NWFB	4013	NY9337	SFD358LR48GTJ2118	ADL Trident Enviro500	ADL Enviro500	H51/26D	2009	
NWFB	4014	NY9003	SFD358LR48GTJ2119	ADL Trident Enviro500	ADL Enviro500	H51/26D	2009	
NWFB	4015	NZ783	SFD358LR48GTJ2120	ADL Trident Enviro500	ADL Enviro500	H51/26D	2009	
NWFB	4016	NZ2386	SFD358LR48GTJ2121	ADL Trident Enviro500	ADL Enviro500 8504/17	H51/26D	2009	
NWFB	4017	NZ2257	SFD358LR48GTJ2122	ADL Trident Enviro500	ADL Enviro500	H51/26D	2009	
NWFB	4018	NZ1297	SFD358LR48GTJ2123	ADL Trident Enviro500	ADL Enviro500	H51/26D	2009	
NWFB	4019	NZ3682	SFD358LR48GTJ2124	ADL Trident Enviro500	ADL Enviro500 8504/20	H51/26D	2009	
LWB	8407	PB6845	SFD159NR49GTF2151	ADL Trident Enviro500	ADL Enviro500	H53/21D	2009	
LWB	8410	PB7996	SFD159NR49GTF2152	ADL Trident Enviro500	ADL Enviro500	H53/21D	2009	
LWB	8409	PB7275	SFD159NR49GTF2153	ADL Trident Enviro500	ADL Enviro500	H53/21D	2009	
LWB	8408	PB6893	SFD159NR49GTF2154	ADL Trident Enviro500	ADL Enviro500	H53/21D	2009	
LWB	6402	PE7245	SFD159NR49GTF2155	ADL Trident Enviro500	ADL Enviro500	H53/21D	2010	
LWB	8411	PC7486	SFD159NR49GTF2156	ADL Trident Enviro500	ADL Enviro500	H53/21D	2010	
LWB	8412	PC8321	SFD159NR49GTF2157	ADL Trident Enviro500	ADL Enviro500	H53/21D	2010	
LWB	8413	PC8853	SFD159NR49GTF2158	ADL Trident Enviro500	ADL Enviro500	H53/21D	2010	
LWB	8414	PC9008	SFD159NR49GTF2159	ADL Trident Enviro500	ADL Enviro500	H53/21D	2010	
LWB	8415	PD6334	SFD159NR49GTF2160	ADL Trident Enviro500	ADL Enviro500	H53/21D	2010	
LWB	8428	PG2638	SFD159NR49GTF2161	ADL Trident Enviro500	ADL Enviro500	H53/21D	2010	
LWB	8418	PD7829	SFD159NR49GTF2162	ADL Trident Enviro500	ADL Enviro500	H53/21D	2010	
LWB	8419	PD7560	SFD159NR49GTF2163	ADL Trident Enviro500	ADL Enviro500	H53/21D	2010	
LWB	8417	PD7770	SFD159NR49GTF2164	ADL Trident Enviro500	ADL Enviro500	H53/21D	2010	
LWB	8416	PD6710	SFD159NR49GTF2165	ADL Trident Enviro500	ADL Enviro500	H53/21D	2010	
LWB	8421	PF1583	SFD159NR49GTF2166	ADL Trident Enviro500	ADL Enviro500	H53/21D	2010	
LWB	8422	PF1592	SFD159NR49GTF2167	ADL Trident Enviro500	ADL Enviro500	H53/21D	2010	
LWB	8420	PF1546	SFD159NR49GTF2168	ADL Trident Enviro500	ADL Enviro500	H53/21D	2010	
LWB	8423	PF3418	SFD159NR49GTF2169	ADL Trident Enviro500	ADL Enviro500	H53/21D	2010	
LWB	8424	PF6764	SFD159NR49GTF2170	ADL Trident Enviro500	ADL Enviro500	H53/21D	2010	
LWB	8425	PF6849	SFD159NR49GTF2171	ADL Trident Enviro500	ADL Enviro500	H53/21D	2010	
LWB	8426	PG586	SFD159NR49GTF2172	ADL Trident Enviro500	ADL Enviro500	H53/21D	2010	
LWB	8427	PG2428	SFD159NR49GTF2173	ADL Trident Enviro500	ADL Enviro500	H53/21D	2010	
LWB	8430	PG7279	SFD159NR49GTF2174	ADL Trident Enviro500	ADL Enviro500	H53/21D	2010	

公司	車隊編號	車牌	底盤編號	車型	車身	座位佈局	首次登記日期	退役日期
LWB	8429	PG7174	SFD159NR49GTF2175	ADL Trident Enviro500	ADL Enviro500	H53/21D	2010	
KMB	ATEU12	PG9874	SFD159NR49GTF2176	ADL Trident Enviro500	ADL Enviro500	H53/27D	2010	
KMB	ATEU11	PG9225	SFD159NR49GTF2177	ADL Trident Enviro500	ADL Enviro500	H53/27D	2010	
NWFB	4020	PD9452	SFD369LR49GTJ2178	ADL Trident Enviro500	ADL Enviro500	H51/26D	2010	
KMB	ATEU14	PH1547	SFD159NR49GTF2179	ADL Trident Enviro500	ADL Enviro500	H53/27D	2010	
KMB	ATEU13	PH1344	SFD159NR49GTF2180	ADL Trident Enviro500	ADL Enviro500	H53/27D	2010	
KMB	ATEU15	PH6121	SFD159NR49GTF2181	ADL Trident Enviro500	ADL Enviro500	H53/27D	2010	
KMB	ATEU16	PH6192	SFD159NR49GTF2182	ADL Trident Enviro500	ADL Enviro500	H53/27D	2010	
KMB	ATEU18	PJ4803	SFD158NR49GTF2183	ADL Trident Enviro500	ADL Enviro500	H53/27D	2010	
NWFB	4021	PD9799	SFD369LR49GTJ2184	ADL Trident Enviro500	ADL Enviro500 9502/2	H51/26D	2010	
KMB	ATEU20	PJ5714	SFD158NR49GTF2185	ADL Trident Enviro500	ADL Enviro500	H53/27D	2010	
KMB	ATEU17	PJ4660	SFD158NR49GTF2186	ADL Trident Enviro500	ADL Enviro500	H53/27D	2010	
KMB	ATEU19	PJ5118	SFD158NR49GTF2187	ADL Trident Enviro500	ADL Enviro500	H53/27D	2010	
KMB	ATEU21	PJ6310	SFD158NR49GTF2188	ADL Trident Enviro500	ADL Enviro500	H53/27D	2010	
KMB	ATEU23	PJ9629	SFD158NR49GTF2189	ADL Trident Enviro500	ADL Enviro500	H53/21D	2010	
KMB	ATEU22	PJ5733	SFD158NR49GTF2190	ADL Trident Enviro500	ADL Enviro500	H53/27D	2010	
KMB	ATEU25	PK2463	SFD158NR49GTF2191	ADL Trident Enviro500	ADL Enviro500	H53/27D	2010	
KMB	ATEU24	PK662	SFD158NR49GTF2192	ADL Trident Enviro500	ADL Enviro500	H53/27D	2010	
KMB	ATEU34	PZ9787	SFD158NR49GTF2193	ADL Trident Enviro500	ADL Enviro500	H53/27D	2011	
KMB	ATEU35	RA221	SFD158NR49GTF2194	ADL Trident Enviro500	ADL Enviro500	H53/27D	2011	
KMB	ATEU32	PY5968	SFD158NR49GTF2195	ADL Trident Enviro500	ADL Enviro500	H53/27D	2011	
NWFB	4022	PD9208	SFD369LR49GTJ2196	ADL Trident Enviro500	ADL Enviro500	H51/26D	2010	
NWFB	4023	PE7866	SFD369LR49GTJ2197	ADL Trident Enviro500	ADL Enviro500	H51/26D	2010	
NWFB	4024	PE4205	SFD369LR49GTJ2198	ADL Trident Enviro500	ADL Enviro500	H51/26D	2010	
NWFB	4025	PE5898	SFD369LR49GTJ2199	ADL Trident Enviro500	ADL Enviro500	H51/26D	2010	
NWFB	4026	PD9406	SFD369LR49GTJ2200	ADL Trident Enviro500	ADL Enviro500	H51/26D	2010	
NWFB	4027	PE4573	SFD369LR49GTJ2201	ADL Trident Enviro500	ADL Enviro500	H51/26D	2010	
NWFB	4028	PD9836	SFD369LR49GTJ2202	ADL Trident Enviro500	ADL Enviro500	H51/26D	2010	
NWFB	4029	PE3296	SFD369LR49GTJ2203	ADL Trident Enviro500	ADL Enviro500	H51/26D	2010	
NWFB	4030	PE1836	SFD369LR49GTJ2204	ADL Trident Enviro500	ADL Enviro500 9502/11	H51/26D	2010	
NWFB	4031	PE6015	SFD369LR49GTJ2205	ADL Trident Enviro500	ADL Enviro500	H51/26D	2010	
NWFB	4032	PE4891	SFD369LR49GTJ2206	ADL Trident Enviro500	ADL Enviro500 9502/13	H51/26D	2010	
NWFB	4033	PE5963	SFD369LR49GTJ2207	ADL Trident Enviro500	ADL Enviro500	H51/26D	2010	
NWFB	4034	PE7880	SFD369LR49GTJ2208	ADL Trident Enviro500	ADL Enviro500	H51/26D	2010	
KMB	ATEU36	RA340	SFD158NR49GTF2209	ADL Trident Enviro500	ADL Enviro500	H53/27D	2011	
KMB	ATEU33	PZ8988	SFD158NR49GTF2210	ADL Trident Enviro500	ADL Enviro500	H53/27D	2011	
KMB	ATEU31	PY5070	SFD158NR49GTF2211	ADL Trident Enviro500	ADL Enviro500	H53/27D	2011	
KMB	ATEU27	PV7292	SFD158NR49GTF2212	ADL Trident Enviro500	ADL Enviro500	H53/27D	2011	
NWFB	4035	PF469	SFD369LR49GTJ2213	ADL Trident Enviro500	ADL Enviro500	H51/26D	2010	
NWFB	4036	PE8262	SFD369LR49GTJ2214	ADL Trident Enviro500	ADL Enviro500	H51/26D	2010	
NWFB	4037	PE7154	SFD369LR49GTJ2215	ADL Trident Enviro500	ADL Enviro500 9502/18	H51/26D	2010	
NWFB	4038	PF1805	SFD369LR49GTJ2216	ADL Trident Enviro500	ADL Enviro500	H51/26D	2010	
NWFB	4039	PF1058	SFD369LR49GTJ2217	ADL Trident Enviro500	ADL Enviro500 9502/20	H51/26D	2010	
CTB	8128	PF4940	SFD169LR49GTH2218	ADL Trident Enviro500	ADL Enviro500	H55/31D	2010	
CTB	8129	PF5373	SFD169LR49GTH2219	ADL Trident Enviro500	ADL Enviro500	H55/31D	2010	
CTB	8130	PF7565	SFD169LR49GTH2220	ADL Trident Enviro500	ADL Enviro500	H55/31D	2010	
CTB	8131	PF8229	SFD169LR49GTH2221	ADL Trident Enviro500	ADL Enviro500	H55/31D	2010	

公司	車隊編號	車牌	底盤編號	車型	車身	座位佈局	首次登記日期	退役日期
CTB	8132	PF8486	SFD169LR49GTH2222	ADL Trident Enviro500	ADL Enviro500	H55/31D	2010	
CTB	8133	PF6977	SFD169LR49GTH2223	ADL Trident Enviro500	ADL Enviro500	H55/31D	2010	
KMB	ATEU26	PV7274	SFD158NR49GTF2224	ADL Trident Enviro500	ADL Enviro500	H53/27D	2011	
KMB	ATEU28	PV7695	SFD158NR49GTF2225	ADL Trident Enviro500	ADL Enviro500	H53/27D	2011	
KMB	ATEU30	PX546	SFD158NR49GTF2226	ADL Trident Enviro500	ADL Enviro500	H53/27D	2011	
KMB	ATEU29	PV9689	SFD158NR49GTF2227	ADL Trident Enviro500	ADL Enviro500	H53/27D	2011	
CTB	8134	PF8240	SFD169LR49GTH2229	ADL Trident Enviro500	ADL Enviro500	H55/31D	2010	
CTB	8135	PF9996	SFD169LR49GTH2230	ADL Trident Enviro500	ADL Enviro500	H55/31D	2010	
CTB	8136	PF9917	SFD169LR49GTH2231	ADL Trident Enviro500	ADL Enviro500	H55/31D	2010	
CTB	8137	PF8761	SFD169LR49GTH2232	ADL Trident Enviro500	ADL Enviro500	H55/31D	2010	
CTB	8138	PG3570	SFD169LR49GTH2234	ADL Trident Enviro500	ADL Enviro500	H55/31D	2010	
CTB	8139	PG4068	SFD169LR49GTH2235	ADL Trident Enviro500	ADL Enviro500	H55/31D	2010	
CTB	8140	PG2617	SFD169LR49GTH2236	ADL Trident Enviro500	ADL Enviro500	H55/31D	2010	
CTB	8141	PG4205	SFD169LR49GTH2237	ADL Trident Enviro500	ADL Enviro500	H55/31D	2010	
CTB	8142	PG5781	SFD169LR49GTH2238	ADL Trident Enviro500	ADL Enviro500	H55/31D	2010	
CTB	8143	PG4846	SFD169LR49GTH2239	ADL Trident Enviro500	ADL Enviro500	H55/31D	2010	
CTB	8144	PG4785	SFD169LR4AGTH2241	ADL Trident Enviro500	ADL Enviro500	H55/31D	2010	
CTB	8145	PG6073	SFD169LR4AGTH2242	ADL Trident Enviro500	ADL Enviro500	H55/31D	2010	
CTB	8146	PH2490	SFD169LR4AGTH2243	ADL Trident Enviro500	ADL Enviro500	H55/31D	2010	
CTB	8147	PH1273	SFD169LR4AGTH2244	ADL Trident Enviro500	ADL Enviro500	H55/31D	2010	
CTB	8148	PH1905	SFD169LR4AGTH2245	ADL Trident Enviro500	ADL Enviro500	H55/31D	2010	
CTB	8149	PH1149	SFD169LR4AGTH2247	ADL Trident Enviro500	ADL Enviro500	H55/31D	2010	
CTB	8150	PH4500	SFD169LR4AGTH2248	ADL Trident Enviro500	ADL Enviro500	H55/31D	2010	
CTB	8151	PH5763	SFD169LR4AGTH2249	ADL Trident Enviro500	ADL Enviro500	H55/31D	2010	
CTB	8152	PH6010	SFD169LR4AGTH2250	ADL Trident Enviro500	ADL Enviro500	H55/31D	2010	
CTB	8153	PH8285	SFD169LR4AGTH2251	ADL Trident Enviro500	ADL Enviro500	H55/31D	2010	
CTB	8154	PH8099	SFD169LR4AGTH2254	ADL Trident Enviro500	ADL Enviro500	H55/31D	2010	
CTB	8155	PH7839	SFD169LR4AGTH2255	ADL Trident Enviro500	ADL Enviro500	H55/31D	2010	
CTB	8156	PH8849	SFD169LR4AGTH2256	ADL Trident Enviro500	ADL Enviro500	H55/31D	2010	
CTB	8157	PJ150	SFD169LR4AGTH2257	ADL Trident Enviro500	ADL Enviro500	H55/31D	2010	
CTB	8158	PH9903	SFD169LR4AGTH2258	ADL Trident Enviro500	ADL Enviro500	H55/31D	2010	
CTB	8159	PJ5535	SFD169LR4AGTH2259	ADL Trident Enviro500	ADL Enviro500	H55/31D	2010	
CTB	8160	PK3995	SFD169LR4AGTH2260	ADL Trident Enviro500	ADL Enviro500	H55/31D	2010	
CTB	8161	PJ8574	SFD169LR4AGTH2261	ADL Trident Enviro500	ADL Enviro500	H55/31D	2010	
CTB	8162	PK139	SFD169LR4AGTH2262	ADL Trident Enviro500	ADL Enviro500	H55/31D	2010	
CTB	8163	PJ9212	SFD169LR4AGTH2263	ADL Trident Enviro500	ADL Enviro500	H55/31D	2010	
CTB	8164	PK2073	SFD169LR4AGTH2266	ADL Trident Enviro500	ADL Enviro500	H55/31D	2010	
CTB	8165	PK4219	SFD169LR4AGTH2270	ADL Trident Enviro500	ADL Enviro500	H55/31D	2010	
CTB	8166	PK5523	SFD169LR4AGTH2271	ADL Trident Enviro500	ADL Enviro500	H55/31D	2010	
CTB	8167	PK5393	SFD169LR4AGTH2272	ADL Trident Enviro500	ADL Enviro500	H55/31D	2010	
CTB	8168	PK6278	SFD169LR4AGTH2273	ADL Trident Enviro500	ADL Enviro500	H55/31D	2010	
CTB	8169	PK7398	SFD169LR4AGTH2274	ADL Trident Enviro500	ADL Enviro500	H55/31D	2010	
CTB	8170	PK7344	SFD169LR4AGTH2275	ADL Trident Enviro500	ADL Enviro500	H55/31D	2010	
CTB	8171	PK7937	SFD169NR4AGTH2276	ADL Trident Enviro500	ADL Enviro500	H55/31D	2010	
CTB	8172	PK9456	SFD169NR4AGTH2290	ADL Trident Enviro500	ADL Enviro500	H55/31D	2010	
CTB	8173	PL1443	SFD169NR4AGTH2291	ADL Trident Enviro500	ADL Enviro500	H55/31D	2010	
CTB	8174	PL5624	SFD169NR4AGTH2292	ADL Trident Enviro500	ADL Enviro500	H55/31D	2010	

公司	車隊編號	車牌	底盤編號	車型	車身	座位佈局	首次登記日期	退役日期
CTB	8175	PL4963	SFD169NR4AGTH2293	ADL Trident Enviro500	ADL Enviro500	H55/31D	2010	
CTB	8176	PL9437	SFD169NR4AGTH2295	ADL Trident Enviro500	ADL Enviro500	H55/31D	2010	
CTB	8177	PL9540	SFD169NR4AGTH2296	ADL Trident Enviro500	ADL Enviro500	H55/31D	2010	
LWB	8532	RL7723	SFD169NR4AGTF2297	ADL Trident Enviro500	ADL Enviro500	H53/21D	2012	
LWB	8533	RM6250	SFD169NR4AGTF2298	ADL Trident Enviro500	ADL Enviro500	H53/21D	2012	
CTB	8178	PM3968	SFD169NR4AGTH2299	ADL Trident Enviro500	ADL Enviro500	H55/31D	2010	
CTB	8179	PM1459	SFD169NR4AGTH2300	ADL Trident Enviro500	ADL Enviro500	H55/31D	2010	
LWB	8534	RV6882	SFD169NR4AGTF2301	ADL Trident Enviro500	ADL Enviro500 A503/3	H53/21D	2013	
LWB	8515	RB4002	SFD169NR4AGTF2302	ADL Trident Enviro500	ADL Enviro500 A503/4	H53/21D	2011	
CTB	8180	PM4079	SFD169NR4AGTH2303	ADL Trident Enviro500	ADL Enviro500	H55/31D	2010	
CTB	8181	PM2839	SFD169NR4AGTH2304	ADL Trident Enviro500	ADL Enviro500	H55/31D	2010	
CTB	8182	PM4847	SFD169NR4AGTH2305	ADL Trident Enviro500	ADL Enviro500	H55/31D	2010	
CTB	8183	PM6661	SFD169NR4AGTH2306	ADL Trident Enviro500	ADL Enviro500	H55/31D	2010	
CTB	8184	PN912	SFD169NR4AGTH2307	ADL Trident Enviro500	ADL Enviro500	H55/31D	2010	
CTB	8185	PN511	SFD169NR4AGTH2308	ADL Trident Enviro500	ADL Enviro500	H55/31D	2010	
LWB	8535	RX3315	SFD169NR4AGTF2309	ADL Trident Enviro500	ADL Enviro500	H53/21D	2013	
LWB	8536	RZ6920	SFD169NR4AGTF2310	ADL Trident Enviro500	ADL Enviro500	H53/21D	2013	
CTB	8186	PN3009	SFD169NR4AGTH2311	ADL Trident Enviro500	ADL Enviro500	H55/31D	2010	
CTB	8187	PN6097	SFD169NR4AGTH2312	ADL Trident Enviro500	ADL Enviro500	H55/31D	2010	
LWB	8501	PV7003	SFD169NR4AGTF2313	ADL Trident Enviro500	ADL Enviro500 A504/1	H53/21D	2011	
CTB	8188	PN5934	SFD169NR4AGTH2314	ADL Trident Enviro500	ADL Enviro500	H55/31D	2010	
CTB	8189	PN6176	SFD169NR4AGTH2315	ADL Trident Enviro500	ADL Enviro500	H55/31D	2010	
LWB	8502	PV7721	SFD169NR4AGTF2316	ADL Trident Enviro500	ADL Enviro500	H53/21D	2011	
CTB	8190	PP1750	SFD169NR4AGTH2317	ADL Trident Enviro500	ADL Enviro500	H55/31D	2010	
CTB	8191	PP3950	SFD169NR4AGTH2318	ADL Trident Enviro500	ADL Enviro500	H55/31D	2010	
LWB	8503	PX3299	SFD169NR4AGTF2319	ADL Trident Enviro500	ADL Enviro500	H53/21D	2011	
LWB	8504	PX7571	SFD169NR4AGTF2320	ADL Trident Enviro500	ADL Enviro500	H53/21D	2011	
LWB	8505	PY1555	SFD169NR4AGTF2321	ADL Trident Enviro500	ADL Enviro500	H53/21D	2011	
LWB	8506	PY4241	SFD169NR4AGTF2322	ADL Trident Enviro500	ADL Enviro500	H53/21D	2011	
CTB	8192	PP694	SFD169NR4AGTH2324	ADL Trident Enviro500	ADL Enviro500	H55/31D	2010	
CTB	8193	PP4988	SFD169NR4AGTH2325	ADL Trident Enviro500	ADL Enviro500	H55/31D	2010	
CTB	8194	PR7908	SFD169NR4AGTH2326	ADL Trident Enviro500	ADL Enviro500	H55/31D	2011	
CTB	8195	PP5292	SFD169NR4AGTH2327	ADL Trident Enviro500	ADL Enviro500	H55/31D	2010	
CTB	8196	PP6257	SFD169NR4AGTH2328	ADL Trident Enviro500	ADL Enviro500	H55/31D	2010	
CTB	8197	PP5680	SFD169NR4AGTH2329	ADL Trident Enviro500	ADL Enviro500	H55/31D	2010	
LWB	8507	PY6433	SFD169NR4AGTF2330	ADL Trident Enviro500	ADL Enviro500	H53/21D	2011	
CTB	8198	PR1018	SFD169NR4AGTH2331	ADL Trident Enviro500	ADL Enviro500	H55/31D	2010	
CTB	8199	PR6020	SFD169NR4AGTH2332	ADL Trident Enviro500	ADL Enviro500	H55/31D	2011	
CTB	8200	PR3051	SFD169NR4AGTH2333	ADL Trident Enviro500	ADL Enviro500	H55/31D	2011	
LWB	8512	RA5267	SFD169NR4AGTF2334	ADL Trident Enviro500	ADL Enviro500	H53/21D	2011	
CTB	8201	PR6404	SFD169NR4AGTH2335	ADL Trident Enviro500	ADL Enviro500	H55/31D	2011	
CTB	8202	PR6409	SFD169NR4AGTH2336	ADL Trident Enviro500	ADL Enviro500	H55/31D	2011	
LWB	8508	PZ2686	SFD169NR4AGTF2337	ADL Trident Enviro500	ADL Enviro500	H53/21D	2011	
CTB	8203	PR7978	SFD169NR4AGTH2338	ADL Trident Enviro500	ADL Enviro500	H55/31D	2011	
CTB	8204	PR8372	SFD169NR4AGTH2339	ADL Trident Enviro500	ADL Enviro500	H55/31D	2011	
LWB	8509	PZ7872	SFD169NR4AGTF2340	ADL Trident Enviro500	ADL Enviro500	H53/21D	2011	
NWFB	5518	PR8688	SFD169NR4AGTH2341	ADL Trident Enviro500	ADL Enviro500	H55/31D	2011	

公司	車隊編號	車牌	底盤編號	車型	車身	座位佈局	首次登記日期	退役日期
NWFB	5519	PS2561	SFD169NR4AGTH2342	ADL Trident Enviro500	ADL Enviro500	H55/31D	2011	
LWB	8516	RE6087	SFD169NR4AGTF2343	ADL Trident Enviro500	ADL Enviro500	H53/21D	2012	
NWFB	5520	PS9822	SFD169NR4AGTH2344	ADL Trident Enviro500	ADL Enviro500	H55/31D	2011	
NWFB	5521	PT195	SFD169NR4AGTH2345	ADL Trident Enviro500	ADL Enviro500	H55/31D	2011	
LWB	8514	RB526	SFD169NR4AGTF2346	ADL Trident Enviro500	ADL Enviro500	H53/21D	2011	
LWB	8510	PZ9855	SFD169NR4AGTF2347	ADL Trident Enviro500	ADL Enviro500	H53/21D	2011	
LWB	8513	RA8296	SFD169NR4AGTF2348	ADL Trident Enviro500	ADL Enviro500	H53/21D	2011	
LWB	8511	RA1121	SFD169NR4AGTF2349	ADL Trident Enviro500	ADL Enviro500	H53/21D	2011	
LWB	8529	RK8917	SFD169NR4AGTF2350	ADL Trident Enviro500	ADL Enviro500	H53/21D	2012	
LWB	8530	RL377	SFD169NR4AGTF2351	ADL Trident Enviro500	ADL Enviro500	H53/21D	2012	
LWB	8531	RL2459	SFD169NR4AGTF2352	ADL Trident Enviro500	ADL Enviro500	H53/21D	2012	
LWB	8517	RE9399	SFD169NR4AGTF2353	ADL Trident Enviro500	ADL Enviro500	H53/21D	2012	
LWB	8518	RF528	SFD169NR4AGTF2354	ADL Trident Enviro500	ADL Enviro500	H53/21D	2012	
NWFB	5522	PT4204	SFD169NR4AGTH2355	ADL Trident Enviro500	ADL Enviro500	H55/31D	2011	
NWFB	5523	PT3487	SFD169NR4AGTH2356	ADL Trident Enviro500	ADL Enviro500	H55/31D	2011	
NWFB	5524	PT3614	SFD169NR4AGTH2357	ADL Trident Enviro500	ADL Enviro500	H55/31D	2011	
NWFB	5525	PT5192	SFD169NR4AGTH2358	ADL Trident Enviro500	ADL Enviro500	H55/31D	2011	
NWFB	5526	PT6274	SFD169NR4AGTH2359	ADL Trident Enviro500	ADL Enviro500	H55/31D	2011	
NWFB	5527	PT9446	SFD169NR4AGTH2360	ADL Trident Enviro500	ADL Enviro500	H55/31D	2011	
NWFB	5528	PT9670	SFD169NR4AGTH2361	ADL Trident Enviro500	ADL Enviro500	H55/31D	2011	
NWFB	5529	PT1611	SFD169NR4AGTH2362	ADL Trident Enviro500	ADL Enviro500	H55/31D	2011	
NWFB	5530	PT2259	SFD169NR4AGTH2363	ADL Trident Enviro500	ADL Enviro500	H55/31D	2011	
NWFB	5531	PU7626	SFD169NR4AGTH2364	ADL Trident Enviro500	ADL Enviro500	H55/31D	2011	
NWFB	5532	PU6554	SFD169NR4AGTH2365	ADL Trident Enviro500	ADL Enviro500	H55/31D	2011	
NWFB	5533	PU8554	SFD169NR4AGTH2366	ADL Trident Enviro500	ADL Enviro500	H55/31D	2011	
NWFB	5534	PU9997	SFD169NR4AGTH2367	ADL Trident Enviro500	ADL Enviro500	H55/31D	2011	
NWFB	5535	PU9303	SFD169NR4AGTH2368	ADL Trident Enviro500	ADL Enviro500	H55/31D	2011	
NWFB	5536	PV3691	SFD169NR4AGTH2369	ADL Trident Enviro500	ADL Enviro500	H55/31D	2011	
NWFB	5537	PV2792	SFD169NR4AGTH2370	ADL Trident Enviro500	ADL Enviro500	H55/31D	2011	
LWB	8519	RG8349	SFD169NR4AGTF2371	ADL Trident Enviro500	ADL Enviro500	H53/21D	2012	
NWFB	5538	PV3587	SFD169NR4AGTH2372	ADL Trident Enviro500	ADL Enviro500	H55/31D	2011	
NWFB	5539	PV6102	SFD169NR4AGTH2373	ADL Trident Enviro500	ADL Enviro500	H55/31D	2011	
LWB	8520	RG9091	SFD169NR4AGTF2374	ADL Trident Enviro500	ADL Enviro500	H53/21D	2012	
NWFB	5540	PV8086	SFD169NR4AGTH2375	ADL Trident Enviro500	ADL Enviro500	H55/31D	2011	
NWFB	5541	PW126	SFD169NR4AGTH2376	ADL Trident Enviro500	ADL Enviro500	H55/31D	2011	
LWB	8522	RJ1156	SFD169NR4AGTF2377	ADL Trident Enviro500	ADL Enviro500	H53/21D	2012	
LWB	8521	RH9145	SFD169NR4AGTF2378	ADL Trident Enviro500	ADL Enviro500	H53/21D	2012	
LWB	8523	RJ5802	SFD169NR4AGTF2379	ADL Trident Enviro500	ADL Enviro500	H53/21D	2012	
LWB	8524	RJ7723	SFD169NR4AGTF2380	ADL Trident Enviro500	ADL Enviro500	H53/21D	2012	
LWB	8525	RJ8626	SFD169NR4AGTF2381	ADL Trident Enviro500	ADL Enviro500	H53/21D	2012	
LWB	8526	RK3881	SFD169NR4AGTF2382	ADL Trident Enviro500	ADL Enviro500	H53/21D	2012	
LWB	8527	RK3419	SFD169NR4BGTF2383	ADL Trident Enviro500	ADL Enviro500	H53/21D	2012	
KMB	ATEE5	RE1411	SFD169NR4BGTF2384	ADL Trident Enviro500	ADL Enviro500	H53/27D	2011	
LWB	8528	RK6404	SFD169NR4BGTF2385	ADL Trident Enviro500	ADL Enviro500	H53/21D	2012	
KMB	ATEE1	RE508	SFD169NR4BGTF2386	ADL Trident Enviro500	ADL Enviro500 A502/2	H53/27D	2011	
KMB	ATEE4	RE1317	SFD169NR4BGTF2387	ADL Trident Enviro500	ADL Enviro500 A502/3	H53/27D	2011	
KMB	ATEE3	RE1113	SFD169NR4BGTF2388	ADL Trident Enviro500	ADL Enviro500	H53/27D	2011	

公司	車隊編號	車牌	底盤編號	車型	車身	座位佈局	首次登記日期	退役日期
KMB	ATEE2	RE639	SFD169NR4BGTF2389	ADL Trident Enviro500	ADL Enviro500	H53/27D	2011	
KCRC	825	RR8145	SFD369NR4BGTJ2391	ADL Trident Enviro500	ADL Enviro500 B502/1	H51/25D	2012	
KCRC	826	RR7897	SFD369NR4BGTJ2392	ADL Trident Enviro500	ADL Enviro500	H51/25D	2012	
KCRC	827	RT1670	SFD369NR4BGTJ2393	ADL Trident Enviro500	ADL Enviro500	H51/25D	2012	
KCRC	828	RT2217	SFD369NR4BGTJ2394	ADL Trident Enviro500	ADL Enviro500	H51/25D	2012	
KCRC	829	RT1907	SFD369NR4BGTJ2395	ADL Trident Enviro500	ADL Enviro500 B502/5	H51/25D	2012	
KCRC	830	RU8323	SFD369NR4BGTJ2396	ADL Trident Enviro500	ADL Enviro500 B502/6	H51/25D	2012	
KCRC	831	RU6727	SFD369NR4BGTJ2397	ADL Trident Enviro500	ADL Enviro500	H51/25D	2012	
KCRC	832	RU6900	SFD369NR4BGTJ2398	ADL Trident Enviro500	ADL Enviro500	H51/25D	2012	
KCRC	833	RU8176	SFD369NR4BGTJ2399	ADL Trident Enviro500	ADL Enviro500	H51/25D	2012	
NWFB	5542	RK3144	SFD169NR4BGTH2400	ADL Trident Enviro500	ADL Enviro500	H55/31D	2012	
NWFB	5543	RK3352	SFD169NR4BGTH2401	ADL Trident Enviro500	ADL Enviro500	H55/31D	2012	
NWFB	5544	RK3757	SFD169NR4BGTH2402	ADL Trident Enviro500	ADL Enviro500	H55/31D	2012	
NWFB	5545	RK6424	SFD169NR4BGTH2403	ADL Trident Enviro500	ADL Enviro500	H55/31D	2012	
NWFB	5546	RK5110	SFD169NR4BGTH2404	ADL Trident Enviro500	ADL Enviro500 B504/05	H55/31D	2012	
NWFB	5547	RK6188	SFD169NR4BGTH2405	ADL Trident Enviro500	ADL Enviro500	H55/31D	2012	
NWFB	5548	RK6448	SFD169NR4BGTH2406	ADL Trident Enviro500	ADL Enviro500	H55/31D	2012	
NWFB	5549	RK6426	SFD169NR4BGTH2407	ADL Trident Enviro500	ADL Enviro500	H55/31D	2012	
NWFB	5550	RK4924	SFD169NR4BGTH2408	ADL Trident Enviro500	ADL Enviro500	H55/31D	2012	
NWFB	5551	RK5338	SFD169NR4BGTH2409	ADL Trident Enviro500	ADL Enviro500	H55/31D	2012	
NWFB	5552	RK4712	SFD169NR4BGTH2410	ADL Trident Enviro500	ADL Enviro500	H55/31D	2012	
NWFB	5553	RK8369	SFD169NR4BGTH2411	ADL Trident Enviro500	ADL Enviro500	H55/31D	2012	
NWFB	5554	RK7983	SFD169NR4BGTH2412	ADL Trident Enviro500	ADL Enviro500	H55/31D	2012	
CTB	8205	RL3936	SFD169NR4BGTH2413	ADL Trident Enviro500	ADL Enviro500	H55/23D	2012	
CTB	8206	RL4470	SFD169NR4BGTH2414	ADL Trident Enviro500	ADL Enviro500	H55/23D	2012	
CTB	8207	RL2513	SFD169NR4BGTH2415	ADL Trident Enviro500	ADL Enviro500	H55/23D	2012	
CTB	8208	RK9785	SFD169NR4BGTH2416	ADL Trident Enviro500	ADL Enviro500	H55/31D	2012	
CTB	8209	RK9314	SFD169NR4BGTH2417	ADL Trident Enviro500	ADL Enviro500	H55/31D	2012	
CTB	8210	RK9210	SFD169NR4BGTH2418	ADL Trident Enviro500	ADL Enviro500	H55/31D	2012	
CTB	8211	RK9923	SFD169NR4BGTH2419	ADL Trident Enviro500	ADL Enviro500	H55/31D	2012	
CTB	8212	RL4346	SFD169NR4BGTH2420	ADL Trident Enviro500	ADL Enviro500	H55/31D	2012	
CTB	8213	RL3944	SFD169NR4BGTH2421	ADL Trident Enviro500	ADL Enviro500	H55/31D	2012	
CTB	8214	RL3252	SFD169NR4BGTH2422	ADL Trident Enviro500	ADL Enviro500	H55/31D	2012	
CTB	8215	RL5198	SFD169NR4CGTH2424	ADL Trident Enviro500	ADL Enviro500	H55/31D	2012	
CTB	8216	RM344	SFD169NR4CGTH2425	ADL Trident Enviro500	ADL Enviro500	H55/31D	2012	
CTB	8217	RL9104	SFD169NR4CGTH2426	ADL Trident Enviro500	ADL Enviro500	H55/31D	2012	
CTB	8218	RL5493	SFD169NR4CGTH2427	ADL Trident Enviro500	ADL Enviro500	H55/31D	2012	
CTB	8219	RL4814	SFD169NR4CGTH2428	ADL Trident Enviro500	ADL Enviro500	H55/31D	2012	
CTB	8220	RL9094	SFD169NR4CGTH2429	ADL Trident Enviro500	ADL Enviro500	H55/31D	2012	
CTB	8221	RL9969	SFD169NR4CGTH2430	ADL Trident Enviro500	ADL Enviro500	H55/31D	2012	
CTB	8222	RM614	SFD169NR4CGTH2431	ADL Trident Enviro500	ADL Enviro500	H55/31D	2012	
CTB	8223	RL6869	SFD169NR4CGTH2432	ADL Trident Enviro500	ADL Enviro500	H55/31D	2012	
CTB	8224	RM2224	SFD169NR4CGTH2433	ADL Trident Enviro500	ADL Enviro500	H55/31D	2012	
CTB	8225	RM1957	SFD169NR4CGTH2434	ADL Trident Enviro500	ADL Enviro500	H55/31D	2012	
CTB	8226	RL9901	SFD169NR4CGTH2436	ADL Trident Enviro500	ADL Enviro500	H55/31D	2012	
CTB	8227	RL8774	SFD169NR4CGTH2437	ADL Trident Enviro500	ADL Enviro500 B506/20	H55/31D	2012	
CTB	8228	RM2717	SFD169NR4CGTH2438	ADL Trident Enviro500	ADL Enviro500	H55/31D	2012	

公司	車隊 編號	車牌	底盤編號	車型	車身	座位 佈局	首次登 記日期	退役 日期
CTB	8229	RM3334	SFD169NR4CGTH2439	ADL Trident Enviro500	ADL Enviro500	H55/31D	2012	
CTB	8230	RM5652	SFD169NR4CGTH2440	ADL Trident Enviro500	ADL Enviro500	H55/31D	2012	
CTB	8231	RM5849	SFD169NR4CGTH2441	ADL Trident Enviro500	ADL Enviro500	H55/31D	2012	
CTB	8232	RM7834	SFD169NR4CGTH2442	ADL Trident Enviro500	ADL Enviro500 B506/25	H55/31D	2012	
CTB	8233	RM8065	SFD169NR4CGTH2443	ADL Trident Enviro500	ADL Enviro500	H55/31D	2012	
CTB	8234	RM7141	SFD169NR4CGTH2444	ADL Trident Enviro500	ADL Enviro500	H55/31D	2012	
CTB	8235	RN3214	SFD169NR4CGTH2445	ADL Trident Enviro500	ADL Enviro500	H55/31D	2012	
CTB	8236	RN3021	SFD169NR4CGTH2446	ADL Trident Enviro500	ADL Enviro500	H55/31D	2012	
CTB	8237	RN3002	SFD169NR4CGTH2447	ADL Trident Enviro500	ADL Enviro500	H55/31D	2012	
CTB	8238	RN2788	SFD169NR4CGTH2448	ADL Trident Enviro500	ADL Enviro500	H55/31D	2012	
CTB	8239	RN3625	SFD169NR4CGTH2449	ADL Trident Enviro500	ADL Enviro500	H55/31D	2012	
CTB	8240	RN3283	SFD169NR4CGTH2451	ADL Trident Enviro500	ADL Enviro500	H55/31D	2012	
CTB	8241	RN2591	SFD169NR4CGTH2452	ADL Trident Enviro500	ADL Enviro500	H55/31D	2012	
CTB	8242	RN2966	SFD169NR4CGTH2453	ADL Trident Enviro500	ADL Enviro500	H55/31D	2012	
CTB	8243	RN5598	SFD169NR4CGTH2454	ADL Trident Enviro500	ADL Enviro500	H55/31D	2012	
CTB	8244	RN4613	SFD169NR4CGTH2455	ADL Trident Enviro500	ADL Enviro500	H55/31D	2012	
CTB	8245	RN7984	SFD169NR4CGTH2458	ADL Trident Enviro500	ADL Enviro500	H55/31D	2012	
CTB	8246	RN6878	SFD169NR4CGTH2459	ADL Trident Enviro500	ADL Enviro500	H55/31D	2012	
CTB	8247	RP1206	SFD169NR4CGTH2460	ADL Trident Enviro500	ADL Enviro500	H55/31D	2012	
CTB	8248	RP2017	SFD169NR4CGTH2461	ADL Trident Enviro500	ADL Enviro500	H55/31D	2012	
CTB	8249	RP1627	SFD169NR4CGTH2462	ADL Trident Enviro500	ADL Enviro500	H55/31D	2012	
CTB	8250	RP1377	SFD169NR4CGTH2463	ADL Trident Enviro500	ADL Enviro500	H55/31D	2012	
CTB	8251	RP4612	SFD169NR4CGTH2464	ADL Trident Enviro500	ADL Enviro500	H55/31D	2012	
CTB	8252	RP4990	SFD169NR4CGTH2465	ADL Trident Enviro500	ADL Enviro500	H55/31D	2012	
CTB	8253	RP5816	SFD169NR4CGTH2466	ADL Trident Enviro500	ADL Enviro500	H55/31D	2012	
CTB	8254	RP5718	SFD169NR4CGTH2467	ADL Trident Enviro500	ADL Enviro500	H55/31D	2012	
CTB	8255	RP5052	SFD169NR4CGTH2468	ADL Trident Enviro500	ADL Enviro500	H55/31D	2012	
CTB	8256	RP6274	SFD169NR4CGTH2469	ADL Trident Enviro500	ADL Enviro500	H55/31D	2012	
CTB	8257	RP7795	SFD169NR4CGTH2471	ADL Trident Enviro500	ADL Enviro500	H55/31D	2012	
CTB	8258	RP7894	SFD169NR4CGTH2472	ADL Trident Enviro500	ADL Enviro500	H55/31D	2012	
CTB	8259	RP7060	SFD169NR4CGTH2473	ADL Trident Enviro500	ADL Enviro500	H55/31D	2012	
CTB	8260	RR4125	SFD169NR4CGTH2474	ADL Trident Enviro500	ADL Enviro500	H55/31D	2012	
CTB	8261	RR3619	SFD169NR4CGTH2476	ADL Trident Enviro500	ADL Enviro500	H55/31D	2012	
CTB	8262	RR3648	SFD169NR4CGTH2478	ADL Trident Enviro500	ADL Enviro500 B506/55	H55/31D	2012	
CTB	8263	RR4594	SFD169NR4CGTH2482	ADL Trident Enviro500	ADL Enviro500	H55/31D	2012	
CTB	8264	RR5869	SFD169NR4CGTH2483	ADL Trident Enviro500	ADL Enviro500	H55/31D	2012	
CTB	8265	RR8447	SFD169NR4CGTH2484	ADL Trident Enviro500	ADL Enviro500	H55/31D	2012	
CTB	8266	RR7505	SFD169NR4CGTH2487	ADL Trident Enviro500	ADL Enviro500 B506/59	H55/31D	2012	
CTB	8267	RS4133	SFD169NR4CGTH2488	ADL Trident Enviro500	ADL Enviro500	H55/31D	2012	
CTB	8268	RR6530	SFD169NR4CGTH2489	ADL Trident Enviro500	ADL Enviro500	H55/31D	2012	
CTB	8269	RR9019	SFD169NR4CGTH2490	ADL Trident Enviro500	ADL Enviro500	H55/31D	2012	
CTB	8270	RR9234	SFD169NR4CGTH2491	ADL Trident Enviro500	ADL Enviro500	H55/31D	2012	
CTB	8271	RS2439	SFD169NR4CGTH2497	ADL Trident Enviro500	ADL Enviro500	H55/31D	2012	
CTB	8272	RS1470	SFD169NR4CGTH2498	ADL Trident Enviro500	ADL Enviro500	H55/31D	2012	
CTB	8273	RS1673	SFD169NR4CGTH2499	ADL Trident Enviro500	ADL Enviro500	H55/31D	2012	
CTB	8274	RT1438	SFD169NR4CGTH2500	ADL Trident Enviro500	ADL Enviro500	H55/31D	2012	
CTB	8275	RS4127	SFD169NR4CGTH2507	ADL Trident Enviro500	ADL Enviro500	H55/31D	2012	

公司	車隊編號	車牌	底盤編號	車型	車身	座位佈局	首次登記日期	退役日期
CTB	8276	RS3565	SFD169NR4CGTH2508	ADL Trident Enviro500	ADL Enviro500	H55/31D	2012	
CTB	8277	RS3394	SFD169NR4CGTH2509	ADL Trident Enviro500	ADL Enviro500	H55/31D	2012	
CTB	8278	RS3275	SFD169NR4CGTH2510	ADL Trident Enviro500	ADL Enviro500	H55/31D	2012	
CTB	8279	RS5806	SFD169NR4CGTH2511	ADL Trident Enviro500	ADL Enviro500	H55/31D	2012	
CTB	8280	RS5953	SFD169NR4CGTH2512	ADL Trident Enviro500	ADL Enviro500	H55/31D	2012	
CTB	8281	RT1180	SFD169NR4CGTH2513	ADL Trident Enviro500	ADL Enviro500	H55/31D	2012	
CTB	8282	RS7269	SFD169NR4CGTH2514	ADL Trident Enviro500	ADL Enviro500	H55/31D	2012	
CTB	8283	RS7728	SFD169NR4CGTH2515	ADL Trident Enviro500	ADL Enviro500	H55/31D	2012	
CTB	8284	RT2269	SFD169NR4CGTH2516	ADL Trident Enviro500	ADL Enviro500	H55/31D	2012	
CTB	8285	RT4044	SFD169NR4CGTH2524	ADL Trident Enviro500	ADL Enviro500	H55/31D	2012	
CTB	8286	RU124	SFD169NR4CGTH2525	ADL Trident Enviro500	ADL Enviro500	H55/31D	2012	
CTB	8287	RT7476	SFD169NR4CGTH2526	ADL Trident Enviro500	ADL Enviro500 B506/80	H55/31D	2012	
CTB	8288	RT9040	SFD169NR4CGTH2527	ADL Trident Enviro500	ADL Enviro500	H55/31D	2012	
CTB	8289	RU1636	SFD169NR4CGTH2528	ADL Trident Enviro500	ADL Enviro500	H55/31D	2012	
CTB	8290	RT9062	SFD169NR4CGTH2535	ADL Trident Enviro500	ADL Enviro500 B506/83	H55/31D	2012	
CTB	8291	RU793	SFD169NR4CGTH2537	ADL Trident Enviro500	ADL Enviro500	H55/31D	2012	
CTB	8292	RU2420	SFD169NR4CGTH2538	ADL Trident Enviro500	ADL Enviro500	H55/31D	2012	
CTB	8293	RU1917	SFD169NR4CGTH2539	ADL Trident Enviro500	ADL Enviro500	H55/31D	2012	
CTB	8294	RU1256	SFD169NR4CGTH2540	ADL Trident Enviro500	ADL Enviro500 B506/87	H55/31D	2012	
CTB	8295	RU2905	SFD169NR4CGTH2544	ADL Trident Enviro500	ADL Enviro500	H55/31D	2012	
CTB	8296	RU3910	SFD169NR4CGTH2545	ADL Trident Enviro500	ADL Enviro500	H55/31D	2012	
CTB	8297	RU4497	SFD169NR4CGTH2546	ADL Trident Enviro500	ADL Enviro500	H55/31D	2012	
CTB	8298	RU4449	SFD169NR4CGTH2547	ADL Trident Enviro500	ADL Enviro500	H55/31D	2012	
CTB	8299	RU2775	SFD169NR4CGTH2554	ADL Trident Enviro500	ADL Enviro500	H55/31D	2012	
CTB	8300	RU5586	SFD169NR4CGTH2555	ADL Trident Enviro500	ADL Enviro500	H55/31D	2012	
CTB	8301	RU5509	SFD169NR4CGTH2562	ADL Trident Enviro500	ADL Enviro500	H55/31D	2012	
CTB	8302	RU6437	SFD169NR4CGTH2563	ADL Trident Enviro500	ADL Enviro500	H55/31D	2012	
CTB	8303	RU6470	SFD169NR4CGTH2564	ADL Trident Enviro500	ADL Enviro500 B506/96	H55/31D	2012	
CTB	8304	RU5509	SFD169NR4CGTH2565	ADL Trident Enviro500	ADL Enviro500	H55/31D	2012	
CTB	8306	RU6470	SFD169NR4CGTH2576	ADL Trident Enviro500	ADL Enviro500	H55/31D	2012	
CTB	8305	RU6437	SFD169NR4CGTH2577	ADL Trident Enviro500	ADL Enviro500	H55/31D	2012	
CTB	8307	RV3191	SFD169NR4CGTH2578	ADL Trident Enviro500	ADL Enviro500	H55/31D	2013	
CTB	8308	RV3831	SFD169NR4CGTH2580	ADL Trident Enviro500	ADL Enviro500	H55/31D	2013	
CTB	8309	RV3620	SFD169NR4CGTH2582	ADL Trident Enviro500	ADL Enviro500 B506/102	H55/31D	2013	
CTB	8310	RV4871	SFD169NR4CGTH2589	ADL Trident Enviro500	ADL Enviro500	H55/31D	2013	
CTB	8311	RV7863	SFD169NR4CGTH2590	ADL Trident Enviro500	ADL Enviro500	H55/31D	2013	
CTB	8312	RW1232	SFD169NR4CGTH2591	ADL Trident Enviro500	ADL Enviro500	H55/31D	2013	
CTB	8313	RW1147	SFD169NR4CGTH2592	ADL Trident Enviro500	ADL Enviro500	H55/31D	2013	
CTB	8314	RW3037	SFD169NR4CGTH2593	ADL Trident Enviro500	ADL Enviro500 B506/107	H55/31D	2013	
CTB	8315	RW2811	SFD169NR4CGTH2599	ADL Trident Enviro500	ADL Enviro500 B506/108	H55/31D	2013	
CTB	8316	RW4954	SFD169NR4CGTH2600	ADL Trident Enviro500	ADL Enviro500 B506/109	H55/31D	2013	
NWFB	5555	RW7692	SFD169NR4CGTH2603	ADL Trident Enviro500	ADL Enviro500	H55/31D	2013	
CTB	8317	RW5924	SFD169NR4CGTH2606	ADL Trident Enviro500	ADL Enviro500 B506/110	H55/31D	2013	
NWFB	5556	RW8285	SFD169NR4CGTH2609	ADL Trident Enviro500	ADL Enviro500	H55/31D	2013	
NWFB	5557	RW4460	SFD169NR4CGTH2610	ADL Trident Enviro500	ADL Enviro500	H55/31D	2013	
NWFB	5558	RW2655	SFD169NR4CGTH2611	ADL Trident Enviro500	ADL Enviro500	H55/31D	2013	
NWFB	5559	RX2010	SFD169NR4CGTH2615	ADL Trident Enviro500	ADL Enviro500 C501/4	H55/31D	2013	

公司	車隊編號	車牌	底盤編號	車型	車身	座位佈局	首次登記日期	退役日期
NWFB	5560	RX2203	SFD169NR4CGTH2617	ADL Trident Enviro500	ADL Enviro500 C501/5	H55/31D	2013	
NWFB	5561	RX1227	SFD169NR4CGTH2618	ADL Trident Enviro500	ADL Enviro500	H55/31D	2013	
CTB	8318	RX7236	SFD169NR4CGTH2621	ADL Trident Enviro500	ADL Enviro500	H55/31D	2013	
CTB	8319	RX6856	SFD169NR4CGTH2622	ADL Trident Enviro500	ADL Enviro500	H55/31D	2013	
NWFB	5562	RX8749	SFD169NR4CGTH2623	ADL Trident Enviro500	ADL Enviro500	H55/31D	2013	
NWFB	5563	RX9438	SFD169NR4CGTH2627	ADL Trident Enviro500	ADL Enviro500	H55/31D	2013	
NWFB	5564	RX9796	SFD169NR4CGTH2628	ADL Trident Enviro500	ADL Enviro500	H55/31D	2013	
NWFB	5565	RY4236	SFD169NR4CGTH2629	ADL Trident Enviro500	ADL Enviro500	H55/31D	2013	
NWFB	5566	RY2644	SFD169NR4CGTH2633	ADL Trident Enviro500	ADL Enviro500	H55/31D	2013	
NWFB	5567	RY5571	SFD169NR4CGTH2634	ADL Trident Enviro500	ADL Enviro500	H55/31D	2013	
NWFB	5568	RY5083	SFD169NR4CGTH2635	ADL Trident Enviro500	ADL Enviro500	H55/31D	2013	
NWFB	5569	RY8502	SFD169NR4CGTH2637	ADL Trident Enviro500	ADL Enviro500	H55/31D	2013	
NWFB	5570	RZ1444	SFD169NR4CGTH2638	ADL Trident Enviro500	ADL Enviro500	H55/31D	2013	
NWFB	5571	RZ841	SFD169NR4CGTH2639	ADL Trident Enviro500	ADL Enviro500	H55/31D	2013	
NWFB	5572	RZ3683	SFD169NR4CGTH2640	ADL Trident Enviro500	ADL Enviro500	H55/31D	2013	
NWFB	5573	RZ3539	SFD169NR4CGTH2646	ADL Trident Enviro500	ADL Enviro500	H55/31D	2013	
NWFB	5574	RZ2660	SFD169NR4CGTH2647	ADL Trident Enviro500	ADL Enviro500	H55/31D	2013	
NWFB	5575	RZ4211	SFD169NR4CGTH2648	ADL Trident Enviro500	ADL Enviro500	H55/31D	2013	
NWFB	5576	RZ5573	SFD169NR4CGTH2651	ADL Trident Enviro500	ADL Enviro500	H55/31D	2013	
NWFB	5577	RZ9549	SFD169NR4CGTH2661	ADL Trident Enviro500	ADL Enviro500	H55/31D	2013	
NWFB	5578	RZ6849	SFD169NR4CGTH2667	ADL Trident Enviro500	ADL Enviro500	H55/31D	2013	
NWFB	5579	RZ8460	SFD169NR4CGTH2673	ADL Trident Enviro500	ADL Enviro500	H55/31D	2013	
NWFB	5580	SA2087	SFD169NR4CGTH2677	ADL Trident Enviro500	ADL Enviro500	H55/31D	2013	
NWFB	5581	SA5476	SFD169NR4CGTH2682	ADL Trident Enviro500	ADL Enviro500	H55/31D	2013	
NWFB	5582	SA4736	SFD169NR4CGTH2683	ADL Trident Enviro500	ADL Enviro500	H55/31D	2013	

Volvo B9TL

公司	車隊編號	車牌	底盤編號	車型	車身	座位佈局	首次登記日期	退役日期
KMB	AVD1	LJ7006	YV3S4J1112A000002	Volvo B9TL-7220	Volgren CR223LD	H59/33D	2004	2004
KMB	AVD1	MF5119	YV3S4J1112A000002	Volvo B9TL-7220	Volgren CR223LD	H59/33D	2006	
KMB	AVBE1	LU3721	YV3S4H9113A060005	Volvo B9TL-7220 12m	TransBus Enviro500	H53/27D	2005	
KMB	AVBW26	MH7721	YV3S4H9153A060007	Volvo B9TL-7220 12m	Wright Eclipse Gemini J635	H53/27D	2006	
KMB	AVBW15	MG470	YV3S4J1133A060008	Volvo B9TL-7220 12m	Wright Eclipse Gemini H580	H53/27D	2006	
KMB	AVBW1	LU3739	YV3S4H9193A060009	Volvo B9TL-7220 12m	Wright Eclipse Gemini H028	H53/27D	2005	
KMB	AVBW16	MG971	YV3S4H9225A105111	Volvo B9TL-7220 12m	Wright Eclipse Gemini J617	H53/27D	2006	
KMB	AVBW2	MC1037	YV3S4H9245A105112	Volvo B9TL-7220 12m	Wright Eclipse Gemini J618	H53/27D	2005	
KMB	AVBW3	MC1981	YV3S4H9295A105154	Volvo B9TL-7220 12m	Wright Eclipse Gemini J619	H53/27D	2005	
KMB	AVBW5	MC2475	YV3S4H9205A105155	Volvo B9TL-7220 12m	Wright Eclipse Gemini J620	H53/27D	2005	
KMB	AVBW4	MC2383	YV3S4H9295A105168	Volvo B9TL-7220 12m	Wright Eclipse Gemini J621	H53/27D	2005	
KMB	AVBW7	MC3782	YV3S4H9225A105352	Volvo B9TL-7220 12m	Wright Eclipse Gemini J622	H53/27D	2005	
KMB	AVBW13	MF6284	YV3S4H9245A105353	Volvo B9TL-7220 12m	Wright Eclipse Gemini J623	H53/27D	2006	
KMB	AVBW24	MH4481	YV3S4H9265A105354	Volvo B9TL-7220 12m	Wright Eclipse Gemini J624	H53/27D	2006	
KMB	AVBW6	MC2533	YV3S4H9245A105384	Volvo B9TL-7220 12m	Wright Eclipse Gemini J625	H53/27D	2005	
KMB	AVBW14	MF9180	YV3S4H9265A105385	Volvo B9TL-7220 12m	Wright Eclipse Gemini J626	H53/27D	2006	
KMB	AVBW17	MG1615	YV3S4H9225A105710	Volvo B9TL-7220 12m	Wright Eclipse Gemini J627	H53/27D	2006	

公司	車隊編號	車牌	底盤編號	車型	車身	座位佈局	首次登記日期	退役日期
KMB	AVBW25	MH7271	YV3S4H9245A105711	Volvo B9TL-7220 12m	Wright Eclipse Gemini J628	H53/27D	2006	
KMB	AVBW18	MG1779	YV3S4H9265A105712	Volvo B9TL-7220 12m	Wright Eclipse Gemini J629	H53/27D	2006	
KMB	AVBW19	MG1954	YV3S4H92X5A105728	Volvo B9TL-7220 12m	Wright Eclipse Gemini J630	H53/27D	2006	
KMB	AVBW20	MG4804	YV3S4H9215A105729	Volvo B9TL-7220 12m	Wright Eclipse Gemini J631	H53/27D	2006	
KMB	AVBW23	MG9715	YV3S4H9285A105730	Volvo B9TL-7220 12m	Wright Eclipse Gemini J632	H53/27D	2006	
KMB	AVBW22	MG9269	YV3S4H92X5A105731	Volvo B9TL-7220 12m	Wright Eclipse Gemini J633	H53/27D	2006	
KMB	AVBW21	MG5598	YV3S4H9225A105772	Volvo B9TL-7220 12m	Wright Eclipse Gemini J634	H53/27D	2006	
KMB	AVBW9	MF3204	YV3S4H9245A105773	Volvo B9TL-7220 12m	Wright Eclipse Gemini J636	H53/27D	2006	
KMB	AVBW12	MF4365	YV3S4H9265A105774	Volvo B9TL-7220 12m	Wright Eclipse Gemini J637	H53/27D	2006	
KMB	AVBW8	MF2648	YV3S4H9275A106013	Volvo B9TL-7220 12m	Wright Eclipse Gemini J638	H53/27D	2006	
KMB	AVBW11	MF3935	YV3S4H9295A106014	Volvo B9TL-7220 12m	Wright Eclipse Gemini J639	H53/27D	2006	
KMB	AVBW10	MF3592	YV3S4H9205A106015	Volvo B9TL-7220 12m	Wright Eclipse Gemini J640	H53/27D	2006	
KMB	AVBW35	MJ8352	YV3S4H9276A108510	Volvo B9TL-7220 12m	Wright Eclipse Gemini K001	H53/27D	2006	
KMB	AVBW32	MJ8125	YV3S4H9296A108511	Volvo B9TL-7220 12m	Wright Eclipse Gemini K002	H53/27D	2006	
KMB	AVBW28	MJ6712	YV3S4H9206A108512	Volvo B9TL-7220 12m	Wright Eclipse Gemini K003	H53/27D	2006	
KMB	AVBW33	MJ8161	YV3S4H9226A108513	Volvo B9TL-7220 12m	Wright Eclipse Gemini K004	H53/27D	2006	
KMB	AVBW34	MJ8343	YV3S4H9216A108549	Volvo B9TL-7220 12m	Wright Eclipse Gemini K005	H53/27D	2006	
KMB	AVBW46	MM3061	YV3S4H9286A108550	Volvo B9TL-7220 12m	Wright Eclipse Gemini K007	H53/27D	2006	
KMB	AVBW29	MJ6852	YV3S4H92X6A108551	Volvo B9TL-7220 12m	Wright Eclipse Gemini K008	H53/27D	2006	2009
KMB	AVBW54	MM3891	YV3S4H9216A108552	Volvo B9TL-7220 12m	Wright Eclipse Gemini K006	H53/27D	2006	
KMB	AVBW27	MJ6642	YV3S4H9286A108581	Volvo B9TL-7220 12m	Wright Eclipse Gemini K009	H53/27D	2006	
KMB	AVBW30	MJ7128	YV3S4H92X6A108582	Volvo B9TL-7220 12m	Wright Eclipse Gemini K010	H53/27D	2006	
KMB	AVBW31	MJ7276	YV3S4H9296A109318	Volvo B9TL-7220 12m	Wright Eclipse Gemini K059	H53/27D	2006	
KMB	AVBW37	MK8215	YV3S4H9276A109365	Volvo B9TL-7220 12m	Wright Eclipse Gemini K060	H53/27D	2006	
KMB	AVBW50	MM3309	YV3S4H9296A109495	Volvo B9TL-7220 12m	Wright Eclipse Gemini K061	H53/27D	2006	
KMB	AVBW36	MJ8386	YV3S4H9246A109579	Volvo B9TL-7220 12m	Wright Eclipse Gemini K062	H53/27D	2006	
KMB	AVBW39	MK9868	YV3S4H9206A109580	Volvo B9TL-7220 12m	Wright Eclipse Gemini K063	H53/27D	2006	
KMB	AVBW38	MK9697	YV3S4H9226A109581	Volvo B9TL-7220 12m	Wright Eclipse Gemini K064	H53/27D	2006	
KMB	AVBW40	MM2566	YV3S4H9256A109946	Volvo B9TL-7220 12m	Wright Eclipse Gemini K089	H53/27D	2006	
KMB	AVBW58	MM4497	YV3S4H9276A109947	Volvo B9TL-7220 12m	Wright Eclipse Gemini K090	H53/27D	2006	
KMB	AVBW45	MM2968	YV3S4H9296A109948	Volvo B9TL-7220 12m	Wright Eclipse Gemini K091	H53/27D	2006	
KMB	AVBW44	MM2801	YV3S4H9206A109949	Volvo B9TL-7220 12m	Wright Eclipse Gemini K092	H53/27D	2006	
KMB	AVBW43	MM2661	YV3S4H9216A111631	Volvo B9TL-7220 12m	Wright Eclipse Gemini K599	H53/27D	2006	
KMB	AVBW52	MM3587	YV3S4H9236A111632	Volvo B9TL-7220 12m	Wright Eclipse Gemini K600	H53/27D	2006	
KMB	AVBW57	MM4273	YV3S4H9266A111690	Volvo B9TL-7220 12m	Wright Eclipse Gemini K601	H53/27D	2006	
KMB	AVBW53	MM3760	YV3S4H9286A111691	Volvo B9TL-7220 12m	Wright Eclipse Gemini K602	H53/27D	2006	
KMB	AVBW42	MM2598	YV3S4H92X6A111692	Volvo B9TL-7220 12m	Wright Eclipse Gemini K603	H53/27D	2006	
KMB	AVBE5	MP7116	YV3S4H92X6A112017	Volvo B9TL-7220 12m	ADL Enviro500	H53/27D	2006	
KMB	AVBW47	MM3099	YV3S4H9216A112018	Volvo B9TL-7220 12m	Wright Eclipse Gemini K604	H53/27D	2006	
KMB	AVBW56	MM4077	YV3S4H9236A112019	Volvo B9TL-7220 12m	Wright Eclipse Gemini K605	H53/27D	2006	
KMB	AVBW49	MM3126	YV3S4H92X6A112020	Volvo B9TL-7220 12m	Wright Eclipse Gemini K606	H53/27D	2006	
KMB	AVBW48	MM3119	YV3S4H9226A112058	Volvo B9TL-7220 12m	Wright Eclipse Gemini K607	H53/27D	2006	
KMB	AVBW55	MM3904	YV3S4H9246A112059	Volvo B9TL-7220 12m	Wright Eclipse Gemini K608	H53/27D	2006	
KMB	AVBW41	MM2567	YV3S4H9236A112487	Volvo B9TL-7220 12m	Wright Eclipse Gemini K609	H53/27D	2006	
KMB	AVBW61	MP7824	YV3S4H9256A112488	Volvo B9TL-7220 12m	Wright Eclipse Gemini K610	H53/27D	2006	
KMB	AVBW51	MM3536	YV3S4H9216A112519	Volvo B9TL-7220 12m	Wright Eclipse Gemini K611	H53/27D	2006	
KMB	AVBW64	MP8454	YV3S4H9286A112520	Volvo B9TL-7220 12m	Wright Eclipse Gemini K612	H53/27D	2006	

公司	車隊編號	車牌	底盤編號	車型	車身	座位佈局	首次登記日期	退役日期
KMB	AVBW62	MP7834	YV3S4H9216A112892	Volvo B9TL-7220 12m	Wright Eclipse Gemini K613	H53/27D	2006	
KMB	AVBW60	MP7697	YV3S4H9236A112893	Volvo B9TL-7220 12m	Wright Eclipse Gemini K614	H53/27D	2006	
KMB	AVBW63	MP7866	YV3S4H9256A112894	Volvo B9TL-7220 12m	Wright Eclipse Gemini K615	H53/27D	2006	
KMB	AVBW59	MP7601	YV3S4H9276A112895	Volvo B9TL-7220 12m	Wright Eclipse Gemini K616	H53/27D	2006	
KMB	AVBE12	MP8201	YV3S4H9276A114050	Volvo B9TL-7220 12m	ADL Enviro500	H53/27D	2006	
KMB	AVBE13	MP8222	YV3S4H92X6A114317	Volvo B9TL-7220 12m	ADL Enviro500	H53/27D	2006	
KMB	AVBE9	MP7622	YV3S4H9216A114318	Volvo B9TL-7220 12m	ADL Enviro500	H53/27D	2006	
KMB	AVBE3	MP6528	YV3S4H9286A114395	Volvo B9TL-7220 12m	ADL Enviro500	H53/27D	2006	
KMB	AVBE11	MP7943	YV3S4H92X6A114396	Volvo B9TL-7220 12m	ADL Enviro500	H53/27D	2006	
KMB	AVBE4	MP6554	YV3S4H9216A114397	Volvo B9TL-7220 12m	ADL Enviro500	H53/27D	2006	
KMB	AVBE10	MP7638	YV3S4H9206A114441	Volvo B9TL-7220 12m	ADL Enviro500	H53/27D	2006	
KMB	AVBE2	MP6513	YV3S4H9226A114442	Volvo B9TL-7220 12m	ADL Enviro500	H53/27D	2006	
KMB	AVBE7	MP7482	YV3S4H9246A114443	Volvo B9TL-7220 12m	ADL Enviro500	H53/27D	2006	
KMB	AVBE6	MP7379	YV3S4H9266A114444	Volvo B9TL-7220 12m	ADL Enviro500	H53/27D	2006	
KMB	AVBE8	MP7572	YV3S4H9286A114445	Volvo B9TL-7220 12m	ADL Enviro500	H53/27D	2006	
KMB	AVBE15	MS5729	YV3S4H9286A114560	Volvo B9TL-7220 12m	ADL Enviro500	H53/27D	2007	
KMB	AVBE14	MS5527	YV3S4H92X6A114561	Volvo B9TL-7220 12m	ADL Enviro500	H53/27D	2007	
KMB	AVBE17	MT673	YV3S4H9276A114582	Volvo B9TL-7220 12m	ADL Enviro500	H53/27D	2007	
KMB	AVBE23	MT1969	YV3S4H9296A114583	Volvo B9TL-7220 12m	ADL Enviro500	H53/27D	2007	
KMB	AVBE21	MT1422	YV3S4H9206A114584	Volvo B9TL-7220 12m	ADL Enviro500	H53/27D	2007	
KMB	AVBE19	MT943	YV3S4H9216A115291	Volvo B9TL-7220 12m	ADL Enviro500	H53/27D	2007	
KMB	AVBE20	MT1205	YV3S4H9236A115292	Volvo B9TL-7220 12m	ADL Enviro500	H53/27D	2007	
KMB	AVBE25	MT2384	YV3S4H9276A115361	Volvo B9TL-7220 12m	ADL Enviro500	H53/27D	2007	
KMB	AVBE18	MT695	YV3S4J1256A115362	Volvo B9TL-7220 12m	ADL Enviro500	H53/27D	2007	
KMB	AVBE24	MT2214	YV3S4J1276A115363	Volvo B9TL-7220 12m	ADL Enviro500	H53/27D	2007	
KMB	AVBE16	MT593	YV3S4J12X6A115499	Volvo B9TL-7220 12m	ADL Enviro500	H53/27D	2007	
KMB	AVBE22	MT1951	YV3S4J1256A115541	Volvo B9TL-7220 12m	ADL Enviro500	H53/27D	2007	
KMB	AVBE33	MU5768	YV3S4J1276A115542	Volvo B9TL-7220 12m	ADL Enviro500	H53/21D	2007	
KMB	AVBE34	MU6103	YV3S4J1296A115543	Volvo B9TL-7220 12m	ADL Enviro500	H53/21D	2007	
KMB	AVBE32	MU5685	YV3S4J1206A115544	Volvo B9TL-7220 12m	ADL Enviro500	H53/27D	2007	
KMB	AVBE35	MU6285	YV3S4J1236A115585	Volvo B9TL-7220 12m	ADL Enviro500	H53/21D	2007	
KMB	AVBE28	MU4857	YV3S4J1256A115586	Volvo B9TL-7220 12m	ADL Enviro500	H53/27D	2007	
KMB	AVBE26	MU4543	YV3S4J1276A115587	Volvo B9TL-7220 12m	ADL Enviro500	H53/27D	2007	
KMB	AVBE30	MU5148	YV3S4J1296A115588	Volvo B9TL-7220 12m	ADL Enviro500	H53/27D	2007	
KMB	AVBE31	MU5197	YV3S4J12X6A115602	Volvo B9TL-7220 12m	ADL Enviro500	H53/27D	2007	
KMB	AVBE27	MU4823	YV3S4J1216A115603	Volvo B9TL-7220 12m	ADL Enviro500	H53/27D	2007	
KMB	AVBE29	MU5012	YV3S4J1236A115604	Volvo B9TL-7220 12m	ADL Enviro500	H53/27D	2007	
KMB	AVBE36	MV6593	YV3S4J1256A115605	Volvo B9TL-7220 12m	ADL Enviro500	H53/21D	2007	
KMB	AVBE37	MV6645	YV3S4J1276A115606	Volvo B9TL-7220 12m	ADL Enviro500	H53/21D	2007	
KMB	AVBE38	MV8245	YV3S4J1296A115607	Volvo B9TL-7220 12m	ADL Enviro500	H53/21D	2007	
KMB	AVBE41	MW2117	YV3S4J1277A116935	Volvo B9TL-7220 12m	ADL Enviro500	H53/21D	2007	
KMB	AVBE39	MV8599	YV3S4J1297A116936	Volvo B9TL-7220 12m	ADL Enviro500	H53/27D	2007	
KMB	AVBE40	MV9453	YV3S4J1207A116937	Volvo B9TL-7220 12m	ADL Enviro500	H53/27D	2007	
KMB	AVBE44	MW3461	YV3S4J1277A116997	Volvo B9TL-7220 12m	ADL Enviro500	H53/27D	2007	
KMB	AVBE43	MW2917	YV3S4J1297A116998	Volvo B9TL-7220 12m	ADL Enviro500	H53/27D	2007	
KMB	AVBE42	MW2853	YV3S4J1287A117236	Volvo B9TL-7220 12m	ADL Enviro500	H53/27D	2007	
KMB	AVBE45	MW4225	YV3S4J12X7A117268	Volvo B9TL-7220 12m	ADL Enviro500	H53/27D	2007	

公司	車隊編號	車牌	底盤編號	車型	車身	座位佈局	首次登記日期	退役日期
KMB	AVBE47	MX1419	YV3S4J1217A117269	Volvo B9TL-7220 12m	ADL Enviro500	H53/27D	2007	
KMB	AVBE46	MX1088	YV3S4J1287A117270	Volvo B9TL-7220 12m	ADL Enviro500	H53/27D	2007	
KMB	AVBE50	MX5357	YV3S4J12X7A117271	Volvo B9TL-7220 12m	ADL Enviro500	H53/27D	2007	
KMB	AVBE49	MX5273	YV3S4J1237A117452	Volvo B9TL-7220 12m	ADL Enviro500	H53/27D	2007	
KMB	AVBE51	MX6070	YV3S4J1257A117453	Volvo B9TL-7220 12m	ADL Enviro500	H53/27D	2007	
KMB	AVBE48	MX4938	YV3S4J1277A117454	Volvo B9TL-7220 12m	ADL Enviro500	H53/27D	2007	
LWB	703	MY8612	YV3S4H9247A118915	Volvo B9TL-7220 12m	ADL Enviro500	H53/21D	2007	
LWB	704	MZ3418	YV3S4H9267A118916	Volvo B9TL-7220 12m	ADL Enviro500	H53/21D	2007	
LWB	705	NA1127	YV3S4H9287A118917	Volvo B9TL-7220 12m	ADL Enviro500	H53/21D	2007	
LWB	702	MX5343	YV3S4H9277A118942	Volvo B9TL-7220 12m	ADL Enviro500	H53/21D	2007	
LWB	701	MX4719	YV3S4H9297A118943	Volvo B9TL-7220 12m	ADL Enviro500	H53/21D	2007	
LWB	709	NG994	YV3S4H9207A118944	Volvo B9TL-7220 12m	ADL Enviro500	H53/21D	2008	
KMB	AVBE58	NA4179	YV3S4H9227A118945	Volvo B9TL-7220 12m	ADL Enviro500	H53/21D	2007	
LWB	401	MX9771	YV3S4H9257A118955	Volvo B9TL-7220 12m	ADL Enviro500	H53/17D	2007	
LWB	706	NA7569	YV3S4H9277A118956	Volvo B9TL-7220 12m	ADL Enviro500	H53/21D	2007	
LWB	708	NF9046	YV3S4H9297A118957	Volvo B9TL-7220 12m	ADL Enviro500	H53/21D	2008	
KMB	AVBE55	NA3587	YV3S4H9207A118958	Volvo B9TL-7220 12m	ADL Enviro500	H53/27D	2007	
LWB	707	NA9187	YV3S4H9207A118989	Volvo B9TL-7220 12m	ADL Enviro500	H53/21D	2007	
KMB	AVBE52	MZ2851	YV3S4H9277A118990	Volvo B9TL-7220 12m	ADL Enviro500	H53/27D	2007	
KMB	AVBE53	MZ3101	YV3S4H9297A118991	Volvo B9TL-7220 12m	ADL Enviro500	H53/27D	2007	
KMB	AVBE61	NA8906	YV3S4H9207A118992	Volvo B9TL-7220 12m	ADL Enviro500	H53/27D	2007	
KMB	AVBE57	NA4013	YV3S4H9277A119122	Volvo B9TL-7220 12m	ADL Enviro500	H53/27D	2007	
KMB	AVBE56	NA3596	YV3S4H9297A119123	Volvo B9TL-7220 12m	ADL Enviro500	H53/27D	2007	
KMB	AVBE54	NA2758	YV3S4H9207A119124	Volvo B9TL-7220 12m	ADL Enviro500	H53/21D	2007	
KMB	AVBE64	NC5256	YV3S4H9277A119167	Volvo B9TL-7220 12m	ADL Enviro500	H53/27D	2007	
KMB	AVBE59	NA8693	YV3S4H9297A119168	Volvo B9TL-7220 12m	ADL Enviro500	H53/27D	2007	
KMB	AVBE60	NA8894	YV3S4H9207A119169	Volvo B9TL-7220 12m	ADL Enviro500	H53/27D	2007	
KMB	AVBE63	NC4954	YV3S4H9277A119170	Volvo B9TL-7220 12m	ADL Enviro500	H53/27D	2007	
KMB	AVBE62	NC4571	YV3S4H9207A119320	Volvo B9TL-7220 12m	ADL Enviro500 6510/13	H53/27D	2007	
KMB	AVBE65	NC5293	YV3S4H9227A119321	Volvo B9TL-7220 12m	ADL Enviro500	H53/27D	2007	
KMB	AVBE66	NC6475	YV3S4H9247A119322	Volvo B9TL-7220 12m	ADL Enviro500	H53/27D	2007	
KMB	AVBE79	NG1369	YV3S4J1227A119323	Volvo B9TL-7220 12m	ADL Enviro500	H53/27D	2008	
KMB	AVBE75	NG955	YV3S4J1247A119338	Volvo B9TL-7220 12m	ADL Enviro500	H53/27D	2008	
KMB	AVBE69	NE1342	YV3S4J1267A119339	Volvo B9TL-7220 12m	ADL Enviro500	H53/27D	2008	
KMB	AVBE72	NE2353	YV3S4J1227A119340	Volvo B9TL-7220 12m	ADL Enviro500	H53/27D	2008	
KMB	AVBE70	NE1891	YV3S4J1247A119341	Volvo B9TL-7220 12m	ADL Enviro500	H53/27D	2008	
KMB	AVBE71	NE2059	YV3S4J1227A119662	Volvo B9TL-7220 12m	ADL Enviro500	H53/27D	2008	
KMB	AVBE68	NE773	YV3S4J1247A119663	Volvo B9TL-7220 12m	ADL Enviro500	H53/27D	2008	
KMB	AVBE67	NE714	YV3S4J1267A119664	Volvo B9TL-7220 12m	ADL Enviro500	H53/27D	2008	
KMB	AVBE73	NE2499	YV3S4J1287A119665	Volvo B9TL-7220 12m	ADL Enviro500	H53/27D	2008	
KMB	AVBE74	NG768	YV3S4J1287A119746	Volvo B9TL-7220 12m	ADL Enviro500	H53/27D	2008	
KMB	AVBE84	NG2205	YV3S4J12X7A119747	Volvo B9TL-7220 12m	ADL Enviro500	H53/27D	2008	
KMB	AVBE86	NG2473	YV3S4J1217A119748	Volvo B9TL-7220 12m	ADL Enviro500	H53/27D	2008	
KMB	AVBE83	NG1954	YV3S4J1237A119749	Volvo B9TL-7220 12m	ADL Enviro500	H53/27D	2008	
KMB	AVBE76	NG956	YV3S4J12X7A119750	Volvo B9TL-7220 12m	ADL Enviro500	H53/27D	2008	
KMB	AVBE81	NG1604	YV3S4J1217A119751	Volvo B9TL-7220 12m	ADL Enviro500	H53/27D	2008	
KMB	AVBE80	NG1562	YV3S4J1217A119796	Volvo B9TL-7220 12m	ADL Enviro500	H53/27D	2008	

公司	車隊編號	車牌	底盤編號	車型	車身	座位佈局	首次登記日期	退役日期
KMB	AVBE77	NG1104	YV3S4J1237A119797	Volvo B9TL-7220 12m	ADL Enviro500	H53/27D	2008	
KMB	AVBE85	NG2227	YV3S4J1257A119798	Volvo B9TL-7220 12m	ADL Enviro500	H53/27D	2008	
KMB	AVBE78	NG1295	YV3S4J1277A119799	Volvo B9TL-7220 12m	ADL Enviro500	H53/27D	2008	
KMB	AVBE82	NG1859	YV3S4J12X7A119800	Volvo B9TL-7220 12m	ADL Enviro500	H53/27D	2008	
KMB	AVBWU1	PE3529	YV3S4P9209A134476	Volvo B9TL	Wright AD630	H53/27D	2010	
KMB	AVBWU2	PF2802	YV3S4P9279A134751	Volvo B9TL	Wright AD830	H53/27D	2010	
KMB	AVBWS1	PP9062	YV3S4P923AA136761	Volvo B9TL	Wright AD963	H42/23D	2010	
CTB	7500	PN8018	YV3S4P925AA136762	Volvo B9TL	Wright AD965	H42/23D	2010	
KMB	AVBWU13	PJ4825	YV3S4P923AA137960	Volvo B9TL	Wright AD831	H53/27D	2010	
KMB	AVBWU59	PT175	YV3S4P925AA137961	Volvo B9TL	Wright AD832	H53/27D	2011	
KMB	AVBWU10	PH5408	YV3S4P927AA137962	Volvo B9TL	Wright AD834	H53/27D	2010	
KMB	AVBWU17	PJ5607	YV3S4P925AA137992	Volvo B9TL	Wright AD833	H53/27D	2010	
KMB	AVBWU9	PH5092	YV3S4P927AA137993	Volvo B9TL	Wright AD835	H53/27D	2010	
KMB	AVBWU4	PG7809	YV3S4P920AA138658	Volvo B9TL	Wright AD836	H53/27D	2010	
KMB	AVBWU3	PG6918	YV3S4P920AA138659	Volvo B9TL	Wright AD837	H53/27D	2010	
KMB	AVBWU5	PH6346	YV3S4P927AA138660	Volvo B9TL	Wright AE072	H53/27D	2010	
KMB	AVBWU40	PK4336	YV3S4P929AA138661	Volvo B9TL	Wright AD838	H53/27D	2010	
KMB	AVBWU28	PJ8905	YV3S4P928AA139395	Volvo B9TL	Wright AE075	H53/27D	2010	
KMB	AVBWU6	PH4712	YV3S4P92XAA139396	Volvo B9TL	Wright AD844	H53/27D	2010	
KMB	AVBWU11	PH5490	YV3S4P921AA139397	Volvo B9TL	Wright AD843	H53/27D	2010	
KMB	AVBWU20	PJ5856	YV3S4P921AA139447	Volvo B9TL	Wright AE076	H53/27D	2010	
KMB	AVBWU7	PH4786	YV3S4P923AA139630	Volvo B9TL	Wright AD841	H53/27D	2010	
KMB	AVBWU8	PH4821	YV3S4P925AA139631	Volvo B9TL	Wright AD842	H53/27D	2010	
KMB	AVBWU14	PJ5022	YV3S4P929AA139650	Volvo B9TL	Wright AE073	H53/27D	2010	
KMB	AVBWU12	PJ4566	YV3S4P920AA139651	Volvo B9TL	Wright AD839	H53/27D	2010	
KMB	AVBWU16	PJ5187	YV3S4P922AA139652	Volvo B9TL	Wright AE074	H53/27D	2010	
KMB	AVBWU22	PJ6316	YV3S4P924AA139653	Volvo B9TL	Wright AD840	H53/27D	2010	
KMB	AVBWU19	PJ5797	YV3S4P925AA140228	Volvo B9TL	Wright AD845	H53/27D	2010	
KMB	AVBWU39	PK4305	YV3S4P927AA140229	Volvo B9TL	Wright AE167	H53/27D	2010	
KMB	AVBWU25	PJ8730	YV3S4P925AA140231	Volvo B9TL	Wright AE168	H53/27D	2010	
KMB	AVBWU21	PJ5937	YV3S4P927AA140232	Volvo B9TL	Wright AD846	H53/27D	2010	
KMB	AVBWU24	PJ8677	YV3S4P92XAA140290	Volvo B9TL	Wright AE077	H53/27D	2010	
KMB	AVBWU37	PK3754	YV3S4P921AA140291	Volvo B9TL	Wright AD852	H53/27D	2010	
KMB	AVBWU33	PJ9763	YV3S4P923AA140292	Volvo B9TL	Wright AD850	H53/27D	2010	
KMB	AVBWU18	PJ5774	YV3S4P923AA140730	Volvo B9TL	Wright AD847	H53/27D	2010	
KMB	AVBWU15	PJ5153	YV3S4P928AA140787	Volvo B9TL	Wright AD848	H53/27D	2010	
KMB	AVBWU23	PJ6380	YV3S4P92XAA140788	Volvo B9TL	Wright AD849	H53/27D	2010	
KMB	AVBWU31	PJ9625	YV3S4P921AA140789	Volvo B9TL	Wright AE078	H53/27D	2010	
KMB	AVBWU30	PJ9589	YV3S4P928AA140790	Volvo B9TL	Wright AE169	H53/27D	2010	
KMB	AVBWU61	PT453	YV3S4P920AA140914	Volvo B9TL	Wright AE081	H53/27D	2011	
KMB	AVBWU34	PJ9802	YV3S4P922AA140915	Volvo B9TL	Wright AE079	H53/27D	2010	
KMB	AVBWU43	PK2847	YV3S4P920AA140928	Volvo B9TL	Wright AD854	H53/27D	2010	
KMB	AVBWU32	PJ9752	YV3S4P922AA140929	Volvo B9TL	Wright AD851	H53/27D	2010	
KMB	AVBWU26	PJ8827	YV3S4P929AA140930	Volvo B9TL	Wright AE170	H53/27D	2010	
KMB	AVBWU41	PK2713	YV3S4P920AA141030	Volvo B9TL	Wright AE080	H53/27D	2010	
KMB	AVBWU29	PJ9462	YV3S4P922AA141031	Volvo B9TL	Wright AE171	H53/27D	2010	
KMB	AVBWU216	RC6559	YV3S4P924AA141032	Volvo B9TL	Wright AD857	H53/27D	2011	

公司	車隊編號	車牌	底盤編號	車型	車身	座位佈局	首次登記日期	退役日期
KMB	AVBWU51	PS9079	YV3S4P926AA141033	Volvo B9TL	Wright AD856	H53/27D	2011	
KMB	AVBWU27	PJ8875	YV3S4P924AA141046	Volvo B9TL	Wright AD853	H53/27D	2010	
KMB	AVBWU214	RA470	YV3S4P926AA141047	Volvo B9TL	Wright AE172	H53/27D	2011	
KMB	AVBWU186	PY6200	YV3S4P928AA141048	Volvo B9TL	Wright AD855	H53/27D	2011	
KMB	AVBWU42	PK2788	YV3S4P92XAA141097	Volvo B9TL	Wright AD858	H53/27D	2010	
KMB	AVBWU202	PZ8961	YV3S4P921AA141098	Volvo B9TL	Wright AE083	H53/27D	2011	
KMB	AVBWU45	PK3576	YV3S4P923AA141099	Volvo B9TL	Wright AE173	H53/27D	2010	
KMB	AVBWU35	PK2688	YV3S4P920AA141111	Volvo B9TL	Wright AD859	H53/27D	2010	
KMB	AVBWU54	PS9280	YV3S4P922AA141112	Volvo B9TL	Wright AE084	H53/27D	2011	
KMB	AVBWU46	PK4024	YV3S4P924AA141113	Volvo B9TL	Wright AE082	H53/27D	2010	
KMB	AVBWU38	PK4038	YV3S4P926AA141114	Volvo B9TL	Wright AE174	H53/27D	2010	
KMB	AVBWU190	PY5235	YV3S4P925AA141234	Volvo B9TL	Wright AE086	H53/27D	2011	
KMB	AVBWU52	PS9222	YV3S4P927AA141235	Volvo B9TL	Wright AE085	H53/27D	2011	
KMB	AVBWU220	RC8382	YV3S4P929AA141236	Volvo B9TL	Wright AE175	H53/27D	2011	
KMB	AVBWU172	PY2783	YV3S4P928AA141261	Volvo B9TL	Wright AD860	H53/27D	2011	
KMB	AVBWU36	PK3161	YV3S4P92XAA141262	Volvo B9TL	Wright AD861	H53/27D	2010	
KMB	AVBWU191	PY7519	YV3S4P921AA141263	Volvo B9TL	Wright AD862	H53/27D	2011	
KMB	AVBWU253	RJ2733	YV3S4P923AA141264	Volvo B9TL	Wright AD863	H53/27D	2012	
KMB	AVBWU50	PS8976	YV3S4P925AA141265	Volvo B9TL	Wright AE087	H53/27D	2011	
KMB	AVBWU242	RG9525	YV3S4P92XAA141293	Volvo B9TL	Wright AE088	H53/27D	2012	
KMB	AVBWU44	PK3069	YV3S4P921AA141294	Volvo B9TL	Wright AE176	H53/27D	2010	
KMB	AVBWU193	PY7194	YV3S4P923AA141295	Volvo B9TL	Wright AD865	H53/27D	2011	
KMB	AVBWU244	RH367	YV3S4P925AA141296	Volvo B9TL	Wright AD866	H53/27D	2012	
KMB	AVBWU246	RH7192	YV3S4P927AA141297	Volvo B9TL	Wright AE177	H53/27D	2012	
KMB	AVBWU265	RJ5671	YV3S4P927AA141462	Volvo B9TL	Wright AD864	H53/27D	2012	
KMB	AVBWU179	PY2580	YV3S4P929AA141463	Volvo B9TL	Wright AE089	H53/27D	2011	
KMB	AVBWU256	RJ4212	YV3S4P921AA141635	Volvo B9TL	Wright AE178	H53/27D	2012	
KMB	AVBWU279	RJ8257	YV3S4P923AA141636	Volvo B9TL	Wright AE090	H53/27D	2012	
KMB	AVBWU207	PZ9210	YV3S4P925AA141637	Volvo B9TL	Wright AE179	H53/27D	2011	
KMB	AVBWU218	RC6904	YV3S4P925AA141668	Volvo B9TL	Wright AE091	H53/27D	2011	
KMB	AVBWU180	PY4153	YV3S4P927AA141669	Volvo B9TL	Wright AD867	H53/27D	2011	
KMB	AVBWU245	RH6769	YV3S4P924AA141670	Volvo B9TL	Wright AD868	H53/27D	2012	
KMB	AVBWU263	RJ5119	YV3S4P925AA141671	Volvo B9TL	Wright AE180	H53/27D	2012	
KMB	AVBWU247	RH7476	YV3S4P927AA141672	Volvo B9TL	Wright AE094	H53/27D	2012	
KMB	AVBWU254	RJ2899	YV3S4P920AA141707	Volvo B9TL	Wright AE092	H53/27D	2012	
KMB	AVBWU243	RG9829	YV3S4P922AA141708	Volvo B9TL	Wright AD869	H53/27D	2012	
KMB	AVBWU255	RJ3713	YV3S4P924AA141709	Volvo B9TL	Wright AE093	H53/27D	2012	
KMB	AVBWU273	RJ7308	YV3S4P927AA141719	Volvo B9TL	Wright AE095	H53/27D	2012	
KMB	AVBWU201	PZ8949	YV3S4P923AA141720	Volvo B9TL	Wright AE182	H53/27D	2011	
KMB	AVBWU248	RH7539	YV3S4P925AA141721	Volvo B9TL	Wright AE181	H53/27D	2012	
KMB	AVBWU252	RJ2681	YV3S4P927AA141722	Volvo B9TL	Wright AD870	H53/27D	2012	
KMB	AVBWU55	PS9467	YV3S4P92XAA141777	Volvo B9TL	Wright AE096	H53/27D	2011	
KMB	AVBWU266	RJ6026	YV3S4P921AA141778	Volvo B9TL	Wright AD871	H53/27D	2012	
KMB	AVBWU53	PS9267	YV3S4P923AA141779	Volvo B9TL	Wright AE109	H53/27D	2011	
KMB	AVBWU57	PS9552	YV3S4P924AA141791	Volvo B9TL	Wright AD886	H53/27D	2011	
KMB	AVBWU195	PY7062	YV3S4P926AA141792	Volvo B9TL	Wright AD885	H53/27D	2011	
KMB	AVBWU197	PZ8722	YV3S4P928AA141793	Volvo B9TL	Wright AD888	H53/27D	2011	

公司	車隊編號	車牌	底盤編號	車型	車身	座位佈局	首次登記日期	退役日期
KMB	AVBWU258	RJ4550	YV3S4P92XAA141794	Volvo B9TL	Wright AE099	H53/27D	2012	
KMB	AVBWU205	PZ9163	YV3S4P922AA141904	Volvo B9TL	Wright AD887	H53/27D	2011	
KMB	AVBWU212	RA195	YV3S4P924AA141905	Volvo B9TL	Wright AE108	H53/27D	2011	
KMB	AVBWU49	PS8851	YV3S4P926AA141906	Volvo B9TL	Wright AE097	H53/27D	2011	
KMB	AVBWU60	PT378	YV3S4P920AA141920	Volvo B9TL	Wright AD872	H53/27D	2011	
KMB	AVBWU267	RJ6503	YV3S4P922AA141921	Volvo B9TL	Wright AE110	H53/27D	2012	
KMB	AVBWU187	PY6231	YV3S4P924AA141922	Volvo B9TL	Wright AE098	H53/27D	2011	
KMB	AVBWU257	RJ4468	YV3S4P926AA141923	Volvo B9TL	Wright AE112	H53/27D	2012	
KMB	AVBWU183	PY5872	YV3S4P928AA141924	Volvo B9TL	Wright AE111	H53/27D	2011	
KMB	AVBWU261	RJ4847	YV3S4P920AA141948	Volvo B9TL	Wright AD873	H53/27D	2012	
KMB	AVBWU260	RJ4763	YV3S4P923AA141975	Volvo B9TL	Wright AD875	H53/27D	2012	
KMB	AVBWU199	PZ8789	YV3S4P925AA141976	Volvo B9TL	Wright AD874	H53/27D	2011	
KMB	AVBWU87	PV8048	YV3S4P929AA142015	Volvo B9TL	Wright AD878	H53/27D	2011	
KMB	AVBWU251	RH8025	YV3S4P920AA142016	Volvo B9TL	Wright AE104	H53/27D	2012	
KMB	AVBWU211	PZ9884	YV3S4P922AA142017	Volvo B9TL	Wright AD876	H53/27D	2011	
KMB	AVBWU276	RJ7579	YV3S4P928AA142040	Volvo B9TL	Wright AE100	H53/27D	2012	
KMB	AVBWU215	RA472	YV3S4P92XAA142041	Volvo B9TL	Wright AE101	H53/27D	2011	
KMB	AVBWU58	PS9654	YV3S4P920AA142307	Volvo B9TL	Wright AD877	H53/27D	2011	
KMB	AVBWU259	RJ4642	YV3S4P922AA142308	Volvo B9TL	Wright AD879	H53/27D	2012	
KMB	AVBWU264	RJ5466	YV3S4P923AA142320	Volvo B9TL	Wright AD880	H53/27D	2012	
KMB	AVBWU249	RH7614	YV3S4P925AA142321	Volvo B9TL	Wright AD881	H53/27D	2012	
KMB	AVBWU210	PZ9715	YV3S4P927AA142322	Volvo B9TL	Wright AE106	H53/27D	2011	
KMB	AVBWU222	RD9278	YV3S4P929AA142323	Volvo B9TL	Wright AE102	H53/27D	2011	
KMB	AVBWU47	PS8574	YV3S4P920AA142324	Volvo B9TL	Wright AD882	H53/27D	2011	
KMB	AVBWU209	PZ9662	YV3S4P922AA142325	Volvo B9TL	Wright AE103	H53/27D	2011	
KMB	AVBWU73	PV4082	YV3S4P927AA142353	Volvo B9TL	Wright AE142	H53/27D	2011	
KMB	AVBWU250	RH7685	YV3S4P929AA142354	Volvo B9TL	Wright AD884	H53/27D	2012	
KMB	AVBWU56	PS9475	YV3S4P920AA142355	Volvo B9TL	Wright AE107	H53/27D	2011	
KMB	AVBWU262	RJ5099	YV3S4P922AA142356	Volvo B9TL	Wright AD883	H53/27D	2012	
KMB	AVBWU48	PS8816	YV3S4P924AA142357	Volvo B9TL	Wright AE105	H53/27D	2011	
KMB	AVBWU198	PZ8784	YV3S4P92XAA142461	Volvo B9TL	Wright AE113	H53/27D	2011	
KMB	AVBWU278	RJ8087	YV3S4P921AA142462	Volvo B9TL	Wright AE143	H53/27D	2012	
KMB	AVBWU275	RJ7502	YV3S4P926AA142490	Volvo B9TL	Wright AE144	H53/27D	2012	
KMB	AVBWU208	PZ9591	YV3S4P928AA142491	Volvo B9TL	Wright AE145	H53/27D	2011	
KMB	AVBWU67	PV3284	YV3S4P92XAA142492	Volvo B9TL	Wright AE147	H53/27D	2011	
KMB	AVBWU68	PV3324	YV3S4P921AA142493	Volvo B9TL	Wright AE117	H53/27D	2011	
KMB	AVBWU71	PV3959	YV3S4P923AA142494	Volvo B9TL	Wright AE146	H53/27D	2011	
KMB	AVBWU268	RJ6743	YV3S4P925AA142495	Volvo B9TL	Wright AE116	H53/27D	2012	
KMB	AVBWU270	RJ7114	YV3S4P922AA142521	Volvo B9TL	Wright AE115	H53/27D	2012	
KMB	AVBWU213	RA425	YV3S4P924AA142522	Volvo B9TL	Wright AE114	H53/27D	2011	
KMB	AVBWU75	PV4259	YV3S4P926AA142523	Volvo B9TL	Wright AE148	H53/27D	2011	
KMB	AVBWU66	PV2956	YV3S4P928AA142524	Volvo B9TL	Wright AE150	H53/27D	2011	
KMB	AVBWU77	PV7004	YV3S4P920AA142677	Volvo B9TL	Wright AE151	H53/27D	2011	
KMB	AVBWU81	PV7278	YV3S4P922AA142678	Volvo B9TL	Wright AE119	H53/27D	2011	
KMB	AVBWU85	PV7829	YV3S4P924AA142679	Volvo B9TL	Wright AE149	H53/27D	2011	
KMB	AVBWU123	PX2036	YV3S4P927AA142692	Volvo B9TL	Wright AE118	H53/27D	2011	
KMB	AVBWU91	PV8951	YV3S4P929AA142693	Volvo B9TL	Wright AE154	H53/27D	2011	

公司	車隊編號	車牌	底盤編號	車型	車身	座位佈局	首次登記日期	退役日期
KMB	AVBWU89	PV8752	YV3S4P920AA142694	Volvo B9TL	Wright AE120	H53/27D	2011	
KMB	AVBWU63	PV2694	YV3S4P922AA142776	Volvo B9TL	Wright AE153	H53/27D	2011	
KMB	AVBWU100	PW327	YV3S4P923AA142804	Volvo B9TL	Wright AE152	H53/27D	2011	
KMB	AVBWU90	PV8783	YV3S4P925AA142805	Volvo B9TL	Wright AE121	H53/27D	2011	
KMB	AVBWU78	PV7060	YV3S4P927AA142806	Volvo B9TL	Wright AE156	H53/27D	2011	
KMB	AVBWU79	PV7109	YV3S4P929AA142807	Volvo B9TL	Wright AE123	H53/27D	2011	
KMB	AVBWU97	PV9753	YV3S4P920AA142808	Volvo B9TL	Wright AE122	H53/27D	2011	
KMB	AVBWU92	PV9190	YV3S4P929AA142872	Volvo B9TL	Wright AE157	H53/27D	2011	
KMB	AVBWU65	PV2939	YV3S4P920AA142873	Volvo B9TL	Wright AE155	H53/27D	2011	
KMB	AVBWU95	PV9549	YV3S4P922AA142874	Volvo B9TL	Wright AE124	H53/27D	2011	
KMB	AVBWU80	PV7223	YV3S4P924AA142875	Volvo B9TL	Wright AE125	H53/27D	2011	
KMB	AVBWU84	PV7414	YV3S4P922AA142941	Volvo B9TL	Wright AE126	H53/27D	2011	
KMB	AVBWU98	PV9867	YV3S4P924AA142942	Volvo B9TL	Wright AE160	H53/27D	2011	
KMB	AVBWU277	RJ8028	YV3S4P926AA142943	Volvo B9TL	Wright AE127	H53/27D	2012	
KMB	AVBWU94	PV9303	YV3S4P928AA142944	Volvo B9TL	Wright AE159	H53/27D	2011	
KMB	AVBWU99	PW102	YV3S4P92XAA142945	Volvo B9TL	Wright AE161	H53/27D	2011	
KMB	AVBWU96	PV9610	YV3S4P921AA142946	Volvo B9TL	Wright AE158	H53/27D	2011	
KMB	AVBWU72	PV3990	YV3S4P929AA142984	Volvo B9TL	Wright AE131	H53/27D	2011	
KMB	AVBWU83	PV7329	YV3S4P920AA142985	Volvo B9TL	Wright AE163	H53/27D	2011	
KMB	AVBWU102	PW2609	YV3S4P920BA143118	Volvo B9TL	Wright AE130	H53/27D	2011	
KMB	AVBWU117	PX446	YV3S4P922BA143119	Volvo B9TL	Wright AE162	H53/27D	2011	
KMB	AVBWU62	PV2506	YV3S4P927BA143150	Volvo B9TL	Wright AE128	H53/27D	2011	
KMB	AVBWU126	PX2475	YV3S4P929BA143151	Volvo B9TL	Wright AE129	H53/27D	2011	
KMB	AVBWU88	PV8342	YV3S4P924BA143364	Volvo B9TL	Wright AE165	H53/27D	2011	
KMB	AVBWU115	PW9776	YV3S4P921BA143399	Volvo B9TL	Wright AE134	H53/27D	2011	
KMB	AVBWU93	PV9290	YV3S4P924BA143400	Volvo B9TL	Wright AE132	H53/27D	2011	
KMB	AVBWU70	PV3533	YV3S4P92XBA143401	Volvo B9TL	Wright AE166	H53/27D	2011	
KMB	AVBWU82	PV7310	YV3S4P928BA143402	Volvo B9TL	Wright AE133	H53/27D	2011	
KMB	AVBWU109	PW3932	YV3S4P92XBA143403	Volvo B9TL	Wright AE164	H53/27D	2011	
KMB	AVBWU160	PX9633	YV3S4P929BA143814	Volvo B9TL	Wright AE136	H53/27D	2011	
KMB	AVBWU101	PW2550	YV3S4P920BA143815	Volvo B9TL	Wright AE138	H53/27D	2011	
KMB	AVBWU110	PW4057	YV3S4P922BA143816	Volvo B9TL	Wright AE137	H53/27D	2011	
KMB	AVBWU104	PW2832	YV3S4P924BA143817	Volvo B9TL	Wright AE617	H53/27D	2011	
KMB	AVBWU111	PW4269	YV3S4P926BA143818	Volvo B9TL	Wright AE135	H53/27D	2011	
KMB	AVBWU108	PW3880	YV3S4P928BA143867	Volvo B9TL	Wright AE139	H53/27D	2011	
KMB	AVBWU112	PW4287	YV3S4P927BA143942	Volvo B9TL	Wright AE618	H53/27D	2011	
KMB	AVBWU105	PW3016	YV3S4P929BA143943	Volvo B9TL	Wright AE621	H53/27D	2011	
KMB	AVBWU119	PX554	YV3S4P92XBA143966	Volvo B9TL	Wright AE622	H53/27D	2011	
KMB	AVBWU144	PX6189	YV3S4P921BA143967	Volvo B9TL	Wright AE619	H53/27D	2011	
KMB	AVBWU107	PW3593	YV3S4P923BA143968	Volvo B9TL	Wright AE620	H53/27D	2011	
KMB	AVBWU136	PX5463	YV3S4P920BA144012	Volvo B9TL	Wright AE623	H53/27D	2011	
KMB	AVBWU128	PX4812	YV3S4P922BA144013	Volvo B9TL	Wright AE624	H53/27D	2011	
KMB	AVBWU138	PX5598	YV3S4P924BA144014	Volvo B9TL	Wright AE626	H53/27D	2011	
KMB	AVBWU122	PX1440	YV3S4P925BA144040	Volvo B9TL	Wright AE656	H53/27D	2011	
KMB	AVBWU106	PW3017	YV3S4P927BA144041	Volvo B9TL	Wright AE141	H53/27D	2011	
KMB	AVBWU125	PX2169	YV3S4P929BA144042	Volvo B9TL	Wright AE625	H53/27D	2011	
KMB	AVBWU103	PW2641	YV3S4P920BA144043	Volvo B9TL	Wright AE140	H53/27D	2011	

公司	車隊編號	車牌	底盤編號	車型	車身	座位佈局	首次登記日期	退役日期
KMB	AVBWU137	PX5589	YV3S4P924BA144093	Volvo B9TL	Wright AE657	H53/27D	2011	
KMB	AVBWU130	PX4962	YV3S4P926BA144094	Volvo B9TL	Wright AE183	H53/27D	2011	
KMB	AVBWU146	PX6465	YV3S4P928BA144095	Volvo B9TL	Wright AE702	H53/27D	2011	
KMB	AVBWU162	PX9838	YV3S4P92XBA144096	Volvo B9TL	Wright AE658	H53/27D	2011	
KMB	AVBWU114	PW9324	YV3S4P921BA144097	Volvo B9TL	Wright AE704	H53/27D	2011	
KMB	AVBWU127	PX4668	YV3S4P923BA144098	Volvo B9TL	Wright AE703	H53/27D	2011	
KMB	AVBWU113	PW8501	YV3S4P926BA144130	Volvo B9TL	Wright AE705	H53/27D	2011	
KMB	AVBWU64	PV2741	YV3S4P925BA144409	Volvo B9TL	Wright AE607	H53/27D	2011	
KMB	AVBWU200	PZ8904	YV3S4P926BA144421	Volvo B9TL	Wright AE608	H53/27D	2011	
KMB	AVBWU118	PX466	YV3S4P928BA144596	Volvo B9TL	Wright AE609	H53/27D	2011	
KMB	AVBWU141	PX5685	YV3S4P92XBA144597	Volvo B9TL	Wright AE611	H53/27D	2011	
KMB	AVBWU132	PX5152	YV3S4P929BA144638	Volvo B9TL	Wright AE610	H53/27D	2011	
KMB	AVBWU135	PX5374	YV3S4P92XBA144664	Volvo B9TL	Wright AE708	H53/27D	2011	
KMB	AVBWU74	PV4102	YV3S4P921BA144665	Volvo B9TL	Wright AE185	H53/27D	2011	
KMB	AVBWU76	PV4366	YV3S4P923BA144666	Volvo B9TL	Wright AE186	H53/27D	2011	
KMB	AVBWU139	PX5620	YV3S4P925BA144667	Volvo B9TL	Wright AE661	H53/27D	2011	
KMB	AVBWU124	PX2107	YV3S4P927BA144668	Volvo B9TL	Wright AE659	H53/27D	2011	
KMB	AVBWU86	PV7987	YV3S4P921BA144715	Volvo B9TL	Wright AE184	H53/27D	2011	
KMB	AVBWU164	PY385	YV3S4P923BA144716	Volvo B9TL	Wright AE664	H53/27D	2011	
KMB	AVBWU129	PX4818	YV3S4P925BA144717	Volvo B9TL	Wright AE706	H53/27D	2011	
KMB	AVBWU116	PX210	YV3S4P927BA144718	Volvo B9TL	Wright AE660	H53/27D	2011	
KMB	AVBWU157	PX9372	YV3S4P924BA144756	Volvo B9TL	Wright AE662	H53/27D	2011	
KMB	AVBWU161	PX9722	YV3S4P926BA144757	Volvo B9TL	Wright AE707	H53/27D	2011	
KMB	AVBWU154	PX9158	YV3S4P928BA144758	Volvo B9TL	Wright AE709	H53/27D	2011	
KMB	AVBWU131	PX5011	YV3S4P92XBA144759	Volvo B9TL	Wright AE711	H53/27D	2011	
KMB	AVBWU159	PX9499	YV3S4P926BA144760	Volvo B9TL	Wright AE663	H53/27D	2011	
KMB	AVBWU140	PX5631	YV3S4P922BA144786	Volvo B9TL	Wright AE710	H53/27D	2011	
KMB	AVBWU143	PX5873	YV3S4P924BA144983	Volvo B9TL	Wright AE712	H53/27D	2011	
KMB	AVBWU150	PX8653	YV3S4P924BA145020	Volvo B9TL	Wright AE666	H53/27D	2011	
KMB	AVBWU149	PX8633	YV3S4P926BA145021	Volvo B9TL	Wright AE665	H53/27D	2011	
KMB	AVBWU145	PX6274	YV3S4P928BA145022	Volvo B9TL	Wright AE668	H53/27D	2011	
KMB	AVBWU239	RG3913	YV3S4P92XBA145023	Volvo B9TL	Wright AE713	H53/27D	2012	
KMB	AVBWU133	PX5180	YV3S4P921BA145024	Volvo B9TL	Wright AE667	H53/27D	2011	
KMB	AVBWU163	PY127	YV3S4P923BA145025	Volvo B9TL	Wright AE714	H53/27D	2011	
KMB	AVBWU178	PY3691	YV3S4P922BA145064	Volvo B9TL	Wright AE669	H53/27D	2011	
KMB	AVBWU120	PX703	YV3S4P924BA145065	Volvo B9TL	Wright AE615	H53/27D	2011	
KMB	AVBWU134	PX5284	YV3S4P926BA145066	Volvo B9TL	Wright AE612	H53/27D	2011	
KMB	AVBWU121	PX1134	YV3S4P928BA145067	Volvo B9TL	Wright AE614	H53/27D	2011	
KMB	AVBWU69	PV3517	YV3S4P92XBA145068	Volvo B9TL	Wright AE613	H53/27D	2011	
KMB	AVBWU142	PX5760	YV3S4P921BA145069	Volvo B9TL	Wright AE616	H53/27D	2011	
KMB	AVBWU151	PX8835	YV3S4P92XBA145104	Volvo B9TL	Wright AE670	H53/27D	2011	
KMB	AVBWU274	RJ7414	YV3S4P921BA145105	Volvo B9TL	Wright AE671	H53/27D	2012	
KMB	AVBWU235	RG3411	YV3S4P923BA145106	Volvo B9TL	Wright AE717	H53/27D	2012	
KMB	AVBWU156	PX9358	YV3S4P925BA145107	Volvo B9TL	Wright AE715	H53/27D	2011	
KMB	AVBWU177	PY3244	YV3S4P927BA145108	Volvo B9TL	Wright AE716	H53/27D	2011	
KMB	AVBWU166	PX9577	YV3S4P920BA145323	Volvo B9TL	Wright AE721	H53/27D	2011	
KMB	AVBWU189	PY5301	YV3S4P922BA145324	Volvo B9TL	Wright AE672	H53/27D	2011	

公司	車隊編號	車牌	底盤編號	車型	車身	座位佈局	首次登記日期	退役日期
KMB	AVBWU152	PX8918	YV3S4P924BA145325	Volvo B9TL	Wright AE673	H53/27D	2011	
KMB	AVBWU147	PX8537	YV3S4P926BA145326	Volvo B9TL	Wright AE627	H53/27D	2011	
KMB	AVBWU148	PX8584	YV3S4P928BA145327	Volvo B9TL	Wright AE719	H53/27D	2011	
KMB	AVBWU153	PX9118	YV3S4P92XBA145328	Volvo B9TL	Wright AE720	H53/27D	2011	
KMB	AVBWU228	RE2162	YV3S4P923BA145378	Volvo B9TL	Wright AE718	H53/27D	2011	
KMB	AVBWU269	RJ6809	YV3S4P920BA145404	Volvo B9TL	Wright AE674	H53/27D	2012	
KMB	AVBWU225	RE1213	YV3S4P922BA145405	Volvo B9TL	Wright AE628	H53/27D	2011	
KMB	AVBWU165	PX9421	YV3S4P924BA145406	Volvo B9TL	Wright AE676	H53/27D	2011	
KMB	AVBWU204	PZ9053	YV3S4P926BA145407	Volvo B9TL	Wright AE629	H53/27D	2011	
KMB	AVBWU155	PX9319	YV3S4P928BA145408	Volvo B9TL	Wright AE630	H53/27D	2011	
KMB	AVBWU224	RD9733	YV3S4P925BA145583	Volvo B9TL	Wright AE681	H53/27D	2011	
KMB	AVBWU240	RG4278	YV3S4P921BA145606	Volvo B9TL	Wright AE677	H53/27D	2012	
KMB	AVBWU203	PZ9039	YV3S4P923BA145607	Volvo B9TL	Wright AE678	H53/27D	2011	
KMB	AVBWU175	PY4294	YV3S4P925BA145608	Volvo B9TL	Wright AE632	H53/27D	2011	
KMB	AVBWU169	PY1591	YV3S4P921BA145640	Volvo B9TL	Wright AE631	H53/27D	2011	
KMB	AVBWU188	PY4788	YV3S4P923BA145641	Volvo B9TL	Wright AE633	H53/27D	2011	
KMB	AVBWU168	PY1401	YV3S4P925BA145642	Volvo B9TL	Wright AE675	H53/27D	2011	
KMB	AVBWU158	PX9479	YV3S4P929BA145708	Volvo B9TL	Wright AE634	H53/27D	2011	
KMB	AVBWU167	PY763	YV3S4P920BA145709	Volvo B9TL	Wright AE635	H53/27D	2011	
KMB	AVBWU182	PY4859	YV3S4P927BA145710	Volvo B9TL	Wright AE680	H53/27D	2011	
KMB	AVBWU196	PY7829	YV3S4P929BA145711	Volvo B9TL	Wright AE679	H53/27D	2011	
KMB	AVBWU174	PY3720	YV3S4P920BA145712	Volvo B9TL	Wright AE682	H53/27D	2011	
KMB	AVBWU171	PY1181	YV3S4P922BA145713	Volvo B9TL	Wright AE636	H53/27D	2011	
KMB	AVBWU282	RK2714	YV3S4P926BA145827	Volvo B9TL	Wright AE686	H53/27D	2012	
KMB	AVBWU192	PY6858	YV3S4P928BA145828	Volvo B9TL	Wright AE684	H53/27D	2011	
KMB	AVBWU286	RK3412	YV3S4P927BA145884	Volvo B9TL	Wright AE685	H53/27D	2012	
KMB	AVBWU217	RC6718	YV3S4P929BA145885	Volvo B9TL	Wright AE643	H53/27D	2011	
KMB	AVBWU227	RE1357	YV3S4P920BA145886	Volvo B9TL	Wright AE683	H53/27D	2011	
KMB	AVBWU170	PY2293	YV3S4P923BA145994	Volvo B9TL	Wright AE639	H53/27D	2011	
KMB	AVBWU289	RK4483	YV3S4P925BA145995	Volvo B9TL	Wright AE687	H53/27D	2012	
KMB	AVBWU206	PZ9209	YV3S4P927BA145996	Volvo B9TL	Wright AE640	H53/27D	2011	
KMB	AVBWU280	RJ8495	YV3S4P929BA145997	Volvo B9TL	Wright AE637	H53/27D	2012	
KMB	AVBWU272	RJ7306	YV3S4P920BA145998	Volvo B9TL	Wright AE641	H53/27D	2012	
KMB	AVBWU271	RJ7188	YV3S4P922BA145999	Volvo B9TL	Wright AE638	H53/27D	2012	
KMB	AVBWU236	RG3699	YV3S4P92XBA146236	Volvo B9TL	Wright AE690	H53/27D	2012	
KMB	AVBWU233	RG3229	YV3S4P921BA146237	Volvo B9TL	Wright AE689	H53/27D	2012	
KMB	AVBWU234	RG3278	YV3S4P923BA146238	Volvo B9TL	Wright AE644	H53/27D	2012	
KMB	AVBWU194	PY7771	YV3S4P925BA146239	Volvo B9TL	Wright AE642	H53/27D	2011	
KMB	AVBWU288	RK3815	YV3S4P921BA146240	Volvo B9TL	Wright AE645	H53/27D	2012	
KMB	AVBWU185	PY6125	YV3S4P920BA146293	Volvo B9TL	Wright AE688	H53/27D	2011	
KMB	AVBWU285	RK3166	YV3S4P923BA146367	Volvo B9TL	Wright AE691	H53/27D	2012	
KMB	AVBWU229	RE2303	YV3S4P925BA146368	Volvo B9TL	Wright AE646	H53/27D	2011	
KMB	AVBWU184	PY6059	YV3S4P927BA146369	Volvo B9TL	Wright AE693	H53/27D	2011	
KMB	AVBWU221	RD9239	YV3S4P923BA146370	Volvo B9TL	Wright AE694	H53/27D	2011	
KMB	AVBWU223	RD9700	YV3S4P921BA146397	Volvo B9TL	Wright AE692	H53/27D	2011	
KMB	AVBWU181	PY4665	YV3S4P923BA146398	Volvo B9TL	Wright AE647	H53/27D	2011	
KMB	AVBWU238	RG3905	YV3S4P929BA146583	Volvo B9TL	Wright AE695	H53/27D	2012	

公司	車隊編號	車牌	底盤編號	車型	車身	座位佈局	首次登記日期	退役日期
KMB	AVBWU176	PY4306	YV3S4P920BA146584	Volvo B9TL	Wright AE649	H53/27D	2011	
KMB	AVBWU287	RK3692	YV3S4P922BA146585	Volvo B9TL	Wright AE696	H53/27D	2012	
KMB	AVBWU226	RE1291	YV3S4P923BA146644	Volvo B9TL	Wright AE697	H53/27D	2011	
KMB	AVBWU173	PY3231	YV3S4P925BA146645	Volvo B9TL	Wright AE648	H53/27D	2011	
KMB	AVBWU283	RK2736	YV3S4P924BA146717	Volvo B9TL	Wright AE650	H53/27D	2012	
KMB	AVBWU219	RC8336	YV3S4P926BA146718	Volvo B9TL	Wright AE652	H53/27D	2011	
KMB	AVBWU230	RG2610	YV3S4P922BA146733	Volvo B9TL	Wright AE654	H53/27D	2012	
KMB	AVBWU237	RG3894	YV3S4P924BA146734	Volvo B9TL	Wright AE653	H53/27D	2012	
KMB	AVBWU281	RK2545	YV3S4P926BA146735	Volvo B9TL	Wright AE698	H53/27D	2012	
KMB	AVBWU231	RG2617	YV3S4P928BA146736	Volvo B9TL	Wright AE699	H53/27D	2012	
KMB	AVBWU241	RG5702	YV3S4P924BA146856	Volvo B9TL	Wright AE651	H53/27D	2012	
KMB	AVBWU232	RG2936	YV3S4P925BA146885	Volvo B9TL	Wright AE655	H53/27D	2012	
KMB	AVBWU290	RK6786	YV3S4P925BA146886	Volvo B9TL	Wright AE701	H53/27D	2012	
KMB	AVBWU284	RK3057	YV3S4P927BA146887	Volvo B9TL	Wright AE700	H53/27D	2012	
KMB	AVBWU291	SD9537	YV3S4P920DA158320	Volvo B9TL	Wright AH103	H59/31D	2013	
KMB	AVBWU292	SH172	YV3S4P920DA160644	Volvo B9TL	Wright YA001	H59/31D	2013	
KMB	AVBWU318	SR8915	YV3S4P924DA161530	Volvo B9TL	Wright YA004	H59/31D	2014	
KMB	AVBWU295	SJ8378	YV3S4P926DA161531	Volvo B9TL	Wright YA005	H59/31D	2013	
KMB	AVBWU293	SJ743	YV3S4P920DA161532	Volvo B9TL	Wright YA002	H59/31D	2013	
KMB	AVBWU294	SJ2536	YV3S4P92XDA161533	Volvo B9TL	Wright YA003	H59/31D	2013	
KMB	AVBWU296	SK4699	YV3S4P929DA161944	Volvo B9TL	Wright YA006	H59/31D	2013	
KMB	AVBWU297	SK8837	YV3S4P920DA161945	Volvo B9TL	Wright YA007	H59/31D	2014	
KMB	AVBWU298	SK9216	YV3S4P922DA161946	Volvo B9TL	Wright YA008	H59/31D	2014	
KMB	AVBWU300	SL3314	YV3S4P924DA161947	Volvo B9TL	Wright YA009	H59/31D	2014	
KMB	AVBWU299	SL2641	YV3S4P926DA161948	Volvo B9TL	Wright YA010	H59/31D	2014	
KMB	AVBWU301	SL6620	YV3S4P928DA161949	Volvo B9TL	Wright YA011	H59/31D	2014	
KMB	AVBWU304	SL7030	YV3S4P923DA162359	Volvo B9TL	Wright YA012	H59/31D	2014	
KMB	AVBWU303	SL8260	YV3S4P92XDA162360	Volvo B9TL	Wright YA013	H59/31D	2014	
KMB	AVBWU302	SL6972	YV3S4P921DA162361	Volvo B9TL	Wright YA014	H59/31D	2014	
KMB	AVBWU306	SL8438	YV3S4P923DA162362	Volvo B9TL	Wright YA015	H59/31D	2014	
KMB	AVBWU305	SL7960	YV3S4P925DA162363	Volvo B9TL	Wright YA016	H59/31D	2014	
KMB	AVBWU308	SP6991	YV3S4P927DA162364	Volvo B9TL	Wright YA017	H59/31D	2014	
KMB	AVBWU310	SP8148	YV3S4P924DA162760	Volvo B9TL	Wright YA018	H59/31D	2014	
KMB	AVBWU309	SP7655	YV3S4P926DA162761	Volvo B9TL	Wright YA019	H59/31D	2014	
KMB	AVBWU307	SP6701	YV3S4P928DA162762	Volvo B9TL	Wright YA020	H59/31D	2014	
KMB	AVBWU312	SP8931	YV3S4P92XDA162763	Volvo B9TL	Wright YA021	H59/31D	2014	
KMB	AVBWU313	SP8937	YV3S4P921DA162764	Volvo B9TL	Wright YA022	H59/31D	2014	
KMB	AVBWU311	SP8754	YV3S4P923DA162765	Volvo B9TL	Wright YA023	H59/31D	2014	
KMB	AVBWU314	SP9802	YV3S4P921DA162988	Volvo B9TL	Wright YA024	H59/31D	2014	
KMB	AVBWU316	SR8789	YV3S4P923DA162989	Volvo B9TL	Wright YA025	H59/31D	2014	
KMB	AVBWU315	SR8772	YV3S4P92XDA162990	Volvo B9TL	Wright YA026	H59/31D	2014	
KMB	AVBWU322	SS469	YV3S4P921DA162991	Volvo B9TL	Wright YA027	H59/31D	2014	
KMB	AVBWU330	SW7682	YV3S4P923DA162992	Volvo B9TL	Wright YA028	H59/31D	2014	
KMB	AVBWU320	SR9013	YV3S4P925DA162993	Volvo B9TL	Wright YA029	H59/31D	2014	
KMB	AVBWU321	SR9274	YV3S4P922EA163312	Volvo B9TL	Wright YA030	H59/31D	2014	
KMB	AVBWU319	SR8956	YV3S4P924EA163313	Volvo B9TL	Wright YA031	H59/31D	2014	
KMB	AVBWU323	ST8086	YV3S4P926EA163314	Volvo B9TL	Wright YA032	H59/31D	2014	

公司	車隊編號	車牌	底盤編號	車型	車身	座位佈局	首次登記日期	退役日期
KMB	AVBWU317	SR8808	YV3S4P928EA163315	Volvo B9TL	Wright YA033	H59/31D	2014	
KMB	AVBWU324	ST8468	YV3S4P92XEA163316	Volvo B9TL	Wright YA034	H59/31D	2014	
KMB	AVBWU339	SX2870	YV3S4P921EA163317	Volvo B9TL	Wright YA035	H59/31D	2014	
KMB	AVBWU325	SW1707	YV3S4P924EA163814	Volvo B9TL	Wright YA036	H59/31D	2014	
KMB	AVBWU326	SW2289	YV3S4P925EA163840	Volvo B9TL	Wright YA037	H59/31D	2014	
KMB	AVBWU327	SW3964	YV3S4P927EA163841	Volvo B9TL	Wright YA038	H59/31D	2014	
KMB	AVBWU328	SW4002	YV3S4P929EA163842	Volvo B9TL	Wright YA039	H59/31D	2014	
KMB	AVBWU332	SW8144	YV3S4P920EA163843	Volvo B9TL	Wright YA040	H59/31D	2014	
KMB	AVBWU333	SW8471	YV3S4P922EA163844	Volvo B9TL	Wright YA041	H59/31D	2014	
KMB	AVBWU329	SW3707	YV3S4P927EA163936	Volvo B9TL	Wright YA042	H59/31D	2014	
KMB	AVBWU331	SW7827	YV3S4P927EA163937	Volvo B9TL	Wright YA043	H59/31D	2014	
KMB	AVBWU337	SW8277	YV3S4P920EA163938	Volvo B9TL	Wright YA044	H59/31D	2014	
KMB	AVBWU334	SW6559	YV3S4P922EA163939	Volvo B9TL	Wright YA045	H59/31D	2014	
KMB	AVBWU335	SW6793	YV3S4P929EA163940	Volvo B9TL	Wright YA046	H59/31D	2014	
KMB	AVBWU336	SW7729	YV3S4P920EA163941	Volvo B9TL	Wright YA047	H59/31D	2014	
KMB	AVBWU345	SX4284	YV3S4P925EA164101	Volvo B9TL	Wright YA048	H59/31D	2014	
KMB	AVBWU342	SX3618	YV3S4P927EA164102	Volvo B9TL	Wright YA049	H59/31D	2014	
KMB	3AVBWU1	SX1716	YV3S4P929EA165767	Volvo B9TL	Wright YA051	H63/35D	2014	
KMB	3AVBWU2	SX2327	YV3S4P920EA165768	Volvo B9TL	Wright YA052	H63/35D	2014	
KMB	AVBWU343	SX3730	YV3S4P929EA166921	Volvo B9TL	Wright YA053	H59/31D	2014	
KMB	AVBWU349	SY9362	YV3S4P920EA166922	Volvo B9TL	Wright YA054	H59/31D	2014	
KMB	AVBWU352	SY9678	YV3S4P922EA166923	Volvo B9TL	Wright YA055	H59/31D	2014	
KMB	AVBWU346	SY9641	YV3S4P924EA166924	Volvo B9TL	Wright YA056	H59/31D	2014	
KMB	AVBWU348	SY9149	YV3S4P925EA166947	Volvo B9TL	Wright YA057	H59/31D	2014	
KMB	AVBWU354	SY9994	YV3S4P927EA166948	Volvo B9TL	Wright YA058	H59/31D	2014	
CTB	6500	TG2476	YV3S4P926EA167055	Volvo B9TL	Wright YA111	H63/35D	2015	
KMB	AVBWU340	SX3428	YV3S4P921EA167657	Volvo B9TL	Wright YA059	H59/31D	2014	
KMB	AVBWU344	SX3965	YV3S4P923EA167658	Volvo B9TL	Wright YA060	H59/31D	2014	
KMB	AVBWU338	SX2687	YV3S4P925EA167659	Volvo B9TL	Wright YA061	H59/31D	2014	
KMB	AVBWU350	SY9515	YV3S4P921EA167660	Volvo B9TL	Wright YA062	H59/31D	2014	
KMB	AVBWU341	SX3463	YV3S4P923EA167661	Volvo B9TL	Wright YA063	H59/31D	2014	
KMB	AVBWU353	SY9782	YV3S4P925EA167662	Volvo B9TL	Wright YA064	H59/31D	2014	
KMB	AVBWU347	SY8985	YV3S4P925EA168164	Volvo B9TL	Wright YA065	H59/31D	2014	
KMB	AVBWU362	SZ150	YV3S4P927EA168165	Volvo B9TL	Wright YA066	H59/31D	2014	
KMB	AVBWU355	SZ146	YV3S4P924EA168172	Volvo B9TL	Wright YA067	H59/31D	2014	
KMB	AVBWU351	SY9569	YV3S4P926EA168173	Volvo B9TL	Wright YA068	H59/31D	2014	
KMB	AVBWU358	SY9143	YV3S4P928EA168174	Volvo B9TL	Wright YA069	H59/31D	2014	
KMB	AVBWU357	SY9068	YV3S4P92XEA168175	Volvo B9TL	Wright YA070	H59/31D	2014	
KMB	AVBWU356	SY8655	YV3S4P926EA168514	Volvo B9TL	Wright YA071	H59/31D	2014	
KMB	AVBWU360	SY9643	YV3S4P928EA168515	Volvo B9TL	Wright YA072	H59/31D	2014	
KMB	AVBWU361	SY9698	YV3S4P92XEA168550	Volvo B9TL	Wright YA073	H59/31D	2014	
KMB	AVBWU363	SZ1787	YV3S4P921EA168551	Volvo B9TL	Wright YA074	H59/31D	2014	
KMB	AVBWU359	SY9181	YV3S4P923EA168552	Volvo B9TL	Wright YA075	H59/31D	2014	
KMB	AVBWU365	SZ2450	YV3S4P925EA168553	Volvo B9TL	Wright YA076	H59/31D	2014	
KMB	AVBWU390	TE7156	YV3S4P928EA168790	Volvo B9TL	Wright WA051	H59/31D	2015	
KMB	AVBWU399	TG1931	YV3S4P92XEA168791	Volvo B9TL	Wright WA052	H59/31D	2015	
KMB	AVBWU400	TG1245	YV3S4P921EA168792	Volvo B9TL	Wright WA053	H59/31D	2015	

公司	車隊編號	車牌	底盤編號	車型	車身	座位佈局	首次登記日期	退役日期
KMB	AVBWU402	TH1110	YV3S4P923EA168793	Volvo B9TL	Wright WA054	H59/31D	2015	
KMB	AVBWU403	TH1055	YV3S4P920EA168802	Volvo B9TL	Wright WA055	H59/31D	2015	
NWFB	4500	TK8211	YV3S4P920EA168816	Volvo B9TL	Wright WA001	H55/25D	2015	
KMB	AVBWU364	SZ2257	YV3S4P922EA168929	Volvo B9TL	Wright YA077	H59/31D	2014	
KMB	AVBWU366	SZ4672	YV3S4P929EA168930	Volvo B9TL	Wright YA078	H59/31D	2014	
KMB	AVBWU367	SZ5712	YV3S4P920EA168931	Volvo B9TL	Wright YA079	H59/31D	2014	
KMB	AVBWU368	TA6564	YV3S4P929EA168958	Volvo B9TL	Wright YA080	H59/31D	2014	
KMB	AVBWU369	TA8234	YV3S4P920EA168959	Volvo B9TL	Wright YA081	H59/31D	2014	
KMB	AVBWU370	TA7853	YV3S4P927EA168960	Volvo B9TL	Wright YA082	H59/31D	2014	
KMB	AVBWU404	TH3796	YV3S4P925EA168990	Volvo B9TL	Wright WA056	H59/31D	2015	
KMB	AVBWU408	TJ5147	YV3S4P927EA168991	Volvo B9TL	Wright WA057	H59/31D	2015	
KMB	AVBWU405	TH5189	YV3S4P921FA169022	Volvo B9TL	Wright WA058	H59/31D	2015	
KMB	AVBWU406	TJ652	YV3S4P923FA169023	Volvo B9TL	Wright WA059	H59/31D	2015	
KMB	AVBWU407	TJ6090	YV3S4P925FA169024	Volvo B9TL	Wright WA060	H59/31D	2015	
NWFB	4501	TK3778	YV3S4P921FA169071	Volvo B9TL	Wright WA002	H55/25D	2015	
NWFB	4502	TN9178	YV3S4P923FA169072	Volvo B9TL	Wright WA003	H55/25D	2015	
NWFB	4503	TL7116	YV3S4P925FA169073	Volvo B9TL	Wright WA004	H55/25D	2015	
NWFB	4504	TL7393	YV3S4P920FA169076	Volvo B9TL	Wright WA005	H55/25D	2015	
NWFB	4505	TM6092	YV3S4P922FA169077	Volvo B9TL	Wright WA006	H55/25D	2015	
KMB	AVBWU410	TK6496	YV3S4P92XFA169120	Volvo B9TL	Wright WA061	H59/31D	2015	
KMB	AVBWU409	TK4307	YV3S4P925FA169140	Volvo B9TL	Wright WA062	H59/31D	2015	
KMB	AVBWU412	TL1126	YV3S4P927FA169141	Volvo B9TL	Wright WA063	H59/31D	2015	
KMB	AVBWU411	TK9428	YV3S4P929FA169142	Volvo B9TL	Wright WA064	H59/31D	2015	
KMB	AVBWU415	TM3362	YV3S4P920FA169143	Volvo B9TL	Wright WA065	H59/31D	2015	
KMB	AVBWU371	TA9596	YV3S4P922FA169158	Volvo B9TL	Wright YA083	H59/31D	2014	
KMB	AVBWU372	TA9912	YV3S4P924FA169159	Volvo B9TL	Wright YA084	H59/31D	2014	
KMB	AVBWU375	TB9386	YV3S4P920FA169160	Volvo B9TL	Wright YA085	H59/31D	2014	
NWFB	4509	TN5671	YV3S4P923FA169168	Volvo B9TL	Wright WA010	H55/25D	2015	
KMB	AVBWU373	TB2488	YV3S4P92XFA169179	Volvo B9TL	Wright YA086	H59/31D	2014	
KMB	AVBWU374	TB9362	YV3S4P926FA169180	Volvo B9TL	Wright YA087	H59/31D	2014	
KMB	AVBWU376	TC4827	YV3S4P928FA169181	Volvo B9TL	Wright YA088	H59/31D	2014	
NWFB	4506	TM4841	YV3S4P928FA169195	Volvo B9TL	Wright WA007	H55/25D	2015	
NWFB	4507	TM8143	YV3S4P92XFA169196	Volvo B9TL	Wright WA008	H55/25D	2015	
NWFB	4508	TM8052	YV3S4P921FA169197	Volvo B9TL	Wright WA009	H55/25D	2015	
NWFB	4510	TP190	YV3S4P927FA169236	Volvo B9TL	Wright WA011	H55/25D	2015	
KMB	AVBWU377	TC5180	YV3S4P924FA169288	Volvo B9TL	Wright YA089	H59/31D	2014	
KMB	AVBWU379	TC7191	YV3S4P926FA169289	Volvo B9TL	Wright YA090	H59/31D	2014	
KMB	AVBWU378	TC7148	YV3S4P922FA169306	Volvo B9TL	Wright YA091	H59/31D	2014	
KMB	AVBWU380	TC6887	YV3S4P924FA169307	Volvo B9TL	Wright YA092	H59/31D	2014	
KMB	AVBWU381	TC7214	YV3S4P926FA169308	Volvo B9TL	Wright YA093	H59/31D	2014	
KMB	AVBWU382	TC8009	YV3S4P928FA169309	Volvo B9TL	Wright YA094	H59/31D	2014	
NWFB	4511	TP165	YV3S4P92XFA169554	Volvo B9TL	Wright WA012	H55/25D	2015	
NWFB	4512	TP9850	YV3S4P927FA169625	Volvo B9TL	Wright WA013	H55/25D	2015	
NWFB	4513	TR1784	YV3S4P929FA169626	Volvo B9TL	Wright WA014	H55/25D	2015	
NWFB	4514	TS2503	YV3S4P920FA169627	Volvo B9TL	Wright WA015	H55/25D	2015	
NWFB	4515	TR2411	YV3S4P922FA169628	Volvo B9TL	Wright WA016	H55/25D	2015	
KMB	AVBWU384	TC9760	YV3S4P929FA169660	Volvo B9TL	Wright YA095	H59/31D	2015	

公司	車隊編號	車牌	底盤編號	車型	車身	座位佈局	首次登記日期	退役日期
KMB	AVBWU383	TC9680	YV3S4P920FA169661	Volvo B9TL	Wright YA096	H59/31D	2015	
KMB	AVBWU385	TD249	YV3S4P924FA169694	Volvo B9TL	Wright YA097	H59/31D	2015	
KMB	AVBWU386	TC8860	YV3S4P926FA169695	Volvo B9TL	Wright YA098	H59/31D	2015	
KMB	AVBWU389	TE4482	YV3S4P928FA169696	Volvo B9TL	Wright YA099	H59/31D	2015	
KMB	AVBWU387	TE3055	YV3S4P92XFA169697	Volvo B9TL	Wright YA100	H59/31D	2015	
KMB	AVBWU413	TL8231	YV3S4P921FA169698	Volvo B9TL	Wright WA066	H59/31D	2015	
KMB	AVBWU414	TM1015	YV3S4P920FA169739	Volvo B9TL	Wright WA067	H59/31D	2015	
KMB	AVBWU416	TM8418	YV3S4P927FA169740	Volvo B9TL	Wright WA068	H59/31D	2015	
KMB	AVBWU419	TN3992	YV3S4P92XFA169741	Volvo B9TL	Wright WA069	H59/31D	2015	
KMB	AVBWU417	TN1364	YV3S4P920FA169742	Volvo B9TL	Wright WA070	H59/31D	2015	
KMB	AVBWU388	TE4351	YV3S4P92XFA170171	Volvo B9TL	Wright YA101	H59/31D	2015	
KMB	AVBWU391	TE7452	YV3S4P921FA170172	Volvo B9TL	Wright YA102	H59/31D	2015	
KMB	AVBWU392	TE8754	YV3S4P923FA170173	Volvo B9TL	Wright YA103	H59/31D	2015	
KMB	AVBWU393	TE9782	YV3S4P925FA170174	Volvo B9TL	Wright YA104	H59/31D	2015	
KMB	AVBWU396	TF6900	YV3S4P927FA170175	Volvo B9TL	Wright YA105	H59/31D	2015	
KMB	AVBWU397	TF8201	YV3S4P929FA170176	Volvo B9TL	Wright YA106	H59/31D	2015	
NWFB	4516	TS4119	YV3S4P920FA170177	Volvo B9TL	Wright WA017	H55/25D	2015	
NWFB	4517	TS4737	YV3S4P922FA170178	Volvo B9TL	Wright WA018	H55/25D	2015	
NWFB	4518	TS5573	YV3S4P923FA170187	Volvo B9TL	Wright WA019	H55/25D	2015	
NWFB	4519	TU5462	YV3S4P925FA170188	Volvo B9TL	Wright WA020	H55/25D	2015	
KMB	AVBWU418	TN3840	YV3S4P92XFA170302	Volvo B9TL	Wright WA071	H59/31D	2015	
KMB	AVBWU420	TN9329	YV3S4P922FA170303	Volvo B9TL	Wright WA072	H59/31D	2015	
KMB	AVBWU421	TN9414	YV3S4P924FA170304	Volvo B9TL	Wright WA073	H59/31D	2015	
KMB	AVBWU422	TN9652	YV3S4P92XFA170350	Volvo B9TL	Wright WA074	H59/31D	2015	
KMB	AVBWU423	TP1044	YV3S4P921FA170351	Volvo B9TL	Wright WA075	H59/31D	2015	
KMB	AVBWU394	TF5377	YV3S4P920FA170373	Volvo B9TL	Wright YA107	H59/31D	2015	
KMB	AVBWU395	TF6492	YV3S4P922FA170374	Volvo B9TL	Wright YA108	H59/31D	2015	
KMB	AVBWU398	TG1240	YV3S4P924FA170375	Volvo B9TL	Wright YA109	H59/31D	2015	
KMB	AVBWU401	TG6248	YV3S4P923FA170383	Volvo B9TL	Wright YA110	H59/31D	2015	
CTB	9500	TR9520	YV3S4P926FA170569	Volvo B9TL	Wright WA021	H55/25D	2015	
CTB	9501	TR8832	YV3S4P920FA170759	Volvo B9TL	Wright WA022	H55/25D	2015	
CTB	9512	TT3651	YV3S4P927FA170760	Volvo B9TL	Wright WA023	H55/25D	2015	
DBTSL	DBAY208	TN7303	YV3S4P928FA170797	Volvo B9TL	Wright YB001	H55/25D	2015	
DBTSL	DBAY209	TN8184	YV3S4P92XFA170798	Volvo B9TL	Wright YB002	H55/25D	2015	
DBTSL	DBAY210	TP2505	YV3S4P921FA170799	Volvo B9TL	Wright YB003	H55/25D	2015	
DBTSL	DBAY211	TN9208	YV3S4P924FA170800	Volvo B9TL	Wright YB004	H55/25D	2015	
DBTSL	DBAY212	TP1192	YV3S4P921FA170804	Volvo B9TL	Wright YB005	H55/25D	2015	
DBTSL	DBAY213	TP4903	YV3S4P923FA170805	Volvo B9TL	Wright YB006	H55/25D	2015	
CTB	9502	TS5520	YV3S4P925FA170806	Volvo B9TL	Wright WA024	H55/25D	2015	
CTB	9504	TS4542	YV3S4P927FA170807	Volvo B9TL	Wright WA025	H55/25D	2015	
CTB	9507	TS5365	YV3S4P921FA170821	Volvo B9TL	Wright WA026	H55/25D	2015	
KMB	AVBWU424	TR5620	YV3S4P925FA171082	Volvo B9TL	Wright YB007	H59/31D	2015	
KMB	AVBWU426	TR6812	YV3S4P927FA171083	Volvo B9TL	Wright YB009	H59/31D	2015	
KMB	AVBWU425	TR5987	YV3S4P925FA171101	Volvo B9TL	Wright YB008	H59/31D	2015	
KMB	AVBWU427	TR8039	YV3S4P927FA171102	Volvo B9TL	Wright YB010	H59/31D	2015	
KMB	AVBWU429	TS3933	YV3S4P92XFA171174	Volvo B9TL	Wright YB011	H59/31D	2015	
KMB	AVBWU428	TS1239	YV3S4P921FA171175	Volvo B9TL	Wright YB013	H59/31D	2015	

公司	車隊編號	車牌	底盤編號	車型	車身	座位佈局	首次登記日期	退役日期
KMB	AVBWU433	TS9880	YV3S4P924FA171198	Volvo B9TL	Wright YB012	H59/31D	2015	
KMB	AVBWU432	TS9002	YV3S4P924FA171199	Volvo B9TL	Wright YB014	H59/31D	2015	
KMB	AVBWU431	TS4623	YV3S4P97XFA171200	Volvo B9TL	Wright YB015	H59/31D	2015	
KMB	AVBWU430	TS4553	YV3S4P921FA171208	Volvo B9TL	Wright YB016	H59/31D	2015	
KMB	AVBWU434	TT3353	YV3S4P923FA171209	Volvo B9TL	Wright YB017	H59/31D	2015	
KMB	AVBWU436	TT7303	YV3S4P921FA171210	Volvo B9TL	Wright YB018	H59/31D	2015	
KMB	AVBWU435	TT3505	YV3S4P921FA171211	Volvo B9TL	Wright YB019	H59/31D	2015	
KMB	AVBWU437	TT7987	YV3S4P921FA171220	Volvo B9TL	Wright YB020	H59/31D	2015	
CTB	9508	TS5299	YV3S4P924FA171221	Volvo B9TL	Wright WA027	H55/25D	2015	
CTB	9509	TS8048	YV3S4P926FA171222	Volvo B9TL	Wright WA028	H55/25D	2015	
CTB	9505	TS6566	YV3S4P928FA171223	Volvo B9TL	Wright WA029	H55/25D	2015	
CTB	9510	TT1064	YV3S4P927FA171231	Volvo B9TL	Wright WA030	H55/25D	2015	
CTB	9515	TU2316	YV3S4P929FA171232	Volvo B9TL	Wright WA031	H55/25D	2015	
KMB	AVBWU438	TU1343	YV3S4P926FA171480	Volvo B9TL	Wright YB021	H59/31D	2015	
KMB	AVBWU439	TU1977	YV3S4P928FA171481	Volvo B9TL	Wright YB022	H59/31D	2015	
KMB	AVBWU440	TU2666	YV3S4P92XFA171482	Volvo B9TL	Wright YB023	H59/31D	2015	
KMB	AVBWU441	TU3250	YV3S4P920FA171491	Volvo B9TL	Wright YB024	H59/31D	2015	
KMB	AVBWU442	TU6575	YV3S4P922FA171492	Volvo B9TL	Wright YB025	H59/31D	2015	
KMB	AVBWU443	TU7397	YV3S4P924FA171493	Volvo B9TL	Wright YB026	H59/31D	2015	
CTB	9503	TS4875	YV3S4P926FA171494	Volvo B9TL	Wright WA032	H55/25D	2015	
CTB	9511	TT3457	YV3S4P926FA171639	Volvo B9TL	Wright WA033	H55/25D	2015	
CTB	9513	TT6935	YV3S4P922FA171640	Volvo B9TL	Wright WA034	H55/25D	2015	
CTB	9506	TT7463	YV3S4P926FA171673	Volvo B9TL	Wright WA035	H55/25D	2015	
CTB	9517	TU5372	YV3S4P928FA171674	Volvo B9TL	Wright WA036	H55/25D	2015	
KMB	AVBWU445	TV679	YV3S4P921FA171807	Volvo B9TL	Wright YB027	H59/31D	2015	
KMB	AVBWU444	TU9004	YV3S4P923FA171808	Volvo B9TL	Wright YB028	H59/31D	2015	
KMB	AVBWU446	TV3021	YV3S4P925FA171809	Volvo B9TL	Wright YB029	H59/31D	2015	
KMB	AVBWU448	TW2280	YV3S4P921FA171810	Volvo B9TL	Wright YB030	H59/31D	2015	
KMB	AVBWU447	TW1903	YV3S4P929FA171831	Volvo B9TL	Wright YB031	H59/31D	2015	
CTB	9514	TT7877	YV3S4P927FA171908	Volvo B9TL	Wright WA037	H55/25D	2015	
CTB	9516	TU702	YV3S4P92XFA171909	Volvo B9TL	Wright WA038	H55/25D	2015	
CTB	9518	TU3200	YV3S4P925FA171910	Volvo B9TL	Wright WA039	H55/25D	2015	
CTB	9525	TV5498	YV3S4P920FA171944	Volvo B9TL	Wright WA040	H55/25D	2015	
CTB	9519	TU5755	YV3S4P922FA171945	Volvo B9TL	Wright WA041	H55/25D	2015	
CTB	9520	TU9576	YV3S4P929FA172445	Volvo B9TL	Wright WA042	H55/25D	2015	
CTB	9521	TV1389	YV3S4P920FA172446	Volvo B9TL	Wright WA043	H55/25D	2015	
CTB	9522	TV2754	YV3S4P922FA172447	Volvo B9TL	Wright WA044	H55/25D	2015	
CTB	9523	TV2133	YV3S4P924FA172448	Volvo B9TL	Wright WA045	H55/25D	2015	
CTB	9524	TV4622	YV3S4P926FA172449	Volvo B9TL	Wright WA046	H55/25D	2015	
MTR	319	TX4303	YV3S4P926FA172743	Volvo B9TL	Wright YB032	H55/25D	2016	
MTR	320	TX6473	YV3S4P925FA172751	Volvo B9TL	Wright YB033	H55/25D	2016	
MTR	321	TZ4100	YV3S4P927FA172752	Volvo B9TL	Wright YB034	H55/25D	2016	
MTR	322	TY7838	YV3S4P929FA172753	Volvo B9TL	Wright YB035	H55/25D	2016	
MTR	323	TZ1572	YV3S4P920FA172754	Volvo B9TL	Wright YB036	H55/25D	2016	
MTR	324	TZ1884	YV3S4P922FA172755	Volvo B9TL	Wright YB037	H55/25D	2016	
MTR	325	TZ1574	YV3S4P925FA172782	Volvo B9TL	Wright YB038	H55/25D	2016	
CTB	9526	TV7010	YV3S4P924FA173010	Volvo B9TL	Wright WA047	H55/25D	2015	

公司	車隊編號	車牌	底盤編號	車型	車身	座位佈局	首次登記日期	退役日期
CTB	9527	TV6523	YV3S4P923FA173011	Volvo B9TL	Wright WA048	H55/25D	2015	
CTB	9528	TV9116	YV3S4P925FA173012	Volvo B9TL	Wright WA049	H55/25D	2015	
CTB	9529	TV9167	YV3S4P929FA173031	Volvo B9TL	Wright WA050	H55/25D	2015	
MTR	326	TY8100	YV3S4P927FA173707	Volvo B9TL	Wright YB039	H55/25D	2016	
MTR	327	TZ4437	YV3S4P921FA173752	Volvo B9TL	Wright YB040	H55/25D	2016	
MTR	328	TZ2574	YV3S4P923FA173753	Volvo B9TL	Wright YB041	H55/25D	2016	
MTR	329	UA6958	YV3S4P925FA173754	Volvo B9TL	Wright YB042	H55/25D	2016	
MTR	330	UB4596	YV3S4P927FA173755	Volvo B9TL	Wright YB043	H55/25D	2016	
MTR	331	UB5808	YV3S4P929FA173756	Volvo B9TL	Wright YB044	H55/25D	2016	
MTR	332	UD5933	YV3S4P920FA173774	Volvo B9TL	Wright YB045	H55/25D	2016	
MTR	333	UD5100	YV3S4P923FA173848	Volvo B9TL	Wright YB046	H55/25D	2016	
MTR	334	UF8496	YV3S4P925FA173849	Volvo B9TL	Wright YB047	H55/25D	2016	
MTR	335	UE8084	YS3S4P921FA173850	Volvo B9TL	Wright YB048	H55/25D	2016	
MTR	336	UF7737	YV3S4P923FA173851	Volvo B9TL	Wright YB049	H55/25D	2016	
MTR	337	UF7298	YV3S4P925FA173852	Volvo B9TL	Wright YB050	H55/25D	2016	
MTR	338	UE8310	YS3S4P928FA173868	Volvo B9TL	Wright YB051	H55/25D	2016	
MTR	339	UE6714	YS3S4P920FA173869	Volvo B9TL	Wright YB052	H55/25D	2016	
MTR	340	UG5068	YV3S4P921FA173881	Volvo B9TL	Wright YB053	H55/25D	2016	
MTR	341	UG5621	YV3S4P923FA173882	Volvo B9TL	Wright YB054	H55/25D	2016	
NWFB	4520	TW4517	YV3S4P925FA173902	Volvo B9TL	Wright YB094	H55/25D	2015	
NWFB	4521	TW5716	YV3S4P927FA173903	Volvo B9TL	Wright YB095	H55/25D	2015	
NWFB	4522	TW4576	YV3S4P929FA173904	Volvo B9TL	Wright YB096	H55/25D	2015	
NWFB	4523	TW8508	YV3S4P920FA173905	Volvo B9TL	Wright YB097	H55/25D	2015	
NWFB	4524	TW8508	YV3S4P922FA173906	Volvo B9TL	Wright YB098	H55/25D	2015	
MTR	346	UJ4441	YV3S4P928GA174107	Volvo B9TL	Wright YB059	H55/25D	2016	
MTR	342	UG5808	YV3S4P92XGA174108	Volvo B9TL	Wright YB055	H55/25D	2016	
MTR	347	UH9756	YV3S4P921GA174109	Volvo B9TL	Wright YB060	H55/25D	2016	
MTR	343	UJ2647	YV3S4P928GA174110	Volvo B9TL	Wright YB056	H55/25D	2016	
MTR	344	UH8913	YV3S4P92XGA174111	Volvo B9TL	Wright YB057	H55/25D	2016	
MTR	345	UH9727	YV3S4P927GA174146	Volvo B9TL	Wright YB058	H55/25D	2016	
NWFB	4525	TX6468	YV3S4P923GA174175	Volvo B9TL	Wright YB099	H55/25D	2016	
NWFB	4526	TX7617	YV3S4P925GA174176	Volvo B9TL	Wright YB100	H55/25D	2016	
NWFB	4527	TX9082	YV3S4P929GA174177	Volvo B9TL	Wright YB101	H55/25D	2016	
NWFB	4528	TY1720	YV3S4P929GA174178	Volvo B9TL	Wright YB102	H55/25D	2016	
NWFB	4529	TY1915	YV3S4P920GA174179	Volvo B9TL	Wright YB103	H55/25D	2016	
CTB	9534	TY4511	YV3S4P925GA174355	Volvo B9TL	Wright YB104	H55/25D	2016	
CTB	9537	TZ2389	YV3S4P927GA174356	Volvo B9TL	Wright YB105	H55/25D	2016	
CTB	9532	TY4368	YV3S4P929GA174357	Volvo B9TL	Wright YB106	H55/25D	2016	
CTB	9530	TX7541	YV3S4P920GA174358	Volvo B9TL	Wright YB107	H55/25D	2016	
CTB	9531	TX8477	YV3S4P922GA174359	Volvo B9TL	Wright YB108	H55/25D	2016	
CTB	9535	TY5441	YV3S4P921GA174384	Volvo B9TL	Wright YB109	H55/25D	2016	
CTB	9533	TY4044	YV3S4P923GA174385	Volvo B9TL	Wright YB110	H55/25D	2016	
CTB	9536	TY8641	YV3S4P925GA174386	Volvo B9TL	Wright YB111	H55/25D	2016	
CTB	9538	TZ1130	YV3S4P920GA174425	Volvo B9TL	Wright YB112	H55/25D	2016	
CTB	9539	TZ3124	YV3S4P922GA174426	Volvo B9TL	Wright YB113	H55/25D	2016	
CTB	9540	TZ3336	YV3S4P923GA174662	Volvo B9TL	Wright YB114	H55/25D	2016	
CTB	9541	UA1218	YV3S4P925GA174663	Volvo B9TL	Wright YB115	H55/25D	2016	

公司	車隊編號	車牌	底盤編號	車型	車身	座位佈局	首次登記日期	退役日期
CTB	9542	TZ4727	YV3S4P927GA174664	Volvo B9TL	Wright YB116	H55/25D	2016	
CTB	9544	UA3108	YV3S4P927GA174665	Volvo B9TL	Wright YB117	H55/25D	2016	
CTB	9547	UA7560	YV3S4P920GA174666	Volvo B9TL	Wright YB118	H55/25D	2016	
CTB	9543	UA918	YV3S4P923GA175231	Volvo B9TL	Wright YB119	H55/25D	2016	
CTB	9545	UA2574	YV3S4P925GA175232	Volvo B9TL	Wright YB120	H55/25D	2016	
CTB	9548	UA7372	YV3S4P927GA175233	Volvo B9TL	Wright YB121	H55/25D	2016	
CTB	9546	UA5085	YV3S4P929GA175234	Volvo B9TL	Wright YB122	H55/25D	2016	
CTB	9549	UB263	YV3S4P920GA175235	Volvo B9TL	Wright YB123	H55/25D	2016	
CTB	9550	UB6100	YV3S4P927GA175426	Volvo B9TL	Wright YB124	H55/25D	2016	
CTB	9551	UB7231	YV3S4P929GA175427	Volvo B9TL	Wright YB125	H55/25D	2016	
CTB	9552	UB6643	YV3S4P920GA175428	Volvo B9TL	Wright YB126	H55/25D	2016	
CTB	9553	UB8085	YV3S4P922GA175429	Volvo B9TL	Wright YB127	H55/25D	2016	
CTB	9554	UB7573	YV3S4P921GA175454	Volvo B9TL	Wright YB128	H55/25D	2016	
CTB	9555	UB6805	YV3S4P929GA175611	Volvo B9TL	Wright YB129	H55/25D	2016	
CTB	9556	UC5022	YV3S4P924GA175612	Volvo B9TL	Wright YB130	H55/25D	2016	
CTB	9557	UC3051	YV3S4P926GA175613	Volvo B9TL	Wright YB131	H55/25D	2016	
CTB	9558	UC3327	YV3S4P928GA175614	Volvo B9TL	Wright YB132	H55/25D	2016	
CTB	9559	UC3415	YV3S4P924GA175643	Volvo B9TL	Wright YB133	H55/25D	2016	
MTR	352	UJ6811	YV3S4P922GA176866	Volvo B9TL	Wright YB065	H55/25D	2016	
MTR	353	UL2016	YV3S4P924GA176867	Volvo B9TL	Wright YB066	H55/25D	2016	
MTR	354	UL1305	YV3S4P926GA176868	Volvo B9TL	Wright YB067	H55/25D	2016	
MTR	355	UL671	YV3S4P928GA176869	Volvo B9TL	Wright YB068	H55/25D	2016	
MTR	351	UJ8437	YV3S4P920GA176885	Volvo B9TL	Wright YB064	H55/25D	2016	
MTR	348	UH9026	YV3S4P924GA176890	Volvo B9TL	Wright YB061	H55/25D	2016	
MTR	356	UL9577	YV3S4P921GA176913	Volvo B9TL	Wright YB069	H55/25D	2016	
MTR	349	UJ3318	YV3S4P923GA176914	Volvo B9TL	Wright YB062	H55/25D	2016	
MTR	350	UJ7924	YV3S4P925GA176915	Volvo B9TL	Wright YB063	H55/25D	2016	
NWFB	5200	UH7961	YV3S4P920GA176935	Volvo B9TL	Wright YB134	H59/31D	2016	
NWFB	5201	UH7023	YV3S4P922GA176936	Volvo B9TL	Wright YB135	H59/31D	2016	
NWFB	5202	UH8142	YV3S4P927GA176947	Volvo B9TL	Wright YB136	H59/31D	2016	
NWFB	5203	UH8153	YV3S4P929GA176948	Volvo B9TL	Wright YB137	H59/31D	2016	
NWFB	5204	UH6551	YV3S4P920GA176949	Volvo B9TL	Wright YB138	H59/31D	2016	
MTR	357	UL9969	YV3S4P926GA176986	Volvo B9TL	Wright YB070	H55/25D	2016	
MTR	358	UL8770	YV3S4P928GA176987	Volvo B9TL	Wright YB071	H55/25D	2016	
MTR	359	UL9538	YV3S4P92XGA176988	Volvo B9TL	Wright YB072	H55/25D	2016	
MTR	360	UL4285	YV3S4P921GA176989	Volvo B9TL	Wright YB073	H55/25D	2016	
MTR	361	UM2517	YV3S4P928GA176990	Volvo B9TL	Wright YB074	H55/25D	2016	
MTR	362	UM3660	YV3S4P92XGA176991	Volvo B9TL	Wright YB075	H55/25D	2016	
MTR	363	UM6307	YV3S4P928GA176992	Volvo B9TL	Wright YB076	H55/25D	2016	
MTR	364	UM6003	YV3S4P928GA177010	Volvo B9TL	Wright YB077	H55/25D	2016	
MTR	365	UV2460	YV3S4P92XGA177011	Volvo B9TL	Wright	H55/25D	2017	
MTR	366	UP5226	YV3S4P921GA177012	Volvo B9TL	Wright	H55/25D	2017	
NWFB	5205	UJ1998	YV3S4P920GA178085	Volvo B9TL	Wright YB142	H59/31D	2016	
NWFB	5206	UJ5301	YV3S4P922GA178086	Volvo B9TL	Wright YB143	H59/31D	2016	
NWFB	5207	UJ513	YV3S4P924GA178087	Volvo B9TL	Wright YB141	H59/31D	2016	
NWFB	5208	UH9886	YV3S4P926GA178088	Volvo B9TL	Wright YB139	H59/31D	2016	
NWFB	5209	UJ405	YV3S4P928GA178089	Volvo B9TL	Wright YB140	H59/31D	2016	

公司	車隊編號	車牌	底盤編號	車型	車身	座位佈局	首次登記日期	退役日期
NWFB	5210	UJ6199	YV3S4P924GA178090	Volvo B9TL	Wright YB144	H59/31D	2016	
NWFB	5211	UJ5807	YV3S4P926GA178091	Volvo B9TL	Wright YB145	H59/31D	2016	
NWFB	5212	UJ6972	YV3S4P921GA178337	Volvo B9TL	Wright YB146	H59/31D	2016	
NWFB	5213	UJ7417	YV3S4P927GA178360	Volvo B9TL	Wright YB147	H59/31D	2016	
NWFB	5214	UJ9747	YV3S4P929GA178361	Volvo B9TL	Wright YB148	H59/31D	2016	
NWFB	5215	UK3566	YV3S4P920GA178362	Volvo B9TL	Wright YB149	H59/31D	2016	
NWFB	5216	UK6591	YV3S4P922GA178363	Volvo B9TL	Wright YB150	H59/31D	2016	
NWFB	5217	UK3851	YV3S4P924GA178557	Volvo B9TL	Wright YB151	H59/31D	2016	
NWFB	5218	UK5787	YV3S4P926GA178558	Volvo B9TL	Wright YB152	H59/31D	2016	
NWFB	5219	UK5960	YV3S4P928GA178559	Volvo B9TL	Wright YB153	H59/31D	2016	
NWFB	5220	UL2450	YV3S4P923GA178713	Volvo B9TL	Wright YB154	H59/31D	2016	
NWFB	5221	UL3677	YV3S4P925GA178714	Volvo B9TL	Wright YB155	H59/31D	2016	
MTR	367	UP5767	YV3S4P922GA178735	Volvo B9TL	Wright Gemini 2	H55/25D	2017	
MTR	368	UP4987	YV3S4P924GA178736	Volvo B9TL	Wright Gemini 2	H55/25D	2017	
MTR	369	UR6073	YV3S4P924GA178737	Volvo B9TL	Wright Gemini 2	H55/25D	2017	
MTR	370	UR6078	YV3S4P924GA178770	Volvo B9TL	Wright Gemini 2	H55/25D	2017	
MTR	371	UT7522	YV3S4P926GA178771	Volvo B9TL	Wright Gemini 2	H55/25D	2017	
MTR	372	UT7816	YV3S4P928GA178772	Volvo B9TL	Wright Gemini 2	H55/25D	2017	
MTR	373	UT7113	YV3S4P92XGA178773	Volvo B9TL	Wright Gemini 2	H55/25D	2017	
MTR	374	UU8713	YV3S4P922GA178847	Volvo B9TL	Wright Gemini 2	H55/25D	2017	
MTR	375	UU9137	YV3S4P925GA178888	Volvo B9TL	Wright Gemini 2	H55/25D	2017	
NWFB	5222	UL5267	YV3S4P923GA178890	Volvo B9TL	Wright YB156	H59/31D	2016	
NWFB	5223	UL9452	YV3S4P925GA178891	Volvo B9TL	Wright YB157	H59/31D	2016	
KMB	AVBWU451	UL3064	YV3S4P927GA178892	Volvo B9TL	Wright YB166	H59/31D	2016	
KMB	AVBWU452	UL7947	YV3S4P929GA178893	Volvo B9TL	Wright YB167	H59/31D	2016	
KMB	AVBWU450	UL2739	YV3S4P929GA178894	Volvo B9TL	Wright YB168	H59/31D	2016	
KMB	AVBWU449	UL2686	YV3S4P924GA179093	Volvo B9TL	Wright YB169	H59/31D	2016	
KMB	AVBWU453	UL8281	YV3S4P926GA179094	Volvo B9TL	Wright YB170	H59/31D	2016	
KMB	AVBWU455	UL8436	YV3S4P922GA179139	Volvo B9TL	Wright YB171	H59/31D	2016	
KMB	AVBWU454	UL7937	YV3S4P928GA179145	Volvo B9TL	Wright YB172	H59/31D	2016	
KMB	AVBWU462	UN1541	YV3S4P92XGA179146	Volvo B9TL	Wright YB173	H59/31D	2017	
NWFB	5224	UM4176	YV3S4P92XGA179180	Volvo B9TL	Wright YB158	H59/31D	2016	
KMB	AVBWU456	UM1107	YV3S4P921GA179193	Volvo B9TL	Wright YB175	H59/31D	2016	
KMB	AVBWU457	UM1014	YV3S4P923GA179358	Volvo B9TL	Wright YB174	H59/31D	2016	
KMB	AVBWU459	UM5738	YV3S4P923GA179392	Volvo B9TL	Wright YB176	H59/31D	2016	
KMB	AVBWU461	UN802	YV3S4P925GA179393	Volvo B9TL	Wright YB177	H59/31D	2017	
KMB	AVBWU460	UM5957	YV3S4P922GA179394	Volvo B9TL	Wright YB178	H59/31D	2016	
KMB	AVBWU458	UM4552	YV3S4P922GA179690	Volvo B9TL	Wright YB179	H59/31D	2016	
KMB	AVBWU464	UN1821	YV3S4P922GA179691	Volvo B9TL	Wright YB180	H59/31D	2017	
KMB	AVBWU471	UN5218	YV3S4P924GA179692	Volvo B9TL	Wright YB181	H59/31D	2017	
KMB	AVBWU473	UN7043	YV3S4P926GA179693	Volvo B9TL	Wright YB182	H59/31D	2017	
KMB	AVBWU465	UN2043	YV3S4P928GA179694	Volvo B9TL	Wright YB183	H59/31D	2017	
KMB	AVBWU467	UN1140	YV3S4P921GA180072	Volvo B9TL	Wright YB185	H59/31D	2017	
KMB	AVBWU463	UN1548	YV3S4P923GA180073	Volvo B9TL	Wright YB184	H59/31D	2017	
KMB	AVBWU466	UN592	YV3S4P927GA180108	Volvo B9TL	Wright YB186	H59/31D	2017	
KMB	AVBWU469	UN3046	YV3S4P929GA180109	Volvo B9TL	Wright YB187	H59/31D	2017	
KMB	AVBWU468	UN1516	YV3S4P925GA180110	Volvo B9TL	Wright YB188	H59/31D	2017	

公司	車隊編號	車牌	底盤編號	車型	車身	座位佈局	首次登記日期	退役日期
KMB	AVBWU470	UN3525	YV3S4P927GA180268	Volvo B9TL	Wright YB189	H59/31D	2017	
KMB	AVBWU472	UN5648	YV3S4P929GA180269	Volvo B9TL	Wright YB190	H59/31D	2017	
KMB	AVBWU474	UP6769	YV3S4P920HA181358	Volvo B9TL	Wright YB191	H59/31D	2017	
KMB	AVBWU476	UP7321	YV3S4P922HA181359	Volvo B9TL	Wright YB193	H59/31D	2017	
KMB	AVBWU488	UR6491	YV3S4P923HA181360	Volvo B9TL	Wright	H59/31D	2017	
KMB	AVBWU477	UP7402	YV3S4P920HA181361	Volvo B9TL	Wright YB192	H59/31D	2017	
KMB	AVBWU478	UR662	YV3S4P927HA181406	Volvo B9TL	Wright YB194	H59/31D	2017	
KMB	AVBWU475	UP6883	YV3S4P927HA181454	Volvo B9TL	Wright YB201	H59/31D	2017	
KMB	AVBWU487	UR5073	YV3S4P929HA181455	Volvo B9TL	Wright	H59/31D	2017	
KMB	AVBWU479	UR1615	YV3S4P920HA181456	Volvo B9TL	Wright YB196	H59/31D	2017	
KMB	AVBWU485	UR5632	YV3S4P923HA181533	Volvo B9TL	Wright YB199	H59/31D	2017	
KMB	AVBWU482	UR2713	YV3S4P925HA181534	Volvo B9TL	Wright YB200	H59/31D	2017	
KMB	AVBWU492	US9301	YV3S4P927HA181535	Volvo B9TL	Wright Gemini 2	H59/31D	2017	
KMB	AVBWU484	UR4739	YV3S4P929HA181536	Volvo B9TL	Wright YB204	H59/31D	2017	
KMB	AVBWU486	UR5690	YV3S4P920HA181537	Volvo B9TL	Wright	H59/31D	2017	
KMB	AVBWU491	US155	YV3S4P922HA181538	Volvo B9TL	Wright	H59/31D	2017	
KMB	AVBWU502	UT5911	YV3S4P928HA181656	Volvo B9TL	Wright Gemini 2	H59/31D	2017	
KMB	AVBWU481	UR2696	YV3S4P920HA181697	Volvo B9TL	Wright YB205	H59/31D	2017	
KMB	AVBWU480	UR859	YV3S4P922HA181698	Volvo B9TL	Wright YB207	H59/31D	2017	
KMB	AVBWU505	UU2557	YV3S4P929HA181746	Volvo B9TL	Wright Gemini 2	H59/31D	2017	
KMB	AVBWU483	UR2646	YV3S4P925HA181747	Volvo B9TL	Wright YB206	H59/31D	2017	
KMB	AVBWU499	UT4782	YV3S4P924HA181766	Volvo B9TL	Wright Gemini 2	H59/31D	2017	
KMB	AVBWU490	UR9070	YV3S4P926HA181767	Volvo B9TL	Wright	H59/31D	2017	
KMB	AVBWU498	UT4709	YV3S4P928HA181768	Volvo B9TL	Wright Gemini 2	H59/31D	2017	
KMB	AVBWU493	US9343	YV3S4P92XHA181769	Volvo B9TL	Wright Gemini 2	H59/31D	2017	
KMB	AVBWU503	UT6012	YV3S4P922HA181930	Volvo B9TL	Wright Gemini 2	H59/31D	2017	
KMB	AVBWU489	UR7523	YV3S4P924HA181931	Volvo B9TL	Wright	H59/31D	2017	
KMB	AVBWU518	UU6366	YV3S4P926HA181932	Volvo B9TL	Wright Gemini 2	H59/31D	2017	
KMB	AVBWU497	US9957	YV3S4P928HA181933	Volvo B9TL	Wright Gemini 2	H59/31D	2017	
KMB	AVBWU527	UV3047	YV3S4P92XHA181934	Volvo B9TL	Wright Gemini 2	H59/31D	2017	
KMB	AVBWU510	UU3972	YV3S4P921HA181935	Volvo B9TL	Wright Gemini 2	H59/31D	2017	
KMB	AVBWU543	UV7523	YV3S4P923HA181936	Volvo B9TL	Wright Gemini 2	H59/31D	2017	
KMB	AVBWU496	US9952	YV3S4P925HA181937	Volvo B9TL	Wright Gemini 2	H59/31D	2017	
KMB	AVBWU495	US9614	YV3S4P929HA181956	Volvo B9TL	Wright Gemini 2	H59/31D	2017	
KMB	AVBWU494	US9350	YV3S4P926HA181977	Volvo B9TL	Wright Gemini 2	H59/31D	2017	
KMB	AVBWU512	UU4120	YV3S4P928HA181978	Volvo B9TL	Wright Gemini 2	H59/31D	2017	
KMB	AVBWU511	UU4111	YV3S4P92XHA181979	Volvo B9TL	Wright Gemini 2	H59/31D	2017	
KMB	AVBWU579	UX3436	YV3S4P921HA182065	Volvo B9TL	Wright Gemini 2	H59/31D	2017	
KMB	AVBWU576	UX1276	YV3S4P923HA182066	Volvo B9TL	Wright Gemini 2	H59/31D	2017	
KMB	AVBWU571	UW9443	YV3S4P925HA182067	Volvo B9TL	Wright Gemini 2	H59/31D	2017	
KMB	AVBWU593	UX8308	YV3S4P924HA182108	Volvo B9TL	Wright Gemini 2	H59/31D	2017	
KMB	AVBWU506	UU3641	YV3S4P921HA182194	Volvo B9TL	Wright Gemini 2	H59/31D	2017	
KMB	AVBWU501	UT5524	YV3S4P923HA182195	Volvo B9TL	Wright Gemini 2	H59/31D	2017	
KMB	AVBWU516	UU5631	YV3S4P925HA182196	Volvo B9TL	Wright Gemini 2	H59/31D	2017	
KMB	AVBWU504	UT6461	YV3S4P928HA182242	Volvo B9TL	Wright Gemini 2	H59/31D	2017	
KMB	AVBWU500	UT5022	YV3S4P92XHA182243	Volvo B9TL	Wright Gemini 2	H59/31D	2017	
KMB	AVBWU517	UU6230	YV3S4P921HA182244	Volvo B9TL	Wright Gemini 2	H59/31D	2017	

公司	車隊編號	車牌	底盤編號	車型	車身	座位佈局	首次登記日期	退役日期
KMB	AVBWU508	UU3927	YV3S4P923HA182245	Volvo B9TL	Wright Gemini 2	H59/31D	2017	
KMB	AVBWU519	UU7569	YV3S4P925HA182246	Volvo B9TL	Wright Gemini 2	H59/31D	2017	
KMB	AVBWU507	UU3760	YV3S4P927HA182247	Volvo B9TL	Wright Gemini 2	H59/31D	2017	
KMB	AVBWU513	UU4989	YV3S4P929HA182248	Volvo B9TL	Wright Gemini 2	H59/31D	2017	
KMB	AVBWU509	UU3952	YV3S4P923HA182276	Volvo B9TL	Wright Gemini 2	H59/31D	2017	
KMB	AVBWU521	UV1091	YV3S4P925HA182277	Volvo B9TL	Wright Gemini 2	H59/31D	2017	
KMB	AVBWU514	UU5146	YV3S4P928HA182306	Volvo B9TL	Wright Gemini 2	H59/31D	2017	
KMB	AVBWU522	UV1142	YV3S4P92XHA182307	Volvo B9TL	Wright Gemini 2	H59/31D	2017	
KMB	AVBWU515	UU5499	YV3S4P921HA182308	Volvo B9TL	Wright Gemini 2	H59/31D	2017	
KMB	AVBWU524	UV1639	YV3S4P926HA182532	Volvo B9TL	Wright Gemini 2	H59/31D	2017	
KMB	AVBWU520	UV 955	YV3S4P928HA182533	Volvo B9TL	Wright Gemini 2	H59/31D	2017	
KMB	AVBWU523	UV1317	YV3S4P92XHA182534	Volvo B9TL	Wright Gemini 2	H59/31D	2017	
KMB	AVBWU530	UV4003	YV3S4P921HA182535	Volvo B9TL	Wright Gemini 2	H59/31D	2017	
KMB	AVBWU531	UV4427	YV3S4P923HA182536	Volvo B9TL	Wright Gemini 2	H59/31D	2017	
KMB	AVBWU535	UV4804	YV3S4P925HA182537	Volvo B9TL	Wright Gemini 2	H59/31D	2017	
KMB	AVBWU586	UX4338	YV3S4P928HA182578	Volvo B9TL	Wright Gemini 2	H59/31D	2017	
KMB	AVBWU583	UX3347	YV3S4P92XHA182579	Volvo B9TL	Wright Gemini 2	H59/31D	2017	
KMB	AVBWU533	UV4073	YV3S4P928HA182581	Volvo B9TL	Wright Gemini 2	H59/31D	2017	
KMB	AVBWU525	UV1865	YV3S4P922HA182589	Volvo B9TL	Wright Gemini 2	H59/31D	2017	
KMB	AVBWU532	UV2794	YV3S4P929HA182590	Volvo B9TL	Wright Gemini 2	H59/31D	2017	
KMB	AVBWU534	UV4247	YV3S4P923HA182591	Volvo B9TL	Wright Gemini 2	H59/31D	2017	
KMB	AVBWU528	UV3724	YV3S4P926HA182850	Volvo B9TL	Wright Gemini 2	H59/31D	2017	
KMB	AVBWU544	UV7724	YV3S4P929HA182878	Volvo B9TL	Wright Gemini 2	H59/31D	2017	
KMB	AVBWU526	UV2595	YV3S4P920HA182879	Volvo B9TL	Wright Gemini 2	H59/31D	2017	
KMB	AVBWU568	UW5565	YV3S4P927HA182894	Volvo B9TL	Wright Gemini 2	H59/31D	2017	
KMB	AVBWU562	UW4799	YV3S4P929HA182895	Volvo B9TL	Wright Gemini 2	H59/31D	2017	
KMB	AVBWU537	UV5663	YV3S4P920HA182896	Volvo B9TL	Wright Gemini 2	H59/31D	2017	
KMB	AVBWU540	UV6921	YV3S4P922HA182897	Volvo B9TL	Wright Gemini 2	H59/31D	2017	
KMB	AVBWU529	UV3744	YV3S4P924HA182898	Volvo B9TL	Wright Gemini 2	H59/31D	2017	
KMB	AVBWU542	UV7461	YV3S4P926HA182899	Volvo B9TL	Wright Gemini 2	H59/31D	2017	
KMB	AVBWU548	UW 425	YV3S4P929HA182900	Volvo B9TL	Wright Gemini 2	H59/31D	2017	
KMB	AVBWU561	UW5794	YV3S4P926HA183101	Volvo B9TL	Wright Gemini 2	H59/31D	2017	
KMB	AVBWU546	UV9729	YV3S4P927HA183110	Volvo B9TL	Wright Gemini 2	H59/31D	2017	
KMB	AVBWU536	UV5549	YV3S4P929HA183111	Volvo B9TL	Wright Gemini 2	H59/31D	2017	
KMB	AVBWU541	UV6554	YV3S4P920HA183112	Volvo B9TL	Wright Gemini 2	H59/31D	2017	
KMB	AVBWU545	UV9583	YV3S4P922HA183113	Volvo B9TL	Wright Gemini 2	H59/31D	2017	
KMB	AVBWU538	UV6573	YV3S4P924HA183114	Volvo B9TL	Wright Gemini 2	H59/31D	2017	
KMB	AVBWU596	UX8921	YV3S4P927HA183320	Volvo B9TL	Wright Gemini 2	H59/31D	2017	
KMB	AVBWU549	UV8795	YV3S4P929HA183321	Volvo B9TL	Wright Gemini 2	H59/31D	2017	
KMB	AVBWU539	UV6721	YV3S4P920HA183322	Volvo B9TL	Wright Gemini 2	H59/31D	2017	
KMB	AVBWU553	UW2325	YV3S4P922HA183323	Volvo B9TL	Wright Gemini 2	H59/31D	2017	
KMB	AVBWU547	UW 170	YV3S4P924HA183338	Volvo B9TL	Wright Gemini 2	H59/31D	2017	
KMB	AVBWU555	UW3239	YV3S4P926HA183339	Volvo B9TL	Wright Gemini 2	H59/31D	2017	
KMB	AVBWU551	UV9740	YV3S4P922HA183340	Volvo B9TL	Wright Gemini 2	H59/31D	2017	
KMB	AVBWU552	UW 506	YV3S4P924HA183341	Volvo B9TL	Wright Gemini 2	H59/31D	2017	
KMB	AVBWU550	UV9488	YV3S4P920HA183353	Volvo B9TL	Wright Gemini 2	H59/31D	2017	
KMB	AVBWU558	UW3949	YV3S4P922HA183354	Volvo B9TL	Wright Gemini 2	H59/31D	2017	

公司	車隊編號	車牌	底盤編號	車型	車身	座位佈局	首次登記日期	退役日期
KMB	AVBWU559	UW4176	YV3S4P924HA183355	Volvo B9TL	Wright Gemini 2	H59/31D	2017	
KMB	AVBWU556	UW3919	YV3S4P926HA183356	Volvo B9TL	Wright Gemini 2	H59/31D	2017	
KMB	AVBWU554	UW2967	YV3S4P928HA183357	Volvo B9TL	Wright Gemini 2	H59/31D	2017	
KMB	AVBWU599	UX9958	YV3S4P924HA183453	Volvo B9TL	Wright Gemini 2	H59/31D	2017	
KMB	AVBWU781	VJ 706	YV3S4P928HA183469	Volvo B9TL	Wright Gemini 2	H59/31D	2018	
KMB	AVBWU557	UW2920	YV3S4P924HA183470	Volvo B9TL	Wright Gemini 2	H59/31D	2017	
KMB	AVBWU560	UW5688	YV3S4P926HA183471	Volvo B9TL	Wright Gemini 2	H59/31D	2017	
KMB	AVBWU572	UW9535	YV3S4P928HA183472	Volvo B9TL	Wright Gemini 2	H59/31D	2017	
KMB	AVBWU569	UW9615	YV3S4P927HA183494	Volvo B9TL	Wright Gemini 2	H59/31D	2017	
KMB	AVBWU566	UW4970	YV3S4P929HA183495	Volvo B9TL	Wright Gemini 2	H59/31D	2017	
KMB	AVBWU565	UW4689	YV3S4P926HA183566	Volvo B9TL	Wright Gemini 2	H59/31D	2017	
KMB	AVBWU570	UX 104	YV3S4P928HA183567	Volvo B9TL	Wright Gemini 2	H59/31D	2017	
KMB	AVBWU602	UY 147	YV3S4P924HA183582	Volvo B9TL	Wright Gemini 2	H59/31D	2017	
KMB	AVBWU563	UW5437	YV3S4P926HA183583	Volvo B9TL	Wright Gemini 2	H59/31D	2017	
KMB	AVBWU567	UW5239	YV3S4P928HA183584	Volvo B9TL	Wright Gemini 2	H59/31D	2017	
KMB	AVBWU564	UW5960	YV3S4P92XHA183585	Volvo B9TL	Wright Gemini 2	H59/31D	2017	
KMB	AVBWU600	UY 301	YV3S4P921HA183586	Volvo B9TL	Wright Gemini 2	H59/31D	2017	
KMB	AVBWU578	UX3160	YV3S4P922HA183631	Volvo B9TL	Wright Gemini 2	H59/31D	2017	
KMB	AVBWU592	UX7725	YV3S4P924HA183632	Volvo B9TL	Wright Gemini 2	H59/31D	2017	
KMB	AVBWU577	UX1369	YV3S4P926HA183633	Volvo B9TL	Wright Gemini 2	H59/31D	2017	
KMB	AVBWU628	UZ 271	YV3S4P922HA183709	Volvo B9TL	Wright Gemini 2	H59/31D	2017	
KMB	AVBWU595	UX8722	YV3S4P924HA183730	Volvo B9TL	Wright Gemini 2	H59/31D	2017	
KMB	AVBWU574	UX 860	YV3S4P920HA183773	Volvo B9TL	Wright Gemini 2	H59/31D	2017	
KMB	AVBWU573	UX1245	YV3S4P922HA183774	Volvo B9TL	Wright Gemini 2	H59/31D	2017	
KMB	AVBWU575	UX1225	YV3S4P924HA183775	Volvo B9TL	Wright Gemini 2	H59/31D	2017	
KMB	AVBWU580	UX3784	YV3S4P926HA183809	Volvo B9TL	Wright Gemini 2	H59/31D	2017	
KMB	AVBWU591	UX7377	YV3S4P922HA183810	Volvo B9TL	Wright Gemini 2	H59/31D	2017	
KMB	AVBWU587	UX4457	YV3S4P924HA183811	Volvo B9TL	Wright Gemini 2	H59/31D	2017	
KMB	AVBWU656	VA4052	YV3S4P927HA183950	Volvo B9TL	Wright Gemini 2	H59/31D	2017	
KMB	AVBWU635	UZ4992	YV3S4P929HA183951	Volvo B9TL	Wright Gemini 2	H59/31D	2017	
KMB	AVBWU625	UY9498	YV3S4P927HA184080	Volvo B9TL	Wright Gemini 2	H59/31D	2017	
KMB	AVBWU627	UY9778	YV3S4P929HA184081	Volvo B9TL	Wright Gemini 2	H59/31D	2017	
KMB	AVBWU582	UX3260	YV3S4P922HA184097	Volvo B9TL	Wright Gemini 2	H59/31D	2017	
KMB	AVBWU584	UX3968	YV3S4P924HA184098	Volvo B9TL	Wright Gemini 2	H59/31D	2017	
KMB	AVBWU585	UX4249	YV3S4P921HA184186	Volvo B9TL	Wright Gemini 2	H59/31D	2017	
KMB	AVBWU581	UX2544	YV3S4P923HA184187	Volvo B9TL	Wright Gemini 2	H59/31D	2017	
KMB	AVBWU589	UX6797	YV3S4P925HA184188	Volvo B9TL	Wright Gemini 2	H59/31D	2017	
KMB	AVBWU597	UX9689	YV3S4P927HA184189	Volvo B9TL	Wright Gemini 2	H59/31D	2017	
KMB	AVBWU630	UZ4076	YV3S4P922HA184259	Volvo B9TL	Wright Gemini 2	H59/31D	2017	
KMB	AVBWU626	UY9776	YV3S4P926HA184295	Volvo B9TL	Wright Gemini 2	H59/31D	2017	
KMB	AVBWU629	UZ3318	YV3S4P921HA184303	Volvo B9TL	Wright Gemini 2	H59/31D	2017	
KMB	AVBWU661	VA6619	YV3S4P925HA184336	Volvo B9TL	Wright Gemini 2	H59/31D	2017	
KMB	AVBWU607	UY4392	YV3S4P924HA184358	Volvo B9TL	Wright Gemini 2	H59/31D	2017	
KMB	AVBWU590	UX7270	YV3S4P926HA184359	Volvo B9TL	Wright Gemini 2	H59/31D	2017	
KMB	AVBWU588	UX6785	YV3S4P922HA184360	Volvo B9TL	Wright Gemini 2	H59/31D	2017	
KMB	AVBWU594	UX6566	YV3S4P924HA184361	Volvo B9TL	Wright Gemini 2	H59/31D	2017	
KMB	AVBWU601	UX9762	YV3S4P922HA184455	Volvo B9TL	Wright Gemini 2	H59/31D	2017	

公司	車隊編號	車牌	底盤編號	車型	車身	座位佈局	首次登記日期	退役日期
KMB	AVBWU598	UX9827	YV3S4P924HA184456	Volvo B9TL	Wright Gemini 2	H59/31D	2017	
KMB	AVBWU610	UY3866	YV3S4P926HA184457	Volvo B9TL	Wright Gemini 2	H59/31D	2017	
KMB	AVBWU609	UY3453	YV3S4P928HA184458	Volvo B9TL	Wright Gemini 2	H59/31D	2017	
KMB	AVBWU614	UY6077	YV3S4P922HA184519	Volvo B9TL	Wright Gemini 2	H59/31D	2017	
KMB	AVBWU613	UY6011	YV3S4P929HA184520	Volvo B9TL	Wright Gemini 2	H59/31D	2017	
KMB	AVBWU611	UY3949	YV3S4P920HA184521	Volvo B9TL	Wright Gemini 2	H59/31D	2017	
KMB	AVBWU604	UY2914	YV3S4P923HA184531	Volvo B9TL	Wright Gemini 2	H59/31D	2017	
KMB	AVBWU694	VC6580	YV3S4P922HA184553	Volvo B9TL	Wright Gemini 2	H59/31D	2017	
KMB	AVBWU636	UZ5812	YV3S4P924HA184554	Volvo B9TL	Wright Gemini 2	H59/31D	2017	
KMB	AVBWU683	VC4688	YV3S4P922HA184732	Volvo B9TL	Wright Gemini 2	H59/31D	2017	
KMB	AVBWU660	VA6783	YV3S4P924HA184733	Volvo B9TL	Wright Gemini 2	H59/31D	2017	
KMB	AVBWU606	UY3709	YV3S4P926HA184734	Volvo B9TL	Wright Gemini 2	H59/31D	2017	
KMB	AVBWU619	UY5762	YV3S4P92XHA184770	Volvo B9TL	Wright Gemini 2	H59/31D	2017	
KMB	AVBWU608	UY2785	YV3S4P921HA184771	Volvo B9TL	Wright Gemini 2	H59/31D	2017	
KMB	AVBWU603	UY2897	YV3S4P923HA184772	Volvo B9TL	Wright Gemini 2	H59/31D	2017	
KMB	AVBWU618	UY5296	YV3S4P921HA184818	Volvo B9TL	Wright Gemini 2	H59/31D	2017	
KMB	AVBWU624	UY9042	YV3S4P923HA184819	Volvo B9TL	Wright Gemini 2	H59/31D	2017	
KMB	AVBWU615	UY5018	YV3S4P92XHA184820	Volvo B9TL	Wright Gemini 2	H59/31D	2017	
KMB	AVBWU612	UY4058	YV3S4P922HA184858	Volvo B9TL	Wright Gemini 2	H59/31D	2017	
KMB	AVBWU623	UY8829	YV3S4P924HA184859	Volvo B9TL	Wright Gemini 2	H59/31D	2017	
KMB	AVBWU617	UY5283	YV3S4P920HA184860	Volvo B9TL	Wright Gemini 2	H59/31D	2017	
KMB	AVBWU605	UY3415	YV3S4P922HA184861	Volvo B9TL	Wright Gemini 2	H59/31D	2017	
KMB	AVBWU632	UZ4790	YV3S4P924HA184862	Volvo B9TL	Wright Gemini 2	H59/31D	2017	
KMB	AVBWU659	VA6734	YV3S4P923HA184867	Volvo B9TL	Wright Gemini 2	H59/31D	2017	
KMB	AVBWU663	VA8093	YV3S4P925HA184868	Volvo B9TL	Wright Gemini 2	H59/31D	2017	
KMB	AVBWU750	VF 718	YV3S4P923HA184979	Volvo B9TL	Wright Gemini 2	H59/31D	2018	
KMB	AVBWU668	VB2958	YV3S4P92XHA184980	Volvo B9TL	Wright Gemini 2	H59/31D	2017	
KMB	AVBWU641	VA 185	YV3S4P921HA184981	Volvo B9TL	Wright Gemini 2	H59/31D	2017	
KMB	AVBWU639	UZ5097	YV3S4P923HA184982	Volvo B9TL	Wright Gemini 2	H59/31D	2017	
KMB	AVBWU644	UZ9060	YV3S4P925HA184983	Volvo B9TL	Wright Gemini 2	H59/31D	2017	
KMB	AVBWU633	UZ4890	YV3S4P925HA185003	Volvo B9TL	Wright Gemini 2	H59/31D	2017	
KMB	AVBWU631	UZ4690	YV3S4P927HA185004	Volvo B9TL	Wright Gemini 2	H59/31D	2017	
KMB	AVBWU638	UZ6154	YV3S4P929HA185070	Volvo B9TL	Wright Gemini 2	H59/31D	2017	
KMB	AVBWU616	UY5246	YV3S4P920HA185071	Volvo B9TL	Wright Gemini 2	H59/31D	2017	
KMB	AVBWU621	UY6976	YV3S4P922HA185072	Volvo B9TL	Wright Gemini 2	H59/31D	2017	
KMB	AVBWU642	VA 221	YV3S4P924HA185073	Volvo B9TL	Wright Gemini 2	H59/31D	2017	
KMB	AVBWU637	UZ6110	YV3S4P925HA185101	Volvo B9TL	Wright Gemini 2	H59/31D	2017	
KMB	AVBWU643	UZ8948	YV3S4P927HA185102	Volvo B9TL	Wright Gemini 2	H59/31D	2017	
KMB	AVBWU622	UY8737	YV3S4P929HA185103	Volvo B9TL	Wright Gemini 2	H59/31D	2017	
KMB	AVBWU662	VA7236	YV3S4P920HA185233	Volvo B9TL	Wright Gemini 2	H59/31D	2017	
KMB	AVBWU680	VC4277	YV3S4P922HA185234	Volvo B9TL	Wright Gemini 2	H59/31D	2017	
KMB	AVBWU620	UY6847	YV3S4P92XHA185286	Volvo B9TL	Wright Gemini 2	H59/31D	2017	
KMB	AVBWU640	UZ5917	YV3S4P921HA185287	Volvo B9TL	Wright Gemini 2	H59/31D	2017	
KMB	AVBWU667	VB1595	YV3S4P928HA185335	Volvo B9TL	Wright Gemini 2	H59/31D	2017	
KMB	AVBWU666	VB1552	YV3S4P92XHA185336	Volvo B9TL	Wright Gemini 2	H59/31D	2017	
KMB	AVBWU645	UZ9315	YV3S4P927HA185410	Volvo B9TL	Wright Gemini 2	H59/31D	2017	
KMB	AVBWU646	UZ9701	YV3S4P929HA185411	Volvo B9TL	Wright Gemini 2	H59/31D	2017	

公司	車隊編號	車牌	底盤編號	車型	車身	座位佈局	首次登記日期	退役日期
KMB	AVBWU648	VA1280	YV3S4P920HA185412	Volvo B9TL	Wright Gemini 2	H59/31D	2017	
KMB	AVBWU653	VA3984	YV3S4P922HA185413	Volvo B9TL	Wright Gemini 2	H59/31D	2017	
KMB	AVBWU665	VB1425	YV3S4P929HA185473	Volvo B9TL	Wright Gemini 2	H59/31D	2017	
KMB	AVBWU634	UZ4931	YV3S4P920HA185474	Volvo B9TL	Wright Gemini 2	H59/31D	2017	
KMB	AVBWU647	UZ9874	YV3S4P922HA185475	Volvo B9TL	Wright Gemini 2	H59/31D	2017	
KMB	AVBWU649	VA3033	YV3S4P924HA185476	Volvo B9TL	Wright Gemini 2	H59/31D	2017	
KMB	AVBWU651	VA3761	YV3S4P926HA185477	Volvo B9TL	Wright Gemini 2	H59/31D	2017	
KMB	AVBWU652	VA3982	YV3S4P928HA185478	Volvo B9TL	Wright Gemini 2	H59/31D	2017	
KMB	AVBWU655	VA3854	YV3S4P925HA185518	Volvo B9TL	Wright Gemini 2	H59/31D	2017	
KMB	AVBWU664	VB 680	YV3S4P927HA185519	Volvo B9TL	Wright Gemini 2	H59/31D	2017	
KMB	AVBWU678	VC3602	YV3S4P923HA185520	Volvo B9TL	Wright Gemini 2	H59/31D	2017	
KMB	AVBWU682	VC4544	YV3S4P923HA185596	Volvo B9TL	Wright Gemini 2	H59/31D	2017	
KMB	AVBWU686	VC4956	YV3S4P92XHA185630	Volvo B9TL	Wright Gemini 2	H59/31D	2017	
KMB	AVBWU669	VB6984	YV3S4P927HA185634	Volvo B9TL	Wright Gemini 2	H59/31D	2017	
KMB	AVBWU670	VB7701	YV3S4P929HA185635	Volvo B9TL	Wright Gemini 2	H59/31D	2017	
KMB	AVBWU671	VB8411	YV3S4P923HA185677	Volvo B9TL	Wright Gemini 2	H59/31D	2017	
KMB	AVBWU688	VC5069	YV3S4P927HA185701	Volvo B9TL	Wright Gemini 2	H59/31D	2017	
KMB	AVBWU787	VL5188	YV3S4P929HA185702	Volvo B9TL	Wright Gemini 2	H59/31D	2018	
KMB	AVBWU785	VJ8267	YV3S4P92XHA185708	Volvo B9TL	Wright Gemini 2	H59/31D	2018	
KMB	AVBWU654	VA4261	YV3S4P928HA185755	Volvo B9TL	Wright Gemini 2	H59/31D	2017	
KMB	AVBWU657	VA4153	YV3S4P92XHA185756	Volvo B9TL	Wright Gemini 2	H59/31D	2017	
KMB	AVBWU650	VA3696	YV3S4P921HA185757	Volvo B9TL	Wright Gemini 2	H59/31D	2017	
KMB	AVBWU658	VA6554	YV3S4P923HA185758	Volvo B9TL	Wright Gemini 2	H59/31D	2017	
KMB	AVBWU716	VD5543	YV3S4P92XHA185787	Volvo B9TL	Wright Gemini 2	H59/31D	2017	
KMB	AVBWU691	VC6048	YV3S4P923HA185789	Volvo B9TL	Wright Gemini 2	H59/31D	2017	
KMB	AVBWU687	VC4973	YV3S4P928HA185867	Volvo B9TL	Wright Gemini 2	H59/31D	2017	
KMB	AVBWU738	VE4016	YV3S4P92XHA185868	Volvo B9TL	Wright Gemini 2	H59/31D	2017	
KMB	AVBWU770	VH2666	YV3S4P924HA185896	Volvo B9TL	Wright Gemini 2	H59/31D	2018	
KMB	AVBWU773	VH3902	YV3S4P926HA185897	Volvo B9TL	Wright Gemini 2	H59/31D	2018	
KMB	AVBWU771	VH3106	YV3S4P928HA185898	Volvo B9TL	Wright Gemini 2	H59/31D	2018	
KMB	AVBWU778	VH5268	YV3S4P92XHA185899	Volvo B9TL	Wright Gemini 2	H59/31D	2018	
KMB	AVBWU774	VH3925	YV3S4P920HA185913	Volvo B9TL	Wright Gemini 2	H59/31D	2018	
KMB	AVBWU780	VH7125	YV3S4P922HA185914	Volvo B9TL	Wright Gemini 2	H59/31D	2018	
KMB	AVBWU698	VC9588	YV3S4P921HA185919	Volvo B9TL	Wright Gemini 2	H59/31D	2017	
KMB	AVBWU702	VD1027	YV3S4P928HA185920	Volvo B9TL	Wright Gemini 2	H59/31D	2017	
KMB	AVBWU777	VH4521	YV3S4P929HA185988	Volvo B9TL	Wright Gemini 2	H59/31D	2018	
KMB	AVBWU776	VH6441	YV3S4P920HA185989	Volvo B9TL	Wright Gemini 2	H59/31D	2018	
KMB	AVBWU772	VH3521	YV3S4P927HA185990	Volvo B9TL	Wright Gemini 2	H59/31D	2018	
KMB	AVBWU790	VL8732	YV3S4P929HA185991	Volvo B9TL	Wright Gemini 2	H59/31D	2018	
KMB	AVBWU700	VD 973	YV3S4P92XHA186048	Volvo B9TL	Wright Gemini 2	H59/31D	2017	
KMB	AVBWU706	VD3138	YV3S4P921HA186049	Volvo B9TL	Wright Gemini 2	H59/31D	2017	
KMB	AVBWU789	VL7702	YV3S4P928HA186050	Volvo B9TL	Wright Gemini 2	H59/31D	2018	
KMB	AVBWU769	VH2601	YV3S4P92XHA186051	Volvo B9TL	Wright Gemini 2	H59/31D	2018	
KMB	AVBWU786	VJ8412	YV3S4P921HA186116	Volvo B9TL	Wright Gemini 2	H59/31D	2018	
KMB	AVBWU779	VH6648	YV3S4P923HA186117	Volvo B9TL	Wright Gemini 2	H59/31D	2018	
KMB	AVBWU782	VJ1253	YV3S4P925HA186118	Volvo B9TL	Wright Gemini 2	H59/31D	2018	
KMB	AVBWU784	VJ2430	YV3S4P927HA186119	Volvo B9TL	Wright Gemini 2	H59/31D	2018	

公司	車隊編號	車牌	底盤編號	車型	車身	座位佈局	首次登記日期	退役日期
KMB	AVBWU788	VL7317	YV3S4P923HA186120	Volvo B9TL	Wright Gemini 2	H59/31D	2018	
KMB	AVBWU759	VF6138	YV3S4P920HA186138	Volvo B9TL	Wright Gemini 2	H59/31D	2018	
KMB	AVBWU783	VJ1804	YV3S4P926HA186144	Volvo B9TL	Wright Gemini 2	H59/31D	2018	
KMB	AVBWU766	VG8438	YV3S4P922HA186190	Volvo B9TL	Wright Gemini 2	H59/31D	2018	
KMB	AVBWU756	VF4950	YV3S4P924HA186191	Volvo B9TL	Wright Gemini 2	H59/31D	2018	
KMB	AVBWU751	VF 993	YV3S4P926HA186192	Volvo B9TL	Wright Gemini 2	H59/31D	2018	
KMB	AVBWU760	VF6174	YV3S4P925HA186216	Volvo B9TL	Wright Gemini 2	H59/31D	2018	
KMB	AVBWU757	VF5237	YV3S4P927HA186217	Volvo B9TL	Wright Gemini 2	H59/31D	2018	
KMB	AVBWU761	VG6605	YV3S4P920HA186222	Volvo B9TL	Wright Gemini 2	H59/31D	2018	
KMB	AVBWU763	VG7162	YV3S4P922HA186223	Volvo B9TL	Wright Gemini 2	H59/31D	2018	
KMB	AVBWU762	VG6967	YV3S4P924HA186238	Volvo B9TL	Wright Gemini 2	H59/31D	2018	
KMB	AVBWU767	VG6872	YV3S4P926HA186239	Volvo B9TL	Wright Gemini 2	H59/31D	2018	
KMB	AVBWU764	VG7781	YV3S4P922HA186240	Volvo B9TL	Wright Gemini 2	H59/31D	2018	
KMB	AVBWU765	VG8144	YV3S4P922HA186285	Volvo B9TL	Wright Gemini 2	H59/31D	2018	
KMB	AVBWU710	VD4948	YV3S4P924HA186286	Volvo B9TL	Wright Gemini 2	H59/31D	2017	
KMB	AVBWU705	VD3121	YV3S4P926HA186287	Volvo B9TL	Wright Gemini 2	H59/31D	2017	
KMB	AVBWU717	VD6171	YV3S4P928HA186288	Volvo B9TL	Wright Gemini 2	H59/31D	2017	
KMB	AVBWU747	VE9774	YV3S4P92XHA186289	Volvo B9TL	Wright Gemini 2	H59/31D	2018	
KMB	AVBWU704	VD2568	YV3S4P923HA186361	Volvo B9TL	Wright Gemini 2	H59/31D	2017	
KMB	AVBWU714	VD4787	YV3S4P925HA186362	Volvo B9TL	Wright Gemini 2	H59/31D	2017	
KMB	AVBWU731	VE1537	YV3S4P927HA186363	Volvo B9TL	Wright Gemini 2	H59/31D	2017	
KMB	AVBWU775	VH5293	YV3S4P929HA186364	Volvo B9TL	Wright Gemini 2	H59/31D	2018	
KMB	AVBWU679	VC3766	YV3S4P922HA186416	Volvo B9TL	Wright Gemini 2	H59/31D	2017	
KMB	AVBWU675	VC3110	YV3S4P928HA186453	Volvo B9TL	Wright Gemini 2	H59/31D	2017	
KMB	AVBWU681	VC4367	YV3S4P92XHA186454	Volvo B9TL	Wright Gemini 2	H59/31D	2017	
KMB	AVBWU749	VF 354	YV3S4P921HA186455	Volvo B9TL	Wright Gemini 2	H59/31D	2018	
KMB	AVBWU677	VC3532	YV3S4P923HA186456	Volvo B9TL	Wright Gemini 2	H59/31D	2017	
KMB	AVBWU673	VC2590	YV3S4P925HA186457	Volvo B9TL	Wright Gemini 2	H59/31D	2017	
KMB	AVBWU672	VC2588	YV3S4P921HA186517	Volvo B9TL	Wright Gemini 2	H59/31D	2017	
KMB	AVBWU755	VF4547	YV3S4P924HA186529	Volvo B9TL	Wright Gemini 2	H59/31D	2018	
KMB	AVBWU676	VC3389	YV3S4P925HA186569	Volvo B9TL	Wright Gemini 2	H59/31D	2017	
KMB	AVBWU692	VC6150	YV3S4P921HA186570	Volvo B9TL	Wright Gemini 2	H59/31D	2017	
KMB	AVBWU674	VC2669	YV3S4P923HA186571	Volvo B9TL	Wright Gemini 2	H59/31D	2017	
KMB	AVBWU690	VC5470	YV3S4P923HA186618	Volvo B9TL	Wright Gemini 2	H59/31D	2017	
KMB	AVBWU684	VC5030	YV3S4P925HA186619	Volvo B9TL	Wright Gemini 2	H59/31D	2017	
KMB	AVBWU753	VF2090	YV3S4P92XHA186728	Volvo B9TL	Wright Gemini 2	H59/31D	2018	
KMB	AVBWU685	VC5294	YV3S4P921HA186729	Volvo B9TL	Wright Gemini 2	H59/31D	2017	
KMB	AVBWU693	VC6370	YV3S4P928HA186730	Volvo B9TL	Wright Gemini 2	H59/31D	2017	
KMB	AVBWU711	VD5783	YV3S4P92XHA186731	Volvo B9TL	Wright Gemini 2	H59/31D	2017	
KMB	AVBWU748	VE9954	YV3S4P921HA186732	Volvo B9TL	Wright Gemini 2	H59/31D	2018	
KMB	AVBWU689	VC5270	YV3S4P923HA186733	Volvo B9TL	Wright Gemini 2	H59/31D	2017	
KMB	AVBWU715	VD5513	YV3S4P92XJA186752	Volvo B9TL	Wright Gemini 2	H59/31D	2017	
KMB	AVBWU703	VD1861	YV3S4P920JA186940	Volvo B9TL	Wright Gemini 2	H59/31D	2017	
KMB	AVBWU701	VD1019	YV3S4P922JA186941	Volvo B9TL	Wright Gemini 2	H59/31D	2017	
KMB	AVBWU746	VE9248	YV3S4P924JA186942	Volvo B9TL	Wright Gemini 2	H59/31D	2018	
KMB	AVBWU752	VF1456	YV3S4P926JA186943	Volvo B9TL	Wright Gemini 2	H59/31D	2018	
KMB	AVBWU708	VD3817	YV3S4P928JA186944	Volvo B9TL	Wright Gemini 2	H59/31D	2017	

公司	車隊編號	車牌	底盤編號	車型	車身	座位佈局	首次登記日期	退役日期
KMB	AVBWU707	VD3658	YV3S4P928JA186989	Volvo B9TL	Wright Gemini 2	H59/31D	2017	
KMB	AVBWU737	VE3635	YV3S4P924JA186990	Volvo B9TL	Wright Gemini 2	H59/31D	2017	
KMB	AVBWU722	VD9561	YV3S4P926JA187011	Volvo B9TL	Wright Gemini 2	H59/31D	2017	
KMB	AVBWU730	VE1471	YV3S4P928JA187012	Volvo B9TL	Wright Gemini 2	H59/31D	2017	
KMB	AVBWU720	VD9439	YV3S4P92XJA187013	Volvo B9TL	Wright Gemini 2	H59/31D	2017	
KMB	AVBWU713	VD6326	YV3S4P921JA187014	Volvo B9TL	Wright Gemini 2	H59/31D	2017	
KMB	AVBWU736	VE3157	YV3S4P929JA187015	Volvo B9TL	Wright Gemini 2	H59/31D	2017	
KMB	AVBWU729	VE1074	YV3S4P925JA187016	Volvo B9TL	Wright Gemini 2	H59/31D	2017	
KMB	AVBWU732	VE2130	YV3S4P927JA187017	Volvo B9TL	Wright Gemini 2	H59/31D	2017	
KMB	AVBWU727	VE 549	YV3S4P921JA187031	Volvo B9TL	Wright Gemini 2	H59/31D	2017	
KMB	AVBWU696	VC7445	YV3S4P923JA187032	Volvo B9TL	Wright Gemini 2	H59/31D	2017	
KMB	AVBWU718	VD7871	YV3S4P923JA187063	Volvo B9TL	Wright Gemini 2	H59/31D	2017	
KMB	AVBWU695	VC6618	YV3S4P925JA187064	Volvo B9TL	Wright Gemini 2	H59/31D	2017	
KMB	AVBWU699	VD1677	YV3S4P927JA187065	Volvo B9TL	Wright Gemini 2	H59/31D	2017	
KMB	AVBWU742	VE7349	YV3S4P929JA187066	Volvo B9TL	Wright Gemini 2	H59/31D	2017	
KMB	AVBWU709	VD4052	YV3S4P920JA187067	Volvo B9TL	Wright Gemini 2	H59/31D	2017	
KMB	AVBWU739	VE6590	YV3S4P922JA187068	Volvo B9TL	Wright Gemini 2	H59/31D	2017	
KMB	AVBWU728	VE 952	YV3S4P928JA187107	Volvo B9TL	Wright Gemini 2	H59/31D	2017	
KMB	AVBWU721	VD9509	YV3S4P92XJA187108	Volvo B9TL	Wright Gemini 2	H59/31D	2017	
KMB	AVBWU741	VE6994	YV3S4P929JA187164	Volvo B9TL	Wright Gemini 2	H59/31D	2017	
KMB	AVBWU697	VC9180	YV3S4P920JA187165	Volvo B9TL	Wright Gemini 2	H59/31D	2017	
KMB	AVBWU723	VD9606	YV3S4P922JA187166	Volvo B9TL	Wright Gemini 2	H59/31D	2017	
KMB	AVBWU758	VF5788	YV3S4P924JA187167	Volvo B9TL	Wright Gemini 2	H59/31D	2018	
KMB	AVBWU734	VE2717	YV3S4P926JA187168	Volvo B9TL	Wright Gemini 2	H59/31D	2017	
KMB	AVBWU744	VE8605	YV3S4P928JA187169	Volvo B9TL	Wright Gemini 2	H59/31D	2018	
KMB	AVBWU733	VE2508	YV3S4P921JA187191	Volvo B9TL	Wright Gemini 2	H59/31D	2017	
KMB	AVBWU726	VE 251	YV3S4P923JA187192	Volvo B9TL	Wright Gemini 2	H59/31D	2017	
KMB	AVBWU719	VD8671	YV3S4P925JA187193	Volvo B9TL	Wright Gemini 2	H59/31D	2017	
KMB	AVBWU740	VE6944	YV3S4P921JA187238	Volvo B9TL	Wright Gemini 2	H59/31D	2017	
KMB	AVBWU754	VF3679	YV3S4P923JA187239	Volvo B9TL	Wright Gemini 2	H59/31D	2018	
KMB	AVBWU735	VE2771	YV3S4P92XJA187240	Volvo B9TL	Wright Gemini 2	H59/31D	2017	
KMB	AVBWU745	VE9182	YV3S4P921JA187241	Volvo B9TL	Wright Gemini 2	H59/31D	2018	
KMB	AVBWU725	VE 105	YV3S4P923JA187242	Volvo B9TL	Wright Gemini 2	H59/31D	2017	
KMB	AVBWU712	VD6210	YV3S4P92XJA187321	Volvo B9TL	Wright Gemini 2	H59/31D	2017	
KMB	AVBWU768	VG7233	YV3S4P921JA187322	Volvo B9TL	Wright Gemini 2	H59/31D	2018	
KMB	AVBWU724	VD9794	YV3S4P923JA187323	Volvo B9TL	Wright Gemini 2	H59/31D	2017	
KMB	AVBWU743	VE8312	YV3S4P925JA187324	Volvo B9TL	Wright Gemini 2	H59/31D	2017	
KMB	AVBWU791	VM2602		Volvo B9TL	Wright Gemini 2	H59/31D	2018	
KMB	AVBWU792	VM3345		Volvo B9TL	Wright Gemini 2	H59/31D	2018	
KMB	AVBWU793	VM3790		Volvo B9TL	Wright Gemini 2	H59/31D	2018	

Scania K310UD / K280UD

公司	車隊編號	車牌	底盤編號	車型	車身	座位佈局	首次登記日期	退役日期
KMB	ASU1	MT6551	YS2K6X20001848997	Scania K310UD6x2EB 12m	Caetano City Gold CD200	H53/27D	2007	2012
KMB	ASU2	NE6817	YS2K6X20000552040	Scania K310UD6x2EB 12m	Caetano City Gold CD200	H53/27D	2008	2012

公司	車隊編號	車牌	底盤編號	車型	車身	座位佈局	首次登記日期	退役日期
KMB	ASU11	PC3851	YS2K6X20001857274	Scania K310UD6x2EB 12m	Caetano City Gold CD200	H53/27D	2010	
KMB	ASU3	PC2625	YS2K6X20001857280	Scania K310UD6x2EB 12m	Caetano City Gold CD200	H53/27D	2010	
KMB	ASU18	PC3996	YS2K6X20001864522	Scania K310UD6x2EB 12m	Caetano City Gold CD200	H53/27D	2010	
KMB	ASU10	PC3566	YS2K6X20001864692	Scania K310UD6x2EB 12m	Caetano City Gold CD200	H53/27D	2010	
KMB	ASU8	PC3379	YS2K6X20001864793	Scania K310UD6x2EB 12m	Caetano City Gold CD200	H53/27D	2010	
KMB	ASU22	PC6429	YS2K6X20001864814	Scania K310UD6x2EB 12m	Caetano City Gold CD200	H53/27D	2010	
KMB	ASU7	PC3026	YS2K6X20001864824	Scania K310UD6x2EB 12m	Caetano City Gold CD200	H53/27D	2010	
KMB	ASU16	PC3760	YS2K6X20001864840	Scania K310UD6x2EB 12m	Caetano City Gold CD200	H53/27D	2010	
KMB	ASU20	PC5647	YS2K6X20001864873	Scania K310UD6x2EB 12m	Caetano City Gold CD200	H53/27D	2010	
KMB	ASU21	PC6346	YS2K6X20001865058	Scania K310UD6x2EB 12m	Caetano City Gold CD200	H53/27D	2010	
KMB	ASU19	PC5322	YS2K6X20001865064	Scania K310UD6x2EB 12m	Caetano City Gold CD200	H53/27D	2010	
KMB	ASU15	PC3112	YS2K6X20001865094	Scania K310UD6x2EB 12m	Caetano City Gold CD200	H53/27D	2010	
KMB	ASU6	PC2890	YS2K6X20001865100	Scania K310UD6x2EB 12m	Caetano City Gold CD200	H53/27D	2010	
KMB	ASU5	PC2872	YS2K6X20001865109	Scania K310UD6x2EB 12m	Caetano City Gold CD200	H53/27D	2010	
KMB	ASU13	PC4344	YS2K6X20001865115	Scania K310UD6x2EB 12m	Caetano City Gold CD200	H53/27D	2010	
KMB	ASU14	PC4423	YS2K6X20001865147	Scania K310UD6x2EB 12m	Caetano City Gold CD200	H53/27D	2010	
KMB	ASU17	PC3794	YS2K6X20001865159	Scania K310UD6x2EB 12m	Caetano City Gold CD200	H53/27D	2010	
KMB	ASU12	PC4032	YS2K6X20001865171	Scania K310UD6x2EB 12m	Caetano City Gold CD200	H53/27D	2010	
KMB	ASU9	PC3522	YS2K6X20001865184	Scania K310UD6x2EB 12m	Caetano City Gold CD200	H53/27D	2010	
KMB	ASU4	PC2853	YS2K6X20001865198	Scania K310UD6x2EB 12m	Caetano City Gold CD200	H53/27D	2010	
CTB	8900	PX3555	YS2K6X20001868664	Scania K280UD6x2EB 12m	Caetano City Gold CD200	H57/29D	2011	
KMB	ASUD1	TE7277	YS2K6X20001888166	Scania K280UD6x2EB 12m	Caetano City Gold CD200	H59/31D	2015	
KMB	ASUD2	TF6087	YS2K6X20001888246	Scania K280UD6x2EB 12m	Caetano City Gold CD200	H59/31D	2015	

Scania K230UB

公司	車隊編號	車牌	底盤編號	車型	車身	座位佈局	首次登記日期	退役日期
KMB	ASB1	NT8619	YS2K4X20001861441	Scania K230UB4x2LB 10.6m	Caetano City Gold CB510.5	B28D	2009	
KMB	ASB2	NU5921	YS2K4X20001861445	Scania K230UB4x2LB 10.6m	Caetano City Gold CB510.5	B28D	2009	
KMB	ASB3	NU6279	YS2K4X20001862749	Scania K230UB4x2LB 10.6m	Caetano City Gold CB510.5	B28D	2009	
KMB	ASB4	NU8643	YS2K4X20001862680	Scania K230UB4x2LB 10.6m	Caetano City Gold CB510.5	B28D	2009	
KMB	ASB5	NU8647	YS2K4X20001862904	Scania K230UB4x2LB 10.6m	Caetano City Gold CB510.5	B28D	2009	
KMB	ASB6	NU9285	YS2K4X20001862685	Scania K230UB4x2LB 10.6m	Caetano City Gold CB510.5	B28D	2009	
KMB	ASB7	NV2520	YS2K4X20001862675	Scania K230UB4x2LB 10.6m	Caetano City Gold CB510.5	B28D	2009	
KMB	ASB8	NV3632	YS2K4X20001862776	Scania K230UB4x2LB 10.6m	Caetano City Gold CB510.5	B28D	2009	
KMB	ASB9	NV3927	YS2K4X20001862781	Scania K230UB4x2LB 10.6m	Caetano City Gold CB510.5	B28D	2009	
KMB	ASB10	NV4082	YS2K4X20001862772	Scania K230UB4x2LB 10.6m	Caetano City Gold CB510.5	B28D	2009	
KMB	ASB11	NV4580	YS2K4X20001862767	Scania K230UB4x2LB 10.6m	Caetano City Gold CB510.5	B28D	2009	
KMB	ASB12	NV5488	YS2K4X20001862941	Scania K230UB4x2LB 10.6m	Caetano City Gold CB510.5	B28D	2009	
KMB	ASB13	NV5551	YS2K4X20001862590	Scania K230UB4x2LB 10.6m	Caetano City Gold CB510.5	B28D	2009	
KMB	ASB14	NV5818	YS2K4X20001862778	Scania K230UB4x2LB 10.6m	Caetano City Gold CB510.5	B28D	2009	
KMB	ASB15	NV6395	YS2K4X20001862925	Scania K230UB4x2LB 10.6m	Caetano City Gold CB510.5	B28D	2009	
KMB	ASC1	NV7050	YS2K4X20001862661	Scania K230UB4x2LB 10.6m	Caetano City Gold CB510.5	B36D	2009	
KMB	ASB16	NV7147	YS2K4X20001863014	Scania K230UB4x2LB 10.6m	Caetano City Gold CB510.5	B28D	2009	
KMB	ASB17	NV7356	YS2K4X20001863017	Scania K230UB4x2LB 10.6m	Caetano City Gold CB510.5	B28D	2009	
KMB	ASB18	NV7801	YS2K4X20001862666	Scania K230UB4x2LB 10.6m	Caetano City Gold CB510.5	B28D	2009	

公司	車隊編號	車牌	底盤編號	車型	車身	座位佈局	首次登記日期	退役日期
KMB	ASB19	NV7865	YS2K4X20001862792	Scania K230UB4x2LB 10.6m	Caetano City Gold CB510.5	B28D	2009	
KMB	ASB20	NV8110	YS2K4X20001862910	Scania K230UB4x2LB 10.6m	Caetano City Gold CB510.5	B28D	2009	
KMB	ASC2	NV8552	YS2K4X20001863057	Scania K230UB4x2LB 12m	Caetano City Gold CB512	B36D	2009	
KMB	ASC3	NV9002	YS2K4X20001863139	Scania K230UB4x2LB 12m	Caetano City Gold CB512	B36D	2009	
KMB	ASC4	NV9439	YS2K4X20001863314	Scania K230UB4x2LB 12m	Caetano City Gold CB512	B36D	2009	
KMB	ASC5	NW1496	YS2K4X20001863008	Scania K230UB4x2LB 12m	Caetano City Gold CB512	B36D	2009	
KMB	ASC6	NW2184	YS2K4X20001863035	Scania K230UB4x2LB 12m	Caetano City Gold CB512	B36D	2009	
KMB	ASC7	NX3286	YS2K4X20001863004	Scania K230UB4x2LB 12m	Caetano City Gold CB512	B36D	2009	
KMB	ASC8	NX3459	YS2K4X20001863225	Scania K230UB4x2LB 12m	Caetano City Gold CB512	B36D	2009	
KMB	ASC9	NX4123	YS2K4X20001863213	Scania K230UB4x2LB 12m	Caetano City Gold CB512	B36D	2009	
KMB	ASC10	NX4335	YS2K4X20001862931	Scania K230UB4x2LB 12m	Caetano City Gold CB512	B36D	2009	
KMB	ASC11	PB526	YS2K4X20001864709	Scania K230UB4x2LB 12m	Caetano City Gold CB512	B36D	2009	
KMB	ASC12	PB661	YS2K4X20001864994	Scania K230UB4x2LB 12m	Caetano City Gold CB512	B36D	2009	
KMB	ASC13	PB682	YS2K4X20001864997	Scania K230UB4x2LB 12m	Caetano City Gold CB512	B36D	2009	
KMB	ASC14	PB1285	YS2K4X20001864779	Scania K230UB4x2LB 12m	Caetano City Gold CB512	B36D	2009	
KMB	ASC15	PB1358	YS2K4X20001864706	Scania K230UB4x2LB 12m	Caetano City Gold CB512	B36D	2009	
KMB	ASC16	PB1383	YS2K4X20001864695	Scania K230UB4x2LB 12m	Caetano City Gold CB512	B36D	2009	
KMB	ASC17	PB1950	YS2K4X20001864696	Scania K230UB4x2LB 12m	Caetano City Gold CB512	B36D	2009	
KMB	ASC18	PB2174	YS2K4X20001864782	Scania K230UB4x2LB 12m	Caetano City Gold CB512	B36D	2009	
KMB	ASC19	PB2225	YS2K4X20001864704	Scania K230UB4x2LB 12m	Caetano City Gold CB512	B36D	2009	
KMB	ASC20	PB2285	YS2K4X20001864702	Scania K230UB4x2LB 12m	Caetano City Gold CB512	B36D	2009	
KMB	ASC21	PB2337	YS2K4X20001864699	Scania K230UB4x2LB 12m	Caetano City Gold CB512	B36D	2009	
KMB	ASC22	PB2491	YS2K4X20001864998	Scania K230UB4x2LB 12m	Caetano City Gold CB512	B36D	2009	
KMB	ASCU1	PB6682	YS2K4X20001865028	Scania K230UB4x2LB 12m	Caetano City Gold CB512	B36D	2009	
KMB	ASC23	PB6753	YS2K4X20001864875	Scania K230UB4x2LB 12m	Caetano City Gold CB512	B36D	2009	
KMB	ASC24	PB7064	YS2K4X20001865050	Scania K230UB4x2LB 12m	Caetano City Gold CB512	B36D	2009	
KMB	ASC25	PB7069	YS2K4X20001864786	Scania K230UB4x2LB 12m	Caetano City Gold CB512	B36D	2009	
KMB	ASC26	PB7333	YS2K4X20001865052	Scania K230UB4x2LB 12m	Caetano City Gold CB512	B36D	2009	
KMB	ASC27	PB7699	YS2K4X20001865033	Scania K230UB4x2LB 12m	Caetano City Gold CB512	B36D	2009	
KMB	ASC28	PB8119	YS2K4X20001865047	Scania K230UB4x2LB 12m	Caetano City Gold CB512	B36D	2009	
KMB	ASC29	PB8189	YS2K4X20001864870	Scania K230UB4x2LB 12m	Caetano City Gold CB512	B36D	2009	

Neoman A34 / MAN A95

公司	車隊編號	車牌	底盤編號	車型	車身	座位佈局	首次登記日期	退役日期
KMB	AMNE1	TP1095	WMAA95ZZ7D7002000	MAN A95-ND363F	Gemilang	H59/31D	2015	
KMB	APM1	LE4612	WAGA34ZZZ2H002366	Neoman A34	Neoplan	H53/27D	2003	
KCM		BR3068	WMAA95ZZXF7002656	MAN A95-ND363F	Gemilang	H59/27D	2015	
KCM		FT1168	WMAA95ZZ3F7002658	MAN A95-ND363F	Gemilang	H59/27D	2015	
KCM		NZ9982	WMAA95ZZ5F7002662	MAN A95-ND363F	Gemilang	H59/27D	2015	
KCM		TP8529	WMAA95ZZ0F7002665	MAN A95-ND363F	Gemilang	H59/27D	2015	
KCM		KU3998	WMAA95ZZ6F7002668	MAN A95-ND363F	Gemilang	H59/27D	2015	
KCM		TP8680	WMAA95ZZ6F7002671	MAN A95-ND363F	Gemilang	H59/27D	2015	
KCM		TR350	WMAA95ZZ1F7002674	MAN A95-ND363F	Gemilang	H59/27D	2015	
KCM		GG2988	WMAA95ZZ7F7002677	MAN A95-ND363F	Gemilang	H59/27D	2015	
KCM		KF2218	WMAA95ZZ3F7002679	MAN A95-ND363F	Gemilang	H59/27D	2015	

公司	車隊編號	車牌	底盤編號	車型	車身	座位佈局	首次登記日期	退役日期
NLB	MD02	TU9693	WMAA95ZZ4F7002832	MAN A95-ND323F	Gemilang	H59/27D	2015	
NLB	MD03	TU8960	WMAA95ZZ0F7002844	MAN A95-ND363F	Gemilang	H59/27D	2015	
NLB	MD01	TU9868	WMAA95ZZ6F7002847	MAN A95-ND323F	Gemilang	H59/27D	2015	
NLB	MD04	TV3677	WMAA95ZZ8F7002851	MAN A95-ND323F	Gemilang	H59/27D	2015	
NLB	MD05	TV3935	WMAA95ZZ9F7002857	MAN A95-ND323F	Gemilang	H59/27D	2015	
NWFB	6900	TZ9333	WMAA95ZZ9F7002872	MAN A95-ND323F	Gemilang	H63/35D	2016	
NLB	MD07	TX9045	WMAA95ZZ9G7003041	MAN A95-ND323F	Gemilang	H59/27D	2016	
NLB	MD06	TX8606	WMAA95ZZ0G7003042	MAN A95-ND323F	Gemilang	H59/27D	2016	
NLB	MD10	TZ3533	WMAA95ZZ9G7003069	MAN A95-ND323F	Gemilang	H59/27D	2016	
NLB	MD08	TY9506	WMAA95ZZ9G7003071	MAN A95-ND323F	Gemilang	H59/27D	2016	
NLB	MD09	TY9538	WMAA95ZZ9G7003072	MAN A95-ND323F	Gemilang	H59/27D	2016	
KMB	AMNF1	UJ5790	WMAA95ZZ5G7003165	MAN A95-ND323F	Gemilang	H59/31D	2016	
KMB	AMNF20	UM7866	WMAA95ZZ8G7003189	MAN A95-ND323F	Gemilang	H59/31D	2016	
KMB	AMNF2	UJ6029	WMAA95ZZ6G7003191	MAN A95-ND323F	Gemilang	H59/31D	2016	
KMB	AMNF3	UK8591	WMAA95ZZ8G7003192	MAN A95-ND323F	Gemilang	H59/31D	2016	
KMB	AMNF4	UK8698	WMAA95ZZ1G7003194	MAN A95-ND323F	Gemilang	H59/31D	2016	
KMB	AMNF10	UL2422	WMAA95ZZ3G7003195	MAN A95-ND323F	Gemilang	H59/31D	2016	
KMB	AMNF7	UL723	WMAA95ZZ6G7003197	MAN A95-ND323F	Gemilang	H59/31D	2016	
KMB	AMNF6	UL427	WMAA95ZZ8G7003198	MAN A95-ND323F	Gemilang	H59/31D	2016	
KMB	AMNF9	UL1566	WMAA95ZZ6G7003200	MAN A95-ND323F	Gemilang	H59/31D	2016	
KMB	AMNF5	UK9564	WMAA95ZZ5G7003201	MAN A95-ND323F	Gemilang	H59/31D	2016	
KMB	AMNF8	UL1425	WMAA95ZZ0G7003204	MAN A95-ND323F	Gemilang	H59/31D	2016	
KMB	AMNF12	UL3179	WMAA95ZZ6G7003207	MAN A95-ND323F	Gemilang	H59/31D	2016	
KMB	AMNF11	UL2980	WMAA95ZZ6G7003210	MAN A95-ND323F	Gemilang	H59/31D	2016	
KMB	AMNF13	UL3781	WMAA95ZZ1G7003213	MAN A95-ND323F	Gemilang	H59/31D	2016	
KMB	AMNF14	UL4161	WMAA95ZZ7G7003216	MAN A95-ND323F	Gemilang	H59/31D	2016	
KMB	AMNF18	UM2691	WMAA95ZZ0G7003218	MAN A95-ND323F	Gemilang	H59/31D	2016	
KMB	AMNF15	UL4524	WMAA95ZZ2G7003219	MAN A95-ND323F	Gemilang	H59/31D	2016	
KMB	AMNF16	UL7275	WMAA95ZZ0G7003221	MAN A95-ND323F	Gemilang	H59/31D	2016	
KMB	AMNF17	UM2075	WMAA95ZZ4G7003223	MAN A95-ND323F	Gemilang	H59/31D	2016	
KMB	AMNF19	UM6122	WMAA95ZZ8G7003225	MAN A95-ND323F	Gemilang	H59/31D	2016	

Volvo B7RLE

公司	車隊編號	車牌	底盤編號	車型	車身	座位佈局	首次登記日期	退役日期
KMB	AVC2	PE5856	YV3R6M3279A133146	Volvo B7RLE MKIII 12m	MCV Evolution C123RLE	B35D	2010	
KMB	AVC1	PE5313	YV3R6R6259A135129	Volvo B7RLE MKIII 12m	MCV Evolution C123RLE	B35D	2010	
KMB	AVC4	PE5293	YV3R6R6219A135130	Volvo B7RLE MKIII 12m	MCV Evolution C123RLE-000003	B35D	2010	
KMB	AVC10	PE9416	YV3R6R6239A135131	Volvo B7RLE MKIII 12m	MCV Evolution C123RLE	B35D	2010	
KMB	AVC8	PE8808	YV3R6R6259A135132	Volvo B7RLE MKIII 12m	MCV Evolution C123RLE	B35D	2010	
KMB	AVC28	PH6832	YV3R6R6249A135204	Volvo B7RLE MKIII 12m	MCV Evolution C123RLE	B35D	2010	
KMB	AVC3	PE5042	YV3R6R6289A135240	Volvo B7RLE MKIII 12m	MCV Evolution C123RLE	B35D	2010	
KMB	AVC5	PE6405	YV3R6R6229A135265	Volvo B7RLE MKIII 12m	MCV Evolution C123RLE	B35D	2010	
KMB	AVC9	PE8847	YV3R6R6249A135266	Volvo B7RLE MKIII 12m	MCV Evolution C123RLE	B35D	2010	
KMB	AVC7	PE7937	YV3R6R6269A135267	Volvo B7RLE MKIII 12m	MCV Evolution C123RLE-000009	B35D	2010	
KMB	AVC6	PE7179	YV3R6R6239A135341	Volvo B7RLE MKIII 12m	MCV Evolution C123RLE	B35D	2010	

公司	車隊編號	車牌	底盤編號	車型	車身	座位佈局	首次登記日期	退役日期
KMB	AVC26	PG9400	YV3R6R62X9A135384	Volvo B7RLE MKIII 12m	MCV Evolution C123RLE	B35D	2010	
KMB	AVC11	PF2531	YV3R6R6219A135385	Volvo B7RLE MKIII 12m	MCV Evolution C123RLE	B35D	2010	
KMB	AVC12	PF3320	YV3R6R6239A135386	Volvo B7RLE MKIII 12m	MCV Evolution C123RLE	B35D	2010	
KMB	AVC15	PF8072	YV3R6R6259A135387	Volvo B7RLE MKIII 12m	MCV Evolution C123RLE	B35D	2010	
KMB	AVC17	PG3045	YV3R6R6279A135388	Volvo B7RLE MKIII 12m	MCV Evolution C123RLE-000014	B35D	2010	
KMB	AVC13	PF6731	YV3R6R6279A135553	Volvo B7RLE MKIII 12m	MCV Evolution C123RLE	B35D	2010	
KMB	AVC14	PF7166	YV3R6R6299A135554	Volvo B7RLE MKIII 12m	MCV Evolution C123RLE	B35D	2010	
KMB	AVC39	PJ9701	YV3R6R623AA135585	Volvo B7RLE MKIII 12m	MCV Evolution C123RLE-000017	B35D	2010	
KMB	AVC38	PJ8709	YV3R6R625AA135586	Volvo B7RLE MKIII 12m	MCV Evolution C123RLE	B35D	2010	
KMB	AVC40	PK406	YV3R6R627AA135587	Volvo B7RLE MKIII 12m	MCV Evolution C123RLE	B35D	2010	
KMB	AVC16	PG2693	YV3R6R629AA136529	Volvo B7RLE MKIII 12m	MCV Evolution C123RLE	B35D	2010	
KMB	AVC22	PG9531	YV3R6R625AA136530	Volvo B7RLE MKIII 12m	MCV Evolution C123RLE	B35D	2010	
KMB	AVC29	PH7696	YV3R6R627AA136531	Volvo B7RLE MKIII 12m	MCV Evolution C123RLE	B35D	2010	
KMB	AVC37	PJ8272	YV3R6R629AA136532	Volvo B7RLE MKIII 12m	MCV Evolution C123RLE-000033	B35D	2010	
KMB	AVC27	PH381	YV3R6R620AA136533	Volvo B7RLE MKIII 12m	MCV Evolution C123RLE	B35D	2010	
KMB	AVC32	PJ6977	YV3R6R622AA136534	Volvo B7RLE MKIII 12m	MCV Evolution C123RLE-000034	B35D	2010	
KMB	AVC18	PG3411	YV3R6R624AA136552	Volvo B7RLE MKIII 12m	MCV Evolution C123RLE-000024	B35D	2010	
KMB	AVC23	PG9786	YV3R6R626AA136553	Volvo B7RLE MKIII 12m	MCV Evolution C123RLE	B35D	2010	
KMB	AVC31	PH8276	YV3R6R628AA136554	Volvo B7RLE MKIII 12m	MCV Evolution C123RLE-000035	B35D	2010	
KMB	AVC20	PG8529	YV3R6R623AA137093	Volvo B7RLE MKIII 12m	MCV Evolution C123RLE-000026	B35D	2010	
KMB	AVC19	PG3799	YV3R6R622AA137103	Volvo B7RLE MKIII 12m	MCV Evolution C123RLE-000027	B35D	2010	
KMB	AVC24	PH462	YV3R6R624AA137104	Volvo B7RLE MKIII 12m	MCV Evolution C123RLE	B35D	2010	
KMB	AVC25	PG9293	YV3R6R626AA137105	Volvo B7RLE MKIII 12m	MCV Evolution C123RLE-000029	B35D	2010	
KMB	AVC21	PG8628	YV3R6R628AA137106	Volvo B7RLE MKIII 12m	MCV Evolution C123RLE	B35D	2010	
KMB	AVC30	PH8029	YV3R6R62XAA137107	Volvo B7RLE MKIII 12m	MCV Evolution C123RLE-000036	B35D	2010	
KMB	AVC33	PJ7262	YV3R6R626AA137217	Volvo B7RLE MKIII 12m	MCV Evolution C123RLE	B35D	2010	
KMB	AVC35	PJ7732	YV3R6R628AA137218	Volvo B7RLE MKIII 12m	MCV Evolution C123RLE	B35D	2010	
KMB	AVC36	PJ7919	YV3R6R62XAA137219	Volvo B7RLE MKIII 12m	MCV Evolution C123RLE-000039	B35D	2010	
KMB	AVC34	PJ7430	YV3R6R626AA137220	Volvo B7RLE MKIII 12m	MCV Evolution C123RLE-000040	B35D	2010	
KMB	AVC49	RG2858	YV3R6R621AA142468	Volvo B7RLE MKIII 12m	MCV Evolution C123RLE-000041	B35D	2011	
KMB	AVC47	RF6781	YV3R6R623AA142469	Volvo B7RLE MKIII 12m	MCV Evolution C123RLE-000042	B35D	2011	
KMB	AVC60	RH9265	YV3R6R62XAA142470	Volvo B7RLE MKIII 12m	MCV Evolution C123RLE	B35D	2011	
KMB	AVC70	RK6361	YV3R6R621AA142499	Volvo B7RLE MKIII 12m	MCV Evolution C123RLE	B35D	2011	
KMB	AVC52	RG4644	YV3R6R624AA142500	Volvo B7RLE MKIII 12m	MCV Evolution C123RLE-000044	B35D	2011	
KMB	AVC61	RJ246	YV3R6R622AA142527	Volvo B7RLE MKIII 12m	MCV Evolution C123RLE	B35D	2011	
KMB	AVC57	RH3664	YV3R6R624AA142528	Volvo B7RLE MKIII 12m	MCV Evolution C123RLE-000063	B35D	2011	
KMB	AVC65	RK4319	YV3R6R626AA142529	Volvo B7RLE MKIII 12m	MCV Evolution C123RLE	B35D	2011	
KMB	AVC50	RG2991	YV3R6R622AA142530	Volvo B7RLE MKIII 12m	MCV Evolution C123RLE-000046	B35D	2011	
KMB	AVC53	RG5117	YV3R6R624AA142531	Volvo B7RLE MKIII 12m	MCV Evolution C123RLE	B35D	2011	
KMB	AVC55	RG6831	YV3R6R625AA142814	Volvo B7RLE MKIII 12m	MCV Evolution C123RLE	B35D	2011	
KMB	AVC54	RG6339	YV3R6R627AA142815	Volvo B7RLE MKIII 12m	MCV Evolution C123RLE-000049	B35D	2011	
KMB	AVC56	RG7354	YV3R6R629AA142816	Volvo B7RLE MKIII 12m	MCV Evolution C123RLE-000051	B35D	2011	
KMB	AVC43	RF4701	YV3R6R620AA142817	Volvo B7RLE MKIII 12m	MCV Evolution C123RLE-000050	B35D	2011	
KMB	AVC41	RD7861	YV3R6R623AA142830	Volvo B7RLE MKIII 12m	MCV Evolution C123RLE-000052	B35D	2011	
KMB	AVC48	RF8411	YV3R6R625AA142831	Volvo B7RLE MKIII 12m	MCV Evolution C123RLE-000053	B35D	2011	
KMB	AVC45	RF5190	YV3R6R627AA142832	Volvo B7RLE MKIII 12m	MCV Evolution C123RLE-000064	B35D	2011	
KMB	AVC68	RK3246	YV3R6R629AA142833	Volvo B7RLE MKIII 12m	MCV Evolution C123RLE	B35D	2011	

公司	車隊編號	車牌	底盤編號	車型	車身	座位佈局	首次登記日期	退役日期
KMB	AVC67	RK4247	YV3R6R620AA142834	Volvo B7RLE MKIII 12m	MCV Evolution C123RLE	B35D	2011	
KMB	AVC44	RF5159	YV3R6R622AA142835	Volvo B7RLE MKIII 12m	MCV Evolution C123RLE-000055	B35D	2011	
KMB	AVC66	RK4220	YV3R6R623AA142990	Volvo B7RLE MKIII 12m	MCV Evolution C123RLE	B35D	2011	
KMB	AVC62	RJ1069	YV3R6R625AA142991	Volvo B7RLE MKIII 12m	MCV Evolution C123RLE	B35D	2011	
KMB	AVC51	RG4538	YV3R6R627AA142992	Volvo B7RLE MKIII 12m	MCV Evolution C123RLE-000066	B35D	2011	
KMB	AVC46	RF5364	YV3R6R629AA142993	Volvo B7RLE MKIII 12m	MCV Evolution C123RLE-000058	B35D	2011	
KMB	AVC69	RK4303	YV3R6R620AA142994	Volvo B7RLE MKIII 12m	MCV Evolution C123RLE	B35D	2011	
KMB	AVC63	RK2570	YV3R6R622AA142995	Volvo B7RLE MKIII 12m	MCV Evolution C123RLE	B35D	2011	
KMB	AVC42	RD7996	YV3R6R62XBA143006	Volvo B7RLE MKIII 12m	MCV Evolution C123RLE-000068	B35D	2011	
KMB	AVC64	RK3447	YV3R6R621BA143007	Volvo B7RLE MKIII 12m	MCV Evolution C123RLE	B35D	2011	
KMB	AVC58	RH4300	YV3R6R623BA143008	Volvo B7RLE MKIII 12m	MCV Evolution C123RLE-000069	B35D	2011	
KMB	AVC59	RH4394	YV3R6R625BA143009	Volvo B7RLE MKIII 12m	MCV Evolution C123RLE-000070	B35D	2011	

Young Man JNP

公司	車隊編號	車牌	底盤編號	車型	車身	座位佈局	首次登記日期	退役日期
PITCL	301	PM6822	L8AG2CD11AB001001	Young Man JNP6122GR2	Young Man City New Liner	B29D	2010	
NLB	YM1	PM3562	L8AG2CE13AB001001	Young Man JNP6122GR1	Young Man City New Liner	B31D	2010	
NLB	YM3	PM7970	L8AG2CE15AB001002	Young Man JNP6122GR1	Young Man City New Liner	B31D	2010	
NLB	YM4	PM8426	L8AG2CE17AB001003	Young Man JNP6122GR1	Young Man City New Liner	B31D	2010	
NLB	YM5	PN6927	L8AG2CE19AB001004	Young Man JNP6122GR1	Young Man City New Liner	B31D	2010	
NLB	YM2	PM7204	L8AG2CE10AB001005	Young Man JNP6122GR1	Young Man City New Liner	B31D	2010	
NLB	YM6	PN9850	L8AG2CE12AB001006	Young Man JNP6122GR1	Young Man City New Liner	B31D	2010	
NLB	YM7	PP3171	L8AG2CE14AB001007	Young Man JNP6122GR1	Young Man City New Liner	B31D	2010	
NLB	YM8	PP2771	L8AG2CE16AB001008	Young Man JNP6122GR1	Young Man City New Liner	B31D	2010	
NLB	YM9	PP7760	L8AG2CE18AB001009	Young Man JNP6122GR1	Young Man City New Liner	B31D	2010	
PITCL	302	PS3301	L8AG2CD13AB001002	Young Man JNP6122GR2	Young Man City New Liner	B29D	2011	
NLB	YM13	PZ7517	L8AG2CE11BB001001	Young Man JNP6122GR1	Young Man City New Liner	B31D	2011	
NLB	YM14	PZ7149	L8AG2CE13BB001002	Young Man JNP6122GR1	Young Man City New Liner	B31D	2011	
NLB	YM12	PZ5187	L8AG2CE15BB001003	Young Man JNP6122GR1	Young Man City New Liner	B31D	2011	
NLB	YM10	PZ3545	L8AG2CE17BB001004	Young Man JNP6122GR1	Young Man City New Liner	B31D	2011	
NLB	YM11	PZ4150	L8AG2CE19BB001005	Young Man JNP6122GR1	Young Man City New Liner	B31D	2011	
PITCL	303	MK7855	L8AG2CD1XBB001001	Young Man JNP6122GR2	Young Man City New Liner	B29D	2011	
PITCL	305	HC1614	L8AG2CD11BB001002	Young Man JNP6122GR2	Young Man City New Liner	B29D	2011	
PITCL	304	HB9775	L8AG2CD13BB001003	Young Man JNP6122GR2	Young Man City New Liner	B29D	2011	
PITCL	306	HC1387	L8AG2CD15BB001004	Young Man JNP6122GR2	Young Man City New Liner	B29D	2011	
PITCL	307	HC1586	L8AG2CD17BB001005	Young Man JNP6122GR2	Young Man City New Liner	B29D	2011	
PITCL	308	MZ7102	L8AG2CD19BB001006	Young Man JNP6122GR2	Young Man City New Liner	B29D	2011	
NLB	YM15	RV739	L8AG2CE17CB001005	Young Man JNP6122GR1	Young Man City New Liner	B31D	2012	
NLB	YM16	RV835	L8AG2CE19CB001006	Young Man JNP6122GR1	Young Man City New Liner	B31D	2012	
NLB	YM18	RV1931	L8AG2CE10CB001007	Young Man JNP6122GR1	Young Man City New Liner	B31D	2012	
NLB	YM19	RW7479	L8AG2CE12CB001008	Young Man JNP6122GR1	Young Man City New Liner	B31D	2013	
NLB	YM22	RY5713	L8AG2CE14CB001009	Young Man JNP6122GR1	Young Man City New Liner	B31D	2013	
NLB	YM20	RW8411	L8AG2CE10CB001010	Young Man JNP6122GR1	Young Man City New Liner	B31D	2013	
NLB	YM21	RY6217	L8AG2CE14CB001011	Young Man JNP6122GR1	Young Man City New Liner	B31D	2013	
NLB	YM17	RV1130	L8AG2CE12CB001012	Young Man JNP6122GR1	Young Man City New Liner	B31D	2012	

公司	車隊編號	車牌	底盤編號	車型	車身	座位佈局	首次登記日期	退役日期
NLB	YM23	SE7941	L8AG2CE16CB001013	Young Man JNP6122GR1	Young Man City New Liner	B31D	2013	
NLB	YM24	SE7510	L8AG2CE18CB001014	Young Man JNP6122GR1	Young Man City New Liner	B31D	2013	
CTB	1810	RP6900	L8AG1CC21CB001001	Young Man JNP6105GR	Young Man Centro-Liner Series	B28D	2012	
CTB	1811	RN819	L8AG1CC23CB001002	Young Man JNP6105GR	Young Man Centro-Liner Series	B28D	2012	
CTB	1812	RN9547	L8AG1CC25CB001003	Young Man JNP6105GR	Young Man Centro-Liner Series	B28D	2012	
CTB	1813	RP5778	L8AG1CC27CB001004	Young Man JNP6105GR	Young Man Centro-Liner Series	B28D	2012	
CTB	1814	RN7820	L8AG1CC29CB001005	Young Man JNP6105GR	Young Man Centro-Liner Series	B28D	2012	
CTB	1815	RP866	L8AG1CC20CB001006	Young Man JNP6105GR	Young Man Centro-Liner Series	B28D	2012	
CTB	1816	RR6149	L8AG1CC22CB001007	Young Man JNP6105GR	Young Man Centro-Liner Series	B28D	2012	
CTB	1817	RR5725	L8AG1CC24CB001008	Young Man JNP6105GR	Young Man Centro-Liner Series	B28D	2012	
CTB	1818	RR8460	L8AG1CC26CB001009	Young Man JNP6105GR	Young Man Centro-Liner Series	B28D	2012	
CTB	1819	RS370	L8AG1CC22CB001010	Young Man JNP6105GR	Young Man Centro-Liner Series	B28D	2012	
CTB	1820	RS2433	L8AG1CC24CB001011	Young Man JNP6105GR	Young Man Centro-Liner Series	B28D	2012	
CTB	1821	RR2264	L8AG1CC26CB001012	Young Man JNP6105GR	Young Man Centro-Liner Series	B28D	2012	
CTB	1822	RS856	L8AG1CC28CB001013	Young Man JNP6105GR	Young Man Centro-Liner Series	B28D	2012	
CTB	1823	RS4498	L8AG1CC2XCB001014	Young Man JNP6105GR	Young Man Centro-Liner Series	B28D	2012	
CTB	1824	RP9796	L8AG1CC21CB001015	Young Man JNP6105GR	Young Man Centro-Liner Series	B28D	2012	
CTB	1825	RS8303	L8AG1CC23CB001016	Young Man JNP6105GR	Young Man Centro-Liner Series	B28D	2012	
CTB	1830	TJ716	L8AG2CD22EB001815	Young Man JNP6120GR	Young Man Centro-Liner Series	B34D	2015	
CTB	1831	TH5138	L8AG2CD24EB001816	Young Man JNP6120GR	Young Man Centro-Liner Series	B34D	2015	
CTB	1832	TK1207	L8AG2CD26EB001817	Young Man JNP6120GR	Young Man Centro-Liner Series	B34D	2015	
CTB	1833	TJ3037	L8AG2CD28EB001818	Young Man JNP6120GR	Young Man Centro-Liner Series	B34D	2015	
CTB	1834	TH4525	L8AG2CD2XEB001819	Young Man JNP6120GR	Young Man Centro-Liner Series	B34D	2015	
CTB	1835	TL492	L8AG2CD26EB001820	Young Man JNP6120GR	Young Man Centro-Liner Series	B34D	2015	
CTB	1836	TH6404	L8AG2CD28EB001821	Young Man JNP6120GR	Young Man Centro-Liner Series	B34D	2015	
CTB	1837	TJ4272	L8AG2CD2XEB001822	Young Man JNP6120GR	Young Man Centro-Liner Series	B34D	2015	
CTB	1838	TH4561	L8AG2CD21EB001823	Young Man JNP6120GR	Young Man Centro-Liner Series	B34D	2015	
CTB	1839	TK4503	L8AG2CD23EB001824	Young Man JNP6120GR	Young Man Centro-Liner Series	B34D	2015	
CTB	1840	TJ4082	L8AG2CD25EB001825	Young Man JNP6120GR	Young Man Centro-Liner Series	B34D	2015	
CTB	1841	TJ2746	L8AG2CD27EB001826	Young Man JNP6120GR	Young Man Centro-Liner Series	B34D	2015	
CTB	1842	TH6440	L8AG2CD29EB001827	Young Man JNP6120GR	Young Man Centro-Liner Series	B34D	2015	
CTB	1843	TJ6980	L8AG2CD20EB001828	Young Man JNP6120GR	Young Man Centro-Liner Series	B34D	2015	
CTB	1844	TH4695	L8AG2CD22EB001829	Young Man JNP6120GR	Young Man Centro-Liner Series	B34D	2015	
CTB	1845	TH5804	L8AG2CD29EB001830	Young Man JNP6120GR	Young Man Centro-Liner Series	B34D	2015	
NWFB	2600	TN5558	L8AG2CD20EB001831	Young Man JNP6120GR	Young Man Centro-Liner Series	B34D	2015	
NWFB	2601	TM1112	L8AG2CD22EB001832	Young Man JNP6120GR	Young Man Centro-Liner Series	B34D	2015	
NWFB	2602	TM7702	L8AG2CD24EB001833	Young Man JNP6120GR	Young Man Centro-Liner Series	B34D	2015	
NWFB	2603	TM7643	L8AG2CD26EB001834	Young Man JNP6120GR	Young Man Centro-Liner Series	B34D	2015	
NWFB	2604	TL7840	L8AG2CD28EB001835	Young Man JNP6120GR	Young Man Centro-Liner Series	B34D	2015	
NWFB	2605	TL7480	L8AG2CD2XEB001836	Young Man JNP6120GR	Young Man Centro-Liner Series	B34D	2015	
NWFB	2606	TN3527	L8AG2CD21EB001837	Young Man JNP6120GR	Young Man Centro-Liner Series	B34D	2015	
NWFB	2607	TL6528	L8AG2CD23EB001838	Young Man JNP6120GR	Young Man Centro-Liner Series	B34D	2015	

ADL Enviro 200

公司	車隊編號	車牌	底盤編號	車型	車身	座位佈局	首次登記日期	退役日期
KCRC	901	NM4716	SFD684BR28GY20595	ADL Enviro200 Dart 11.3m	ADL Enviro200 7213/1	B27D	2008	
KCRC	903	NP7825	SFD684BR28GY20618	ADL Enviro200 Dart 11.3m	ADL Enviro200 7213/2	B27D	2008	
KCRC	904	NP8088	SFD684BR28GY20619	ADL Enviro200 Dart 11.3m	ADL Enviro200 7213/3	B27D	2008	
KCRC	905	NR5800	SFD684BR28GY20620	ADL Enviro200 Dart 11.3m	ADL Enviro200 7213/4	B27D	2008	
KCRC	906	NR1096	SFD684BR28GY20621	ADL Enviro200 Dart 11.3m	ADL Enviro200 7213/5	B27D	2008	
KCRC	902	NM4760	SFD684BR28GY20622	ADL Enviro200 Dart 11.3m	ADL Enviro200 7213/6	B27D	2008	
KCRC	907	NR1633	SFD684BR28GY20623	ADL Enviro200 Dart 11.3m	ADL Enviro200 7213/7	B27D	2008	
KCRC	908	NS577	SFD684BR28GY20624	ADL Enviro200 Dart 11.3m	ADL Enviro200 7213/8	B27D	2009	
KCRC	909	NT2693	SFD684BR28GY20625	ADL Enviro200 Dart 11.3m	ADL Enviro200 7213/9	B27D	2009	
KCRC	910	NS1189	SFD684BR28GY20626	ADL Enviro200 Dart 11.3m	ADL Enviro200 7213/10	B27D	2009	
KCRC	911	NS7357	SFD684BR28GY20627	ADL Enviro200 Dart 11.3m	ADL Enviro200 7213/11	B27D	2009	
KMB	AAU22	PZ1073	SFD5F4BR5AGY41772	ADL Enviro200 Dart 10.4m	ADL Enviro200 A210/1	B28D	2011	
KMB	AAU28	PZ9554	SFD5F4BR5AGY41817	ADL Enviro200 Dart 10.4m	ADL Enviro200	B28D	2011	
KMB	AAU23	PZ4255	SFD5F4BR5AGY41818	ADL Enviro200 Dart 10.4m	ADL Enviro200	B28D	2011	
KMB	AAU20	PY7740	SFD5F4BR5AGY41835	ADL Enviro200 Dart 10.4m	ADL Enviro200 A212/1	B28D	2011	
KMB	AAU26	PZ7263	SFD5F4BR5AGY41842	ADL Enviro200 Dart 10.4m	ADL Enviro200	B28D	2011	
KMB	AAU25	PZ7626	SFD5F4BR5AGY41843	ADL Enviro200 Dart 10.4m	ADL Enviro200 A212/2	B28D	2011	
KMB	AAU19	PY7153	SFD5F4BR5AGY41844	ADL Enviro200 Dart 10.4m	ADL Enviro200	B28D	2011	
KMB	AAU17	PY3422	SFD5F4BR5AGY41849	ADL Enviro200 Dart 10.4m	ADL Enviro200	B28D	2011	
KMB	AAU27	PZ7537	SFD5F4BR5AGY41850	ADL Enviro200 Dart 10.4m	ADL Enviro200	B28D	2011	
KMB	AAU24	PZ6710	SFD5F4BR5AGY41851	ADL Enviro200 Dart 10.4m	ADL Enviro200	B28D	2011	
KMB	AAU1	PU4458	SFD5F4BR5AGY41852	ADL Enviro200 Dart 10.4m	ADL Enviro200 A212/7	B28D	2011	
KMB	AAU13	PX5012	SFD5F4BR5AGY41857	ADL Enviro200 Dart 10.4m	ADL Enviro200	B28D	2011	
KMB	AAU12	PX3045	SFD5F4BR5AGY41858	ADL Enviro200 Dart 10.4m	ADL Enviro200 A212/10	B28D	2011	
KMB	AAU11	PX841	SFD5F4BR5AGY41859	ADL Enviro200 Dart 10.4m	ADL Enviro200	B28D	2011	
KMB	AAU29	RA4045	SFD5F4BR5AGY41861	ADL Enviro200 Dart 10.4m	ADL Enviro200	B28D	2011	
KMB	AAU30	RA4107	SFD5F4BR5AGY41862	ADL Enviro200 Dart 10.4m	ADL Enviro200	B28D	2011	
KMB	AAU15	PX8640	SFD5F4BR5AGY41863	ADL Enviro200 Dart 10.4m	ADL Enviro200	B28D	2011	
KMB	AAU5	PV5625	SFD5F4BR5AGY41864	ADL Enviro200 Dart 10.4m	ADL Enviro200	B28D	2011	
KMB	AAU4	PV4758	SFD5F4BR5AGY41884	ADL Enviro200 Dart 10.4m	ADL Enviro200 A212/15	B28D	2011	
KMB	AAU8	PW4271	SFD5F4BR5AGY41885	ADL Enviro200 Dart 10.4m	ADL Enviro200	B28D	2011	
KMB	AAU3	PV4394	SFD5F4BR5AGY41886	ADL Enviro200 Dart 10.4m	ADL Enviro200	B28D	2011	
KMB	AAU9	PW6471	SFD5F4BR5AGY41887	ADL Enviro200 Dart 10.4m	ADL Enviro200	B28D	2011	
KMB	AAU7	PW4063	SFD5F4BR5AGY41888	ADL Enviro200 Dart 10.4m	ADL Enviro200	B28D	2011	
KMB	AAU16	PY2123	SFD5F4BR5AGY41889	ADL Enviro200 Dart 10.4m	ADL Enviro200	B28D	2011	
KMB	AAU2	PV3629	SFD5F4BR5AGY41896	ADL Enviro200 Dart 10.4m	ADL Enviro200	B28D	2011	
KMB	AAU14	PX5111	SFD5F4BR5AGY41906	ADL Enviro200 Dart 10.4m	ADL Enviro200	B28D	2011	
KMB	AAU21	PZ501	SFD5F4BR5AGY41907	ADL Enviro200 Dart 10.4m	ADL Enviro200	B28D	2011	
KMB	AAU10	PW5614	SFD5F4BR5AGY41908	ADL Enviro200 Dart 10.4m	ADL Enviro200	B28D	2011	
KMB	AAU18	PY3697	SFD5F4BR5AGY41916	ADL Enviro200 Dart 10.4m	ADL Enviro200	B28D	2011	
KMB	AAU6	PV8212	SFD5F4BR5AGY41917	ADL Enviro200 Dart 10.4m	ADL Enviro200	B28D	2011	
KMB	AAS11	SF5443	SFD5F4BR5DGY23517	ADL Enviro200 Dart 10.4m	ADL C246/1	B33F	9/2013	
KMB	AAS1	SE5971	SFD5F4BR5DGY23518	ADL Enviro200 Dart 10.4m	ADL C246/4	B33F	8/2013	
KMB	AAS3	SE5981	SFD5F4BR5DGY23519	ADL Enviro200 Dart 10.4m	ADL C246/2	B33F	8/2013	
KMB	AAS2	SE5580	SFD5F4BR5DGY23520	ADL Enviro200 Dart 10.4m	ADL C246/3	B33F	8/2013	

公司	車隊編號	車牌	底盤編號	車型	車身	座位佈局	首次登記日期	退役日期
KMB	AAS4	SE8351	SFD5F4BR5DGY23521	ADL Enviro200 Dart 10.4m	ADL C246/5	B33F	8/2013	
KMB	AAS9	SF1140	SFD5F4BR5DGY23550	ADL Enviro200 Dart 10.4m	ADL C246/6	B33F	9/2013	
KMB	AAS8	SF566	SFD5F4BR5DGY23551	ADL Enviro200 Dart 10.4m	ADL C246/7	B33F	9/2013	
KMB	AAS5	SE9403	SFD5F4BR5DGY23552	ADL Enviro200 Dart 10.4m	ADL C246/8	B33F	9/2013	
KMB	AAS6	SE9580	SFD5F4BR5DGY23553	ADL Enviro200 Dart 10.4m	ADL C246/9	B33F	9/2013	
KMB	AAS10	SF3341	SFD5F4BR5DGY23587	ADL Enviro200 Dart 10.4m	ADL C246/10	B33F	9/2013	
KMB	AAS7	SE8539	SFD5F4BR5DGY23588	ADL Enviro200 Dart 10.4m	ADL C246/11	B33F	9/2013	
DBTSL	DBAY5	SR384	SFD5F4BR5DGY44076	ADL Enviro200 Dart 10.4m	ADL D240/01	B27D	2014/4/11	
DBTSL	DBAY27	SP8992	SFD5F4BR5DGY44087	ADL Enviro200 Dart 10.4m	ADL D240/02	B27D	2014/4/14	
DBTSL	DBAY36	SP9663	SFD5F4BR5DGY44088	ADL Enviro200 Dart 10.4m	ADL D240/03	B27D	2014/4/11	
DBTSL	DBAY37	SP9641	SFD5F4BR5DGY44089	ADL Enviro200 Dart 10.4m	ADL D240/04	B27D	2014/4/11	
DBTSL	DBAY135	SR2398	SFD6F4BR5DGY44090	ADL Enviro200 Dart 11.3m	ADL D241/01	B33D	2014/4/1	
PITCL		NG4254	SFD6F4BR5FGY45185	ADL Enviro200 Dart 11.3m	ADL F248/01	B35D	2016/1/27	
DBTSL	DBAY86	US7153	SFD5U4BR5GGY45749	ADL Enviro200 Dart 10.4m	ADL Enviro200	B27D	2017/3/30	
DBTSL	DBAY121	US7197	SFD5U4BR5GGY45750	ADL Enviro200 Dart 10.4m	ADL Enviro200	B27D	2017/3/30	
PITCL		LL5041	SFD6U4BR5GGY45786	ADL Enviro200 Dart 11.3m	ADL G237/1	B35D	2017/3/20	
PITCL		LL5808	SFD6U4BR5GGY45787	ADL Enviro200 Dart 11.3m	ADL G237/2	B35D	2017/3/20	
PITCL		LL3004	SFD6U4BR5GGY45788	ADL Enviro200 Dart 11.3m	ADL G237/3	B35D	2017/4/2	
PITCL		LK9179	SFD6U4BR5GGY45789	ADL Enviro200 Dart 11.3m	ADL G237/4	B35D	2017/4/2	

ADL Enviro 400

公司	車隊編號	車牌	底盤編號	車型	車身	座位佈局	首次登記日期	退役日期
CTB	7000	PC6795	SFD1CVARC9GXB5225	ADL Enviro 400	ADL Enviro 400	H41/23D	2010	
KMB	ATSE1	PC4053	SFD1CVARC9GXB5278	ADL Enviro 400	ADL Enviro 400	H41/23D	2010	
CTB	7001	PH4891	SFD1CVARC9GXB5283	ADL Enviro 400	ADL Enviro 400	H41/23D	2010	
CTB	7002	PZ5961	SFD1CVARFBGXB5858	ADL Enviro 400	ADL Enviro 400	H47/23D	2011	
CTB	7003	RA1631	SFD1CVARFBGXB5900	ADL Enviro 400	ADL Enviro 400	H47/23D	2011	
CTB	7004	PZ5504	SFD1CVARFBGXB5901	ADL Enviro 400	ADL Enviro 400	H47/23D	2011	
CTB	7005	PZ6047	SFD1CVARFBGXB5909	ADL Enviro 400	ADL Enviro 400	H47/23D	2011	
CTB	7006	PZ8235	SFD1CVARFBGXB5910	ADL Enviro 400	ADL Enviro 400	H47/23D	2011	
CTB	7007	PZ8490	SFD1CVARFBGXB5923	ADL Enviro 400	ADL Enviro 400	H47/23D	2011	
CTB	7008	PZ6850	SFD1CVARFBGXB5933	ADL Enviro 400	ADL Enviro 400	H47/23D	2011	
CTB	7009	PZ7989	SFD1CVARFBGXB5946	ADL Enviro 400	ADL Enviro 400	H47/23D	2011	
CTB	7010	RA1704	SFD1CVARFBGXB5968	ADL Enviro 400	ADL Enviro 400	H47/23D	2011	
CTB	7011	RA1865	SFD1CVARFBGXB5978	ADL Enviro 400	ADL Enviro 400	H47/23D	2011	
CTB	7012	RA5490	SFD1CVARFBGXB5979	ADL Enviro 400	ADL Enviro 400	H47/23D	2011	
CTB	7013	RA5833	SFD1CVARFBGXB5980	ADL Enviro 400	ADL Enviro 400	H47/23D	2011	
CTB	7014	RA7130	SFD1CVARFBGXB5983	ADL Enviro 400	ADL Enviro 400	H47/23D	2011	
CTB	7015	RA6734	SFD1CVARFBGXB5987	ADL Enviro 400	ADL Enviro 400	H47/23D	2011	
CTB	7016	RB2478	SFD1CVARFBGXB5989	ADL Enviro 400	ADL Enviro 400	H47/23D	2011	
CTB	7017	RB1701	SFD1CVARFBGXB5997	ADL Enviro 400	ADL Enviro 400	H47/23D	2011	
CTB	7018	RB3619	SFD1CVARFBGXB6002	ADL Enviro 400	ADL Enviro 400	H47/23D	2011	
CTB	7019	RB3019	SFD1CVARFBGXB6041	ADL Enviro 400	ADL Enviro 400	H47/23D	2011	
CTB	7020	RB5538	SFD1CVARFBGXB6048	ADL Enviro 400	ADL Enviro 400	H47/23D	2011	
CTB	7021	RB4681	SFD1CVARFBGXB6053	ADL Enviro 400	ADL Enviro 400	H47/23D	2011	

公司	車隊編號	車牌	底盤編號	車型	車身	座位佈局	首次登記日期	退役日期
CTB	7022	RB7453	SFD1CVARFBGXB6054	ADL Enviro 400	ADL Enviro 400	H47/23D	2011	
CTB	7023	RB8417	SFD1CVARFBGXB6055	ADL Enviro 400	ADL Enviro 400	H47/23D	2011	
CTB	7024	RC1059	SFD1CVARFBGXB6062	ADL Enviro 400	ADL Enviro 400	H47/23D	2011	
CTB	7025	RC1350	SFD1CVARFBGXB6063	ADL Enviro 400	ADL Enviro 400	H47/23D	2011	
CTB	7026	RC3345	SFD1CVARFBGXB6072	ADL Enviro 400	ADL Enviro 400	H47/23D	2011	
CTB	7027	RC3013	SFD1CVARFBGXB6073	ADL Enviro 400	ADL Enviro 400	H47/23D	2011	
CTB	7028	RC6099	SFD1CVARFBGXB6080	ADL Enviro 400	ADL Enviro 400	H47/23D	2011	
CTB	7029	RC6494	SFD1CVARFBGXB6082	ADL Enviro 400	ADL Enviro 400	H47/23D	2011	
CTB	7030	RC6862	SFD1CVARFBGXB6095	ADL Enviro 400	ADL Enviro 400	H47/23D	2011	
CTB	7031	RC7611	SFD1CVARFBGXB6103	ADL Enviro 400	ADL Enviro 400	H47/23D	2011	
CTB	7032	RC9726	SFD1CVARFBGXB6113	ADL Enviro 400	ADL Enviro 400	H47/23D	2011	
CTB	7033	RD1061	SFD1CVARFBGXB6153	ADL Enviro 400	ADL Enviro 400	H47/23D	2011	
CTB	7034	RD3352	SFD1CVARFBGXB6166	ADL Enviro 400	ADL Enviro 400	H47/23D	2011	
CTB	7035	RD4398	SFD1CVARFBGXB6167	ADL Enviro 400	ADL Enviro 400	H47/23D	2011	
CTB	7036	RD5040	SFD1CVARFBGXB6184	ADL Enviro 400	ADL Enviro 400	H47/23D	2011	
CTB	7037	RE1537	SFD1CVARFBGXB6195	ADL Enviro 400	ADL Enviro 400	H47/23D	2011	
CTB	7038	RE2199	SFD1CVARFBGXB6202	ADL Enviro 400	ADL Enviro 400	H47/23D	2011	
CTB	7039	RE1385	SFD1CVARFBGXB6228	ADL Enviro 400	ADL Enviro 400	H47/23D	2011	
MTR	140	RJ7286	SFD1CVARFBGXB6242	ADL Enviro 400	ADL Enviro 400	H47/23D	2012	
MTR	141	RJ6613	SFD1CVARFBGXB6254	ADL Enviro 400	ADL Enviro 400	H47/23D	2012	
MTR	142	RN3226	SFD1CVARFBGXB6260	ADL Enviro 400	ADL Enviro 400	H47/23D	2012	
MTR	143	RN4128	SFD1CVARFBGXB6270	ADL Enviro 400	ADL Enviro 400	H47/23D	2012	
MTR	144	RP2529	SFD1CVARFBGXB6287	ADL Enviro 400	ADL Enviro 400	H47/23D	2012	
MTR	145	RP3662	SFD1CVARFBGXB6301	ADL Enviro 400	ADL Enviro 400	H47/23D	2012	
MTR	146	RP2851	SFD1CVARFBGXB6320	ADL Enviro 400	ADL Enviro 400	H47/23D	2012	
MTR	147	RP3460	SFD1CVARFBGXB6334	ADL Enviro 400	ADL Enviro 400	H47/23D	2012	
MTR	148	RP8749	SFD1CVARFBGXB6352	ADL Enviro 400	ADL Enviro 400	H47/23D	2012	
KMB	ATSE6	RT4699	SFD1CYARFCGXB6890	ADL Enviro 400	ADL Enviro 400	H47/23D	2012	
KMB	ATSE2	RT2516	SFD1CYARFCGXB6909	ADL Enviro 400	ADL Enviro 400	H47/23D	2012	
KMB	ATSE4	RT4011	SFD1CYARFCGXB6928	ADL Enviro 400	ADL Enviro 400	H47/23D	2012	
KMB	ATSE5	RT4306	SFD1CYARFCGXB6930	ADL Enviro 400	ADL Enviro 400	H47/23D	2012	
KMB	ATSE3	RT3476	SFD1CYARFCGXB6939	ADL Enviro 400	ADL Enviro 400	H47/23D	2012	
KMB	ATSE19	RU4901	SFD1CYARFCGXB6944	ADL Enviro 400	ADL Enviro 400	H47/23D	2012	
KMB	ATSE8	RT6816	SFD1CYARFCGXB6946	ADL Enviro 400	ADL Enviro 400	H47/23D	2012	
KMB	ATSE9	RT7109	SFD1CYARFCGXB6948	ADL Enviro 400	ADL Enviro 400	H47/23D	2012	
KMB	ATSE22	RU5822	SFD1CYARFCGXB6952	ADL Enviro 400	ADL Enviro 400	H47/23D	2012	
KMB	ATSE7	RT6679	SFD1CYARFCGXB6953	ADL Enviro 400	ADL Enviro 400	H47/23D	2012	
KMB	ATSE10	RT8315	SFD1CYARFCGXB6961	ADL Enviro 400	ADL Enviro 400	H47/23D	2012	
KMB	ATSE11	RT8611	SFD1CYARFCGXB6963	ADL Enviro 400	ADL Enviro 400	H47/23D	2012	
KMB	ATSE12	RT9558	SFD1CYARFCGXB6989	ADL Enviro 400	ADL Enviro 400	H47/23D	2012	
KMB	ATSE17	RU4123	SFD1CYARFCGXB6991	ADL Enviro 400	ADL Enviro 400	H47/23D	2012	
KMB	ATSE14	RU2731	SFD1CYARFCGXB6994	ADL Enviro 400	ADL Enviro 400	H47/23D	2012	
KMB	ATSE15	RU2798	SFD1CYARFCGXB6995	ADL Enviro 400	ADL Enviro 400	H47/23D	2012	
KMB	ATSE26	RU7694	SFD1CYARFCGXB6998	ADL Enviro 400	ADL Enviro 400	H47/23D	2012	
KMB	ATSE16	RU2845	SFD1CYARFCGXB7001	ADL Enviro 400	ADL Enviro 400	H47/23D	2012	
KMB	ATSE13	RT9886	SFD1CYARFCGXB7004	ADL Enviro 400	ADL Enviro 400	H47/23D	2012	
KMB	ATSE21	RU4735	SFD1CYARFCGXB7005	ADL Enviro 400	ADL Enviro 400	H47/23D	2012	

公司	車隊編號	車牌	底盤編號	車型	車身	座位佈局	首次登記日期	退役日期
KMB	ATSE18	RU4869	SFD1CYARFCGXB7006	ADL Enviro 400	ADL Enviro 400	H47/23D	2012	
KMB	ATSE25	RU6264	SFD1CYARFCGXB7013	ADL Enviro 400	ADL Enviro 400	H47/23D	2012	
KMB	ATSE28	RV1709	SFD1CYARFCGXB7017	ADL Enviro 400	ADL Enviro 400	H47/23D	2012	
KMB	ATSE20	RU5774	SFD1CYARFCGXB7021	ADL Enviro 400	ADL Enviro 400	H47/23D	2012	
KMB	ATSE24	RU6193	SFD1CYARFCGXB7022	ADL Enviro 400	ADL Enviro 400	H47/23D	2012	
KMB	ATSE23	RU5834	SFD1CYARFCGXB7024	ADL Enviro 400	ADL Enviro 400	H47/23D	2012	
KMB	ATSE27	RV361	SFD1CYARFCGXB7027	ADL Enviro 400	ADL Enviro 400	H47/23D	2012	
KMB	ATSE31	RV3531	SFD1CYARFCGXB7029	ADL Enviro 400	ADL Enviro 400	H47/23D	2012	
KMB	ATSE30	RV3327	SFD1CYARFCGXB7030	ADL Enviro 400	ADL Enviro 400	H47/23D	2012	
KMB	ATSE29	RV2511	SFD1CYARFCGXB7040	ADL Enviro 400	ADL Enviro 400	H47/23D	2012	
KMB	ATSE32	RV4139	SFD1CYARFCGXB7043	ADL Enviro 400	ADL Enviro 400	H47/23D	2012	
KMB	ATSE36	RV7831	SFD1CYARFCGXB7049	ADL Enviro 400	ADL Enviro 400	H47/23D	2013	
KMB	ATSE34	RV5771	SFD1CYARFCGXB7055	ADL Enviro 400	ADL Enviro 400	H47/23D	2013	
KMB	ATSE35	RV5848	SFD1CYARFCGXB7061	ADL Enviro 400	ADL Enviro 400	H47/23D	2013	
KMB	ATSE33	RV5033	SFD1CYARFCGXB7062	ADL Enviro 400	ADL Enviro 400	H47/23D	2013	
KMB	ATSE39	RV9959	SFD1CYARFCGXB7063	ADL Enviro 400	ADL Enviro 400	H47/23D	2013	
KMB	ATSE43	RW3769	SFD1CYARFCGXB7064	ADL Enviro 400	ADL Enviro 400	H47/23D	2013	
KMB	ATSE37	RV8768	SFD1CYARFCGXB7065	ADL Enviro 400	ADL Enviro 400	H47/23D	2013	
KMB	ATSE38	RV9019	SFD1CYARFCGXB7066	ADL Enviro 400	ADL Enviro 400	H47/23D	2013	
KMB	ATSE44	RW4436	SFD1CYARFCGXB7067	ADL Enviro 400	ADL Enviro 400	H47/23D	2013	
KMB	ATSE42	RW3568	SFD1CYARFCGXB7068	ADL Enviro 400	ADL Enviro 400	H47/23D	2013	
CTB	7040	RW7017	SFD1CVARFCGXB7069	ADL Enviro 400	ADL Enviro 400	H47/23D	2013	
KMB	ATSE40	RW3044	SFD1CYARFCGXB7070	ADL Enviro 400	ADL Enviro 400	H47/23D	2013	
KMB	ATSE41	RW3143	SFD1CYARFCGXB7071	ADL Enviro 400	ADL Enviro 400	H47/23D	2013	
KMB	ATSE48	RW5779	SFD1CYARFCGXB7072	ADL Enviro 400	ADL Enviro 400	H47/23D	2013	
CTB	7041	RW7053	SFD1CVARFCGXB7075	ADL Enviro 400	ADL Enviro 400	H47/23D	2013	
CTB	7042	RW9421	SFD1CVARFCGXB7076	ADL Enviro 400	ADL Enviro 400	H47/23D	2013	
KMB	ATSE45	RW4801	SFD1CYARFCGXB7079	ADL Enviro 400	ADL Enviro 400	H47/23D	2013	
KMB	ATSE47	RW5453	SFD1CYARFCGXB7080	ADL Enviro 400	ADL Enviro 400	H47/23D	2013	
KMB	ATSE46	RW5136	SFD1CYARFCGXB7081	ADL Enviro 400	ADL Enviro 400	H47/23D	2013	
KMB	ATSE49	RW5782	SFD1CYARFCGXB7087	ADL Enviro 400	ADL Enviro 400	H47/23D	2013	
KMB	ATSE50	RW7232	SFD1CYARFCGXB7090	ADL Enviro 400	ADL Enviro 400	H47/23D	2013	
KMB	ATSE51	RX1322	SFD1CYARFCGXB7091	ADL Enviro 400	ADL Enviro 400	H47/23D	2013	
CTB	7043	RW9925	SFD1CVARFCGXB7094	ADL Enviro 400	ADL Enviro 400	H47/23D	2013	
CTB	7044	RX1605	SFD1CVARFCGXB7095	ADL Enviro 400	ADL Enviro 400	H47/23D	2013	
CTB	7045	RX1435	SFD1CVARFCGXB7101	ADL Enviro 400	ADL Enviro 400	H47/23D	2013	
CTB	7046	RX1087	SFD1CVARFCGXB7106	ADL Enviro 400	ADL Enviro 400	H47/23D	2013	
CTB	7047	RX944	SFD1CVARFCGXB7107	ADL Enviro 400	ADL Enviro 400	H47/23D	2013	
CTB	7048	RX3401	SFD1CVARFCGXB7110	ADL Enviro 400	ADL Enviro 400	H47/23D	2013	
CTB	7049	RX2819	SFD1CVARFCGXB7112	ADL Enviro 400	ADL Enviro 400	H47/23D	2013	
CTB	7050	RX9144	SFD1CVARFCGXB7114	ADL Enviro 400	ADL Enviro 400	H47/23D	2013	
CTB	7051	RX9599	SFD1CVARFCGXB7122	ADL Enviro 400	ADL Enviro 400	H47/23D	2013	
CTB	7052	RY2377	SFD1CVARFCGXB7125	ADL Enviro 400	ADL Enviro 400	H47/23D	2013	
CTB	7053	RY2750	SFD1CVARFCGXB7133	ADL Enviro 400	ADL Enviro 400	H47/23D	2013	
CTB	7054	RY8291	SFD1CVARFCGXB7134	ADL Enviro 400	ADL Enviro 400	H47/23D	2013	
CTB	7055	RY8397	SFD1CVARFCGXB7137	ADL Enviro 400	ADL Enviro 400	H47/23D	2013	
CTB	7056	RY7768	SFD1CVARFCGXB7140	ADL Enviro 400	ADL Enviro 400	H47/23D	2013	

公司	車隊編號	車牌	底盤編號	車型	車身	座位佈局	首次登記日期	退役日期
CTB	7057	SA9108	SFD1CVARFCGXB7141	ADL Enviro 400	ADL Enviro 400	H47/23D	2013	
CTB	7058	SB114	SFD1CVARFCGXB7149	ADL Enviro 400	ADL Enviro 400	H47/23D	2013	
CTB	7059	SA9904	SFD1CVARFCGXB7150	ADL Enviro 400	ADL Enviro 400	H47/23D	2013	
NWFB	3800	UM6755	SFDCC5ARFGGXB9154	ADL Enviro 400	ADL Enviro 400 (Low Height)	H47/26D	2016	
NWFB	3801	UM6736	SFDCC5ARFGGXB9177	ADL Enviro 400	ADL Enviro 400 (Low Height)	H47/26D	2016	
NWFB	3802	UM8146	SFDCC5ARFGGXB9178	ADL Enviro 400	ADL Enviro 400 (Low Height)	H47/26D	2016	
NWFB	3803	UM7773	SFDCC5ARFGGXB9202	ADL Enviro 400	ADL Enviro 400 (Low Height)	H47/26D	2016	
NWFB	3804	UM9245	SFDCC5ARFGGXB9203	ADL Enviro 400	ADL Enviro 400 (Low Height)	H47/26D	2016	
NWFB	3805	UN 408	SFDCC5ARFGGXB9204	ADL Enviro 400	ADL Enviro 400 (Low Height)	H47/26D	2016	
NWFB	3806	UN 837	SFDCC5ARFGGXB9205	ADL Enviro 400	ADL Enviro 400 (Low Height)	H47/26D	2017	
NWFB	3807	UN2063	SFDCC5ARFGGXB9206	ADL Enviro 400	ADL Enviro 400 (Low Height)	H47/26D	2017	
NWFB	3808	UT1170	SFDCC5ARFGGXB9207	ADL Enviro 400	ADL Enviro 400 (Low Height)	H47/26D	2017	
NWFB	3809	UN1454	SFDCC5ARFGGXB9208	ADL Enviro 400	ADL Enviro 400 (Low Height)	H47/26D	2017	
NWFB	3810	UN5808	SFDCC5ARFGGXB9209	ADL Enviro 400	ADL Enviro 400 (Low Height)	H47/26D	2017	
NWFB	3811	UN5689	SFDCC5ARFGGXB9210	ADL Enviro 400	ADL Enviro 400 (Low Height)	H47/26D	2017	
NWFB	3812	UN5026	SFDCC5ARFGGXB9211	ADL Enviro 400	ADL Enviro 400 (Low Height)	H47/26D	2017	
NWFB	3813	UN5738	SFDCC5ARFGGXB9328	ADL Enviro 400	ADL Enviro 400 (Low Height)	H47/26D	2017	
NWFB	3814	UN6395	SFDCC5ARFGGXB9329	ADL Enviro 400	ADL Enviro 400 (Low Height)	H47/26D	2017	
NWFB	3815	UN9218	SFDCC5ARFGGXB9388	ADL Enviro 400	ADL Enviro 400 (Low Height)	H47/26D	2017	
NWFB	3816	UP 227	SFDCC5ARFGGXB9389	ADL Enviro 400	ADL Enviro 400 (Low Height)	H47/26D	2017	
NWFB	3817	UN8708	SFDCC5ARFGGXB9403	ADL Enviro 400	ADL Enviro 400 (Low Height)	H47/26D	2017	
NWFB	3818	UR 140	SFDCC5ARFGGXB9404	ADL Enviro 400	ADL Enviro 400 (Low Height)	H47/26D	2017	
NWFB	3819	UP9233	SFDCC5ARFGGXB9422	ADL Enviro 400	ADL Enviro 400 (Low Height)	H47/26D	2017	
NWFB	3820	US3836	SFDCC5ARFGGXB9423	ADL Enviro 400	ADL Enviro 400 (Low Height)	H43/26D	2017	
NWFB	3821	US2478	SFDCC5ARFGGXB9443	ADL Enviro 400	ADL Enviro 400 (Low Height)	H43/26D	2017	
NWFB	3822	UT3412	SFDCC5ARFGGXB9444	ADL Enviro 400	ADL Enviro 400 (Low Height)	H43/26D	2017	
NWFB	3823	US6599	SFDCC5ARFGGXB9466	ADL Enviro 400	ADL Enviro 400 (Low Height)	H43/26D	2017	
NWFB	3824	US7809	SFDCC5ARFGGXB9498	ADL Enviro 400	ADL Enviro 400 (Low Height)	H43/26D	2017	
NWFB	3825	UT2188	SFDCC5ARFGGXB9511	ADL Enviro 400	ADL Enviro 400 (Low Height)	H43/26D	2017	
NWFB	3826	UT 553	SFDCC5ARFGGXB9512	ADL Enviro 400	ADL Enviro 400 (Low Height)	H43/26D	2017	
NWFB	3827	UT1156	SFDCC5ARFGGXB9513	ADL Enviro 400	ADL Enviro 400 (Low Height)	H43/26D	2017	
NWFB	3828	UT2022	SFDCC5ARJGGXB9572	ADL Enviro 400	ADL Enviro 400 (Low Height)	H43/26D	2017	
NWFB	3829	UT3590	SFDCC5ARJGGXB9573	ADL Enviro 400	ADL Enviro 400 (Low Height)	H43/26D	2017	
NWFB	3830	UU3162	SFDCC5ARJGGXB9574	ADL Enviro 400	ADL Enviro 400 (Low Height)	H43/26D	2017	
NWFB	3831	UU6612	SFDCC5ARJGGXB9576	ADL Enviro 400	ADL Enviro 400 (Low Height)	H43/26D	2017	
NWFB	3832	UU7633	SFDCC5ARJGGXB9577	ADL Enviro 400	ADL Enviro 400 (Low Height)	H43/26D	2017	
NWFB	3833	UU6624	SFDCC5ARJGGXB9578	ADL Enviro 400	ADL Enviro 400 (Low Height)	H43/26D	2017	
NWFB	3834	UU9379	SFDCC5ARJGGXB9575	ADL Enviro 400	ADL Enviro 400 (Low Height)	H43/26D	2017	
NWFB	3836	UV6843	SFDCC5ARJGGXB9591	ADL Enviro 400	ADL Enviro 400 (Low Height)	H43/26D	2017	
NWFB	3837	UV7846	SFDCC5ARJGGXB9592	ADL Enviro 400	ADL Enviro 400 (Low Height)	H43/26D	2017	
NWFB	3838	UV8933	SFDCC1ARJGGXB9593	ADL Enviro 400	ADL Enviro 400 (Low Height)	H43/26D	2017	
NWFB	3839	UW2835	SFDCC1ARJGGXB9594	ADL Enviro 400	ADL Enviro 400 (Low Height)	H43/26D	2017	
NWFB	3840	UW7083	SFDCC1ARJGGXB9608	ADL Enviro 400	ADL Enviro 400 (Low Height)	H43/26D	2017	
NWFB	3842	UW9273	SFDCC1ARJGGXB9609	ADL Enviro 400	ADL Enviro 400 (Low Height)	H43/26D	2017	
NWFB	3841	UW6901	SFDCC1ARJGGXB9610	ADL Enviro 400	ADL Enviro 400 (Low Height)	H43/26D	2017	
NWFB	3843	UW9618	SFDCC1ARJGGXB9611	ADL Enviro 400	ADL Enviro 400 (Low Height)	H43/26D	2017	
NWFB	3844	UX1962	SFDCC1ARJGGXB9623	ADL Enviro 400	ADL Enviro 400 (Low Height)	H43/26D	2017	

公司	車隊編號	車牌	底盤編號	車型	車身	座位佈局	首次登記日期	退役日期
NWFB	3845	UY3608	SFDCC1ARJGGXB9624	ADL Enviro 400	ADL Enviro 400 (Low Height)	H43/26D	2017	
NWFB	3846	UX9885	SFDCC1ARJGGXB9625	ADL Enviro 400	ADL Enviro 400 (Low Height)	H43/26D	2017	
NWFB	3847	UX8421	SFDCC1ARJGGXB9626	ADL Enviro 400	ADL Enviro 400 (Low Height)	H43/26D	2017	
NWFB	3848	UX8977	SFDCC1ARJGGXB9641	ADL Enviro 400	ADL Enviro 400 (Low Height)	H43/26D	2017	
NWFB	3849	UX8105	SFDCC1ARJGGXB9642	ADL Enviro 400	ADL Enviro 400 (Low Height)	H43/26D	2017	
NWFB	3850	UZ1193	SFDCC1ARJGGXB9643	ADL Enviro 400	ADL Enviro 400 (Low Height)	H43/26D	2017	
NWFB	3851	UZ3547	SFDCC1ARJGGXB9644	ADL Enviro 400	ADL Enviro 400 (Low Height)	H43/26D	2017	
NWFB	3853	UZ6973	SFDCC1ARJHGXB9799	ADL Enviro 400	ADL Enviro 400 (Low Height)	H43/26D	2017	
NWFB	3852	UZ3367	SFDCC1ARJHGXB9800	ADL Enviro 400	ADL Enviro 400 (Low Height)	H43/26D	2017	
NWFB	3854	UZ9672	SFDCC1ARJHGXB9826	ADL Enviro 400	ADL Enviro 400 (Low Height)	H43/26D	2017	
NWFB	3855	VA8706	SFDCC1ARJHGXB9827	ADL Enviro 400	ADL Enviro 400 (Low Height)	H43/26D	2017	
NWFB	3856	VB7496	SFDCC1ARJHGXB9828	ADL Enviro 400	ADL Enviro 400 (Low Height)	H43/26D	2017	
NWFB	3859	VG2943	SFDCC1ARJHGXB9829	ADL Enviro 400	ADL Enviro 400 (Low Height)	H43/26D	2018	
NWFB	3857	VC7056	SFDCC1ARJHGXB9830	ADL Enviro 400	ADL Enviro 400 (Low Height)	H43/26D	2017	
NWFB	3858	VE3983	SFDCC1ARJHGXB9831	ADL Enviro 400	ADL Enviro 400 (Low Height)	H43/26D	2017	

ADL Enviro 500 MMC

公司	車隊編號	車牌	底盤編號	車型	車身	座位佈局	首次登記日期	退役日期
CTB	8320	SH3957	SFD46CNR5DGTL2450	ADL E50D	ADL E500 B510/01	H55/31D	2013	
KMB	ATENU135	SH2747	SFD46DNR5DGTL2457	ADL E50D	ADL E500 B511/01	H55/31D	2013	
KMB	ATENU1	RZ5946	SFD46CNR5CGTL2553	ADL E50D	ADL E500	H55/31D	2013	
CTB	8000	RY4503	SFD46DNR5CGTL2567	ADL E50D	ADL E500	H51/23D	2013	
CTB	8001	RY3212	SFD46DNR5CGTL2584	ADL E50D	ADL E500	H51/23D	2013	
CTB	8002	RY5664	SFD46DNR5CGTL2585	ADL E50D	ADL E500	H51/23D	2013	
CTB	8003	RY5458	SFD46DNR5CGTL2601	ADL E50D	ADL E500	H51/23D	2013	
CTB	8004	SB3800	SFD46DNR5CGTL2616	ADL E50D	ADL E500	H51/23D	2013	
CTB	8005	SB2208	SFD46DNR5CGTL2641	ADL E50D	ADL E500	H51/23D	2013	
KMB	ATENU2	SA2959	SFD46DNR5CGTL2649	ADL E50D	ADL E500	H59/31D	2013	
KMB	ATENU3	SA3262	SFD46DNR5CGTL2650	ADL E50D	ADL E500	H59/31D	2013	
CTB	8006	SB1285	SFD46DNR5CGTL2655	ADL E50D	ADL E500	H51/23D	2013	
KMB	ATENU6	SA3909	SFD46DNR5CGTL2656	ADL E50D	ADL E500	H59/31D	2013	
KMB	ATENU4	SA3148	SFD46DNR5CGTL2657	ADL E50D	ADL E500	H59/31D	2013	
KMB	ATENU5	SA3509	SFD46DNR5CGTL2660	ADL E50D	ADL E500	H59/31D	2013	
CTB	8007	SB3296	SFD46DNR5CGTL2662	ADL E50D	ADL E500	H51/23D	2013	
CTB	8008	SB8099	SFD46DNR5CGTL2663	ADL E50D	ADL E500	H51/23D	2013	
CTB	8009	SB8218	SFD46DNR5CGTL2664	ADL E50D	ADL E500	H51/23D	2013	
KMB	ATENU9	SA4463	SFD46DNR5CGTL2665	ADL E50D	ADL E500	H59/31D	2013	
CTB	9100	SA6717	SFD56CNR5CGTM2670	ADL E50D	ADL E500 C504/01	H51/23D	2013	
CTB	9101	SA6875	SFD56CNR5CGTM2671	ADL E50D	ADL E500 C504/02	H51/23D	2013	
KMB	ATENU10	SA6792	SFD46DNR5CGTL2674	ADL E50D	ADL E500	H59/31D	2013	
KMB	ATENU8	SA4181	SFD46DNR5CGTL2675	ADL E50D	ADL E500	H59/31D	2013	
KMB	ATENU7	SA4037	SFD46DNR5CGTL2676	ADL E50D	ADL E500	H59/31D	2013	
CTB	8010	SC1605	SFD46DNR5CGTL2679	ADL E50D	ADL E500	H51/23D	2013	
KMB	ATENU11	SA7810	SFD46DNR5CGTL2680	ADL E50D	ADL E500	H59/31D	2013	
KMB	ATENU12	SA8730	SFD46DNR5CGTL2681	ADL E50D	ADL E500	H59/31D	2013	

公司	車隊編號	車牌	底盤編號	車型	車身	座位佈局	首次登記日期	退役日期
CTB	8011	SC 344	SFD46DNR5CGTL2685	ADL E50D	ADL E500	H51/23D	2013	
CTB	9102	SA7428	SFD56CNR5CGTM2686	ADL E50D	ADL E500 C504/03	H51/23D	2013	
KMB	ATENU13	SA9868	SFD46DNR5CGTL2687	ADL E50D	ADL E500	H59/31D	2013	
KMB	ATENU14	SB4688	SFD46DNR5CGTL2688	ADL E50D	ADL E500	H59/31D	2013	
KMB	ATENU16	SB5072	SFD46DNR5CGTL2689	ADL E50D	ADL E500	H59/31D	2013	
KMB	ATENU20	SB6177	SFD46DNR5CGTL2690	ADL E50D	ADL E500	H59/31D	2013	
KMB	ATENU15	SB5002	SFD46DNR5CGTL2691	ADL E50D	ADL E500	H59/31D	2013	
KMB	ATENU19	SB5480	SFD46DNR5CGTL2692	ADL E50D	ADL E500	H59/31D	2013	
KMB	ATENU17	SB5243	SFD46DNR5CGTL2693	ADL E50D	ADL E500	H59/31D	2013	
KMB	ATENU21	SB5197	SFD46DNR5CGTL2694	ADL E50D	ADL E500	H59/31D	2013	
CTB	8012	SC5770	SFD46DNR5CGTL2695	ADL E50D	ADL E500	H51/23D	2013	
CTB	9103	SB6206	SFD56CNR5CGTM2696	ADL E50D	ADL E500 C504/04	H51/23D	2013	
KMB	ATENU18	SB5414	SFD46DNR5CGTL2697	ADL E50D	ADL E500	H59/31D	2013	
CTB	9104	SC7748	SFD56CNR5CGTM2698	ADL E50D	ADL E500 C504/05	H51/23D	2013	
KMB	ATENU22	SB5279	SFD46DNR5CGTL2699	ADL E50D	ADL E500	H59/31D	2013	
KMB	ATENU27	SB8492	SFD46DNR5CGTL2700	ADL E50D	ADL E500	H59/31D	2013	
KMB	ATENU26	SB8310	SFD46DNR5CGTL2701	ADL E50D	ADL E500	H59/31D	2013	
CTB	8013	SC7334	SFD46DNR5CGTL2702	ADL E50D	ADL E500	H51/23D	2013	
CTB	8014	SC5830	SFD46DNR5CGTL2703	ADL E50D	ADL E500	H51/23D	2013	
KMB	ATENU25	SB7514	SFD46DNR5CGTL2704	ADL E50D	ADL E500	H59/31D	2013	
CTB	9105	SD943	SFD56CNR5CGTM2705	ADL E50D	ADL E500 C504/06	H51/23D	2013	
CTB	9106	SB5274	SFD56CNR5CGTM2706	ADL E50D	ADL E500 C504/07	H51/23D	2013	
KMB	ATENU23	SB6794	SFD46DNR5CGTL2707	ADL E50D	ADL E500	H59/31D	2013	
KMB	ATENU28	SC1708	SFD46DNR5CGTL2708	ADL E50D	ADL E500	H59/31D	2013	
KMB	ATENU24	SB7049	SFD46DNR5CGTL2709	ADL E50D	ADL E500	H59/31D	2013	
KMB	ATENU29	SC2443	SFD46DNR5DGTL2710	ADL E50D	ADL E500	H59/31D	2013	
KMB	ATENU33	SC5677	SFD46DNR5CGTL2711	ADL E50D	ADL E500	H59/31D	2013	
CTB	8015	SD 864	SFD46DNR5CGTL2712	ADL E50D	ADL E500	H51/23D	2013	
CTB	8016	SD6821	SFD46DNR5CGTL2713	ADL E50D	ADL E500	H51/23D	2013	
CTB	8017	SD8602	SFD46DNR5DGTL2714	ADL E50D	ADL E500	H51/23D	2013	
KMB	ATENU34	SC6156	SFD46DNR5DGTL2715	ADL E50D	ADL E500	H59/31D	2013	
KMB	ATENU31	SC5070	SFD46DNR5DGTL2716	ADL E50D	ADL E500	H59/31D	2013	
KMB	ATENU30	SC4816	SFD46DNR5DGTL2717	ADL E50D	ADL E500	H59/31D	2013	
KMB	ATENU38	SC7904	SFD46DNR5DGTL2718	ADL E50D	ADL E500	H59/31D	2013	
KMB	ATENU35	SC6295	SFD46DNR5DGTL2719	ADL E50D	ADL E500	H59/31D	2013	
KMB	ATENU36	SC6414	SFD46DNR5DGTL2720	ADL E50D	ADL E500	H59/31D	2013	
KMB	ATENU32	SC5428	SFD46DNR5DGTL2721	ADL E50D	ADL E500	H59/31D	2013	
CTB	9107	SB6134	SFD56CNR5DGTM2722	ADL E50D	ADL E500 C504/08	H51/23D	2013	
KMB	ATENU37	SC7496	SFD46DNR5DGTL2723	ADL E50D	ADL E500	H59/31D	2013	
KMB	ATENU41	SC8112	SFD46DNR5DGTL2724	ADL E50D	ADL E500	H59/31D	2013	
CTB	8321	SD2840	SFD46CNR5DGTL2725	ADL E50D	ADL E500 C505/01	H55/31D	2013	
KMB	ATENU40	SC7905	SFD46DNR5DGTL2726	ADL E50D	ADL E500	H59/31D	2013	
CTB	8322	SD4179	SFD46CNR5DGTL2727	ADL E50D	ADL E500 C505/02	H55/31D	2013	
KMB	ATENU39	SC7693	SFD46DNR5DGTL2728	ADL E50D	ADL E500	H59/31D	2013	
KMB	ATENU43	SD1377	SFD46DNR5DGTL2729	ADL E50D	ADL E500	H59/31D	2013	
KMB	ATENU44	SD1471	SFD46DNR5DGTL2730	ADL E50D	ADL E500	H59/31D	2013	
CTB	9108	SC124	SFD56CNR5DGTM2731	ADL E50D	ADL E500 C504/09	H51/23D	2013	

公司	車隊編號	車牌	底盤編號	車型	車身	座位佈局	首次登記日期	退役日期
CTB	9109	SC2276	SFD56CNR5DGTM2732	ADL E50D	ADL E500 C504/10	H51/23D	2013	
CTB	8323	SE3751	SFD46CNR5DGTL2733	ADL E50D	ADL E500 C505/03	H55/31D	2013	
KMB	ATENU45	SD2113	SFD46DNR5DGTL2734	ADL E50D	ADL E500	H59/31D	2013	
KMB	ATENU42	SD 987	SFD46DNR5DGTL2735	ADL E50D	ADL E500	H59/31D	2013	
CTB	9110	SB8820	SFD56CNR5DGTM2738	ADL E50D	ADL E500 C504/11	H51/23D	2013	
KMB	ATENU51	SD5063	SFD46DNR5DGTL2739	ADL E50D	ADL E500	H59/31D	2013	
KMB	ATENU47	SD4699	SFD46DNR5DGTL2740	ADL E50D	ADL E500	H59/31D	2013	
CTB	9111	SC5519	SFD56CNR5DGTM2741	ADL E50D	ADL E500 C504/12	H51/23D	2013	
CTB	8324	SE3609	SFD46CNR5DGTL2742	ADL E50D	ADL E500 C505/04	H55/31D	2013	
CTB	9112	SD6452	SFD56CNR5DGTM2743	ADL E50D	ADL E500 C504/13	H51/23D	2013	
KMB	ATENU53	SD6028	SFD46DNR5DGTL2744	ADL E50D	ADL E500	H59/31D	2013	
KMB	ATENU54	SD6315	SFD46DNR5DGTL2745	ADL E50D	ADL E500	H59/31D	2013	
KMB	ATENU50	SD4993	SFD46DNR5DGTL2746	ADL E50D	ADL E500	H59/31D	2013	
KMB	ATENU48	SD4778	SFD46DNR5DGTL2747	ADL E50D	ADL E500	H59/31D	2013	
KMB	ATENU55	SD6353	SFD46DNR5DGTL2748	ADL E50D	ADL E500	H59/31D	2013	
KMB	ATENU46	SD2576	SFD46DNR5DGTL2749	ADL E50D	ADL E500	H59/31D	2013	
KMB	ATENU49	SD4941	SFD46DNR5DGTL2750	ADL E50D	ADL E500	H59/31D	2013	
KMB	ATENU52	SD5709	SFD46DNR5DGTL2751	ADL E50D	ADL E500	H59/31D	2013	
KMB	ATENU59	SE 304	SFD46DNR5DGTL2752	ADL E50D	ADL E500	H59/31D	2013	
KMB	ATENU57	SD8924	SFD46DNR5DGTL2753	ADL E50D	ADL E500	H59/31D	2013	
KMB	ATENU58	SD9063	SFD46DNR5DGTL2754	ADL E50D	ADL E500	H59/31D	2013	
CTB	8325	SD7184	SFD46CNR5DGTL2755	ADL E50D	ADL E500 C505/05	H55/31D	2013	
CTB	8326	SD9406	SFD46CNR5DGTL2756	ADL E50D	ADL E500 C505/06	H55/31D	2013	
MTR	504	SE5526	SFD56CNR5DGTM2757	ADL E50D	ADL E500 C510/01	H51/23D	2013	
MTR	505	SE6425	SFD56CNR5DGTM2758	ADL E50D	ADL E500 C510/02	H51/23D	2013	
KMB	ATENU56	SD8682	SFD46DNR5DGTL2759	ADL E50D	ADL E500	H59/31D	2013	
KMB	ATENU60	SD8539	SFD46DNR5DGTL2760	ADL E50D	ADL E500	H59/31D	2013	
KMB	ATENU61	SD8859	SFD46DNR5DGTL2761	ADL E50D	ADL E500	H59/31D	2013	
KMB	ATENU62	SD8869	SFD46DNR5DGTL2762	ADL E50D	ADL E500	H59/31D	2013	
KMB	ATENU63	SE1752	SFD46DNR5DGTL2763	ADL E50D	ADL E500	H59/31D	2013	
KMB	ATENU65	SE2778	SFD46DNR5DGTL2765	ADL E50D	ADL E500	H59/31D	2013	
KMB	ATENU66	SE3666	SFD46DNR5DGTL2766	ADL E50D	ADL E500	H59/31D	2013	
CTB	8327	SE2229	SFD46CNR5DGTL2767	ADL E50D	ADL E500 C505/07	H55/31D	2013	
CTB	8328	SE3139	SFD46CNR5DGTL2768	ADL E50D	ADL E500 C505/08	H55/31D	2013	
CTB	8329	SE3989	SFD46CNR5DGTL2769	ADL E50D	ADL E500 C505/09	H55/31D	2013	
MTR	506	SE5999	SFD56CNR5DGTM2770	ADL E50D	ADL E500 C510/03	H51/23D	2013	
MTR	507	SE6500	SFD56CNR5DGTM2771	ADL E50D	ADL E500 C510/04	H51/23D	2013	
CTB	8330	SE3389	SFD46CNR5DGTL2772	ADL E50D	ADL E500 C505/10	H55/31D	2013	
CTB	8331	SE5637	SFD46CNR5DGTL2773	ADL E50D	ADL E500 C505/11	H55/31D	2013	
CTB	8332	SE5393	SFD46CNR5DGTL2774	ADL E50D	ADL E500 C505/12	H55/31D	2013	
KMB	ATENU69	SE4113	SFD46DNR5DGTL2775	ADL E50D	ADL E500	H59/31D	2013	
KMB	ATENU67	SE3711	SFD46DNR5DGTL2776	ADL E50D	ADL E500	H59/31D	2013	
KMB	ATENU64	SE2664	SFD46DNR5DGTL2777	ADL E50D	ADL E500	H59/31D	2013	
MTR	508	SE5177	SFD56CNR5DGTM2778	ADL E50D	ADL E500 C510/05	H51/23D	2013	
CTB	9113	SD7998	SFD56CNR5DGTM2779	ADL E50D	ADL E500 C504/14	H51/23D	2013	
KMB	ATENU74	SE6977	SFD46DNR5DGTL2780	ADL E50D	ADL E500	H59/31D	2013	
KMB	ATENU68	SE3909	SFD46DNR5DGTL2781	ADL E50D	ADL E500	H59/31D	2013	

公司	車隊編號	車牌	底盤編號	車型	車身	座位佈局	首次登記日期	退役日期
KMB	ATENU78	SE8026	SFD46DNR5DGTL2782	ADL E50D	ADL E500	H59/31D	2013	
KMB	ATENU70	SE6593	SFD46DNR5DGTL2783	ADL E50D	ADL E500	H59/31D	2013	
CTB	9114	SD6766	SFD56CNR5DGTM2784	ADL E50D	ADL E500 C504/15	H51/23D	2013	
KMB	ATENU72	SE6836	SFD46DNR5DGTL2785	ADL E50D	ADL E500	H59/31D	2013	
MTR	509	SE5163	SFD56CNR5DGTM2786	ADL E50D	ADL E500 C510/06	H51/23D	2013	
KMB	ATENU77	SE7896	SFD46DNR5DGTL2787	ADL E50D	ADL E500	H59/31D	2013	
KMB	ATENU76	SE7494	SFD46DNR5DGTL2788	ADL E50D	ADL E500	H59/31D	2013	
CTB	9115	SE2037	SFD56CNR5DGTM2789	ADL E50D	ADL E500 C504/16	H51/23D	2013	
KMB	ATENU75	SE7378	SFD46DNR5DGTL2790	ADL E50D	ADL E500	H59/31D	2013	
KMB	ATENU73	SE6873	SFD46DNR5DGTL2791	ADL E50D	ADL E500	H59/31D	2013	
KMB	ATENU71	SE6818	SFD46DNR5DGTL2792	ADL E50D	ADL E500	H59/31D	2013	
CTB	9116	SE6352	SFD56CNR5DGTM2793	ADL E50D	ADL E500 C504/17	H51/23D	2013	
KMB	ATENU79	SE7600	SFD46DNR5DGTL2794	ADL E50D	ADL E500	H59/31D	2013	
KMB	ATENU84	SF3556	SFD46DNR5DGTL2795	ADL E50D	ADL E500	H59/31D	2013	
KMB	ATENU87	SF4246	SFD46DNR5DGTL2796	ADL E50D	ADL E500	H59/31D	2013	
KMB	ATENU105	SF5735	SFD46DNR5DGTL2797	ADL E50D	ADL E500 C516/33	H59/31D	2013	
CTB	8333	SE6449	SFD46CNR5DGTL2798	ADL E50D	ADL E500 C505/13	H55/31D	2013	
CTB	9117	SE4292	SFD56CNR5DGTM2799	ADL E50D	ADL E500 C504/18	H51/23D	2013	
CTB	8334	SE5273	SFD46CNR5DGTL2800	ADL E50D	ADL E500 C505/14	H55/31D	2013	
CTB	9118	SE3144	SFD56CNR5DGTM2801	ADL E50D	ADL E500 C504/19	H51/23D	2013	
KMB	ATENU82	SF3318	SFD46DNR5DGTL2802	ADL E50D	ADL E500	H59/31D	2013	
KMB	ATENU80	SF2627	SFD46DNR5DGTL2803	ADL E50D	ADL E500	H59/31D	2013	
KMB	ATENU81	SF2862	SFD46DNR5DGTL2804	ADL E50D	ADL E500	H59/31D	2013	
CTB	8335	SE5237	SFD46CNR5DGTL2805	ADL E50D	ADL E500 C505/15	H55/31D	2013	
KMB	ATENU83	SF3484	SFD46DNR5DGTL2806	ADL E50D	ADL E500	H59/31D	2013	
KMB	ATENU89	SF4471	SFD46DNR5DGTL2807	ADL E50D	ADL E500	H59/31D	2013	
CTB	8336	SE4931	SFD46CNR5DGTL2808	ADL E50D	ADL E500 C505/16	H55/31D	2013	
KMB	ATENU94	SF3725	SFD46DNR5DGTL2809	ADL E50D	ADL E500	H59/31D	2013	
CTB	8337	SE5348	SFD46CNR5DGTL2810	ADL E50D	ADL E500 C505/17	H55/31D	2013	
KMB	ATENU86	SF4205	SFD46DNR5DGTL2811	ADL E50D	ADL E500	H59/31D	2013	
CTB	8338	SE4526	SFD46CNR5DGTL2812	ADL E50D	ADL E500 C505/18	H55/31D	2013	
KMB	ATENU85	SF3707	SFD46DNR5DGTL2813	ADL E50D	ADL E500	H59/31D	2013	
KMB	ATENU88	SF4417	SFD46DNR5DGTL2814	ADL E50D	ADL E500	H59/31D	2013	
CTB	8339	SE6953	SFD46CNR5DGTL2815	ADL E50D	ADL E500 C505/19	H55/31D	2013	
KMB	ATENU93	SF3614	SFD46DNR5DGTL2816	ADL E50D	ADL E500	H59/31D	2013	
KMB	ATENU90	SF2506	SFD46DNR5DGTL2817	ADL E50D	ADL E500	H59/31D	2013	
CTB	8340	SE8178	SFD46CNR5DGTL2818	ADL E50D	ADL E500 C505/20	H55/31D	2013	
KMB	ATENU95	SF4082	SFD46DNR5DGTL2819	ADL E50D	ADL E500	H59/31D	2013	
KMB	ATENU91	SF3209	SFD46DNR5DGTL2820	ADL E50D	ADL E500	H59/31D	2013	
KMB	ATENU92	SF3551	SFD46DNR5DGTL2821	ADL E50D	ADL E500	H59/31D	2013	
KMB	ATENU96	SF4206	SFD46DNR5DGTL2822	ADL E50D	ADL E500	H59/31D	2013	
KMB	ATENU99	SF6477	SFD46DNR5DGTL2823	ADL E50D	ADL E500	H59/31D	2013	
KMB	ATENU106	SF5752	SFD46DNR5DGTL2824	ADL E50D	ADL E500 C516/50	H59/31D	2013	
CTB	8018	SD9114	SFD46DNR5DGTL2825	ADL E50D	ADL E500	H51/23D	2013	
KMB	ATENU98	SF5514	SFD46DNR5DGTL2826	ADL E50D	ADL E500	H59/31D	2013	
KMB	ATENU97	SF4785	SFD46DNR5DGTL2827	ADL E50D	ADL E500	H59/31D	2013	
KMB	ATENU100	SF4730	SFD46DNR5DGTL2828	ADL E50D	ADL E500 C516/53	H59/31D	2013	

公司	車隊編號	車牌	底盤編號	車型	車身	座位佈局	首次登記日期	退役日期
KMB	ATENU104	SF5704	SFD46DNR5DGTL2829	ADL E50D	ADL E500 C516/54	H59/31D	2013	
CTB	8019	SE 692	SFD46DNR5DGTL2830	ADL E50D	ADL E500	H51/23D	2013	
CTB	8020	SE3495	SFD46DNR5DGTL2831	ADL E50D	ADL E500	H51/23D	2013	
CTB	8021	SE2416	SFD46DNR5DGTL2832	ADL E50D	ADL E500	H51/23D	2013	
KMB	ATENU101	SF4894	SFD46DNR5DGTL2833	ADL E50D	ADL E500 C516/55	H59/31D	2013	
CTB	8341	SF677	SFD46CNR5DGTL2834	ADL E50D	ADL E500 C505/21	H55/31D	2013	
KMB	ATENU102	SF5048	SFD46DNR5DGTL2835	ADL E50D	ADL E500 C516/56	H59/31D	2013	
KMB	ATENU103	SF5145	SFD46DNR5DGTL2836	ADL E50D	ADL E500 C516/57	H59/31D	2013	
KMB	ATENU107	SF8752	SFD46DNR5DGTL2837	ADL E50D	ADL E500 C516/58	H59/31D	2013	
KMB	ATENU110	SF9078	SFD46DNR5DGTL2838	ADL E50D	ADL E500 C516/59	H59/31D	2013	
KMB	ATENU108	SF8760	SFD46DNR5DGTL2839	ADL E50D	ADL E500 C516/60	H59/31D	2013	
KMB	ATENU109	SF9022	SFD46DNR5DGTL2840	ADL E50D	ADL E500 C516/61	H59/31D	2013	
CTB	8022	SE1629	SFD46DNR5DGTL2841	ADL E50D	ADL E500	H51/23D	2013	
KMB	ATENU112	SG945	SFD46DNR5DGTL2842	ADL E50D	ADL E500 C516/62	H59/31D	2013	
KMB	ATENU114	SG2454	SFD46DNR5DGTL2843	ADL E50D	ADL E500 C516/63	H59/31D	2013	
KMB	ATENU113	SG1779	SFD46DNR5DGTL2844	ADL E50D	ADL E500 C516/64	H59/31D	2013	
KMB	ATENU111	SG793	SFD46DNR5DGTL2845	ADL E50D	ADL E500 C516/65	H59/31D	2013	
KMB	ATENU128	SH1484	SFD46DNR5DGTL2846	ADL E50D	ADL E500 C516/66	H59/31D	2013	
KMB	ATENU122	SG8230	SFD46DNR5DGTL2847	ADL E50D	ADL E500 C516/67	H59/31D	2013	
KMB	ATENU206	SK6080	SFD46DNR5DGTL2848	ADL E50D	ADL E500 C519/01	H59/31D	2013	
KMB	ATENU115	SG2966	SFD46DNR5DGTL2849	ADL E50D	ADL E500 C516/68	H59/31D	2013	
CTB	9119	SE3357	SFD56CNR5DGTM2850	ADL E50D	ADL E500 C504/20	H51/23D	2013	
KMB	ATENU116	SG4185	SFD46DNR5DGTL2851	ADL E50D	ADL E500 C516/69	H59/31D	2013	
KMB	ATENU118	SG3577	SFD46DNR5DGTL2852	ADL E50D	ADL E500 C516/70	H59/31D	2013	
CTB	9120	SE8695	SFD56CNR5DGTM2853	ADL E50D	ADL E500 C504/21	H51/23D	2013	
KMB	ATENU117	SG2567	SFD46DNR5DGTL2854	ADL E50D	ADL E500 C516/71	H59/31D	2013	
KMB	ATENU200	SK4877	SFD46DNR5DGTL2855	ADL E50D	ADL E500 C519/02	H59/31D	2013	
KMB	ATENU119	SG4347	SFD46DNR5DGTL2856	ADL E50D	ADL E500 C516/72	H59/31D	2013	
KMB	ATENU121	SG6095	SFD46DNR5DGTL2857	ADL E50D	ADL E500 C516/73	H59/31D	2013	
KMB	ATENU120	SG4825	SFD46DNR5DGTL2858	ADL E50D	ADL E500 C516/74	H59/31D	2013	
CTB	9121	SF6382	SFD56CNR5DGTM2859	ADL E50D	ADL E500 C504/22	H51/23D	2013	
KMB	ATENU208	SK6472	SFD46DNR5DGTL2860	ADL E50D	ADL E500 C519/03	H59/31D	2013	
KMB	ATENU201	SK5090	SFD46DNR5DGTL2861	ADL E50D	ADL E500 C519/04	H59/31D	2013	
KMB	ATENU207	SK6215	SFD46DNR5DGTL2862	ADL E50D	ADL E500 C519/05	H59/31D	2013	
KMB	ATENU280	SR9793	SFD46DNR5DMTL2863	ADL E50D	ADL E500 C520/01	H59/31D	2014	
KMB	ATENU279	SR9566	SFD46DNR5DMTL2864	ADL E50D	ADL E500 C520/02	H59/31D	2014	
KMB	ATENU281	SR9795	SFD46DNR5DMTL2865	ADL E50D	ADL E500 C520/03	H59/31D	2014	
KMB	ATENU253	SN9117	SFD46DNR5DMTL2866	ADL E50D	ADL E500 C520/04	H59/31D	2014	
KMB	ATENU261	SP370	SFD46DNR5DMTL2867	ADL E50D	ADL E500 C520/05	H59/31D	2014	
KMB	ATENU275	SP9215	SFD46DNR5DMTL2868	ADL E50D	ADL E500 C520/06	H59/31D	2014	
KMB	ATENU274	SP9007	SFD46DNR5DMTL2869	ADL E50D	ADL E500 C520/07	H59/31D	2014	
KMB	ATENU273	SP8903	SFD46DNR5DMTL2870	ADL E50D	ADL E500 C520/08	H59/31D	2014	
KMB	ATENU272	SP8738	SFD46DNR5DMTL2871	ADL E50D	ADL E500 C520/09	H59/31D	2014	
KMB	ATENU271	SP8532	SFD46DNR5DMTL2872	ADL E50D	ADL E500 C520/10	H59/31D	2014	
KMB	ATENU276	SP9547	SFD46DNR5DMTL2873	ADL E50D	ADL E500 C520/11	H59/31D	2014	
KMB	ATENU289	ST5648	SFD46DNR5DMTL2874	ADL E50D	ADL E500 C520/12	H59/31D	2014	
KMB	ATENU287	ST5059	SFD46DNR5DMTL2875	ADL E50D	ADL E500 C520/13	H59/31D	2014	

公司	車隊編號	車牌	底盤編號	車型	車身	座位佈局	首次登記日期	退役日期
KMB	ATENU288	ST5234	SFD46DNR5DMTL2876	ADL E50D	ADL E500 C520/14	H59/31D	2014	
KMB	ATENU290	ST5670	SFD46DNR5DMTL2877	ADL E50D	ADL E500 C520/15	H59/31D	2014	
KMB	ATENU286	ST4644	SFD46DNR5DGTL2878	ADL E50D	ADL E500 C520/16	H59/31D	2014	
KMB	ATENU285	ST4593	SFD46DNR5DGTL2879	ADL E50D	ADL E500 C520/17	H59/31D	2014	
KMB	ATENU294	ST5259	SFD46DNR5DGTL2880	ADL E50D	ADL E500 C520/18	H59/31D	2014	
KMB	ATENU292	ST4791	SFD46DNR5DGTL2881	ADL E50D	ADL E500 C520/19	H59/31D	2014	
KMB	ATENU295	ST5652	SFD46DNR5DGTL2882	ADL E50D	ADL E500 C520/20	H59/31D	2014	
KMB	ATENU293	ST4967	SFD46DNR5DGTL2883	ADL E50D	ADL E500 C520/21	H59/31D	2014	
KMB	ATENU296	ST6472	SFD46DNR5DGTL2884	ADL E50D	ADL E500 C520/22	H59/31D	2014	
KMB	ATENU291	ST4518	SFD46DNR5DGTL2885	ADL E50D	ADL E500 C520/23	H59/31D	2014	
KMB	ATENU300	ST8444	SFD46DNR5DGTL2886	ADL E50D	ADL E500 C520/24	H59/31D	2014	
KMB	ATENU299	ST7441	SFD46DNR5DGTL2887	ADL E50D	ADL E500 C520/25	H59/31D	2014	
LWB	9523	SP8662	SFD46DNR5DGTL2888	ADL E50D	ADL E500 D513/01	H59/25D	2014	
LWB	9524	SR3290	SFD46DNR5DGTL2889	ADL E50D	ADL E500 D513/02	H59/25D	2014	
LWB	9525	SR6797	SFD46DNR5DGTL2890	ADL E50D	ADL E500 D513/02	H59/25D	2014	
LWB	9526	SR9881	SFD46DNR5DGTL2891	ADL E50D	ADL E500 D513/04	H59/25D	2014	
LWB	9527	SS5216	SFD46DNR5DGTL2892	ADL E50D	ADL E500 D513/05	H59/25D	2014	
LWB	9528	SS5752	SFD46DNR5DGTL2893	ADL E50D	ADL E500 D513/06	H59/25D	2014	
LWB	9529	SS7413	SFD46DNR5DGTL2894	ADL E50D	ADL E500 D513/07	H59/25D	2014	
LWB	9530	ST3069	SFD46DNR5DGTL2895	ADL E50D	ADL E500 D513/08	H59/25D	2014	
LWB	9531	ST6063	SFD46DNR5DGTL2896	ADL E50D	ADL E500 D513/09	H59/25D	2014	
LWB	9532	ST5213	SFD46DNR5DGTL2897	ADL E50D	ADL E500 D513/10	H59/25D	2014	
KMB	ATENU205	SK5826	SFD46DNR5DGTL2898	ADL E50D	ADL E500 C519/06	H59/31D	2013	
KMB	ATENU124	SG9233	SFD46DNR5DGTL2899	ADL E50D	ADL E500 C516/75	H59/31D	2013	
KMB	ATENU123	SG9067	SFD46DNR5DGTL2900	ADL E50D	ADL E500 C516/76	H59/31D	2013	
CTB	9122	SF4678	SFD56CNR5DGTM2901	ADL E50D	ADL E500 C504/23	H51/23D	2013	
KMB	ATENU126	SH351	SFD46DNR5DGTL2902	ADL E50D	ADL E500 C516/77	H59/31D	2013	
KMB	ATENU125	SG9076	SFD46DNR5DGTL2903	ADL E50D	ADL E500 C516/78	H59/31D	2013	
CTB	8342	SF7329	SFD46CNR5DGTL2904	ADL E50D	ADL E500 C505/22	H55/31D	2013	
KMB	ATENU147	SH8028	SFD46DNR5DGTL2905	ADL E50D	ADL E500 C516/79	H59/31D	2013	
KMB	ATENU127	SH641	SFD46DNR5DGTL2906	ADL E50D	ADL E500 C516/80	H59/31D	2013	
CTB	8343	SG2574	SFD46CNR5DGTL2907	ADL E50D	ADL E500 C505/23	H55/31D	2013	
KMB	ATENU146	SH7509	SFD46DNR5DGTL2908	ADL E50D	ADL E500 C517/01	H59/31D	2013	
KMB	ATENU131	SH1356	SFD46DNR5DGTL2909	ADL E50D	ADL E500 C517/02	H59/31D	2013	
CTB	8344	SG2901	SFD46CNR5DGTL2910	ADL E50D	ADL E500 C505/24	H55/31D	2013	
KMB	ATENU203	SK5391	SFD46DNR5DGTL2911	ADL E50D	ADL E500 C519/07	H59/31D	2013	
KMB	ATENU211	SK7664	SFD46DNR5DGTL2912	ADL E50D	ADL E500 C519/08	H59/31D	2013	
KMB	ATENU199	SK4742	SFD46DNR5DGTL2913	ADL E50D	ADL E500 C519/09	H59/31D	2013	
KMB	ATENU204	SK5772	SFD46DNR5DGTL2914	ADL E50D	ADL E500 C519/10	H59/31D	2013	
KMB	ATENU130	SH1334	SFD46DNR5DGTL2915	ADL E50D	ADL E500 C517/03	H59/31D	2013	
KMB	ATENU129	SH963	SFD46DNR5DGTL2916	ADL E50D	ADL E500 C517/04	H59/31D	2013	
CTB	8023	SF4453	SFD46DNR5DGTL2917	ADL E50D	ADL E500	H51/23D	2013	
KMB	ATENU133	SH2777	SFD46DNR5DGTL2918	ADL E50D	ADL E500 C517/05	H59/31D	2013	
KMB	ATENU132	SH2502	SFD46DNR5DGTL2919	ADL E50D	ADL E500 C517/06	H59/31D	2013	
KMB	ATENU134	SH2841	SFD46DNR5DGTL2920	ADL E50D	ADL E500 C517/07	H59/31D	2013	
CTB	8024	SF5782	SFD46DNR5DGTL2921	ADL E50D	ADL E500	H51/23D	2013	
KMB	ATENU136	SH4451	SFD46DNR5DGTL2922	ADL E50D	ADL E500 C517/08	H59/31D	2013	

公司	車隊編號	車牌	底盤編號	車型	車身	座位佈局	首次登記日期	退役日期
CTB	8025	SF7948	SFD46DNR5DGTL2923	ADL E50D	ADL E500	H51/23D	2013	
KMB	ATENU138	SH5754	SFD46DNR5DGTL2924	ADL E50D	ADL E500 C517/09	H59/31D	2013	
KMB	ATENU137	SH6299	SFD46DNR5DGTL2925	ADL E50D	ADL E500 C517/10	H59/31D	2013	
KMB	ATENU139	SH6188	SFD46DNR5DGTL2926	ADL E50D	ADL E500 C517/11	H59/31D	2013	
CTB	9123	SF4867	SFD56CNR5DGTM2927	ADL E50D	ADL E500 C504/24	H51/23D	2013	
KMB	ATENU140	SH6445	SFD46DNR5DGTL2928	ADL E50D	ADL E500 C517/12	H59/31D	2013	
CTB	9124	SF5605	SFD56CNR5DGTM2929	ADL E50D	ADL E500 C504/25	H51/23D	2013	
KMB	ATENU149	SH8402	SFD46DNR5DGTL2930	ADL E50D	ADL E500 C517/13	H59/31D	2013	
CTB	9125	SF5594	SFD56CNR5DGTM2931	ADL E50D	ADL E500 C504/26	H51/23D	2013	
CTB	8345	SG2549	SFD46CNR5DGTL2932	ADL E50D	ADL E500 C505/25	H55/31D	2013	
KMB	ATENU141	SH6664	SFD46DNR5DGTL2933	ADL E50D	ADL E500 C517/14	H59/31D	2013	
KMB	ATENU144	SH7296	SFD46DNR5DGTL2934	ADL E50D	ADL E500 C517/15	H59/31D	2013	
KMB	ATENU150	SH8457	SFD46DNR5DGTL2935	ADL E50D	ADL E500 C517/16	H59/31D	2013	
CTB	9126	SF6069	SFD56CNR5DGTM2936	ADL E50D	ADL E500 C504/27	H51/23D	2013	
KMB	ATENU143	SH6976	SFD46DNR5DGTL2937	ADL E50D	ADL E500 C517/17	H59/31D	2013	
KMB	ATENU142	SH6730	SFD46DNR5DGTL2938	ADL E50D	ADL E500 C517/18	H59/31D	2013	
KMB	ATENU202	SK5383	SFD46DNR5DGTL2939	ADL E50D	ADL E500 C519/11	H59/31D	2013	
KMB	ATENU212	SK7820	SFD46DNR5DGTL2940	ADL E50D	ADL E500 C519/12	H59/31D	2013	
KMB	ATENU214	SK8332	SFD46DNR5DGTL2941	ADL E50D	ADL E500 C519/13	H59/31D	2013	
CTB	8346	SG5327	SFD46CNR5DGTL2942	ADL E50D	ADL E500 C505/26	H55/31D	2013	
KMB	ATENU210	SK7512	SFD46DNR5DGTL2943	ADL E50D	ADL E500 C519/14	H59/31D	2013	
KMB	ATENU145	SH7320	SFD46DNR5DGTL2944	ADL E50D	ADL E500 C517/19	H59/31D	2013	
CTB	9127	SF4926	SFD56CNR5DGTM2945	ADL E50D	ADL E500 C504/28	H51/23D	2013	
KMB	ATENU148	SH8133	SFD46DNR5DGTL2946	ADL E50D	ADL E500 C517/20	H59/31D	2013	
CTB	9128	SF6495	SFD56CNR5DGTM2947	ADL E50D	ADL E500 C504/29	H51/23D	2013	
KMB	ATENU153	SH8345	SFD46DNR5DGTL2948	ADL E50D	ADL E500 C517/21	H59/31D	2013	
CTB	8347	SG5226	SFD46CNR5DGTL2949	ADL E50D	ADL E500 C505/27	H55/31D	2013	
KMB	ATENU167	SJ3942	SFD46DNR5DGTL2950	ADL E50D	ADL E500 C517/22	H59/31D	2013	
KMB	ATENU151	SH6654	SFD46DNR5DGTL2951	ADL E50D	ADL E500 C517/23	H59/31D	2013	
KMB	ATENU152	SH7944	SFD46DNR5DGTL2952	ADL E50D	ADL E500 C517/24	H59/31D	2013	
CTB	9129	SF7933	SFD56CNR5DGTM2953	ADL E50D	ADL E500 C504/30	H51/23D	2013	
KMB	ATENU154	SH8404	SFD46DNR5DGTL2954	ADL E50D	ADL E500 C517/25	H59/31D	2013	
KMB	ATENU155	SH8461	SFD46DNR5DGTL2955	ADL E50D	ADL E500 C517/26	H59/31D	2013	
KMB	ATENU209	SK7384	SFD46DNR5DGTL2956	ADL E50D	ADL E500 C519/15	H59/31D	2013	
KMB	ATENU213	SK7938	SFD46DNR5DGTL2957	ADL E50D	ADL E500 C519/16	H59/31D	2013	
KMB	ATENU228	SL4037	SFD46DNR5DGTL2958	ADL E50D	ADL E500 C519/17	H59/31D	2014	
KMB	ATENU217	SK9195	SFD46DNR5DGTL2959	ADL E50D	ADL E500 C519/18	H59/31D	2014	
KMB	ATENU158	SH9990	SFD46DNR5DGTL2960	ADL E50D	ADL E500 C517/27	H59/31D	2013	
KMB	ATENU156	SH9233	SFD46DNR5DGTL2961	ADL E50D	ADL E500 C517/28	H59/31D	2013	
KMB	ATENU248	SL9366	SFD46DNR5DGTL2962	ADL E50D	ADL E500 C519/19	H59/31D	2014	
KMB	ATENU168	SJ3962	SFD46DNR5DGTL2963	ADL E50D	ADL E500 C517/29	H59/31D	2013	
KMB	ATENU157	SH9283	SFD46DNR5DGTL2964	ADL E50D	ADL E500 C517/30	H59/31D	2013	
KMB	ATENU161	SJ227	SFD46DNR5DGTL2965	ADL E50D	ADL E500 C517/31	H59/31D	2013	
KMB	ATENU159	SJ251	SFD46DNR5DGTL2966	ADL E50D	ADL E500 C517/32	H59/31D	2013	
KMB	ATENU218	SK9918	SFD46DNR5DGTL2967	ADL E50D	ADL E500 C519/20	H59/31D	2014	
KMB	ATENU215	SK9040	SFD46DNR5DGTL2968	ADL E50D	ADL E500 C519/21	H59/31D	2014	
KMB	ATENU160	SH8653	SFD46DNR5DGTL2969	ADL E50D	ADL E500 C517/33	H59/31D	2013	

公司	車隊編號	車牌	底盤編號	車型	車身	座位佈局	首次登記日期	退役日期
KMB	ATENU164	SJ3088	SFD46DNR5DGTL2970	ADL E50D	ADL E500 C517/34	H59/31D	2013	
KMB	ATENU216	SK9190	SFD46DNR5DGTL2971	ADL E50D	ADL E500 C519/22	H59/31D	2014	
CTB	8348	SG6245	SFD46CNR5DGTL2972	ADL E50D	ADL E500 C505/28	H55/31D	2013	
KMB	ATENU162	SJ571	SFD46DNR5DGTL2973	ADL E50D	ADL E500 C517/35	H59/31D	2013	
CTB	8350	SH2495	SFD46CNR5DGTL2974	ADL E50D	ADL E500 C505/30	H55/31D	2013	
KMB	ATENU219	SL1121	SFD46DNR5DGTL2975	ADL E50D	ADL E500 C519/23	H59/31D	2014	
KMB	ATENU163	SJ709	SFD46DNR5DGTL2976	ADL E50D	ADL E500 C517/36	H59/31D	2013	
KMB	ATENU170	SJ4443	SFD46DNR5DGTL2977	ADL E50D	ADL E500 C517/37	H59/31D	2013	
KMB	ATENU220	SL1339	SFD46DNR5DGTL2978	ADL E50D	ADL E500 C519/24	H59/31D	2014	
KMB	ATENU169	SJ4110	SFD46DNR5DGTL2979	ADL E50D	ADL E500 C517/38	H59/31D	2013	
KMB	ATENU166	SJ3539	SFD46DNR5DGTL2980	ADL E50D	ADL E500 C517/39	H59/31D	2013	
KMB	ATENU165	SJ3200	SFD46DNR5DGTL2981	ADL E50D	ADL E500 C517/40	H59/31D	2013	
KMB	ATENU221	SL2339	SFD46DNR5DGTL2982	ADL E50D	ADL E500 C519/25	H59/31D	2014	
KMB	ATENU171	SJ2902	SFD46DNR5DGTL2983	ADL E50D	ADL E500 C517/41	H59/31D	2013	
KMB	ATENU224	SL4174	SFD46DNR5DGTL2984	ADL E50D	ADL E500 C519/26	H59/31D	2014	
CTB	8349	SG6274	SFD46CNR5DGTL2985	ADL E50D	ADL E500 C505/29	H55/31D	2013	
KMB	ATENU172	SJ3072	SFD46DNR5DGTL2986	ADL E50D	ADL E500 C517/42	H59/31D	2013	
KMB	ATENU176	SJ6462	SFD46DNR5DGTL2987	ADL E50D	ADL E500 C517/43	H59/31D	2013	
CTB	8351	SH4061	SFD46CNR5DGTL2988	ADL E50D	ADL E500 C505/31	H55/31D	2013	
CTB	8026	SF6426	SFD46DNR5DGTL2989	ADL E50D	ADL E500	H51/23D	2013	
CTB	8027	SF8343	SFD46DNR5DGTL2990	ADL E50D	ADL E500	H51/23D	2013	
KMB	ATENU173	SJ4783	SFD46DNR5DGTL2991	ADL E50D	ADL E500 C517/44	H59/31D	2013	
KMB	ATENU174	SJ5546	SFD46DNR5DGTL2992	ADL E50D	ADL E500 C517/45	H59/31D	2013	
KMB	ATENU175	SJ6426	SFD46DNR5DGTL2993	ADL E50D	ADL E500 C517/46	H59/31D	2013	
KMB	ATENU177	SJ6834	SFD46DNR5DGTL2994	ADL E50D	ADL E500 C517/47	H59/31D	2013	
KMB	ATENU180	SJ7481	SFD46DNR5DGTL2995	ADL E50D	ADL E500 C517/48	H59/31D	2013	
CTB	8028	SF6830	SFD46DNR5DGTL2996	ADL E50D	ADL E500	H51/23D	2013	
KMB	ATENU179	SJ7350	SFD46DNR5DGTL2997	ADL E50D	ADL E500 C517/49	H59/31D	2013	
KMB	ATENU181	SJ7884	SFD46DNR5DGTL2998	ADL E50D	ADL E500 C517/50	H59/31D	2013	
KMB	ATENU223	SL4087	SFD46DNR5DGTL2999	ADL E50D	ADL E500 C519/27	H59/31D	2014	
KMB	ATENU225	SL4301	SFD46DNR5DGTL3000	ADL E50D	ADL E500 C519/28	H59/31D	2014	
KMB	ATENU222	SL3783	SFD46DNR5DGTL3001	ADL E50D	ADL E500 C519/29	H59/31D	2014	
KMB	ATENU226	SL3213	SFD46DNR5DGTL3002	ADL E50D	ADL E500 C519/30	H59/31D	2014	
KMB	ATENU178	SJ6871	SFD46DNR5DGTL3003	ADL E50D	ADL E500 C517/51	H59/31D	2013	
KMB	ATENU182	SJ8251	SFD46DNR5DGTL3004	ADL E50D	ADL E500 C517/52	H59/31D	2013	
CTB	9130	SH3598	SFD56CNR5DGTM3005	ADL E50D	ADL E500 C504/31	H51/23D	2013	
KMB	ATENU183	SJ8408	SFD46DNR5DGTL3006	ADL E50D	ADL E500 C517/53	H59/31D	2013	
CTB	9131	SH3252	SFD56CNR5DGTM3007	ADL E50D	ADL E500 C504/32	H51/23D	2013	
KMB	ATENU186	SK321	SFD46DNR5DGTL3008	ADL E50D	ADL E500 C517/54	H59/31D	2013	
KMB	ATENU187	SK470	SFD46DNR5DGTL3009	ADL E50D	ADL E500 C517/55	H59/31D	2013	
KMB	ATENU184	SJ9560	SFD46DNR5DGTL3010	ADL E50D	ADL E500 C517/56	H59/31D	2013	
KMB	ATENU197	SK2824	SFD46DNR5DGTL3011	ADL E50D	ADL E500 C517/57	H59/31D	2013	
CTB	9132	SF8739	SFD56CNR5DGTM3012	ADL E50D	ADL E500 C504/33	H51/23D	2013	
KMB	ATENU198	SK4222	SFD46DNR5DGTL3013	ADL E50D	ADL E500 C517/58	H59/31D	2013	
KMB	ATENU231	SL4279	SFD46DNR5DGTL3014	ADL E50D	ADL E500 C519/31	H59/31D	2014	
KMB	ATENU229	SL4149	SFD46DNR5DGTL3015	ADL E50D	ADL E500 C519/32	H59/31D	2014	
KMB	ATENU230	SL4251	SFD46DNR5DGTL3016	ADL E50D	ADL E500 C519/33	H59/31D	2014	

公司	車隊編號	車牌	底盤編號	車型	車身	座位佈局	首次登記日期	退役日期
KMB	ATENU227	SL3576	SFD46DNR5DGTL3017	ADL E50D	ADL E500 C519/34	H59/31D	2014	
KMB	ATENU193	SK2093	SFD46DNR5DGTL3018	ADL E50D	ADL E500 C517/59	H59/31D	2013	
KMB	ATENU189	SK336	SFD46DNR5DGTL3019	ADL E50D	ADL E500 C517/60	H59/31D	2013	
CTB	9133	SH7643	SFD56CNR5DGTM3020	ADL E50D	ADL E500 C504/34	H51/23D	2013	
KMB	ATENU185	SJ9606	SFD46DNR5DGTL3021	ADL E50D	ADL E500 C517/61	H59/31D	2013	
KMB	ATENU188	SJ9317	SFD46DNR5DGTL3022	ADL E50D	ADL E500 C517/62	H59/31D	2013	
KMB	ATENU191	SK1624	SFD46DNR5DGTL3023	ADL E50D	ADL E500 C517/63	H59/31D	2013	
CTB	9134	SH8633	SFD56CNR5DGTM3024	ADL E50D	ADL E500 C504/35	H51/23D	2013	
KMB	ATENU194	SK2293	SFD46DNR5DGTL3025	ADL E50D	ADL E500 C517/64	H59/31D	2013	
KMB	ATENU196	SK2454	SFD46DNR5DGTL3026	ADL E50D	ADL E500 C517/65	H59/31D	2013	
CTB	9135	SH8758	SFD56CNR5DGTM3027	ADL E50D	ADL E500 C504/36	H51/23D	2013	
KMB	ATENU195	SK2399	SFD46DNR5DGTL3028	ADL E50D	ADL E500 C517/66	H59/31D	2013	
KMB	ATENU190	SK875	SFD46DNR5DGTL3029	ADL E50D	ADL E500 C517/67	H59/31D	2013	
KMB	ATENU246	SL9106	SFD46DNR5DGTL3030	ADL E50D	ADL E500 C519/35	H59/31D	2014	
KMB	ATENU265	SP7228	SFD46DNR5DGTL3031	ADL E50D	ADL E500 C519/36	H59/31D	2014	
KMB	ATENU234	SL6224	SFD46DNR5DGTL3032	ADL E50D	ADL E500 C519/37	H59/31D	2014	
KMB	ATENU242	SL7969	SFD46DNR5DGTL3033	ADL E50D	ADL E500 C519/38	H59/31D	2014	
KMB	ATENU192	SK2063	SFD46DNR5DGTL3034	ADL E50D	ADL E500 C517/68	H59/31D	2013	
LWB	9501	SJ7944	SFD46DNR5DGTL3035	ADL E50D	ADL E500 C512/01	H59/25D	2013	
CTB	8029	SH8627	SFD46DNR5DGTL3036	ADL E50D	ADL E500	H51/23D	2013	
KMB	ATENU235	SL6526	SFD46DNR5DGTL3038	ADL E50D	ADL E500 C519/39	H59/31D	2014	
LWB	9502	SJ9997	SFD46DNR5DGTL3039	ADL E50D	ADL E500 C512/02	H59/25D	2013	
KMB	ATENU233	SL6083	SFD46DNR5DGTL3040	ADL E50D	ADL E500 C519/40	H59/31D	2014	
LWB	9505	SK4255	SFD46DNR5DGTL3041	ADL E50D	ADL E500 C512/03	H59/25D	2013	
LWB	9506	SK5934	SFD46DNR5DGTL3042	ADL E50D	ADL E500 C512/04	H59/25D	2013	
LWB	9503	SK2178	SFD46DNR5DGTL3043	ADL E50D	ADL E500 C512/05	H59/25D	2013	
KMB	ATENU232	SL5997	SFD46DNR5DGTL3044	ADL E50D	ADL E500 C519/41	H59/31D	2014	
LWB	9504	SK1019	SFD46DNR5DGTL3045	ADL E50D	ADL E500 C512/06	H59/25D	2013	
KMB	ATENU270	SP7952	SFD46DNR5DGTL3046	ADL E50D	ADL E500 D503/01	H59/31D	2014	
LWB	9507	SK6768	SFD46DNR5DGTL3047	ADL E50D	ADL E500 C512/07	H59/25D	2013	
KMB	ATENU236	SL7615	SFD46DNR5DGTL3048	ADL E50D	ADL E500 D503/02	H59/31D	2014	
CTB	9137	SH9225	SFD56CNR5DGTM3049	ADL E50D	ADL E500 C504/38	H51/23D	2013	
LWB	9508	SK9239	SFD46DNR5DGTL3050	ADL E50D	ADL E500 C512/08	H59/25D	2014	
LWB	9509	SL1955	SFD46DNR5DGTL3051	ADL E50D	ADL E500 C512/09	H59/25D	2014	
CTB	9136	SJ302	SFD56CNR5DGTM3052	ADL E50D	ADL E500 C504/37	H51/23D	2013	
CTB	8352	SH4366	SFD46CNR5DGTL3053	ADL E50D	ADL E500 C505/32	H55/31D	2013	
CTB	8353	SJ3778	SFD46CNR5DGTL3054	ADL E50D	ADL E500 C505/33	H55/31D	2013	
LWB	9510	SL3599	SFD46DNR5DGTL3055	ADL E50D	ADL E500 C512/10	H59/25D	2014	
LWB	9511	SL6335	SFD46DNR5DGTL3056	ADL E50D	ADL E500 C512/11	H59/25D	2014	
LWB	9512	SL8667	SFD46DNR5DGTL3058	ADL E50D	ADL E500 C512/12	H59/25D	2014	
LWB	9515	SM9420	SFD46DNR5DGTL3059	ADL E50D	ADL E500 C512/13	H59/25D	2014	
CTB	8354	SJ3226	SFD46CNR5DGTL3060	ADL E50D	ADL E500 C505/34	H55/31D	2013	
LWB	9513	SM2635	SFD46DNR5DGTL3061	ADL E50D	ADL E500 C512/14	H59/25D	2014	
KMB	ATENU245	SL8449	SFD46DNR5DGTL3062	ADL E50D	ADL E500 D503/03	H59/31D	2014	
LWB	9514	SM8298	SFD46DNR5DGTL3063	ADL E50D	ADL E500 C512/15	H59/25D	2014	
CTB	9138	SJ984	SFD56CNR5DGTM3064	ADL E50D	ADL E500 C504/39	H51/23D	2013	
LWB	9516	SN4127	SFD46DNR5DGTL3065	ADL E50D	ADL E500 C512/16	H59/25D	2014	

公司	車隊編號	車牌	底盤編號	車型	車身	座位佈局	首次登記日期	退役日期
LWB	9517	SN5597	SFD46DNR5DGTL3066	ADL E50D	ADL E500 C512/17	H59/25D	2014	
LWB	9518	SP8669	SFD46DNR5DGTL3067	ADL E50D	ADL E500 C512/18	H59/25D	2014	
LWB	9519	SP2895	SFD46DNR5DGTL3069	ADL E50D	ADL E500 C512/19	H59/25D	2014	
CTB	8030	SJ2265	SFD46DNR5DGTL3070	ADL E50D	ADL E500	H51/23D	2013	
LWB	9520	SP6096	SFD46DNR5DGTL3071	ADL E50D	ADL E500 C512/20	H59/25D	2014	
LWB	9521	SP4657	SFD46DNR5DGTL3072	ADL E50D	ADL E500 C512/21	H59/25D	2014	
CTB	8362	SM894	SFD46CNR5DMTL3073	ADL E50D	ADL E500 D509/02	H59/31D	2014	
CTB	8363	SM2037	SFD46CNR5DMTL3074	ADL E50D	ADL E500 D509/03	H59/31D	2014	
CTB	8364	SM693	SFD46CNR5DMTL3075	ADL E50D	ADL E500 D509/04	H59/31D	2014	
CTB	8365	SM2663	SFD46CNR5DMTL3076	ADL E50D	ADL E500 D509/05	H59/31D	2014	
CTB	8366	SM3786	SFD46CNR5DMTL3077	ADL E50D	ADL E500 D509/06	H59/31D	2014	
CTB	8367	SM2745	SFD46CNR5DMTL3078	ADL E50D	ADL E500 D509/07	H59/31D	2014	
CTB	8368	SM4218	SFD46CNR5DMTL3079	ADL E50D	ADL E500 D509/08	H59/31D	2014	
CTB	8369	SM4082	SFD46CNR5DMTL3080	ADL E50D	ADL E500 D509/09	H59/31D	2014	
CTB	8370	SM2686	SFD46CNR5DMTL3081	ADL E50D	ADL E500 D509/10	H59/31D	2014	
CTB	8371	SM3430	SFD46CNR5DMTL3082	ADL E50D	ADL E500 D509/11	H59/31D	2014	
CTB	8372	SM8896	SFD46CNR5DMTL3083	ADL E50D	ADL E500 D509/12	H59/31D	2014	
CTB	8373	SN4212	SFD46CNR5DMTL3084	ADL E50D	ADL E500 D509/13	H59/31D	2014	
CTB	8374	SN5363	SFD46CNR5DMTL3085	ADL E50D	ADL E500 D509/14	H59/31D	2014	
CTB	8375	SN4652	SFD46CNR5DMTL3086	ADL E50D	ADL E500 D509/15	H59/31D	2014	
CTB	8376	SN4799	SFD46CNR5DMTL3087	ADL E50D	ADL E500 D509/16	H59/31D	2014	
CTB	8377	SN7639	SFD46CNR5DMTL3088	ADL E50D	ADL E500 D509/17	H59/31D	2014	
CTB	8378	SN6057	SFD46CNR5DMTL3089	ADL E50D	ADL E500 D509/18	H59/31D	2014	
CTB	8379	SN9378	SFD46CNR5DMTL3090	ADL E50D	ADL E500 D509/19	H59/31D	2014	
CTB	8380	SN8723	SFD46CNR5DMTL3091	ADL E50D	ADL E500 D509/20	H59/31D	2014	
CTB	8381	SN8766	SFD46CNR5DMTL3092	ADL E50D	ADL E500 D509/21	H59/31D	2014	
CTB	8382	SP1625	SFD46CNR5DMTL3093	ADL E50D	ADL E500 D509/22	H59/31D	2014	
CTB	8383	SP3029	SFD46CNR5DMTL3094	ADL E50D	ADL E500 D509/23	H59/31D	2014	
CTB	8384	SP2989	SFD46CNR5DMTL3095	ADL E50D	ADL E500 D509/24	H59/31D	2014	
CTB	8385	SP4717	SFD46CNR5DMTL3096	ADL E50D	ADL E500 D509/25	H59/31D	2014	
CTB	8386	SP4910	SFD46CNR5DMTL3097	ADL E50D	ADL E500 D509/26	H59/31D	2014	
CTB	8387	SP5762	SFD46CNR5DMTL3098	ADL E50D	ADL E500 D509/27	H59/31D	2014	
CTB	8388	SP8116	SFD46CNR5DMTL3099	ADL E50D	ADL E500 D509/28	H59/31D	2014	
CTB	8389	SP6736	SFD46CNR5DMTL3100	ADL E50D	ADL E500 D509/29	H59/31D	2014	
CTB	8390	SP7670	SFD46CNR5DMTL3101	ADL E50D	ADL E500 D509/30	H59/31D	2014	
CTB	8391	SR2698	SFD46CNR5DMTL3102	ADL E50D	ADL E500 D509/31	H59/31D	2014	
CTB	8392	SR2954	SFD46CNR5DMTL3103	ADL E50D	ADL E500 D509/32	H59/31D	2014	
CTB	8393	SR3201	SFD46CNR5DMTL3104	ADL E50D	ADL E500 D509/33	H59/31D	2014	
CTB	8394	SR5419	SFD46CNR5DMTL3105	ADL E50D	ADL E500 D509/34	H59/31D	2014	
CTB	8395	SR5429	SFD46CNR5DMTL3106	ADL E50D	ADL E500 D509/35	H59/31D	2014	
CTB	8396	SR9161	SFD46CNR5DMTL3107	ADL E50D	ADL E500 D509/36	H59/31D	2014	
CTB	8397	SR9932	SFD46CNR5DMTL3108	ADL E50D	ADL E500 D509/37	H59/31D	2014	
CTB	8361	SL9799	SFD46CNR5DGTL3109	ADL E50D	ADL E500 D509/01	H59/31D	2014	
CTB	8398	SS2730	SFD46CNR5DMTL3110	ADL E50D	ADL E500 D509/38	H59/31D	2014	
CTB	8399	SS2902	SFD46CNR5DMTL3111	ADL E50D	ADL E500 D509/39	H59/31D	2014	
CTB	8402	SS4363	SFD46CNR5DMTL3112	ADL E50D	ADL E500 D509/40	H59/31D	2014	
CTB	8403	SS4318	SFD46CNR5DMTL3113	ADL E50D	ADL E500 D509/41	H59/31D	2014	

公司	車隊編號	車牌	底盤編號	車型	車身	座位佈局	首次登記日期	退役日期
CTB	8404	SS3451	SFD46CNR5DMTL3114	ADL E50D	ADL E500 D509/42	H59/31D	2014	
CTB	8405	SS2898	SFD46CNR5DMTL3115	ADL E50D	ADL E500 D509/43	H59/31D	2014	
KMB	ATENU264	SP7159	SFD46DNR5DGTL3123	ADL E50D	ADL E500 D503/29	H59/31D	2014	
CTB	8031	SJ4497	SFD46DNR5DGTL3124	ADL E50D	ADL E500	H51/23D	2013	
LWB	9522	SP9483	SFD46DNR5DGTL3125	ADL E50D	ADL E500 C512/22	H59/25D	2014	
CTB	8032	SJ5726	SFD46DNR5DGTL3126	ADL E50D	ADL E500	H51/23D	2013	
KMB	ATENU238	SL7073	SFD46DNR5DGTL3127	ADL E50D	ADL E500 D503/05	H59/31D	2014	
KMB	ATENU239	SL7313	SFD46DNR5DGTL3128	ADL E50D	ADL E500 D503/06	H59/31D	2014	
CTB	8033	SJ8393	SFD46DNR5DGTL3129	ADL E50D	ADL E500	H51/23D	2013	
KMB	ATENU240	SL7457	SFD46DNR5DGTL3130	ADL E50D	ADL E500 D503/07	H59/31D	2014	
KMB	ATENU243	SL8271	SFD46DNR5DGTL3131	ADL E50D	ADL E500 D503/08	H59/31D	2014	
KMB	ATENU241	SL7729	SFD46DNR5DGTL3132	ADL E50D	ADL E500 D503/09	H59/31D	2014	
KMB	ATENU237	SL6660	SFD46DNR5DGTL3133	ADL E50D	ADL E500 D503/10	H59/31D	2014	
KMB	ATENU244	SL8410	SFD46DNR5DGTL3134	ADL E50D	ADL E500 D503/11	H59/31D	2014	
KMB	ATENU247	SL9341	SFD46DNR5DGTL3135	ADL E50D	ADL E500 D503/12	H59/31D	2014	
KMB	ATENU249	SM403	SFD46DNR5DGTL3136	ADL E50D	ADL E500 D503/13	H59/31D	2014	
KMB	ATENU267	SP7555	SFD46DNR5DGTL3137	ADL E50D	ADL E500 D503/14	H59/31D	2014	
KMB	ATENU262	SP6792	SFD46DNR5DGTL3138	ADL E50D	ADL E500 D503/15	H59/31D	2014	
KMB	ATENU268	SP7812	SFD46DNR5DGTL3139	ADL E50D	ADL E500 D503/16	H59/31D	2014	
NWFB	4040	SL2101	SFD56CNR5DGTM3140	ADL E50D	ADL E500	H53/23D	2014	
CTB	9139	SJ2261	SFD56CNR5DGTM3141	ADL E50D	ADL E500 C504/40	H51/23D	2013	
KMB	ATENU250	SN8597	SFD46DNR5DGTL3142	ADL E50D	ADL E500 D503/17	H59/31D	2014	
CTB	9140	SJ1518	SFD56CNR5DGTM3143	ADL E50D	ADL E500 C504/41	H51/23D	2013	
CTB	9141	SJ3410	SFD56CNR5DGTM3144	ADL E50D	ADL E500 C504/42	H51/23D	2013	
CTB	9142	SJ3699	SFD56CNR5DGTM3145	ADL E50D	ADL E500 C504/43	H51/23D	2013	
CTB	8355	SJ5833	SFD46CNR5DGTL3146	ADL E50D	ADL E500 C505/35	H55/31D	2013	
CTB	8356	SH5527	SFD46CNR5DGTL3148	ADL E50D	ADL E500 C505/36	H55/31D	2013	
KMB	ATENU252	SN8760	SFD46DNR5DGTL3149	ADL E50D	ADL E500 D503/18	H59/31D	2014	
KMB	ATENU254	SN9360	SFD46DNR5DGTL3150	ADL E50D	ADL E500 D503/19	H59/31D	2014	
KMB	ATENU256	SN9541	SFD46DNR5DGTL3151	ADL E50D	ADL E500 D503/20	H59/31D	2014	
KMB	ATENU257	SN9589	SFD46DNR5DGTL3152	ADL E50D	ADL E500 D503/21	H59/31D	2014	
KMB	ATENU251	SN8628	SFD46DNR5DGTL3153	ADL E50D	ADL E500 D503/22	H59/31D	2014	
KMB	ATENU255	SN9362	SFD46DNR5DGTL3154	ADL E50D	ADL E500 D503/23	H59/31D	2014	
CTB	8357	SH5894	SFD46CNR5DGTL3155	ADL E50D	ADL E500 C505/37	H55/31D	2013	
CTB	8358	SH6325	SFD46CNR5DGTL3156	ADL E50D	ADL E500 C505/38	H55/31D	2013	
KMB	ATENU258	SN9601	SFD46DNR5DGTL3157	ADL E50D	ADL E500 D503/24	H59/31D	2014	
CTB	8359	SJ4959	SFD46CNR5DGTL3158	ADL E50D	ADL E500 C505/39	H55/31D	2013	
CTB	8360	SJ5717	SFD46CNR5DGTL3159	ADL E50D	ADL E500 C505/40	H59/31D	2013	
KMB	ATENU259	SN9652	SFD46DNR5DGTL3160	ADL E50D	ADL E500 D503/25	H59/31D	2014	
KMB	ATENU260	SN9730	SFD46DNR5DGTL3162	ADL E50D	ADL E500 D503/26	H59/31D	2014	
KMB	ATENU266	SP7475	SFD46DNR5DGTL3163	ADL E50D	ADL E500 D503/27	H59/31D	2014	
KMB	ATENU269	SP7844	SFD46DNR5DGTL3164	ADL E50D	ADL E500 D503/28	H59/31D	2014	
KMB	ATENU263	SP6893	SFD46DNR5DGTL3165	ADL E50D	ADL E500 D503/04	H59/31D	2014	
CTB	9143	SJ3189	SFD56CNR5DGTM3166	ADL E50D	ADL E500 C504/44	H51/23D	2013	
CTB	9144	SJ2616	SFD56CNR5DGTM3167	ADL E50D	ADL E500 C504/45	H51/23D	2013	
CTB	9145	SJ6001	SFD56CNR5DGTM3168	ADL E50D	ADL E500 C504/46	H51/23D	2013	
KMB	ATENU284	SS390	SFD46DNR5DGTL3169	ADL E50D	ADL E500 D503/30	H59/31D	2014	

公司	車隊編號	車牌	底盤編號	車型	車身	座位佈局	首次登記日期	退役日期
KMB	ATENU282	SR9833	SFD46DNR5DGTL3170	ADL E50D	ADL E500 D503/31	H59/31D	2014	
LWB	9533	SU8195	SFD46DNR5DGTL3171	ADL E50D	ADL E500 D513/11	H59/25D	2014	
LWB	9534	SV1980	SFD46DNR5DGTL3172	ADL E50D	ADL E500 D513/12	H59/25D	2014	
LWB	9535	SV2935	SFD46DNR5DGTL3173	ADL E50D	ADL E500 D513/13	H59/25D	2014	
LWB	9536	SV4082	SFD46DNR5DGTL3174	ADL E50D	ADL E500 D513/14	H59/25D	2014	
LWB	9537	SV5216	SFD46DNR5DGTL3175	ADL E50D	ADL E500 D513/15	H59/25D	2014	
KMB	ATENU278	SR8990	SFD46DNR5DGTL3176	ADL E50D	ADL E500 D503/32	H59/31D	2014	
LWB	9538	SW4184	SFD46DNR5DGTL3177	ADL E50D	ADL E500 D513/16	H59/25D	2014	
KMB	ATENU283	SS273	SFD46DNR5DGTL3178	ADL E50D	ADL E500 D503/33	H59/31D	2014	
CTB	9146	SJ6002	SFD56CNR5DGTM3179	ADL E50D	ADL E500 C504/47	H51/23D	2013	
LWB	9539	SW8483	SFD46DNR5DGTL3180	ADL E50D	ADL E500 D513/17	H59/25D	2014	
KMB	ATENU277	SR8700	SFD46DNR5DGTL3181	ADL E50D	ADL E500 D503/34	H59/31D	2014	
CTB	9147	SK4091	SFD56CNR5DGTM3182	ADL E50D	ADL E500 C504/48	H51/25D	2013	
LWB	9540	SW9081	SFD46DNR5DGTL3183	ADL E50D	ADL E500 D513/18	H59/25D	2014	
LWB	9541	SX3291	SFD46DNR5DGTL3184	ADL E50D	ADL E500 D513/19	H59/25D	2014	
KMB	ATENU297	ST6536	SFD46DNR5DGTL3186	ADL E50D	ADL E500 C520/26	H59/31D	2014	
KMB	ATENU298	ST6990	SFD46DNR5DGTL3187	ADL E50D	ADL E500 C520/27	H59/31D	2014	
KMB	ATENU309	SU7740	SFD46DNR5DGTL3188	ADL E50D	ADL E500 C520/28	H59/31D	2014	
KMB	ATENU308	SU7248	SFD46DNR5DGTL3189	ADL E50D	ADL E500 C520/29	H59/31D	2014	
KMB	ATENU303	SU3428	SFD46DNR5DGTL3190	ADL E50D	ADL E500 C520/30	H59/31D	2014	
KMB	ATENU304	SU3504	SFD46DNR5DGTL3191	ADL E50D	ADL E500 C520/31	H59/31D	2014	
KMB	ATENU306	SU4438	SFD46DNR5DGTL3192	ADL E50D	ADL E500 C520/32	H59/31D	2014	
KMB	ATENU305	SU3519	SFD46DNR5DGTL3193	ADL E50D	ADL E500 C520/33	H59/31D	2014	
KMB	ATENU310	SU7768	SFD46DNR5DGTL3194	ADL E50D	ADL E500 C520/34	H59/31D	2014	
KMB	ATENU307	SU6840	SFD46DNR5DGTL3195	ADL E50D	ADL E500 C520/35	H59/31D	2014	
KMB	ATENU319	SW6180	SFD46DNR5DGTL3196	ADL E50D	ADL E500 C520/36	H59/31D	2014	
CTB	9148	SJ8162	SFD56CNR5DGTM3197	ADL E50D	ADL E500 C504/49	H51/25D	2013	
KMB	ATENU321	SW6488	SFD46DNR5DGTL3198	ADL E50D	ADL E500 C520/37	H59/31D	2014	
CTB	8034	SJ9765	SFD46DNR5DGTL3205	ADL E50D	ADL E500	H51/23D	2013	
NWFB	4041	SK6779	SFD56CNR5DGTM3206	ADL E50D	ADL E500	H53/23D	2013	
NWFB	4042	SK7383	SFD56CNR5DGTM3207	ADL E50D	ADL E500	H53/23D	2013	
CTB	8035	SK 826	SFD46DNR5DGTL3208	ADL E50D	ADL E500	H51/23D	2013	
NWFB	4043	SK7106	SFD56CNR5DGTM3209	ADL E50D	ADL E500	H53/23D	2013	
CTB	8036	SK3852	SFD46DNR5DGTL3210	ADL E50D	ADL E500	H51/23D	2013	
NWFB	4044	SK7907	SFD56CNR5DGTM3211	ADL E50D	ADL E500	H53/23D	2014	
NWFB	4045	SK6689	SFD56CNR5DGTM3212	ADL E50D	ADL E500	H53/23D	2014	
NWFB	4046	SL3442	SFD56CNR5DGTM3213	ADL E50D	ADL E500	H53/23D	2014	
NWFB	4047	SK8763	SFD56CNR5DGTM3214	ADL E50D	ADL E500	H53/23D	2014	
NWFB	4048	SL1271	SFD56CNR5DGTM3215	ADL E50D	ADL E500	H53/23D	2014	
CTB	8037	SK 733	SFD46DNR5DGTL3216	ADL E50D	ADL E500	H51/23D	2013	
MTR	510	SS7944	SFD56CNR5DGTM3217	ADL E50D	ADL E500 D501/01	H53/25D	2014	
MTR	511	SS8057	SFD56CNR5DGTM3222	ADL E50D	ADL E500 D501/02	H53/25D	2014	
MTR	512	SS5951	SFD56CNR5DGTM3223	ADL E50D	ADL E500 D501/03	H53/25D	2014	
MTR	513	ST5900	SFD56CNR5DGTM3228	ADL E50D	ADL E500 D501/04	H53/25D	2014	
MTR	514	ST5956	SFD56CNR5DGTM3231	ADL E50D	ADL E500 D501/05	H53/25D	2014	
MTR	515	SX1035	SFD56CNR5DGTM3232	ADL E50D	ADL E500 D501/06	H53/25D	2014	
MTR	516	SX529	SFD56CNR5DGTM3233	ADL E50D	ADL E500 D501/07	H53/25D	2014	

公司	車隊編號	車牌	底盤編號	車型	車身	座位佈局	首次登記日期	退役日期
MTR	517	SX2027	SFD56CNR5DGTM3234	ADL E50D	ADL E500 D501/08	H53/25D	2014	
CTB	8038	SK8882	SFD46DNR5DGTL3235	ADL E50D	ADL E500	H51/23D	2014	
CTB	8039	SL5042	SFD46DNR5DGTL3240	ADL E50D	ADL E500	H51/23D	2014	
CTB	8040	SL4765	SFD46DNR5DGTL3241	ADL E50D	ADL E500	H51/23D	2014	
NWFB	4049	SL5596	SFD56CNR5DGTM3245	ADL E50D	ADL E500	H53/23D	2014	
NWFB	4050	SL7651	SFD56CNR5DGTM3247	ADL E50D	ADL E500	H53/23D	2014	
NWFB	4051	SM 239	SFD56CNR5DGTM3248	ADL E50D	ADL E500	H53/23D	2014	
KMB	ATENU312	SW1914	SFD46DNR5DGTL3258	ADL E50D	ADL E500 C520/38	H59/31D	2014	
KMB	ATENU320	SW6319	SFD46DNR5DGTL3259	ADL E50D	ADL E500 C520/39	H59/31D	2014	
KMB	ATENU317	SW4808	SFD46DNR5DGTL3260	ADL E50D	ADL E500 C520/40	H59/31D	2014	
KMB	ATENU328	SW7730	SFD46DNR5DGTL3261	ADL E50D	ADL E500 C520/41	H59/31D	2014	
KMB	ATENU301	SU2577	SFD46DNR5DGTL3268	ADL E50D	ADL E500 C520/42	H59/31D	2014	
KMB	ATENU302	SU2632	SFD46DNR5DGTL3269	ADL E50D	ADL E500 C520/43	H59/31D	2014	
KMB	ATENU318	SW5099	SFD46DNR5DGTL3270	ADL E50D	ADL E500 C520/44	H59/31D	2014	
CTB	8041	SN6384	SFD46DNR5DGTL3272	ADL E50D	ADL E500	H51/23D	2014	
CTB	8042	SN6020	SFD46DNR5DGTL3273	ADL E50D	ADL E500	H51/23D	2014	
CTB	8043	SN8318	SFD46DNR5DGTL3274	ADL E50D	ADL E500	H51/23D	2014	
KMB	ATENU326	SW6488	SFD46DNR5DGTL3275	ADL E50D	ADL E500 C520/45	H59/31D	2014	
KMB	ATENU324	SW5910	SFD46DNR5DGTL3276	ADL E50D	ADL E500 C520/46	H59/31D	2014	
KMB	ATENU322	SW4640	SFD46DNR5DGTL3277	ADL E50D	ADL E500 C520/47	H59/31D	2014	
KMB	ATENU325	SW6025	SFD46DNR5DGTL3278	ADL E50D	ADL E500 C520/48	H59/31D	2014	
KMB	ATENU327	SW6820	SFD46DNR5DGTL3279	ADL E50D	ADL E500 C520/49	H59/31D	2014	
KMB	ATENU329	SW7775	SFD46DNR5DGTL3280	ADL E50D	ADL E500 C520/50	H59/31D	2014	
KMB	ATENU311	SW1912	SFD46DNR5DGTL3281	ADL E50D	ADL E500 C520/51	H59/31D	2014	
KMB	ATENU323	SW4978	SFD46DNR5DGTL3282	ADL E50D	ADL E500 C520/52	H59/31D	2014	
LWB	9544	TA5573	SFD46DNR5DGTL3285	ADL E50D	ADL E500	H59/25D	2014	
LWB	9547	TB2612	SFD46DNR5DGTL3287	ADL E50D	ADL E500	H59/25D	2014	
LWB	9545	TA7971	SFD46DNR5DGTL3288	ADL E50D	ADL E500	H59/25D	2014	
LWB	9542	SX5198	SFD46DNR5DGTL3289	ADL E50D	ADL E500	H59/25D	2014	
LWB	9543	TA1413	SFD46DNR5DGTL3290	ADL E50D	ADL E500	H59/25D	2014	
CTB	8044	SM9237	SFD46DNR5DGTL3295	ADL E50D	ADL E500	H51/23D	2014	
LWB	9546	TB1076	SFD46DNR5DGTL3296	ADL E50D	ADL E500	H59/25D	2014	
KMB	3ATENU1	SV1175	SFD86DNR5DGTL3297	ADL E50D	ADL E500	H63/35D	2014	
CTB	8045	SN4860	SFD46DNR5DGTL3299	ADL E50D	ADL E500	H51/23D	2014	
CTB	8046	SP9684	SFD46DNR5DGTL3300	ADL E50D	ADL E500	H51/23D	2014	
KMB	3ATENU2	SV1948	SFD86DNR5DGTL3301	ADL E50D	ADL E500	H63/35D	2014	
CTB	8406	SS7702	SFD46CNR5DMTL3302	ADL E50D	ADL E500 D509/44	H59/31D	2014	
CTB	8407	SS7708	SFD46CNR5DMTL3303	ADL E50D	ADL E500 D509/45	H59/31D	2014	
CTB	8408	SS8170	SFD46CNR5DMTL3304	ADL E50D	ADL E500 D509/46	H59/31D	2014	
CTB	8409	SS7961	SFD46CNR5DMTL3305	ADL E50D	ADL E500 D509/47	H59/31D	2014	
CTB	8410	SS9057	SFD46CNR5DMTL3306	ADL E50D	ADL E500 D509/48	H59/31D	2014	
CTB	8411	ST4505	SFD46DNR5DMTL3307	ADL E50D	ADL E500 D509/49	H59/31D	2014	
CTB	8412	SU3251	SFD46CNR5DMTL3308	ADL E50D	ADL E500 D509/50	H59/31D	2014	
CTB	8047	SP9607	SFD46DNR5DGTL3310	ADL E50D	ADL E500	H51/23D	2014	
CTB	8048	SP9726	SFD46DNR5DGTL3311	ADL E50D	ADL E500	H51/23D	2014	
CTB	8049	SN8700	SFD46DNR5DGTL3314	ADL E50D	ADL E500	H51/23D	2014	
CTB	8050	SN8590	SFD46DNR5DGTL3315	ADL E50D	ADL E500	H51/23D	2014	

公司	車隊編號	車牌	底盤編號	車型	車身	座位佈局	首次登記日期	退役日期
CTB	8051	SR7367	SFD46DNR5DGTL3316	ADL E50D	ADL E500	H51/23D	2014	
CTB	8052	SR3788	SFD46DNR5DGTL3323	ADL E50D	ADL E500	H51/23D	2014	
CTB	8413	ST6865	SFD46CNR5DMTL3325	ADL E50D	ADL E500 D510/01	H59/31D	2014	
CTB	8414	ST6555	SFD46CNR5DMTL3326	ADL E50D	ADL E500 D510/02	H59/31D	2014	
CTB	8415	SU2071	SFD46CNR5DMTL3327	ADL E50D	ADL E500 D510/03	H59/31D	2014	
CTB	8416	SU744	SFD46CNR5DMTL3328	ADL E50D	ADL E500 D510/04	H59/31D	2014	
CTB	8417	SU3469	SFD46CNR5DMTL3329	ADL E50D	ADL E500 D510/05	H59/31D	2014	
CTB	8418	SU2580	SFD46CNR5DMTL3330	ADL E50D	ADL E500 D510/06	H59/31D	2014	
CTB	8419	SU4728	SFD46CNR5DMTL3331	ADL E50D	ADL E500 D510/07	H59/31D	2014	
CTB	8420	SU4708	SFD46CNR5DMTL3332	ADL E50D	ADL E500 D510/08	H59/31D	2014	
CTB	8421	SU5703	SFD46CNR5DMTL3333	ADL E50D	ADL E500 D510/09	H59/31D	2014	
CTB	8422	SU9122	SFD46CNR5DMTL3334	ADL E50D	ADL E500 D510/10	H59/31D	2014	
CTB	8423	SU8101	SFD46CNR5DMTL3335	ADL E50D	ADL E500 D510/11	H59/31D	2014	
CTB	8424	SU9787	SFD46CNR5DMTL3336	ADL E50D	ADL E500 D510/12	H59/31D	2014	
CTB	8425	SU8784	SFD46CNR5EMTL3337	ADL E50D	ADL E500 D510/13	H59/31D	2014	
CTB	8426	SV641	SFD46CNR5EMTL3338	ADL E50D	ADL E500 D510/14	H59/31D	2014	
CTB	8427	SV2046	SFD46CNR5EMTL3339	ADL E50D	ADL E500 D510/17	H59/31D	2014	
CTB	8448	SV720	SFD46CNR5EMTL3340	ADL E50D	ADL E500 D510/15	H59/31D	2014	
CTB	8449	SV2752	SFD46CNR5EMTL3341	ADL E50D	ADL E500 D510/16	H59/31D	2014	
CTB	8053	SR7109	SFD46DNR5DGTL3343	ADL E50D	ADL E500	H51/23D	2014	
KMB	ATENU313	SW2475	SFD46DNR5DGTL3344	ADL E50D	ADL E500 C520/53	H59/31D	2014	
KMB	ATENU316	SW4191	SFD46DNR5DGTL3347	ADL E50D	ADL E500 C520/54	H59/31D	2014	
KMB	ATENU315	SW3236	SFD46DNR5DGTL3348	ADL E50D	ADL E500 C520/55	H59/31D	2014	
KMB	ATENU314	SW3105	SFD46DNR5DGTL3349	ADL E50D	ADL E500 C520/56	H59/31D	2014	
CTB	8054	ST4557	SFD46DNR5DGTL3350	ADL E50D	ADL E500	H51/23D	2014	
CTB	8055	ST7329	SFD46DNR5DGTL3353	ADL E50D	ADL E500	H51/23D	2014	
CTB	8056	ST6593	SFD46DNR5DGTL3355	ADL E50D	ADL E500	H51/23D	2014	
CTB	8057	ST9234	SFD46DNR5DGTL3356	ADL E50D	ADL E500	H51/23D	2014	
CTB	8058	SU4031	SFD46DNR5DGTL3357	ADL E50D	ADL E500	H51/23D	2014	
CTB	6300	SV9154	SFD86CNR5EGTL3358	ADL E50D	ADL E500	H63/35D	2014	
CTB	8059	SU4369	SFD46DNR5EGTL3359	ADL E50D	ADL E500	H51/23D	2014	
CTB	8060	SU3453	SFD46DNR5EGTL3397	ADL E50D	ADL E500	H51/23D	2014	
CTB	8061	SU8440	SFD46DNR5EGTL3398	ADL E50D	ADL E500	H51/23D	2014	
CTB	8062	SV1924	SFD46DNR5EGTL3399	ADL E50D	ADL E500	H51/23D	2014	
CTB	8063	SW2279	SFD46DNR5EGTL3401	ADL E50D	ADL E500	H51/23D	2014	
CTB	8064	SW2436	SFD46DNR5EGTL3402	ADL E50D	ADL E500	H51/23D	2014	
CTB	8065	SY6396	SFD46DNR5EGTL3403	ADL E50D	ADL E500	H51/23D	2014	
CTB	8428	SV3594	SFD46CNR5EGTL3404	ADL E50D	ADL E500 D510/18	H59/31D	2014	
CTB	8429	SV2851	SFD46CNR5EGTL3405	ADL E50D	ADL E500 D510/19	H59/31D	2014	
CTB	8430	SV5605	SFD46CNR5EGTL3406	ADL E50D	ADL E500 D510/20	H59/31D	2014	
CTB	8431	SV5226	SFD46CNR5EGTL3407	ADL E50D	ADL E500 D510/21	H59/31D	2014	
CTB	8432	SV5539	SFD46CNR5EGTL3408	ADL E50D	ADL E500 D510/22	H59/31D	2014	
CTB	8433	SV7053	SFD46CNR5EGTL3409	ADL E50D	ADL E500 D510/23	H59/31D	2014	
CTB	8434	SV7756	SFD46CNR5EGTL3410	ADL E50D	ADL E500 D510/24	H59/31D	2014	
CTB	8435	SV6683	SFD46CNR5EGTL3411	ADL E50D	ADL E500 D510/25	H59/31D	2014	
CTB	8436	SW271	SFD46CNR5EGTL3412	ADL E50D	ADL E500 D510/26	H59/31D	2014	
CTB	8437	SV9156	SFD46CNR5EGTL3413	ADL E50D	ADL E500 D510/27	H59/31D	2014	

公司	車隊編號	車牌	底盤編號	車型	車身	座位佈局	首次登記日期	退役日期
CTB	8438	SW3701	SFD46CNR5EGTL3414	ADL E50D	ADL E500 D510/28	H59/31D	2014	
CTB	8439	SW3867	SFD46CNR5EGTL3415	ADL E50D	ADL E500 D510/29	H59/31D	2014	
CTB	8440	SW3564	SFD46CNR5EGTL3416	ADL E50D	ADL E500 D510/30	H59/31D	2014	
CTB	8441	SW4403	SFD46CNR5EGTL3417	ADL E50D	ADL E500 D510/31	H59/31D	2014	
CTB	8442	SW7771	SFD46CNR5EGTL3418	ADL E50D	ADL E500 D510/32	H59/31D	2014	
CTB	8443	SW7908	SFD46CNR5EGTL3419	ADL E50D	ADL E500 D510/33	H59/31D	2014	
CTB	8444	SW7384	SFD46CNR5EGTL3430	ADL E50D	ADL E500 D510/34	H59/31D	2014	
CTB	8445	SW6570	SFD46CNR5EGTL3431	ADL E50D	ADL E500 D510/35	H59/31D	2014	
CTB	8446	SW9812	SFD46CNR5EGTL3432	ADL E50D	ADL E500 D510/36	H59/31D	2014	
CTB	8447	SW9838	SFD46CNR5EGTL3433	ADL E50D	ADL E500 D510/37	H59/31D	2014	
CTB	8450	SX1579	SFD46CNR5EGTL3470	ADL E50D	ADL E500 D510/38	H59/31D	2014	
CTB	8451	SX1008	SFD46CNR5EGTL3471	ADL E50D	ADL E500 D510/39	H59/31D	2014	
CTB	8452	SX5504	SFD46CNR5EGTL3472	ADL E50D	ADL E500 D510/40	H59/31D	2014	
CTB	8453	SX2754	SFD46CNR5EGTL3473	ADL E50D	ADL E500 D510/41	H59/31D	2014	
CTB	8454	SX5746	SFD46CNR5EGTL3474	ADL E50D	ADL E500 D510/42	H59/31D	2014	
CTB	8455	SX5386	SFD46CNR5EGTL3475	ADL E50D	ADL E500 D510/43	H59/31D	2014	
CTB	8456	SY5752	SFD46CNR5EGTL3477	ADL E50D	ADL E500 D510/44	H59/31D	2014	
CTB	8457	SY4812	SFD46CNR5EGTL3478	ADL E50D	ADL E500 D510/45	H59/31D	2014	
CTB	8458	SY8549	SFD46CNR5EGTL3479	ADL E50D	ADL E500 D510/46	H59/31D	2014	
CTB	8459	SY8636	SFD46CNR5EGTL3481	ADL E50D	ADL E500 D510/47	H59/31D	2014	
CTB	8460	SZ2558	SFD46CNR5EGTL3482	ADL E50D	ADL E500 D510/48	H59/31D	2014	
CTB	8461	SZ3478	SFD46CNR5EGTL3483	ADL E50D	ADL E500 D510/49	H59/31D	2014	
CTB	8462	SZ2709	SFD46CNR5EGTL3485	ADL E50D	ADL E500 D510/50	H59/31D	2014	
CTB	8463	SZ3800	SFD46CNR5EGTL3486	ADL E50D	ADL E500 D510/51	H59/31D	2014	
CTB	8464	SZ8759	SFD46CNR5EGTL3487	ADL E50D	ADL E500 D510/52	H59/31D	2014	
CTB	8465	TA1636	SFD46CNR5EGTL3488	ADL E50D	ADL E500 D510/53	H59/31D	2014	
CTB	8466	TA3184	SFD46CNR5EGTL3489	ADL E50D	ADL E500 D510/54	H59/31D	2014	
KMB	ATENU338	TA8176	SFD46DNR5EGTL3490	ADL E50D	ADL E500 E511/01	H59/31D	2014	
KMB	ATENU337	TA7709	SFD46DNR5EGTL3527	ADL E50D	ADL E500 E511/02	H59/31D	2014	
KMB	ATENU339	TA8457	SFD46DNR5EGTL3528	ADL E50D	ADL E500 E511/03	H59/31D	2014	
KMB	ATENU333	TA7343	SFD46DNR5EGTL3529	ADL E50D	ADL E500 E511/04	H59/31D	2014	
KMB	ATENU340	TA8462	SFD46DNR5EGTL3530	ADL E50D	ADL E500 E511/05	H59/31D	2014	
KMB	ATENU334	TA7480	SFD46DNR5EGTL3531	ADL E50D	ADL E500 E511/06	H59/31D	2014	
KMB	ATENU331	TA6896	SFD46DNR5EGTL3532	ADL E50D	ADL E500 E511/07	H59/31D	2014	
KMB	ATENU335	TA7613	SFD46DNR5EGTL3533	ADL E50D	ADL E500 E511/08	H59/31D	2014	
KMB	ATENU332	TA6929	SFD46DNR5EGTL3534	ADL E50D	ADL E500 E511/09	H59/31D	2014	
KMB	ATENU341	TA6723	SFD46DNR5EGTL3535	ADL E50D	ADL E500 E511/10	H59/31D	2014	
KMB	ATENU348	TA8681	SFD46DNR5EGTL3536	ADL E50D	ADL E500 E511/11	H59/31D	2014	
KMB	ATENU336	TA7682	SFD46DNR5EGTL3537	ADL E50D	ADL E500 E511/12	H59/31D	2014	
KMB	ATENU346	TA7954	SFD46DNR5EGTL3538	ADL E50D	ADL E500 E511/13	H59/31D	2014	
KMB	ATENU345	TA7221	SFD46DNR5EGTL3539	ADL E50D	ADL E500 E511/14	H59/31D	2014	
KMB	ATENU349	TA9384	SFD46DNR5EGTL3540	ADL E50D	ADL E500 E511/15	H59/31D	2014	
KMB	ATENU343	TA6994	SFD46DNR5EGTL3541	ADL E50D	ADL E500 E511/16	H59/31D	2014	
KMB	ATENU356	TB2302	SFD46DNR5EGTL3542	ADL E50D	ADL E500 E511/17	H59/31D	2014	
KMB	ATENU358	TB2492	SFD46DNR5EGTL3543	ADL E50D	ADL E500 E511/18	H59/31D	2014	
MTR	518	TF8478	SFD56CNR5DGTM3544	ADL E50D	ADL E500 D511/01	H53/25D	2015	
KMB	ATENU354	TB1819	SFD46DNR5EGTL3545	ADL E50D	ADL E500 E511/19	H59/31D	2014	

公司	車隊編號	車牌	底盤編號	車型	車身	座位佈局	首次登記日期	退役日期
MTR	519	TH4482	SFD56CNR5EGTM3546	ADL E50D	ADL E500 D511/02	H53/25D	2015	
KMB	ATENU330	TA6872	SFD46DNR5EGTL3547	ADL E50D	ADL E500 E511/20	H59/31D	2014	
MTR	520	TJ5864	SFD56CNR5DGTM3548	ADL E50D	ADL E500 D511/03	H53/25D	2015	
MTR	521	TK5086	SFD56CNR5DGTM3549	ADL E50D	ADL E500 D511/04	H53/25D	2015	
KMB	ATENU344	TA7103	SFD46DNR5EGTL3550	ADL E50D	ADL E500 E511/21	H59/31D	2014	
MTR	522	TP4605	SFD56CNR5EGTM3551	ADL E50D	ADL E500	H53/25D	2015	
KMB	ATENU342	TA8194	SFD46DNR5EGTL3552	ADL E50D	ADL E500 E511/22	H59/31D	2014	
KMB	ATENU378	TC7586	SFD46DNR5EMTL3563	ADL E50D	ADL E500 E511/72	H59/31D	2014	
KMB	ATENU377	TC7564	SFD46DNR5EMTL3564	ADL E50D	ADL E500 E511/73	H59/31D	2014	
KMB	ATENU381	TC7791	SFD46DNR5EMTL3565	ADL E50D	ADL E500 E511/74	H59/31D	2014	
KMB	ATENU382	TC7818	SFD46DNR5EMTL3566	ADL E50D	ADL E500 E511/75	H59/31D	2014	
KMB	ATENU380	TC7149	SFD46DNR5EMTL3567	ADL E50D	ADL E500 E511/76	H59/31D	2014	
KMB	ATENU386	TC9565	SFD46DNR5EMTL3568	ADL E50D	ADL E500 E511/77	H59/31D	2015	
KMB	ATENU389	TD215	SFD46DNR5EMTL3569	ADL E50D	ADL E500 E511/78	H59/31D	2015	
KMB	ATENU392	TC9013	SFD46DNR5EMTL3570	ADL E50D	ADL E500 E511/79	H59/31D	2015	
KMB	ATENU387	TC9729	SFD46DNR5EMTL3571	ADL E50D	ADL E500 E511/80	H59/31D	2015	
KMB	ATENU383	TC8566	SFD46DNR5EMTL3572	ADL E50D	ADL E500 E511/81	H59/31D	2015	
KMB	ATENU402	TC9817	SFD46DNR5EMTL3573	ADL E50D	ADL E500 E511/82	H59/31D	2015	
KMB	ATENU399	TC9144	SFD46DNR5EMTL3574	ADL E50D	ADL E500 E511/83	H59/31D	2015	
KMB	ATENU400	TC9233	SFD46DNR5EMTL3575	ADL E50D	ADL E500 E511/84	H59/31D	2015	
KMB	ATENU403	TC9853	SFD46DNR5EMTL3576	ADL E50D	ADL E500 E511/85	H59/31D	2015	
KMB	ATENU407	TE2908	SFD46DNR5EMTL3577	ADL E50D	ADL E500 E511/86	H59/31D	2015	
KMB	ATENU401	TC9775	SFD46DNR5EMTL3578	ADL E50D	ADL E500 E511/87	H59/31D	2015	
KMB	ATENU435	TE8124	SFD46DNR5EMTL3579	ADL E50D	ADL E500 E511/88	H59/31D	2015	
KMB	ATENU428	TE7370	SFD46DNR5EMTL3580	ADL E50D	ADL E500 E511/89	H59/31D	2015	
KMB	ATENU419	TE3471	SFD46DNR5EMTL3581	ADL E50D	ADL E500 E511/90	H59/31D	2015	
KMB	ATENU438	TE7317	SFD46DNR5EMTL3582	ADL E50D	ADL E500 E511/91	H59/31D	2015	
KMB	ATENU411	TE3786	SFD46DNR5EMTL3583	ADL E50D	ADL E500 E511/92	H59/31D	2015	
KMB	ATENU416	TE4221	SFD46DNR5EMTL3584	ADL E50D	ADL E500 E511/93	H59/31D	2015	
KMB	ATENU405	TE2686	SFD46DNR5EMTL3585	ADL E50D	ADL E500 E511/94	H59/31D	2015	
KMB	ATENU409	TE3319	SFD46DNR5EMTL3586	ADL E50D	ADL E500 E511/95	H59/31D	2015	
KMB	ATENU404	TE2604	SFD46DNR5EMTL3587	ADL E50D	ADL E500 E511/96	H59/31D	2015	
KMB	ATENU408	TE3060	SFD46DNR5EMTL3588	ADL E50D	ADL E500 E511/97	H59/31D	2015	
KMB	ATENU410	TE3459	SFD46DNR5EMTL3589	ADL E50D	ADL E500 E511/98	H59/31D	2015	
KMB	ATENU413	TE3920	SFD46DNR5EMTL3590	ADL E50D	ADL E500 E511/99	H59/31D	2015	
KMB	ATENU424	TE4427	SFD46DNR5EMTL3591	ADL E50D	ADL E500 E511/100	H59/31D	2015	
KMB	ATENU425	TE4429	SFD46DNR5EMTL3592	ADL E50D	ADL E500 E511/101	H59/31D	2015	
KMB	ATENU414	TE3947	SFD46DNR5EMTL3593	ADL E50D	ADL E500 E511/102	H59/31D	2015	
KMB	ATENU429	TE7397	SFD46DNR5EMTL3594	ADL E50D	ADL E500 E511/103	H59/31D	2015	
KMB	ATENU442	TE7939	SFD46DNR5EMTL3595	ADL E50D	ADL E500 E511/104	H59/31D	2015	
KMB	ATENU439	TE7340	SFD46DNR5EMTL3596	ADL E50D	ADL E500 E511/105	H59/31D	2015	
KMB	ATENU418	TE3051	SFD46DNR5EMTL3597	ADL E50D	ADL E500 E511/106	H59/31D	2015	
KMB	ATENU417	TE2799	SFD46DNR5EMTL3598	ADL E50D	ADL E500 E511/107	H59/31D	2015	
KMB	ATENU423	TE4325	SFD46DNR5EMTL3599	ADL E50D	ADL E500 E511/108	H59/31D	2015	
KMB	ATENU422	TE4134	SFD46DNR5EMTL3600	ADL E50D	ADL E500 E511/109	H59/31D	2015	
KMB	ATENU432	TE7630	SFD46DNR5EMTL3601	ADL E50D	ADL E500 E511/110	H59/31D	2015	
KMB	ATENU433	TE8077	SFD46DNR5EMTL3602	ADL E50D	ADL E500 E511/111	H59/31D	2015	

公司	車隊編號	車牌	底盤編號	車型	車身	座位佈局	首次登記日期	退役日期
KMB	ATENU427	TE6657	SFD46DNR5EMTL3603	ADL E50D	ADL E500 E511/112	H59/31D	2015	
KMB	ATENU440	TE7431	SFD46DNR5EMTL3604	ADL E50D	ADL E500 E511/113	H59/31D	2015	
KMB	ATENU347	TA8550	SFD46DNR5EGTL3605	ADL E50D	ADL E500 E511/23	H59/31D	2014	
MTR	523	TP5257	SFD56CNR5EGTM3606	ADL E50D	ADL E500	H53/25D	2015	
KMB	ATENU355	TB2082	SFD46DNR5EGTL3607	ADL E50D	ADL E500 E511/24	H59/31D	2014	
MTR	524	TP6265	SFD56CNR5EGTM3608	ADL E50D	ADL E500	H53/25D	2015	
KMB	ATENU351	TB1647	SFD46DNR5EGTL3609	ADL E50D	ADL E500 E511/25	H59/31D	2014	
CTB	8467	TC9116	SFD46CNR5EGTL3610	ADL E50D	ADL E500 E503/01	H59/31D	2015	
KMB	ATENU350	TB1192	SFD46DNR5EGTL3611	ADL E50D	ADL E500 E511/26	H59/31D	2014	
KMB	ATENU352	TB1696	SFD46DNR5EGTL3612	ADL E50D	ADL E500 E511/27	H59/31D	2014	
KMB	ATENU353	TB864	SFD46DNR5EGTL3613	ADL E50D	ADL E500 E511/28	H59/31D	2014	
KMB	ATENU357	TB2413	SFD46DNR5EGTL3614	ADL E50D	ADL E500 E511/29	H59/31D	2014	
KMB	ATENU363	TB9782	SFD46DNR5EGTL3615	ADL E50D	ADL E500 E511/30	H59/31D	2014	
KMB	ATENU359	TB8579	SFD46DNR5EGTL3617	ADL E50D	ADL E500 E511/31	H59/31D	2014	
KMB	ATENU362	TB9176	SFD46DNR5EGTL3618	ADL E50D	ADL E500 E511/32	H59/31D	2014	
KMB	ATENU364	TC196	SFD46DNR5EGTL3620	ADL E50D	ADL E500 E511/33	H59/31D	2014	
CTB	8468	TC9329	SFD46CNR5EGTL3622	ADL E50D	ADL E500 E503/02	H59/31D	2015	
KMB	ATENU361	TB9073	SFD46DNR5EGTL3623	ADL E50D	ADL E500 E511/34	H59/31D	2014	
CTB	8469	TD8479	SFD46CNR5EGTL3624	ADL E50D	ADL E500 E503/03	H59/31D	2015	
NWFB	5583	TC9833	SFD46DNR5EGTL3625	ADL E50D	ADL E500 E501/01	H59/31D	2015	
KMB	ATENU360	TB8872	SFD46DNR5EGTL3626	ADL E50D	ADL E500 E511/35	H59/31D	2014	
KMB	ATENU370	TC6362	SFD46DNR5EGTL3627	ADL E50D	ADL E500 E511/45	H59/31D	2014	
NWFB	5584	TD1434	SFD46DNR5EGTL3628	ADL E50D	ADL E500 E501/02	H59/31D	2015	
NWFB	5585	TD2681	SFD46DNR5EGTL3629	ADL E50D	ADL E500 E501/03	H59/31D	2015	
KMB	ATENU375	TC7368	SFD46DNR5EGTL3630	ADL E50D	ADL E500 E511/37	H59/31D	2014	
CTB	8470	TD1189	SFD46CNR5EGTL3631	ADL E50D	ADL E500 E503/04	H59/31D	2015	
CTB	8471	TD3068	SFD46CNR5EGTL3632	ADL E50D	ADL E500 E503/05	H59/31D	2015	
KMB	ATENU367	TC5076	SFD46DNR5EGTL3633	ADL E50D	ADL E500 E511/43	H59/31D	2014	
CTB	8472	TD5052	SFD46CNR5EGTL3634	ADL E50D	ADL E500 E503/06	H59/31D	2015	
KMB	ATENU368	TC5128	SFD46DNR5EGTL3635	ADL E50D	ADL E500 E511/38	H59/31D	2014	
KMB	ATENU385	TC9246	SFD46DNR5EGTL3636	ADL E50D	ADL E500 E511/40	H59/31D	2015	
KMB	ATENU373	TC7001	SFD46DNR5EGTL3637	ADL E50D	ADL E500 E511/42	H59/31D	2014	
KMB	ATENU372	TC6787	SFD46DNR5EGTL3638	ADL E50D	ADL E500 E511/49	H59/31D	2014	
NWFB	5586	TD4317	SFD46DNR5EGTL3639	ADL E50D	ADL E500 E501/04	H59/31D	2015	
KMB	ATENU366	TC4981	SFD46DNR5EGTL3640	ADL E50D	ADL E500 E511/44	H59/31D	2014	
NWFB	5587	TD8789	SFD46DNR5EGTL3641	ADL E50D	ADL E500 E501/05	H59/31D	2015	
KMB	ATENU365	TC4852	SFD46DNR5EGTL3642	ADL E50D	ADL E500 E511/48	H59/31D	2014	
KMB	ATENU369	TC5842	SFD46DNR5EGTL3643	ADL E50D	ADL E500 E511/39	H59/31D	2014	
KMB	ATENU376	TC7432	SFD46DNR5EGTL3644	ADL E50D	ADL E500 E511/46	H59/31D	2014	
KMB	ATENU379	TC8487	SFD46DNR5EGTL3645	ADL E50D	ADL E500 E511/47	H59/31D	2014	
NWFB	5588	TD9438	SFD46DNR5EGTL3646	ADL E50D	ADL E500 E501/06	H59/31D	2015	
CTB	8473	TD6343	SFD46CNR5EGTL3647	ADL E50D	ADL E500 E503/07	H59/31D	2015	
CTB	8474	TD9458	SFD46CNR5EGTL3648	ADL E50D	ADL E500 E503/08	H59/31D	2015	
KMB	ATENU374	TC7077	SFD46DNR5EGTL3649	ADL E50D	ADL E500 E511/41	H59/31D	2014	
CTB	8475	TE2157	SFD46CNR5EGTL3650	ADL E50D	ADL E500 E503/09	H59/31D	2015	
KMB	ATENU371	TC6774	SFD46DNR5EGTL3651	ADL E50D	ADL E500 E511/36	H59/31D	2014	
CTB	8507	TC9738	SFD46CNR5EGTL3652	ADL E50D	ADL E500 E504/01	H59/27D	2015	

公司	車隊編號	車牌	底盤編號	車型	車身	座位佈局	首次登記日期	退役日期
KMB	ATENU394	TC9626	SFD46DNR5EGTL3653	ADL E50D	ADL E500 E511/50	H59/31D	2015	
CTB	8508	TD8018	SFD46CNR5EGTL3654	ADL E50D	ADL E500 E504/02	H59/27D	2015	
KMB	ATENU393	TC9572	SFD46DNR5EGTL3655	ADL E50D	ADL E500 E511/51	H59/31D	2015	
KMB	ATENU384	TC8709	SFD46DNR5EGTL3656	ADL E50D	ADL E500 E511/52	H59/31D	2015	
CTB	8509	TE2562	SFD46DNR5EGTL3657	ADL E50D	ADL E500 E504/03	H59/27D	2015	
LWB	6501	TG8125	SFD46DNR5EGTL3658	ADL E50D	ADL E500 E514/01	DPH55/23D	2015	
KMB	ATENU388	TC9972	SFD46DNR5EGTL3659	ADL E50D	ADL E500 E511/53	H59/31D	2015	
KMB	ATENU390	TC8854	SFD46DNR5EGTL3660	ADL E50D	ADL E500 E511/54	H59/31D	2015	
KMB	ATENU421	TE3975	SFD46DNR5EGTL3661	ADL E50D	ADL E500 E511/55	H59/31D	2015	
CTB	8510	TE5903	SFD46DNR5EGTL3662	ADL E50D	ADL E500 E504/04	H59/27D	2015	
KMB	ATENU396	TD144	SFD46DNR5EGTL3663	ADL E50D	ADL E500 E511/56	H59/31D	2015	
LWB	6502	TH2433	SFD46DNR5EGTL3664	ADL E50D	ADL E500 E514/02	DPH55/23D	2015	
KMB	ATENU397	TD266	SFD46DNR5EGTL3665	ADL E50D	ADL E500 E511/57	H59/31D	2015	
CTB	8511	TE8334	SFD46DNR5EGTL3666	ADL E50D	ADL E500 E504/05	H59/27D	2015	
KMB	ATENU395	TC9864	SFD46DNR5EGTL3668	ADL E50D	ADL E500 E511/58	H59/31D	2015	
KMB	ATENU391	TC8986	SFD46DNR5EGTL3669	ADL E50D	ADL E500 E511/59	H59/31D	2015	
CTB	8512	TE7736	SFD46DNR5EGTL3670	ADL E50D	ADL E500 E504/06	H59/27D	2015	
KMB	ATENU415	TE3967	SFD46DNR5EGTL3672	ADL E50D	ADL E500 E511/60	H59/31D	2015	
NWFB	5589	TE4013	SFD46DNR5EGTL3673	ADL E50D	ADL E500 E501/07	H59/31D	2015	
KMB	ATENU398	TC8549	SFD46DNR5EGTL3674	ADL E50D	ADL E500 E511/61	H59/31D	2015	
KMB	ATENU431	TE7539	SFD46DNR5EGTL3675	ADL E50D	ADL E500 E511/62	H59/31D	2015	
NWFB	5590	TE3190	SFD46DNR5EGTL3676	ADL E50D	ADL E500 E501/08	H59/31D	2015	
KMB	ATENU430	TE7489	SFD46DNR5EGTL3678	ADL E50D	ADL E500 E511/63	H59/31D	2015	
NWFB	5591	TE5552	SFD46DNR5EGTL3679	ADL E50D	ADL E500 E501/09	H59/31D	2015	
NWFB	5592	TE4641	SFD46DNR5EGTL3681	ADL E50D	ADL E500 E501/10	H59/31D	2015	
KMB	ATENU437	TE8465	SFD46DNR5EGTL3682	ADL E50D	ADL E500 E511/64	H59/31D	2015	
NWFB	5593	TE9874	SFD46DNR5EGTL3683	ADL E50D	ADL E500 E501/11	H59/31D	2015	
KMB	ATENU441	TE7968	SFD46DNR5EGTL3684	ADL E50D	ADL E500 E511/65	H59/31D	2015	
KMB	ATENU420	TE3485	SFD46DNR5EGTL3685	ADL E50D	ADL E500 E511/66	H59/31D	2015	
NWFB	5594	TF207	SFD46DNR5EGTL3686	ADL E50D	ADL E500 E501/12	H59/31D	2015	
NWFB	5595	TF436	SFD46DNR5EGTL3688	ADL E50D	ADL E500 E501/13	H59/31D	2015	
CTB	8476	TE2869	SFD46CNR5EGTL3689	ADL E50D	ADL E500 E503/10	H59/31D	2015	
NWFB	5596	TF2813	SFD46DNR5EGTL3690	ADL E50D	ADL E500 E501/14	H59/31D	2015	
CTB	8477	TE3987	SFD46DNR5EGTL3691	ADL E50D	ADL E500 E503/11	H59/31D	2015	
NWFB	5597	TF5423	SFD46DNR5EGTL3692	ADL E50D	ADL E500 E501/15	H59/31D	2015	
CTB	8478	TE2964	SFD46CNR5EGTL3693	ADL E50D	ADL E500 E503/12	H59/31D	2015	
KMB	ATENU434	TE8082	SFD46DNR5EGTL3694	ADL E50D	ADL E500 E511/67	H59/31D	2015	
KMB	ATENU436	TE8163	SFD46DNR5EGTL3695	ADL E50D	ADL E500 E511/68	H59/31D	2015	
KMB	ATENU412	TE3842	SFD46DNR5EGTL3696	ADL E50D	ADL E500 E511/69	H59/31D	2015	
KMB	ATENU406	TE2859	SFD46DNR5EGTL3697	ADL E50D	ADL E500 E511/70	H59/31D	2015	
KMB	ATENU426	TE6523	SFD46DNR5EGTL3698	ADL E50D	ADL E500 E511/71	H59/31D	2015	
CTB	8479	TE5914	SFD46DNR5EGTL3699	ADL E50D	ADL E500 E503/13	H59/31D	2015	
CTB	8480	TE5717	SFD46DNR5EGTL3700	ADL E50D	ADL E500 E503/14	H59/31D	2015	
CTB	8481	TE8311	SFD46DNR5EGTL3701	ADL E50D	ADL E500 E503/15	H59/31D	2015	
CTB	8513	TF6396	SFD46DNR5EGTL3702	ADL E50D	ADL E500 E504/07	H59/27D	2015	
CTB	8514	TF4616	SFD46DNR5EGTL3703	ADL E50D	ADL E500 E504/08	H59/27D	2015	
CTB	8515	TF5883	SFD46DNR5EGTL3704	ADL E50D	ADL E500 E504/09	H59/27D	2015	

公司	車隊編號	車牌	底盤編號	車型	車身	座位佈局	首次登記日期	退役日期
CTB	8516	TF4708	SFD46DNR5EGTL3705	ADL E50D	ADL E500 E504/10	H59/27D	2015	
KMB	ATENU453	TF5838	SFD46DNR5EGTL3706	ADL E50D	ADL E500 E511/126	H59/31D	2015	
KMB	ATENU455	TF7072	SFD46DNR5EGTL3707	ADL E50D	ADL E500 E511/127	H59/31D	2015	
CTB	8517	TG1924	SFD46DNR5EGTL3708	ADL E50D	ADL E500 E504/11	H59/27D	2015	
KMB	ATENU457	TF7913	SFD46DNR5EGTL3709	ADL E50D	ADL E500 E511/128	H59/31D	2015	
KMB	ATENU451	TF5261	SFD46DNR5EGTL3710	ADL E50D	ADL E500 E511/129	H59/31D	2015	
CTB	8518	TG3653	SFD46DNR5EGTL3711	ADL E50D	ADL E500 E504/12	H59/27D	2015	
KMB	ATENU462	TF9829	SFD46DNR5EGTL3712	ADL E50D	ADL E500 E511/130	H59/31D	2015	
KMB	ATENU463	TF9832	SFD46DNR5EGTL3715	ADL E50D	ADL E500 E511/131	H59/31D	2015	
KMB	ATENU459	TF8974	SFD46DNR5EGTL3716	ADL E50D	ADL E500 E511/132	H59/31D	2015	
KMB	ATENU464	TG306	SFD46DNR5EGTL3717	ADL E50D	ADL E500 E511/133	H59/31D	2015	
KMB	ATENU460	TF9480	SFD46DNR5EGTL3718	ADL E50D	ADL E500 E511/134	H59/31D	2015	
KMB	ATENU468	TG964	SFD46DNR5EGTL3719	ADL E50D	ADL E500 E511/135	H59/31D	2015	
KMB	ATENU461	TF9544	SFD46DNR5EGTL3720	ADL E50D	ADL E500 E511/136	H59/31D	2015	
KMB	ATENU458	TF7963	SFD46DNR5EGTL3721	ADL E50D	ADL E500 E511/137	H59/31D	2015	
KMB	ATENU471	TH4819	SFD46DNR5EGTL3722	ADL E50D	ADL E500 E511/138	H59/31D	2015	
KMB	ATENU498	TJ6810	SFD46DNR5EGTL3783	ADL E50D	ADL E500 E511/139	H59/31D	2015	
KMB	ATENU467	TG2177	SFD46DNR5EGTL3811	ADL E50D	ADL E500 E511/140	H59/31D	2015	
KMB	ATENU443	TE8173	SFD46DNR5EMTL3812	ADL E50D	ADL E500 E511/114	H59/31D	2015	
KMB	ATENU444	TE8352	SFD46DNR5EMTL3813	ADL E50D	ADL E500 E511/115	H59/31D	2015	
KMB	ATENU446	TF4944	SFD46DNR5EMTL3814	ADL E50D	ADL E500 E511/117	H59/31D	2015	
KMB	ATENU447	TF5163	SFD46DNR5EMTL3815	ADL E50D	ADL E500 E511/116	H59/31D	2015	
KMB	ATENU448	TF5261	SFD46DNR5EMTL3816	ADL E50D	ADL E500 E511/118	H59/31D	2015	
KMB	ATENU450	TF5838	SFD46DNR5EMTL3817	ADL E50D	ADL E500 E511/119	H59/31D	2015	
KMB	ATENU445	TE9735	SFD46DNR5EMTL3818	ADL E50D	ADL E500 E511/120	H59/31D	2015	
KMB	ATENU454	TF6739	SFD46DNR5EMTL3819	ADL E50D	ADL E500 E511/121	H59/31D	2015	
KMB	ATENU456	TF7808	SFD46DNR5EMTL3820	ADL E50D	ADL E500 E511/122	H59/31D	2015	
KMB	ATENU449	TF5532	SFD46DNR5EMTL3821	ADL E50D	ADL E500 E511/123	H59/31D	2015	
KMB	ATENU452	TF5532	SFD46DNR5EMTL3822	ADL E50D	ADL E500 E511/124	H59/31D	2015	
KMB	ATENU466	TG2047	SFD46DNR5EMTL3823	ADL E50D	ADL E500 E511/125	H59/31D	2015	
CTB	8519	TH2408	SFD46DNR5EMTL3824	ADL E50D	ADL E500 E504/13	H59/27D	2015	
CTB	8520	TH4516	SFD46DNR5EMTL3825	ADL E50D	ADL E500 E504/14	H59/27D	2015	
CTB	8521	TH4741	SFD46DNR5EMTL3826	ADL E50D	ADL E500 E504/15	H59/27D	2015	
CTB	8522	TH8450	SFD46DNR5EMTL3827	ADL E50D	ADL E500 E504/16	H59/27D	2015	
CTB	8523	TH7318	SFD46DNR5EMTL3828	ADL E50D	ADL E500 E504/17	H59/27D	2015	
CTB	8524	TJ7268	SFD46DNR5EMTL3829	ADL E50D	ADL E500 E504/18	H59/27D	2015	
CTB	8525	TJ7651	SFD46DNR5EMTL3830	ADL E50D	ADL E500 E504/19	H59/27D	2015	
CTB	8526	TJ5879	SFD46DNR5EMTL3831	ADL E50D	ADL E500 E504/20	H59/27D	2015	
CTB	8527	TJ5561	SFD46DNR5EMTL3832	ADL E50D	ADL E500 E504/21	H59/27D	2015	
CTB	8528	TK5947	SFD46FNR5EMTL3833	ADL E50D	ADL E500 E504/22	H59/27D	2015	
CTB	8529	TK6211	SFD46FNR5EMTL3834	ADL E50D	ADL E500 E504/23	H59/27D	2015	
CTB	8530	TK7131	SFD46FNR5EMTL3835	ADL E50D	ADL E500 E504/24	H59/27D	2015	
KMB	ATENU470	TG7270	SFD46DNR5EGTL3836	ADL E50D	ADL E500 E511/141	H59/31D	2015	
KMB	ATENU472	TH5778	SFD46DNR5EGTL3837	ADL E50D	ADL E500 E511/142	H59/31D	2015	
KMB	ATENU473	TH6174	SFD46DNR5EGTL3838	ADL E50D	ADL E500 E511/143	H59/31D	2015	
KMB	ATENU465	TG1908	SFD46DNR5EGTL3839	ADL E50D	ADL E500 E511/144	H59/31D	2015	
KMB	ATENU567	TL8662	SFD46DNR5EMTL3840	ADL E50D	ADL E500	H59/31D	2015	

公司	車隊編號	車牌	底盤編號	車型	車身	座位佈局	首次登記日期	退役日期
LWB	6504	TH2110	SFD46DNR5EGTL3842	ADL E50D	ADL E500 E514/03	DPH55/23D	2015	
KMB	ATENU469	TG2303	SFD46DNR5EGTL3844	ADL E50D	ADL E500 E511/145	H59/31D	2015	
LWB	6503	TH659	SFD46DNR5EGTL3845	ADL E50D	ADL E500 E514/04	DPH55/23D	2015	
LWB	6505	TH4359	SFD46DNR5EGTL3846	ADL E50D	ADL E500 E514/07	DPH55/23D	2015	
LWB	6507	TH3990	SFD46DNR5EGTL3848	ADL E50D	ADL E500 E514/06	DPH55/23D	2015	
LWB	6505	TH3363	SFD46DNR5EGTL3849	ADL E50D	ADL E500 E514/05	DPH55/23D	2015	
LWB	6510	TJ3111	SFD46DNR5EGTL3851	ADL E50D	ADL E500 E514/08	DPH55/23D	2015	
LWB	6508	TH9318	SFD46GNR5EGTL3852	ADL E50D	ADL E500 E514/09	DPH55/23D	2015	
LWB	6514	TJ7312	SFD46GNR5EGTL3853	ADL E50D	ADL E500 E514/10	DPH55/23D	2015	
LWB	6509	TJ2383	SFD46GNR5EGTL3854	ADL E50D	ADL E500 E514/11	DPH55/23D	2015	
LWB	6511	TJ4095	SFD46GNR5EGTL3856	ADL E50D	ADL E500 E514/12	DPH55/23D	2015	
LWB	6513	TJ5721	SFD46GNR5EGTL3857	ADL E50D	ADL E500 E514/13	DPH55/23D	2015	
LWB	6512	TJ4638	SFD46GNR5EGTL3859	ADL E50D	ADL E500 E514/14	DPH55/23D	2015	
LWB	6515	TJ8990	SFD46GNR5EGTL3860	ADL E50D	ADL E500 E514/15	DPH55/23D	2015	
LWB	6516	TJ9504	SFD46GNR5EGTL3861	ADL E50D	ADL E500 E514/16	DPH55/23D	2015	
LWB	6517	TJ8978	SFD46GNR5EGTL3862	ADL E50D	ADL E500 E514/17	DPH55/23D	2015	
LWB	6518	TJ9247	SFD46GNR5EGTL3864	ADL E50D	ADL E500 E514/18	DPH55/23D	2015	
LWB	6519	TK1612	SFD46GNR5EGTL3865	ADL E50D	ADL E500 E514/19	DPH55/23D	2015	
LWB	6520	TK2413	SFD46GNR5EGTL3867	ADL E50D	ADL E500 E514/20	DPH55/23D	2015	
LWB	6521	TN7334	SFD46GNR5EGTL3869	ADL E50D	ADL E500	DPH55/23D	2015	
LWB	6523	TR6082	SFD46GNR5EGTL3870	ADL E50D	ADL E500	DPH55/23D	2015	
NWFB	5598	TG5837	SFD46DNR5EMTL3871	ADL E50D	ADL E500 E501/16	H59/31D	2015	
NWFB	5599	TG5224	SFD46DNR5EMTL3872	ADL E50D	ADL E500 E501/17	H59/31D	2015	
NWFB	5601	TG4950	SFD46DNR5EMTL3873	ADL E50D	ADL E500 E501/18	H59/31D	2015	
NWFB	5602	TH5867	SFD46DNR5EMTL3874	ADL E50D	ADL E500 E501/19	H59/31D	2015	
NWFB	5603	TH7769	SFD46DNR5EMTL3875	ADL E50D	ADL E500 E501/20	H59/31D	2015	
NWFB	5604	TH7230	SFD46DNR5EMTL3876	ADL E50D	ADL E500 E501/21	H59/31D	2015	
LWB	6522	TR5369	SFD46GNR5EGTL3878	ADL E50D	ADL E500	DPH55/23D	2015	
LWB	6524	TS1334	SFD46GNR5EGTL3879	ADL E50D	ADL E500	DPH55/23D	2015	
LWB	6525	TS4230	SFD46GNR5EGTL3880	ADL E50D	ADL E500	DPH55/23D	2015	
KMB	ATENU484	TH8848	SFD46FNR5EGTL3881	ADL E50D	ADL E500 E518/14	H59/31D	2015	
LWB	6526	TV7180	SFD46GNR5EGTL3883	ADL E50D	ADL E500	DPH55/23D	2015	
CTB	8531	TK7927	SFD46DNR5EMTL3884	ADL E50D	ADL E500	H59/27D	2015	
CTB	8532	TL2554	SFD46DNR5EMTL3885	ADL E50D	ADL E500	H59/27D	2015	
CTB	8533	TL4446	SFD46DNR5EMTL3886	ADL E50D	ADL E500	H59/27D	2015	
CTB	8534	TL7248	SFD46DNR5EMTL3887	ADL E50D	ADL E500	H59/27D	2015	
CTB	8535	TL7929	SFD46DNR5EMTL3888	ADL E50D	ADL E500	H59/27D	2015	
KMB	ATENU487	TH9486	SFD46FNR5EGTL3889	ADL E50D	ADL E500 E518/15	H59/31D	2015	
KMB	ATENU488	TH9969	SFD46FNR5EGTL3890	ADL E50D	ADL E500 E518/16	H59/31D	2015	
KMB	ATENU485	TH9170	SFD46FNR5EGTL3891	ADL E50D	ADL E500 E518/17	H59/31D	2015	
KMB	ATENU486	TH9264	SFD46FNR5EGTL3892	ADL E50D	ADL E500 E518/18	H59/31D	2015	
KMB	ATENU490	TH8988	SFD46FNR5EGTL3893	ADL E50D	ADL E500 E518/19	H59/31D	2015	
KMB	ATENU504	TK224	SFD46FNR5EGTL3894	ADL E50D	ADL E500 E518/20	H59/31D	2015	
KMB	ATENU492	TH9967	SFD46FNR5EGTL3895	ADL E50D	ADL E500 E518/21	H59/31D	2015	
KMB	ATENU489	TJ409	SFD46FNR5EGTL3896	ADL E50D	ADL E500 E518/22	H59/31D	2015	
KMB	ATENU491	TH9811	SFD46FNR5EGTL3897	ADL E50D	ADL E500 E518/23	H59/31D	2015	
KMB	ATENU501	TJ9460	SFD46FNR5EGTL3898	ADL E50D	ADL E500 E518/24	H59/31D	2015	

公司	車隊編號	車牌	底盤編號	車型	車身	座位佈局	首次登記日期	退役日期
KMB	ATENU493	TJ1730	SFD46FNR5FGTL3899	ADL E50D	ADL E500 E518/25	H59/31D	2015	
KMB	ATENU502	TJ9552	SFD46FNR5EGTL3900	ADL E50D	ADL E500 E518/26	H59/31D	2015	
KMB	ATENU500	TJ9385	SFD46FNR5EGTL3901	ADL E50D	ADL E500 E518/27	H59/31D	2015	
KMB	ATENU495	TJ2223	SFD46FNR5FGTL3902	ADL E50D	ADL E500 E518/28	H59/31D	2015	
KMB	ATENU494	TJ1974	SFD46FNR5FGTL3909	ADL E50D	ADL E500 E518/29	H59/31D	2015	
KMB	ATENU506	TJ9780	SFD46FNR5FGTL3910	ADL E50D	ADL E500 E518/30	H59/31D	2015	
KMB	ATENU505	TJ9346	SFD46FNR5FGTL3911	ADL E50D	ADL E500 E518/31	H59/31D	2015	
KMB	ATENU512	TK2818	SFD46FNR5FGTL3912	ADL E50D	ADL E500 E520/01	H59/31D	2015	
KMB	ATENU507	TJ9811	SFD46FNR5FGTL3913	ADL E50D	ADL E500 E518/32	H59/31D	2015	
KMB	ATENU523	TK4495	SFD46FNR5FGTL3914	ADL E50D	ADL E500 E520/02	H59/31D	2015	
KMB	ATENU508	TK147	SFD46FNR5FGTL3915	ADL E50D	ADL E500 E518/33	H59/31D	2015	
KMB	ATENU531	TK8569	SFD46FNR5FGTL3916	ADL E50D	ADL E500 E520/11	H59/31D	2015	
CTB	8536	TM3092	SFD46DNR5EMTL3917	ADL E50D	ADL E500	H59/27D	2015	
KMB	ATENU475	TH7411	SFD46FNR5EMTL3918	ADL E50D	ADL E500 E518/01	H59/31D	2015	
KMB	ATENU474	TH7115	SFD46FNR5EMTL3919	ADL E50D	ADL E500 E518/02	H59/31D	2015	
KMB	ATENU480	TH7102	SFD46FNR5EMTL3920	ADL E50D	ADL E500 E518/03	H59/31D	2015	
KMB	ATENU477	TH6912	SFD46FNR5EMTL3921	ADL E50D	ADL E500 E518/04	H59/31D	2015	
KMB	ATENU483	TH7333	SFD46FNR5EMTL3922	ADL E50D	ADL E500 E518/05	H59/31D	2015	
KMB	ATENU478	TH7047	SFD46FNR5EMTL3923	ADL E50D	ADL E500 E518/06	H59/31D	2015	
KMB	ATENU479	TH7077	SFD46FNR5EMTL3924	ADL E50D	ADL E500 E518/07	H59/31D	2015	
KMB	ATENU476	TH6661	SFD46FNR5EMTL3925	ADL E50D	ADL E500 E518/08	H59/31D	2015	
KMB	ATENU481	TH7155	SFD46FNR5EMTL3926	ADL E50D	ADL E500 E518/09	H59/31D	2015	
KMB	ATENU482	TH7230	SFD46FNR5EMTL3927	ADL E50D	ADL E500 E518/10	H59/31D	2015	
KMB	ATENU496	TJ4530	SFD46FNR5EMTL3928	ADL E50D	ADL E500 E518/11	H59/31D	2015	
KMB	ATENU497	TJ5704	SFD46FNR5EMTL3929	ADL E50D	ADL E500 E518/12	H59/31D	2015	
KMB	ATENU499	TJ7164	SFD46FNR5EMTL3930	ADL E50D	ADL E500 E518/13	H59/31D	2015	
KMB	ATENU522	TK4426	SFD46FNR5EMTL3931	ADL E50D	ADL E500 E520/03	H59/31D	2015	
KMB	ATENU515	TK3475	SFD46FNR5EMTL3932	ADL E50D	ADL E500 E520/04	H59/31D	2015	
KMB	ATENU514	TK3457	SFD46FNR5EMTL3933	ADL E50D	ADL E500 E520/05	H59/31D	2015	
KMB	ATENU510	TK372	SFD46FNR5FGTL3946	ADL E50D	ADL E500 E518/34	H59/31D	2015	
KMB	ATENU519	TK3898	SFD46FNR5FGTL3947	ADL E50D	ADL E500 E520/12	H59/31D	2015	
KMB	ATENU503	TJ9996	SFD46FNR5FGTL3948	ADL E50D	ADL E500 E518/35	H59/31D	2015	
KMB	ATENU509	TJ9015	SFD46FNR5FGTL3949	ADL E50D	ADL E500 E518/36	H59/31D	2015	
KMB	ATENU521	TK4304	SFD46FNR5FGTL3950	ADL E50D	ADL E500 E520/13	H59/31D	2015	
KMB	ATENU524	TK6120	SFD46FNR5FGTL3951	ADL E50D	ADL E500 E520/14	H59/31D	2015	
KMB	ATENU518	TK3853	SFD46FNR5FGTL3952	ADL E50D	ADL E500 E520/15	H59/31D	2015	
KMB	ATENU525	TK6258	SFD46FNR5FGTL3953	ADL E50D	ADL E500 E520/16	H59/31D	2015	
KMB	ATENU526	TK6259	SFD46FNR5FGTL3954	ADL E50D	ADL E500 E520/17	H59/31D	2015	
KMB	ATENU529	TK7298	SFD46FNR5FGTL3955	ADL E50D	ADL E500 E520/18	H59/31D	2015	
KMB	ATENU528	TK7249	SFD46FNR5FGTL3956	ADL E50D	ADL E500 E520/19	H59/31D	2015	
NWFB	5605	TH7550	SFD46DNR5EMTL3957	ADL E50D	ADL E500 E501/22	H59/31D	2015	
NWFB	5606	TH9987	SFD46DNR5EMTL3958	ADL E50D	ADL E500 E501/23	H59/31D	2015	
NWFB	5607	TH9726	SFD46DNR5EMTL3959	ADL E50D	ADL E500 E501/24	H59/31D	2015	
NWFB	5608	TJ4109	SFD46DNR5EMTL3960	ADL E50D	ADL E500 E501/25	H59/31D	2015	
KMB	ATENU527	TK7196	SFD46FNR5FGTL3961	ADL E50D	ADL E500 E520/20	H59/31D	2015	
KMB	ATENU511	TK2540	SFD46FNR5EMTL3962	ADL E50D	ADL E500 E520/06	H59/31D	2015	
KMB	ATENU513	TK3061	SFD46FNR5EMTL3970	ADL E50D	ADL E500 E520/07	H59/31D	2015	

公司	車隊編號	車牌	底盤編號	車型	車身	座位佈局	首次登記日期	退役日期
KMB	ATENU517	TK3766	SFD46FNR5EMTL3971	ADL E50D	ADL E500 E520/08	H59/31D	2015	
KMB	ATENU520	TK4050	SFD46FNR5EMTL3972	ADL E50D	ADL E500 E520/09	H59/31D	2015	
KMB	ATENU516	TK3503	SFD46FNR5EMTL3973	ADL E50D	ADL E500 E520/10	H59/31D	2015	
KMB	ATENU530	TK8483	SFD46FNR5FGTL3982	ADL E50D	ADL E500 E520/21	H59/31D	2015	
KMB	ATENU677	TP7803	SFD46FNR5FGTL3983	ADL E50D	ADL E500 E521/54	H59/31D	2015	
NWFB	5609	TK2759	SFD46DNR5FGTL3984	ADL E50D	ADL E500 E505/01	H59/31D	2015	
NWFB	5610	TK2979	SFD46DNR5FGTL3985	ADL E50D	ADL E500 E505/02	H59/31D	2015	
NWFB	5611	TK7806	SFD46DNR5FGTL3986	ADL E50D	ADL E500 E505/03	H59/31D	2015	
KMB	ATENU536	TL1596	SFD46FNR5FGTL3991	ADL E50D	ADL E500 E519/02	H59/31D	2015	
KMB	ATENU543	TL1485	SFD46FNR5FGTL3993	ADL E50D	ADL E500 E519/03	H59/31D	2015	
NWFB	5612	TL1123	SFD46DNR5FGTL3994	ADL E50D	ADL E500 E505/04	H59/31D	2015	
KMB	ATENU542	TL872	SFD46FNR5FGTL3995	ADL E50D	ADL E500 E519/04	H59/31D	2015	
KMB	ATENU545	TL2146	SFD46FNR5FGTL3996	ADL E50D	ADL E500 E519/05	H59/31D	2015	
KMB	ATENU541	TL583	SFD46FNR5FGTL3997	ADL E50D	ADL E500 E519/06	H59/31D	2015	
KMB	ATENU544	TL1874	SFD46FNR5FGTL3998	ADL E50D	ADL E500 E519/07	H59/31D	2015	
KMB	ATENU547	TL3251	SFD46FNR5FGTL3999	ADL E50D	ADL E500 E519/08	H59/31D	2015	
NWFB	5613	TK8722	SFD46DNR5FGTL4000	ADL E50D	ADL E500 E505/05	H59/31D	2015	
KMB	ATENU549	TL3568	SFD46FNR5FGTL4001	ADL E50D	ADL E500 E519/09	H59/31D	2015	
KMB	ATENU553	TL4321	SFD46FNR5FGTL4002	ADL E50D	ADL E500 E519/10	H59/31D	2015	
KMB	ATENU550	TL3881	SFD46FNR5FGTL4005	ADL E50D	ADL E500 E519/11	H59/31D	2015	
KMB	ATENU552	TL4256	SFD46FNR5FGTL4006	ADL E50D	ADL E500 E519/12	H59/31D	2015	
KMB	ATENU548	TL3360	SFD46FNR5FGTL4007	ADL E50D	ADL E500 E519/13	H59/31D	2015	
KMB	ATENU555	TL4692	SFD46FNR5FGTL4008	ADL E50D	ADL E500 E519/14	H59/31D	2015	
KMB	ATENU551	TL4218	SFD46FNR5FGTL4009	ADL E50D	ADL E500 E519/15	H59/31D	2015	
NWFB	5614	TK7923	SFD46DNR5FGTL4010	ADL E50D	ADL E500 E505/06	H59/31D	2015	
NWFB	5615	TL2511	SFD46DNR5FGTL4011	ADL E50D	ADL E500 E505/07	H59/31D	2015	
NWFB	5616	TL4146	SFD46DNR5FGTL4012	ADL E50D	ADL E500 E505/08	H59/31D	2015	
KMB	ATENU546	TL2765	SFD46FNR5FGTL4013	ADL E50D	ADL E500 E519/16	H59/31D	2015	
KMB	ATENU577	TM2346	SFD46DNR5FMTL4014	ADL E50D	ADL E500	H59/31D	2015	
KMB	ATENU569	TL9068	SFD46DNR5FMTL4015	ADL E50D	ADL E500 E521/03	H59/31D	2015	
KMB	ATENU568	TL9027	SFD46DNR5FMTL4016	ADL E50D	ADL E500	H59/31D	2015	
KMB	ATENU570	TL9364	SFD46DNR5FMTL4017	ADL E50D	ADL E500 E521/05	H59/31D	2015	
KMB	ATENU604	TN744	SFD46DNR5FMTL4018	ADL E50D	ADL E500 E521/34	H59/31D	2015	
KMB	ATENU607	TN2087	SFD46DNR5FMTL4019	ADL E50D	ADL E500 E521/35	H59/31D	2015	
KMB	ATENU605	TN1073	SFD46DNR5FMTL4020	ADL E50D	ADL E500 E521/36	H59/31D	2015	
KMB	ATENU606	TN1149	SFD46DNR5FMTL4021	ADL E50D	ADL E500 E521/37	H59/31D	2015	
KMB	ATENU623	TN4670	SFD46DNR5EMTL4022	ADL E50D	ADL E500 E521/38	H59/31D	2015	
KMB	ATENU616	TN2165	SFD46DNR5FMTL4023	ADL E50D	ADL E500 E521/39	H59/31D	2015	
KMB	ATENU612	TN1610	SFD46DNR5FMTL4024	ADL E50D	ADL E500 E521/40	H59/31D	2015	
KMB	ATENU652	TN9581	SFD46DNR5FMTL4025	ADL E50D	ADL E500	H59/31D	2015	
KMB	ATENU653	TN9665	SFD46DNR5FMTL4026	ADL E50D	ADL E500	H59/31D	2015	
KMB	ATENU563	TL6249	SFD46FNR5FGTL4027	ADL E50D	ADL E500	H59/31D	2015	
KMB	ATENU556	TL5001	SFD46FNR5FGTL4028	ADL E50D	ADL E500	H59/31D	2015	
KMB	ATENU537	TL1607	SFD46FNR5EMTL4031	ADL E50D	ADL E500 E520/22	H59/31D	2015	
KMB	ATENU538	TL2097	SFD46FNR5EMTL4032	ADL E50D	ADL E500 E520/23	H59/31D	2015	
KMB	ATENU533	TL1055	SFD46FNR5EMTL4033	ADL E50D	ADL E500 E520/24	H59/31D	2015	
KMB	ATENU540	TL2480	SFD46FNR5EMTL4034	ADL E50D	ADL E500 E520/25	H59/31D	2015	

公司	車隊編號	車牌	底盤編號	車型	車身	座位佈局	首次登記日期	退役日期
KMB	ATENU535	TL1271	SFD46FNR5EMTL4035	ADL E50D	ADL E500 E520/26	H59/31D	2015	
KMB	ATENU532	TL550	SFD46FNR5EMTL4036	ADL E50D	ADL E500 E520/27	H59/31D	2015	
KMB	ATENU539	TL2141	SFD46FNR5EMTL4043	ADL E50D	ADL E500 E520/28	H59/31D	2015	
KMB	ATENU534	TL1243	SFD46FNR5EMTL4044	ADL E50D	ADL E500 E520/29	H59/31D	2015	
KMB	ATENU554	TL4620	SFD46FNR5FGTL4045	ADL E50D	ADL E500	H59/31D	2015	
KMB	ATENU639	TN7901	SFD46FNR5FGTL4046	ADL E50D	ADL E500 E519/20	H59/31D	2015	
KMB	ATENU561	TL5943	SFD46FNR5FGTL4047	ADL E50D	ADL E500	H59/31D	2015	
KMB	ATENU560	TL5814	SFD46FNR5FGTL4048	ADL E50D	ADL E500 E520/31	H59/31D	2015	
KMB	ATENU564	TL7241	SFD46FNR5FGTL4049	ADL E50D	ADL E500	H59/31D	2015	
KMB	ATENU558	TL5716	SFD46FNR5FGTL4050	ADL E50D	ADL E500	H59/31D	2015	
KMB	ATENU575	TM1472	SFD46FNR5FGTL4051	ADL E50D	ADL E500	H59/31D	2015	
KMB	ATENU581	TM3363	SFD46FNR5FGTL4052	ADL E50D	ADL E500	H59/31D	2015	
KMB	ATENU576	TM2099	SFD46DNR5FMTL4053	ADL E50D	ADL E500	H59/31D	2015	
KMB	ATENU574	TM523	SFD46DNR5FMTL4054	ADL E50D	ADL E500	H59/31D	2015	
KMB	ATENU582	TM3533	SFD46DNR5FMTL4055	ADL E50D	ADL E500	H59/31D	2015	
KMB	ATENU578	TM2682	SFD46DNR5FMTL4056	ADL E50D	ADL E500	H59/31D	2015	
KMB	ATENU596	TM5835	SFD46DNR5FMTL4057	ADL E50D	ADL E500	H59/31D	2015	
KMB	ATENU585	TM3973	SFD46DNR5FMTL4058	ADL E50D	ADL E500	H59/31D	2015	
KMB	ATENU562	TL6239	SFD46FNR5FGTL4059	ADL E50D	ADL E500	H59/31D	2015	
NWFB	5626	TL4982	SFD46DNR5FGTL4060	ADL E50D	ADL E500 E505/09	H59/31D	2015	
KMB	ATENU566	TL8464	SFD46FNR5FGTL4061	ADL E50D	ADL E500	H59/31D	2015	
CTB	8482	TL3015	SFD46DNR5FGTL4062	ADL E50D	ADL E500 E502/01	H59/31D	2015	
KMB	ATENU559	TL5811	SFD46FNR5FGTL4063	ADL E50D	ADL E500	H59/31D	2015	
KMB	ATENU557	TL5374	SFD46FNR5FGTL4064	ADL E50D	ADL E500	H59/31D	2015	
KMB	ATENU565	TL7791	SFD46FNR5FGTL4065	ADL E50D	ADL E500	H59/31D	2015	
KMB	ATENU573	TM1508	SFD46FNR5FGTL4066	ADL E50D	ADL E500	H59/31D	2015	
CTB	8483	TL6813	SFD46DNR5FGTL4067	ADL E50D	ADL E500	H59/31D	2015	
KMB	ATENU572	TM1327	SFD46FNR5FGTL4068	ADL E50D	ADL E500	H59/31D	2015	
KMB	ATENU571	TM947	SFD46FNR5FGTL4069	ADL E50D	ADL E500	H59/31D	2015	
CTB	8484	TL7857	SFD46DNR5FGTL4070	ADL E50D	ADL E500	H59/31D	2015	
KMB	ATENU583	TM4075	SFD46FNR5FGTL4071	ADL E50D	ADL E500	H59/31D	2015	
CTB	8485	TM2971	SFD46DNR5FGTL4072	ADL E50D	ADL E500	H59/31D	2015	
CTB	8486	TL7986	SFD46DNR5FGTL4073	ADL E50D	ADL E500	H59/31D	2015	
CTB	8487	TM217	SFD46DNR5FGTL4074	ADL E50D	ADL E500 E505/13	H59/31D	2015	
CTB	8488	TM2653	SFD46DNR5FGTL4075	ADL E50D	ADL E500	H59/31D	2015	
CTB	8489	TM2953	SFD46DNR5FGTL4076	ADL E50D	ADL E500	H59/31D	2015	
CTB	8490	TM4207	SFD46DNR5FGTL4077	ADL E50D	ADL E500	H59/31D	2015	
KMB	ATENU617	TN2339	SFD46FNR5FGTL4078	ADL E50D	ADL E500	H59/31D	2015	
CTB	8491	TM3477	SFD46DNR5FGTL4079	ADL E50D	ADL E500	H59/31D	2015	
CTB	8492	TM5224	SFD46DNR5FGTL4080	ADL E50D	ADL E500 E505/16	H59/31D	2015	
KMB	ATENU648	TN8617	SFD46DNR5FMTL4081	ADL E50D	ADL E500 E522/25	H59/31D	2015	
KMB	ATENU647	TN8507	SFD46DNR5FMTL4082	ADL E50D	ADL E500	H59/31D	2015	
KMB	ATENU649	TN8631	SFD46DNR5FMTL4083	ADL E50D	ADL E500	H59/31D	2015	
KMB	ATENU656	TP2441	SFD46DNR5FMTL4084	ADL E50D	ADL E500	H59/31D	2015	
KMB	ATENU655	TP2269	SFD46DNR5FMTL4085	ADL E50D	ADL E500	H59/31D	2015	
KMB	ATENU662	TP2860	SFD46DNR5FMTL4086	ADL E50D	ADL E500	H59/31D	2015	
KMB	ATENU670	TP5282	SFD46DNR5FMTL4087	ADL E50D	ADL E500	H59/31D	2015	

公司	車隊編號	車牌	底盤編號	車型	車身	座位佈局	首次登記日期	退役日期
KMB	ATENU672	TP6099	SFD46DNR5FMTL4088	ADL E50D	ADL E500 E522/50	H59/31D	2015	
KMB	ATENU675	TP7028	SFD46DNR5FMTL4089	ADL E50D	ADL E500 E521/53	H59/31D	2015	
KMB	ATENU674	TP6759	SFD46DNR5FMTL4090	ADL E50D	ADL E500 E519/01	H59/31D	2015	
KMB	ATENU673	TP6612	SFD46DNR5FMTL4091	ADL E50D	ADL E500 E522/39	H59/31D	2015	
KMB	ATENU681	TP7999	SFD46DNR5FMTL4092	ADL E50D	ADL E500	H59/31D	2015	
KMB	ATENU580	TM3326	SFD46DNR5FMTL4099	ADL E50D	ADL E500	H59/31D	2015	
KMB	ATENU579	TM2735	SFD46DNR5FMTL4100	ADL E50D	ADL E500 E521/13	H59/31D	2015	
KMB	ATENU586	TM4121	SFD46DNR5FMTL4101	ADL E50D	ADL E500	H59/31D	2015	
KMB	ATENU584	TM2908	SFD46DNR5FMTL4102	ADL E50D	ADL E500	H59/31D	2015	
KMB	ATENU587	TM4407	SFD46DNR5FMTL4103	ADL E50D	ADL E500	H59/31D	2015	
KMB	ATENU590	TM5868	SFD46DNR5FMTL4104	ADL E50D	ADL E500	H59/31D	2015	
KMB	ATENU591	TM6052	SFD46DNR5FMTL4105	ADL E50D	ADL E500	H59/31D	2015	
KMB	ATENU588	TM4712	SFD46DNR5FMTL4106	ADL E50D	ADL E500	H59/31D	2015	
CTB	8493	TM6075	SFD46DNR5FGTL4107	ADL E50D	ADL E500	H59/31D	2015	
CTB	8494	TM4922	SFD46DNR5FGTL4108	ADL E50D	ADL E500	H59/31D	2015	
CTB	8495	TM5088	SFD46DNR5FGTL4109	ADL E50D	ADL E500 E505/19	H59/31D	2015	
CTB	8496	TM5846	SFD46DNR5FGTL4110	ADL E50D	ADL E500 E505/20	H59/31D	2015	
CTB	8497	TN1591	SFD46DNR5FGTL4111	ADL E50D	ADL E500 E505/21	H59/31D	2015	
MTR	525	TS2088	SFD56CNR5FGTM4112	ADL E50D	ADL E500	H53/25D	2015	
CTB	8498	TM7295	SFD46DNR5FGTL4113	ADL E50D	ADL E500	H59/31D	2015	
CTB	8499	TM8404	SFD46DNR5FGTL4114	ADL E50D	ADL E500 E505/23	H59/31D	2015	
CTB	8500	TN1534	SFD46DNR5FGTL4115	ADL E50D	ADL E500	H59/31D	2015	
CTB	8501	TN835	SFD46DNR5FGTL4116	ADL E50D	ADL E500	H59/31D	2015	
NWFB	5617	TN1298	SFD46DNR5FGTL4118	ADL E50D	ADL E500	H59/31D	2015	
CTB	8502	TM8707	SFD46DNR5FGTL4119	ADL E50D	ADL E500 E502/05	H59/31D	2015	
CTB	8503	TN381	SFD46DNR5FGTL4120	ADL E50D	ADL E500	H59/31D	2015	
CTB	8504	TN1629	SFD46DNR5FGTL4121	ADL E50D	ADL E500	H59/31D	2015	
MTR	526	TS3997	SFD56CNR5FGTM4122	ADL E50D	ADL E500	H53/25D	2015	
CTB	8505	TN842	SFD46DNR5FGTL4123	ADL E50D	ADL E500	H59/31D	2015	
NWFB	5619	TN6249	SFD46DNR5FGTL4124	ADL E50D	ADL E500	H59/31D	2015	
MTR	527	TS3416	SFD56CNR5FGTM4125	ADL E50D	ADL E500	H53/25D	2015	
MTR	528	TS8442	SFD56CNR5FGTM4126	ADL E50D	ADL E500	H53/25D	2015	
CTB	8506	TN2259	SFD46DNR5FGTL4127	ADL E50D	ADL E500	H59/31D	2015	
NWFB	5620	TN6244	SFD46DNR5FGTL4128	ADL E50D	ADL E500	H59/31D	2015	
KMB	3ATENU3	TT4698	SFD86FNR5FGTL4129	ADL E50D	ADL E500	H63/23D	2015	
NWFB	5618	TN1550	SFD46DNR5FGTL4130	ADL E50D	ADL E500 E502/10	H59/31D	2015	
NWFB	5621	TN8120	SFD46DNR5FGTL4131	ADL E50D	ADL E500	H59/31D	2015	
KMB	ATENU589	TM5125	SFD46DNR5FMTL4132	ADL E50D	ADL E500	H59/31D	2015	
KMB	ATENU593	TM4914	SFD46DNR5FMTL4133	ADL E50D	ADL E500	H59/31D	2015	
KMB	ATENU592	TM4681	SFD46DNR5FMTL4134	ADL E50D	ADL E500	H59/31D	2015	
KMB	ATENU594	TM5861	SFD46DNR5FMTL4135	ADL E50D	ADL E500	H59/31D	2015	
KMB	ATENU598	TM7037	SFD46DNR5FMTL4136	ADL E50D	ADL E500	H59/31D	2015	
KMB	ATENU595	TM5315	SFD46DNR5FMTL4137	ADL E50D	ADL E500	H59/31D	2015	
KMB	ATENU597	TM6816	SFD46DNR5FMTL4138	ADL E50D	ADL E500 E521/26	H59/31D	2015	
KMB	ATENU599	TM7502	SFD46DNR5FMTL4139	ADL E50D	ADL E500 E521/27	H59/31D	2015	
KMB	ATENU600	TM7967	SFD46DNR5FMTL4140	ADL E50D	ADL E500 E521/28	H59/31D	2015	
KMB	ATENU602	TM9115	SFD46DNR5FMTL4141	ADL E50D	ADL E500 E521/29	H59/31D	2015	

公司	車隊編號	車牌	底盤編號	車型	車身	座位佈局	首次登記日期	退役日期
KMB	ATENU601	TM8255	SFD46DNR5FMTL4142	ADL E50D	ADL E500 E521/30	H59/31D	2015	
KMB	ATENU618	TN2434	SFD46DNR5FMTL4143	ADL E50D	ADL E500 E521/31	H59/31D	2015	
KMB	ATENU603	TM9882	SFD46DNR5FMTL4144	ADL E50D	ADL E500 E521/32	H59/31D	2015	
KMB	ATENU608	TN569	SFD46DNR5FMTL4145	ADL E50D	ADL E500 E521/33	H59/31D	2015	
KMB	ATENU622	TN3932	SFD46DNR5FMTL4146	ADL E50D	ADL E500 E522/01	H59/31D	2015	
KMB	ATENU619	TN2575	SFD46DNR5FMTL4147	ADL E50D	ADL E500 E522/02	H59/31D	2015	
KMB	ATENU627	TN5103	SFD46DNR5FMTL4148	ADL E50D	ADL E500 E522/03	H59/31D	2015	
KMB	ATENU620	TN2904	SFD46DNR5FMTL4149	ADL E50D	ADL E500	H59/31D	2015	
KMB	ATENU614	TN1686	SFD46DNR5FMTL4150	ADL E50D	ADL E500 E521/41	H59/31D	2015	
KMB	ATENU613	TN1642	SFD46DNR5FMTL4151	ADL E50D	ADL E500	H59/31D	2015	
NWFB	5622	TN8300	SFD46DNR5FGTL4152	ADL E50D	ADL E500	H59/31D	2015	
NWFB	5623	TN8263	SFD46DNR5FGTL4153	ADL E50D	ADL E500	H59/31D	2015	
NWFB	5624	TN9936	SFD46DNR5FGTL4154	ADL E50D	ADL E500	H59/31D	2015	
NWFB	5625	TN9582	SFD46DNR5FGTL4155	ADL E50D	ADL E500 E505/33	H59/31D	2015	
NWFB	5627	TP1175	SFD46DNR5FGTL4156	ADL E50D	ADL E500	H59/31D	2015	
MTR	529	TT8108	SFD56CNR5FGTM4157	ADL E50D	ADL E500	H53/25D	2015	
NWFB	5628	TP1033	SFD46DNR5FGTL4158	ADL E50D	ADL E500	H59/31D	2015	
NWFB	5629	TP534	SFD46DNR5FGTL4159	ADL E50D	ADL E500	H59/31D	2015	
NWFB	5630	TP4102	SFD46DNR5FGTL4160	ADL E50D	ADL E500	H59/31D	2015	
NWFB	5631	TP2955	SFD46DNR5FGTL4161	ADL E50D	ADL E500	H59/31D	2015	
KMB	ATENU609	TN683	SFD46DNR5FMTL4162	ADL E50D	ADL E500	H59/31D	2015	
KMB	ATENU629	TN6108	SFD46DNR5FMTL4163	ADL E50D	ADL E500 E521/44	H59/31D	2015	
KMB	ATENU615	TN1838	SFD46DNR5FMTL4164	ADL E50D	ADL E500 E521/45	H59/31D	2015	
KMB	ATENU611	TN1353	SFD46DNR5FMTL4165	ADL E50D	ADL E500 E521/46	H59/31D	2015	
KMB	ATENU610	TN1064	SFD46DNR5FMTL4166	ADL E50D	ADL E500 E521/47	H59/31D	2015	
KMB	ATENU628	TN6001	SFD46DNR5FMTL4167	ADL E50D	ADL E500 E521/48	H59/31D	2015	
KMB	ATENU625	TN4895	SFD46DNR5FMTL4168	ADL E50D	ADL E500 E521/49	H59/31D	2015	
KMB	ATENU626	TN5078	SFD46DNR5FMTL4169	ADL E50D	ADL E500 E521/50	H59/31D	2015	
KMB	ATENU624	TN4701	SFD46DNR5FMTL4170	ADL E50D	ADL E500 E521/51	H59/31D	2015	
KMB	ATENU632	TN5835	SFD46DNR5FMTL4171	ADL E50D	ADL E500 E521/52	H59/31D	2015	
KMB	ATENU630	TN4735	SFD46DNR5FMTL4172	ADL E50D	ADL E500 E522/05	H59/31D	2015	
KMB	ATENU633	TN5992	SFD46DNR5FMTL4173	ADL E50D	ADL E500 E522/06	H59/31D	2015	
KMB	ATENU634	TN6154	SFD46DNR5FMTL4174	ADL E50D	ADL E500 E522/07	H59/31D	2015	
KMB	ATENU631	TN5319	SFD46DNR5FMTL4175	ADL E50D	ADL E500 E522/08	H59/31D	2015	
KMB	ATENU636	TN5770	SFD46DNR5FMTL4176	ADL E50D	ADL E500 E522/09	H59/31D	2015	
KMB	ATENU635	TN4526	SFD46DNR5FMTL4177	ADL E50D	ADL E500 E522/10	H59/31D	2015	
KMB	ATENU637	TN6088	SFD46DNR5FMTL4178	ADL E50D	ADL E500 E522/11	H59/31D	2015	
KMB	ATENU641	TN8352	SFD46DNR5FMTL4179	ADL E50D	ADL E500	H59/31D	2015	
KMB	ATENU638	TN6619	SFD46DNR5FMTL4180	ADL E50D	ADL E500	H59/31D	2015	
KMB	ATENU643	TN6835	SFD46DNR5FMTL4181	ADL E50D	ADL E500	H59/31D	2015	
NWFB	5640	TR854	SFD46DNR5FGTL4182	ADL E50D	ADL E500 E502/011	H59/31D	2015	
NWFB	5641	TR3625	SFD46DNR5FGTL4183	ADL E50D	ADL E500 E502/012	H59/31D	2015	
CLP	322	TW3941	SFD46DNR5FGTL4184	ADL E50D	ADL E500	H59/33D	2015	
KMB	3ATENU9	TU7834	SFD86FNR5FGTL4185	ADL E50D	ADL E500	H63/23D	2015	
KMB	ATENU640	TN8248	SFD46DNR5FMTL4187	ADL E50D	ADL E500	H59/31D	2015	
KMB	ATENU644	TN7290	SFD46DNR5FMTL4188	ADL E50D	ADL E500	H59/31D	2015	
KMB	ATENU621	TN3484	SFD46DNR5FMTL4189	ADL E50D	ADL E500 E522/17	H59/31D	2015	

公司	車隊編號	車牌	底盤編號	車型	車身	座位佈局	首次登記日期	退役日期
KMB	ATENU642	TN6754	SFD46DNR5FMTL4190	ADL E50D	ADL E500	H59/31D	2015	
KMB	ATENU646	TN7573	SFD46DNR5FMTL4191	ADL E50D	ADL E500	H59/31D	2015	
KMB	ATENU645	TN7408	SFD46DNR5FMTL4192	ADL E50D	ADL E500	H59/31D	2015	
KMB	ATENU651	TN9417	SFD46DNR5FMTL4193	ADL E50D	ADL E500	H59/31D	2015	
KMB	ATENU650	TN8715	SFD46DNR5FMTL4194	ADL E50D	ADL E500 E522/22	H59/31D	2015	
KMB	ATENU654	TP1365	SFD46DNR5FMTL4195	ADL E50D	ADL E500	H59/31D	2015	
KMB	ATENU658	TP2841	SFD46DNR5FMTL4196	ADL E50D	ADL E500	H59/31D	2015	
KMB	3ATENU6	TU7099	SFD86FNR5FGTL4198	ADL E50D	ADL E500	H63/23D	2015	
KMB	3ATENU7	TU7399	SFD86FNR5FGTL4199	ADL E50D	ADL E500	H63/23D	2015	
NWFB	5632	TP5543	SFD46DNR5FGTL4200	ADL E50D	ADL E500	H59/31D	2015	
NWFB	5633	TP7430	SFD46DNR5FGTL4201	ADL E50D	ADL E500	H59/31D	2015	
KMB	ATENU698	TR621	SFD46FNR5FMTL4203	ADL E50D	ADL E500 E528/01	H59/31D	2015	
KMB	ATENU699	TR1279	SFD46FNR5FMTL4204	ADL E50D	ADL E500 E528/02	H59/31D	2015	
KMB	ATENU700	TR2818	SFD46FNR5FMTL4205	ADL E50D	ADL E500 E528/03	H59/31D	2015	
KMB	ATENU701	TR3217	SFD46FNR5FMTL4206	ADL E50D	ADL E500 E528/04	H59/31D	2015	
KMB	ATENU703	TR3935	SFD46FNR5FMTL4207	ADL E50D	ADL E500	H59/31D	2015	
KMB	3ATENU4	TT9134	SFD86DNR5FGTL4207	ADL E50D	ADL E500	H63/23D	2015	
KMB	ATENU702	TR3797	SFD46FNR5FMTL4208	ADL E50D	ADL E500 E528/06	H59/31D	2015	
NWFB	5634	TP7725	SFD46DNR5FGTL4209	ADL E50D	ADL E500 E505/41	H59/31D	2015	
NWFB	5635	TP8689	SFD46DNR5FGTL4210	ADL E50D	ADL E500 E505/42	H59/31D	2015	
NWFB	5636	TP6534	SFD46DNR5FGTL4211	ADL E50D	ADL E500 E505/43	H59/31D	2015	
NWFB	5637	TP9051	SFD46DNR5FGTL4213	ADL E50D	ADL E500 E505/44	H59/31D	2015	
KMB	3ATENU5	TU7039	SFD86FNR5FGTL4214	ADL E50D	ADL E500	H63/23D	2015	
NWFB	5638	TR172	SFD46DNR5FGTL4215	ADL E50D	ADL E500	H59/31D	2015	
NWFB	5642	TR2799	SFD46DNR5FGTL4217	ADL E50D	ADL E500 E502/013	H59/31D	2015	
NWFB	5643	TR2639	SFD46DNR5FGTL4219	ADL E50D	ADL E500	H59/31D	2015	
NWFB	5644	TR3947	SFD46DNR5FGTL4220	ADL E50D	ADL E500	H59/31D	2015	
NWFB	5645	TR5032	SFD46DNR5FGTL4222	ADL E50D	ADL E500	H59/31D	2015	
KMB	ATENU661	TP4310	SFD46DNR5FMTL4223	ADL E50D	ADL E500	H59/31D	2015	
KMB	ATENU659	TP3105	SFD46DNR5FMTL4224	ADL E50D	ADL E500	H59/31D	2015	
KMB	ATENU657	TP2610	SFD46DNR5FMTL4225	ADL E50D	ADL E500	H59/31D	2015	
KMB	ATENU660	TP3679	SFD46DNR5FMTL4226	ADL E50D	ADL E500	H59/31D	2015	
KMB	ATENU665	TP3362	SFD46DNR5FMTL4227	ADL E50D	ADL E500 E522/36	H59/31D	2015	
KMB	ATENU666	TP3687	SFD46DNR5FMTL4228	ADL E50D	ADL E500	H59/31D	2015	
KMB	ATENU668	TP3931	SFD46DNR5FMTL4229	ADL E50D	ADL E500 E522/38	H59/31D	2015	
KMB	ATENU676	TP6971	SFD46DNR5FMTL4230	ADL E50D	ADL E500 E522/52	H59/31D	2015	
KMB	ATENU667	TP3862	SFD46DNR5FMTL4231	ADL E50D	ADL E500	H59/31D	2015	
KMB	ATENU663	TP2881	SFD46DNR5FMTL4232	ADL E50D	ADL E500	H59/31D	2015	
KMB	ATENU664	TP3004	SFD46DNR5FMTL4233	ADL E50D	ADL E500 E522/42	H59/31D	2015	
KMB	ATENU669	TP5145	SFD46DNR5FMTL4234	ADL E50D	ADL E500	H59/31D	2015	
KMB	ATENU671	TP5332	SFD46DNR5FMTL4235	ADL E50D	ADL E500	H59/31D	2015	
KMB	ATENU679	TP7390	SFD46DNR5FMTL4236	ADL E50D	ADL E500	H59/31D	2015	
KMB	ATENU685	TP9462	SFD46DNR5FMTL4237	ADL E50D	ADL E500 E522/53	H59/31D	2015	
KMB	ATENU801	TU9982	SFD46DNR5FMTL4238	ADL E50D	ADL E500 E522/54	H59/31D	2015	
KMB	ATENU678	TP6854	SFD46DNR5FMTL4239	ADL E50D	ADL E500	H59/31D	2015	
KMB	ATENU680	TP7985	SFD46DNR5FMTL4240	ADL E50D	ADL E500	H59/31D	2015	
KMB	ATENU686	TP9475	SFD46FNR5FMTL4241	ADL E50D	ADL E500 E528/07	H59/31D	2015	

公司	車隊編號	車牌	底盤編號	車型	車身	座位佈局	首次登記日期	退役日期
KMB	ATENU690	TR372	SFD46FNR5FMTL4242	ADL E50D	ADL E500 E528/08	H59/31D	2015	
NWFB	5646	TR4514	SFD46DNR5FGTL4243	ADL E50D	ADL E500	H59/31D	2015	
NWFB	5647	TR5542	SFD46DNR5FGTL4244	ADL E50D	ADL E500	H59/31D	2015	
KMB	3ATENU8	TU7413	SFD86FNR5FGTL4246	ADL E50D	ADL E500	H63/23D	2015	
KMB	ATENU730	TR8862	SFD46FNR5FMTL4249	ADL E50D	ADL E500	H59/31D	2015	
KMB	ATENU735	TR9692	SFD46FNR5FMTL4250	ADL E50D	ADL E500 E529/02	H59/31D	2015	
KMB	ATENU736	TR9701	SFD46FNR5FMTL4251	ADL E50D	ADL E500 E529/03	H59/31D	2015	
KMB	ATENU723	TR7550	SFD46FNR5FMTL4252	ADL E50D	ADL E500 E529/04	H59/31D	2015	
KMB	ATENU725	TR7927	SFD46FNR5FMTL4253	ADL E50D	ADL E500 E529/05	H59/31D	2015	
KMB	ATENU726	TR8167	SFD46FNR5FMTL4254	ADL E50D	ADL E500 E529/06	H59/31D	2015	
KMB	ATENU724	TR7792	SFD46FNR5FMTL4255	ADL E50D	ADL E500	H59/31D	2015	
KMB	ATENU728	TR8444	SFD46FNR5FMTL4256	ADL E50D	ADL E500	H59/31D	2015	
KMB	ATENU722	TR7424	SFD46FNR5FMTL4257	ADL E50D	ADL E500 E529/09	H59/31D	2015	
KMB	ATENU748	TS3718	SFD46FNR5FMTL4258	ADL E50D	ADL E500	H59/31D	2015	
KMB	ATENU749	TS4046	SFD46FNR5FMTL4259	ADL E50D	ADL E500	H59/31D	2015	
KMB	ATENU745	TS3329	SFD46FNR5FMTL4260	ADL E50D	ADL E500	H59/31D	2015	
KMB	ATENU747	TS3575	SFD46FNR5FMTL4261	ADL E50D	ADL E500	H59/31D	2015	
KMB	ATENU744	TS3302	SFD46FNR5FMTL4262	ADL E50D	ADL E500	H59/31D	2015	
KMB	ATENU751	TS5547	SFD46FNR5FMTL4263	ADL E50D	ADL E500	H59/31D	2015	
KMB	ATENU752	TS5860	SFD46FNR5FMTL4264	ADL E50D	ADL E500	H59/31D	2015	
KMB	ATENU780	TU250	SFD46CNR5FMTL4265	ADL E50D	ADL E500	H59/31D	2015	
KMB	ATENU779	TT9724	SFD46CNR5FMTL4266	ADL E50D	ADL E500	H59/31D	2015	
KMB	ATENU777	TT9613	SFD46CNR5FMTL4267	ADL E50D	ADL E500	H59/31D	2015	
KMB	ATENU781	TU253	SFD46CNR5FMTL4268	ADL E50D	ADL E500	H59/31D	2015	
KMB	ATENU791	TU2115	SFD46CNR5FMTL4269	ADL E50D	ADL E500	H59/31D	2015	
KMB	ATENU785	TU942	SFD46CNR5FMTL4270	ADL E50D	ADL E500	H59/31D	2015	
KMB	ATENU789	TU1960	SFD46CNR5FMTL4271	ADL E50D	ADL E500	H59/31D	2015	
KMB	ATENU794	TU2498	SFD46CNR5FMTL4272	ADL E50D	ADL E500	H59/31D	2015	
KMB	ATENU790	TU2085	SFD46CNR5FMTL4273	ADL E50D	ADL E500	H59/31D	2015	
KMB	ATENU786	TU965	SFD46CNR5FMTL4274	ADL E50D	ADL E500	H59/31D	2015	
KMB	ATENU788	TU1832	SFD46CNR5FMTL4275	ADL E50D	ADL E500	H59/31D	2015	
KMB	ATENU793	TU2488	SFD46CNR5FMTL4276	ADL E50D	ADL E500	H59/31D	2015	
KMB	ATENU799	TU5045	SFD46CNR5FMTL4277	ADL E50D	ADL E500	H59/31D	2015	
KMB	ATENU783	TU771	SFD46CNR5FMTL4278	ADL E50D	ADL E500	H59/31D	2015	
KMB	ATENU792	TU2188	SFD46CNR5FMTL4279	ADL E50D	ADL E500	H59/31D	2015	
KMB	ATENU784	TU831	SFD46CNR5FMTL4280	ADL E50D	ADL E500	H59/31D	2015	
KMB	ATENU782	TU769	SFD46CNR5FMTL4281	ADL E50D	ADL E500	H59/31D	2015	
KMB	ATENU795	TU2880	SFD46CNR5FMTL4282	ADL E50D	ADL E500	H59/31D	2015	
KMB	ATENU802	TV935	SFD46CNR5FMTL4283	ADL E50D	ADL E500 F515/19	H59/31D	2015	
KMB	ATENU798	TU4006	SFD46CNR5FMTL4284	ADL E50D	ADL E500	H59/31D	2015	
KMB	ATENU796	TU3064	SFD46CNR5FMTL4285	ADL E50D	ADL E500 F515/20	H59/31D	2015	
KMB	ATENU797	TU3348	SFD46CNR5FMTL4286	ADL E50D	ADL E500	H59/31D	2015	
KMB	ATENU800	TU6353	SFD46CNR5FMTL4287	ADL E50D	ADL E500	H59/31D	2015	
KMB	ATENU840	TV7860	SFD46CNR5FMTL4288	ADL E50D	ADL E500	H59/31D	2015	
KMB	3ATENU10	TU8948	SFD86FNR5FGTL4289	ADL E50D	ADL E500	H63/23D	2015	
KMB	3ATENU11	TU9317	SFD86FNR5FGTL4290	ADL E50D	ADL E500 E535/08	H63/23D	2015	
KMB	ATENU688	TP9665	SFD46FNR5FMTL4291	ADL E50D	ADL E500	H59/31D	2015	

公司	車隊編號	車牌	底盤編號	車型	車身	座位佈局	首次登記日期	退役日期
KMB	ATENU683	TP9156	SFD46FNR5FMTL4292	ADL E50D	ADL E500 E528/10	H59/31D	2015	
KMB	ATENU684	TP9228	SFD46FNR5FMTL4293	ADL E50D	ADL E500 E528/11	H59/31D	2015	
KMB	ATENU687	TP9625	SFD46FNR5FMTL4294	ADL E50D	ADL E500 E528/12	H59/31D	2015	
KMB	ATENU682	TP8557	SFD46FNR5FMTL4295	ADL E50D	ADL E500	H59/31D	2015	
KMB	ATENU689	TP9796	SFD46FNR5FMTL4296	ADL E50D	ADL E500 E528/14	H59/31D	2015	
KMB	ATENU693	TR1614	SFD46FNR5FMTL4297	ADL E50D	ADL E500 E528/15	H59/31D	2015	
KMB	ATENU694	TR2143	SFD46FNR5FMTL4298	ADL E50D	ADL E500	H59/31D	2015	
KMB	ATENU695	TR2405	SFD46FNR5FMTL4299	ADL E50D	ADL E500 E528/17	H59/31D	2015	
KMB	ATENU692	TR1503	SFD46FNR5FMTL4300	ADL E50D	ADL E500 E528/18	H59/31D	2015	
KMB	ATENU704	TR4432	SFD46FNR5FMTL4301	ADL E50D	ADL E500	H59/31D	2015	
KMB	ATENU691	TR1390	SFD46FNR5FMTL4302	ADL E50D	ADL E500 E528/20	H59/31D	2015	
KMB	ATENU696	TR2451	SFD46FNR5FMTL4303	ADL E50D	ADL E500 E528/21	H59/31D	2015	
KMB	ATENU697	TR614	SFD46FNR5FMTL4304	ADL E50D	ADL E500	H59/31D	2015	
KMB	ATENU708	TR3068	SFD46FNR5FMTL4305	ADL E50D	ADL E500 E528/23	H59/31D	2015	
KMB	ATENU710	TR4326	SFD46FNR5FMTL4306	ADL E50D	ADL E500	H59/31D	2015	
KMB	ATENU707	TR2812	SFD46FNR5FMTL4307	ADL E50D	ADL E500 E528/25	H59/31D	2015	
KMB	ATENU705	TR2557	SFD46FNR5FMTL4308	ADL E50D	ADL E500	H59/31D	2015	
KMB	ATENU706	TR2776	SFD46FNR5FMTL4309	ADL E50D	ADL E500	H59/31D	2015	
KMB	ATENU709	TR3908	SFD46FNR5FMTL4310	ADL E50D	ADL E500	H59/31D	2015	
KMB	ATENU720	TR6380	SFD46FNR5FMTL4311	ADL E50D	ADL E500	H59/31D	2015	
KMB	ATENU718	TR6438	SFD46FNR5FMTL4312	ADL E50D	ADL E500	H59/31D	2015	
KMB	ATENU716	TR5774	SFD46FNR5FMTL4313	ADL E50D	ADL E500	H59/31D	2015	
KMB	ATENU715	TR5596	SFD46FNR5FMTL4314	ADL E50D	ADL E500	H59/31D	2015	
KMB	ATENU717	TR6156	SFD46FNR5FMTL4315	ADL E50D	ADL E500 E528/33	H59/31D	2015	
KMB	ATENU714	TR5007	SFD46FNR5FMTL4316	ADL E50D	ADL E500 E528/34	H59/31D	2015	
KMB	ATENU712	TR4780	SFD46FNR5FMTL4317	ADL E50D	ADL E500 E528/35	H59/31D	2015	
KMB	ATENU711	TR4553	SFD46FNR5FMTL4318	ADL E50D	ADL E500	H59/31D	2015	
KMB	ATENU713	TR4966	SFD46FNR5FMTL4319	ADL E50D	ADL E500 E528/37	H59/31D	2015	
KMB	ATENU719	TR5585	SFD46FNR5FMTL4320	ADL E50D	ADL E500	H59/31D	2015	
KMB	ATENU761	TS8734	SFD46FNR5FMTL4321	ADL E50D	ADL E500	H59/31D	2015	
KMB	ATENU740	TS2128	SFD46FNR5FMTL4322	ADL E50D	ADL E500	H59/31D	2015	
NWFB	5648	TR7971	SFD46DNR5FGTL4323	ADL E50D	ADL E500	H59/31D	2015	
NWFB	5639	TP9919	SFD46DNR5FGTL4324	ADL E50D	ADL E500 E505/46	H59/31D	2015	
KMB	3ATENU19	TV4315	SFD86FNR5FGTL4326	ADL E50D	ADL E500 E535/09	H63/23D	2015	
KMB	3ATENU16	TV3639	SFD86FNR5FGTL4328	ADL E50D	ADL E500	H63/23D	2015	
KMB	E6T2	VG8443	SFD49DNR5FGTL4329	ADL E50D	ADL E500	H59/31D	2018	
KMB	3ATENU17	TV4017	SFD86DNR5FGTL4330	ADL E50D	ADL E500 F501/2	H63/23D	2015	
NWFB	5649	TR7958	SFD46DNR5FGTL4331	ADL E50D	ADL E500 E505/47	H59/31D	2015	
KMB	3ATENU15	TV3361	SFD86DNR5FGTL4332	ADL E50D	ADL E500 F501/3	H63/23D	2015	
NWFB	5650	TR6750	SFD46DNR5FGTL4333	ADL E50D	ADL E500 E505/48	H59/31D	2015	
NWFB	5651	TR9212	SFD46DNR5FGTL4335	ADL E50D	ADL E500	H59/31D	2015	
KMB	3ATENU18	TV4068	SFD86DNR5FGTL4336	ADL E50D	ADL E500 F501/4	H63/23D	2015	
KMB	3ATENU12	TV2773	SFD86DNR5FGTL4337	ADL E50D	ADL E500 F501/5	H63/23D	2015	
KMB	3ATENU21	TV4348	SFD86DNR5FGTL4339	ADL E50D	ADL E500 F501/6	H63/23D	2015	
KMB	3ATENU20	TV4339	SFD86DNR5FGTL4340	ADL E50D	ADL E500 F501/7	H63/23D	2015	
NWFB	5652	TR9241	SFD46DNR5FGTL4342	ADL E50D	ADL E500	H59/31D	2015	
KMB	3ATENU14	TV2890	SFD86DNR5FGTL4343	ADL E50D	ADL E500	H63/23D	2015	

公司	車隊編號	車牌	底盤編號	車型	車身	座位佈局	首次登記日期	退役日期
KMB	3ATENU13	TV2808	SFD86DNR5FGTL4345	ADL E50D	ADL E500 F501/9	H63/23D	2015	
MTR	530	TT7597	SFD56CNR5FGTM4346	ADL E50D	ADL E500	H53/25D	2015	
MTR	531	TV7565	SFD56CNR5FGTM4347	ADL E50D	ADL E500	H53/25D	2015	
NWFB	5653	TS5502	SFD46DNR5FGTL4349	ADL E50D	ADL E500	H59/31D	2015	
KMB	ATENU721	TR6761	SFD46FNR5FMTL4351	ADL E50D	ADL E500	H59/31D	2015	
KMB	ATENU731	TR8987	SFD46FNR5FMTL4352	ADL E50D	ADL E500 E529/11	H59/31D	2015	
KMB	ATENU727	TR8360	SFD46FNR5FMTL4353	ADL E50D	ADL E500	H59/31D	2015	
KMB	ATENU733	TR9200	SFD46FNR5FMTL4354	ADL E50D	ADL E500	H59/31D	2015	
KMB	ATENU732	TR9082	SFD46FNR5FMTL4355	ADL E50D	ADL E500	H59/31D	2015	
KMB	ATENU734	TR9454	SFD46FNR5FMTL4356	ADL E50D	ADL E500 E529/15	H59/31D	2015	
KMB	ATENU729	TR8734	SFD46FNR5FMTL4357	ADL E50D	ADL E500	H59/31D	2015	
KMB	ATENU739	TS1543	SFD46FNR5FMTL4358	ADL E50D	ADL E500	H59/31D	2015	
KMB	ATENU742	TS2487	SFD46FNR5FMTL4369	ADL E50D	ADL E500	H59/31D	2015	
KMB	ATENU746	TS3541	SFD46FNR5FMTL4370	ADL E50D	ADL E500	H59/31D	2015	
KMB	ATENU738	TS780	SFD46FNR5FMTL4371	ADL E50D	ADL E500	H59/31D	2015	
KMB	ATENU737	TS685	SFD46FNR5FMTL4372	ADL E50D	ADL E500	H59/31D	2015	
KMB	ATENU741	TS2137	SFD46FNR5FMTL4373	ADL E50D	ADL E500	H59/31D	2015	
KMB	ATENU743	TS3089	SFD46FNR5FMTL4374	ADL E50D	ADL E500	H59/31D	2015	
KMB	ATENU750	TS4966	SFD46FNR5FMTL4375	ADL E50D	ADL E500	H59/31D	2015	
KMB	ATENU753	TS5970	SFD46FNR5FMTL4376	ADL E50D	ADL E500	H59/31D	2015	
KMB	ATENU754	TS6009	SFD46FNR5FMTL4377	ADL E50D	ADL E500	H59/31D	2015	
KMB	ATENU756	TS6353	SFD46FNR5FMTL4378	ADL E50D	ADL E500	H59/31D	2015	
KMB	ATENU759	TS8156	SFD46FNR5FMTL4379	ADL E50D	ADL E500	H59/31D	2015	
KMB	ATENU755	TS6275	SFD46FNR5FMTL4380	ADL E50D	ADL E500	H59/31D	2015	
KMB	ATENU758	TS8142	SFD46FNR5FMTL4381	ADL E50D	ADL E500 E529/37	H59/31D	2015	
KMB	ATENU757	TS6794	SFD46FNR5FMTL4382	ADL E50D	ADL E500	H59/31D	2015	
KMB	ATENU760	TS8694	SFD46FNR5FMTL4389	ADL E50D	ADL E500	H59/31D	2015	
KMB	ATENU763	TS9848	SFD46FNR5FMTL4390	ADL E50D	ADL E500	H59/31D	2015	
KMB	ATENU762	TS8994	SFD46FNR5FMTL4391	ADL E50D	ADL E500	H59/31D	2015	
KMB	ATENU772	TT8017	SFD46FNR5FMTL4392	ADL E50D	ADL E500	H59/31D	2015	
KMB	ATENU771	TT7692	SFD46FNR5FMTL4393	ADL E50D	ADL E500 E529/43	H59/31D	2015	
KMB	ATENU764	TT4578	SFD46FNR5FMTL4394	ADL E50D	ADL E500	H59/31D	2015	
KMB	ATENU766	TT5427	SFD46FNR5FMTL4395	ADL E50D	ADL E500 E529/45	H59/31D	2015	
KMB	ATENU765	TT4918	SFD46FNR5FMTL4396	ADL E50D	ADL E500 E529/46	H59/31D	2015	
KMB	ATENU769	TT7018	SFD46FNR5FMTL4397	ADL E50D	ADL E500 E529/47	H59/31D	2015	
KMB	ATENU767	TT4396	SFD46FNR5FMTL4398	ADL E50D	ADL E500 E529/48	H59/31D	2015	
KMB	ATENU770	TT7102	SFD46FNR5FMTL4399	ADL E50D	ADL E500 E529/49	H59/31D	2015	
KMB	ATENU815	TV3958	SFD46CNR6FMTL4400	ADL E50D	ADL E500	H59/31D	2015	
MTR	532	TV6778	SFD56CNR5FGTM4412	ADL E50D	ADL E500	H53/25D	2015	
MTR	533	TV9465	SFD56CNR5FGTM4413	ADL E50D	ADL E500	H53/25D	2015	
NWFB	5654	TS5187	SFD46DNR5FGTL4415	ADL E50D	ADL E500	H59/31D	2015	
KMB	3ATENU22	TV4824	SFD86DNR5FGTL4417	ADL E50D	ADL E500	H63/23D	2015	
KMB	ATENU768	TT6882	SFD46FNR5FMTL4418	ADL E50D	ADL E500	H59/31D	2015	
KMB	ATENU773	TT8858	SFD46FNR5FMTL4419	ADL E50D	ADL E500	H59/31D	2015	
KMB	ATENU776	TT9551	SFD46FNR5FMTL4420	ADL E50D	ADL E500	H59/31D	2015	
KMB	ATENU778	TT9620	SFD46FNR5FMTL4421	ADL E50D	ADL E500	H59/31D	2015	
KMB	ATENU774	TT9286	SFD46FNR5FMTL4422	ADL E50D	ADL E500	H59/31D	2015	

公司	車隊編號	車牌	底盤編號	車型	車身	座位佈局	首次登記日期	退役日期
KMB	ATENU787	TU1816	SFD46FNR5FMTL4423	ADL E50D	ADL E500 E529/55	H59/31D	2015	
KMB	ATENU775	TT9460	SFD46FNR5FMTL4424	ADL E50D	ADL E500	H59/31D	2015	
NWFB	5655	TS5907	SFD46DNR5FGTL4425	ADL E50D	ADL E500	H59/31D	2015	
NWFB	5657	TS7944	SFD46DNR5FGTL4427	ADL E50D	ADL E500 E505/51	H59/31D	2015	
NWFB	5656	TT2678	SFD46DNR5FGTL4428	ADL E50D	ADL E500 E502/23	H59/31D	2015	
NWFB	5658	TS7295	SFD46DNR5FGTL4430	ADL E50D	ADL E500	H59/31D	2015	
MTR	534	TV9066	SFD56CNR5FGTM4431	ADL E50D	ADL E500	H53/25D	2015	
MTR	535	TV9442	SFD56CNR5FGTM4432	ADL E50D	ADL E500	H53/25D	2015	
MTR	536	TW455	SFD56CNR5FGTM4433	ADL E50D	ADL E500	H53/25D	2015	
MTR	537	TV9066	SFD56CNR5FGTM4434	ADL E50D	ADL E500	H53/25D	2015	
NWFB	5659	TS7535	SFD46DNR5FGTL4437	ADL E50D	ADL E500 E502/24	H59/31D	2015	
NWFB	5660	TT3442	SFD46DNR5FGTL4438	ADL E50D	ADL E500	H59/31D	2015	
KMB	ATENU804	TV1449	SFD46CNR6FMTL4439	ADL E50D	ADL E500 Facelift E530/02	H59/31D	2015	
KMB	ATENU805	TV2314	SFD46CNR6FMTL4440	ADL E50D	ADL E500 Facelift E530/03	H59/31D	2015	
KMB	ATENU803	TV1089	SFD46CNR6FMTL4441	ADL E50D	ADL E500 Facelift E530/04	H59/31D	2015	
KMB	ATENU814	TV3671	SFD46CNR6FMTL4442	ADL E50D	ADL E500 Facelift E530/05	H59/31D	2015	
KMB	ATENU811	TV2843	SFD46CNR6FMTL4443	ADL E50D	ADL E500 Facelift E530/06	H59/31D	2015	
KMB	ATENU809	TV2006	SFD46CNR6FMTL4444	ADL E50D	ADL E500 Facelift E530/07	H59/31D	2015	
KMB	ATENU810	TV2465	SFD46CNR6FMTL4445	ADL E50D	ADL E500 Facelift E530/08	H59/31D	2015	
KMB	ATENU816	TV4474	SFD46CNR6FMTL4446	ADL E50D	ADL E500 Facelift E530/09	H59/31D	2015	
KMB	ATENU807	TV1211	SFD46CNR6FMTL4447	ADL E50D	ADL E500 Facelift	H59/31D	2015	
KMB	ATENU808	TV1721	SFD46CNR6FMTL4448	ADL E50D	ADL E500 Facelift	H59/31D	2015	
KMB	ATENU806	TV715	SFD46CNR6FMTL4449	ADL E50D	ADL E500 Facelift	H59/31D	2015	
KMB	ATENU812	TV2899	SFD46CNR6FMTL4450	ADL E50D	ADL E500 Facelift	H59/31D	2015	
KMB	ATENU813	TV3120	SFD46CNR6FMTL4451	ADL E50D	ADL E500 Facelift	H59/31D	2015	
KMB	ATENU824	TV4012	SFD46CNR6FMTL4452	ADL E50D	ADL E500 Facelift	H59/31D	2015	
KMB	ATENU828	TV4434	SFD46CNR6FMTL4453	ADL E50D	ADL E500 Facelift	H59/31D	2015	
KMB	ATENU817	TV2505	SFD46CNR6FMTL4454	ADL E50D	ADL E500 Facelift	H59/31D	2015	
KMB	ATENU821	TV3510	SFD46CNR6FMTL4455	ADL E50D	ADL E500 Facelift E530/18	H59/31D	2015	
KMB	ATENU833	TV5783	SFD46CNR6FMTL4456	ADL E50D	ADL E500 Facelift	H59/31D	2015	
KMB	ATENU829	TV4486	SFD46CNR6FMTL4457	ADL E50D	ADL E500 Facelift E530/20	H59/31D	2015	
KMB	ATENU826	TV4272	SFD46CNR6FMTL4458	ADL E50D	ADL E500 Facelift	H59/31D	2015	
KMB	ATENU820	TV3369	SFD46CNR6FMTL4459	ADL E50D	ADL E500 Facelift E530/22	H59/31D	2015	
KMB	ATENU825	TV4085	SFD46CNR6FMTL4460	ADL E50D	ADL E500 Facelift E530/23	H59/31D	2015	
KMB	ATENU827	TV4342	SFD46CNR6FMTL4461	ADL E50D	ADL E500 Facelift E530/24	H59/31D	2015	
KMB	ATENU823	TV4001	SFD46CNR6FMTL4462	ADL E50D	ADL E500 Facelift E530/25	H59/31D	2015	
KMB	ATENU822	TV3905	SFD46CNR6FMTL4463	ADL E50D	ADL E500 Facelift E530/26	H59/31D	2015	
KMB	ATENU818	TV3039	SFD46CNR6FMTL4464	ADL E50D	ADL E500 Facelift	H59/31D	2015	
KMB	ATENU819	TV3069	SFD46CNR6FMTL4465	ADL E50D	ADL E500 Facelift	H59/31D	2015	
KMB	ATENU830	TV4811	SFD46CNR6FMTL4466	ADL E50D	ADL E500 Facelift	H59/31D	2015	
KMB	ATENU834	TV5952	SFD46CNR6FMTL4467	ADL E50D	ADL E500 Facelift	H59/31D	2015	
KMB	ATENU835	TV6329	SFD46CNR6FMTL4468	ADL E50D	ADL E500 Facelift	H59/31D	2015	
KMB	ATENU854	TV9901	SFD46CNR6FMTL4469	ADL E50D	ADL E500 Facelift	H59/31D	2015	
KMB	ATENU831	TV5217	SFD46CNR6FMTL4470	ADL E50D	ADL E500 Facelift	H59/31D	2015	
KMB	ATENU832	TV5376	SFD46CNR6FMTL4471	ADL E50D	ADL E500 Facelift	H59/31D	2015	
NWFB	5661	TT3500	SFD46DNR5FGTL4473	ADL E50D	ADL E500	H59/31D	2015	
KMB	ATENU836	TV6570	SFD46CNR6FMTL4474	ADL E50D	ADL E500 Facelift	H59/31D	2015	

公司	車隊編號	車牌	底盤編號	車型	車身	座位佈局	首次登記日期	退役日期
KMB	ATENU839	TV7005	SFD46CNR6FMTL4475	ADL E50D	ADL E500 Facelift E531/02	H59/31D	2015	
KMB	ATENU838	TV6931	SFD46CNR6FMTL4476	ADL E50D	ADL E500 Facelift E531/03	H59/31D	2015	
KMB	ATENU842	TV8166	SFD46CNR6FMTL4477	ADL E50D	ADL E500 Facelift E531/04	H59/31D	2015	
KMB	ATENU837	TV6859	SFD46CNR6FMTL4478	ADL E50D	ADL E500 Facelift E531/05	H59/31D	2015	
KMB	ATENU848	TV7574	SFD46CNR6FMTL4479	ADL E50D	ADL E500 Facelift E531/06	H59/31D	2015	
KMB	ATENU841	TV7870	SFD46CNR6FMTL4480	ADL E50D	ADL E500 Facelift	H59/31D	2015	
KMB	ATENU847	TV7325	SFD46CNR6FMTL4481	ADL E50D	ADL E500 Facelift E531/08	H59/31D	2015	
KMB	ATENU845	TV6844	SFD46CNR6FMTL4482	ADL E50D	ADL E500 Facelift	H59/31D	2015	
KMB	ATENU867	TW6155	SFD46CNR6FMTL4483	ADL E50D	ADL E500 Facelift E531/10	H59/31D	2015	
KMB	ATENU846	TV6953	SFD46CNR6FMTL4484	ADL E50D	ADL E500 Facelift E531/11	H59/31D	2015	
KMB	ATENU843	TV6591	SFD46CNR6FMTL4485	ADL E50D	ADL E500 Facelift E531/12	H59/31D	2015	
KMB	ATENU856	TW293	SFD46CNR6FMTL4486	ADL E50D	ADL E500 Facelift E531/13	H59/31D	2015	
KMB	ATENU844	TV6831	SFD46CNR6FMTL4487	ADL E50D	ADL E500 Facelift E531/14	H59/31D	2015	
NWFB	5662	TT6396	SFD46DNR5FGTL4489	ADL E50D	ADL E500	H59/31D	2015	
NWFB	5664	TW2499	SFD46DNR5FGTL4511	ADL E50D	ADL E500	H59/31D	2015	
NWFB	5665	TW4108	SFD46DNR5FGTL4512	ADL E50D	ADL E500	H59/31D	2015	
NWFB	5666	TW3290	SFD46DNR5FGTL4513	ADL E50D	ADL E500	H59/31D	2015	
NWFB	5667	TW6401	SFD46DNR5FGTL4514	ADL E50D	ADL E500	H59/31D	2015	
NWFB	5668	TW6491	SFD46DNR5FGTL4515	ADL E50D	ADL E500	H59/31D	2015	
NWFB	5669	TW8025	SFD46DNR5FGTL4516	ADL E50D	ADL E500	H59/31D	2015	
KMB	E6T1	VG7382	SFD49DNR5FGTL4517	ADL E50D	ADL E500	H59/31D	2018	
NWFB	5663	TV5387	SFD46DNR5FGTL4518	ADL E50D	ADL E500	H59/31D	2015	
CTB	6301	TW9859	SFD86DNR6FMTL4519	ADL E50D	ADL E500 Facelift	H63/35D	2015	
CTB	6302	TX6430	SFD86DNR6FMTL4520	ADL E50D	ADL E500 Facelift	H63/35D	2016	
CTB	6303	TW9791	SFD86DNR6FMTL4521	ADL E50D	ADL E500 Facelift	H63/35D	2016	
CTB	6304	TW9885	SFD86DNR6FMTL4522	ADL E50D	ADL E500 Facelift	H63/35D	2016	
CTB	6305	TX6358	SFD86DNR6FMTL4523	ADL E50D	ADL E500 Facelift	H63/35D	2016	
CTB	6306	TX5933	SFD86DNR6FMTL4524	ADL E50D	ADL E500 Facelift	H63/35D	2016	
CTB	6307	TX5957	SFD86DNR6FMTL4525	ADL E50D	ADL E500 Facelift	H63/35D	2016	
CTB	6308	TX6122	SFD86DNR6FMTL4526	ADL E50D	ADL E500 Facelift	H63/35D	2016	
CTB	6309	TX4929	SFD86DNR6FMTL4527	ADL E50D	ADL E500 Facelift	H63/35D	2016	
CTB	6310	TZ7181	SFD86DNR6FMTL4528	ADL E50D	ADL E500 Facelift	H63/35D	2016	
CTB	6311	TZ8340	SFD86DNR6FMTL4529	ADL E50D	ADL E500 Facelift	H63/35D	2016	
CTB	6312	TZ8233	SFD86DNR6FMTL4530	ADL E50D	ADL E500 Facelift	H63/35D	2016	
CTB	6313	TZ8457	SFD86DNR6FMTL4531	ADL E50D	ADL E500 Facelift	H63/35D	2016	
CTB	6314	UA 258	SFD86DNR6FMTL4532	ADL E50D	ADL E500 Facelift	H63/35D	2016	
CTB	6315	TZ8572	SFD86DNR6FMTL4533	ADL E50D	ADL E500 Facelift	H63/35D	2016	
CTB	6316	TZ9312	SFD86DNR6FMTL4534	ADL E50D	ADL E500 Facelift	H63/35D	2016	
CTB	6317	TZ9251	SFD86DNR6FMTL4535	ADL E50D	ADL E500 Facelift	H63/35D	2016	
CTB	6318	TZ8626	SFD86DNR6FMTL4536	ADL E50D	ADL E500 Facelift	H63/35D	2016	
CTB	6319	TZ9596	SFD86DNR6FMTL4537	ADL E50D	ADL E500 Facelift	H63/35D	2016	
CTB	6320	UA3546	SFD86DNR6FMTL4538	ADL E50D	ADL E500 Facelift	H63/35D	2016	
CTB	6321	UA2892	SFD86DNR6FMTL4539	ADL E50D	ADL E500 Facelift	H63/35D	2016	
CTB	6322	UA3985	SFD86DNR6FMTL4540	ADL E50D	ADL E500 Facelift	H63/35D	2016	
CTB	6323	UA4294	SFD86DNR6FMTL4541	ADL E50D	ADL E500 Facelift	H63/35D	2016	
CTB	6324	UA2522	SFD86DNR6FMTL4542	ADL E50D	ADL E500 Facelift	H63/35D	2016	
CTB	6325	UB2689	SFD86DNR6FMTL4543	ADL E50D	ADL E500 Facelift	H63/35D	2016	

公司	車隊編號	車牌	底盤編號	車型	車身	座位佈局	首次登記日期	退役日期
CTB	6326	UB3771	SFD86DNR6FMTL4544	ADL E50D	ADL E500 Facelift	H63/35D	2016	
CTB	6327	UB3195	SFD86DNR6FMTL4545	ADL E50D	ADL E500 Facelift	H63/35D	2016	
CTB	6328	UB4407	SFD86DNR6FMTL4546	ADL E50D	ADL E500 Facelift	H63/35D	2016	
CTB	6329	UB3843	SFD86DNR6FMTL4547	ADL E50D	ADL E500 Facelift	H63/35D	2016	
CTB	6330	UB3708	SFD86DNR6FMTL4548	ADL E50D	ADL E500 Facelift	H63/35D	2016	
CTB	6331	UB3709	SFD86DNR6FMTL4549	ADL E50D	ADL E500 Facelift	H63/35D	2016	
CTB	6332	UB2799	SFD86DNR6FMTL4550	ADL E50D	ADL E500 Facelift	H63/35D	2016	
CTB	6333	UB2766	SFD86DNR6FMTL4551	ADL E50D	ADL E500 Facelift	H63/35D	2016	
CTB	6334	UB2664	SFD86DNR6FMTL4552	ADL E50D	ADL E500 Facelift	H63/35D	2016	
CTB	6335	UB3236	SFD86DNR6FMTL4553	ADL E50D	ADL E500 Facelift	H63/35D	2016	
CTB	6336	UB5401	SFD86DNR6FMTL4554	ADL E50D	ADL E500 Facelift	H63/35D	2016	
CTB	6337	UB5932	SFD86DNR6FMTL4555	ADL E50D	ADL E500 Facelift	H63/35D	2016	
CTB	6338	UB5842	SFD86DNR6FMTL4556	ADL E50D	ADL E500 Facelift	H63/35D	2016	
CTB	6339	UB4859	SFD86DNR6FMTL4557	ADL E50D	ADL E500 Facelift	H63/35D	2016	
CTB	6340	UB5082	SFD86DNR6FMTL4558	ADL E50D	ADL E500 Facelift	H63/35D	2016	
CTB	6341	UB6163	SFD86DNR6FMTL4559	ADL E50D	ADL E500 Facelift	H63/35D	2016	
CTB	6342	UB4621	SFD86DNR6FMTL4560	ADL E50D	ADL E500 Facelift	H63/35D	2016	
CTB	6343	UB5509	SFD86DNR6FMTL4561	ADL E50D	ADL E500 Facelift	H63/35D	2016	
CTB	6344	UB4930	SFD86DNR6FMTL4562	ADL E50D	ADL E500 Facelift	H63/35D	2016	
CTB	6345	UB4541	SFD86DNR6FMTL4563	ADL E50D	ADL E500 Facelift	H63/35D	2016	
CTB	6346	UB5067	SFD86DNR6FMTL4564	ADL E50D	ADL E500 Facelift	H63/35D	2016	
CTB	6347	UB4697	SFD86DNR6FMTL4565	ADL E50D	ADL E500 Facelift	H63/35D	2016	
CTB	6348	UB6356	SFD86DNR6FMTL4566	ADL E50D	ADL E500 Facelift	H63/35D	2016	
CTB	6349	UB6404	SFD86DNR6FMTL4567	ADL E50D	ADL E500 Facelift	H63/35D	2016	
CTB	6350	UB5562	SFD86DNR6FMTL4568	ADL E50D	ADL E500 Facelift	H63/35D	2016	
KMB	3ATENU24	TX2023	SFD86FNR6FGTL4569	ADL E50D	ADL E500 Facelift	H63/35D	2016	
KMB	ATENU879	TW8628	SFD46FNR6FMTL4570	ADL E50D	ADL E500 Facelift	H59/31D	2016	
KMB	ATENU883	TW9294	SFD46FNR6FMTL4571	ADL E50D	ADL E500 Facelift	H59/31D	2016	
KMB	ATENU882	TW9252	SFD46FNR6FMTL4572	ADL E50D	ADL E500 Facelift	H59/31D	2016	
KMB	ATENU890	TX165	SFD46FNR6FMTL4573	ADL E50D	ADL E500 Facelift	H59/31D	2016	
KMB	ATENU886	TW9632	SFD46FNR6FMTL4574	ADL E50D	ADL E500 Facelift	H59/31D	2016	
KMB	ATENU887	TW9648	SFD46FNR6FMTL4575	ADL E50D	ADL E500 Facelift	H59/31D	2016	
KMB	ATENU880	TW8891	SFD46FNR6FMTL4576	ADL E50D	ADL E500 Facelift	H59/31D	2016	
KMB	ATENU884	TW9354	SFD46FNR6FMTL4577	ADL E50D	ADL E500 Facelift	H59/31D	2016	
KMB	ATENU891	TX175	SFD46FNR6FMTL4578	ADL E50D	ADL E500 Facelift	H59/31D	2016	
KMB	ATENU878	TW8564	SFD46FNR6FMTL4579	ADL E50D	ADL E500 Facelift	H59/31D	2016	
KMB	ATENU888	TW9678	SFD46FNR6FMTL4580	ADL E50D	ADL E500 Facelift	H59/31D	2016	
KMB	ATENU889	TW9785	SFD46FNR6FMTL4581	ADL E50D	ADL E500 Facelift	H59/31D	2016	
KMB	ATENU885	TW9623	SFD46FNR6FMTL4582	ADL E50D	ADL E500 Facelift	H59/31D	2016	
KMB	ATENU877	TW8534	SFD46FNR6FMTL4583	ADL E50D	ADL E500 Facelift	H59/31D	2016	
KMB	ATENU881	TW8928	SFD46FNR6FMTL4584	ADL E50D	ADL E500 Facelift	H59/31D	2016	
KMB	ATENU892	TX1967	SFD46FNR6FMTL4585	ADL E50D	ADL E500 Facelift	H59/31D	2016	
KMB	ATENU895	TX3678	SFD46FNR6FMTL4586	ADL E50D	ADL E500 Facelift	H59/31D	2016	
KMB	ATENU894	TX3080	SFD46FNR6FMTL4587	ADL E50D	ADL E500 Facelift	H59/31D	2016	
KMB	ATENU849	TV8480	SFD46CNR6FMTL4588	ADL E50D	ADL E500 Facelift	H59/31D	2015	
KMB	ATENU850	TV9004	SFD46CNR6FMTL4589	ADL E50D	ADL E500 Facelift	H59/31D	2015	
KMB	ATENU853	TV9773	SFD46CNR6FMTL4590	ADL E50D	ADL E500 Facelift E531/17	H59/31D	2015	

公司	車隊編號	車牌	底盤編號	車型	車身	座位佈局	首次登記日期	退役日期
KMB	ATENU852	TV9365	SFD46CNR6FMTL4591	ADL E50D	ADL E500 Facelift E531/18	H59/31D	2015	
KMB	ATENU851	TV9136	SFD46CNR6FMTL4592	ADL E50D	ADL E500 Facelift	H59/31D	2015	
KMB	ATENU855	TW122	SFD46CNR6FMTL4593	ADL E50D	ADL E500 Facelift	H59/31D	2015	
KMB	ATENU857	TW1243	SFD46CNR6FMTL4594	ADL E50D	ADL E500 Facelift	H59/31D	2015	
KMB	ATENU861	TW4268	SFD46CNR6FMTL4595	ADL E50D	ADL E500 Facelift	H59/31D	2015	
KMB	ATENU859	TW3792	SFD46CNR6FMTL4596	ADL E50D	ADL E500 Facelift E531/23	H59/31D	2015	
KMB	ATENU858	TW2660	SFD46CNR6FMTL4597	ADL E50D	ADL E500 Facelift E531/24	H59/31D	2015	
KMB	ATENU860	TW4202	SFD46CNR6FMTL4598	ADL E50D	ADL E500 Facelift E531/25	H59/31D	2015	
KMB	ATENU862	TW4559	SFD46CNR6FMTL4599	ADL E50D	ADL E500 Facelift	H59/31D	2015	
KMB	ATENU866	TW5558	SFD46CNR6FMTL4600	ADL E50D	ADL E500 Facelift	H59/31D	2015	
KMB	ATENU865	TW5352	SFD46CNR6FMTL4601	ADL E50D	ADL E500 Facelift	H59/31D	2015	
KMB	ATENU863	TW4631	SFD46CNR6FMTL4602	ADL E50D	ADL E500 Facelift	H59/31D	2015	
KMB	ATENU875	TW5873	SFD46CNR6FMTL4603	ADL E50D	ADL E500 Facelift	H59/31D	2015	
KMB	ATENU869	TW4803	SFD46CNR6FMTL4604	ADL E50D	ADL E500 Facelift	H59/31D	2015	
KMB	ATENU868	TW6485	SFD46CNR6FMTL4605	ADL E50D	ADL E500 Facelift E531/32	H59/31D	2015	
KMB	ATENU864	TW5158	SFD46CNR6FMTL4606	ADL E50D	ADL E500 Facelift E531/33	H59/31D	2015	
KMB	ATENU874	TW5398	SFD46CNR6FMTL4607	ADL E50D	ADL E500 Facelift E531/34	H59/31D	2015	
KMB	ATENU876	TW6063	SFD46CNR6FMTL4608	ADL E50D	ADL E500 Facelift	H59/31D	2015	
KMB	ATENU871	TW5209	SFD46CNR6FMTL4609	ADL E50D	ADL E500 Facelift	H59/31D	2015	
KMB	ATENU870	TW5009	SFD46CNR6FMTL4610	ADL E50D	ADL E500 Facelift	H59/31D	2015	
KMB	ATENU872	TW5331	SFD46CNR6FMTL4611	ADL E50D	ADL E500 Facelift E531/38	H59/31D	2015	
KMB	ATENU893	TX2017	SFD46CNR6FMTL4612	ADL E50D	ADL E500 Facelift	H59/31D	2016	
KMB	ATENU873	TW5385	SFD46CNR6FMTL4613	ADL E50D	ADL E500 Facelift E531/40	H59/31D	2015	
KMB	3ATENU23	TX917	SFD86FNR6FGTL4614	ADL E50D	ADL E500 Facelift	H63/35D	2016	
KMB	3ATENU25	TX2138	SFD86FNR6FGTL4615	ADL E50D	ADL E500 Facelift	H63/35D	2016	
KMB	3ATENU27	TX3054	SFD86FNR6FGTL4616	ADL E50D	ADL E500 Facelift	H63/35D	2016	
LWB	5503	UD263	SFD46DNR6FMTL4617	ADL E50D	ADL E500 Facelift	H51/23D	2016	
LWB	5501	UC9062	SFD46DNR6FMTL4618	ADL E50D	ADL E500 Facelift	H51/23D	2016	
LWB	5502	UC9366	SFD46DNR6FMTL4619	ADL E50D	ADL E500 Facelift	H51/23D	2016	
LWB	5513	UD1647	SFD46DNR6FMTL4620	ADL E50D	ADL E500 Facelift	H51/23D	2016	
LWB	5510	UD1236	SFD46DNR6FMTL4621	ADL E50D	ADL E500 Facelift	H51/23D	2016	
LWB	5515	UD1731	SFD46DNR6FMTL4622	ADL E50D	ADL E500 Facelift	H51/23D	2016	
LWB	5518	UD2050	SFD46DNR6FMTL4623	ADL E50D	ADL E500 Facelift	H51/23D	2016	
LWB	5509	UD1175	SFD46DNR6FMTL4624	ADL E50D	ADL E500 Facelift	H51/23D	2016	
LWB	5505	UD583	SFD46DNR6FMTL4625	ADL E50D	ADL E500 Facelift	H51/23D	2016	
LWB	5516	UD1791	SFD46DNR6FMTL4626	ADL E50D	ADL E500 Facelift	H51/23D	2016	
LWB	5517	UD1903	SFD46DNR6FMTL4627	ADL E50D	ADL E500 Facelift	H51/23D	2016	
LWB	5519	UD2431	SFD46DNR6FMTL4628	ADL E50D	ADL E500 Facelift	H51/23D	2016	
LWB	5512	UD1506	SFD46DNR6FMTL4629	ADL E50D	ADL E500 Facelift	H51/23D	2016	
LWB	5514	UD1670	SFD46DNR6FMTL4630	ADL E50D	ADL E500 Facelift	H51/23D	2016	
LWB	5507	UD916	SFD46DNR6FMTL4631	ADL E50D	ADL E500 Facelift	H51/23D	2016	
LWB	5504	UD566	SFD46DNR6FMTL4632	ADL E50D	ADL E500 Facelift	H51/23D	2016	
LWB	5508	UD1117	SFD46DNR6FMTL4633	ADL E50D	ADL E500 Facelift	H51/23D	2016	
LWB	5520	UD2499	SFD46DNR6FMTL4634	ADL E50D	ADL E500 Facelift	H51/23D	2016	
LWB	5506	UD586	SFD46DNR6FMTL4635	ADL E50D	ADL E500 Facelift	H51/23D	2016	
LWB	5521	UD3393	SFD46DNR6FMTL4636	ADL E50D	ADL E500 Facelift	H51/23D	2016	
LWB	5511	UD1269	SFD46DNR6FMTL4637	ADL E50D	ADL E500 Facelift	H51/23D	2016	

公司	車隊編號	車牌	底盤編號	車型	車身	座位佈局	首次登記日期	退役日期
KMB	3ATENU28	TX3576	SFD86FNR6FGTL4638	ADL E50D	ADL E500 Facelift	H63/35D	2016	
KMB	3ATENU31	TX4220	SFD86FNR6FGTL4639	ADL E50D	ADL E500 Facelift	H63/35D	2016	
KMB	3ATENU30	TX3747	SFD86FNR6FGTL4640	ADL E50D	ADL E500 Facelift	H63/35D	2016	
KMB	3ATENU26	TX2851	SFD86FNR6FGTL4641	ADL E50D	ADL E500 Facelift	H63/35D	2016	
KMB	3ATENU29	TX3612	SFD86FNR6FGTL4642	ADL E50D	ADL E500 Facelift	H63/35D	2016	
KMB	3ATENU32	TX6555	SFD86FNR6FGTL4643	ADL E50D	ADL E500 Facelift	H63/35D	2016	
KMB	3ATENU33	TY722	SFD86DNR5FGTL4644	ADL E50D	ADL E500 Facelift	H63/35D	2016	
KMB	3ATENU34	TY1235	SFD86DNR5FGTL4645	ADL E50D	ADL E500 Facelift	H63/35D	2016	
KMB	3ATENU37	TY2057	SFD86DNR5FGTL4646	ADL E50D	ADL E500 Facelift	H63/35D	2016	
KMB	3ATENU38	TY2741	SFD86DNR5FGTL4647	ADL E50D	ADL E500 Facelift	H63/35D	2016	
KMB	3ATENU40	TY3437	SFD86DNR5FGTL4648	ADL E50D	ADL E500 Facelift	H63/35D	2016	
KMB	ATENU900	TX5648	SFD46FNR6FMTL4649	ADL E50D	ADL E500 Facelift	H59/31D	2016	
KMB	ATENU901	TX5684	SFD46FNR6FMTL4650	ADL E50D	ADL E500 Facelift	H59/31D	2016	
KMB	ATENU898	TX5380	SFD46FNR6FMTL4651	ADL E50D	ADL E500 Facelift	H59/31D	2016	
KMB	ATENU897	TX5243	SFD46FNR6FMTL4652	ADL E50D	ADL E500 Facelift	H59/31D	2016	
KMB	ATENU899	TX5440	SFD46FNR6FMTL4653	ADL E50D	ADL E500 Facelift	H59/31D	2016	
KMB	ATENU896	TX4791	SFD46FNR6FMTL4654	ADL E50D	ADL E500 Facelift	H59/31D	2016	
KMB	ATENU902	TX5918	SFD46FNR6FMTL4655	ADL E50D	ADL E500 Facelift	H59/31D	2016	
KMB	ATENU909	TX8474	SFD46FNR6FMTL4656	ADL E50D	ADL E500 Facelift	H59/31D	2016	
KMB	ATENU903	TX6152	SFD46FNR6FMTL4657	ADL E50D	ADL E500 Facelift	H59/31D	2016	
KMB	ATENU907	TX8342	SFD46FNR6FMTL4658	ADL E50D	ADL E500 Facelift	H59/31D	2016	
KMB	ATENU906	TX7779	SFD46FNR6FMTL4659	ADL E50D	ADL E500 Facelift	H59/31D	2016	
KMB	ATENU904	TX6787	SFD46FNR6FMTL4660	ADL E50D	ADL E500 Facelift	H59/31D	2016	
KMB	ATENU908	TX8374	SFD46FNR6FMTL4661	ADL E50D	ADL E500 Facelift	H59/31D	2016	
KMB	ATENU911	TX7118	SFD46FNR6FMTL4662	ADL E50D	ADL E500 Facelift	H59/31D	2016	
KMB	ATENU912	TX7245	SFD46FNR6FMTL4663	ADL E50D	ADL E500 Facelift	H59/31D	2016	
KMB	ATENU905	TX7297	SFD46FNR6FMTL4664	ADL E50D	ADL E500 Facelift	H59/31D	2016	
KMB	ATENU914	TY995	SFD46FNR6FMTL4665	ADL E50D	ADL E500 Facelift	H59/31D	2016	
KMB	ATENU913	TY853	SFD46FNR6FMTL4666	ADL E50D	ADL E500 Facelift	H59/31D	2016	
KMB	3ATENU42	TY3570	SFD86DNR5FGTL4667	ADL E50D	ADL E500 Facelift	H63/35D	2016	
KMB	3ATENU36	TY1924	SFD86DNR5FGTL4668	ADL E50D	ADL E500 Facelift	H63/35D	2016	
CTB	6501	TY5065	SFD86DNR6FMTL4669	ADL E50D	ADL E500 Facelift	H63/29D	2016	
CTB	6501	TY5065	SFD86DNR6FMTL4669	ADL E50D	ADL E500 Facelift	H63/29D	2016	
CTB	6502	TY4840	SFD86DNR6FMTL4670	ADL E50D	ADL E500 Facelift	H63/29D	2016	
CTB	6502	TY4840	SFD86DNR6FMTL4670	ADL E50D	ADL E500 Facelift	H63/29D	2016	
CTB	6503	TY8493	SFD86DNR6FMTL4671	ADL E50D	ADL E500 Facelift	H63/29D	2016	
CTB	6503	TY8493	SFD86DNR6FMTL4671	ADL E50D	ADL E500 Facelift	H63/29D	2016	
CTB	6504	TY5363	SFD86DNR6FMTL4672	ADL E50D	ADL E500 Facelift	H63/29D	2016	
CTB	6504	TY5363	SFD86DNR6FMTL4672	ADL E50D	ADL E500 Facelift	H63/29D	2016	
CTB	6505	TY5910	SFD86DNR6FMTL4673	ADL E50D	ADL E500 Facelift	H63/29D	2016	
CTB	6505	TY5910	SFD86DNR6FMTL4673	ADL E50D	ADL E500 Facelift	H63/29D	2016	
CTB	6506	TY6451	SFD86DNR6FMTL4674	ADL E50D	ADL E500 Facelift	H63/29D	2016	
CTB	6506	TY6451	SFD86DNR6FMTL4674	ADL E50D	ADL E500 Facelift	H63/29D	2016	
CTB	6507	TZ 319	SFD86DNR6FMTL4675	ADL E50D	ADL E500 Facelift	H63/29D	2016	
CTB	6507	TZ 319	SFD86DNR6FMTL4675	ADL E50D	ADL E500 Facelift	H63/29D	2016	
CTB	6508	TY8975	SFD86DNR6FMTL4676	ADL E50D	ADL E500 Facelift	H63/29D	2016	
CTB	6508	TY8975	SFD86DNR6FMTL4676	ADL E50D	ADL E500 Facelift	H63/29D	2016	

公司	車隊編號	車牌	底盤編號	車型	車身	座位佈局	首次登記日期	退役日期
CTB	6509	TZ7097	SFD86DNR6FMTL4677	ADL E50D	ADL E500 Facelift	H63/29D	2016	
CTB	6509	TZ7097	SFD86DNR6FMTL4677	ADL E50D	ADL E500 Facelift	H63/29D	2016	
CTB	6510	TZ7642	SFD86DNR6FMTL4678	ADL E50D	ADL E500 Facelift	H63/29D	2016	
CTB	6510	TZ7642	SFD86DNR6FMTL4678	ADL E50D	ADL E500 Facelift	H63/29D	2016	
CTB	6511	UA 136	SFD86DNR6FMTL4679	ADL E50D	ADL E500 Facelift	H63/29D	2016	
CTB	6511	UA 136	SFD86DNR6FMTL4679	ADL E50D	ADL E500 Facelift	H63/29D	2016	
CTB	6512	UA3575	SFD86DNR6FMTL4680	ADL E50D	ADL E500 Facelift	H63/29D	2016	
CTB	6512	UA3575	SFD86DNR6FMTL4680	ADL E50D	ADL E500 Facelift	H63/29D	2016	
CTB	6513	UA3884	SFD86DNR6FMTL4681	ADL E50D	ADL E500 Facelift	H63/29D	2016	
CTB	6513	UA3884	SFD86DNR6FMTL4681	ADL E50D	ADL E500 Facelift	H63/29D	2016	
CTB	6514	UA7415	SFD86DNR6FMTL4682	ADL E50D	ADL E500 Facelift	H63/29D	2016	
CTB	6514	UA7415	SFD86DNR6FMTL4682	ADL E50D	ADL E500 Facelift	H63/29D	2016	
CTB	6515	UA7811	SFD86DNR6FMTL4683	ADL E50D	ADL E500 Facelift	H63/29D	2016	
CTB	6515	UA7811	SFD86DNR6FMTL4683	ADL E50D	ADL E500 Facelift	H63/29D	2016	
CTB	6516	UB4046	SFD86DNR6FMTL4684	ADL E50D	ADL E500 Facelift	H63/29D	2016	
CTB	6516	UB4046	SFD86DNR6FMTL4684	ADL E50D	ADL E500 Facelift	H63/29D	2016	
CTB	6517	UB5458	SFD86DNR6FMTL4685	ADL E50D	ADL E500 Facelift	H63/29D	2016	
CTB	6517	UB5458	SFD86DNR6FMTL4685	ADL E50D	ADL E500 Facelift	H63/29D	2016	
CTB	6518	UB5990	SFD86DNR6FMTL4686	ADL E50D	ADL E500 Facelift	H63/29D	2016	
CTB	6518	UB5990	SFD86DNR6FMTL4686	ADL E50D	ADL E500 Facelift	H63/29D	2016	
CTB	6519	UB5745	SFD86DNR6FMTL4687	ADL E50D	ADL E500 Facelift	H63/29D	2016	
CTB	6519	UB5745	SFD86DNR6FMTL4687	ADL E50D	ADL E500 Facelift	H63/29D	2016	
CTB	6520	UB8817	SFD86DNR6FMTL4688	ADL E50D	ADL E500 Facelift	H63/29D	2016	
CTB	6520	UB8817	SFD86DNR6FMTL4688	ADL E50D	ADL E500 Facelift	H63/29D	2016	
CTB	6521	UB8898	SFD86DNR6FMTL4689	ADL E50D	ADL E500 Facelift	H63/29D	2016	
CTB	6521	UB8898	SFD86DNR6FMTL4689	ADL E50D	ADL E500 Facelift	H63/29D	2016	
CTB	6522	UC3138	SFD86DNR6FMTL4690	ADL E50D	ADL E500 Facelift	H63/29D	2016	
CTB	6522	UC3138	SFD86DNR6FMTL4690	ADL E50D	ADL E500 Facelift	H63/29D	2016	
CTB	6523	UC6111	SFD86DNR6FMTL4691	ADL E50D	ADL E500 Facelift	H63/29D	2016	
CTB	6523	UC6111	SFD86DNR6FMTL4691	ADL E50D	ADL E500 Facelift	H63/29D	2016	
CTB	6524	UC5236	SFD86DNR6FMTL4692	ADL E50D	ADL E500 Facelift	H63/29D	2016	
CTB	6524	UC5236	SFD86DNR6FMTL4692	ADL E50D	ADL E500 Facelift	H63/29D	2016	
CTB	6525	UC6508	SFD86DNR6FMTL4693	ADL E50D	ADL E500 Facelift	H63/29D	2016	
CTB	6525	UC6508	SFD86DNR6FMTL4693	ADL E50D	ADL E500 Facelift	H63/29D	2016	
CTB	6526	UC8339	SFD86DNR6FMTL4694	ADL E50D	ADL E500 Facelift	H63/29D	2016	
CTB	6526	UC8339	SFD86DNR6FMTL4694	ADL E50D	ADL E500 Facelift	H63/29D	2016	
CTB	6527	UD1306	SFD86DNR6FMTL4695	ADL E50D	ADL E500 Facelift	H63/29D	2016	
CTB	6527	UD1306	SFD86DNR6FMTL4695	ADL E50D	ADL E500 Facelift	H63/29D	2016	
CTB	6528	UD3165	SFD86DNR6FMTL4696	ADL E50D	ADL E500 Facelift	H63/29D	2016	
CTB	6528	UD3165	SFD86DNR6FMTL4696	ADL E50D	ADL E500 Facelift	H63/29D	2016	
CTB	6529	UD7197	SFD86DNR6FMTL4697	ADL E50D	ADL E500 Facelift	H63/29D	2016	
CTB	6529	UD7197	SFD86DNR6FMTL4697	ADL E50D	ADL E500 Facelift	H63/29D	2016	
CTB	6530	UD7278	SFD86DNR6FMTL4698	ADL E50D	ADL E500 Facelift	H63/29D	2016	
CTB	6530	UD7278	SFD86DNR6FMTL4698	ADL E50D	ADL E500 Facelift	H63/29D	2016	
CTB	6531	UE6212	SFD86DNR6FMTL4699	ADL E50D	ADL E500 Facelift	H63/29D	2016	
CTB	6531	UE6212	SFD86DNR6FMTL4699	ADL E50D	ADL E500 Facelift	H63/29D	2016	
CTB	6532	UF3409	SFD86DNR6FMTL4700	ADL E50D	ADL E500 Facelift	H63/29D	2016	

公司	車隊編號	車牌	底盤編號	車型	車身	座位佈局	首次登記日期	退役日期
CTB	6532	UF3409	SFD86DNR6FMTL4700	ADL E50D	ADL E500 Facelift	H63/29D	2016	
NWFB	5670	TY278	SFD46FNR6FMTL4701	ADL E50D	ADL E500 Facelift F510/01	H59/31D	2016	
NWFB	5671	TY214	SFD46FNR6FMTL4702	ADL E50D	ADL E500 Facelift F510/02	H59/31D	2016	
NWFB	5672	TY3361	SFD46FNR6FMTL4703	ADL E50D	ADL E500 Facelift F510/03	H59/31D	2016	
NWFB	5673	TY3057	SFD46FNR6FMTL4704	ADL E50D	ADL E500 Facelift F510/04	H59/31D	2016	
NWFB	5674	TY3185	SFD46FNR6FMTL4705	ADL E50D	ADL E500 Facelift F510/05	H59/31D	2016	
NWFB	5675	TY5871	SFD46FNR6FMTL4706	ADL E50D	ADL E500 Facelift F510/06	H59/31D	2016	
NWFB	5676	TY6656	SFD46FNR6FMTL4707	ADL E50D	ADL E500 Facelift F510/07	H59/31D	2016	
NWFB	5677	TY7384	SFD46FNR6FMTL4708	ADL E50D	ADL E500 Facelift F510/08	H59/31D	2016	
NWFB	5678	TY9516	SFD46FNR6FMTL4709	ADL E50D	ADL E500 Facelift F510/09	H59/31D	2016	
NWFB	5679	TY9091	SFD46FNR6FMTL4710	ADL E50D	ADL E500 Facelift F510/10	H59/31D	2016	
NWFB	5680	TZ2648	SFD46FNR6FMTL4711	ADL E50D	ADL E500 Facelift F510/11	H59/31D	2016	
NWFB	5681	TZ2570	SFD46FNR6FMTL4712	ADL E50D	ADL E500 Facelift	H59/31D	2016	
NWFB	5682	TZ8304	SFD46FNR6FMTL4713	ADL E50D	ADL E500 Facelift	H59/31D	2016	
NWFB	5683	TZ5369	SFD46FNR6FMTL4714	ADL E50D	ADL E500 Facelift	H59/31D	2016	
NWFB	5684	TZ7585	SFD46FNR6FMTL4715	ADL E50D	ADL E500 Facelift	H59/31D	2016	
NWFB	5685	TZ7560	SFD46FNR6FMTL4716	ADL E50D	ADL E500 Facelift	H59/31D	2016	
NWFB	5686	TZ8996	SFD46FNR6FMTL4717	ADL E50D	ADL E500 Facelift	H59/31D	2016	
NWFB	5687	UA3495	SFD46FNR6FMTL4718	ADL E50D	ADL E500 Facelift	H59/31D	2016	
NWFB	5688	UA3491	SFD46FNR6FMTL4719	ADL E50D	ADL E500 Facelift	H59/31D	2016	
NWFB	5689	UA3437	SFD46FNR6FMTL4720	ADL E50D	ADL E500 Facelift	H59/31D	2016	
NWFB	5690	UA4832	SFD46FNR6FMTL4721	ADL E50D	ADL E500 Facelift	H59/31D	2016	
NWFB	5691	UC4108	SFD46FNR6FMTL4722	ADL E50D	ADL E500 Facelift	H59/31D	2016	
NWFB	5692	UC2563	SFD46FNR6FMTL4723	ADL E50D	ADL E500 Facelift	H59/31D	2016	
NWFB	5693	UC5414	SFD46FNR6FMTL4724	ADL E50D	ADL E500 Facelift	H59/31D	2016	
NWFB	5694	UC7489	SFD46FNR6FMTL4725	ADL E50D	ADL E500 Facelift	H59/31D	2016	
NWFB	5695	UC7429	SFD46FNR6FMTL4726	ADL E50D	ADL E500 Facelift	H59/31D	2016	
NWFB	5696	UC6947	SFD46FNR6FMTL4727	ADL E50D	ADL E500 Facelift	H59/31D	2016	
NWFB	5697	UD2636	SFD46FNR6FMTL4728	ADL E50D	ADL E500 Facelift	H59/31D	2016	
NWFB	5698	UD3540	SFD46FNR6FMTL4729	ADL E50D	ADL E500 Facelift	H59/31D	2016	
NWFB	5699	UD7829	SFD46FNR6FMTL4730	ADL E50D	ADL E500 Facelift	H59/31D	2016	
NWFB	5700	UD8345	SFD46FNR6FMTL4731	ADL E50D	ADL E500 Facelift	H59/31D	2016	
NWFB	5701	UD9571	SFD46FNR6FMTL4732	ADL E50D	ADL E500 Facelift	H59/31D	2016	
KMB	ATENU930	TZ1690	SFD46CNR6FGTL4733	ADL E50D	ADL E500 Facelift	H59/31D	2016	
KMB	3ATENU39	TY2802	SFD86DNR5FGTL4734	ADL E50D	ADL E500 Facelift	H63/35D	2016	
CTB	6351	UB8143	SFD86DNR6FMTL4735	ADL E50D	ADL E500 Facelift	H63/35D	2016	
CTB	6352	UB7827	SFD86DNR6FMTL4736	ADL E50D	ADL E500 Facelift	H63/35D	2016	
CTB	6353	UD5164	SFD86DNR6FMTL4737	ADL E50D	ADL E500 Facelift	H63/35D	2016	
CTB	6354	UD2164	SFD86DNR6FMTL4738	ADL E50D	ADL E500 Facelift	H63/35D	2016	
CTB	6355	UD1669	SFD86DNR6FMTL4739	ADL E50D	ADL E500 Facelift	H63/35D	2016	
CTB	6356	UC3445	SFD86DNR6FMTL4740	ADL E50D	ADL E500 Facelift	H63/35D	2016	
CTB	6357	UC3211	SFD86DNR6FMTL4741	ADL E50D	ADL E500 Facelift	H63/35D	2016	
CTB	6358	UC3752	SFD86DNR6FMTL4742	ADL E50D	ADL E500 Facelift	H63/35D	2016	
CTB	6359	UC6127	SFD86DNR6FMTL4743	ADL E50D	ADL E500 Facelift	H63/35D	2016	
CTB	6360	UC6215	SFD86DNR6FMTL4744	ADL E50D	ADL E500 Facelift	H63/35D	2016	
CTB	6361	UC4602	SFD86DNR6FMTL4745	ADL E50D	ADL E500 Facelift	H63/35D	2016	
CTB	6362	UC4591	SFD86DNR6FMTL4746	ADL E50D	ADL E500 Facelift	H63/35D	2016	

公司	車隊編號	車牌	底盤編號	車型	車身	座位佈局	首次登記日期	退役日期
CTB	6363	UC4562	SFD86DNR6FMTL4747	ADL E50D	ADL E500 Facelift	H63/35D	2016	
CTB	6364	UC8369	SFD86DNR6FMTL4748	ADL E50D	ADL E500 Facelift	H63/35D	2016	
CTB	6365	UC8409	SFD86DNR6FMTL4749	ADL E50D	ADL E500 Facelift	H63/35D	2016	
CTB	6366	UD5482	SFD86DNR6FMTL4750	ADL E50D	ADL E500 Facelift	H63/35D	2016	
CTB	6367	UD7351	SFD86DNR6FMTL4751	ADL E50D	ADL E500 Facelift	H63/35D	2016	
CTB	6368	UD7394	SFD86DNR6FMTL4752	ADL E50D	ADL E500 Facelift	H63/35D	2016	
CTB	6369	UD6884	SFD86DNR6FMTL4753	ADL E50D	ADL E500 Facelift	H63/35D	2016	
CTB	6370	UD7622	SFD86DNR6FMTL4754	ADL E50D	ADL E500 Facelift	H63/35D	2016	
CTB	6371	UD7005	SFD86DNR6FMTL4755	ADL E50D	ADL E500 Facelift	H63/35D	2016	
CTB	6372	UE6473	SFD86DNR6FMTL4756	ADL E50D	ADL E500 Facelift	H63/35D	2016	
CTB	6373	UE5258	SFD86DNR6FMTL4757	ADL E50D	ADL E500 Facelift	H63/35D	2016	
CTB	6374	UE5340	SFD86DNR6FMTL4758	ADL E50D	ADL E500 Facelift	H63/35D	2016	
CTB	6375	UE5568	SFD86DNR6FMTL4759	ADL E50D	ADL E500 Facelift	H63/35D	2016	
CTB	6376	UE4647	SFD86DNR6FMTL4760	ADL E50D	ADL E500 Facelift	H63/35D	2016	
CTB	6377	UE5181	SFD86DNR6FMTL4761	ADL E50D	ADL E500 Facelift	H63/35D	2016	
CTB	6378	UE6220	SFD86DNR6FMTL4762	ADL E50D	ADL E500 Facelift	H63/35D	2016	
CTB	6379	UE4574	SFD86DNR6FMTL4763	ADL E50D	ADL E500 Facelift	H63/35D	2016	
CTB	6380	UE5957	SFD86DNR6FMTL4764	ADL E50D	ADL E500 Facelift	H63/35D	2016	
CTB	6381	UG6620	SFD86DNR6FMTL4765	ADL E50D	ADL E500 Facelift	H63/35D	2016	
LWB	1501	UD1352	SFD86DNR6FMTL4766	ADL E50D	ADL E500 Facelift F526/01	H55/27D	2016	
LWB	1507	UD6056	SFD86DNR6FMTL4767	ADL E50D	ADL E500 Facelift F526/02	H55/27D	2016	
LWB	1513	UE7415	SFD86DNR6FMTL4768	ADL E50D	ADL E500 Facelift	H55/27D	2016	
LWB	1503	UD5564	SFD86DNR6FMTL4769	ADL E50D	ADL E500 Facelift F526/03	H55/27D	2016	
LWB	1504	UD5695	SFD86DNR6FMTL4770	ADL E50D	ADL E500 Facelift F526/05	H55/27D	2016	
LWB	1502	UD4993	SFD86DNR6FMTL4771	ADL E50D	ADL E500 Facelift F526/06	H55/27D	2016	
LWB	1506	UD6053	SFD86DNR6FMTL4772	ADL E50D	ADL E500 Facelift F526/07	H55/27D	2016	
LWB	1505	UD5793	SFD86DNR6FMTL4773	ADL E50D	ADL E500 Facelift F526/08	H55/27D	2016	
LWB	1520	UE9165	SFD86DNR6FMTL4774	ADL E50D	ADL E500 Facelift	H55/27D	2016	
LWB	1509	UD6659	SFD86DNR6FMTL4775	ADL E50D	ADL E500 Facelift F526/10	H55/27D	2016	
LWB	1521	UE9421	SFD86DNR6FMTL4776	ADL E50D	ADL E500 Facelift	H55/27D	2016	
LWB	1510	UD8416	SFD86DNR6FMTL4777	ADL E50D	ADL E500 Facelift F526/12	H55/27D	2016	
LWB	1526	UF5398	SFD86DNR6FMTL4778	ADL E50D	ADL E500 Facelift	H55/27D	2016	
LWB	1508	UD6583	SFD86DNR6FMTL4779	ADL E50D	ADL E500 Facelift F526/04	H55/27D	2016	
LWB	1525	UF5024	SFD86DNR6FMTL4780	ADL E50D	ADL E500 Facelift	H55/27D	2016	
LWB	1527	UF5997	SFD86DNR6FMTL4781	ADL E50D	ADL E500 Facelift	H55/27D	2016	
LWB	1511	UD8046	SFD86DNR6FMTL4782	ADL E50D	ADL E500 Facelift F526/09	H55/27D	2016	
LWB	1512	UD8843	SFD86DNR6FMTL4783	ADL E50D	ADL E500 Facelift F526/11	H55/27D	2016	
LWB	1514	UE8119	SFD86DNR6FMTL4784	ADL E50D	ADL E500 Facelift	H55/27D	2016	
LWB	1515	UE8250	SFD86DNR6FMTL4785	ADL E50D	ADL E500 Facelift	H55/27D	2016	
LWB	1538	UG5769	SFD86DNR6FMTL4786	ADL E50D	ADL E500 Facelift	H55/27D	2016	
LWB	1516	UE7322	SFD86DNR6FMTL4787	ADL E50D	ADL E500 Facelift	H55/27D	2016	
LWB	1519	UE7903	SFD86DNR6FMTL4788	ADL E50D	ADL E500 Facelift	H55/27D	2016	
LWB	1517	UE7354	SFD86DNR6FMTL4789	ADL E50D	ADL E500 Facelift	H55/27D	2016	
LWB	1522	UE9578	SFD86DNR6FMTL4790	ADL E50D	ADL E500 Facelift	H55/27D	2016	
LWB	1523	UE9678	SFD86DNR6FMTL4791	ADL E50D	ADL E500 Facelift	H55/27D	2016	
LWB	1518	UE7627	SFD86DNR6FMTL4792	ADL E50D	ADL E500 Facelift	H55/27D	2016	
LWB	1528	UF6017	SFD86DNR6FMTL4793	ADL E50D	ADL E500 Facelift	H55/27D	2016	

公司	車隊編號	車牌	底盤編號	車型	車身	座位佈局	首次登記日期	退役日期
LWB	1529	UF6341	SFD86DNR6FMTL4794	ADL E50D	ADL E500 Facelift	H55/27D	2016	
LWB	1524	UF4989	SFD86DNR6FMTL4795	ADL E50D	ADL E500 Facelift	H55/27D	2016	
LWB	1532	UF9698	SFD86DNR6FMTL4796	ADL E50D	ADL E500 Facelift	H55/27D	2016	
LWB	1531	UF9663	SFD86DNR6FMTL4797	ADL E50D	ADL E500 Facelift	H55/27D	2016	
LWB	1530	UF9061	SFD86DNR6FMTL4798	ADL E50D	ADL E500 Facelift	H55/27D	2016	
LWB	1535	UF9802	SFD86DNR6FMTL4799	ADL E50D	ADL E500 Facelift	H55/27D	2016	
LWB	1537	UG495	SFD86DNR6FMTL4800	ADL E50D	ADL E500 Facelift	H55/27D	2016	
LWB	1536	UG453	SFD86DNR6FMTL4801	ADL E50D	ADL E500 Facelift	H55/27D	2016	
LWB	1533	UF8743	SFD86DNR6FMTL4802	ADL E50D	ADL E500 Facelift	H55/27D	2016	
LWB	1534	UF9678	SFD86DNR6FMTL4803	ADL E50D	ADL E500 Facelift	H55/27D	2016	
LWB	1539	UG6659	SFD86DNR6FMTL4804	ADL E50D	ADL E500 Facelift	H55/27D	2016	
KMB	ATENU928	TZ1630	SFD46CNR6FGTL4805	ADL E50D	ADL E500 Facelift	H59/31D	2016	
KMB	ATENU927	TZ1622	SFD46CNR6FGTL4806	ADL E50D	ADL E500 Facelift	H59/31D	2016	
KMB	3ATENU41	TY3538	SFD86DNR5FGTL4807	ADL E50D	ADL E500 Facelift	H63/35D	2016	
KMB	3ATENU45	UB4478	SFD86DNR5FMTL4808	ADL E50D	ADL E500 Facelift	H63/23D	2016	
KMB	3ATENU43	UB3579	SFD86DNR5FMTL4809	ADL E50D	ADL E500 Facelift	H63/23D	2016	
KMB	3ATENU47	UB708	SFD86DNR5FMTL4810	ADL E50D	ADL E500 Facelift	H63/23D	2016	
KMB	3ATENU46	UB9252	SFD86DNR5FMTL4811	ADL E50D	ADL E500 Facelift	H63/23D	2016	
KMB	3ATENU44	UB3857	SFD86DNR5FMTL4812	ADL E50D	ADL E500 Facelift	H63/23D	2016	
KMB	3ATENU35	TY1332	SFD86DNR5FGTL4825	ADL E50D	ADL E500 Facelift	H63/35D	2016	
KMB	ATENU910	TX7051	SFD46FNR6FMTL4826	ADL E50D	ADL E500 Facelift	H59/31D	2016	
KMB	ATENU916	TY2291	SFD46FNR6FMTL4827	ADL E50D	ADL E500 Facelift	H59/31D	2016	
KMB	ATENU915	TY2076	SFD46FNR6FMTL4828	ADL E50D	ADL E500 Facelift	H59/31D	2016	
KMB	ATENU920	TY2426	SFD46FNR6FMTL4829	ADL E50D	ADL E500 Facelift	H59/31D	2016	
KMB	ATENU925	TZ516	SFD46CNR6FGTL4830	ADL E50D	ADL E500 Facelift	H59/31D	2016	
KMB	ATENU931	TZ2004	SFD46CNR6FGTL4831	ADL E50D	ADL E500 Facelift	H59/31D	2016	
KMB	ATENU934	TZ4676	SFD46CNR6FGTL4832	ADL E50D	ADL E500 Facelift	H59/31D	2016	
KMB	ATENU935	TZ5575	SFD46CNR6FGTL4833	ADL E50D	ADL E500 Facelift	H59/31D	2016	
KMB	ATENU933	TZ4576	SFD46CNR6FGTL4834	ADL E50D	ADL E500 Facelift	H59/31D	2016	
KMB	ATENU936	TZ6160	SFD46CNR6FGTL4835	ADL E50D	ADL E500 Facelift	H59/31D	2016	
KMB	ATENU919	TY2133	SFD46FNR6FMTL4836	ADL E50D	ADL E500 Facelift	H59/31D	2016	
KMB	ATENU918	TY2042	SFD46FNR6FMTL4837	ADL E50D	ADL E500 Facelift	H59/31D	2016	
KMB	ATENU922	TY5921	SFD46FNR6FMTL4838	ADL E50D	ADL E500 Facelift	H59/31D	2016	
KMB	ATENU917	TY791	SFD46FNR6FMTL4839	ADL E50D	ADL E500 Facelift	H59/31D	2016	
KMB	ATENU921	TY4934	SFD46FNR6FMTL4840	ADL E50D	ADL E500 Facelift	H59/31D	2016	
KMB	ATENU924	TY6372	SFD46FNR6FMTL4841	ADL E50D	ADL E500 Facelift	H59/31D	2016	
KMB	ATENU923	TY5944	SFD46FNR6FMTL4842	ADL E50D	ADL E500 Facelift	H59/31D	2016	
KMB	ATENU945	UA1728	SFD46CNR6FMTL4843	ADL E50D	ADL E500 Facelift	H59/31D	2016	
KMB	ATENU932	TZ2123	SFD46CNR6FMTL4844	ADL E50D	ADL E500 Facelift	H59/31D	2016	
KMB	ATENU961	UA5848	SFD46CNR6FMTL4845	ADL E50D	ADL E500 Facelift	H59/31D	2016	
KMB	ATENU958	UA4544	SFD46CNR6FMTL4846	ADL E50D	ADL E500 Facelift	H59/31D	2016	
KMB	ATENU942	UA1227	SFD46CNR6FMTL4847	ADL E50D	ADL E500 Facelift	H59/31D	2016	
KMB	ATENU946	UA1732	SFD46CNR6FMTL4848	ADL E50D	ADL E500 Facelift	H59/31D	2016	
KMB	ATENU953	UA3048	SFD46CNR6FMTL4849	ADL E50D	ADL E500 Facelift	H59/31D	2016	
KMB	ATENU955	UA4178	SFD46CNR6FMTL4850	ADL E50D	ADL E500 Facelift	H59/31D	2016	
KMB	ATENU943	UA1236	SFD46CNR6FMTL4851	ADL E50D	ADL E500 Facelift	H59/31D	2016	
KMB	ATENU948	UA1216	SFD46CNR6FMTL4852	ADL E50D	ADL E500 Facelift	H59/31D	2016	

公司	車隊編號	車牌	底盤編號	車型	車身	座位佈局	首次登記日期	退役日期
KMB	ATENU952	UA2606	SFD46CNR6FMTL4853	ADL E50D	ADL E500 Facelift	H59/31D	2016	
KMB	ATENU950	UA1497	SFD46CNR6FMTL4854	ADL E50D	ADL E500 Facelift	H59/31D	2016	
KMB	ATENU929	TZ1669	SFD46CNR6FMTL4855	ADL E50D	ADL E500 Facelift	H59/31D	2016	
KMB	ATENU947	UA852	SFD46CNR6FMTL4856	ADL E50D	ADL E500 Facelift	H59/31D	2016	
KMB	ATENU926	TZ723	SFD46CNR6FMTL4857	ADL E50D	ADL E500 Facelift	H59/31D	2016	
KMB	ATENU949	UA1491	SFD46CNR6FMTL4858	ADL E50D	ADL E500 Facelift	H59/31D	2016	
KMB	ATENU960	UA5271	SFD46CNR6FMTL4859	ADL E50D	ADL E500 Facelift	H59/31D	2016	
KMB	ATENU956	UA4221	SFD46CNR6FMTL4860	ADL E50D	ADL E500 Facelift	H59/31D	2016	
KMB	ATENU959	UA5163	SFD46CNR6FMTL4861	ADL E50D	ADL E500 Facelift	H59/31D	2016	
KMB	ATENU957	UA4342	SFD46CNR6FMTL4862	ADL E50D	ADL E500 Facelift	H59/31D	2016	
KMB	ATENU954	UA3409	SFD46CNR6FMTL4863	ADL E50D	ADL E500 Facelift	H59/31D	2016	
KMB	ATENU966	UA7957	SFD46CNR6FMTL4864	ADL E50D	ADL E500 Facelift	H59/31D	2016	
KMB	ATENU965	UA7642	SFD46CNR6FMTL4865	ADL E50D	ADL E500 Facelift	H59/31D	2016	
KMB	ATENU968	UA8369	SFD46CNR6FMTL4866	ADL E50D	ADL E500 Facelift	H59/31D	2016	
KMB	ATENU963	UA7204	SFD46CNR6FMTL4867	ADL E50D	ADL E500 Facelift	H59/31D	2016	
KMB	ATENU967	UA8237	SFD46CNR6FMTL4868	ADL E50D	ADL E500 Facelift	H59/31D	2016	
KMB	ATENU964	UA7349	SFD46CNR6FMTL4869	ADL E50D	ADL E500 Facelift	H59/31D	2016	
KMB	ATENU962	UA7045	SFD46CNR6FMTL4870	ADL E50D	ADL E500 Facelift	H59/31D	2016	
KMB	ATENU938	TZ8786	SFD46CNR6FGTL4871	ADL E50D	ADL E500 Facelift	H59/31D	2016	
KMB	ATENU941	TZ9642	SFD46CNR6FGTL4872	ADL E50D	ADL E500 Facelift	H59/31D	2016	
KMB	ATENU970	UB1294	SFD46FNR6FMTL4881	ADL E50D	ADL E500 Facelift	H59/31D	2016	
KMB	ATENU975	UB2435	SFD46FNR6FMTL4882	ADL E50D	ADL E500 Facelift	H59/31D	2016	
KMB	ATENU971	UB1329	SFD46FNR6FMTL4883	ADL E50D	ADL E500 Facelift	H59/31D	2016	
KMB	ATENU1015	UC3595	SFD46FNR6FMTL4884	ADL E50D	ADL E500 Facelift	H59/31D	2016	
KMB	ATENU972	UB1350	SFD46FNR6FMTL4885	ADL E50D	ADL E500 Facelift	H59/31D	2016	
KMB	ATENU969	UB502	SFD46FNR6FMTL4886	ADL E50D	ADL E500 Facelift	H59/31D	2016	
KMB	ATENU986	UB7617	SFD46FNR6FMTL4887	ADL E50D	ADL E500 Facelift	H59/31D	2016	
KMB	ATENU989	UB8333	SFD46FNR6FMTL4888	ADL E50D	ADL E500 Facelift	H59/31D	2016	
KMB	ATENU977	UB2883	SFD46FNR6FMTL4889	ADL E50D	ADL E500 Facelift	H59/31D	2016	
KMB	ATENU988	UB8135	SFD46FNR6FMTL4890	ADL E50D	ADL E500 Facelift	H59/31D	2016	
KMB	ATENU982	UB6711	SFD46FNR6FMTL4891	ADL E50D	ADL E500 Facelift	H59/31D	2016	
KMB	ATENU978	UB3768	SFD46FNR6FMTL4892	ADL E50D	ADL E500 Facelift	H59/31D	2016	
KMB	ATENU979	UB4071	SFD46FNR6FMTL4893	ADL E50D	ADL E500 Facelift	H59/31D	2016	
KMB	ATENU976	UB2669	SFD46FNR6FMTL4894	ADL E50D	ADL E500 Facelift	H59/31D	2016	
KMB	ATENU981	UB6610	SFD46FNR6FMTL4895	ADL E50D	ADL E500 Facelift	H59/31D	2016	
KMB	ATENU987	UB8102	SFD46FNR6FMTL4896	ADL E50D	ADL E500 Facelift	H59/31D	2016	
KMB	ATENU980	UB6554	SFD46FNR6FMTL4897	ADL E50D	ADL E500 Facelift	H59/31D	2016	
KMB	ATENU985	UB7287	SFD46FNR6FMTL4898	ADL E50D	ADL E500 Facelift	H59/31D	2016	
KMB	ATENU1001	UB8256	SFD46FNR6FMTL4899	ADL E50D	ADL E500 Facelift	H59/31D	2016	
KMB	ATENU983	UB6897	SFD46FNR6FMTL4900	ADL E50D	ADL E500 Facelift	H59/31D	2016	
KMB	ATENU995	UB7851	SFD46FNR6FMTL4901	ADL E50D	ADL E500 Facelift	H59/31D	2016	
KMB	ATENU991	UB7229	SFD46FNR6FMTL4902	ADL E50D	ADL E500 Facelift	H59/31D	2016	
KMB	ATENU992	UB7302	SFD46FNR6FMTL4903	ADL E50D	ADL E500 Facelift	H59/31D	2016	
KMB	ATENU990	UB6673	SFD46FNR6FMTL4904	ADL E50D	ADL E500 Facelift	H59/31D	2016	
KMB	ATENU994	UB7616	SFD46FNR6FMTL4905	ADL E50D	ADL E500 Facelift	H59/31D	2016	
KMB	ATENU993	UB7321	SFD46FNR6FMTL4906	ADL E50D	ADL E500 Facelift	H59/31D	2016	
KMB	ATENU1002	UB8615	SFD46FNR6FMTL4907	ADL E50D	ADL E500 Facelift	H59/31D	2016	

公司	車隊編號	車牌	底盤編號	車型	車身	座位佈局	首次登記日期	退役日期
KMB	ATENU997	UB7843	SFD46FNR6FMTL4908	ADL E50D	ADL E500 Facelift	H59/31D	2016	
KMB	ATENU1000	UB8222	SFD46FNR6FMTL4909	ADL E50D	ADL E500 Facelift	H59/31D	2016	
KMB	ATENU996	UB6839	SFD46FNR6FMTL4910	ADL E50D	ADL E500 Facelift	H59/31D	2016	
KMB	ATENU999	UB8122	SFD46FNR6FMTL4911	ADL E50D	ADL E500 Facelift	H59/31D	2016	
KMB	ATENU998	UB7985	SFD46FNR6FMTL4912	ADL E50D	ADL E500 Facelift	H59/31D	2016	
KMB	ATENU1003	UB8627	SFD46FNR6FMTL4913	ADL E50D	ADL E500 Facelift	H59/31D	2016	
KMB	ATENU1005	UB9106	SFD46FNR6FMTL4914	ADL E50D	ADL E500 Facelift	H59/31D	2016	
KMB	ATENU1004	UB8949	SFD46FNR6FMTL4915	ADL E50D	ADL E500 Facelift	H59/31D	2016	
KMB	ATENU1008	UC1519	SFD46FNR6FMTL4916	ADL E50D	ADL E500 Facelift	H59/31D	2016	
KMB	ATENU1006	UC802	SFD46FNR6FMTL4917	ADL E50D	ADL E500 Facelift	H59/31D	2016	
KMB	ATENU1009	UC2036	SFD46FNR6FMTL4918	ADL E50D	ADL E500 Facelift	H59/31D	2016	
KMB	ATENU1007	UC1251	SFD46FNR6FMTL4919	ADL E50D	ADL E500 Facelift	H59/31D	2016	
KMB	ATENU1019	UC4276	SFD46FNR6FMTL4920	ADL E50D	ADL E500 Facelift	H59/31D	2016	
KMB	ATENU1010	UC2535	SFD46FNR6FMTL4921	ADL E50D	ADL E500 Facelift	H59/31D	2016	
KMB	ATENU1022	UC3392	SFD46FNR6FMTL4922	ADL E50D	ADL E500 Facelift	H59/31D	2016	
KMB	ATENU1018	UC4027	SFD46FNR6FMTL4923	ADL E50D	ADL E500 Facelift	H59/31D	2016	
KMB	ATENU1016	UC3778	SFD46FNR6FMTL4924	ADL E50D	ADL E500 Facelift	H59/31D	2016	
KMB	ATENU1017	UC3820	SFD46FNR6FMTL4925	ADL E50D	ADL E500 Facelift	H59/31D	2016	
KMB	ATENU1012	UC2954	SFD46FNR6FMTL4926	ADL E50D	ADL E500 Facelift	H59/31D	2016	
KMB	ATENU1014	UC3154	SFD46FNR6FMTL4927	ADL E50D	ADL E500 Facelift	H59/31D	2016	
KMB	ATENU1021	UC4331	SFD46FNR6FMTL4928	ADL E50D	ADL E500 Facelift	H59/31D	2016	
KMB	ATENU1020	UC4283	SFD46FNR6FMTL4929	ADL E50D	ADL E500 Facelift	H59/31D	2016	
KMB	ATENU1011	UC2607	SFD46FNR6FMTL4930	ADL E50D	ADL E500 Facelift	H59/31D	2016	
KMB	ATENU1013	UC2958	SFD46FNR6FMTL4931	ADL E50D	ADL E500 Facelift	H59/31D	2016	
KMB	ATENU1041	UC8463	SFD46FNR6FMTL4932	ADL E50D	ADL E500 Facelift	H59/31D	2016	
KMB	ATENU1032	UC6073	SFD46FNR6FMTL4933	ADL E50D	ADL E500 Facelift	H59/31D	2016	
KMB	ATENU1031	UC5739	SFD46FNR6FMTL4934	ADL E50D	ADL E500 Facelift	H59/31D	2016	
KMB	ATENU1028	UC5066	SFD46FNR6FMTL4935	ADL E50D	ADL E500 Facelift	H59/31D	2016	
KMB	ATENU1023	UC4461	SFD46FNR6FMTL4936	ADL E50D	ADL E500 Facelift	H59/31D	2016	
KMB	ATENU1024	UC3123	SFD46FNR6FMTL4937	ADL E50D	ADL E500 Facelift	H59/31D	2016	
KMB	ATENU1030	UC5404	SFD46FNR6FMTL4938	ADL E50D	ADL E500 Facelift	H59/31D	2016	
KMB	ATENU1025	UC4723	SFD46FNR6FMTL4939	ADL E50D	ADL E500 Facelift	H59/31D	2016	
KMB	ATENU1029	UC5154	SFD46FNR6FMTL4940	ADL E50D	ADL E500 Facelift	H59/31D	2016	
KMB	ATENU1026	UC4889	SFD46FNR6FMTL4941	ADL E50D	ADL E500 Facelift	H59/31D	2016	
KMB	ATENU1033	UC6443	SFD46FNR6FMTL4942	ADL E50D	ADL E500 Facelift	H59/31D	2016	
KMB	ATENU1027	UC4897	SFD46FNR6FMTL4943	ADL E50D	ADL E500 Facelift	H59/31D	2016	
KMB	ATENU1037	UC6725	SFD46CNR6FMTL4944	ADL E50D	ADL E500 Facelift	H59/31D	2016	
KMB	ATENU1035	UC6645	SFD46CNR6FMTL4945	ADL E50D	ADL E500 Facelift	H59/31D	2016	
KMB	ATENU1039	UC6741	SFD46CNR6FMTL4946	ADL E50D	ADL E500 Facelift	H59/31D	2016	
KMB	ATENU1040	UC8309	SFD46CNR6FMTL4947	ADL E50D	ADL E500 Facelift	H59/31D	2016	
KMB	ATENU1036	UC6650	SFD46CNR6FMTL4948	ADL E50D	ADL E500 Facelift	H59/31D	2016	
KMB	ATENU1034	UC6596	SFD46CNR6FMTL4949	ADL E50D	ADL E500 Facelift	H59/31D	2016	
KMB	ATENU1038	UC6739	SFD46CNR6FMTL4950	ADL E50D	ADL E500 Facelift	H59/31D	2016	
KMB	ATENU1043	UC9069	SFD46CNR6FMTL4951	ADL E50D	ADL E500 Facelift	H59/31D	2016	
KMB	ATENU1044	UC9081	SFD46CNR6FMTL4952	ADL E50D	ADL E500 Facelift	H59/31D	2016	
KMB	ATENU1045	UC9260	SFD46CNR6FMTL4953	ADL E50D	ADL E500 Facelift	H59/31D	2016	
KMB	ATENU1048	UD1873	SFD46CNR6FMTL4954	ADL E50D	ADL E500 Facelift	H59/31D	2016	

公司	車隊編號	車牌	底盤編號	車型	車身	座位佈局	首次登記日期	退役日期
KMB	ATENU1046	UC9637	SFD46CNR6FMTL4955	ADL E50D	ADL E500 Facelift	H59/31D	2016	
KMB	ATENU1050	UD1969	SFD46CNR6FMTL4956	ADL E50D	ADL E500 Facelift	H59/31D	2016	
KMB	ATENU1047	UC9926	SFD46CNR6FMTL4957	ADL E50D	ADL E500 Facelift	H59/31D	2016	
KMB	ATENU1049	UD1885	SFD46CNR6FMTL4958	ADL E50D	ADL E500 Facelift	H59/31D	2016	
KMB	ATENU1051	UD2376	SFD46CNR6FMTL4959	ADL E50D	ADL E500 Facelift	H59/31D	2016	
KMB	ATENU1042	UC8950	SFD46CNR6FMTL4960	ADL E50D	ADL E500 Facelift	H59/31D	2016	
KMB	ATENU1056	UD2066	SFD46CNR6FMTL4961	ADL E50D	ADL E500 Facelift	H59/31D	2016	
KMB	ATENU1058	UD5171	SFD46CNR6FMTL4962	ADL E50D	ADL E500 Facelift	H59/31D	2016	
KMB	ATENU1055	UD1954	SFD46CNR6FMTL4963	ADL E50D	ADL E500 Facelift	H59/31D	2016	
KMB	ATENU1054	UD1852	SFD46CNR6FMTL4964	ADL E50D	ADL E500 Facelift	H59/31D	2016	
KMB	ATENU1053	UD759	SFD46CNR6FMTL4965	ADL E50D	ADL E500 Facelift	H59/31D	2016	
KMB	ATENU1052	UD589	SFD46CNR6FMTL4966	ADL E50D	ADL E500 Facelift	H59/31D	2016	
KMB	ATENU1059	UD5498	SFD46CNR6FMTL4967	ADL E50D	ADL E500 Facelift	H59/31D	2016	
KMB	ATENU1057	UD4612	SFD46CNR6FMTL4968	ADL E50D	ADL E500 Facelift	H59/31D	2016	
KMB	ATENU1070	UD6319	SFD46CNR6FMTL4969	ADL E50D	ADL E500 Facelift	H59/31D	2016	
KMB	ATENU1065	UD5889	SFD46CNR6FMTL4970	ADL E50D	ADL E500 Facelift	H59/31D	2016	
KMB	ATENU1060	UD4786	SFD46CNR6FMTL4971	ADL E50D	ADL E500 Facelift	H59/31D	2016	
KMB	ATENU1068	UD6152	SFD46CNR6FMTL4972	ADL E50D	ADL E500 Facelift	H59/31D	2016	
KMB	ATENU1063	UD5728	SFD46CNR6FMTL4973	ADL E50D	ADL E500 Facelift	H59/31D	2016	
KMB	ATENU1061	UD5396	SFD46CNR6FMTL4974	ADL E50D	ADL E500 Facelift	H59/31D	2016	
KMB	ATENU1062	UD5700	SFD46CNR6FMTL4975	ADL E50D	ADL E500 Facelift	H59/31D	2016	
KMB	ATENU1071	UD6420	SFD46CNR6FMTL4976	ADL E50D	ADL E500 Facelift	H59/31D	2016	
KMB	ATENU1066	UD5979	SFD46CNR6FMTL4977	ADL E50D	ADL E500 Facelift	H59/31D	2016	
KMB	ATENU1064	UD5841	SFD46CNR6FMTL4978	ADL E50D	ADL E500 Facelift	H59/31D	2016	
KMB	ATENU1067	UD6024	SFD46CNR6FMTL4979	ADL E50D	ADL E500 Facelift	H59/31D	2016	
KMB	ATENU1069	UD6159	SFD46CNR6FMTL4980	ADL E50D	ADL E500 Facelift	H59/31D	2016	
KMB	ATENU940	TZ9363	SFD46CNR6FGTL4981	ADL E50D	ADL E500 Facelift	H59/31D	2016	
KMB	3ATENU59	UD5851	SFD86FNR6FMTL4982	ADL E50D	ADL E500 Facelift	H63/23D	2016	
KMB	3ATENU60	UD5890	SFD86FNR6FMTL4983	ADL E50D	ADL E500 Facelift	H63/23D	2016	
KMB	3ATENU50	UD1353	SFD86FNR6FMTL4984	ADL E50D	ADL E500 Facelift	H63/23D	2016	
KMB	3ATENU62	UD6473	SFD86FNR6FMTL4985	ADL E50D	ADL E500 Facelift	H63/23D	2016	
KMB	3ATENU61	UD6264	SFD86FNR6FMTL4986	ADL E50D	ADL E500 Facelift	H63/23D	2016	
KMB	ATENU944	UA1310	SFD46CNR6FGTL4990	ADL E50D	ADL E500 Facelift	H59/31D	2016	
KMB	ATENU939	TZ9303	SFD46CNR6FGTL4991	ADL E50D	ADL E500 Facelift	H59/31D	2016	
KMB	ATENU937	TZ8549	SFD46CNR6FGTL4992	ADL E50D	ADL E500 Facelift	H59/31D	2016	
KMB	ATENU951	UA2145	SFD46CNR6FGTL4993	ADL E50D	ADL E500 Facelift	H59/31D	2016	
KMB	ATENU974	UB1960	SFD46CNR6FGTL4995	ADL E50D	ADL E500 Facelift	H59/31D	2016	
KMB	ATENU984	UB7158	SFD46CNR6FGTL4996	ADL E50D	ADL E500 Facelift	H59/31D	2016	
KMB	3ATENUW1	UE9558	SFD86FNR6FMTL4997	ADL E50D	ADL E500 Facelift	H63/35D	2016	
KMB	3ATENU51	UD1469	SFD86FNR6FMTL4998	ADL E50D	ADL E500 Facelift	H63/35D	2016	
KMB	3ATENU49	UD1197	SFD86FNR6FMTL4999	ADL E50D	ADL E500 Facelift	H63/35D	2016	
KMB	3ATENU54	UD1836	SFD86FNR6FMTL5000	ADL E50D	ADL E500 Facelift	H63/35D	2016	
KMB	3ATENU48	UD1041	SFD86FNR6FMTL5001	ADL E50D	ADL E500 Facelift	H63/35D	2016	
KMB	3ATENU58	UD2480	SFD86FNR6FMTL5002	ADL E50D	ADL E500 Facelift	H63/35D	2016	
KMB	3ATENU53	UD1599	SFD86FNR6FMTL5003	ADL E50D	ADL E500 Facelift	H63/35D	2016	
KMB	3ATENU52	UD1595	SFD86FNR6FMTL5004	ADL E50D	ADL E500 Facelift	H63/35D	2016	
KMB	3ATENU57	UD2169	SFD86FNR6FMTL5005	ADL E50D	ADL E500 Facelift	H63/35D	2016	

公司	車隊編號	車牌	底盤編號	車型	車身	座位佈局	首次登記日期	退役日期
KMB	3ATENU56	UD2083	SFD86FNR6FMTL5006	ADL E50D	ADL E500 Facelift	H63/35D	2016	
KMB	3ATENU55	UD1910	SFD86FNR6FMTL5007	ADL E50D	ADL E500 Facelift	H63/35D	2016	
KMB	3ATENU64	UE1630	SFD86FNR6FMTL5008	ADL E50D	ADL E500 Facelift	H63/35D	2016	
KMB	3ATENU63	UE2065	SFD86FNR6FMTL5009	ADL E50D	ADL E500 Facelift	H63/35D	2016	
KMB	3ATENU65	UE3240	SFD86FNR6FMTL5010	ADL E50D	ADL E500 Facelift	H63/35D	2016	
KMB	3ATENU66	UE3455	SFD86FNR6FMTL5011	ADL E50D	ADL E500 Facelift	H63/35D	2016	
KMB	3ATENU67	UE3496	SFD86FNR6FMTL5012	ADL E50D	ADL E500 Facelift	H63/35D	2016	
KMB	3ATENU68	UE4144	SFD86FNR6FMTL5013	ADL E50D	ADL E500 Facelift	H63/35D	2016	
KMB	3ATENU76	UE6172	SFD86FNR6FMTL5014	ADL E50D	ADL E500 Facelift	H63/35D	2016	
KMB	3ATENU73	UE5650	SFD86FNR6FMTL5015	ADL E50D	ADL E500 Facelift	H63/35D	2016	
KMB	3ATENU74	UE5963	SFD86FNR6FMTL5016	ADL E50D	ADL E500 Facelift	H63/35D	2016	
KMB	3ATENU78	UE5074	SFD86FNR6FMTL5017	ADL E50D	ADL E500 Facelift	H63/35D	2016	
KMB	3ATENU72	UE5611	SFD86FNR6FMTL5018	ADL E50D	ADL E500 Facelift	H63/35D	2016	
KMB	3ATENU69	UE4577	SFD86FNR6FMTL5019	ADL E50D	ADL E500 Facelift	H63/35D	2016	
KMB	3ATENU71	UE4821	SFD86FNR6FMTL5020	ADL E50D	ADL E500 Facelift	H63/35D	2016	
KMB	3ATENU77	UE6259	SFD86FNR6FMTL5021	ADL E50D	ADL E500 Facelift	H63/35D	2016	
KMB	3ATENU75	UE6107	SFD86FNR6FMTL5022	ADL E50D	ADL E500 Facelift	H63/35D	2016	
KMB	3ATENU70	UE4584	SFD86FNR6FMTL5023	ADL E50D	ADL E500 Facelift	H63/35D	2016	
KMB	3ATENU81	UE5023	SFD86FNR6FMTL5024	ADL E50D	ADL E500 Facelift	H63/35D	2016	
KMB	3ATENU79	UE4600	SFD86FNR6FMTL5025	ADL E50D	ADL E500 Facelift	H63/35D	2016	
KMB	3ATENU84	UE5450	SFD86FNR6FMTL5026	ADL E50D	ADL E500 Facelift	H63/35D	2016	
KMB	3ATENU82	UE5224	SFD86FNR6FMTL5027	ADL E50D	ADL E500 Facelift	H63/35D	2016	
KMB	3ATENU83	UE5298	SFD86FNR6FMTL5028	ADL E50D	ADL E500 Facelift	H63/35D	2016	
KMB	3ATENU85	UE6056	SFD86FNR6FMTL5029	ADL E50D	ADL E500 Facelift	H63/35D	2016	
KMB	3ATENU86	UE6378	SFD86FNR6FMTL5030	ADL E50D	ADL E500 Facelift	H63/35D	2016	
KMB	3ATENU80	UE4959	SFD86FNR6FMTL5031	ADL E50D	ADL E500 Facelift	H63/35D	2016	
KMB	3ATENU88	UE6957	SFD86FNR6FMTL5032	ADL E50D	ADL E500 Facelift	H63/35D	2016	
KMB	3ATENU89	UE8361	SFD86FNR6FMTL5033	ADL E50D	ADL E500 Facelift	H63/35D	2016	
KMB	3ATENU87	UE6545	SFD86FNR6FMTL5034	ADL E50D	ADL E500 Facelift	H63/35D	2016	
KMB	3ATENU90	UE8961	SFD86FNR6FMTL5035	ADL E50D	ADL E500 Facelift	H63/35D	2016	
KMB	3ATENU91	UE9290	SFD86FNR6FMTL5036	ADL E50D	ADL E500 Facelift	H63/35D	2016	
CTB	6382	UG7393	SFD86DNR6GMTL5037	ADL E50D	ADL E500 Facelift	H63/35D	2016	
CTB	6383	UG6722	SFD86DNR6GMTL5038	ADL E50D	ADL E500 Facelift	H63/35D	2016	
CTB	6384	UG7286	SFD86DNR6GMTL5039	ADL E50D	ADL E500 Facelift	H63/35D	2016	
NWFB	5702	UE7040	SFD46FNR6GMTL5040	ADL E50D	ADL E500 Facelift	H59/31D	2016	
NWFB	5703	UE8781	SFD46FNR6GMTL5041	ADL E50D	ADL E500 Facelift	H59/31D	2016	
NWFB	5704	UF1403	SFD46FNR6GMTL5042	ADL E50D	ADL E500 Facelift	H59/31D	2016	
NWFB	5705	UF2613	SFD46FNR6GMTL5043	ADL E50D	ADL E500 Facelift	H59/31D	2016	
CTB	6533	UF6020	SFD86DNR6FMTL5044	ADL E50D	ADL E500 Facelift	H63/29D	2016	
CTB	6534	UG2263	SFD86DNR6FMTL5045	ADL E50D	ADL E500 Facelift	H63/29D	2016	
KMB	3ATENU95	UF4008	SFD86FNR6FMTL5046	ADL E50D	ADL E500 Facelift	H63/27D	2016	
KMB	3ATENU93	UF1189	SFD86FNR6FMTL5047	ADL E50D	ADL E500 Facelift	H63/27D	2016	
KMB	3ATENU94	UF1436	SFD86FNR6FMTL5048	ADL E50D	ADL E500 Facelift	H63/27D	2016	
KMB	3ATENU101	UF3281	SFD86FNR6FMTL5049	ADL E50D	ADL E500 Facelift	H63/27D	2016	
KMB	3ATENU92	UF1161	SFD86FNR6FMTL5050	ADL E50D	ADL E500 Facelift	H63/27D	2016	
KMB	3ATENU103	UF4295	SFD86FNR6FMTL5051	ADL E50D	ADL E500 Facelift	H63/27D	2016	
KMB	3ATENU97	UF2654	SFD86FNR6FMTL5052	ADL E50D	ADL E500 Facelift	H63/27D	2016	

公司	車隊編號	車牌	底盤編號	車型	車身	座位佈局	首次登記日期	退役日期
KMB	3ATENU99	UF2841	SFD86FNR6FMTL5053	ADL E50D	ADL E500 Facelift	H63/27D	2016	
KMB	3ATENU100	UF3262	SFD86FNR6FMTL5054	ADL E50D	ADL E500 Facelift	H63/27D	2016	
KMB	3ATENU104	UF4599	SFD86FNR6FMTL5055	ADL E50D	ADL E500 Facelift	H63/27D	2016	
KMB	3ATENU119	UF8335	SFD86CNR6FMTL5056	ADL E50D	ADL E500 Facelift	H63/27D	2016	
KMB	3ATENU113	UF7173	SFD86CNR6FMTL5057	ADL E50D	ADL E500 Facelift	H63/27D	2016	
KMB	3ATENU114	UF7528	SFD86CNR6FMTL5058	ADL E50D	ADL E500 Facelift	H63/27D	2016	
KMB	3ATENU116	UF7898	SFD86CNR6FMTL5059	ADL E50D	ADL E500 Facelift	H63/27D	2016	
KMB	3ATENU115	UF7827	SFD86CNR6FMTL5060	ADL E50D	ADL E500 Facelift	H63/27D	2016	
KMB	3ATENU112	UF6639	SFD86CNR6FMTL5061	ADL E50D	ADL E500 Facelift	H63/27D	2016	
KMB	3ATENU118	UF8216	SFD86CNR6FMTL5062	ADL E50D	ADL E500 Facelift	H63/27D	2016	
KMB	3ATENU127	UF8373	SFD86CNR6FMTL5063	ADL E50D	ADL E500 Facelift	H63/27D	2016	
KMB	3ATENU124	UF7534	SFD86CNR6FMTL5064	ADL E50D	ADL E500 Facelift	H63/27D	2016	
KMB	3ATENU122	UF7260	SFD86CNR6FMTL5065	ADL E50D	ADL E500 Facelift	H63/27D	2016	
KMB	3ATENU121	UF6961	SFD86CNR6FMTL5066	ADL E50D	ADL E500 Facelift	H63/27D	2016	
KMB	3ATENU126	UF8231	SFD86CNR6FMTL5067	ADL E50D	ADL E500 Facelift	H63/27D	2016	
KMB	3ATENU128	UF8397	SFD86CNR6FMTL5068	ADL E50D	ADL E500 Facelift	H63/27D	2016	
KMB	3ATENU123	UF7294	SFD86CNR6FMTL5069	ADL E50D	ADL E500 Facelift	H63/27D	2016	
KMB	3ATENU125	UF8201	SFD86CNR6FMTL5070	ADL E50D	ADL E500 Facelift	H63/27D	2016	
KMB	3ATENU120	UF6850	SFD86CNR6FMTL5071	ADL E50D	ADL E500 Facelift	H63/27D	2016	
KMB	3ATENU133	UF6914	SFD86CNR6FMTL5072	ADL E50D	ADL E500 Facelift	H63/27D	2016	
KMB	3ATENU139	UF7982	SFD86CNR6FMTL5073	ADL E50D	ADL E500 Facelift	H63/27D	2016	
KMB	3ATENU129	UF6504	SFD86CNR6FMTL5074	ADL E50D	ADL E500 Facelift	H63/27D	2016	
KMB	3ATENU132	UF6717	SFD86CNR6FMTL5075	ADL E50D	ADL E500 Facelift	H63/27D	2016	
KMB	3ATENU134	UF7176	SFD86CNR6FMTL5076	ADL E50D	ADL E500 Facelift	H63/27D	2016	
KMB	3ATENU140	UF8142	SFD86CNR6FMTL5077	ADL E50D	ADL E500 Facelift	H63/27D	2016	
KMB	3ATENU137	UF7775	SFD86CNR6FMTL5078	ADL E50D	ADL E500 Facelift	H63/27D	2016	
KMB	3ATENU135	UF7284	SFD86CNR6FMTL5079	ADL E50D	ADL E500 Facelift	H63/27D	2016	
KMB	3ATENU130	UF6574	SFD86CNR6FMTL5080	ADL E50D	ADL E500 Facelift	H63/27D	2016	
KMB	3ATENU136	UF7291	SFD86CNR6FMTL5081	ADL E50D	ADL E500 Facelift	H63/27D	2016	
KMB	3ATENU131	UF6675	SFD86CNR6FMTL5082	ADL E50D	ADL E500 Facelift	H63/27D	2016	
KMB	3ATENU138	UF7928	SFD86CNR6FMTL5083	ADL E50D	ADL E500 Facelift	H63/27D	2016	
KMB	3ATENU142	UH5224	SFD86CNR6FMTL5084	ADL E50D	ADL E500 Facelift	H63/27D	2016	
KMB	3ATENU141	UH4581	SFD86CNR6FMTL5085	ADL E50D	ADL E500 Facelift	H63/27D	2016	
KMB	3ATENU98	UF2751	SFD86CNR6FMTL5088	ADL E50D	ADL E500 Facelift	H63/35D	2016	
KMB	3ATENU96	UF2605	SFD86CNR6FMTL5089	ADL E50D	ADL E500 Facelift	H63/35D	2016	
KMB	3ATENU102	UF4283	SFD86CNR6FMTL5090	ADL E50D	ADL E500 Facelift	H63/35D	2016	
KMB	3ATENU108	UF5597	SFD86CNR6FMTL5091	ADL E50D	ADL E500 Facelift	H63/35D	2016	
KMB	3ATENU109	UF5635	SFD86CNR6FMTL5092	ADL E50D	ADL E500 Facelift	H63/35D	2016	
KMB	3ATENU107	UF5477	SFD86CNR6FMTL5093	ADL E50D	ADL E500 Facelift	H63/35D	2016	
KMB	3ATENU106	UF4942	SFD86CNR6FMTL5094	ADL E50D	ADL E500 Facelift	H63/35D	2016	
KMB	3ATENU117	UF8122	SFD86CNR6FMTL5095	ADL E50D	ADL E500 Facelift	H63/35D	2016	
KMB	3ATENU105	UF4701	SFD86CNR6FMTL5096	ADL E50D	ADL E500 Facelift	H63/35D	2016	
KMB	3ATENU110	UF5792	SFD86CNR6FMTL5097	ADL E50D	ADL E500 Facelift	H63/35D	2016	
KMB	3ATENU111	UF5254	SFD86CNR6FMTL5098	ADL E50D	ADL E500 Facelift	H63/35D	2016	
KMB	3ATENU146	UJ2100	SFD86CNR6FMTL5099	ADL E50D	ADL E500 Facelift	H63/27D	2016	
KMB	3ATENU143	UJ674	SFD86CNR6FMTL5100	ADL E50D	ADL E500 Facelift	H63/27D	2016	
KMB	3ATENU145	UJ1589	SFD86CNR6FMTL5101	ADL E50D	ADL E500 Facelift	H63/27D	2016	

公司	車隊編號	車牌	底盤編號	車型	車身	座位佈局	首次登記日期	退役日期
KMB	3ATENU144	UJ1266	SFD86CNR6FMTL5102	ADL E50D	ADL E500 Facelift	H63/27D	2016	
KMB	ATENU973	UB1894	SFD46CNR6FGTL5103	ADL E50D	ADL E500 Facelift	H59/31D	2016	
KMB	ATENU1072	UD4585	SFD46CNR6FMTL5104	ADL E50D	ADL E500 Facelift	H59/31D	2016	
KMB	ATENU1074	UD4917	SFD46CNR6FMTL5105	ADL E50D	ADL E500 Facelift	H59/31D	2016	
KMB	ATENU1073	UD4841	SFD46CNR6FMTL5106	ADL E50D	ADL E500 Facelift	H59/31D	2016	
KMB	ATENU1076	UD5901	SFD46CNR6FMTL5107	ADL E50D	ADL E500 Facelift	H59/31D	2016	
KMB	ATENU1077	UD6026	SFD46CNR6FMTL5108	ADL E50D	ADL E500 Facelift	H59/31D	2016	
KMB	ATENU1075	UD5041	SFD46CNR6FMTL5109	ADL E50D	ADL E500 Facelift	H59/31D	2016	
KMB	ATENU1078	UD6284	SFD46CNR6FMTL5110	ADL E50D	ADL E500 Facelift	H59/31D	2016	
KMB	ATENU1079	UD6503	SFD46CNR6FMTL5111	ADL E50D	ADL E500 Facelift	H59/31D	2016	
KMB	ATENU1080	UD6532	SFD46CNR6FMTL5112	ADL E50D	ADL E500 Facelift	H59/31D	2016	
KMB	ATENU1082	UD8400	SFD46CNR6FMTL5113	ADL E50D	ADL E500 Facelift	H59/31D	2016	
KMB	ATENU1081	UD7906	SFD46CNR6FMTL5114	ADL E50D	ADL E500 Facelift	H59/31D	2016	
KMB	ATENU1084	UD6873	SFD46CNR6FMTL5115	ADL E50D	ADL E500 Facelift	H59/31D	2016	
KMB	ATENU1085	UD6962	SFD46CNR6FMTL5116	ADL E50D	ADL E500 Facelift	H59/31D	2016	
KMB	ATENU1087	UD7954	SFD46CNR6FMTL5117	ADL E50D	ADL E500 Facelift	H59/31D	2016	
KMB	ATENU1088	UD8004	SFD46CNR6FMTL5118	ADL E50D	ADL E500 Facelift	H59/31D	2016	
KMB	ATENU1090	UD8393	SFD46CNR6FMTL5119	ADL E50D	ADL E500 Facelift	H59/31D	2016	
KMB	ATENU1086	UD7023	SFD46CNR6FMTL5120	ADL E50D	ADL E500 Facelift	H59/31D	2016	
KMB	ATENU1083	UD6762	SFD46CNR6FMTL5121	ADL E50D	ADL E500 Facelift	H59/31D	2016	
KMB	ATENU1093	UE1927	SFD46CNR6FMTL5122	ADL E50D	ADL E500 Facelift	H59/31D	2016	
KMB	ATENU1097	UE1563	SFD46CNR6FMTL5123	ADL E50D	ADL E500 Facelift	H59/31D	2016	
KMB	ATENU1089	UD8158	SFD46CNR6FMTL5124	ADL E50D	ADL E500 Facelift	H59/31D	2016	
KMB	ATENU1094	UE1956	SFD46CNR6FMTL5125	ADL E50D	ADL E500 Facelift	H59/31D	2016	
KMB	ATENU1091	UE1541	SFD46CNR6FMTL5126	ADL E50D	ADL E500 Facelift	H59/31D	2016	
KMB	ATENU1096	UE1018	SFD46CNR6FMTL5127	ADL E50D	ADL E500 Facelift	H59/31D	2016	
KMB	ATENU1092	UE1562	SFD46CNR6FMTL5128	ADL E50D	ADL E500 Facelift	H59/31D	2016	
KMB	ATENU1095	UE2163	SFD46CNR6FMTL5129	ADL E50D	ADL E500 Facelift	H59/31D	2016	
KMB	3ATENU147	UJ956	SFD86CNR6FMTL5130	ADL E50D	ADL E500 Facelift	H63/27D	2016	
KMB	3ATENU149	UJ2179	SFD86CNR6FMTL5131	ADL E50D	ADL E500 Facelift	H63/27D	2016	
KMB	3ATENU150	UJ2477	SFD86CNR6FMTL5132	ADL E50D	ADL E500 Facelift	H63/27D	2016	
KMB	3ATENU148	UJ1646	SFD86CNR6FMTL5133	ADL E50D	ADL E500 Facelift	H63/27D	2016	
KMB	3ATENU151	UJ7903	SFD86CNR6FMTL5134	ADL E50D	ADL E500 Facelift	H63/27D	2016	
NWFB	5706	UF4075	SFD46FNR6GMTL5135	ADL E50D	ADL E500 Facelift	H59/31D	2016	
NWFB	5707	UF6876	SFD46FNR6GMTL5136	ADL E50D	ADL E500 Facelift	H59/31D	2016	
NWFB	5708	UF8143	SFD46FNR6GMTL5137	ADL E50D	ADL E500 Facelift	H59/31D	2016	
NWFB	5709	UF8477	SFD46FNR6GMTL5138	ADL E50D	ADL E500 Facelift	H59/31D	2016	
NWFB	5710	UF6616	SFD46FNR6GMTL5139	ADL E50D	ADL E500 Facelift	H59/31D	2016	
NWFB	5711	UF8210	SFD46FNR6GMTL5140	ADL E50D	ADL E500 Facelift	H59/31D	2016	
NWFB	5712	UF6787	SFD46FNR6GMTL5141	ADL E50D	ADL E500 Facelift	H59/31D	2016	
NWFB	5713	UG2276	SFD46FNR6GMTL5142	ADL E50D	ADL E500 Facelift	H59/31D	2016	
NWFB	5714	UG2023	SFD46FNR6GMTL5143	ADL E50D	ADL E500 Facelift	H59/31D	2016	
NWFB	5715	UG3367	SFD46FNR6GMTL5144	ADL E50D	ADL E500 Facelift	H59/31D	2016	
NWFB	5716	UG4525	SFD46FNR6GMTL5145	ADL E50D	ADL E500 Facelift	H59/31D	2016	
NWFB	5717	UG6283	SFD46FNR6GMTL5146	ADL E50D	ADL E500 Facelift	H59/31D	2016	
NWFB	5718	UG6571	SFD46FNR6GMTL5147	ADL E50D	ADL E500 Facelift	H59/31D	2016	
NWFB	5719	UH488	SFD46FNR6GMTL5148	ADL E50D	ADL E500 Facelift	H59/31D	2016	

公司	車隊編號	車牌	底盤編號	車型	車身	座位佈局	首次登記日期	退役日期
CTB	6535	UG2209	SFD86DNR6GMTL5149	ADL E50D	ADL E500 Facelift	H63/29D	2016	
CTB	6536	UG5033	SFD86DNR6GMTL5150	ADL E50D	ADL E500 Facelift	H63/29D	2016	
CTB	6537	UG8749	SFD86DNR6GMTL5151	ADL E50D	ADL E500 Facelift	H63/29D	2016	
CTB	6538	UG9877	SFD86DNR6GMTL5152	ADL E50D	ADL E500 Facelift	H63/29D	2016	
CTB	6539	UH2688	SFD86DNR6GMTL5153	ADL E50D	ADL E500 Facelift	H63/29D	2016	
CTB	6540	UH5700	SFD86DNR6GMTL5154	ADL E50D	ADL E500 Facelift	H63/29D	2016	
CTB	6541	UH7817	SFD86DNR6GMTL5155	ADL E50D	ADL E500 Facelift	H63/29D	2016	
CTB	6542	UH8285	SFD86DNR6GMTL5156	ADL E50D	ADL E500 Facelift	H63/29D	2016	
CTB	6543	UJ 321	SFD86DNR6GMTL5157	ADL E50D	ADL E500 Facelift	H63/29D	2016	
CTB	6544	UH9167	SFD86DNR6GMTL5158	ADL E50D	ADL E500 Facelift	H63/29D	2016	
CTB	6545	UJ6437	SFD86DNR6GMTL5159	ADL E50D	ADL E500 Facelift	H63/29D	2016	
CTB	6546	UJ5180	SFD86DNR6GMTL5160	ADL E50D	ADL E500 Facelift	H63/29D	2016	
CTB	6547	UJ7882	SFD86DNR6GMTL5161	ADL E50D	ADL E500 Facelift	H63/29D	2016	
CTB	6548	UK2213	SFD86DNR6GMTL5162	ADL E50D	ADL E500 Facelift	H63/29D	2016	
KMB	ATENU1098	UG1070	SFD46FNR6GMTL5165	ADL E50D	ADL E500 Facelift	H59/31D	2016	
KMB	ATENU1104	UG2493	SFD46FNR6GMTL5166	ADL E50D	ADL E500 Facelift	H59/31D	2016	
KMB	ATENU1107	UG1956	SFD46FNR6GMTL5167	ADL E50D	ADL E500 Facelift	H59/31D	2016	
KMB	ATENU1100	UG1345	SFD46FNR6GMTL5168	ADL E50D	ADL E500 Facelift	H59/31D	2016	
KMB	ATENU1102	UG1819	SFD46FNR6GMTL5169	ADL E50D	ADL E500 Facelift	H59/31D	2016	
KMB	ATENU1105	UG776	SFD46FNR6GMTL5170	ADL E50D	ADL E500 Facelift	H59/31D	2016	
KMB	ATENU1101	UG1486	SFD46FNR6GMTL5171	ADL E50D	ADL E500 Facelift	H59/31D	2016	
KMB	ATENU1103	UG2148	SFD46FNR6GMTL5172	ADL E50D	ADL E500 Facelift	H59/31D	2016	
KMB	ATENU1099	UG1184	SFD46FNR6GMTL5173	ADL E50D	ADL E500 Facelift	H59/31D	2016	
KMB	ATENU1108	UG2400	SFD46FNR6GMTL5174	ADL E50D	ADL E500 Facelift	H59/31D	2016	
KMB	ATENU1106	UG1467	SFD46FNR6GMTL5175	ADL E50D	ADL E500 Facelift	H59/31D	2016	
KMB	ATENU1109	UG3101	SFD46FNR6GMTL5176	ADL E50D	ADL E500 Facelift	H59/31D	2016	
KMB	ATENU1110	UG4464	SFD46FNR6GMTL5177	ADL E50D	ADL E500 Facelift	H59/31D	2016	
KMB	ATENU1111	UG4652	SFD46FNR6GMTL5178	ADL E50D	ADL E500 Facelift	H59/31D	2016	
KMB	ATENU1114	UG5304	SFD46FNR6GMTL5179	ADL E50D	ADL E500 Facelift	H59/31D	2016	
KMB	ATENU1117	UG6200	SFD46FNR6GMTL5180	ADL E50D	ADL E500 Facelift	H59/31D	2016	
KMB	ATENU1115	UG5735	SFD46FNR6GMTL5181	ADL E50D	ADL E500 Facelift	H59/31D	2016	
KMB	ATENU1118	UG6444	SFD46FNR6GMTL5182	ADL E50D	ADL E500 Facelift	H59/31D	2016	
KMB	ATENU1113	UG5021	SFD46FNR6GMTL5183	ADL E50D	ADL E500 Facelift	H59/31D	2016	
KMB	ATENU1112	UG4945	SFD46FNR6GMTL5184	ADL E50D	ADL E500 Facelift	H59/31D	2016	
KMB	ATENU1116	UG5856	SFD46FNR6GMTL5185	ADL E50D	ADL E500 Facelift	H59/31D	2016	
KMB	ATENU1119	UG6531	SFD46FNR6GMTL5186	ADL E50D	ADL E500 Facelift	H59/31D	2016	
KMB	ATENU1122	UG7873	SFD46FNR6GMTL5187	ADL E50D	ADL E500 Facelift	H59/31D	2016	
KMB	ATENU1120	UG6836	SFD46FNR6GMTL5188	ADL E50D	ADL E500 Facelift	H59/31D	2016	
KMB	ATENU1124	UG8457	SFD46FNR6GMTL5189	ADL E50D	ADL E500 Facelift	H59/31D	2016	
KMB	ATENU1123	UG8226	SFD46FNR6GMTL5190	ADL E50D	ADL E500 Facelift	H59/31D	2016	
KMB	ATENU1121	UG7017	SFD46FNR6GMTL5191	ADL E50D	ADL E500 Facelift	H59/31D	2016	
KMB	ATENU1129	UH3666	SFD46FNR6GMTL5192	ADL E50D	ADL E500 Facelift	H59/31D	2016	
KMB	ATENU1126	UH2861	SFD46FNR6GMTL5193	ADL E50D	ADL E500 Facelift	H59/31D	2016	
KMB	ATENU1131	UH3896	SFD46FNR6GMTL5194	ADL E50D	ADL E500 Facelift	H59/31D	2016	
KMB	ATENU1132	UH4001	SFD46FNR6GMTL5195	ADL E50D	ADL E500 Facelift	H59/31D	2016	
KMB	ATENU1130	UH3695	SFD46FNR6GMTL5196	ADL E50D	ADL E500 Facelift	H59/31D	2016	
KMB	ATENU1134	UH4377	SFD46FNR6GMTL5197	ADL E50D	ADL E500 Facelift	H59/31D	2016	

公司	車隊編號	車牌	底盤編號	車型	車身	座位佈局	首次登記日期	退役日期
KMB	ATENU1125	UH2638	SFD46FNR6GMTL5198	ADL E50D	ADL E500 Facelift	H59/31D	2016	
KMB	ATENU1139	UH3172	SFD46FNR6GMTL5199	ADL E50D	ADL E500 Facelift	H59/31D	2016	
KMB	ATENU1135	UH4451	SFD46FNR6GMTL5200	ADL E50D	ADL E500 Facelift	H59/31D	2016	
KMB	ATENU1142	UH4324	SFD46FNR6GMTL5201	ADL E50D	ADL E500 Facelift	H59/31D	2016	
KMB	ATENU1127	UH3463	SFD46FNR6GMTL5202	ADL E50D	ADL E500 Facelift	H59/31D	2016	
KMB	ATENU1138	UH3096	SFD46FNR6GMTL5203	ADL E50D	ADL E500 Facelift	H59/31D	2016	
KMB	ATENU1128	UH3577	SFD46FNR6GMTL5204	ADL E50D	ADL E500 Facelift	H59/31D	2016	
KMB	ATENU1133	UH4220	SFD46FNR6GMTL5205	ADL E50D	ADL E500 Facelift	H59/31D	2016	
KMB	ATENU1136	UH4491	SFD46FNR6GMTL5206	ADL E50D	ADL E500 Facelift	H59/31D	2016	
KMB	ATENU1140	UH3596	SFD46FNR6GMTL5207	ADL E50D	ADL E500 Facelift	H59/31D	2016	
KMB	ATENU1141	UH3891	SFD46FNR6GMTL5208	ADL E50D	ADL E500 Facelift	H59/31D	2016	
KMB	ATENU1137	UH2535	SFD46FNR6GMTL5209	ADL E50D	ADL E500 Facelift	H59/31D	2016	
KMB	ATENU1144	UH5651	SFD46FNR6GMTL5210	ADL E50D	ADL E500 Facelift	H59/31D	2016	
KMB	ATENU1143	UH5529	SFD46FNR6GMTL5211	ADL E50D	ADL E500 Facelift	H59/31D	2016	
KMB	ATENU1145	UH4744	SFD46FNR6GMTL5212	ADL E50D	ADL E500 Facelift	H59/31D	2016	
KMB	ATENU1146	UH5647	SFD46FNR6GMTL5213	ADL E50D	ADL E500 Facelift	H59/31D	2016	
KMB	ATENU1189	UK8230	SFD46FNR6GMTL5214	ADL E50D	ADL E500 Facelift	H59/31D	2016	
KMB	ATENU1153	UH8411	SFD46CNR6GMTL5215	ADL E50D	ADL E500 Facelift	H59/31D	2016	
KMB	ATENU1155	UH8490	SFD46CNR6GMTL5216	ADL E50D	ADL E500 Facelift	H59/31D	2016	
KMB	ATENU1154	UH8413	SFD46CNR6GMTL5217	ADL E50D	ADL E500 Facelift	H59/31D	2016	
KMB	ATENU1151	UH7697	SFD46CNR6GMTL5218	ADL E50D	ADL E500 Facelift	H59/31D	2016	
KMB	ATENU1149	UH6761	SFD46CNR6GMTL5219	ADL E50D	ADL E500 Facelift	H59/31D	2016	
KMB	ATENU1156	UH6704	SFD46CNR6GMTL5221	ADL E50D	ADL E500 Facelift	H59/31D	2016	
KMB	ATENU1147	UH6512	SFD46CNR6GMTL5222	ADL E50D	ADL E500 Facelift	H59/31D	2016	
KMB	ATENU1150	UH7152	SFD46CNR6GMTL5223	ADL E50D	ADL E500 Facelift	H59/31D	2016	
KMB	ATENU1152	UH8316	SFD46CNR6GMTL5224	ADL E50D	ADL E500 Facelift	H59/31D	2016	
KMB	ATENU1148	UH6640	SFD46CNR6GMTL5225	ADL E50D	ADL E500 Facelift	H59/31D	2016	
KMB	ATENU1161	UJ1202	SFD46CNR6GMTL5226	ADL E50D	ADL E500 Facelift	H59/31D	2016	
KMB	ATENU1162	UJ1584	SFD46CNR6GMTL5227	ADL E50D	ADL E500 Facelift	H59/31D	2016	
KMB	ATENU1166	UJ2132	SFD46CNR6GMTL5228	ADL E50D	ADL E500 Facelift	H59/31D	2016	
KMB	ATENU1164	UJ1736	SFD46CNR6GMTL5229	ADL E50D	ADL E500 Facelift	H59/31D	2016	
KMB	ATENU1163	UJ1653	SFD46CNR6GMTL5230	ADL E50D	ADL E500 Facelift	H59/31D	2016	
KMB	ATENU1165	UJ1836	SFD46CNR6GMTL5231	ADL E50D	ADL E500 Facelift	H59/31D	2016	
KMB	ATENU1159	UJ917	SFD46CNR6GMTL5232	ADL E50D	ADL E500 Facelift	H59/31D	2016	
KMB	ATENU1157	UJ709	SFD46CNR6GMTL5233	ADL E50D	ADL E500 Facelift	H59/31D	2016	
KMB	ATENU1158	UJ773	SFD46CNR6GMTL5234	ADL E50D	ADL E500 Facelift	H59/31D	2016	
KMB	ATENU1160	UJ955	SFD46CNR6GMTL5235	ADL E50D	ADL E500 Facelift	H59/31D	2016	
KMB	ATENU1168	UJ2215	SFD46CNR6GMTL5236	ADL E50D	ADL E500 Facelift	H59/31D	2016	
KMB	ATENU1167	UJ924	SFD46CNR6GMTL5237	ADL E50D	ADL E500 Facelift	H59/31D	2016	
KMB	ATENU1176	UJ3296	SFD46CNR6GMTL5238	ADL E50D	ADL E500 Facelift	H59/31D	2016	
KMB	ATENU1171	UJ4187	SFD46CNR6GMTL5239	ADL E50D	ADL E500 Facelift	H59/31D	2016	
KMB	ATENU1197	UM2769	SFD46CNR6GMTL5240	ADL E50D	ADL E500 Facelift	H59/31D	2016	
KMB	ATENU1169	UJ3575	SFD46CNR6GMTL5241	ADL E50D	ADL E500 Facelift	H59/31D	2016	
KMB	ATENU1173	UJ2673	SFD46CNR6GMTL5242	ADL E50D	ADL E500 Facelift	H59/31D	2016	
KMB	ATENU1178	UJ3956	SFD46CNR6GMTL5243	ADL E50D	ADL E500 Facelift	H59/31D	2016	
KMB	ATENU1172	UJ4278	SFD46CNR6GMTL5244	ADL E50D	ADL E500 Facelift	H59/31D	2016	
KMB	ATENU1170	UJ3607	SFD46CNR6GMTL5245	ADL E50D	ADL E500 Facelift	H59/31D	2016	

公司	車隊編號	車牌	底盤編號	車型	車身	座位佈局	首次登記日期	退役日期
KMB	ATENU1174	UJ3037	SFD46CNR6GMTL5246	ADL E50D	ADL E500 Facelift	H59/31D	2016	
KMB	ATENU1177	UJ3732	SFD46CNR6GMTL5247	ADL E50D	ADL E500 Facelift	H59/31D	2016	
KMB	ATENU1175	UJ3049	SFD46CNR6GMTL5248	ADL E50D	ADL E500 Facelift	H59/31D	2016	
KMB	ATENU1179	UJ4232	SFD46CNR6GMTL5249	ADL E50D	ADL E500 Facelift	H59/31D	2016	
KMB	ATENU1186	UJ6432	SFD46CNR6GMTL5253	ADL E50D	ADL E500 Facelift	H59/31D	2016	
KMB	ATENU1181	UJ5875	SFD46CNR6GMTL5254	ADL E50D	ADL E500 Facelift	H59/31D	2016	
KMB	ATENU1180	UJ5442	SFD46CNR6GMTL5255	ADL E50D	ADL E500 Facelift	H59/31D	2016	
KMB	ATENU1183	UJ5604	SFD46CNR6GMTL5256	ADL E50D	ADL E500 Facelift	H59/31D	2016	
KMB	ATENU1185	UJ6315	SFD46CNR6GMTL5257	ADL E50D	ADL E500 Facelift	H59/31D	2016	
KMB	ATENU1184	UJ6234	SFD46CNR6GMTL5258	ADL E50D	ADL E500 Facelift	H59/31D	2016	
KMB	ATENU1182	UJ4924	SFD46CNR6GMTL5259	ADL E50D	ADL E500 Facelift	H59/31D	2016	
KMB	ATENU1188	UK7881	SFD46CNR6GMTL5260	ADL E50D	ADL E500 Facelift	H59/31D	2016	
KMB	ATENU1187	UK6859	SFD46CNR6GMTL5261	ADL E50D	ADL E500 Facelift	H59/31D	2016	
KMB	ATENU1190	UK6505	SFD46CNR6GMTL5262	ADL E50D	ADL E500 Facelift	H59/31D	2016	
KMB	ATENU1191	UK7144	SFD46CNR6GMTL5263	ADL E50D	ADL E500 Facelift	H59/31D	2016	
KMB	ATENU1192	UK8773	SFD46CNR6GMTL5264	ADL E50D	ADL E500 Facelift	H59/31D	2016	
KMB	ATENU1195	UK9856	SFD46CNR6GMTL5265	ADL E50D	ADL E500 Facelift	H59/31D	2016	
KMB	ATENU1193	UK9075	SFD46CNR6GMTL5266	ADL E50D	ADL E500 Facelift	H59/31D	2016	
KMB	ATENU1194	UK9758	SFD46CNR6GMTL5267	ADL E50D	ADL E500 Facelift	H59/31D	2016	
KMB	ATENU1196	UL297	SFD46CNR6GMTL5268	ADL E50D	ADL E500 Facelift	H59/31D	2016	
CTB	6549	UK8509	SFD86DNR6GMTL5269	ADL E50D	ADL E500 Facelift	H63/29D	2016	
LWB	1540	UM1094	SFD86DNR6GMTL5270	ADL E50D	ADL E500 Facelift	H55/27D	2016	
LWB	1542	UM4055	SFD86DNR6GMTL5271	ADL E50D	ADL E500 Facelift	H55/27D	2016	
LWB	1541	UM2873	SFD86DNR6GMTL5272	ADL E50D	ADL E500 Facelift	H55/27D	2016	
CTB	6385	UM1073	SFD86DNR6GMTL5280	ADL E50D	ADL E500 Facelift	H63/35D	2016	
CTB	6386	UM1993	SFD86DNR6GMTL5281	ADL E50D	ADL E500 Facelift	H63/35D	2016	
CTB	6387	UM1955	SFD86DNR6GMTL5282	ADL E50D	ADL E500 Facelift	H63/35D	2016	
CTB	6388	UM8483	SFD86DNR6GMTL5283	ADL E50D	ADL E500 Facelift	H63/35D	2016	
CTB	6389	UM6569	SFD86DNR6GMTL5284	ADL E50D	ADL E500 Facelift	H63/35D	2016	
CTB	6390	UM6575	SFD86DNR6GMTL5297	ADL E50D	ADL E500 Facelift	H63/35D	2016	
CTB	6391	UM7983	SFD86DNR6GMTL5298	ADL E50D	ADL E500 Facelift	H63/35D	2016	
CTB	6392	UM7107	SFD86DNR6GMTL5299	ADL E50D	ADL E500 Facelift	H63/35D	2016	
CTB	6393	UM6514	SFD86DNR6GMTL5300	ADL E50D	ADL E500 Facelift	H63/35D	2016	
CTB	6394	UM9809	SFD86DNR6GMTL5301	ADL E50D	ADL E500 Facelift	H63/35D	2016	
CTB	6395	UM8943	SFD86DNR6GMTL5302	ADL E50D	ADL E500 Facelift	H63/35D	2016	
CTB	6396	UN 159	SFD86DNR6GMTL5303	ADL E50D	ADL E500 Facelift	H63/35D	2016	
CTB	6397	UN7107	SFD86DNR6GMTL5304	ADL E50D	ADL E500 Facelift	H63/35D	2017	
LWB	5526	UL3594	SFD46GNR6GMTL5305	ADL E50D	ADL E500 Facelift	H51/23D	2016	
LWB	5528	UL4175	SFD46GNR6GMTL5306	ADL E50D	ADL E500 Facelift	H51/23D	2016	
LWB	5527	UL4150	SFD46GNR6GMTL5307	ADL E50D	ADL E500 Facelift	H51/23D	2016	
LWB	5525	UL2861	SFD46GNR6GMTL5308	ADL E50D	ADL E500 Facelift	H51/23D	2016	
LWB	5534	UL8336	SFD46GNR6GMTL5309	ADL E50D	ADL E500 Facelift	H51/23D	2016	
LWB	5524	UL1995	SFD46GNR6GMTL5310	ADL E50D	ADL E500 Facelift	H51/23D	2016	
LWB	5523	UL1733	SFD46GNR6GMTL5311	ADL E50D	ADL E500 Facelift	H51/23D	2016	
LWB	5522	UL1408	SFD46GNR6GMTL5312	ADL E50D	ADL E500 Facelift	H51/23D	2016	
LWB	5531	UL4090	SFD46GNR6GMTL5313	ADL E50D	ADL E500 Facelift	H51/23D	2016	
LWB	5529	UL2757	SFD46GNR6GMTL5314	ADL E50D	ADL E500 Facelift	H51/23D	2016	

公司	車隊編號	車牌	底盤編號	車型	車身	座位佈局	首次登記日期	退役日期
LWB	5532	UL6845	SFD46GNR6GMTL5315	ADL E50D	ADL E500 Facelift	H51/23D	2016	
LWB	5540	UM3359	SFD46GNR6GMTL5316	ADL E50D	ADL E500 Facelift	H51/23D	2016	
CTB	6800	UM5319	SFD86DNR6GMTL5317	ADL E50D	ADL E500 Facelift	H55/27D	2016	
CTB	6801	UM8127	SFD86DNR6GMTL5318	ADL E50D	ADL E500 Facelift	H55/27D	2016	
CTB	6802	UN1063	SFD86DNR6GMTL5319	ADL E50D	ADL E500 Facelift	H55/27D	2017	
CTB	6803	UN 524	SFD86DNR6GMTL5320	ADL E50D	ADL E500 Facelift	H55/27D	2017	
CTB	6804	UM8495	SFD86DNR6GMTL5321	ADL E50D	ADL E500 Facelift	H55/27D	2016	
CTB	6805	UN3404	SFD86DNR6GMTL5322	ADL E50D	ADL E500 Facelift	H55/27D	2017	
CTB	6806	UN4206	SFD86DNR6GMTL5323	ADL E50D	ADL E500 Facelift	H55/27D	2017	
CTB	6807	UN 657	SFD86DNR6GMTL5324	ADL E50D	ADL E500 Facelift	H55/27D	2017	
CTB	6808	UN3379	SFD86DNR6GMTL5325	ADL E50D	ADL E500 Facelift	H55/27D	2017	
CTB	6809	UN5831	SFD86DNR6GMTL5326	ADL E50D	ADL E500 Facelift	H55/27D	2017	
CTB	6810	UN4576	SFD86DNR6GMTL5327	ADL E50D	ADL E500 Facelift	H55/27D	2017	
CTB	6811	UP 860	SFD86DNR6GMTL5328	ADL E50D	ADL E500 Facelift	H55/27D	2017	
LWB	5530	UL3681	SFD46GNR6GMTL5329	ADL E50D	ADL E500 Facelift	H51/23D	2016	
LWB	5533	UL7223	SFD46GNR6GMTL5330	ADL E50D	ADL E500 Facelift	H51/23D	2016	
LWB	5536	UL9422	SFD46GNR6GMTL5331	ADL E50D	ADL E500 Facelift	H51/23D	2016	
LWB	5537	UL9981	SFD46GNR6GMTL5332	ADL E50D	ADL E500 Facelift	H51/23D	2016	
LWB	5539	UM1951	SFD46GNR6GMTL5333	ADL E50D	ADL E500 Facelift	H51/23D	2016	
LWB	5538	UM1356	SFD46GNR6GMTL5334	ADL E50D	ADL E500 Facelift	H51/23D	2016	
LWB	5535	UL9307	SFD46GNR6GMTL5335	ADL E50D	ADL E500 Facelift	H51/23D	2016	
KMB	ATENU1202	UR3729	SFD46FNR6GMTL5336	ADL E50D	ADL E500 Facelift	H59/31D	2017	
KMB	ATENU1200	UR3643	SFD46FNR6GMTL5337	ADL E50D	ADL E500 Facelift	H59/31D	2017	
KMB	ATENU1198	UR1585	SFD46FNR6GMTL5338	ADL E50D	ADL E500 Facelift	H59/31D	2017	
KMB	ATENU1201	UR3644	SFD46FNR6GMTL5339	ADL E50D	ADL E500 Facelift	H59/31D	2017	
KMB	ATENU1204	UR4031	SFD46FNR6GMTL5340	ADL E50D	ADL E500 Facelift	H59/31D	2017	
KMB	ATENU1199	UR3057	SFD46FNR6GMTL5341	ADL E50D	ADL E500 Facelift	H59/31D	2017	
KMB	ATENU1203	UR3806	SFD46FNR6GMTL5342	ADL E50D	ADL E500 Facelift	H59/31D	2017	
CTB	6398	UN7748	SFD86DNR6GMTL5343	ADL E50D	ADL E500 Facelift	H63/35D	2017	
CTB	6399	UP 196	SFD86DNR6GMTL5344	ADL E50D	ADL E500 Facelift	H63/35D	2017	
CTB	6400	UN9516	SFD86DNR6GMTL5345	ADL E50D	ADL E500 Facelift	H63/35D	2017	
CTB	6401	UP 566	SFD86DNR6GMTL5346	ADL E50D	ADL E500 Facelift	H63/35D	2017	
NWFB	6100	UM722	SFD86DNR6GMTL5347	ADL E50D	ADL E500 Facelift	H63/35D	2016	
NWFB	6101	UM9384	SFD86DNR6GMTL5348	ADL E50D	ADL E500 Facelift	H63/35D	2016	
NWFB	6102	UM9289	SFD86DNR6GMTL5349	ADL E50D	ADL E500 Facelift	H63/35D	2016	
NWFB	6103	UM8832	SFD86DNR6GMTL5350	ADL E50D	ADL E500 Facelift	H63/35D	2016	
NWFB	6104	UN2037	SFD86DNR6GMTL5351	ADL E50D	ADL E500 Facelift	H63/35D	2016	
NWFB	6105	UN4172	SFD86DNR6GMTL5352	ADL E50D	ADL E500 Facelift	H63/35D	2017	
NWFB	6106	UN3695	SFD86DNR6GMTL5353	ADL E50D	ADL E500 Facelift	H63/35D	2017	
NWFB	6107	UN5466	SFD86DNR6GMTL5354	ADL E50D	ADL E500 Facelift	H63/35D	2017	
NWFB	6108	UN8314	SFD86DNR6GMTL5355	ADL E50D	ADL E500 Facelift	H63/35D	2017	
NWFB	6109	UN7486	SFD86DNR6GMTL5356	ADL E50D	ADL E500 Facelift	H63/35D	2017	
NWFB	6110	UN8045	SFD86DNR6GMTL5357	ADL E50D	ADL E500 Facelift	H63/35D	2017	
NWFB	6111	UN6601	SFD86DNR6GMTL5358	ADL E50D	ADL E500 Facelift	H63/35D	2017	
NWFB	6112	UN8320	SFD86DNR6GMTL5359	ADL E50D	ADL E500 Facelift	H63/35D	2017	
NWFB	6113	UN7724	SFD86DNR6GMTL5360	ADL E50D	ADL E500 Facelift	H63/35D	2017	
NWFB	6114	UN8976	SFD86DNR6GMTL5361	ADL E50D	ADL E500 Facelift	H63/35D	2017	

公司	車隊編號	車牌	底盤編號	車型	車身	座位佈局	首次登記日期	退役日期
NWFB	6115	UN9343	SFD86DNR6GMTL5362	ADL E50D	ADL E500 Facelift	H63/35D	2017	
NWFB	6116	UP492	SFD86DNR6GMTL5363	ADL E50D	ADL E500 Facelift	H63/35D	2017	
KMB	ATENU1206	UR3975	SFD46FNR6GMTL5367	ADL E50D	ADL E500 Facelift	H59/31D	2017	
KMB	ATENU1207	UR4036	SFD46FNR6GMTL5368	ADL E50D	ADL E500 Facelift	H59/31D	2017	
KMB	ATENU1205	UR3182	SFD46FNR6GMTL5369	ADL E50D	ADL E500 Facelift	H59/31D	2017	
KMB	ATENU1208	UR6570	SFD46FNR6GMTL5370	ADL E50D	ADL E500 Facelift	H59/31D	2017	
KMB	ATENU1209	UR6755	SFD46FNR6GMTL5371	ADL E50D	ADL E500 Facelift	H59/31D	2017	
KMB	ATENU1211	UR7512	SFD46FNR6GMTL5372	ADL E50D	ADL E500 Facelift	H59/31D	2017	
KMB	ATENU1230	UT6162	SFD46FNR6GMTL5372	ADL E50D	ADL E500 Facelift	H59/31D	2017	
KMB	ATENU1212	UR7562	SFD46FNR6GMTL5373	ADL E50D	ADL E500 Facelift	H59/31D	2017	
KMB	ATENU1213	UR8114	SFD46FNR6GMTL5374	ADL E50D	ADL E500 Facelift	H59/31D	2017	
KMB	ATENU1210	UR7116	SFD46FNR6GMTL5375	ADL E50D	ADL E500 Facelift	H59/31D	2017	
KMB	ATENU1229	UT4821	SFD46FNR6GMTL5377	ADL E50D	ADL E500 Facelift	H59/31D	2017	
KMB	ATENU1215	UR9654	SFD46FNR6GMTL5378	ADL E50D	ADL E500 Facelift	H59/31D	2017	
KMB	ATENU1214	UR9022	SFD46FNR6GMTL5379	ADL E50D	ADL E500 Facelift	H59/31D	2017	
KMB	ATENU1231	UU2733	SFD46FNR6GMTL5380	ADL E50D	ADL E500 Facelift	H59/31D	2017	
KMB	ATENU1236	UU4341	SFD46FNR6GMTL5381	ADL E50D	ADL E500 Facelift	H59/31D	2017	
KMB	ATENU1240	UU6202	SFD46FNR6GMTL5382	ADL E50D	ADL E500 Facelift	H59/31D	2017	
KMB	ATENU1238	UU4653	SFD46FNR6GMTL5383	ADL E50D	ADL E500 Facelift	H59/31D	2017	
KMB	ATENU1241	UU6265	SFD46FNR6GMTL5384	ADL E50D	ADL E500 Facelift	H59/31D	2017	
KMB	ATENU1217	US261	SFD46FNR6GMTL5385	ADL E50D	ADL E500 Facelift	H59/31D	2017	
KMB	ATENU1216	US129	SFD46FNR6GMTL5386	ADL E50D	ADL E500 Facelift	H59/31D	2017	
KMB	ATENU1219	US801	SFD46FNR6GMTL5387	ADL E50D	ADL E500 Facelift	H59/31D	2017	
KMB	ATENU1221	US2209	SFD46FNR6GMTL5388	ADL E50D	ADL E500 Facelift	H59/31D	2017	
KMB	ATENU1220	US1730	SFD46FNR6GMTL5389	ADL E50D	ADL E500 Facelift	H59/31D	2017	
KMB	ATENU1218	US643	SFD46FNR6GMTL5390	ADL E50D	ADL E500 Facelift	H59/31D	2017	
KMB	ATENU1222	US2779	SFD46FNR6GMTL5391	ADL E50D	ADL E500 Facelift	H59/31D	2017	
KMB	ATENU1223	US3352	SFD46FNR6GMTL5392	ADL E50D	ADL E500 Facelift	H59/31D	2017	
KMB	ATENU1224	UT2780	SFD46FNR6GMTL5393	ADL E50D	ADL E500 Facelift	H59/31D	2017	
KMB	ATENU1227	UT3574	SFD46FNR6GMTL5394	ADL E50D	ADL E500 Facelift	H59/31D	2017	
KMB	ATENU1225	UT2932	SFD46FNR6GMTL5395	ADL E50D	ADL E500 Facelift	H59/31D	2017	
KMB	ATENU1226	UT3018	SFD46FNR6GMTL5396	ADL E50D	ADL E500 Facelift	H59/31D	2017	
CTB	6550	UN7052	SFD86DNR6GMTL5397	ADL E50D	ADL E500 Facelift	H63/29D	2017	
CTB	6551	UN9916	SFD86DNR6GMTL5398	ADL E50D	ADL E500 Facelift	H63/29D	2017	
CTB	6552	UN9860	SFD86DNR6GMTL5399	ADL E50D	ADL E500 Facelift	H63/29D	2017	
CTB	6553	UP 215	SFD86DNR6GMTL5400	ADL E50D	ADL E500 Facelift	H63/29D	2017	
CTB	6554	UP1711	SFD86DNR6GMTL5401	ADL E50D	ADL E500 Facelift	H63/29D	2017	
CTB	6555	UP3129	SFD86DNR6GMTL5402	ADL E50D	ADL E500 Facelift	H63/29D	2017	
CTB	6556	UP6674	SFD86DNR6GMTL5403	ADL E50D	ADL E500 Facelift	H63/29D	2017	
CTB	6557	UP7174	SFD86DNR6GMTL5404	ADL E50D	ADL E500 Facelift	H63/29D	2017	
CTB	6558	UP9460	SFD86DNR6GMTL5405	ADL E50D	ADL E500 Facelift	H63/29D	2017	
CTB	6559	UP9242	SFD86DNR6GMTL5406	ADL E50D	ADL E500 Facelift	H63/29D	2017	
KMB	ATENU1228	UT4639	SFD46FNR6GMTL5407	ADL E50D	ADL E500 Facelift	H59/31D	2017	
KMB	ATENU1239	UU5354	SFD46DNR6GMTL5408	ADL E50D	ADL E500 Facelift	H59/31D	2017	
NWFB	4052	UP7046	SFD56HNR6GMTM5413	ADL E50D	ADL E500 Facelift	H53/23D	2017	
NWFB	4053	UR 698	SFD56HNR6GMTM5414	ADL E50D	ADL E500 Facelift	H53/23D	2017	
NWFB	4054	UR2181	SFD56HNR6GMTM5415	ADL E50D	ADL E500 Facelift	H53/23D	2017	

公司	車隊編號	車牌	底盤編號	車型	車身	座位佈局	首次登記日期	退役日期
NWFB	4055	UR2113	SFD56HNR6GMTM5416	ADL E50D	ADL E500 Facelift	H53/23D	2017	
NWFB	4056	UR1256	SFD56HNR6GMTM5417	ADL E50D	ADL E500 Facelift	H53/23D	2017	
NWFB	4057	UR3099	SFD56HNR6GMTM5418	ADL E50D	ADL E500 Facelift	H53/23D	2017	
NWFB	4058	UR3464	SFD56HNR6GMTM5419	ADL E50D	ADL E500 Facelift	H53/23D	2017	
NWFB	4059	UR5241	SFD56HNR6GMTM5420	ADL E50D	ADL E500 Facelift	H53/23D	2017	
NWFB	4060	UR5209	SFD56HNR6GMTM5421	ADL E50D	ADL E500 Facelift	H53/23D	2017	
NWFB	4061	UR7193	SFD56HNR6GMTM5422	ADL E50D	ADL E500 Facelift	H53/23D	2017	
NWFB	4062	UR6549	SFD56HNR6GMTM5423	ADL E50D	ADL E500 Facelift	H53/23D	2017	
NWFB	4063	US1535	SFD56HNR6GMTM5424	ADL E50D	ADL E500 Facelift	H53/23D	2017	
NWFB	4064	US1049	SFD56HNR6GMTM5425	ADL E50D	ADL E500 Facelift	H53/23D	2017	
CTB	6560	UR2340	SFD86DNR6GMTL5426	ADL E50D	ADL E500 Facelift	H63/29D	2017	
CTB	6561	UR 186	SFD86DNR6GMTL5427	ADL E50D	ADL E500 Facelift	H63/29D	2017	
CTB	6562	UR2714	SFD86DNR6GMTL5428	ADL E50D	ADL E500 Facelift	H63/29D	2017	
CTB	6563	UR3747	SFD86DNR6GMTL5429	ADL E50D	ADL E500 Facelift	H63/29D	2017	
CTB	6564	UR3587	SFD86DNR6GMTL5430	ADL E50D	ADL E500 Facelift	H63/29D	2017	
CTB	6565	UR3708	SFD86DNR6GMTL5431	ADL E50D	ADL E500 Facelift	H63/29D	2017	
CTB	6566	UR8193	SFD86DNR6GMTL5432	ADL E50D	ADL E500 Facelift	H63/29D	2017	
CTB	6567	UR7543	SFD86DNR6GMTL5433	ADL E50D	ADL E500 Facelift	H63/29D	2017	
CTB	6568	UT 591	SFD86DNR6GMTL5434	ADL E50D	ADL E500 Facelift	H63/29D	2017	
NWFB	6129	UR7122	SFD86DNR6GMTL5435	ADL E50D	ADL E500 Facelift	H63/35D	2017	
NWFB	4065	US9895	SFD56HNR6GMTM5436	ADL E50D	ADL E500 Facelift	H53/23D	2017	
NWFB	4066	US2038	SFD56HNR6GMTM5437	ADL E50D	ADL E500 Facelift	H53/23D	2017	
NWFB	4067	UT 708	SFD56HNR6GMTM5438	ADL E50D	ADL E500 Facelift	H53/23D	2017	
NWFB	4068	UT2129	SFD56HNR6GMTM5439	ADL E50D	ADL E500 Facelift	H53/23D	2017	
NWFB	4069	UT3759	SFD56HNR6GMTM5440	ADL E50D	ADL E500 Facelift	H53/23D	2017	
NWFB	4070	UT4021	SFD56HNR6GMTM5441	ADL E50D	ADL E500 Facelift	H53/23D	2017	
NWFB	6126	UR3561	SFD86DNR6GMTL5442	ADL E50D	ADL E500 Facelift	H63/35D	2017	
NWFB	6127	UR4614	SFD86DNR6GMTL5443	ADL E50D	ADL E500 Facelift	H63/35D	2017	
NWFB	6128	UR9555	SFD86DNR6GMTL5444	ADL E50D	ADL E500 Facelift	H63/35D	2017	
CTB	6402	US5023	SFD86DNR6GMTL5445	ADL E50D	ADL E500 Facelift	H63/35D	2017	
CTB	6403	UT 249	SFD86DNR6GMTL5446	ADL E50D	ADL E500 Facelift	H63/35D	2017	
CTB	6404	UT 524	SFD86DNR6GMTL5447	ADL E50D	ADL E500 Facelift	H63/35D	2017	
CTB	6405	UU1204	SFD86DNR6GMTL5448	ADL E50D	ADL E500 Facelift	H63/35D	2017	
CTB	6406	UT 552	SFD86DNR6GMTL5449	ADL E50D	ADL E500 Facelift	H63/35D	2017	
NWFB	6117	UP3964	SFD86DNR6GMTL5450	ADL E50D	ADL E500 Facelift	H63/35D	2017	
NWFB	6118	UP3854	SFD86DNR6GMTL5451	ADL E50D	ADL E500 Facelift	H63/35D	2017	
NWFB	6119	UP4064	SFD86DNR6GMTL5452	ADL E50D	ADL E500 Facelift	H63/35D	2017	
NWFB	6120	UP3147	SFD86DNR6GMTL5453	ADL E50D	ADL E500 Facelift	H63/35D	2017	
NWFB	6121	UP5175	SFD86DNR6GMTL5454	ADL E50D	ADL E500 Facelift	H63/35D	2017	
NWFB	6122	UP6876	SFD86DNR6GMTL5455	ADL E50D	ADL E500 Facelift	H63/35D	2017	
NWFB	6123	UP8255	SFD86DNR6GMTL5456	ADL E50D	ADL E500 Facelift	H63/35D	2017	
NWFB	6124	UP7085	SFD86DNR6GMTL5457	ADL E50D	ADL E500 Facelift	H63/35D	2017	
NWFB	6125	UR4194	SFD86DNR6GMTL5458	ADL E50D	ADL E500 Facelift	H63/35D	2017	
NWFB	4071	UT6741	SFD56HNR6GMTM5459	ADL E50D	ADL E500 Facelift	H53/23D	2017	
NWFB	4072	UT8412	SFD56HNR6GMTM5460	ADL E50D	ADL E500 Facelift	H53/23D	2017	
NWFB	4073	UT6903	SFD56HNR6GMTM5461	ADL E50D	ADL E500 Facelift	H53/23D	2017	
NWFB	4074	UU2012	SFD56HNR6GMTM5462	ADL E50D	ADL E500 Facelift	H53/23D	2017	

公司	車隊編號	車牌	底盤編號	車型	車身	座位佈局	首次登記日期	退役日期
NWFB	4075	UU3260	SFD56HNR6GMTM5463	ADL E50D	ADL E500 Facelift	H53/23D	2017	
KMB	ATENU1234	UU3314	SFD46FNR6GMTL5464	ADL E50D	ADL E500 Facelift	H59/31D	2017	
KMB	ATENU1233	UU3009	SFD46FNR6GMTL5465	ADL E50D	ADL E500 Facelift	H59/31D	2017	
KMB	ATENU1232	UU2854	SFD46FNR6GMTL5466	ADL E50D	ADL E500 Facelift	H59/31D	2017	
KMB	ATENU1235	UU4207	SFD46FNR6GMTL5467	ADL E50D	ADL E500 Facelift	H59/31D	2017	
KMB	ATENU1237	UU3857	SFD46FNR6GMTL5468	ADL E50D	ADL E500 Facelift	H59/31D	2017	
NWFB	6134	UV4452	SFD86DNR6GMTL5469	ADL E50D	ADL E500 Facelift	H63/35D	2017	
NWFB	6135	UV3361	SFD86DNR6GMTL5470	ADL E50D	ADL E500 Facelift	H63/35D	2017	
NWFB	6136	UV6410	SFD86DNR6GMTL5471	ADL E50D	ADL E500 Facelift	H63/35D	2017	
NWFB	6137	UV5519	SFD86DNR6GMTL5472	ADL E50D	ADL E500 Facelift	H63/35D	2017	
NWFB	6142	UV5497	SFD86DNR6GMTL5473	ADL E50D	ADL E500 Facelift	H63/35D	2017	
NWFB	6143	UV5482	SFD86DNR6GMTL5474	ADL E50D	ADL E500 Facelift	H63/35D	2017	
NWFB	6144	UW5860	SFD86DNR6GMTL5475	ADL E50D	ADL E500 Facelift	H63/35D	2017	
NWFB	6145	UW6263	SFD86DNR6GMTL5476	ADL E50D	ADL E500 Facelift	H63/35D	2017	
NWFB	6138	UT9282	SFD86DNR6GMTL5477	ADL E50D	ADL E500 Facelift	H63/35D	2017	
NWFB	6139	UT7510	SFD86DNR6GMTL5478	ADL E50D	ADL E500 Facelift	H63/35D	2017	
CTB	6407	UT3761	SFD86DNR6GMTL5479	ADL E50D	ADL E500 Facelift	H63/35D	2017	
NWFB	4076	UU7152	SFD56HNR6GMTM5480	ADL E50D	ADL E500 Facelift	H53/23D	2017	
NWFB	4077	UU7247	SFD56HNR6GMTM5481	ADL E50D	ADL E500 Facelift	H53/23D	2017	
CTB	6408	UT6395	SFD86DNR6GMTL5482	ADL E50D	ADL E500 Facelift	H63/35D	2017	
CTB	6409	UU 548	SFD86DNR6GMTL5483	ADL E50D	ADL E500 Facelift	H63/35D	2017	
CTB	6410	UU6342	SFD86DNR6GMTL5484	ADL E50D	ADL E500 Facelift	H63/35D	2017	
CTB	6411	UU9515	SFD86DNR6GMTL5485	ADL E50D	ADL E500 Facelift	H63/35D	2017	
CTB	6412	UV4243	SFD86DNR6GMTL5486	ADL E50D	ADL E500 Facelift	H63/35D	2017	
CTB	6413	UV7730	SFD86DNR6GMTL5487	ADL E50D	ADL E500 Facelift	H63/35D	2017	
NWFB	4078	UU7116	SFD56HNR6GMTM5488	ADL E50D	ADL E500 Facelift	H53/23D	2017	
NWFB	4079	UU8967	SFD56HNR6GMTM5489	ADL E50D	ADL E500 Facelift	H53/23D	2017	
NWFB	4080	UU8961	SFD56HNR6GMTM5490	ADL E50D	ADL E500 Facelift	H53/23D	2017	
NWFB	4081	UV2549	SFD56HNR6GMTM5491	ADL E50D	ADL E500 Facelift	H53/23D	2017	
NWFB	4082	UV2562	SFD56HNR6GMTM5492	ADL E50D	ADL E500 Facelift	H53/23D	2017	
NWFB	4083	UV4186	SFD56HNR6GMTM5493	ADL E50D	ADL E500 Facelift	H53/23D	2017	
NWFB	6140	UT8310	SFD86DNR6GMTL5502	ADL E50D	ADL E500 Facelift	H63/35D	2017	
NWFB	6141	UU6312	SFD86DNR6GMTL5503	ADL E50D	ADL E500 Facelift	H63/35D	2017	
NWFB	6130	UU2902	SFD86DNR6GMTL5504	ADL E50D	ADL E500 Facelift	H63/35D	2017	
NWFB	6131	UU4974	SFD86DNR6GMTL5505	ADL E50D	ADL E500 Facelift	H63/35D	2017	
NWFB	6132	UU7291	SFD86DNR6GMTL5506	ADL E50D	ADL E500 Facelift	H63/35D	2017	
NWFB	6133	UU6122	SFD86DNR6GMTL5507	ADL E50D	ADL E500 Facelift	H63/35D	2017	
NWFB	6146	UW5055	SFD86DNR6GMTL5513	ADL E50D	ADL E500 Facelift	H63/35D	2017	
NWFB	6147	UW4873	SFD86DNR6GMTL5514	ADL E50D	ADL E500 Facelift	H63/35D	2017	
NWFB	6148	UW5167	SFD86DNR6GMTL5515	ADL E50D	ADL E500 Facelift	H63/35D	2017	
NWFB	6149	UW7596	SFD86DNR6GMTL5516	ADL E50D	ADL E500 Facelift	H63/35D	2017	
NWFB	6150	UX 689	SFD86DNR6GMTL5517	ADL E50D	ADL E500 Facelift	H63/35D	2017	
NWFB	6151	UX1582	SFD86DNR6GMTL5518	ADL E50D	ADL E500 Facelift	H63/35D	2017	
NWFB	6152	UX2046	SFD86DNR6GMTL5519	ADL E50D	ADL E500 Facelift	H63/35D	2017	
NWFB	6153	UX 527	SFD86DNR6GMTL5520	ADL E50D	ADL E500 Facelift	H63/35D	2017	
NWFB	6154	UX3508	SFD86DNR6HMTL5526	ADL E50D	ADL E500 Facelift	H63/35D	2017	
NWFB	6155	UX 930	SFD86DNR6HMTL5527	ADL E50D	ADL E500 Facelift	H63/35D	2017	

公司	車隊編號	車牌	底盤編號	車型	車身	座位佈局	首次登記日期	退役日期
NWFB	6156	UX4472	SFD86DNR6HMTL5528	ADL E50D	ADL E500 Facelift	H63/35D	2017	
NWFB	6157	UX3481	SFD86DNR6HMTL5529	ADL E50D	ADL E500 Facelift	H63/35D	2017	
NWFB	6158	UX5240	SFD86DNR6HMTL5530	ADL E50D	ADL E500 Facelift	H63/35D	2017	
NWFB	6159	UY5368	SFD86DNR6HMTL5531	ADL E50D	ADL E500 Facelift	H63/35D	2017	
NWFB	6160	UX5893	SFD86DNR6HMTL5532	ADL E50D	ADL E500 Facelift	H63/35D	2017	
NWFB	6161	UX7608	SFD86DNR6HMTL5533	ADL E50D	ADL E500 Facelift	H63/35D	2017	
NWFB	6162	UX7299	SFD86DNR6HMTL5540	ADL E50D	ADL E500 Facelift	H63/35D	2017	
NWFB	6163	UX6731	SFD86DNR6HMTL5541	ADL E50D	ADL E500 Facelift	H63/35D	2017	
NWFB	6164	UX8182	SFD86DNR6HMTL5542	ADL E50D	ADL E500 Facelift	H63/35D	2017	
NWFB	6165	UY3318	SFD86DNR6HMTL5543	ADL E50D	ADL E500 Facelift	H63/35D	2017	
NWFB	6166	UY 506	SFD86DNR6HMTL5557	ADL E50D	ADL E500 Facelift	H63/35D	2017	
NWFB	6167	UY 620	SFD86DNR6HMTL5558	ADL E50D	ADL E500 Facelift	H63/35D	2017	
NWFB	6168	UY2578	SFD86DNR6HMTL5559	ADL E50D	ADL E500 Facelift	H63/35D	2017	
NWFB	6169	UY6207	SFD86DNR6HMTL5560	ADL E50D	ADL E500 Facelift	H63/35D	2017	
NWFB	6170	UY5916	SFD86DNR6HMTL5565	ADL E50D	ADL E500 Facelift	H63/35D	2017	
NWFB	6171	UY7942	SFD86DNR6HMTL5566	ADL E50D	ADL E500 Facelift	H63/35D	2017	
NWFB	6172	UY8231	SFD86DNR6HMTL5567	ADL E50D	ADL E500 Facelift	H63/35D	2017	
NWFB	6173	UY6944	SFD86DNR6HMTL5568	ADL E50D	ADL E500 Facelift	H63/35D	2017	
NWFB	6174	UY9541	SFD86DNR6HMTL5569	ADL E50D	ADL E500 Facelift	H63/35D	2017	
NWFB	6175	UY9740	SFD86DNR6HMTL5570	ADL E50D	ADL E500 Facelift	H63/35D	2017	
CTB	6414	UY4643	SFD86DNR6HMTL5577	ADL E50D	ADL E500 Facelift	H63/29D	2017	
CTB	6416	UY6063	SFD86DNR6HMTL5578	ADL E50D	ADL E500 Facelift	H63/29D	2017	
KMB	ATENU1242	VA8966	SFD46FNR6HMTL5584	ADL E50D	ADL E500 Facelift	H59/31D	2017	
CTB	6417	UY7792	SFD86DNR6HMTL5589	ADL E50D	ADL E500 Facelift	H63/29D	2017	
CTB	6415	UY3354	SFD86DNR6HMTL5590	ADL E50D	ADL E500 Facelift	H63/29D	2017	
CTB	6418	UZ1976	SFD86DNR6HMTL5591	ADL E50D	ADL E500 Facelift	H63/29D	2017	
CTB	6419	UZ1580	SFD86DNR6HMTL5592	ADL E50D	ADL E500 Facelift	H63/29D	2017	
KMB	ATENU1243	VA8980	SFD46FNR6HMTL5593	ADL E50D	ADL E500 Facelift	H59/31D	2017	
KMB	ATENU1254	VB5699	SFD46FNR6HMTL5594	ADL E50D	ADL E500 Facelift	H59/31D	2017	
KMB	ATENU1244	VB2356	SFD46FNR6HMTL5595	ADL E50D	ADL E500 Facelift	H59/31D	2017	
KMB	ATENU1247	VB4174	SFD46FNR6HMTL5596	ADL E50D	ADL E500 Facelift	H59/31D	2017	
CTB	6420	VA1426	SFD86DNR6HMTL5603	ADL E50D	ADL E500 Facelift	H63/29D	2017	
CTB	6421	VA4427	SFD86DNR6HMTL5604	ADL E50D	ADL E500 Facelift	H63/29D	2017	
CTB	6422	VA3681	SFD86DNR6HMTL5605	ADL E50D	ADL E500 Facelift	H63/29D	2017	
CTB	6423	VA8145	SFD86DNR6HMTL5606	ADL E50D	ADL E500 Facelift	H63/29D	2017	
KMB	ATENU1245	VB2665	SFD46FNR6HMTL5607	ADL E50D	ADL E500 Facelift	H59/31D	2017	
KMB	ATENU1246	VB4136	SFD46FNR6HMTL5608	ADL E50D	ADL E500 Facelift	H59/31D	2017	
KMB	ATENU1248	VB4398	SFD46FNR6HMTL5609	ADL E50D	ADL E500 Facelift	H59/31D	2017	
KMB	ATENU1253	VB5267	SFD46FNR6HMTL5610	ADL E50D	ADL E500 Facelift	H59/31D	2017	
KMB	ATENU1319	VF5068	SFD46FNR6HMTL5611	ADL E50D	ADL E500 Facelift	H59/31D	2018	
CTB	6424	VA8222	SFD86DNR6HMTL5643	ADL E50D	ADL E500 Facelift	H63/29D	2017	
CTB	6425	VA7363	SFD86DNR6HMTL5644	ADL E50D	ADL E500 Facelift	H63/29D	2017	
CTB	6426	VA7521	SFD86DNR6HMTL5645	ADL E50D	ADL E500 Facelift	H63/29D	2017	
CTB	6427	VB1087	SFD86DNR6HMTL5646	ADL E50D	ADL E500 Facelift	H63/29D	2017	
KMB	ATENU1250	VB3931	SFD46FNR6HMTL5647	ADL E50D	ADL E500 Facelift	H59/31D	2017	
KMB	ATENU1252	VB5231	SFD46FNR6HMTL5648	ADL E50D	ADL E500 Facelift	H59/31D	2017	
KMB	ATENU1256	VB8056	SFD46FNR6HMTL5649	ADL E50D	ADL E500 Facelift	H59/31D	2017	

公司	車隊編號	車牌	底盤編號	車型	車身	座位佈局	首次登記日期	退役日期
KMB	ATENU1255	VB7588	SFD46FNR6HMTL5650	ADL E50D	ADL E500 Facelift	H59/31D	2017	
KMB	ATENU1257	VB8087	SFD46FNR6HMTL5651	ADL E50D	ADL E500 Facelift	H59/31D	2017	
KMB	ATENU1258	VB8494	SFD46FNR6HMTL5652	ADL E50D	ADL E500 Facelift	H59/31D	2017	
CTB	6428	VB 951	SFD86DNR6HMTL5659	ADL E50D	ADL E500 Facelift	H63/29D	2017	
CTB	6429	VB8096	SFD86DNR6HMTL5660	ADL E50D	ADL E500 Facelift	H63/29D	2017	
CTB	6430	VB7188	SFD86DNR6HMTL5661	ADL E50D	ADL E500 Facelift	H63/29D	2017	
KMB	ATENU1262	VB9225	SFD46FNR6HMTL5662	ADL E50D	ADL E500 Facelift	H59/31D	2017	
KMB	ATENU1259	VB8046	SFD46FNR6HMTL5663	ADL E50D	ADL E500 Facelift	H59/31D	2017	
KMB	ATENU1261	VB8821	SFD46FNR6HMTL5664	ADL E50D	ADL E500 Facelift	H59/31D	2017	
KMB	ATENU1260	VB8341	SFD46FNR6HMTL5665	ADL E50D	ADL E500 Facelift	H59/31D	2017	
KMB	ATENU1263	VC1394	SFD46FNR6HMTL5666	ADL E50D	ADL E500 Facelift	H59/31D	2017	
KMB	ATENU1267	VC3464	SFD46FNR6HMTL5667	ADL E50D	ADL E500 Facelift	H59/31D	2017	
KMB	ATENU1266	VC3277	SFD46FNR6HMTL5668	ADL E50D	ADL E500 Facelift	H59/31D	2017	
CTB	6431	VB9574	SFD86DNR6HMTL5672	ADL E50D	ADL E500 Facelift	H63/29D	2017	
CTB	6432	VC 140	SFD86DNR6HMTL5673	ADL E50D	ADL E500 Facelift	H63/29D	2017	
CTB	6433	VC5631	SFD86DNR6HMTL5674	ADL E50D	ADL E500 Facelift	H63/29D	2017	
CTB	6434	VC5896	SFD86DNR6HMTL5675	ADL E50D	ADL E500 Facelift	H63/29D	2017	
CTB	6435	VC6129	SFD86DNR6HMTL5676	ADL E50D	ADL E500 Facelift	H63/29D	2017	
CTB	6812	VB1057	SFD86DNR6GMTL5677	ADL E50D	ADL E500 Facelift	H55/27D	2017	
CTB	6813	VB5121	SFD86DNR6HMTL5678	ADL E50D	ADL E500 Facelift	H55/27D	2017	
CTB	6814	VB6528	SFD86DNR6GMTL5679	ADL E50D	ADL E500 Facelift	H55/27D	2017	
CTB	6827	VD8429	SFD86DNR6GMTL5680	ADL E50D	ADL E500 Facelift	H55/27D	2017	
KMB	ATENU1270	VC5537	SFD46FNR6HMTL5681	ADL E50D	ADL E500 Facelift	H59/31D	2017	
KMB	ATENU1264	VC1809	SFD46FNR6HMTL5683	ADL E50D	ADL E500 Facelift	H59/31D	2017	
KMB	ATENU1265	VC3044	SFD46FNR6HMTL5685	ADL E50D	ADL E500 Facelift	H59/31D	2017	
KMB	ATENU1268	VC3581	SFD46FNR6HMTL5686	ADL E50D	ADL E500 Facelift	H59/31D	2017	
CTB	6828	VD9196	SFD86DNR6GMTL5687	ADL E50D	ADL E500 Facelift	H55/27D	2017	
CTB	6815	VB7851	SFD86DNR6GMTL5688	ADL E50D	ADL E500 Facelift	H55/27D	2017	
CTB	6829	VD8818	SFD86DNR6GMTL5689	ADL E50D	ADL E500 Facelift	H55/27D	2017	
CTB	6816	VB6853	SFD86DNR6HMTL5690	ADL E50D	ADL E500 Facelift	H55/27D	2017	
CTB	6817	VB9800	SFD86DNR6GMTL5691	ADL E50D	ADL E500 Facelift	H55/27D	2017	
CTB	6818	VC2990	SFD86DNR6HMTL5692	ADL E50D	ADL E500 Facelift	H55/27D	2017	
CTB	6819	VC2578	SFD86DNR6HMTL5693	ADL E50D	ADL E500 Facelift	H55/27D	2017	
CTB	6820	VC2978	SFD86DNR6HMTL5694	ADL E50D	ADL E500 Facelift	H55/27D	2017	
KMB	ATENU1272	VC5962	SFD46FNR6HMTL5695	ADL E50D	ADL E500 Facelift	H59/31D	2017	
KMB	ATENU1269	VC5313	SFD46FNR6HMTL5696	ADL E50D	ADL E500 Facelift	H59/31D	2017	
KMB	ATENU1271	VC5795	SFD46FNR6HMTL5697	ADL E50D	ADL E500 Facelift	H59/31D	2017	
KMB	ATENU1273	VC5264	SFD46FNR6HMTL5698	ADL E50D	ADL E500 Facelift	H59/31D	2017	
KMB	ATENU1278	VC8633	SFD46FNR6HMTL5699	ADL E50D	ADL E500 Facelift	H59/31D	2017	
KMB	ATENU1274	VC7819	SFD46FNR6HMTL5700	ADL E50D	ADL E500 Facelift	H59/31D	2017	
CTB	6821	VC8152	SFD86DNR6HMTL5701	ADL E50D	ADL E500 Facelift	H55/27D	2017	
CTB	6824	VD3058	SFD86DNR6GMTL5702	ADL E50D	ADL E500 Facelift	H55/27D	2017	
CTB	6822	VC6507	SFD86DNR6GMTL5703	ADL E50D	ADL E500 Facelift	H55/27D	2017	
CTB	6823	VD 418	SFD86DNR6GMTL5704	ADL E50D	ADL E500 Facelift	H55/27D	2017	
CTB	6825	VD4454	SFD86DNR6GMTL5705	ADL E50D	ADL E500 Facelift	H55/27D	2017	
CTB	6826	VD7421	SFD86DNR6GMTL5706	ADL E50D	ADL E500 Facelift	H55/27D	2017	
CTB	6830	VE2357	SFD86DNR6GMTL5707	ADL E50D	ADL E500 Facelift	H55/27D	2017	

公司	車隊編號	車牌	底盤編號	車型	車身	座位佈局	首次登記日期	退役日期
CTB	6831	VE2440	SFD86DNR6GMTL5708	ADL E50D	ADL E500 Facelift	H55/27D	2017	
KMB	ATENU1277	VC9690	SFD46FNR6HMTL5709	ADL E50D	ADL E500 Facelift	H59/31D	2017	
KMB	ATENU1346	VH8919	SFD46FNR6HMTL5710	ADL E50D	ADL E500 Facelift	H59/31D	2018	
KMB	ATENU1275	VC6632	SFD46FNR6HMTL5711	ADL E50D	ADL E500 Facelift	H59/31D	2017	
KMB	ATENU1276	VC9488	SFD46FNR6HMTL5712	ADL E50D	ADL E500 Facelift	H59/31D	2017	
KMB	ATENU1279	VD1422	SFD46FNR6HMTL5713	ADL E50D	ADL E500 Facelift	H59/31D	2017	
KMB	ATENU1280	VD2512	SFD46FNR6HMTL5714	ADL E50D	ADL E500 Facelift	H59/31D	2017	
CTB	6436	VC5365	SFD86DNR6HMTL5715	ADL E50D	ADL E500 Facelift	H63/29D	2017	
CTB	6437	VE1034	SFD86DNR6HMTL5716	ADL E50D	ADL E500 Facelift	H63/29D	2017	
CTB	6438	VC9016	SFD86DNR6HMTL5717	ADL E50D	ADL E500 Facelift	H63/29D	2017	
CTB	6832	VE5638	SFD86DNR6GMTL5718	ADL E50D	ADL E500 Facelift	H55/27D	2017	
CTB	6833	VE5703	SFD86DNR6GMTL5719	ADL E50D	ADL E500 Facelift	H55/27D	2017	
CTB	6834	VE6639	SFD86DNR6GMTL5720	ADL E50D	ADL E500 Facelift	H55/27D	2017	
CTB	6835	VE7942	SFD86DNR6GMTL5721	ADL E50D	ADL E500 Facelift	H55/27D	2017	
CTB	6836	VF9060	SFD86DNR6GMTL5722	ADL E50D	ADL E500 Facelift	H55/27D	2018	
KMB	ATENU1281	VD4265	SFD46FNR6HMTL5723	ADL E50D	ADL E500 Facelift	H59/31D	2017	
KMB	ATENU1282	VD5006	SFD46CNR6HMTL5724	ADL E50D	ADL E500 Facelift	H59/31D	2017	
KMB	ATENU1286	VD4881	SFD46CNR6HMTL5725	ADL E50D	ADL E500 Facelift	H59/31D	2017	
KMB	ATENU1283	VD5664	SFD46CNR6HMTL5726	ADL E50D	ADL E500 Facelift	H59/31D	2017	
KMB	ATENU1249	VB2918	SFD46FNR6HMTL5727	ADL E50D	ADL E500 Facelift	H59/31D	2017	
KMB	ATENU1251	VB5104	SFD46FNR6HMTL5728	ADL E50D	ADL E500 Facelift	H59/31D	2017	
CTB	6439	VD 980	SFD86DNR6HMTL5729	ADL E50D	ADL E500 Facelift	H63/29D	2017	
CTB	6440	VD4132	SFD86DNR6HMTL5730	ADL E50D	ADL E500 Facelift	H63/29D	2017	
CTB	6441	VD5292	SFD86DNR6HMTL5731	ADL E50D	ADL E500 Facelift	H63/29D	2017	
CTB	6442	VD5982	SFD86DNR6HMTL5732	ADL E50D	ADL E500 Facelift	H63/29D	2017	
CTB	6443	VE1685	SFD86DNR6HMTL5733	ADL E50D	ADL E500 Facelift	H63/29D	2017	
CTB	6569	VF7957	SFD86DNR6GMTL5734	ADL E50D	ADL E500 Facelift	H63/29D	2018	
NWFB	6190	VF2890	SFD86DNR6HMTL5735	ADL E50D	ADL E500 Facelift	H63/35D	2018	
NWFB	6191	VF5366	SFD86DNR6HMTL5736	ADL E50D	ADL E500 Facelift	H63/35D	2018	
KMB	ATENU1288	VD6795	SFD46CNR6HMTL5737	ADL E50D	ADL E500 Facelift	H59/31D	2017	
KMB	ATENU1289	VD7918	SFD46CNR6HMTL5738	ADL E50D	ADL E500 Facelift	H59/31D	2017	
KMB	ATENU1290	VD7043	SFD46CNR6HMTL5739	ADL E50D	ADL E500 Facelift	H59/31D	2017	
KMB	ATENU1293	VE 157	SFD46CNR6HMTL5740	ADL E50D	ADL E500 Facelift	H59/31D	2017	
KMB	ATENU1291	VD9148	SFD46CNR6HMTL5741	ADL E50D	ADL E500 Facelift	H59/31D	2017	
KMB	ATENU1292	VD8812	SFD46CNR6HMTL5742	ADL E50D	ADL E500 Facelift	H59/31D	2017	
KMB	ATENU1295	VE1929	SFD46CNR6HMTL5814	ADL E50D	ADL E500 Facelift	H59/31D	2017	
KMB	ATENU1294	VD9912	SFD46CNR6HMTL5815	ADL E50D	ADL E500 Facelift	H59/31D	2017	
KMB	ATENU1284	VD6144	SFD46CNR6HMTL5816	ADL E50D	ADL E500 Facelift	H59/31D	2017	
KMB	ATENU1285	VD6235	SFD46CNR6HMTL5817	ADL E50D	ADL E500 Facelift	H59/31D	2017	
KMB	ATENU1287	VD5442	SFD46CNR6HMTL5818	ADL E50D	ADL E500 Facelift	H59/31D	2017	
KMB	ATENU1317	VF 544	SFD46CNR6HMTL5819	ADL E50D	ADL E500 Facelift	H59/31D	2018	
KMB	ATENU1301	VE2945	SFD46CNR6HMTL5820	ADL E50D	ADL E500 Facelift	H59/31D	2017	
KMB	ATENU1300	VE3701	SFD46CNR6HMTL5821	ADL E50D	ADL E500 Facelift	H59/31D	2017	
KMB	ATENU1299	VE2317	SFD46CNR6HMTL5822	ADL E50D	ADL E500 Facelift	H59/31D	2017	
KMB	ATENU1303	VE3873	SFD46CNR6HMTL5823	ADL E50D	ADL E500 Facelift	H59/31D	2017	
NWFB	6194	VF7406	SFD86DNR6HMTL5829	ADL E50D	ADL E500 Facelift	H63/35D	2018	
NWFB	6195	VF8463	SFD86DNR6HMTL5830	ADL E50D	ADL E500 Facelift	H63/35D	2018	

公司	車隊編號	車牌	底盤編號	車型	車身	座位佈局	首次登記日期	退役日期
KMB	ATENU1298	VE1292	SFD46CNR6HMTL5831	ADL E50D	ADL E500 Facelift	H59/31D	2017	
KMB	ATENU1302	VE3740	SFD46CNR6HMTL5832	ADL E50D	ADL E500 Facelift	H59/31D	2017	
KMB	ATENU1296	VE 502	SFD46CNR6HMTL5833	ADL E50D	ADL E500 Facelift	H59/31D	2017	
KMB	ATENU1297	VE1594	SFD46CNR6HMTL5834	ADL E50D	ADL E500 Facelift	H59/31D	2017	
KMB	ATENU1304	VE3573	SFD46CNR6HMTL5835	ADL E50D	ADL E500 Facelift	H59/31D	2017	
KMB	ATENU1308	VE5890	SFD46CNR6HMTL5836	ADL E50D	ADL E500 Facelift	H59/31D	2017	
KMB	ATENU1305	VE2684	SFD46CNR6HMTL5837	ADL E50D	ADL E500 Facelift	H59/31D	2017	
KMB	ATENU1307	VE4068	SFD46CNR6HMTL5838	ADL E50D	ADL E500 Facelift	H59/31D	2017	
KMB	ATENU1306	VE3893	SFD46CNR6HMTL5839	ADL E50D	ADL E500 Facelift	H59/31D	2017	
KMB	ATENU1309	VE6238	SFD46CNR6HMTL5840	ADL E50D	ADL E500 Facelift	H59/31D	2017	
KMB	ATENU1310	VE7002	SFD46CNR6HMTL5841	ADL E50D	ADL E500 Facelift	H59/31D	2017	
KMB	ATENU1311	VE7326	SFD46CNR6HMTL5842	ADL E50D	ADL E500 Facelift	H59/31D	2017	
KMB	ATENU1312	VE7731	SFD46CNR6HMTL5843	ADL E50D	ADL E500 Facelift	H59/31D	2017	
KMB	ATENU1318	VF4324	SFD46CNR6HMTL5844	ADL E50D	ADL E500 Facelift	H59/31D	2018	
NWFB	6196	VG2964	SFD86DNR6HMTL5848	ADL E50D	ADL E500 Facelift	H63/35D	2018	
NWFB	6197	VG3762	SFD86DNR6HMTL5849	ADL E50D	ADL E500 Facelift	H63/35D	2018	
CTB	6571	VF9038	SFD86DNR6HMTL5850	ADL E50D	ADL E500 Facelift	H63/29D	2018	
KMB	ATENU1313	VE6799	SFD46CNR6HMTL5853	ADL E50D	ADL E500 Facelift	H59/31D	2017	
KMB	ATENU1314	VE7330	SFD46CNR6HMTL5854	ADL E50D	ADL E500 Facelift	H59/31D	2017	
KMB	ATENU1316	VF2403	SFD46CNR6HMTL5855	ADL E50D	ADL E500 Facelift	H59/31D	2018	
KMB	ATENU1315	VF2306	SFD46CNR6HMTL5856	ADL E50D	ADL E500 Facelift	H59/31D	2018	
KMB	ATENU1321	VF7715	SFD46CNR6HMTL5867	ADL E50D	ADL E500 Facelift	H59/31D	2018	
KMB	ATENU1322	VF7882	SFD46CNR6HMTL5868	ADL E50D	ADL E500 Facelift	H59/31D	2018	
KMB	ATENU1320	VF7106	SFD46CNR6HMTL5869	ADL E50D	ADL E500 Facelift	H59/31D	2018	
NWFB	6176	VE5472	SFD86DNR6HMTL5870	ADL E50D	ADL E500 Facelift	H63/35D	2017	
NWFB	6177	VE5809	SFD86DNR6HMTL5871	ADL E50D	ADL E500 Facelift	H63/35D	2017	
NWFB	6178	VE4815	SFD86DNR6HMTL5872	ADL E50D	ADL E500 Facelift	H63/35D	2017	
NWFB	6179	VE4993	SFD86DNR6HMTL5873	ADL E50D	ADL E500 Facelift	H63/35D	2017	
NWFB	6180	VE5024	SFD86DNR6HMTL5874	ADL E50D	ADL E500 Facelift	H63/35D	2017	
NWFB	6181	VE6375	SFD86DNR6HMTL5875	ADL E50D	ADL E500 Facelift	H63/35D	2017	
KMB	TW1	VJ537	SFD46CNR6HMTL5876	ADL E50D	ADL E500 Facelift	H59/31D	2018	
NWFB	6182	VE5438	SFD86DNR6HMTL5877	ADL E50D	ADL E500 Facelift	H63/35D	2017	
NWFB	6183	VE4699	SFD86DNR6HMTL5878	ADL E50D	ADL E500 Facelift	H63/35D	2017	
NWFB	6184	VE5097	SFD86DNR6HMTL5879	ADL E50D	ADL E500 Facelift	H63/35D	2017	
NWFB	6185	VE7849	SFD86DNR6HMTL5880	ADL E50D	ADL E500 Facelift	H63/35D	2017	
NWFB	6186	VE5732	SFD86DNR6HMTL5881	ADL E50D	ADL E500 Facelift	H63/35D	2017	
NWFB	6187	VE4937	SFD86DNR6HMTL5882	ADL E50D	ADL E500 Facelift	H63/35D	2017	
NWFB	6188	VE8977	SFD86DNR6HMTL5883	ADL E50D	ADL E500 Facelift	H63/35D	2018	
NWFB	6189	VE8722	SFD86DNR6HMTL5884	ADL E50D	ADL E500 Facelift	H63/35D	2018	
KMB	ATENU1329	VG4877	SFD46CNR6HMTL5885	ADL E50D	ADL E500 Facelift	H59/31D	2018	
KMB	ATENU1334	VG5669	SFD46CNR6HMTL5886	ADL E50D	ADL E500 Facelift	H59/31D	2018	
NWFB	6192	VF3448	SFD86DNR6HMTL5887	ADL E50D	ADL E500 Facelift	H63/35D	2018	
NWFB	6193	VF3324	SFD86DNR6HMTL5888	ADL E50D	ADL E500 Facelift	H63/35D	2018	
CTB	6570	VF7438	SFD86DNR6HMTL5889	ADL E50D	ADL E500 Facelift	H63/29D	2018	
CTB	6572	VG3200	SFD86DNR6HMTL5890	ADL E50D	ADL E500 Facelift	H63/29D	2018	
CTB	6573	VF6731	SFD86DNR6HMTL5891	ADL E50D	ADL E500 Facelift	H63/29D	2018	
CTB	6574	VG3496	SFD86DNR6HMTL5892	ADL E50D	ADL E500 Facelift	H63/29D	2018	

公司	車隊編號	車牌	底盤編號	車型	車身	座位佈局	首次登記日期	退役日期
CTB	6575	VH4627	SFD86DNR6HMTL5893	ADL E50D	ADL E500 Facelift	H63/29D	2018	
KMB	ATENU1337	VH4161	SFD46CNR6HMTL5895	ADL E50D	ADL E500 Facelift	H59/31D	2018	
KMB	ATENU1328	VG4730	SFD46CNR6HMTL5896	ADL E50D	ADL E500 Facelift	H59/31D	2018	
KMB	ATENU1323	VG4836	SFD46CNR6HMTL5897	ADL E50D	ADL E500 Facelift	H59/31D	2018	
KMB	ATENU1325	VG5372	SFD46CNR6HMTL5898	ADL E50D	ADL E500 Facelift	H59/31D	2018	
KMB	ATENU1326	VG6020	SFD46CNR6HMTL5899	ADL E50D	ADL E500 Facelift	H59/31D	2018	
KMB	ATENU1332	VG6401	SFD46CNR6HMTL5900	ADL E50D	ADL E500 Facelift	H59/31D	2018	
KMB	ATENU1338	VH4655	SFD46CNR6HMTL5901	ADL E50D	ADL E500 Facelift	H59/31D	2018	
KMB	ATENU1330	VG5110	SFD46CNR6HMTL5902	ADL E50D	ADL E500 Facelift	H59/31D	2018	
KMB	ATENU1327	VG6079	SFD46CNR6HMTL5903	ADL E50D	ADL E500 Facelift	H59/31D	2018	
KMB	ATENU1336	VG6216	SFD46CNR6HMTL5904	ADL E50D	ADL E500 Facelift	H59/31D	2018	
KMB	ATENU1324	VG5363	SFD46CNR6HMTL5905	ADL E50D	ADL E500 Facelift	H59/31D	2018	
KMB	ATENU1333	VG5241	SFD46CNR6HMTL5906	ADL E50D	ADL E500 Facelift	H59/31D	2018	
KMB	ATENU1335	VG6215	SFD46CNR6HMTL5907	ADL E50D	ADL E500 Facelift	H59/31D	2018	
KMB	ATENU1331	VG5371	SFD46CNR6HMTL5908	ADL E50D	ADL E500 Facelift	H59/31D	2018	
KMB	ATENU1340	VH5425	SFD46CNR6HMTL5939	ADL E50D	ADL E500 Facelift	H59/31D	2018	
KMB	ATENU1343	VH5724	SFD46CNR6HMTL5940	ADL E50D	ADL E500 Facelift	H59/31D	2018	
KMB	ATENU1344	VH5929	SFD46CNR6HMTL5941	ADL E50D	ADL E500 Facelift	H59/31D	2018	
KMB	ATENU1341	VH5442	SFD46CNR6HMTL5942	ADL E50D	ADL E500 Facelift	H59/31D	2018	
KMB	ATENU1342	VH5624	SFD46CNR6HMTL5943	ADL E50D	ADL E500 Facelift	H59/31D	2018	
KMB	ATENU1345	VH6415	SFD46CNR6HMTL5944	ADL E50D	ADL E500 Facelift	H59/31D	2018	
KMB	ATENU1339	VH4763	SFD46CNR6HMTL5945	ADL E50D	ADL E500 Facelift	H59/31D	2018	
KMB	ATENU1347	VJ2349	SFD46CNR6HMTL5947	ADL E50D	ADL E500 Facelift	H59/31D	2018	
KMB	ATENU1348	VJ2650	SFD46CNR6HMTL5948	ADL E50D	ADL E500 Facelift	H59/31D	2018	
KMB	ATENU1349	VJ3291	SFD46CNR6HMTL5949	ADL E50D	ADL E500 Facelift	H59/31D	2018	
KMB	ATENU1351	VJ4688	SFD46CNR6HMTL5950	ADL E50D	ADL E500 Facelift	H59/31D	2018	
KMB	ATENU1354	VJ6148	SFD46CNR6HMTL5951	ADL E50D	ADL E500 Facelift	H59/31D	2018	
KMB	ATENU1383	VK3875	SFD46CNR6HMTL5952	ADL E50D	ADL E500 Facelift	H59/31D	2018	
KMB	ATENU1355	VJ6240	SFD46CNR6HMTL5953	ADL E50D	ADL E500 Facelift	H59/31D	2018	
KMB	ATENU1353	VJ6113	SFD46CNR6HMTL5954	ADL E50D	ADL E500 Facelift	H59/31D	2018	
KMB	ATENU1352	VJ4765	SFD46CNR6HMTL5955	ADL E50D	ADL E500 Facelift	H59/31D	2018	
KMB	ATENU1359	VJ7672	SFD46CNR6HMTL5956	ADL E50D	ADL E500 Facelift	H59/31D	2018	
KMB	ATENU1370	VJ9948	SFD46CNR6HMTL5957	ADL E50D	ADL E500 Facelift	H59/31D	2018	
KMB	ATENU1372	VJ9083	SFD46CNR6HMTL5959	ADL E50D	ADL E500 Facelift	H59/31D	2018	
KMB	ATENU1360	VJ7871	SFD46CNR6HMTL5960	ADL E50D	ADL E500 Facelift	H59/31D	2018	
KMB	ATENU1358	VJ6927	SFD46CNR6HMTL5961	ADL E50D	ADL E500 Facelift	H59/31D	2018	
KMB	ATENU1356	VJ6658	SFD46CNR6HMTL5962	ADL E50D	ADL E500 Facelift	H59/31D	2018	
KMB	ATENU1362	VJ7513	SFD46CNR6HMTL5964	ADL E50D	ADL E500 Facelift	H59/31D	2018	
KMB	ATENU1373	VJ9418	SFD46CNR6HMTL5965	ADL E50D	ADL E500 Facelift	H59/31D	2018	
KMB	ATENU1377	VK2128	SFD46CNR6HMTL5966	ADL E50D	ADL E500 Facelift	H59/31D	2018	
KMB	ATENU1361	VJ6782	SFD46CNR6HMTL5967	ADL E50D	ADL E500 Facelift	H59/31D	2018	
KMB	ATENU1357	VJ6763	SFD46CNR6HMTL5968	ADL E50D	ADL E500 Facelift	H59/31D	2018	
KMB	ATENU1371	VJ9987	SFD46CNR6HMTL5969	ADL E50D	ADL E500 Facelift	H59/31D	2018	
KMB	ATENU1369	VJ9924	SFD46CNR6HMTL5970	ADL E50D	ADL E500 Facelift	H59/31D	2018	
KMB	ATENU1375	VK 221	SFD46CNR6HMTL5971	ADL E50D	ADL E500 Facelift	H59/31D	2018	
KMB	ATENU1368	VJ9367	SFD46CNR6HMTL5972	ADL E50D	ADL E500 Facelift	H59/31D	2018	
KMB	ATENU1374	VJ9643	SFD46CNR6HMTL5974	ADL E50D	ADL E500 Facelift	H59/31D	2018	

公司	車隊編號	車牌	底盤編號	車型	車身	座位佈局	首次登記日期	退役日期
KMB	ATENU1367	VJ9167	SFD46CNR6HMTL5975	ADL E50D	ADL E500 Facelift	H59/31D	2018	
KMB	ATENU1363	VJ7913	SFD46CNR6HMTL5976	ADL E50D	ADL E500 Facelift	H59/31D	2018	
KMB	ATENU1366	VJ8950	SFD46CNR6HMTL5977	ADL E50D	ADL E500 Facelift	H59/31D	2018	
KMB	ATENU1364	VJ8694	SFD46CNR6HMTL5978	ADL E50D	ADL E500 Facelift	H59/31D	2018	
KMB	ATENU1365	VJ8790	SFD46CNR6HMTL5980	ADL E50D	ADL E500 Facelift	H59/31D	2018	
KMB	ATENU1378	VK2214	SFD46CNR6HMTL5981	ADL E50D	ADL E500 Facelift	H59/31D	2018	
KMB	ATENU1376	VK1217	SFD46CNR6HMTL5982	ADL E50D	ADL E500 Facelift	H59/31D	2018	
KMB	ATENU1380	VK1936	SFD46CNR6HMTL5983	ADL E50D	ADL E500 Facelift	H59/31D	2018	
KMB	ATENU1379	VK1142	SFD46CNR6HMTL5984	ADL E50D	ADL E500 Facelift	H59/31D	2018	
KMB	ATENU1382	VK3586	SFD46CNR6HMTL5985	ADL E50D	ADL E500 Facelift	H59/31D	2018	
KMB	ATENU1381	VK2627	SFD46CNR6HMTL5986	ADL E50D	ADL E500 Facelift	H59/31D	2018	
KMB	ATENU1385	VK2657	SFD46CNR6HMTL6013	ADL E50D	ADL E500 Facelift	H59/31D	2018	
KMB	ATENU1386	VK2728	SFD46CNR6HMTL6015	ADL E50D	ADL E500 Facelift	H59/31D	2018	
KMB	ATENU1387	VK2916	SFD46CNR6HMTL6016	ADL E50D	ADL E500 Facelift	H59/31D	2018	
KMB	ATENU1396	VK6566	SFD46CNR6HMTL6017	ADL E50D	ADL E500 Facelift	H59/31D	2018	
KMB	ATENU1394	VK5038	SFD46CNR6HMTL6018	ADL E50D	ADL E500 Facelift	H59/31D	2018	
KMB	ATENU1404	VK7647	SFD46CNR6HMTL6020	ADL E50D	ADL E500 Facelift	H59/31D	2018	
KMB	ATENU1409	VL1157	SFD46CNR6HMTL6021	ADL E50D	ADL E500 Facelift	H59/31D	2018	
KMB	ATENU1391	VK4642	SFD46CNR6HMTL6022	ADL E50D	ADL E500 Facelift	H59/31D	2018	
KMB	ATENU1395	VK6170	SFD46CNR6HMTL6023	ADL E50D	ADL E500 Facelift	H59/31D	2018	
KMB	ATENU1402	VK6932	SFD46CNR6HMTL6024	ADL E50D	ADL E500 Facelift	H59/31D	2018	
KMB	ATENU1392	VK4869	SFD46CNR6HMTL6025	ADL E50D	ADL E500 Facelift	H59/31D	2018	
KMB	ATENU1401	VK8296	SFD46CNR6HMTL6026	ADL E50D	ADL E500 Facelift	H59/31D	2018	
KMB	ATENU1397	VK7094	SFD46CNR6HMTL6027	ADL E50D	ADL E500 Facelift	H59/31D	2018	
KMB	ATENU1403	VK7596	SFD46CNR6HMTL6028	ADL E50D	ADL E500 Facelift	H59/31D	2018	
KMB	ATENU1393	VK6146	SFD46CNR6HMTL6029	ADL E50D	ADL E500 Facelift	H59/31D	2018	
KMB	ATENU1400	VK6533	SFD46CNR6HMTL6030	ADL E50D	ADL E500 Facelift	H59/31D	2018	
KMB	ATENU1413	VL1496	SFD46CNR6HMTL6031	ADL E50D	ADL E500 Facelift	H59/31D	2018	
KMB	ATENU1406	VK9600	SFD46CNR6HMTL6032	ADL E50D	ADL E500 Facelift	H59/31D	2018	
KMB	ATENU1398	VK7701	SFD46CNR6HMTL6033	ADL E50D	ADL E500 Facelift	H59/31D	2018	
KMB	ATENU1405	VK9569	SFD46CNR6HMTL6034	ADL E50D	ADL E500 Facelift	H59/31D	2018	
KMB	ATENU1399	VK8230	SFD46CNR6HMTL6035	ADL E50D	ADL E500 Facelift	H59/31D	2018	
KMB	ATENU1414	VL2792	SFD46CNR6HMTL6036	ADL E50D	ADL E500 Facelift	H59/31D	2018	
KMB	ATENU1407	VL 286	SFD46CNR6HMTL6037	ADL E50D	ADL E500 Facelift	H59/31D	2018	
KMB	ATENU1417	VL3570	SFD46CNR6HMTL6038	ADL E50D	ADL E500 Facelift	H59/31D	2018	
KMB	ATENU1410	VL1165	SFD46CNR6HMTL6039	ADL E50D	ADL E500 Facelift	H59/31D	2018	
KMB	ATENU1412	VL1452	SFD46CNR6HMTL6040	ADL E50D	ADL E500 Facelift	H59/31D	2018	
KMB	ATENU1411	VL1235	SFD46CNR6HMTL6041	ADL E50D	ADL E500 Facelift	H59/31D	2018	
KMB	ATENU1408	VL 705	SFD46CNR6HMTL6042	ADL E50D	ADL E500 Facelift	H59/31D	2018	
KMB	ATENU1415	VL4459	SFD46CNR6HMTL6043	ADL E50D	ADL E500 Facelift	H59/31D	2018	
KMB	ATENU1416	VL3270	SFD46CNR6HMTL6045	ADL E50D	ADL E500 Facelift	H59/31D	2018	
KMB	ATENU1421	VL3891	SFD46CNR6HMTL6046	ADL E50D	ADL E500 Facelift	H59/31D	2018	
KMB	ATENU1426	VL5320	SFD46CNR6HMTL6047	ADL E50D	ADL E500 Facelift	H59/31D	2018	
KMB	ATENU1419	VL3582	SFD46CNR6HMTL6048	ADL E50D	ADL E500 Facelift	H59/31D	2018	
KMB	ATENU1420	VL3622	SFD46CNR6HMTL6049	ADL E50D	ADL E500 Facelift	H59/31D	2018	
KMB	ATENU1423	VL4745	SFD46CNR6HMTL6050	ADL E50D	ADL E500 Facelift	H59/31D	2018	
KMB	ATENU1418	VL2955	SFD46CNR6HMTL6051	ADL E50D	ADL E500 Facelift	H59/31D	2018	

公司	車隊編號	車牌	底盤編號	車型	車身	座位佈局	首次登記日期	退役日期
KMB	ATENU1422	VL4419	SFD46CNR6HMTL6052	ADL E50D	ADL E500 Facelift	H59/31D	2018	
KMB	ATENU1424	VL5913	SFD46CNR6HMTL6053	ADL E50D	ADL E500 Facelift	H59/31D	2018	
KMB	ATENU1428	VL5807	SFD46CNR6HMTL6056	ADL E50D	ADL E500 Facelift	H59/31D	2018	
KMB	ATENU1432	VL7899	SFD46CNR6HMTL6057	ADL E50D	ADL E500 Facelift	H59/31D	2018	
KMB	ATENU1444	VM 469	SFD46CNR6HMTL6060	ADL E50D	ADL E500 Facelift	H59/31D	2018	
KMB	ATENU1431	VL7196	SFD46CNR6HMTL6061	ADL E50D	ADL E500 Facelift	H59/31D	2018	
KMB	ATENU1429	VL6041	SFD46CNR6HMTL6062	ADL E50D	ADL E500 Facelift	H59/31D	2018	
KMB	ATENU1437	VL7839	SFD46CNR6HMTL6064	ADL E50D	ADL E500 Facelift	H59/31D	2018	
KMB	ATENU1433	VL8454	SFD46CNR6HMTL6065	ADL E50D	ADL E500 Facelift	H59/31D	2018	
KMB	ATENU1436	VL7538	SFD46CNR6HMTL6067	ADL E50D	ADL E500 Facelift	H59/31D	2018	
KMB	ATENU1430	VL6645	SFD46CNR6HMTL6068	ADL E50D	ADL E500 Facelift	H59/31D	2018	
KMB	ATENU1435	VL6948	SFD46CNR6HMTL6069	ADL E50D	ADL E500 Facelift	H59/31D	2018	
KMB	ATENU1427	VL5753	SFD46CNR6HMTL6070	ADL E50D	ADL E500 Facelift	H59/31D	2018	
KMB	ATENU1434	VL6934	SFD46CNR6HMTL6071	ADL E50D	ADL E500 Facelift	H59/31D	2018	
KMB	ATENU1425	VL4763	SFD46CNR6HMTL6072	ADL E50D	ADL E500 Facelift	H59/31D	2018	
KMB	ATENU1443	VL9728	SFD46CNR6HMTL6073	ADL E50D	ADL E500 Facelift	H59/31D	2018	
KMB	ATENU1439	VL7507	SFD46CNR6HMTL6074	ADL E50D	ADL E500 Facelift	H59/31D	2018	
KMB	ATENU1440	VL7728	SFD46CNR6HMTL6076	ADL E50D	ADL E500 Facelift	H59/31D	2018	
KMB	ATENU1438	VL7098	SFD46CNR6HMTL6078	ADL E50D	ADL E500 Facelift	H59/31D	2018	
KMB	ATENU1445	VM 571	SFD46CNR6HMTL6079	ADL E50D	ADL E500 Facelift	H59/31D	2018	
KMB	ATENU1446	VM1605	SFD46CNR6HMTL6080	ADL E50D	ADL E500 Facelift	H59/31D	2018	
KMB	ATENU1447	VM2331	SFD46CNR6HMTL6081	ADL E50D	ADL E500 Facelift	H59/31D	2018	
KMB	ATENU1449	VM1671	SFD46CNR6HMTL6083	ADL E50D	ADL E500 Facelift	H59/31D	2018	
KMB	ATENU1457	VM4182	SFD46CNR6HMTL6093	ADL E50D	ADL E500 Facelift	H59/31D	2018	
KMB	ATENU1451	VM3142	SFD46CNR6HMTL6100	ADL E50D	ADL E500 Facelift	H59/31D	2018	
KMB	ATENU1350	VJ4553		ADL E50D	ADL E500 Facelift	H59/31D	2018	
KMB	ATENU1384	VK4030		ADL E50D	ADL E500 Facelift	H59/31D	2018	
KMB	ATENU1388	VK3125		ADL E50D	ADL E500 Facelift	H59/31D	2018	
KMB	ATENU1389	VK3277		ADL E50D	ADL E500 Facelift	H59/31D	2018	
KMB	ATENU1390	VK3617		ADL E50D	ADL E500 Facelift	H59/31D	2018	
KMB	ATENU1441	VL8786		ADL E50D	ADL E500 Facelift	H59/31D	2018	
KMB	ATENU1442	VL9179		ADL E50D	ADL E500 Facelift	H59/31D	2018	
KMB	ATENU1448	VM 946		ADL E50D	ADL E500 Facelift	H59/31D	2018	
KMB	ATENU1450	VM2978		ADL E50D	ADL E500 Facelift	H59/31D	2018	
KMB	ATENU1452	VM3332		ADL E50D	ADL E500 Facelift	H59/31D	2018	
KMB	ATENU1453	VM3404		ADL E50D	ADL E500 Facelift	H59/31D	2018	
KMB	ATENU1454	VM3892		ADL E50D	ADL E500 Facelift	H59/31D	2018	
KMB	ATENU1455	VM4175		ADL E50D	ADL E500 Facelift	H59/31D	2018	
KMB	ATENU1456	VM4179		ADL E50D	ADL E500 Facelift	H59/31D	2018	
KMB	ATENU1458	VM4193		ADL E50D	ADL E500 Facelift	H59/31D	2018	
KMB	ATENU1459	VM4452		ADL E50D	ADL E500 Facelift	H59/31D	2018	
KMB	ATENU1460	VM4036		ADL E50D	ADL E500 Facelift	H59/31D	2018	
KMB	ATENU1461	VM4408		ADL E50D	ADL E500 Facelift	H59/31D	2018	
KMB	ATENU1462	VM5015		ADL E50D	ADL E500 Facelift	H59/31D	2018	
KMB	ATENU1463	VM5232		ADL E50D	ADL E500 Facelift	H59/31D	2018	

VDLDB300

公司	車隊編號	車牌	底盤編號	車型	車身	座位佈局	首次登記日期	退役日期
KMB	AMC1	SY4050	XMGDE03FS0H022044	VDL DB300	MCV D102RLE-HK TR00001	H47/25D	2014	

Yutong ZK6128HG1

公司	車隊編號	車牌	底盤編號	車型	車身	座位佈局	首次登記日期	退役日期
KMB	AYT1	TB3420	LZYTAGE60D1029275	Yutong ZK6128HG1	Yutong	B35D	2014	2016

Volvo B8L

公司	車隊編號	車牌	底盤編號	車型	車身	座位佈局	首次登記日期	退役日期
KMB	AVBWL1	UU8290	YV3U2U526GA100025	Volvo B8L	Wright Eclipse Gemini II	H59/31D	2017	

ADL Enviro 50H

公司	車隊編號	車牌	底盤編號	車型	車身	座位佈局	首次登記日期	退役日期
KMB	ATH3	TB5034	SFD47EPR5DGTL3218	ADL E50H	ADL E500	H51/29D	2014	
CTB	8400	TB2893	SFD47EPR5DGTL3227	ADL E50H	ADL E500 C514/01	H51/29D	2014	
CTB	8401	TA5575	SFD47EPR5DGTL3242	ADL E50H	ADL E500 C514/02	H51/29D	2014	
NWFB	5600	TA3523	SFD47EPR5DGTL3271	ADL E50H	ADL E500 C515/01	H51/29D	2014	
KMB	ATH2	TA2132	SFD47EPR5DGTL3293	ADL E50H	ADL E500	H51/29D	2014	
KMB	ATH1	TA2344	SFD47EPR5DGTL3319	ADL E50H	ADL E500	H51/29D	2014	

BYD K9

公司	車隊編號	車牌	底盤編號	車型	車身	座位佈局	首次登記日期	退役日期
KMB	BE1	RV8143	LC06S24S6C0099980	BYD K9 CK6120LGEV1	BYD	B31D	2013	2013
CTB	1581	TV3095	LC06S44S0F1000001	BYD K9R	BYD	B31D	2015	
CTB	1582	TV2703	LC06S44S2F1000002	BYD K9R	BYD	B31D	2015	
CTB	1583	TW1559	LC06S44S4F1000003	BYD K9R	BYD	B31D	2015	
NWFB	2051	TV8231	LC06S44S6F1000004	BYD K9R	BYD	B31D	2015	
NWFB	2052	TW745	LC06S44S8F1000005	BYD K9R	BYD	B31D	2015	
LWB	SE101	UT6035	LC06S44S6G1000053	BYD K9R	Gemilang	B35D	2017	
KMB	BDE1	UT3742	LC06S44S8G1000054	BYD K9R	Gemilang	B35D	2017	
KMB	BDE4	UU6195	LC06S44SXG1000055	BYD K9R	Gemilang	B35D	2017	
KMB	BDE3	UU5664	LC06S44S1G1000056	BYD K9R	Gemilang	B35D	2017	
KMB	BDE5	UW 955	LC06S44S3G1000057	BYD K9R	Gemilang	B35D	2017	
KMB	BDE8	UW7982	LC06S44S5G1000058	BYD K9R	Gemilang	B35D	2017	

公司	車隊編號	車牌	底盤編號	車型	車身	座位佈局	首次登記日期	退役日期
KMB	BDE7	UW4614	LC06S44S7G1000059	BYD K9R	Gemilang	B35D	2017	
KMB	BDE6	UW6037	LC06S44S3G1000060	BYD K9R	Gemilang	B35D	2017	
KMB	BDE2	UU3461	LC06S44S5G1000061	BYD K9R	Gemilang	B35D	2017	
LWB	SE103	VB8250	LC06S44S7G1000062	BYD K9R	Gemilang	B35D	2017	
LWB	SE102	UU7492	LC06S44S9G1000063	BYD K9R	Gemilang	B35D	2017	
LWB	SE104	VB6911	LC06S44S6H1000014	BYD K9R	Gemilang	B35D	2017	
KMB	BDE9	VD2901	LC06S44S8H1000015	BYD K9R	Gemilang	B35D	2017	
KMB	BDE10	VD2945	LC06S44SXH1000016	BYD K9R	Gemilang	B35D	2017	

Young Man JNP UC

公司	車隊編號	車牌	底盤編號	車型	車身	座位佈局	首次登記日期	退役日期
KMB	AYM1	TP7758	L8AG2DD2XEB002507	Young Man JNP6122UC	Young Man Centro-Liner Series	B35D	2015	
KMB	AYM2	TS3640	L8AG2DD23EB002509	Young Man JNP6122UC	Young Man Centro-Liner Series	B35D	2015	
KMB	AYM3	TU9724	L8AG2DD2XEB002510	Young Man JNP6122UC	Young Man Centro-Liner Series	B35D	2015	
KMB	AYM4	UV259	L8AG2DD23EB002512	Young Man JNP6122UC	Young Man Centro-Liner Series	B35D	2017	
KMB	AYM5	VK5273		Young Man JNP6122UC	Young Man Centro-Liner Series	B35D	2018	
KMB	AYM6	VK5477		Young Man JNP6122UC	Young Man Centro-Liner Series	B35D	2018	

參考書目

Davis, Mike. *Hong Kong Buses Volume Two - Kowloon Motor Bus.* UK: DTS Publishing, 1995.

Davis, Mike. *Hong Kong Buses Volume Three - Citybus Ltd.* UK: DTS Publishing, 1995.

Davis, Mike. *Hong Kong Buses - China Motor Bus 65 years.* UK: DTS Publishing, 1998.

Davis, Mike. *Hong Kong Buses Volume Five - New World First Bus.* UK: DTS Publishing, 2000.

Davis, Mike. *Hong Kong Buses Volume Six - Lantau Island.* UK: DTS Publishing, 2008.

《政府憲報 1933》，香港：香港政府，1933。

《香港年報》，香港：香港政府，1946－2010。

《九巴年報》，香港：九龍巴士 (1933) 有限公司，1962－1996。

《九巴年報》，香港：九龍巴士控股有限公司，1997－2005。

《九巴年報》，香港：載通國際控股有限公司，2006－2016。

《中巴年報》，香港：中華汽車有限公司，1975－1996。

《香港交通手冊：中華巴士篇》，香港：JR Team，2013。

《香港交通手冊：九巴空調巴士篇》，香港：JR Team，2013。

《香港交通手冊：九巴古典巴士篇》，香港：JR Team，2014。

《香港交通手冊：九巴熱狗巴士篇》，香港：JR Team，2014。

《香港交通手冊：鐵路巴士篇》，香港：JR Team，2015。

高添強：《九巴同行八十年》，香港：三聯書店〔香港〕有限公司，2013。

陳自瑜：《香港巴士手冊》，香港：北嶺國際有限公司，1996。

陳自瑜：《香港巴士年鑑》，香港：北嶺國際有限公司，1997－2004、2011－2015。

陳自瑜：《香港巴士識別》，香港：北嶺國際有限公司，1998。

陳自瑜：《香港丹尼士巴士全集》，香港：北嶺國際有限公司，1999。

陳自瑜：《香港巴士》，香港：三聯書店〔香港〕有限公司，1999。

陳自瑜：《世界雙層巴士大全集》，香港：北嶺國際有限公司，2000。

陳自瑜：《香港巴士經典系列：丹拿 / 利蘭珍寶巴士》，香港：北嶺國際有限公司，2001。

陳自瑜、李天祐：《香港巴士經典系列：利蘭勝利 2 型》，香港：北嶺國際有限公司，2001。

陳自瑜：《香港巴士經典系列：「平治」O305/O405 巴士》，香港：北嶺國際有限公司，2012。

陳自瑜：《香港巴士經典系列：「利蘭」奧林比安巴士》，香港：北嶺國際有限公司，2013。

容偉釗：《二十世紀巴士路線發展史》，香港：BSI Hobbies (Hong Kong) Company，2001－2004、2010。

龔嘉豪：《香港巴士回顧》，香港：尚線出版，2010－2015。

龔嘉豪：《都城嘉慕－都城巴士》，香港：尚線出版，2010。

龔嘉豪：《香港富豪巴士》，香港：尚線出版，2011。

龔嘉豪：《我們的熱狗故事》，香港：尚線出版，2012。

龔嘉豪：《香港巴士通識》，香港：尚線出版，2013。

龔嘉豪、古月偉：《九巴車隊 80 年》，香港：尚線出版，2014。

陳志華、李健信：《香港巴士 90 年》，香港：中華書局〔香港〕有限公司，2011。

陳志華、李健信：《香港鐵路 100 年》，香港：中華書局〔香港〕有限公司，2012。

李健信：《風雨同路・香港巴士漫遊》，香港：中華書局〔香港〕有限公司，2014。

鳴謝

承蒙以下機構及好友，提供寶貴資料及圖片，欲及種種協助，令本書得以順利出版。

Alexander Dennis (Asia Pacific) Ltd.
Leyland Bus Hong Kong Ltd.
Scania Hong Kong Ltd.
Volvo Bus Hong Kong Ltd.
Mr. Mike Davis
吳紀徹小姐
呂子飛先生
李忠德先生
李家祺先生
李藹殷小姐
周烈明先生
陳志華先生
黃凱穎小姐
鄧鏡文先生
蘇佩琼女士
九龍巴士 (1933) 有限公司
中華汽車有限公司
城巴有限公司
香港中文大學圖書館
香港公共圖書館
新大嶼山巴士 (1973) 有限公司
新世界第一巴士服務有限公司

(以上排名，不分先後)

□ 責任編輯：黎耀強
□ 裝幀設計：霍明志
□ 排　版：時潔
□ 印　務：林佳年

與你同行‧香港空調巴士漫遊

🚌

著者

李漢華

🚌

出版

中華書局（香港）有限公司

香港北角英皇道 499 號北角工業大廈一樓 B
電話：（852）2137 2338　傳真：（852）2713 8202
電子郵件：info@chunghwabook.com.hk
網址：http://www.chunghwabook.com.hk

🚌

發行

香港聯合書刊物流有限公司

香港新界大埔汀麗路 36 號
中華商務印刷大廈 3 字樓
電話：（852）2150 2100　傳真：（852）2407 3062
電子郵件：info@suplogistics.com.hk

🚌

印刷

中華商務彩色印刷有限公司

香港新界大埔汀麗路 36 號中華商務印刷大廈 14 字樓

🚌

版次

2018 年 7 月初版

© 2018 中華書局（香港）有限公司

🚌

規格

特 16 開（233 mm×170 mm）

🚌

ISBN：978-988-8513-52-9